TAXNET
세무/회계 전문 재경비즈니스 포털 서비스

행안부
3서

지방세
비과세·감면
100선

행안부 서정훈·서명자·서원주(3서) 공저

지방세 비과세·감면 관련 핵심 쟁점, 정확하고 명쾌하게 분석!

조세통람

머리글

비과세·감면과 관련한 사례 중 많이 발생하는 100개의 주제를 선별하여 쟁점별로 핵심사항을 빠르게 이해할 수 있도록 하였다.

연간 13.6조 원. 전국의 지방자치단체가 비과세와 감면이라는 명목으로 납세자에게 받지 않고 있는 지방세수의 규모이다. 모든 지방자치단체가 한 해 거두어들이는 지방세의 규모가 84조 원 수준임을 감안할 때 결코 적다고 할 수 없다. 국세 대비 지방세 비중 증가를 골자로 하는 재정분권이 활발히 논의되면서 향후 전체 조세에서 지방세가 차지하는 비중은 더욱 확대되고 그에 따라 지방세 비과세·감면의 중요성도 한층 배가될 것으로 전망된다.

비과세와 감면이라는 조세혜택은 마치 예산과 같아서 여러 정책적 배경을 갖고 만들어진다. 공익의 증진, 농어업의 지원, 사회복지, 교육과 과학기술 육성, 문화와 관광 활성화, 기업 활동 촉진, 수송과 교통 확충, 국토와 지역개발, 공사·공단의 운영 지원 등을 위해 여러 유형의 납세자를 대상으로 설계된다. 당초 의도대로 이러한 혜택의 목표가 달성되기 위해서는 세정당국과 납세자 모두의 노력이 필요하다. 정부나 지방자치단체는 세제혜택이 촘촘히 제공될 수 있도록 과세자료를 정비하고 관계 법령을 확실히 이해·적용하는 등 세정 운영에 만전을 기해야 한다. 개인이나 법인 등 개별 납세자는 감면 요건에 대한 정확한 이해를 바탕으로 합법적인 테두리 내에서 세제혜택을 활용하여 경제적 자원을 효율적으로 이용할 필요가 있다.

이 책은 지방세 비과세·감면에 관한 지방자치단체의 세정운영을 돕는 한편 납세자가 복잡하고 어려운 세제혜택에 관한 내용들에 좀 더 쉽게 접근할 수 있도록 도움을 주고자 기획되었다. 지방세 비과세·감면을 전혀 접해 보지 않은 지방세무 공무원이나 일반인이라도 짧은 시간에 비과세·감면을 둘러싼 핵심적인 쟁점을 쉽게 파악하도록 돕는 한편 그동안 비과세·감면과 관련하여 이슈가 되었던 사항을 명쾌하게 정리하는 데에 목적을 두었다. 이를 위해 전반적인 편제부터 서술방식까지 많은 고민을 거듭한 결과 다음의 특징을 갖추었다.

첫째, 주제별 서술방식을 채택하였다. 법조문 순서대로 서술하지 않고 감면 내용을 주제별로 묶어 서술하여 감면혜택을 종합적으로 이해할 수 있도록 하였다.

둘째, 주제의 선택과 집중을 시도하였다. 비과세·감면과 관련한 사례 중 많이 발생하는 100개의 주제를 선별하여 활용도를 높이고자 하였다.

셋째, 쟁점별로 감면 대상자, 대상 물건, 감면 내용, 추징 요건, 핵심 연혁 등을 표 형태로 간략히 정리하여 핵심사항을 빠르게 이해할 수 있도록 하였다.

넷째, 최신 법령 개정 사항과 사례, 운영 기준 등을 충실히 반영하였다. 2020년부터 적용되는 법령 개정 사항은 물론 최신 판례 및 심판례, 유권해석을 담았다.

끝으로 법령의 이해나 쟁점과 직·간접적으로 관련이 있는 참고자료를 가급적 풍부히 제공하여 쟁점에 대해 깊이 있는 이해를 돕고자 하였다.

독자들께 한 가지 당부하고 싶은 것은 본서에는 저자의 주관이 다소 가미되어 있으며 감면 해석과 관련한 구체적인 사실 관계를 적용하는 과정에서 본서에서 밝힌 입장과 결과가 상이해지는 경우도 충분히 있을 수 있다는 점이다. 조세 관계 법령은 일반 법령에 비해 매우 복잡한 데다 모든 사안에서 개별적·구체적인 사실관계가 조금씩 달라 특정 사례를 일반화하여 적용하기에는 한계가 있기에 이는 불가피한 측면이 있음을 양해해 주시기 바란다.

이 책이 나오기까지 많은 이들이 도움이 있었다. 우선 집필 경험이 일천한 저자들의 호기 어린 집필 결심을 신뜻 받아 주신 ㈜조세통람의 서동혁 대표님, 저서 전반의 방향과 구성에 도움을 주시고, 교정과 편집에 심혈을 기울여 주신 편집부 직원분들께도 지면을 빌려 진심으로 감사드린다. 아울러 본서 집필과정에 참고가 될 수 있는 다양한 사례와 참고자료를 제공해 주고 유용한 조언을 아끼지 않은 행정안전부 지방세특례제도과 모든 동료들에게도 감사를 표한다.

아울러 공평한 지방세 과세와 보다 나은 세무행정 서비스 제공을 위해 오늘도 불철주야 복잡하고 어려운 지방세관계법과 씨름하고 있는 1만여 전국 지방세정인과 지방세에 애착을 갖고 세제의 발전과 납세자의 권리 보호를 위해 조언과 고민을 아끼지 않는 지방세 관련 전문가들에게도 감사의 마음을 전한다.

2020. 1.

서정훈, 서명자, 서원주 저자일동

이 책의 구성과 특징

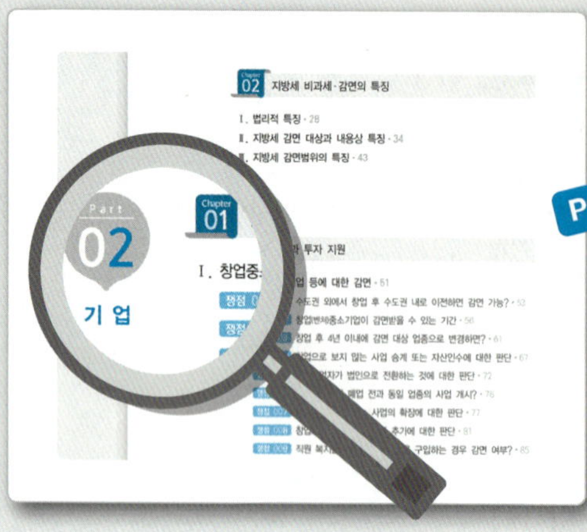

POINT 1

주제별로 구성하였다.

납세자 관점에서 주제를 중심으로 엮었다.
이 책에서 다루는 주제는 크게 **기업, 국민 생활, 지역 인프라, 공공 사업, 비과세** 다섯 가지이다.
감면 혜택이 많고 쟁점이 가장 많이 발생하는 기업과 개인에 관한 감면을 앞단에 배치함으로써 활용도가 높은 분야에 좀 더 쉽게 접근할 수 있도록 배려하였다.

POINT 2

100가지의 핵심 쟁점을 가려 뽑았다.

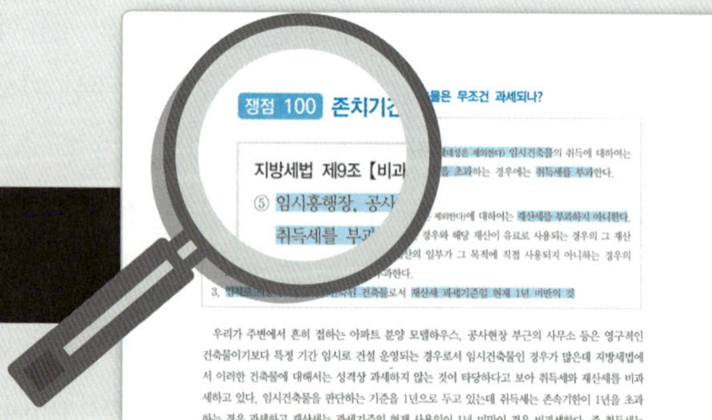

유사한 해석사례가 반복적으로 나타나거나 민원이 많이 발생하는 것들을 추려서 주제별로 묶었다. 각각의 쟁점을 대표하는 제목은 일반인의 시각에서도 쉽게 이해할 수 있도록 가급적 일상적인 문구로 의문을 제기하는 형식을 취했다. 하나의 쟁점 아래에서도 비슷한 사례를 다양하게 분석하였기 때문에 쟁점 제목에서 대표적으로 제시한 사안뿐만 아니라 **관련 있는 여러 쟁점들을 한 번에 쉽게 파악**해 볼 수 있다.

POINT 3

쟁점과 관련되는 감면 내용을 표 형태로 간결하게 제시하였다.

이 책은 대주제(Part), 중주제(Chapter), 소주제(I, II, III …), 쟁점 (001~100)으로 이어지는 4개의 층위로 편제되었다.
로마자로 표기된 소주제는 몇 가지의 쟁점을 포함하고 있으며 쟁점을 논하기 전에 해당 **감면에 대한 수혜자, 감면 대상 물건, 감면 내용, 추징 요건 등을 표 형태로 간략히 정리**하였다.
또한 해당 감면에 대한 주요 연혁과 개정도 간단히 정리하였다.

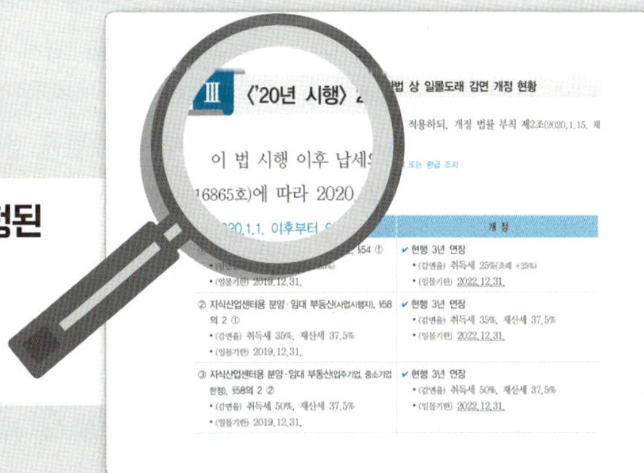

POINT 4

각각의 쟁점은 2020년 개정된 최신 법령과 해석사례를 반영하였고, 관련된 참고자료도 풍부히 담았다.

산업단지 조성 감면과 관련한 추징시점의 명확화, 입주기업 감면의 시점, 감면의 구체적 범위 등 그간 세정운영상 **혼선이 있었던 사항에 대한 제도 개선 내용을 포함**하였으며 취득세 추징에 대한 이자상당가산액의 신설, 조례를 통한 지방세 감면범위의 확대 등 **새롭게 신설된 제도도** 본서를 통해 확인할 수 있도록 하였다.

이 책의 활용방법과 기대효과

CHECK 1 지방세를 부과·징수하는 실무자나 세무공무원들이라면

☑ 지방세 감면이나 비과세 적용과 관련하여 실무자와 납세자가 의견을 달리하는 경우

- 논쟁이 된 쟁점 외에 유사 사례의 존재 여부를 쉽게 확인하여 대응할 수 있다.
- 쟁점을 세부적으로 살펴보면 명쾌하게 정리된 사안을 한 눈에 확인할 수 있다.
- 의견 대립이 있는 사안이라면 각 기관별 입장을 적시하였다.
- 결론이 명확한 사안임을 확인한다면 유권해석 의뢰 등을 비롯한 불필요한 행정력 소모를 방지할 수 있다.

☑ 지역에서 경영 활동을 하는 기업이 받을 수 있는 지방세 감면 혜택을 문의받는 경우

- 소주제(Ⅰ, Ⅱ, Ⅲ …) 하단에 정리된 감면요건, 추징요건 및 개정 연혁에 대한 요약 정리표를 추려서 안내한다면, 조세 지원에 대해 총괄적으로 알고 싶어하는 납세자에 대한 안내에 유용하게 활용할 수 있다.
- 감면 주제별로 정리된 쟁점별 핵심해설을 통해 납세자가 감면 전·후 범할 수 있는 오류를 사전에 예측하여 안내할 수 있을 것이다.

☑ 새로이 지방세 감면 업무를 담당하게 되는 경우라면

이 책의 지방세 감면에 대한 핵심 해설(100선)을 접하기에 앞서

- PART 01(개관)을 통해 지방세 특례의 의의 및 구조 그리고 지방세 특례를 설계하는 원칙 등을 이해함으로써 지방세특례제한법에 대한 기본적인 개념을 정립할 필요가 있다.
- PART 07(지방세 감면 적용 기준 및 운영 지침)에서 정리된 최근 3년간 지방세특례제한법 상 일몰도래 감면의 개정 현황과 중요 이슈에 대한 운영 지침도 필수적으로 이해해야 한다.

CHECK 2 지방세를 다루는 전문가들(회계사, 세무사, 변호사 등)이라면

국세와 지방세는 기본적인 과세체계도 상이한 점이 많지만 비과세·감면 영역에 있어서도 상당한 차이가 있기 때문에 일독은 필수다.

☑ 지방세 업무를 직접 대행하는 실무 전문가라면

- 지방세특례제한법은 일몰기한 도래 시마다 재설계되는 일몰법이다. 따라서 PART 07에서 정리된 일몰도래 감면 규정에 대한 개정 현황과, 각종 제도개선 사항을 매년 습득해 두어야 한다.
- PART 02~06까지 총망라된 "행안부 3서 지방세 비과세·감면 100선"을 통해 대법원, 조세심판원, 행정안전부 및 지방자치단체의 최근 입장을 집약적으로 습득할 수 있다.

✔ 학회 또는 협회 등을 통해 지방세를 전문적으로 연구하는 경우라면

"행안부 3서 지방세 비과세·감면 100선" 외에 PART 01(개관)에서 기술된 지방세 특례의 유형, 지방세 지원의 원칙 및 법리적 특징을 이해할 필요가 있다.

CHECK 3 사업의 주체 또는 부동산을 구매하는 납세자의 입장이라면

✔ 기업을 창업하거나, 공공기관 등이 개발사업을 추진하는 경우라면

- 이 책은 납세자의 관점에서 감면 주제별로 기술되어 있어 해당 사업과 관련된 쟁점(001~100) 분야를 쉽게 찾아 보고 핵심적인 해설을 접할 수 있다.
- 각 PART 02~06의 쟁점별 핵심해설 서두에 정리되어 있는 감면 요건, 사후관리 규정 및 일몰기한 등을 인지하고 사업추진 및 계획수립 등에 활용하면 될 것이다.
- 공공성 강한 사업을 추진하려는 경우라면 PART 01(개관)과 PART 07(지방세 감면 적용 기준 및 운영 지침)을 통해 지방세 감면 유형, 지원 원칙 및 감면 신설·확대 절차를 이해함으로써, 소관부처를 통해 각 사업추진에 필요한 감면 제도 신설 등을 건의할 수 있을 것이다.

✔ 부동산을 매입하려는 개인 납세자라면

- 부동산 매입에 앞서 각 PART 02~06의 쟁점별 핵심해설에서 부동산 취득에 대한 감면 사항들을 사전적으로 확인하여 매입계획에 반영할 수 있다.
- 이미 지방세를 감면 받은 경우라도, 각 쟁점별 서두에 정리된 감면 사후관리 요건과 유사 추징 사례를 통해 사후적으로 이행해야 하는 사항들을 쉽게 인지 할 수 있다.

CONTENTS

CONTENTS

CONTENTS

Part 04

지역 인프라

CONTENTS

Part 06

비과세

Part 07 지방세 특례 운용 및 적용기준 등

세무·회계 지식서비스 분야의 선두주자 **조세통람**
국내 재경실무분야를 선도하는 No1. Knowledge Provider

Part 01

개 관

본 PART에서는 본격적인 분야별 쟁점을 다루기에 앞서 지방세 비과세와 감면의 기본적인 사항에 대해서 살펴본다. 본 PART는 두 Chapter로 구성하였다. Chapter 01 지방세·비과세 감면의 의의와 구조에서는 지방세 세목, 비과세와 감면의 기본 개념과 법적 근거, 감면 현황, 감면정책이 이루어지는 실무상의 절차 등을 소개하였다. Chapter 02에서는 지방세 감면의 특징에 대해서 다루었는데 편의상 법리적 측면, 감면 대상과 내용, 감면 범위 등 세 유형으로 구분하여 자세히 소개한다.

Chapter 01은 지방세 비과세와 감면의 개념이 생소하거나 처음 접하는 독자를 위해서 기본적인 개념과 현황 위주로 작성되었으므로 비과세·감면에 대해 어느 정도의 이해가 있는 독자라면 굳이 읽지 않아도 무방할 것이다. Chapter 02는 지방세 감면 실무에 직접적으로 연관이 됨은 물론 PART 02부터 다루는 모든 쟁점에 공통적으로 적용되는 기본적인 사항을 정리해 두었다. 2020년부터 새롭게 적용되는 제도변경 사항과 쟁점 사항도 일부 포함하고 있으므로 가벼운 일독이 도움이 될 것이라 생각한다.

Chapter 01

지방세 비과세·감면의 의의와 구조

I 지방세 비과세·감면의 의의

(1) 지방세의 세목과 종류

지방세는 지방자치단체의 장이 관할구역 내의 주민의 재산 등에 대하여 부과·징수하거나 주민이 지방자치단체에 직접 신고·납부하는 조세로서 지방자치단체를 운영하는 자주적인 수입의 근간을 이룬다. 지방세법에서는 총 11개의 지방세를 규정하고 있다. 조세법률주의를 채택하는 우리나라의 헌법에 따라 지방세의 종목과 세율 등 과세의 본질을 이루는 요건은 지방세법이 정하는 바에 따라야 하며 지방자치단체의 조례를 통해서는 정할 수 없다.

개 관

❙ 지방세 세목 및 세입 귀속 ❙

특별·광역시	시 세(9)	① 취득세 ② 레저세 ③ 주민세* ④ 자동차세 ⑤ 지방소득세 ⑥ 지방소비세 ⑦ 담배소비세 ⑧ 지역자원시설세 ⑨ 지방교육세
	구 세(2)	① 등록면허세 ② 재산세**
도	도 세(6)	① 취득세 ② 레저세 ③ 지방소비세 ④ 등록면허세 ⑤ 지역자원시설세 ⑥ 지방교육세
	시·군세(5)	① 주민세 ② 재산세 ③ 자동차세 ④ 담배소비세 ⑤ 지방소득세

* (주민세 특례) 광역시의 경우 주민세 재산분 및 종업원분은 구세로 귀속된다.
** (공동과세) 서울특별시 內 구의 재산세(선박, 항공기, 도시지역분은 제외)는 특별시세(50%) 및 구세(50%)로 귀속된다.

국세와 달리 지방세는 세입 귀속의 주체가 개별 지방자치단체이다. 11개 세목을 광역지방자치단체와 기초지방자치단체에 배정하고 있다. 또 11개 세목 중 9개 세목은 지방자치단체의 일반 행정 목적으로 쓰이는 재원이지만 지역자원시설세와 지방교육세는 목적세로서 각각 소방안전재원과 지방교육청의 교육재원으로 활용된다.

(2) 지방세 비과세·감면의 개념

헌법 제38조는 "모든 국민은 법률이 정하는 바에 의하여 납세의 의무를 진다."고 규정하고 있다. 헌법이 정하고 있는 납세의무에도 불구하고 법률에서는 납세 의무에서 배제하거나 납세 부담을 경감해 주고 있는 경우가 있는데 비과세와 감면이 그것이다. '비과세'는 과세 대상의 법적 성격이나 용도가 과세하기에는 적절하지 않은 측면이 있거나 납세의무자가 세금을 납부하는 것이 부적절한 경우 국가나 지방자치단체가 과세 대상이나 납세의무자에서 제외하는 것이다. '감면'은 과세 의무가 성립 확정되었으나 정책적인 목적에서 납세의무의 일부 또는 전부를 납세자의 신청이나 과세관청의 직권으로 경감해 주는 것이다.

실정법 상에서 감면은 '특례'라는 단어로 표현되고 있다. 국세는 조세특례제한법, 지방세는 지방세특례제한법에서 특례의 대상, 특례 적용의 범위와 내용, 특례의 관리에 관한 사항 등을 두고 있다. 표현은 특례로서 동일하지만 법률상 정의에서는 다소 차이가 있다.

조세특례제한법과 지방세특례제한법 상 특례의 의미

조특법 제2조【정의】제1항 제8호	지특법 제2조【정의】제1항 제6호
"조세특례"란 일정한 요건에 해당하는 경우의 특례세율 적용, 세액감면, 세액공제, 소득공제, 준비금의 손금산입(損金算入) 등의 조세감면과 특정 목적을 위한 익금산입, 손금불산입(損金不算入) 등의 중과세(重課稅)를 말한다.	"지방세 특례"란 세율의 경감, 세액감면, 세액공제, 과세표준 공제(중과세 배제, 재산세 과세 대상 구분전환을 포함한다) 등을 말한다.

조문을 비교해 보면 국세에 관한 특례사항을 규정하고 있는 조세특례제한법에서는 조세감면과 중과세를 모두 특례로 본다. 즉 납세자의 세부담을 경감해 주는 경우뿐만 아니라 정책적 목적에서 중과하는 경우까지 포함하여 특례로 보고 있다. 하지만 지방세특례제한법은 세금부담을 경감하는 경우만을 특례를 한정하고 있다. 또 조세특례제한법 상 특례 개념에는 소득공제, 손금산입 등 법인세와 소득세 관련한 사항을 명시하고 있지만 지방세특례제한법 상에는 그런 내용이 없다. 조세특례제한법과의 정합성, 지방소득세의 독립세의 전환에 따른 독자적 정책 운용 필요성 등을 고려할 때 향후 중과세 및 소득세 관련 특례 개념을 지방세특례제한법 개념에도 반영할 필요가 있을 것으로 보인다.

본서에서는 이러한 특례의 법적 개념과는 별개로 지방세법 상 비과세와 현행 지방세특례제한법에서 규정하고 있는 특례의 내용을 묶어 '지방세 비과세·감면'을 중심으로 기술한다. 납세자 입장에 봤을 때는 비과세와 감면을 따지는 것은 별 실익이 없고 특례보다는 감면이 직관적으로 이해하기 쉽기 때문이다.

저자팁

지방세특례제한법 상 특례의 유형별 개념

① **세율경감** : 지방세법에서 정하고 있는 일반 세율에서 일정 세율을 차감하여 세액을 산출하는 것이다. 지방세특례제한법 제65조에서 정하고 있는 항공운송사업에 대한 과세 특례가 대표적인데 해당 조문에서는 항공사업용 항공기 취득에 대해 지방세법에서 정한 일반세율에서 1천분의 12를 경감하도록 하고 있다.

② **세액감면** : 과세표준에 세율을 곱한 산출세액의 일정 비율을 경감하는 것이다. 현행 지방세특례제한법에서 가장 많이 채택하고 있는 방식이다. 특히 100퍼센트를 경감하는 경우를 면제라고 한다. 면제의 대표적인 사례로 장애인이 보철용으로 취득하는 자동차에 대한 취득세와 자동차세 감면을 들 수 있다. 이 경우 최소납부세제도 적용되지 않으므로 납세자 입장에서 볼 때 비과세와 사실상 차이가 없게 된다.

③ **세액공제** : 산출된 세액에서 일정액을 공제하여 세부담을 덜어주는 것이다. 지방세특례제한법 제35조의 3에서 재산세 과세기준일 현재 임대인과 임차인 간에 임대차계약을 체결하고 임대주택으로 사용하는 경우로서 그 주택을 보유한 자에 대해 주택담보대출금액의 일부를 재산세액에서 공제해 준 과거의 사례가 있다(2016년 12월 31일 일몰).

④ **과세표준 공제** : 소득세의 과세 대상 소득에서 일정 소득을 제외하고 과세표준을 산출하는 방식이 대표적인데 현재 지방세특례제한법에서는 별도로 규정하고 있지는 않다.

⑤ **중과세 배제** : 지방세법 상 사치성 재산이나 과밀억제권역의 부동산 등에는 중과세를 적용하는데 중과세 배제는 일정한 정책목적을 위해 이를 배제한다. 부동산투자회사가 취득하는 부동산, 부동산집합투자기구의 집합투자재산 등에 중과배제 특례를 적용하고 있다(지특법 §18의 2).

⑥ **재산세 과세 대상 구분전환** : 토지에 대한 과세는 종합합산과세 대상, 별도합산과세 대상, 분리과세 대상으로 나누어져 있는데 특정한 목적을 위하여 특정 토지에 대해 합산방식을 달리 정하거나 분리과세 대상으로 추가하는 것 등을 의미한다. 현재 지방세법에서는 과세 대상 구분전환을 규정하고 있지만 지방세특례제한법에서는 따로 정하는 바가 없다.

개 관

Ⅱ 지방세 비과세·감면의 구조

(1) 법적 근거

지방세법에서 정한 일반과세에 대한 지방세 특례는 지방세특례제한법, 지방세기본법, 지방세징수법, 지방세법, 조세특례제한법 및 조약에 따르지 않고는 정할 수 없다(지특법 §3). 비과세는 지방세법에서 규정하고 있는데 지방세법에서는 각 세목별로 특정 주체나 특정 물건에 대하여 비과세 조항을 두고 있다. 감면에 관한 사항은 지방세특례제한법, 조세특례제한법, 감면조례에서 규정하고 있는데 대부분 지방세특례제한법에 근거하고 있다. 지방세법에서의 비과세는 비과세가 적용되는 개별 세목을 다루는 장에서 10개 조문으로 언급하고 있지만 지방세특례제한법 상 감면에 관한 사항은 4개장 184개 조문에 걸쳐 규정하고 있다. 2011년 지방세법이 지방세기본법,

지방세법, 지방세특례제한법으로 분법되기 이전까지는 지방세 비과세·감면에 관한 내용은 지방세법에서 함께 다루고 있었고, 국세와 지방세가 함께 감면되는 사항은 조세특례제한법에서 규정하고 있었다. 2011년 지방세법이 분법되면서 지방세특례제한법이 새롭게 제정되는데 이때 지방세법에 비과세에 관한 사항만 존치되고 감면에 관한 사항은 모두 지방세특례제한법으로 옮겨졌다. 이후 조세특례제한법에서 규정하고 있던 지방세 감면이 대부분 지방세특례제한법으로 옮겨오면서 비과세는 지방세법, 감면은 지방세특례제한법에서 다루는 현재의 골격이 마련되었다.

과거 많은 지방세 특례에 관한 사항이 조세특례제한법에 규정하고 있었으나 그동안 단계적으로 지방세특례제한법으로 이관해 와서 2020년 현재 농·어업용 면세유에 대한 주행분 자동차세 감면 규정 1건만 조세특례제한법에 존치하고 있다. 법률에서 위임하고 있거나 지방자치단체가 감면총량의 범위 내에서 자율적으로 정할 수 있는 사항은 지방자치단체가 조례로서 감면을 정할 수 있는데 아직 많이 활성화되지는 않은 상황이다.

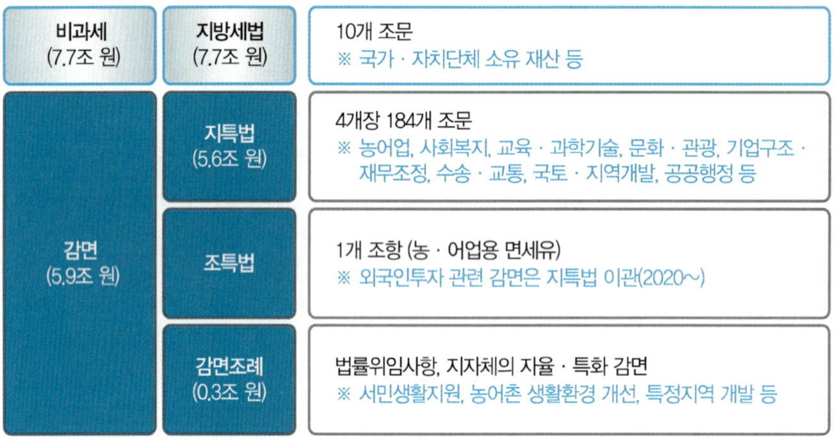

감면의 대부분을 구성하고 있는 지방세특례제한법은 감면 대상자·대상물건·감면조건·감면율·유예기간 등을 명시하고 있다. 공익성·조세형평성 등을 고려하여 엄격하게 적용하고 법령에서 규정하는 요건을 명확하게 충족하지 않을 때는 감면을 적용하지 않는다. 법령 등에 따라 지방세를 감면한 후에도 납세자가 유예기간 내에 감면 요건을 충족하지 아니하거나, 일정 기간 내에 다른 용도로 사용하는 경우 감면한 세액을 추징한다.

(2) 비과세·감면 분야별 현황

비과세·감면을 세목별, 정책영역별, 지역별로 간단히 살펴 볼 필요가 있다. 참고로 아래 자료는 개인분 지방소득세 공제·감면을 제외한 것이며 2018년도 결산을 기준으로 작성된 것이다. 개인분 지방소득세의 경우 종전 소득세의 부가세 형태로 운영되는 것과 사실상 유사하게 국세인 소득세 공제·감면이 이루어지는 경우 지방소득세도 그에 따라 자동감면으로 이루어지고 있다.

아직 지방소득세 공제·감면이 독립세 전환 취지에 맞게 독자적인 정책수단으로 쓰여 지고 있지 않기 때문에 통계적 관리의 실익이 별로 없다.

지방세목의 측면에서 보면 주로 부동산과 관련한 재산세와 취득세 비과세·감면이 대부분의 비중을 차지한다. 아래 표에서 보듯이 재산세와 취득세 비과세·감면을 합한 비중이 전체의 79퍼센트에 이르고 있다. 그런데 세수 비중 측면에서 본다면 재산세가 13.7퍼센트(11.5조 원), 취득세가 28.2퍼센트(23.8조 원)로서 두 세목의 합계가 전체 지방세수의 41.9퍼센트 수준이다. 이는 두 가지 측면으로 해석이 가능한데 지방세의 기간 세목이라 할 수 있는 재산세와 취득세에 대한 비과세·감면 비중이 과도한 측면이 있다고 볼 수 있으며 재산세와 취득세를 제외한 나머지 세목의 조세정책수단으로서의 기능이 상대적으로 취약하다는 의미도 내포한다.

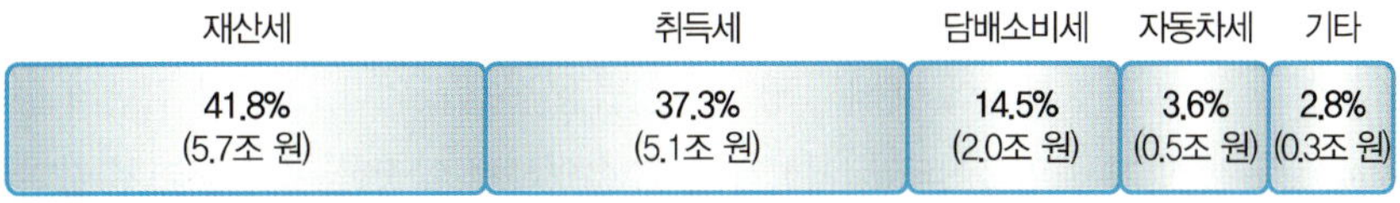

정책영역별로 살펴보면 산업·기업에 대한 감면이 가장 많은 비중을 차지한다. 공공행정과 국가 등의 경우 비과세가 많기에 전체적으로 비중이 높다. 사회복지, 국토 및 지역개발 분야에서는 정책적 목적의 감면이 많다.

(단위 : 억 원)

구 분	산업·기업	공공행정	국가 등	사회복지	국토·지역개발	교 육
세 액	34,632	32,027	19,030	11,840	10,101	6,502
비 중(%)	25.4	23.5	14.0	8.7	7.4	4.8
구 분	수송 및 교통	농림해양수산	문화 및 관광	기 타	합 계	
세 액	6,248	4,524	3,762	7,547	136,212	
비 중(%)	4.6	3.3	2.8	5.5	100.0	

비과세·감면액의 지역별 비중을 살펴보면 전체 비과세·감면액의 수도권(서울, 인천, 경기)의 비중이 48퍼센트 수준이다. 그런데 지방세수는 전체 84.3조 원 중 56.9퍼센트(48조 원)가 수도권 지자체에 귀속되어 수도권의 세수 귀속 비중에 비하면 비과세·감면액 비중이 다소 작다고 할 수 있다. 이는 지방세 감면이 과세형평성을 고려하여 비수도권 중심으로 상대적으로 담세력이 취약한 기업이나 개인에게 더 지원되는 방향으로 설계되어 있기 때문이다. 아울러 수도권의 경우 지역 균형 발전 차원에서 대도시법인 중과제도 등을 두고 있는 것도 하나의 이유라 하겠다.

구 분	경 기	서 울	인 천	부 산	경 남	대 구	경 북	충 남	전 남	충 북
비 중(%)	21.5	21.1	5.4	4.5	4.2	3.8	3.3	2.9	2.5	2.4
구 분	강 원	대 전	전 북	제 주	광 주	울 산	세 종	기 타	합 계	
비 중(%)	2.3	2.1	2.1	1.9	1.6	1.5	0.7	16.2	100.0	

※ '기타'는 지역별 감면액 산출이 어려운 담배소비세(면세 담배), 자동차세 주행분(면세유)

(3) 지방세 지출 정책의 수립과 추진

지방세 비과세와 감면은 납세자 입장에서는 세부담을 덜어준다는 측면에서 유사하지만 정책적인 측면에서는 큰 차이가 난다. 비과세는 지방세법에서 정하고 있어서 특별한 사정이 없는 한 정책적인 변동이 크지 않다. 지방세법 상 비과세 조항에 대해서는 비과세 적용 시한을 규정하고 있지도 않고 비과세 대상에 대해서 평가하는 법정 절차도 없다. 그러나 감면의 경우는 대부분 지방세특례제한법에서 일몰이라는 시한을 두고 운영하며 일정한 평가를 거쳐 감면시한과 감면율, 감면 대상 등을 주기적으로 조정한다. 비과세와 달리 감면은 과세관청 입장에서는 당연히 받아야 할 지방세를 특정 목적을 위해서 받지 않는 것이기 때문에 사실상 특정 목적을 위해 지방재정을 지출하는 것과 결과가 동일하다. 따라서 지방세 비과세를 제외한 지방세 감면에 관한 정책적 결정사항은 지방세 지출 정책이라고 부른다.

지방세 비과세·감면액은 2018년 결산기준으로 13.6조 원인데 이 중 비과세가 7.7조 원, 감면이 5.9조 원이다. 지방세비과세·감면액을 지방세징수액과 지방세 비과세·감면액을 합한 값으로 나눈 비율을 지방세 비과세·감면율이라 하는데 2018년 기준으로 13.9퍼센트이다. 그동안 지방재정의 건전성 확보에 주안점을 두고 지방세 감면을 지속적으로 줄여 온 데다 지방자치와 재정분권이 진전되면서 지방세징수액이 늘어나 전체적인 지방세 비과세·감면율은 감소 추세이다.

구 분	'12년	'13년	'14년	'15년	'16년	'17년	'18년
지방세징수액(조 원)	53.9	53.8	61.7	71.0	75.5	80.4	84.3
지방세감면액(조 원)	15.11	16.0	13.0	13.0	12.9	13.4	13.6
지방세감면율(%)	21.8	23.0	17.4	15.5	14.6	14.3	13.9

현재의 비과세·감면율은 지방재정법에서 지방재정의 건전성 확보를 위해서 정하고 있는 목표 범위 내에 있다. 지방세입은 부동산 거래와 경기변동 상황에 민감하여 안정적인 신장 여부는 담보할 수 없지만 현 시점에서의 비과세·감면율만 놓고 보면 향후 지방재정의 건전성을 잠식하지 않으면서도 지역경제 활성화를 위한 다양한 지방세 지출 정책을 활용할 수 있는 여력이 있는 것으로 보인다.

지방재정법 제28조의 2【지방세 감면의 제한 등】제1항

① 행정안전부장관은 대통령령으로 정하는 해당 연도의 지방세 징수결산액과 지방세 비과세·감면액을 합한 금액에서 지방세 비과세·감면액이 차지하는 비율이 대통령령으로 정하는 비율 이하가 되도록 노력하여야 한다.

지방재정법시행령 제35조의 7【지방세 감면의 제한】제1항

① 행정안전부장관은 법 제28조의 2 제1항에 따라 해당 연도의 지방세 징수결산액과 지방세 비과세·감면액을 합한 금액에서 지방세 비과세·감면액이 차지하는 비율(이하 이 조에서 "지방세 비과세·감면율"이라 한다)이 다음 각 호의 연도별 구분에 따른 비율 이하가 되도록 노력하여야 한다. 이 경우 비율을 계산할 때 1천분의 1 미만은 없는 것으로 한다.

1. 2017년까지 : 100분의 15
2. 2018년 : 2017년의 지방세 비과세·감면율에 1천분의 5를 더한 비율
3. 2019년 : 2017년과 2018년의 지방세 비과세·감면율 평균에 1천분의 5를 더한 비율
4. 2020년 이후 : 해당 연도의 직전 3년간 지방세 비과세·감면율 평균에 1천분의 5를 더한 비율

지방세 지출 정책은 지방세특례제한법 상의 모든 감면을 대상으로 한다. 통상 지방세특례제한법 상 대부분의 감면은 3년을 주기로 일몰 시한이 도래하는데 매년 전체 감면의 1/3 정도 규모가 일몰을 맞게 된다. 행정안전부장관은 일몰이 도래하는 지방세 감면에 대하여 매년 초 지방세 특례 및 그 제한에 관한 기본계획(이하 지방세 지출 기본계획)을 수립하여 지방재정부담심의위원회와 국무회의 심의를 거쳐 확정한다. 여기에는 당해 연도 지방세 지출 정책의 기본방향, 지방세 지출의 기본원칙, 지방세 지출의 평가, 행정절차 등에 관한 사항이 담긴다. 국무회의를 거쳐 확정한 계획은 각급 중앙행정기관의 장과 전국 지방자치단체의 장에 통보된다.

각급 중앙행정기관은 소관분야의 지방세 감면에 대해서 감면의 연장을 요청하거나 새로운 감면 신설을 요구하기도 한다. 행정안전부는 이렇게 각 부처에서 제출하는 감면 연장건의서와 감면 신설건의서를 받아 감면 연장 여부를 판단하기 위해 필요한 경우 전문기관에 심층평가를 의뢰하거나, 신설 여부에 대해서 예비타당성 조사를 의뢰하기도 한다. 또 전국 지방자치단체와 함께 감면의 연장이나 신설 여부에 대해서 광범위한 의견을 교류한다. 이러한 논의를 거쳐 최종적으로 지방세특례제한법 정부 개정안이 마련되고 입법예고 등의 입법절차를 거치게 되는 것이다.

지방세특례제한법 제181조【지방세 특례의 사전·사후관리】제1항 및 제7항

① 행정안전부장관은 매년 2월 말일까지 지방세 특례 및 그 제한에 관한 기본계획을 수립하여 「지방재정법」 제27조의 2에 따른 지방재정부담심의위원회 및 국무회의의 심의를 거쳐 중앙행정기관의 장에게 통보하여야 한다.

⑦ 행정안전부장관은 예상 감면액이 대통령령으로 정하는 일정금액 이상인 지방세 특례를 신규로 도입하

려는 경우에는 대통령령으로 정하는 조세 관련 전문기관에 의뢰하여 지방세 특례의 필요성 및 적시성, 기대효과, 지방재정에 미치는 영향 및 예상되는 문제점에 대한 타당성 평가를 실시하여야 한다.

지방세 지출 기본계획에서 가장 중요한 사항은 지방세 지출에 관한 원칙인데 일몰이 도래하는 지방세 감면은 물론 향후 신설될 지방세 감면도 동 원칙에 의거해서 기본적인 방향이 결정된다. 2020.1.1.부터 시행되는 개정된 지방세특례제한법에서는 지방세 특례를 정함에 있어 고려해야 할 비교적 세부적인 원칙을 제시하고 있다. 구 지방세특례제한법에서는 공익성, 국가의 경제·사회 정책, 조세의 형평성, 대상자의 조세부담능력 및 지방재정여건 등을 고려하도록 하여 다소 모호하게 규정하고 있었으나 개정된 지방세특례제한법에서는 8개호에 걸쳐 지방세 특례의 원칙을 보다 구체화하여 자세히 열거하고 있다.

개정된 지방세특례제한법에서에서 추가된 원칙은 지방세 특례와 지방자치단체의 사무와 관련성, 지역발전 및 지역 균형 발전 효과, 특례 석용 대상과 적용 대상자가 구체성, 예산지원과 특례의 중복 지양, 목적세에 대한 특례 설정의 최소화이다.

舊 지방세특례제한법 제2조의 2【지방세 특례의 원칙】

행정안전부장관 및 지방자치단체는 지방세 특례를 정하려는 경우에는 공익성, 국가의 경제·사회 정책, 조세의 형평성, 지방세 특례 적용 대상자의 조세부담능력 및 지방자치단체의 재정여건 등을 종합적으로 고려하여야 한다.

지방세특례제한법 제2조의 2【지방세 특례의 원칙】

행정안전부장관 및 지방자치단체는 지방세 특례를 정하려는 경우에는 다음 각 호의 사항 등을 종합적으로 고려하여야 한다.

1. 지방세 특례 목적의 공익성 및 지방자치단체 사무와의 연계성
2. 국가의 경제·사회정책에 따른 지역 발전 효과 및 지역 균형 발전에의 기여도
3. 조세의 형평성
4. 지방세 특례 적용 대상자의 조세부담능력
5. 지방세 특례 대상·적용 대상자 및 세목의 구체성·명확성
6. 지방자치단체의 재정여건
7. 국가 및 지방자치단체의 보조금 등 예산지원과 지방세 특례의 중복 최소화
8. 지역자원시설세 등 특정 목적을 위하여 부과하는 지방세에 대한 지방세 특례 설정 최소화

이러한 법률상 특례의 원칙은 매년 행정안전부장관이 수립하는 지방세 지출 기본계획에 포함되어 당해 연도의 일몰도래 감면의 연장이나 축소, 확대는 물론 신설 감면을 판단하는 기본원칙에 반영된다.

참고

2019년 지방세 지출 기본계획상 지방세 지출원칙

지방세특례제한법에서 제시되고 있는 원칙은 정책실무상 아래와 같이 구체화되어 기준이 된다.

❶ 지출목적의 타당성 분석

- 국가사무 – 지방사무 구분체계에 의거, 순수 국가사무는 지출 지양
  ※ 지방자치법 상 지방사무의 범위, 지방 세출예산 편성 적합성 등 고려
- 국가정책 목적인 경우 국가 – 지방 간 협업을 통한 지역 발전 효과 분석
  ※ 감면기간 동안 해당 지역의 직접적 효과 및 타 지역 누출효과 등 고려
- 법령상 감면 목적의 구체화를 통한 포괄적 감면 배제
  ※ 공사·공단이 '고유목적에 사용하는 경우' 등 추상적·포괄적 목적 규정 정비

❷ 지출성격과 세목의 연계성 평가

- 확산·촉진 정책과 보호·지원 정책의 구분을 통한 적정 세목 선택

확산·촉진 정책	• **취득세 중심** : 동산·부동산의 거래·유통 활성화 취지에 맞게 유통세인 취득세 위주 설계
	• **재산세 보완** : 지원대상의 담세력이 부족하여 초기세부담 완화가 필요한 경우 제한적으로 인정(최대 5년)
보호·지원 정책	• **취득세, 재산세 병행** : 세목 종합 고려 설계

- 특정지출 목적으로 과세되는 목적세적 성격 세목 감면 종료 및 신설 배제

세목	내용
지역자원시설세	• 소방안전사무 재원 마련 목적
재산세 도시지역분	• 도시계획사업 비용 마련 목적(舊 도시계획세)
등록면허세	• 행정서비스에 대한 수수료적 성격

❸ 지출규모의 적정화

- 국가 및 지방 예산지원, 지방세 내 유사·중복지원 여부 판단
  ※ 국세·지방세 지출 지원, 지방보조금 등 납세자가 받는 혜택을 종합적으로 고려하여 지방세 지원 여부 및 규모 결정
- 국민개세주의, 공평과세 원칙에 부합하도록 최소납부세제 적용
- 과세형평성 확보를 위해 대상, 목적 등 유사 감면은 유사 혜택 부여
  ※ 단, 유사한 경우에도 조세부담능력, 공익성 등에 따라 감면율 차등화

❹ 지출방식의 최적화

- 조세 역진성 해소를 위해 감면율 방식 외에 세액공제 방식 적극 활용
  ※ 예 과세 대상이 고가일수록 감면액이 증가하는 문제 완화를 위해 한도 설정
- 지역특성 반영이 필요한 지출은 조례로 지출규모 차등화 근거 마련
  ※ 수도권 – 비수도권 차등 필요사항, 각종 특구·특화단지 관련사항 등
- 지방세 지출 주기적 평가 및 재설계를 위해 3년 기한 원칙으로 운영
  ※ 단, 유사대상 간 일몰기한을 일치시켜 합리적으로 재설계하기 위해 1~2년 가능
- 일몰 없이 운영되어 온 감면에 대해서는 원칙적으로 일몰기한 설정
  ※ 국가 공익사업에 따른 강제수용, 역사적 보존가치가 있는 경우 등에만 예외 가능

Chapter 02 지방세 비과세·감면의 특징

I 법리적 특징

(1) 확장·유추해석의 엄격한 제한

국세와 지방세를 불문하고 조세에 관한 법령의 해석은 법문대로 해석하여야 하고, 확장하거나 유추해석하는 것은 허용되지 않는다. 특히 감면규정 중 특혜규정은 엄격하게 해석해야 한다는 것이 대법원 판례에서 정립된 해석의 원칙이다. 지방세특례와 관련한 모든 법령해석에서 반드시 적용되는 원칙이며 규정이 다소 애매하거나 불확정적일 때 어김없이 등장하는 단골손님과 같은 법리이다. 지방세의 쟁점과 사례들을 분석하기에 앞서 반드시 유념해야 하는 철칙이라 할 것이다.

조세법률주의 원칙상 과세요건이나 비과세요건 또는 조세 감면 요건을 막론하고 조세법규의 해석은 특별한 사정이 없는 한 법문대로 해석할 것이며, 합리적 이유 없이 확장해석하거나 유추해석하는 것은 허용되지 아니하고, 특히 감면 요건 규정 가운데 명백히 특혜규정이라고 볼 수 있는 것은 엄격하게 해석하는 것이 조세공평의 원칙에도 부합되는 것임(대법원 2003두7392, 2004.5.28.).

(2) 취득세와 재산세 감면분 추징에 있어 법리상 차이점

지방세 비과세·감면 대상으로 인정되기 위해서는 반드시 지방세법과 지방세특례제한법에서 정하는 요건에 부합하여야 한다. 요건은 법령에서 정하고 있는 비과세나 감면을 받을 수 있는 자격이 주어진 자(감면 대상자)가 감면 대상이 되는 물건을 취득하거나 보유(감면 대상 물건)하면서 비과세나 감면의 취지에 맞게 활용(사후관리)해야 한다는 것이다. 만일 이러한 요건 중 어느 하나라도 어기게 되면 추후 과세관청으로부터 비과세나 감면받은 세액을 추징당하며 경우에 따라서는 가산세까지 내야 할 수도 있다.

추징에 관한 사항은 세목별로 약간의 차이가 있는데 비과세·감면 사례가 가장 많이 발생하는 취득세와 재산세에 대해서 살펴볼 필요가 있다. 취득세와 재산세는 대표적인 지방세목이며 부동산이 과세 대상이 된다는 점은 유사하지만, 취득세는 취득 자체에 담세력을 두고 취득 당시 1회에 한하여 신고 납부하는 세목이지만 재산세는 재산의 보유 자체에 담세력이 있다고 보아 매년 과세기준일(6월 1일) 보유현황에 따라 과세관청이 부과한다는 점에서 차이가 난다. 이러한 특징으로 인하여 비과세·감면액의 추징에 있어서도 다른 양상을 보인다.

① 취득세 추징 : 일반규정 + 개별규정, 가산세, 이자상당가산액 적용

취득세의 경우 취득 당시에 비록 적격 요건을 갖춘 감면 대상자가 감면 대상 요건에 부합하는 물건을 취득한다고 해도 향후 해당 취득 물건이 향후 법령에서 규정하는 목적에 맞게 제대로 활용될지 과세관청 입장으로서는 알 길이 없다. 따라서 취득세 감면은 사후관리 요건을 두고 있는데 기본적인 구조는 과세 물건을 취득한 후 '일정 기간 내에 감면받은 목적으로 쓰기 시작하라'는 것과 그렇게 쓰기 시작했으면 '최소 몇 년은 써라'라는 것이다. 지방세특례제한법 제178조는 부동산에 대한 취득세 감면 추징과 관련하여 일반적으로 적용되는 사후관리 규정을 두고 있는데 내용은 아래와 같다. 참고로 지방세특례제한법 제178조는 일반적 규정이지만 개별 감면 조문에서 감면 대상 목적물을 특정 용도로 직접 사용할 것으로 요건으로 두고 있는 경우에 한하여 적용된다. 만약 직접 사용 요건을 개별 조문에서 요구하고 있지 않다면 적용될 여지는 없다. 한편 지방세특례제한법 제178조와 달리 개별 감면 조문별로 용도나 기간, 조건을 달리하여 추징 사유를 규정하고 있는 경우는 그에 따라야 한다.

개 관

> **지방세특례제한법 제178조 【감면된 취득세의 추징】 제1항**
>
> ① 부동산에 대한 감면을 적용할 때 이 법에서 특별히 규정한 경우를 제외하고는 다음 각 호의 어느 하나에 해당하는 경우 그 해당 부분에 대해서는 감면된 취득세를 추징한다.
>
> 1. 정당한 사유 없이 그 취득일부터 1년이 경과할 때까지 해당 용도로 직접 사용하지 아니하는 경우
> 2. 해당 용도로 직접 사용한 기간이 2년 미만인 상태에서 매각·증여하거나 다른 용도로 사용하는 경우

눈 여겨봐야 할 사항은 제1항 1호의 경우는 '정당한 사유'라는 불확정 개념이 포함되어 있지만 제1항 2호의 경우는 두고 있지 않는 것이다. 부동산 사용을 개시하는 데 있어서는 정당한 사유 개념을 둔 이유는 납세자가 토지 취득 당시 전혀 예측하지 못했던 사유, 예를 들면 토지 추가수용을 위한 사업시행자지정 승인 지연, 건축허가나 사용승인 등 건축행정상의 제재, 지역주민의 민원제기 등으로 인하여 건축물로 직접 사용하지 못하는 사정이 생겼고 이를 유예기간 내에 해소하고자 노력을 다하였으나 불가피하게 해결하지 못하게 되는 경우를 고려한 것이다. 이와 같이 납세자의 정상적인 노력에도 불구하고 불가항력인 사유에 대하여 '정당한 사유'를 인정하는 것은 귀책사유 없는 납세자에게 불이익이 전가되는 것을 막아 선의의 납세자를 보호하기 위함이다.

반면 일단 부동산 사용을 시작하면 정당한 사유 여부는 묻지 않고 매각이나 증여, 또는 다른 용도 사용의 경우 감면액을 추징하는데 그 이유는 정당한 사유로 인정할 만한 외부적·내부적 요인이 발생하기 어렵다는 정책적 판단에 기인한다. 건축물의 경우를 예로 들면 일단 납세자가

건축물을 완공하고 특정한 용도로 사용하기 시작한다면 행정청이 사용 중인 건축물에 대하여 사용금지나 제한할 수 있는 사유가 매우 제한적이다. 사용금지나 제한의 사유로 볼 수 있는 것은 건축법 제81조 및 건축법시행령 제115조의 5에서 규정하는 '지방건축위원회의 심의결과 도로 등 공공시설의 설치에 장애가 된다고 판정된 건축물인 경우'와 '허가권자가 지방건축위원회의 심의를 거쳐 붕괴되거나 쓰러질 우려가 있어 다중에게 위해를 줄 우려가 크다고 인정하는 건축물인 경우', '군사작전구역에 있는 건축물로서 국가안보상 필요하여 국방부장관이 요청하는 건축물인 경우' 등이다. 즉 매각이나 증여, 다른 용도의 사용에 대해 정당한 사유로서 예외를 둔다면 이러한 외부적 요인이 사실상 인정되기 어려운 상황에서 단순히 납세자의 자금사정이나 사업계획의 변경 등 내부적 사정에 기인하는 경우까지 정당한 사유로 광범위하게 인정될 수 있는 여지가 발생함으로써 당초 특정 정책 목적을 달성하기 위한 감면의 취지가 사실상 형 해화 될 우려가 있다.

만일 비과세나 감면받은 취득세의 추징 사유가 발생하게 되면 납세자는 그 사유가 발생한 날로부터 60일 이내에 일반 세율을 적용한 세금을 신고하여 납부하여야 한다. 만일 60일을 경과하게 되면 신고불성실가산세와 납부불성실가산세가 부과될 수 있다. 한편 2020.1.15.부터는 이자상당가산액이 신규 적용된다는 점에 유념해야 한다. 부동산에 대해 감면받은 취득세 추징시 본세에 이자상당가산액을 더하여 추징하게 되는데 1일 10만분의 25가 적용된다. 다만, 파산, 천재지변 등의 사유로 매각·증여하거나 다른 용도로 사용하는 것이 불가피한 경우는 이자상당가산액 적용에서 배제될 수 있다.

지방세특례제한법 제20조【신고 및 납부】제3항

③ 이 법 또는 다른 법령에 따라 취득세를 비과세, 과세면제 또는 경감받은 후에 해당 과세 물건이 취득세 부과대상 또는 추징 대상이 되었을 때에는 제1항에도 불구하고 그 사유 발생일부터 60일 이내에 해당 과세표준에 제11조부터 제15조까지의 세율을 적용하여 산출한 세액[경감받은 경우에는 이미 납부한 세액(가산세는 제외한다)을 공제한 세액을 말한다]을 대통령령으로 정하는 바에 따라 신고하고 납부하여야 한다.

❙ 이자상당가산액 관련 신설 조문 ❙

지방세특례제한법 제178조【감면된 취득세의 추징】제2항

② 이 법에 따라 부동산에 대한 취득세 감면을 받은 자가 제1항 또는 그 밖에 이 법의 각 규정에서 정하는 추징 사유에 해당하여 그 해당 부분에 대해서 감면된 세액을 납부하여야 하는 경우에는 대통령령으로 정하는 바에 따라 계산한 이자상당액을 가산하여 납부하여야 하며, 해당 세액은 「지방세법」 제20조에 따라 납부하여야 할 세액으로 본다. 다만, 파산 등 대통령령으로 정하는 부득이한 사유가 있는 경우에는 이자상당액을 가산하지 아니한다.

지방세특례제한법 제123조의 2【감면된 취득세의 추징에 관한 이자상당액의 계산 등】제1항 및 제2항

① 법 제178조 제2항에 따른 이자상당액은 감면된 세액에 제1호의 기간과 제2호의 율을 곱하여 계산한 금액으로 한다.

1. 당초 감면받은 부동산에 대한 취득세 납부기한의 다음 날부터 추징사유가 발생한 날까지의 기간
2. 1일 10만분의 25

② 법 제178조 제2항 단서에서 "파산 등 대통령령으로 정하는 부득이한 사유"란 다음 각 호의 어느 하나에 해당하는 사유를 말한다.

1. 파산선고를 받은 경우
2. 천재지변이나 그 밖에 이에 준하는 불가피한 사유로 해당 부동산을 매각·증여하거나 다른 용도로 사용한 경우

② **재산세 추징 : 일반규정 없음, 3가지 유형의 추징, 이자상당가산액 미적용**

재산세는 취득세와 달리 감면받은 재산세 추징에 대한 일반적인 사후관리에 규정을 두고 있지 않고 개별 감면 조항에 따르도록 되어 있다. 재산세 감면분 추징과 관련한 개별 감면 조항의 재산세 사후관리는 크게 세 가지 유형으로 구분해서 살펴볼 수 있다.

첫 번째는 과세기준일 현재 해당 용도로 직접 사용하는 것을 감면 요건으로 두고 별도 사후관리를 위한 추징 규정은 없는 유형이다. 이 유형은 재산세 과세기준일 현재(6.1.) 법률에서 정하고 있는 용도로만 사용되기만 하면 당해 연도 재산세를 감면받고 만약 과세기준일 현재 다른 용도로 사용하고 있다면 일반과세를 적용할 뿐이며 별도로 이미 감면받은 세액에 대한 추징은 하지 않는다. 예를 들면 지방세특례제한법 제11조에서는 농업법인이 과세기준일 현재 영농·유통·가공에 직접 사용하는 부동산에 대해서 재산세를 2020.12.31.까지 50퍼센트 감면하고 있는데 해당 조문에 별도 추징 규정은 없다. 이 경우 만약 2018년과 2019년 재산세 과세기준일에 영농·유통·가공 목적으로 사용하고 2020년 과세기준일에는 다른 목적으로 사용하였다면 2020년 재산세 감면만 못 받게 되며 2018년과 2019년에 기감면된 재산세에는 아무 영향이 없다.

두 번째는 과세기준일 현재 해당 용도로 직접 사용할 것을 감면 요건으로 규정하고 있고 별도 사후관리를 위한 추징 규정도 추가로 두고 있는 유형이다. 이 유형에서는 사후관리 기간의 일부 기간은 당초 감면 용도에 적합하게 사용하여 재산세 감면을 받았다 하더라도 추징 사유가 발생하면 당초 감면받았던 재산세까지 모두 추징받게 된다. 지방세특례제한법 제31조에 따라 임대사업자가 임대 목적으로 직접 사용하는 경우 재산세 감면을 적용받는데 임대사업자 등록이 말소된 경우는 5년 이내에 감면된 재산세를 추징하도록 되어 있는 경우가 대표적이다.

세 번째 유형은 재산세 감면 요건으로서 과세기준일 현재 직접 사용을 요구하지는 않고 사후관리를 위한 추징 규정만 두고 있는 경우이다. 이 유형은 감면을 신청한 후 재산세 과세기준일이 도래한 시점에 해당 목적에 직접 사용하고 있지 않아도 감면이 가능하다. 그런데 재산세 감면을

받은 후 사후관리 규정에서 정하고 있는 기간과 용도를 위배하는 경우는 이미 감면받은 재산세를 추징받게 된다. 지방세특례제한법 제58조 제1항은 벤처기업집적시설 또는 신기술창업집적지역을 개발·조성하여 분양 또는 임대할 목적으로 취득하는 부동산에 대해 재산세를 경감하는데 3년 이내에 정당한 사유 없이 벤처기업집적시설 또는 신기술창업집적지역을 개발·조성하지 아니하는 경우 또는 부동산의 취득일부터 5년 이내에 벤처기업집적시설 또는 신기술창업집적지역의 지정이 취소되는 등의 사유가 발생하면 해당 부분에 대해서는 경감된 재산세를 추징하도록 규정하고 있다. 사후관리 추징 규정만 두고 있는 사례라 할 수 있다.

❙ 재산세 감면액 추징의 3가지 유형 ❙

	감면 요건	추징 요건	감면 예시
유형1	해당 용도로 직접 사용	–	지특법 제11조 농업법인
유형2	해당 용도로 직접 사용	있음	지특법 제31조 임대사업자
유형3	–	있음	지특법 제58조 벤처기업집적시설

한편 2020.1.15.부터 취득세 감면분에 대해 적용되는 이자상당가산액이 재산세에는 적용되지 않는다. 재산세의 경우는 일반적 추징 규정이 없고, 추징의 형태도 전술한 바와 같이 다양한 형태가 있는데다 납부 횟수도 취득세와 달리 1회에 한정되지 않아 이자상당가산액의 기산 시점, 적용 감면의 범위 설정 등과 관련하여 적용상 어려움이 있다는 점을 반영한 것이다.

(3) 직접 사용의 주체

지방세를 감면받고 감면받은 세액을 추징받지 않으려면 앞서 언급한 사후관리 요건을 준수하여야 하는데 그중 '직접 사용'의 의미를 명확히 짚고 넘어갈 필요가 있다. 종전에는 감면받은 자가 감면 대상 물건을 직접 사용하지 않고 제3자가 사용하게 되더라도 당초 법률에 규정된 감면의 목적대로만 사용하기만 하면 직접 사용으로 볼 수 있지 않느냐(물적 감면 중시)하는 해석상의 논란이 있었다.

❙ 직접 사용의 해석과 관련한 상반된 시각(2014년 법 개정 이전) ❙

인적 감면	물적 감면
소유관계를 기준으로 직접 사용 여부를 판단하는 것으로, 해당 부동산의 소유자가 직접 자신의 목적사업에 사용하는 경우에 한하여 감면 대상으로 본다는 견해	소유관계 보다는 사용용도를 고려하여 직접 사용 여부를 판단하는 것으로, 당해 부동산을 소유한 자가 직접 사용하지 아니하더라도 제3자에게 임대 또는 위탁하여 목적사업으로 사용한다면 감면 대상에 해당한다는 견해

하지만 현행 지방세특례제한법 상 직접 사용은 감면받은 자가 감면받은 용도로 감면 대상 물건을 사용한다는 의미로 한정하여 해석하여야 한다(인적 감면 중시). 2014년 지방세특례제한법(법률 제12175호, 2014.1.1.시행) 일부개정으로 제2조 제1항 제8호 규정이 신설되면서 직접 사용의 의미가 분명해졌기 때문이다. 동 규정을 신설한 취지는 지방세를 감면받는 직접적 수혜자가 해당 부동산의 소유자이기 때문에 '직접 사용'의 주체를 해당 부동산의 소유자로 한정한 것이다. 다만, 개별 규정에서 '직접 사용'의 의미를 별도로 규정하고 있거나, '임대주택 등에 대한 감면'과 같이 대상물건의 사용 용도가 별개로 정하여져 있는 경우에는 당연히 개별 조항에 따라 판단해야 한다.

지방세특례제한법 제2조 【정의】 제1항 제8호

① 이 법에서 사용하는 용어의 뜻은 다음과 같다.

8. "직접 사용"이란 부동산의 소유자가 해당 부동산을 사업 또는 업무의 목적이나 용도에 맞게 사용하는 것을 말한다.

개 관

(4) 조세법률주의 범위 내 감면조례 활용

지방세와 국세 특례의 특성 중 가장 차이나는 점 중의 하나를 꼽는다면 지방세는 국가와는 법인격을 달리하는 지방자치단체의 재원이기 때문에 조례를 통한 감면이 허용되고 있다는 것이다. 조례를 통한 지방세 감면은 행정안전부장관이 각 지방자치단체별로 정하는 비율 범위 내에서 정할 수 있는데 서민생활, 농어촌환경개선, 대중교통 확충 등 공익적 사유가 있는 경우나 특정 지역의 개발, 특정 산업의 지원 등의 목적에 부합하여야 한다. 또한 비록 법률에서 지방세 감면을 연장하더라도 조례에서는 감면율을 50퍼센트의 범위에서 인하하여 정할 수 있도록 여지를 주고 있는데 실제 활용 사례는 아직 많지 않은 실정이다.

특기할 만한 사항은 종전에는 법률에서 정한 감면은 어떤 이유에서든 조례를 통한 감면이 허용되지 않았지만 2020년부터는 법률이 정한 감면이라도 지역경제 위기 극복, 재난재해 대처 등의 사유가 있는 경우 행정안전부장관이 인정하는 범위 내에서는 조례로 추가 감면하는 것이 가능해졌다는 것이다. 이는 불확실성이 가속화되는 국내외 경제 여건 속에서 지방세 감면 정책이 지역경제 상황에 따라 보다 유연하고 탄력적으로 적용될 수 있도록 하기 위한 취지이다.

지방세특례제한법 제4조 【조례에 따른 지방세 감면】 제1항 및 제2항

① 지방자치단체는 다음 각 호의 어느 하나에 해당하는 때에는 3년의 기간 이내에서 지방세의 세율경감, 세액감면 및 세액공제(이하 이 조 및 제182조에서 "지방세 감면"이라 한다)를 할 수 있다.

1. 서민생활 지원, 농어촌 생활환경 개선, 대중교통 확충 지원 등 공익을 위하여 지방세의 감면이 필요하다고 인정될 때
2. 특정 지역의 개발, 특정 산업·특정 시설의 지원을 위하여 지방세의 감면이 필요하다고 인정될 때

② 지방자치단체는 제1항에도 불구하고 다음 각 호의 어느 하나에 해당하는 지방세 감면을 할 수 없다. 다만, 국가 및 지방자치단체의 경제적 상황, 긴급한 재난관리 필요성, 세목의 종류 및 조세의 형평성 등을 고려하여 대통령령으로 정하는 경우에는 제1호에 해당하는 지방세 감면을 할 수 있다.

1. 이 법에서 정하고 있는 지방세 감면을 확대(지방세 감면율·감면액을 확대하거나 지방세 감면 대상·적용 대상자·세목·기간을 확대하는 것을 말한다)하는 지방세 감면
2. 「지방세법」 제13조 및 제28조 제2항에 따른 중과세의 배제를 통한 지방세 감면
3. 「지방세법」 제106조 제1항 각 호에 따른 토지에 대한 재산세 과세 대상의 구분 전환을 통한 지방세 감면
4. 제177조에 따른 감면 제외 대상에 대한 지방세 감면
5. 과세의 형평을 현저하게 침해하거나 국가의 경제시책에 비추어 합당하지 아니한 지방세 감면 등으로서 대통령령으로 정하는 바에 따라 행정안전부장관이 정하여 고시하는 사항

지방세특례제한법 제182조 【지방자치단체의 감면율 자율 조정】 제1항 및 제2항

① 지방자치단체는 이 법에 따른 지방세 감면 중 지방세 감면 기한이 연장되는 경우에는 지방자치단체의 재정여건, 감면 대상자의 조세부담능력 등을 고려하여 해당 조에 따른 지방세 감면율을 100분의 50의 범위에서 조례로 인하하여 조정할 수 있다. 이 경우 면제는 감면율 100분의 100에 해당하는 것으로 본다.

② 지방자치단체는 제1항에도 불구하고 사회적 취약계층 보호, 공익 목적, 그 밖에 전국적으로 동일한 지방세 감면이 필요한 경우 등으로서 대통령령으로 정하는 사항에 대해서는 지방세 감면율을 인하하여 조정할 수 없다

Ⅱ 지방세 감면 대상과 내용상 특징

(1) 지방세 감면의 주기적인 변동성

지방세 비과세의 경우 성격에 비추어 지방자치단체가 과세권을 사실상 행사하지 않는 것이기 때문에 원칙적으로 기한이 없다. 그러나 감면의 경우는 정책적 목적을 인정하여 한시적으로 혜택을 부여하는 것이기에 원칙적으로 일몰이 설정된다. 법률에서 정한 일몰시한이 도래하면 정책효과를 평가하여 감면이 종료되거나 연장되는데 그간의 연혁에 비추어보면 감면이 연장이 되더라도 감면 혜택이 늘어나기보다는 줄어드는 경우가 많았다.

일몰이 도래한 조문에 대해서는 지방세특례제한법이 개정되면서 종전 법률관계가 따른 납세자의 신뢰보호를 위하여 통상 부칙에 아래와 같은 일반적 경과조치를 두게 된다.

> **지방세특례제한법 부칙**(법률 제16041호, 2018.12.24.)
> **제8조【일반적 경과조치】**
> 이 법 시행 당시 종전의 규정에 따라 부과 또는 감면하였거나 부과 또는 감면하여야 할 지방세에 대해서는 종전의 규정에 따른다.

유념해야 할 점은 이러한 일반적 경과조치의 취지는 개정 전 법령의 시행 당시 과세요건이 모두 충족되어 납세의무가 성립하였거나, 비록 과세요건의 충족과 밀접하게 관련된 원인행위로 나아감으로써 일정한 법적 지위를 취득하거나 법률관계를 형성하는 등 그 신뢰를 마땅히 보호하여야 할 정도에 이른 경우이어야 하고, 이러한 정도에 이르지 않은 경우에는 개정 전 법령이 아니라 납세의무 성립 당시의 법령이 적용된다(대법원 2015두42763, 2004.5.28.)는 것이다.

이러한 취지에 비추어 볼 때 개정된 법에서 지방세 감면율을 하향조정한 경우 단순히 구 법령 시행 당시에 건축허가를 받은 정도의 사유로는 동 경과 규정에 따른 신뢰보호 대상이 될 수 없고, 여러 차례 감면율이 동일하게 연장되었다고 하여도 이를 보호가치가 있는 신뢰로 보기는 어렵다고 할 것이다. 따라서 각 경제주체가 감면 대상자로서 감면 특례를 적용받기 위해서는 법령상 일몰 기한에 과세요건을 충족해야 한다는 점에 유의해서 재무 계획을 수립하는 것이 바람직하다.

개 관

(2) 사치성 재산에 대한 감면 배제

지방세법 제13조에서는 취득세가 중과세되는 대상들을 규정하고 있는데 과밀억제권역 내에서의 본점이나 주소무소의 사업용 부동산 취득, 공장의 신·증설, 대도시에서의 법인 설립이나 대도시로의 법인 전입, 별장 등 사치성 재산 등이 그 대상이다. 이러한 중과세 대상 중 사치성 재산에 대해서는 지방세특례제한법 제177조에서 감면 대상이 될 수 없음을 명시하고 있다.

사치성 재산은 별장, 회원제골프장, 고급주택, 고급오락장, 고급선박 등이다. 사치성 재산에 대한 중과세는 담세력이 있는 일부 고소득층이 향유하는 재산에 대해 세부담을 늘려 과세의 공평을 기하는 한편 도박, 유흥 등 사회적으로 장려하기에 바람직하지 않은 행위를 억제하고자 하는 취지를 담고 있다. 이러한 재산에 대해 지방세특례제한법 상 감면을 통해 특정 목적을 위해 취득과 보유를 촉진한다는 것은 중과세 취지와 충돌하기 때문에 감면 대상에서 배제하고 있는 것이다.

> **지방세특례제한법 제177조【감면 제외 대상】제1항**
> ① 이 법의 감면을 적용할 때 다음 각 호의 어느 하나에 해당하는 부동산 등은 감면 대상에서 제외한다.
> 1. 별장 : 주거용 건축물로서 늘 주거용으로 사용하지 아니하고 휴양·피서·놀이 등의 용도로 사용하는 건축물과 그 부속토지(「지방자치법」 제3조 제3항 및 제4항에 따른 읍 또는 면에 있는, 「지방세법 시행령」 제28조 제2항에 따른 범위와 기준에 해당하는 농어촌주택과 그 부속토지는 제외한다). 이 경우 별장의

범위와 적용기준은 「지방세법 시행령」 제28조 제3항에 따른다.

2. 골프장 : 「체육시설의 설치·이용에 관한 법률」에 따른 회원제 골프장용 부동산 중 구분등록의 대상이 되는 토지와 건축물 및 그 토지 상(上)의 입목. 이 경우 등록을 하지 아니하고 사실상 골프장으로 사용하는 부동산을 포함한다.
3. 고급주택 : 주거용 건축물 또는 그 부속토지의 면적과 가액이 「지방세법 시행령」 제28조 제4항에 따른 기준을 초과하거나 해당 건축물에 67제곱미터 이상의 수영장 등 「지방세법 시행령」 제28조 제4항에 따른 부대시설을 설치한 주거용 건축물과 그 부속토지.
4. 고급오락장 : 도박장, 유흥주점영업장, 특수목욕장, 그 밖에 이와 유사한 용도에 사용되는 건축물 중 「지방세법 시행령」 제28조 제5항에 따른 건축물과 그 부속토지.
5. 고급선박 : 비업무용 자가용 선박으로서 「지방세법 시행령」 제28조 제6항에 따른 기준을 초과하는 선박

참고

지방세법 상 사치성 재산에 대한 취득세와 재산세 중과세

❶ **별장**

(개념) 늘 주거용으로 사용하지 않고 휴양·피서·놀이등의 용도로 사용하는 건축물과 부속토지

(제외 대상) 읍. 면지역 농어촌주택 중 대지면적 660㎡ 이내 + 건물면적 150㎡ 이내 + 건물시가표준액 6,500만 원 이하 + 제외지역 아닌 곳에 소재

※ 제외지역 : 광역시에 소속된 군, 수도권 지역, 도시지역, 지정지역

(취득세 중과) 취득세율 + 중과기준세율(2%)의 4배 합산

(재산세 중과) 4%

❷ **고급주택**

(개념) 주거용 건축물 중 면적과 가액이 일정 기준을 초과한 주택

(적용대상) 주택가격이 6억 초과하면서 다음 어느 하나 이상의 요건을 구비하는 주택

※ 단, '라'의 경우는 6억이 초과하지 않아도 고급주택에 해당

가. 건축물 연면적 331㎡ 초과 + 건물시가표준액 9천만 원 초과

나. 대지면적 662㎡ 초과 + 건물시가표준액 9천만 원 초과

다. 200㎏ 초과 엘레베이터 설치

라. 에스컬레이터 또는 67㎡ 이상 수영장 중 1개 이상 시설 설치

마. 연면적 245㎡(복층형 274㎡)공동주택

(취득세 중과) 취득세율 + 중과기준세율(2%)의 4배 합산

(재산세 중과) 없음

❸ **고급오락장**

(개념) 도박장, 유흥주점 영업장, 특수목욕장, 그 밖에 이와 유사한 용도에 사용되는 건축물과 그 부속토지

(적용대상) 카지노장(외국인 전용 제외), 자동도박기, 고급미용실(욕실설비+요금지불), 식품위생법 제37조에 따른 허가 대상인 유흥주점(100㎡ 초과)

※ 유흥주점 : 무도장(카바레·나이트클럽·디스코클럽 등)·룸살롱, 요정 등

(취득세 중과) 취득세율의 4배 가산
(재산세 중과) 4%

④ 회원제 골프장
(개념) 회원제 골프장용 부동산 중 구분등록대상 토지와 건축물 및 그 토지 상(上)의 입목
(취득세 중과) 취득세율의 4배 가산
(재산세 중과) 4%

⑤ 고급선박
(개념) 비업무용 자가용 선박
(중과기준) 시가표준액 3억 원 초과
(취득세 중과) 취득세율의 4배 가산
(재산세 중과) 5%

(3) 수도권 과밀억제권역 중과세와 지방세 감면

개관

수도권의 과밀억제를 위한 대도시 내 법인에 대한 중과세는 지방세특례제한법에서 감면 제외 대상으로 규정하고 있지 않다. 즉 수도권 과밀억제권역 중과세를 적용받는 물건이라도 지방세특례제한법 상 감면 요건에 해당하면 감면 특례를 적용받을 수 있다.

| 대도시 내 법인에 대한 중과세 |

중과세 대상	세율예시
①-1. 본점용 부동산 신·증축 위한 부동산의 취득	• 건물신축 : 2.8%+(2%×2배)=6.8% • 토지취득 : 4%+(2%×2배)=8%
①-2. 공장 신·증설 위한 부동산의 취득	• 공장신축 : 2.8%+(2%×2배)=6.8% • 토지취득 : 4%+(2%×2배)=8%
②-1. 법인설립, 지점 설치, 전입 관련 부동산의 취득 (설립·설치·전입 후 5년 이내 취득 포함)	• 건물신축 : 2.8%×3배−(2%×2배)=4.4% • 토지취득 : 4%×3배−(2%×2배)=8%
②-2. 공장 신·증설하기 위한 부동산의 취득	• 공장신축 : 2.8%×3배−(2%×2배)=4.4% • 토지취득 : 4%×3배−(2%×2배)=8%
① 및 ②가 동시 적용되는 경우 (예 법인설립 후 5년 내 본점 신축)	• 건물신축 : 표준세율(2.8%)×3배=8.4% • 토지취득 : 표준세율(4%)×3배=12%

그런데 중과세를 적용받는 물건이 지방세특례제한법 상 감면 대상인 경우는 제한적이다. 지방세특례제한법에서 감면 대상으로 정하고 있는 대상 물건의 상당수가 지방세법에서 이미 중과세 적용 제외 업종으로 포함되어 있기 때문이다. 수도권 과밀억제 중과세는 수도권에 설치가 불가피하다고 인정되는 업종을 중과세 대상에서 제외(지방세법시행령 제26조(대도시 법인 중과세의 예외))

하고 있으며 제외 업종의 범위가 34종에 이른다. 사회기반시설사업, 주택건설사업, 여객자동차 운송사업, 의료업, 학술연구단체 등의 업종이 포함되어 있는데 이러한 업종에 대해서 지방세특례제한법에서 일정 요건을 충족하는 경우 취득세, 재산세 등의 감면 혜택을 받을 수 있다. 결국 현재의 입법 구조는 수도권에 설치가 불가피하다는 이유로 중과세에서 제외한 업종이 많은 경우 지방세특례제한법 상 감면 대상에도 해당되는 것이다. 수도권 과밀억제와 지역 균형 발전이라는 가치를 지방세제 내에서 구현하고자 한다면 수도권 필수 업종에 대해서는 지방세법 또는 지방세특례제한법 상 중과세 배제 특례를 설정하고 지방세특례제한법 상 감면을 통한 추가적인 특례는 비수도권에 한하도록 제한하는 것도 검토해볼 만하다. 현재의 입법체계는 수도권의 대부분 부동산과 시설 등이 '중과세 배제'라는 특례와 '세액감면'이라는 특례를 이중으로 적용받아서 결과적으로 수도권과 비수도권의 대부분의 업종이 하등의 차이가 없는 결과를 초래하기 때문이다.

(4) 재산세 감면에 따른 종합부동산세 감면

종합부동산세는 고액 부동산 보유자에 대한 과세를 통해 조세부담의 형평성을 제고하고 부동산 가격안정을 도모하기 위해서 부과되는 국세이다. 종합부동산세는 주택과 토지에 대하여 부과되는데 토지는 종합합산토지와 별도합산토지를 대상으로 한다.

종합부동산세 과세대상(유형별 전국합산)

유 형		과세대상
주 택		• 주택(부수토지포함, 별장 제외)
토 지	종합 합산토지	• 나대지 • 분리과세·별도합산대상 토지 중 기준면적 초과 토지 • 분리과세·별도합산과세 대상이 아닌 모든 토지
	별도 합산토지	• 상가 등 건축물의 부속토지로 기준면적 이내 토지 • 市지역(산단·공업지역 제외) 소재 공장의 기준면적 이내 공장용지 • 별도합산과세하여야 할 상당한 이유가 있는 토지

종합부동산세는 과세 물건이 재산세와 동일하기 때문에 이중과세 방지를 위해 부과된 재산세액을 종합부동산세액에서 공제하고 있다. 종합부동산세법 제9조와 제14조에서는 주택분, 종합합산토지, 별도합산토지의 과세표준 금액에 대해서 각각 재산세로 납부한 세액을 공제하도록 규정하고 있다. 분리과세대상 토지는 애초에 종합부동산세 과세 대상에 해당하지 않기 때문에 별도의 세액공제 규정이 없다.

종합부동산세법 제9조【세율 및 세액】제3항

③ 주택분 과세표준 금액에 대하여 해당 과세대상 주택의 주택분 재산세로 부과된 세액(「지방세법」 제111조 제3항에 따라 가감조정된 세율이 적용된 경우에는 그 세율이 적용된 세액, 같은 법 제122조에 따라 세부담 상한을 적용받은 경우에는 그 상한을 적용받은 세액을 말한다)은 주택분 종합부동산세액에서 이를 공제한다.

종합부동산세법 제14조【세율 및 세액】제3항 및 제6항

③ 종합합산과세대상인 토지의 과세표준 금액에 대하여 해당 과세대상 토지의 토지분 재산세로 부과된 세액(「지방세법」 제111조 제3항에 따라 가감조정된 세율이 적용된 경우에는 그 세율이 적용된 세액, 같은 법 제122조에 따라 세부담 상한을 적용받은 경우에는 그 상한을 적용받은 세액을 말한다)은 토지분 종합합산세액에서 이를 공제한다.

⑥ 별도합산과세대상인 토지의 과세표준 금액에 대하여 해당 과세대상 토지의 토지분 재산세로 부과된 세액(「지방세법」 제111조 제3항에 따라 가감조정된 세율이 적용된 경우에는 그 세율이 적용된 세액, 같은 법 제122조에 따라 세부담 상한을 적용받은 경우에는 그 상한을 적용받은 세액을 말한다)은 토지분 별도합산세액에서 이를 공제한다.

아울러 지방세특례제한법 상 재산세 감면이 설정되면 종합부동산세에서 감면분을 제외하고 납부한 재산세액을 세액에서 공제하는 것은 물론 종합부동산세 세부담도 경감된다. 지방세특례제한법 상 재산세 감면이 설정되면 종합부동산세법 제6조에 따라 감면 대상인 주택 또는 토지의 공시가격에서 재산세 감면 비율을 곱한 만큼을 공제하기 때문이다.

종합부동산세법 제6조【비과세 등】

① 「지방세특례제한법」 또는 조세특례제한법에 의한 재산세의 비과세·과세면제 또는 경감에 관한 규정(이하 "재산세의 감면규정"이라 한다)은 종합부동산세를 부과함에 있어서 이를 준용한다.

② 「지방세특례제한법」 제4조에 따른 시·군의 감면조례에 의한 재산세의 감면규정은 종합부동산세를 부과함에 있어서 이를 준용한다.

③ 제1항 및 제2항의 규정에 의하여 재산세의 감면규정을 준용함에 있어서 그 감면 대상인 주택 또는 토지의 공시가격에서 그 공시가격에 재산세 감면비율(비과세 또는 과세면제의 경우에는 이를 100분의 100으로 본다)을 곱한 금액을 공제한 금액을 공시가격으로 본다.

④ 제1항 및 제2항의 재산세의 감면규정 또는 분리과세규정에 따라 종합부동산세를 경감하는 것이 종합부동산세를 부과하는 취지에 비추어 적합하지 않은 것으로 인정되는 경우 등 대통령령이 정하는 경우에는 종합부동산세를 부과함에 있어서 제1항 및 제2항 또는 그 분리과세규정을 적용하지 아니한다.

재산세 감면 대상물건이 토지라면 주택과는 약간 다른 방식으로 감면이 적용된다는 점을 알아둘 필요가 있다. 지방세특례제한법에서 재산세 감면을 둔 대상이 토지라면 재산세 산출세액에서 감면비율을 곱하는 방식이 아니라 감면 대상이 되는 해당 토지의 과세표준에 감면비율을 적용한다. 주택과 달리 토지의 경우는 납세자가 보유한 토지를 합산하는 방식으로 과세되기 때문에 만약 산출세액에 대한 감면을 적용하게 된다면 감면 대상이 아닌 토지까지 묶여서 과도하게 감면되는 문제가 발생하기 때문이다.

지방세특례제한법 제179조【토지에 대한 재산세의 경감율 적용】
이 법 또는 다른 법령에서 토지에 대한 재산세의 경감 규정을 둔 경우에는 경감대상 토지의 과세표준액에 해당 경감비율을 곱한 금액을 경감한다.

한편, 종합부동산세는 종합합산토지와 별도합산토지에 대해서만 부과되지만 재산세 감면은 종합합산, 별도합산, 분리과세 구분 없이 모든 토지에 대해서 설정될 수 있다. 이에 따라 보유세가 과도하게 감면되는 문제가 나타날 수 있다.

재산세 감면이 종합합산토지를 대상으로 만들어지면 재산세 감면에 더하여 해당 토지에 대해서는 종합부동산세까지 연동되어 감면된다. 재산세는 기초 지방자치단체의 행정수요에 충당하기 위해서 부과되는 편익적 과세인 반면 종합부동산세는 부동산 가격안정과 세부담의 공평성 확보를 위해 부과되는 세금임을 고려할 때 재산세 감면 취지와 종합부동산세 감면 취지는 상이할 수밖에 없는데 재산세 감면 대상이라는 이유로 특별한 입법적 판단 없이 종합부동산세까지 감면되는 것은 불합리한 측면이 있다. 더구나 만약 재산세 경감 비율이 100퍼센트가 된다면 재산세는 물론 종합부동산세도 전혀 내지 않는 상황이 발생한다. 이 경우 분리과세 대상 토지와의 불형평 문제도 발생할 수 있다. 분리과세 대상 토지는 사치성 재산 외에는 대부분 정책적인 배려 목적에서 세부담을 덜어주기 위한 취지인데 정책적 목적에서 높은 세율 적용이 필요하다고 판단한 종합합산토지가 지방세특례제한법 상 면제 대상 토지가 된다면 재산세, 종합부동산세를 내지 않게 되고, 그 결과 분리과세 토지 보유자가 비록 종합부동산세 대상은 아니지만 결과적으로 더 높은 재산세 세부담을 안게 되는 조세 역진성이 나타나게 될 수 있는 것이다.

❙ 현행 토지분 재산세 구분체계 ❙

구 분	종합합산	별도합산	분리과세
대 상 (기준)	별도합산, 분리과세 이외 토지	건축물 부속토지, 생산 또는 경제활동에 활용되는 일부 토지	공익성, 경제성, 사치성 등을 감안, 정책적으로 특별히 낮거나 높은 세율을 적용하는 토지
예 시	나대지, 도시지역 내 임야·농지 등등	동 소재 공장용지, 일반 건축물의 부속토지, 차고용, 물류단지시설용 토지 등(17종)	읍면 소재 농지·공장용지, 보존임야, 회원제 골프장, 주택·산업단지 개발 토지 등(38종)

구 분	종합합산	별도합산	분리과세
합 산	소유자별 관내 합산	소유자별 관내 합산	합산 배제
세 율	※ 누진체계 • 5천만 이하 0.2% • 5천~1억 0.3% • 1억 초과 0.5%	※ 누진체계 • 2억 이하 0.2% • 2억~10억 0.3% • 10억 초과 0.4%	※ 차등체계 • 저율 : 0.07%(농지 등) • 일반 : 0.2%(공장용지 등) • 고율 : 4%(골프장 등)
종부세 적용	공시가격 5억 초과 대상(1~3% 세율)	공시가격 80억 초과 대상 (0.5~0.7% 세율)	대상 제외

따라서 향후 토지에 대해서는 별도로 재산세 경감 규정을 지방세특례제한법 등에 규정하기보다는 지방세법 내에서 합산방식의 구분에 따라 세부담을 적정화하고, 필요 시 분리과세 적용시한 등을 설정하는 것이 바람직해 보인다. 만일 정책적 목적을 이유로 재산세 경감 규정을 설정해야 한다면 종합부동산세 과세 대상이 되는 종합·별도합산 토지는 배제하고 분리 과세 대상에 한정하는 것도 생각해 볼 수 있겠다.

개 관

| 지방세법 상 분리과세 대상 토지 및 도입 시기 |

구분		내용
농 지		개인소유 농지('90), 농업법인 농지('90), 목장용지('90) 등
임 야		보전임지 내 시업 중인 임야·문화재보호구역임야·자연환경보호구역임야·종중소유임야('90) 개발제한구역, 군사시설보호구역(제한보호구역)내 임야('91), 상수원보호구역('95), 접도구역·철도보호구역·도시공원·하천 연안구역('98), 도시자연공원구역('11)
공장 용지		읍면, 산업단지, 공업지역 소재 공장용지('90) 개발제한구역 지정 전 취득한 공장용지('08) ※ 법인 수도권 밖 이전시 5년간 공장용지(조특법)
사 치		회원제골프장·고급오락장 부속토지('90)
기 타	국가 및 지자체 지원 토지	1. 국방용 공장구내 토지('95) 2. 수자원공사 홍수조절용 토지('00) 3. 군용화약류 시험 토지('01) 4. 기부채납예정 공공용 토지('13) 5. 농어촌공사의 종전부동산('14)
	에너지공급 및 방송통신 등 기반시설용 토지	1. 염전으로 사용되는 토지('91) 2. 전기사업용 토지('90) 3. 광구용 토지('90) 4. 석유공사 비축용 토지('91)

구분		대상 토지
기 타	에너지공급 및 방송통신 등 기반시설용 토지	5. 가스공사의 공급용 토지('92) 6. 지역난방공사 사업용 토지('95) 7. 철도공사용 토지('05) 8. 여객·화물 터미널용 토지('06) 9. 방송공사 중계용 토지('08) 10. 전기통신사업용 토지('09) 11. 항만공사의 항만시설용 토지('11)
	국토의 효율적 이용을 위한 개발사업 토지	1. LH의 공급용 및 분양임대용 토지('90) 2. 수공의 공급용 토지('90), 친수구역 내 토지('11) 3. 공유수면매립 토지('91) 4. 주택건설사업용 토지('91) 5. 중소기업진흥공단 분양 토지('96) 6. 농어촌 정비사업자 토지('96) 7. 자산관리공사 사업용 토지('97) 8. 산업공단 공급용 토지('97) 9. 산업단지 사업시행자용 토지('99) 10. 주택용지·산업단지 등 도시개발 사업용 토지('04) 11. LH의 비축용 토지('11) 12. 지방공사의 분양임대용 토지('14)
	지역경제발전, 공익성을 고려하여 분리과세 타당성이 있는 토지	1. 농협 등 구판사업용 토지('96), 농수산물 유통공사 시설용('06) 2. 비영리사업자가 '95년 이전에 취득한 토지('96) 3. 대덕연구단지 원형보전 토지('99) 4. 부동산투자회사의 사업용 토지('02) 5. 부동산투자기구 사업용 토지('06) 6. 산업단지 내 사업용 토지('05) 7. 전시장용 토지('06) 8. 인천국제공항공사의 토지('11) 9. 지식산업센터 사업시행자의 목적사업용 토지('11) 10. 지식산업센터를 분양받아 사용하는 토지('11)

Ⅲ 지방세 감면범위의 특징

(1) 최소납부세제의 적용

지방세는 개별 세목에서 세액을 100퍼센트 감면한다는 규정이 있더라도 감면받는 세액이 일정액을 넘는 경우는 감면받은 총액의 일정 비율을 내도록 하고 있다. 취득세와 재산세에서 최소납부세제라는 이름으로 적용되고 있는데 취득세는 감면받은 세액이 200만 원이 넘는 경우에 적용하고, 재산세는 감면받은 세액이 50만 원이 넘을 때 적용된다. 비록 정책적인 배려 목적에서 감면 특례를 두더라도 감면액이 일정액이 넘는 경우는 담세력이 있다고 보아 국민개세주의의 원칙과 공평과세 구현을 위해 세금을 납부하도록 하는 취지이다.

지방세특례제한법 제177조의 2【지방세 감면 특례의 제한】제1항

① 이 법에 따라 취득세 또는 재산세가 면제(지방세 특례 중에서 세액감면율이 100분의 100인 경우와 세율경감률이 「지방세법」에 따른 해당 과세대상에 대한 세율 전부를 감면하는 것을 말한다. 이하 이 조에서 같다)되는 경우에는 이 법에 따른 취득세 또는 재산세의 면제규정에도 불구하고 100분의 85에 해당하는 감면율(「지방세법」 제13조 제1항부터 제4항까지의 세율은 적용하지 아니한 감면율을 말한다)을 적용한다. 다만, 다음 각 호의 어느 하나에 해당하는 경우에는 그러하지 아니하다.

1. 「지방세법」에 따라 산출한 취득세 및 재산세의 세액이 다음 각 목의 어느 하나에 해당하는 경우
   가. 취득세 : 200만 원 이하
   나. 재산세 : 50만 원 이하(「지방세법」 제122조에 따른 세 부담의 상한을 적용하기 이전의 산출액을 말한다)

▎최소납부세제의 적용의 예외 예시▐

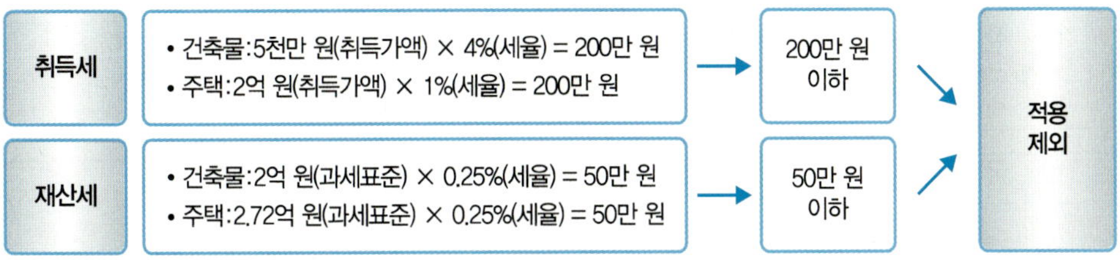

동 제도는 2015년도에 도입되어 감면 유형별로 적용시기에 차등을 두고 적용해 오고 있다. 2020년 1월 1일을 기준으로 50건의 지방세 감면에 대해서 적용 중이며 국가유공자, 장애인, 한센인 등 취약계층과 학교, 종교 등 공익성이 매우 강한 감면에 대해서는 예외적으로 적용을 배제하고 있다.

<table>
<tr><th rowspan="2" colspan="2">감면 내용</th><th rowspan="2">지특법 조문</th><th colspan="2">세 목</th><th rowspan="2">적용시기</th></tr>
<tr><th>취득세</th><th>재산세</th></tr>
<tr><td>1</td><td>어린이집 및 유치원 부동산</td><td>§19</td><td>○</td><td>○</td><td rowspan="2">'15.1.1.</td></tr>
<tr><td>2</td><td>청소년단체 등에 대한 감면</td><td>§21</td><td>○</td><td>○</td></tr>
<tr><td>3</td><td>한국농어촌공사(경영회생 지원 환매취득)</td><td>§13 ② 2호</td><td>○</td><td></td><td rowspan="15">'16.1.1.</td></tr>
<tr><td>4</td><td>대한법률구조공단, 법률구조법인</td><td>§23 ①</td><td>○</td><td>○</td></tr>
<tr><td>5</td><td>한국소비자원</td><td>§23 ②</td><td>○</td><td>○</td></tr>
<tr><td>6</td><td>노동조합</td><td>§26</td><td>○</td><td>○</td></tr>
<tr><td>7</td><td>임대주택(40㎡ 이하, 60㎡ 이하)</td><td>§31 ① 1호·③ 1호·③ 2호</td><td>○</td><td>○</td></tr>
<tr><td>8</td><td>준공공임대주택(40㎡ 이하)</td><td>§31의 3 ① 1호</td><td>○</td><td>○</td></tr>
<tr><td>9</td><td>행복기숙사용 부동산</td><td>§42 ①</td><td>○</td><td>○</td></tr>
<tr><td>10</td><td>박물관·미술관·도서관·과학관</td><td>§44의 2</td><td>○</td><td>○</td></tr>
<tr><td>11</td><td>학술연구단체·장학단체·과학기술진흥단체</td><td>§45 ①</td><td>○</td><td>○</td></tr>
<tr><td>12</td><td>문화예술단체·체육진흥단체</td><td>§52 ①</td><td>○</td><td>○</td></tr>
<tr><td>13</td><td>한국자산관리공사 구조조정을 위한 취득</td><td>§57의 3 ②</td><td>○</td><td></td></tr>
<tr><td>14</td><td>경차</td><td>§67 ①·②</td><td>○</td><td></td></tr>
<tr><td>15</td><td>지방이전 공공기관 직원 주택(85㎡ 이하)</td><td>§81 ③ 2호</td><td>○</td><td></td></tr>
<tr><td>16</td><td>시장정비사업 사업시행자</td><td>§83 ①</td><td>○</td><td></td></tr>
<tr><td>17</td><td>한국법무보호복지공단, 갱생보호시설</td><td>§85 ①</td><td>○</td><td>○</td></tr>
<tr><td>18</td><td>내진설계건축물(대수선)</td><td>§47의 4 ① 2호</td><td>○</td><td>○</td><td rowspan="4">'17.1.1.</td></tr>
<tr><td>19</td><td>국제선박</td><td>§64①·②·③</td><td>○</td><td></td></tr>
<tr><td>20</td><td>매매용 중고자동차</td><td>§68 ①</td><td>○</td><td></td></tr>
<tr><td>21</td><td>수출용 중고자동차</td><td>§68 ③</td><td>○</td><td></td></tr>
<tr><td>22</td><td>한국농어촌공사 농업기반시설</td><td>§13 ② 1의 2호</td><td></td><td>○</td><td rowspan="5">'18.1.1.</td></tr>
<tr><td>23</td><td>농협·수협·산림조합의 고유업무부동산</td><td>§14 ③</td><td>○</td><td>○</td></tr>
<tr><td>24</td><td>기초과학연구원, 과학기술연구기관</td><td>§45의 2</td><td>○</td><td>○</td></tr>
<tr><td>25</td><td>신협·새마을금고 신용사업 부동산 등</td><td>§87 ①·②</td><td>○</td><td>○</td></tr>
<tr><td>26</td><td>지역아동센터</td><td>§19의 2</td><td>○</td><td>○</td></tr>
</table>

	감면 내용	지특법 조문	세 목		적용시기
			취득세	재산세	
27	창업중소기업(창업 후 3년 내) 재산세	§58의 3		○	'18.1.1.
28	다자녀 양육자 자동차	§22의 2	○		
29	학생실험실습차량, 기계장비, 항공기등	§42 ②	○	○	
30	문화유산·자연환경 국민신탁법인	§53	○	○	
31	공공기관 상법상회사 조직변경	§57의 2 ③ 7호	○		
32	부실금융기관 등 간주취득세	§57의 2 ⑤	○		
33	학교 등 창업보육센터용 부동산	§60 ③ 1의 2호		○	
34	여객운송사업용 천연가스버스 ('20년까지 적용)	§70 ③	○		'19.1.1.
35	반대급부 있는 기부채납용 부동산 ('20년까지 적용)	§73의 2	○		
36	주거환경개선사업시행자로부터 취득하는 주택(85㎡ 이하)	§74 ④ 3호	○		
37	법인의 지방이전	§79 ①	○	○	
38	공장의 지방이전	§80 ①	○	○	
39	시장정비사업(입주상인)	§83 ②	○		
40	평택 이주 주한미군 한국인근로자	§81의 2	○		
41	사회복지법인	§22 ①·②	○	○	
42	별정우체국	§72 ①·②	○	○	
43	도시개발사업	§74 ①	○		
44	지방공단	§85의 2 ②	○	○	
45	새마을운동조직	§88 ①	○	○	
46	정당	§89	○	○	'20.1.1.
47	마을회	§90	○	○	
48	수소·전기 버스	§70 ④	○		
49	장학단체 고유업무 부동산	§45 ② 1호	○	○	
50	외국인 투자기업 감면 (조특법 적용 대상은 제외)	§78의 3	○	○	
51	지방농수산물공사	§15 ②	○	○	'22.1.1.
52	도시철도공사	§63 ⑤	○	○	

(2) 중복 감면의 배제

지방세특례제한법 상 감면은 정책 목적별로 매우 다양한 형태로 존재하기 때문에 경우에 따라서는 동일한 감면 대상에 대해서 2개 이상의 감면 조항이 적용될 여지가 있다. 예를 들면 중소기업의 경우 요건을 충족하면 창업중소기업 감면 적용 대상이 될 수도 있고, 산업단지 입주기업으로서 감면 조항도 적용될 수 있다. 지방세특례제한법 제180조는 이렇게 동일한 과세 대상에 대해 둘 이상의 감면 규정이 적용되면 감면율이 높은 것 하나만을 적용하도록 규정하고 있다.

> **지방세특례제한법 제180조【중복 감면의 배제】**
> 동일한 과세대상에 대하여 지방세를 감면할 때 둘 이상의 감면 규정이 적용되는 경우에는 그중 감면율이 높은 것 하나만을 적용한다. 다만, 제73조, 제74조, 제92조 및 제92조의 2의 규정과 다른 규정은 두 개의 감면규정(제73조, 제74조 및 제92조 간에 중복되는 경우에는 그중 감면율이 높은 것 하나만을 적용한다)을 모두 적용할 수 있다.

그런데 지방세특례제한법 제73조(토지수용 등으로 인한 대체취득에 대한 감면), 제74조(도시개발사업 등에 대한 감면), 제92조(천재지변 등으로 인한 대체취득에 대한 감면), 제92조의 2(자동이체 등 납부에 대한 세액공제) 등 4건의 감면의 경우 비록 과세 대상이 동일하더라도 다른 감면도 함께 적용할 수 있도록 배려하고 있다. 제73조, 제74조, 제92조는 대체취득에 대한 감면인데 대체취득 대상의 부동산은 대체취득하는 범위 내에서 감면을 우선 적용받고 대체취득 범위를 초과하는 대상 물건이 감면 대상인 경우는 해당 조문에 따른 감면을 추가로 적용받을 수 있는 것이다. 예를 들어 자경농민이 농지를 수용당하고 대체 부동산을 취득하는 경우 종전 농지의 가액 범위 내에서 취득하는 신규 농지는 취득세를 면제받고, 종전 가액 범위를 넘어서는 농지는 지방세특례제한법 제6조에 따른 자경농민 감면 요건을 충족하면 50퍼센트의 취득세를 추가로 받을 수 있는 것이다. 제92조의 2의 중복 적용은 다른 조항에서 감면을 받아서 세액이 산출된 경우 만약 세액을 자동이체를 통해서 납부한다면 자동이체에 따른 일부 세액을 감면받게 되는 경우라 할 수 있다.

중복감면과 관련하여 취득 당시 납세자가 2개 감면 요건을 모두 충족하였으나, 하나의 감면에 대해서 감면을 적용받고 이후 감면받은 대상 물건에 대해 추징 사유가 발생하는 경우로서 다른 하나의 감면에 대해서는 여전히 감면 요건을 충족하는 경우 애초에 적용한 감면세액을 추징해야 하는지 아니면 다른 감면으로 대체하여 추징을 배제할 수 있는지 문제될 수 있다. 이 경우는 추징 시점에 다른 하나의 감면 요건을 충족하고 있다면 해당 감면을 배제할 수는 없으므로 추징 대상으로 보기는 어렵다 하겠다.

- 청구법인이 당초 이 건 부동산을 취득하여 조세특례제한법 제120조 제3항에 따라 취득세 등을 감면받았고, 청구법인이 그중 일부인 쟁점부동산을 중소기업자에게 임대하여 위 규정에 따라 추징 대상이 되었다 하더라도, 쟁점부동산이 동시에 지방세특례제한법 제78조 제4항의 산업단지 등에 대한 감면 요건을 충족하고 있는 이상 쟁점부동산에 대해 기 감면한 취득세 등을 추징한 처분은 잘못임(조심 2014지1186, 2014.9.23.).
- 청구법인은 2007.4.2. 스텐레스판재제조업 등을 목적으로 하여 설립된 창업중소기업으로서 산업단지 내에 소재하고 있는 쟁점건축물을 공장용으로 취득하여 이를 중소기업자에게 임대하였으므로, 청구법인은 구 조세특례제한법 제119조에 의한 "창업중소기업 감면 대상"에 해당될 뿐만 아니라, 구 지방세법 제276조의 규정에 의한 "산업단지 등에 대한 감면 대상"에 해당하므로, 비록, 청구법인이 당초 쟁점토지와 쟁점건축물에 대하여 창업중소기업에 대한 감면 대상으로 감면신청을 하여 취득세 등을 감면받은 후 추징 사유가 발생하였다 하더라도, 쟁점토지와 쟁점건축물이 여전히 구 지방세법 제276조에 의한 감면 요건을 충족하고 있는 이상, 이러한 감면규정의 적용을 배제할 수는 없음(조심 2013지0815, 2014.2.6.).

개 관

세무·회계 지식서비스 분야의 선두주자 **조세통람**
국내 재경실무분야를 선도하는 No1. Knowledge Provider

Part 02

기 업

본 PART에서는 지방세특례제한법 감면 중 기업과 직접적으로 관련되는 쟁점 사항을 위주로 유형별로 재정리하였으며 크게 세 Chapter로 구성하였다.

Chapter 01은 기업의 창업과 투자 지원에 관한 특례로서 창업중소기업과 벤처기업, 외국인투자기업에 대한 감면에 관한 내용을 다룬다. 본 Chapter에서는 특히 창업의 개념과 관련하여 매우 많은 사례와 쟁점이 발생하고 있는 창업중소기업의 감면에 관해서 많은 비중을 두고 구체적 사례 위주로 이해하기 쉽게 정리하였다. 또한 2018년까지는 조세특례제한법에 규정되어 국세(법인세, 소득세)와 함께 감면되었으나, 2019년 국세 감면이 종료되면서 지방세 감면만 존속하고 있고 2020년부터는 지방세 감면 근거가 조세특례제한법에서 지방세특례제한법으로 옮겨오게 된 외국인투자기업에 대해서도 상세히 다루었다.

Chapter 02는 기업과 산업의 집적 지원은 정책 분야별로 기업들의 집적에 따른 이익을 도모하기 위하여 특례를 설정한 케이스들을 묶어서 기술하였다. 산업단지 입주기업과 시행자에 대한 감면, 지식산업센터 설립자와 수분양자, 물류단지와 관광단지의 사업시행자와 사업자 등에 대한 감면을 모두 다루었다.

Chapter 03은 기업의 구조개선과 경영활동 지원은 기업의 경영과 직접 관련되는 지방세특례제한법 상의 감면에 관한 내용이다. 특히 기업의 합병, 분할, 지주회사의 지분변동, 법인전환, 중소기업통합 등 기업의 구조조정에 관한 특례를 깊이 있게 서술하였다. 기업의 경영활동과 관계된 감면으로는 연구개발(R&D) 촉진을 위한 기업부설연구소 감면, 법인 및 공장의 지방이전, 과점주주 간주취득에 따른 감면, 대도시 법인 중과세 적용 배제 특례 등을 함께 엮어서 다룬다.

Chapter 01 창업과 투자 지원

I 창업중소기업 등에 대한 감면

✔ 감면 요건

구분	내용
대상자	• 창업중소기업, 창업벤처중소기업, 청년창업기업 ※ 수도권 과밀억제권역 외의 지역에서 창업한 중소기업만 해당 ※ 벤처기업은 창업일부터 3년 이내에 확인받는 경우만 해당
대상물건	• 창업일 또는 벤처기업 확인일부터 4년(청년창업기업은 5년) 이내에 취득하는 부동산(차량 등은 제외) ※ 부속토지는 공장입지기준면적(지방령 §102 ①), 용도지역별 적용 배율(지방령 §101 ②) 이내만 감면
감면율	• 취득세 : 75% 경감 • 재산세 : 창업 후 3년간 100% 면제, 그 다음 2년간은 50% 경감 – 경감기간이 지나기 전에 중소기업 간 통합 또는 법인전환을 하는 경우 남은 경감 기간 동안 재산세 감면 가능(중소기업 간 통합 및 법인전환 전에 취득한 사업용 재산으로 한정) • 등록면허세 : 100% 면제 – 창업중소기업 법인설립 등기(창업일부터 4년 이내에 자본 또는 출자액 증가 포함) – 벤처기업 확인일부터 1년 이내에 하는 법인설립 등기
감면시한	2020.12.31.

✔ 추징 요건

구분	내용
사용개시	• 정당한 사유 없이 취득일부터 3년 이내에 해당 사업에 직접 사용하지 아니하는 경우
최소사용	• 취득일부터 3년 이내에 다른 용도로 사용하거나 매각·증여하는 경우 • 최초 사용일부터 계속하여 2년간 해당 사업에 직접 사용하지 아니하고 다른 용도로 사용하거나 매각·증여하는 경우 – 경감기간이 지나기 전에 중소기업 간 통합·법인전환을 하는 경우는 추징 제외

✔ 관련 법령

지특법 §58의 3, 지특령 §29의 2, 지특칙 §3의 2

✔ 개정 연혁

개정일	개정 전	개정 후	개정 이유 / 적용 요령
지특법 §58의 3 2016.12.27. 제14477호	〈신 설〉	창업중소기업 감면과 창업벤처중소기업 감면과의 중복적용 불가	창업벤처중소기업의 감면기간 명확화 (일반적 경과조치 적용)
지특법 §58의 3 2017.12.26. 제15295호	재산세 감면율 (창업 후 5년간 50%)	재산세 감면율 (창업 후 3년간 100%, 2년간 50%) ※ 최소납부세제 적용	고용창출 고려 감면 확대 (법 시행 이후 창업하는 경우부터 적용)
지특법 §58의 3 2018.12.24. 제16041호	벤처기업은 확인받은 날부터 4년간 취득세 감면	최초로 벤처기업 확인받은 날부터 4년간 감면	벤처기업 확인을 갱신(발급)할 때마다 감면이 시작되는 것으로 해석하는 것을 방지 (기존해석 명확화한 것으로 종전과 동일하게 적용)
	창업중소(벤처)기업이 취득하는 부동산 감면	창업중소(벤처)기업이 창업 당시 업종과 관련된 부동산만 감면	창업일 이후 추가된 업종과 관련된 부동산 취득은 감면 제외 (일반적 적용례) 법 시행 이후 납세의무 성립하는 분부터 적용
	암호화 화폐 거래소 감면 (암호화자산 매매 중개업)	감면 제외	(일반적 적용례) 법 시행 이후 납세의무 성립하는 분부터 적용
	〈신 설〉	청년창업기업 취득세 감면 기간을 창업일부터 5년간으로 확대	(일반적 적용례) 법 시행 이후 납세의무 성립하는 분부터 적용

쟁점 001 수도권 외에서 창업 후 수도권 내로 이전하면 감면 가능?

지방세특례제한법 제58조의 3【창업중소기업 등에 대한 감면】제1항

① 「중소기업창업 지원법」 제2조 제1호에 따른 창업을 한 기업으로서 다음 각 호의 어느 하나에 해당하는 기업이 대통령령으로 정하는 날(이하 이 조에서 "창업일"이라 한다)부터 4년 이내(대통령령으로 정하는 청년창업기업의 경우에는 5년 이내)에 창업일 당시 업종의 사업을 계속 영위하기 위하여 취득하는 부동산에 대해서는 취득세의 100분의 75를 경감한다. 이 경우 제2호의 경우에는 「벤처기업육성에 관한 특별조치법」 제25조에 따라 벤처기업으로 최초로 확인받은 날(이하 이 조에서 "확인일"이라 한다)부터 4년간 경감한다.

1. 2020년 12월 31일까지 수도권 과밀억제권역 외의 지역에서 창업한 중소기업
2. 2020년 12월 31일까지 「벤처기업육성에 관한 특별조치법」 제2조 제1항에 따른 벤처기업 중 대통령령으로 정하는 기업으로서 창업일부터 3년 이내에 벤처기업으로 확인받은 기업

지방세특례제한법 제58조의 3에 따른 지방세 감면 대상은 창업하는 중소기업이다. '창업'은 중소기업창업지원법에 따른 창업의 요건을 갖춘 것이어야 하고, 창업 지역, 업종, 방식이 지방세특례제한법에서 정한 요건에도 적합해야 한다. 따라서 지방세 감면 대상이 되는 '창업'은 중소기업창업지원법에서 인정하는 창업의 범위 내에는 있으나 그 범위가 좀 더 축소된 것으로 보면 된다.

지방세 감면 대상인 창업에 대해서는 제1항, 제4항 및 제6항에서 각각 그 요건을 규정하고 있는데, 제1항은 창업의 정의와 지역, 제4항은 창업의 업종, 제6항은 창업 방식 중 감면 대상으로 보지 않는 창업의 경우를 규정하고 있다. 지방세를 감면받기 위해서는 각 항의 요건을 모두 갖추어야 한다.

규 정	구 분	감면 요건
제1항	정 의	중소기업창업지원법(§2 1호)에 따른 창업
	지 역	수도권 과밀억제권역 외의 지역에서 창업(벤처기업은 제외)
제4항	업 종	지특법 상 열거된 24개 업종(제조업, 건설업, 출판업, 정보서비스업 등)
제6항	제 외	사업양수를 통한 종전자산 승계 및 인수, 법인전환, 폐업 후 동일한 업종으로 창업, 사업 확장, 업종 추가 등 새로운 사업을 최초로 개시하는 것으로 보기 곤란한 경우

창업(벤처)중소기업에 대해 발생하는 쟁점은 해당 기업의 창업이 지방세특례제한법에서 정한 감면 대상인 창업 요건에 적합한지에 대한 것이 대부분이다. 즉 중소기업의 창업이 사업양수를 통한 종전자산 승계, 법인전환, 폐업 후 창업, 사업 확장, 업종 추가 등 새로운 사업을 최초로 개시하는 것으로 보기 곤란한 경우인지를 구별하는 것과 관련하여 다수의 쟁점이 발생하고 있는 것이다.

또한 감면이 가능한 창업은 지역적 제한이 있으므로 적합한 지역에서 창업했는지에 대한 쟁점도 같이 발생한다. 아울러 창업한 기업이 해당 사업에 사용하기 위하여 부동산을 취득하는 것과 관련하

여 그 부동산이 창업 당시 업종과 관련된 것인지 여부, 창업(벤처)중소기업이 감면을 받을 수 있는 기간 등에 대해서도 쟁점이 발생하고 있다.

(1) 수도권 과밀억제권역 외에서 창업하고, 부동산은 수도권 과밀억제권역 내에서 취득한 경우 : 감면 제외

벤처중소기업의 경우는 창업하는 지역에 대한 제한이 없으므로 수도권 과밀억제권역 내(이하 '수도권 내'라 함)의 지역에서 창업하여 부동산을 취득하는 경우도 감면을 적용받을 수 있다. 반면 벤처기업으로 확인받지 않는 중소기업의 경우는 수도권 과밀억제권역 외(이하 '수도권 외'라 함)의 지역에서만 창업해야 감면 요건에 부합하게 된다.

따라서 수도권 외의 지역에서 창업한 중소기업이 창업일 이후 수도권 내의 지역으로 이전하는 것은 지방세특례제한법에서 정한 감면 요건에 적합한 창업에 해당하지 않는다.

그러면 창업한 중소기업에 대해서는 창업일부터 4년간 지방세를 감면하게 되는데, 수도권 외에서 창업하고 수도권 내의 지역으로 본점 이전 없이 부동산만 수도권 내에서 취득하는 경우는 감면을 적용받을 수 있을까?

지방세특례제한법에서는 수도권 외의 지역에서 창업하는 중소기업으로만 규정하고 있을 뿐이고, 부동산 취득에 대해서는 지역적 제한에 대해 명시하고 있지 않기 때문에 이런 질문이 생길 수 있다.

수도권 창업중소기업에 대한 감면은 중소기업을 지원하되, 기업의 지방분산화 촉진 및 지역 균형 발전을 지원하려는 취지이며, 해당 규정은 조세특례제한법에 규정되어 있다가 2014년 말 지방세특례제한법으로 이관 및 신설되었다.

유권해석 사례에서는 수도권 내에서 취득하는 부동산에 대해 감면을 인정하고 있지 않다. 부동산을 취득하는 것은 창업한 기업의 사업에 사용하기 위한 것이 목적이므로 사업장 이전 또는 추가 설치가 전제되기 때문에 창업중소기업에 대한 지원 취지와 부합하지 않기 때문이다.

국세에서도 수도권 내로 이전하여 사업을 영위하는 경우 세액감면을 받을 수 없도록 하고 있으며, 벤처기업에 대해서만 수도권 내에서의 감면을 별도로 인정하고 있는 점 등을 종합적으로 고려하여 수도권 외의 지역에서 창업한 중소기업이라 하더라도 수도권 내에서 취득하는 부동산에 대해서는 감면을 인정하고 있지 않다.

창업중소기업에 대한 감면취지는 수도권 과밀억제권 외 지역에서 제조업 등을 영위하기 위하여 창업하는 중소기업에 세제혜택을 부여함으로 기업의 지방분산화 촉진 및 지역 균형 발전을 지원하고자 하는 취지이며, 국세도 "창업중소기업이 법 제6조 제1항의 규정에 의해 세액감면을 받던 중 수도권 과밀억제권역으로 이전하여 사업을 영위하는 경우 세액감면을 받을 수 없다"고 규정하고 있으며, 수도권 과밀억제권 내 창업벤처중소기업이 취득하는 사업용 재산에 대하여 별도의 규정을 두고 있는 점 등을 종합적으로 고려할 때, 수도권 과밀억제권 외 지역에서 창업한 중소기업이 수도권 과밀억제권 내의 공장을 사업용 부동산으로 취득하는 경우 감면 대상에 해당하지 않음(지방세특례제도과-725, 2014.6.23.).

(2) 수도권 내에서 창업한 기업이 수도권 외로 사업장을 이전하여 사업을 개시하는 경우 : 감면 제외

반대로 수도권 내의 지역에서 창업을 하고, 수도권 외의 지역으로 사업장을 이전하여 사업을 개시하는 경우 사업장 개시일 또는 사업장 이전일을 새로운 창업일로 보아서 감면을 적용할 수 있을까?

창업일은 지방세특례제한법시행령 제29조의 2에서 규정하고 있는데, 법인의 경우는 '법인설립일'로 개인사업자의 경우는 '사업자등록일'로 명시하고 있다.

수도권 내에서 창업을 한 이상 해당 기업은 감면 요건에 적합하지 않게 창업한 것에 해당하고, 법인설립 또는 사업자등록을 한 이상 해당 일자를 창업일로 볼 수밖에 없다. 또한 수도권 외의 지역으로 사업장을 이전하고 사업을 처음 개시한다고 하여도 그 사업 개시일을 창업일 즉 법인설립일 또는 사업자등록일로 볼 수 없으므로 새로운 창업으로도 볼 수 없다.

이에 대해서는 조세심판례에서도 납세자 주장을 기각하고 있고, 과세기관과 동일한 입장을 취하고 있다.

- 법인설립등기 당시 수도권 과밀억제권역 내에서 창업한 이상, 설령 법인설립등기일 이후 수도권 과밀억제권역 외의 지역으로 이전하여 실제 사업을 개시하였다 하더라도 「조세특례제한법」 제6조 제1항의 창업중소기업 요건을 충족하지 아니한 것이므로, 같은 법 제119조 제3항 및 제120조 제3항의 감면규정을 적용할 수 없음(조심 2012지0108 2012.8.20., 2011지0778 2011.12.14., 2010지0542 2011.7.22.).

- 법인으로서 활동을 개시한 법인의 설립등기일을 창업한 시점으로 보는 것이 타당한 점 등에 비추어 수도권과밀억제권역 내의 지역에서 창업한 청구법인은 창업중소기업의 요건을 충족하였다고 보기 어려우므로 처분청이 청구법인의 경정청구를 거부한 처분은 잘못이 없음(조심 2015지0980, 2015.11.26.).

쟁점 002 창업(벤처)중소기업이 감면받을 수 있는 기간

지방세특례제한법 제58조의 3【창업중소기업 등에 대한 감면】제1항, 제2항 및 제5항

① 「중소기업창업 지원법」 제2조 제1호에 따른 창업을 한 기업으로서 다음 각 호의 어느 하나에 해당하는 기업이 대통령령으로 정하는 날(이하 이 조에서 "창업일"이라 한다)부터 4년 이내(대통령령으로 정하는 청년창업기업의 경우에는 5년 이내)에 창업일 당시 업종의 사업을 계속 영위하기 위하여 취득하는 부동산에 대해서는 취득세의 100분의 75를 경감한다. 이 경우 제2호의 경우에는 「벤처기업육성에 관한 특별조치법」 제25조에 따라 벤처기업으로 최초로 확인받은 날(이하 이 조에서 "확인일"이라 한다)부터 4년간 경감한다.

② 2020년 12월 31일까지 창업하는 창업중소기업 및 창업벤처중소기업이 해당 사업에 직접 사용(임대는 제외한다)하는 부동산에 대해서는 창업일(창업벤처중소기업의 경우에는 확인일)부터 3년간 재산세를 면제하고, 그 다음 2년간은 재산세의 100분의 50에 상당하는 세액을 경감한다.

⑤ 제1항부터 제4항까지의 규정을 적용할 때 창업중소기업으로 지방세를 감면받은 경우에는 창업벤처중소기업에 대한 감면은 적용하지 아니한다.

"창업벤처중소기업"은 창업을 한 중소기업으로서 창업일부터 3년 이내에 벤처기업육성에관한특별조치법 제25조에 따라 벤처기업으로 확인받은 기업이다.

따라서 "창업벤처중소기업"은 창업한 중소기업인 동시에 창업한 벤처기업에도 해당된다. 창업일부터 3년간은 창업중소기업에 대한 감면 규정(지특법 §58의 3 ① 1호)으로, 벤처기업으로 확인을 받은 날부터는 4년간 창업벤처중소기업에 대한 감면 규정(지특법 §58의 3 ① 2호)을 적용할 수 있을지에 대한 의문이 제기된다.

▌창업벤처중소기업 감면 기간에 대한 쟁점▐

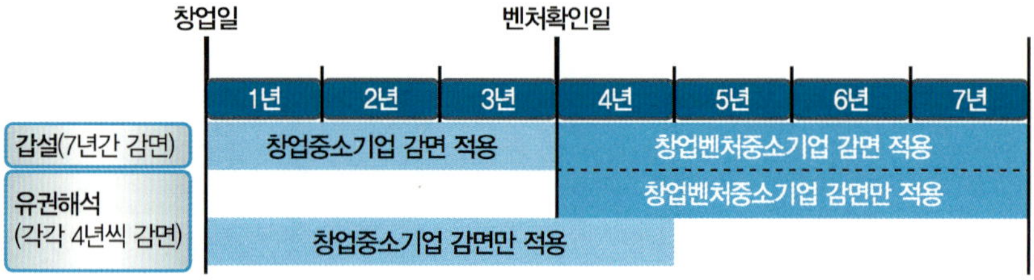

이에 대해 유권해석은 창업중소기업 또는 창업벤처중소기업 감면 규정 중 하나만의 감면 규정만을 적용해야 한다는 명확한 입장이나, 조세심판례는 이와 달리 창업중소기업에 대한 감면을 적용받았더라도, 벤처기업 확인 후 다시 부동산을 취득하게 되면 또다시 4년간 감면을 적용할 수 있다고 결정하고 있다.

- 중소기업으로 창업하여 창업중소기업에 대한 취득세 등을 감면받고 있던 중 벤처기업으로 확인받아 창업벤처중소기업이 되는 경우 벤처기업 확인받는 날을 새로운 창업일로 보아 추가로 4년간 취득세 등을 감면받을 수 있는지 여부와 관련하여, ① 청구법인은 2008.3.19. 창업(법인설립) 후 3년 이내인 2009.9.22. 벤처기업 확인을 받았으므로 조세특례제한법 제6조 제2항의 규정에 의한 '창업벤처중소기업'에 해당하는 점, ② 조세특례제한법 제119조 제2항 제1호에서 '창업벤처중소기업의 경우에는 벤처기업으로 확인받은 날'을 창업일로 보도록 규정하고 있고, 같은 법 제120조 제3항에서 창업벤처중소기업이 해당 사업을 하기 위하여 창업일(벤처기업을 확인받은 날)부터 4년 이내에 취득하는 사업용 재산에 대하여는 취득세를 면제한다고 규정하고 있는 바, 청구법인은 창업벤처중소기업으로서 벤처기업으로 확인받은 날(2009.9.22., 창업일)부터 4년 이내인 2012.8.17. 이 건 부동산을 취득한 점, ③ 창업중소기업에 해당하여 취득세를 감면받는 것과 창업벤처중소기업에 해당하여 취득세를 감면받는 것은 요건이 다른 점, ④ 취득세를 부과하거나 감면하는 경우에는 당해 부동산의 취득시점을 기준으로 판단하여야 하는 것인 바, 청구법인이 2012.8.17. 이 건 부동산을 취득할 당시에는 창업벤처중소기업에 대한 감면에 해당되는지 여부만이 문제가 되므로 이를 살펴보면 되는 것이기 때문에 종전의 창업중소기업 감면 요건까지 소급하거나 이를 확대적용하여 감면 여부를 판단하는 것은 불합리한 점, ⑤ 조세특례제한법 제6조 2항 단서에서 제1항(창업중소기업)을 적용받는 경우에는 창업벤처중소기업에 대한 감면을 제외한다고 규정하고 있으나 이는 기간과세세목인 소득세 또는 법인세에 대한 과도한 혜택인 중복감면을 배제하겠다는 취지라 행위과세세목인 취득세에 적용되는 규정으로 보기는 어려운 점, ⑥ 조세특례제한법 제120조 제3항에 따른 '창업중소기업' 및 '창업벤처중소기업'에 해당하는지 여부는 같은 법 제6조의 규정에 의하여 판단하여야 하는 것인 바, 그 제1항과 제2항 본문의 규정은 '창업중소기업' 및 '창업벤처중소기업'에 해당하는지 여부에 대한 정의 규정으로 보아야 하고 창업에 해당하는지 여부 및 취득세 감면 대상에 해당하는지 여부는 그 제6항 및 같은 법 제120조 제3항 등에 따라 판단하여야 하는 점 등에 비추어 창업벤처중소기업인 청구법인이 창업일(벤처기업을 확인받은 날)부터 4년 이내에 취득한 이 건 부동산에 대하여 처분청이 기 감면한 취득세 등을 부과·고지한 처분은 잘못이 있음(조심 2016지1267, 2016.11.11.).
- 수도권 과밀억제권역 외의 지역에서 창업중소기업으로서 이미 취득세 등을 감면받은 경우라면 이후에 창업벤처중소기업으로 되는 경우라도 추가로 감면 적용(4년간)은 불가함(지방세운영과-421, 2013.2.8.).

이러한 주장이 제기되는 것은 감면의 중복적용을 배제하고 있는 현행 지방세특례제한법 제58조의 3 제5항이 2016.12.27. 신설되기 이전에는 없었기 때문이다. 당시 지방세특례제한법 제180조에서도 '과세대상에 대하여 지방세를 감면할 때 둘 이상의 감면 규정이 적용되는 경우에는 그중 감면율이 높은 것 하나만을 적용'하도록 중복 감면의 배제 규정을 두고 있었으나, 창업중소기업과 창업벤처중소기업에 대한 감면 규정은 그 감면 적용 기간이 중복되지 않으므로 동시에 두 개의 규정을 중복적으로 적용하는 것이 아니었기 때문에 두 개의 감면 규정을 순차적으로 각각 적용할 수 있다는 주장이 있었던 것이다.

이러한 문제 제기로 인해 2016.12.27. 지방세특례제한법이 개정되었고, 현행 제58조의 3 제5항이 신설되었다. 따라서 창업중소기업에 대한 감면을 적용받은 경우에는 창업벤처중소기업에 대한 감면을 적용받을 수 없도록 배제하였다.

| 창업중소기업 및 창업벤처중소기업 감면 적용 기간('16.12.27. 개정이후) |

① 창업중소기업으로 감면을 받는 경우 : 창업일부터 4년간

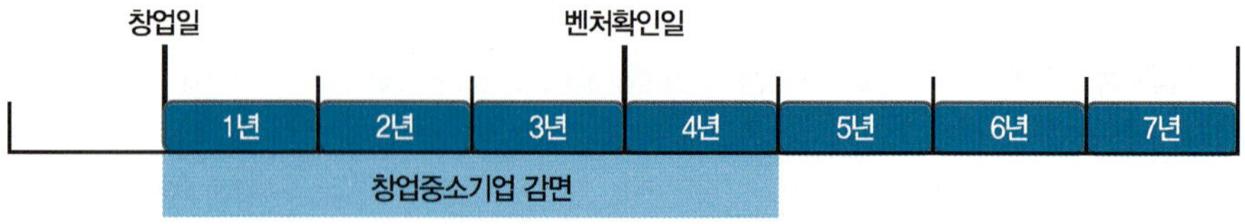

② 창업벤처중소기업으로 감면을 받는 경우 : 벤처기업 확인일부터 4년간

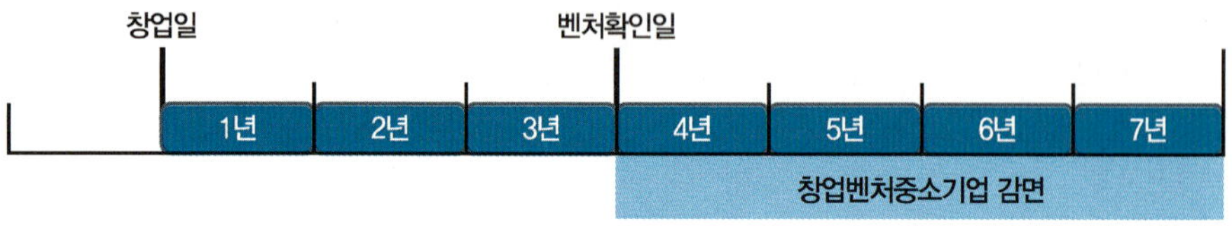

법 개정은 유권해석의 입장을 명확히 하는 것으로 개정되었고, 중복감면 배제를 명시함으로써 그간의 쟁점이 해소되었다고 볼 수 있다. 그러나 창업중소기업에 대한 감면은 창업일이 감면의 중요한 기준이 되고 있어서 법 개정 이전 창업한 벤처중소기업의 경우 아직 감면 기한이 완성되지 않아 감면기간과 관련된 쟁점은 아직 남아 있는 것으로 보인다.

(1) 벤처기업확인 갱신으로 추가로 벤처기업 확인을 받은 경우 : 최초로 확인받은 날 기준

창업을 한 중소기업은 벤처기업육성에관한특별조치법에 따라 창업일부터 3년 이내에 벤처기업으로 확인을 받아야 한다. 지방세특례제한법에서는 창업중소기업중 벤처기업인 경우에는 이 '확인일'을 기준으로 하여 4년간 지방세를 감면하도록 규정하고 있다.

2017년 말 지방세특례제한법을 개정하여 확인일을 '벤처기업으로 최초로 확인받은 날'로 변경하였다. 즉 벤처기업이 벤처기업 확인을 갱신하면서 확인서를 재발급 받으면서 확인일이 여러 번 존재하는 경우에는 최초로 확인받은 날을 기산으로 감면을 적용해야 함을 명확히 하기 위한 것이었다.

이처럼 법인 개정되기 이전에는 단순히 확인일로만 규정되어 있어서 어떤 확인일을 기준으로 할지에 대해 쟁점이 있었다. 그러나 위와 같은 법령개정 사항은 종전의 유권해석과 다르게 개정한 것이 아니라 종전의 유권해석 등 과세기관의 운영과 법규정을 일치하도록 하기 위한 것이므로 위 개정사항은 개정 이전에도 동일하게 적용되는 것으로 보아야 한다.

창업중소기업이 창업을 하고 최초 기업설립 이후 창업중소기업으로 감면받은 사실이 없는 경우에 벤처기업 확인받은 날부터 4년의 기간 내에 취득하는 부동산에 대하여 감면 대상으로 보아야 할 것이고, 창업중소기업이 벤처기업 확인을 여러 번 받은 경우라면 그 감면 기산일은 최초로 벤처기업 확인받은 날로부터 4년간으로 보는 것이 타당함(지방세특례제도과-571, 2018.2.22.).

(2) 창업일부터 4년이 경과하였으나 5년이 경과하지 않은 청년창업기업에 대한 개정 규정 적용례

창업일부터 4년 이내(대통령령으로 정하는 청년창업기업의 경우에는 5년 이내)에 창업일 당시 업종의 사업을 계속 영위하기 위하여 취득하는 부동산에 대해서는 취득세의 100분의 75를 경감한다.

창업중소기업이 창업일부터 4년간 취득하는 부동산에 대해서는 취득세를 감면하고 있으나, 2018년 말 지방세특례제한법 개정으로 2019년부터는 청년창업기업의 요건에 해당하는 중소기업이 창업한 경우에는 창업일부터 5년 안에 부동산을 취득하여도 취득세를 감면하도록 확대 지원하고 있다.

이 법 시행 이전에는 청년창업기업에 대한 구분을 별도로 하지 않았으므로 창업중소기업이 감면받을 수 있는 기간인 '창업일부터 4년'이 경과하였으므로 감면이 종료되었으나, 이 법이 시행되는 시점에 해당 기업은 청년창업기업의 요건에 적합하고 또한 창업일부터 5년의 기간이 아직 경과되지 않았으므로 개정된 지방세특례제한법 규정을 적용하여 감면을 적용할 수 있을지가 쟁점이다.

기 업

✔ 사실관계

2015.2.6. 창업중소기업 설립 → 청년창업기업에 대한 감면 신설(창업일부터 5년간) → 창업일부터 4년이 지난 2019.5.29. 부동산 취득

저자팁

청년창업기업 요건(지특령 §29의 2)

- **개인사업자** : 창업 당시 15세 이상 34세 이하인 사람
- **법인사업자(대표자)** : ① 창업 당시 15세 이상 34세 이하인 사람이고
  ② 지배주주로서 해당 법인의 최대주주 또는 최대출자자일 것

이러한 쟁점이 발생하는 것은 개정된 청년창업기업 규정을 창업일 기준으로 한다는 별도의 부칙 규정이 없기 때문인데, 그간 지방세특례제한법 개정시에는 창업일을 기준으로 감면 요건을 판단해 왔으나, 별도의 규정이 없으므로 일반적 적용례와 일반적 경과조치 중 어떤 것을 적용해야하는지에 대한 명확한 기준이 없기 때문이다.

지방세특례제한법 부칙(법률 제16041호, 2018.12.24.)

제1조【시행일】이 법은 2019년 1월 1일부터 시행한다.

제2조【일반적 적용례】이 법은 이 법 시행 이후 납세의무가 성립하는 분부터 적용한다.

제8조【일반적 경과조치】이 법 시행 당시 종전의 규정에 따라 부과 또는 감면하였거나 부과 또는 감면하여야 할 지방세에 대해서는 종전의 규정에 따른다.

유권해석은 별도의 부칙 규정을 마련하고 있지 않으므로 '법 시행 이후 납세의무가 성립하는 분' 즉 취득일을 기준으로 개정 규정을 적용하도록 하고 있다. 유권해석에 따르면 취득세 납세의무가 발생하는 시점에 해당 중소기업이 청년창업중소기업의 요건에 해당된다면 개정된 규정을 적용하여 위 사례의 경우 감면을 적용받을 수 있게 된다.

청년창업기업에 대한 개정된 감면 규정은 지방세특례제한법 개정 적용 요령(지방세정책과-108, 2019.1.9.)에서도 '이 법 시행(2019.1.1.) 이후 납세의무가 성립하는 분부터 적용'하도록 명시하고 있으므로 이에 근거하여 운영하는 것이 타당함(지방세특례제도과-653, 2019.9.20.).

쟁점 003 창업 후 4년 이내에 감면 대상 업종으로 변경하면?

지방세특례제한법 제58조의 3【창업중소기업등에 대한 감면】제1항 및 제4항

① 「중소기업창업 지원법」 제2조 제1호에 따른 창업을 한 기업으로서 다음 각 호의 어느 하나에 해당하는 기업이 대통령령으로 정하는 날(이하 이 조에서 "창업일"이라 한다)부터 4년 이내(대통령령으로 정하는 청년창업기업의 경우에는 5년 이내)에 창업일 당시 업종의 사업을 계속 영위하기 위하여 취득하는 부동산에 대해서는 취득세의 100분의 75를 경감한다.

④ 창업중소기업과 창업벤처중소기업의 범위는 다음 각 호의 업종을 경영하는 중소기업으로 한정한다.

1. 광업 2. 제조업 3. 건설업 4. 출판업 5. 영상·오디오 기록물 제작 및 배급업(비디오물 감상실 운영업은 제외) 6. 방송업 7. 전기통신업 8. 컴퓨터 프로그래밍, 시스템 통합 및 관리업 9. 정보서비스업(뉴스제공업, 「통계법」 제22조에 따라 통계청장이 고시한 「블록체인기술 산업분류 고시」에 따른 블록체인 기반 암호화자산 매매 및 중개업은 제외) …… (이하생략)

지방세 감면 대상 창업 업종은 지방세특례제한법 제58조의 3 제4항에서 열거하고 있는데 광업, 제조업, 건설업 등을 포함해 총 24종이다. 엔지니어링사업, 물류사업 등 일부 업종에 대해서는 시행령에서 추가적으로 그 범위를 축소하고 있다.

기 업

법령에서 열거하고 있는 업종으로 창업을 하는 중소기업에 대해 지방세를 감면하게 되는데 창업의 업종은 법인등기부나 사업자등록증에 기재된 내용을 기준으로 한다. 그리고 이러한 창업의 업종은 지방세특례제한법에 따른 창업일 당시의 업종이어야 한다.

대부분의 중소기업은 창업 당시 단일 업종만으로 창업하지 않고 여러 가지 업종을 등기부등본 등에 열거하고 창업을 하게 된다. 따라서 창업 당시에 등기부등본 등에 지방세특례제한법에 열거된 감면 대상 업종이 명시되어 있어야 하는지, 창업 당시에 해당 업종을 바로 사업개시하여야 하는지, 또는 창업 당시 등기부등본 등에 감면을 적용받을 수 없는 업종이 포함되어 있다면 감면이 가능한 지 등 창업 업종과 관련된 쟁점이 다수 발생한다.

또한 사업자등록증 등에 기재된 업종과 지방세특례제한법 상의 감면 대상 업종과의 연관성을 확인하는 것도 단순하지 않으며, 그 외에도 지방세특례제한법에서 창업으로 보고 있지 않은 경우인 '폐업 후 폐업 전 업종과 동일한 업종으로 창업하는 경우' 등에 해당하는지 여부를 판단하기 위해서는 업종 간의 비교 또한 필요하다.

업종에 대한 비교는 「통계법」 제22조에 따라 통계청장이 고시하는 "한국표준산업분류"에 따른 세분류를 기준으로 판단하고 있다. 즉 한국표준산업분류 업종분류코드 중 4자리가 동일한 경우에는 동일한 사업으로 본다.

☑ 한국표준산업분류표 등에 의하면 청구법인이 영위하는 차량용 가스충전업(47712)은 제조업이 아닌 연료 소매업에 해당하는 이상 감면 대상인 제조업을 영위하는 것으로는 볼 수 없음(조심 2012지0501, 2012.12.20.).

- "선박임가공업"이 한국표준산업분류표에서 별도의 업종으로 구분되어 있지 아니하더라도 선박가공업체의 사실상 운영현황에 따라 공장 내에서 독립적으로 운영되는 제조업체 및 협력업체인 경우는 제조업으로, 자기관리하에 있는 노동자를 계약에 의하여 타인 또는 타사업체에 일정 기간 동안 공급하는 산업활동(노동자들은 인력공급업체의 직원이지만 고객 사업체의 지시 및 감독을 받아 업무를 수행)인 경우는 서비스업인 인력공급업으로 각각 분류함이 타당하다고 판단됨(지방세운영과-1506, 2010.4.13.).

저자팁

한국표준산업분류표 예시(제조업)

세분류번호까지 앞4자리가 동일한 경우 동종의 업종으로 보고 있음

대분류	중분류	소분류	세분류	세세분류
제조업 (10~33)	식료품 제조업 (10)	도축, 육류가공 저장처리업 (101)	도축업 (1011)	도축업 (10110)
제조업 (10~33)	기타운송장비제조 (31)	선박 및 보트 건조업 (311)	선박건조업 (3111)	강선건조 (31111)
도매 및 소매 (45~47)	소매업(자동차제외) (47)	연료 소매업 (477)	차량용 연료 소매업 (4771)	차량용가스충전업 (47712)

(1) 창업일부터 4년 기간 이내에 감면 대상 업종으로 변경 : 창업 제외

법인 설립 당시에는 지방세특례제한법에서 열거한 감면 대상 업종이 아닌 것으로 창업하였으나, 감면 대상 기간인 창업일부터 4년 이내에 감면 대상인 업종으로 변경한 경우 지방세특례제한법에서 정하는 창업의 요건을 갖추었다고 볼 수 있을지에 대한 문제이다.

지방세특례제한법에서 정하는 요건은 창업에 대한 요건이므로 창업 당시에 갖추어야 한다. 즉 창업 당시 지방세특례제한법에서 열거된 업종으로 창업을 해야 하고 그 업종이 법인등기부등에 기재되어 있어야 하며, 창업일 당시의 업종과 관련된 사업에 사용하기 위하여 부동산을 취득하여야만 지방세 감면의 대상이 된다.

따라서 법인 설립 당시 감면 제외 업종만으로 창업한 경우라면 이후 감면 대상 업종을 추가한다 해도 이를 창업으로 볼 수 없다. 이는 판례, 조세심판례 및 유권해석 모두 동일한 입장이다.

- 원고 회사를 설립하여 최초로 화물자동차운송주선사업 등을 개시한 것이 창업에 해당되지 않아 원고 회사는 당초 창업중소기업이 아니었는데, 몇 달 후에 추가한 업종의 매출이 훨씬 더 크다는 등의 사정만으로 원고 회사가 다시 창업중소기업이 된다고 보기 어려움(대법원 2019두45432, 2019.9.25.).

- ○○세무서장이 2008.7.3. 교부한 사업자등록증과 2008.9.1. 처분청에 통보한 청구인의 사업자등록 변경이력에서 청구인은 2006.6.20. 업종은 도·소매업(○○○ 가구)으로 하여 사업자등록을 하고 사업을 영위하다가 2007.10.5. 제조업을 추가한 사실이 확인되고 있는 이상, 조세특례제한법 제6조 제3항의 규정에 의한 창업중소기업에 해당되지 아니함(조심 2008지0784, 2009.2.9.).

- 법인을 설립할 당시에는 감면 대상 업종이 아니였으나, 3년 뒤 감면 대상 업종을 사업을 변경하여 부동산을 취득한 경우, 법인이 감면 대상 업종이 아닌 부동산 관련 업종으로 설립된 경우라면 설립일부터 3년 후 감면 대상 업종으로 변경하였다 하더라도 새로운 창업으로 볼 수 없음(지방세특례제도과-4252, 2018.11.9.).

취득세 감면 대상 창업중소기업에 해당하려면 광업, 제조업 등 창업대상 업종으로 창업(법인설립)이 이루어져야 할 것인 바, 창업에 해당하지 아니한 업종으로 창업하여 사업용 재산을 취득한 경우에는 이후 창업에 해당하는 업종을 추가한 경우라고 하더라도 새로운 창업으로 볼 수 없음(지방세운영과-1952, 2013.8.20.).

(2) 감면 및 제외 업종으로 동시에 창업 후 감면 제외 업종의 사업만 운영하는 경우 : 감면 제외

지방세특례제한법 제58조의 3 제1항에서는 '창업일 당시 업종의 사업을 계속 영위하기 위하여 취득하는 부동산'에 대해 취득세를 경감하는 것으로 규정하고 있다. 따라서 지방세특례제한법에서 정하는 창업의 요건을 갖춘 중소기업이라면 그 창업중소기업의 사업개시 업종이 지방세특례제한법에서 열거된 감면 대상인 업종이 아닌 경우라 하더라도 창업할 당시의 업종과 관련하여 취득하는 부동산이라는 이유로 모두 감면을 적용할 수 있을지의 문제가 발생한다.

즉 '창업일 당시 업종'을 같은 조 제4항에서 규정하고 있는 감면 대상인 업종과 관련된 것으로만 해석해야 하는 것인지, 아니면 말 그대로 창업일 당시의 업종으로 보아야 하는지에 대한 것이다. 창업중소기업에 대한 지원 취지를 고려하여 당연히 '창업 당시의 업종과 관련하여 취득하는 부동산'은 창업 업종 중 감면 대상인 업종과 관련된 부동산으로 해석하는 것이 합리적이다.

창업일 당시 일단 감면 대상 업종을 포함하여 창업함으로써 감면의 요건을 충족하였으나 감면 대상 업종의 사업을 개시하지 않는다면 실질적으로 창업의 요건을 충족했다고 볼 수 없다. 따라서 창업 이후 감면 대상이 아닌 업종의 사업만을 계속 영위하였다면 등기부등본 등에 기재된 것만으로는 부족하므로 감면 대상에서 제외하는 것으로 보고 있다.

청구법인은 2009.9.4. 가구제조업을 목적사업으로 하여 설립되었으나, 청구법인의 장부에는 제조업을 영위하기 위한 기계기구, 원자재의 매입내용이 나타나지 않고, 일부 구입을 주장하는 장비도 구매사실을 입증하지 못하고 있는 점, 법인 설립 이후 제품매출이 미미한 것으로 나타나는 점 등에 비추어 청구법인은 설립된 후 창업중소기업의 업종에 해당하지 아니하는 가구 도·소매업을 영위하여, 창업중소기업에 해당하지 않음(조심 2018지0066, 2018.3.29.).

청구법인이 이 건 건축물을 창업업종(제조업 등)이 아닌 서비스업(자동차정비업)에 사용 중인 사실이 제출된 자료(한국표준산업분류, 담당공무원의 출장복명서 등)에 의하여 확인되는 이상 취득세 등의 감면 대상이 아님(조심 2012지0279, 2012.6.18.).

(3) 감면 및 제외 업종으로 동시에 창업 후 감면 업종의 사업만 운영하는 경우 : 감면 인정

반대로 창업 당시 일단 감면 제외 업종을 포함하여 창업하였다 하더라도 창업일 이후 감면 대상인 업종의 사업을 개시하고 해당 사업을 계속 영위하기 위해 부동산을 취득하였다면 감면을 적용받을 수 있다.

청구법인의 등기사항전부증명서에 의하면 목적사업에 건설업과 창업중소기업 제외 업종인 부동산임대업이 등재되어 있으나, 창업 이후 창업중소기업 대상 업종인 건설업 외의 타 업종을 영위한 사실이 나타나지 아니하므로 청구법인은 조세특례제한법 상 창업중소기업에 해당함(조심 2014지1160, 2014.10.20.).

또한 감면 업종과 감면 제외 업종의 사업을 동시에 개시하고 해당 사업을 영위하기 위하여 부동산을 취득하였다 하더라도 감면을 배제하지 않는다. 즉 감면 업종에 사용하기 위하여 취득하는 부동산에 대해서는 감면을 적용받을 수 있다.

- 개업(2012.6.9.) 당시 창업 업종인 산업기계 제조업을 그 목적사업에 등재하고 있었던 점, 2012년 당시 제조 관련 매출이 없이 상품매출이 먼저 발생하였으나, 그 거래내역은 2건의 ○○○으로서 그 금액이 미미할 뿐만 아니라, 이는 제조 준비를 위해 보유하고 있던 주물(고철)을 판매한 것에 불과한 것으로 보이는 점, 청구인의 손익계산서에 의하면, 2013년도 이후에는 상품매출이 없이 제조매출만이 발생하고 있는 사실이 확인되는 점 등에 비추어 청구인은 개업 당시부터 도소매업(고철) 이외에 제조업을 영위하고자 제조업 매출보다 도소매업 매출이 먼저 발생하였다는 사유로 이를 하였던 것으로 보이고, 본격적인 제조업을 준비과정에 업종추가로 보는 것은 창업중소기업에 대하여 조세감면혜택을 부여하는 입법취지에 부합하지 아니한다 할 것이므로 처분청이 청구인의 경정청구를 거부한 처분은 잘못으로 판단됨(조심 2016지0151, 2016.10.7.).
- 청구인이 개업 초기 고가의 생산라인을 설치하였고, 해당 생산라인에 건조 및 제분 시설이 모두 포함되어 있는 것으로 보이는 점 등에 비추어 청구인이 개업 초기부터 고춧가루 제조업과 건고추 도소매업을 함께 영위한 것으로 보는 것이 타당하므로 처분청이 청구인에게 이 건 취득세 등을 추징한 처분은 잘못임(조심 2015지0942, 2014.12.9.).

(4) 감면 업종으로 창업하여 사업을 개시한 이후 감면 제외 업종을 추가하고 사업을 운영한 경우 : 종전의 감면 자격은 유지

창업 당시에 감면 대상 업종으로 적격하게 창업을 하고 실제 사업을 개시하여 감면 요건을 충족하였다가 이후 감면 제외 업종을 추가하는 경우 그 창업중소기업은 감면 요건을 상실하게 되는 것일까?

감면 제외 업종을 추가한 시점을 새로운 창업으로 보지 않을 뿐 기존의 창업 당시 적격요건을 상실한다고 볼 수는 없다. 따라서 창업 당시 감면 대상 업종에 사용하기 위하여 취득하는 부동산에 대해서는 창업일부터 4년간 감면을 적용할 수 있다고 보아야 한다. 만일 부동산을 감면 제외 대상에 사용하는 부분이 있다면 해당 부분만큼 감면 대상에서 제외하게 된다.

다만, 창업한 중소기업은 창업 당시 감면 대상인 업종을 동시에 사업을 개시할 수 없을 수도 있다. 따라서 창업 당시 지방세특례제한법에서 열거된 업종으로 적격하게 창업을 한 경우라면, 창업일 이후 4년 이내에 순차적으로 창업 당시 감면 대상인 업종의 사업을 개시하고 그 사업을 영위하기 위해 부동산을 취득하는 경우는 감면 대상으로 볼 수 있다.

감면 대상 업종으로 사업을 개시했는지는 제조업을 위한 시설을 갖추었는지, 실제 사업운영 실적이 있는지 등에 대해 과세권자가 사실관계를 종합적으로 검토하여 판단해야 한다.

(5) 김밥소매점(음식점)을 창업하는 경우 : 감면 제외

감면 대상 업종이 현재의 규정에서 열거된 것은 2016.12.27., 법률 제14477호 일부개정 법률에 의해서다. 그 전까지는 지방세특례제한법 제58조의 3에 따른 감면 대상 업종 범위는 지방세특례제한법 제100조 제3항 각 호 즉 지방소득세공제 규정 상의 창업 업종을 인용하여 규정하고 있었다.

2016년까지 지방세특례제한법 제100조 제3항에서는 총 27종의 공제 대상 업종을 명시하고 있었는데 여기에는 음식점업이 포함되어 있었고, 이로 인해 김밥을 판매하는 소매점도 음식점업으로서 창업 업종에 해당하는지에 대한 문제가 제기되었다.

지방세특례제한법 상 창업은 중소기업창업지원법 상의 창업의 범위 내에 있는 것으로 보아야 하는데, 중소기업창업지원법시행령 제4조에서는 창업에서 제외하는 업종으로 음식점업을 열거하고 있으며, 그 단서에서 음식점업 중 '호텔업, 휴양콘도 운영업, 기타 관광숙박시성 운영업 및 상시근로자 20명 이상의 법인인 음식점업은 예외로 한다고 하고 있다.

따라서 지방세특례제한법에서 창업중소기업에 대한 감면 대상 업종으로 음식점업을 열거하고 있다고 하더라도, 이는 전체 음식점업을 감면 대상으로 볼 것이 아니고 중소기업창업지원법에서 창업의 범위로 포함하고 있는 일부 음식점업만을 감면 대상으로 보아야 한다.

- 지방세특례제한법령 상의 창업중소기업에 대한 세액감면은 창업중소기업 지원법령에서 정하고 있는 창업을 전제로 하는 것인 바, 지방세특례제한법 제100조에서 취득세가 감면되는 창업중소기업의 범위에 음식점업을 경영하는 중소기업도 포함하고 있으나, 창업 관련 기본법인 중소기업창업 지원법령에서 음식점업을 창업에서 제외되는 업종으로 규정하고 있으므로 개인이 영위하는 음식점업은 취득세가 감면되는 창업 업종에 해당되지 아니한다 할 것으로, 청구인은 개인사업자로서 음식점업을 영위하는 경우에 해당되어 위와 같은 창업중소기업 감면 요건을 충족하지 못하였으므로 처분청이 청구인의 경정청구를 거부한 처분은 잘못이 없음(조심 2015지1859, 2015.12.30.).

- 중소기업창업지원법시행령 제4조에서는 창업에서 제외되는 업종으로 숙박 및 음식점업(호텔업, 휴양콘도 운영업, 기타 관광숙박시설 운영업 및 상시근로자 20명 이상의 법인인 음식점업은 제외한다) 등으로 규정하고 있다. 구 조세특례제한법 제6조의 창업중소기업 등에 대한 세액감면 규정은 중소기업창업지원법과 그 시행령에서 정하고 있는 창업을 전제로 여기에 해당하는 중소기업에 대하여 세액감면의 혜택을 부여하고자 한 것으로 봄이 상당하고, 구 조세특례제한법 제6조 제4항에서 중소기업창업지원법 및 그 시행령에서와 같은 창업의 범위를 제한하는 규정이 신설되었다고 하더라도 달리 볼 것은 아니다 할 것이다(대법원 2007.7.13. 선고 2007두5240 판결 참조). 따라서, 구 조세특례제한법 제120조 제3항에 따라 취득세 면제 대상인 창업중소기업은 중소기업창업지원법 및 구 조세특례제한법에서 정한 창업중소기업에 해당하여야 할 것이고, 상시근로자 20명 이상의 법인이 아닌 자가 하는 음식점업은 구 조세특례제한법에서 정한 창업중소기업에 해당한다 하더라도 중소기업창업지원법에서 정한 창업중소기업에 해당되지 않음(지방세특례제도과 -1964, 2015.7.24.).

2016년 지방세특례제한법 개정으로 지방세특례제한법 제58조의 3 제4항이 신설되었고 음식점업을 포함하여 4종의 업종이 삭제되었다. 따라서 중소기업창업지원법에서 창업의 범위로 포함하고 있었던 '상시근로자 20명 이상의 법인인 음식점업'도 감면 대상에서 제외되었다.

(6) 창업 후 4년 이내에 대기업으로 전환한 경우 : 대기업 전환 전 창업중소기업인 상태에서 취득한 부동산 취득세는 감면

창업 당시에는 감면 요건에 부합하도록 창업한 중소기업에 해당하였으나, 이후 대기업으로 전환하면서 대기업으로 전환하기 직전에 부동산을 취득한 경우 취득세를 감면할 수 있을지의 문제이다.

지방세특례제한법에서는 창업(벤처)중소기업이 창업일부터 4년 이내에 창업일 당시 업종의 사

기 업

업을 계속 영위하기 위하여 취득하는 부동산에 대해 취득세를 감면하는 것으로 규정하고 있다. 이를 근거로 조세심판례에서는 취득일 당시 창업중소기업인 상태에서 부동산을 취득하였으므로 감면을 인정할 수 있다고 결정하고 있다.

- 처분청은 청구법인이 2014년부터 대기업으로 전환되어 중소기업의 범위를 벗어난 이후인 2014.11.7. 체육시설업 등의 등록을 하였으므로 창업중소기업에 해당하지 않는다는 의견이나, 청구법인은 2010.9.16. 설립된 후부터 2013년까지는 중소기업에 해당하였다는 사실에 대하여는 청구법인과 처분청 사이에 다툼이 없고, 위 기간에도 전문휴양업을 최초로 개시하기 위한 준비를 하고 있었으며, 조세특례제한법령에 대기업으로 전환되기 전의 중소기업을 창업중소기업에서 배제하도록 규정하고 있지 아니하므로 청구법인은 2013년까지는 창업중소기업으로 보는 것이 타당한 점, 청구법인이 2010.9.16. 설립된 후 최초로 전문휴양업 등을 사실상 개시하여 대기업으로 전환되기 전까지는 창업중소기업에 해당하고, 2013.12.31. 대기업으로 전환되기 이전에 창업중소기업의 지위에서 사업용으로 취득한 부동산 등은 취득세 감면 대상으로 보는 것이 타당(조심2017지0890, 2019.6.17.).

그러나 상기 결정례의 사실관계를 보면, 2010.9.17.부터 2014.9.14.까지 부산광역시 기장군 ○○○에 소재하는 토지 904,589㎡(이하 "이 건 토지"라 한다)를 8회에 걸쳐 연부로 취득한 후, 매연부금 지급시마다 지급한 연부금 ○○○원을 과세표준으로 하고 일반세율을 적용하여 산출한 취득세 등 ○○○원을 매연부금 지급시마다 처분청에 신고·납부한 사안이여서, 단순히 대기업 전환이전에 취득이 완료된 것으로 볼 수 있는지가 명확하지 않은 점이 있다.

또한 재산세의 경우는 창업하는 창업중소기업 및 창업벤처중소기업이 해당 사업에 직접 사용(임대는 제외한다)하는 부동산에 대해서는 창업일(창업벤처중소기업의 경우에는 확인일)부터 3년간 재산세를 면제하고, 그 다음 2년간은 재산세의 100분의 50에 상당하는 세액을 경감하도록 규정하고 있으므로 취득한 부동산을 직접 사용해야 하는 주체는 창업(벤처)중소기업이다. 재산세는 창업일부터 최대 5년간 감면하게 되므로 취득세와는 달리 감면 요건을 충족하지 못한다고 보는 것이 타당하다.

쟁점 004 창업으로 보지 않는 사업 승계 또는 자산인수에 대한 판단

지방세특례제한법 제58조의 3【창업중소기업 등에 대한 감면】제6항 제1호

⑥ 다음 각 호의 어느 하나에 해당하는 경우는 창업으로 보지 아니한다.

1. 합병·분할·현물출자 또는 사업의 양수를 통하여 종전의 사업을 승계하거나 종전의 사업에 사용되던 자산을 인수 또는 매입하여 같은 종류의 사업을 하는 경우. 다만, 종전의 사업에 사용되던 자산을 인수하거나 매입하여 같은 종류의 사업을 하는 경우 그 자산가액의 합계가 「부가가치세법」 제5조 제2항에 따른 사업개시 당시 토지·건물 및 기계장치 등 대통령령으로 정하는 사업용자산의 총가액에서 차지하는 비율이 100분의 50 미만으로서 대통령령으로 정하는 비율* 이하인 경우는 제외한다.

* 100분의 30(지특령 §29의 2 ⑨)

감면 대상을 판단하는 데 있어 지방세특례제한법 제58조의 3 제6항에 적합하게 창업하였는지는 또 다른 중요한 기준이 된다. 해당 규정에서는 창업으로 보지 않는 경우에 대해 규정하고 있는데, 그중 하나가 '종전의 사업을 승계하거나 종전의 자산을 인수 또는 매입하는 경우'이다.
합병·분할·현물출자 또는 사업의 양수와 같이 종전의 사업을 승계하는 것은 사업 승계 자산 비율과 상관없이 창업에 해당되지 않는다. 반면, 종전의 사업에 사용됐던 자산을 인수 또는 매입하는 경우에는 그 인수 등의 사업용 자산합계액이 사업개시 당시 토지·건물 및 기계장치 등 사업용자산 총가액의 30% 이하인 경우에 한하여 창업으로 인정하고 있다.

- 청구법인은 개인사업자가 사용하던 자산을 인수하여 동종의 사업ㅇㅇㅇ을 개시하였을 뿐만 아니라, 개인사업자로부터 인수한 자산의 가액ㅇㅇㅇ이 청구법인이 사업개시 당시의 총 자산 가액 ㅇㅇㅇ의 100분의 30을 초과한 이상 기존에 사업에 사용되던 자산을 인수하여 동종 사업을 영위한 것이므로 창업이 아님(조심 2013지0580, 2013.9.4.).

- 화물자동차의 신규공급을 허용하고 있지 아니하여 기존 사업자에게 그 사업을 양수 받았다면, 화물자동차운수사업법 제16조 제1항 및 제3항에 따라 종전의 사업을 승계한 것으로서 조세특례제한법 제6조 제4항 제1호 단서의 적용대상에 해당되지 않으므로, 비록 사업개시 당시 인수한 사업용자산의 비율이 100분의 30 이하라 하더라도 지방세법 제119조 제3항 및 제120조 제3항 규정에 의한 취득세 및 등록세 면제 대상이 아님(지방세운영과-4271, 2009.10.9.).

한편 '종전 사업의 승계'라 함은 양수인이 양도인의 인적·물적 설비를 인수하여 종전의 사업을 사실상 승계하는 것을 말하는 것으로 종전의 사업을 포괄적으로 전부 양수하여야 한다거나, 종전의 사업을 폐업하지 않고 그대로 유지해야 한다는 등의 의미로만 국한하여 해석할 수는 없다.

- 조세특례제한법 제6조 제4항 제1호에서 창업으로 보지 아니하는 사업의 양수라 함은 양수인이 양도인의 인적·물적 설비를 인수하여 종전의 사업을 사실상 승계하는 것이면 충분하다고 할 것인 바, 양수인이 양도인의 인적·물적 설비를 전부 양수하여야 한다거나 종전 사업을 그대로 영위하는 것에 한정된다고 할 수는 없다고 할 것이므로 청구법인은 종전회사로부터 화물자동차운송사업허가를 양수하면서 종전 회사 명의의 ㅇㅇㅇ(22톤 초장축 카고트럭)를 청구법인 명의로 이전 등록한 이상, 이는 종전회사의 물적 설비와 그 종업원(ㅇㅇㅇ)을 동시에 인수한 것이라 할 것이고 청구법인 또한 종전회사와 동일한 화물운송업을 영위하고 있으므로 청구법인의 화물자동차운송사업허가 양수는 조세특례제한법 제6조 제4항 제1호에서 규정한 사업의 양수에 해당(조심 2010지0432, 2011.3.22.).

사업승계 또는 자산인수를 통해 새로 개시한 사업이 종전의 사업과 동일한 업종의 사업에 해당하는지 여부는 통계청장이 고시하는 "한국표준산업분류"에 따른 세분류 기준에 따른다.

(1) 창업일 이후 4년 이내에 종전 사업에 사용되던 자산을 인수하는 경우 : 새로운 창업으로 볼 수 없음, 다만 종전 창업에 대한 감면 인정

여기서 유의할 점은 지방세특례제한법 제58조의 3 제6항에서 열거하고 있는 내용은 '창업으로 보지 않는 경우'이지 감면 대상에 해당하는지 여부를 판단하는 기준이 아니라는 것이다.

즉 지방세특례제한법 제58조의 3 제6항에서 규정하고 있는 '창업으로 보지 아니한다'의 의미는 지방세 감면의 요건인 창업에 해당되지 않는 것을 의미하는 것이다.

따라서 적법하게 창업(벤처)중소기업으로 창업을 한 경우라면, 창업일 이후 종전의 사업을 승계하거나, 업종을 추가하는 등 같은 법 제6항에서 열거한 행위를 하였다 하더라도 감면 대상기간(창업일로부터 4년간)이 새로이 연장되지 않는 것이지 당초 주어진 감면의 자격이 사업승계 등의 시점에 소멸됨을 의미하는 것이 아니다.

창업 당시 종전의 사업을 승계하였거나 종전에 사용되던 자산을 인수하였다면 감면 대상으로의 창업중소기업의 요건을 갖추지 못하였으므로 처음부터 감면 대상이 아니겠으나, 창업 당시 적법하게 창업하였고 이후 창업일부터 4년 이내에 종전에 사용되던 자산을 인수하였다면 그 인수된 부동산은 감면 대상에 해당되는 것으로 보아야 하는 것이다. 다만, 종전에 사용되던 자산을 인수한 날을 새로운 창업으로 보아서 감면기간이 다시 연장되는 것으로 볼 수는 없다.

실무에서는 해당 규정을 감면 대상 여부의 판단 기준으로 적용하는 경우가 있어 쟁점이 발생하고 있다.

(2) 종전 사업장의 유휴 설비 또는 사실상 폐업한 법인의 자산을 임차하여 동일한 업종의 사업을 하는 경우 : 창업으로 볼 수 없음

종전 자산을 임차하는 경우도 '종전자산을 인수한 경우'의 범위에 포함된다. 다만, 그 자산이 종전 사업장의 유휴 설비였거나 또는 사실상 폐업한 법인의 자산인 경우도 창업으로 보지 않을 것인지가 문제이다.

대법원 판례에서는 창업중소기업에 대한 감면 규정의 입법 취지가 새로운 사업을 최초로 개시함으로써 원시적인 사업창출의 효과가 있는 경우에만 조세를 감면하려는 데 있다고 하였다.

따라서 종전 사업체의 유휴설비를 이용하여 사업을 개시하는 경우이거나, 사실상 폐업한 업체의 자산을 이용하여 사업을 개시하는 경우라 하더라도 원시적인 사업 창출의 효과는 없으므로 감면 대상인 창업중소기업으로 볼 수 없고, '종전의 사업에 사용되던 자산을 인수 또는 매입한 경우'에 해당한다고 보고 있다.

- 창업중소기업의 입법 취지는 새로운 사업을 최초로 개시함으로써 원시적인 사업창출의 효과가 있는 경우에만 조세를 감면해주려는 데 있다고 봄이 상당하다. 종전의 사업에 사용되던 자산을 인수 또는 매입하여 동종의 사업을 영위한 경우에는 그것이 설령 종전 사업체의 유휴설비를 이용하거나, 사실상 폐업한 업체의 자산을 이용하여 사업을 개시하는 경우에 해당하더라도 원시적인 사업창출의 효과가 없으므로 조세특례제한법 제6조 제4항 제1호 본문이 창업의 범위에서 제외한 '종전의 사업에 사용되던 자산을 인수 또는 매입한 경우'에 해당한다고 봄이 타당하다. 그리고 여기서 말하는 자산을 인수한 경우에는 자산을 임차하여 사용하는 경우도 포함(대법원 2011두11549, 2014.3.27.).
- 청구법인은 사업 개시 당시 종전 사업자로부터 임차한 자산만 있을 뿐, 인수·매입한 자산이 없어 조세특례제한법 제6조 제4항 제1호 단서 규정에 따라 "창업"으로 보아야 한다는 주장이나, 같은 법 제6조 제4항 제1호 단서 규정은 종전 사업에 사용되던 자산의 인수 또는 매입이 전제가 되어 자산이나 매입가액의 산정이 가능해야 할 것인 바, 법인설립시 종전 사업자의 사업장을 임차하여 동종 사업을 영위한 이 건의 경우, 법인설립 당시 인수 또는 매입하는 자산이 없어 동 단서규정을 적용하여 창업으로 인정하기는 어렵다 할 것임(조심 2009지0657, 2010.3.9.).

(3) 토지와 건축물만 임차하여 이종의 사업을 개시한 경우 : 창업 인정

종전의 사업장 중 부동산만을 임차하여 사업을 개시하고, 종전과 다른 업종의 사업을 창업하는 경우는 창업으로 보아야 한다.

또한 휴업중인 사업장의 부동산을 취득하였으나, 해당 부동산을 취득하여 멸실하고, 다시 건축물을 신축하여 다른 업종으로 창업하는 경우는 창업에 해당된다고 보고 있다.

- 청구법인은 2013.5.24. 7년간 휴업상태에 있었던 토지 및 건축물을 취득한 후 2013.5.31. 쟁점부동산 중 생산동 건축물 등을 멸실하고, 2013.9.2. 시멘트사일로 4기, 레미콘믹서기 3기, 컨베이어벨트를 축조하여 레미콘제조업을 개시한 것으로 나타나므로 청구법인은 종전의 사업에 사용되던 자산을 매입하여 같은 종류의 사업을 하였다기보다는 새로이 축조한 건축물에서 새로이 사업을 개시하였다고 보여 창업중소기업으로 보는 것이 타당함(조심 2014지0495, 2014.11.17.).
- 법인을 설립하여 특정사업을 포괄적으로 양수도하는 계약을 체결하거나 업무를 인수받기로 약정한 사실 없이 임대차계약을 통하여 건물과 토지만을 임차하여 사업을 개시하였고, 임대사업자와 주요 생산품목이 상이하며, 임대차계약을 체결한 후 당해 제조업에 필요한 기계설비를 외부에서 일체 구입한 정황이 확인되고 있는 바, 사업의 양수가 아닌 종전 사업장의 토지와 건물만을 임차한 후 시설을 신규 투자하여 임대사업자와 동일한 제품을 생산한 사실 없이 이종의 제조업을 영위한 경우 취득세 감면 대상인 창업에 해당됨(지방세특례제도과-722, 2014.6.23.).

(4) 영업을 개시하지 않은 부동산을 인수하여 사업을 개시한 경우 : 창업으로 볼 수 있음

창업중소기업이 창업 당시에 다른 사업자로부터 사업장을 임차 또는 인수하였다 하더라도, 종전 사업자가 그 부동산을 사업에 실질적으로 사용하지 않은 경우에는 창업중소기업의 창업이 실질적인 사업창출의 효과가 있다고 보고 있다.

또한 다른 사업자로부터 인수한 부동산이 '종전의 사업에 사용되던 자산'으로도 보기도 어렵다. 따라서 이런 경우는 실질적인 사업 창출의 효과가 있다고 보아서 창업으로 인정하기도 한다.

- 쟁점 호텔에 대한 사업계획승인을 받은 ○○○○㈜가 사업계획승인만 받은 채 쟁점 호텔 신축부지를 청구법인에게 승계한 후, 영업사실이 없이 폐업하였으며, 청구법인이 쟁점 호텔 부지에 쟁점 호텔을 착공 및 신축한 점에 비추어 청구법인이 숙박업을 창업한 것으로 보는 것이 타당함(조심 2015지1771, 2015.12.31.).
- 청구인은 임대인(○○○)으로부터 사업을 승계받거나 시설장비 등을 인수받지 아니하고, 단지 공실상태에 있던 공장을 임차하여 사업을 영위하였고, ○○○로부터 기계장치 등 자산을 인수하거나 임차한 사실이 없는 점, ○○○은 ○○○의 주거래처인 ○○○㈜과 2008년부터 2010년까지 1건 ○○○의 거래만 있어 ○○○과 ○○○의 거래처가 상이한 점, 청구인이 2009.8.4. 개업할 당시 ○○○과는 다른 종류의 사업인 자동화전용기기 제조○○○를 영위한 점, 청구인과 ○○○은 각각 다른 사업장으로 이전하여 계속 사업을 영위하고 있어 청구인과 임대인(○○○)은 각각 별개의 사업주체로서 독립된 사업을 영위한 사실이 확인되는 점 등을 종합적으로 고려할 때 청구인이 합병·분할·현물출자 또는 사업의 양수를 통하여 종전의 사업을 승계하거나 종전의 사업에 사용되던 자산을 인수 또는 매입하여 같은 종류의 사업을 하는 경우로 보기는 어려움(조심 2013지0476, 2013.10.22.).
- 쟁점 건축물은 유예기간이 경과하도록 기계설비를 갖추지 아니한 채 공실상태로 방치되고 있었으므로 해당사업에 직접 사용되었다고 보기는 어렵다 할 것이고, 청구법인이 쟁점 부동산을 해당사업에 직접 사용하지 못한 데에 법령 상의 제한과 같은 외부적 장애 사유는 없었던 것으로 보이고 선박제조업체의 대외 수주부진은 청구법인의 경영상의 문제에 해당하는 것으로 보이므로 이를 유예기간 내에 사용하지 못한 정당한 사유에 해당한다고 보기 어려움. 또한 건축물의 부속 토지는 토지의 이용현황으로 사용여부를 판단할 것이 아니라 당해 건축물의 이용현황에 따라 사용여부를 판단하는 것이 타당하므로 이 건 토지 중 건축물이 정착되지 아니한 부분도 건축물의 이용비율에 따라 해당 부분의 사용여부를 판단함이 타당하다 할 것임(조심 2011지0631, 2012.6.15.).
- 조세특례제한법 상 창업의 해당 여부는 궁극적으로 신규 사업 창출의 효과가 있는지 여부에 따라 판단하여야 할 것인 바, 전 사업자가 가구공장으로 사용되던 기존 공장을 매입·증축하였으나 사업에 사용하기 전에 청구법인이 공장을 인수하여 새로이 사업을 개시한 경우에는 창업중소기업에 해당됨(조심 2008지0789, 2009.7.30.).

(5) 미사용된 부동산을 임차하여 적격하게 창업, 창업일부터 4년 이내에 동일 업종의 자산 취득(합병) : 새로운 창업으로 볼 수 없음, 다만, 종전의 감면 자격은 인정

'종전의 사업을 승계하거나 종전의 자산을 인수 또는 매입하여 같은 종류의 사업을 하는 경우'는 창업에 해당하는지 여부를 판단하는 기준이 되는 것이지, 감면 대상에 해당되는지 여부의 기준이 되는 것이 아니다.

창업 당시에는 자금 여력이 없어 창업하는 업종과 상관없는 사업장 또는 신축된 부동산을 임차하여 지방세특례제한법 제58조의 3에 따른 감면 요건을 갖추고 창업을 하였으나, 창업 이후 창업 당시 업종에 사용하기 위하여 창업중소기업의 업종과 동일한 사업장의 자산을 인수하여 취득하는 경우 그 취득하는 자산에 대해 지방세를 감면 할 수 있다. 다만, 창업일 이후 다른 사업장의 자산을 인수하는 시점을 새로운 창업으로 보지 않는 것이므로 감면기간이 다시 시작되는 것은 아니라고 봐야 할 것이다.

또한 창업중소기업이 창업 당시에는 종전에 창업하는 업종과 동일한 업종의 사업에 사용되지 않았던 부동산을 임차하여 창업하였다가, 이후(창업일부터 4년 이내) 다른 장소의 부동산을 취득하여 종전의 사업장을 이전하는 경우에도 동일하게 보고 있다.

- 창업 이후 최초의 사업장을 임차하여 해당 사업을 영위하다가 사업의 연속선상에 있는 경우에는 중소기업이 사업장을 단순 이전하여 부동산을 취득한 경우라면 창업일로 부터 4년 이내에 취득하는 부동산에 해당한다고 볼 수 있고, 창업 당시부터 사업장을 취득할 자금력이 충분한 중소기업에게는 감면혜택을 부여하게 된다는 형평성과 입법취지를 감안할 때, '사업을 확장하거나 다른 업종을 추가하는 경우' 해당하지 않는 것으로 보아 취득세 감면 대상으로 보는 것이 타당함(지방특례제도과-69, 2018.1.8.).
- 갑 법인이 조세특례제한법 제6조의 요건을 충족하여 창업한 후 벤처기업 확인을 받고 감면 대상 업종을 계속해서 영위하면서 당해 사업(업종)에 직접 사용하기 위하여 사업용재산(흡수합병된 을 법인의 사업에 사용하기 위하여 취득·등기한 경우에는 제외)을 벤처기업으로 최초 확인받은 날부터 4년 이내에 취득·등기한 경우라면, 갑 법인이 을 법인을 흡수합병한 이후 사업용재산을 취득하였다고 하더라도 취득세 등 감면 대상에 해당된다고 사료되나(지방세운영과-2084, 2009.5.25.).

(6) 창업 법인의 주식을 제3자가 100% 인수 : 사업승계 아님

창업 법인의 주식 100%를 제3자가 인수하고 대표이사 및 임원 등을 변경하는 경우 이를 종전에 정당하게 창업한 법인의 사업을 승계받은 것으로 보아서 창업중소기업에 대한 감면을 배제할 수 있을지에 대한 쟁점이다.

사업승계는 창업 당시 창업하는 방식에서 제외되어야 하는 감면 요건이므로 정당하게 창업을 한 법인이라면 창업일 이후 제3자가 해당 법인의 주식을 전부 취득하게 되었다고 해서 지방세 감면을 배제할 수 없다고 보고 있다.

기 업

- 법인은 주주 또는 대표자와 인격을 달리하는 별개의 과세객체이고 설립행위를 거쳐 설립등기를 함으로써 성립함과 동시에 법인격을 취득하게 되어(민법 제33조, 상법 제171조 제1항, 제172조 등 참조) 그로써 법인의 설립이 완성되는 것이므로, 법인의 주식 전부를 제3자가 매수한 다음 법인의 임원 등을 변경하였다고 하여 새로운 법인의 설립에 해당한다고 볼 수는 없다할 것(대법원 2009.5.28. 선고, 2008두20369 판결 참조)으로 법인의 주주 또는 대표자가 변경되었다고 하여 주주 또는 대표자와 인격을 달리하는 법인이 기존 법인의 사업을 승계하였다고 보아 법인의 창업에 따른 감면을 배제하는 것은 불합리하다고 할 것이므로, 귀문의 경우 법인의 주식을 제3자가 100% 인수하고 대표자를 변경하였다고 하더라도 당해 법인이 창업일부터 3년 이내에 벤처기업으로 확인받고 그날부터 4년 이내에 사업용재산을 취득·등기한 경우라면 취득세 및 등록세 면제 대상 창업벤처중소기업에 해당(지방세운영과-0343, 2010.1.26.).

쟁점 005 개인사업자가 법인으로 전환하는 것에 대한 판단

지방세특례제한법 제58조의 3【창업중소기업 등에 대한 감면】제6항 제2호

⑥ 다음 각 호의 어느 하나에 해당하는 경우는 창업으로 보지 아니한다.

2. 거주자가 하던 사업을 법인으로 전환하여 새로운 법인을 설립하는 경우

'창업'이라 함은 새로이 중소기업(벤처기업)을 설립하는 것을 의미하며, 지방세특례제한법 제58조의 3 제6항에서는 창업으로 보지 않는 경우로 '개인이 자신이 하던 사업을 법인으로 전환한 경우'를 규정하고 있다. 법인전환과 같이 창업중소기업의 형태만 변경되고 형식적인 창업만 있는 경우는 신규 사업창출의 효과가 없으므로 지방세 지원 필요성이 없다고 보기 때문이다.

개인의 법인전환에 있어서는 그것이 새로운 법인설립인지 개인이 자신의 사업을 법인으로 전환한 것인지에 대해 판단해야 하는데 이 경우 사업의 유사성 및 신규 사업 창출의 효과 등을 고려하여 판단해야 한다.

- 쟁점개인사업체와 청구법인의 상호가 ○○○로 동일하며, 업태 및 종목이 제조·도매, 의류·무역 등으로 유사하고, 청구법인 설립 당시의 소재지 및 현재의 소재지가 일치하는 점, 청구법인에 대한 ○○○의 지도점검 과정에서 청구법인 직원이 쟁점개인사업체는 청구법인 설립 이전까지 의류제조업 및 도소매업을 운영하다가 의류제조업은 청구법인으로 사업부분을 이전하였다고 진술한 점, 청구법인 설립을 전후하여 쟁점개인사업체의 고용 및 매출이 급감하는 등 쟁점개인사업체의 인적·물적 자산 등이 청구법인으로 이전된 것으로 보이는 점 등에 비추어 청구법인의 설립은 실질적인 창업의 효과가 있는 새로운 사업을 개시한 것으로 보기 곤란한 경우에 해당한다고 보이므로 청구법인은 조세특례제한법에서 규정하고 있는 창업벤처중소기업에 해당하지 않음(조심 2015지0580, 2015.12.28.).
- 중소기업이 설립 후 3년 이내에 벤처기업 확인을 받아 창업벤처중소기업이 되었다고 하더라도 그 설립이 창업에 해당되려면 조세특례제한법 제6조 제6항 각 호에 해당되지 않아야 하는 점(대법원 2004.9.3. 선고 2004두7412 판결, 같은 뜻임), 청구법인의 설립은 개인사업체인 ○○○의 창업에 따른 취득세 면제 관련 사항이 청구법인에게 그대로 승계된다고 볼 수 없는 점 등에 비추어 청구법인이 취득한 쟁점 부동산은 청구법인이 해당 사업에 직접 사용한다고 하더라도 취득세 면제 대상이 아니라고 할 것이므로 처분청이 청구법인에게 이 건 취득세 등을 부과한 처분은 잘못이 없음(조심 2015지0709, 2015.6.16.).

이처럼 법인전환에 해당되면 창업으로 인정받지 못하므로 감면 규정을 적용받을 수 없다. 다만 법인전환이 법인세법에서 정하는 적격한 요건을 갖춘 현물출자에 따른 것이면 지방세특례제한법 제57조의 2(기업합병·분할 등에 대한 감면) 제3항 제3호에 따라 취득세의 75%를 경감받을 수 있다.

개인의 법인전환과 관련해서는 그것이 창업에 해당하는지에 대해 다수의 쟁점들이 발생하고 있다. 즉 개인사업자와 법인전환의 주체가 완전히 일치하거나 해당 업종이 법인전환 전·후 동일한 경우에는 사실관계 판단에 따라 창업에 해당하는지 여부를 판단하면 되는 것이나, 법인설립의 주체가 다수이고 그중 한 명만이 종전 업종과 유사성이 있다거나, 종전의 업종과의 유사성이 있는 개인이 종전에 법인의 구성원중 하나였다가 새로운 법인의 설립에 참여하였다거나, 또는 동종 업종으로 법인을 설립한 주체와 개인사업자가 다르더라도 동일한 사업장이라고 볼 만큼 연관성이 있는 경우 등 다양한 사례가 발생하고 있어 세부적으로 살펴볼 필요가 있다.

(1) 법인대표 또는 개인사업자가 종전과 동일업종의 법인을 설립한 경우 : 새로운 창업이 아님

개인 사업자가 자신이 사용 중이던 사업장의 부동산을 현물출자하여 동종의 법인을 설립하는 경우에는 신규 사업 창출의 효과가 없으므로 지방세 감면 대상인 창업으로 보고 있지 않다.

- 기존 개인사업장의 대표인 청구법인의 대표이사가 청구법인을 설립하여 개인사업장의 대표가 청구법인의 대표이사가 된 점, 직원 대부분이 법인 소속으로 전환된 점, 사업장 소재지가 정확히 일치하지는 않더라도 같은 면 소재지 내의 인접지역에 위치하여 지리적 유사성이 있는 점, 청구법인과 기존 사업체의 생산공정도 일부 추가된 절차를 제외하고는 거의 동일한 점, 청구법인(설립 직후)과 개인사업체(폐업 직전)의 주요 매출처의 승계사실이 인정되는 점, 개인사업체 폐업일이 속하는 과세기간의 총매출액이 전액 청구법인에게 발생된 점 등에서 청구법인의 설립은 "거주자가 영위하던 사업을 법인으로 전환하여 새로운 법인을 설립하는 경우"에 해당한다고 보여지므로 "창업"으로 보기 어려움(조심 2009지0703, 2010.3.22.).

법인의 대표이사가 종전 법인과 동일한 업종의 사업으로 새로운 법인을 설립한 경우 종전 사업체와의 연관성 등을 고려하여 창업으로 인정하지 않고 있다.

- 청구법인의 대표자가 운영하였던 사업체의 목적사업이 청구법인의 것과 동종으로 보이는 점, 청구법인 설립 후에 종전 사업체의 사업장을 사실상 폐쇄한 것으로 보이는 점 등에 비추어 청구법인은 이 건 사업체를 청구법인으로 전환했거나 사업을 확장한 것에 해당됨(조심 2018지2002, 2018.12.20.).
- 청구법인의 대표이사가 개인 명의로 자동차부분정비업 등을 영위하다 청구법인을 설립하면서 자동차종합수리업을 추가한 것은 거주자가 하던 사업을 법인으로 전환한 것에 불과한 점 등에 비추어 청구법인의 설립은 조세특례제한법 제6조 제6항에 규정된 창업으로 보지 아니한 경우에 해당됨(조심 2015지0975, 2016.2.17.).
- 청구법인의 대표이사가 종전에 운영하던 개인사업체와 동종업종을 영위하고 있고, 청구법인의 주요 매출처가 종전 개인사업체의 매출처와 동일한 것으로 나타나는 등 청구법인은 개인사업체를 법인으로 전환한 것으로 보는 것이 타당하므로 처분청이 청구법인을 창업중소기업에 해당하지 아니한 것으로 보아 기 면제한 취득세 등을 부과한 처분은 잘못이 없음(조심 2014지0114, 2014.9.5.).

(2) 개인사업자가 종전의 사업장과 다른 지역에서 다른 업종의 사업을 개시한 경우 : 새로운 창업에 해당

개인사업자가 법인으로 전환하거나 기업형태를 변경한 후 동종의 사업을 계속하는 경우에는 창업으로 보지 아니하도록 규정하고 있으나, 개인이 종전의 사업장을 여전히 운영하면서 별도로 종전에 운영 중인 사업장과 다른 업종의 법인을 설립한 경우는 사업을 신규로 창출한 것에 해당하며, 개인이 자신의 사업을 법인으로 전환한 것으로 볼 수 없으므로 감면 대상인 창업으로 인정하고 있다.

- 개인사업자가 기존의 사업을 폐업하지 아니한 채 별도의 신규법인을 다른 장소에서 설립하였고, 기존 개인사업장과의 인적, 물적 연계성이 전혀 없으며, 한국산업표준분류표상의 이종의 업종을 영위하는 경우에는 새로운 창업으로 인정된다 할 것임(지방세특례제도과-1201, 2014.8.1.).

개인사업체를 운영하는 자가 다른 장소에 법인을 설립하여 다른 업종을 영위하는 경우, 창업에 해당하는지 여부에 대하여 살펴보면, 현재도 계속하여 사업을 영위하고 있고, 개인기업이 법인으로 전환한 경우로 볼 수는 없는 점 등을 종합하여 볼 때, 청구법인이 사업의 양수를 통하여 종전의 사업을 승계한 것으로 볼 수 없으며 창업한 것으로 보는 것이 타당함(조심 2009지0116, 2009.12.30.).

(3) 개인사업자가 종전 사업을 폐업하고 제3자와 함께 법인 설립, 종전과 동종 사업을 영위하는 경우 : 새로운 창업에 해당

행정안전부 유권해석은 '법인'이란 법에 의하여 특정한 단체에 권리와 능력을 갖춘 인격이 부여되는 것으로, 법인의 대표이사는 법인과는 별개의 인격체로 보아야 하고, 설령 거주자가 자신이 운영하던 사업과 동일 업종의 법인을 설립하여 사업을 영위한다 하더라도 법인으로 전환한 것이 아니라면 그 개인과 법인은 동일한 사업을 영위한다고 볼 수 없다고 하였다.

따라서 2009년 5월 거주자 A가 중소기업을 창업하였다가 2011년 4월에 해당 사업장을 폐업하고, 2011.5.11. 다른 장소에서 거주자 B와 함께 각각 50%의 지분 비율로 법인을 설립하여 거주자 A가 종전에 영위하던 업종과 동일한 사업을 영위하는 경우에 있어 해당 법인설립은 창업에 해당된다고 할 것이다. 2011.5.11.은 새로운 창업일에 해당하고 그 창업일부터 4년 이내에 취득한 부동산은 감면 대상에 해당되기 때문이다.

거주자가 하던 사업을 법인으로 전환한다고 하는 것은 거주자인 중소기업자가 하던 사업을 법인으로 사업자 형태를 변경하는 것으로 보아야 하고, 거주자가 법인으로 사업자 형태를 변경하여 종전의 사업과 같은 종류의 사업을 계속한다는 것은 거주자가 법인의 최대주주 또는 최대출자자이거나 대표자로서 그 법인을 실질적으로 지배하는 경우를 말한다고 보아야 할 것이다. 따라서 위 감면조항의 내용이나 체계에 비추어 볼 때 거주자가 하던 사업을 폐업하고 제3자와 법인을 설립하고 인적·물적 설비, 거래처 등을 승계하여 동종사업을 영위한다고 하더라도, 거주자와 법인은 별개의 독립된 법인격체이므로 거주자가 법인의 최대주주 또는 최대출자자이거나 대표자로서 그 법인을 실질적으로 지배하는 경우가 아니라면 창업 배제요건으로 보는 것은 타당하지 않음(지방세특례제도-664, 2018.3.5.).

(4) 개인사업자가 임차로 사업을 영위하다가, 창업 후 4년 이내에 부동산을 취득하여 사업장을 이전하는 경우 : 새로운 창업이 아님, 다만 종전의 감면 자격은 인정

창업중소기업이 창업 당시 최초에는 사업장을 임차하여 사업을 영위하였으나, 자금을 확보하여 인근지역으로 사업장을 이전하고, 동종 업종의 사업을 영위하기 위하여 부동산을 취득하는 경우 해당 부동산에 대해 감면을 적용할 수 있는지에 대한 쟁점이다.

참고

사실관계

- 2015.9.11. : 사업자등록(대구 ○구소재 임차사업장), 업태(제조업, 도소매)
- 2017.6.15. : 사업장 이전(대구 ○구→경북 ○○시), 업태(제조업, 도소매)
- 2017.6.29. : 경북 ○○시 소재 토지 취득

사업장을 이전한 것은 종전 사업의 연속선상에 있는 것이고, 중소기업이 사업장을 단순 이전하여 창업일로부터 4년 이내에 부동산을 취득한 경우라면 취득세 감면이 적용될 수 있을 것으로 보인다. 다만, 창업 후 4년 이내에 사업장을 이전하여 부동산을 취득하여 감면을 적용하더라고 이는 새로운 창업으로 볼 수는 없다.

또한 창업 당시부터 사업장용 부동산을 취득할 자금력이 충분한 중소기업에게는 감면 혜택을 부여하면서, 이처럼 임차사업장으로 사업을 개시한 경우 감면을 인정하지 않게 되면 형평성 저해 및 입법취지와도 부합하지 않는 것으로 보인다.

감면조항의 내용이나 체계에 비추어 볼 때 창업 이후 최초의 사업장을 임차하여 해당 사업을 영위하다가 사업의 연속선상에 있는 경우에는 중소기업이 사업장을 단순 이전하여 부동산을 취득한 경우라면 창업일로부터 4년 이내에 취득하는 부동산에 해당한다고 볼 수 있고, 창업 당시부터 사업장을 취득할 자금력이 충분한 중소기업에게는 감면혜택을 부여하게 된다는 형평성과 입법취지를 감안할 때, '사업을 확장하거나 다른 업종을 추가하는 경우' 해당하지 않는 것으로 보아 취득세 감면 대상으로 보는 것이 타당함(지방세특례제도과- 69, 2018.1.8.).

기 업

쟁점 006 폐업 후 다시 폐업 전과 동일 업종의 사업 개시?

지방세특례제한법 제58조의 3【창업중소기업 등에 대한 감면】제6항 제3호

⑥ 다음 각 호의 어느 하나에 해당하는 경우는 창업으로 보지 아니한다.

3. 폐업 후 사업을 다시 개시하여 폐업 전의 사업과 같은 종류의 사업을 하는 경우

폐업 후 폐업 이전의 사업과 동일한 업종의 사업을 다시 창업하는 경우는 신규 사업장의 창설 효과가 없으므로 지방세 지원 대상인 창업으로 보지 않는 것이 당연하다 하겠다.

이 경우 같은 종류의 업종인지 여부는 앞서 언급한 것과 같이 통계청장이 고시하는 "한국표준산업분류"에 따른 세분류의 구분에 따라 판단하고 있다.

또한 이와 관련해서는 폐업 후 다시 사업을 개시하기까지의 기간을 규정하고 있지 않으므로 따라서 과거 어느 하나의 사업장을 창업한 이력이 있다면 이후 종전과 동일한 업종의 사업장을 장기간이 지나서 창업하든지에 상관없이 감면 대상 창업에 해당되지 않는다. 이런 이유로 과세기관에서는 창업 요건을 판단하기 위해 사업장 개시 이력을 일일이 확인하고 있다.

- 청구법인은 형식적으로 새로운 법인을 설립하였다 하더라도, 개인사업자와 대표자, 소재지 및 목적사업 등이 동일한 점으로 볼 때, 조세특례제한법 제6조 제4항 제3호에서 폐업 후 사업을 다시 개시하여 폐업 전의 사업과 동종의 사업을 영위하는 경우에는 창업으로 볼 수 없음(조심 2011지0797, 2012.5.16.).
- 개인사업자가 임차기간 만료로 사실상 폐업한 후, 개인사업자의 주요 거래처의 약 71%와 종업원 12명 중 6명이 청구법인으로 고용이 승계된 사실이 확인되는 이상, 실질적으로는 법인전환 내지는 사업의 양수를 통하여 개인사업체의 사업을 승계하여 사업을 확장하거나 업종을 추가한 것에 불과하므로 조세특례제한법에 의한 취득세 등의 면제 대상 창업중소기업대상에 해당하지 않음(조심 2011지0335, 2012.3.5.).
- 조세특례제한법 제6조에서 규정하고 있는 폐업 후 사업을 다시 개시하여 폐업 전의 사업과 동종의 사업을 영위하는 경우에는 청구법인의 대표이사 개인이 운영하던 개인사업장을 법인으로 전환하였는지 여부와 관계없이 창업에 해당되지 않는다고 본 것은 타당함(조심 2009지0623, 2010.5.31.).

쟁점 007 창업으로 보지 않는 사업의 확장에 대한 판단

> **지방세특례제한법 제58조의 3【창업중소기업 등에 대한 감면】제6항 제4호**
> ⑥ 다음 각 호의 어느 하나에 해당하는 경우는 창업으로 보지 아니한다.
> 4. 사업을 확장하거나 다른 업종을 추가하는 경우 등 새로운 사업을 최초로 개시하는 것으로 보기 곤란한 경우

'사업의 확장'에 대해서는 지방세특례제한법에서 별도로 정의하고 있지 않으나 '사업의 확장'은 중소기업을 설립하여 최초로 사업장을 둔 상태에서 사업을 영위하다가 동일한 업종의 사업장을 추가하는 경우를 의미한다고 보고 있다(조심 2013지156, 2014.9.19. 외 다수, 같은 뜻임).

사업주체가 동일하면서 사업의 변화에 따라 사업장을 추가하는 경우를 새로운 창업으로 보지 않는 것은, 새로운 중소(벤처)기업이 창업으로 인해 신설되는 중소기업을 지원하고자 하는 해당 규정의 취지와 달리 사업의 확장은 새로운 사업 창출의 효과가 없고, 사업의 확장을 새로운 창업으로 보게 되는 경우 사업의 확장 시점마다 창업일이 다시 생성되게 되어 감면 기간이 무한히 연장되는 효과가 있기 때문이다.

실무에서는 창업(벤처)중소기업의 사업장이 추가되는 경우 그것이 단순 사업의 확장인지 아니면 실제로 창업을 한 것인지를 판단하는 것이 쉽지 않다. 법인 사업장의 경우는 지점을 설치할 때마다 새로운 법인번호의 법인등기부등본이 창설되지 않으므로 이를 판단하는 것이 비교적 수월할 수도 있다.

그러나 개인사업자인 경우는 지방세특례제한법에서 창업일을 '부가가치세법에 따른 사업자등록일'로 규정하고 있고 부가가치세법에 따라 사업자 등록은 사업장마다 등록을 할 수 있으므로 동일한 개인을 기준으로 사업자 등록이 추가로 생길 경우 그것이 창업을 한 것인지 사업을 확장한 것인지를 판단해야 하는 문제가 생긴다. 과세기관에서는 이 경우 구체적인 사실관계를 고려하여 신규 사업 창출효과가 있는지, 종전 사업자등록 업종과의 유사성이 있는지 또는 종전 사업장 거래처와의 연속성이 있는지 등을 종합적으로 고려한 후 판단해야 할 것이다.

조세특례제한법 상 창업중소기업에 대한 세액감면제도의 내용과 취지에 비추어 볼 때 단지 법인설립과 같은 창업의 외형만을 가지고 볼 것이 아니라 조세감면의 혜택을 주는 것이 공평의 원칙에 부합하는지를 기준으로 실질적으로 판단함이 타당하다 하겠으므로, 취득세 등의 면제 대상이 되는 "창업"이란 실질적으로 중소기업을 새로이 설립하여 사업을 개시하는 경우로서, 기존 사업을 승계하여 같은 종류의 사업을 운영하거나 사업을 확장하는 등 외형상 명의만 변경한 것에 불과하여 새로운 사업을 최초로 개시하는 것으로 보기 곤란한 경우에는 조세특례제한법 상 세액감면의 취지에 부합하는 창업에 해당한다고 보기 어렵다 할 것인 바, 청구법인은 대표이사의 배우자가 대표자로 있는 ○○○의 사업장과 연접하여 설립된 후 ○○○와 동일한 업종에 종사하고 있는 점, ○○○의 일부 직원이 청구법인의 업무를 담당하고 있고 급여대장 및 근로소득특별징수분 주민세 내역 등에 의하면 청구법인에서 실제 근무한 직원이 없는 것으로 나타나는 점 등에 비추어 청구법인은 새로운 사업을 최초로 개시하는 것이 아니라 ○○○의 사업을 확장한 것으로 보이므로 청구법인에게 이 건 취득세 등을 부과한 처분은 잘못이 없음(조심 2016지1198, 2016.12.20.).

이처럼 사실관계에 근거하여 사업의 확장인지 새로운 창업인지 여부를 판단함으로 인해 유사한 사례에 있어서도 각각 다르게 결정되는 경우가 있어, 과세기관의 혼란이 가중되는 것으로 보인다. 즉 개인사업자가 자신의 개인사업장 외에 유사 업종의 법인사업장을 추가로 설립하고, 개인사업장과 법인사업장을 인근지역에서 운영하고 있는 경우에 있어, 조세심판례에서는 법인설립을 사업의 확장이 아닌 새로운 창업으로 인정하고 있다.

청구법인의 대표자가 영위한 개인사업자는 자체 공장을 갖추지 못하였고, 사업장의 면적이 23.74㎡에 불과하며 직원도 없는 상태이어서 제조업을 영위하였을 것으로 보이지 않는 반면, 청구법인은 자기 공장과 9명의 직원을 두고 사업을 영위한 점, 개인사업자는 원청업체의 속옷을 발주받아 원단 매입 및 위탁 생산을 한 후 원청업체에 납품하는 형태의 기타 도급업을 영위한 것으로 보이나, 청구법인은 자체적으로 기획한 속옷을 제조하고, 브랜드를 붙여 홈쇼핑 등에 납품한 것으로 주장하고 있으며, 이러한 사실이 부가가치세 신고서상의 거래처들에 의하여 확인되는 점, 개인사업자가 영위한 사업과 청구법인의 사업 사이에 유사성은 있다고 볼 수 있으나, 동일한 제조업을 영위한 것으로 보이지 않는 점(조심 2009지857, 2010.6.30., 같은 뜻임) 등에 비추어 청구법인은 2018.1.23. 지방세특례제한법 제58조의 3 제1항의 창업벤처중소기업을 설립한 것으로 보는 것이 타당함(조심 2019지0824, 2019.10.14.).

(1) 창업 법인이 4년 이내에 동종의 지점 설치한 경우 : 새로운 창업이 아님, 다만 부동산 취득 시 감면 인정

사업의 확장을 창업으로 보지 않는다는 것은 그 사업의 확장일을 새로운 창업일로 보지 않고, 그 사업의 확장일부터 다시 4년간(청년창업의 경우는 5년) 감면 혜택을 부여하지 않는다는 것을 의미한다.

따라서 지방세특례제한법 제58조의 3에서 정하는 요건을 모두 갖추어 창업한 법인이 이후 동일한 업종의 사업장을 하나 더 신설하게 되면 이는 사업의 확장으로 보아야 하고, 이러한 사업의 확장은 창업으로 볼 수 없으므로 그 지점 설치일부터 4년간 다시 감면 혜택이 부여되지는 않는다.

즉 지방세특례제한법 상 감면 요건에 부합하게 창업한 중소기업이 창업일부터 4년(또는 5년)이 경과하여 감면 기간이 종료한 이후에 사업의 확장을 하게 되면, 이는 새로운 창업으로 보지 않으므로 감면 혜택이 아예 종료되는 것이고, 사업의 확장으로 취득한 부동산이 창업 당시의 업종의 사업을 영위하기 위한 것이라 하여도 더 이상 감면이 인정되지 않는다.

그러나 사업의 확장은 창업으로 보지 않는 것을 의미하는 것이지 감면을 적용하지 않는 것을 의미하는 것이 아니므로 지방세특례제한법 상 감면 요건에 부합하게 창업한 중소기업이 감면 가능한 기간인 창업일부터 4년(또는 5년) 이내에 창업 당시의 업종 중 하나로 사업장을 추가한 경우, 또는 그 사업을 영위하기 위하여 부동산을 취득한 경우 감면을 적용할 수 있을지가 쟁점이 되고 있다.

유권해석의 경우는 사업의 확장에 대해 새로운 창업으로 보지 않는 것 외에도 그 사업의 확장과 관련하여 취득한 부동산은 감면 대상이 아니라고 보고 있다.

창업중소기업을 설립하여 취득세 감면을 받은 후 최초의 사업장을 두고 동일 업종 사업장을 추가하는 경우 감면에 해당하는지 여부에 대해, 감면 조항의 내용이나 체계에 비추어 볼 때 창업중소기업을 설립하여 취득세 감면을 받은 후 최초의 사업장을 두고 동일 장소에서 동일 업종의 사업 확대한 경우에는 사업의 연속선상에 있기 때문에 감면 대상으로 보아야 할 것이지만, 조세 감면 요건 규정 가운데 명백히 특혜규정이라고 볼 수 있는 것은 엄격하게 해석하는 것이 조세공평의 원칙에 부합해야 한다는 대법원 판례(대법원 2009.8.20. 선고 2008두11372 판결 등 참조) 등에 비추어 보면, 동종 사업을 영위하는 새로운 사업장을 추가하는 경우에도 감면 요건인 '사업을 확장하거나 다른 업종을 추가하는 경우' 해당된다 할 것이므로 취득세 감면 대상으로 보기는 어려움(지방세특례제도과-1084, 2017.5.22.).

그러나 이러한 입장은 조세심판례와 다른 것이기도 하다. 조세심판례에서는 일단 지방세특례제한법에 따른 감면 요건을 모두 갖추어 창업한 경우이고, 그 창업일부터 4년(또는 5년) 이내에 지점 설치(사업의 확장)를 하는 경우, 최초로 감면 요건이 성립된 법인 설립과는 사업의 연속선상에 있는 것이며, 지점 설치가 창업일부터 4년 이내에 있었으므로 그와 관련된 사업을 영위하기 위하여 부동산을 취득한 경우라면 감면을 적용할 수 있다고 보고 있다. 이 경우 지점 설치 시 업종이 감면 대상 업종이어야 하는 것은 당연하겠다.

(2) 거주자가 배우자 명의로 동일 장소에 유사 사업장 신설 : 사업의 확장으로 창업 제외

사업의 확장에 해당되는지는 구체적인 사실관계를 종합적으로 고려하여 판단하여야 하는데, 신규 사업 창출효과가 있는지 또는 종전과의 동일 업종인지 여부, 종전 사업장과의 거래처 유사성 등이 모두 판단의 기준이 된다.

또한 지방세특례제한법에서는 사업의 확장에 대해 구체적으로 정의하고 있지 않으나, 다수의 사례를 통해 사업의 확장은 '종전의 사업장을 유지하면서 동일한 업종의 사업장을 추가하는 등 종전 사업의 범위를 확장하는 것'이라고 보고 있다.

따라서 창업중소기업의 배우자가 종전의 창업중소기업과 동일한 장소에 업종도 유사한 사업장을 신설한 경우는 사업의 주체만 달리한 것일 뿐 같은 사업을 영위하는 사업장으로 볼 수 있으므로 새로운 창업으로 보지 않는다.

청구법인의 대표이사인 ○○○라는 상호의 제과점을 영위하다가 각 50%씩 출자하여 제과·제빵 제조업을 영위하는 청구법인을 설립하여 청구법인의 대표이사, 사내이사로 재직하는 등 가족관계를 기초로 그 자재구매, 영업활동 등의 의사결정 및 경영에 참여하고 있는 점, 청구법인은 종전사업체들로부터 재료 반죽 등 일부 제과·제빵 등의 제조활동을 이어받아 생산한 제품 전부를 청구법인의 매장과 종전사업체들에 공급하고 있으며, 그 외의 다른 매출처가 전혀 없는 점, 2012년부터 2015년까지의 종업원 고용보험 가입 자료에 의하면 종업원들이 청구법인과 종전사업체들 간 근무지 교류가 내부적으로 있었던 점, 청구법인의 홈페이지, 언론보도 자료 및 영업장소에서 청구법인의 창업연도인 2013년에 청구법인의 사업이 시작된 것이 아니라 종전사업체들 중 ○○○을 개업한 2002년에 청구법인의 사업이 시작되었고, 현재 운영하는 매장이 총 7개이며 대표이사인 ○○○라는 상표를 내세워 홍보하고 있는 점 등에 비추어 종전사업체들의 판매 호조, 백화점 입점 등 그 규모의 확대로 제조시설을 추가하기 위하여 사업을 확장한 것에 불과하므로 종전사업체들과 달리 새로운 사업을 원시적으로 창출한 순수한 창업으로 보기는 어려움(조심 2016지1234, 2017.1.2.).

- 청구인은 그 배우자의 사업장과 동일한 장소에서 유사한 업종 및 업태로 개업하였고, 그 주요 매출처도 배우자의 사업장과 동일한 점 등에 비추어 청구인은 배우자의 사업장을 확장한 것에 불과하고 새로운 사업을 최초로 개시하였다고 보기 어려움(조심 2016지0505, 2016.10.31.).
- 청구법인과 이 건 원청업체의 임직원이 사실상 동일하고 청구법인의 상호와 이 건 협력업체의 영문명이 유사한 것으로 보아 설립한지 4년이 경과하여 더 이상 창업중소기업에 따른 취득세 면제 혜택을 받을 수 없게 된 이 건 원청업체가 청구법인을 설립한 후 청구법인으로 하여금 이 건 부동산을 취득하게 한 것으로 보이는 바, 청구법인의 설립은 원청업체의 사업확장에 불과하다고 보이는 점 등에 비추어 청구법인이 실질적으로 자기 책임하에 이 건 부품을 제조·판매하는 것으로 보기 어려움(조심 2015지0033, 2016.3.15.).

쟁점 008 창업으로 보지 않는 업종 추가에 대한 판단

> **지방세특례제한법 제58조의 3【창업중소기업 등에 대한 감면】제6항 제4호**
> ⑥ 다음 각 호의 어느 하나에 해당하는 경우는 창업으로 보지 아니한다.
> 4. 사업을 확장하거나 다른 업종을 추가하는 경우 등 새로운 사업을 최초로 개시하는 것으로 보기 곤란한 경우

지방세특례제한법에서는 '업종의 추가'에 대해 별도 정의를 하고 있지는 않으나, '업종의 추가'란 최초로 영위하는 사업과 다른 사업을 영위하는 모든 경우를 의미한다고 보고 있다(조심 2013지156, 2014.9.19. 외 다수, 같은 뜻임).

업종은 법인등기부등본 또는 사업자등록증상 기재된 업종을 말하는 것으로 업종은 (벤처)중소기업이 창업하는 창업 당시에 해당 공부에 기재된 것을 기준으로 새로운 업종을 추가하였는지를 판단한다. 그리고 종전과 다른 업종이 추가되었는지 여부는 한국표준산업분류표상 세분류 기준에 따라 판단하고 있다.

창업 당시의 업종이 아닌 새로운 업종을 추가하고 그 추가된 업종과 관련된 사업장을 신설하는 경우 이는 새로운 창업으로 보지 않는다.

또한 사업의 확장의 경우는 창업(벤처)중소기업에 대한 감면 적용 기간이 남아있는 상태에서 사업의 확장을 하는 경우 이를 새로운 창업으로는 보지는 않으나 그 사업의 확장으로 종전의 감면 자격이 소멸되지는 않는다.

업종 추가는 창업(벤처)중소기업에 대한 감면 적용 기간이 남아 있는 상태에서(창업일 또는 확인일부터 4년 이내 또는 창업일부터 5년 이내) 업종을 추가한다고 해도 창업으로 보지 않는 것은 물론 감면 기간 이내에 그 추가된 업종과 관련하여 부동산을 취득하는 것도 감면을 적용하지 않는다.

이는 창업일 이후 추가된 업종과 관련된 부동산 취득은 감면 제외하고, 오직 창업 당시 업종과 관련된 사업을 영위하기 위한 부동산 취득만 감면 대상이 되도록 2018.12.24. 지방세특례제한법이 개정되었기 때문이다. 그간 유권해석 및 조세심판례는 지속적으로 다른 입장으로 대립되어 왔고, 납세자의 혼란을 해소하기 위해 법률을 개정하여 명확히 한 것이다.

다만, 사업의 확장과 달리 창업 당시의 업종에 한해 감면을 인정하도록 개정한 것은 대분분의 창업중소기업들은 창업 당시 다양한 업종을 기재하여 창업을 하고 있고, 창업 당시 등기부등본 등에 기재되어 있는 업종을 순차적으로 사업 개시하고 있는 실태여서 굳이 감면 기간 내에 업종을 추가하는 경우를 감면 대상으로 명시하지 않은 것으로 보인다.

그간 유권해석 및 조세심판례의 대립된 의견과 개정 내용에 대해서는 자세히 살펴볼 필요가 있다. 또한 업종 추가에 대해서는 ① 창업 당시 감면 업종으로 창업하였는지와 ② 창업 당시 감면 업종이 아닌 것으로 창업하고 이후 감면 대상인 업종을 추가하였는지로 나누어 생각해볼 수 있다.

기 업

(1) 창업 당시 감면 업종으로 창업, 이후 4년 이내에 감면 대상 업종 추가한 경우 : 창업 제외, 창업 당시의 업종이 아니므로 감면 제외

창업중소기업으로서 법령에서 정한 적법한 요건을 갖추어 창업한 중소기업이 취득세 등을 면제받을 수 있는 기간 내에 창업 당시에는 없었던 업종을 법인등기부등본 또는 사업자등록에 추가하는 경우 그 업종 추가를 새로운 창업으로 볼 것인지 또는 그 추가된 업종의 사업을 영위하기 위해 부동산을 취득하는 경우 이를 감면 대상으로 볼 것인지에 대한 문제이다.

업종을 추가하는 경우 이를 새로운 창업으로 보지 않으므로 따라서 감면 대상 기간을 업종을 추가한 날부터 4년간으로 다시 산정하는 것이 아니라는 것은 법령상 명확하고 이에 대해서는 이견이 없다.

반면, 창업중소기업으로 적법한 요건을 갖추어 창업한 중소기업이 취득세 등을 면제받을 수 있는 기간 내에 창업 당시에는 없었던 업종을 법인등기부등본 또는 사업자등록에 추가하고, 그 추가된 업종의 사업을 영위하기 위해 부동산을 취득하는 경우 이를 감면 대상으로 볼 것인지에 대해서는 의견이 대립하여 왔다.

유권해석은 창업 이후 업종을 추가하는 것은 창업으로도 보지 않는 것은 물론 창업 당시 업종 외에 추가된 업종과 관련하여 취득한 부동산은 감면 대상에서도 제외한다는 입장을 유지해 왔다.

반면 조세심판례의 경우는 유권해석과 다른 입장으로서, 창업 당시의 적법한 요건을 갖추어 창업한 중소기업이면서, 창업일 이후 4년 이내에 업종을 추가하고 그 추가된 업종을 영위하기 위해 부동산을 취득하는 경우라면 해당 부동산에 대해서는 감면을 적용할 수 있다는 입장이였다.

▌창업일부터 4년 이내에 업종추가 시 감면 여부▐

유권해석(감면 대상 제외)	조세심판례(감면 대상에 해당)
감면기간 내에 감면에 속하는 업종을 추가하고, 그 업종에 사용하고자 사업용 재산을 취득하는 경우, 창업중소기업이 창업 당시의 사업을 하기 위하여 취득하는 경우에 해당하지 아니한다 할 것이므로 취득세 등 경감 대상이 되지 않는다고 판단됨(지방세특례제도과-1352, 2015.5.18.)	청구법인이 설립 당시 창업중소기업에 해당하고, 취득세 등을 면제받을 수 있는 기간 내에 제조업을 목적사업에 추가하고 거기에 직접 사용할 목적으로 취득한 부동산은 취득세 면제 대상에 해당됨(조심 2016지0536, 2017.3.15.; 조심 2010지0282, 2011.5.27.)

이러한 문제 해소를 위해 2018.12.24., 지방세특례제한법 제58조의 3 제1항에서 감면 대상 범위를 '창업일 당시 업종의 사업을 계속 영위하기 위하여 취득하는 부동산'으로 명확히 하도록 개정함으로써 업종을 추가하는 것은 새로운 창업으로 보지 않는 것과 동시에 추가된 업종과 관련하여 취득하는 부동산은 감면 대상에서도 제외되는 것으로 해석할 수 있게 되었다.

지방세특례제한법 2018.12.24. 법률 제16041호로 일부개정

개정 전	개정 후
제58조의 3【창업중소기업 등에 대한 감면】 ①「중소기업창업 지원법」 제2조 제1호에 따른 창업을 한 기업으로서 다음 각 호의 어느 하나에 해당하는 기업이 해당 사업을 하기 위하여 대통령령으로 정하는 날(이하 이 조에서 "창업일"이라 한다)부터 4년 이내에 취득하는 부동산에 대해서는 취득세의 100분의 75에 상당하는 세액을 경감한다.	제58조의 3【창업중소기업 등에 대한 감면】 ①「중소기업창업 지원법」 제2조 제1호에 따른 창업을 한 기업으로서 다음 각 호의 어느 하나에 해당하는 기업이 대통령령으로 정하는 날(이하 이 조에서 "창업일"이라 한다)부터 4년 이내(대통령령으로 정하는 청년창업기업의 경우에는 5년 이내)에 창업일 당시 업종의 사업을 계속 영위하기 위하여 취득하는 부동산에 대해서는 취득세의 100분의 75를 경감한다.

이로써 그간의 이견은 해소된 것으로 보인다. 다만, 개정된 법률 시행이전에 창업한 창업(벤처)중소기업으로서 아직까지 감면 기간이 남아있는 경우가 있으므로 여전히 쟁점은 존재하고 있다.

(2) 감면 제외 업종으로 창업, 이후 4년 이내에 감면 업종을 추가 : 창업 제외, 창업 당시 요건 미비로 감면 제외

앞에서 언급한 바와 같이 2018.12.24, 지방세특례제한법 제58조의 3 제1항에서 감면 대상 범위를 '창업일 당시 업종의 사업을 계속 영위하기 위하여 취득하는 부동산'으로 명확히 하도록 개정하였으므로 업종을 추가하는 것은 새로운 창업으로 보지 않는 것과 동시에 추가된 업종과 관련하여 취득하는 부동산은 감면에서도 제외된다는 것은 여기서도 동일하다. 이하는 법 개정 이전의 사례이다.

다만, 창업 당시 감면 제외 업종으로 창업을 하고 법에서 정한 감면 요건을 갖추지 못한 경우에는 창업 자체가 감면 요건에 부합하지 않으므로 이후 감면 대상 업종을 추가한다고 하여도 새로운 창업으로 보거나 감면 대상으로 볼 수는 없다. 그리고 이러한 입장에 대해서는 유권해석 및 조세심판례 모두 동일한 입장이다.

그러나 일부 사례의 경우는 창업 당시의 업종과 관련된 사업을 전혀 영위하지 않은 경우라면 이후 감면 업종을 추가한 경우라면 감면을 적용할 수 있다고 보고 있다.

〈창업 및 감면 대상에 해당하지 않음〉

- 법인설립(창업) 당시에는 창업중소기업 감면 대상 업종이 아니었으나, 창업일부터 3년 뒤 감면 대상 업종을 추가하고 부동산을 취득한 경우와 관련하여, 지방세특례제한법에 따른 새로운 창업으로 볼 수 없다고 판단됨(지방세특례제도과-4252, 2018.11.9.).
- 청구법인이 관광경영사업, 호텔 콘도시설 조성 및 운영업 등을 목적사업으로 하여 2013.6.25. 설립하여 2013.9.5. 자본금 증자등기를 하면서 목적사업에 관광숙박업을 추가 등기한 점 등에 비추어 법인 설립 당시에는 포괄적으로 관광사업을 목적사업으로 하고, 관광숙박업을 명시하지 아니하다가 추후 목적사업을 구체적으로 등기한 것으로 보는 것이 타당하므로 청구법인은 창업중소기업에 해당하지 않음(조심 2014지2154, 2015.6.3.).
- 법인설립 등기시 법인의 목적사업에 '관광숙박업'을 기재하지 않고, '부동산 개발 및 공급업'으로 사업자 등록을 한 창업법인이 추후 추진사업 완공 후 관광숙박업을 실제 목적사업으로 운영하기 위하여 자본금을 증자하고 업종을 추가한 것은 새로운 창업으로 볼 수 없으므로, 증자에 따른 등록면허세에 대해 창업중소기업 세액감면 규정을 적용하기 어려운 것으로 판단됨(지방세특례제도과-1089, 2014.7.24.).
- 광업, 제조업 등 창업대상 업종으로 창업(법인설립)이 이루어져야 할 것인 바, 창업에 해당하지 아니한 업종으로 창업하여 사업용 재산을 취득한 경우에는 업종의 영위 여부를 떠나 취득세 감면 대상 창업중소기업에 해당되지 아니한다 할 것이고, 이후에 창업에 해당하는 업종을 추가한 경우라고 하더라도 이는 다른 업종을 추가한 경우로서 새로운 창업으로 볼 수 없다고 판단됨(지방세운영과-1952, 2013.8.20.).
- ㅇㅇ세무서장이 2008.7.3. 교부한 사업자등록증과 2008.9.1. 처분청에 통보한 청구인의 사업자등록 변경이력에서 청구인은 2006.6.20. 상호는 ㅇㅇㅇ로, 업종은 도·소매업(ㅇㅇㅇ 가구)으로 하여 사업자등록을 하고 사업을 영위하다가 2007.10.5. 제조업을 추가한 사실이 확인되고 있는 이상, 조세특례제한법 제6조 제3항의 규정에 의한 창업중소기업에 해당되지 아니함(조심 2008지0784, 2009.2.9.).

〈창업으로 인정〉

- 사업을 확장하거나 다른 업종을 추가하는 경우 등 새로운 사업을 최초로 개시하는 것으로 보기 곤란한 경우에는 창업으로 보지 아니하도록 규정하고 있으나, 최초 창업중소기업 감면 배제 업종을 목적으로 설립된 법인이 사업을 실제로 영위하지 않은 경우 이후 추가된 창업중소기업 감면 대상인 제조업을 원시적 창업을 보아야 하므로 감면을 배제한 처분은 잘못이 있음(조심 2013지0058, 2013.5.3.).

쟁점 009 직원 복지를 위한 콘도회원권을 구입하는 경우 감면 여부?

> **지방세특례제한법 제58조의 3【창업중소기업등에 대한 감면】제1항 및 제2항**
>
> ① 「중소기업창업 지원법」 제2조 제1호에 따른 창업을 한 기업으로서 다음 각 호의 어느 하나에 해당하는 기업이 대통령령으로 정하는 날(이하 이 조에서 "창업일"이라 한다)부터 4년 이내(대통령령으로 정하는 청년창업기업의 경우에는 5년 이내)에 창업일 당시 업종의 사업을 계속 영위하기 위하여 취득하는 부동산에 대해서는 취득세의 100분의 75를 경감한다. 이 경우 제2호의 경우에는 「벤처기업육성에 관한 특별조치법」 제25조에 따라 벤처기업으로 최초로 확인받은 날(이하 이 조에서 "확인일"이라 한다)부터 4년간 경감한다.
>
> ② 2020년 12월 31일까지 창업하는 창업중소기업 및 창업벤처중소기업이 해당 사업에 직접 사용(임대는 제외한다)하는 부동산에 대해서는 창업일(창업벤처중소기업의 경우에는 확인일)부터 3년간 재산세를 면제하고, 그 다음 2년간은 재산세의 100분의 50에 상당하는 세액을 경감한다.

지방세특례제한법 제58조의 3 제1항에 따른 취득세 감면 대상은 '창업일 당시 업종의 사업을 계속 영위하기 위하여 취득하는 부동산'이다. 또한 재산세 감면 대상은 창업(벤처)중소기업이 해당 사업에 직접 사용하는 부동산이다.

이러한 규정은 지방세특례제한법이 2016.12.27., 법률 제14477호로 일부 개정된 것에 따른 것이다. 법 개정 이전에는 감면 대상을 사업용 재산으로 규정하고 있어서, 창업중소기업의 대표이사가 사용하는 일반승용자동차, 지입차주가 취득한 건설기계 등이 감면 대상에 해당되는지에 대해 많은 쟁점이 되어왔다.

▌창업중소기업 감면 대상 범위 일부 개정▐

2016.12.27. 법률 제14477호로 개정 전	2016.12.27. 법률 제14477호 개정 후
제58조의 3【창업중소기업 등에 대한 감면】 ① 「중소기업창업 지원법」 제2조 제1호에 따른 창업을 한 기업으로서 다음 각 호의 어느 하나에 해당하는 기업이 해당 사업을 하기 위하여 창업일부터 4년 이내에 취득하는 <u>사업용 재산</u>(이하 생략).	제58조의 3【창업중소기업 등에 대한 감면】 ① 「중소기업창업 지원법」 제2조 제1호에 따른 창업을 한 기업으로서 다음 각 호의 어느 하나에 해당하는 기업이 해당 사업을 하기 위하여 대통령령으로 정하는 날(이하 이 조에서 "창업일"이라 한다)부터 4년 이내에 취득하는 <u>부동산</u>(이하 생략).

그러나 감면 대상이 부동산으로 변경된 이후에도 여전히 감면 대상 범위는 '감면 대상 업종의 사업과 관련된 부동산'으로 보아야 한다. 즉 창업(벤처)중소기업이 해당 사업을 하기 위하여 취득하는 부동산을 감면 대상으로 인정하는 것이 타당하므로 종전의 '사업용 재산'이 '사업용 부동산'으로 그 감면 대상 범위가 일부 축소된 것으로 보는 것이 합리적이라 하겠다.

감면 대상이 사업용 부동산으로 변경되어 종전의 차량 등과 관련된 쟁점들은 해소되었으나, 종업원들의 후생복지와 관련된 부동산이 감면 대상에 해당되는지에 대해서는 여전히 쟁점이 남아 있다.

(1) 종업원의 후생복리를 위해 취득한 콘도회원권 : 감면 제외

콘도회원권은 지방세특례제한법 개정 이전에도 사업용 재산으로 보지 않았다. '사업용 재산'이란 창업중소기업의 사업에 직접 사용되는 부동산 등을 말하는 것이므로 임대에 사용되거나, 투자목적으로 사용되는 등의 경우는 사업용 재산으로 볼 수 없다.

또한 구내 휴게실 식당 등은 그 창업중소기업의 사업과 관련된 필수적인 시설에 해당되나, 공장 구외에 위치한 종업원용 복리시설은 사업을 하기 위한 필수적인 사업용 부동산으로는 보기 어렵다.

따라서 창업중소기업 명의로 취득한 콘도회원권은 부동산으로 볼 수 없을 뿐더러, 사업용 재산으로 그 감면 대상을 규정했던 당시에도 감면 대상으로 보지 않았다.

조세특례제한법 제120조 제3항에서 "해당 사업을 영위하기 위하여 취득하는 사업용 재산"이라 함은 제조업을 영위하는 경우 그 제품의 제조, 판매 및 그와 관련된 사업에 직접 사용되는 부동산 등을 말한다고 할 것이므로 당해 재산이 임대에 공여되거나 또는 투자 수익 등을 목적으로 취득한 재산은 창업벤처중소기업의 사업용 재산에 해당된다고 볼 수 없는 점, 제조시설의 부대시설로서 휴게실·식당 등 종업원 후생복리시설은 사업용 재산에 해당된다고 볼 수 있으나 제조시설의 구외에 소재하는 종업원의 후생복리시설까지 사업용 재산으로 보기 어려운 점등을 종합하여 볼 때, 청구법인이 이 건 콘도회원권을 종업원의 후생복리를 위하여 취득하였다고 하더라도 이러한 사실만으로는 이 건 콘도회원권이 창업벤처중소기업이 "해당 사업을 영위하기 위하여 취득하는 사업용 재산"에 해당되지 않음(조심 2011지0786, 2011.11.28.).

(2) 기숙사로 사용하는 주택 : 감면 제외

창업중소기업이 해당 사업을 하기 위하여 창업일부터 4년 이내에 취득하는 부동산은 감면 대상에 해당되는데, 이 경우 '사업을 하기 위한 부동산'은 제조업을 영위하는 경우라면 그 제품의 제조, 판매 및 그와 관련된 사업에 직접 사용되는 부동산 등을 말한다고 볼 수 있다. 따라서 당해 재산이 임대에 사용되거나 투자 수익 등을 목적으로 취득한 경우에는 여기서 제외된다고 보아야 한다(조심 2011지0786, 2011.11.28.).

창업중소기업의 기숙사는 사업용 재산에 포함된다고 볼 수 있으나, 기숙사가 일반 주택인 경우도 감면 대상으로 볼 수 있을지에 대해서는 쟁점이 발생한다. 왜냐하면, 일반 아파트를 창업중소기업의 직원 숙소로 사용하는 경우 해당 아파트를 창업 업종에 필수불가결한 시설로 볼 수 있는지 의문이 제기될 수 있기 때문이다.

과세기관에서는 해당 주택이 해당 창업중소기업이 사업을 하는데 필수불가결한 부동산인지 여부에 따라 감면 대상 여부를 결정하고 있는데, 전 직원이 서울에 거주하여 숙소 제공이 불가피한 상황이 아니고, 기숙사 전용 건축물이 아니어서 용도 변경이 언제든 가능한 점 등 고려할 때 창업중소기업이 사업을 하기 위한 필수불가결한 부동산으로 볼 수 없으므로 감면 대상에 해당되지 않는다고 하겠다.

창업벤처중소기업이 해당 사업을 영위하기 위하여 4년 이내에 취득하는 사업용 재산에 대해서는 취득세·등록세 등을 면제하도록 되어 있고, 여기서 감면 대상이 되는 '사업용 재산'은 당해 사업의 수행에 필요불가결한 토지, 공장, 사무실 등은 물론 근로자를 위한 기숙사, 후생복지시설도 사업에 직접 사용하는 사업용 재산에 포함된다고 보아야 하므로 직원의 복리후생시설(직원 숙소) 용도로 취득한 이 사건 주택이 '사업용 재산'인지 여부는 주택의 필요성 및 지역적 요인 등 청구법인의 사업과의 연관성 정도가 중요한 판단요소라 할 것임. 일반적인 경우에 있어 주택은 직원의 복리후생 차원에서 제공하는 시설이므로 사업상 반드시 취득하여야 할 재산은 아니며, 또한 이 사건의 경우 사업장이 주거 선택의 여지가 없는 오지에 있는 것도 아니고, 이 사건 주택에 입주하고 있는 직원들은 입주 이전 주소지가 모두 서울특별시로 되어 있어, 청구법인이 직원들에게 숙소를 제공하지 않는다 하더라도 사업 수행이 어렵다고 할 수 없으므로 당해 사업과 연관성이 적다고 할 수 있으며, 더욱이 이 사건 주택은 건설업체가 일반인에게 분양한 아파트로서 그 용도가 청구법인의 직원 숙소로만 사용하도록 한정될 수 있는 것도 아니어서 이 사건 주택은 구 조세특례제한법 상의 창업벤처기업인 청구법인의 사업을 영위하는 데 필요 불가결한 '사업용 재산'이라 볼 수 없음(감심 2012-131 2012.9.13.).

기 업

쟁점 010 창업중소기업의 법인전환과 중소기업 간 통합에 대한 추징 기준

지방세특례제한법 제58조의 3【창업중소기업등에 대한 감면】제7항 및 제8항

⑦ 다음 각 호의 어느 하나에 해당하는 경우에는 제1항에 따라 경감된 취득세를 추징한다. 다만, 「조세특례제한법」 제31조 제1항에 따른 통합을 하는 경우와 같은 법 제32조 제1항에 따른 법인전환을 하는 경우는 제외한다.

1. 정당한 사유 없이 취득일부터 3년 이내에 그 부동산을 해당 사업에 직접 사용하지 아니하는 경우
2. 취득일부터 3년 이내에 다른 용도로 사용하거나 매각·증여하는 경우
3. 최초 사용일부터 계속하여 2년간 해당 사업에 직접 사용하지 아니하고 다른 용도로 사용하거나 매각·증여하는 경우

⑧ 창업중소기업 및 창업벤처중소기업이 제2항에 따른 경감기간이 지나기 전에 중소기업 간 통합 또는 법인전환을 하는 경우 그 법인은 대통령령으로 정하는 바에 따라 남은 경감기간에 대하여 제2항을 적용받을 수 있다. 다만, 중소기업 간 통합 및 법인전환 전에 취득한 사업용재산에 대해서만 적용한다.

지방세특례제한법에서 정하는 추징 규정은 모두 직접 사용이 전제되어 있다. 즉 감면받은 자는 해당 부동산의 소유자로서의 지위에서 그 부동산을 해당 사업에 사용해야 한다. 지방세를 감면받은 개인이 법인으로 전환하는 경우 개인은 감면받은 부동산을 직접 사용할 수가 없으므로 감면된 지방세를 추징하도록 하고 있다.

그러나 창업중소기업 감면에 대한 규정에서는 특이하게 다른 지방세특례제한법 상의 감면 규정과 달리 개인사업자인 창업중소기업이 지방세 감면을 받고, 법인으로 전환하는 경우 감면한 취득세를 추징하지 않는다. 또한 전환된 법인에 대해서도 개인사업자의 남아있는 재산세 감면 기간(창업일부터 5년간) 동안 재산세를 감면하도록 허용하고 있다.

이러한 규정은 지방세특례제한법 제58조의 3 제7항 각 호 외의 부분 단서와 같은 조 제8항에서 각각 규정하고 있는데, 이는 개인의 법인전환 외에도 창업중소기업이 다른 중소기업과 통합을 하여 법인인 중소기업으로 전환되는 경우에도 동일하게 적용한다.

※ 재산세는 과세기준일 당시에 감면 요건을 갖추었는지에 따라 감면 여부를 결정하므로 별도의 추징 규정을 두고 있지 않음

지방세특례제한법 제58조의 3 제7항 각 호 외의 부분 단서와 같은 조 제8항의 추징예외 및 잔존기간 동안 재산세 감면을 허용하는 규정은 2014년 말 조세특례제한법 제6조에서 지방세특례제한법 제58조의 3으로 이관·신설되는 과정과, 2016.12.27. 지방세특례제한법 일부 개정을 통해 각각 규정되었다.

그러나 지방세특례제한법으로 이관되기 전 조세특례제한법에 규정되어 있던 시점에는 현재와 같이 중소기업 간 통합과 개인의 법인전환에 대해 추징 제외 및 재산세 감면 기간 인정을 허용하고 있었다(조특령 §28 등).

❙ 중소기업 간 통합·법인전환 취득세 추징 제외 및 재산세 감면승계 개정 이력 ❙

구 분		2014.12.31. 일부개정	2016.12.27. 일부개정
취득세 추징 (§58의 3 ⑦ 단서)	중소기업통합	×	통합 전 창업중소기업에 대한 추징 제외
	개인의 법인전환	×	전환 전 개인 창업중소기업에 대한 추징 제외
재산세 감면승계 (§58의 3 ⑧)	중소기업통합	통합법인에 대해 잔존기간 동안 감면 허용	통합법인에 대해 잔존기간 동안 감면 허용
	개인의 법인전환	×	전환법인에 대해 잔존기간 동안 감면 허용

현행과 같은 규정이 갖추어진 것은 2016년 말 개정을 통해서다. 2015년 및 2016년 2년 동안은 개인의 법인전환에 대한 추징 제외 및 재산세 감면승계 등의 규정이 마련되어 있지 않았으며, 해당 기간 동안 재산세 감면은 차치하더라도 취득세 추징을 어떻게 적용할 것인지에 대해 쟁점이 되어 왔다.

또한 현행 지방세특례제한법 제58조의 3 제7항 제1호부터 제3호까지의 사후관리 규정도 2016년 말 신설된 것으로서 해당 규정이 없었던 당시에는 일반적 추징 규정을 창업중소기업에 대한 사후관리규정으로 활용해야 했다.

따라서 법률 제14477호로 2016.12.27. 일부 개정된 지방세특례제한법이 부칙(§18 ②)이 어떻게 마련되었는지에 따라 적용여부가 달라지므로 구체적으로 살펴볼 필요가 있겠다.

❙ 창업중소기업에 대한 사후관리 규정 ❙

2014.12.31. 일부 개정	2016.12.27. 일부 개정
§58의 3 ①(2016년까지 적용)	§58의 3 ⑦ 1~3호(2017년부터 적용)
취득일부터 2년 이내에 그 재산을 정당한 사유 없이 해당 사업에 직접 사용하지 아니하거나, 다른 목적으로 사용·처분(임대를 포함한다. 이하 이 항에서 같다)하는 경우, 또는 정당한 사유 없이 최초 사용일부터 2년간 해당 사업에 직접 사용하지 아니하거나 처분하는 경우	• 정당한 사유 없인 취득일부터 3년 이내에 해당 사업에 미사용 • 3년 이내 다른 용도로 사용, 매각·증여 • 계속하여 2년간 직접 사용하지 않고 다른 용도로 사용, 매각·증여

(1) 2015~2016년 중 창업중소기업 법인전환 : 취득세 추징

2016.12.27. 지방세특례제한법 제58조의 3 제7항과 제8항을 개정하면서 적용례를 두었는데, 지방세특례제한법 부칙(법률 제14477호, 2016.12.27.) 제18조 제1항에서는 개정 규정에도 불구하고 종전의 추징 규정에 따라 취득세를 추징하도록 하고 있다.

기 업

지방세특례제한법 부칙(법률 제14477호, 2016.12.27.)

제18조 【창업중소기업 등에 대한 지방세 감면분 추징에 관한 경과조치 등】 제1항

① 이 법 시행 전에 종전의 제58조의 3 제1항 각 호 외의 부분 본문 및 같은 항 각 호에 따라 감면된 취득세의 추징에 대해서는 제58조의 3 제7항 각 호 외의 부분 본문 및 같은 항 각 호의 개정규정에도 불구하고 종전의 제58조의 3 제1항 각 호 외의 부분 단서의 규정에 따른다. 다만, 이 법 시행 후 「조세특례제한법」 제31조 제1항에 따른 통합을 하는 경우와 같은 법 제32조 제1항에 따른 법인전환을 하는 경우에는 제58조의 3 제7항 각 호 외의 부분 단서의 개정규정에 따라 취득세를 추징하지 아니한다.

따라서 법 개정 이전인 2015~2016년 사이에, 감면받은 창업(벤처)중소기업이 법인으로 전환하는 경우에는 해당 창업(벤처)중소기업에 대해 취득세를 추징하게 된다. 그리고 개정 규정 시행 이후인 2017년부터는 창업(벤처)중소기업이 법인으로 전환하여도 취득세를 추징하지 않으며, 이는 중소기업 간 통합을 하는 경우에도 동일하게 적용한다.

- 개인사업자와 법인은 별개의 권리주체이므로 개인사업자에게 적용하여야 할 감면규정을 법인에게 그대로 적용하기 어렵고, 창업중소기업에 대한 취득세 감면을 규정한 조세특례제한법 제120조 제3항에는 법인 전환 후라도 개인사업자의 잔여 감면기간에 대하여 감면할 수 있다는 규정이 없는 점 등에 비추어 이 건 취득세 등을 부과한 처분은 잘못이 없음(조심 2016지0507, 2016.9.1.).
- 개인사업자인 청구인이 법인을 설립하여 부동산을 양도하였다 하더라도 개인과 법인은 별개의 권리주체이며, 조세특례제한법 조문에서 개인이 창업중소기업을 만들어 취득한 사업용 재산을 법인으로 전환하여 그 재산을 양도한 경우에 이를 처분으로 보지 않거나, 정당한 사유에 해당하는 것으로 달리 규정하고 있지 아니한 이상, 청구인이 부동산을 양도한 것은 그 취득일부터 2년 이내에 정당한 사유 없이 처분한 것으로 보는 것이 타당함(조심 2014지0810, 2014.12.1.).

(2) 2015~2016년 중 창업중소기업이 법인전환 하는 경우 : 개인 창업중소기업의 재산세 감면기간 종료(전환법인으로 감면이 승계되지 않음)

이 법 시행 전에 종전의 제58조의 3 제2항에 따라 재산세를 감면받은 자가 같은 항에 따른 감면기간이 지나기 전에 이 법 시행 후 조세특례제한법 제32조 제1항에 따른 법인전환을 하는 경우에는 법인으로 전환하기 전 개인인 창업(벤처)중소기업의 재산세 감면을 전환된 법인으로 승계하지 않고 종료된다.

다만, 개정 규정 시행 이후인 2017년부터는 전환법인에게 개인 창업(벤처)중소기업의 재산세 감면이 잔존기간동안 승계되게 된다. 중소기업 간 통합의 경우는 종전에도 이러한 규정이 마련되어 있었으므로, 개정으로 달리지는 것은 없다.

지방세특례제한법 부칙(법률 제14477호, 2016.12.27.)

제18조【창업중소기업 등에 대한 지방세 감면분 추징에 관한 경과조치 등】제2항

② 이 법 시행 전에 종전의 제58조의 3 제2항에 따라 재산세를 감면받은 자가 같은 항에 따른 감면기간이 지나기 전에 이 법 시행 후「조세특례제한법」제32조 제1항에 따른 법인전환을 하는 경우에는 제58조의 3 제8항의 개정규정을 적용한다

(3) 창업중소기업으로 감면되면 산업단지 추징 규정으로 추징 곤란

중소기업이 산업단지 내에서 창업을 하는 경우에는 지방세특례제한법 제78조 및 같은 법 제58조의 3 두 개의 감면 규정에 따라 감면이 가능하게 된다. 이러한 경우는 같은 법 제180조에 따라 감면율이 더 높은 규정에 따라 감면받을 수 있다.

산업단지 내에서 창업한 중소기업에 대해 감면 당시 적용된 감면 규정과 추징 사유 발생시점에 적용하는 추징 규정을 각각 달리 적용할 수 있는지에 대한 쟁점이다.

산업단지 입주기업에 대한 감면 규정(지특법 §78 ④ 2호)에서는 예외적으로 공장용 건축물을 신축 또는 증축하여 중소기업자에게 임대하는 경우에도 취득세와 재산세 등을 감면하도록 하고 있다. 반면 창업중소기업에 대한 감면 규정(지특법 §58 의 3 ②·⑦)에서는 직접 사용하지 않고 임대하는 경우 재산세는 감면하지 않고, 취득세는 추징하도록 하고 있으며, 재산세도 감면하지 않는 것으로 규정하고 있다.

▎창업중소기업 및 산업단지입주기업에 대한 취득세 감면 및 추징 비교▎

구 분	지특법 §78 ④ 2호	지특법 §58의 3 ②·⑦
감 면	중소기업에 임대한 공장용 건축물 (취득세 50% 감면)	사업용 부동산 (취득세 75% 감면)
추 징	중소기업에 임대한 공장용 건축물 (취득세 추징 ×)	직접 사용하지 않고 임대한 경우 (취득세 추징 ○)

따라서 산업단지에서 창업한 중소기업이 창업중소기업에 대한 감면 규정에 따라 취득세 등을 감면받고, 이후 공장용 건축물을 신축하여 다른 중소기업에 임대한 경우 산업단지 입주기업에 대한 추징 규정에 따라 취득세를 추징하지 않을지에 대한 쟁점이 생긴 것이다.

조세심판례에서는 당초 지방세 감면의 근거가 된 조항의 추징 규정을 따르는 것이 조세형평에 부합된다고 보고 있다. 비록 과세기관에서 납세자에게 유리한 감면규정을 선택하여 직권으로 감면한 것이라 해도 다르지 않다고 보고 있다.

납세의무자가 신청한 감면 규정보다 납세의무자에게 더 유리한 감면규정이 있는 경우에는 처분청은 직권으로 더 납세의무자에게 유리한 규정을 적용하여 지방세를 감면을 하여야 할 것인 바, 산업단지 내 건축물에 대한 감면 규정과 창업중소기업에 대한 감면 규정이 동시 적용되는 경우에는 그중 감면율이 더 높은 창업중소기업에

대한 감면 규정을 적용하는 것이 타당하다고 할 것이다. 따라서, 청구법인이 조세특례제한법 상의 창업중소기업에 해당된다고 처분청이 확인하여 면제하였다면 청구법인은 당초 산업단지에 대한 감면 신청을 취소하고 창업중소기업에 대한 취득세 등의 감면 신청을 한 것으로 보아야 하는 점, 지방세법 제294조에서 동일한 과세대상에 대하여 2 이상의 감면규정이 적용되는 경우 그중 감면율이 높은 것 하나만을 적용한다고 규정하고 있으므로 추후 처분청이 감면한 지방세를 추징하는 경우에도 당초 지방세 감면의 근거가 된 조항의 추징 규정을 따르는 것이 조세공평에 부합된다고 보임(조심 2011지0370, 2011.11.9.).

(4) 창업(벤처)중소기업이 직접 사용하지 못한 정당한 사유

창업중소기업이 정당한 사유 없이 취득일부터 3년 이내에 그 부동산을 해당 사업에 직접 사용하지 아니하는 경우에는 취득세를 추징하게 되는데, 정당한 사유는 법률상 명확한 기준이 없어 판례, 유권해석 및 조세심판례 등을 통해 가늠해 볼 수 있다.

'정당한 사유'란 해당 사업에 사용하지 못한 사유가 행정관청의 사용 금지·제한 등 외부적인 사유로 인한 것이거나 또는 내부적으로 그 재산을 해당 사업에 사용하기 위하여 정상적인 노력을 하였음에도 불구하고 시간적인 여유가 없거나 기타 객관적인 사유로 인하여 부득이 해당 사업에 사용할 수 없는 경우를 말하는 것이고, 재산의 취득자가 그 자체의 자금사정이나 수익상의 문제 등으로 해당 사업에 직접 사용하지 아니하거나 처분한 경우는 이에 포함되지 아니한다고 할 것이다(대법원 2019두33415, 2019.5.16.).

① 창업 후 목적사업이 생산공정에 부합하지 않아 공장철거 : 정당한 사유 아님

취득 이후 해당 창업중소기업의 목적 사업에 사용할 수 없어 부득이하게 종전 공장을 철거하게 되는 경우 또는 건축면적의 변경, 공장설비 설치 및 판매계획 차질로 인한 사업계획 변경으로 직접 사용할 수 있는 기간이 경과되는 등의 사유는 외부의 불가항력적인 사유로는 보지 않는다. 또한 창업중소기업이 취득한 토지의 문제로 공사기간이 오래 걸리게 되는 등의 사정은 납세자의 주의 여부에 따라 결과가 달라질 수 있는 사안으로 보아서 정당한 사유로 보지 않는다.

- 청구법인은 쟁점토지의 경사도가 24.3도에 이르러 쟁점 토지 상에 부지를 조성하여 유예기간(2년) 내에 당해 목적사업에 사용하는 데 대한 제약이 있다는 사정을 알았거나 알 수 있었던 상태에서 이를 취득하였으므로, 이러한 사유는 당해 목적사업에 직접 사용하지 못한 정당한 사유로 보기는 어려움(조심 2012지0818, 2013.1.14.).
- 건축면적의 변경, 공장설비 설치 및 판매계획 차질로 인한 사업계획 변경 등의 사유는 청구 법인의 필요에 의한 내부적인 사정에 불과하다 할 것이므로 이 건 부동산을 유예기간 내에 고유업무에 직접 사용하지 못한 정당한 사유가 있다고 보기는 어려움(조심 2012지0483, 2012.11.7.).
- 취득세 감면 대상에 해당하는 창업중소기업의 '사업용 재산'이란 당해 목적사업에 직접 공여되는 재산이라고 할 것인 점, 취득하기 이전에 조금만 주의를 기울였더라면 당해 공장 건축물이 창업중소기업의 목적사업용에 부합하지 아니한다는 사실을 인지할 수 있었던 점, 당해 목적사업의 생산공정에 불부합하다는 이유로 사용하지 못함은 법령에 의한 금지·제한 등 기업이 마음대로 할 수 없는 오로지 외부적 사유에 해당된다고 보기는 어려운 점(대법원 2010.7.8. 선고2010두6007 판결 참조) 등을 종합적으로 고려해 볼 때, 철거 공장의 경우 추징이 제외되는 사용하지 못한 '정당한 사유'에 해당된다고 보기 어려움(지방세운영과-108, 2013.4.6.).

② 임차인과의 명도 소송에 따른 지연 : 정당한 사유 아님

임차인의 재계약 요구 및 명도소송 등의 장애 요인이 있음을 사전에 인지하고 부동산을 취득하였고, 명소소송 이후부터 부동산을 명도받기까지 시간이 특정한 사유 없이 경과한 점 등을 이유로, 조세심판례에서는 창업중소기업이 해당 사업에 사용하지 못한 것에 대해 정당한 사유가 있다고 보고 있지 않다.

취득 당시 부동산에 이미 임차인이 존재하고 있었으므로 임대차 계약기간이 종료된다 하더라도 청구법인의 명도요청을 임차인이 불응하여 명도소송 등 다툼이 발생할 수도 있고, 관련 법령에서 정하고 있는 임대차보호규정에 따라 임차인의 재계약 요구 등을 수용할 수밖에 없는 장애사유를 알고 취득하였다 할 것이며, 유예기간 내에 부동산을 당해 사업에 직접 사용하지 못한 것 또한 이러한 이유 때문이고, 법원의 강제집행이 있었지만 이를 명도받지 못하였다가 유예기간(취득일부터 2년)을 경과하고 부동산을 명도받았는데, 이러한 사실로 볼 때, 부동산을 당해 사업에 사용하기 위한 진지하고도 정상적인 노력을 다하였는데 시간적인 여유가 없어 그 유예기간을 넘겼다고 인정할만한 정당한 사유가 있다고 보기는 어려움(조심 2011지0536, 2012.4.26.).

③ 사업 입찰에서 선정되지 않은 경우 : 정당한 사유 아님

태양광발전 발전사업이라는 사업목적의 특성상 토지를 사업목적에 사용하기 위하여는 판매사업자로 입찰하여 선정이 되어야 하는데 에너지관리공단에서 진행한 입찰에서 선정되지 않은 경우는 정당한 사유가 아닌 것으로 본다.

다만 이 경우는 판매자 선정 입찰에 참가 신청하여 탈락된 것 이외에는 별다른 노력을 기울이지 않은 경우가 전제되어 있음을 유의할 필요가 있겠다.

에너지관리공단의 태양광발전 공급인증서 판매자 선정에 참가 신청하여 탈락한 것을 제외하고는 별다른 노력이 없이 유예기간을 경과하였을 뿐만 아니라, 청구법인이 고유업무에 직접 사용하는 데 대한 법령상 금지나 제한 등 청구법인이 마음대로 할 수 없는 외부적인 사유가 있는 것으로 볼 만한 사정을 발견 할 수 없으므로 기 감면한 취득세 등을 추징한 처분은 적법함(조심 2012지0679, 2012.12.21.).

④ 관광도로확장계획에 따른 설계 변경 : 정당한 사유

국유지 취득과정에서 시간이 소요된 것 외에도, 토지를 취득한 이후 도로확장계획이 발표되어 설계를 변경하게 된 것은 부득이한 외부의 사유로 보고 있다.

쟁점 토지를 취득하여 중소기업 창업사업계획 승인을 받은 사업인 제조시설을 신축하고자 노력하였으나, 건축허가에 필수적인 국유지를 취득하는 과정에 상당한 시일이 소요되었을 뿐만 아니라, 쟁점 토지 취득 이후 이루어진 관광도로확장계획에 따른 불가피한 설계변경 등으로 인하여 유예기간을 넘긴 것이므로 유예기간(2년) 내에 당해 사업에 직접 사용하지 못한 정당한 사유가 있는 것으로 봄이 타당함(조심 2013지0146, 2013.5.29.).

⑤ 공장을 건축하기 위한 과정을 착실히 수행한 경우 : 정당한 사유

동절기 공사중단 및 암반층의 발견에 따른 공사방법 변경이나 공사진행 중 발생한 전 대표이사와의 소송 등으로 인한 공사지연, 사업 도중 자치단체에서 추진하는 일부 사업이 추가되고, 중복투자사업으로 인한 처분청 내의 조정, 건축설계 변경과 전기증설로 인한 도면변경으로 공사가

일정 기간 중지되는 등의 사유로 인해 유예기간을 경과한 경우이다.

과세기관에서는 이러한 경우 일반적으로 자주 발생하는 사례로서 해결방법을 쉽게 찾아볼 수 있는 데도 공사기법을 변경하고 공사를 재개하는 데 지나치게 장기간(10개월)이 소요되었고, 외부의 불가항력적인 사유라기보다는 내부의 문제라고 보고 정당한 사유가 없다는 입장이다.

그러나 조세심판례는 창업중소기업이 유예기간 내에 직접 사용하지는 못하였으나 공사 착공, 사업계획승인 및 공장 건축물을 건축하기 위해 일련의 과정을 꾸준히 진행한 것을 인정하고 정당한 사유가 있었다고 보았다. 이러한 사례는 사실관계에 따라 달라질 수 있는 것이여서 일반화하여 적용하기는 어려워 보인다.

청구법인은 쟁점 토지를 취득한 후 공장창업계획의 승인, 공사기간 중 처분청의 특화작목가공시설설치사업의 추가, 유예기간 도래 전의 건축물 건축공사의 착공 및 그 이후부터 건축물 준공에 이르기까지 공장 건축을 위한 일련의 과정을 꾸준히 진행하여 청구법인이 쟁점 토지를 유예기간 내에 직접 사용한 것으로 보기는 어렵다 하더라도 최소한 그러하지 못한 정당한 사유가 있다고 보이므로 처분청이 이 건 경정청구를 거부한 처분은 잘못이 있다고 판단됨(조심 2018지0438, 2018.8.24.).

참고

창업중소기업 참고법령 및 내용 정리

구 분	창업중소기업	근 거
중소기업 정의	• 다음 요건을 모두 갖추고 영리를 목적으로 사업을 하는 기업 1. 업종별로 평균 매출액 등 : 1,500억 원 이하(건설업은 1000억 원 이하) 2. 자산총액 : 5천억 미만 3. 지분 소유나 출자 관계 및 실질적 경영 독립 – 상호출자제한기업집단 또는 채무보증제한기업집단이 아닐 것. – 자산총액 5천억 원 이상 법인이 주식의 30% 이상 소유하지 않을 것 등	중소기업 기본법 §2
창업 정의	수도권 과밀억제권역 외의 지역에서 중소기업을 새로 설립하는 것	중소기업창업 지원법 §2
	• 창업에서 제외하는 경우 1. 타인으로부터 사업을 승계하여 동종사업 영위 2. 개인사업자인 중소기업자가 법인으로 전환하여 동종사업 영위 3. 법인의 조직변경 등 기업형태를 변경하여 동종사업 영위 4. 폐업 후 사업을 개시하여 폐업 전의 사업과 동종사업 영위	중소기업 창업지원법 시행령 §2
	• 창업으로 보지 아니하는 경우 1. 합병·분할·현물출자 또는 사업의 양수 등 종전 사업을 승계하거나 종전사업에 사용되던 자산을 인수·매입하여 동종 사업을 하는 경우 2. 거주자가 하던 사업을 법인으로 전환하여 새로운 법인 설립 3. 폐업 후 사업을 다시 개시하여 폐업 전의 사업과 동종사업 영위 4. 사업 확장, 다른 업종 추가 등 새로운 사업을 최초로 개시하는 것으로 보기 곤란한 경우	지특법 §100 ⑥

구 분	창업중소기업	근 거
창업 업종	1. 광업 2. 제조업 3. 건설업 4. 출판업 5. 영상·오디오 기록물 제작 및 배급업(비디오물 감상실 운영업은 제외한다) 6. 방송업 7. 전기통신업 8. 컴퓨터 프로그래밍, 시스템 통합 및 관리업 9. 정보서비스업(뉴스제공업, 「블록체인기술 산업분류 고시」에 따른 블록체인 기반 암호화자산 매매 및 중개업은 제외한다) 10. 연구개발업 11. 광고업 12. 전문디자인업 13. 전시 및 행사대행업 14. 창작 및 예술관련 서비스업(자영예술가는 제외한다) 15. 엔지니어링사업 16. 물류산업 17. 직업기술 분야를 교습하는 학원을 운영하는 사업 또는 직업능력개발훈련시설을 운영하는 사업 18. 「전시산업발전법」에 따른 전시산업 19. 인력공급 및 고용알선업(농업노동자 공급업을 포함한다) 20. 건물 및 산업설비 청소업 21. 경비 및 경호 서비스업 22. 시장조사 및 여론조사업 23. 「관광진흥법」에 따른 관광숙박업, 국제회의업, 유원시설업 및 대통령령으로 정하는 관광객이용시설업 24. 그 밖의 과학기술서비스업	지특법 §100 ③
	• 창업에서 제외되는 업종 1. 금융 및 보험업 2. 부동산업 3. 숙박 및 음식점업(근로자 20 이상 법인 제외) 4. 무도장, 5. 골프장 스키장 6. 갬블링 7. 개인서비스업	중소기업창업 지원법 시행령 §4

참고 창업에 대한 판단 기준

주 체	사업장소	사 례		창업여부
A개인이	갑장소에서	갑장소에서의 기존사업을 폐업하고	B법인이 설립하여 동종업종 제품을 생산	조직변경
			B법인이 설립하여 이종업종 제품을 생산	창업
		갑장소에서의 기존사업을 폐업않고	B법인이 설립하여 동종업종 제품을 생산	형태변경
			B법인이 설립하여 이종업종 제품을 생산	창업
A법인이	갑장소에서	갑장소에서의 기존사업을 폐업하고	B법인이 설립하여 동종업종 제품을 생산	위장창업
			B법인이 설립하여 이종업종 제품을 생산	창업
		갑장소에서의 기존사업을 폐업않고	B법인이 설립하여 동종업종 제품을 생산	형태변경
			B법인이 설립하여 이종업종 제품을 생산	창업
A개인이	을장소에서	갑장소에서의 기존사업을 폐업하고	B법인이 설립하여 동종업종 제품을 생산	법인전환
			B법인이 설립하여 이종업종 제품을 생산	창업
		갑장소에서의 기존사업을 폐업않고	B법인이 설립하여 동종업종 제품을 생산	창업
			B법인이 설립하여 이종업종 제품을 생산	창업
A법인이	을장소에서	갑장소에서의 기존사업을 폐업하고	B법인이 설립하여 동종업종 제품을 생산	사업승계
			B법인이 설립하여 이종업종 제품을 생산	창업
		갑장소에서의 기존사업을 폐업않고	B법인이 설립하여 동종업종 제품을 생산	창업
			B법인이 설립하여 이종업종 제품을 생산	창업
A가 (개인)	을장소에서	갑장소에서의 기존사업을 폐업하고	다시 A명의로 동종업종 제품을 생산	사업이전
			다시 A명의로 이종업종 제품을 생산	창업
		갑장소에서의 기존사업을 폐업않고	다시 A명의로 동종업종 제품을 생산	사업확장
			다시 A명의로 이종업종 제품을 생산	업종추가

주) 1. 업종구분은 한국표준산업분류의 세분류(4자리)를 기준으로 함
(한국표준산업분류 5자리중 앞에서 4자리까지 일치하면 "동종업종" 해당)
2. "갑" 장소는 기존사업장, "을" 장소는 신규사업장
(사업장이 기존사업장과 접하고 있더라도 별도의 경계(담, 출입금, 도로 등)를 두고 있어 공정의 연속성이 없는 신규사업장에 해당)
3. "A명의"란 개인사업자로서 대표자가 동일한 경우를 말함.

※ 출처 : 창업 및 창업사업계획승인실무사례집 (11p, 2013. 11월, 중소기업청 발간)

참고

수도권 과밀억제권역 등 범위(수도권정비계획법 시행령 별표 1)

과밀억제권역, 성장관리권역 및 자연보전권역의 범위(제9조 관련)

과밀억제권역	성장관리권역	자연보전권역
1. 서울특별시 2. 인천광역시[강화군, 옹진군, 서구 대곡동·불로동·마전동·금곡동·오류동·왕길동·당하동·원당동, 인천경제자유구역(경제자유구역에서 해제된 지역을 포함한다) 및 남동 국가산업단지는 제외한다] 3. 의정부시 4. 구리시 5. 남양주시(호평동, 평내동, 금곡동, 일패동, 이패동, 삼패동, 가운동, 수석동, 지금동 및 도농동만 해당한다) 6. 하남시 7. 고양시 8. 수원시 9. 성남시 10. 안양시 11. 부천시 12. 광명시 13. 과천시 14. 의왕시 15. 군포시 16. 시흥시[반월특수지역(반월특수지역에서 해제된 지역을 포함한다)은 제외한다]	1. 인천광역시[강화군, 옹진군, 서구 대곡동·불로동·마전동·금곡동·오류동·왕길동·당하동·원당동, 인천경제자유구역(경제자유구역에서 해제된 지역을 포함한다) 및 남동 국가산업단지만 해당한다] 2. 동두천시 3. 안산시 4. 오산시 5. 평택시 6. 파주시 7. 남양주시(별내동, 와부읍, 진전읍, 별내면, 퇴계원면, 진건읍 및 오남읍만 해당한다) 8. 용인시(신갈동, 하갈동, 영덕동, 구갈동, 상갈동, 보라동, 지곡동, 공세동, 고매동, 농서동, 서천동, 언남동, 청덕동, 마북동, 동백동, 중동, 상하동, 보정동, 풍덕천동, 신봉동, 죽전동, 동천동, 고기동, 상현동, 성복동, 남사면, 이동면 및 원삼면 목신리·죽릉리·학일리·독성리·고당리·문촌리만 해당한다) 9. 연천군 10. 포천시 11. 양주시 12. 김포시 13. 화성시 14. 안성시(가사동, 가현동, 명륜동, 숭인동, 봉남동, 구포동, 동본동, 영동, 봉산동, 성남동, 창전동, 낙원동, 옥천동, 현수동, 발화동, 옥산동, 석정동, 서인동, 인지동, 아양동, 신흥동, 도기동, 계동, 중리동, 사곡동, 금석동, 당왕동, 신모산동, 신소현동, 신건지동, 금산동, 연지동, 대천동, 대덕면, 미양면, 공도읍, 원곡면, 보개면, 금광면, 서운면, 양성면, 고삼면, 죽산면 두교리·당목리·칠장리 및 삼죽면 마전리·미장리·진촌리·기솔리·내강리만 해당한다) 15. 시흥시 중 반월특수지역(반월특수지역에서 해제된 지역을 포함한다)	1. 이천시 2. 남양주시(화도읍, 수동면 및 조안면만 해당한다) 3. 용인시(김량장동, 남동, 역북동, 삼가동, 유방동, 고림동, 마평동, 운학동, 호동, 해곡동, 포곡읍, 모현면, 백암면, 양지면 및 원삼면 가재월리·사암리·미평리·좌항리·맹리·두창리만 해당한다) 4. 가평군 5. 양평군 6. 여주시 7. 광주시 8. 안성시(일죽면, 죽산면 죽산리·용설리·장계리·매산리·장릉리·장원리·두현리 및 삼죽면 용월리·덕산리·율곡리·내장리·배태리만 해당한다)

기업

Ⅱ 벤처기업에 대한 감면

✔ 감면 요건

대상자	① 벤처기업집적시설, 신기술창업집적지역 조성사업시행자 ② 조성된 벤처기업집적시설, 산업기술단지에 등에 입주하는 벤처기업 ③ 신기술창업집적지역에서산업용 건축물 등을 신증축하는 자(공장용 부동산을 중소기업자에게 임대하려는 자를 포함) ④ 벤처기업
대상물건	① 벤처기업집적시설, 신기술창업집적지역 개발·조성하여 분양 또는 임대할 목적으로 취득하는 부동산 ② 벤처기업집적시설, 산업기술단지 내 벤처기업이 취득하는 부동산 ③ 신기술창업집적지역에서 신증축한 산업용 건축물 등 ④ 벤처기업육성촉진지구에서 그 고유업무에 직접 사용하기 위하여 취득하는 부동산
감면율	① 취득세 및 재산세의 50% 경감 ② 중과세 배제(대도시 취득세·등록세·재산세) ③ 취득세 및 재산세(3년간)의 50% 경감 ④ 취득세 및 재산세의 37.5% 경감
감면시한	①~③ 2020.12.31. / ④ 2022.12.31.

✔ 추징 요건

사용개시 및 최소사용	① 취득일부터 3년 이내에 정당한 사유 없이 벤처기업집적시설·신기술창업집적지역을 개발·조성하지 아니하는 경우 취득일부터 5년 이내에 벤처기업집적시설·신기술창업집적지역 지정이 취소되는 경우 관련법에 따른 요건을 갖춘(벤처기업집적시설은 지정받은 날 부터 1년 이내)날부터 5년 이내에 다른 용도로 사용하는 경우 ② - ③ 정당한 사유 없이 취득일부터 3년이 경과할 때까지 해당 용도로 직접 사용하지 않는 경우 직접 사용한 기간이 2년 미만인 상태에서 매각·증여, 다른 용도로 사용하는 경우 ④ 정당한 사유 없이 취득일부터 1년이 경과할 때까지 해당 용도로 직접 사용하지 않는 경우 직접 사용한 기간이 2년 미만인 상태에서 매각·증여, 다른 용도로 사용하는 경우

✔ 관련 법령

지특법 §58, 지특령 §29

✔ 개정 연혁

개정일	개정 전	개정 후	개정이유 / 적용요령
지특법 §58 ③ 2017.12.26. 제15295호	산업용 건축물 등을 신축하거나 증축하려는 자 (공장용 부동산을 중소기업자에게 임대하려는 자를 포함)가 취득하는 부동산	산업용 건축물 등을 신축하거나 증축하려는 자 (대통령령으로 정하는 공장용 부동산을 중소기업자에게 임대하려는 자를 포함)	임대를 허용하는 공장용 부동산의 범위를 시행령에서 명확히 규정하기 위한 위임 근거 신설
지특령 §29 ② 2017.12.31. 제15295호	〈신 설〉	공장용 부동산'이란 산업집적법 제2조 제1호에 따른 공장	(명확히 하기 위해 개정한 것으로 종전과 동일하게 적용)

기 업

쟁점 011 벤처기업집적시설에 입주 부적격 업체가 입주한 경우 추징?

지방세특례제한법 제58조【벤처기업에 대한 특례】제1항

① 벤처기업집적시설을 개발·조성하여 분양 또는 임대할 목적으로 취득하는 부동산에 대해서는 취득세 및 재산세의 100분의 50을 경감

다만, 「벤처기업육성에 관한 특별조치법」 제17조의 3 또는 제18조 제2항에 따른 요건을 갖춘 날부터 5년 이내에 부동산을 다른 용도로 사용하는 경우 취득세와 재산세를 추징

벤처기업집적시설을 개발·조성하는 시행자는 일정한 요건을 갖추어 해당 시설을 분양 또는 임대하여야 한다. 그리고 그 요건을 갖춘 날부터 5년간은 다른 용도로 사용할 수 없고 다른 용도로 사용하게 되는 경우 감면된 세액을 추징하게 된다.

벤처기업집적시설로 지정받기 위해서는 벤처기업이 4개 이상 입주해야 한다거나, 연면적의 70% 이상을 벤처기업이 사용해야 하는 등의 요건을 충족해야 한다. 그렇다면 벤처기업집적시설의 요건을 갖추어 지정을 받았으나, 지방세특례제한법 제58조 제1항 단서에서 정하는 기한(5년)내에 지정 요건을 다시 충족하지 못하게 되는 경우 감면한 취득세 등을 추징할 수 있을까?

현행 지방세특례제한법에서는 다른 용도로 사용하는 경우에 취득세 및 재산세를 추징하도록 규정하고 있으므로 지정 요건이 미충족된 사유만으로 추징 사유에 해당된다고 볼 수 있는지가 쟁점이 되는 것이다.

▎벤처기업집적시설의 지정 요건▕

1. 벤처기업 등 기업이 입주하게 하되 입주한 기업 중에서 벤처기업이 4개 이상(수도권 외의 지역은 3개 이상)일 것
2. 연면적의 100분의 70(수도권정비계획법 제2조 제1호에 따른 수도권 외의 지역은 100분의 50) 이상을 벤처기업 등 기업이 사용하게 할 것
3. 제2호에 해당하지 아니하는 지정 면적은 벤처기업집적시설 등 대통령령으로 정하는 시설이 사용하게 할 것

유권해석에서 '5년 이내에 다른 용도로 사용하는 경우 취득세와 재산세를 추징'한다는 의미는 지방세특례제한법 제58조 제1항 단서에서 정한 벤처기업집적시설 지정 요건을 충족한 상태에서 임대 등을 이행해야 한다는 것이다. 따라서 5년 이내에 당초 요건을 충족하지 못하게 되는 경우에는 벤처기업집적시설 지정이 취소된 사실이 없다 하여도 벤처기업집적시설의 입주적격요건에 해당되지 않으므로 추징 요건이 성립한다고 하겠다.

벤처기업집적시설은 지정받은 날부터 1년 이내에 연면적의 100분의 70(수도권 외의 지역은 100분의 50) 이상을 벤처기업 등이 사용하는 요건을 갖추어야 한다. 제18조 제2항에 따른 요건을 갖춘 날부터 5년 이내에 그 요건을 유지하지 아니하고, 벤처기업육성에관한특별조치법시행령 제11조의 8 제3항에서 정한 기업 이외의 기업에 임대하고 있는 경우라면 벤처기업집적시설에 해당되지 않아 다른 용도로 사용하는 경우에 해당(지방세특례제도과-768, 2015.3.19.).

조세심판례의 경우는 과거에는 벤처기업집적시설의 지정을 취소한 사실이 없다 하여도, 벤처기업집적시설의 입주적격업체에 해당되지 아니한 법인이 입주하여 있다면 이는 벤처기업집적시설 이외의 다른 용도로 사용하는 경우에 해당한다고 보았다.

그러나 최근에는 벤처기업집적시설의 지정취소를 받은 사실이 없고, 만일, 이를 다른 용도로 사용한 것으로 간주한다면 성장하는 벤처기업의 퇴거를 강제하는 조항으로 해석될 수 있어 벤처기업집적시설에 입주한 벤처기업을 지원하기 위한 취지와 배치된다는 이유로 지방세특례제한법 제58조 제1항 단서에서 정한 추징 사유인 다른 용도로 사용한 것에 해당되지 않는다고 보고 있다.

건축물에 입주할 당시부터 심판청구일 현재까지 같은 업종을 계속하여 영위하고 있어 다른 용도로 사용하였다고 보기 어려운 점, 청구법인은 심판청구일 현재까지 벤처기업집적시설의 지정취소를 받은 사실이 없고, 만일, 이를 다른 용도로 사용한 것으로 간주한다면, 이는 조세특례 인정을 위해 성장하는 벤처기업의 퇴거를 강제하는 조항으로 해석될 수 있어 벤처기업집적시설에 입주한 벤처기업을 지원하기 위한 조세특례 취지와 배치되는 것으로 보이는 점 등에 비추어 청구법인이 직접 사용하던 이 건 건축물의 일부를 구 지방세법 제276조 제3항 단서 및 지방세특례제한법 제58조 제1항 단서 규정의 '부동산을 다른 용도로 사용'하는 경우로 보아 청구법인의 경정청구를 거부한 처분은 잘못임(조심 2015지0682, 2017.1.6.).

법령에 따라 벤처기업집적시설로 지정받아 지방세를 면제받은 경우 벤처기업집적시설의 입주적격 업체의 70% 미만 사용 등으로 인하여 첫째, 벤처기업집적시설의 지정이 취소되거나 둘째, 그 요건을 갖춘 날부터 5년 이내 다른 용도로 사용하는 경우에 그 해당 부분만이 면제된 지방세를 추징하는 법률구성요건이 성립하는 것으로 해석되는 바, 벤처기업집적시설의 지정을 취소한 사실이 없다 하여도, 벤처기업집적시설의 입주적격업체에 해당되지 아니한 법인이 입주하여 있다면 벤처기업집적시설 이외의 다른 용도로 사용하는 경우에 해당하여 면제된 지방세의 추징 요건이 성립하는 것이 타당함(조심2010지0500, 2010.10.26.).

참고 법령 벤처기업집적시설 지정을 받은 날부터 1년 이내에 갖추어야 하는 요건

벤처기업육성에관한특별조치법 제18조 【벤처기업집적시설의 지정 등】 제2항

② 제1항에 따라 지정을 받은 벤처기업집적시설은 지정받은 날(건축 중인 건축물은 「건축법」 제22조에 따른 건축물의 사용승인을 받은 날을 말한다)부터 1년 이내에 다음 각 호의 요건을 갖추어야 한다.

1. 벤처기업 등 대통령령으로 정하는 기업이 입주하게 하되입주한 기업 중에서 벤처기업이 4개 이상(수도권 외의 지역은 3개 이상)일 것
2. 연면적의 100분의 70(「수도권정비계획법」 제2조 제1호에 따른 수도권 외의 지역은 100분의 50) 이상을 벤처기업 등 대통령령으로 정하는 기업이 사용하게 할 것
3. 제2호에 해당하지 아니하는 지정 면적은 벤처기업집적시설 등 대통령령으로 정하는 시설이 사용하게 할 것

기 업

벤처기업육성에관한특별조치법시행령 제11조의 8【벤처기업집적시설의 지정 요건 등】제2항, 제3항 및 제4항

② 법 제18조 제2항 제1호에서 "벤처기업 등 대통령령으로 정하는 기업"이란 다음 각 호의 어느 하나에 해당하는 기업을 말한다.

1. 법 제25조에 따라 벤처기업으로 확인받은 기업
2. 「조세특례제한법 시행령」 제6조 제6항에 따른 지식기반산업을 경영하는 중소기업
3. 「산업집적활성화 및 공장설립에 관한 법률 시행령」 제6조 제2항에 따른 지식산업 또는 같은 조 제3항에 따른 정보통신산업을 경영하는 중소기업
4. 창업보육센터에 3년 이상 입주한 경력이 있는 중소기업

③ 법 제18조 제2항 제2호에서 "대통령령으로 정하는 기업"이란 제2항 각 호에 해당하는 기업을 말한다.

④ 법 제18조 제2항 제3호에서 "벤처기업집적시설 등 대통령령으로 정하는 시설"이란 다음 각 호의 시설을 말한다.

1. 제2조에 따른 지원시설
2. 공용회의실, 공동이용장비실 및 전시장 등 제2항에 따른 기업의 업무활동과 관련된 시설
3. 휴게실, 구내식당 및 체력단련실 등 제2항에 따른 기업의 종업원을 위한 후생복지시설

쟁점 012 벤처집적시설 입주 후 벤처기업이 아니게 된 경우

> **지방세특례제한법 제58조 【벤처기업에 대한 특례】 제2항**
>
> ② 벤처기업집적시설에 입주하는 자(벤처기업집적시설에 입주하는 자 중 벤처기업에 해당되지 아니하는 자는 제외한다)에 대하여 취득세, 등록면허세 및 재산세를 과세할 때에는 2020년 12월 31일까지 「지방세법」 제13조 제1항부터 제4항까지, 제28조 제2항·제3항 및 제111조 제2항의 세율을 적용하지 아니한다.
>
> ※ 중과세율 적용 배제

벤처기업집적시설에 입주하는 자 즉 벤처기업에 대해서는 취득세, 재산세, 등록면허세를 과세할 때 중과세율 적용을 배제하도록 하고 있다. 벤처기업집적시설에 입주할 당시에는 입주에 적합한 벤처기업이었으나, 벤처기업집적시설 입주 후 사업 규모 등의 확대 등으로 인해 벤처기업에 해당되지 않게 된 경우, 그 벤처기업에 대해 적용을 배제한 중과세 부분의 취득세를 추징할 수 있는지에 대한 쟁점이다.

먼저 지방세특례제한법 제58조 제1항, 제3항, 제4항은 각각 사후관리 추징 규정을 별도로 명시하고 있는 것에 비해, 같은 조 제2항의 경우는 별도의 사후관리 추징 규정을 두고 있지 않다.

기 업

이처럼 지방세특례제한법에서 특별히 추징 규정을 두고 있지 않은 경우에는 같은 법 제178조에 따라 일반적 추징 규정을 적용하도록 하고 있다. 일반적 추징 규정은 '부동산 취득세' 감면에 대해서만 적용하도록 하고 있고, '직접 사용'을 추징 요건으로 규정하고 있는데, 이러한 일반적 추징 규정을 벤처기업에 대한 중과배제에 대해서도 적용할 수 있는지가 쟁점이 되어 왔다.

> **지방세특례제한법 제178조 【감면된 취득세의 추징】 제1항**
>
> ① 부동산에 대한 감면을 적용할 때 이 법에서 특별히 규정한 경우를 제외하고는 다음 각 호의 어느 하나에 해당하는 경우 그 해당 부분에 대해서는 감면된 취득세 추징한다.
>
> 1. 정당한 사유 없이 취득일부터 1년이 경과할 때까지 해당 용도로 직접 사용하지 아니하는 경우
> 2. 해당 용도로 직접 사용한 기간이 2년 미만인 상태에서 매각·증여하거나 다른 용도로 사용하는 경우

① 일반적 추징 규정 적용 : 중과배제의 경우는 미적용

구 지방세법에서는 감면 규정에 개별적으로 추징 요건이 단서 조항으로 명시되어 있었으나, 2011년 지방세법의 면제 경감 부분이 지방세특례제한법으로 이관(분법)되면서 지방세특례제한법에서는 특별히 추징 규정을 둔 경우를 제외하고는 일반적인 추징 규정(제94조*)을 적용하여 추징하도록 규정하여 왔다. 이후 2014.1.1. 지방세특례제한법 제94조는 현행 제178조로 변경되었다.

* 지방세특례제한법 제94조 → 현행 지방세특례제한법 제178조로 개정됨(2014.1.1. 시행)

지방세특례제한법 제94조에 따른 추징 사유에 해당하는 것은 "부동산에 대한 취득세 감면"이다. 반면 지방세특례제한법 제58조 제2항의 중과배제는 동일한 조건으로 취득세, 재산세, 등록

면허세의 중과세율 적용을 배제하고 있으므로 일반적 추징 규정에서 정한 사유가 있다 하더라도, 취득세(중과세 해당부분)만을 추징하는 것은 합리적이지 않다.

또한 지방세특례제한법 제94조에 따른 또 다른 추징 사유는 감면 대상 물건을 "직접 사용하지 않은 경우"이므로 개별 감면 조문에 '직접 사용'이란 문구가 있는 경우에 한정하여 일반적 추징 규정을 적용하도록 운영해 왔다.

舊 지방세특례제한법 제94조(現 제178조) 일반적 추징 규정 적용지침(지방세운영과-559, 2011.2.8.)

① 개별 추징 요건을 단서로 규정 → 개별 추징 규정(단서) 적용

② 부동산 이외의 감면 규정으로, 개별 추징 요건을 단서로 규정하지 않음 → 제94조 적용대상 아님(최종 추징 규정 없음)

③ 부동산 취득과 관련된 규정이나, 직접 사용에 관한 감면 요건이 없고 개별 추징 요건을 단서로 규정하지 않음 → 제94조 적용 제외(최종 추징 규정 없음)

④ 부동산 취득 및 직접 사용에 관한 감면 요건이 있는 경우 → 제94조 적용

구 분	개별 추징 규정이 없는 경우	개별 추징 규정이 있는 경우
감면 내용에 "직접 사용" 요건이 있는 경우	제94조 적용	개별 추징 규정에 따름
감면 내용에 "직접 사용" 요건이 없는 경우	제94조 적용 제외	개별 추징 규정에 따름

② **일반적 추징 규정 적용지침 변경 : 감면 규정에 '직접 사용'이 없더라도 종전에 '개별 추징 규정'이 있었던 조문과 '사후관리'가 필요한 조문은 일반적 추징 규정 적용**

2013년부터는 2011.1.1. 분법 시 신설된 일반적 추징 규정(제94조) 적용 대상을 입법취지에 부합되게 합리적으로 조정하기 위하여 감면 조문에 '직접 사용'이 없더라도 종전에 '개별 추징 규정'이 있었던 조문과 '사후 관리'가 필요한 조문은 일반적 추징 규정 적용할 수 있도록 운영지침을 변경하였다.

일반적 추징 규정 적용 변경 지침(지방세운영과-782, 2013.3.21.)

• (당초) '직접 사용'이 있는 경우로 한정

• (변경) '직접 사용'이 없더라도 종전에 '개별 추징 규정'이 있었던 조문과 '사후관리가 필요한 조문은 일반적 추징 규정(제94조) 적용 대상으로 조정(18개 조문 추가)

감면조문	감면 목적	추가 제94조 적용		'10년도 추징 규정 유무
		여 부	사 유	
지특법 §58 ①·③	개별 추징			
지특법 §58 ②	집적시설입주자 중과 제외	부	시설, 단지 입주 벤처조건, 사후관리 불필요	구 지법 §280 ③ 추징 규정 무
지특법 §58 ④	직접 사용	-		

지방세특례제한법 제58조 제2항은 중과 배제를 규정하고 있을 뿐 별도의 직접 사용을 감면의 요건으로 규정하고 있지 않다. 또한 분법 이전의 구 지방세법 제280조 제3항은 개별적으로 추징 규정을 두고 있지 않아서 처음부터 사후관리가 필요하지 않으므로 일반적 추징 규정(지특법 §178)의 적용을 제외하도록 하고 있다.

지방세특례제한법 제178조에서 부동산에 대한 감면을 적용할 때 이 법에서 특별히 규정한 경우를 제외하고는 "해당 용도로 직접 사용한 기간이 2년 미만인 상태에서 매각·증여하거나 다른 용도로 사용하는 경우"에는 감면된 취득세를 추징하도록 규정하고 있는 바, 동 추징 규정은 '고유 업무에 직접 사용하기 위하여 취득하는 부동산', 즉 '소유주체로서 해당 부동산을 사용하는 경우에 한하여 세금을 감면하겠다.'는 취지로 감면된 취득세에 한하여 적용함(지방세특례제도과-4436 2018.11.15.).

관련 감면조문	감면 목적	추가 제94조 적용		'10년도 추징 규정 유무
		여 부	사 유	
지특법 §6 ①·④	직접 사용	–		
지특법 §6 ②	농업용	여	사용용도 규정됨	구 지법 §261 ② 추징 규정 유
지특법 §8 ③	직접 임업용, 교환분합용	여	직접 임업용 사용용도 있음, 사후관리 필요	구 지법 §263 ② 추징 규정 무
지특법 §8 ④	개별 추징			
지특법 §11 ①	영농에 사용	여	사용용도 규정됨	구 지법 §266 ⑦ 추징 규정 유
지특법 §11 ②	직접 사용	–		
지특법 §12 ①	직접 사용	–		
지특법 §13 ② 1·2·3·5호	농어촌공사 취득	부	취득요건 충족조건, 사후관리 불필요	구 지법 §266 ② 추징 규정 무
지특법 §13 ② 4호	직접 사용	–		
지특법 §14 ①·③	직접 사용	–		
지특법 §14 ②	공동이용시설사업 등 사용	여	사용용도 규정됨	구 지법 §266 ④ 추징 규정 유
지특법 §15 ①·②	직접 사용	–		

관련 감면조문	감면 목적	추가 제94조 적용		'10년도 추징 규정 유무
		여 부	사 유	
지특법 §16	상시 거주할 목적	여	상시거주 사용목적 있음, 사후관리 필요	조례상 추징 규정 무
지특법 §17	개별 추징			
지특법 §17의 2 ① 3호	직접 사용	–		
지특법 §18	직접 사용	–		
지특법 §19 ①	설치, 운영 목적	여	취득목적 규정됨	구 지법 §272 ⑤ 추징 규정 유
지특법 §20	노인복지시설에 사용	여	사용용도 규정됨	조례상 추징 규정 유
지특법 §21 ①	직접 사용			
지특법 §21 ②	청소년수련시설 설치 목적	여	취득목적 규정됨	구 지법 §288 ③ 추징 규정 유
지특법 §22 ①	개별 추징			
지특법 §22의 2	개별 추징			
지특법 §22의 4 1호	개별 추징			
지특법 §23	직접 사용	–		
지특법 §24①·③	직접 사용	–		
지특법 §25 ①	회원용 공동주택 건설	여	취득목적 규정됨	구 지법 §273 ⑤ 추징 규정 유
지특법 §26	직접 사용	–		
지특법 §27 ①·②	직접 사용	–		
지특법 §28 ①·②	직접 사용	–		
지특법 §29 ①	대부금범위 내 주거용	부	대부금 주거용 조건, 이외 사후관리 불필요	구 지법 §270 ① 추징 규정 무
지특법 §29 ②	직접 사용	–		

관련 감면조문	감면 목적	추가 제94조 적용		'10년도 추징 규정 유무
		여 부	사 유	
지특법 §30 ①·③	직접 사용	–		
지특법 §31	개별 추징			
지특법 §31의 2 ②	개별 추징			
지특법 §32	개별 추징			
지특법 §33 ①	분양용 건축한 공동주택	부	취득 당시 조건, 사후관리 불필요	조례상 추징 규정 (2개월 내 미등기시) 유
지특법 §33 ②	서민주택, 1가구 1주택	부	취득 당시 조건, 사후관리 불필요	조례상 추징 규정 (2개월 내 미등기시) 유
지특법 §34 ①	분양보증이행용	부	취득 시 분양보증용 조건, 사후관리 불필요	구 지법 §269 ⑤ 추징 규정 무
지특법 §34 ②	개별 추징			
지특법 §34 ③	환매기간내 재매입	부	취득 시 재매입 조건, 사후관리 불필요	구 지법 §269의 2 ② 추징 규정 무
지특법 §34 ⑤	구조조정용	부	취득 시 구조조정용 조건, 사후관리 불필요	구 지법 §269의 2 ② 추징 규정 무
지특법 §36	개별 추징			
지특법 §37	직접 사용	–		
지특법 §38 ①·③·④	직접 사용	–		
지특법 §39 ①·②	직접 사용	–		
지특법 §40	직접 사용	–		
지특법 §40의 2	개별 추징			
지특법 §41 ①	개별 추징			
지특법 §42 ①	개별 추징			
지특법 §42 ③	직접 사용	–		
지특법 §43 ①	개별 추징			

관련 감면조문	감면 목적	추가 제94조 적용		'10년도 추징 규정 유무
		여부	사 유	
지특법 §44	평생교육시설에 사용	여	사용용도 규정됨	조례상 추징 규정 유
지특법 §45 ①	직접 사용	–		
지특법 §45 ②	개별 추징			
지특법 §46	개별 추징			
지특법 §47 ①	직접 사용	–		
지특법 §47 ②·④	개별 추징			
지특법 §47 ③	친환경주택	부	취득 당시 친환경주택 조건, 사후관리 불필요	2011.1.1. 신설
지특법 §48	직접 사용	–		
지특법 §49	직접 사용	–		
지특법 §50 ①	개별 추징			
지특법 §52 ①	직접 사용	–		
지특법 §52 ②	개별 추징			
지특법 §53	직접 사용	–		
지특법 §54 ①	관광단지개발사업 시행 목적	여	취득목적 규정됨	구 지법 §277 ① 추징 규정 유
지특법 §54 ③·④	개별 추징			
지특법 §54 ⑤	직접 사용	–		
지특법 §56 ①·③	직접 사용	–		
지특법 §57 ①	법인합병	부	합병 취득조건, 사후관리 불필요	구 지법 §283 ① 추징 규정 무
지특법 §57 ②	적기시행조치, 계약이전	부	취득자격 조건, 사후관리 불필요	구 지법 §266 ⑧·⑨ 추징 규정 무
지특법 §57 ③	중앙회사업구조개편	부	특별법 상 분할조건, 사후관리 불필요	2011.12.31.신설
지특법 §58 ①·③	개별 추징			

관련 감면조문	감면 목적	추가 제94조 적용		'10년도 추징 규정 유무
		여 부	사 유	
지특법 §58 ②	집적시설입주자 중과 제외	부	시설,단지 입주 벤처조건, 사후관리 불필요	구 지법 §280 ③ 추징 규정 무
지특법 §58 ④	직접 사용	–		
지특법 §58의 2 ①·②	개별 추징			
지특법 §59 ①	종합유통시설용, 교육시설용	여	사용용도 규정됨	구 지법 §280 ② 추징 규정 유
지특법 §59 ②·③	개별 추징			
지특법 §60 ①	공동시설용	여	사용용도 규정됨	구 지법 §266 ④ 추징 규정 유
지특법 §60 ②	개별 추징			
지특법 §60 ③·④	직접 사용	–		
지특법 §61 ①·②	직접 사용	–		
지특법 §63 ①·②·④	직접 사용	–		
지특법 §64 ①·②	개별 추징			
지특법 §69	자동차검사용	여	사용용도 규정됨	구 지법 §266 ① 추징 규정 유
지특법 §71 ①	물류단지 개발용	여	사용용도 규정됨	구 지법 §280 ⑤ 추징 규정 유
지특법 §71 ②	물류사업용	여	사용용도 규정됨	구 지법 §280 ⑤ 추징 규정 유
지특법 §71 ③	개별 추징			
지특법 §72 ①	개별 추징			
지특법 §72 ③	직접 사용	–		
지특법 §73 ①	대체취득	부	대체취득 용도 조건, 사후관리 불필요	구 지법 §109 ① 추징 규정 무

기 업

관련 감면조문	감면 목적	추가 제94조 적용		'10년도 추징 규정 유무
		여 부	사 유	
지특법 §73 ③	환매권 행사	부	형식상 일시취득, 사후관리 불필요	구 지법 §110 2호 나목·§128 2호 가목 추징 규정 무
지특법 §74 ①	환지계획 취득	부	환지계획 취득 조건, 사후관리 불필요	구 지법 §109 ③ 추징 규정 무
지특법 §74 ③	개별 추징			
지특법 §75	개별 추징			
지특법 §76 ①	공급목적, 일시취득용	부	공급목적 일시취득 요건, 사후관리 불필요	구 지법 §289 ① 추징 규정 무
지특법 §77 ①	수자원공사 분양공급	부	공급목적이면 감면 대상, 사후관리 불필요	구 지법 §289 ② 추징 규정 무
지특법 §78 ①·④	개별 추징			
지특법 §79 ①	개별 추징			
지특법 §80 ①	개별 추징			
지특법 §81 ①	승인받아 이전할 목적	부	승인요건 충족조건, 사후관리 불필요	구 지법 §274의 2 추징 규정 무
지특법 §81 ③	개별 추징			
지특법 §83 ①·②	개별 추징			
지특법 §85 ①	직접 사용	-		
지특법 §85 ②	민영교도소 설치· 운영목적	여	취득목적 규정됨	구 지법 §271 ③ 추징 규정 유
지특법 §85의 2 ①·④	직접 사용	-	직접 사용	
지특법 §86	주한미군 임대주택용	여	임대용 사용용도 있음, 사후관리 필요	구 지법 §269 ④ 추징 규정 무
지특법 §87 ①·②	직접 사용	-		
지특법 §88 ①·②	직접 사용	-		

관련 감면조문	감면 목적	추가 제94조 적용		'10년도 추징 규정 유무
		여부	사유	
지특법 §89 ①	개별 추징			
지특법 §90 ①	개별 추징			
지특법 §91	개별 추징			
지특법 §92	대체(복구) 취득	부	대체(복구)용 조건, 사후관리 불필요	구 지법 §108 추징 규정 무

기 업

Ⅲ 외국인투자기업에 대한 감면

✔ 감면 요건

대상자	아래 사업을 위해 외국인투자를 받은 외국인투자기업 【감면 대상 사업 범위】 1. 고도기술수반사업 및 산업지원서비스업(조특법 §121의 2 ① 1호) 2. 개별형외국인투자지역 입주기업 및 경제자유지역 등 입주기업 중 위원회심의를 거친 대규모사업(조특법 §121의 2 ① 2호) 3. 경제자유구역 입주사업(조특법 §121의 2 ① 2의 2호) 4. 경제자유구역 개발사업시행자의 사업(조특법 §121의 2 ① 2의 3호) 5. 제주투자진흥지구의 개발사업시행자의 사업(조특법 §121의 2 ① 2의 4호) 6. 단지형 외국인투자지역 입주사업(조특법 §121의 2 ① 2의 5호) 7. 기업도시개발구역 입주사업(조특법 §121의 2 ① 2의 6호) 8. 기업도시개발구역 개발사업시행자의 사업(조특법 §121의 2 ① 2의 7호) 9. 기타 대통령령이 정하는 사업(조특법 §121의 2 ① 3호)(자유무역지역 입주기업) 10. 새만금사업지역에 입주사업 또는 새만금지원특별법에 따른 사업시행자(조특법 §121의 2 ① 2의 8·9호)
대상물건	• 사업개시일 후 취득·사용 재산 : 사업개시일부터(지특법 §78의 3 ①) • 사업개시일 전 취득·사용 재산 : 취득일부터(지특법 §78의 3 ②)
감면율	• 위 1, 2 사업 : 5년간 100%, 그 다음 2년간 50% 감면 • 위 3, 4, 5, 6, 7, 8, 9, 10 사업 : 3년간 100%, 그 다음 2년간 50% 감면 ※ 조례에 별도의 규정이 있는 경우 조례에 따름
감면시한	2022.12.31.

✔ 추징 요건

추 징	① 외국투자가가 이 법에 따라 소유하는 주식 등을 대한민국 국민 또는 대한민국 법인에 양도하는 경우 ② 외국투자가의 주식 등의 비율이 감면 당시의 주식 등의 비율에 미달하게 된 경우 ③ 외국인투자촉진법에 따라 등록이 말소된 경우 ④ 해당 외국인투자기업이 폐업하는 경우 ⑤ 외국인투자신고 후 5년 이내 조세감면기준에 미달하는 경우 ⑥ 정당한 사유 없이 그 취득일부터 3년이 경과할 때까지 해당 용도로 직접 사용하지 아니하는 경우(2020년~) ⑦ 해당 용도로 직접 사용한 기간이 2년 미만인 상태에서 매각·증여하거나 다른 용도로 사용하는 경우(2020년~)

✔ 관련 법령

지특법 §78의 3, 지특령 §38의 2·§38의 3·§38의 4, 조특법 §121의 2

✔ 개정 연혁

개정일	개정 전	개정 후	개정이유 / 적용요령
조특법 §121의 2~7 2011.1.11. 제10406호	• 세목 취득세, 등록세	• 세목 통합 등록세가 취득세로 통합	• 지방세 세목 통합 16개→11개 세목 – 취득세와 취득 관련 등록세를 취득세로 통합
조특법 §121의 2~7 2012.1.1. 제11133호	• 외국인투자사업 산업지원 서비스업, 고도의 기술 수반사업	• 외국인투자사업 선정 절차 조정 외국인투자위원회 심의를 거쳐 정하는 산업지원 서비스업, 고도의 기술 수반 사업	• 외국인투자사업 선정시 전문성 제고를 위해 외국인투자위원회의 심의를 거치도록 조정
조특법 §121의 2~7 2014.1.1. 제12173호	• 외국인투자사업 감면범위 〈신 설〉	• 외국인투자사업 감면범위 확대 새만금사업지역에 입주하는 외국인투자기업이 경영하는 사업	• 새만금사업지역 외국인투자 활성화
조특법 §121의 2~7 2018.12.24 제16009호	• 외국인투자기업 감면 조세감면결정을 받은 경우 법인세, 소득세 감면	• 외국인투자기업 법인세, 소득세 감면 종료 2018년 이전에 조세감면결정을 받은 경우에 한해 법인세, 소득세 감면	• 유럽연합의 조세 비협조국 블랙리스트 지정 문제 해소를 위해 외국인투자기업에 대한 법인세, 소득세 감면 종료
지특법 §78의 3 2020.1.15. 제16865호	• 외국인투자기업 지방세 감면 조특법에 규정	• 외국인투자기업 지방세 감면 지특법 이관 2020년 이후 조세감면결정을 받은 경우 지특법에 따라 지방세 감면	• 외국인투자기업 지방세 감면의 지특법 이관을 통해 법령체계의 효율과 납세자 이해 증진 등 감면 제도 합리화

쟁점 013 기존 외국인투자기업이 경제자유구역에 투자하는 경우 감면 적용 방법은?

조세특례제한법 제121조의 2【외국인투자에 대한 법인세 등의 감면】제1항 및 제5항

① 경제자유구역 등 어느 하나에 해당하는 사업을 하기 위한 외국인투자로서 대통령령으로 정하는 기준에 해당하는 외국인투자에 대해서는 취득세 등을 감면한다.

⑤ 외국인투자기업이 사업개시일 전에 제1항 각 호의 사업에 사용할 목적으로 취득·보유하는 재산이 있는 경우에는 제4항에도 불구하고 그 재산에 대한 취득세 및 재산세에 대하여 다음 각 호와 같이 그 세액을 감면하거나 일정금액을 그 과세표준에서 공제한다. 다만, 지방자치단체가 「지방세특례제한법」 제4조에 따른 조례로 정하는 바에 따라 감면기간 또는 공제기간을 15년까지 연장하거나 연장한 기간의 범위에서 감면비율 또는 공제비율을 높인 경우에는 제2호 및 제3호에도 불구하고 그 기간 및 비율에 따른다.

1. 제8항에 따라 조세감면결정을 받은 날 이후에 취득하는 재산에 대한 취득세는 감면 대상세액의 전액을 감면

조세특례제한법 제121조의 4【증자의 조세감면】제1항 및 제3항

① 외국인투자기업이 증자하는 경우에 그 증자분에 대한 조세감면에 대해서는 제121조의 2 및 제121조의 3을 준용한다. 다만, 대통령령으로 정하는 기준에 해당하는 조세감면신청에 대해서는 제121조의 2 제8항에 따른 주무부장관 또는 지방자치단체의 장과의 협의를 생략할 수 있다.

③ 제1항을 적용할 때 사업개시일은 자본증가에 관한 변경등기를 한 날로 한다.

조세특례제한법시행령 제116조의 6【증자의 조세감면】제5항

⑤ 법 제121조의 4 제1항에 따라 증자분에 대하여 조세감면을 적용하는 경우 제116조의 2 제14항의 외국인투자비율을 계산할 때 법 제143조에 따라 해당 증자분 감면 대상 사업을 그 밖의 사업과 구분경리하여 해당 증자분 감면 대상 사업을 기준으로 외국인투자비율을 계산한다.

외국인투자기업에 대한 감면은 외국인투자유치를 통한 경제활성화를 도모하기 위해 1982년 조세감면규제법에 처음 신설되었다. 1999년에 조세특례제한법 제121조의 2에 규정되었고 2019년에는 지방세특례제한법으로 이관되었다.

2018년 이전까지 외국인투자에 대한 조세감면은 조세특례제한법 제121조의 2부터 제121조의 7에 규정에 따라 특정 요건을 만족시키는 외국인투자기업에 대해 법인세, 소득세, 재산세, 취득세, 관세, 부가가치세, 개별소비세를 감면하였다. 그러나 유럽연합에서 한국의 외국인투자기업 법인세 및 소득세 감면을 불공정하고 차별적인 조세제도로 규정하여 한국을 조세 비협조국 블랙리스트로 지정하자 이 문제를 해결하기 위해 정부는 외국인투자기업에 대한 법인세 및 소득세 감면을 폐지하기로 약속했다. 2019년부터는 외국인투자기업에 대한 법인세와 소득세 감면제도가 전면 폐지되었고, 지방에 투자한 기업에게 보조금을 더 주는 등 외투기업 세제지원 제도가 전면개편되었다.

2019년에 행정안전부는 법령 체계의 효율과 납세자 이해를 높이고 외국인투자기업에 대한 세제지원 제도의 합리적 운영을 위해 외국인투자기업에 대한 취득세와 재산세 감면규정을 조세특례제한법에서 지방세특례제한법으로 이관하였다. 감면 대상자와 조세감면결정 관련 규정은 그대로 조세특례제한법에 두었고 취득세와 재산세 관련 감면 규정을 지방세특례제한법 제78조의 3으로 이관하였기 때문에 조세감면결정 신청은 기존과 같이 기획재정부장관에게 하도록 하였다.

이제 본격적으로 외국인투자기업과 관련된 쟁점을 살펴보자.

(1) 경제자유구역에 다시 조세감면결정을 받으면 증자일까? 신규투자일까?

기존에 외국인투자를 받아 다른 지역에서 사업을 영위하던 기업이 경제자유구역에 추가로 공장을 신축하기 위해 조세감면결정을 받았을 경우 이를 증자로 볼 것인지 아니면 신규투자로 볼 것인지 여부다.

이러한 판단이 중요한 이유는 증자로 볼때와 신규 투자로 볼 때 외국인투자비율을 산정하는 방식이 달라지기 때문이다. 증자로 보는 경우에는 기존에 다른 지역에서 투자한 외국인투자금액을 합하여 외국인투자비율을 계산하고, 신규투자로 보는 경우에는 다른 지역의 외국인투자와 별개로 해당 신규투자한 금액만으로 외국인투자비율을 산정한다.

행정안전부 유권해석은 기존 외국인투자가 있었던 기업이 기획재정부로부터 조세감면 결정을 받은 후에 경제자유구역에 조세특례제한법시행령 제116조의 2 제3항 제1호에서 규정한 제조업의 미화 3천만불 이상의 투자를 한 경우에는 외국인투자지역 안에서 새로이 시설을 설치하는 것으로 보는 것이 타당하다고 보았다.

(2) 외국인투자기업의 사업개시일은 언제일까?

저자팁

조세감면결정을 받고 다른 지역에서 외국인투자를 받아 사업을 영위하는 기업이 추가로 증자를 받아 조세감면결정을 받고 경제자유구역에서 새로이 제조업을 영위하는 경우 이를 신규투자로 볼 수 있는 것은 해당 사업을 증자분 감면 대상으로 별도로 구분경리한다고 보기 때문이다. 증자분 감면 대상 사업을 다른 사업과 구분경리하는 경우 외국인투자비율은 이전 감면 대상 사업과 구분하여 해당 증자분 감면 대상 사업만으로 산정한다.

조세특례제한법시행령 제116조의 4 제1항에 따르면 사업개시일은 부가가치세법 제5조 제1항의 규정에 의한 사업개시일을 말한다고 규정하고 있다. 또한 부가가치세법 제5조 제1항에서는 사업자는 사업장마다 등록하도록 규정하고 있고, 부가가치세법시행령 제7조 제1항에서는 법 제5조 제1항에 따라 등록하려는 사업자는 사업장마다 사업자의 인적사항 등을 기재한 사업자등록신청서를 관할세무서장에게 제출하여야 하는 것으로 규정하고 있으므로 사업개시일 기산일은 개별 사업장별로 판단하는 것이 타당하다(지방세특례제도과-366, 2015.2.11.).

한편, 다른 지역에서 이미 외국인투자가 받은 기업이 증자 형식으로 경제자유구역에서 새로이 외국인투자를 받은 경우 사업개시일은 언제로 보아야 할까?

행정안전부 유권해석은 증자형식의 신규 투자에 대한 사업개시일에 대해 증자와 같이 조세감면결정을 받고 자본증가에 관한 변경등기를 한 날로 보는 것이 타당하다고 보았다(지방세특례제도과-2078, 2017.7.24.).

(3) 외국인투자비율 산정은 조세감면결정서상 신고금액? 실제 투자액?

'외국인투자비율'은 외국인투자가가 기획재정부 조세감면결정을 받은 후 그 비율에 따라 결정받은 신고서상의 비율대로 산정하는 것이 맞을까? 아니면, 실제로 외국인투자가 된 때의 비율에 따라 감면을 적용하는 것이 타당할까?

외국인투자비율은 외국인투자 촉진법 제5조 제3항에 따른 외국인투자비율을 의미하고 외국인투자 촉진법 제5조 제3항에서 외국인투자비율은 외국인투자기업의 주식 등에 대한 외국투자가 소유 주식 등의 비율을 말한다.

또한, 기존의 유권해석 사례에서는 외국인투자비율이란 내국법인이 "새로 발행하는 주식 등의 취득"에 의한 투자비율을 말하며, 감면 대상이 되는 외국인투자비율은 "실제 외국인투자" 비율을 말한다고 보았다.

행정안전부 유권해석은 관련 법령 및 기존 사례 등을 토대로 '외국인투자비율'은 외국인투자가가 조세감면결정을 받은 후 그 비율에 따라 결정 받은 신고서상의 비율이 아니라 실제로 외국인투자가 된 때의 비율에 따라 감면을 적용하는 것이 타당하다고 판단했다.

- 외국인투자기업에 대한 지방세 감면세액 계산시 외국인투자비율이란 내국법인이 "새로 발행하는 주식 등의 취득"에 의한 투자비율을 말하며, 감면 대상이 되는 외국인투자비율은 "실제 외국인투자"비율을 말하는 것임(기획재정부 국조 46017-95, 1997.5.23.).
- "조세특례제한법 제121조의 2 제4항 및 제5항의 규정"에 의하여 지방세가 감면되는 '외국인투자비율'이라 함은 외국인투자촉진법 제5조 제1항의 외국인투자비율에서 조세특례제한법 제121조의 2 제9항의 감면이 배제되는 외국인투자분을 제외한 실제 외국인투자비율, 즉 총 자본금에 대한 지방세 감면 대상이 되는 외국인 자본금의 비율로 봄이 타당함(세정 13407-673, 2001.6.19.).
- '외국인투자비율'은 외국인투자가가 조세감면결정을 받은 후 그 비율에 따라 결정 받은 신고서상의 비율이 아니라 실제로 외국인투자가 된 때의 비율에 따라 감면을 적용하는 것이 타당하다고 보여짐(지방세특례제도과-2078, 2017.7.24.).

(4) 외국인투자금액을 납입받기 전 취득한 토지비용을 외국인투자로 볼 수 있을까?

외국인투자기업이 조세감면결정에 따라 외국인투자금액을 납입받기 전에 토지를 취득한 경우 토지의 취득비용을 외국인투자로 볼 수 있을까?

조세특례제한법 제121조의 2 제5항에서 외국인투자기업이 사업개시일 전에 제1항 각 호의 사업에 사용할 목적으로 취득·보유하는 재산이 있는 경우에는 제4항에도 불구하고 그 재산에 대한 취득세 및 재산세에 대하여 다음 각 호와 같이 그 세액을 감면하거나 일정금액을 그 과세표준에서 공제한다고 규정하고 있고, 외국인투자기업 감면 관련 기획재정부 유권해석에서 '조세감면 대상 외국인투자란 외국인투자금을 공장시설을 설치·운영하는데 사용하는 경우 뿐만 아니라 공장시설 설치운영에 소요된 차입금의 상환 등에 사용된다고 해서 이를 달리 볼 것이 아니라고 하였다(기획재정부 재국조-89, 2009.3.4.).

행정안전부도 외국인투자기업이 사업개시일 전에 취득한 토지의 비용은 외국인투자금을 통해 상환에 사용될수 있기 때문에 사업개시일 이전에 취득한 토지는 향후에 투자되는 외국인투자 자본금의 범위에 속한다 할 것이므로 외국인투자비율에 포함되는 것이 타당하다고 판단했다.

(1)번부터 (4)번까지의 사례를 종합하여 정리해 보자. 다른 지역에서 외국인투자를 받아 감면 대상 사업을 영위하고 있는 기업이 추가 증자 형식으로 외국인투자를 받기로 하고 조세감면결정을 별도로 받아 경제자유구역에서 토지를 취득했는데 그 당시 외국인투자가 아직 이루어지기 전이었다면, 해당 토지는 감면 대상이 될까? 감면 대상이 된다면 외국인투자비율은 어떻게 될까?

조세특례제한법 제121조의 2 제5항에서 사업개시일 전에 취득한 부동산도 감면 대상에 해당한다고 하였기 때문에 해당 토지는 감면이 가능하다고 볼 수 있다. 문제는 아직 투자가 이루어지지 않았는데 외국인투자비율을 어떻게 산정하는 지다. (3)번에서 외국인투자비율을 실제 외국인투자가 이루어진 금액으로 한다고 하였고 (4)번에서 기업의 사내유보금이나 차입금으로 토지를 구입한 경우 그 금액을 투자금액으로 볼 수 있다고 하였기 때문에 외국인투자비율은 토지구입비용(실제 외국인투자금액) 대비 토지구입비용(실제 외국인투자금액)이 되어 100%로 산정된다고 할 것이다.

외국인투자기업이 외국인투자촉진법 제18조 제1항 제2호에 따른 외국인투자지역 내에 사내 유보금 및 국내차입금 등으로 공장설치를 완료한 이후 외국인투자신고 후 3년 이내에 출자목적물의 납입 및 외국인투자촉진법 제2조 제1항 제4호 나목에 따른 차관의 도입이 행해지고 동 투자금이 공장설치에 사용된 차입금의 상환 등에 사용되는 경우, 조세특례제한법 제121조의 2 제1항 제2호에 따른 조세감면이 적용됨(기획재정부 국조46017-89, 2009.3.4.).

(5) 조세특례제한법 상 구분경리를 지방세 감면 적용 시에도 적용 가능할까?

구분경리란 기업의 자산·부채 및 손익을 다른 회계로 구분하여 기록하는 것을 말한다. 조세특례제한법에서는 증자분에 대하여 조세감면을 적용하는 경우 해당 증자분 감면 대상 사업을 그 밖의 사업과 구분경리하여 해당 증자분 감면 대상 사업을 기준으로 외국인투자비율을 계산한다고 규정하고 있다. 기간과세가 아니고 시점과세인 지방세에서는 구분경리 조항을 적용할 수 없을까?

행정안전부 유권해석은 조세특례제한법시행령 제116조의 6 제5항에 따라 같은 법 제143조 제1항에서 정하고 있는 구분경리에 관한 사항은 제5장에서 외국인투자 등에 대한 법인세, 소득세 이외 취득세 등을 포함한 조세특례에 모두 적용한다고 규정하고 있는 이상 국세와 지방세를 동일하게 적용하는 것이 합리적이라고 보았다.

- 기존 외국인투자가 있었던 기업이 기획재정부로부터 조세감면 결정을 받은 후에 경제자유구역에 「조세특례제한법 시행령」 제116조의 2 제3항 제1호에서 규정한 제조업의 미화 3천만불 이상의 투자를 통해 외국인투자지역 안에서 새로이 시설을 설치하는 것은 경제자유구역에 투자되는 새로운 투자로 보아 '외국인투자비율'은 외국인투자가가 조세감면 결정을 받은 후 그 비율에 따라 결정받은 신고서상의 비율이 아니라 실제로 외국인투자가 된 때의 비율에 따라 감면을 적용하는 것이 타당함(지방세특례제도과-2078, 2017.7.21.).
- 외국인투자법인이 법인세가 감면되는 사업과 기타의 사업을 겸업하고 있는 경우 동일법인내에 두 개 이상의 사업부가 있다 하더라도 각 사업부별로 구분 경리하는 것이 아니라 법인세가 감면되는 사업과 기타의 사업으로 구분하여 계산하는 것임(기획재정부 국세 46017-60, 2003.4.1.).

쟁점 014 외국인투자기업이 등록하기 전 취득·보유한 재산은 재산세 감면 대상일까?

조세특례제한법 제121조의 2【외국인투자에 대한 법인세 등의 감면】제4항

④ 2019년 12월 31일까지 제6항에 따른 조세감면신청을 한 외국인투자기업에 대해서는 해당 외국인투자기업이 신고한 사업을 하기 위하여 취득·보유하는 재산에 대한 취득세 및 재산세에 대해서는 다음 각 호와 같이 그 세액을 감면하거나 일정금액을 과세표준에서 공제한다. 다만, 지방자치단체가 「지방세특례제한법」 제4조에 따른 조례로 정하는 바에 따라 감면기간 또는 공제기간을 15년까지 연장하거나 연장한 기간에 감면비율 또는 공제비율을 높인 경우에는 제1호 및 제2호에도 불구하고 그 기간 및 비율에 따른다.

1. 취득세 및 재산세는 사업개시일부터 5년 동안은 해당 재산에 대한 산출세액에 외국인투자비율을 곱한 금액(이하 이 항, 제5항, 제12항 제3호 및 제4호에서 "감면 대상세액"이라 한다)의 전액을, 그 다음 2년 동안은 감면 대상세액의 100분의 50에 상당하는 세액을 감면. 다만, 제1항 제2호의 2부터 제2호의 9까지 및 제3호에 따른 감면 대상이 되는 사업을 하기 위하여 취득·보유하는 재산에 대한 취득세 및 재산세는 사업개시일부터 3년 동안은 감면 대상세액의 전액을, 그 다음 2년 동안은 감면 대상세액의 100분의 50에 상당하는 세액을 각각 감면한다.
2. 토지에 대한 재산세는 사업개시일부터 5년 동안은 해당 재산의 과세표준에 외국인투자비율을 곱한 금액(이하 이 항, 제5항, 제12항 제3호 및 제4호에서 "공제대상금액"이라 한다)의 전액을, 그 다음 2년 동안은 공제대상금액의 100분의 50에 상당하는 금액을 과세표준에서 공제. 다만, 제1항 제2호의 2부터 제2호의 9까지 및 제3호에 따른 감면 대상이 되는 사업을 하기 위하여 취득·보유하는 토지에 대한 재산세는 사업개시일부터 3년 동안은 공제대상금액의 전액을, 그 다음 2년 동안은 공제대상금액의 100분의 50에 상당하는 금액을 과세표준에서 각각 공제한다.

외국인투자기업으로 등록 전부터 취득하여 보유하고 있던 재산도 재산세 감면 대상이 될까? 조세특례제한법 제121조의 2 제4항을 조문 그대로 보면 외국인투자기업이 신고한 사업을 하기 위하여 취득 또는 보유하는 재산은 재산세를 감면하다고 규정하고 있기 때문에 외국인투자기업으로 등록하기 전부터 보유하고 있는 재산이라 하더라도, 외국인투자기업이 신고한 사업에 사용하게 되는 경우라면 감면이 가능한 것으로 보인다.

그러다 보니 이 사안은 대법원까지 가서 결론이 났다. 조세특례제한법 제121조의 2 제4항의 '외국인투자기업이 신고한 사업을 하기 위하여 취득·보유한 재산'은 "외국인투자가가 외국인투자로서 신고를 하고 조세감면결정을 받은 후 그 신고한 사업을 하기 위하여 새로이 취득하여 보유하는 재산이라고 해석함이 타당"하다고 판단했다. 대법원은 해당 사안을 상고심특례절차법 제4조에 따라 기각하여 고등법원에서 인정한 1심 판결(전주지방법원 2012.8.28. 선고 2012구합499 판결)의 내용과 논리를 그대로 받아들였다.

그러면 1심의 내용과 논리를 구체적으로 알아보자. 1심 법원은 조세특례제한법 제121조의 2 제4항 본문은 '외국인투자기업이 신고한 사업을 하기 위하여 취득·보유하는 재산'이라고 규정하였을 뿐이므로, 이를 외국인투자기업이 취득하여 보유하게 되는 재산이라고 해석함이 그 어문상 의미에 부합하다고 보았다.

한편, 외국인이 외국인투자촉진법 제2조 제1항 제4호 소정의 외국인투자를 하려는 경우에는 미리 산업통상자원부장관에게 신고하여야 하고, 위와 같은 투자가 이루어지면 외국인투자기업으로 등록하여야 하는데, 법 제121조의 2 제6항 본문, 제8항에 의하면 위와 같은 법 제121조의 2 제4항 소정의 감면을 받기 위해서는 외국인투자기업의 사업개시일이 속하는 과세연도의 종료일까지 기획재정부장관에게 감면신청을 하여야 하고, 기획재정부장관은 신청인에게 위 감면신청의 결과를 알려야 한다고 규정하고 있어, 위 규정들과 법 제121조의 2 제4항을 종합하여 보면, 법 제121조의 2 제4항 본문에서 규정한 '외국인투자기업이 신고한 사업을 하기 위하여 취득·보유하는 재산'은 외국인투자가가 외국인투자로서 신고를 하고 조세감면결정을 받은 후 그 신고한 사업을 하기 위하여 새로이 취득하여 보유하는 재산이라고 해석함이 타당하다고 하였다.

마지막으로, 외국인투자기업의 재산세 등 감면에 관한 연혁적 측면에서 보더라도 구 외자도입법상 감면 대상인 재산은 '외국인투자기업으로 등록한 후'에 취득하여 보유하는 재산을 의미하는 것으로 해석되고(대법원 1995.7.11. 선고 94누9696 전원합의체 판결 참조), 위와 같은 규정이 감면기간 및 비율 등 세부사항에 관하여만 개정되어 외국인투자촉진법을 거쳐 조세특례제한법에 규정되기에 이르렀다고 보았다.

1심법원은 위의 3가지 논리를 종합하여 외국인투자기업이 신고한 사업을 하기 위하여 취득·보유하는 재산'은 외국인투자기업으로 등록한 후에 취득하여 보유하게 된 재산을 의미하는 것으로 해석하는 것이 타당하다고 하였다.

2019년 말 조세특례제한법에서 지방세특례제한법으로 이관하면서 외국인투자기업에 대한 감면 개정에 이러한 대법원의 판결 취지가 반영되었다. 지방세특례제한법 제78조의 3 제1항 제2호에서 외국인투자기업이 과세기준일 현재 외국인투자신고사업에 직접 사용하는 부동산에 대해서만 재산세를 감면하도록 명확히 규정하였다.

▎외국인투자기업 감면 신·구조문대비표▕

기 존(조세특례제한법)	개 정(지방세특례제한법)
제121조의 2【외국인투자에 대한 법인세 등의 감면】 ④ 외국인투자기업이 신고한 사업을 하기 위하여 취득·보유하는 재산에 대한 취득세 및 재산세에 대해서는 다음 각 호와 같이 그 세액을 감면하거나 일정금액을 과세표준에서 공제한다. 다만, 지방자치단체가 「지방세특례제한법」 제4조에 따른 조례로 정하는 바에 따라 감면기간 또는 공제기간을 15년까지 연장하거나 연장한	제78조의 3【외국인투자에 대한 감면】 ① 「외국인투자 촉진법」 제2조 제1항 제6호에 따른 외국인투자기업이나 출연을 한 비영리법인(이하 이 조에서 "외국인투자기업"이라 한다)이 「조세특례제한법」 제121조의 2 제1항에 해당하는 외국인투자(이하 이 조에서 "외국인투자"라 한다)에 대해서 2022년 12월 31일까지 같은 법 제121조의 2 제6항에 따른 감면신청(이하 이 조에서 "조세감면신청"이라 한다)을 하여 같은 조 제8항에 따라

기 존(조세특례제한법)	개 정(지방세특례제한법)
기간에 감면비율 또는 공제비율을 높인 경우에는 제1호 및 제2호에도 불구하고 그 기간 및 비율에 따른다. 1. 취득세 및 재산세는 사업개시일부터 5년 동안은 해당 재산에 대한 산출세액에 외국인투자비율을 곱한 금액(이하 이 항, 제5항, 제12항 제3호 및 제4호에서 "감면 대상세액"이라 한다)의 전액을, 그 다음 2년 동안은 감면 대상세액의 100분의 50에 상당하는 세액을 감면. 다만, 제1항 제2호의 2부터 제2호의 9까지 및 제3호에 따른 감면 대상이 되는 사업을 하기 위하여 취득·보유하는 재산에 대한 취득세 및 재산세는 사업개시일부터 3년 동안은 감면 대상세액의 전액을, 그 다음 2년 동안은 감면 대상세액의 100분의 50에 상당하는 세액을 각각 감면한다. 2. 토지에 대한 재산세는 사업개시일부터 5년 동안은 해당 재산의 과세표준에 외국인투자비율을 곱한 금액(이하 이 항, 제5항, 제12항 제3호 및 제4호에서 "공제대상금액"이라 한다)의 전액을, 그 다음 2년 동안은 공제대상금액의 100분의 50에 상당하는 금액을 과세표준에서 공제. 다만, 제1항 제2호의 2부터 제2호의 9까지 및 제3호에 따른 감면 대상이 되는 사업을 하기 위하여 취득·보유하는 토지에 대한 재산세는 사업개시일부터 3년 동안은 공제대상금액의 전액을, 그 다음 2년 동안은 공제대상금액의 100분의 50에 상당하는 금액을 과세표준에서 각각 공제한다.	감면결정(이하 이 조에서 "조세감면결정"이라 한다)을 받은 경우에는 다음 각 호에서 정하는 바에 따라 지방세를 감면한다. 다만, 지방자치단체가 조례로 정하는 바에 따라 감면기간을 15년까지 연장하거나 감면율을 높인 경우에는 다음 각 호에도 불구하고 조례로 정한 기간 및 비율에 따른다. 1. <u>외국인투자기업이 「외국인투자 촉진법」 제5조 제1항 또는 제2항에 따라 신고한 사업</u>(이하 이 조에서 외국인투자신고사업"이라 한다)<u>에 직접 사용하기 위하여 대통령령으로 정하는 사업개시일</u>(이하 이 조에서 "사업개시일"이라 한다)<u>부터 5년</u>(「조세특례제한법」 제121조의 2 제1항 제2호의2부터 제2호의 9까지 및 제3호에 따른 감면 대상이 되는 사업의 경우 3년) <u>이내에 취득하는 부동산</u>에 대해서는 「지방세법」에 따른 취득세 산출세액에 대통령령으로 정하는 외국인투자비율(이하 이 조에서 "외국인투자비율"이라 한다)을 곱한 세액(이하 이 조에서 "취득세 감면 대상세액"이라 한다)의 100분의 100을 감면하고, 그 다음 2년 이내에 취득하는 부동산에 대해서는 취득세 감면 대상세액의 100분의 50을 경감한다. 2. <u>외국인투자기업이 과세기준일 현재 외국인투자신고사업에 직접 사용하는 부동산</u>에 대해서는 사업개시일 이후 최초로 재산세 납세의무가 성립하는 날부터 5년(「조세특례제한법」 제121조의 2 제1항 제2호의 2부터 제2호의 9까지 및 제3호에 따른 감면 대상이 되는 사업의 경우 3년) 동안은 「지방세법」에 따른 재산세 산출세액에 외국인투자비율을 곱한 세액(이하 이 조에서 "재산세 감면 대상세액"이라 한다)의 100분의 100을 감면하고, 그 다음 2년 동안은 재산세 감면 대상세액의 100분의 50을 경감한다.

기 업

외국인투자기업에 대한 법인세·소득세·지방세 감면 요건

구 분	투자요건 등	법인세·소득세	지방세 (취득세·재산세)
(1호) 신성장동력·원천기술 수반사업	• 신성장동력·원천기술 분야별 대상기술 및 직접 관련된 소재·생산공정 등에 관한 기술 수반 • 사업을 영위하기 위해 공장시설을 설치·운영(미화 2백만불 이상)	• 7년간 감면 – 최초 5년간 100% 감면 – 다음 2년간 50% 감면	• 7년간 감면(공제) – 최초 5년간 100% 감면(공제) – 다음 2년간 50% 감면(공제) (토지분 재산세)
(2호) 외국인투자촉진법 제18조 제1항 제2호 규정에 의한 외국인투자지역(개별형) 입주기업 및 경제자유구역, 제주첨단과학기술단지, 제주투자진흥지구 등 입주기업으로서 각 위원회의 심의·의결을 거치는 사업 ※ 종전 수출자유지역 입주기업은 외국인투자지역(개별형) 입주기업으로 감면	• 제조업 등 … 3천만불 이상 • 관광업 … 2천만불 이상 • 휴양업 … 2천만불 이상 • 국제회의시설 … 2천만불 이상 • 청소년수련시설 … 2천만불 이상 • 물류업 … 1천만불 이상 • SOC … 1천만불 이상 • R&D … 2백만불 이상 • 공동사업 … 3천만불 이상		
(2호의 2) 경제자유구역 입주기업 ※ 경제자유구역지정 및 운영에 관한 특별법 §2 1호	• 제조업 … 1천만불 이상 • 관광업 … 1천만불 이상 • 휴양업 … 1천만불 이상 • 국제회의시설 … 1천만불 이상 • 청소년수련시설 … 1천만불 이상 • 물류업 … 5백만불 이상 • 의료기관 … 5백만불 이상 • R&D … 1백만불 이상	• 5년간 감면 – 최초 3년간 100% 감면 – 다음 2년간 50% 감면	• 5년간 감면 – 최초 3년간 100% 감면 – 다음 2년간 50% 감면 (토지분 재산세)
(2호의 3) 경제자유구역 개발사업시행자 ※ 경제자유구역지정 및 운영에 관한 특별법 §8의 3	투자금액이 3천만불 이상 투자 또는 외국인투자비율 50% 이상으로서 총개발 사업비가 5억불 이상인 경우		
(2호의 4) 제주투자진흥지구 개발사업시행자 ※ 제주특별자치도설치 및 국제자유도시 조성을 위한 특별법 §162	투자금액이 1천만불 이상 투자 또는 외국인투자비율 50% 이상으로서 총개발 사업비가 1억불 이상인 경우		

<table>
<tr><th>구 분</th><th>투자요건 등</th><th>법인세·소득세</th><th>지방세
(취득세·재산세)</th></tr>
<tr><td>(2호의 5)
외국인투자촉진법 제18조 제1항 제1호 규정에 의한 외국인투자지역(단지형) 입주기업</td><td>• 제조업 … 1천만불 이상
• 물류업 … 5백만불 이상</td><td rowspan="5">• 5년간 감면
– 최초 3년간 100% 감면
– 다음 2년간 50% 감면</td><td rowspan="5">• 5년간 감면
– 최초 3년간 100% 감면
– 다음 2년간 50% 감면
(토지분 재산세)</td></tr>
<tr><td>(2호의 6)
기업도시개발구역 입주기업
※ 기업도시개발특별법 §2 2호</td><td>• 제조업등 … 1천만불 이상
• 물류업 … 5백만불 이상
• R&D … 2백만불 이상</td></tr>
<tr><td>(2호의 7)
기업도시 개발사업시행자
※ 기업도시개발특별법 §10 ①</td><td>투자금액이 3천만불 이상 투자 또는 외국인투자비율 50% 이상으로서 총 개발 사업비가 5억불 이상인 경우</td></tr>
<tr><td>(2호의 8, 9)
새만금사업지역 입주사업 또는 새만금 지원특별법에 따른 사업시행자
※ 새만금사업 추진 및 지원에 관한 법률 §2 8호</td><td>• 제조업 … 1천만불 이상
• 관광업 … 1천만불 이상
• 물류업 … 5백만불 이상
• R&D … 1백만불 이상</td></tr>
<tr><td>(3호)
기타 조세감면이 불가피한 사업
※ 자유무역지역지정 및 운영에 관한 법률 §10 ① 2호
※ 자유무역지역지정 및 운영에 관한 법률 §10 ① 5호</td><td>• 제조업 … 1천만불 이상
• 물류업 … 5백만불 이상</td></tr>
</table>

※ **지방세 감면기간** : 감면기간 연장에 대한 조례 규정이 있는 경우 조례에 따름

※ 토지분 재산세는 세액감면이 아닌 과세표준에서 공제하는 방식

❙ 광역단체별 외국인투자유치 감면 조례(취득세) 요약 ❙

<table>
<tr><th>구 분</th><th colspan="2">내 용</th></tr>
<tr><td rowspan="9">광역단체의 취득세 감면율 및 감면기간 적용사례</td><td>서울특별시</td><td>• 처음 10년간 100%, 다음 5년간 50%</td></tr>
<tr><td>부산광역시</td><td>• 조세특례제한법 제121조의 2 제4항 제1호의 경우 : 15년간 100% 면제
• 조세특례제한법 제121조의 2 제12항 : 5년간 50% 경감</td></tr>
<tr><td>대구광역시, 광주광역시, 전라북도, 전라남도, 울산광역시, 경상북도</td><td>• 조세특례제한법 제121조의 2 제4항 제1호의 경우 : 15년간 100%
• 조세특례제한법 제121조의 2 제12항 제3호 가목의 경우 : 7년간 50% 경감, 다음 3년간 30% 경감
※ 전라·경상북도의 경우 : 10년간 100% 면제</td></tr>
<tr><td>인천광역시</td><td>• 조세특례제한법 제121조의 2 제4항 제1호의 경우 : 10년간 100%, 다음 3년간 50% 등
• 조세특례제한법 제121조의 2 제1항 제2호의 2 등의 경우 : 15년간 100% 면제
• 조세특례제한법 제121조의 2 제12항 제3호 가목의 경우 : 7년간 50% 경감, 다음 3년간 30% 경감</td></tr>
<tr><td>대전광역시</td><td>• 조세특례제한법 제121조의 2 제4항 제1호의 경우 : 15년간 100% 면제
• 조세특례제한법 제121조의 2 제12항의 본문 적용 경우 : 10년간 100% 면제</td></tr>
<tr><td>충청남도, 세종특별자치시</td><td>• 조세특례제한법 제121조의 2 제4항 제1호의 경우 : 15년간 100% 면제
• 조세특례제한법 제121조의 2 제5항의 경우 : 100% 면제
• 조세특례제한법 제121조의 2 제12항 제3호 가목의 경우 : 10년간 100% 면제
• 조세특례제한법 제121조의 2 제12항 제4호 가목의 경우 : 100% 면제</td></tr>
<tr><td>제주특별자치도</td><td>• 조세특례제한법 제121조의 2 제4항의 경우 : (5 또는 3+2)년간 감면 기간 중 다음 2년을 10년으로 연장, 경감비율은 85%로 조정
• 조세특례제한법 제121조의 2 제12항의 경우 :10년간 85% 경감</td></tr>
<tr><td>경기도, 강원도, 충청북도, 경상남도</td><td>• 조세특례제한법 제121조의 2 제4항의 경우 : 7년간 100% 면제, 다음 3년간 50% 경감
• 조세특례제한법 제121조의 2 제12항의 경우 : 5년간 50% 경감, 다음 3년간 30% 경감</td></tr>
</table>

외국인투자기업 조세감면 신청 세부절차

STEP 1 조세감면 대상사업 사전확인 신청

- **관련규정** : 조특법 § 121의 2 ⑦
- **확인방법** : 외국인투자 등에 대한 조세감면 규정 별표1의 고도기술수반사업 및 산업지원서비스업 목록에 신청하고자 하는 기술이 해당되어야만 신청 가능

↓

STEP 2 신주 등의 취득에 의한 외국인투자신고

- **관련규정** : 외국인투자촉진법 § 5
- **주무기관** : 산업통상자원부 투자정책팀
- **수탁기관** : 대한무역투자진흥공사 투자종합상담실

↓

STEP 3 조세감면신청

- **관련규정** : 조특법 § 121의 2 ⑥
- **처리기관** : 기획재정부 대외경제총괄과
- **신청기간**
  - ① **신규** : 당해 감면 대상사업에 대한 사업개시일이 속하는 과세연도의 종료일까지
  - ② **증자** : 신규에 준함
  - ③ **변경** : 변경사유일로부터 2년 이내
- **구비서류**
  - 신주 등의 취득에 의한 외국인투자신고서 사본 3부
  - 조세감면신청서 3부
  - 고도기술증명자료 3부

↓

STEP 4 조세감면여부 결정

- **관련규정** : 조특법 § 121의 2 ⑧
- **처리기관** : 기획재정부장관 및 신청기술 관련 주무부장관
- **결정방법** : 기획재정부장관이 신청기술 관련 주무부장관과 협의하여 결정, 조세감면 결정의견이 일치할 경우 한하여 조세감면 결정
- **처리기간** : 신청일로부터 20일(기술자료가 부족하거나 관계부처 간 협의가 지연되는 경우에는 자료보완 요청 및 처리기간 연장 통보)

↓

STEP 5 조세감면여부 결정통보

- **관련규정** : 조특법 § 121의 2 ⑧
- **처리기관** : 기획재정부장관

Chapter 02

기업과 산업의 집적 지원

I 산업단지 입주기업에 대한 감면

✔ 감면 요건

대상자	산업단지 등 감면 대상 지역에 입주하는 자
대상물건	산업단지에 입주하는 자가 직접 사용하기 위하여 신·증축하는 산업용 건축물 등 (신·증축한 부분의 부속토지 포함) [산업용 건축물의 범위] 1. 도시가스 공급시설용 건축물 2. 산업기술단지 내 연구개발시설 및 시험생산시설용 건축물 3. 공장* · 지식산업 · 문화산업 · 정보통신산업 · 자원비축시설용 건축물과 이와 직접 관련된 교육 · 연구 · 정보처리 · 유통시설용 건축물 4. 산업단지 관리기관이 산업단지의 관리, 입주기업체 지원 및 근로자의 후생복지를 위하여 설치하는 건축물(수익사업용은 제외) 5. 집단에너지 공급시설용 건축물 6. 폐기물 수집운반 · 처리 및 원료재생업, 폐수처리업, 창고업 · 화물터미널 · 그 밖의 물류시설을 설치운영하는 사업, 운송업(여객운송 제외), 산업용기계장비 임대업, 농공단지에 입주하는 지역특화산업용 건축물 * 공장의 범위 : 지방세법 시행규칙 별표2에 따른 업종을 영위하고, 공장의 연면적 200제곱미터 이상인 것(공장 연면적에 공장경계구역안의 종업원 후생복지시설 포함하되 수익사업은 제외 함)
감면율	취득세 50%, 재산세 35%(수도권 외 지역 75%)
감면시한	2022.12.31.

✔ 추징 요건

사용개시	① 정당한 사유 없이 부동산 취득일부터 3년이 경과할 때까지 산업용 건축물을 직접 신·증축하지 않는 경우 ② 산업용 건축물을 신·증축한 이후 취득일부터 3년 이내에 당초 목적 사업 용도대로 직접 사용하지 않는 경우
최소사용	산업용 건축물의 용도로 직접 사용한 기간이 2년 미만인 상태에서 매각·증여하거나 다른 용도로 사용하는 경우(산업단지관리기관 또는 산업기술단지관리기관 환매는 제외)

✔ 관련 법령

지특법 §78 ④, 지특령 §38, 지특칙 §6

✔ 개정 연혁

개정일	개정 전	개정 후	개정이유 / 적용요령
지특법 §78 ④ 2호 2016.12.27. 제14477호	• 산업단지 입주기업의 감면 대상 범위 – 산업용 건축물 등을 신축하려는 자가 취득하는 부동산	• 산업단지 입주기업의 감면 대상 범위 축소 – 산업용 건축물등을 신축 또는 증축하여 취득하는 부동산 – 신축 또는 증축한 부분에 해당하는 부속토지 포함	• 감면 대상 축소 – (일반적 적용례) 법 시행 이후 납세의무 성립분부터 적용
지특법 §78 ① 2020.1.15. 제16865호	• 사업시행자 추징시점 – 취득일부터 3년 이내 조성하지 않는 경우	• 시행자가 새로 취득하지 않고 보유중인 토지를 고려 추징시점 보완 〈좌 동〉 – 단, 재산세 외는 '사업실시계획 승인 고시일'이 '취득일'보다 뒤인 경우는 고시일부터 3년 이내에 조성되지 않는 경우 추징	• 추징시점 보완(부칙 19조) – '20.1.1.이후 추징 사유가 발생한 경우부터 개정법률을 적용하고 다만, '20.1.1.전에 감면받은 것은 종전의 규정에 따라 추징
지특법 §78 ④ 2020.1.15. 제16865호	• 산업단지 입주기업의 감면 대상 범위 – 신축 또는 증축한 산업용 건축물 등 – 신축 또는 증축한 부분에 해당하는 부속토지	• 산업단지 입주기업의 감면 대상 범위 축소 – 신축 또는 증축한 산업용 건축물등 신축하기 위해 취득하는 토지(증축시 부속 토지 제외)	• 증축시 부속토지 감면 제외 – (일반적 적용례) '20.1.1.이후 납세의무 성립분부터 적용

기 업

쟁점 015 산업용 건축물을 반드시 신축해야만 감면 대상일까?

> **지방세특례제한법 제78조【산업단지 등에 대한 감면】제4항 제2호 가목**
> 가. 산업용 건축물등을 신축하기 위하여 취득하는 토지와 신축 또는 증축하여 취득하는 산업용 건축물등에 대해서는 취득세의 100분의 50을 2022년 12월 31일까지 경감한다. 이 경우 공장용 건축물(「건축법」 제2조 제1항 제2호에 따른 건축물을 말한다)을 신축 또는 증축하여 중소기업자에게 임대하는 경우를 포함한다.

지방세특례제한법 제78조 제4항의 입법 취지는 산업단지 내 공장의 집적을 유도하고 그 공장의 원할한 설립을 통해 지역발전을 도모하기 위한 것이다. 즉 지방세 지원을 통해 기업의 입주 및 산업용 건축물 증설을 유도하기 위한 것이 지원 목적인 만큼 산업용 건축물 증설 효과가 있는 경우에 한하여 감면을 적용한다. 따라서 입주기업이 산업용 건축물을 신축 또는 증축하는 경우에만 감면을 적용하는 것으로 규정하고 있다.

입주기업이 직접 신축 또는 증축하지 않고 기존의 입주기업으로부터 산업용 건축물 등을 승계취득하는 경우에는 감면을 적용하지 않는다.

다만, 부속토지의 경우는 신축 또는 증축하는 유형에 따라 감면 대상 토지의 범위가 달라져 왔고, 2019년까지는 산업용 건축물 신축 또는 증축이 있는 경우, 그 신축 또는 증축한 건축물에 해당되는 만큼의 부속토지를 안분하여 감면 대상으로 인정해왔다.

▌신·증축 유형별 감면 대상 인정 범위▐

사 례	산업용 건축물 취득의 유형	감면 범위
1	사업시행자로부터 토지 분양받은 후 공장 신축	토지(○) / 신축공장(○)
2	사용 중인 공장(부속토지) 취득, 사업 개시	공장(×) / 부속토지(×)
3	사용 중인 공장(부속토지) 취득, 일부 증축	증축공장·부속토지(○) → 증축공장(○)·증축분 일부토지(○)
4	사용 중인 공장(부속토지) 취득, 멸실 후 신축	신축공장·토지(○) / 멸실공장(×)
5	토지를 임차하여 산업용 건축물 신축하고 토지 임차기간 종료(10년 뒤) 후 토지를 취득	(종전) 신축공장·토지(○) (변경) 신축공장(×)·토지(×)

(1) 토지를 분양받아 공장을 신축 : 토지 및 건물 전체 감면

가장 일반적인 사례로 사업시행자로부터 최초로 토지를 분양받고 그 토지를 취득한 자가 산업용 건축물을 신축하는 경우로서, 산업단지 내에서 기업의 입주 및 공장의 신설 효과가 달성되었으므로 신축공장 및 부속토지 전체가 감면 대상에 해당된다.

사업시행자로부터 토지를 최초로 분양받지 않더라도, 토지를 분양받는 자로부터 분양권 지위를 승계 취득하여 최종잔금을 지급하고 토지를 취득하는 경우도 최초로 분양받은 것과 동일하게 보고 있다.

산업단지 안에서 공장용 건축물을 신축하거나 증축하고자 하는 자가 산업단지 안의 토지를 분양받은 자로부터 그 지위를 승계하여 당해 토지에 대한 분양잔금을 지급하고 최초로 그 소유권을 취득하고, 그 지상에 공장용 건축물을 증축한 이상 공장용 건축물에 관한 토지부분을 포함하여 전부가 취득세 감면 대상에 해당됨(대법원 2007두21341, 2010.1.14.).

(2) 사용 중인 공장 취득, 해당시설 그대로 사용 : 감면 제외

기존 공장 및 부속토지는 이미 취득세 등을 감면받았고 산업단지에 공장설립을 촉진하려는 입법 목적을 달성한 것이므로 감면 대상에서 제외한다. 따라서 기존에 사용 중인 공장을 취득하여 그대로 사용하는 경우 해당 부동산은 감면 대상에서 제외된다(지방세특례제도과–4219, 2018. 11.8.).

청구인은 산업단지 내의 쟁점토지를 취득하였으나 그 토지에는 이미 공장용 건축물이 신축되어 있었고, 청구인이 그 토지에 산업용 건축물을 증축한 사실도 없는 점 등에 비추어 청구인은 쟁점토지의 취득일 현재 산업용 건축물 등을 건축하려는 자에 해당하지 아니하여 취득세 등의 감면 요건을 충족하지 못한 것으로 보이므로 처분청이 이 건 경정청구를 거부한 처분은 잘못이 없음(조심 2016지1293, 2017.3.8.).

기 업

(3) 사용 중인 공장 취득, 일부 증축 : 증축 공장·부속토지 전체 감면 → 증축 공장·부속토지 일부 감면으로 증축부한 경우 부속토지 감면 제외로 변경(2020.1.15. 개정)

증축한 부분만 감면 대상이 된다. 즉 증축한 건축물 그리고 부속토지의 경우는 전체 건축물의 부속토지가 아닌 새로 증축한 부분에 해당하는 부속토지만큼이 감면에 해당된다.

현행 지방세특례제한법 제78조 제4항 제2호 가목은 2016년 말 개정된 것으로 개정 이전에는 "건축물을 신축하거나 증축하고자 하는 자가 취득하는 부동산"으로 규정되어 있었다. 따라서 해당 규정 하에서 (사례3)의 경우 감면 범위는 지금과 해석이 달랐다. 즉 증축한 건축물이 감면 대상인 것은 동일하나 부속토지의 경우도 증축 규모에 상관없이 전체 부속토지를 감면 대상으로 보아왔다(판례, 유권해석 동일).

산업용 건축물을 신축한 자로부터 그 건축물을 승계 취득한 다음, 그 토지상에 산업용 건축물을 증축하고 기존 건축물 및 증축한 건축물의 부속토지를 취득하는 경우라면, 기존 건축물 및 부속토지 감면(지방세특례제도과 –3174, 2015.11.17.).

"산업용 건축물 등을 건축하려는 자가 취득하는 부동산"이란 기존 건물을 취득하여 증축을 하거나 기존 건물을 철거하고 신축을 하거나 건물을 신축하여 취득하는 경우의 건물, 건물이 없는 토지를 취득하여 그 지상에 건물을 신축하거나 기존 건물이 있는 토지를 취득하여 그 건물을 증축하거나 기존 건물을 철거하고 신축하는 경우의 토지를 모두 포함한 것으로 보아야 함(대법원 2007두21341, 2010.1.14.).

2016년 지방세특례제한법 제78조 제4항 제2호 가목이 현행과 같이 "산업용 건축물 등을 신축 또는 증축하여 취득하는 부동산"으로 명확히 개정된 이후에는, 건축물의 경우는 입주기업이 신규로 증축한 부분만, 그리고 부속토지의 경우에는 기존 공장과 증축한 공장 부분을 합한 전체 건축물의 부속토지가 아닌 증축한 산업용 건축물에 해당하는 만큼의 부속토지를 안분하여 감면하도록 해왔다. 2020.1.15. 지방특례제한법 78조 제4항 제2호 가목이 개정되면서 산업용 건축물 등을 증축하는 경우에는 부속토지를 감면범위에서 제외하는 것으로 개정하였다.

승계하여 취득한 기존의 산업용 건축물 등은 이미 취득세를 감면받아 산업단지 내 공장설립 촉진이라는 입법목적이 달성된 상태로서 지방세특례제한법 제78조 제4항에서 "증축한 부분에 해당하는 부속토지를 포함한다"고 함은 승계하여 취득한 기존의 산업용 건축물 등과 증축한 부분을 포함한 전체 부속토지가 아닌 증축한 부분만큼의 부속토지를 의미함(지방세특례제도과 -4219, 2018.11.8.).

▎입주기업 감면 대상 개정 현황(지특법 §78 ④ 2호 가목)▎

2016년까지	2017~2019(2016.12.27.)	2020년 이후
가. 산업용 건축물등을 건축하려는 자가 취득하는 부동산	가. 산업용 건축물등을 신축 또는 증축하여 취득하는 부동산(신축 또는 증축한 부분에 해당하는 부속토지 포함)	가. 산업용 건축물 등을 신축하기 위하여 취득하는 토지와 신축 또는 증축하여 취득하는 산업용 건축물 등

※ 2020.1.15. 해당 규정 개정으로 부속토지의 감면 범위 변경 : 산업용 건축물등을 신축하기 위해 취득하는 토지는 감면하고, 산업용 건축물등을, 증축한 경우에는 부속토지는 감면 대상에서 제외함

(4) 사용 중인 공장을 취득하여 멸실하고 새로운 공장 신축 : 멸실된 공장 감면 제외, 부속토지 및 신축 건축물 전체 감면

산업단지에서 기존 건축물을 멸실한 다음 그 토지 지상에 공장을 신축하게 되면, 신축 건축물과 부속토지에 대해서는 [사례1]과 동일하게 감면이 가능하다. 다만, 철거한 공장건축물은 해당 입주기업이 사업에 직접 활용한 것으로 볼 수 없으므로 감면 대상에서 제외된다(지방세특례제도과–598, 2017.4.6.).

(5) 임차한 토지에 공장을 신축한 입주기업이, 임차기간(10년) 만료 후 토지를 취득하는 경우 : 토지 감면 → 토지 감면 제외로 변경

토지를 임차하여 해당 토지 위에 산업용 건축물 등을 신축하여 사업을 영위하다가 임차기간이 종료하여 임차했던 부속토지만을 산업단지 시행자로부터 취득하는 경우에 해당 부속토지를 '산업용 건축물을 신증축하여 취득하는 부동산'으로 볼 수 있을지에 대한 쟁점이다.

2016년까지는 산업용 건축물을 신증축한 자가 건축물 신증축 후 사후에 토지를 취득하는 경우라도 감면 대상인 것으로 보았다.

즉 감면 적용의 판단 기준으로서 산업용 건축물을 신축 또는 증축하는지가 중요하게 고려되었

다. 공장을 신축하고 사후에 토지를 취득하였다 하더라도 그 토지를 취득한 목적은 산업용 건축물을 신축하기 위한 것이 명확하므로 감면 대상으로 보았던 것이다.

- 토지를 취득하기 전에 건축물을 증축하였다 하더라도 기존 건축물 및 증축한 건축물의 부속토지는 산업용 건축물 등을 건축하려는 자가 취득하는 부동산에 해당됨(지방세특례제도과-915 2015.4.1.).
- 매매계약의 약정에 따라 산업용 건축물을 먼저 신축하고, 그 산업용 건축물을 담보로 대출을 받아 그 산업용 건축물 등의 부속토지(공장용지)를 취득하는 경우에 산업용 건축물을 신축하고자 하는 자의 취득으로 보아 지방세 감면 대상에 해당됨(지방세운영과-1785, 2010.4.29.).
- 산업단지 조성공사 중 임시사용승인으로 공장설립 초기 일부 건축물을 먼저 취득하고 공유수면 부지조성공사 완료 후에 토지를 최초로 분양받는 경우, 토지와 건축물의 취득 전·후에 차이가 있을 뿐 산업용 건축물 등을 신축하거나 증축하고자 하는 자가 취득하는 부동산에 해당됨(지방세운영과-761, 2008.8.28.).

이러한 취지로, 시행자로부터 토지를 임차하여 공장용 건축물을 신축·증축한 자로부터 그 공장용 건축물을 승계취득한 제3자가 시행자로부터 부속토지를 분양받을 때에는 감면에서 제외하였다. 토지를 취득한 제3자는 공장을 신축하거나 증축하는 행위가 없었기 때문에 토지에 대한 감면을 배제하는 것이다. 이처럼 공장을 신축·증축한 사실여부는 부속토지의 감면을 결정하는 전제가 되어 온 것을 알 수 있다.

기 업

- 산업단지관리공단으로부터 공장용지를 임차하여 공장용 건축물을 신축·증축한 자가 최초로 공장용지를 분양받는 경우라면 지방세 감면 대상이 되는 것이나, 산업단지관리공단으로부터 공장용지를 임차하여 공장용 건축물을 신축·증축한 자로부터 다시 그 공장용 건축물을 승계취득한 제3자가 공장용지를 분양받는 경우에는 감면 제외(세정팀 13407-724 2001.6.27.).

그러나 2016년 말 지방세특례제한법이 개정되면서, 산업단지 입주기업의 감면 대상이 현행과 같은 '산업용 건축물을 신증축하여 취득하는 부동산'으로 개정되었고, 대법원 판례에서도 이미 산업용 건축물이 존재하는 토지를 사후에 취득하는 경우는 감면 대상에서 제외하는 것으로 보고 있어서, 임차한 토지에 공장을 신축하고, 추후에 토지를 취득하는 경우는 감면에서 제외되는 것으로 보고 있다.

- 원고가 쟁점 토지를 임차하고, 소유자인 한국토지주택공사로부터 사용승낙을 받아 쟁점 토지 지상에 공장용 건축물을 신축하여 사용하여 오다가 신축한 지 약 4년 3개월이 지난 시점에서야 쟁점 토지를 매수하였는 바, 원고는 공장용 건축물이 이미 건축되어 있는 쟁점 토지를 매수한 것이라 할 것이어서, 쟁점 토지의 취득 시점을 기준으로 보면 쟁점 토지는 산업용 건축물 등을 건축하려는 자가 취득하는 부동산에 해당한다고 보기 어려움(대법원 2018두33968, 2018.5.15.).

쟁점 016 기업부설연구소도 산업용 건축물로 감면 대상일까?

> **지방세특례제한법시행령 제38조【산업용 건축물 등의 범위】→ 같은 영 제29조 제1항**
> 3. 공장·지식산업·문화산업·정보통신산업·자원비축시설용 건축물과 이와 직접 관련된 교육·연구·정보처리·유통시설용 건축물

산업단지 입주기업 감면이 적용되는 건축물은 공장 등 산업용 건축물이어야 한다. 지방세특례제한법시행령 제38조에서는 "공장·지식산업 건축물"과 "이와 직접 관련된 연구시설" 등을 산업용 건축물로 규정하고 있다. 즉 공장 및 지식산업 용도의 건축물은 단독으로 감면 대상이 되고, 연구시설 등은 공장이 존재하고 그와 관련되어 설치하는 연구시설인 경우에 감면 대상에 해당된다.

(1) 기업부설연구소는 지식산업 관련 산업용 건축물에 해당

기업부설연구소가 산업용 건축물에 해당되는지에 대해서는 '지식산업' 또는 '연구시설'로 볼 것인지가 쟁점이다. 즉 지식산업에 해당될 경우 공장의 설립 여부와 상관없이 감면에 해당되나, 연구시설로 볼 경우 공장의 설치가 전제되어야 한다.

지식산업이란 "컴퓨터소프트웨어개발업, 연구개발업 등 전문분야의 지식을 기반으로 창의적 정신활동에 의하여 고부가가치의 지식서비스를 창출하는 산업(산업입지법 §2)을 말한다. '연구개발업'은 한국표준산업분류표상 '전문 과학 및 기술서비스업'에 속하는데, '전문 과학 및 기술서비스업'은 다른 사업체를 위하여 업무계약에 의해 수행하는 것과 동일 기업 내의 다른 사업체를 통해서 수행하는 것을 모두 포함한다. 따라서 과기부장관이 일정한 요건을 갖춘 경우 연구시설로 지정한 기업부설연구소는 연구개발업 및 나아가 지식산업에 속하는 것으로 보아야 한다.

☑ 지식산업에 속하는 연구개발업은 고부가가치의 지식서비스를 창출하는 산업으로 독자적으로 수행하는 기업과 동일기업 내에 다른 사업체에서 전문, 과학 및 기술서비스를 수행할 수 있다는 모든 경우를 포함하고 있다는 점을 감안할 때 산업단지 내에 연구개발업에 속하는 기업부설연구소를 신축하여 실용적 목적으로 연구하는 응용연구, 제품의 공정개발을 위한 실험개발 등 연구 활동용도로 사용하고 있는 경우라면 '산업용 건축물 등'으로 보는 것이 타당함(지방세특례제도과-797, 2017.9.19.).

(2) 공장이 없는 물품 보관·판매용 '유통시설'은 산업용 건축물 범위에서 제외

> **지방세특례제한법시행령 제38조【산업용 건축물 등의 범위】→ 같은 영 제29조 제1항**
> 3. 공장·지식산업·문화산업·정보통신산업·자원비축시설용 건축물과 이와 직접 관련된 교육·연구·정보처리·유통시설용 건축물
> 6. 폐기물 수집운반·처리 및 원료재생업, 폐수처리업, 창고업·화물터미널·그 밖의 물류시설을 설치운영하는 사업, 운송업(여객운송 제외), 산업용기계장비 임대업, 농공단지에 입주하는 지역특화산업용 건축물

산업단지 입주기업은 산업용 건축물을 신축 또는 증축하여야만 감면 대상이 된다. 그중 '유통시설용 건축물'의 경우는 공장과 직접 관련된 경우에만 산업용 건축물 등에 포함된다고 규정(지특령 §38)하고 있어서, 제조업자가 산업단지 내에 공장을 설치하지 않고 유통시설용 건축물만을 신축한 경우 유통시설 자체를 독립적으로 감면 대상으로 보지 않는다.

또한 산업단지가 아닌 지역에서 공장을 설치하고 해당 공장에서 생산한 물품을 보관·판매하기 위하여 산업단지 내에 창고시설 및 유통시설을 신축한 경우에도 공장과 직접 관련되어 있지 않으므로 산업용 건축물 등으로 볼 수 없다는 것이 과세기관의 일관된 입장이다.

- 동일한 소유주인 ㅇㅇ정공(주) 공장의 제품을 보관·판매하는 창고라 하더라도, 당해 산업단지가 아닌 타지역 공장에서 생산된 제품만을 단순 보관·판매하기 위한 창고로 사용되는 경우 산업단지 내의 공장과 직접 관련된 부대시설로 설치한 '유통시설용 건축물'이라고 할 수 없음(지방세특례제도과-104, 2017.3.7.).
- 산업단지에서 볼트 생산 목적으로 공장을 신축하였으나, 당해 산업단지 내 공장이 아닌 타지역 공장(같은 회사)에서 생산한 제품(볼트)을 보관하는 창고용으로만 사용하는 경우, (구)지방세법(이하 '지방세법'이라 함) 제276조 제1항 및 그 시행령 제224조의 2조에 따른 취득·등록세 감면 대상인 산업단지 내 "산업용 건축물"의 하나인 '유통시설용 건축물'로 볼 수 없어 감면 대상에 해당되지 않음(지방세운영과-4022, 2011.8.26.).
- 산업단지 내 토지를 취득하여 건축물을 건축한 후 당해 건축물에서 산업단지 내 입주업체 등 불특정다수인을 대상으로 산업용 자재와 각종 소모품 및 생활용품을 공급·판매하는 사업을 영위하고 있다면, 이는 당해 산업단지 내 공장·지식산업 등 이와 직접 관련된 유통시설용 건축물에 해당된다고 볼 수 없음(세정팀-4916, 2006.10.10.).

기 업

이처럼 창고시설을 유통시설로 볼 경우에는 공장의 설치가 있어야 감면 대상에 해당된다는 과세기관의 입장과 달리 조세심판례에서는 이러한 창고 등 판매시설을 유통시설이 아닌 물류시설에 해당된다고 보고 있다. 즉 창고시설은 지방세특례제한법시행령 제29조 제6호에서 규정하고 있는 물류시설에 해당되므로 공장의 설치와 무관하게 그 자체로 산업용 건축물 등에 해당된다고 보는 것이다. 아래에서 자세히 살펴본다.

(3) 제조시설 없는 자사제품 보관·운송용 창고도 산업용 건축물에 해당

지방세특례제한법시행령 제38조【산업용 건축물 등의 범위】→ 같은 영 제29조

6. 산업집적활성화 및 공장설립에 관한 법률 시행령 제6조 제5항 제1호부터 제5호까지, 제7호 및 제8호에 해당하는 산업용 건축물

산업집적법시행령 제6조【산업단지의 입주자격】제5항

3. '창고업, 화물터미널, 그 밖에 물류시설을 설치·운영하는 사업'

종전 사례(2)에서 창고시설은 유통시설로 보아서 감면 대상에서 제외하였으나, 산업단지 내에 자사제품 관리를 위한 물류시설(창고)를 신축한 경우 이를 '물류시설을 설치·운영하는 사업용 건축물'로 볼 것인지에 대해서는 유권해석과 조세심판례의 입장이 대립하고 있다.

유권해석의 경우 인터넷으로 제조한 물품을 판매하는 법인이 자사제품의 관리를 위한 물류용 건축물을 설치하였다 하더라도 관계법령에 따라 물류사업허가를 받고 해당사업에 사용하는 시설로 보기는 어렵다고 보고 있다. 즉 '물류시설을 설치·운영하는 사업'은 화주로부터 댓가를 받고 물류시설을 설치하거나 그 시설을 운영하는 것을 말하므로, 유상성을 가지고 사업을 영위하기 위한 시설에 해당되어야 감면 대상이 된다는 것이다. 따라서 자가물류시설은 물품 보관을 위한 창고 등의 물류시설에는 해당될 수 있으나 물류사업을 위한 시설로 보고 있지 않다.

- 제품을 제조하여 인터넷으로 판매하는 법인이 산업단지 내 물류시설부지에 물류센터를 신축하여 물류시설로 사용한다고 하더라도 자사제품의 판매를 위한 창고시설로서 자가물류시설로 사용하는 경우라면 '물류사업'의 요건인 유상성(有償性)이 없다고 판단되므로 산업용 건축물 등의 범위에 포함되는 물류시설에 해당하지 않으므로 지방세특례제한법 제78조 제4항을 적용받을 수 없음(지방세특례제도과-104, 2017.3.7.).

조세심판례는 종전에는 과세기관과 동일하게 위의 시설에 대해 감면 대상에서 제외하는 입장이었으나 최근에는 창고시설인 자가물류시설을 감면 대상으로 보고 있다. 엄격해석의 원칙에서 볼 때 지방세특례제한법시행령 제38조에서는 '그 밖의 물류시설'로만 규정할 뿐 물류정책기본법 제2조 제1항 제2호에 따른 물류사업(화주(貨主)의 수요에 따라 유상(有償)으로 물류활동을 영위하는 것을 업(業)으로 하는 것)으로 명확히 그 근거를 제시하고 있지 않으므로 '그 밖의 물류시설'은 물류정책기본법에 따른 물류사업과는 다르고, 자신의 물품을 보관하는 창고의 경우도 물류정책기본법에 따른 물류사업에는 해당되지 않으나 물류시설에는 해당되므로 감면 대상에 해당된다고 보았다.

〈창고업을 감면으로 보지 않는 사례〉

- 창고업을 '수수료 또는 계약에 의하여 타인 또는 타 사업체의 가구, 자동차, 목재, 가스 및 석유 및 농산물 등 각종 물품의 보관설비를 운영하는 산업 활동'으로 정의하므로 자신의 물품을 보관하는 경우는 창고업을 운영하는 것이 아님(조심 2008지196, 2008.7.2.).

〈창고시설을 물류시설 즉 감면 대상으로 보는 사례〉

- 산업용 건축물에는 '그 밖의 물류시설을 설치 및 운영하는 사업용 건축물'이 해당되고, 물류정책기본법 제2조 제1항 제4호에서 물류시설은 화물의 운송·보관·하역을 위한 시설로 규정하고 있으므로, 타 지역에서 생산된 자사 및 위탁 제조업체의 제품을 운송·보관·하역하는 부품창고도 산업용 건축물에 해당됨(조심 2016지1021, 2017.10.17.).
- 지방세특례제한법시행령 제38조에 따른 '그 밖의 물류시설'은 물류정책기본법에 따른 물류사업 즉 화주로부터 대가를 받고 유상으로 물류활동을 영위하는 사업과 다른 업종이라고 보아야 하고, '화물 운송 및 보관시설 등'을 말하는 것이므로 물류사업을 하지 않는 자가 소유하는 화물 운송·보관용 시설도 포함되고 여기에는 자기소유 제품의 운송보관을 위한 물류시설도 당연히 포함됨(조심 2015지1951, 2017.6.26.).

대법원 판례 중 지방세특례제한법 제71조 물류단지에 대한 감면과 관련하여 '자가물류시설'을 '물류사업'에 포함된다고 판시한 사례가 있다. 산업단지에 대한 직접적 사건례는 아니지만, 이로 인해 자가물류시설을 설치·운영하는 사업도 지방세특례제한법시행령 제38조의 '그 밖에 물류시설을 설치·운영하는 사업'으로 볼 개연성이 많아진 것이다.

지방세특례제한법에서는 '물류사업'에 대한 정의 규정을 두고 있지 않으므로 물류사업에 대한 개념은 관련 법에 따라야 하고, 물류정책기본법에서는 '제3자물류'에 대해 '화주가 그와 특수관계에 있지 아니한 물류기업에 물류활동의 일부 또는 전부를 위탁하는 것'으로 규정한 것으로 볼 때, 화주기업이 자기 자산을 이용하여 자신의 물류업무를 수행하는 자가물류도 물류사업에서 배제하려는 것으로 보이지 않으며, 따라서 자가물류도 물류사업에 포함된다(대법원 2017두45414, 2017.9.14.).

지방세특례제한법의 입법취지는 단순한 물류시설을 설치하는 경우가 아닌 '물류시설을 설치·운영하는 사업'을 지원하기 위한 것이므로 물류사업 즉 유상성이 있는지가 중요한 판단의 기준이 된다. 반면 조세심판례에서는 지방세특례제한법을 해석할 때 엄격해석의 원칙에 따라 물류정책기본법 상 물류사업의 정의를 인용할 수 없다고 하면서 유상성에 대한 판단을 배제하고 있다.

그러나 지방세특례제한법 상 별도 규정이 없는 경우 물류정책기본법 상 물류사업의 개념을 따라야 한다는 판례의 입장이 더 타당해 보인다. 다만 물류정책기본법에서도 자가물류에 대한 개념을 규정하고 있지 않음에도 '제3자 물류'만을 규정하고 있다는 이유로 자가물류도 물류사업에 포함한다고 하는 입장은 아쉬운 점이 있다.

또한 창고시설을 과거 유통시설로만 접근하던 시각에서는 대립된 의견이 발생하지 않았으나, 해당 시설을 물류시설로 보는 새로운 시각이 대두되고 있는 상황에서는 지방세특례제한법시행령 제38조의 '그 밖에 물류시설을 설치·운영하는 사업'을 물류정책기본법 제2조 제1항 제2호에 따른 물류사업을 위한 시설인 경우로 명확화하는 개정이 필요해 보인다.

기 업

(4) 산업단지에 에너지를 공급하기 위해 산업단지 밖에 설치한 열수송관 : 산업단지 구역 내에 있는 시설만 산업용 건축물로 인정

지방세특례제한법시행령 【감면 대상지역】 제78조 제4항 제1호
가. 「산업입지 및 개발에 관한 법률」에 따라 지정된 산업단지
나. 「산업집적활성화 및 공장설립에 관한 법률」에 따른 유치지역
다. 「산업기술단지 지원에 관한 특례법」에 따라 조성된 산업기술단지

지방세특례제한법시행령 제38조 【산업용 건축물 등의 범위】→ 같은 영 제29조
5. 「집단에너지사업법」 제2조 제6호에 따른 공급시설용 건축물

에너지공급시설은 지방세법 제6조 제4호에 따른 건축물에 해당되고 취득세 과세 대상이다. 이러한 집단에너지공급을 위한 시설은 지방세특례제한법 상 산업용 건축물 범위에 포함되어 취득세를 감면하도록 하고 있으나, 그 시설이 산업단지 밖에 있는 경우 감면 대상으로 볼 수 있는지에 대한 쟁점이다.

> **취득세 과세 대상인 "건축물"**(지법 §6)
>
> 4. 건축법 제2조 제1항 제2호에 따른 건축물과 토지에 정착하거나 지하 또는 다른 구조물에 설치하는 레저시설, 저장시설, 도크(dock)시설, 접안시설, 도관시설, 급수·배수시설, 에너지 공급시설 및 그 밖에 이와 유사한 시설

산업단지 외의 공유수면 해저에 열수송관을 설치한 경우 이를 산업단지에 대한 취득세 등 감면 대상으로 볼 것인지와 관련하여 유권해석 및 조세심판례의 입장이 동일하다. 즉 감면 대상 지역을 산업단지 내로 규정하고 있으므로 산업단지 내에 에너지를 공급하기 위한 에너지 열송수관이라 하더라도 감면 대상 지역을 벗어나 설치된 시설은 감면 대상으로 볼 수 없다는 것이다.

- 산업입지법 제2조 제8호에서 산업단지를 '산업시설 등을 집단적으로 설치하기 위하여 포괄적 계획에 따라 지정·개발하는 일단의 토지'라고 규정하고 있는 바, 산업단지로 지정된 경계에서 벗어난 공유수면을 산업단지로 볼 수 없고, 구조물이 산업단지와 연접하여 있고 단지 내의 생산설비와 연계하여 이용된다 하더라도 경계를 벗어나 공유수면에 위치하고 있다면 산업단지에 대한 감면 대상이 아님(조심 2016지0648, 2017.10.16.).
- 지방세특례제한법 제78조의 취지는 조성공사가 끝난 산업단지 안에서 산업용 건축물을 신축 또는 증축하여 취득하는 경우를 지원하려는 것이고 또한 같은 조 제4항에서는 "산업단지에서"라고 감면 대상 지역을 명시하고 있으므로 지방세 감면 대상은 산업단지 안에서 취득하는 건축물로 한정함(지방세특례제도과-1350, 2015.5.18.).

쟁점 017 공장 부속토지의 감면 범위 및 기준

> **지방세특례제한법 시행규칙 제6조【산업단지 등 입주 공장의 범위】**
> 공장의 범위는 「지방세법 시행규칙」 별표 2에서 규정하는 업종의 공장으로서 생산설비를 갖춘 건축물의 연면적이 200제곱미터 이상인 것을 말한다. 이 경우 건축물의 연면적에는 그 제조시설을 지원하기 위하여 공장 경계구역 안에 설치되는 종업원의 후생복지시설 등 각종 부대시설(수익사업용으로 사용되는 부분은 제외한다)을 포함한다.

지방세특례제한법 제46조 제1항에서는 기업부설연구소용으로 직접 사용하기 위하여 취득하는 부동산의 경우는 건축물 바닥면적의 7배 이내까지 부속토지를 감면하도록 규정하고 있다. 반면 산업단지의 경우는 공장용 건축물의 부속토지에 대해 감면 범위가 구체적으로 규정되어 있지 않으므로 공장의 부속토지에 대해 감면을 적용할 때 과세기관에서는 사업 용도에 직접 사용하는지에 대한 사실관계 여부를 조사하여 감면여부를 결정하고 있다.

제조업을 영위하는 입주기업이 산업단지 내 연접한 두 개의 토지를 한 건의 계약으로 취득하였고, 하나의 토지에는 공장을 신축하였으며, 나머지 토지에는 산업용 건축물을 신축하지 않고 주차장·직원 체육시설 등으로 사용하는 경우, 그 산업용 건축물을 신축하지 않은 토지를 공장의 부속토지로 볼 수 있는지에 대한 문제이다.

(1) 공장경계구역 내 토지 : 종업원 후생복지시설용 토지는 공장에 포함

공장 경계구역 안에 설치되는 종업원의 후생복지시설 등 각종 부대시설은 공장의 연면적으로 보는 것에 이견이 없다. 즉 공장 경계구역 안에 설치되는 종업원의 후생복지시설 등 각종 부대시설은 공장의 면적에 포함하도록 규정(지특칙 §6)하고 있기 때문이다.

따라서 공장의 경계구역 내 토지로서 종업원의 후생복지시설 등의 부속토지로 이용되거나 주차장으로 이용되는 토지라면 해당 토지는 공장의 일부로 보아서 감면 대상으로 포함한다. 다만 그 시설이 타 업체에 임대한 시설이거나, 수익사업으로 사용되는 경우라면 제외한다.

(2) 공장경계구역 외 토지 : 이용 현황에 따라 감면 여부 결정

공장경계구역 밖에 있는 토지는 해당 토지의 이용 현황에 따라 감면 여부가 달라진다. 즉 과세기관에서 사용 현황에 대한 사실조사 및 종합적인 판단이 필요하다. 해당 토지가 감면 대상인지를 판단하기 위해서는 공장 등 산업용 건축물과의 지리적 연접성, 산업용 건축물과 토지 기능의 연관성, 건축 과정 여부, 토지 취득 목적 및 실제 토지 사용 현황 등을 종합적으로 고려하여 결정해야 한다.

따라서 종업원의 후생복지시설, 야적장, 체육시설 및 주차장 등 각종 부대시설이 공장경계구역 외에 있고 해당 용도로 사용되는 토지라면 감면 대상에 포함된다.

또한 하천 등으로 경계구역이 구분되어 공장 등 산업용 건축물과의 지리적 연접성이 떨어진다 하더라도 1구의 공장용지로 볼 것인지에 대해서는 실제 사용현황을 고려하여 좀 더 판단해 볼 필요가 있다. 즉 주차장, 직원의 체육시설, 야적장 등으로 사용되는 토지가 교량 등으로 연결되어 그 공장시설과 유기적으로 관련되어 있다거나, 지리적으로 근접하여 사용가능한 거리에 있는지, 실제 종업원들의 후생복지용도로 사용되고 있는지 등을 종합적으로 고려하여 판단하여야 하겠다.

지상정착물의 부속토지란 지상정착물의 효용과 편익을 위해 사용되고 있는 토지를 말하며, 부속 토지인지 여부는 필지 수나 공부상의 기재와 관계없이 토지의 이용 현황에 따라 객관적으로 결정하여야 할 것이므로(대법원 1995.11.21. 선고 95누3312 판결 참조) 산업용 건축물(공장) 부속토지는 해당 건축물의 효용과 편익을 위해 직접 사용되고 있는 여부에 따라 판단해야함(지방세특례제도과-1961, 2015.7.24.).

(3) 공장입지기준면적 범위 내인 토지 중 일부에만 산업용 건축물 신축 : 산업용 건축물 용도대로 미사용되는 일부 토지는 감면 제외

산업단지 시행자로부터 토지를 분양받아 전체 토지에 대해 취득세를 감면받았으나, 일부 토지에는 산업용 건축물을 신축하고 일부 토지에는 산업용 건축물을 신축하지 못하고 해당 용도대로 사용하지 않고 있는 경우, 일부 미사용 토지 부분에 대해 감면한 취득세를 추징할 수 있는지의 문제이다.

일부 미사용 토지도 하나의 부속토지 중 일부이고, 공장입지기준면적 범위 내의 토지이므로 일부 산업용 건축물의 용도대로 미사용되는 토지를 포함하여 전체 토지를 하나의 부속토지로 보아야 하므로 전체 부속토지에 대해 동일하게 감면을 적용해야 한다는 의견이 제기된 것이다.

이에 대해 유권해석은 일관되게 미사용 부분에 대해 추징해야 한다는 입장이다.

산업단지에 대한 지방세 감면 규정이 적용된 토지 전체가 지방세법시행령 제102조 제1항 제1호에 따라 분리과세 대상 토지에 해당되는 공장입지기준면적의 범위 이내에 있다 하더라도 그 토지 중 일부를 유예기간 이내에 산업용 건축물 등을 신축 또는 증축하는 데 사용하지 아니하는 경우에는 해당 토지에 대해 감면된 취득세 등을 추징하여야 함(지방세특례제도과-1848, 2019.5.14.).

쟁점 018 경제자유구역법에서 산업단지로 의제된 경우 지방세 감면 대상인 산업단지로 볼 수 있는지?

> **지방세특례제한법 제78조【산업단지 등에 대한 감면】제4항**
>
> ④ 제1항에 따른 사업시행자 외의 자가 제1호 각 목의 지역에서 취득하는 부동산에 대해서는 제2호 각 목에서 정하는 바에 따라 지방세를 경감한다.
>
> 1. 대상 지역
>
> 가. 「산업입지 및 개발에 관한 법률」에 따라 지정된 산업단지
>
> 나. 「산업집적활성화 및 공장설립에 관한 법률」에 따른 유치지역
>
> 다. 「산업기술단지 지원에 관한 특례법」에 따라 조성된 산업기술단지

지방세특례제한법 제78조 제4항에서는 산업단지 입주기업이 감면을 받을 수 있는 대상지역으로 산업단지, 산업단지 유치지역 그리고 산업기술단지를 규정하고 있다.

산업단지 재생사업지구는 산업입지및개발에관한법률 제39조의 2, 제39조의 3에 따라 산업기능의 활성화를 위하여 산업단지 또는 공업단지 및 그 주변 지역에 지정·고시되는 지구를 말하는데 법에서 감면 대상 지역으로 열거하고 있지 않다.

산업입지및개발에관한법률 제39조의 2는 재생사업지구의 지정에 관하여, 같은 법 제39조의 3에서는 재생사업지구 지정의 고시에 관하여 각각 규정하고 있다.

산업입지및개발에관한법률 제39조의 9 제1항은 재생사업을 시행하려는 자는 재생시행계획을 수립하여 재생사업지구 지정권자의 승인을 받아야 한다고 규정하고 있으며, 같은 법 제39조의 11 제1항에서는 산업입지및개발에관한법률 제39조의 2, 제39조의 3에 따라 재생사업지구가 지정·고시된 때에는 산업입지및개발에관한법률 제6조, 제7조, 제7조의 2부터 제7조의 4까지 및 제8조에 따라 산업단지가 지정·고시된 것으로 본다고 규정하고 있다.

이처럼 감면 대상지역으로 열거되어 있지는 않으나, 다른 법률 등에 따라 감면 대상 지역인 산업단지로 의제되는 경우 감면 대상으로 볼 수 있을지에 대한 쟁점이 발생할 수 있다.

조세법률주의의 원칙상 조세법규의 해석은 특별한 사정이 없는 한 법문대로 해석하여야 하고 합리적 이유 없이 확장해석하거나 유추해석하는 것은 허용되지 아니하지만, 법규 상호 간의 해석을 통하여 그 의미를 명백히 할 필요가 있는 경우에는 조세법률주의가 지향하는 법적 안정성 및 예측가능성을 해치지 아니하는 범위에서 입법 취지 등을 고려한 합목적적 해석을 하는 것은 불가피하다(대법원 2008.2.15. 선고 2007두4438 판결, 대법원 2014.1.29. 선고 2011두17295 판결 등 참조)고 할 수도 있기 때문이다.

기 업

판례에서는 감면 요건을 엄격하게 해석하고 있다. 즉 재생사업지구로 지정·고시되었지만 '재생사업계획'과 '지정권자의 승인'을 받지 못한 상태에서는 공장을 신축하기 위해 부동산을 취득하였더라도, 그에 대한 취득세나 재산세는 감면 대상이 아닌 것으로 판시하고 있다.

입법취지 및 법률해석의 원칙에 비추어 보면, 위 규정에 따라 지방세가 경감되는 부동산은 산업단지 개발사업의 시행자가 '산업단지 개발실시계획'을 거쳐 '지정권자의 승인'을 받아 '이미 산업단지로 조성된 토지'에서 취득하는 부동산을 의미하는 것으로 보아야 하고, 이러한 취지는 산업입지법 제39조의 11 제1항에 의하여 재생사업지구로 지정·고시되어 산업단지가 지정·고시된 것으로 의제되는 경우에도 마찬가지라고 할 것이다. 그렇다면 재생사업지구로 지정·고시되었지만 '재생사업계획'과 '지정권자의 승인'을 받지 못한 상태에서는 원고와 같이 공장을 신축하기 위해 부동산을 취득하였더라도, 그에 대한 취득세나 재산세가 감면된다고 할 수 없음(대법원 2017두33138, 2017.5.12.).

쟁점 019 공장 신축 전 토지를 6개월간 야적장으로 임대해도 추징?

> **지방세특례제한법 제78조 【산업단지 등에 대한 감면】 제5항**
>
> ⑤ 다음 각 호의 어느 하나에 해당하는 경우 감면된 취득세 및 재산세를 추징한다.
>
> 1. 정당한 사유 없이 그 취득일부터 3년이 경과할 때까지 해당 용도로 직접 사용하지 아니하는 경우
> 2. 해당 용도로 직접 사용한 기간이 2년 미만인 상태에서 매각·증여하거나 다른 용도로 사용하는 경우

(1) 공장 신축 전 토지를 임대하는 것은 2년 이상 직접 사용하지 않고 다른 용도로 사용한 것에 해당 : 추징 대상

입주기업이 공장 신축 전에 인근 제조업자에게 토지를 6개월간 유상 임대한 경우, 해당 입주기업이 감면받은 취득세 등을 추징할 수 있는지에 대한 것이다.

조세심판례에서는 지방세특례제한법 제78조 제5항 각 호 사유를 유기적으로 해석하여, 해당 조항의 '제1호'는 토지를 취득하여 공장을 신축하기 전까지의 추징 사유를 규정하고, '제2호'는 산업용 건축물을 신축하여 직접 사용하기 시작한 이후의 추징 사유를 규정한 것으로 해석하므로, 산업용 건축물을 토지 취득 후 3년 이내에 신축하게 되면 감면한 지방세를 추징을 할 수 없다고 보고 있다.

그러나 과세기관에서는 이와 달리, 해당 추징 규정 '제1호'에서 3년이라는 유예기간을 인정하는 것은 산업용 건축물을 신·증축하는 데 걸리는 기간 등을 고려한 것으로, 다른 용도로의 사용을 허용한 취지가 아니며, 또한 당초 감면받기 위한 용도로 2년 이상 직접 사용하지 않은 상태에서는 다른 용도로의 사용이 허용되지 않는 것으로 보고 있다. 따라서 3년 이내에 정상적으로 산업용 건축물을 신축하더라도, 신축 전에 해당 토지를 임대하는 것은 '2년 이상 해당 사업에 직접 사용하지 않은 상태에서 다른 용도로 사용 한 경우'(지특법 §78 ⑤ 2호)에 해당되어 추징 대상이 된다는 입장이다.

☑ 쟁점부동산을 직접 사용한 기간이 2년 미만인 상태에서 다른 용도(임대)로 사용하였다고 할 것이므로 청구법인이 쟁점부동산을 사실상 직접 사용하고 있는 것으로 보아야 한다는 청구주장은 받아들이기 어렵다고 판단됨(조심 2017지1096, 2018.3.29.).

(2) 산업용 건축물 신축의 공사개시 판단 : 굴착이나 축조 등의 개시

산업단지 입주기업이 당초 산업용 건축물을 신증축하기 위하여 취득한 토지에 대해 지방세를 감면받고, 그 토지 취득일부터 3년이 경과할 때까지 해당 용도로 직접 사용하지 아니하는 경우 감면 세액을 추징받게 된다.

산업용 건축물을 신축하는 사업에 직접 사용했다는 판단은 어떻게 할까?

기 업

일반적으로 산업용 건축물 신축사업을 착공하는 것을 공사의 개시로 보고 있으나, 판례에서는 기존 건물이나 시설 등의 철거, 벌목이나 수목 식재, 신축 건물의 부지 조성, 울타리 가설이나 진입로 개설 등 건물 신축의 준비행위를 공사의 개시로 보지 않으며, 굴착 및 축조 등의 신축 공사가 시작되어야 공사에 착수되었다고 보고 있다.

- 건물의 신축 공사에 착수하였다고 보려면 특별한 사정이 없는 한 신축하려는 건물에 관한 굴착이나 축조 등의 공사를 개시하여야 하므로, 기존 건물이나 시설 등의 철거, 벌목이나 수목 식재, 신축 건물의 부지 조성, 울타리 가설이나 진입로 개설 등 건물 신축의 준비행위에 해당하는 작업이나 공사를 개시한 것만으로는 공사 착수가 있었다고 할 수 없음(대법원 2018두35049, 2018.5.15.).

(3) 감면받은 개인사업자가 2년 이내 법인으로 전환(현물출자) : 추징 대상

개인사업자가 지방세특례제한법 제78조 제4항에 따른 감면을 적용받고, 같은 조 제5항 제1호에서 정하는 2년 기간 이내에 법인으로 전환(사업양도·양수)한 경우 추징할 수 있는지 여부이다.

유권해석의 경우 일관되게 추징 대상으로 보고 있다. 개인사업자와 법인은 별개의 권리주체로서 해당 부동산을 소유하게 되는 것이고, 더 이상 감면받은 개인사업자가 해당 부동산의 소유자로서의 지위에서 그 부동산을 직접 사용할 수 없으므로 추징 대상이라고 본다. 개인사업자가 현물을 출자하여 법인으로 전환한 경우도 동일하다.

> **지방세특례제한법 제2조【정의】**
> 8. "직접 사용"이란 부동산·차량·건설기계·선박·항공기 등의 소유자가 해당 부동산·차량·건설기계·선박·항공기 등을 사업 또는 업무의 목적이나 용도에 맞게 사용하는 것

- 당초 분양계약자가 유예기간(2년) 내에 공동대표를 추가하여 법인을 공동소유로 분양변경 계약 체결한 것은 당초 분양계약자가 일부 지분을 매각·증여한 것에 해당되고, 또한 개인사업자와 법인은 별개의 권리주체인 바, 당초 개인사업자가 취득세 감면을 받았다 하더라도 유예기간 내에 개인사업자가 법인으로 전환하여 새로운 법인을 설립하는 것은 추징 요건인 매각·증여에 해당된다 할 것이므로 추징 대상임(지방세특례제도과-2914, 2016.10.10.; 지방세특례제도과-1914, 2019.5.17.).

- 구 지방세특례제한법(2011.12.31. 법률 제11138호로 일부 개정된 것) 제78조 제5항이 신설되면서, 산업단지 입주자에 대한 추징 규정을 세분하여 각 호별로 적용되도록 개정되었고, 제2호에서 '직접 사용한 기간이 2년 미만인 상태에서 매각·증여하거나 다른 용도로 사용하는 경우'를 규정하면서 '정당한 사유'를 명시하지 않는바, 상기의 규정에서 '매각·증여'이라 함은 유상·무상을 불문하고 취득자가 아닌 타인에게 소유권이 이전되는 모든 경우를 의미, 직접 사용한 기간이 2년 미만인 상태에서 소유권을 이전하는 경우에는 정당한 사유에 관계없이 추징 대상에 해당됨(지방세특례제도과-326, 2014.12.26.).

판례 및 조세심판례도 위와 같은 취지로 산업단지 내 부동산을 취득하여 감면을 받은 후, 해당 부동산을 유예기간 내에 현물출자하여 법인을 설립한 경우 이를 매각으로 보아 기 감면한 취득세 등을 추징할 수 있다고 보고 있다. 즉 개인과 법인은 별개의 권리 주체이므로 법인으로

현물출자하여 소유권이 이전되면 직접 사용해야 하는 요건을 충족하지 못하게 되므로 감면 세액을 추징해야 한다는 입장이다.

- 현물출자는 부동산 등 출연하는 현물의 가치를 평가하여 그 대가로 주식을 교부받는 것이어서 매각과 실질에 있어서 차이가 없으므로, 현물출자도 '매각'에 포함됨(헌법재판소 2015헌바277, 2018.1.25. 전원재판부 결정 참조).
- 토지를 취득한 후 2년 이내에 현물출자한 것으로 나타나는 점, 현물출자 대가로 쟁점법인의 주식을 교부받은 것으로 나타나는 점, 일반적으로 개인사업자가 현물출자하여 법인을 설립하고 주식을 교부받으면 양자 간에는 대가관계에 있어 매각으로 볼 수 있는 점, 개인사업자와 현물출자를 받은 쟁점법인은 별개의 권리의무 주체인 점 등에 비추어 청구인이 쟁점토지를 쟁점법인에 현물출자한 것은 해당 용도로 직접 사용한 기간이 2년 미만인 상태에서 매각한 것으로 보는 것이 타당함(조심 2017지0844, 2017.11.20.).
- 개인사업자가 산업단지 내의 부동산을 취득하여 감면을 받은 후, 해당 부동산을 유예기간 내에 현물출자하여 법인을 설립한 경우 이를 매각으로 보아 기 감면한 취득세 등을 추징한 처분은 개인사업자인 청구인과 이 건 법인의 목적사업이 동일하다 하더라도 각각 별개의 권리 주체이므로 청구법인이 쟁점부동산을 직접 사용하였다고 보기 어려움(조심 2016지1182, 2017.2.27.).

아울러 판례에서는 추징 대상임의 근거로서 '매각·증여'에 대한 개념을 지방세특례제한법 추징 규정인 '직접 사용'과 결부하여 해석 및 제시하고 있어 자세히 살펴본다.

기 업

【대법원 2018두44920, 2018.9.13.】: 지방세특례제한법 상 '매각·증여'의 의미

① '매각·증여'는 소유자 지위의 변경을 가져오는 이전 행위

'직접 사용'은 취득세를 면제받은 자가 그 부동산의 소유자 또는 사실상 취득자의 지위에서 현실적으로 이를 산업용 건축물 등의 용도로 직접 사용하는 것을 의미하는데(대법원 2015.3.26. 선고 2014두43097 판결, 헌법재판소 2018.1.25. 선고 2015헌바277 전원재판부 결정 참조), 취득세를 면제받은 자가 소유권을 다른 사람에게 이전 하는 등 처분하게 되면 더 이상 '직접 사용'한다고 할 수 없으므로, 그 규정 체계와 내용상 '매각·증여'는 직접 사용을 불가능하게 하는 사유로서 소유자 지위의 변경을 가져오는 다양한 형태의 처분이 포섭될 수 있음을 전제하고 있다. 즉 '매각·증여'는 '직접 사용'과 함께 추징 요건을 구성하여 직접 사용을 불가능하게 하는 사유로서 소유자 지위의 변경을 가져오는 이전행위를 전제로 하고 있는 것이다.

② '매각'은 유상성 있는 원인(법률요건)에 의해 처분이라는 법률효과가 발생한 결과

구 지방세특례제한법 제2조 제2항 본문은 '이 법에서 사용하는 용어의 뜻은 특별한 규정이 없으면 지방세기본법과 지방세법에서 정하는 바에 따른다.'고 규정하고 있으나, '매각'의 의미에 관하여 지방세특례제한법은 물론 지방세기본법, 지방세법에도 달리 정함이 없으므로 매각의 사전적 의미, 법률적인 용례 등에 앞서 본 이 사건 각 조항의 입법취지를 종합하여 매각을 해석할 수밖에 없다. 매각의 사전적 의미는 '물건을 팔아 버린다는 것'이고, 법률적으로는 '매매 등의 법률행위나 경매 등 법률의 규정에 따른 유상성이 있는 원인(법률요건)에 의해 처분이라는 법률효과가 발생한 결과'를 의미하는 것이다.

> ③ 국유재산법에 매각과 현물출자를 구분하나, 지방세특례제한법과 규율 대상이 달라 고려 대상이 아님
>
> 국유재산법에서 매각과 현물출자를 구분하여 사용하는 용례가 있기는 하지만, 지방세특례제한법, 지방세기본법, 지방세법과는 규율의 대상과 목적을 달리하는 법률이므로, 국유재산법의 용례만으로는 위와 같은 해석에 장애가 되지 않는다.

(4) 부동산 및 영업권을 포괄 양도한 경우 : 현물출자와 동일

산업단지에 대한 감면을 적용받은 입주기업이 부동산을 현물출자하는 것 외에 영업을 출자함으로써 원고 개인사업체의 모든 권리와 의무를 포괄승계하여 이 사건 법인을 설립하였으므로, '매각'에 해당하지 않는다는 취지의 주장도 있다.

영업의 출자라 함은 일정한 영업목적에 의하여 조직화된 업체 즉 인적·물적 조직을 그 동일성을 유지하면서 일체로서 출자하는 것을 말하는 바, 영업의 양도는 아니지만 출자의 목적이 된 영업의 개념이 동일하고 법률행위에 의한 영업의 이전이라는 점에서 영업의 양도와 유사하다(대법원 96다13767, 1996.7.9.).

대법원 판례는 영업출자가 이루어진 경우라고 하더라도 상속이나 합병 등과 같이 당사자 지위의 승계가 이루어지는 것은 아니고, 출자자와 영업출자를 받은 회사가 별개의 법인격을 갖는 권리주체인 점에서는 일반적 현물출자와 동일하다고 보고 있다.

영업출자가 이루어진 경우라고 하더라도 상속이나 합병 등과 같이 당사자 지위의 승계가 이루어지는 것은 아니고, 출자자와 영업출자를 받은 회사가 별개의 법인격을 갖는 권리주체인 점에서는 일반적인 현물출자와 차이가 없으며, 영업출자의 경우에도 영업양도와 마찬가지로 출자되는 개별 재산에 관해서는 특정승계 방식에 따라 이전이 이루어지게 되므로 영업출자에 따라 현물출자가 이루어진 경우를 개별 부동산에 대해 현물출자가 이루어진 경우와 달리 볼 수 없음(대법원 2018두44920, 2018.9.13.).

영업 출자 외에도 개인사업자가 사업의 포괄 양도·양수계약을 통해 법인으로 전환하여 그 재산을 전환된 법인에게 양도한 경우에도 동일하게 추징 대상으로 보고 있다.

개인사업자인 청구인이 사업포괄양도·양수계약을 통해 법인을 설립하고 부동산의 소유권을 법인에 양도하였다 하더라도 개인과 법인은 별개의 권리주체이고, 일반적으로 개인사업자가 사업양수도를 하여 법인을 설립하면 주식을 교부받게 되어 양자는 서로 대가관계에 있는 것이므로 해당 용도로 직접 사용한 기간이 2년 미만인 상태에서 매각한 것에 해당함(조심 2018지0574, 2018.8.29.).

(5) 공장을 신축하여 2년 이내에 신탁한 경우 : 대립된 의견

신탁의 경우 감면받은 입주기업이 해당 부동산을 직접 사용했는지에 대해 유권해석과 조세심판례의 입장이 상이하게 나타나고 있다.

저자팁

"신탁"이란 위탁자와 수탁자 간의 신임관계에 기하여 위탁자가 수탁자에게 특정 재산을 이전하거나 담보권의 설정 또는 그 밖의 처분을 하고 수탁자로 하여금 "수익자"의 이익 또는 특정의 목적을 위하여 그 재산의 관리, 처분, 운용, 개발, 그 밖에 신탁 목적의 달성을 위하여 필요한 행위를 하게 하는 법률관계

위탁자를 실질적인 소유자인 것으로 보아서 위탁자가 해당 부동산을 사용한 경우는 지방세특례제한법 상 직접 사용한 것에 해당되어 추징 대상이 아니라는 의견과, 신탁한 부동산은 그 소유권이 수탁자에게 완전히 이전되는 것이므로 감면을 받은 위탁자는 해당 부동산의 소유자로서의 지위에서 해당 부동산을 2년 이상 직접 사용할 수 없으므로 추징 대상에 해당된다는 보는 의견이 대립하고 있다.

유권해석은 신탁한 경우 추징 대상으로 볼 것인지에 대해 입장이 변경되어 왔다. 최근에는 신탁회사로 소유권을 이전하게 되는 경우 당초 감면받은 위탁자에게 추징하는 것으로 보고 있다.

신탁의 목적이 자금조달 즉 담보권 설정이라 하더라도 그것이 외형상 소유권 이전의 형태로 이루어진 경우에는 대내외적으로 사용·수익·처분 권한이 신탁회사에 주어지고 소유권은 수탁자에게 완전히 귀속되므로 신탁을 하게 되면 감면받은 위탁자가 해당 부동산을 소유자의 지위에서 직접 사용할 수 없다고 보기 때문이다.

또한 매각을 단순히 매매를 의미한다고 볼 것 아니라, ① '매각·증여'는 직접 사용을 불가능하게 하는 사유로서 소유자 지위의 변경을 가져오는 이전행위를 전제로 하고 있고 ② '매각·증여'는 유상성 있는 원인(법률요건)에 의해 처분이라는 법률효과가 발생한 결과라고 보고 있으며, 그 외에도 그 감면받은 기업과 신탁회사 외에 제3의 수익자를 위해 신탁회사가 부동산을 관리·처분하는 경우를 고려하면 위탁자인 입주 기업을 지원하기 위해 조세를 경감하는 취지와 더욱 배치된다고 보는 것이다. 이러한 이유로 과세기관에서는 신탁행위로 부동산이 이전되는 경우 추징 사유에 해당되는 것으로 운영하고 있다.

사례번호	내 용
지방세특례제도과 – 3558, 2015.12.29.	의료법인이 출연받은 부동산을 신탁재산으로 하여 신탁계약을 체결하고 신탁등기가 이루어졌다면 고유 업무에 직접 사용되고 있다고 볼 수 없고, 추징 사유가 발생한 것으로 봄이 타당함
지방세특례제도과 – 324, 2014.12.26.	개인기업을 법인으로 전환하여 취득한 사업용 재산에 대한 취득세 등을 감면받은 후 신탁계약에 따라 사업용 재산을 신탁회사로 이전한 경우 추징 대상임
지방세운영과 – 33, 2011.1.4.	수탁자 명의로 등기·등록된 신탁재산의 경우에는 위탁자가 재산세의 납세의무자이고 수탁자는 납세관리인으로 보며 실소유권은 위탁자에게 있고 산업단지조성을 목적으로 토지를 취득한 후 원활한 사업의 진행을 위해 신탁회사와 신탁계약을 체결하고 신탁사가 산업단지조성을 계속 진행하고 있다면 추징 대상이 아님

조세심판례는 이와 달리 신탁회사로 소유권이 이전되는 경우를 추징 대상이 아니라고 결정하고 있다.

신탁법 상 신탁으로 소유권을 이전한 것은 매각·증여한 경우에 해당한다는 의견이나, 신탁법 상의 신탁행위는 재산의 사용·수익·처분의 권리를 배타적으로 양도하는 일반적인 소유권의 이전과는 다르게 볼 수 있는 점, 약정된 신탁기간이 만료되거나 그 기간 중 위탁자가 우선수익자에 대한 채무를 변제하는 등의 사유로 계약을 해지하는 때에는 신탁이 종료되어 '신탁재산의 귀속'을 원인으로 위탁자인 청구인에게 소유권이 이전(환원)되는 점, 청구인이 수탁법인으로부터 대가를 받고 쟁점부동산의 소유권을 이전하였다거나 수탁법인이 대가를 지급하여 취득하였다고 보기는 어려운 점, 청구인이 쟁점부동산의 지상에 산업용 건축물을 취득하여 사용하고 있는 점 등에 비추어 청구인이 신탁을 원인으로 수탁자에게 소유권 이전등기를 한 것을 직접 사용기간 내에 매각·증여한 경우로 볼 수 없는 바(조심 2016지432, 2017.1.5. 외 다수, 같은 뜻임),처분청이 지방세특례제한법 제78조 제5항의 추징 사유에 해당하는 것으로 보아 기 감면한 취득세 등을 추징한 처분은 잘못이 있음(조심 2017지0351, 2017.8.23.).

(6) 공장을 신축하여 2년 이내에 타 법인과 합병 : 대립된 의견

법인과의 합병으로 인해 감면받은 기업이 소멸하고 감면받은 부동산을 합병 후 존속법인으로 이전하는 경우도 위 신탁의 경우와 같이 유권해석과 심판례가 상이하다.

유권해석은 입주기업이 감면을 조건으로 부여된 의무를 이행하지 않은 상태에서 다른 법인과 합병으로 소멸하는 경우 감면액 추징 대상으로 보고 있다. 직접 사용이 부동산 소유자로서의 지위에서 해당 사업에 사용하는 것인 점과, 합병계약에 따른 부동산 이전도 소유권 이전이라고 보아 감면조건에서 정한 기간 동안 직접 사용하지 않고 소유권이 변경되었으므로 추징 대상으로 보고 있다.

심판례는 피합병법인은 자신의 권리의무를 모두 합병법인에게 이전하는 대신, 피합병법인의 주주가 합병신주 또는 합병교부금을 받게 되므로 회사의 특정 재산을 이전하는 대가를 그 회사 자신이 받는 매매계약과는 다르고, 합시에는 합병대가를 받게 되므로 증여와도 동일시할 수 없으므로 합병은 매각 또는 증여에 해당되지 않는다고 보고 있다.

합병 시 추징 사유 성립 : 대립되는 의견

유권해석(추징 사유 성립)	조세심판례(추징 사유 제외)
판례에서도 합병으로 인해 존속·신설법인이 소멸법인의 자산을 이전받는 형식 자체를 취득세의 과세대상인 '취득'으로 판단하고 있다(대법원 2010.7.8.자 2010두6007 판결 등 참조). 따라서 합병계약에 따라 그 감면 부동산을 유예기간 내에 소유권을 이전한다면 추징 대상임(지방세특례제도과-2200, 2016.8.23.)	합병은 상법 상 절차에 따라 소멸된 법인의 권리·의무를 존속하는 법인이 포괄승계하는 것으로 상대방에게 대가를 받고 물건 또는 권리 등을 이전하는 특정승계에 해당하는 매각과는 상이하다 하겠고, 합병의 대가로 피합병법인의 주주가 존속법인 주식 등을 교부받는 점에서 당사자 일방이 무상으로 재산 합병은 상법 상 절차에 따라 소멸된 법인의 권리·의무를 존속하는 법인이 포괄승계하는 것으로 상대방에게 대가를 받고 물건 또는 권리 등을 이전하는 특정승계에 해당하는 매각과는 상이하다 하겠고,
신설한 회사로 하여금 취득 당시 목적하였던 사업계획을 승계하여 공장용에 직접 사용하였다 하더라도 부동산 등에 '자산의 승계'를 통한 물적분할로 인해	

유권해석(추징 사유 성립)	조세심판례(추징 사유 제외)
감면 유예기간 이내에 소유권이 이전되었다면 당해 부동산은 취득세 추징 대상임(지방세특례제도과-1803, 2016.7.27.)	합병의 대가로 피합병법인의 주주가 존속법인 주식 등을 교부받는 점에서 당사자 일방이 무상으로 재산 등을 상대방에게 수여하는 증여와도 상이하다 할 것이므로 피합병법인이 쟁점건물을 취득하고 해당 용도로 직접 사용한 기간이 2년 미만인 상태에서 합병으로 인하여 소유권을 존속하는 청구법인에게 이전하였다 하더라도 이를 매각·증여로 보기는 어려움(조심2017지0898, 2017.10.30.; 2018지0412, 2018.7.20. 등 다수)

이처럼 과세기관과 조세심판례가 다른 이유는 '매각·증여'를 바라보는 시각이 다르기 때문이다. 앞에서 기술한 것과 같이 판례에서는 '매각'의 의미에 관하여 지방세특례제한법은 물론 지방세기본법, 지방세법에도 달리 정함이 없으므로 매각의 사전적 의미, 법률적인 용례 등에 앞서 각 조항의 입법취지를 종합하여 해석해야 한다고 판시하고 있으며, 직접 사용과 결부하여 매각·증여를 해석함으로써 '매각·증여'는 소유자 지위의 변경을 가져오는 이전 행위로 보고 있다.

반면 판례의 이러한 입장에도 불구하고, 조세심판례는 세법이 명시적으로 특별한 의미를 부여하지 않는 경우에는 특별한 사유가 없는 이상 법원이 사법 상 의미에 따라 세법을 해석하여 왔으므로, '매각·증여'를 민법 상 매매와 증여의 의미로 이해해야 한다는 입장을 취하고 있다.

❙ 매각·증여에 대한 해석 ❙

판 례	조세심판례
구 지방세특례제한법 제2조 제2항 본문은 '이 법에서 사용하는 용어의 뜻은 특별한 규정이 없으면 지방세기본법과 지방세법에서 정하는 바에 따른다.'고 규정하고 있으나, '매각'의 의미에 관하여 지방세특례제한법은 물론 지방세기본법, 지방세법에도 달리 정함이 없으므로 매각의 사전적 의미, 법률적인 용례 등에 앞서 각 조항의 입법취지를 종합하여 매각을 해석해야 함(대법원 2018두44920, 2018.9.13.)	매각·증여는 지방세특례제한법에 그 의미에 대한 명확한 규정이 없으나, 대법원은 세법이 명시적으로 특별한 의미를 부여하지 않는 경우에는 특별한 사유가 없는 이상 사법 상 의미에 따라 세법을 해석하는 태도를 취해 왔으므로 사법의 근본이 되는 민법 상 매매와 증여의 의미로 이해하는 것이 타당함(조심 2017지1014, 2017.12.19.)

일부 조세심판례 중에는 합병을 추징 사유로 인정한 경우가 있으나, 이는 합병법인으로부터 합병대가를 금전으로만 교부받은 경우로서 이러한 경우는 합병에 따른 소유권 이전을 매각으로 보기도 하였다.

☑ 청구법인과 같이 분할대가 전액을 합병 교부금인 금전으로 지급받은 경우에는 분할부분 지배권이 형식적이나 실질적으로 이 건 합병법인에게 완전히 이전되므로 분할부분을 매각한 것과 다르게 취급할 이유가 없는 점 등에 비추어, 청구법인이 이 건 건축물을 취득하여 취득세 등을 감면받은 후 그로부터 2년 이내에 매각한 것으로 보는 것이 타당함(조심 2018지1379, 2019.6.27.).

쟁점 020 추징을 배제할 수 있는 정당한 사유란?

> **지방세특례제한법시행령 제78조【산업단지 등에 대한 감면】제5항 제1호**
> ⑤ 다음 각 호의 어느 하나에 해당하는 경우 감면된 취득세 및 재산세를 추징한다.
> 1. 정당한 사유 없이 그 취득일부터 3년이 경과할 때까지 해당 용도로 직접 사용하지 아니하는 경우

지방세특례제한법 제78조 제5항에서는 취득일부터 3년이 경과할 때까지 해당 용도로 직접 사용하지 않은 경우에 있어 정당한 사유가 있으면 추징을 배제한다.

정당한 사유에 대해서는 지방세특례제한법에서 별도로 규정하고 있지 않으므로 과세기관에서 개별적으로 판단해야 한다. 판단 기준은 그간의 판결례(대법원 1996.1.26. 선고, 95누13104 판결 참고) 등에 따라 구축되어 왔다. 따라서 그간 과세기관에서 어떠한 경우에 정당한 사유를 인정하였는지 아니면 인정하지 않았는지 사례를 통해 가늠해 볼 수 있다.

법령에 의한 금지·제한 등 마음대로 할 수 없는 외부적 사유와 해당 부동산을 사용하기 위하여 진지한 노력을 다하였는지 여부, 부동산 취득 목적에 비추어 고유업무에 직접 사용하는 데에 걸리는 준비기간의 장단, 고유 업무에 사용할 수 없는 법령상·사실상 장애사유 및 장애정도 등 구체적인 사안에 따라 개별적으로 판단함(대법원 2019두33415, 2019.5.16.).

(1) 근저당권자의 경매개시로 건축 지연 : 정당한 사유 아님

대법원에서는 근저당권자들과의 등기말소 협상에 실패하고, 부동산에 관한 경매절차가 진행되는 등의 사정으로 인하여 부득이 해당 사업에 사용할 수 없었던 것에 대해 납세자에게 정당한 사유가 있다고 보지 않았다(대법원 2009두12655, 2009.9.15.).

(2) 경매 개시 결정 및 시공사 유치권 행사로 공사 지연 : 정당한 사유 인정

반면 경매 개시의 경우도 부동산 취득 이전부터 고유 업무에 직접 사용하기 위한 준비를 계속하여 왔고 취득 후 곧 바로 건축공사에 착공하였으나, 취득 당시에는 예상하지 못했던 임의경매 개시 결정과 시공사의 유치권 행사로 인하여 공사가 중단되자 예기치 못한 장애요인을 해소하기 위하여 여러 가지 진지한 노력을 다하여 유예기간 종료일부터 약 6개월 경과한 시점에 사용승인을 받은 점 등을 고려 직접 사용하지 못한 정당한 사유가 있다고 보고 있다(조심 2011지0239, 2012.2.29.).

(3) 산지관리법 상 공장 신축 불가능 지역 : 정당한 사유 아님

관계 법령에 의하여 공장신축이 제한되거나 불가능하다는 것을 알 수 있었거나 알고 있는 상태에서 이를 취득하였을 경우 자신이 주의를 기울였으면 알 수 있었던 사항인 것으로 보아서 정당한 사유로 인정하지 않았다(조심 2011지0808, 2012.6.19.).

이처럼 정당한 사유에 대해서는 과세기관에서 납세자의 의무이행에 대한 사실관계를 종합적

으로 파악하여 개별 사안에 따라 판단하고 있는 만큼 납세자의 적극적인 소명이 필요한 부분이기도 하겠다.

(4) 경영악화 : 내부사정일 뿐 정당한 사유 아님

판례, 조세심판례 모두 특정업종의 경기악화 등의 사유는 감면받은 자의 내부사정에 해당되고, 외부의 불가항력적인 사유에 기인하는 정당한 사유로는 인정하고 있지 않다.

- 토지를 취득한 후 직접 사용하지 아니한 채 나대지 상태로 매각한 것이 확인되는 점, 경영상의 악화로 이 건 토지에 산업용 건축물을 신축하지 못한 채 매각할 수밖에 없었다는 청구법인의 주장은 내부사정일 뿐 정당한 사유로 보기 어려운 점, 그 밖에 목적사업에 사용할 수 없었던 장애사유를 증명할 만한 신빙성 있는 자료 등을 제시하지 못하고 있는 점 등에 비추어 처분청이 청구법인에게 이 건 취득세 등을 부과한 처분은 달리 잘못이 없다고 판단됨(대법원 2017두64903, 2018.1.31.).
- 청구법인은 이 사건 토지를 산업용 건축물 등의 용도로 직접 사용하지 못한 데에 정당한 사유가 있다고 주장하나, 조선업종의 경기침체에 따라 투자시기를 조정하는 것은 내부적인 경영판단에 따른 것이지 법령상의 금지·제한이라고 보기는 어려운 점 등에 비추어 청구주장을 받아들이기 어려움(조심 2018지0707, 2018.6.21.).

(5) 장기간 소요되는 사업계획에 따라 직접 사용 지연 : 정당한 사유 아님

조성사업이 장기간에 걸쳐 시행되는 사업성격에 따라 지방세특례제한법에서 정하는 유예기간(3년) 이내에 감면받은 토지에 산업용 건축물을 모두 신축하지 못하는 경우가 있으나, 이 경우도 법령에 의한 금지·제한이나 행정관청의 귀책사유가 있지 않다고 보고 정당한 사유로 인정하지 않는다.

- 쟁점토지를 취득일부터 3년 이내에 산업용 건축물 등의 용도로 직접 사용하지 못한 것은 청구법인 내부의 사업계획에 따른 것이고 청구법인은 쟁점토지를 취득할 당시부터 3년 이내에 산업용 건축물 등의 용도로 직접 사용하지 못할 것이라는 사실을 알고 있었던 것으로 보이며, 산업용 건축물 등의 용도로 사용하지 못한데 법령에 의한 금지·제한이나 행정관청의 귀책사유가 있었다는 사실이 나타나지 아니하는 점 등에 비추어 쟁점토지를 취득일부터 3년이 경과할 때까지 해당 용도로 직접 사용하지 못한 정당한 사유가 있다고 보기는 어려움(조심 2018지0535, 2019.4.2.).

위 조세심판례의 경우는 담당공무원 현지 출장복명서에 따라 감면유예 기간이 지난 시점에도 나대지 상태로 방치되어 있는 것이 확인된 것도 고려된 것으로 보인다.

(6) 산업용지에서 지원용지로 용도가 변경된 경우 : 정당한 사유 인정

행정관청에서 토지의 용도를 변경함으로써 산업용 건축물을 신증축할 수 없게 된 경우는 과세관청의 사용금지·제한 등 외부적인 사유가 있었다고 보아 정당한 사유로 보았다.

- 투자유치과에서 위 과세와 관련하여 '이 건 토지는 행정 필요에 의해 산업용지에서 공장설립이 불가능한 지원시설로 용도가 변경되었으므로 공장설립을 할 수 없었음'을 이유로 감액을 요청하자 청구법인이 '행정관청의 사용금지·제한 등 외부적인 사유' 등 유예기간 내에 사용하지 못한 정당한 사유가 있음(조심 2017지0853, 2017.12.19.).

기 업

(7) 부동산 처분 금지 가처분 결정에 따라 3년 이내에 공장 신축을 하지 못하는 경우 : 정당한 사유 아님

산업단지 내에서 산업용 건축물을 건축하려는 자가 취득하여 감면받은 토지를 행정기관의 착오로 법원의 “부동산 처분 금지 가처분” 결정을 받아 취득일부터 3년이 경과할 때까지 공장신축을 못한 경우 정당한 사유에 해당하는지 여부에 대한 쟁점이다.

유권해석은 이에 대해 정당한 사유를 인정하지 않고 있다.

부동산 취득과정에서 그 등기 착오나 그에 따른 오해로 인하여 부동산의 정당한 소유자가 입게 된 손해에 대한 배상은 별론으로 하고, 해당 부동산에 관한 등기 착오 및 정정 등 쟁점 부동산과 관련된 사실관계를 오해한 제3자의 신청에 따라 ‘부동산 처분금지 가처분’ 결정 및 그 취소로 인하여 그 사용이 지체된 경우에도 쟁점 부동산을 유예기간 내에 해당 용도에 직접 사용하지 못한 정당한 사유가 있었다고 보기 어려움(지방세특례제도과-2068, 2019.5.28.).

참고 법령 산업집적활성화 및 공장설립에 관한 법률시행령(약칭 : 산업집적법시행령)

제6조 【산업단지의 입주자격】 제5항

⑤ 법 제2조 제18호에서 “대통령령으로 정하는 산업”이란 다음 각 호의 산업을 말한다.

1. 폐기물 수집운반, 처리 및 원료재생업
2. 폐수처리업
3. 창고업, 화물터미널, 그 밖에 물류시설을 설치·운영하는 사업
4. 운송업(여객운송업은 제외한다)
5. 산업용기계장비임대업
7. 시장·군수 또는 구청장이 특화산업육성을 위하여 농공단지관리기본계획에 따라 농공단지에 입주시키는 농림어업 등의 산업(이하 “지역특화산업”이라 한다)
8. 전기업

참고 법령 물류정책기본법

제2조 【정의】 제1항

① 이 법에서 사용하는 용어의 정의는 다음과 같다.

1. “물류(物流)”란 재화가 공급자로부터 조달·생산되어 수요자에게 전달되거나 소비자로부터 회수되어 폐기될 때까지 이루어지는 운송·보관·하역(荷役) 등과 이에 부가되어 가치를 창출하는 가공·조립·분류·수리·포장·상표부착·판매·정보통신 등을 말한다.
2. “물류사업”이란 화주(貨主)의 수요에 따라 유상(有償)으로 물류활동을 영위하는 것을 업(業)으로 하는 것으로 다음 각 목의 사업을 말한다.
4. “물류시설”이란 물류에 필요한 다음 각 목의 시설을 말한다.
   가. 화물의 운송·보관·하역을 위한 시설

나. 화물의 운송·보관·하역 등에 부가되는 가공·조립·분류·수리·포장·상표부착·판매·정보통신 등을 위한 시설

다. 물류의 공동화·자동화 및 정보화를 위한 시설

라. 가목부터 다목까지의 시설이 모여 있는 물류터미널 및 물류단지

10. "제3자물류"란 화주가 그와 대통령령으로 정하는 특수관계에 있지 아니한 물류기업에 물류활동의 일부 또는 전부를 위탁하는 것을 말한다.

기 업

Ⅱ 산업단지 시행자에 대한 감면

✔ 감면 요건

대상자	산업단지 및 산업기술단지개발 사업의 시행자
대상물건	① 산업단지 또는 산업기술단지를 조성하기 위하여 취득하는 부동산 및 조성공사가 시행 중인 토지 ② 산업단지 및 산업기술단지를 개발·조성한 후 산업용 건축물의 용도로 분양 또는 임대할 목적으로 신축 또는 증축한 산업용 건축물, 시행자가 취득하여 보유하는 조성공사가 끝난 토지 ③ 사업시행자가 산업단지 또는 산업기술단지를 개발·조성한 후 직접 사용하기 위하여 신축 또는 증축으로 취득·보유하는 부동산, 시행자가 취득하여 보유하는 조성공사가 끝난 토지
감면율	① 취득세 및 재산세 35% 경감 ② 취득세 및 재산세 35%(수도권 외 60%) 경감 재산세 납세의무 최초 성립일부터 5년간 35%(수도권 외 60%) 경감 ③ 취득세 및 재산세(5년간) 35% 경감 재산세 납세의무 최초 성립일부터 5년간 35%(수도권 외 60%) 경감
감면시한	2022.12.31.

✔ 추징 요건

사용개시	① 취득일부터 3년 이내에 정당한 사유 없이 산업단지 또는 산업기술단지를 조성하지 아니하는 경우 ② 취득일부터 3년 이내에 정당한 사유 없이 해당 용도로 분양 또는 임대하지 아니하는 경우 취득세 및 재산세 추징, 조성공사가 끝난 날부터 3년 이내에 정당한 사유 없이 해당 용도로 분양 또는 임대하지 아니하는 경우 재산세 추징 ③ 정당한 사유 없이 그 취득일(조성공사가 끝난 날)부터 3년 이내에 해당 용도로 직접 사용하지 아니하는 경우 또는 해당 용도로 직접 사용한 기간이 2년 미만인 상태에서 매각·증여하거나 다른 용도로 사용하는 경우

✔ 관련 법령

지특법 §78, 지특령 §38

✔ 개정 연혁

개정일	개정 전	개정 후	개정이유 / 적용요령
지특법 §78 ④ 2016.12.27. 제14477호	산업단지 또는 산업기술단지를 개발·조성한 후 <u>분양 또는 임대할 목적으로 취득하는 산업용 건축물 등</u>에 대해 감면	산업단지 또는 산업기술단지를 개발·조성한 후 <u>산업용 건축물 등의 용도로 분양 또는 임대</u>할 목적으로 취득·보유하는 부동산에 대해 감면	산업용 건축물의 용도로 분양 임대하는 경우로 감면 대상 한정 (일반적 적용례) 법 시행 이후 납세의무 성립분부터 적용

쟁점 021 산업단지 시행자 지정 전 취득한 토지도 감면 가능?

> **지방세특례제한법 제78조 【산업단지 등에 대한 감면】 제1항**
>
> ① 「산업입지 및 개발에 관한 법률」 제16조에 따른 산업단지개발사업의 시행자 또는 「산업기술단지 지원에 관한 특례법」 제4조에 따른 사업시행자가 산업단지 또는 산업기술단지를 조성하기 위하여 취득하는 부동산에 대해서는 취득세의 100분의 35를, 조성공사가 시행되고 있는 토지에 대해서는 재산세의 100분의 35(수도권 외의 지역에 있는 산업단지의 경우에는 100분의 60)를 경감한다.

지방세특례제한법 제78조 제1항부터 제3항까지의 감면 목적은 산업단지 시행자에 대한 세제 지원을 통해 산업단지 조성을 촉진하려는 것이므로 따라서 이러한 조세감면의 혜택은 산업단지를 시행하는 자가 그 수혜자가 되어야 한다. 그리고 조세 감면은 특혜에 해당하므로 엄격한 기준에 따라 적용될 필요가 있다.

이러한 취지에서 산업단지 및 산업기술단지를 조성하는 사업시행자에 대한 감면을 적용하는 데 있어 인적요건, 물적요건 그리고 추징 요건을 각각 갖추도록 규정하고 있다.

'지방세특례제한법 제78조 제1항'은 산업단지를 조성하는 단계에 대한 지원으로 감면 대상자는 "산업입지및개발에관한법률 제16조에 따른 산업단지개발사업시행자"일 것과, 사업시행자가 산업단지를 조성하기 위하여 취득하는 부동산 또는 조성 공사가 시행되고 있는 토지에 대한 감면을 규정하고 있고, 일정 기간 이내에 산업단지를 조성하지 않을 경우 감면된 세액을 추징하도록 하고 있다.

'제2항'은 사업시행자가 산업단지를 조성한 이후에 대한 감면으로, 산업단지 입주기업에게 분양 또는 임대하기 위하여 산업용 건축물을 취득하는 경우에 대해 지방세를 감면하도록 하고 있다. 그리고 3년 이내에 산업용 건축물 등의 용도로 입주기업에게 분양하거나 임대하지 않는 경우 감면된 세액을 추징하도록 하고 있다.

'제3항'은 사업시행자가 자신이 직접 사용할 목적으로 산업용 건축물을 취득하는 경우에 대한 지원으로 산업용 건축물 취득 후 3년 이내에 해당 사업에 직접 사용하지 않거나 2년 이상 직접 사용하지 않고 매각·증여하는 경우 추징하도록 하고 있다.

❙ 산업단지 사업시행자 지방세 감면 ❙

규 정	감면 대상 물건	감면 내용	추징 사유
지특법 §78 ①	조성용 부동산 조성공사 시행 중 토지	취득세 35% 재산세 35%(수도권 외 60%)	부동산 취득일부터 3년 이내에 조성 미이행시 취득세 추징 토지 취득일부터 3년 이내에 조성 미이행시 재산세 추징
지특법 §78 ②	분양·임대용 부동산 조성공사가 끝난 토지	취득세 35% 재산세 35% 5년간(수도권 외 60%)	3년 이내 분양 임대 미이행

규 정	감면 대상 물건	감면 내용	추징 사유
§78 ③	직접 사용하기 위한 부동산	취득세 35% 재산세 35% 5년간(수도권 외 60%)	3년 이내 미사용 2년 이상 미사용인 채 매각·증여

(1) 산업단지 시행자 지정 전 취득한 토지에 대한 취득세 : 감면 제외

지방세특례제한법 제78조 제1항은 감면 요건으로 감면주체 즉 "산업입지및개발에관한법률 제16조에 따른 산업단지개발사업시행자"와, 감면목적을 "산업단지를 조성하기 위하여 취득하는 부동산"으로 명시하고 있다. 따라서 지방세특례제한법 제78조 제1항은 감면주체에 대한 요건과 감면목적의 요건 모두를 충족한 경우 감면 대상에 해당한다고 보아야 한다.

판례 및 조세심판례에서도 관련 법에 따라 산업단지 개발사업시행자로 지정되기 전에 취득한 토지는 감면주체로서의 요건을 충족하지 못하였으므로 감면 대상에 해당되지 않는다고 보고 있다.

즉 조세 감면 요건 규정 가운데에 명백히 특혜규정이라고 볼 수 있는 것은 엄격하게 해석하는 것이 조세공평의 원칙에도 부합하고, 또한 조세감면 혜택을 부여하기 전에 신청인이 산업단지 개발사업을 수행할 의사나 능력이 있는지를 구체적으로 확인하는 것도 해당 감면 규정에서 감면주체에 대한 요건을 규정한 취지로 보아야 한다는 것이다.

- 구 지방세특례제한법제78조 제1항 본문이 조세 감면 요건을 정하면서 감면주체를 구 산업입지법 제16조에 따른 산업단지개발사업의 시행자로 정하고 있는 점, 구 산업입지법 제16조 제1항은 산업단지 개발사업의 시행자에 관해 규정하면서 산업단지지정권자의 지정을 받을 것을 요구하고 있는 점, 이는 조세감면 혜택을 부여하기 전에 신청인이 산업단지개발사업을 수행할 의사나 능력이 있는지 구체적으로 확인하기 위한 취지인 것으로 보이는 점 등에 비추어보면, 구 지방세특례제한법 제78조 제1항 본문이 정하는 조세감면 대상은 산업단지지정권자에 의해 사업시행자로 지정된 자가 산업단지를 조성하기 위해 취득한 부동산에 한정된다고 해석함이 상당함(대법원 2017두49171, 2017.9.28.).

- 지방세특례제한법 제78조 제1항은 취득세 등이 감면되는 납세의무의 주체를 산업입지및개발에관한법률 제16조에 따른 산업단지 개발사업의 시행자로 규정하고 있고, 산업입지및개발에관한법률 제16조 제1항에서 산업단지개발사업은 산업단지지정권자의 지정에 의하여 산업단지개발계획에서 정하는 자를 사업시행자로 규정하고 있으므로, 산업단지지정권자인 처분청의 지정을 받은 사업시행자가 취득하는 부동산에 대하여만 취득세 등을 면제하는 것이 타당한 점, 청구법인이 쟁점부동산을 취득한 날(2014.7.29.) 현재 산업단지지정권자인 처분청의 지정을 받은 사업시행자는 청구법인이 아닌 ㅇㅇㅇ인 점 등에 비추어 청구법인이 산업단지개발사업의 사업시행자로 지정되기 전에 취득한 쟁점부동산은 지방세특례제한법 제78조 제1항의 취득세 감면 대상에 해당하지 않음(조심 2015지1798, 2016.3.28.).

(2) 산업단지시행자로 지정 전 취득한 토지에 대한 재산세 감면 : 과세 기준일 현재 감면 요건 충족 여부에 따라 판단

그러면 산업단지 개발사업시행자로 지정받기 전 토지를 취득하였으나 이후 시행자로 지정받고 산업단지 조성사업을 시행하는 경우 해당 토지에 대한 재산세는 감면할 수 있을까?

재산세 감면 요건을 취득세와 동일한 감면 요건으로 보아서 취득 당시부터 감면 요건을 충족한 경우로 한정할 것인지 아니면 취득세와 별개로 재산세 감면기준일 현재 감면 요건을 갖춘 경우라면 감면 대상인 것으로 볼 것인지가 쟁점이다.

유권해석은 재산세의 경우 재산세 과세기준일 현재로 감면 요건을 갖추었는지에 따라 판단해야 한다는 입장이다. 따라서 취득 당시에는 산업단지 시행자 지정을 받지 않았다 하더라도 재산세 과세기준일 현재 관련 법에 따른 사업시행자 지정을 받고 산업단지를 조성하고 있는 토지라면 재산세를 감면할 수 있다고 보고 있다.

재산세 감면에 대하여 "조성공사가 시행되고 있는 토지"를 대상물건으로 하였을 뿐, 그 토지의 취득시기 등 그 외 감면 요건에 관하여 달리 정한 바 없고, 재산세 과세기준일(매년 6월 1일) 현재 재산을 사실상 소유하고 있는 자에게 부과되는 재산세는 그 과세기준일 현황에 따라 재산세의 부과 및 감면 요건의 충족여부를 판단하여야 할 것이므로, 비록 사업시행자 지정 전 대상 토지를 취득하였으나 현재 사업시행자로서 토지 조성공사를 진행하고 있는 이상 감면 요건이 불충족되었다고 보기는 어려움. 한편, 취득세 감면에 관하여는 사업시행자로서 취득하는 토지로 대상물건을 한정하고 있다고 하나 그 취득세 감면 요건이 그대로 재산세 감면 요건으로도 적용되는 것이라 볼 수 없으므로, 대상 토지의 취득시기와 상관없이 사업시행자로서 조성공사를 진행하고 있다면 재산세 감면이 가능함(지방세특례제도과-788, 2019.10.1.).

(3) 도시개발법을 준용하여 환지방식으로 산업단지를 개발하는 경우 지특법 제74조 적용 가능 여부 : 적용 대상 아님

도시개발사업 등에 대한 감면은 도심 내 노후 불량주택 정비를 통한 서민주거안정, 계획적이고 체계적인 도시개발 도모 및 쾌적한 도시환경 조성 등을 촉진하는데 세제지원의 입법취지가 있는 것이다.

지방세특례제한법 제74조에 따른 감면을 적용받기 위해서는 도시개발사업계획을 수립하고 도시개발구역으로 지정되는 등 도시개발법을 근거로 시행되는 '도시개발사업' 등에 해당되어야 한다.

이러한 이유로 유권해석은 산업입지및개발에관한법률에 따른 산업단지를 환지방식으로 개발한다고 하여 도시개발법에 따른 도시개발사업 시행을 위한 부동산에는 해당되지 않으므로, 지방세특례제한법 제74조를 적용할 수 없다고 보고 있다.

산입법에서 도시개발법을 준용하도록 규정함에 따라 조합을 설립하여 환지방식으로 부동산을 조성하게 된 경우라 하더라도, 지방세특례제한법 제78조에 따른 산업단지 감면 요건의 충족여부에 따라 취득세 등 지방세 감면의 적용여부를 결정하여야 하는 점을 종합할 때, 산입법에 따른 산업단지 내 쟁점부동산이 지방세특례제한법 제74조에 따른 취득세 등 지방세 감면 대상이 되는 도시개발법에 의한 도시개발사업 시행 대상 부동산에는 해당될 수 없음(지방세특례제도과-115, 2019.1.9.).

쟁점 022 공동사업자 중 대표시행자만 시행자 감면 가능?

> **지방세특례제한법 제78조【산업단지 등에 대한 감면】제1항**
>
> ①「산업입지 및 개발에 관한 법률」제16조에 따른 산업단지개발사업의 시행자 또는「산업기술단지 지원에 관한 특례법」제4조에 따른 사업시행자가 취득하는 부동산에 대해서는 취득세를, 조성공사가 시행되고 있는 토지에 대해서는 재산세를 경감한다.

(1) 공동사업자 중 대표시행자만 '시행자'에 대한 감면 적용, 공동사업시행자는 '사업시행자 외의 자'에 대한 감면 적용

산업단지를 다수의 법인이 일괄하여 시행하기로 하고 대표시행자가 다른 공동사업시행자로부터 산업단지 개발 및 조성에 관한 일체의 업무를 위임받고 산업단지를 조성하기 위한 부동산을 해당 대표시행자의 단독 명의로 취득한 경우에 대한 쟁점이다.

공동으로 산업단지 조성 사업을 시행하고, 이후 조성이 완료 토지를 각 시행자에게 이전한 경우, 다른 공동사업시행자는 시행자의 자격으로 해당 토지를 취득하였다고 볼 수 있는지에 대한 문제이다.

유권해석의 입장은 산업단지를 조성한 후 공동사업시행자가 대표사업시행자와 용지공급계약서에 따라 토지를 취득하는 것은 사업시행자의 지위에서 토지를 취득하는 것이 아니라 사업시행자 외의 자의 지위에서 토지를 취득한 것으로 보고 있다.

그 이유는 산업입지의 개발에 관한 통합지침 제12조 제1항에서 다수의 기업이 해당 산업단지 개발사업을 일괄 시행하기 위하여 사업시행자지정신청서를 제출한 경우에는 대표기업을 정하여 그 산업단지의 사업시행자 지정신청을 위임할 수 있다고 규정하고 있고, 대표시행자가 공동사업시행자로부터 산업단지 개발 및 조성에 관한 일체의 업무를 위임받아 산업단지 개발을 추진할 경우 공동시행자가 아닌 대표시행자만을 사업시행자로 규정하고 있기 때문이다.

☑ 산업입지의 개발에 관한 통합지침 제12조 제1항에서 다수의 기업이 해당 산업단지 개발사업을 일괄 시행하기 위하여 사업시행자지정신청서를 제출한 경우에는 대표기업을 정하여 그 산업단지의 사업시행자 지정신청을 위임할 수 있다고 규정하고 있는 바, 이는 대표시행자가 공동사업시행자로부터 산업단지 개발 및 조성에 관한 일체의 업무를 위임받아 산업단지 조성용 토지를 대표시행자 단독 명의로 취득하여 산업단지 개발을 추진할 경우 공동시행자가 아닌 대표시행자만을 사업시행자로 규정하고 있어 공동시행자의 권한을 위임받아 대표시행자가 산업단지를 조성하였다면 공동사업시행자는 그 사업의 사업시행자라고 보지 않는 것이 해석의 범위를 넘어서는 것이라고 할 수는 없다. 따라서 산업단지 조성 후 대표 사업시행자와 용지공급계약서에 따라 공동사업시행자가 산업단지를 취득하는 것은 위 조항의 문언과 규정 취지 등에 비추어 볼 때 사업시행자의 지위가 아닌 '제1항에 따른 사업시행자'외 자의 지위로서 그 토지를 취득하는 것이라고 해석하는 것이 합리적임(지방세특례제도과-405, 2017.3.27.).

세법에서 사업시행자에 대해 독자적인 관점에서 규정하고 있지 않고 산업입지 법 제16조에 따른 산업단지개발사업의 시행자 등으로 그 요건으로 정하고 있으므로 지방세특례제한법 제78

조 제4항에서 규정하고 있는 '제1항에 따른 사업시행자'는 관련 법령에서 규정하는 시행자로서 산업단지를 조성하기 위하여 부동산을 취득하고 지방세 감면을 받은 시행자로 해석해야 한다는 것이다.

그러나 산업입지의 개발에 관한 통합지침 제12조 제1항에서는 '다수의 기업이 해당 산업단지 개발사업을 일괄 시행하기 위하여 사업시행자지정신청서를 제출한 경우에는 대표기업을 정하여 그 산업단지의 사업시행자 지정신청을 위임할 수 있으며 이 경우 그 위임을 받은 대표기업은 신청기업의 내역을 부기하여 신청하여야 하며, 그 신청기업을 변경하는 때에는 사업시행자 변경지정을 받아야 한다.'고 규정하고 있다.

이러한 규정으로 볼 때 관련 법에서는 공동사업시행자도 시행자로서 인정하고 있는 것으로 보인다. 왜냐하면 대표시행자로 하여금 지정신청을 대표하여 처리하도록 하더라도 신청에 참여하는 공동사업자를 별도내역으로 부기하도록 하고, 그 신청기업이 변경되는 경우 다시 변경지정을 받도록 하고 있기 때문이다.

따라서 유권해석의 내용 중 '관련 법에서 공동시행자가 아닌 대표시행자만을 사업시행자로 규정하고 있으므로 공동시행자를 시행자라고 볼 수 없다'는 것은 해석의 궁극적 이유로 보기는 어려워 보인다. 다만, 지방세특례제한법 제78조 제1항 내지 제3항에 따라 감면을 받은 자가 아니라면 같은 조 제4항에 따라 지방세를 감면받을 수 있도록 해석하는 것이 지방세 시원의 취지에 부합하기 때문인 것으로 보는 것이 좀 더 합리적일 것이다.

산업입지의 개발에 관한 통합지침 제12조【산업단지개발사업의 시행】제1항

① 「산업입지법 시행령」 제19조 제2항에 따라 다수의 기업이 해당 산업단지개발사업을 일괄 시행하기 위하여 사업시행자지정신청서를 제출한 경우에는 대표기업을 정하여 그 산업단지의 사업시행자 지정신청을 위임할 수 있으며 이 경우 그 위임을 받은 대표기업은 신청기업의 내역을 부기하여 신청하여야 하며, 그 신청기업을 변경하는 때에는 사업시행자 변경지정을 받아야 한다.

(2) 산업단지 조성 중에 공동사업시행자에게 매각하는 경우 : 추징 대상

산업단지 사업시행자가 산업단지 조성을 위한 토지를 취득하여 조성사업을 시행하던 중 사업시행자를 공동사업시행자로 변경하고 해당 토지를 공동사업자에게 매각한 경우 감면된 지방세를 추징해야 하는지에 대한 쟁점이다.

사업시행자는 산업단지를 조성하지 않은 경우 감면된 세액을 다시 납부해야 하는데, 정당한 사유가 있는 경우에는 그렇지 않다. 그러나 산업단지 조성사업을 시행하던 중 새로운 공동시행자에게 토지 일부를 매각한 것은 외부의 불가항력적인 사유로 보기는 어렵고, 자금 사정등 내부적인 사유에 해당되므로 추징 대상에 해당한다는 것이 유권해석의 입장이다.

산업단지개발사업시행자가 산업단지개발사업 시행 중에 당초 수분양의사를 밝힌 업체들이 경제적 사유로 수분양의사를 철회함에 따라 대기업과 공동사업으로 진행하기로 하고, 산업단지를 조성하기 위하여 취득한 토지 중 일부를 매각한 경우라면, 이는 법령에 의한 금지·제한 등 그 법인이 마음대로 할 수 없는 외부적 사유가 있는 경우에 해당하지 않는 것으로 보일 뿐만 아니라, 산업단지개발사업에 사용하기 위한 정상적인 노력을 다한 것으로 보기 어렵고, 공동시행자에게 매각한 토지가 산업단지 조성에 사용되고 있다 하더라도 그 토지는 당초 시행자가 산업단지 조성사업에 사용하는 것이 아니라 새로운 공동시행자가 사용하는 것이므로 당초 시행자가 '산업단지를 조성하지 아니하는 경우'에 해당함(지방세특례제도과-2531, 2015.9.18.).

쟁점 023 산업단지 조성 중 시행자가 부동산을 신탁하면?

> **지방세특례제한법 제78조【산업단지 등에 대한 감면】제1항**
>
> ①「산업입지 및 개발에 관한 법률」제16조에 따른 산업단지개발사업의 시행자 또는「산업기술단지 지원에 관한 특례법」제4조에 따른 사업시행자가 취득하는 부동산에 대해서는 취득세를, 조성공사가 시행되고 있는 토지에 대해서는 재산세를 경감한다.

(1) 산업단지 조성 중 시행자가 부동산을 신탁 : 재산세 감면 제외

지방세특례제한법 제78조 제1항에 따라 사업시행자가 산업단지 조성을 위하여 취득한 토지를 신탁법에 따라 신탁하고, 해당 사업시행자는 계속하여 산업단지 조성사업을 수행하고 있는 경우, 해당 토지에 대한 재산세를 감면할지 여부에 대한 쟁점이다.

이러한 쟁점이 발생하는 이유는 지방세특례제한법 제78조 제1항에서는 산업단지 조성공사가 시행되고 있는 토지를 감면 대상을 규정할 뿐 별도의 감면 요건을 규정하고 있지 않기 때문이다.

유권해석의 입장은 지방세 감면의 취지는 산업단지를 조성하는 사업시행자를 지원하기 위한 것이므로 신탁회사 소유의 부동산에 대해 재산세를 감면하는 것은 타당하지 않다는 입장이다.

위 감면 규정은 산업단지개발사업의 시행자가 산업단지를 조성하기 위하여 취득·소유하는 부동산으로서 조성공사가 시행되고 있는 토지에 대해서 재산세를 경감하는 규정이므로, 산업단지 사업시행자가 산업단지 조성을 위하여 취득한 토지를 신탁하여 그 토지의 소유권을 신탁회사에게 이전등기 한 경우라면, 그 토지는 신탁회사가 소유하는 토지에 해당하고 재산세 납세의무자는 신탁회사가 되는 것이므로 사업시행자가 아닌 신탁회사 소유의 토지에 대한 재산세를 감면하는 것은 타당하지 않음(지방세특례제도과-2728, 2015.10.7.)

(2) 수탁자인 신탁회사가 시행자 지정을 받은 경우 : 토지소유자 재산세 감면 가능

산업단지 시행자 지정 승인을 받은 토지소유자가 당해 토지를 ㅇㅇ신탁회사로 위탁하고, ㅇㅇ신탁회사가 사업시행자 지정을 승인받아 시행자의 지위에서 해당 토지에 산업단지를 조성하고 있는 경우에 있어서는 재산세는 감면 대상에 해당된다고 보았다.

신탁법에 의하여 수탁자 명의로 등기·등록된 신탁재산의 경우에는 위탁자가 재산세 납세의무자가 되고, 수탁자는 납세관리인이 되는 바(지방세법 제183조 제1항 제4호), 당해 토지가 △△토지신탁(주) 명의로 등기되어 있음에도 재산세 납세의무자는 위탁자인 ㅇㅇ개발이 되는 등 ㅇㅇ개발과 △△토지신탁(주)은 특별한 관계에 있다고 볼 수 있고, △△토지신탁(주)이 산업단지 개발사업시행자로 지정되어 있으므로, 쟁점토지는 산업단지 개발사업시행자가 산업단지를 개발·조성하여 분양 또는 임대할 목적으로 취득하여 소유하고 있는 재산세 감면 대상 토지에 해당됨(지방세운영과-356, 2011.1.20.).

(3) 이전받은 신탁회사가 시행자 지정을 받지 않는 경우 : 분리과세 적용 제외

산업단지 사업시행자가 본인 소유의 부동산을 신탁회사로 소유권 이전하고, 해당 부동산을 이전받은 신탁회사가 별도로 산업단지 시행자 지정을 받지 않은 경우에 있어 해당 토지에 대해 분리과세는 적용하지 않는다고 보고 있다.

왜냐하면 부동산을 신탁하여 수탁자 앞으로 소유권 이전등기를 마치게 되면 그 소유권은 대내외적으로 수탁자에게 완전히 이전되고, 위탁자와의 내부관계에서조차 위탁자에게 유보되어 있는 것이 아니므로(대법원 2012.5.10. 2010두26223 판결 참조) 사업시행자가 소유하고 있는 토지로 볼 수 없기 때문이다. 이러한 입장은 조세심판례도 동일하다.

- 부동산의 소유자인 ㈜ㅇㅇㅇ는 2008.8.8. 사업시행자 지정 및 개발계획 승인을 받은 후 2013.11.15. ㈜△△자산신탁과 신탁계약 체결 및 신탁등기를 완료하였고, 신탁계약을 체결한 ㈜△△자산신탁은 과세기준일 현재 사업시행자 지정을 받지 않은 상태이며, 대법원에서는 부동산을 신탁하여 수탁자 앞으로 소유권 이전등기를 마치게 되면 그 소유권은 대내외적으로 수탁자에게 완전히 이전되고, 위탁자와의 내부관계에서조차 위탁자에게 유보되어 있는 것이 아니라고 판시(대법원 2012.5.10. 2010두26223 판결 참조)하고 있어, 쟁점토지의 소유권은 ㈜△△자산신탁에 있고, ㈜△△자산신탁은 과세기준일 현재 사업시행자로 지정을 받지 않은 이상, 사업시행자가 소유하고 있는 토지로 볼 수 없으므로 분리과세대상으로 보기 어려움(지방세운영과-381, 2014.12.24.).

- 지방세법에서는 산업입지및개발에관한법률 제16조에 따른 산업단지개발사업의 시행자가 소유하고 있는 토지로서 같은 법에 따른 산업단지 개발실시계획의 승인을 받아 산업단지조성공사를 시행하고 있는 토지는 재산세 분리과세대상 토지로 규정하고 있는 바, 위탁법인을 포함한 35개사가 사업시행자로 되어 있으나 청구법인은 이에 포함되지 않고 위탁법인이 동 토지를 점유하면서 사용·수익하는 것으로 되어 있으므로 청구법인은 산업단지개발사업의 시행자가 아니므로 동 토지는 재산세 분리과세대상의 요건을 갖추지 못한 것으로 보이는 점, 대법원 판결(대법원 2011.2.10. 선고 2010다84246 판결 등)에 의하면, 신탁법 상 신탁에 있어 수탁자 앞으로 소유권 이전등기를 마치게 되면 그 소유권이 수탁자에게 이전되는 것이지 위탁자에게 유보되는 것은 아닌 것으로 판시하고 있는 바, 2017년 재산세 과세기준일(2017.6.1.) 현재 쟁점토지는 청구법인의 명의로 소유권 이전등기가 되어 있으므로 그 소유권은 위탁법인에게 유보되지 않고 청구법인이 보유하는 점 등에 비추어 처분청이 쟁점토지를 종합합산 과세대상으로 보아 재산세 등을 부과한 처분은 잘못이 없음(조심 2018지0731, 2019.4.26.).

(4) 사업시행자가 조성 중 부동산을 신탁한 경우 지목변경 취득세 : 감면 제외

산업단지 시행자에 대한 취득세 감면 규정에는 지방세법 제7조 제4항의 지목변경에 따른 취득세도 감면하는 것을 포함하고 있다. 그러나 사업시행자가 본인 소유의 부동산을 신탁회사로 소유권을 이전하고 조성사업만을 수행하는 경우 지목변경에 따른 취득세는 감면이 아닌 것으로 보고 있다.

즉 지목변경에 따른 취득세 납세의무자는 토지의 소유자인데, 신탁회사 명의의 토지는 신탁회사가 취득세 납세의무자가 되고, 해당 신탁회사가 사업시행자가 아닌 경우 지목변경에 따른 취득세는 감면 대상이 아니라고 보는 것이다.

지방세법 제7조 제4항에서 토지의 지목을 사실상 변경함으로써 그 가액이 증가한 경우에는 취득으로 본다고 규정하고 있고, 부동산 신탁에 있어 수탁자 앞으로 소유권 이전등기를 마치게 되면 소유권이 수탁자에게 이전되는 것이지 위탁자와의 내부관계에 있어 소유권이 위탁자에게 유보되는 것이 아니므로 신탁법에 의한 신탁으로 수탁자 명의로 소유권이 이전등기된 토지가 지목변경된 경우의 지목변경 취득세 납세의무자는 수탁자로 봄이 타당하다 할 것(대법원 2012.6.14. 선고 2010두2395 판결, 조심 2013지600, 2014.8.26. 등 다수, 같은 뜻임)인 바, 토지의 지목변경으로 인한 취득세 납세의무자는 토지의 수탁자로 보는 것이 타당, 지방세특례제한법 제78조 제2항에서 제1항에 따른 사업시행자가 산업단지를 개발·조성하여 분양 또는 임대할 목적으로 취득하는 부동산에 대하여는 2012년 12월 31일까지 취득세를 면제하도록 규정하고 있으나, 이 건 토지의 지목변경 취득세 등의 납세의무자인 청구법인은 산업단지개발사업의 시행자가 아닌 점 등에 비추어 처분청이 이 건 토지의 지목변경 취득세 등의 납세의무자가 청구법인이고, 이 건 토지의 지목변경 취득세 등이 감면 대상이 아닌 것으로 보아 이 건 취득세 등을 부과한 처분은 잘못이 없음(조심 2015지0578, 2016.6.14.).

(5) 사업시행자가 조성 중인 토지를 신탁하는 경우 취득세 감면 : 대립된 의견

산업단지 시행자가 조성 중에 있는 토지를 신탁법에 따라 신탁하고 해당 부동산의 소유권을 이전하는 경우, 그리고 해당 부동산의 수탁자가 다시 산업단지 사업시행자 지정을 받지 않았다면, 재산세 및 지목변경에 따른 취득세 감면이 적용되지 않는다고 보고 있다. 즉 해당 부동산의 소유자가 사업시행자로서의 자격이 있는지가 감면 적용에 있어 중요한 기준이 되고 있다.

재산세, 지목변경에 따른 취득세 감면과 달리 부동산을 신탁하는 경우 수탁자에게 산업단지 시행자와 동일하게 감면을 적용할 수 있을지에 대해 의견이 대립하고 있다.

과세기관에서는 지방세특례제한법 제78조 제1항은 취득세 등이 감면되는 납세의무의 주체를 산업입지및개발에관한법률 제16조에 따른 산업단지 개발사업의 시행자로 규정하고 있고, 같은 법 제16조 제1항에서 산업단지 개발사업은 산업단지지정권자의 지정에 의하여 산업단지 개발계획에서 정하는 자를 사업시행자로 규정하고 있으므로, 산업단지지정권자(처분청)의 지정을 받은 사업시행자가 취득하는 부동산에 대하여만 취득세 등을 감면해야 한다고 보고 있다. 따라서 수탁자가 산업단지사업시행자 지정을 받지 않은 경우 해당 취득세 감면을 적용할 수 없다고 보고 있다.

조세심판례는 '부동산을 신탁한 것은 효율적인 진행을 위하여 사업시행자의 지위를 수탁자에게 이전한 것에 불과하고, 관련법에서 부동산신탁업자와 산업단지개발에 관한 신탁계약을 체결하여 산업단지를 개발할 수 있도록 하고 있는 점, 실질적으로는 사업시행자의 지위에서 이 건 부동산을 취득한 것으로 볼 수 있고 이와 같이 해석하는 것이 '산업단지에 대한 감면의 입법취지' 에도 부합하다고 보아서 취득세를 감면할 수 없다는 입장이다.

청구법인은 이 건 부동산을 취득하기 전에 ○○○과 신탁계약을 체결하여 사업시행자가 변경됨에 따라 사업시행자의 지위가 아닌 상태에서 이 건 부동산을 취득하였으므로 위의 감면 요건을 충족하지 않는 것으로 보이는 측면도 있으나, 산업입지 및 개발에 관한 법령에서 산업단지개발사업의 시행자가 부동산신탁업자와 산업단지개발에 관한 신탁계약을 체결하여 산업단지를 개발할 수 있도록 하는 등 산업단지의 신탁개발을 허용하고 있고 신탁계약을 체결한 부동산신탁업자는 종전 사업시행자의 권리·의무를 포괄적으로 승계하도록 규정하고 있음에 따라 ○○○ 개발계획승인 시부터 대표사업시행자였던 청구법인은 사업의 효율적인 진행을 위하여 ○○○과 신탁계약을 체결하고 사업시행자의 지위를 수탁자에게 이전한 것에 불과한 점, 청구법인이 ○○○과 체결한 관리처분신탁계약서에 의하면 신탁사업과 관련하여 필요한 부지는 수탁자가 소유자로부터 부동산을 직접 취득하여 사업을 진행할 수도 있지만 위탁자인 청구법인이 부동산을 취득하여 수탁자에게 이전한 후 사업을 진행할 수 있도록 한 것으로 나타나는 점, 청구법인이 사업시행지역의 사유지 ○○○ 중 90% 이상에 해당하는 ○○○를 취득한 점, 더욱이 청구법인이 이 건 부동산을 공익사업을 위한 토지 등의 취득 및 보상에 관한 법률에 따라 사업시행자와 소유자만이 계약의 상대방이 될 수 있는 공공용지의 협의계약으로 취득한 것은 동 법인을 ○○○의 사업시행자로 인정하고 있는 것으로 보이는 점, 결국 청구법인은 실질적으로 사업시행자의 지위에서 이 건 부동산을 취득한 것으로 볼 수 있고 이와 같이 해석하는 것이 '산업단지에 대한 감면의 입법취지'에도 부합하는 점 등에 비추어 청구법인이 취득한 이 건 부동산은 산업단지개발사업의 시행자가 산업단지를 조성하기 위하여 취득하는 부동산으로 보는 것이 타당함(조심 2017지0854, 2019.3.15.).

그러나 산업단지 입주기업에 대한 사례이긴 하나, 이러한 입장은 최근에 변경된 것으로 과거에는 신탁계약서에 의하면 법인이 신탁계약 종료 시 신탁이익을 수익자 등에게 지급하기로 약정한 사실 등에 비추어 신탁회사에 대해 취득세 감면을 적용할 수 없다고 결정하기도 하였다.

지방세특례제한법 제78조 제4항 제2호 가목에서의 산업단지 내에서 산업용 건축물 등을 신·증축하고자 하는 자가 취득하는 부동산이라고 규정하고 있고, 같은 조 제5항에서 유예기간 이내에 해당 용도로 직접 사용하지 아니하는 경우에는 감면한 취득세를 추징하도록 규정하고 있는 점 등에 비추어 지방세특례제한법 제78조 제4항 제2호 가목에서의 산업용 건축물 등을 신·증축하고자 하는 자가 취득하는 부동산이라 함은 산업용 건축물 등을 신·증축하여 이를 직접 사용하고자 취득하는 부동산을 의미한다고 보는 것이 타당하다고 할 것인데, 청구법인의 경우 쟁점토지의 취득 무렵인 2014.2.26. 수탁법인 등과 체결한 신탁계약서의 주요내용에서 쟁점토지 상에 창고건물을 신축하여 이를 분양하고 분양이 되지 아니할 경우 임대하고, 신탁계약이 종료하면 그 신탁이익을 수익자 등에게 지급하기로 약정한 사실 등에 비추어, 청구법인이 쟁점토지 상에 창고건물을 신축하여 이를 직접 사용하고자 쟁점토지를 취득한 것으로 보기 어려우므로 쟁점토지는 취득 시점에서 취득세 감면 대상에 해당되지 않음(조심 2014지1352, 2015.4.28.).

쟁점 024 산업단지 시행자가 취득하여 철거한 건축물도 감면?

> **지방세특례제한법 제78조【산업단지 등에 대한 감면】제1항**
>
> ① 「산업입지 및 개발에 관한 법률」 제16조에 따른 산업단지개발사업의 시행자 또는 「산업기술단지 지원에 관한 특례법」 제4조에 따른 사업시행자가 산업단지 또는 산업기술단지를 조성하기 위하여 취득하는 부동산에 대해서는 취득세를, 조성공사가 시행되고 있는 토지에 대해서는 재산세를 경감한다.

지방세특례제한법 제78조 제1항에 따른 취득세 감면의 요건은 '산업단지 사업시행자가 산업단지 또는 산업기술단지를 개발 또는 조성하기 위하여 취득하는 부동산'이다. 그리고 재산세 감면의 요건은 '조성공사가 시행되고 있는 토지'이다.

산업단지 사업시행자는 산업단지를 조성하기 위하여 해당 지역의 토지 외에도 건축물을 함께 수용하고 이후 수용한 건축물을 철거하게 되는데, 이처럼 해당 규정에서 감면 적용대상으로 '인적요건'과 '물적요건'을 엄격하게 규정하고 있음에 따라 철거된 건축물에 대해서도 감면을 적용할 수 있을지에 대한 쟁점이 발생한다.

기 업

(1) 시행자가 산업단지 조성을 위해 철거한 건축물 : 취득세 감면

산업단지 사업시행자가 산업단지 또는 산업기술단지를 개발 또는 조성하기 위하여는 건축물의 취득과 그 건축물의 철거는 불가피한 과정이다.

건축물이 있는 토지를 취득하고 산업단지 등을 조성하기 위해 해당 건축물을 철거한 경우라도 그 건축물은 산업단지 조성을 위해 취득한 부동산으로서 감면 대상에 해당되는 것으로 보인다.

(2) 시행자가 건축물 철거 전 재산세 납세의무 성립 : 재산세 과세

산업단지 시행자에 대한 재산세 감면 대상은 조성 중인 토지로 보다 명확하다. 따라서 사업시행자가 건축물을 취득하였으나 해당 건축물을 철거되지 않은 상태에서 재산세 과세기준일이 도래하게 되면 재산세는 정상 과세하는 것이 타당하다.

쟁점 025 시행자가 산업단지 조성만 완료하면 취득세 추징은 불가?

> **지방세특례제한법 제78조【산업단지 등에 대한 감면】제1항**
>
> ① … 다만, 다음 각 호의 어느 하나에 해당하는 경우에는 경감된 취득세 및 재산세를 추징한다.
>
> 1. 산업단지 또는 산업기술단지를 조성하기 위하여 취득한 부동산의 취득일부터 3년 이내에 정당한 사유 없이 산업단지 또는 산업기술단지를 조성하지 아니하는 경우에 해당 부분에 대해서는 경감된 취득세를 추징한다.
> 2. 산업단지 또는 산업기술단지를 조성하기 위하여 취득한 토지의 취득일(「산업입지 및 개발에 관한 법률」 제19조의 2에 따른 실시계획의 승인 고시 이전에 취득한 경우에는 실시계획 승인 고시일)부터 3년 이내에 정당한 사유 없이 산업단지 또는 산업기술단지를 조성하지 아니하는 경우에 해당 부분에 대해서는 경감된 재산세를 추징한다.

(1) 산업단지 조성의 완료 시 감면받은 세액 : 추징 불가

지방세특례제한법 제78조 제1항 단서에서는 산업단지 또는 산업기술단지를 조성하지 아니하는 경우 감면된 지방세를 추징할 수 있도록 규정하고 있고, 산업단지를 조성한 후 산업용 건축물 등을 신·증축하지 않은 경우를 이에 포함하고 있지 않다.

따라서 사업시행자가 산업단지 조성공사를 끝낸 날부터 정당한 사유 없이 3년 이내에 산업용 건축물 등을 신축하지 아니하는 경우 같은 법 제78조 제1항에 따라 감면한 취득세 등을 사업시행자에게 추징할 수 있을지에 대해 쟁점이 발생하고 있다.

대법원 판례 및 유권해석은 지방세특례제한법 제78조 제1항에서는 산업단지를 개발 또는 조성하기 위해 취득한 부동산에 대해 취득세 등을 감면하도록 하고 있고, 해당 규정에서는 3년 이내에 산업단지 등을 조성하지 아니하는 경우만을 추징 사유로 규정하고 있으므로 산업단지 조성을 완료하였다면 산업용 건축물 등을 신축하지 아니한 것을 사유로 같은 법 제78조 제1항의 추징 규정을 적용하여 취득세 등을 추징할 수 없다고 판시하고 있다.

구 지방세법(2010.3.31. 법률 제10221호로 개정되기 전의 것, 이하 '구 지방세법'이라 한다) 제276조 제2항은 산업단지를 조성하기 위하여 취득하는 부동산에 대한 취득세를 면제하도록 한 후 '사업시행자가 산업단지를 조성하지 아니하거나 공사가 완료된 후에 산업용 건축물 등을 신·증축하지 않은 경우'도 산업단지를 조성하기 위하여 취득하는 부동산에 대해 감면된 취득세를 추징하도록 규정하였으나, 구 지방세특례제한법이 2010.3.31. 법률 제10220호로 제정되면서 사업시행자가 산업단지를 조성하지 않은 경우와 공사가 완료된 후 산업용 건축물 등을 신·증축하지 않은 경우를 달리 규정하여 구 지방세특례제한법 제78조와 유사한 체제, 형식 및 내용을 갖추게 되었으므로, 구 지방세특례제한법 제78조에 대한 해석이 구 지방세법 제276조 제2항에 따른 해석과 동일하게 이루어져야 한다고 볼 수 없다. 한편 지방세특례제한법(2016.12.27. 법률 제14477호로 개정된 것) 제78조 제3항에서는 입법적인 오류가 시정되었으나, 위와 같은 법률의 개정에도 불구하고 산업단지 조성공사가 완료된 후 산업용 건축물 등을 신·증축하지 않은 경우에 추징할 수 있는 취득세에 '산업단지를 조성하기 위하여 취득하는 부동산에 대해 감면된 취득세'를 포함하지 않음(대법원 2018두43590, 2018.8.30.).

사업시행자가 산업단지를 3년 이내에 개발·조성하여 사업시행자가 산업단지 조성용 토지를 이미 감면받은 후 당해 토지를 제3자에게 분양 또는 임대한 경우라면 같은 조 단서에서 규정하고 있는 추징 요건에 해당된다고 볼 수는 없을 뿐만 아니라 나아가 산업용 건축물 등을 신축 또는 증축하였는지 여부 또한 달리 볼 이유는 없다 할 것임. 따라서 위 조항의 문언과 규정 취지 등을 종합적으로 고려할 때, 산업단지 개발사업시행자가 산업단지 개발·조성사업을 완료한 후 준공인가를 받고 그 토지를 감면받은 경우라면 사업시행자가 산업단지를 개발·조성한 후 제3자에게 분양 또는 임대하여 사용하는 경우 단서에서 추징 대상으로 규정하고 있는 '3년 내에 정당한 사유 없이 산업단지를 개발·조성하지 아니하는 경우'에 해당하지 아니하기 때문에 추징의 범위에 포함하는 것은 타당하지 않음(지방세특례제도과-570, 2018.2.22.).

(2) 시행자가 3년 이내 산업단지를 조성하지 않은 경우 : 취득세, 재산세 추징

지방세특례제한법 제78조 제1항에서는 취득일부터 3년 이내에 산업단지 등을 조성하지 않는 경우 추징 대상 세목으로 취득세와 재산세를 모두 규정하고 있다.

재산세의 경우는 이미 같은 항 본문에서 감면 요건으로 '조성 중인 토지'로 규정하고 있다. 그럼에도 3년 이내에 산업단지 등을 조성하지 않는다고 해서 재산세를 추징 사유가 발생할 수 있을지 의문이 제기된다.

이는 추징 사유인 '3년 이내에 산업단지 등을 조성하지 않는 경우' 중 '조성'의 의미를 어떻게 해석하는지에 따라 달라질 수 있다. 먼저 조성을 '조성의 완료'로 본다면, 아무리 과세기준일 현재 조성 중인 토지여서 재산세를 감면하였다 하더라도 이후 산업단지 조성이 완료되지 않으면 감면된 재산세를 추징할 수 있다.

반면 '조성사업을 착공'으로 본다면 재산세는 과세기준일 현재 이미 조성 중에 있는 토지를 감면 요건으로 하고 있으므로, 재산세를 감면할 당시 감면 요건을 충족하여 재산세를 감면한 것이라면 재산세의 추징 사유는 발생하지 않는 것이다.

이에 대해 유권해석 또는 조세심판례는 없으나, 지방세특례제한법 제78조 제1항 단서의 '3년 이내에 산업단지 등을 조성하지 않는 경우'는 산업단지 조성을 완료하지 않는 경우로 보는 것이 합리적으로 보인다. 다만, 추징 규정에 대해 좀 더 명확히 개정할 필요가 있어 보인다.

기업

쟁점 026 직원에게 분양·임대하기 위한 아파트도 감면?

> **지방세특례제한법 제78조【산업단지 등에 대한 감면】제2항**
>
> ② 사업시행자가 산업단지 또는 산업기술단지를 개발·조성한 후 대통령령으로 정하는 산업용 건축물 등의 용도로 분양 또는 임대할 목적으로 취득·보유하는 부동산에 대해서는 다음 각 호에서 정하는 바에 따라 지방세를 경감한다.
>
> 1. 신축 또는 증축으로 2022년 12월 31일까지 취득하는 산업용 건축물 등에 대해서는 취득세와 재산세를 각각 경감한다.
> 2. 2022년 12월 31일까지 취득하여 보유하는 조성공사가 끝난 토지에 대해서는 재산세 납세의무가 최초로 성립하는 날부터 5년간 재산세를 경감한다.

지방세특례제한법 제78조 제2항은 산업단지 사업시행자가 분양 또는 임대할 목적으로 취득하는 산업용 건축물을 감면 대상으로 하고 있다. 2016.12.27. 법 개정 이전에는 산업용 건축물이 아닌 '사업시행자가 산업단지를 개발·조성하여 분양 또는 임대할 목적으로 취득하는 부동산'으로 취득세 감면 대상을 규정하고 있었다.

따라서 지방세특례제한법 개정 이전에는, '부동산'이란 용어는 토지 및 건축물을 포함하는 개념이므로 사업시행자가 산업단지를 개발·조성하여 근로자들에게 임대할 목적으로 취득하는 아파트도 감면 대상에 해당되는지가 쟁점이 되었다.

이에 대해 조세심판례는 산업단지 사업시행자가 근로자들에게 임대할 목적으로 취득하는 아파트도 감면 대상에 해당된다고 보았으나, 감사원 심사결정 사례에서는 아파트는 산업단지 개발사업에 포함하여 개발된 것으로도 볼 수 없으므로 산업단지를 개발·조성하여 분양·임대할 목적으로 취득하는 부동산에 해당되지 않는다고 봄으로써 서로 대립하고 있다.

지방세특례제한법 제78조 제2항의 부동산이 같은 조 제1항의 부동산과 동일하다고 볼 수 없고 같은 조 제3항의 산업용 건축물 등을 의미한다고 볼 수도 없으므로, 지방세특례제한법 제78조 제2항의 '분양 또는 임대할 목적으로 취득하는 부동산'의 의미를 산업단지에 대한 취득세 등의 면제 취지와 법 문언에 비추어 합목적적으로 해석할 수밖에 없다 할 것인데, 산업입지및개발에관한법률이 1995.12.29. 법률 제5111호로 개정되면서 종전에는 공업단지개발사업을 공업용지조성사업과 이와 관련된 기반시설조성사업으로 규정하다가 개정 후에는 제2조 제6호 라목에서 산업단지의 기능제고를 위한 주거시설·문화시설·의료복지시설·체육시설·관광휴양시설 등의 용지조성사업 및 공원조성사업을 추가로 신설하여 종전에 공업단지개발사업을 단순히 공업용지를 조성, 공급하던 형태에서 산업단지 개발사업으로 변경된 후에는 단순한 용지조성사업뿐만 아니라 산업단지의 기능제고를 위한 건축물 등 시설물의 건축사업까지 포함하는 개념으로 확대되었다고 보이고, 이러한 산업입지및개발에관한법률의 개정취지에 맞추어 종전의 지방세법 제276조와 현행 지방세특례제한법 제78조 제2항에서 산업단지를 조성하는 과정에서 분양 또는 임대할 목적으로 취득한 부동산에 대하여 취득세 등을 면제하는 것으로 개정된 것으로 보임. 따라서 쟁점아파트에 대하여 산업단지관리기관이 아닌 청구법인이 직원 임대용으로 취득한 부동산이므로 취득세 등의 면제 대상에 해당되지 않는다고 보아 취득세를 부과처분한 것은 잘못임(조심 2015지0185, 2016.6.10.).

산업단지 내 아파트를 신축할 경우 산업단지 개발사업에 포함하여 시행할 수 있는 대상으로 볼 수 없고, 설령 그 대상이 된다 하더라도 쟁점 신축 아파트는 산업단지 개발사업에 포함하여 개발된 것으로도 볼 수 없으므로 산업단지를 개발·조성하여 분양·임대할 목적으로 취득하는 부동산에 해당되지 않음(감사원 2015-191, 2017.6.29.).

다만, 2016년 말 지방세특례제한법 제78조 제2항이 현행과 같이 '산업용 건축물'로 개정한 이후에는 이러한 쟁점은 해소되었다고 보아야 한다.

기 업

쟁점 027 산업용 건축물을 건축하지 못한 정당한 사유?

지방세특례제한법 제78조【산업단지 등에 대한 감면】제3항

1. 다만, 다음 각 목의 어느 하나에 해당하는 경우 경감된 지방세를 추징한다.
   가. 정당한 사유 없이 그 취득일부터 3년 이내에 해당 용도로 직접 사용하지 아니하는 경우
   나. 해당 용도로 직접 사용한 기간이 2년 미만인 상태에서 매각·증여하거나 다른 용도로 사용하는 경우
2. 다만, 다음 각 목의 어느 하나에 해당하는 경우 경감된 재산세를 추징한다.
   가. 정당한 사유 없이 그 조성공사가 끝난 날부터 3년 이내에 해당 용도로 직접 사용하지 아니하는 경우
   나. 해당 용도로 직접 사용한 기간이 2년 미만인 상태에서 매각·증여하거나 다른 용도로 사용하는 경우

(1) 산업단지 시행자의 경영악화로 매각한 경우 : 정당한 사유 불인정

대법원 판례에서는 IMF 구제금융사태로 인한 경제환경의 변화와 정부의 구조조정 요구 등이 있었다고 하더라도 이를 정당한 사유로 인정하지 않는다. 즉 토지를 매각하기로 결정한 것은 스스로의 사업판단에 따른 것이고, 내부적인 사정에 불과하다고 보고 있는 것이다.

구 지방세법 제276조 제2항 단서에서 말하는 "정당한 사유"란 산업단지를 조성하지 못한 사유가 행정관청의 금지·제한 등 외부적인 사유로 인한 것이거나 또는 내부적으로 산업단지를 조성하기 위하여 정상적인 노력을 다하였음에도 불구하고 시간적인 여유가 없거나 기타 객관적인 사유로 인하여 부득이 산업단지를 조성할 수 없는 경우를 말하는 것이고, 부동산의 취득자가 그 자체의 자금사정이나 수익상의 문제 등으로 산업단지 조성을 포기한 경우는 이에 포함되지 아니한다 할 것임(대법원 2003.12.12. 선고, 2003두9978 판결 참조). 같은 취지에서 원심이, 원고가 이 사건 토지를 매각할 당시 IMF 구제금융사태로 인한 경제환경의 변화와 정부의 구조조정 요구 등이 있었다고 하더라도 이는 원고가 당시의 경영환경 변화에 적응하고 경영합리화를 추구하는 과정에서 스스로의 사업판단에 따라 이 사건 토지를 매각하기로 결정한 것으로서 원고의 내부적인 사정에 불과하고, 달리 원고가 이 사건 토지를 취득하여 산업단지를 조성함에 있어서 법령에 의한 금지·제한 등 객관적으로 불가능한 사유가 있었다고 볼 수 없음(대법원 2002두11752, 2004.4.28.).

(2) 직접 사용한 기간이 2년 미만인 상태에서 현물출자한 경우 추징

현물출자, 합병 등을 추징 사유로 볼 것인지에 대해서는 산업단지 입주기업에 대한 감면 규정의 추징 여부와 동일하다.

"해당 용도로 '직접 사용'한 기간이 2년 미만인 상태"와 결부하여 매각·증여하거나 다른 용도로 사용하는 경우를 추징 요건으로 정하고 있는 바, '직접 사용'은 취득세를 면제받은 자가 그 부동산의 소유자 또는 사실상 취득자의 지위에서 현실적으로 이를 산업용 건축물 등의 용도로 직접 사용하는 것을 의미하는데(대법원 2015.3.26. 선고 2014두43097 판결, 헌법재판소 2018.1.25. 선고 2015헌바277 전원재판부 결정 참조) 구 지방세특례제한법 제2조 제2항 본문은 '이 법에서 사용하는 용어의 뜻은 특별한 규정이 없으면 지방세기본법과 지방세법에서 정하는 바에 따른다.'고 규정하고 있으나, '매각'의 의미에 관하여 지방세특례제한법은 물론 지방세기본법, 지방세법에도 달리 정함이

없으므로[구 지방세법(2016.12.27. 법률 제14475호로 개정되기 전의 것) 제6조 제1호는 취득세에서 사용하는 용어인 '취득'이란 매매, 교환, 상속, 증여, 기부, 법인에 대한 현물출자, 건축, 개수, 공유수면의 매립, 간척에 의한 토지의 조성 등과 그 밖에 이와 유사한 취득으로서 원시취득, 승계취득, 또는 유상·무상의 모든 취득을 말한다고 규정하고 있을 뿐, 매각이라는 용어를 사용하거나 이를 정의한 것은 아니다], 매각의 사전적 의미, 법률적인 용례 등에 앞서 본 이 사건 각 조항의 입법취지를 종합하여 매각을 해석할 수밖에 없다. 매각의 사전적 의미는 '물건을 팔아 버린다는 것'이고, 법률적으로는 '매매 등의 법률행위나 경매 등 법률의 규정에 따른 유상성이 있는 원인(법률요건)에 의해 처분이라는 법률효과가 발생한 결과'를 의미하는 것인데, 현물출자는 부동산 등 출연하는 현물의 가치를 평가하여 그 대가로 주식을 교부받는 것이어서 매각과 실질에 있어서 차이가 없으므로, 현물출자도 '매각'에 포함됨(대법원 2018두44920, 2018.9.13.).

기 업

Ⅲ 지식산업센터 등에 대한 감면

✔ 감면 요건

대상자	① 지식산업센터를 설립하는 자 ② 지식산업센터를 분양받는 자
대상물건	① 직접 사용·분양·임대하기 위하여 신축 또는 증축하는 지식산업센터(부속토지 포함) ② 설립자로부터 최초로 분양받은 지식산업센터
감면율	① **설립자** : 취득세 35%, 재산세 37.5% ② **입주자** : 취득세 50%, 재산세 37.5%
감면시한	2022.12.31.

✔ 추징 요건

사용개시 및 최소사용	① 설립자 • 정당한 사유 없이 1년 이내에 착공하지 않은 경우 • 취득일부터 5년 이내에 매각증여 다른 용도로 분양 임대하는 경우 ② 입주자 • 정당한 사유 없이 1년 이내에 착공하지 않은 경우 • 취득일부터 5년 이내에 매각증여 다른 용도로 분양 임대하는 경우

✔ 관련 법령

지특법 §58의 2

✔ 개정 연혁

개정일	개정 전	개정 후	개정 이유 / 적용 요령
지특법 §58의 2 ① 2016.12.27. 제14477호	• 감면 대상자 지식산업센터 설립 승인을 받은 자	• 감면 대상 자격 완화 지식산업센터를 설립하는 자	• 설립승인을 받기 전 부동산을 취득하는 경우 감면에서 제외되는 문제를 개선 (일반적 적용례) 법 시행 이후 납세의무 성립 분부터 적용
	• 감면 대상 분양 또는 임대하기 위하여 취득하는 부동산에 대해 감면	• 감면 대상 사업 시설용으로 분양 또는 임대하기 위하여 취득하는 부동산에 대해 감면 분양 임대 대상을 중소기업으로 한정	• 분양 임대 목적 및 그 대상을 중소기업으로 명확화 (일반적 적용례) 법 시행 이후 납세의무 성립 분부터 적용

쟁점 028 지식산업센터 설립자가 증축한 부동산 감면 범위?

> **지방세특례제한법 제58조의 2 【지식산업센터 등에 대한 감면】 제1항 제1호**
>
> ① 지식산업센터를 설립하는 자에 대해서는 다음 각 호에 따라 지방세를 경감한다.
>
> 1. 「산업집적활성화 및 공장설립에 관한 법률」 제28조의 5 제1항 제1호 및 제2호에 따른 시설용으로 직접 사용하기 위하여 신축 또는 증축하여 취득하는 부동산(신축 또는 증축한 부분에 해당하는 부속토지를 포함한다. 이하 이 조에서 같다)과 사업시설용으로 분양 또는 임대(중소기업을 대상으로 분양 또는 임대하는 경우로 한정한다)하기 위하여 신축 또는 증축하여 취득하는 부동산에 대해서는 취득세의 100분의 35를 경감한다.

지식산업센터 설립자는 제조업 용도로 직접 사용하는 경우와, 중소기업에게 분양 또는 임대하는 경우 모두 감면 대상이다. 다만 취득하는 방식은 신축 또는 증축하는 경우로 한정된다. 이는 지방세특례제한법 제78조 제2항 및 제3항의 산업단지 시행자에 대한 감면 범위와 동일하다.

유권해석의 경우는 기존 공장을 멸실하지 않고, 용도변경 및 일부 면적을 증축한 경우 증축된 부분만 감면 대상으로 보고 있다.

부속토지의 경우도 마찬가지이다. 신축한 경우에는 부속토지 전체가 감면 대상이다. 이러한 사항은 산업단지 입주기업에 대한 감면 규정과 함께 동일한 것으로 볼 수 있으며, 증축한 경우에는 증축한 건축물 부분에 해당하는 부속토지만 감면하도록 2016년 말 지방세특례제한법 개정 시 반영되었다.

그러나 2020.1.15. 산업단지 입주기업에 대한 감면규정(지특법 §78 ④)이 개정되면서 산업용 건축물 등을 증축하는 경우에 부속토지는 감면에서 제외하도록 하였으므로 그 감면 범위가 달라지게 되었다.

- 지식산업센터의 설립승인을 받아 공장 건축물을 취득하였으나, 기존 공장을 멸실하지 않고, 용도변경 및 일부 건물을 증축한 경우 승계 취득한 기존공장은 신축하거나 증축한 부동산에 해당되지 아니하므로, 취득한 기존 공장을 멸실하지 않고 용도변경 및 증축하여 사용하는 경우, 지식산업센터 용도로 새로이 증축한 부분에 대하여만 취득세가 경감됨(지방세특례제도과-1200, 2014.8.1.).
- 승계취득한 기존공장을 증축하여 지식산업센터로 사용할 경우 기존공장 부분은 지방세특례제한법 제58조의 2 제1항에 따른 취득세 감면 대상 지식산업센터에 포함되지 않음 (지방세운영과-1604, 2013.7.24.).

일부 조세심판례는 지식산업센터의 설립자가 지식산업센터를 증축하는 경우 증축을 통해 증가된 면적 외에 기존 건축물도 감면 대상인 것으로 보기도 하였다. 즉 증축은 기존 건물의 면적을 증가시키는 것이므로 증축을 통해 취득한 부동산은 기존 건축물 및 증축한 건축물 전체로 보는 것이다.

- 지식산업센터의 설립승인을 받은 자가 지식산업센터를 신축하거나 증축하여 사업시설용으로 직접 사용하거나 분양 또는 임대하기 위하여 취득하는 부동산을 취득세 감면 대상으로 규정하고 있고 건축법 상 증축의 정의를 기존 건물의 면적을 증가시키는 건축으로 정의하고 있는 바, 기존에 존재하던 건물을 승계취득한 뒤 증축하여 지식산업센터를 설립하는 경우 그러하기 위하여 취득한 기존의 건축물 및 그 부속토지는 감면 대상에 해당하는 것으로 문리해석됨(조심 2015지0270, 2015.5.26.).

그러나 감면 범위를 산업단지(지특법 §78) 규정과 동일한 것으로 보아야 하고, 2016년 지방세특례제한법 개정을 통해 증축하는 경우 부속토지는 증축한 부분에 해당하는 이 부분만 감면하도록 개정한 점을 고려하면, 증축하여 취득하는 부동산의 범위에 증축이 발생하지 않은 기존 건축물을 포함하는 것은 무리가 있어 보인다.

쟁점 029 지식산업센터는 제조업만 감면?

> **지방세특례제한법 제58조의 2【지식산업센터 등에 대한 감면】제2항**
>
> ② 지식산업센터를 신축하거나 증축하여 설립한 자로부터 최초로 해당 지식산업센터를 분양받은 입주자(「중소기업기본법」 제2조에 따른 중소기업을 영위하는 자로 한정한다)에 대해서는 지방세를 경감한다.

"지식산업센터"란 동일 건축물에 제조업, 지식산업 및 정보통신산업을 영위하는 자와 지원시설이 복합적으로 입주할 수 있는 다층형 집합건축물을 말한다. 제조업은 통계청장이 고시하는 표준산업분류에 따른 제조업으로서 반드시 제조시설 및 부대시설 등을 갖추어야 한다.

산업집적활성화및공장설립에관한법률에 따른 '제조시설 등'의 정의 및 제조업을 목적으로 하는 기업이 현실적으로 사용하는 공장의 이용례에 비추어 보면, 제조시설은 해당 물품의 제조공정을 형성하는 기계·장치 등이 갖추어져 있는 경우이고, 그 부대시설은 공장 안에 설치되는 제조시설의 관리·지원, 종업원의 복지후생을 위한 시설이다.

따라서 지식산업센터 입주자로서 제조업을 영위하는 자에 대해 감면을 적용하기 위해서는 제조시설의 구비가 필수적이고, 제조업의 용도로 사용하지 않는 경우에는 지식산업센터 입주기업이 다른 용도로 사용하는 것으로 보아서 추징 대상이 된다.

기 업

☑ 지식산업센터용 부동산을 취득한 후 제조업이 아닌 사무실로 사용되고 있는 것으로 나타나고, 2011년도 및 2012년도 부가가치세 총 매출액 중 도매업에 의한 상품매출액 비율은 각각 91.7% 및 90.8%이고, 제조업에 의한 제품매출액은 8.3% 및 9.2%에 불과한 것으로 나타나는 점 등을 고려할 때, 처분청이 쟁점부분을 제조업이 아닌 다른 용도로 사용하는 것으로 보아 기 면제한 취득세를 추징한 처분은 잘못이 없음(조심 2014지0553, 2014.6.25.).

(1) 일부만 제조업으로 사용 그 외는 다른 용도로 사용 시 : 일부만 감면

지식산업센터 입주기업이 분양받은 부동산을 일부는 제조업으로 사용하고, 일부는 지식산업센터에 입주가 불가능한 업종의 용도로 사용하는 경우, 제조업에 사용하는 일부만 감면할지 또는 전체 부동산을 다른 용도로 사용한 것으로 보아서 전체를 감면에서 제외할지의 문제이다.

조세심판례의 경우 제조업에 사용되는 부분에 대해서만 감면을 적용하되, 감면 대상 면적은 매출액을 기준으로 안분하여 산출하도록 결정하였다.

☑ 청구법인이 지식산업센터에 입주할 수 없는 업종(상품 판매업)에 사용한 부분에 대해서는 경감된 취득세를 추징하는 것이 타당할 것이고, 상품 판매업에 사용된 면적이 불분명한 경우, 처분청에서 매출액을 안분기준으로 삼아 이 건 취득세의 과세표준을 산출한 것은 잘못이 없음(조심 2014지1826, 2016.1.29.).

과세기관에서도 사실관계를 반영하기 위해 매출액으로 안분하는 방식을 활용하고 있는 것으로 보이나 지방세 관계법령에 근거를 찾기 어렵다. 따라서 법령에서 이와 같은 경우에 대한 감면 범위를 어떻게 산정할지에 대해 보다 명확히 할 필요가 있어 보인다.

(2) 제조시설 없이 사무실 등 부대시설만 설치한 경우는 감면 제외

지식산업센터는 동일 건축물에 제조업 등과 그 지원시설이 복합적으로 입주하는 것을 말한다. 이 경우 제조업은 한국표준산업분류에 따른 제조업으로서 반드시 제조시설 및 부대시설 등을 갖추어야 한다.

부대시설의 경우는 제조시설을 갖추고, 해당 공장에 필수불가결하게 설치되는 경우로 보아야 하므로 제조시설 없이 사무실 등 부대시설만을 갖추었다고 하는 경우는 감면 대상으로 볼 수 없다.

당초 공장배치도 상에 존재하던 생산라인 등 제조시설이 회사도면 상에는 모두 누락되어 있는 점, 이 건 부동산은 등록된 공장으로서 제조시설을 갖추고 공장 내에서 그 시설의 운영을 위하여 필수불가결하게 설치될 수밖에 없는 사무실 등에도 해당하지 아니하여 「산업집적활성화및공장설립에관한법률시행규칙」 제2조 제1호의 공장의 범위에 들어가는 부대시설(사무실 등)로도 볼 수 없는 점, 청구법인이 이 건 부동산을 취득한 이래 수중펌프 제조업을 영위해 온 사실을 입증할 수 있는 직접적인 자료를 제시하지 못하고 있는 점을 종합하여 보면, 청구법인이 이건 부동산의 취득을 위해 당초 처분청에 제출한 사용계획확인서 상의 내용에 반하는 용도로 이 건 부동산을 사용하였다고 보는 것이 타당함(조심 2009지0684, 2010.3.29.).

(3) 입주기업은 지식산업센터를 최초로 분양받은 경우 감면

지식산업센터에 입주하는 기업은 설립자로부터 제조업 등에 사용하기 위한 부동산을 최초로 분양 받는 경우만 감면 대상에 해당된다. 그러므로 이미 입주기업이 취득한 부동산을 재차 취득하는 것은 감면 대상으로 볼 수 없다.

또한 여기서 최초로 분양받는 경우는 설립자로부터 처음 소유권을 이전받는 경우로 보아야 한다. 따라서 분양권을 전매로 취득하여 설립자로부터 소유권등기를 최초로 이전받는 경우도 감면 대상으로 볼 수 있다.

참고 법령 산업집적활성화 및 공장설립에 관한 법률(약칭 : 산업집적법)

제2조 【정의】

1. "공장"이란 건축물 또는 공작물, 물품제조공정을 형성하는 기계·장치 등 제조시설과 그 부대시설(이하 "제조시설 등"이라 한다)을 갖추고 대통령령으로 정하는 제조업을 하기 위한 사업장으로서 대통령령으로 정하는 것

8. "지식기반산업"이란 지식의 집약도가 높은 산업으로서 대통령령으로 정하는 산업

13. "지식산업센터"란 동일 건축물에 제조업, 지식산업 및 정보통신산업을 영위하는 자와 지원시설이 복합적으로 입주할 수 있는 다층형 집합건축물로서 대통령령으로 정하는 것

제28조의 5 【지식산업센터에의 입주】

① 지식산업센터에 입주할 수 있는 시설은 다음 각 호의 시설로 한다.

1. 제조업, 지식기반산업, 정보통신산업, 그 밖에 대통령령으로 정하는 사업을 운영하기 위한 시설
2. 「벤처기업육성에 관한 특별조치법」 제2조 제1항에 따른 벤처기업을 운영하기 위한 시설

참고 법령 산업집적활성화 및 공장설립에 관한 법률 시행령

제2조【공장의 범위】

①「산업집적활성화 및 공장설립에 관한 법률」(이하 "법"이라 한다) 제2조 제1호에 따른 제조업의 범위는 「통계법」 제22조에 따라 통계청장이 고시하는 표준산업분류에 따른 제조업으로 한다.

② 법 제2조 제1호에 따른 공장의 범위에 포함되는 것은 다음 각 호와 같다.

1. 제조업을 하기 위하여 필요한 제조시설(물품의 가공·조립·수리시설을 포함한다. 이하 같다) 및 시험생산시설
2. 제조업을 하는 경우 그 제조시설의 관리·지원, 종업원의 복지후생을 위하여 해당 공장부지 안에 설치하는 부대시설로서 산업통상자원부령으로 정하는 것
3. 제조업을 하는 경우 관계 법령에 따라 설치가 의무화된 시설
4. 제1호부터 제3호까지의 시설이 설치된 공장부지

제4조의 6【지식산업센터】

법 제2조 제13호에서 "대통령령으로 정하는 것"이란 다음 각 호의 요건을 모두 갖춘 건축물을 말한다.

1. 지상 3층 이상의 집합건축물일 것
2. 공장, 제6조 제2항에 따른 지식산업의 사업장 또는 같은 조 제3항에 따른 정보통신산업의 사업장이 6개 이상 입주할 수 있을 것
3. 「건축법 시행령」 제119조 제1항 제3호에 따른 바닥면적(지상층만 해당한다)의 합계가 같은 항 제2호에 따른 건축면적의 300퍼센트 이상일 것. 다만, 다음 각 목의 어느 하나에 해당하여 바닥면적의 합계가 건축면적의 300퍼센트 이상이 되기 어려운 경우에는 해당 법령이 허용하는 최대 비율로 한다.
   가. 「국토의 계획 및 이용에 관한 법률」 제78조에 따라 용적률을 특별시·광역시·특별자치시·특별자치도·시 또는 군의 조례로 따로 정한 경우
   나. 「산업기술단지 지원에 관한 특례법」 제8조에 따른 면적을 준수하기 위한 경우

Ⅳ 관광단지에 등에 대한 과세 특례

✔ 감면 요건

대상자	「관광진흥법」 제55조 제1항에 따른 관광단지개발 사업시행자
대상물건	관광단지개발사업을 시행하기 위하여 취득하는 부동산
감면율	취득세 25% + 조례감면 25% ※ 조례감면(25%) 시도 : 총 9곳 – 부산, 광주, 울산, 경기, 충남, 충북, 강원, 전북, 전남, 경북
감면시한	2022.12.31.

✔ 추징 요건

취득세 추징	① 정당한 사유 없이 그 취득일부터 1년이 경과할 때까지 해당 용도로 직접 사용하지 아니하는 경우 ② 해당 용도로 직접 사용한 기간이 2년 미만인 상태에서 매각·증여하거나 다른 용도로 사용하는 경우

✔ 관련 법령

지특법 §54 ①, 감면조례

✔ 개정 연혁

개정일	개정 전	개정 후	개정이유 / 적용요령
지특법 §54 ① 2011.12.31. 제11138호	• 감면율 취득세 100%	• 감면율 정비 법정감면 : 취득세 50% 감면조례 : 추가 50%	관광산업의 중요성 고려 법으로 50% 감면하고 재정분권 취지 고려 재정여건에 따라 조례로 50%를 추가 감면토록 개선
지특법 §54 ① 2014.1.1. 제12175호	• 일몰기한 2013.12.31.까지	• 감면 연장 2014.12.31.까지	관광산업 활성화 고려 감면 연장
지특법 §54 ① 2014.12.31. 제12955호	• 감면율 및 일몰기한 취득세 50% +(조례) 50% 2014.12.31.까지	• 감면 축소 및 연장 취득세 25% +(조례) 50% 2016.12.31.까지	장기간(32년) 감면, 대기업 참여 수익사업으로 담세력 충분

개정일	개정 전	개정 후	개정이유 / 적용요령
지특법 §54 ① 2015.12.29. 제13637호	• 감면율 및 일몰기한 취득세 25% + (조례) 50% 2016.12.31.	• 감면 축소 및 연장 취득세 25% + (조례) 25% 2019.12.31.까지	수익사업 고려 조례 감면 한도 25%로 축소

저자팁

지방세특례제한법 제54조는 관광단지개발 사업시행자에 대한 감면으로 관광단지 조성을 지원하는 것이고 관광단지 사업시행자로부터 관광사업을 위해 분양을 받는 수분양자에 대한 감면은 지방자치단체 조례에 규정되어 있다. 강원과 충북은 취득세 25%를, 부산, 광주, 세종, 경기, 전북, 전남, 경북, 경남은 취득세 50%를 감면해주고 있다. 이는 개별감면조례로 감면총량 한도와 교부세 패널티를 적용받는다.

쟁점 030 관광단지 조성계획 승인을 받은 것으로 의제되면 감면 가능?

> **지방세특례제한법 제54조【관광단지 등에 대한 과세 특례】제1항**
>
> ① 「관광진흥법」 제55조 제1항에 따른 관광단지개발 사업시행자가 관광단지개발사업을 시행하기 위하여 취득하는 부동산에 대해서는 취득세의 100분의 25를 2022년 12월 31일까지 경감하며, 해당 지역의 관광단지 조성 여건, 재정여건 등을 고려하여 100분의 25의 범위에서 조례로 정하는 율을 추가로 경감할 수 있다.

관광자원의 개발과 육성을 위해 관광단지개발 사업시행자가 개발 사업 시행 목적으로 취득하는 부동산에 대해서는 취득세 25%를 감면하고 있고, 지방자치단체가 감면조례를 신설한 경우에는 25% 범위 내에서 추가 감면을 받을 수 있다. 현재 조례로 25% 추가 감면 중인 지방자치단체는 부산, 광주, 울산, 경기, 충남, 충북, 강원, 전북, 전남, 경북 등 9개 시도다. 해당 시도에서 부동산을 취득하는 경우에는 취득세 50%를 감면받게 된다.

관광단지에 대한 감면에서 주요 쟁점은 인·허가의제와 관련된 것이다. 다른 법률에 따라 관광단지 조성계획 승인을 받은 자로 의제가 되는 경우 이를 관광진흥법 제55조 제1항에 따른 관광단지개발 사업시행자에 해당한다고 볼 수 있는지의 쟁점이다.

인·허가의제는 개발 사업을 시행하기 위해서 여러 법령에 의한 인·허가를 받아야 하는 경우에 개발 사업의 시행에 관한 인·허가를 받으면 관련 법령에 의한 인·허가가 있는 것으로 간주하는 것을 말한다.

인·허가의제에 의해 시행자는 여러 행정기관을 상대해야 하는 번거로움을 줄일 수 있고, 행정청은 주된 인·허가 및 이와 관련된 사항을 종합적으로 검토할 수 있게 된다. 최근에는 개발 사업에 관한 인·허가가 아닌 건축허가와 같은 단순한 인·허가에 대해서까지 인·허가의제가 확대되고 있다.

인·허가의제에 있어서 가장 문제되는 부분이 인·허가의제의 효력이 미치는 범위라고 할 수 있다. 위의 쟁점과도 연관되는 문제다. 예를 들어, 개발 사업의 시행계획에 대한 인·허가의제가 인정되는 경우 준공검사의 의제도 인정되는지, 의제되는 인·허가에 수반되는 수수료 등은 면제되는지, 의제되는 인·허가의 취소사유가 발생한 경우 주된 인·허가와 의제되는 인·허가 중 어느 것을 취소해야 하는지 등이 그것이다.

판례는 인·허가의제의 효력은 원칙적으로 다른 법률에 의한 인·허가가 있는 것으로 보는 데 그치며, 이에서 더 나아가 의제되는 인·허가를 받았음을 전제로 다른 법률의 모든 규정까지 적용받게 되는 것은 아니라는 입장이다.

주된 인·허가에 관한 사항을 규정하고 있는 어떠한 법률에서 주된 인·허가가 있으면 다른 법률에 의한 인·허가를 받은 것으로 의제한다고 규정을 둔 경우에는, 주된 인·허가가 있으면 다른 법률에 의한 인·허가가 있는 것으로 보는 데 그치는 것이고, 거기에서 더 나아가 다른 법률에 의하여 인·허가를 받았음을 전제로 한 다른 법률의 모든 규정들까지 적용되는 것은 아님(대법원 2014두2409, 2015.4.23.).

복합관광단지를 조성하기 위한 목적으로 추진된 개발사업에서 사업시행자가 경제자유구역법 상 실시계획 승인을 받아 관광진흥법 제54조 제1항의 조성계획 승인을 의제받은 경우 관광진흥법 제55조 제1항에 따른 관광단지개발 사업시행자로 볼 수 있을까?

해당 사건은 조세심판원에서 기각이 되어 대법원까지 다툼이 이어졌는데 사업시행자는 경제자유구역법에 의해 실시계획의 승인을 받는 과정에서 관광진흥법 상 조성계획의 승인에 관한 실체적 요건의 검토 및 유관기관과의 협의 등의 절차를 거쳐 조성계획의 승인 요건을 충족하였고, 경제자유구역법 제15조에서 지방자치단체는 지방세특례제한법에 따라 개발사업시행자에게 취득세 등의 조세를 감면할 수 있도록 규정하고 있기 때문에 지방세특례제한법 제54조 제1항의 관광단지개발 사업시행자에 해당한다고 주장한다.

반면, 과세기관에서는 위에서 언급한 대법원 판례(대법원 2014두2409, 2015.4.23.)를 근거로 경제자유구역법 상 실시계획 승인을 받아 관광진흥법 제54조 제1항의 조성계획 승인을 받은 자로 의제된다고 하더라도 지방세특례제한법 제54조 제1항의 규정을 적용할 수 있는 것은 아니라고 주장한다.

대법원은 해당 사건에 관해 주된 인·허가에 관한 사항을 규정하고 있는 어떠한 법률에서 주된 인·허가가 있으면 다른 법률에 의한 인·허가를 받은 것으로 의제한다는 규정을 둔 경우에는, 주된 인·허가가 있으면 다른 법률에 의한 인·허가가 있는 것으로 보는 데 그치는 것이고, 거기에서 더 나아가 다른 법률에 의하여 인·허가를 받았음을 전제로 한 다른 법률의 모든 규정들까지 적용되는 것은 아니다(대법원 2014두2409, 2015.4.23. 등 참조)라고 하면서 조세법률주의의 원칙상 과세요건이나 비과세요건 또는 조세 감면 요건을 막론하고 조세법규의 해석은 특별한 사정이 없는 한 법문대로 해석할 것이고 합리적 이유 없이 확장해석하거나 유추해석하는 것은 허용되지 아니하며, 특히 감면 요건 규정 가운데에 명백히 특혜규정이라고 볼 수 있는 것은 엄격하게 해석하는 것이 조세공평의 원칙에도 부합한다(대법원 2008두11372, 2009.8.20. 참조)고 하였다.

위의 두 법리를 토대로 대법원 판례에서도 경제자유구역법 제9조에 의하여 경제자유구역개발사업 실시계획을 승인받아 같은 법 제11조 제1항 제13호에 의하여 관광진흥법 제54조 제1항의 관광단지 조성계획 승인을 받은 것으로 의제되더라도 구 지방세특례제한법 제54조 제1항에서 규정하는 "관광진흥법 제55조 제1항에 따른 관광단지개발 사업시행자"에 해당한다고 볼 수 없다고 판단했다.

지방세특례제한법 제54조 제1항은 과세 특례 대상자를 '관광진흥법 제55조 제1항에 따른 관광단지개발 사업시행자'로 규정하고 있고, 관광진흥법 제55조 제1항은 '조성계획의 승인을 받아 조성계획 사업을 시행하는 자'를 관광단지개발 사업시행자로 규정하고 있기 때문에 지방세특례제한법 제54조 제1항의 과세 특례 대상자는 '관광진흥법에 따른 조성계획 승인을 받아 조성계획 사업을 시행하는 자'라고 할 것인데, 다른 법률에 따른 개발사업시행자가 조성계획 승인을 받은 것으로 의제되는 경우까지 포함하는 것으로 확장해석에 해당하고 이것은 조세법률주의의 엄격해석 원칙에 반한다는 결론이다.

따라서, 다른 법률에 따라 관광단지 조성계획 승인을 받은 자로 의제된다고 하더라도 이를 근거로 관광진흥법 제55조 제1항에 따른 관광단지개발 사업시행자가 된다고 할 수 없을 것이다.

- 어떤 법률에 의하여 주된 인·허가가 있으면 다른 법률에 의한 인·허가가 있는 것으로 보는 데 그치는 것이고, 더 나아가 다른 법률에 의하여 인·허가를 받았음을 전제로 하여 동 법률의 모든 규정들까지 적용되는 것은 아니므로 청구법인이 경제자유구역의지정및운영에관한특별법에 의해 관광진흥법 제54조의 관공단지조성계획 승인이 의제되었다 하더라도 같은 법 제55조 제1항에 따른 관광단지개발 사업시행자의 지위까지 갖춘 것으로 의제된다고 보기 어려운 점 등에 비추어 「지방세특례제한」 제54조 및 제6조의 취득세 감면 대상에 해당하지 않는다고 봄이 타당함(조심 2016지0109, 2016.9.27.).

- 경제자유구역법 제9조에 의하여 경제자유구역개발사업 실시계획을 승인받아 같은 법 제11조 제1항 제13호에 의하여 관광진흥법 제54조 제1항의 관광단지 조성계획 승인을 받은 것으로 의제되더라도 구 지방세특례제한법 제54조 제1항에서 규정하는 "관광진흥법 제55조 제1항에 따른 관광단지개발 사업시행자"에 해당한다고 볼 수 없음(대법원 2018두38499, 2018.6.28.).

관광단지 현황('18.12월 말 기준)

연 번	단지명	위 치	규 모 (㎢)	개 발 주 체	비 고 (지정/조성계획)
1	보문	경북 경주시 신평동, 보문동, 북군동, 천군동, 손곡동 일원	8.515	경북관광공사	'75. 4 / '73. 5
2	중문	제주 서귀포시 색달동, 중문동, 대포동 일원	3.562	한국관광공사	'71. 1 / '78. 6
3	해남 오시아노	전남 해남군 화원면 주광리, 화봉리 일원	5.073	한국관광공사	'92. 9 / '94. 6
4	감포	경북 경주시 감포읍 나정리, 대본리 일원	4.019	경북관광공사	'93.12 / '97. 3
5	마우나오션	경북 경주시 양남면 신대리 산 140-1번지 일원	6.419	㈜엠오디	'94. 3 / '94. 5
6	원주 오크밸리	강원 원주시 지정면 월송리, 판대리 일원	11.356	㈜한솔개발	'95. 3 / '96. 2
7	김천온천	경북 김천시 부항면 안간·파천리 일원	1.424	㈜우촌개발	'96. 3 / '97.12
8	휘닉스파크	강원 평창군 봉평면 면온리, 무이리, 진조리 일원	4.233	㈜보광	'98.10 / '99. 3
9	평창 용평	강원 평창군 대관령면 용산리, 수하리 일원	16.219	㈜용평리조트	'01. 2 / '04. 3
10	여수 화양	전남여수시 화양면 장수리, 안포리, 화동리, 이목리, 서촌리 일원	9.990	㈜일상 해양산업	'03.10 / '06. 5
11	안동문화	경북 안동시 성곡동 일원	1.655	경북관광공사	'03.12 / '05. 4
12	오시리아 (舊동부산)	부산시 기장군 기장읍 대변리, 시랑리 일원	3.663	부산도시공사	'05. 3 / '06. 4

연 번	단지명	위 치	규 모 (㎢)	개 발 주 체	비 고 (지정/조성계획)
13	웰리힐리 파크	강원 횡성군 둔내면 두원리, 우용리, 조항리 일원	4.831	㈜신안 종합리조트	'05. 6 / '12. 7
14	알펜시아	강원 평창군 대관령면 용산리, 수하리 일원	4.855	강원도 개발공사	'05. 9 / '06. 4
15	성산포해양	제주 서귀포시 성산읍 고성리 127-2일원	0.654	㈜보광제주	'06. 1 / '06. 1
16	어등산	광주시 광산구 운수동 219번지 일원	2.736	광주광역시 도시공사	'06. 1 / '07. 4
17	신화 역사공원	제주 서귀포시 안덕면 서광리 산35-7 일원	3.986	제주국제자유 도시개발센터	'06.12 / '06.12
18	홍천 비발디파크	강원 홍천군 서면 팔봉리 1290-14 일원	7.052	㈜대명 레저산업	'08.11 / '11. 1
19	팜파스 종합휴양	제주 서귀포시 표선면 성읍리 3196-2	3.001	㈜남영산업	'08.12 / '08.12
20	고흥 우주해양	전남 고흥군 영남면 남열리 201번지 일원	1.158	고흥군	'09. 5 / '09. 2
21	라비에벨 (舊무릉도원)	강원 춘천시 동산면 조양리 산156번지 및 홍천군 북방면 전치곡리 산1번지 일원	4.844	㈜코오롱 글로벌	'09. 9 / '09. 9
22	평택호	경기 평택시 현덕면 권관리, 기산리, 대안리, 신왕리 일원	2.743	㈜평택호 관광단지(가칭)	'09.10 / 수립중
23	강동	울산광역시 북구 정자동 일원	1.369	울산 북구청	'09.11 / '14.12
24	여수 경도	전남 여수시 경호동 일원	2.127	전남개발공사	'09.12 / '09.12
25	제주헬스 케어타운	제주 서귀포시 동홍동 2032번지 일원	1.539	제주국제자유 도시개발센터	'09.12 / '09.12
26	신영	강원 춘천시 동산면 군자리 일원	1.694	㈜신영 종합개발	'10. 2 / '10. 5
27	설악 한화리조트	강원 속초시 장사동 11번지 일원	1.314	㈜한화호텔 앤드 리조트	'10. 8 / '10. 8
28	예래 휴양형주거	제주 서귀포시 예래동 일원	0.741	㈜버자야 제주리조트	'10.11 / '10.11
29	창원 구산해양	경남 창원시 마산합포구 구산면 구복리, 심리 일원	2.843	창원시	'11. 4 / '15. 3
30	골드힐카운 티리조트	충남 천안시 서북구 입장면 기로리 일원	1.692	㈜골드힐	'11.12 / '13. 6

연 번	단지명	위 치	규 모 (㎢)	개 발 주 체	비 고 (지정/조성계획)
31	고성델피노 골프앤 리조트	강원 고성군 토성면 원암리 403-1번지 일원	0.901	㈜대명 레저산업	'12. 5 / '12. 5
32	강화 종합리조트	인천 강화군 길상면 선두리 산281-1번지 일원	0.645	㈜해강개발	'12. 7 / '12. 7
33	록인제주	제주 서귀포시 표선면 가시리 622번지 일원	0.523	㈜록인제주	'13.12 / '13.12
34	백제문화	충남 부여군 규암면 합정리, 신리, 호암리, 오수리 일원	3.025	㈜호텔롯데	'15. 1 / '15. 1
35	원주 더네이처	강원 원주시 문막읍 궁촌리 산121번지 일원	1.444	㈜경안개발	'15. 1 / '17. 4 (실효)
36	양양 국제공항	강원 양양군 손양면 동호리 510-28번지 일원	2.448	㈜새서울레저	'15.12 / '15.12
37	횡성 드림마운틴	강원 횡성군 서원면 석화리 산 261-1번지 일원	1.797	㈜미지엔 리조트	'16. 3 / '17. 6.
38	안성 죽산	경기 안성시 죽산면 당목리 산53번지 일원	1.438	㈜송백개발㈜ 서해종합건설	'16.10 / 미수립
39	원주 플라워 프루트월드	강원 원주시 문막읍 궁촌리 1777번지 일원	1.874	㈜원주화훼 특화관광단지 개발	'16.11 / 미수립
40	진도 대명리조트	전남 진도군 의신면 초사리 산274일원	0.559	㈜대명 레저산업	'16.12 / '16.12
41	원주 루첸	강원 원주시 문막읍 비두리 산 239-1번지 일원	2.644	㈜지프러스	'17. 4. / 미수립
42	증평 에듀팜 특구	충북 증평군 도안면 연촌리 산59-1번지	2.623	㈜블랙스톤 리조트	'17.12 / '17.12
43	드래곤	전북 남원시 대산면 옥율리 산131 일원	0.795	신한 레저주식회사	'18. 9 / '18. 9

Chapter 03 기업의 구조개선과 경영활동 지원

I 기업 구조개선에 대한 감면

법인의 적격합병

✔ 감면 요건

대상자	법인세법에 정한 요건을 갖추어 법인 간 합병하는 경우 ※ 적격합병 요건(법인세법 §44 ②)
대상물건	합병으로 양수하는 사업용 재산
감면율	취득세 50%(단 중소기업 간 합병 및 기술혁신형사업법인과의 합병인 경우 60%) ※ 지방세법 제15조에서 적격합병에 대해 세율 특례 (△2% 세율경감) 인정
감면시한	2021.12.31.

✔ 추징 요건

법인세법 요건 미이행	① 합병법인이 피합병법인으로부터 승계 받은 사업을 폐지하는 경우 ② 피합병법인 주주 등이 합병법인으로부터 받은 주식 등을 처분 ③ 사업연도 종료일 현재 합병법인의 근로자 수가 합병등기일 1개월 전 당시 피합병법인과 합병법인에 각각 종사하는 근로자 수의 합의 100분의 80 미만으로 하락하는 경우

✔ 관련 법령

지특법 §57의 2 ①, 지특령 §28의 2

✔ 개정 연혁

개정일	개정 전	개정 후	개정이유 / 적용요령
지특법 §57의 2 ① 2018.12.24. 제16041호	• 감면율 취득세의 100% ※ 최소납부세제 적용	• 감면율 취득세의 50%(기술혁신형사업법인과의 합병은 60%)	• 감면율 축소(일반적 적용례) 법 시행 이후 납세의무 성립분부터 적용
	• 감면 대상 합병에 따라 양수(讓受)하는 재산	• 감면 대상 합병에 따라 양수(讓受)하는 사업용 재산	• 사업용으로 감면 대상 부동산을 축소(일반적 적용례) 법 시행 이후 납세의무 성립분부터 적용

쟁점 031 적격합병으로 취득한 중과세 부동산 취득세 감면 기준

> **지방세특례제한법 제57조의 2【기업합병·분할등에 대한 감면】제1항**
>
> ① 법인세법 세44조 제2항 또는 제3항에 해당하는 합병으로서 대통령령으로 정하는 합병에 따라 양수하는 사업용 재산을 2021년 12월 31일까지 취득하는 경우에는 지방세법 제15조 제1항에 따라 산출한 취득세의 100분의 50(법인으로서 「중소기업기본법」에 따른 중소기업 간 합병 및 법인이 대통령령으로 정하는 기술혁신형사업법인과의 합병을 하는 경우에는 취득세의 100분의 60)을 경감하되, 지방세법 제15조 제1항 제3호 단서에 해당하는 경우에는 다음 각 호에서 정하는 금액을 빼고 산출한 취득세를 경감한다.
>
> 1. 「지방세법」 제13조 제1항에 따른 취득 재산에 대해서는 같은 조에 따른 중과기준세율(이하 "중과기준세율"이라 한다)의 100분의 300을 적용하여 산정한 금액
> 2. 「지방세법」 제13조 제5항에 따른 취득 재산에 대해서는 중과기준세율의 100분의 500을 적용하여 산정한 금액
>
> **지방세법 제15조【세율의 특례】제1항**
>
> ① 다음 각 호의 어느 하나에 해당하는 취득에 대한 취득세는 제11조 및 제12조에 따른 세율에서 중과기준세율을 뺀 세율로 산출한 금액을 그 세액으로 하되, …… 다만, 취득물건이 제13조 제2항에 해당하는 경우에는 이 항 각 호 외의 부분 본문의 계산방법으로 산출한 세율의 100분의 300을 적용한다.
>
> 3. 「법인세법」 제44조 제2항 또는 제3항에 해당하는 법인의 합병으로 인한 취득. 다만, 법인의 합병으로 인하여 취득한 과세 물건이 합병 후에 제16조에 따른 과세 물건에 해당하게 되는 경우 또는 합병등기일부터 3년 이내에 「법인세법」 제44조의 3 제3항 각 호의 어느 하나에 해당하는 사유가 발생하는 경우(같은 항 각 호 외의 부분 단서에 해당하는 경우는 제외한다)에는 그러하지 아니하다.
>
> **지방세법 제16조【세율적용】제1항**
>
> ① 토지나 건축물을 취득한 후 5년 이내에 해당 토지나 건축물이 다음 각 호의 어느 하나에 해당하게 된 경우에는 해당 각 호에서 인용한 조항에 규정된 세율을 적용하여 취득세를 추징한다.
>
> 1. 제13조 제1항에 따른 본점이나 주사무소의 사업용 부동산(본점 또는 주사무소용 건축물을 신축하거나 증축하는 경우와 그 부속토지만 해당한다)
> 2. 제13조 제1항에 따른 공장의 신설용 또는 증설용 부동산
> 3. 제13조 제5항에 따른 별장, 골프장, 고급주택 또는 고급오락장

지방세특례제한법에서는 법인세법에서 정한 일정한 요건을 갖추어 법인 간 합병을 하는 경우 합병법인이 취득하는 부동산 등에 대해 취득세를 감면해 왔다. 과거에는 이러한 적격합병의 요건도 없이 합병에 대해 지방세를 지원해 왔으며, 한때는 합병을 형식적 취득으로 보아서 취득세를 비과세하기도 하였다. 그간 취득세는 비과세로, 등록세는 100% 면제하는 것으로 지원해 왔기 때문에 합병에 따른 취득세 과세 문제가 발생하지 않았고, 그와 관련된 쟁점들도 발생하지 않았다.

세목통합과 분법의 과정을 거치면서, 조세특례제한법에서 지방세특례제한법으로 해당 규정이 이

관되고 지방세법(세율 특례)과 지방세특례제한법(감면)에 각각 나누어 규정되는 등 현재와 같이 규정되었다. 과거 형식적 취득으로 보아서 비과세 하였던 舊 취득세는 지방세법에 취득세율 특례(2% 세율 경감)로, 舊 등록세에 대한 면제 규정은 취득세와 등록세가 취득세로 통합되면서 지방세특례제한법에 취득세 면제로 규정된 것이다(2014년 말). 2015년 말 개정 시 법인합병에 대해 세제지원을 하되 자격 요건으로 법인세법에 따른 적격요건을 갖추도록 하면서 적격합병을 제외한 합병의 경우는 완전 과세로 전환되었고 적격한 요건을 갖춘 합병의 경우에만 지방세 지원 대상으로 남게 되었다. 법인간 합병에 대해 법인세법에 따른 적격한 요건을 갖추도록 한 것은 지방세법 제15조에서 규정하고 있는 법인간 합병에 대한 세율 특례(취득세율 2% 경감) 규정에도 동일하게 반영되었다.

2016년 말 지방세특례제한법 개정 시 지방세특례제한법 제57조 2 제1항에 대해 최소납부세제를 적용하기 시작하면서 2017년부터는 적격한 요건을 갖춘 합병의 경우도 취득세 면제액이 200만 원 이상인 경우에는 면제액의 15%를 다시 납부하게 됨으로써 법인 간 적격합병의 경우도 또다시 과세로 전환되었다.

2018년 말 해당 규정의 일몰기한이 연장되면서 취득세는 면제에서 50%(중소기업 간 합병 또는 기술혁신형사업 법인과의 합병의 경우에는 60%) 감면으로 다시 축소되었고, 이로 인해 2019년부터 적격합병의 경우 전면 취득세가 과세되기 시작하였다.

기 업

| 법인합병에 따른 취득세 지원제도 변경 |

구 분		2015년까지	2016년 이후	2019년 이후
지방세법 (세율 특례)	세율 특례	취득세율 2% 경감[1]	취득세율 2% 경감	취득세율 2% 경감
	요 건	–	적격요건(신설)[2]	적격요건
	사후관리	–	사후관리(신설)[3]	사후관리
지특법 감면	감면 대상	–	재산	사업용 재산
	감면율	100%	100%	50%~60%
	최소납부	미적용	최소납부 적용[4]	제외
	감면 요건	1년 이상 사업영위[5] 법인 간 합병	적격요건(신설)[2]	적격요건

1) 중과세 대상(대도시 법인 취득, 사치성 재산 등)은 특례 적용 배제
2) 법인세법 제44조 제2항 및 제3항에 따른 요건을 갖추어야함
3) 합병등기 후 3년 이내 법인세법 제44조의 3 제3항의 사유 발생(사업유지, 주식처분 제한)
4) 취득세 100% 면제액이 200만 원 초과 시 15%는 다시 과세
5) 합병일 현재 소비성서비스업을 제외한 사업을 1년 이상 계속하여 영위한 법인 간 합병

이처럼 법인 간 합병 시 취득세의 일부가 과세되기 시작하면서 법인 간 적격합병에 대해서도 다양한 쟁점들이 대두되게 되었다. 즉 취득세 과세표준을 어떻게 산정할지, 취득세 세율을 어떤 것을 적용해야 하는지, 그리고 대도시 내의 지역에서 합병함으로써 취득세 등이 중과세 되는 경우 적용 세율은 어떻게 되는지 등 다양한 쟁점들이 대두되고 있다.

저자팁

• 지방세특례제한법 상 적격합병에 따른 취득세 감면 요건

구 분	내 용
업종제한	내국 법인 간 합병(기업인수목적회사는 제외)
사업기간	합병등기일 현재 1년 이상 사업을 계속하던 법인 간 합병
주주제한 및 유지	피합병법인의 주주는 합병대가 총액 중 80% 이상을 합병법인 또는 합병법인의 모회사의 주식 등으로 받을 것
사업유지	합병법인이 합병등기일이 속하는 사업연도의 종료일까지 피합병법인으로부터 승계받은 사업을 계속할 것
근로자승계	합병법인이 승계한 근로자의 비율이 100분의 80 이상이고, 합병등기일 속한 사업연도 종료일까지 그 비율 유지

• 지방세특례제한법 상 취득세 감면액 추징 요건

구 분	내 용
사업폐지	합병법인이 피합병법인으로부터 승계받은 사업을 폐지한 경우
주식처분	피합병법인 주주 등이 합병법인으로부터 받은 주식 등을 처분한 경우
고용위반	사업연도 종료일 현재 합병법인의 근로자 수가 합병등기일 1개월 전 당시 피합병법인과 합병법인에 각각 종사하는 근로자 수의 합이 100분의 80 미만으로 하락하는 경우

(1) 합병에 따라 양수하는 부동산에 대한 취득 세율 : 무상취득에 따른 세율 적용(3.5%)

현재 부동산 취득에 대한 취득세 세율은 지방세법 제11조에서 규정하고 있으며, 별도로 합병에 대한 세율을 규정하고 있지 않다. 다만 상속, 무상취득, 원시취득 등 취득원인에 따라 세율을 구분하고 있는데 합병은 무상취득으로 운영해오고 있다.

2015.12.29. 지방세법 및 지방세특례제한법 개정으로 적격합병의 요건 및 사후관리규정이 신설되면서 행정안전부에서 자치단체에 통보한 개정 지방세법 적용 요령을 보면 이러한 내용을 담고 있다(행안부 2016년 지방세법 개정사항 적용 요령).

구 분		유·무상 판단	과 표	표준세율
합 병	흡 수	무상	시가표준액	3.5%
	신 설	무상	시가표준액	3.5%
분 할	인적분할	무상	시가표준액	3.5%
	물적분할	유상	법인장부가액	4.0%

※ 비영리법인 등의 특수성은 배제, 일반 영리법인 및 부동산을 기준으로 하였음

합병 또는 분할에 따른 부동산의 취득은 무상 취득에 해당하므로 무상 취득세율인 3.5%(비영리법인 2.8%)를 적용하고, 과세표준은 무상취득에 해당하므로 시가표준액을 기준으로 하겠으나, 법인간 합병에 해당하므로 사실상의 취득가격인 법인장부가를 기준으로 하고 있다. 합병 또는 분할에 의한 재산의 취득을 무상 승계취득으로 운영하게 된 데에는 대법원 판례에 따른 것으로 보인다. 즉 합병을 형식적인 취득으로 보아서 대가성이 없다고 보았고, 따라서 과세표준도 시가표준액을 기준으로 하여야 한다는 판례 등이 있어 왔다. 이후 2019년에는 지방세 예규(구 지방세법 통칙)에서도 합병으로 취득하는 부동산에 대해 무상취득에 따른 세율을 적용하는 것으로 규정하였다.

- 존속법인 합병을 원인으로 소멸회사의 부동산을 취득하고 소멸회사의 주주에게 새로운 주식을 교부하는 것은 부동산 취득에 따른 대가를 지급하는 것이라기보다는 기존 주주가 신설회사의 주주로 지위가 변경되는 것에 따른 절차상의 행위에 불과함(지방세심사 99-228, 1999.3.31.).
- 합병으로 인한 이 사건 토지의 취득이 무상취득에 해당하여 취득가액이 있을 수 없으므로 시가표준액에 의하여 취득세 과세표준을 산정하여야 함(대법원 98두19193, 2000.10.13.).
- 분할합병으로 등록세가 면제되지 않는 경우라면 지방세법 제131조 제1항 제2호 규정에 의한 100분의 15의 세율(무상취득 세율)이 적용됨(세정13407-60, 2002.1.17.).
- 지방세법 운영 예규 11-1【부동산 취득의 세율】
  2. 법인의 흡수합병으로 인하여 피합병법인의 부동산을 합병법인의 명의로 하는 소유권 이전은 「지방세법」 제11조 제1항 제2호의 규정에 따라 1,000분의 35의 세율이 적용된다.
  3. 「민법」상의 사단법인이 존립기간의 만료, 정관에 정한 해산사유의 발생, 설립허가의 취소(행정관청 등) 등의 사유로 인하여 동 법인을 해산하고 법인격이 다른 새로운 법인을 설립하여 해산법인 소유의 부동산을 취득하는 경우에는 「지방세법」 제11조 제1항 제2호(상속외의 무상취득세율)에 해당하는 세율을 적용한다.

(2) 법인 간 적격합병으로 취득하는 사업용 재산 : 2% 세율경감 후 산출한 취득세의 50% 세액경감

■ 적격합병에 따른 부동산 취득 시 취득세 감면
- (세율 특례 적용) 부동산 표준세율(3.5%)−세율 특례(△2%)=1.5%
- (감면율 적용) 경감 후 세율 1.5%×감면율(50%)

기 업

법인세법에서 정한 적격합병의 요건을 갖추어 합병을 함으로써 취득하는 부동산에 대해 지방세특례제한법에서 감면하는 방식은, 지방세법 제15조에 1항에 따라 산출된 취득세액에 감면율(50%~60%)을 적용하는 것이다.

지방세법 제15조에서는 적격합병으로 취득하는 사업용 재산에 대해서는 표준세율에서 중과기준세율(2%)을 뺀 세율을 적용하여 취득세율을 산출하도록 하고 있다. 따라서 일반적인 부동산을 취득하는 경우 최종적인 감면액은 취득세율 1.5%를 적용하여 산출한 세액의 50%가 된다.

(3) 법인 간 적격합병으로 중과세 대상 부동산 취득 시 취득세 감면 기준

적격합병으로 사치성 재산 또는 대도시내 본점용 부동산을 신·증축하거나, 법인을 설립한지 5년 이내인 법인 간 합병을 함으로써 대도시내 부동산을 취득하게 되는 등, 취득세 중과세 요건에 해당하게 되면 세율 특례와 세액감면은 어떻게 적용해야 할까?

적격합병에 따라 부동산을 취득하게 되는 경우 지방세법 제15조에 따라 세율 특례가 적용된 취득세액에 대해 지방세특례제한법에 따른 감면율을 적용하여 최종 감면세액을 산출하고 있다. 따라서 지방세법에 따른 세율 적용이 먼저 결정되고 이후 감면율을 순차적으로 적용한다.

적격합병에 따라 취득한 부동산이 중과세되는 경우는 3가지 규정에(지방세법 제13조 제1항에, 제2항 및 제5항) 따라 중과세가 될 수 있다.

우선 취득세가 중과세 되는 과세 요건을 정리하여 보면 아래와 같다.

조 항	중과대상 및 세율	
① 지방세법 제13조 제1항	• 대상 : 본점(주사무소) 신·증축 및 공장 신·증설 목적의 사업용 부동산 취득 • 세율 : 표준세율 + [중과기준세율(2%) × 2배]	舊 취득세(2%) 3배 중과
② 지방세법 제13조 제2항	• 대상 – 대도시(과밀억제권역에서 산업단지를 제외한 것) 내에서 법인설립, 지점·분사무소 설치 및 대도시로 전입 후 5년 이내에 취득하는 모든 부동산 – 대도시 내에서 공장 신·증설 후 5년 이내 취득하는 모든 부동산 취득 • 세율 : (표준세율 × 3배) – [중과기준세율(2%) × 2배]	舊등록세(1.5%) 3배 중과
③ 지방세법 제13조 제3항	• 대상 : 사치성 재산 – 고급주택 : 공시가격 6억 원 초과 + 건축물가액 9천만 원 초과 + (건축물연면적 331㎡ 또는 대지면적 662㎡ 초과) ※ (공동주택) 공시가격 6억 원 초과 + 건축물연면적 245㎡(복층은 274㎡) 초과 – 별장 및 골프장 – 고급오락장 : 카지노, 무도유흥음식점 등 – 고급선박 : 비업무용 자가용선박(과표 1억 원 초과) • 세율 : 표준세율 + [중과기준세율(2%) × 4배]	舊 취득세(2%) 5배 중과

① 합병 이후 중과세 대상이 되는 경우 : 취득세율 적용기준

법인 간 적격합병에 대해 지방세법 제15조 제1항에서는 취득세율 특례를 규정하고 있으나, 그 부동산이 합병 이후 중과세 대상에 해당되는 경우에는 같은 항 제3호 단서에 따라 세율 특례를 적용하지 않는다. 이 경우 중과세 유형은 지방세법 제16조에 따른 중과세 대상이 되는 경우로서, 지방세법 제16조에서는 부동산 취득 후 5년 이내에 본점이나 주사무소용 부동산, 공장 신·증설용 부동산 및 별장·고급주택 등 사치성 재산에 해당되게 되면 다시 중과세율을 적용하여 취득세를 추징하도록 규정하고 있다. 따라서 합병 이후 5년 이내에 지방세법 제13조 제1항과 제5항에 따른 중과세 대상 물건(위 표의 ①과 ③에 해당하는 물건 : 구 취득세 중과세 대상)이 되는 경우가 여기에 해당된다.

지방세법 제15조【세율의 특례】제1항

① 다음 각 호의 어느 하나에 해당하는 취득에 대한 취득세는 제11조 및 제12조에 따른 세율에서 중과기준세율을 뺀 세율로 산출한 금액을 그 세액으로 하되, …… (이하생략)

3. 「법인세법」 제44조 제2항 또는 제3항에 해당하는 법인의 합병으로 인한 취득. 다만, 법인의 합병으로 인하여 취득한 과세 물건이 합병 후에 제16조에 따른 과세 물건에 해당하게 되는 경우 또는 합병등기일부터 3년 이내에 「법인세법」 제44조의 3 제3항 각 호의 어느 하나에 해당하는 사유가 발생하는 경우(같은 항 각 호 외의 부분 단서에 해당하는 경우는 제외한다)에는 그러하지 아니하다.

지방세법 제16조【세율 적용】제1항

① 토지나 건축물을 취득한 후 5년 이내에 해당 토지나 건축물이 다음 각 호의 어느 하나에 해당하게 된 경우에는 해당 각 호에서 인용한 조항에 규정된 세율을 적용하여 취득세를 추징한다.

1. 제13조 제1항에 따른 본점이나 주사무소의 사업용 부동산(본점 또는 주사무소용 건축물을 신축하거나 증축하는 경우와 그 부속토지만 해당한다)
2. 제13조 제1항에 따른 공장의 신설용 또는 증설용 부동산
3. 제13조 제5항에 따른 별장, 골프장, 고급주택 또는 고급오락장

또한 법인 간 적격합병 후 지방세법 제15조 제1항 본문 단서에 따른 중과세 대상(위 표의 ②에 해당하는 중과세 : 舊 등록세 중과세 대상) 즉 지방세법 제13조 제2항에 해당되는 경우에는 세율 특례를 적용한 세율(중과 기준 세율인 2%를 뺀 세율)의 3배를 적용하여 취득세로 과세한다.

※ 지방세법 제13조 제2항에 따른 중과세 대상(舊 등록세 1.5%의 3배 중과)
= [3.5%(합병에 따른 취득세율) – 2% 경감(세율 특례 적용)] × 3배

지방세법 제15조【세율의 특례】제1항

① 다음 각 호의 어느 하나에 해당하는 취득에 대한 취득세는 제11조 및 제12조에 따른 세율에서 중과기준세율을 뺀 세율로 산출한 금액을 그 세액으로 하되, …… 다만, 취득물건이 제13조 제2항에 해당하는 경우에는 이 항 각 호 외의 부분 본문의 계산방법으로 산출한 세율의 100분의 300을 적용한다.

기 업

② 합병 이후 중과세 대상이 되는 경우 : 감면율 적용 기준

지방세법에 따른 세율이 결정된 후에는 지방세특례제한법에 따른 감면율을 적용하게 되는데, 지방세특례제한법 제57조의 2 제1항에서는, 법인 간 적격합병에 따라 사업용 재산을 취득하는 경우에 지방세법 제15조 제1항에 따라 산출한 취득세의 50%를 경감하도록 규정하고 있다. 다만 그 사업용 재산이 舊 취득세 중과세 대상(위 표의 ①과 ③에 해당하는 중과세 대상)인 지방세법 제13조 제1항과 제5항에 해당되는 경우에는, 해당 규정에 따라 중과세 된 세율에서 다시 중과기준세율(2%)의 3배 또는 5배를 적용한 것을 빼고 산출한 취득세액에 감면율을 곱하도록 규정하고 있다.

> **지방세특례제한법시행령 제57조의 2【기업합병·분할등에 대한 감면】제1항**
>
> ① 지방세법 제15조 제1항 제3호 단서에 해당하는 경우에는 다음 각 호에서 정하는 금액을 빼고 산출한 취득세를 경감한다.
>
> 1.「지방세법」제13조 제1항에 따른 취득 재산에 대해서는 같은 조에 따른 중과기준세율의 100분의 300을 적용하여 산정한 금액
> 2.「지방세법」제13조 제5항에 따른 취득 재산에 대해서는 중과기준세율의 100분의 500을 적용하여 산정한 금액

먼저 지방세특례제한법 제57조의 2 제1항 제1호에 따르면, 지방세법 제13조 제1항을 적용한 취득세율에서 중과기준세율(2%)의 3배를 적용한 것을 빼고 산출한 취득세의 50%를 경감하도록 규정하고 있으므로 그에 따른 감면율 적용 방식은 아래와 같다(⇒ 본점(주사무소) 신·증축 및 공장 신·증설 목적의 사업용 부동산)

> • 지방세법 제13조 제1항 적용 = 3.5%+(2%×2) = 7.5%
> • 지방세특례제한법 제57조의 2 제1항 제1호 적용 = 7.5% − (2%×3배) = 1.5% × 50%(감면율)

다음 지방세특례제한법 제57조의 2 제1항 제2호에 따르면, 지방세법 제13조 제5항을 적용한 취득세율에서 중과기준세율(2%)의 5배를 적용한 것을 빼고 산출한 취득세의 50%를 경감하도록 규정하고 있으므로 그에 따른 감면율 적용 방식은 아래와 같다(⇒ 별장, 고급 주택 등 사치성 재산).

> • 지방세법 제13조 제5항 적용 = 3.5%+(2%×4배) = 11.5%
> • 지방세특례제한법 제57조의 2 제1항 제2호 적용 = 11.5% − (2%×5배) = 1.5% × 50%(감면율)

이처럼 지방세법 제13조 제1항 및 제5항에 따른 중과세 대상으로서 지방세법에 따른 취득세율 특례가 적용되지 않는 과세 물건이라 하더라도 지방세특례제한법 제57조의 2 제1항 제1호 및 제2호에 따라 일정부분(중과기준세율의 3배 또는 5배)을 빼고 산출한 세액에 대해 감면율을 적용하도

록 하고 있어서 세율 특례가 적용된 것과 동일한 효과가 있다. 즉 5년 이내 사치성 재산이 된다 해도, 당초 취득 시에는 중과세 대상 부동산이 아닐 수 있으므로 이를 고려한 것으로 보인다.

또한 지방세법 제15조 제1항 단서에 따라 지방세법 제13조 제2항에 따른 중과세 대상(대도시 전입에 따른 부동산 취득 및 대도시 전입 또는 설치 후 5년 이내에 취득하는 모든 부동산 등)에 해당하는 경우에는 세율 특례를 적용(2% 세율경감)하여 산출한 취득세율의 3배를 곱하여 취득세를 산출하도록 하고, 그 산출된 취득세액의 50%를 경감하게 된다.

> **지방세법 제15조【세율의 특례】제1항**
>
> ① 다음 각 호의 어느 하나에 해당하는 취득에 대한 취득세는 제11조 및 제12조에 따른 세율에서 중과기준세율을 뺀 세율로 산출한 금액을 그 세액으로 하되, …… 다만, 취득물건이 제13조 제2항에 해당하는 경우에는 이 항 각 호 외의 부분 본문의 계산방법으로 산출한 세율의 100분의 300을 적용한다.
>
> 3. 「법인세법」 제44조 제2항 또는 제3항에 해당하는 법인의 합병으로 인한 취득. 다만, 법인의 합병으로 인하여 취득한 과세 물건이 합병 후에 제16조에 따른 과세 물건에 해당하게 되는 경우 또는 합병등기일부터 3년 이내에 「법인세법」 제44조의 3 제3항 각 호의 어느 하나에 해당하는 사유가 발생하는 경우(같은 항 각 호 외의 부분 단서에 해당하는 경우는 제외한다)에는 그러하지 아니하다.

이러한 내용들을 종합하여 취득세율과 감면 적용 기준을 정리해보면 아래 표와 같다.

취득 후 5년 이내 부동산	지법 §13 ①~③ 중과적용 세율	지법 §15 ① 세율 특례	지특법 감면	
			취득세율 산출	감면율
① 본점(주사무소) 신·증축 등 (지방세법 제13조 제1항)	3.5%+(2%×2)=7.5%	미적용	=7.5%−(2%×3)	× 50%
③ 사치성 재산 (지방세법 제13조 제3항)	3.5%+(2%×4)=11.5%	미적용	=11.5%−(2%×5)	× 50%
② 대도시 전입 관련 취득 등 (지방세법 제13조 제2항)	(3.5%×3)−(2%×2)=6.5%	(3.5%−2%)×3	−	× 50%

③ 합병 이전부터 중과세 대상 부동산이었던 경우 : 세율 특례는 적용, 감면 배제(사치성 재산)

합병이전부터 사치성 재상	중과적용 세율	세 율	세율 특례	최종세율	세액감면율
① 본점(주사무소) 신·증축 등(지법 §13 ①)	3.5%+(2%×2) =	7.5%	△2%	5.5%	50%
② 대도시 전입관련 취득 등(지법 §13 ②)	(3.5%×3)−(2%×2) =	6.5%	△2%	4.5%	50%
③ 사치성 재산(지법 §13 ③)	3.5% + (2%×4) =	11.5%	△2%	9.5%	감면 배제

합병 이후 존속하는 법인이 취득하는 소멸법인 소유의 과세 물건 중 합병 전부터 고급오락장 등 중과세 대상이였던 부동산인 경우에는 지방세법 제15조 제1항 제3호 단서 규정 즉, 세율 특례(2% 경감 적용) 적용배제 대상에 해당되지 않는다. 합병 전부터 중과세 대상에 해당하던 부동산을 합병으로 취득하는 경우는 지방세법 제15조 제1항에 의한 세율 특례(3.5%→1.5%) 적용 대상이 된다.

- 한편, 지방세법 기본통칙 15-1. 2.에서는 "합병으로 인하여 존속하는 법인이 취득하는 소멸법인 소유의 과세 물건 중 고급오락장 등 합병 전부터 중과세 대상에 해당하는 물건인 경우에는 지방세법 제15조 제1항 제3호 단서규정에 해당되지 않는다."고 규정하고 있는 바, 합병 전 취득세 중과세율을 적용받았던 소멸 법인의 과세 물건을 합병으로 존속하는 법안이 취득하는 경우라면, 지방세법 제15조 제1항에 따른 세율 특례 대상임(지방세운영과-3603, 2015.11.16.).
- 지방세법 운영 예규 15-1【공유물 분할 합병】
  2. 합병으로 인하여 존속하는 법인이 취득하는 소멸법인소유의 과세 물건 중 고급오락장 등 합병 전부터 중과세대상에 해당하는 물건인 경우에는 지방세법 제15조 제1항 제3호 단서 규정에 해당되지 않는다.

그러나 지방세특례제한법 제57조의 2 제1항 취득세 감면은 세율 특례와 달리 적용된다. 적격 합병으로 취득하는 사업용 재산이 법인합병 이전부터 사치성 재산이었다면 지방세특례제한법상 세액감면을 적용하지 않는 것이다.

그 근거는 지방세특례제한법 제177조에서 "이 법의 감면을 적용할 때 지방세법 제13조 제5항에 따른 부동산 등은 감면 대상에서 제외한다"고 규정하고 있기 때문이며 법제처와 행안부 유권해석의 입장이 동일하다.

그런데 지방세법 제13조 제5항 각 호 외의 부분 후단에서는 다른 시설과는 달리 골프장에 대해서만 체육시설의설치·이용에관한법률(이하 "체육시설법"이라 함)에 따라 체육시설업의 등록(시설을 증설하여 변경등록하는 경우를 포함함)을 하는 경우일 것 등을 추가적 요건으로 규정하여 골프장을 "원시취득"하는 경우에만 취득세 중과대상으로 하고 있어서, 지방세특례제한법 제177조에 따른 감면 제외 대상인 골프장도 원시취득한 경우로만 한정되는지가 명확하지 않다.

이에 대해서는 쟁점 [032]에서 좀 더 상세히 다루어 보기로 한다.

저자팁

지방세 중과세 대상 및 세율 현황

세목별	중과대상 및 세율
취득세	• **사치성 재산** : 구 취득세분 4배 가산(9~12%, 중과기준세율 2%) - 고급주택 : 공시가격 6억 원 초과 + 건축물가액 9천만 원 초과 + (건축물연면적 331㎡ 또는 대지면적 662㎡ 초과) ※ (공동주택) 공시가격 6억 원 초과 + 건축물연면적 245㎡(복층은 274㎡) 초과 - 별장 및 골프장 - 고급오락장 : 카지노, 무도유흥음식점 등 - 고급선박 : 비업무용 자가용선박(과표 1억 원 초과) • **대도시(산업단지 등을 제외한 과밀억제권역)내 법인에 대한 중과** - 본점(주사무소) 신·증축 및 공장 신·증설 목적의 사업용 부동산 취득 : 표준세율 + 중과기준세율(2%) × 2배

세목별	중과대상 및 세율
취득세	– 법인설립, 지점 설치, 대도시 전입 관련 부동산의 취득, 대도시 내 공장 신·증설에 따른 부동산의 취득(설립, 설치, 전입 이후 5년 이내 취득) : (표준세율 × 3배) – [중과기준세율(2%) × 2배] ※ 주택 : 유상거래 – 특례세율(1~3%) + [중과기준세율(2%) × 2배] 그 밖의 취득 – 표준세율 + [중과기준세율(2%) × 2배] ※ 대도시 내 설치가 불가피한 중과 제외 업종은 표준세율 적용
등록면허세 (등록분)	• 대도시 법인 중과세 – 대도시 내 법인 설립 등기 : 3배 중과(0.6~1.2%, 표준세율 0.2~0.4%) – 지점이나 분사무소 설치 등기 : 3배 중과(120,600원, 표준세율 40,200원) – 대도시 내 전입 등기 : 3배 중과(337,500원, 표준세율 112,500원)
재산세	• 사치성 재산 – 골프장·고급오락장·별장 → 토지 : 20배 중과(4%, 표준세율 0.2%) → 건축물 : 16배 중과(4%, 표준세율 0.25%) – 고급선박 : 16.7배 중과(5%, 표준세율 0.3%) • 대도시 내 공장 신·증설 : 5배 중과(1.25%, 표준세율 0.25%) • 시 주거지역 내 공장 : 2배 중과(0.5%, 표준세율 0.25%)
지역자원시설세 (특정부동산분)	• 화재위험 건축물 – 4층 이상 10 이하 건축물 등 : 2배 중과(0.08~0.24%, 표준세율 0.04~0.12%) – 11층 이상 건축물, 1.5만㎡ 이상 공장용 건축물 등 : 3배 중과(0.12~0.36%, / 표준세율 0.04~0.12%)
주민세 (재산분)	• 오염물질 배출사업소 – 2배 중과(1㎡당 500원, 표준세율 : 사업소 연면적 1㎡당 250원)

기 업

(3) 적격합병으로 취득세 전액 면제(2018년 이전) 시 최소납부 적용 : 합병재산 전체에 대한 감면액을 기준으로 적용

2018년까지는 법인 간 적격합병의 경우 지방세법에 따라 취득세 세율 특례가 적용(2% 세율경감)되었고, 과세되는 취득세액의 100%를 면제하였다. 또한 지방세특례제한법 제177조의 2에 따라 취득세 면제액이 200만 원을 초과하는 경우, 면제 규정에도 불구하고 85% 감면율을 적용(이하 '최소납부세제'라 함)하게 되었다. 법인 간 적격합병에 대한 최소납부세제 적용은 2016년부터 시작되었다.

2018년 말 일몰도래 시 지방세특례제한법 상 취득세 면제 규정이 취득세를 50% 감면하는 것으로 축소됨에 따라 2019.1.1.부터는 최소납부세제가 적용되지 않는다. 따라서 2016년부터 2018년까지 법인 간 적격합병으로 양수받는 재산에 대해서만 최소납부세제가 적용된다.

지방세특례제한법 제177조의 2【지방세 감면 특례의 제한】제1항 제1호

① 이 법에 따라 취득세 또는 재산세가 면제되는 경우에는 이 법에 따른 취득세 또는 재산세의 면제규정에도 불구하고 100분의 85에 해당하는 감면율을 적용한다.

1. 「지방세법」에 따라 산출한 취득세 및 재산세의 세액이 다음 각 목의 어느 하나에 해당하는 경우

가. 취득세 : 200만 원 이하

지방세특례제한법 부칙(법률 제13637호, 2015.12.29.)

제5조 【지방세 면제 특례의 제한에 관한 적용례】

제177조의 2의 개정 규정은 다음 각 호의 구분에 따른 시기부터 적용한다.

1. 제30조 제2항, 제37조, 제38조 제3항, 제40조의 3 제1호, 제57조의 2 제9항, 제64조의 2, 제65조, 제68조 제2항 및 제88조 제1항 : 2017년 1월 1일
2. 제22조의 2, 제43조, 제54조 제6항, 제57조의 2 제3항 제5호·제7호, 같은 조 제4항·제5항, 제60조 제3항 제1호의 2, 제73조의 2, 제74조 제3항 제4호·제5호, 제79조 및 제80조 : 2019년 1월 1일
3. 제74조 제1항·제2항 : 2020년 1월 1일
4. 제1호부터 제3호까지에서 규정한 면제 외의 면제 : 2016년 1월 1일

적격합병에 따라 취득하는 재산이 부동산, 차량 등으로 다수인 경우 취득세 면제에 대한 최소납부세제 적용을, 전체 물건에 대한 취득세 면제 총액을 기준으로 적용하는지 아니면 개별 과세물건별로 취득세 면제액이 200만 원을 넘는 경우에 적용하는지에 대해 논란이 있었다.

유권해석은 입장은 '동일한 합병계약을 원인으로 하여 동일한 지방세특례제한법 규정에 따라 취득세가 면제된 것이므로 전체 취득세 면제액을 기준으로 200만 원이 초과하는 경우 전체 면제액을 기준으로 최소납부세제 적용 여부를 결정하는 것이 타당하다'는 것이다.

또한 적격합병에 따라 양수하는 사업용 재산이 여러 자치단체에 소재하는 경우 취득세 면제 또한 다수의 자치단체에서 처리하게 되는데, 과세기관이 다수에 걸쳐있거나 과세 물건이 다수라는 이유로 과세 물건별 또는 과세기간별로 취득세 면제액을 산출하여 최소납부세제 적용 여부를 판단할 사항은 아니라고 보고 있다.

최소납부세제 적용 대상은 적격합병에 따른 취득세 면제 규정인 점과, 적격합병에 따른 면제 규정은 하나의 합병계약을 대상으로 감면을 규정하고 있는 점을 고려할 때, 최소납부세제 적용 여부는 지방세특례제한법 제57조의 2 제1항에 따라 면제된 취득세 총액을 기준으로 하여 판단하는 것이 타당하고, 과세기관이 다수에 걸쳐있거나 과세 물건이 다수라는 이유로 과세 물건별 또는 과세기간별로 취득세 면제액을 산출하여 최소납부세제 적용 여부를 판단할 사항은 아님(지방세특례제도과-3617, 2018.10.4.).

위와 같이 지방세특례제한법 제177조의 2에서는 '이 법에 따라 취득세 또는 재산세가 면제되는 경우'에 최소납부세제를 적용하도록 규정하고 있으므로, 법인 간 적격합병과 같이 지방세법에 따라 세율 특례가 적용되는 경우에 최소납부세제 적용대상에는 지방세법에 따른 세율 부분은 포함되지 않는 것이며, 지방세특례제한법 제57조의 2 제1항에 따라 면제된 취득세만을 대상으로 최소납부세제를 적용하는 것이 타당하다.

쟁점 032 피합병법인이 신탁 중인 부동산도 감면 대상일까?

지방세특례제한법 제57조의 2【기업합병·분할 등에 대한 감면】제1항

① 법인세법 세44조 제2항 또는 제3항에 해당하는 합병으로서 대통령령으로 정하는 합병에 따라 양수하는 사업용 재산을 2021년 12월 31일까지 취득하는 경우에는 지방세법 제15조 제1항에 따라 산출한 취득세의 100분의 50를 경감

지방세법 제15조【세율의 특례】제1항

① 다음 각 호의 어느 하나에 해당하는 취득에 대한 취득세는 제11조 및 제12조에 따른 세율에서 중과기준세율을 뺀 세율로 산출한 금액을 그 세액으로 하되, 제11조 제1항 제8호에 따른 주택의 취득에 대한 취득세는 해당 세율에 100분의 50을 곱한 세율을 적용하여 산출한 금액을 그 세액으로 한다.

3. 「법인세법」 제44조 제2항 또는 제3항에 해당하는 법인의 합병으로 인한 취득.

법인세법에 따른 요건을 갖추어 적격합병을 하는 경우 지방세법에 따른 세율 특례와 지방세특례제한법에 따른 세액감면이 적용되게 되는데 그 적용 대상 재산에 있어 서로 차이가 있다.
지방세특례제한법에 따라 취득세 세액감면 대상은 '사업용 재산'이다. 현행 규정은 2018.12.24. 법률 제16041호로 일부개정된 것으로 개정 이전에는 '합병에 따라 양수하는 재산'을 감면 대상으로 규정하고 있었으나 법 개정으로 그 범위를 사업용 재산으로 한정하게 되었다.

2018.12.24. 개정 이전	2018.12.24. 개정 이후
제57조의 2【기업합병·분할 등에 대한 감면】 ①「법인세법」 제44조 제2항 또는 제3항에 해당하는 합병으로서 대통령령으로 정하는 합병에 따라 양수(讓受)하는 재산	제57조의 2【기업합병·분할 등에 대한 감면】 ① 법인세법 세44조 제2항 또는 제3항에 해당하는 합병으로서 대통령령으로 정하는 합병에 따라 양수하는 사업용 재산

지방세법에 따른 세율 특례 대상은 '법인의 합병으로 인한 취득'으로만 규정하고 있으므로 취득세 세율 2%를 경감받는 대상은 법인 간 적격합병으로 발생하는 모든 취득이 그 대상이 된다. 따라서 세율 특례와 세액감면 대상을 문언 상 달리 규정되어 있어서 사업용 재산에 대한 판단이 필요할 것으로 보인다.

지방세법에 따른 세율 특례 대상	지특법에 따른 세액감면 대상
법인의 합병으로 인한 취득	합병에 따라 양수하는 사업용 재산

2011년 지방세법 분법 및 세목통합에 따라 舊 취득세와 舊 등록세가 통합되면서 舊 취득세는 세율 특례로 舊 등록세 감면은 지방세특례제한법 상 감면으로 각각 규정되었는데, 지방세법에서는 합병에 따른 취득을 형식적 취득으로 보아서 취득세를 비과세 하고 있었다가 세율 특례로 규정한 것이므로

합병이라는 동일한 원인행위에 따른 취득이라면 과세 대상 종류에 따라 세율 특례 적용이 달라지지 않는다.

지방세특례제한법 상 감면은 구 등록세에 대한 면제 규정이 현행과 같이 규정된 것으로 과세에 대한 적법성은 인정되나, 기업구조조정 지원 등 정책적 필요성 등에 따라 세액의 일부를 추가로 감면하는 것이므로 그 대상을 사업용 재산으로 선별하여 지원할 수 있는 것이다. 따라서 감면이 적용되는 대상에 대한 판단이 필요해진다.

(1) 직원 교육 및 세미나용 콘도 취득세 감면 여부

지방세특례제한법에 따라 취득세 세액감면 대상은 '사업용 재산'이다. 사업용 재산에 대해서는 별도로 시행령에서 규정하거나 나열하고 있지 않다. 유권해석은 사업용 재산을 사업을 영위하는 데 필요불가결하여 반드시 취득해야 하는 재산이라고 보고 있으며, 직원 교육 및 세미나를 위한 콘도미니엄 회원권은 사업용 재산에 해당되지 않는 것으로 해석하고 있다.

그러나 이는 직원 교육 및 세미나 시설을 사업용 재산에서 제외하기보다는 콘도미니엄 회원권이 직원복리시설로만 활용될 수 있는 시설이 아닌 점을 고려한 것으로 보인다. 따라서 사업용 재산의 범위에 대해서는 입법으로 구체화는 작업이 필요해 보인다.

직원들의 복리후생과 직원교육 및 세미나 등을 위해 사용되고 있는 콘도미니엄 회원권은 사업을 영위하는 데 필요불가결하여 반드시 취득해야 할 재산으로 보기 어려우며 '회계법인'의 사업과 직접적인 관련이 없어 보이는 점 등을 고려할 때, 사업용 재산에 해당되지 않는다 할 것이므로 합병에 따라 양수(讓受)하는 사업용 재산에 대한 취득세 감면을 적용하기는 어려움(지방세특례제도과-1046, 2019.10.24.).

(2) 피합병법인이 신탁 중인 부동산에 대한 합병법인의 취득세 감면 여부

적격합병의 당사자인 피합병법인이 합병계약 당시 신탁회사에 신탁 중인 부동산이 존재하는 경우 합병등기 이후 존속법인인 합병법인으로 귀속되는 신탁부동산에 대한 취득세를 지방세특례제한법에 따른 감면 대상 즉 '합병에 따라 양수하는 사업용 재산'으로 볼 수 있는지의 문제이다.

신탁법 제10조에서는 위탁자의 지위는 신탁행위로 정한 방법에 따라 제3자에게 이전될 수 있다고 규정하고 있고, 지방세법 제7조 제15항에서는 이러한 위탁자 지위이전에 대해 취득세를 과세하고 있다. 즉 위탁자 지위를 이전받은 제3자는 향후 신탁계약이 해지되어 위탁자로 소유권이 귀속되는 경우 해당 부동산의 소유권을 취득하게 되므로 위탁자 지위이전을 취득세 과세대상으로 보고 있는 것이다.

신탁은 대내외적으로 소유권이 완전히 수탁자에게 이전되는 것이므로 명백히 신탁회사의 소유인 부동산임에도, 위탁회사가 다른 법인과 적격합병을 하면서 피합병법인 소유의 부동산을 합병법인으로 이전할 때 신탁 중인 부동산도 이에 포함된다고 보고 합병법인이 수탁회사로부터 이전받는 경우에도 취득세 감면 대상이라고 볼 것인지, 아니면 신탁재산에 대한 위탁자 지위이전과 합병계약에 따른 부동산소유권 이전을 별개로 보아서 위탁자 지위이전에 따른 합병법인의 부동산 취득은 취득세 감면 대상에서 제외할 것인지가 쟁점이라 하겠다.

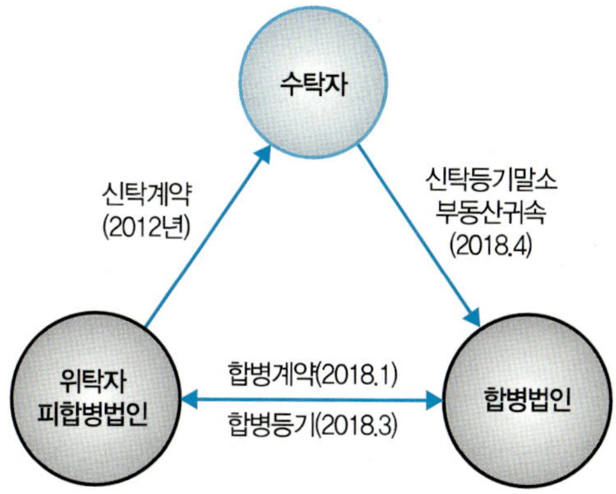

유권해석은 합병계약을 통해 피합병법인이 수탁자에게 신탁 중인 재산을 합병법인에게 이전하기로 약정하고, 합병 이후 수탁자에서 합병법인으로 신탁재산을 귀속시키는 경우, 합병법인이 피합병법인이 아닌 수탁회사로부터 취득하는 부동산을 적격합병에 따라 양수받는 사업용 재산으로 보아서 감면을 적용할 수 있다고 보고 있다.

지방세특례제한법 제57조의 2 제1항에서는 법인세법 제44조 제2항 또는 제3항에 해당하는 합병, 즉 적격합병의 요건을 갖춘 합병에 따라 양수(讓受)하는 재산을 취득하는 행위에 대하여는 그 취득세를 면제한다고 규정하고 있고, 피합병법인(소멸법인)이 쟁점부동산을 신탁회사에 담보 신탁한 상태에서 피합병법인이 가진 위탁자의 지위 이전을 포함하는 합병계약을 원인으로 합병됨에 따라 동 신탁재산에 대한 위탁자의 지위가 합병법인(존속법인)에 이전되고 그 결과로 해당 신탁재산의 소유권이 사후에 합병법인에 귀속되는 경우로서, 그 원인이 되는 합병이 법인세법 제44조 제2항 또는 제3항에서 정하는 적격합병의 요건을 충족하는 경우라면, 그 합병을 원인으로 취득하는 재산, 즉 신탁재산에 대한 위탁자의 지위 이전의 결과로 취득하는 부동산에 대한 취득세는 감면 대상에 해당된다고 할 것임(지방세특례제도과-1168, 2019.3.27.).

이처럼 합병등기 이후 신탁회사(수탁자)가 보유 중이던 피합병법인 부동산에 대한 신탁등기가 말소되고, 그 부동산의 소유권이 합병 후 존속법인으로 귀속되기 위해서는 당초 피합병법인의 위탁자 지위가 합병법인으로 이전되는 행위가 있어야 가능한 것이다. 유권해석에서는 합병계약이 피합병법인의 위탁자 지위를 합병법인으로 이전하는 계약이라고 인정하는 것으로 보인다.

위탁자 지위이전은 신탁법에 따른 신탁행위 즉 '위탁자와 수탁자 간의 계약'(신탁법 §3·§10)에 따라 가능한 것인데, 합병계약은 피합병법인과 합병법인 간에 체결되는 계약으로 수탁자가 제외된 것이다. 즉 합병계약과는 별개의 위탁자 지위 이전이라는 계약관계가 존재하고 있는 것이므로 두 개의 계약관계에 따라 하나의 법인으로 부동산이 귀속되는 결과가 발생하였다고 볼 수도 있겠다.

지방세특례제한법 상 감면 대상 여부를 결정하기에 앞서, 취득세가 어느 계약관계에 기하여 어떻게 과세되어야 하는지에 대한 검토가 선행되어야 할 것으로 보인다.

기 업

참고 법령 신탁법

제10조【위탁자 지위의 이전】

① 위탁자의 지위는 신탁행위로 정한 방법에 따라 제3자에게 이전할 수 있다.

② 제1항에 따른 이전 방법이 정하여지지 아니한 경우 위탁자의 지위는 수탁자와 수익자의 동의를 받아 제3자에게 이전할 수 있다. 이 경우 위탁자가 여럿일 때에는 다른 위탁자의 동의도 받아야 한다.

③ 제3조 제1항 제2호에 따라 신탁이 설정된 경우 위탁자의 상속인은 위탁자의 지위를 승계하지 아니한다. 다만, 신탁행위로 달리 정한 경우에는 그에 따른다.

제3조【신탁의 설정】

① 신탁은 다음 각 호의 어느 하나에 해당하는 방법으로 설정할 수 있다.

1. 위탁자와 수탁자 간의 계약
2. 위탁자의 유언
3. 신탁의 목적, 신탁재산, 수익자(「공익신탁법」에 따른 공익신탁의 경우에는 제67조 제1항의 신탁관리인을 말한다) 등을 특정하고 자신을 수탁자로 정한 위탁자의 선언

② 제1항 제3호에 따른 신탁의 설정은 「공익신탁법」에 따른 공익신탁을 제외하고는 공정증서(公正證書)를 작성하는 방법으로 하여야 하며, 신탁을 해지할 수 있는 권한을 유보(留保)할 수 없다.

③ 위탁자가 집행의 면탈이나 그 밖의 부정한 목적으로 제1항 제3호에 따라 신탁을 설정한 경우 이해관계인은 법원에 신탁의 종료를 청구할 수 있다.

④ 위탁자는 신탁행위로 수탁자나 수익자에게 신탁재산을 지정할 수 있는 권한을 부여하는 방법으로 신탁재산을 특정할 수 있다.

⑤ 수탁자는 신탁행위로 달리 정한 바가 없으면 신탁 목적의 달성을 위하여 필요한 경우에는 수익자의 동의를 받아 타인에게 신탁재산에 대하여 신탁을 설정할 수 있다.

(3) 회원제골프장은 신설되는 골프장만 감면을 배제하는지?

법인 간 적격합병으로 인한 취득에 대해서는 지방세법 제11조 및 제12조에 따른 세율(표준세율)에서 중과기준세율(2%)을 뺀 세율로 산출한 금액을 그 세액으로 하고 만일, 법인의 합병으로 인하여 취득한 과세 물건이 합병 후에 지방세법 제16조에 따른 과세 물건(중과세 대상)에 해당하게 되는 경우에는 세율 특례를 적용하지 않는다.

법인의 합병으로 인하여 취득한 과세 물건이 합병 후에 지방세법 제16조에 따른 과세 물건(중과세 대상)중 지방세법 제13조 제5항에 따른 별장, 골프장, 고급주택 및 고급오락장에 해당하게 되는 경우에는 중과기준세율의 100분의 500을 적용하여 산정한 금액을 빼고 산출한 취득세만을 경감(세액감면 50%)하게 된다.

그 외에도 지방세특례제한법 제177조에서는 이 법의 감면을 적용할 때 지방세법 제13조 제5항에 따른 부동산 등은 감면 대상에서 제외하도록 규정하고 있다.

지방세법 제16조【세율 적용】제1항

① 토지나 건축물을 취득한 후 5년 이내에 해당 토지나 건축물이 다음 각 호의 어느 하나에 해당하게 된 경우에는 해당 각 호에서 인용한 조항에 규정된 세율을 적용하여 취득세를 추징한다.

3. 제13조 제5항에 따른 별장, 골프장, 고급주택 또는 고급오락장

지방세법 제13조【과밀억제권역 안 취득 등 중과】제5항

⑤ 다음 각 호의 어느 하나에 해당하는 부동산 등을 취득하는 경우의 취득세는 제11조 및 제12조의 세율과 중과기준세율의 100분의 400을 합한 세율을 적용하여 계산한 금액을 그 세액으로 한다. 이 경우 골프장은 그 시설을 갖추어 「체육시설의 설치·이용에 관한 법률」에 따라 체육시설업의 등록(시설을 증설하여 변경등록하는 경우를 포함한다. 이하 이 항에서 같다)을 하는 경우뿐만 아니라 등록을 하지 아니하더라도 사실상 골프장으로 사용하는 경우에도 적용하며,

2. 골프장 : 「체육시설의 설치·이용에 관한 법률」에 따른 회원제 골프장용 부동산 중 구분등록의 대상이 되는 토지와 건축물 및 그 토지 상(上)의 입목

지방세특례제한법 제177조【감면 제외 대상】

이 법의 감면을 적용할 때 「지방세법」 제13조 제5항에 따른 부동산 등은 감면 대상에서 제외한다.

기 업

지방세법 제13조 제5항에 따른 부동산 등은 감면 지원에서 제한을 두고 있는데, 해당 규정 각 호 이외 부분 본문에서는 골프장 시설을 갖추어 원시취득하는 경우에만 중과세하도록 규정하고 있으므로 지방세특례제한법에 따른 감면 적용도 회원제골프장을 원시취득하는 경우로만 한정하여 배제해야 한다는 의견이 제기될 수 있다.

그러나 법제처 법령해석의 입장은, 지방세 각 세목의 과세요건 및 그 부과·징수에 관한 사항 등을 규정하기 위해 제정된 지방세법과 지방세 감면 및 특례에 관한 사항 등을 규정하기 위해 제정된 지방세특례제한법은 그 입법 목적이 서로 다르고, 지방세특례제한법 제177조에서는 감면 제외 대상 부동산 등의 취득방법에 대하여 별도로 규정하고 있지 않으므로 지방세특례제한법 제177조에 따른 "부동산 등"의 의미는 지방세 감면 제도의 취지 등을 고려하여 독자적으로 판단해야 한다고 보고 있다. 따라서 지방세법에서의 중과세 취지와 달리 지방세특례제한법에서는 별장 등 사치·향락적 소비시설에 대해 지방세 감면을 배제하려는 취지라고 보아야 하므로 지방세법 제13조 제5항에 따른 회원제골프장이라면 체육시설업의 등록 등 여부와 상관없이 모두 지방세특례제한법 제177조에 따른 감면 제외 대상에 포함된다고 해석하고 있다. 이에 대해서는 행정안전부 및 법제처의 유권해석 입장이 동일하다.

지방세특례제한법 제57조의 2 제1항에 따라 합병법인이 취득하는 재산에 대해서는 취득세 감면이 적용되나, '회원제 골프장'을 취득하는 경우는 법 제177조에 따라 지방세 감면 제외 대상에 해당된다는 법제처 법령해석례(법제처 18-0194 2018.9.4.)와 동일함(지방세특례제도과-3813, 2018.10.16.).

지방세 각 세목의 과세요건 및 그 부과·징수에 관한 사항 등을 규정하기 위해 제정된 지방세법과 지방세 감면 및 특례에 관한 사항 등을 규정하기 위해 제정된 지방세특례제한법은 그 입법 목적이 서로 다르고, 지방세특례제한법 제177조에서는 감면 제외 대상 부동산 등의 취득방법에 대하여 별도로 규정하고 있지 않으므로 지방세특례제한법 제177조에 따른 "부동산 등"의 의미는 지방세 감면 제도의 취지 등을 고려하여 독자적으로 판단해야 함. 지방세특례제한법 제177조에 따른 별장 등 사치·향락적 소비시설에 대한 감면 제외는 2000년 12월 29일 법률 제6312호로 개정된 지방세법 제291조에서 처음 규정되었는데, 당시 같은 조에서는 감면 제외 대상 부동산 등을 "제112조 제2항(현행 지방세법 제13조 제5항에 상응하는 규정임) 각 호에 규정된 부동산 등"이라고 규정하여 같은 항 제2호에 따른 골프장의 경우 같은 항 각 호 외의 부분 후단에 따른 체육시설업의 등록 등 여부를 불문하고 감면 제외 대상에 포함시킴으로써 감면 제외 대상 부동산 등의 범위를 취득세 중과대상 부동산 등의 범위보다 넓게 규정하는 체계를 취하고 있었음.
그러던 중 지방세 감면정책의 효율적인 수행을 도모하기 위해 지방세법 제5장(과세면제 및 경감) 부분을 별도의 제정법으로 분리·독립시키는 과정에서 위 지방세법 제291조의 내용도 2010년 3월 31일 법률 제10220호로 제정된 지방세특례제한법 제93조로 이관되었고(의안번호 제1804064호 지방세특례제한법안 국회 심사보고서 참조) 이때 그 표현이 "제112조 제2항 각 호에 규정된 부동산 등"에서 "지방세법 제13조 제3항(현행 지방세법 제13조 제5항에 상응하는 규정임)에 따른 부동산 등"으로 수정되었으나, 관련 입법 자료에 이에 관한 특별한 언급이 없는 점에 비추어 보면 이는 단순한 표현 수정에 불과한 것으로 보아야 함.
그렇다면 현행 지방세특례제한법 제177조의 "지방세법 제13조 제5항에 따른 부동산 등"은 "지방세법 제13조 제5항 각 호의 부동산 등"을 뜻하는 것으로 보이므로 같은 항 제2호에 따른 골프장의 경우도 같은 항 각 호 외의 부분 후단에 따른 체육시설업의 등록 등 여부와 상관없이 모두 지방세특례제한법 제177조에 따른 감면 제외 대상에 포함된다고 보아야 하므로, 이 사안과 같이 골프장을 승계취득하여 지방세법 제13조 제5항에 따른 취득세 중과대상에 해당하지 않는 경우라도 지방세특례제한법 제177조에 따른 감면 제외 대상에는 해당한다고 보는 것이 타당함(법제처18-0194, 2018.9.14.).

법인의 적격분할

✔ 감면 요건

대상자	법인세법에서 정한 요건*에 따라 분할하는 법인 * 법인세법 제46조 제2항, 제47조 제1항
대상물건	적격분할에 따라 분할 후 신설법인이 취득하는 재산
감면율	취득세의 75% 감면
감면시한	2021.12.31.

✔ 추징 요건

법인세법 요건에 해당하는 경우	분할등기일부터 3년 이내에 법인세법 제46조의 3 제3항 각 호의 어느 하나에 해당하는 사유가 발생하는 경우 ① 분할신설법인 등이 분할법인 등으로부터 승계받은 사업을 폐지하는 경우 ② 대통령령으로 정하는 분할법인 등의 주주가 분할신설법인 등으로부터 받은 주식을 처분하는 경우 ③ 각 사업연도 종료일 현재 분할신설법인에 종사하는 근로자 수가 분할등기일 1개월 전 당시 분할하는 사업부분에 종사하는 근로자 수의 100분의 80 미만으로 하락하는 경우.
	분할등기일부터 3년 이내에 법인세법 제47조 제3항 각 호의 어느 하나에 해당하는 사유가 발생하는 경우 ① 분할신설법인이 분할법인으로부터 승계받은 사업을 폐지하는 경우 ② 분할법인이 분할신설법인의 발행주식총수 또는 출자총액의 100분의 50 미만으로 주식 등을 보유하게 되는 경우 ③ 각 사업연도 종료일 현재 분할신설법인에 종사하는 대통령령으로 정하는 근로자(이하 이 호에서 "근로자"라 한다) 수가 분할등기일 1개월 전 당시 분할하는 사업부문에 종사하는 근로자 수의 100분의 80 미만으로 하락하는 경우

✔ 관련 법령

지특법 57의 2 ③ 2호

✔ 개정 연혁

개정일	개정 전	개정 후	개정이유 / 적용요령
지특법 §57의 2 ③ 2호 2018.12.24. 제16041호	감면율 100% ※ 최소납부세제 적용	감면율 75%	감면 범위 등 개정

쟁점 033 적격분할시 포괄적 승계되어야 하는 자산의 범위?

> **지방세특례제한법 제57조의 2【기업합병·분할 등에 대한 감면】제3항**
>
> ③ 다음 각 호의 어느 하나에 해당하는 재산을 2021년 12월 31일까지 취득하는 경우에는 취득세의 100분의 75를 경감한다.
>
> 2. 「법인세법」 제46조 제2항 각 호(물적분할의 경우에는 같은 법 제47조 제1항을 말한다)의 요건을 갖춘 분할로 인하여 취득하는 재산. 다만, 분할등기일부터 3년 이내에 같은 법 제46조의 3 제3항(물적분할의 경우에는 같은 법 제47조 제3항을 말한다) 각 호의 어느 하나에 해당하는 사유가 발생하는 경우(같은 항 각 호 외의 부분 단서에 해당하는 경우는 제외한다)에는 경감받은 취득세를 추징한다.

지방세법에서는 법인 분할에 따라 발생하는 취득에 대해서는 취득세율을 분할 방식에 따라 다르게 운영하고 있다. 인적분할을 하는 경우에는 무상 취득으로, 물적분할을 하는 경우에는 유상 취득으로 보고 취득세의 과세표준 및 세율을 적용하고 있다(2016년 시행 지방세법 개정 적용 요령).

지방세특례제한법 제78조(산업단지 취득세 감면)에 대한 유권해석에서 "물적분할은 무상으로 부동산을 취득하는 것"이라고 기술하기도 하였으나(지방세특례제도과-1803, 2016.7.27.) 이를 유상취득으로 해석 변경하였다.

구 분	취득거래	과세표준	표준세율
인적분할	무상취득	시가표준액	3.5%
물적분할	유상취득	법인장부가액	4.0%

- 지방세특례제도과-1803(2016.7.27.)호는 제78조 제4항에 따라 산업단지 취득세를 감면받았으나 유예기간 내에 물적분할을 통해 분할신설법인으로 소유권이 이전된 경우 같은 조 제5항에 따라 감면받은 취득세를 추징해야 하는지 여부에 대한 질의 회신으로 위 호에서 "물적분할은 무상으로 부동산을 취득하는 것"이라고 기술한 부분은 그 본안의 해석에 관한 사항은 아니나 오해의 소지가 있어 2016.1.5. 시행된 지방세 3법 개정 적용요령(지방세정책과-26)에 따라 "물적분할은 유상으로 취득하는 것"으로 변경됨(지방세특례제도과-2242, 2019.6.13.).

- **분할합병으로 등록세가 면제되지 않는 경우라면 지방세법 제131조 제1항 제2호 규정에 의한 100분의 15의 세율(무상취득 세율)이 적용됨.**

  회사분할의 경우 신설회사가 분할 전 회사소유의 부동산을 이전받은 경우 무상취득으로서 과세표준은 시가표준액이 되나 "물적분할"인 경우는 유상취득으로 보아 법인장부에 의해 입증되는 취득가격이 과세표준임(세정팀 13407-60, 2002.1.17.).

또한 법인분할 시 법인세법에서 정하는 일정한 요건을 갖춘 경우에는 지방세특례제한법에 따라 취득세를 경감받을 수 있다. 적격합병의 경우와 같이 지방세법에서 정한 세율 특례는 없으며, 전체 과세된 취득세액의 75%를 경감하게 된다.

종전까지는 취득세를 전액 면제하도록 규정하였으나, 2016년부터 지방세특례제한법 제177조의 2에 따라 최소납부세제를 적용함으로써 실질적인 감면율이 85%가 되었고, 2018년 말 일몰기한이 다시 연장되면서 감면율이 75%로 축소되었다.

❙ 인적 및 물적분할에 대한 취득세 면제 요건 ❙

구 분	내 용
인용조문	• 인적분할 : 법인세법 제46조 제2항 • 물적분할 : 법인세법 제47조 제1항
사업기간	• 분할등기일 현재 5년 이상 사업을 계속하던 내국법인
분할방식	• 분리하여 사업 가능한 독립된 사업부문을 분할 • 분할하는 사업의 자산, 부채를 포괄적으로 승계할 것 • 분할법인만의 출자에 의하여 분할하는 것일 것
분할대가	• 분할법인의 주주가 분할신설법인으로부터 받은 분할대가 전액이 주식인 경우로서, 분할법인 주주의 소유 주식 비율에 따라 배정 • 분할법인의 주주가 분할등기일이 속한 사업연도 종료일까지 주식을 보유할 것
사업계속	• 분할등기일이 속하는 사업연도 종료일까지 승계 받은 사업 유지
고용승계	• 분할신설법인이 승계한 근로자 비율이 분할등기일 1개월 전 당시 분할 사업부문에 종사하던 근로자의 80% 이상일 것 • 분할등기일이 속한 사업연도 종료일까지 그 비율 유지

(1) 법인 적격분할 시 공동차입금 : 반드시 승계할 대상은 아님

법인세법 제46조【분할 시 분할법인 등에 대한 과세】제2항

1. 분할등기일 현재 5년 이상 사업을 계속하던 내국법인이 다음 각 목의 요건을 모두 갖추어 분할하는 경우일 것(분할합병의 경우에는 소멸한 분할합병의 상대방법인 및 분할합병의 상대방법인이 분할등기일 현재 1년 이상 사업을 계속하던 내국법인일 것)
   가. 분리하여 사업이 가능한 독립된 사업부문을 분할하는 것일 것
   나. 분할하는 사업부문의 자산 및 부채가 포괄적으로 승계될 것. 다만, 공동으로 사용하던 자산, 채무자의 변경이 불가능한 부채 등 분할하기 어려운 자산과 부채 등으로서 대통령령으로 정하는 것은 제외한다.
   다. 분할법인 등만의 출자에 의하여 분할하는 것일 것

법인세법시행령 제82조의 2【분할 시 분할법인 등에 대한 과세】제4항

④ 법 제46조 제2항 제1호 나목 단서에서 "공동으로 사용하던 자산, 채무자의 변경이 불가능한 부채 등 분할하기 어려운 자산과 부채 등으로서 대통령령으로 정하는 것"이란 다음 각 호의 자산과 부채를 말한다.

기 업

> 1. 자산
>   가. 변전시설·폐수처리시설·전력시설·용수시설·증기시설
>   나. 사무실·창고·식당·연수원·사택·사내교육시설
>   다. 물리적으로 분할이 불가능한 공동의 생산시설, 사업지원시설과 그 부속토지 및 자산
>   라. 가목부터 다목까지의 자산과 유사한 자산으로서 기획재정부령으로 정하는 자산
> 2. 부채
>   가. 지급어음
>   나. 차입조건상 차입자의 명의변경이 제한된 차입금
>   다. 분할로 인하여 약정상 차입자의 차입조건이 불리하게 변경되는 차입금
>   라. 분할하는 사업부문에 직접 사용되지 아니한 공동의 차입금
>   마. 가목부터 라목까지의 부채와 유사한 부채로서 기획재정부령으로 정하는 부채
> 3. 분할하는 사업부문이 승계하여야 하는 자산·부채로서 분할 당시 시가로 평가한 총자산가액 및 총부채가액의 각각 100분의 20 이하인 자산·부채. 이 경우 분할하는 사업부문이 승계하여야 하는 자산·부채, 총자산가액 및 총부채가액은 기획재정부령으로 정하는 바에 따라 계산하되, 주식 등과 제1호의 자산 및 제2호의 부채는 제외한다.

법인세법에 따른 적격분할 요건의 하나로 '분할하는 사업의 자산, 부채를 포괄적으로 승계할 것'을 규정하고 있다. 그러나 공동으로 사용하던 자산, 채무자의 변경이 불가능한 부채 등 분할하기 어려운 자산과 부채 등을 반드시 포괄 승계해야 하는 것은 아니다.

물적분할 시 분할로 신설되는 법인에게 종전법인과의 공동차입금을 부채로 승계시킨 경우, 적격분할 요건을 갖춘 것으로 볼 수 있는지 여부와 관련하여서 법인세법 제46조 제2항 제1호 나목 단서 의미는, 분할하는 사업부문의 자산 및 부채가 포괄적으로 승계되어야 하고 다만, 공동으로 사용하던 자산, 채무자의 변경이 불가능한 부채 등 분할하기 어려운 자산과 부채 등은 반드시 포괄 승계되어야 하는 것은 아닌 것으로 보아야 하고, 종전 법인과의 공동 차입금을 분할 신설법인에 승계하더라도 포괄승계 요건을 위반한 것으로 보기는 어렵다고 할 것임(지방세특례제도과-2574, 2015.9.23.)

(2) 분할 사업에 사용되지 않던 공동차입금 승계 시 : 지방세 감면 제외

법인세법에서는 분할하는 사업부문의 자산 및 부채가 포괄적으로 승계되어야 한다고 규정하면서도 일부는 포괄적으로 승계되어야 하는 대상에서 제외하고 있는데 그중 하나가 분할하는 사업부문에 직접 사용되지 아니한 공동의 차입금이다(법령 §82의 2 ④ 2호 라목).

그러면 이러한 "분할하는 사업부문에 직접 사용되지 아니한 공동의 차입금"을 승계한 경우 적격분할의 요건을 갖추었다고 볼 수 있을까?

분할되는 법인(모법인)과 분할 신설법인(신설법인) 사업에 공동으로 사용되던 차입금은 분할 신설법인에게 포괄 승계 시 제외해야 한다는 규정이 없다. 또한 국세에서는 분할되는 사업부문에 직접 사용되지 아니한 공동의 차입금이 분할신설법인에게 승계되었다 하더라도 적격분할의 요

건을 충족한다고 해석하고 있어서 분할되는 법인의 공동차입금이 승계된다고 해도 적격분할의 요건을 충족한 것으로 보고 취득세를 감면할 수 있다는 의견이 제기되고 있는 것이다.

분할되는 사업부문에 직접 사용되지 아니한 공동의 차입금이라도 공동부채를 포함하여 승계하는 경우라도 적격분할 요건을 충족한다고 보고 있음(법인세과-516, 2012.8.27.).

2015년 행안부 유권해석에서도 종전의 분할되는 법인과의 공동차입금을 분할 신설법인에게 승계하였더라고 포괄승계요건을 위반한 것으로 보기는 어렵다고 해석하고 있다. 그러나 "분할하는 사업부문에 직접 사용되지 아니한 공동의 차입금"을 승계한 경우에 대한 해석은 언급하고 있지 않다.

법인세법 제46조 제2항 제1호 나목 단서의 의미는 분할하는 사업부문의 자산 및 부채가 포괄적으로 승계되어야 하고 다만, 공동으로 사용하던 자산, 채무자 변경이 불가능한 부채 등 분할하기 어려운 자산과 부채 등은 반드시 포괄승계 되어야 하는 것은 아닌 것으로 보아야 하고, 종전 법인과의 공동차입금을 분할 신설법인에 승계하더라도 포괄승계 요건을 위반한 것으로 보기는 어려움(지방세특례제도과-2574, 2015.9.23.).

분할하는 사업부문에 직접 사용되지 아니한 공동의 차입금을 분할 신설법인에게 승계한 경우에 감면을 적용할 수 있을 지와 관련해서는, 지방세 감면은 조세법률주의 원칙상 특별한 사정이 없는 한 법문대로 해석할 것이고, 특히 감면 요건 중 명백히 특혜규정이라고 볼 수 있는 것은 엄격하게 해석하는 것이 조세공평의 원칙에도 부합하므로, 법인세법 제46조 제2항 제1호에서는 포괄승계 요건을 갖추었는지 여부를 먼저 기술하고, 법인세법시행령 제82조의 2 제2항에서는 포괄승계 예외를 인정하는 항목을 나열한 것으로 해석하는 것이 타당하다(조심 2012지0356, 2013.7.10.; 조심 2009지0627, 2010.3.12. 참조).

법인세법 제46조 제2항 제1호에 의거 자산과 부채를 분할되는 사업부문과 분할되지 않는 사업부문으로 구분한 후 분할되는 사업부문의 자산 및 부채만을 분할 신설법인에게 포괄 승계하는 경우에 감면함을 원칙으로 하는 것이 타당해 보이고, 법인세법시행령 제82조의 2 제2항 제2호 라목에서 "분할되는 사업부문에 직접 사용되지 아니한 공동의 차입금"은 승계대상에서 제외한다고 규정하고 있으므로 분할 신설법인이 직접 사용한 것이 아니라 분할되는 법인이 직접 사용한 공동의 차입금을 분할 신설법인에게 승계하였다면 적격분할의 요건을 갖추지 못한 것으로 보아서 감면 대상에서 제외하는 것이 타당해 보인다.

(3) 우발채무

장래에 일정한 조건이 발생할 경우 채무로 인식되는 것을 우발채무라 한다. 이와 같은 우발적 현상의 발생에 따라 비로소 정식 채무가 되는 우발채무까지 포괄적 승계대상으로 보고 있지 않다.

분할하는 사업부문의 자산 및 부채가 포괄적으로 승계될 것'이란 분할하는 사업부문과 직접 관련되는 자산·부채만 승계하면 되는 것이지 분할 당시 자산·부채로 인식할 수 없는 장래의 우발부채까지 포함하는 것은 아님(지방세운영과-106, 2012.1.9.).

기 업

(4) 임대 중이거나 타 건설업자가 건축분양 예정인 재산

분할법인이 분할신설법인에게 자산·부채를 승계함에 있어서 분할하는 사업부문의 자산·부채 외에 분할법인의 자산·부채 일부를 포함하여 승계하는 경우에도 자산·부채의 포괄적 승계로 보고 있다(법인세과-627, 2009.5.28.; 법인세과-3982, 2008.12.15.).

건설업자가 토지 상에 건축물을 직접 건설하지 아니하고 다른 건설업체에 위탁하여 건설하게 하고 있는 경우는 건설업이 아닌 부동산임대업 또는 부동산공급업으로 보아야 하므로, 건설업을 분할하면서 부동산임대업에 해당되는 재산(타 건설업자가 건축 분양예정)을 승계하지 않았더라도 적격요건을 갖춘 것으로 보고 있다.

☑ 건물 건설업이 아닌 부동산 매매업 (한국표준산업분류표 상 부동산공급업)에 해당하므로 이 사건 토지에 분할신설법인이 직접 건축물을 건설하지 아니하는 한 이 사건 토지는 부동산임대업 또는 부동산공급업용 자산으로 볼 수 있으며, 동일 필지 토지위에 다수의 사업부문을 운영하고 있던 중 일부 사업부문만 물적분할하는 경우에 분할되지 않는 사업부문(레저산업)의 시설을 승계하지 않더라도 분할되는 사업부문의 자산 및 부채가 포괄적으로 승계된 때에는 법인세법 제47조 및 동법시행령 제82조 제3항 제1호의 분할요건을 충족하는 것으로 볼 수 있음(법인세과-1092, 2009.10.1.).

(5) 분할하는 사업부분의 사업기간이 5년 이상인 것에 대한 판단

법인세법에서는 분할등기일 현재 5년 이상 사업을 계속하던 내국법인이 분할하는 경우를 적격분할의 요건으로 규정하고 있고, 지방세특례제한법에서도 취득세 감면 요건으로 인용하고 있다. 5년 이상 사업을 계속해야 한다는 것의 요건은 분할하는 사업부분의 사업을 5년 이상 영위해야 한다는 것이 아니라, 분할하려는 법인의 총 사업 기간이 5년 이상이면 가능하다고 보고 있다.

☑ "5년 이상 사업을 계속하였음"의 의미는 분할등기일 현재 분할법인으로부터 분할되는 독립된 사업부문으로 구분하여 말하는 것이 아니라, 당해 분할법인의 총 사업 기간을 의미한다고 할 것이므로, A법인에서 분할되는 부동산 임대사업 부문을 5년 이상 영위하지 않았지만, A법인의 총 사업기간이 5년을 경과하였다면, 이는 "분할등기일 현재 5년 이상 계속하여 사업을 영위한 내국법인"의 요건을 충족하였다고 할 것이며 등록세 감면 대상이라고 봄이 타당함(지방세운영과-4733, 2010.10.7.).

5년 이상 사업을 계속 영위한 법인으로부터 분할한 법인이 분할 후 5년이 되지 않아 당초 승계 받은 사업부분을 다시 재분할하는 경우에 취득세 감면을 적용하기 위한 '5년 이상 사업 계속 영위'에 대한 판단은 당초 분할 전 법인이 영위한 사업기간을 포함하는 것으로 보고 있다(지방세운영과-32, 2008.5.20.).

☑ 을법인이 인적분할을 통해 갑법인으로부터 승계받은 사업부분을 재분할 하는 경우 법인세법 제46조 제1항 제1호의 규정에 따른 5년 이상 사업영위 기간에 갑법인이 영위한 사업기간까지 포함하여 산정함이 타당함(지방세운영과-3388, 2010.8.4.).

저자팁

인적분할과 물적분할 비교

- **인적분할** : 회사 내의 두 사업부 중 하나를 떼어 내면서 이를 근거로 신규기업을 설립하는 것까지는 물적분할과 동일함. 주주 소유비율에 따라 신설기업의 주식을 배분하여 향후 주식거래 등을 통해 각 법인이 독립된 형태를 유지하게 되는 것을 말한다(B사 지분 100%를 외부에 매각 시, 매각대금은 기존주주에게 귀속됨).
- **물적분할** : 회사 내의 두 사업부 중 하나를 떼어 내어 신규기업을 설립하는 것으로 신설기업 설립 시 발행된 주식을 기존 모기업이 100% 보유하고(신규기업은 기존 모기업의 완전자회사가 됨), 모기업이 자회사에 대한 기업 지배권을 계속 유지하는 분할형태이다(B사 지분 100%를 외부에 매각 시, 매각대금은 법인인 A사에게 귀속됨).

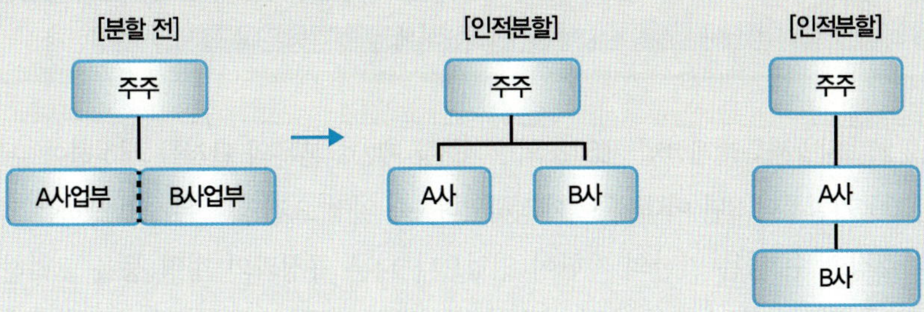

기 업

쟁점 034 신설된 법인분할 취득세 감면에 대한 추징 규정 적용 범위

> **지방세특례제한법 제57조의 2【기업합병·분할 등에 대한 감면】제3항**
>
> ③ 다음 각 호의 어느 하나에 해당하는 재산을 2021년 12월 31일까지 취득하는 경우에는 취득세의 100분의 75를 경감한다.
>
> 2. 「법인세법」 제46조 제2항 각 호(물적분할의 경우에는 같은 법 제47조 제1항을 말한다)의 요건을 갖춘 분할로 인하여 취득하는 재산. 다만, 분할등기일부터 3년 이내에 같은 법 제46조의 3 제3항(물적분할의 경우에는 같은 법 제47조 제3항을 말한다) 각 호의 어느 하나에 해당하는 사유가 발생하는 경우(같은 항 각 호 외의 부분 단서에 해당하는 경우는 제외한다)에는 경감받은 취득세를 추징한다.

2016.12.27. 지방세특례제한법 제57조의 2 제3항 제2호 본문의 단서를 개정하여 추징할 수 있는 기간을 "분할등기일부터 3년 이내에"로 개정하였다. 즉 일정 요건의 사유가 발생하는 경우 종전에는 분할 이후 추징할 수 있는 기한의 제한이 없었으나 다른 규정과의 형평 등을 고려하여 분할등기 이후 3년 이내에 일정한 요건의 추징 사유가 발생하는 경우에는 추징하도록 개정한 것이다.

법률 제14477호, 2016.12.27. 개정 이전	법률 제14477호, 2016.12.27. 개정된 것
2. 「법인세법」 제46조 제2항 각 호(물적분할의 경우에는 같은 법 제47조 제1항을 말한다)의 요건을 갖춘 분할로 인하여 취득하는 재산. <u>다만, 「법인세법」 제46조의 3 제3항</u>(물적분할의 경우에는 같은 법 제47조 제3항을 말한다) <u>각 호의 사유가 발생하는 경우</u>(같은 항 각 호 외의 부분 단서에 해당하는 경우는 제외한다)<u>에는 면제받은 취득세를 추징</u>한다.	2. 「법인세법」 제46조 제2항 각 호(물적분할의 경우에는 같은 법 제47조 제1항을 말한다)의 요건을 갖춘 분할로 인하여 취득하는 재산. <u>다만, 분할등기일부터 3년 이내에</u> 같은 법 제46조의 3 제3항(물적분할의 경우에는 같은 법 제47조 제3항을 말한다) <u>각 호의 어느 하나에 해당하는 사유가 발생하는 경우</u>(같은 항 각 호 외의 부분 단서에 해당하는 경우는 제외한다)<u>에는 면제받은 취득세를 추징</u>한다.

법 개정 당시 이러한 개정에 대해 별도 경과규정을 두고 있지 않다. 다른 추징 규정에 대해서는 모두 이 법 시행 이후 감면받는 분부터 적용한다거나, 이 법 시행 전 감면받는 지방세를 이 법 시행 이후 추징하는 경우에도 적용한다는 등의 경과조치를 두었으나 법인분할 추징에 대해서는 이러한 경과조치가 마련되지 않은 것이다.

지방세특례제한법 부칙(법률 제14477호, 2016.12.27.)

> **제3조【감면된 취득세 등의 추징에 관한 적용례】**
>
> 제11조 제3항 제3호, 제12조 제3항, 제57조의 2 제2항 단서 및 같은 조 제3항 제5호 단서의 개정규정은 이 법 시행 후 감면받는 분부터 적용한다.
>
> **제4조【지방세 감면분 추징에 관한 적용례】**
>
> 제22조 제1항 제1호, 제22조의 2 제3항 단서, 제41조 제1항 제1호, 제43조 제1항 제1호, 제50조 제1항

> 제1호, 제52조 제2항 제1호, 제60조 제2항 제1호, 제72조 제1항 제1호, 제89조 제1항 제1호, 제90조 제1항 제1호 및 제91조 제1호의 개정규정은 이 법 시행 전에 감면받은 지방세를 이 법 시행 후 추징하는 경우에도 적용한다.

따라서 지방세특례제한법(법률 제14477호, 2016.12.27. 일부개정) 제57조의 2 제3항 제2호 단서의 물적분할 관련 추징 규정으로 지분연속성 유지에 대한 유예기간이 3년으로 신설됨에 따라 개정된 조항을 어느 시점부터 적용할지에 대한 쟁점이 발생하였다.

물적분할 후 3년이 경과된 시점에 주식 지분 유지(50% 이상)의 요건을 위배하는 경우, 2016.12.27. 개정 이전 규정을 적용하여 물적분할로 인해 감면한 취득세를 추징할 것인지, 아니면 2016.12.27. 개정 사항에 따라 '물적분할 후 3년 이내에 추징 사유가 발생하는 경우만 추징할 것인지의 문제인 것이다.

유권해석의 입장은, 2016.12.27. 개정된 추징 규정을 적용하여 물적분할 이후 3년이 경과하여 추징 사유가 발생하는 경우는 감면한 취득세를 추징할 수 없다고 보고 있다. 다른 규정들은 별도의 경과규정을 두고 있는 반면 물적분할 취득세 감면과 관련된 해당 개정규정은 별도의 경과규정을 두고 있지 않으므로 일반적 적용례에 따라야 하는데, 일반적 적용례에 따를 경우 이법 시행 후인 2017.1.1. 이후 납세의무가 성립하는 분부터 적용하여야 하며, 납세의무 성립은 '세액의 추징'은 본래의 '부과처분'과는 과세요건을 달리하는 별개의 부과처분이므로(대법원 1992.4.28. 선고 91누8487 판결; 2013.11.28. 선고 2011두27551 판결 등) 추징세액의 납세의무는 최초의 원처분과는 독립적으로 요건 충족 및 성립한다고 보는 것이다.

> ✔ 2016.12.27.자 위 법률 개정으로 위 추징 요건에는 '분할등기일로부터 3년 이내'라는 기간 요건이 추가되었는 바 이에 따르면 분할등기일로부터 3년이 도과된 후에는 분할법인의 분할신설법인 주식보유비율이 위와 같은 법정비율 미만이 된다고 하더라고 면제받은 세액이 추징되지 아니하게 되었음. 한편, 위 개정법률 부칙 제2조(일반적 적용례)는 위 개정 조항 등에 대하여 그 법률 시행일인 2017.1.1. 이후 납세의무가 성립하는 분부터 적용하도록 규정하였음.
> 적격물적분할과 관련하여 분할신설법인이 취득세를 면제받은 뒤 분할등기일로부터 3년이 경과한 후 분할법인이 보유한 분할신설법인의 주식 전부를 타에 처분하는 경우 신·구법 간의 준거법 및 그에 따른 추징여부의 판별은 위 부칙 제2조의 적용여부에 달렸다고 할 것이며, 납세의무란 과세요건이 완성될 때 성립하는 것이고, 세액의 추징은 본래의 부과처분과는 과세요건을 달리하는 별개의 부과처분이라 할 것이므로(대법원 1992.4.28. 선고 91누8487 판결; 2013.11.28. 선고 2011두27551 판결 등) 이로써 추징세액의 납세의무는 최초의 원처분과는 독립적으로 그 추징 요건의 충족으로 성립한다 할 것이며, 추징을 위한 과세기준일은 추징 요건 관련 요건사실이 발생한 때라 할 것이고 과세여부는 특별한 사정이 없는 한 과세기준일 당시의 법령에 따라야 할 것이므로, 이 사건과 같이 분할법인 보유주식의 처분이 개정 법률 시행 이후에 이루어졌고 달리 추징과세 당시의 법령에 따르지 아니하여야 할 사정도 없는 것이라면, 그 추징여부에 관하여는 개정 법률을 적용하여야 할 것이고 개정 법률에 의해 감면받은 세액의 추징이 배제되는 경우라면 그에 따르는 것이 타당함(지방세특례제도과-2713, 2019.7.11.).

(1) 적격분할 이후 고급오락장 등 사치성 재산에 해당하게 되는 경우 감면액 추징

적격분할의 경우는 적격합병과 달리 합병 이후 고급오락장 등 사치성 재산이 되는 경우 감면한 취득세를 추징할 수 있도록 하는 규정이 없다. 다만 지방세특례제한법 제177조에 따라 감면 적용에서 배제될 뿐이다.

따라서 감면 당시에는 지방세법 제13조에 제5항에 따른 재산이 아니였으나, 취득세를 감면받고 일정 기간 이내에 고급오락장 등 사치성 재산에 해당되게 되는 경우에 적격합병과 같이 취득세를 추징할 수 있는 근거가 없는 것이다.

저자팁

법인분할에 따른 취득세 감면액 추징 요건

인적분할	물적분할
할등기일부터 3년 이내 사유 발생	할등기일부터 3년 이내 사유 발생
법인세법 46조의 3 제3항 각 호	법인세법 제47조 제3항 각 호
분할신설법인이 분할법인으로부터 승계받은 사업을 폐지하는 경우	
각 사업연도 종료일 현재 분할신설법인 근로자 수가 분할등기일 1개월 전 당시 분할 사업부문에 종사하던 근로자 수의 80% 미만으로 하락하는 경우	
분할법인의 주주가 분할신설법인으로부터 받은 주식을 처분하는 경우	분할법인이 분할신설법인의 발행주식총수(출자총액)의 50% 미만 보유

구 조세특례제한법 제120조 제1항 제9호에서 법인세법 제46조 제1항 각 호의 요건을 갖춘 분할로 인하여 취득하는 재산에 대하여는 취득세를 면제한다고 하면서 그 제2항 제2호에서 제1항에서 면제한 취득세를 추징하는 경우로서 제1항 제13호에 의하여 면제된 취득세에 대한 추징 요건을 규정하고 있을 뿐 구 지방세법 제112조 제2항 제4호 및 제3항의 규정에 의한 고급오락장 또는 대도시 내 법인의 본점 사업용 부동산을 취득세 면제 대상에서 제외한다거나 분할법인이 분할로 재산을 승계 취득한 이후 5년 이내에 고급오락장 또는 본점 사무소로 사용하는 경우 면제된 취득세를 추징한다는 규정을 두고 있지 아니하고 있고, 구 지방세법 제291조에서 고급오락장 등 사치성 재산은 취득세 등의 감면 대상에서 제외한다고 규정하고 있으나 그 적용범위를 지방세법 제5장에 한정하고 있으며, 또한 구 조세특례제한법 제120조 제1항 제9호의 규정에 의하여 분할로 인하여 취득하는 재산에 대하여 취득세를 면제하는 것은 분할의 경우 종래 같은 법인 내에 존재하던 특정 사업부문에 별개의 법인격을 부여하는 것에 불과하여 경제적 실질에는 변함이 없어 재산의 이전에 따르는 취득세를 부과할 당위성이 적을 뿐만 아니라 비록 분할로 설립되는 법인은 설립등기를 함으로써 대도시 내에서 새로이 법인이 신설되는 형식을 취하고 있지만 사실상 종전의 법인의 일부가 분할되어 계속 존속하는 것으로 볼 수 있으므로, 분할 전 법인이 1981.2.14. 소유권 이전등기 이후 보유하고 있던 이 건 토지를 청구법인이 2008.9.2. 인적분할방식으로 설립되면서 승계취득한 후 이로부터 5년 이내인 2008.12.2. 이 건 건축물을 신축 취득한 다음 그 일부인 쟁점 건축물을 고급오락장과 본점 사무소로 사용한다고 하여 그 부속토지인 쟁점 토지에 대하여 면제된 취득세를 추징할 수는 없다 할 것임 (조심 2009지0291, 2010.2.10.).

(2) 산업단지 입주기업 물적분할 시 재산세 감면

지방세특례제한법 제78조 제4항에서는 산업단지 내 입주기업이 산업용 건축물을 건축(2015년 당시 규정)하는 경우 취득세 및 재산세 감면을 적용하고 있다. 재산세의 경우 재산세 납세의무가 최초로 성립하는 날부터 5년간 지원하도록 하고 있는데, 산업단지 입주기업이 산업용 건축물을 신축하고 이후 법인을 분할하여 분한신설법인이 해당 산업용 건축물을 취득 및 사용하는 경우 재산세를 감면 할 수 있을지의 문제이다.

유권해석은 재산세 감면은 과세기준일 현재 사실상 소유자를 기준으로 판단해야 하므로 분할신설법인은 산업용 건축물을 건축한 사실이 없으므로 감면 대상에 해당되지 않는다고 보고 있다.

지방세특례제한법 제78조 제4항에서는 산업단지 내에서 산업용 건축물 등을 건축하려는 자가 취득하는 부동산에 대해서는 취득세를 면제하고, 해당 납세의무가 최초로 성립하는 날부터 5년간 재산세를 면제한다고 규정하고 있으며, 지방세법 제107조에서는 재산세의 납세의무는 과세기준일 현재 재산을 사실상 소유하고 있는 자에게 있다고 규정하고 있음. 산업단지 내 입주법인이 산업용 건축물을 신축하고, 물적분할을 통하여 기존 법인으로부터 분할된 신설법인이 산업용 건축물의 소유권을 취득하는 경우 분할 신설법인은 기존법인과 법인격을 달리하므로 신설법인은 지방세특례제한법에 따른 '해당 납세의무자'에 해당하지 아니하므로 재산세 감면 대상에서 제외함(지방세특례제도과-96, 2015.1.13.).

기 업

(3) 인적분할 후 2년 내에 승계받은 자산의 1/2이상을 처분한 경우 취득세 추징

법인세법 46조의 3 제3항에서는 법인 분할 이후 감면한 취득세를 추징할 수 있는 사유로서 '분할신설법인이 분할법인으로부터 승계받은 사업을 폐지하는 경우'를 규정하고 있는데, 법인분할등기일 이후 2년 이내에 법인분할로 승계한 고정자산가액의 2분의 1 이상을 처분한 경우 사업의 폐지로 보아서 취득세를 추징하도록 규정하고 있다.

이러한 고정자산에 주식 등의 금융상품을 포함하게 되면 처분한 고정자산의 비중이 2분의 1 미만이 될 수 있으므로 납세자는 매도가능증권을 고정자산에 포함함으로써 매도한 부동산의 비중을 2분의 1 미만이 되도록 처리하고 이러한 경우 추징 대상에서 제외되어야 한다고 주장하였으나, 조세심판례에서는 법인의 인적분할에 대한 추징 규정인 법인세법 제46조의 3 제3항 제1호와 같은 법 시행령 제82조의 4 제3항·제7항 및 제80조의 4 제8항에서 분할신설법인이 분할등기일이 속하는 사업연도의 다음 사업연도 개시일부터 2년 내에 승계한 고정자산가액의 2분의 1 이상을 처분하거나 사업에 사용하지 아니하는 경우에는 승계받은 사업을 폐지한 것으로 보고 취득세를 추징해야 한다고 보았으며, 주식 등의 금융상품을 고정자산의 범위에 포함하도록 하거나 고정자산을 매각하고 대체 취득하는 경우에 사업의 폐지로 보지 아니하도록 하는 규정이 없으므로 매도가능증권을 고정자산 범위에 포함할 수 없고, 따라서 처분한 고정자산이 2분의 1 이상이 되는 경우 감면한 취득세 추징이 가능하다고 결정하고 있다.

법인세법 제46조의 3 제3항 제1호와 같은 법 시행령 제82조의 4 제3항·제7항 및 제80조의 4 제8항에서는 분할신설법인이 분할등기일이 속하는 사업연도의 다음 사업연도 개시일부터 2년 내에 승계한 고정자산가액의 2분의 1 이상을 처분하거나 사업에 사용하지 아니하는 경우에는 승계받은 사업을 폐지한 것으로 보아 감면받은 취득세를 추징하도록 규정하고 있고, 조세특례제한법에서 법인분할에 대하여 취득세·등록세가 감면되는 범위를 일반적인 상법 상의 분할로 규정하지 않고 법인세법 상의 분할요건을 갖춘 것으로 하면서 적격분할의 과세 특례에 대한 사후관리 규정을 마련한 것은 법인이 상법 상의 절차에 따라 법인분할을 하였다 하더라도 세법 상으로 '적격분할'의 각 요건을 모두 갖춘 경우에만 한정하여 세제지원을 하고, 분할을 통한 조세회피 등의 행위를 방지하기 위한 것이라 볼 수 있고, 조세특례제한법이나 법인세법의 위 관련 규정에서 주식 등의 금융상품을 고정자산의 범위에 포함하도록 하거나, 고정자산을 매각하고 대체 취득하는 경우에 사업의 폐지로 보지 아니하도록 하는 규정이 달리 마련되어 있지 아니한 점, 이 건 부동산의 처분이 법인세법시행령 제80조의 4 제8항 단서의 분할법인의 주식을 승계받아 자기주식을 소각하는 경우에 해당하지 아니하는 점 등에 비추어, 청구법인이 승계한 고정자산에 매도가능증권 등을 포함하여야 한다거나, 이 건 부동산을 매각한 후 다른 부동산을 대체 취득하였으므로 승계받은 사업의 폐지로 보지 않아야 한다는 청구주장을 받아들이기 어려움(조심 2014지0405, 2014.10.14.).

쟁점 035 법인분할 이후 역합병하는 경우 취득세 추징 가능?

> **지방세특례제한법 제57조의 2【기업합병·분할 등에 대한 감면】제3항**
>
> ③ 다음 각 호의 어느 하나에 해당하는 재산을 2021년 12월 31일까지 취득하는 경우에는 취득세의 100분의 75를 경감한다.
>
> 2. 「법인세법」 제46조 제2항 각 호(물적분할의 경우에는 같은 법 제47조 제1항을 말한다)의 요건을 갖춘 분할로 인하여 취득하는 재산. 다만, 분할등기일부터 3년 이내에 같은 법 제46조의 3 제3항(물적분할의 경우에는 같은 법 제47조 제3항을 말한다) 각 호의 어느 하나에 해당하는 사유가 발생하는 경우(같은 항 각 호 외의 부분 단서에 해당하는 경우는 제외한다)에는 경감받은 취득세를 추징한다.

물적분할에 따라 신설된 분할 신설법인이 구 조세특례제한법 제120조에 따라 취득세를 감면받은 후 모회사를 역합병하는 경우 취득세 추징 대상에 해당되는지에 대한 쟁점이다.

물적분할에 대한 추징 규정에서는 법인세법 제47조 제3항 각 호의 어느 하나에 해당하는 사유가 발생하면 경감받은 취득세를 추징한다고 규정하고 있고, 법인세법 제47조 제3항에서는 분할법인이 분할신설법인의 발행주식총수(출자총액)의 50% 미만으로 보유하게 되는 경우를 추징 사유로서 규정하면서 부득이한 사유가 있는 경우에는 예외로 하도록 함께 규정하고 있다.

부득이한 사유는 해당 주주 등이 적격합병, 적격분할, 적격물적분할 또는 적격현물출자에 따라 주식 등을 처분한 경우로 규정하고 있으므로 법인 분할 이후 다시 적격합병함으로써 부득이하게 주식을 처분하는 경우에는 추징 대상이 아니라고 보고 있다.

✔ 법인세법 제47조 제3항 제2호에서는 추징 요건에 대하여 '분할법인이 분할신설법인의 발행주식총수 또는 출자총액의 100분의 50 미만으로 주식 등을 보유하게 되는 경우'라고 규정하고 있고, 같은 항 단서에서는 '다만, 대통령령으로 정하는 부득이한 사유가 있는 경우에는 그러하지 아니하다'라고 규정하고 있으며, 같은 법 시행령 제84조 제9항에서는 '대통령령으로 정하는 부득이한 사유'는 법 제47조 제3항 제2와 관련된 경우에는 분할법인이 제80조의 2 제1항 제1호 각 목의 어느 하나에 해당하는 경우라고 규정하고 있고, 같은 법 시행령 제80조의 2 제1항 제1호 다목에서는 '해당 주주 등이 적격합병, 적격분할, 적격 물적분할 또는 적격 현물출자에 따라 주식 등을 처분한 경우'라고 규정하고 있음. 사업부문을 물적분할하여 유예기간 내 모회사를 역합병하여 보유주식을 100분의 50 미만으로 보유하게 되는 경우에는 취득세 추징 대상에 해당된다고 할 것이지만, 유예기간 내 보유주식을 100분의 50 미만으로 보유하였다 하더라도 물적분할 이후에 해당 주주 등이 적격합병에 따라 주식 등을 처분한 경우라면 이는 법령에서 정한 부득이한 사유에 해당되어 취득세 추징 제외 대상으로 보는 것이 타당함(지방세특례제도과-825, 2017.4.27.).

개인의 법인전환

✔ 감면 요건

<table>
<tr><td>대상자</td><td>개인에서 전환된 법인</td></tr>
<tr><td>감면 대상</td><td>현물출자 또는 사업 양도·양수에 따라 2021.12.31.까지 취득하는 사업용 고정자산</td></tr>
<tr><td>감면 요건</td><td><table><tr><th>구 분</th><th>내 용</th></tr><tr><td>업종제한</td><td>소비성서비스업이 아니어야 함</td></tr><tr><td>주주제한</td><td>개인기업을 영위하던 자가 발기인이 되어 전환하는 사업장의 순자산가액 이상을 출자하여 법인을 설립할 것</td></tr><tr><td>절차제한</td><td>법인설립일부터 3개월 이내에 해당 법인에게 사업에 관한 모든 권리와 의무를 포괄적으로 양도해야 할 것</td></tr></table></td></tr>
<tr><td>감면율</td><td>취득세 75% 감면</td></tr>
<tr><td>감면시한</td><td>2021.12.31.</td></tr>
</table>

✔ 추징 요건

<table>
<tr><td>주식
처분
등</td><td>취득일부터 5년 이내에 대통령령으로 정하는 정당한 사유* 없이 해당 사업을 폐업하거나 해당 재산을 처분(임대) 또는 주식을 처분하는 경우
* 정당한 사유
① 해당 사업용 재산이 공익보상법에 따라 수용된 경우
② 법령에 따른 폐업·이전명령 등에 따라 해당 사업 폐지하거나 사업용 재산을 처분하는 경우
③ 조세특례제한법시행령 제29조 제7항 각 호에 해당하는 경우
④ 조세특례제한법 제32조 제1항에 따른 법인전환으로 취득한 주식의 100분의 50 미만을 처분하는 경우</td></tr>
</table>

✔ 관련 법령

지특법 §57의 2 ④

✔ 개정 연혁

<table>
<tr><th>개정일</th><th>개정 전</th><th>개정 후</th><th>개정이유 / 적용요령</th></tr>
<tr><td rowspan="3">지특법 §57의 2 ④
2018.12.24.
제16041호</td><td>감면율 100%
※ 최소납부세제 적용</td><td>감면율 75%</td><td rowspan="3">(부칙 제10조)
법 시행 전 감면받은 취득세는 종전 규정에 따라 추징</td></tr>
<tr><td>• 추징 기간
취득일부터 2년 이내</td><td>• 추징 기간 확대
취득일부터 5년 이내</td></tr>
<tr><td>• 추징 요건
〈신 설〉</td><td>• 추징 요건
주식 처분하는 경우</td></tr>
</table>

쟁점 036 순자산 가액에 대한 판단 기준?

> **지방세특례제한법 제57조의 2【기업합병·분할 등에 대한 감면】제4항**
>
> ④「조세특례제한법」제32조에 따른 현물출자 또는 사업 양도·양수에 따라 2021년 12월 31일까지 취득하는 사업용 고정자산에 대해서는 취득세의 100분의 75를 경감한다.

법인전환은 개인사업자가 기업경영상 권리·의무의 주체가 되어 경영하던 기업을 개인사업자와는 독립된 법인이 기업경영상 권리·의무의 주체가 되도록 기업의 조직형태를 변경하는 것을 말한다. 현물출자에 대해서도 세법에서 별도로 개념을 정리하고 있지 않으나 상법에 따르면 현물출자란 회사의 설립이나 신주 발행 시에 금전 이외의 재산을 출자하여 주식을 배정받는 것을 말하고, 출자하는 재산가액이 주식인수가액을 초과하더라도 현물출자자에게 금전을 지급하는 것은 허용되지 않는다.

법인전환은 기장 및 공시 의무 등에 따라 의사 결정 또는 재무관리에 대한 투명성을 제고시키는 효과가 있으므로 국가적으로 법인전환 유도를 촉진할 필요가 있다. 따라서 복잡한 전환 절차 및 비용 등을 감수하고도 법인전환을 결정하도록 하기 위해 국세 및 지방세를 지원하고 있다.

개인이 법인으로 전환을 하게 되는 방식은 기존의 사업을 양수도하거나, 개인의 자산을 법인기업에 현물출자 하거나 또는 개인 중소기업 간의 통합을 통해 법인을 신설하는 방식이 있다. 법인전환 시 국세 및 지방세가 지원되는 요건은 조세특례제한법에서 규정하고 아래와 같다.

기 업

▌법인전환 시 취득세 감면 요건(조특법 §32)▐

구 분	내 용
업종제한	소비성서비스업*이 아니어야 함
주주제한	개인기업을 영위하던 자가 발기인이 되어 전환하는 사업장의 순자산가액** 이상을 출자하여 법인을 설립할 것
절차제한	법인설립일부터 3개월 이내에 해당 법인에게 사업에 관한 모든 권리와 의무를 포괄적으로 양도해야 할 것

* [소비성서비스업 : 조세특례제한법시행령 제29조 제3항]
1. 호텔업 및 여관업(「관광진흥법」에 따른 관광숙박업은 제외한다)
2. 주점업(일반유흥주점업, 무도유흥주점업 및 「식품위생법 시행령」 제21조에 따른 단란주점 영업만 해당하되, 「관광진흥법」에 따른 외국인전용유흥음식점업 및 관광유흥음식점업은 제외)
3. 그 밖에 오락·유흥 등을 목적으로 하는 사업으로서 기획재정부령으로 정하는 사업

** [순자산가액] 사업용 고정자산을 현물출자하거나 사업양수도하여 법인으로 전환하는 사업장의 순자산가액으로서, 법인전환일 현재 시가로 평가한 자산의 합계액에서 충당금을 포함한 부채의 합계액을 공제한 금액

개인이 현물출자를 통해 법인으로 전환하는 경우 이를 유상취득으로 보고 취득세 과세표준과 세율을 적용하고 있다.

☑ 일반적으로 발기인 또는 신주인수인이 회사에 대하여 현물출자를 하면 회사는 이들에게 주식을 발행 교부하게 되는데 현물출자와 주식의 교부는 서로 대가관계에 있는 것으로 볼 것이므로 현물출자의 유상성이 인정됨(대법원 92누15895, 1993.4.27.).

사업양수도 방법으로 법인전환할 때의 취득세 과세 물건의 취득은 지방세법 소정의 유상승계취득에 해당하는 것이고 이 사건 부동산의 경우는 법인 장부에 의해 취득가격이 입증되는 취득에 해당하므로 사실상의 잔금지급일과 그 소유권 이전등기일(청구인의 경우 공장건축물은 1996.10.18., 공장용지는 1996.12.20. 각각 등기함) 중 빠른 날짜에 이 사건 부동산을 취득한 것으로 보는 것이 위 지방세법 관계규정에 부합되는 것이라 할 것이므로, 청구인이 위와 같이 1996.8.1.을 취득시기로 보지 않고 공인회계사의 평가에 의하여 사업양수도 대금이 구체적으로 확정되어 그 대금을 사실상 지급할 수 있게 된 날짜인 1996.8.26.(위 소유권 이전등기일 보다 빠르다)을 취득시기로 보아 그 취득세를 같은 해 9.11. 신고하고 같은 해 9.25. 납부한 데에 이 사건 가산세를 부과할 만한 위법한 점이 있다고는 보여지지 않는다. 따라서 청구인이 이 사건 부동산의 취득시기에 관하여 관계 법령에 부합되도록 해석하여 그 취득세를 성실히 신고납부한 것으로 보여지는 데도 처분청이 이 사건 부동산의 취득시기를 잘못 판단하여 그 가산세를 부과한 것으로서 적법한 처분으로 볼 수 없음(감사원 1999-319, 1999.10.13.).

(1) 순자산가액 산정 시 사업과 무관한 부채도 공제하는지 여부 : 공제 제외

개인이 현물출자를 통해 법인으로 전환하는 경우 취득세를 감면하는 요건으로 '개인기업을 영위하던 자가 발기인이 되어 전환하는 사업장의 순자산가액 이상을 출자하여 법인을 설립 할 것'을 규정하고 있다.

'순자산 가액'이란 사업용 고정자산을 현물출자하거나 사업양수도하여 법인으로 전환하는 사업장의 순자산가액으로서, 법인전환일 현재 시가로 평가한 자산의 합계액에서 충당금을 포함한 부채의 합계액을 공제한 금액을 말한다. 자산합계액에서 부채합계액을 공제하는 경우 사업무관 부채를 공제대상에 포함할지가 쟁점이 된다.

유권해석은 당초의 입장을 변경하여, 자산에서 공제하는 부채는 사업과 관련성이 있는 자산을 의미하는 것으로 보는 것이 합리적이라고 보고 있다.

(변경 전 유권해석 사례) 사업장의 자산 및 부채를 전부 출자하여 법인을 설립하여 '현물출자액'과 조세특례제한법 시행령에 규정한 '순자산가액'은 모두 기존 사업장의 가치를 평가하는 것이므로 개념상 동일한 금액이 되어야 한다는 점 등 같은 취지의 유권해석(기획재정부 재산세제과-760(2017.11.8.) 등을 종합적으로 고려할 때, 법원으로부터 현물출자 물상보증채무액을 공제하여 자본금으로 인가받은 후 새로이 법인을 설립하는 경우라면 순자산가액에서 물상보증채무액을 공제하여 현물출자에 대한 감면을 적용하여야 할 것임(지방세특례제도과-1590호, 2019.4.24.).

(변경 후 유권해석 사례) 지방세특례제한법 제57조의 2 제4항은 조세특례제한법 제32조에 따라 현물출자에 의한 법인전환이 이루어지는 경우에는 사업용 고정자산의 취득에 대하여 취득세를 면제한다고 규정하고 있으며, 이와 관련하여 조세특례제한법 제32조 제2항, 동법 시행령 제29조 제5항 및 제28조 제1항 제2호는 신설법인의 자본금이 법인으로 전환하는 사업장의 순자산가액 이상인 경우라야 함을 정하고 있고, 순자산가액 산정에 관하여는 조세특례제한법시행령 제29조 제5항에 따라 같은 법 시행령 제28조 제1항 제2호를 준용하도록 하고 있는데, 법인설립 당시의 소멸 사업장의 자산합계액에서 충당금을 포함한 부채의 합계액을 공제하는 것인 바 이때 부채의 범위는 그 부채를 공제하는 대상인 자산의 범주에 대응하는 것이라 하는 것이 타당하다 할 수 있고, 그 자산은 위 산식을 정한 조세특례제한법시행령 제28조 제1항 제2호가 해당사업에 관한 주된 자산을 모두 승계하는 경우에 적용되는 것(동 시행령 제28조 제1항 본문)이라는 점 등을 고려한다면 사업 관련성이 있는 자산을 의미하는 것으로 보는 것이 합리적이이고, 자산에 대응하는 부채에 관하여도 달리 다른 기준을 적용해야 한다는 점에 관한 특별한 사정이 없다면 사업과 관련한 금액으로 보아야 함(지방세특례제도과-2712, 2019.7.11.).

쟁점 037 건설 중인 부동산도 사업용 고정자산일까?

지방세특례제한법 제57조의 2【기업합병·분할 등에 대한 감면】제4항

④「조세특례제한법」 제32조에 따른 현물출자 또는 사업 양도·양수에 따라 2021년 12월 31일까지 취득하는 사업용 고정자산에 대해서는 취득세의 100분의 75를 경감한다.

(1) 원거리의 기숙사

사업용 고정자산을 현물출자하거나 사업 양도·양수의 방법에 따라 법인으로 전환하는 경우 취득세의 감면 대상은 사업용 고정자산이다.

이 사건 부동산은 청구인이 종업원 기숙사로 청구인의 사업에 직접 사용한 사업용 고정자산에 해당된다 하겠고, 제조업을 영위하는 거주자가 사업용 고정자산을 현물출자하여 제조업을 영위하는 법인으로 전환한 경우 그 법인이 현물출자로 인하여 취득한 사업용 재산에 대하여는 지방세를 면제하게 되어 있어 처분청에서 이 사건 부동산이 사업장으로부터 12.4㎞ 떨어진 사업장 밖에 위치하고 있다는 이유만으로 취득세 등의 면제를 배제하고 한 이 사건 부과처분은 잘못이라 할 것이다(감사원 2001-41, 2001.4.17.).

(2) 수목

조세특례제한법 제32조 제1항, 제120조 제1항 제3호에 따라 개인기업이 법인기업으로 전환하는 과정에서 사업용 고정자산을 현물출자하는 경우에만 취득세를 면제하도록 되어 있음을 알 수 있다. 그런데 인정사실에서는 건설업을 영위하던 개인사업자인 유○○ 외 1인은 설립 중에 있는 법인인 청구인에게 사업용 재고자산인 수목을 현물출자하여 법인으로 전환한 사업자이므로 조세특례제한법 제120조의 규정에 의한 취득세 면제 대상에 해당되지 않는다 할 것이다(감심2001-122, 2001.10.16.).

기 업

쟁점 038 신설된 법인전환 취득세 추징 규정 적용

지방세특례제한법 제57조의 2【기업합병·분할 등에 대한 감면】제4항

④ 다만, 취득일부터 5년 이내에 대통령령으로 정하는 정당한 사유 없이 해당 사업을 폐업하거나 해당 재산을 처분(임대를 포함한다) 또는 주식을 처분하는 경우에는 경감받은 취득세를 추징한다.

지방세특례제한법시행령 제28조의 2【법인 합병의 범위 등】제3항

③ 법 제57조의 2 제4항 단서에서 "대통령령으로 정하는 정당한 사유"란 다음 각 호의 어느 하나에 해당하는 경우를 말한다.

1. 해당 사업용 재산이 「공익사업을 위한 토지 등의 취득 및 보상에 관한 법률」 또는 그 밖의 법률에 따라 수용된 경우
2. 법령에 따른 폐업·이전명령 등에 따라 해당 사업을 폐지하거나 사업용 재산을 처분하는 경우
3. 「조세특례제한법 시행령」 제29조 제7항 각 호의 어느 하나에 해당하는 경우
4. 「조세특례제한법」 제32조 제1항에 따른 법인전환으로 취득한 주식의 100분의 50 미만을 처분하는 경우

2018년 말 지방세특례제한법 개정으로 현물출자 등에 따른 법인전환에 대한 취득세 감면 사후관리 규정이 강화되었다.

취득세를 감면받은 경우 해당 사업을 폐업하거나 재산을 처분(임대 포함)하지 않도록 하는 의무기간을 당초 2년에서 5년으로 확대하였고, 또한 개인이 법인전환으로 취득한 주식 또는 출자지분의 50% 이상을 처분하는 경우 감면한 취득세를 추징하도록 하는 규정을 신설하였다.

아울러 사후관리에 대한 개정 규정의 적용은 이 법 시행 전에 감면받은 취득세의 추징에 대해서는 제57조의 2 제4항의 개정규정에도 불구하고 종전의 규정에 따르도록 부칙을(제10조) 두고 있다. 따라서 2019.1.1. 이후부터 현물출자 등에 따른 법인전환으로 취득세를 감면받는 경우부터 적용하고, 2018년까지 감면받은 경우는 종전의 추징 규정을 적용한다.

법률 제16041호, 2018.12.24. 개정 후	법률 제16041호, 2018.12.24. 개정 전
④ --- 취득일부터 2년 이내에 대통령령으로 정하는 정당한 사유 없이 해당 사업을 폐업하거나 해당 재산을 처분(임대를 포함한다)하는 경우에는 면제받은 취득세를 추징한다.	④ ---- 다만, 취득일부터 5년 이내에 대통령령으로 정하는 정당한 사유 없이 해당 사업을 폐업하거나 해당 재산을 처분(임대를 포함한다) 또는 주식을 처분하는 경우에는 경감받은 취득세를 추징한다.
	〈부칙 제10조〉 이 법 시행 전에 감면받은 취득세의 추징에 대해서는 제57조의 2 제4항의 개정규정에도 불구하고 종전의 규정에 따른다.

(1) 개인기업 법인전환하면서 취득세를 감면받고, 2년 내에 법인합병으로 소멸된 경우, 취득세 추징 대상인 2년 이내 처분에 해당되는지

합병은 두 개 이상의 회사가 법정된 절차에 따라 단일회사가 되는 것으로서 피합병법인의 권리의무가 포괄적으로 합병법인에게 이전되는 것이므로 개별재산의 처분과는 다르고, 취득세 등 면제의 효과도 합병법인에게 승계되므로, 법인전환으로 취득세를 감면받은 법인이 2년 이내에 다른 법인으로 흡수합병 되는 경우라도 추징 사유인 '해당 사업을 폐지'하거나 '해당 재산을 처분'하는 경우에 해당되지 않는다고 보는 입장이 있다.

그러나 판례의 입장은, 지방세법은 법인전환과 합병 등 소유권 이전의 형식에 의한 취득의 모든 경우를 취득세 과세대상으로 파악하여 존속·신설법인이 소멸법인의 자산을 이전받는 형식 자체를 취득세의 과세대상인 취득으로 파악하고 있고, 합병으로 인한 취득에 대해 취득세 과세를 인정하되 흡수합병을 통하여 합병 후 존속법인이 부동산을 이전받은 것은 '처분한 것에 해당'한다고 보아야 한다는 것이다.

① 구 조세특례제한법 제120조 제5항이 취득세를 면제하는 취지는 개인이 권리·의무의 주체가 되어 경영하던 기업을 개인 기업주와 독립된 법인이 권리·의무의 주체가 되어 경영하도록 기업의 조직 형태를 변경하는 경우 실질적으로는 동일한 사업주가 사업의 운영형태만을 바꾸는 것에 불과하여 재산이전에 따르는 취득세 등을 부과할 필요가 적음과 더불어 개인사업의 법인전환을 장려함에 있는 점(대법원 2012.12.13. 선고 2012두17865 판결, 대법원 2003.3.14. 선고 2002두12182 판결 참조), ② 지방세법 제6조 제1호는 취득이란 매매, 교환, 상속, 증여, 기부, 법인에 대한 현물출자 등과 그 밖에 이와 유사한 취득으로서 원시취득, 승계취득 또는 유상·무상의 모든 취득을 말한다고 규정하고 있는 점, ③ 나아가 지방세법 제11조, 제15조 제1항 제3호는 법인의 합병으로 인한 취득을 취득세의 과세대상으로 삼으면서 그 세율의 특례만을 규정하고 있을 뿐인 점, ④ 따라서 지방세법은 소유권 이전의 형식에 의한 취득의 모든 경우를 취득세 과세대상으로 파악하여 존속·신설법인이 소멸법인의 자산을 이전받는 형식 자체를 취득세의 과세대상인 취득으로 파악하는 것으로 보이는 점(대법원 2010.7.8.자 2010두6007 판결, 대법원 1995.5.12. 선고 94다28901 판결 등 참조), ⑤ 개인사업자인 ○○○이 ○○법인으로 전환된 후 구 조세특례제한법 제120조 제5항 단서에서 정한 기간 동안 지속적으로 사업을 영위하지 아니한 채 원고에게 흡수합병된 경우에도 취득세 등 면제 규정을 적용하는 것은 개인사업의 법인전환을 장려하기 위한 제도의 취지에 부합한다고 보기 어려운 점 등을 종합하면, 원고가 이 사건 흡수합병을 통하여 이 사건 부동산을 이전받은 것은 ○○법인이 이 사건 부동산을 원고에게 처분한 것에 해당한다고 봄이 타당함(대법원 2015두50481, 2015.12.10.).

(2) 산업집적법에서 현물출자를 허용하는 경우 : 산업집적법을 근거로 지특법 상 취득세 추징을 배제할 수 없음

산업집적활성화 및 공장설립에 관한 법률(이하 '산업집적법'이라 한다)은 원칙적으로 산업단지 내 토지의 소유권 이전을 제한하고 있으나 현물출자 및 사업양수도와 관련한 법인전환은 이러한 처분제한에 대한 예외사유로 인정하고 있다.

산업집적법에서 현물출자를 금지하지 않으므로 산업단지 입주기업이 취득세를 감면받고 해당 부동산을 현물출자하는 경우 취득세 추징을 배제하는 것이 타당하다는 의견이 있었다.

판례는 산업집적법과 지방세특례제한법의 입법 목적이 각각 다르므로, 원고 주장과 같이 산업집적법의 목적 달성을 위한 산업집적법 제39조 등의 규정을 근거로 지방세특례제한법에서 규정하고 있는 추징 규정을 배제 할 수 없다고 보고 있다.

- 산업집적법과 지방세특례제한법의 입법 목적이 다르므로, 원고 주장과 같이 산업집적법의 목적 달성을 위한 산업집적법 제39조 등의 규정을 근거로 지방세특례제한법의 규정, 특히 감면된 취득세 등의 추징이 배제되어야 한다고 볼 수는 없다. 만약, 원고 주장과 같이 입법의도가 산업집적법의 목적 달성을 위하여 현물출자하여 법인으로 전환된 경우에 취득세 등 감면의 효력을 유지할 의도였다면 그런 취지를 산업집적법 제46조 등에 구체적으로 명시하지 아니한 이유를 납득하기 어려움(대법원 2018두48908, 2018.10.12.).

Ⅱ 기업부설연구소에 대한 감면

✔ 감면 요건

대상자	기업부설연구소(연구개발전담부서는 제외)를 설치·운영하려는 기업(개인기업 포함)
대상물건	기업부설연구소에 직접 사용하기 위하여 취득하는 부동산 (부속토지는 건축물 바닥면적의 7배 이내인 것으로 한정) ※ 기초연구진흥및기술개발지원에관한법률 제14조의 2 제1항에 따라 과학기술정보통신부장관으로부터 인정받은 기업부설연구소
감면율	(대기업) 취득세 및 재산세 35%(과밀억제권역은 제외) (중견기업) 취득세 및 재산세 35% (중소기업) 취득세 60%, 재산세 50% ※ 2020년부터 신성장동력·원천기술 관련 연구소는 10% 추가 감면('20년~)
감면시한	2022.12.31.

✔ 추징 요건

추 징	아래의 경우 경감된 취득세 및 재산세 추징 ① 토지 또는 건축물을 취득한 후 1년(「건축법」에 따른 신축·증축 또는 대수선을 하는 경우에는 2년) 이내에 「기초연구진흥 및 기술개발지원에 관한 법률」 제14조의 2에 따른 기업부설연구소로 인정받지 못한 경우 ② 기업부설연구소로 인정받은 날부터 3년 이내에 신성장동력·원천기술심의위원회로부터 신성장동력·원천기술에 해당한다는 심의결과를 받지 못한 경우(신성장동력·원천기술 분야 기업부설연구소로 추가 감면된 부분에 한함) ③ 기업부설연구소 설치 후 4년 이내에 정당한 사유 없이 연구소를 폐쇄하거나 다른 용도로 사용하는 경우

✔ 관련 법령

지특법 §46, 지특령 §23

✔ 개정 연혁

개정일	개정 전	개정 후	개정이유 / 적용요령
지특법 §46 2016.12.27. 제14477호	• 대기업·중견기업 취·재 50% (과밀억제권 내 대기업 취·재 25%) • 중소기업 취·재 75%	• 대기업(과밀억제권 배제) • 중견기업 취·재 35% • 중소기업 취 60%, 재 50%	• 대기업 기업부설연구소는 충분한 담세력이 있는 것으로 판단되어 감면 종료

개정일	개정 전	개정 후	개정이유 / 적용요령
지특법 §46 2017.12.26. 제15295호	• 부동산 취득일로부터 1년 이내에 과학기술 정보통신부장관으로부터 연구소로 인정받은 경우 재산세 감면 2019.12.31.까지	• 기간에 관계없이 과학기술 정보통신부장관으로부터 연구소로 인정받은 경우 재산세 감면 2019.12.31.까지	• 부동산 취득일부터 1년 (또는 2년) 경과 후 기업부설 연구소로 인정받고 기업부설연구소로 직접 사용 시, 인정 이후 발생하는 재산세는 감면
지특법 §46 2020.1.15. 제16865호	• 대기업(과밀억제권 배제) • 중견기업 취·재 35% • 중소기업 취 60%, 재 50% 2019.12.31.까지 연장	• 현행 수준 연장 2022.12.31.까지	• 연구개발을 통한 기업의 자생력 강화 지원을 위해 현행 감면 연장
	〈신 설〉	• 신성장동력·원천기술분야* – 현행 감면율 + 10%p 추가 * 조세특례제한법 §10 (시행령 별표7)	• 일본 수출규제 대응을 위한 소재·부품·장비 산업 지원,

쟁점 039 기업부설연구소로 인정받지 못한 공용면적은 감면 대상일까?

지방세특례제한법 제46조【연구개발 지원을 위한 감면】제1항

① 기업이 대통령령으로 정하는 기업부설연구소(이하 이 조에서 "기업부설연구소"라 한다)에 직접 사용하기 위하여 취득하는 부동산(부속토지는 건축물 바닥면적의 7배 이내인 것으로 한정한다. 이하 이 조에서 같다)에 대해서는 취득세의 100분의 35[대통령령으로 정하는 신성장동력 또는 원천기술 분야를 연구하기 위한 기업부설연구소(이하 이 조에서 "신성장동력·원천기술 관련 기업부설연구소"라 한다)의 경우에는 100분의 45]를, 과세기준일 현재 기업부설연구소에 직접 사용하는 부동산에 대해서는 재산세의 100분의 35(신성장동력·원천기술 관련 기업부설연구소의 경우에는 100분의 45)를 각각 2022년 12월 31일까지 경감한다.

지방세특례제한법시행령 제23조【기업부설연구소】제1항

① 법 제46조 제1항에서 "대통령령으로 정하는 기업부설연구소"란 「기초연구진흥 및 기술개발지원에 관한 법률」 제14조의 2 제1항에 따라 인정받은 기업부설연구소를 말한다. 다만, 「독점규제 및 공정거래에 관한 법률」 제14조 제1항에 따른 상호출자제한기업집단 등이 「수도권정비계획법」 제6조 제1항 제1호에 따른 과밀억제권역 내에 설치하는 기업부설연구소는 제외한다.

기업의 연구개발투자는 새로운 성장원천 발굴과 지속가능한 성장을 위한 필수불가결한 요소이며 나아가 국가경쟁력의 핵심요소다. 정부가 재정지원과 조세지원 등을 통해 민간기업들의 연구개발활동을 촉진하는 이유다. 특히 기업부설연구소에 대한 지원은 기업의 연구개발 지원을 위한 핵심정책 중 하나다.

기업부설연구소 설립 신고제도가 도입된 지 37년 만에 국내 기업부설연구소가 4만개를 넘어섰다. 1981년 과학기술처(현재 과학기술정보통신부)는 기업의 연구개발(R&D) 활동을 효율적으로 지원하기 위해 기업부설연구소 설립 신고제를 신설했다. 첫해 53개가 인정받은 것을 시작으로 2004년 1만개, 2010년 2만개, 2014년 3만개를 돌파하는 등 꾸준한 증가세를 유지하고 있다.

▎기업부설연구소 증가 추이(2000~2018)▕

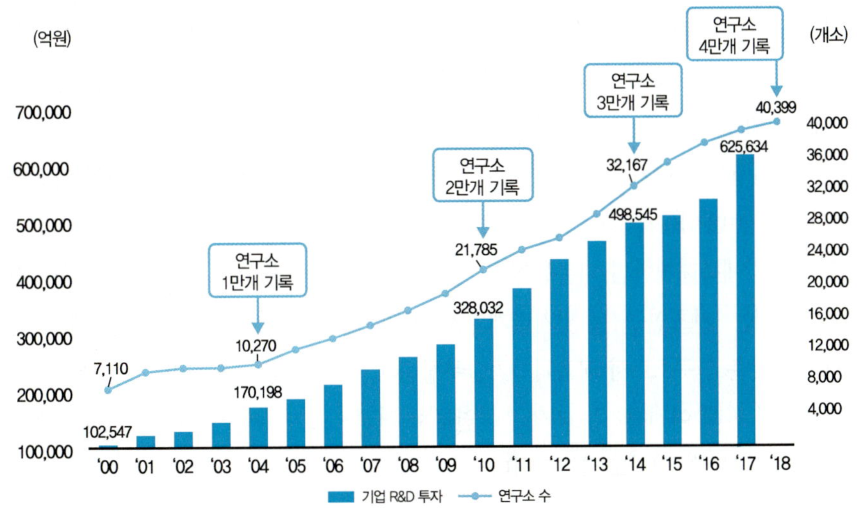

기업부설연구소에 대한 지방세 감면은 기업부설연구소 설립 신고제도와 맥을 같이 하고 있다. 기업의 경쟁력 향상을 위한 연구개발 투자를 확대시키고 이를 지원하기 위하여 기업부설연구소용으로 취득하는 부동산에 대한 취득세와 재산세 감면은 1982년에 처음 신설되었다. 1984년에는 부동산을 취득한 후 2년 이내에 기업부설연구소로 인정받도록 규정하였고, 1991년에는 그 기간이 2년에서 4년으로 연장되었다. 2004년에는 추징 요건이 강화되어 추징 유예기간이 2년에서 4년으로 확대되었으며, 2011년도에는 지방세법이 분법되면서 구 지방세법 제282조 제1항 및 제284조의 규정이 현재의 지방세특례제한법 제46조로 이관되었다. 2015년에는 과세형평성 제고를 위해 대기업, 중견기업, 중소기업 등 기업규모에 따라 감면율을 차등하였고, 기업부설연구소로 인정받아야 하는 기간도 4년에서 2년(승계취득은 1년)으로 조정되었다.

지금까지 기업부설연구소 지방세 감면 관련 유권해석, 조세심판례, 법원 판례 등에서 가장 많이 거론된 쟁점은 기업부설연구소용 부동산의 감면 범위이다. 과학기술정보통신부장관에게 기업부설연구소로 인정받은 기업부설연구소 전용면적만 감면 대상으로 볼 것인지 아니면 기업부설연구소로 인정받지 못한 면적 중 기업부설연구소와 공용으로 사용하는 부분도 감면 대상으로 볼 것인 지 여부다. 그간 유권해석, 조세심판원 결정례, 법원 판례 등에서 판단한 내용이 서로 상이(相異)하여 운영상 혼선이 있었으나 2015년 대법원 판례(대법원 2015.6.23. 선고, 2015두39477 판결) 이후 다툼의 여지가 줄어들었다.

- '토지 또는 건축물을 취득한 후 4년 이내'에 기업부설연구소로 인정을 받았다면 건축물을 취득한 때부터 취득세 및 등록세뿐만 아니라 재산세에 관하여도 면제를 받아야 한다고 해석함이 타당하고 공용부분 중 '건축물의 전체 전용면적에서 기업부설연구소용으로 인정받은 전용면적이 차지하는 비율'에 해당하는 면적 역시 기업부설연구소용에 직접 사용되고 있다고 보아야 함(대법원 2015두39477, 2015.6.23.).

(1) 기업부설연구소로 인정받지 못한 공용면적은 감면 대상이 아님(종전 사례)

대법원 판례가 나오기 이전에 조세심판원은 기업부설연구소로 인정받지 못한 공용면적은 취득세 감면 대상이 아니라고 판단했다. 지방세특례제한법 제46조 제1항 및 같은 법 시행령 제23조에서 기업부설연구소용에 직접 사용하기 위하여 취득한 후 4년 이내에 기초연구진흥및기술개발지원에관한법률 제14조 제1항 제2호에 따른 기준을 갖춘 기업부설연구소로서 같은 법 시행령 제16조에 따라 교육과학기술부장관으로부터 인정받은 면적을 한도로 보는 것이 타당하다는 이유에서다(조심 2013지1026, 2014.2.21.).

그 당시 지방세특례제한법 기본통칙도 기업부설연구소용에 직접 사용하는 취득세 감면 대상 부동산의 범위는 '기초연구진흥및기술개발지원에관한법률 제14조의 2 제1항 제2호의 규정에 의한 기준을 갖춘 연구소로서 교육과학기술부장관의 인정을 받은 것'을 한도로 한다고 규정했다. 따라서 대법원 판례 이전까지는 기업부설연구소 면적으로 인정받지 아니한 공용면적은 취득세 감면 대상으로 볼 수 없다고 할 것이다.

지방세특례제한법 제46조 제1항 및 같은 법 시행령 제23조에서 기업부설연구소용에 직접 사용하기 위하여 부동산을 취득한 후 4년 이내에 기초연구진흥및기술개발지원에관한법률 제14조 제1항 제2호에 따른 기준을 갖춘 기업부설연구소로서 같은 법 시행령 제16조에 따라 교육과학기술부장관에게 신고하여 인정을 받은 것에 대하여 취득세를 면제하도록 규정하고 있는 바, 위 취득세 면제 대상이 되는 기업부설연구소용 부동산은 교육과학기술부장관으로부터 인정받은 면적을 한도로 보는 것이 타당하다고 할 것이므로, 청구법인이 기업부설연구소로 인정받지 아니한 쟁점 공용면적은 실제 기업부설연구소의 공용시설로 사용된다 하더라도 취득세 면제 대상에 해당된다고 보기는 어렵다 할 것임(조심 2013지1026, 2014.2.21.).

(2) 공용부분 중 기업부설연구소용 전용면적 비율은 감면 대상에 해당

기업부설연구소로 인정받은 전용면적 이외의 공용면적에 해당하는 기계실, 주차장, 식당, 방재센터, 수면실, 로비, 방송실, 전산통신실, 연결통로 등이 감면 대상에 해당하는지가 쟁점이다. 2심까지는 조세감면규정에 대한 엄격해석의 원칙상 기업부설연구소용에 직접 사용하는 부동산은 연구소 시설의 가동·운영에 필수불가결한 부동산에 한정된다고 해석함이 타당하고, 면제대상인 기업부설연구소의 물적범위가 '기업부설연구소 면적으로 신고하여 인정받은 면적'에 한정되는 것으로 충분히 예측할 수 있다는 이유로 공용부분은 감면 대상이 아니라고 판단했다.

그러나 대법원에서는 기업부설연구소로 인정받은 전용부분의 정상적인 이용을 위해서 공용부분의 이용이 필수적이라고 보이므로 '건축물의 전체 전용면적에서 기업부설연구소용으로 인정받은 전용면적이 차지하는 비율'에 해당하는 면적은 기업부설연구소용으로 직접 사용되고 있다고 보는 것이 타당하다고 하였다(대법원 2015두39477, 2015.6.23.).

행정안전부도 최근 유권해석에서 대법원 판단과 동일하게 기업부설연구소로 인정받은 면적이 당해 건물의 전용면적만 인정받은 경우라면 전용면적을 기준으로 기업부설연구소가 직접 사용하는 부분을 한정하여 공용면적 비율을 산정하여 감면하는 것이 타당하다고 하였다(지방세특례제도과-4001, 2016.12.29.).

기업부설연구소로 직접 사용하는 것은 기술연구진흥및기술개발지원에관한법률시행령 제14조의 규정에 의한 기준에 따라 기업부설연구소 인정받은 면적을 의미한다 할 것이지만 기업이 선택에 의하여 기업부설연구소로 인정받은 면적이 당해 건물의 전용면적만 인정받은 경우라면 전용면적을 기준으로 기업부설연구소가 직접 사용하는 부분을 한정하여 공용면적 비율을 산정 감면함이 타당함(지방세특례제도과-4001, 2016.12.29.).

저자팁

기업부설연구소 감면 신청 시 필요서류

- 법인등기부등본, 사업자등록증, 이사회 회의록(부설연구소 취득 관련), 정관, 연구소 신청서 및 연구소 인정서, 신성장동력·원천기술 심의결과(기업부설연구소 인정일로 3년 이내) 등
- 감면신청서(지특법 시행규칙 [별지 제1호 서식])

기 업

쟁점 040 기업부설연구소 경감세율 특례(취득세·재산세 75%) 대상은?

> **지방세특례제한법 부칙**(법률 제12955호, 2014.12.31.)
>
> **제24조【기업부설연구소 감면에 관한 경감세율 특례】**
>
> 이 법 시행 전에 기업부설연구소로 직접 사용하기 위하여 부동산을 취득한 자가 2016년 12월 31일까지 「기초연구진흥 및 기술개발지원에 관한 법률」 제14조 제1항 제2호에 따라 미래창조과학부장관에게 기업부설연구소로 신고하여 인정을 받는 경우에는 제46조의 개정규정에도 불구하고 2016년 12월 31일까지 취득세 및 재산세의 100분의 75를 각각 경감한다.

기업부설연구소에 대한 지방세 감면은 2014년에 기업규모에 따라 감면율이 차등 적용되도록 지방세특례제한법이 일부 개정되었다. 중소기업의 지원 강화와 지역 균형 발전 차원에서 취득세와 재산세의 감면율을 중견기업과 대기업은 50%, 중소기업은 75%, 과밀억제권역 내 대기업은 25%로 각각 차등 적용하였다. 감면율이 축소되고 차등화되는 과정에 대한 경과조치로 지방세특례제한법 부칙 제24조에서 경감세율 특례조항을 마련하였다. 부동산을 취득하여 연구소 설치를 준비하고 있던 기업들이 감면율 축소로 급격히 세부담이 증가하는 것을 완화하기 위한 한시적 경과 규정이었다. 구체적인 사례를 살펴보면서 감면 대상 여부에 대해 살펴보자.

(1) 2014년 이전에 토지를 취득하고 2015년에 건물을 준공한 경우 : 적용 대상

2014년 이전에 토지를 취득한 후 2015년에 그 지상에 건축물을 준공하고 기업부설연구소로 인정받은 경우 2015년에 취득한 건축물이 부칙 제24조 적용대상인지 여부가 쟁점이다.

유권해석(지방세특례제도과-2276, 2015.8.25.)은 부칙 제24조의 입법취지가 이 법 시행 전에 기업부설연구소에 직접 사용하기 위하여 부동산을 취득하여 건축물을 신축하거나 기업부설연구소를 설치·운영하기 위한 시설을 갖추는 준비기간을 거쳐 2016.12.31.까지 기업부설연구소로 인정받을 예정인 자에게 취득세 75%를 경감하기 위한 것으로 75% 경감 대상인 자의 자격을 규정한 것이므로 이 법 시행 전에 기업부설연구소용 토지를 취득한 경우라면 이 법 시행 이후에 취득한 건축물도 부칙 제24조를 적용하는 것이 타당하다고 보았다.

☑ 2014년 이전에 토지를 취득한 후, 2015년 그 지상에 건축물을 준공하고 기업부설연구소로 인정받는 경우라도 부칙 제24조의 입법취지 상 기업부설연구소로 인정받을 예정인 자에게 취득세를 경감하기 위한 것으로 지방세특례제한법 부칙 제24조를 적용할 수 있음(지방세특례제도과-2276, 2015.8.25.).

(2) 2014년 이전에 부동산을 취득하고 기업부설연구소로 인증받은 경우 : 적용 대상

2014년 이전에 부동산을 취득하고 기업부설연구소로 인증받은 경우 해당 부동산 취득세는 종전 규정에 따라 100% 감면을 적용받는다. 문제는 재산세 감면율이다. 2015년부터는 법 개정으로 과밀억제권역 내 대기업의 경우 재산세가 25%다. 과밀억제권역 내 대기업이 2014년 이전에 부동산을 취득하고 기업부설연구소로 인증받았다면 2015년 재산세 감면율은 75%인 경감세율 특례를 적용해야 하는지 아니면 법 개정을 반영하여 25%를 적용해야 하는지가 쟁점이다.

유권해석(지방세특례제도과-1612, 2016.7.11.)은 부칙 제24조에서 감면적용특례대상의 범위를 '이 법 시행 전에 부동산을 취득한 자가 2016년 12월 31일까지 기업부설연구소를 신고하여 인정받고, 2016년 12월 31일까지 취득하는 부동산'이라고 규정하면서 최조 인증시기에 대해서는 별도의 기간을 명시하지 않았기 때문에 2014년 12월 31일 이전 인증된 과밀억제권역 내 대기업 기업부설연구소에 대하여 취득세 및 재산세 감면율 25%를 적용하는 것은 타당하지 않는다고 보았다. 즉 2014년 12월 31일 이전 인증된 기업도 부칙 제24조의 경감특례 적용대상에 포함된다고 본 것이다.

부칙 조항은 2014년 12월 31일 이전 부동산을 취득한 자가 기업부설연구소를 설치하는 경우 감면율 축소로 인한 급격한 세부담 완화를 위해 한시적인 감면특례를 규정한 것이며, 비록 2014년 12월 31일 이전 인증된 기업이라 하더라도 부칙 제24조의 감면특례 적용대상(재산세 75% 감면)에 포함되는 것임(지방세특례제도과-1612, 2016.7.11.).

(3) 일부 토지는 취득하고, 일부 토지는 연부취득 중인 경우 : 적용 대상

2011년 2월에 일부의 토지는 취득하였고 2011년부터 일부의 토지를 연부로 취득 중에 있으며, 2015년 8월에 건축물 사용 승인을 받고 10월에 기업부설연구소로 인정을 받은 경우 부칙 제24조 적용대상에 해당하는지가 쟁점이다.

다른 사례와 같이 부칙 제24조가 부동산을 취득하여 연구소 설치를 준비하고 있던 기업들이 감면율 축소로 인해 급격히 세부담이 증가하는 것을 완화하기 위한 점, 기업부설연구소 감면이 취득 당시 일단 취득세를 면제하고, 부동산을 취득한 후 4년 이내에 기업부설연구소로 인정받는 경우 비로소 그 인정받은 것에 대해 취득세 감면 범위를 확정하도록 규정하고 있는 사후적 감면이라는 점 등을 고려하여, 유권해석(지방세특례제도과-272, 2017.8.18.)은 일부 토지는 취득하고, 일부 토지는 연부취득 중인 경우 2015년에 준공한 건축물에 대해 경감세율 특례대상이라고 판단하였다.

기업부설연구소로 직접 사용하기 위하여 일부 토지는 취득하고 일부 토지는 연부취득 중에 해당한다 하더라도 부칙 제24조에서 규정한 입법취지와 사후적 감면이라는 점을 감안할 때 유예기간 이내에 기술연구진흥및기술개발지원에관한법률시행령 제14조의 규정에 의한 기준에 따라 기업부설연구소 인정받은 경우라면 그 부동산에 대해서 부칙 제24조를 적용하는 것이 타당하다고 보여짐(지방세특례제도과-272, 2017.8.18.).

기 업

Ⅲ 과점주주의 간주취득에 따른 지방세 감면

✔ 과점주주의 개념과 간주취득세

개 념	① 주주와 주주의 특수관계에 있는 자, ② 유한책임사원과 유한책임사원과 특수관계에 있는 자로서 그들의 소유주식의 합계 또는 출자액의 합계가 해당 법인의 발행주식 총수 또는 출자총액의 100분의 50을 초과하면서 권리를 실질적으로 행사하는 자들(비상장법인에 한함)
특수 관계인	특수관계인은 본인과 다음의 어느 하나에 해당하는 관계에 있는 자 ※ 지방세관계법 적용 시 본인도 특수관계인의 특수관계인으로 간주 ① 혈족·인척 등 친족관계 : 6촌 이내의 혈족, 4촌 이내의 인척, 배우자(사실혼 포함), 친생자로서 다른 사람에게 친양자로 입양된 사람 및 그 배우자·직계비속 ② 임원·사용인 등 경제적 연관관계 ⅰ) 임원과 그 밖의 사용인 ⅱ) 본인의 금전이나 그 밖의 재산으로 생계를 유지하는 사람 ⅲ) ⅰ), ⅱ)의 사람과 생계를 함께하는 친족 ③ 주주·출자자 등 경영지배관계 ⅰ) 본인이 개인인 경우 : 개인이 경영에 지배적 영향력을 행사하고 있는 법인 (본인이 직접 또는 ①, ②에 있는 자를 통하여 영향력 행사) ⅱ) 본인이 법인인 경우 가. 본인인 법인의 경영에 지배적 영향력을 행사하고 있는 개인 또는 법인 (개인 또는 법인이 직접 또는 ①, ②에 있는 자를 통하여 영향력 행사) 나. 본인인 법인이 경영에 지배적 영향력을 행사하고 있는 법인 (본인이 직접 또는 ①, ②에 있는 자를 통하여 영향력 행사)
간주취득	• 법인의 주식이나 지분을 취득함으로써 과점주주가 되었을 때 그 과점주주가 해당 법인의 부동산 등을 취득한 것으로 간주하여 취득세 부과 ※ **부동산 등** : 부동산, 차량, 기계장비, 항공기, 선박, 입목, 광업권, 어업권, 골프회원권, 승마회원권, 콘도미니엄 회원권, 종합체육시설이용회원권, 요트회원권 • 취득세율 : 2%

✔ 관련 법령

지기법 §2 34호·§46, 지기령 §2 ①~③·§24 ②, 지법 §7 ⑤

쟁점 041 과점주주의 간주취득 선박을 국제선박으로 등록하면 감면?

> **지방세법 제7조【납세의무자 등】제5항**
>
> ⑤ 법인의 주식 또는 지분을 취득함으로써 「지방세기본법」 제46조 제2호에 따른 과점주주(이하 "과점주주"라 한다)가 되었을 때에는 그 과점주주가 해당 법인의 부동산 등(법인이 「신탁법」에 따라 신탁한 재산으로서 수탁자 명의로 등기·등록이 되어 있는 부동산 등을 포함한다)을 취득(법인설립 시에 발행하는 주식 또는 지분을 취득함으로써 과점주주가 된 경우에는 취득으로 보지 아니한다)한 것으로 본다. 이 경우 과점주주의 연대납세의무에 관하여는 「지방세기본법」 제44조를 준용한다.

과점주주의 간주취득세는 비상장법인에 적용된다. 비상장법인의 과점주주에 대하여 취득세를 부과하는 취지는 과점주주가 되면 해당 법인의 자산에 대한 관리·처분권을 취득하게 되므로 실질적으로 해당 법인의 자산을 취득한 것이나 다름없게 되므로 공평과세 및 실질과세원칙 구현을 위하여 취득세를 과세하는 것이다.

상장법인의 경우는 주식분산요건을 규정하여 특정인에 의한 주식 독·과점을 제한하고 있고, 기업경영이나 재무상태 등을 공시하는 등 기업경영의 투명성을 유지하며, 재산의 처분도 제한하고 있는 등 기업경영의 부실화를 막는 제도적 장치가 마련되어 있다. 그런데 비상장법인은 제한 없이 주식을 소유하여 과점주주가 될 수 있고, 과점주주가 되면 재산의 처분도 자유롭다. 따라서 과점주주가 되면서 사실상 법인 자산에 대한 관리·처분권을 얻게 되고 자산 운영을 비롯한 경영상 지배력을 갖게 된다는 점에서 취득세 부과 필요성이 있다.

그런데 과점주주가 부동산을 비롯한 취득세 과세 대상 물건을 간주취득하면서 지방세특례제한법상의 감면을 받고자 하는 경우 이를 허용할 수 있는지가 문제된다. 납세자인 간주취득세 입장에서 두 가지 형태로 감면을 주장할 수 있다. 우선 과점주주가 되면서 이미 종전 법인이 감면이나 비과세를 받은 부동산 등을 간주취득하는 경우 간주취득세 감면을 요구할 수 있다. 다음으로 간주취득을 하면서 감면 요건을 갖추려는 경우 간주취득을 일반적인 부동산 등의 취득과 동일하게 봐서 취득세 감면을 적용해 달라고 할 수 있는 것이다.

(1) 종전 법인이 감면받은 부동산 등을 간주취득하는 경우

주식을 발행한 법인이 지방세특례제한법에 따라 감면 대상이 되는 부동산 등을 보유하고 주식의 취득으로 과점주주가 된 자가 부동산등을 간주취득할 때는 별도로 감면이 적용되지 않는다는 것이 판례와 사례의 일반적인 경향이다. 2005년까지 적용된 구 지방세법 제105조에서는 과점주주의 취득세 납세의무성립일에 취득세가 비과세·감면되는 부분은 취득한 것으로 보지 않는 규정이 있었다. 해당 조문은 과점주주 '자신'에게 지방세법 등 법령에 의한 취득세 비과세·감면 요건이 있는 경우에 한하여 취득세 등을 비과세·감면하려는 것으로 해석해야 하는데(대법원 2011두27506,

기 업

2012.2.9.) 과점주주가 단순히 법인이 감면받은 물건을 간주취득하는 경우까지 인정되는 것으로 오인하는 경우 등 법령해석상 혼선이 있어 법률 제7843호로 개정하면서 삭제된 것이다.

> **舊 지방세법**(2005.12.31. 법률 제7843호로 개정되기 전의 것)
>
> **제105조 【납세의무자등】**
>
> ⑥ 법인의 주식 또는 지분을 취득함으로써 과점주주가 된 때에는 그 과점주주는 당해 법인의 부동산, 차량, 기계장비·입목·항공기·선박·광업권·어업권·골프회원권·콘도미니엄회원권 또는 종합체육시설이용회원권을 취득한 것으로 본다. 다만, 법인설립 시에 발행하는 주식 또는 지분을 취득함으로써 과점주주가 된 경우 또는 과점주주에 대한 취득세 납세의무성립일 현재 이 법 및 기타 법령에 의하여 취득세가 비과세·감면되는 부분에 대하여는 그러하지 아니하다.

구 지방세법 해석과 관련하여 법인이 보유한 임대주택, 산업용 건축물, 협동화 공장용 부동산, 기업부설연구소 등을 과점주주가 간주취득하는 경우 감면이 적용될 수 있느냐가 쟁점이 된 적이 있었는데 모두 인정되지 않았으며 개정되어 시행 중인 현재의 규정에 따를 때도 당연히 인정되기 어렵다.

① 임대사업자인 법인의 임대주택을 과점주주가 간주취득으로 취득하더라도 임대사업자 감면 적용은 불가

임대주택에 대한 감면의 입법 목적이 소형임대주택의 건설 및 양을 촉진하려는 데 있는 것으로 이에 따른 과점주주에 대한 간주취득세 등을 면제하는 것은 이와 같은 입법목적의 달성과 직접적인 관련이 없으며, '임대사업자'가 '임대할 목적'으로 공동주택을 취득하는 경우에 한하여 취득세 등이 면제되는 것일 뿐 임대사업자인 법인의 과점주주가 간주취득하는 경우까지 취득세 등이 면제된다고 해석할 수 없음(대법원 2011두27506, 2012.2.9.).

② 산업용 건축물 간주취득에 대한 감면 적용을 배제

과점주주인 청구인들은 법인 소유의 취득세 과세대상 물건을 간주취득하는 것에 불과할 뿐, 청구법인처럼 산업기술단지에서 산업용 건축물 등을 신축하거나 증축하기 위하여 부동산을 취득한 것으로 볼 수 없으므로 비과세 또는 감면 요건을 충족한 것으로 볼 수 없어 과점주주 취득세를 과세한 처분은 적법함(조심 2013지0929, 2014.1.6.).

③ 협동화 공장용 부동산, 기업부설연구소 간주취득에 대한 감면 배제

청구인이 구 지방세법 제105조 제6항 단서의 규정에 따라 취득세를 면제받으려면 청구인이 과점주주로서 납세의무가 성립하는 때에 지방세법 등에서 정한 취득세 면제 또는 감면 요건에 해당하는지를 살펴보아야 할 것인데 청구인은 이 사건 법인이 소유하고 있는 토지와 건축물을 간주취득한 것으로 청구인이 최초로 협동화 공장용 부동산을 취득한 것도 아니고, 기업부설연구소로 직접 사용하기 위하여 취득한 것도 아니므로 위 규정에서 정한 취득세 면제요건에 해당되지 아니함(심사 2006-154, 2006.12.21.).

그런데 간주취득세 비과세 적용과 관련해서는 예외적으로 인정된 사례가 있음을 알아둘 필요가 한다. 법인이 국가 등에 기부채납을 조건으로 취득하여 비과세가 인정된 부동산을 과점주주가 간주취득하는 경우에는 과점주주가 해당 부동산의 기부채납 효력을 부인할 없다는 점 등을 이유로 과점주주 간주취득세 부과 대상이 아니라고 본 것이다. 다만 이는 과점주주가 부동산을 취득하더라도 종국적으로 국가 등에 귀속될 수밖에 없는 기부채납 조건의 특성에 기인한 것이므로 감면 대상 물건을 취득하는 경우와는 달리 봐야 할 것이다.

국가 등에 기부채납 등을 조건으로 부동산을 취득한 법인의 과점주주가 되어 그 부동산을 취득한 것으로 간주하더라도 과점주주가 그 기부채납 등의 효력을 부인할 수 없고 그 부동산은 최종적으로 국가 등에 귀속될 것인 점, ② 과점주주가 당해 법인으로부터 실제로 그 부동산을 취득하는 경우에는 종전 기부채납계약을 승계하거나 새로이 국가 등과 기부채납계약을 체결함으로써 지방세법 제106조 제2항의 적용을 받을 수 있는데, 이와 실질적으로 동일하다고 보아 과세하는 간주취득에 있어서는 기부채납 등의 효과를 그대로 받음에도 취득세가 부과된다면 형평에 반할 뿐만 아니라 지방세법 제106조의 입법취지에도 부합하지 아니하는 점 등을 고려함(대법원 2009두20816, 2011.1.27.).

(2) 취득세 감면 전제로서의 '취득'과 과점주주 '간주취득'의 관계

지방세특례제한법 상 대부분의 취득세 감면은 특정 목적이나 용도에 사용할 것을 전제로 취득하는 부동산 등이 그 대상이다. 개별 조문의 서술형태가 '~하기 위하여', '~하기 위한 목적으로' 등의 형태로 규정되어 있는데 이는 부동산 등의 취득 시점에서는 해당 목적이나 용도로 쓰인다는 것을 확정적으로 알기 어렵기 때문에 불가피하게 채택되는 기술 방식이라 할 수 있다. 지방세특례제한법은 특정 목적이나 용도에의 사용을 전제로 취득할 것을 요구하고 있는데 취득의 개념은 따로 정의하고 있지 않고 지방세법 상 취득의 개념에 따르고 있다.

지방세법은 취득을 매매, 교환, 상속, 증여, 기부, 법인에 대한 현물출자, 건축, 개수(改修), 공유수면의 매립, 간척에 의한 토지의 조성 등과 그 밖에 이와 유사한 취득으로서 원시취득(수용재결로 취득한 경우 등 과세대상이 이미 존재하는 상태에서 취득하는 경우는 제외한다), 승계취득 또는 유상·무상의 모든 취득(지법 §6 1호)으로 정의하고 있다. 간주취득의 경우도 지방세법 상 취득의 개념에 당연히 포함된다.

지방세법 상 과점주주의 간주취득이 취득의 개념에 포함된다면 과점주주의 주식이나 지분의 취득으로 간주취득세 납세 의무가 성립하는 시점에 간주취득세 과세대상이 되는 부동산등이 향후 지방세특례제한법 상 감면 대상이 되는 용도로 활용하기 위한 취득에도 해당된다는 이유로 감면을 적용받을 수 있을까? 예를 들면 선박을 보유하고 있는 법인의 과점주주가 되어 간주취득세 납세의무가 발생한 경우 해당 선박을 국제선박으로 등록하여 활용할 계획임을 이유로 국제선박 감면 대상에 해당될 수 있느냐의 문제이다.

지방세특례제한법 제64조【해운항만 등 지원을 위한 과세 특례】제1항

① 「국제선박등록법」에 따른 국제선박으로 등록하기 위하여 취득하는 선박에 대해서는 2021년 12월 31일까지 「지방세법」 제12조 제1항 제1호의 세율에서 1천분의 20을 경감하여 취득세를 과세하고,

기 업

> 과세기준일 현재 국제선박으로 등록되어 있는 선박에 대해서는 재산세의 100분의 50을 2021년 12월 31일까지 경감한다. 다만, 선박의 취득일부터 6개월 이내에 국제선박으로 등록하지 아니하는 경우에는 감면된 취득세를 추징한다.

이러한 경우 다음의 이유로 지방세특례제한법 상 감면 대상이 되기는 어렵다할 것이다.

첫째, 지방세특례제한법 상 감면 대상이 되는 부동산 등을 취득함에 따라 성립하는 취득세 납세의무와 주식이나 지분을 취득함으로써 성립하는 취득세 납세의무는 별개로 봐야하기 때문이다. 즉 지방세특례제한법 상 감면 대상 물건인 부동산 등의 취득은 법률이 정하는 특정 목적과 용도로 사용하기 위한 직접적인 거래행위가 수반됨에 따른 납세의무이지만, 과점주주의 취득은 주식 또는 지분을 취득함에 따라 부동산 등의 취득이 의제되는 취득에 따른 납세의무라는 점에서 법적 성질이 상이하다.

둘째, 취득주체와 사용주체의 분리에 따라 감면 운영의 불합리성이 초래되기 때문이다. 선박의 예에서 과점주주가 선박을 간주취득하여 취득의 주체가 됨에도 불구하고 추후 국제선박으로 공부상 등록하고 사용하는 것은 주식을 발행한 법인이 될 수밖에 없다. 이 경우 취득주체와 등록주체가 상이하므로 지방세특례제한법 제64조의 감면 대상이 될 수 없는 것이다.

끝으로 지방세특례제한법 상 부실금융기관으로부터의 주식 및 지분 취득 등 과점주주 간주취득에 따른 세부담에 대해 경감이 필요한 경우는 별도로 지방세특례제한법 제57조의 2 제5항에서 특례를 두고 있다는 점도 고려해야 한다. 이는 과점주주 간주취득에 대해서 감면이 요구되는 경우는 개별 규정에 따라 별도로 규정할 사안이라는 입법 취지가 반영된 것으로서 과점주주의 간주취득을 일반적인 감면 규정에 따라 적용할 사안이 아니라는 점을 반증하는 것이기도 하기 때문이다.

지방세법 제7조 제5항에서 법인의 주식을 취득함으로써 과점주주가 되었을 때에는 과점주주가 주식발행법인의 부동산 등을 취득한 것으로 본다고 규정하고 있는 점, 부동산 등을 취득함에 따라 성립한 취득세 납세의무와 주식을 취득함에 따라 성립한 과점주주 취득세 납세의무는 별개이므로 주식발행법인이 부동산 등을 취득하면서 취득세 등을 감면받았다 하더라도 과점주주에 따른 취득세 등이 당연히 감면되는 것은 아닌 점, 청구법인은 지방세특례제한법 제57조의 2 제5항 각 호에서 규정한 과점주주 취득세 면제 대상에 해당하지 않는 점, 이 건 선박의 공부상 소유자 및 국제선박으로 등록한 자는 청구법인이 아니라 ○○○주식회사이므로 청구법인이 납부하여야 하는 이 건 취득세 등은 조세특례제한법 제121조의 15 제1항 제1호에 따른 경감대상이 아닌 점, 청구법인이 인용한 판례(대법원 2011.1.27. 선고, 2009두20816 판결)는 과점주주가 부동산 등을 취득함에 따른 과점주주 취득세도 지방세법 또는 기타 법령에서 정한 비과세 또는 감면 요건을 충족하면 비과세 또는 감면된다는 취지로서 해당 법인이 부동산 등을 취득하여 취득세를 감면받았다 하여 해당 법인의 과점주주가 됨에 따른 과점주주 취득세도 당연히 감면된다고 판결한 것이 아닌 점(조심 2013지0929, 2014.1.6., 같은 뜻임) 등에 비추어 이 건 취득세 등은 조세특례제한법 및 지방세특례제한법에 따른 감면 대상이 아니라 할 것이므로 처분청이 청구법인에게 이 건 취득세 등을 부과한 처분은 달리 잘못이 없다고 판단됨(조심 2018지0437, 2018.5.2.).

쟁점 042 자산총액 상향으로 지주회사 지위를 상실하는 경우 취득세 추징 여부

> **지방세특례제한법 제57조의 2【기업구조개선에 대한 지원】제5항 제3호**
>
> 3. 다만, 해당 지주회사의 설립·전환일부터 3년 이내에「독점규제 및 공정거래에 관한 법률」에 따른 지주회사의 요건을 상실하게 되는 경우에는 면제받은 취득세를 추징한다.

지주회사(Holding Company)란 주식소유를 통하여 다른 회사(자회사)의 사업내용을 지배하는 것을 주된 목적으로 하는 회사이다.

지주회사 제도는 적은 자본으로 과도한 지배력 확장이 가능한 출자구조이므로 설립이 전면 금지(1986)되었으나, 외환위기 당시 기업구조조정 촉진과 소유 지배구조 투명성 제고 차원에서 일정요건 하에 제한적으로 허용(1999.2)하였다. 다만, 과도한 지배력 확대 및 단순·투명한 소유구조 유지를 위해 지주회사 및 소속회사에 행위제한 규제를 적용하여 왔다.

공정거래법 상 규제를 받는 지주회사는 자회사 주식가액 합계액이 자산총액의 50% 이상이고, 자산총액이 5천억 원 이상인 회사이다. 이러한 지주회사는 지배하는 자회사 특성에 따라 일반지주회사와 금융지주회사로 구분된다.

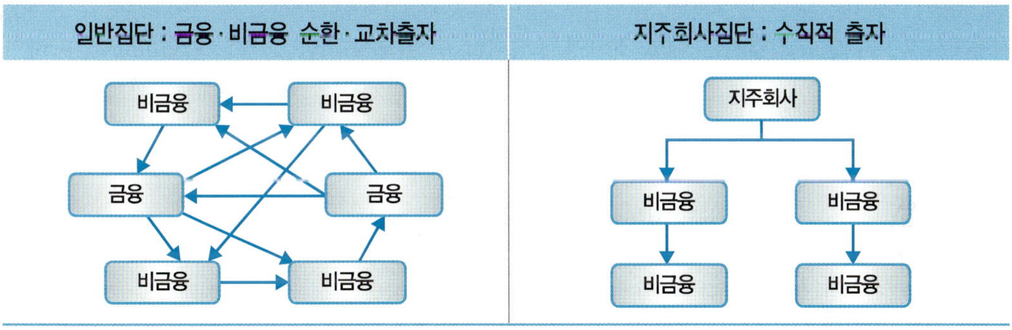

공정거래법 상 지주회사 체제는 단순투명한 출자구조를 가진 기업의 지배구조로 인정되어 정부에서는 지주회사 설립·전환을 촉진하기 위해 배당수입에 대한 법인세 감경, 전환과정에서의 양도세 과세이연, 취득세 면제 등 세제혜택을 부여해 왔다.

지방세의 경우는 1999년 지주회사 설립·전환 또는 자회사 주식 취득에 따른 취득세 면제 규정이 조세특례제한법에 신설되었고, 2015년부터 조세특례제한법에서 지방세특례제한법으로 이관되었다.

공정거래법 상 지주회사가 되거나 지주회사가 자회사의 주식을 취득하는 경우 과점주주 간주취득세를 면제하는데, 다만, 설립·전환일로부터 3년 이내에 공정거래법 상 지주회사의 요건을 상실하게 되는 경우 면제받은 세액을 전액 추징하게 된다.

공정거래법 상 지주회사 요건은 앞서 언급한 것과 같이 같은 법 제2조 및 같은 법 시행령 제2조에서 규정하고 있으며 자산총액이 5천억 원 이상이고 자회사 주식가액 총합계가 자산의 50% 이상이어야 한다.

기 업

✔ 지주회사 요건 : 공정거래법시행령
- 자산총액 5천억 원 이상(§2 ① 1호·2호)
- 자회사 주식가액 총합계가 자산의 50% 이상(§2 ②)

자산총액은 해당 사업연도에 새로이 설립되었거나 합병 또는 분할·분할합병·물적분할을 한 회사의 경우에는 각각 설립등기일·합병등기일 또는 분할등기일 현재의 대차대조표 상 자산총액이 5천억 원 이상인 경우여야 하고, 그 외의 경우에는 직전 사업연도 종료일 현재의 대차대조표 상의 자산총액이 5천억 원 이상인 경우로 규정하고 있다.

공정거래법 상 지주회사 요건인 자산총액 기준은 2016년 1천억 원에서 현행 5천억 원으로 변경된 것으로, 2016.9.29. 개정되어 2017.7.1.부터 시행되었다(공정거래법시행령 제27529호, 2016. 9. 29. 일부개정).

개정 당시 이와 관련하여 경과규정을 두었는데, 2017.7.1. 개정 법령이 시행되기 전에 지주회사를 설립하거나 지주회사로 전환하여 관계법령에 따라 신고를 한 지주회사로서 시행일 당시에 자산총액 5천억 원 기준에 해당하지 아니하게 된 지주회사(해당 법령에서는 "기존 지주회사"로 정의하고 있음)는 법령 개정에도 불구하고 2027.6.30.까지 개정된 공정거래법 제2조 제1항 제1호 및 제2호의 자산총액 기준을 충족하도록 하였다.

아울러 기존 지주회사가 개정 규정에 따른 요건을 충족하여 지주회사의 지위를 유지할지 아니면 지주회사의 지위를 포기할지는 해당 기업에서 선택할 수 있도록 하는 규정도 마련하였다. 따라서 개정된 법령 시행일인 2017.7.1. 이후에 공정거래법시행령 제15조 제4항에 따라 지주회사 제외 신고를 한 경우에는 신고한 날부터 지주회사에서 제외되도록 하였다.

공정거래법시행령(2016.9.29. 개정, 법률 제27529호) 부칙

제2조【지주회사의 기준에 관한 경과조치】

부칙 제1조 단서에 따른 시행일 전에 지주회사를 설립하거나 지주회사로 전환하여 제15조 제1항에 따라 신고를 한 지주회사로서 같은 시행일 당시 제2조 제1항 제1호 및 제2호의 개정규정에 따른 기준에 해당하지 아니하게 된 지주회사(이하 "기존 지주회사"라 한다)는 제2조 제1항 제1호 및 제2호의 개정규정에도 불구하고 2027년 6월 30일까지 제2조 제1항 제1호 및 제2호의 개정규정에 따른 지주회사의 자산총액 기준을 충족하여야 한다. 다만, 기존 지주회사가 부칙 제1조 단서에 따른 시행일 이후 제15조 제4항에 따라 지주회사 제외 신고를 한 경우에는 신고한 날부터 지주회사에서 제외된다.

지주회사의 기준을 변경하는 공정거래법 개정으로 인해 개정된 요건을 충족하지 못하여 지주회사의 요건을 상실하게 되는 경우가 발생하고 또한 자의적으로 지주회사의 지위를 포기하게 되는 경우가 발생하는데, 이러한 경우 취득세 추징 규정을 어떻게 적용해야 할지에 대한 문제가 제기될 수 있다.

현행 지방세특례제한법 제57조의 2에 따른 취득세 감면 및 추징은 공정거래법 상 지주회사일 것을 기준으로 하고 있다. 따라서 지주회사 자산총액 기준 변경 이후에도 공정거래법 상 경과 규정에 의해 지주회사 요건을 그대로 유지하고 있는 경우라면 취득세 추징 대상에서 제외하는 것이 타당해 보인다. 또한 공정거래법시행령 개정 사항이 2027.6.30.까지 시행이 유예되어 있어 해당 기간까지 자산총액이 5천억 원 기준을 충족하지 못하였다 하더라도 지주회사 지위는 그대로 유지되는 것이므로 취득세 추징 대상에 해당되지 않을 것으로 보인다.

그러나 공정거래법시행령 상 지주회사 기준 변경에 따라 스스로 지주회사 지위를 유지하는 것을 포기한 경우에는 지주회사의 요건 상실하게 되는 것에 대한 귀책사유가 해당 기업에 있고, 그 지주회사 요건 상실이 지주회사 설립·전환 이후 3년 이내에 이루어지는 경우라면 취득세를 추징하는 것이 합리적일 것이다.

저자팁

• 지주회사 제도 변천

개정일	주요내용
1986.12.31.	• 지주회사 설립·전환 금지
1999.2.5.	• 지주회사 설립·전환 자체는 허용하되, 과도한 지배력확장 문제를 억제하기 위해 다음과 같은 행위 제한 규정 마련 – 2단계(지주회사–자회사–손자회사) 이상 출자 금지 – 자회사 지분율 요건(비상장사 : 50%, 상장사 : 30%) – 자회사–손자회사 간 사업관련성 요건 – 부채비율 제한(100%) – 금융·비금융 동시 소유 금지 등
2001.3.27. (시행령)	• 지주회사 자산총액 요건 변경 – 100억 원 이상 → 300억 원 이상
2002.3.30. (시행령)	• 지주회사 자산총액요건 변경 – 300억 원 이상 → 1,000억 원 이상
2004.12.31.	• 지주회사의 설립·전환을 용이하게 할 수 있도록 제도 개선 – 자회사 간 출자 금지 – 손자회사에 대한 지분율 요건(비상장사 : 50%, 상장사 : 30%) – 공동출자법인 정의·지분율 요건(자·손자회사가 공동출자법인 : 30%) – 지주회사의 비계열사 주식 5% 초과 소유 금지 규정 신설 – 지주회사 행위제한 규정에 대한 각종 유예기간 부여
2007.4.13.	• 지주회사 전환을 촉진하기 위해 행위제한 요건 완화 – 부채비율 제한 상향(100% → 200%) – 자회사·손자회사 지분율 요건 완화(상장·공동출자법인 : 30% → 20%, 비상장 : 50% → 40%) – 주식가격의 급격한 변동 등 불가피한 사유발생시 지주회사 행위제한의무 유예기간 2년 추가 연장
2007.8.3.	• 자회사–손자회사 간 사업관련성 요건 폐지 • 100% 증손회사의 제한적 허용 • 합병분할에 따른 법 위반시 1년의 유예기간 부여 조항 신설

개정일	주요내용
2016.3.29.	• 지주회사 체제 밖 계열회사 현황 공시
2016.9.29. (시행령)	• 지주회사 자산총액요건 변경 – 1,000억 원 이상 → 5,000억 원 이상

• 과점주주에 대한 간주취득세 개요

• **(개념)** 법인의 주식을 취득함으로써 과점주주가 되는 경우 그 주주가 해당 법인의 부동산 등을 취득한 것으로 보아 취득세 과세(법 §7 ⑤)

※ 과점주주(지기법 §47 2호, 지기령 §24)
주주와 그의 특수관계인들의 소유주식의 합계가 당해 법인의 발행주식 총수의 50%를 초과하면서 그에 관한 권리를 실질적으로 행사하는 자들

※ 특수관계인(지기법 §2 ① 34호 및 지기령 §2의 2)
본인과 다음의 어느 하나에 해당하는 관계에 있는 자(① 혈족·인척 등 친족관계에 있는 자, ② 임원·사용인 경제적 연관관계에 있는 자, ③ 주주·출자자 등 경영지배관계에 있는 자)

• **(도입배경)** 법인의 과점주주가 되는 경우 당해 법인의 자신에 대한 관리·처분권을 갖게 되므로 실질적으로 법인의 자산을 취득하는 것과 같다고 보아 1967.11.29. 신설

※ 이외 ① 주식을 소수인이 독점하는 것을 억제하여 널리 일반인에게 분산되도록 세제면에서 촉구하여 다수인이 참여하는 기업으로 유도하고, ② 부동산 등을 직접 취득하지 않고 주식취득을 통해 우회적으로 취득함으로써 취득세 납세의무를 회피하는 것을 방지하려는 목적도 있음

• **(과세표준)** 해당 법인의 취득세 과세대상 부동산 등의 총가액(장부가) 중 과점주주의 소유주식 비율에 해당하는 금액(법 §10 ④)

• **(세율)** 과세표준의 2%를 적용(舊취득세 부분만 과세)

• **(과세방법)** 기존 과점주주였던 주주가 주식의 추가취득으로 주식비율이 증가된 경우에는 증가된 지분만 과세하나, 기존 과점주주가 아닌 주주가 새로이 과점주주되는 경우 전체 지분 과세(영 §11)

• **(적용예시)** 전제 : 법인의 총 주식수 1,000주(설립시 : 甲 600주, 乙 400주)이고, 과세대상 자산은 총 310,000,000원(상가 300,000,000원, 차량 1,000,000원)임

사 례	간주취득세액 산출내역
① 법인 설립시 甲 납세의무	납세의무 없음(설립시 발행한 주식취득은 배제)
② 丙이 甲주식 600주 양수시(甲 60% → 丙 60%)	310,000,000원×60%(주식비율)×2%(세율)=3,720,000원
③ 甲이 乙의 주식 200주 양수시 (甲 지분 60% → 80% 증가)	310,000,000원×20%(증가비율 80–60%)×2%(세율)=1,240,0000원
④ 乙이 甲의 주식 200주 양수시 (乙 지분 40% → 60% 증가)	310,000,000원×60%(주식비율)×2%(세율)=3,720,000

• 간주취득세를 과세 제외하는 경우

① 법인설립 시 과점주주가 되는 경우

법인설립시의 과점주주는 설립 시 해당 법인의 자산에 대한 사실상의 지배력을 취득하게 되어 경제적 사실적으로 법인과 과점주주는 구분되지 않아, 과점주주에게 재부과시 이중과세의 소지가 있어 제외

② 상장법인(코스피* 및 코스닥**)의 과점주주가 되는 경우

비상장법인에 비해 엄격한 주식 분산요건을 규정하여 독과점을 제도적으로 제한하고 있어 지배력에 대한 차이가 있으며, 최대주주의 등의 거래관계 등을 공시하여 경영의 투명성을 유지하는 등 과점주주에 의한 기업재산 처분이 상대적으로 제한되고 있어 과점주주 간주취득세 과세를 제외

* 주로 대규모 법인이 상장된 시장으로 간주취득세 도입 초기부터 과세제외(지법 §7 ⑤, 지기법 §47)

** 주로 신규기업이나 규모가 작은 법인이 상장된 시장으로 '15년·'16년 한시적으로 감면(지특법 §57의 2 ⑤ 8호)

• 지방세기본법 상 특수관계인의 범위

■ 특수관계인의 범위

본인과 다음의 어느 하나에 해당하는 관계에 있는 자(지기법 §2 ① 34호, 지기령 §2의 2)

① 혈족·인척 등 친족관계에 있는 자

② 임원·사용인 경제적 연관관계에 있는 자

③ 주주·출자자 등 경영지배관계에 있는 자

⇨ 친족관계(지기령 §2의 2 ①)

- 6촌 이내의 혈족, 4촌 이내의 인척, 배우자(사실상의 혼인관계에 있는 사람을 포함)
- 친생자로서 다른 사람에게 친양자로 입양된 사람 및 그 배우자·직계비속

⇨ 경제적 연관관계(지기령 §2의 2 ①)

- 임원 및 그 밖의 사용인, 본인의 금전이나 그 밖의 재산으로 생계를 유지하는 사람, 앞의 사람과 생계를 함께 하는 친족

⇨ 주주·출자자 등 경영지배관계(지기령 §2의 2 ③ 1호)

• 본인이 개인인 경우

본인이 직접 또는 그와 친족관계 또는 경제적 연관관계에 있는 자를 통하여 법인의 경영에 대하여 지배적인 영향력을 행사하고 있는 경우 그 법인

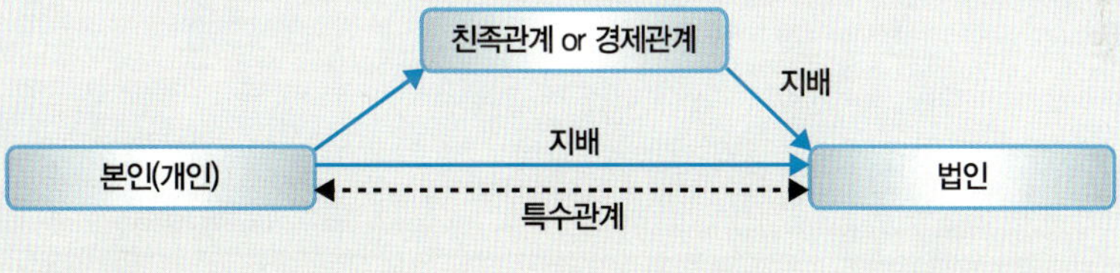

• 본인이 법인인 경우

개인 또는 법인이 직접 또는 그와 친족관계 또는 경제적 연관관계에 있는 자를 통하여 본인인 법인의 경영에 대하여 지배적인 영향력을 행사하고 있는 경우 그 개인 또는 법인(지기령 §2의 2 ③ 2호 가목)

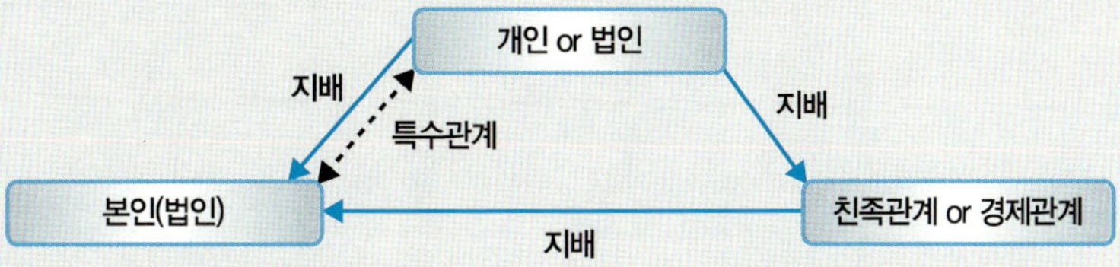

• 본인이 직접 또는 그와 경제적 연관관계 또는 가목의 관계에 있는 자를 통하여 어느 법인의 경영에 대하여 지배적인 영향력을 행사하고 있는 경우 그 법인(지기령 §2의 2 ③ 2호 나목)

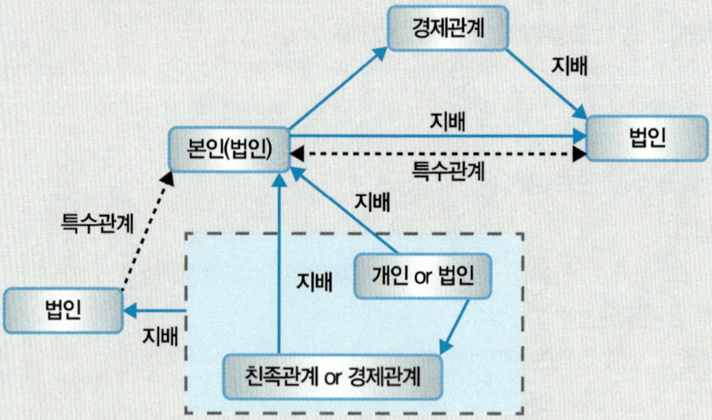

※ "법인의 경영에 대하여 지배적인 영향력을 행사하고 있는 것"(영리법인의 경우)

- 법인의 발행주식 또는 출자총액의 100분의 50 이상을 출자한 경우(지기령 §2의 2 ④ 1호 가목)
- 또는 임원의 임면권의 행사, 사업방침의 결정 등 법인의 경영에 대하여 사실상 영향력을 행사하고 있다고 인정되는 경우를 말함(지기령 §2의 2 ④ 1호 나목)

쟁점 043 이미 지주회사가 비계열회사의 지분을 취득해도 감면?

지방세특례제한법 제57조의 2【기업구조개선에 대한 지원】제5항 제3호

⑤ 다음 각 호의 어느 하나에 해당하는 경우에는 「지방세법」 제7조 제5항에 따라 과점주주가 해당 법인의 부동산 등(같은 조 제1항에 따른 부동산 등을 말한다)을 취득한 것으로 보아 부과하는 취득세를 2021년 12월 31일까지 면제한다.

3. 「독점규제 및 공정거래에 관한 법률」에 따른 지주회사(「금융지주회사법」에 따른 금융지주회사를 포함하되, 지주회사가 「독점규제 및 공정거래에 관한 법률」 제2조 제3호에 따른 동일한 기업집단 내 계열회사가 아닌 회사의 과점주주인 경우를 제외한다. 이하 이 조에서 "지주회사"라 한다)가 되거나 지주회사가 같은 법 또는 「금융지주회사법」에 따른 자회사의 주식을 취득하는 경우. 다만, 해당 지주회사의 설립·전환일부터 3년 이내에 「독점규제 및 공정거래에 관한 법률」에 따른 지주회사의 요건을 상실하게 되는 경우에는 면제받은 취득세를 추징한다.

취득세는 부동산 등의 거래사실에, 재산세는 부동산의 보유사실에 근거하여 과세하는 세목이다. 과점주주에 대한 간주취득세 과세는 실제로 부동산 거래행위는 발생되지 않았으나 부동산 등을 취득한 것으로 간주하여 취득세를 과세하는 것을 말한다.

법인의 과점주주가 되면 해당 법인의 부동산 등을 사실상 임의로 처분하거나 관리·운용할 수 있는 지위에 서게 되므로, 실질적으로 그 부동산 등을 직접 소유하는 것과 동일한 것으로 보는 것이 과세의 이유이며, 과세방식은 해당 법인의 취득세 과세대상 부동산 등의 총가액(장부가액 기준) 중 과점주주의 소유주식 비율에 해당하는 금액에 구 취득세 세율인 2%를 적용하여 과세한다.

- (과세표준) 법인의 부동산 등의 가액 × 과점주주의 소유주식 비율
- (세율) 취득세 2%

지방세특례제한법 제57조의 2 제5항 제3호에서는 지주회사로 전환하는 과정에서 지주회사가 과점주주가 되는 경우 간주취득세를 면제하도록 하고 있다. 지주회사(Holding Company)란 주식소유를 통하여 다른 회사의 사업내용을 지배하는 것을 주된 사업으로 하는 회사로 공정거래법 상 지주회사는 소유하는 자회사 주식가액 합계액이 자산총액의 50% 이상인 회사로 정의하고 있으며, 선진외국의 일반적인 기업집단체제로서 복잡한 출자구조를 가진 기업집단에 비해 공정거래법 상 지주회사는 계열회사 동반부실 위험 차단, 출자구조 단순·투명성 측면에서 장점을 보유하고 있다. 따라서 과거 내부순환출자 체제에서 하나의 특정기업 부실로 연쇄적으로 순환출자 회사들이 부실화 되는 것을 방지하려는 취지에서 지주회사 전환을 독려하게 되었고 이의 유인책으로 조세를 지원하고 있는 것이다.

【지방세특례제한법 제57조의 2 제5항 간주취득세 감면 내용】

지특법	취 지	내 용	감면율	최소납부
57의 2 ⑤ 1호	부실금융기관 지원	금융산업의구조개선에관한법률에 따른 제3자의 인수, 계약이전에 관한 명령, 계약이전결정을 받은 부실금융기관으로부터 주식 및 지분 취득	간주 취득세 100% 면제	2019년부터 적용 예정 (200만 원 초과시 85% 감면)
57의 2 ⑤ 2호	기업회생지원	금융기관이 법인에 대한 대출금을 출자로 전환함에 따라 해당 법인의 주식 또는 지분을 취득하는 경우		
57의 2 ⑤ 3호	지배구조개선	지주회사(금융지주회사를 포함)가 되거나 지주회사가 자회사의 주식 취득하는 경우		
57의 2 ⑤ 4호	부실금융기관 지원	예금보험공사 또는 정리금융기관이 주식 또는 지분을 취득하는 경우		
57의 2 ⑤ 5호	기업회생지원	한국자산관리공사가 인수한 채권을 출자전환함에 따라 주식 또는 지분을 취득하는 경우		
57의 2 ⑤ 6호	기업회생지원	농업협동조합자산관리회사가 인수한 부실자산을 출자전환함에 따라 주식 또는 지분을 취득하는 경우		
57의 2 ⑤ 7호	기업구조 개선	주식의 포괄적 교환·이전으로 완전자회사의 주식을 취득하는 경우		
57의 2 ⑤ 8호	기업 개방성	코스닥 증권시장에 상장한 법인의 주식을 취득한 경우		

(1) 이미 지주회사가 비계열회사의 지분을 취득하여 과점주주가 된 경우 : 유권해석 및 판례 입장 상이

'지주회사가 되거나', '지주회사가 자회사의 주식 취득'으로 인해 자회사의 과점주주가 되는 경우 지주회사에 대해 간주취득세를 면제하는데 이미 지주회사로 전환을 완료한 A지주회사가 자회사(or 계열회사)가 아닌 'B법인'의 지분을 취득하여 'B법인'을 자회사로 편입하는 경우 A지주회사가 B법인의 주식을 취득함에 따라 발생하는 간주취득세를 면제할 수 있는지 여부에 대한 쟁점이다.

유권해석에서는 B법인은 A지주회사의 자회사가 아니므로, A법인이 B법인의 지분을 취득한 것은 "지주회사가 자회사의 주식을 취득하는 경우"에 해당하지 않는다고 보아서 간주취득세 면제 대상에서 제외해야 한다는 입장이다.

조세특례제한법 제120조 제6항 제3호의 전단에서 규정하고 있는 "지주회사가 되거나"의 의미는 주식을 취득함으로써 최초로 지주회사가 됨과 동시에 과점주주가 된 경우를 말하는 것이고, 후단에서 규정하고 있는 "지주회사가 자회사의 주식을 취득하는 경우"란 이미 지주회사인 회사가 자회사의 주식 등을 취득하여 과점주주가 되는 경우를 말하는 것으로, 이미 지주회사인 A법인이 자회사가 아닌 법인의 주식을 취득하여 과점주주가 되는 것은 취득세 감면 대상인 "지주회사가 자회사의 주식을 취득하는 경우"에 해당되지 아니하며, 감면 요건을 갖추지 못한 상태에서 과점주주가 성립된 이 건 과점주주의 취득세는 면제 대상에 해당되지 않는다고 판단함(지방세특례제도과-315, 2014.12.24.).

지주회사에 대한 취득세 감면규정의 입법취지는 지주회사의 설립이나 지주회사로의 전환에 대하여 세제혜택을 줌으로써 소유와 경영의 합리화를 위한 기업의 구조조정을 지원하려는 데 있는 것으로, 기존의 기업집단 내에서 지주회사로 전환하기 위하여 이미 지배관계에 있던 자회사의 주식을 취득하는 경우에는 지주회사제도에 감면취지에 부합하지만, 기존의 지배관계에 없던 법인을 자회사로 편입하는 것은 기업의 인수합병의 일환일 뿐 지주회사의 설립이나 기존 기업집단의 전환으로 보기 어려워 입법취지에도 부합하지 아니한다 할 것 "지주회사가 되거나"의 의미는 주식을 취득함으로써 최초로 지주회사가 됨과 동시에 과점주주가 된 경우를 말하는 것이고, "지주회사가 자회사의 주식을 취득하는 경우"란 이미 지주회사인 회사가 자회사의 주식 등을 취득하여 과점주주가 되는 경우를 말하는 것임(조심 2015지1039, 2016.6.8.).

판례의 입장은 전환된 지주회사가 계열회사가 아닌 국내 회사의 주식을 일시에 취득(자회사로 새로 편입)하여 그 국내회사의 주식을 일시에 취득함으로써 과점주주가 되는 경우도 '지주회사가 된 경우'에 해당하여 간주취득세 감면 대상에 해당된다고 보고 있다.

즉 "감면 조항의 입법취지는 지주회사 설립이나 지주회사로의 전환에 대하여 세제혜택을 줌으로써 소유와 경영의 합리화를 위한 기업의 구조조정을 지원하려는 데에 있고, 따라서 계열회사가 아닌 국내 회사를 자회사로 새로이 편입하기 위하여 해당 국내 회사의 주식을 일시에 취득함으로써 지주회사 및 과점주주가 되는 것은 공정거래법 상 허용되며 계열회사가 아닌 국내 회사의 주식을 일시에 취득함으로써 그 국내 회사를 자회사로 새로 편입하여 그 국내 회사의 과점주주가 되는 경우에도, 지방세 면제 조항에서 정하고 있는 '지주회사가 된 경우'에 해당한다고 보아야 한다"는 것이다.

'지주회사가 되거나'의 의미를 지주회사로 설립·전환 되는 경우로 보지 않는 것이며, 이미 지주회사로 설립·전환된 지주회사가 비계열회사를 자회사로 편입하는 경우를 '지주회사가 된 경우'라고 보고 있어, 유권해석과 다른 입장을 보이고 있다.

지주 지주회사를 간주취득세 부과대상에서 제외하고 있는 이 사건 감면 조항의 입법취지는 지주회사의 설립이나 지주회사로의 전환에 대하여 세제혜택을 줌으로써 소유와 경영의 합리화를 위한 기업의 구조조정을 지원하려는 데에 있고, 그렇다면 이미 공정거래법에 따른 지주회사로 설립 내지는 전환되었더라도 국내 회사를 자회사로 새로이 편입하여 그 국내 회사에 대한 지주회사가 되는 기업구조조정이 있는 경우에는 새로 지주회사를 설립하는 경우와 마찬가지로 여전히 지주회사 감면조항에 따른 세제혜택을 부여할 필요가 있고, 일반지주회사 사업내용을 지배할 목적으로 일정한 요건을 갖추어 계열회사가 아닌 국내 회사를 자회사로 새로이 편입하기 위하여 해당 국내 회사의 주식을 일시에 취득함으로써 지주회사 및 과점주주가 되는 것은 공정거래법 상 원칙적으로 허용되고, 이와 같은 지주회사 감면조항의 문언과 아울러 지주회사에 대한 세제혜택의 취지 및 공정거래법에 의하여 허용되는 지주회사의 자회사 편입 유형 등을 종합하여 보면, 이미 공정거래법에 따라 설립 내지는 전환된 지주회사가 계열회사가 아닌 국내 회사의 주식을 일시에 취득함으로써 그 국내 회사를 자회사로 새로 편입하여 그 국내 회사의 과점주주가 된 경우에는 지주회사 감면 조항에서 정하고 있는 '지주회사가 된 경우'에 해당한다고 보아야 할 것임 (대법원 2016두59713, 2017.4.13.).

기 업

① 지주회사에 대한 취득세 감면 : 지주회사가 최초로 되는 경우 감면

'지주회사가 되거나"에 해당하여 간주취득세를 면제할 수 있는 경우는 (①) 계열회사 지분을 취득(자회사 전환)함으로써 지주회사로 되는 경우이고, (②) 비계열회사 지분 취득(자회사 전환)으로 지주회사가 되는 경우는 면제 대상에 해당되지 않는다. 이미 지주회사로 전환을 완료한 (A)지주회사가 계열회사가 아닌 (B)법인의 지분을 인수하여 (B)법인을 (A)지주회사의 자회사로 편입하는 경우는 지주회사로 최초 설립·전환하는 경우로 볼 수 없고, '지주회사가 되거나'에 해당되지 않으므로 면제 대상에서 제외하는 것이 타당하다고 보고 있다.

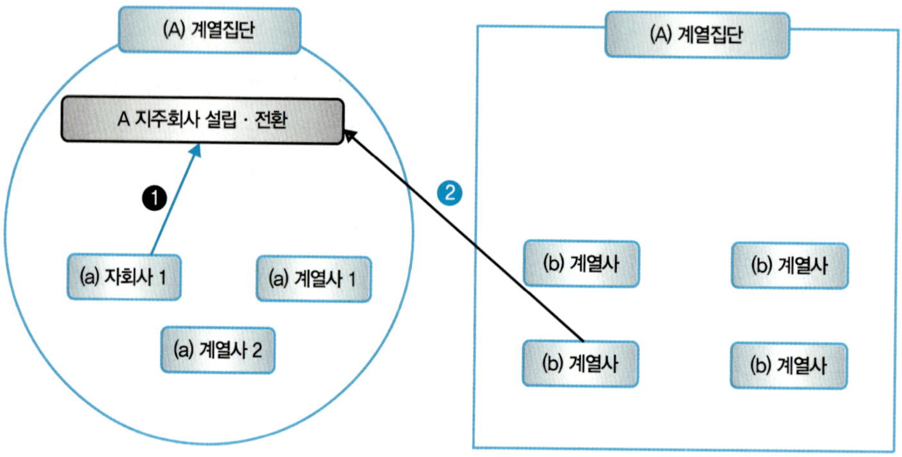

① 자회사로 편입 및 지주회사 설립 전환하면서 과점주주가 되는 경우 : 감면
② 비계열회사의 주식을 매입하여 지주회사를 설립 또는 전환하면서 과점주주가 되는 경우 : 유권해석 (감면 제외) ⇔ 판례 (감면)

② 이미 지주회사가 자회사의 주식을 취득하여 과점주주가 되는 경우 감면

'지주회가가 자회사의 주식을 취득하여 과점주주가 되는 경우' 과점주주 간주취득세를 면제하도록 규정하고 있는데, 지주회사체제의 수직적 구조의 특성상 적은 주식지분으로 많은 하위 자회사를 지배하게 되는 효과가 있어, 지주회사로 전환된 이후 지주회사가 자회사의 지분을 되도록 많이 확보하도록 유도하기 위해 '지주회사가 자회사의 주식을 취득하는 경우'에 대해 간주취득세를 면제하고 있는 것이다.

지주회사 설립·전환 이후에 지주회사가 과점주주 간주취득세 면제 대상에 해당되기 위해서는 (①) 이미 지주회사가 자회사의 주식을 추가로 취득하여 과점주주가 되는 경우여야만 한다.

반면 (②) 이미 지주회사가 자회사가 아닌 계열회사의 주식을 취득하거나 (③) 이미 지주회사가 비계열회사의 주식 취득하여 과점주주가 되는 경우는 감면 대상에 해당되지 않는다. 이미 지주회사로 전환을 완료한 (A)지주회사가 계열회사가 아닌 (B)법인의 지분을 인수하여 (B)법인

을 (A)지주회사의 자회사로 편입하는 경우는 지주회사로 최초 설립·전환하는 경우로 볼 수 없고, '지주회가가 자회사의 주식을 취득'하는 경우에도 해당되지 않으므로 면제 대상으로 보기 어렵다.

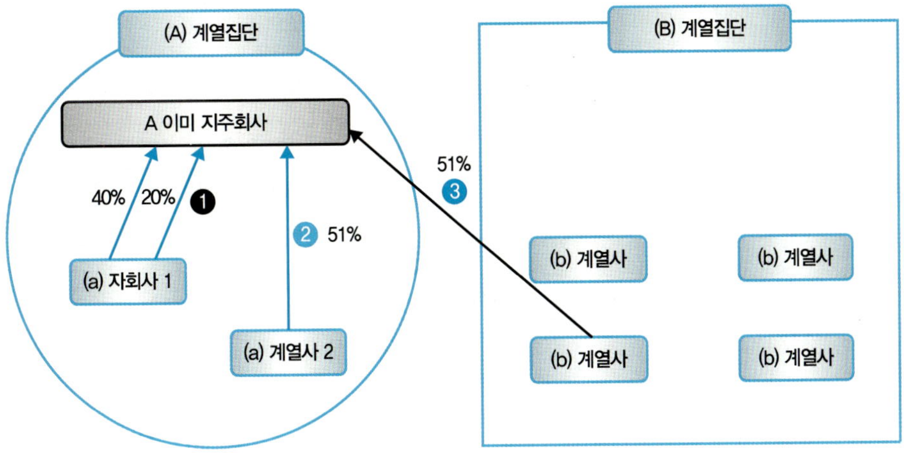

① 이미 지주회사가 자회사의 주식을 추가로 취득하여 과점주주가 되는 경우 : 감면
② 이미 지주회사가 계열회사 주식을 취득하여 과점주주가 되는 경우 : 유권해석, 심판례(감면 제외) ⇔ 판례(감면)
③ 이미 지주회사가 비계열회사 주식을 취득하여 과점주주가 되는 경우 : 유권해석, 심판례(감면 제외) ⇔ 판례(감면)

이처럼 '지주회사가 되거나', '지주회사가 자회사의 주식을 취득하여 과점주주가 되는 경우' 즉 계열회사 또는 이미 자회사인 회사의 주식 취득으로 지주회사가 되는 경우에 간주취득세를 면제하고자 하는 것이 입법취지임에도, 대법원에서 유권해석 및 당초 입법취지와 달리 판결함에 따라 2018.12.24. 지방세특례제한법을 개정하였다.

개정 내용에는 '계열사인 회사의 주식을 취득하여 지주회사가 되는 경우'와 '지주회사가 이미 자회사인 회사의 주식을 취득하는 경우'에 감면 대상에 포함되도록 하고 있고, 계열회사가 아닌 회사의 주식을 일시에 취득하여 자회사로 새로 편입하는 경우 등은 감면에서 제외하도록 개정하였다.

현 행	개 정
• 과점주주가 됨에 따라 납부하는 간주취득세 감면 i) 지주회사가 되는 경우 ii) 지주회사가 기 자회사 주식 취득	• 간주취득세 감면 요건 명확화 ※ 계열사 아닌 회사 주식취득 감면 제외 i) 계열사인 회사의 주식 취득으로 지주회사가 되는 경우 ii) 지주회사가 기 자사의 주식 취득

저자팁

지주회사 등의 행위제한(공정거래법)

규제대상	규제내용	조 항
지주회사	지주회사의 부채비율을 200% 이내로 유지	§8의 2 ② 1호
	비계열사의 주식을 5% 초과보유 하는 것 금지	§8의 2 ② 3호
공통규제 (지주·자·손자회사)	자기가 지배하는 회사 외 계열회사 주식 소유금지 (수직적 출자구조 유지의무)	§8의 2 ② 3호, §8의 2 ③ 2호·④
	지분율 규제(상장 20%, 비상장 40% 이상)	§8의 2 ② 2호, §8의 2 ③ 1호
	지주회사체제 내 금융회사 지배 금지	§8의 2 ② 5호, §8의 2 ③ 3호, §8의 2 ④ 4호
손자회사	100% 증손회사 외 계열사 주식소유 금지	§8의 2 ④
증손회사	계열사 주식 소유 금지	§8의 2 ⑤

쟁점 044 명목회사도 감면받은 부동산을 직접 사용하지 않으면 추징될까?

지방세특례제한법 제180조의 2 【지방세 중과세율 적용 배제 특례】 제1항

① 다음 각 호의 어느 하나에 해당하는 부동산의 취득에 대해서는 「지방세법」에 따른 취득세를 과세할 때 2021년 12월 31일까지 같은 법 제13조 제2항 본문 및 같은 조 제3항의 세율을 적용하지 아니한다.

1. 「부동산투자회사법」 제2조 제1호에 따른 부동산투자회사가 취득하는 부동산
2. 「자본시장과 금융투자업에 관한 법률」 제229조 제2호에 따른 부동산집합투자기구의 집합투자재산으로 취득하는 부동산
3. 「법인세법」 제51조의 2 제1항 제9호에 해당하는 회사가 취득하는 부동산

지방세특례제한법 제178조 【감면된 취득세의 추징】 제1항

① 부동산에 대한 감면을 적용할 때 이 법에서 특별히 규정한 경우를 제외하고는 다음 각 호의 어느 하나에 해당하는 경우 그 해당 부분에 대해서는 감면된 취득세를 추징한다.

1. 정당한 사유 없이 그 취득일부터 1년이 경과할 때까지 해당 용도로 직접 사용하지 아니하는 경우
2. 해당 용도로 직접 사용한 기간이 2년 미만인 상태에서 매각·증여하거나 다른 용도로 사용하는 경우

기 업

부동산투자회사(리츠), 부동산집합투자기구(부동산펀드), 프로젝트금융투자회사기업(PFV)에 대한 중과배제 등 세제지원은 선진금융기법 도입 활성화를 위해 리츠는 2001년부터, 부동산펀드는 2004년부터 도입되었다. 2014년까지는 조세특례제한법에 규정되어 오다 2015년에 지방세특례제한법으로 이관하였다. 당초 감면신설 당시에는 취득세 및 등록세 50%, 중과배제 등을 지원해오다 2010년에 취득세 및 등록세 감면세율을 30%로 축소했고, 2014년에는 세액감면이 종료되었다. 현재는 리츠, 부동산펀드, PFV가 대도시 내에서 취득하는 재산에 대해 취득세 중과배제를 적용하고 있다.

▎취득세 중과 배제 효과 ▎

구 분		중과세율	실제 적용 세율	배제 세율
신 축	토 지	4%×3배−(2%×2배) = 8%	4%	4%
	건 물	2.8%×3배−(2%×2배) = 4.4%	2.8%	1.6%
매 입	주 택	1~3%+(2%×2배) = 5~7%	1~3%	4%
	상 가	4%×3배−(2%×2배) = 8%	4%	4%

부동산투자회사(리츠)는 부동산투자회사법에 따라 다수의 투자자로부터 자금을 모아 부동산 등에 투자·운영하고, 그 수익을 돌려주는 주식회사 형태의 부동산 간접투자기구이다. 총자산의 70% 이상을 부동산에 투자하고 배당가능한 이익의 90% 이상을 의무적으로 배당하며, 발행주식의 30% 이상을 공모로 제공하는 회사이다. 부동산투자회사 유형으로는 자기관리부동산투자회사, 위탁관리부동

산투자회사, 기업구조조정부동산투자회사, 개발전문부동산투자회사가 있다.

부동산집합투자기구(부동산펀드)란 자본시장법에 따라 다수의 투자자로부터 모은 자금을 부동산 등에 투자·운영하고, 그 수익을 돌려주는 부동산 간접투자기구이다. 부동산간접투자기구의 형태는 회사형, 신탁형, 조합형이 있으며, 자금 모집 방법에 따라 공모(투자자 50인 이상)와 사모(투자자 49인 이하)로 구분된다. 총자산의 50%를 초과하여 부동산 및 부동산 관련 자산에 투자하며, 투자신탁과 투자회사 형태가 모두 가능한 회사이다.

프로젝트금융투자회사(PFV)는 리츠, 펀드와 달리 법인세법 제51조 제1항 제9호에 근거하여 설립되는 특수목적법인으로 설비투자, SOC사업, 자원개발사업, 부동산개발사업, 각종 복합개발사업 등 주로 완성에 상당한 기간과 자금이 소요되는 특정 PF사업에 자금을 운용하고 그 수익을 주주에게 배분하기 위하여 설립하는 회사이다. 국내에는 공기업, 금융기관, 건설사 등이 이익과 위험 부담 공유를 위하여 공동으로 설립하는 경우가 많다.

리츠, 부동산펀드, PFV의 중과배제와 관련된 쟁점을 살펴 보면, 명목회사인 PFV가 수도권에 부동산을 취득한 후 2년 이내에 주식회사로 전환한 경우 취득세 중과세가 적용되는지 여부다.

2018년 4월 유권해석은 조세감면규정의 엄격해석 원칙, 지방세특례제한법 제178조의 일반적 추징 규정, 조직변경으로 인한 법인격 상실 등을 근거로 중과세 적용대상에 해당하므로 취득세 추징 대상이라고 판단했다. 특히, 명목회사인 프로젝트투자금융회사가 호텔을 신축하고 현행 지방세특례제한법 제178조 제2호 제1항에서 규정한 2년이라는 기간 동안 그 취득 부동산을 직접 사용하지 않고 ㅇㅇ주식회사로 변경한 것은 매각·증여하거나 다른 용도로 사용하는 경우에 해당된다고 보았다.

> 명목회사인 프로젝트투자금융회사가 호텔을 신축하고 지방세특례제한법 제178조 제2호에서 규정한 2년이라는 기간 동안 그 취득 부동산을 직접 사용하지 않고 ㅇㅇ주식회사로 변경한 것은 매각·증여하거나 다른 용도로 사용하는 경우에 해당되어 추징 대상에 해당함(지방세특례제도과-1102, 2018.4.3.).

한편, 2018년 11월 유권해석에서는 명목회사(PFV)가 중과세율 적용 배제 특례를 적용받고 취득한 부동산을 중도에 매각하는 경우, "직접 사용"을 전제로 한 추징 규정(지특법 §178 2호)에 따라 감면분 취득세를 추징할 수 없다고 판단했다.

지방세특례제한법 제178조의 추징 규정은 '고유 업무에 직접 사용하기 위하여 취득하는 부동산', 즉, '소유주체로서 해당 부동산을 사용하는 경우에 한하여 세금을 감면하겠다.'는 취지로 감면된 취득세에 한하여 그 사후관리를 위해 적용될 수 있다고 보았고, 명목회사(PFV)가 중과세 적용지역에서 중과적용을 배제 받고 취득한 부동산의 경우 지방세특례제한법 제180조의 2 제3호에서 법인세법 제51조의 2 제1항 제9호에 해당하는 회사의 부동산 취득에 대한 중과세 적용 배제만을 규정할 뿐 추징 요건을 달리 규정한 바 없고 개별적 추징 규정이 없는 경우에 대한 일반적 추징 규정인 같은 법 제178조 본문 및 제1항 제2호의 "직접 사용"을 전제로 한 추징 요건에도 해당되지 아니하므로 명목회사(PFV)가 중과세율 적용 배제 특례를 적용받고 취득한 부동산을 법인세법 제51조의 2 제1항 제9호에서 정한 요건을 충족한 상태에서 매각하는 경우라면 이는 중과세 배제를 통한 지방세 감면분의 추징 대상에 해당되지 아니한다는 것이다.

지방세특례제한법 제180조의 2 제3호에서 법인세법 제51조의 2 제1항 제9호에 해당하는 회사의 부동산 취득에 대한 중과세 적용 배제만을 규정할 뿐 추징 요건을 달리 규정한 바 없고 개별적 추징 규정이 없는 경우에 대한 일반적 추징 규정인 같은 법 제178조 본문 및 제2호의 "직접 사용"을 전제로 한 추징 요건에도 해당되지 아니하므로 이 사건 명목회사(PFV)가 중과세율 적용 배제 특례를 적용받고 취득한 부동산을 법인세법 제51조의 2 제1항 제9호에서 정한 요건을 충족한 상태에서 매각하는 경우라면 이는 중과세 배제를 통한 지방세 감면분의 추징 대상에 해당될 수 없을 것임(지방세특례제도과-4436, 2018.11.15.).

기 업

세무·회계 지식서비스 분야의 선두주자 조세통람
국내 재경실무분야를 선도하는 No1. Knowledge Provider

Part 03

국민 생활

지방세특례제한법 상 모든 규정은 납세자인 국민의 생활과 직·간접적 관련이 있는데 이번 장에서는 이러한 감면 중 세부담의 당사자가 개별 국민(또는 법인)인 경우로서 직접적으로 국민의 생활에 영향을 주는 감면을 위주로 추려서 정리하였다. 지방세 과세대상 물건 중 국민의 거주와 이전, 생업 등과 직접 관련되는 사항은 주택 등 부동산과 자동차, 농지 취득 등에 대한 감면이라 할 수 있다.

Chapter 01. 주택 구입과 주거 지원으로서 임대주택과 서민주택, 녹색건축인증 건축물에 대한 감면을 중심으로 다룬다. 특히 임대주택은 정부의 '임대주택 등록 활성화 방안(2017.12.13.)', '등록 임대주택 관리 강화방안(2019.1.9.)' 등이 발표되면서 많은 관심을 받아 오고 있는 분야인데 감면 대상과 규정이 다소 복잡하고 까다롭기 때문에 다양한 사례를 중심으로 쉽게 쟁점을 정리하는데 주안점을 두었다.

Chapter 02. 자동차 구입에 대한 감면인데 그중 다자녀가구, 장애인 및 국가유공자에 대한 자동차 감면은 항상 민원이 많은 분야이다. 사회복지시책으로서 중요성이 인정되는 감면이지만 감면을 편법으로 활용할 여지도 많기에 감면 규정을 다소 엄격히 두고 있는데 이에 따른 해석상의 혼선이 자주 발생하고 있어 이에 대해 명쾌한 해답을 정리하기 위해 노력하였다.

Chapter 03. 영농활동을 위한 지원이다. 국가적으로 농업을 보호하기 위해 두고 있는 감면으로서 주로 농업인과 농업법인이 감면 대상이다. 특히 농지와 관련하여 투기 용도로의 악용이나 농업 외의 목적으로의 사용을 막기 위해 여러 제한을 두고 있기 때문에 이와 관련한 쟁점들을 알기 쉽게 정리하는 데 중점을 두었다.

Chapter 01 주택 구입과 주거 지원

I 임대주택에 대한 감면

✔ 감면 요건

대상자	① 공공주택 특별법에 따른 공공주택사업자 ✔ 국가, 자치단체, LH, 지방공사, 국가공사, 출자법인, 부동산투자회사 등 ② 민간임대주택에 관한 특별법에 따른 임대사업자 ✔ 부동산 취득일부터 60일 이내에 임대사업자로 등록 필요
대상물건	[공공임대, 민간임대(단기·장기·공공지원)] ① (취득세) 임대할 목적으로 건축하는 공동주택과 건축주로부터 최초로 분양받은 공동주택 또는 오피스텔 – 전용면적 60㎡ 이하 : 100% – 전용면적 60~85㎡(20호 이상 장기임대) : 50% [공공임대, 민간임대(단기)] ② (재산세) 과세기준일 현재 2세대 이상 임대목적으로 직접 사용하는 공동주택 또는 오피스텔 – 전용면적 40㎡ 이하(30년 이상 공동주택) : 100% – 전용면적 40~60㎡ : 50% – 전용면적 60~85㎡ : 25% [민간임대(장기·공공지원)] ③ (재산세) 과세기준일 현재 임대목적으로 직접 사용하는 2세대 이상의 공동주택 또는 2세대 이상의 오피스텔, 다가구주택 – 전용면적 40㎡ 이하 : 100% – 전용면적 40~60㎡ : 75% – 전용면적 60~85㎡ : 50%
감면율	취득세 50~100%, 재산세 25~100% ※ 최소납부세제 적용(2016년~)
감면시한	2021.12.31.

국 민

✔ 추징 요건

추 징	① (취득세) 임대 외의 용도로 사용하거나 매각·증여하는 경우, 민간임대주택에 관한 특별법 제6조에 따라 임대사업자 등록이 말소된 경우 ② (재산세) 민간임대주택에 관한 특별법 제6조에 따라 임대사업자 등록이 말소된 경우 그 감면사유 소멸일부터 소급하여 5년 이내에 감면된 재산세 추징
추징 제외	① (취득세) 부도, 파산 등의 사유로 임대사업자가 아닌 자에게 양도하는 경우 ② (재산세) 임대의무기간이 경과한 후 등록이 말소된 경우, 부도, 파산 등의 사유로 임대사업자가 아닌 자에게 양도하는 경우

✔ 관련 법령

지특법 §31·§31의 3, 지특령 §13·§12의 2

✔ 개정 연혁

개정일	개정 전	개정 후	개정이유 / 적용요령
지특법 §31 ① 2016.12.27. 제14477호	(임대사업자의 요건) 임대용 부동산 취득일부터 60일 이내에 임대사업자로 등록	(임대사업자의 요건 강화) 임대사업자를 "임대용 부동산 취득일부터 60일 이내에 해당 임대용 부동산을 임대목적물로 하여 임대사업자로 등록한 경우"로 한정함	현행 임대사업자 중 감면 대상에 대한 등록규정을 명확히 하는 것임
지특법 §31의 3 ② 2016.12.27. 제14477호	〈신 설〉	(준공공임대주택 추징) 「민간임대주택에 관한 특별법」 제43조 제1항의 임대의무기간이 경과한 후 등록이 말소된 경우 추징 규정 추가	임대의무기간이 종료되어 등록이 말소된 경우에 추징여부에 대한 논란이 있어 감면취지를 감안하여 당해 규정을 명확히 개정
지특법 §31 2017.12.26. 제16041호	공동주택과 오피스텔을 <u>각각 2세대 이상 보유</u> 및 임대하는 경우에 재산세 감면	공동주택과 오피스텔을 <u>각각 1세대씩 보유</u>하여 2세대가 되는 경우에도 감면되도록 확대	'12년부터 주거용 오피스텔까지 감면 대상을 확대한 취지를 감안 감면 요건 완화 이 법 시행일('18.1.1.) 이후 납세의무가 성립하는 분부터 적용

<table>
<tr><th>개정일</th><th>개정 전</th><th>개정 후</th><th>개정이유 / 적용요령</th></tr>
<tr><td rowspan="2">지특법
§31
2018.12.24.
제16041호</td><td>(추징 요건)
• 취득세
임대의무기간에 임대 외 용도사용, 매각·증여
〈신 설〉</td><td>(추징 요건 강화)
• 취득세
〈좌 동〉

임대사업자 등록이 말소된 경우</td><td rowspan="2">임대사업자 등록이 말소된 경우에도 감면된 취득세 및 재산세를 추징할 수 있도록 규정 신설</td></tr>
<tr><td>• 재산세
〈신 설〉</td><td>• 재산세
임대사업자 등록이 말소된 경우 5년 이내 감면액 추징</td></tr>
<tr><td rowspan="2">지특령
§13, §13의 2
2018.12.24.
제29438호</td><td>(임대주택 재산세 감면 요건)

임대사업자가 임대 목적으로 직접 사용하는 경우
〈신 설〉</td><td>(임대주택 재산세 감면 요건 명확화)
〈좌 동〉

임대용 부동산을 임대목적물로 하여 임대사업자로 등록한 경우</td><td>해당 규정을 명확히 규정한 사항이므로 종전과 동일하게 적용</td></tr>
<tr><td>〈신 설〉</td><td>다가구주택 감면 범위 신설
– 모든 호수의 전용면적이 건축물 대장에 기재되어 있는 경우
※ 소유자가 실제 거주하는 호수는 제외</td><td>이 법 시행('19.1.1.) 이후 납세의무가 성립하는 분부터 적용

재산세 과세기준일 (매년 6월 1일)에 건축물대장상 다가구주택의 호 또는 가구별 전용면적이 기재된 경우만 감면대상에 해당</td></tr>
</table>

국 민

쟁점 045 임대주택 취득세 감면 시 '최초 분양'의 범위는?

지방세특례제한법 제31조【임대주택 등에 대한 감면】제1항

① 「공공주택 특별법」에 따른 공공주택사업자 및 「민간임대주택에 관한 특별법」에 따른 임대사업자(임대용 부동산 취득일부터 60일 이내에 해당 임대용 부동산을 임대목적물로 하여 임대사업자로 등록한 경우를 말한다. 이하 이 항에서 "임대사업자"라 한다)가 임대할 목적으로 공동주택(해당 공동주택의 부대시설 및 임대수익금 전액을 임대주택관리비로 충당하는 임대용 복리시설을 포함한다. 이하 이 조에서 같다)을 건축하는 경우 그 공동주택과 임대사업자가 임대할 목적으로 건축주로부터 공동주택 또는 「민간임대주택에 관한 특별법」 제2조 제1호에 따른 준주택 중 오피스텔(그 부속토지를 포함한다. 이하 이 조에서 "오피스텔"이라 한다)을 최초로 분양받은 경우 그 공동주택 또는 오피스텔에 대해서는 다음 각 호에서 정하는 바에 따라 지방세를 2021년 12월 31일까지 감면한다.

임대주택 감면은 세목에 따라 취득세와 재산세 감면으로 나뉘며 감면율은 전용면적과 임대의무기간에 따라 차등 적용된다. 취득세는 임대사업자가 임대할 목적으로 건축하는 공동주택과 건축주로부터 최초로 분양받는 공동주택 또는 오피스텔이 감면 대상이다. 전용면적 60제곱미터 이하 임대주택은 취득세가 전액 면제되고 전용면적 60제곱미터 초과 85제곱미터 이하인 경우 20호 이상을 8년 이상 장기 임대 시 취득세 50%가 감면된다. 재산세는 과세기준일 현재(매년 6.1.) 임대 목적에 직접 사용하는 공동주택, 오피스텔 및 다가구주택이 감면 대상이다. 전용면적 40제곱미터 이하이고 임대의무기간이 8년이면 재산세는 전액 면제되고 임대의무기간이 4년이면 재산세 50%가 감면된다.

❙ 임대주택 지방세 감면 내용 ❙

(단위 : 감면율, 호)

구 분	공공임대			민간임대					
				공공지원・장기일반임대			단기일반임대		
	40㎡ 이하	40~60㎡	60~85㎡	40㎡ 이하	40~60㎡	60~85㎡	40㎡ 이하	40~60㎡	60~85㎡
취득세	100	100	50 (20호 이상)	100	100	50 (20호 이상)	100	100	-
재산세 (2호 이상)	100 (30년 이상)	50	25	100	75	50	50	50	25
임대의무기간	5년, 10년, 30년, 50년			8년			4년		

임대주택 취득세 감면에서 최근까지 쟁점이 되고 있는 부분은 '최초 분양' 여부다. 취득세 감면은 임대사업자가 임대할 목적으로 건축주로부터 공동주택 또는 오피스텔을 최초로 분양받은 경우만 가능하다. 임대주택으로 등록하였다고 해도 '최초 분양'이 아닌 경우에는 감면 대상이 아니라는 뜻이다. 하지만 일반 납세자 입장에서 '최초 분양' 여부를 판단하는 것은 말처럼 쉽지 않다.

(1) 임대주택 취득세 감면, 분양권은 되고, 입주권은 안 된다?

재건축 조합원이 취득한 전용면적 60제곱미터 이하 공동주택을 임대주택으로 등록한 경우 취득세 감면 대상에 해당하지 않는다. 조합원 입주권에 의한 취득은 '최초 분양'에 해당하지 않기 때문이다. 조세심판원 결정례에 따르면 주택 재건축조합이 조합원으로부터 각자 부담할 건축자금을 제공받아 건축하는 공동주택은 건축 절차의 편의상 주택재건축 조합 명의로 건축허가와 사용승인을 받았다고 하더라도 건축자금 제공자인 조합원들이 원시 취득한 것으로 본다(조심 2015지0677, 2015.6.9.). 즉, 건물 신축에 따른 원시취득은 '최초 분양'에 해당하지 않으므로 조합권 입주권으로 취득하는 공동주택은 취득세 감면 대상이 아니라고 할 것이다.

- 재건축조합이 조합원으로부터 각자 부담할 건축자금을 제공받아 건축하는 공동주택이 건축허가와 사용승인을 받았다 하더라도 소유권은 건축자금 제공자인 조합원들이 원시 취득한 것으로 보아야 하므로 신축으로 보아야 하고, 취득은 분양의 개념과는 다른 것으로 임대할 목적으로 아파트를 취득하였다고 하더라도 취득세 등이 면제되는 조세특례제한법 제31조 제1항 제1호의 매입임대주택에 해당되지 않음(조심 2015지0677, 2015.6.9.).

(2) 일괄매입에 의한 취득, '최초 분양'에 해당할까?

임대사업자가 임대할 목적으로 공동주택 또는 오피스텔을 건축주로부터 일괄매입한 경우 취득세 감면이 가능할까? 일괄매입에 의한 취득을 '최초 분양'으로 볼 수 있는지가 쟁점이다. 2016년 11월에 일괄매각이 '최초 분양'에 해당하지 아니한다는 대법원 판례(대법원 2016.11.10. 선고 2016두46121 판결)가 나온 후 과세관청에서 임대주택 감면의 '최초 분양' 여부에도 이를 적용해 일괄매입 또한 '최초 분양'이 아니라고 판단한 것이 논란의 불씨를 제공했다.

이후 행정안전부 유권해석(지방세특례제도과-2564, 2018.7.24.)과 조세심판례(조심 2018지1282, 2018.11.16.)는 동일하게 일괄매입도 '최초 분양'에 해당하다고 판단했다. 앞에서 언급한 대법원 판례는 그 사실관계 및 근거 법령이 달라 임대주택 감면에 그대로 적용하기 어렵고 일괄매입을 통한 임대주택 공급도 임대주택 감면 입법취지에 부합한다는 이유에서다.

- 주택건설사업자가 처음부터 LH공사에게 일괄매각하기로 약정한 후 전용면적 60㎡ 이하인 5세대 이상의 공동주택을 건축하여 LH공사에게 일괄매각한 경우 LH공사가 구 지방세특례제한법 제32조에 따라 취득세를 면제받았다면 그로써 공동주택의 공급 장려라는 입법목적은 충분히 달성된 것으로 볼 수 있으므로, 동일한 입법목적을 가진 이 사건 조항의 '분양'에 '일괄매각'도 포함되는 것으로 해석하는 것은 특혜규정의 과다한 중복적용이라고 할 것이므로, 동일한 입법목적을 달성하기 위해 같은 수단을 중복하여 사용할 수 있다고 하여 이 사건 조항의 '분양'에 '일괄매각'이 포함되는 것으로 해석할 수는 없음(대법원 2016두46121, 2016.11.10.).

- 건축물의분양에관한법률의 적용대상으로 하는 건축물은 같은 법 제3조 제1항에서 열거하는 건축물(분양하는 부분의 바닥면적의 합계가 3천 제곱미터 이상인 건축물 등)로서 주택법에 의한 주택이 제외되는 등 그 입법목적이나 건축물의 범위 등이 지방세특례제한법 상의 그 것과 서로 다른 점, 지방세특례제한법 제31조 제1항에서 임대주택에 대한 지방세 감면을 규정하면서 건축주가 임대용 공동주택을 신축하여 취득하는 경우뿐만 아니라 임대사업자가 건축주로부터 그 공동주택 등을 최초로 분양받은 경우까지 포함하는 등 임대용 공동주택의 공급촉진을 통하여 일반 서민의 주거안정을 도모하는데 임대주택에 대한 지방세 감면의 주된 목적이 있는 점 등을 종합할 때 임대사업자가

건축주로부터 공동주택을 임대할 목적으로 취득하여 임대용으로 사용하는 경우라면 일부만을 취득하는 경우뿐만 아니라 전체를 최초 취득하는 경우까지 포함된다고 보아야 할 것임(지방세특례제도과-2564, 2018.7.24.).

☑ 지방세특례제한법에서 말하는 분양의 범위는 반드시 건축물분양에관한법률 등에 따를 것은 아니고 세법 상 각 규정의 입법취지 및 목적에 따라 달리 해석하여야 할 것(대법원 2013.10.17. 선고 2013두10403 판결, 같은 뜻임)인데, 임대사업자가 건축주로부터 소형의 공동주택 등을 최초로 분양받아 임대사업을 하는 경우에 취득세 등을 감면하여 매입임대사업을 장려함으로써 국민에 대한 주거생활의 안정을 도모하려는 지방세특례제한법 제31조 제1항의 입법취지에 비추어 건축주로부터 공동주택을 최초로 일괄취득하여 매입임대사업을 하는 경우와 그 공동주택의 일부만을 취득하여 매입임대사업을 하는 경우는 그 실질이 동일하므로 둘 모두가 '건축주로부터 공동주택 등을 최초로 분양받아 임대사업을 하는 경우'에 해당하는 것으로 보는 것이 합리적인 점, 지방세특례제한법 제31조의 입법취지가 임대주택의 공급확대이고 같은 법 제33조는 일반주택의 공급 확대로서 처분청이 제시한 판결(대법원 2016.11.10. 선고 2016두46212 판결)은 이 건과는 그 사실관계 및 근거 법령이 달라 이 건에 그대로 적용하기 어려운 점, 특히, 청구법인은 공공주택특별법 제4조에 따른 공공주택사업자로서 같은 법 제43조에 따른 매입임대주택의 공급을 원활히 하기 위하여 쟁점부동산을 일괄취득한 것으로서 이를 감면 대상으로 보는 것이 주택임대사업의 장려라는 입법취지에 더욱 부합하는 것으로 보이는 점을 종합할 때, 쟁점부동산은 지방세특례제한법 제31조 제1항에 따른 취득세 등의 감면 대상에 해당한다 할 것임(조심 2018지1282, 2018.11.16.).

(3) 신탁 해지된 공동주택의 분양, 최초 분양일까, 두 번째 분양일까?

신탁으로 소유권이 신탁회사로 이전되었다가 신탁해지로 다시 건축주에게 이전된 후 건축주로부터 임대할 목적으로 공동주택을 분양받은 경우 이를 '최초 분양'으로 보아 취득세 감면이 가능할까? 신탁은 위탁자(건축주)와 수탁자(신탁회사) 간의 신임관계에 기하여 수익자의 이익을 위해 수탁자로 하여금 필요한 행위를 하게 하는 법률관계로서 신탁재산은 수탁자인 신탁회사 명의로 소유권 이전등기가 이루어진다. 신탁에 의한 신탁회사로의 소유권이전을 '최초 분양'으로 본다면 신탁해지 이후 건축주로부터 분양받아 소유권이 이전되는 것은 '최초 분양'으로 볼 수 없다는 것이다.

과연 신탁회사로의 소유권 이전을 '최초 분양'으로 볼 수 있을까? 유권해석(지방세특례제도과-435, 2017.2.21.)은 건축물분양에관한법률에서의 분양의 정의 즉 '건축물의 전부 또는 일부를 2인 이상에게 판매하는 것'을 차용하여 분양은 임대사업자에게 판매가 전제되어야 하고, 건축주가 신탁회사에게 소유권을 이전한 것을 분양으로 해석할 경우 실제 분양받은 임대사업자가 감면에서 배제되는 결과가 초래된다는 점을 고려하여 신탁회사로의 소유권 이전은 '최초 분양'이 아니라고 판단했다. 따라서 임대사업자가 신탁계약이 해지되어 위탁자인 건축주에게로 소유권이 환원된 공동주택을 건축주로부터 최초로 분양받은 경우 해당 공동주택은 취득세 감면 대상이라고 할 것이다.

☑ 임대주택 감면에 대한 분양은 건축주가 건물을 나누어 임대사업자에게 판매가 전제되어야 하고, 건축주가 신탁 및 신탁해지를 원인으로 신탁회사 앞으로 소유권 이전등기를 경료하고 그 건축주가 소유권을 다시 취득하여 임대사업자가 그 건축주로부터 오피스텔을 분양받은 경우에는 비록 형식적으로 소유권 이전등기가 되었다 하더라도 이는 '최초로 분양받은 경우'로 보지 않는 것이 상당하므로 지방세특례제한법 제31조 제1항에 따른 취득세 감면 대상이라고 보는 것이 타당하다 할 것으로 보임(지방세특례제도과-435, 2017.2.21.).

쟁점 046 2019년에 신설된 다가구주택 재산세 감면을 받으려면?

지방세특례제한법 제31조의 3【장기일반민간임대주택 등에 대한 감면】제1항

① 「민간임대주택에 관한 특별법」 제2조 제4호에 따른 공공지원민간임대주택 및 같은 조 제5호에 따른 장기일반민간임대주택을 임대하려는 자가 대통령령으로 정하는 바에 따라 국내에서 임대 목적의 공동주택 2세대 이상 또는 대통령령으로 정하는 다가구주택(모든 호수의 전용면적이 40제곱미터 이하인 경우를 말하며, 이하 이 조에서 "다가구주택"이라 한다)을 과세기준일 현재 임대 목적에 직접 사용하는 경우 또는 같은 법 제2조 제1호에 따른 준주택 중 오피스텔(이하 이 조에서 "오피스텔"이라 한다)을 2세대 이상 과세기준일 현재 임대 목적에 직접 사용하는 경우에는 다음 각 호에서 정하는 바에 따라 2021년 12월 31일까지 지방세를 감면한다.

지방세특례제한법시행령 제13조의 2【다가구주택의 범위 등】제2항

② 법 제31조의 3 제1항 각 호 외의 부분에서 "대통령령으로 정하는 다가구주택"이란 다가구주택(「민간임대주택에 관한 특별법 시행령」 제2조의 2에 따른 일부만을 임대하는 다가구주택은 임대 목적으로 제공하는 부분만 해당한다)으로서 「건축법」 제38조에 따른 건축물대장에 호수별로 전용면적이 구분되어 기재되어 있는 다가구주택을 말한다.

다가구주택은 2017년 7월 18일부터 임대주택 등록이 가능해졌으나 건축물대장 상 각 호별 면적 확인 불가 등 관련 제도 미비로 2018년까지 지방세 감면 대상에서 제외되어 왔다. 2018년 말 지방세특례제한법과 건축물대장의 기재 및 관리 등에 관한 규칙 개정으로 2019년부터는 다가구주택도 재산세 감면이 가능해졌다.

다가구주택 재산세 감면을 받으려면 아래 세 가지 요건을 모두 충족해야 한다.

① 8년 이상 장기 임대주택으로 등록할 것.

② 집주인이 살고 있는 호수를 제외한 모든 호수가 전용면적 40제곱미터 이하일 것.

③ 재산세 과세기준일(6.1.) 이전에 건축물대장에 호수별 면적이 기재되어 있을 것.

마지막 요건은 소유자가 직접 과세기준일 이전에 관할 지방자치단체를 방문하여 건축물대장 변경 등록을 해야 하는 사항임을 유의해야 한다.

(1) 집주인이 살고 있는 호실도 면적기준을 충족해야 재산세가 감면될까?

10개 호실로 구성된 다가구주택에서 전용면적 85제곱미터인 맨 꼭대기층에는 집주인이 살고 있고 전용면적 40제곱미터 이하인 나머지 9개 호실은 임대 목적으로 사용하고 있다면 9개 호실은 재산세 감면 대상이 될까? 집주인이 살고 있는 호실이 전용면적 40제곱미터를 초과한다고 하더라도 나머지 호실이 모두 전용면적 40제곱미터 이하이므로 9개 호실은 재산세 감면 대상에 해당한다.

(2) 다가구주택을 상가주택으로 바꾸면 재산세 감면이 가능할까?

총 3층으로 이루어진 다가구주택에서 1층(당초 전용면적 80제곱미터)은 용도 변경하여 상가로 사용하고, 2층과 3층은 원래 용도인 다가구주택으로 사용하는데 해당 다가구주택의 모든 호수가 전용면적 40제곱미터 이하이고 전체를 임대 목적으로 직접 사용하는 경우 재산세 감면 대상에 해당할까? 다가구주택으로 사용하다 용도 변경한 1층 상가의 당초 전용면적이 40제곱미터를 초과한다고 하더라도 다가구주택으로 사용하는 2층과 3층의 모든 호실이 전용면적 40제곱미터 이하이므로 해당 다가구주택은 재산세 감면 대상에 해당한다.

(3) 불법 '방 쪼개기'와 무단 증축된 옥탑방도 재산세 감면 대상이 될까?

불법으로 '방 쪼개기'를 하여 다가구주택의 모든 호실이 40제곱미터 이하가 된 경우와 4층에 무허가로 전용면적 40제곱미터 이하인 옥탑방을 증축한 경우 재산세 감면 대상이 가능할까? 원칙적으로 불법 '방 쪼개기'나 무단 옥탑방 증축은 위법한 사항으로 건축물대장상에 각 호별 면적이 표기될 수 없어 재산세 감면 대상에 해당하지 않는다고 할 것이다. 다만, 특정건축물정리에관한특별조치법에 따라 주거용 불법건축물 양성화를 통해 건축물대장에 각 호별 면적이 표기된다면 재산세 감면 대상에 해당될 수 있다.

「건축물대장의 기재 및 관리 등에 관한 규칙」 개정 내용

다가구주택의 효율적 관리를 위해 다가구주택의 호 또는 가구별 전용면적을 건축물대장으로 작성·관리하도록 개정(2018.12.4. 시행)

현 행	개 정
제5조【건축물대장의 작성방법】①~④ (생략)	제5조【건축물대장의 작성방법】①~④ (현행과 같음)
〈신 설〉	⑤ 건축물이 다가구주택인 경우에는 다가구주택의 호(가구)별 면적대장을 작성해야 한다.
제7조【건축물대장의 서식】①~④ (생략)	제7조【건축물대장의 서식】①~④ (현행과 같음)
〈신 설〉	⑤ 다가구주택의 호(가구)별 면적대장은 별지 제9호서식에 따른다.

쟁점 047 한층 강화된 임대주택 감면 사후관리, 세금 폭탄을 피하려면?

지방세특례제한법 제31조【임대주택 등에 대한 감면】제2항 및 제4항

② 제1항을 적용할 때 「민간임대주택에 관한 특별법」 제43조 제1항 또는 「공공주택 특별법」 제50조의 2 제1항에 따른 임대의무기간에 대통령령으로 정한 경우가 아닌 사유로 다음 각 호의 어느 하나에 해당하는 경우에는 감면된 취득세를 추징한다.

1. 임대 외의 용도로 사용하거나 매각·증여하는 경우
2. 「민간임대주택에 관한 특별법」 제6조에 따라 임대사업자 등록이 말소된 경우

④ 제3항을 적용할 때 「민간임대주택에 관한 특별법」 제6조에 따라 임대사업자 등록이 말소된 경우에는 그 감면 사유 소멸일부터 소급하여 5년 이내에 감면된 재산세를 추징한다. 다만, 다음 각 호의 어느 하나에 해당하는 경우에는 추징에서 제외한다.

1. 「민간임대주택에 관한 특별법」 제43조 제1항에 따른 임대의무기간이 경과한 후 등록이 말소된 경우
2. 그밖에 대통령령으로 정하는 경우

지방세특례제한법시행령 제13조【추징이 제외되는 임대의무기간 내 분양 등】제4항

④ 법 제31조 제4항 제2호에서 "대통령령으로 정하는 경우"란 「민간임대주택에 관한 특별법」 제43조 제4항의 사유로 임대사업자 등록이 말소된 경우를 말한다.

지방세특례제한법 제31조의【장기일반민간임대주택 등에 대한 감면】제2항

② 제1항을 적용할 때 「민간임대주택에 관한 특별법」 제6조에 따라 임대사업자 등록이 말소된 경우에는 그 감면 사유 소멸일부터 소급하여 5년 이내에 감면된 재산세를 추징한다. 다만, 다음 각 호의 어느 하나에 해당하는 경우에는 추징에서 제외한다.

1. 「민간임대주택에 관한 특별법」 제43조 제1항에 따른 임대의무기간이 경과한 후 등록이 말소된 경우
2. 그밖에 대통령령으로 정하는 경우

지방세특례제한법시행령 제13조의 2【다가구주택의 범위 등】제3항

③ 법 제31조의 3 제2항 제2호에서 "대통령령으로 정하는 경우"란 「민간임대주택에 관한 특별법」 제43조 제4항의 사유로 임대사업자 등록이 말소된 경우를 말한다.

2019년 1월 9일 정부는 관계부처 합동으로 임차인 주거 안정성 제고를 위한 등록 임대주택 관리 강화방안을 발표했다. 임대등록시스템 자료 일제정비, 세제 감면 시 임대료 증액제한 등 의무준수 검증 강화, 임차인 권리 강화를 위한 등록 임대주택 부기등기제 도입 등이 주요 내용이다. 특히, 지방세 감면과 관련하여 임대기간, 임대료 증액제한 미준수 등 의무불이행으로 등록이 말소된 주택에 대해 감면된 취득세 및 재산세를 사후 추징하는 내용이 2018년 말에 지방세특례제한법에 반영되어 2019년부터 시행되고 있으므로 꼼꼼하게 추징 요건을 따져볼 필요가 있다.

기존에 취득세는 단기임대(4년)와 장기임대(8년)를 불문하고 감면받은 임대주택을 임대의무기간 이내에 임대주택 외의 용도로 사용하거나 매각·증여하는 경우에만 추징 대상이었다. 재산세는 단기임대에는 추징 규정이 없었고 장기임대의 경우 전용면적 40제곱미터 이하의 임대주택이 임대의무기

간 이내에 임대사업자 등록이 말소된 경우에만 추징 대상이었다. 현재는 취득세의 경우 재산세와 같이 임대의무기간 이내에 임대사업자 등록이 말소된 경우도 추가로 추징 대상에 포함되었고 재산세의 경우 장기임대뿐만 아니라 단기임대까지도 전용면적에 상관없이 임대사업자 등록이 말소된 경우 추가로 추징 대상이 되었다.

다만, 임대의무기간이 경과한 후 말소된 경우, 시장·군수·구청장 신고 후 시장·군수·구청장의 허가를 받아 부도, 파산, 그 밖의 경제적 사정 등으로 임대를 계속할 수 없어 임대사업자가 아닌 자에게 양도함에 따라 사업자 등록이 말소된 경우에는 취득세와 재산세 추징 대상에서 제외하였다.

(1) 임대의무기간 내에 다른 임대사업자에게 양도하면 추징 대상?

현재 시점에서 취득세와 재산세를 감면받은 임대사업자가 임대의무기간을 채우지 못하고 시장·군수·구청장에게 신고 후 다른 임대사업자에게 양도하여 임대사업자 등록이 말소된 경우 감면된 취득세 및 재산세는 어떻게 될까?

2019년 이전까지는 임대주택을 양도한 방식에 따라 추징여부가 달라진다. 시장·군수·구청장에게 신고 후 다른 임대사업자에게 감면받은 임대주택을 매각하는 경우 감면된 취득세와 재산세 모두 추징 대상에 해당한다. 민간임대주택법에서는 이런 경우 임대의무기간 내 임대주택 양도 가능 사유로 보고 있으나, 지방세특례제한법에서는 혜택만 얻고 의무는 해태할 가능성이 있어 추징 예외사유로 보지 않는다. 한편, 감면받은 임대주택을 다른 임대사업자에게 증여하는 경우에는 세목에 따라 추징여부가 달라지는데 취득세는 추징 대상이나 재산세는 추징 대상이 아니다. 재산세 추징 규정에서 임대사업자 간 매각만 추징제외 사유로 보지 않는다고 규정하고 있어 임대사업자 간 증여는 추징제외 사유에 해당되기 때문이다.

그러나, 매각과 증여 모두 임대의무기간을 채우지 못한 결과는 동일하고 매각과 증여가 소유권이 타인에게 이전되는 결과는 동일하므로 이 두 원인 행위를 다르게 볼 이유가 없다고 판단되어 2020.1.15.에 지방세특례제한법을 개정하였다. 개정에서는 '임대사업자 간의 매각은 추징제외 사유로 보지 아니한다'라는 문구와 임대주택법 제43조 제2항(임대사업자 간 양도)을 같이 삭제하였고 시장·군수·구청장에게 허가를 받아 임대사업자가 아닌 자에게 양도할 경우만 추징에서 제외되도록 추징제외 사유를 시행령으로 위임하였다. 2020년부터는 매각과 증여에 관계없이 임대의무기간 내에 다른 임대사업자에게 양도하는 경우에는 모두 취득세와 재산세 추징 대상이 된다고 하겠다.

| 임대의무기간 내 다른 임대사업자에게 양도 시 추징 여부 |

원인행위	취득세	재산세	
		2019년 이전	2020년 이후
매 각	추징 대상	추징 대상	추징 대상
증 여	추징 대상	추징 대상 아님	추징 대상

| 임대주택 감면 추징 관련 지방세특례제한법 신·구조문대비표 |

개정 전	개정 후
제31조【임대주택 등에 대한 감면】 ①~③ (생략) ④ 제3항을 적용할 때 「민간임대주택에 관한 특별법」 제6조에 따라 임대사업자 등록이 말소된 경우에는 그 감면사유 소멸일부터 소급하여 5년 이내에 감면된 재산세를 추징한다. 다만, 같은 법 제43조 제1항에 따른 임대의무기간이 경과한 후 등록이 말소된 경우와 같은 조 제2항 또는 제4항에 따른 사유(임대사업자 간의 매각은 추징제외 사유로 보지 아니한다)로 사업자 등록이 말소된 경우에는 추징에서 제외한다.	제31조【임대주택 등에 대한 감면】 ①~③ (현행과 같음) ④ 제3항을 적용할 때 「민간임대주택에 관한 특별법」 제6조에 따라 임대사업자 등록이 말소된 경우에는 그 감면 사유 소멸일부터 소급하여 5년 이내에 감면된 재산세를 추징한다. 다만, 다음 각 호의 어느 하나에 해당하는 경우에는 추징에서 제외한다. 1. 「민간임대주택에 관한 특별법」 제43조 제1항에 따른 임대의무기간이 경과한 후 등록이 말소된 경우 2. 그 밖에 대통령령으로 정하는 경우 ※ 「민간임대주택에 관한 특별법」 43조 제4항의 사유로 임대사업자 등록이 말소된 경우
제31조의 3【장기일반민간임대주택 등에 대한 감면】 ① (생략) ② 제1항을 적용할 때 「민간임대주택에 관한 특별법」 제6조에 따라 임대사업자 등록이 말소된 경우에는 그 감면사유 소멸일부터 소급하여 5년 이내에 감면된 재산세를 추징한다. 다만, 「민간임대주택에 관한 특별법」 제43조 제1항에 따른 임대의무기간이 경과한 후 등록이 말소된 경우와 같은 조 제2항 또는 제4항에 따른 사유(임대사업자 간의 매각은 추징제외 사유로 보지 아니한다)로 사업자 등록이 말소된 경우에는 추징에서 제외한다.	제31조의 3【장기일반민간임대주택 등에 대한 감면】 ① (현행과 같음) ② 제1항을 적용할 때 「민간임대주택에 관한 특별법」 제6조에 따라 임대사업자 등록이 말소된 경우에는 그 감면 사유 소멸일부터 소급하여 5년 이내에 감면된 재산세를 추징한다. 다만, 다음 각 호의 어느 하나에 해당하는 경우에는 추징에서 제외한다. 1. 「민간임대주택에 관한 특별법」 제43조 제1항에 따른 임대의무기간이 경과한 후 등록이 말소된 경우 2. 그 밖에 대통령령으로 정하는 경우 ※ 「민간임대주택에 관한 특별법」 43조 제4항의 사유로 임대사업자 등록이 말소된 경우

(2) 임대료 5% 이내 증액 제한 위반으로 과태료 부과 시 감면세액 추징?

임대료 5% 이내 증액 제한 규정을 위반하여 과태료를 부과받은 경우 감면된 취득세 및 재산세를 추징할 수 있을까? 지방세특례제한법 추징 규정에 관련 규정이 없다면 과태료 부과를 받았다는 이유만으로 감면된 취득세와 재산세를 추징할 수는 없다. 그렇다면 향후에라도 필요시 과태료 부과를 추징 요건에 넣어서 추징 규정을 강화하는 것은 바람직할까? 추징 요건은 당초 감면 취지에 합당한 사용을 하느냐에 대한 사후관리의 측면에서 규정하는 것이므로 당초 감면 요건과 직접적으로 관련되지 않는 사항을 추징 요건에 넣는 것은 신중할 필요가 있다고 보인다. 또한, 과태료 부과 사유와 임대사업자 등록말소 사유가 유사하여 과태료 부과 이후라도 위반 사항이 중대한 경우에는 임대사업자 등록을 말소시킬 수 있으므로 과태료를 부과받는 경우까지 추징 대상에 넣는 것은 임대주택 사후관리 강화가 강력히 요구되는 상황에서 검토해야 할 것으로 생각된다.

Ⅱ 서민주택에 대한 감면

✔ 감면 요건

대상자	상시 거주할 목적으로 서민주택을 취득하는 1가구 1주택자
대상물건	상시 거주할 목적으로 취득하는 서민주택(1가구 1주택에 한정) ※ **상시거주** : 주민등록법에 따른 전입신고를 하고 계속하여 거주하는 것 ※ **취득원인** : 상속·증여로 인한 취득 및 원시취득 제외 ※ **서민주택** : 1억 원 미만인 연면적 또는 전용면적 40㎡ 이하 주거용 건축물 [1가구 1주택의 범위] ① 1가구 : 세대별 주민등록표에 기재되어 있는 가족(동거인 제외) • 세대별 주민등록표에 기재 간주 – 취득자의 배우자, 취득자의 미혼인 30세 미만의 직계비속 – 취득자가 미혼이고 30세 미만인 경우 그 부모 • 세대별 주민등록표에 기재되어 있더라도 제외 – 65세 이상의 직계존속 – 장애의 정도가 심한 장애인을 부양하는 사람 ② 1주택 : 국내에 1개의 주택을 소유하는 것 • 주택의 부속토지만 소유하는 경우에도 주택 소유 간주
감면율	취득세 100%
감면시한	2021.12.31.

✔ 추징 요건

취득세 추징	① 정당한 사유 없이 그 취득일부터 3개월이 지날 때까지 해당 주택에 상시 거주를 시작하지 아니한 경우 ② 해당 주택에 상시 거주를 시작한 날부터 2년이 되기 전에 상시 거주하지 아니하게 된 경우 ③ 해당 주택에 상시 거주한 기간이 2년 미만인 상태에서 해당 주택을 매각·증여하거나 다른 용도(임대를 포함한다)로 사용하는 경우

✔ 관련 법령

지특법 §33 ②·③, 지특령 §15 ②·③

✔ 개정 연혁

개정일	개정 전	개정 후	개정이유 / 적용요령
지특법 §33 ② 2018.12.24. 제16041호	감면범위에서 상속과 원시취득 감면 제외	감면범위에서 상속과 동일하게 증여에 의한 취득 제외	증여는 재산 이전 시점의 차이가 있을 뿐 상속과 실질이 유사하므로 조세형평성 차원에서 감면 대상 제외
	〈신 설〉	(서민주택 취득 목적 신설) 상시 거주할 목적으로 취득	'부동산 투기' 등 악용사례 방지
	〈신 설〉	(추징 요건 신설) ① 취득일로부터 3개월 이내 해당 주택에 상시 거주를 시작하지 아니한 경우 ② 상시 거주를 시작한 날부터 2년이 되기 전에 상시 거주하지 아니하게 된 경우 ③ 해당 주택에 상시 거주 기간이 2년 미만인 상태에서 해당 주택을 처분하거나 다른 용도로 사용하는 경우	'부동산 투기' 등 악용사례 방지 서민주택 추징 규정은 이 법 시행('19.1.1.) 이후 감면되는 분부터 적용(부칙 제3조)
지특령 §15 2018.12.24. 제29438호	(1가구 범위) 취득자가 미혼이고 30세 미만인 경우 그 직계존속	(1가구 범위 개정) 취득자가 미혼이고 30세 미만인 경우 그 부모 ※ 증조부모 제외	지방세법 상 상속세율 특례의 1가구 범위와 동일하게 개정

국 민

쟁점 048 요즘 세상에 취득세를 안 내도 되는 주택이 있다?

지방세특례제한법 제33조 【주택 공급 확대를 위한 감면】 제2항 및 제3항

② 상시 거주(「주민등록법」에 따른 전입신고를 하고 계속하여 거주하는 것을 말한다. 이하 이 조에서 같다)할 목적으로 대통령령으로 정하는 서민주택을 취득[상속·증여로 인한 취득 및 원시취득(原始取得)은 제외한다]하여 대통령령으로 정하는 1가구 1주택에 해당하는 경우(해당 주택을 취득한 날부터 60일 이내에 종전 주택을 증여 외의 사유로 매각하여 1가구 1주택이 되는 경우를 포함한다)에는 취득세를 2021년 12월 31일까지 면제한다.

③ 제2항을 적용할 때 다음 각 호의 어느 하나에 해당하는 경우에는 면제된 취득세를 추징한다.

1. 정당한 사유 없이 그 취득일부터 3개월이 지날 때까지 해당 주택에 상시 거주를 시작하지 아니한 경우
2. 해당 주택에 상시 거주를 시작한 날부터 2년이 되기 전에 상시 거주하지 아니하게 된 경우
3. 해당 주택에 상시 거주한 기간이 2년 미만인 상태에서 해당 주택을 매각·증여하거나 다른 용도(임대를 포함한다)로 사용하는 경우

지방세특례제한법시행령 제15조 【주택건설사업자의 범위 등】 제2항 및 제3항

② 법 제33조 제2항에서 "대통령령으로 정하는 서민주택"이란 연면적 또는 전용면적이 40제곱미터 이하인 주택[「주택법」 제2조 제1호에 따른 주택으로서 「건축법」에 따른 건축물대장·사용승인서·임시사용승인서 또는 「부동산등기법」에 따른 등기부에 주택으로 기재[「건축법」(법률 제7696호로 개정되기 전의 것을 말한다)에 따라 건축허가 또는 건축신고 없이 건축이 가능했던 주택(법률 제7696호 건축법 일부개정법률 부칙 제3조에 따라 건축허가를 받거나 건축신고가 있는 것으로 보는 경우를 포함한다)으로서 건축물대장에 기재되어 있지 않은 주택의 경우에도 건축물대장에 주택으로 기재된 것으로 본다]된 주거용 건축물과 그 부속토지를 말한다. 이하 이 조에서 같다]으로서 취득가액이 1억원 미만인 것을 말한다.

③ 법 제33조 제2항에서 "대통령령으로 정하는 1가구 1주택"이란 취득일 현재 취득자와 같은 세대별 주민등록표에 기재되어 있는 가족(동거인은 제외한다)으로 구성된 1가구(취득자의 배우자, 취득자의 미혼인 30세 미만의 직계비속 또는 취득자가 미혼이고 30세 미만인 경우 그 부모는 각각 취득자와 같은 세대별 주민등록표에 기재되어 있지 아니하더라도 같은 가구에 속한 것으로 본다)가 국내에 1개의 주택을 소유하는 것을 말하며, 주택의 부속토지만을 소유하는 경우에도 주택을 소유한 것으로 본다. 이 경우 65세 이상인 직계존속, 「국가유공자 등 예우 및 지원에 관한 법률」에 따른 국가유공자(상이등급 1급부터 7급까지의 판정을 받은 국가유공자만 해당한다)인 직계존속 또는 「장애인복지법」에 따라 등록한 장애인(장애의 정도가 심한 장애인만 해당한다)인 직계존속을 부양하고 있는 사람은 같은 세대별 주민등록표에 기재되어 있더라도 같은 가구에 속하지 아니하는 것으로 본다.

일반적인 지방세 감면은 감면 대상자가 특정한 요건을 충족하는 경우에 감면이 가능하다. 자경농민 감면을 받으려면 농업인이 되어야 하고 임대주택 감면을 받으려면 임대주택 사업자 등록이 되어 있어야 한다. 그러나 여기에서 살펴 볼 서민주택 감면은 감면 대상에 대한 특정한 요건 없이 서민주택을 구입하면 감면받을 수 있다. 물론 서민주택 취득으로 1가구 1주택자가 되어야 하지만 이것은

요건이기보다는 부동산 투기 방지 목적으로 일정한 제한 요건을 둔 것에 불과하다.

2018년 가구통계를 보면 전체 가구는 2,050만 가구로 2017년에 비해 33만 가구(1.6%)가 증가했고 1~2인 가구는 56.5%로 2017년 55.3%에서 1.2%p 증가했다가 1~2인 가구가 늘어나는 추세를 통계로 확인할 수 있다. 서민주택 감면은 이러한 1~2인 가구의 주거안정에 도움을 준다. 만약에 1~2인 가구가 전용면적이 40㎡인 도시형생활주택을 9천만 원에 분양받는다면 취득세 99만 원(세율 1.1%, 지방교육세 포함) 전액을 면제받을 수 있다.

그러나 2018년 말 지방세특례제한법 개정에 따라 서민주택 감면에 대한 감면 범위가 조정되었고 추징 요건이 신설되었기 때문에 서민주택을 취득하는 경우에 주의가 필요하다.

(1) 증여로 취득한 서민주택은 취득세 감면 대상이 아님

2018년 이전까지 상속이나 원시취득으로 취득한 주택은 서민주택 감면 대상에서 제외해 왔다. 반면 증여로 취득한 서민주택은 명문의 규정이 없어 감면 대상에 해당되는 것으로 보아왔다. 그러나 지방세특례제한법 개정으로 2019년부터는 상속, 원시취득 뿐만 아니라 증여로 취득한 서민주택도 감면 대상에서 배제되었다. 증여도 서민주택이 이전되는 시점만 상속과 차이가 있을 뿐 무상으로 양도한다는 점에서 상속과 실질이 유사하고, 서민주택과 같이 소규모의 저렴한 주택을 취득하는 취약계층을 지원하려는 취지 측면에서 보아도 상속의 경우 감면을 배제하면서 증여를 취득세 감면 대상으로 포함하는 것은 불합리한 측면이 있기 때문이다.

따라서 2018년 이전에 증여로 서민주택을 취득하는 경우 취득세를 감면받을 수 있지만, 2019년 이후부터는 서민주택을 증여받은 경우에는 취득세 감면을 받을 수 없다고 하겠다.

(2) 3개월 내로 거주하지 않으면 감면받은 취득세가 추징됨

기존에는 취득 당시에 서민주택 규모(40㎡ 이하) 및 1가구 1주택 요건만 충족하면 감면을 적용하였고 별도로 사후관리 규정을 두고 있지 않았으며, 지방세특례제한법 제178조의 일반적 추징 규정도 적용받지 않았다. 2019년부터 서민주택 감면에 대해서도 추징 요건이 신설되었다. 주택을 소유하지 않은 채 임대로 거주하면서 단기적 시세차익을 노리고 서민주택을 반복적으로 거래하는 사례를 방지하기 위한 조치다. 조문을 보면 기존에 없었던 '상기 거주할 목적'을 추가하였고 추징 요건이 새로 생겼다. 추징 요건은 세 가지로 ① 취득일부터 3개월 이내 해당 주택에 상시 거주를 시작하지 아니한 경우, ② 상시 거주를 시작한 날부터 2년이 되기 전에 상시 거주하지 아니하게 된 경우, ③ 해당 주택을 상시거주 기간이 2년 미만인 상태에서 해당 주택을 처분하거나 다른 용도로 사용하는 경우다. 지방세특례제한법 부칙에 따라 해당 추징 요건은 2019년 1월 1일 이후 감면받는 분부터 적용된다.

2019년 1월 1일 이후에 서민주택을 취득하는 분들은 위의 추징 요건에 해당되지 않도록 각별히 주의를 해야 한다. 서민주택 취득일부터 3개월 내로 그 주택에 거주하는 것으로 전입신고

해야 하고, 전입신고일부터 2년 내에는 다른 곳으로 전출하면 안된다. 또한, 전입신고일부터 2년 내에 해당 주택을 매각·증여하거나 다른 용도(임대를 포함)로 사용해서는 안 된다.

(3) 할머니가 1주택을 소유하고 있으면 손자는 감면을 못 받을까?

미혼인 30세 미만의 A씨(20세)는 현재 부모님과 함께 거주하고 전세로 세종특별자치시에 살고 있고 A씨의 할머니는 전라남도 함평군에서 부모님께 상속받은 낡은 농어촌 주택에 홀로 거주하며 농사를 짓고 있다고 가정해 보자. A씨가 대학교에 입학한 후 학교 인근의 서민주택을 취득하여 거주하려고 한다면 A씨는 서민주택 감면을 받을 수 있을까?

안타깝게도 2018년까지는 서민주택 감면을 받을 수 없다. 2018년 말 개정되기 전 지방세특례제한법 제15조 제3항에서 서민주택의 취득자가 미혼이고 30세 미만인 경우 직계존속은 세대별 주민등록표에 기재되어 있지 않아도 1가구에 포함되는 것으로 간주되었기 때문이다. 세대가 다른 조부모나 증조부모가 주택을 소유하고 있다는 이유로 서민주택 감면을 제한하는 것은 불합리하기 때문에 정부는 2018년 말에 1가구 포함 범위를 '직계존속'에서 '부모'로 변경하였다. 2019년부터는 할머니의 주택 소유 여부에 관계없이 A씨가 서민주택 감면을 받을 수 있다.

| 서민주택 감면 관련 신·구조문대비표 |

종 전(~2018년)	현 행(2019년~)
1가구 범위(세대별 주민등록표에 없어도 포함) 취득자가 미혼이고 30세 미만인 경우 그 <u>직계존속</u>	지방세법 상 상속 1가구 범위와 동일하게 규정 취득자가 미혼이고 30세 미만인 경우 그 <u>부모</u> ※ 증조부모 제외

(4) 서민주택을 임대목적물로 등록시 취득세 감면 여부는?

서민주택에 전입신고('19.7.15.)를 하고, 해당 주택을 임대등록('19.8.7.)하여 취득한 서민주택('19.8.26.)을 '상시 거주 목적 서민주택'으로 보아 지방세특례제한법 제33조 제2항에 따른 취득세 감면 적용이 가능할까?

「지방세특례제한법」 제33조 제2항에서는 상시 거주할 목적으로 서민주택을 취득하여 1가구 1주택에 해당하는 경우 취득세를 면제한다고 규정하고 있고, 제3항에서 제2항을 적용할 때 다음 각 호의 어느 하나에 해당하는 경우에는 면제된 취득세를 추징한다고 규정하면서, 제1호에서 정당한 사유 없이 그 취득일부터 3개월이 지날 때까지 해당 주택에 상시 거주를 시작하지 아니한 경우를, 제2호에서 해당 주택에 상시 거주를 시작한 날부터 2년이 되기 전에 상시 거주하지 아니하게 된 경우를, 제3호에서 해당 주택에 상시 거주한 기간이 2년 미만인 상태에서 해당 주택을 매각·증여하거나 다른 용도로 사용하는 경우를 규정하고 있다.

상시거주 목적으로 취득할 경우 감면하도록 규정하고 있으므로 임대사업자를 등록하고 임대

목적물로 등록한 것은 상시거주를 목적으로 하여 취득했다고 볼 수 없으므로 감면할 수 없다고 보는 견해도 있으나, 행정안전부 유권해석은 서민주택에 전입신고를 하고 계속하여 거주하다가 해당 주택을 임대목적물로 하여 임대사업자로 등록하여 해당 주택을 취득하는 경우, 해당 서민주택이 1가구 1주택에 해당하고 주민등록법에 따른 전입신고를 하고 계속하여 거주하는 등 취득세 감면 요건을 갖춘 경우라면 해당 주택을 민간임대주택에 관한 특별법 제5조에 따라 민간임대주택으로 등록하는 경우라 하더라도 취득세 감면이 가능하다고 보았고 추후 상시 거주를 시작한 날부터 2년이 되기 전에 상시 거주하지 아니하게 된 경우 등에 해당되는 경우 감면된 취득세가 추징된다고 하였다.

- 해당 서민주택이 1가구 1주택에 해당하고 「주민등록법」에 따른 전입신고를 하고 계속하여 거주하는 등 취득세 감면 요건을 갖춘 경우라면 해당 주택을 「민간임대주택에 관한 특별법」 제5조에 따라 민간임대주택으로 등록하는 경우라 하더라도 취득세 감면이 가능하다 할 것이며, 추후 상시 거주를 시작한 날부터 2년이 되기 전에 상시 거주하지 아니하게 된 경우 등에 해당되는 경우 감면된 취득세가 추징된다 할 것임(지방세특례제도과-1047, 2019.10.24.).

Chapter 02

자동차 구입 지원

I 다자녀가구에 대한 감면

✔ 감면 요건

대상자	18세 미만의 자녀 3명 이상을 양육하는 자 ※ 가족관계등록부 기준으로 양자 및 배우자의 자녀는 포함, 입양된 자녀는 자녀수에 미포함
대상물건	① 양육을 목적으로 취득하여 등록하는 자동차로서 먼저 감면을 신청하는 1대 ② 취득세를 면제받은 차량을 말소등록하거나 이전등록(배우자 간 이전은 제외)하고 다시 취득하여 등록하는 자동차 ※ 신차 등록일부터 60일 이내에 종전 차량을 말소·이전하는 경우 포함 ③ 다자녀 양육자가 감면받은 자동차의 소유권을 다자녀 양육자의 배우자에게 이전하여 등록하는 자동차 【감면 대상 자동차의 범위】 1. 승용자동차 ① 배기량 2천시시 이하 ② 승차 정원 7명 이상 10인 이하(구조변경 전 승차정원 기준) 2. 승차정원 15명 이하인 승합자동차 3. 최대적재량 1톤 이하인 화물자동차 4. 배기량 250시시 이하인 이륜자동차
감면율	취득세 100%(6인 이하 승용 140만 원 한도) ※ 최소납부세제 적용(2019년~)
감면시한	2021.12.31.

✔ 추징 요건

추 징	자동차 등록일부터 1년 이내에 사망, 혼인, 해외이민, 운전면허취소, 그 밖에 이와 유사한 부득이한 사유 없이 소유권을 이전하거나 세대를 분가하는 경우 면제된 취득세 추징
추징 제외	다자녀 양육자가 해당 자동차의 소유권을 해당 다자녀 양육자의 배우자에게 이전하는 경우(2017년 이후 등록하는 분부터 적용)

✔ 관련 법령

지특법 §22의 2, 지특령 §10의 2

✔ 개정 연혁

개정일	개정 전	개정 후	개정이유 / 적용요령
지특법 §22의 2 2018.12.24. 제16041호	대체규정 체계 상이 (다자녀) 법에 일괄 규정	법 및 시행령상 대체 취득 규정 체계 정비 조항별로 각각 시행령에 위임 규정하여 통일성 있는 법 체계 마련	해당 규정을 명확히 규정한 사항이므로 종전과 동일하게 적용
지특령 §10의 2 2018.12.24. 제29438호	(대체취득 감면 요건) ① 취득일부터 1년 경과 후 ② 종전 자동차를 말소 또는 이전등록하고 신규 자동차를 다시 취득할 것(신차 취득 후 60일 이내에 종전 자동차를 말소 또는 이전하는 경우도 포함) ③ 종전 자동차를 공동명의자 외의 자에 이전할 것(국가유공자 및 장애인만 해당) ※ 해당 규정은 '16년 말 개정되었으나 장애인 및 국가유공자의 경우 시행시기를 2년간 유예함에 따라 2019.1.1. 부터 시행됨)	(대체취득 감면 요건 명확화) ① 삭 제 ② 종전 자동차를 말소 또는 이전등록하고 신규 자동차를 다시 취득할 것(신차 취득 후 60일 이내에 종전 자동차를 말소 또는 이전하는 경우도 포함) ③ 종전 자동차를 공동명의자 외의 자에 이전할 것(국가유공자 및 장애인만 해당)	이 영 시행('19.1.1.) 후 대체취득하는 경우 및 종전에 감면받은 자동차를 말소 또는 이전등록 하는 경우부터 적용

국 민

쟁점 049 다자녀 양육용 자동차의 감면 범위와 감면여부 판단 시점은?

지방세특례제한법 제22조의 2【출산 및 양육 지원을 위한 감면】제1항

① 18세 미만의 자녀(가족관계등록부 기록을 기준으로 하고, 양자 및 배우자의 자녀를 포함하되, 입양된 자녀는 친생부모의 자녀 수에는 포함하지 아니한다) 3명 이상을 양육하는 자(이하 이 조에서 "다자녀 양육자"라 한다)가 양육을 목적으로 2021년 12월 31일까지 취득하여 등록하는 자동차로서 다음 각 호의 어느 하나에 해당하는 자동차(자동차의 종류 구분은 「자동차관리법」 제3조에 따른다) 중 먼저 감면 신청하는 1대에 대해서는 취득세를 면제하되, 제1호 나목에 해당하는 승용자동차는 「지방세법」 제12조 제1항 제2호에 따라 계산한 취득세가 140만 원 이하인 경우는 면제하고 140만 원을 초과하면 140만 원을 경감한다. 다만, 다자녀 양육자 중 1명 이상이 종전에 감면받은 자동차를 소유하고 있거나 배우자 외의 자와 공동등록을 하는 경우에는 그러하지 아니하다.

1. 다음 각 목의 어느 하나에 해당하는 승용자동차
   가. 승차정원이 7명 이상 10명 이하인 승용자동차
   나. 가목 외의 승용자동차
2. 승차정원이 15명 이하인 승합자동차
3. 최대적재량이 1톤 이하인 화물자동차
4. 배기량 250시시 이하인 이륜자동차

다자녀 양육자에 대한 세제지원은 다자녀가구의 이동수단으로 이용되는 자동차의 구입 비용 절감을 통해 출산을 장려하고 양육을 지원하기 위한 취지로서 2009년도에 지방자치단체 감면 조례로 처음 신설되었다. 이후 구 지방세법 제273조의 3으로 이관되었다가 2011년에 현재의 지방세특례제한법 제22조의 2 규정으로 다시 이관되었다. 최소납부세제는 2019년부터 적용되어 면제받는 취득세액이 200만 원을 초과하는 경우에는 면제액의 15%를 납부해야 한다.

감면 대상자는 18세 미만 다자녀 3명 이상을 둔 다자녀 양육자이다. 여기에서 18세는 만 18세를 의미한다. 일반적으로 법령에서는 나이에 대해 특별한 규정이 없으면 만 나이를 의미하는 것으로 본다. 따라서 다자녀 양육자에 대한 감면을 받으려면 다자녀 모두 만 18세 미만에 해당해야 한다. 한 명이라도 만 18세가 되면 다자녀 양육자 감면을 받지 못한다. 저출산 문제 해소를 위해 다자녀 연령을 상향해야 한다는 의견도 있으나 이는 법령상 청소년·미성년·연소자 등의 기준 연령과 지방자치단체의 재정여건 등을 종합적으로 고려하여 검토해야 할 것으로 보인다.

한편, 다자녀 양육자에 대한 감면은 장애인 감면의 공동등록명의자와 달리 다자녀 양육자와 자녀들이 동일 세대에 거주하는 것을 요건으로 하지는 않는다. 가족관계등록부상으로 자녀인 것과 자녀 수가 확인이 되면 동일 세대 거주와 관계없이 감면이 적용된다. 이는 직장, 학교 등 다자녀 가구의 생활여건에 따라 자녀들이 부모와 동거하지 않고 다른 지역에서 거주할 수 있는 경우를 고려한 것으로 판단된다.

(1) 다자녀 양육자가 취득하는 영업용 개인택시도 감면될까?

다자녀 양육자에 대한 자동차 감면에 대한 주요 쟁점 중 하나는 감면 대상 범위이다. 법에는 감면 대상 차량의 종류별로 승차인원과 배기량에 따른 감면 요건만이 열거되어 있다. 자동차의 용도 즉 자가용 또는 영업용 등에 대한 별도의 규정이 없다. 그렇다면 다자녀 양육자가 취득하는 2,000시시 이하의 영업용 승용자동차(개인택시)는 감면 대상에 해당된다고 볼 수 있는 지 의문이 든다.

행정안전부 유권해석은 다자녀 양육자가 영업용 승용자동차(개인택시)를 구입하였다고 하더라도 다자녀 양육자에 대한 감면 요건에 부합하는 경우 영업용과 비영업용의 구분과 관계없이 감면 대상에 해당된다고 보았다.

현행 규정 상 별도의 규정이 없어 자동차의 용도에 따라 차등을 두기는 어렵다고는 보이나 지방세특례제한법에서 감면 대상 물건을 수익사업에 사용하는 경우 감면된 세액을 추징하는 경우와 비교해 보면 수익사업 목적으로 사용하는 것까지 감면 대상이라고 할지 검토가 필요할 것으로 보인다.

18세 미만의 자녀 3명 이상을 양육하는 자가 영업용 승용자동차(개인택시)를 구입하였다고 하더라도 다자녀 양육자에 대한 감면 요건에 부합하는 경우라면 승용자동차를 영업용과 비영업용을 구분할 합리적인 이유는 없으므로 감면 대상에 해당함(지방세특례제도과-44, 2018.1.8.).

국 민

(2) 다자녀 양육자가 취득하는 캠핑용 자동차와 트레일러도 감면될까?

첫 번째 사례와 유사한 사례로 승합자동차로 분류되는 캠핑용 자동차 및 트레일러에 대한 감면범위의 문제다. 2017년 3월에 행정안전부는 다자녀 가구가 취득하는 캠핑용 자동차 및 트레일러의 경우 승차정원이 15인 이하인 소형승합자동차만 감면 대상으로 하라는 지침을 전달했다. 그러나 추후 기존 일반형 승합자동차와의 형평성을 검토한 결과 감면범위를 소형승합자동차로 한정하는 것이 불합리하다고 판단해서 새로운 지침을 마련하여 전국 지방자치단체에 시달했다. 다자녀가구가 취득하는 승차인원 15인승 이하의 캠핑용 자동차 및 트레일러는 규모에 관계없이 감면을 적용하도록 변경했다. 이에 대한 적용 시기는 2017.4.7. 이후에 납세의무가 새로이 성립하는 분부터이며, 이전에 취득한 차량이 감면 요건을 충족하고 취득일부터 5년 이내인 경우에는 필요시 직권으로 환급할 수 있도록 하였다.

행정안전부에서 시달한 지침에서는 그 이유를 다음과 같이 설명하고 있다.

① 승합자동차는 승차인원이 15인승 이하인 경우 감면 대상이므로 승차인원이 15인 이하인 캠핑용 자동차와 승차인원이 없는 캠핑용 트레일러는 규모에 관계없이 감면 요건 충족한다.

② 캠핑용 자동차 및 트레일러는 대부분 중형승합 이상으로 분류되므로 감면 범위를 소형승합으로 한정할 경우 화물운반용 트레일러로 감면 대상이 대폭 축소되어 오토캠핑 활성화를 지원하기 위해 감면혜택을 부여하는 취지에 불부합한다.

③ 모든 지방자치단체에서 캠핑용 자동차 및 트레일러를 규모와 상관없이 감면하고 있는 상황에서 사전 안내 및 홍보 없이 갑자기 감면범위를 축소하여 기 감면된 세액을 추징할 경우 감면운영에 대한 정부 정책 신뢰성이 훼손된다.

④ 납세자에게 감면혜택을 확대하는 것으로 감면 범위를 변경하더라도 세정운영이나 지방재정 등에 문제가 없다.

다만, 향후에는 감면 대상 간 형평성 차원에서 보다 명확한 규정을 입법하는 것이 바람직할 것으로 보인다.

승합차량은 승차인원이 15인 이하인 경우 감면 대상이므로 <u>승차인원이 15인 이하인 캠핑용 자동차와 승차인원이 없는 캠핑용 트레일러는 규모에 관계없이 감면 요건을 충족</u>한 것으로 보아 감면 대상에 해당함(지방세특례제도과-602, 2017.4.7.).

참고

승합자동차 정의 및 종류

- (정의) 11인 이상을 운송하기에 적합하게 제작된 자동차
  - 단, 내부설비 등으로 승차정원이 10인 이하가 된 자동차, 캠핑용 자동차 및 트레일러 등은 예외적으로 승합자동차로 간주
- (종류) 「자동차관리법」상 유형 및 규모기준에 따라 분류

(유형) 용도에 따라 일반형(여객운송)과 특수형(구급·캠핑 등)으로 구분

일반형	특수형			

11인승 이상	구급차량	장의차량	캠핑용 자동차	캠핑용 트레일러

(규모) 인원 및 차량 규격 등에 따라 경형, 소형, 중형, 대형으로 구분

구 분	일반형	특수형	
		캠핑용 자동차	캠핑용 트레일러
경 형 배기량 1000cc 이하 + 길이 3.6m, 너비 1.6m, 높이 2.0m 이하		–	–
소 형 승차정원 15인 이하 + 길이 4.7m, 너비 1.7m, 높이 2.0m 이하	–	–	

<table>
<tr><th rowspan="2">구 분</th><th rowspan="2" colspan="2">일반형</th><th colspan="2">특수형</th></tr>
<tr><th>캠핑용 자동차</th><th>캠핑용 트레일러</th></tr>
<tr><td rowspan="2">중 형
승차정원 16~35인 이하 또는 길이 9m 이하, 너비 1.7m, 높이 2.0m 초과</td><td>길이 4.7미터 초과</td><td></td><td rowspan="2"></td><td rowspan="2"></td></tr>
<tr><td>25인승</td><td></td></tr>
<tr><td>대 형
승차정원 36인 이상 또는 길이 9m 이상, 너비 1.7m, 높이 2.0m 초과</td><td colspan="2"></td><td></td><td></td></tr>
</table>

※ ▭ : 일반형 차량의 현행 감면범위 / ⬚ : 캠핑용 차량 감면범위

(3) 다자녀 양육용 차량의 감면 요건 판단 시점은? 취득시점 vs 등록시점

다자녀 양육자에 대한 자동차 취득세 감면은 해당 조문에서 '취득하여 등록한 자동차'를 감면 대상으로 하고 있다. 자동차를 취득하여 등록을 완료한 경우 감면 대상에 해당한다는 것이다. 감면 요건에 해당하는 18세 미만의 3명 이상을 양육하는 것을 어느 시점에 충족한 것으로 볼 것 인지가 문제다. 취득 시점에 18세 미만의 3명 이상을 양육하고 있어야 하는 지 아니면 등록 시점에만 이를 충족하면 되는지가 쟁점이다. 예를 들어 첫째 아이가 취득 시점에는 만 18세 미만이었지만 등록 시점에 만 18세가 되었다고 한다면 해당 다자녀 양육자가 취득하는 자동차가 감면 대상에 해당할까?

원칙적으로 지방세 감면 대상에 해당되는 지는 감면 대상을 취득한 시점에서 감면 요건을 충족하는 지 여부를 그 현황과 용도, 취득 목적 등을 종합적으로 고려하여 판단한다(대법원 2011두1844, 2013.6.13.).

하지만, 다자녀 양육자에 대한 취득세 감면과 같이 법에 명시적으로 '취득하여 등록한 자동차'가 감면 대상이라고 규정하는 경우에는 취득 시점이 아닌 등록 시점에 감면 요건이 충족되는 지를 판단하는 것이 타당하다는 조세심판례(조심 2018지0036, 2018.3.6.)를 볼 때 다자녀 양육용 차량의 감면 요건 충족여부는 취득 시점이 아닌 등록 시점에서 판단하는 것이 타당하다고 할 것이고 첫째 아이가 취득 시점에는 만 18세 미만이었지만 등록 시점에 만 18세가 되었다고 한다면 이는 감면 대상이 아니라고 할 것이다.

한편, 2019년부터 적용되는 최소납부세제에 대한 적용여부도 감면 요건 판단 시점과 동일하게 취득시점이 아닌 등록시점에서 판단하는 것이 타당하다고 유권해석한 사례가 있다(지방세특례제도과-5074, 2018.12.28.). 즉, 자동차 취득일이 2018년 12월 31일 이전이라고 할지라도 자동차 등록일이 2019.1.1. 이후인 경우에는 최소납부세제가 적용된다고 할 것이다.

- "양육을 목적으로 취득하여"라는 부분은 '등록하는 자동차'를 다자녀 양육을 위하여 취득하는 것으로 한정하기 위한 수식어구인 점에 비추어 위 감면규정을 '다자녀 양육자가 등록하는 자동차'로 해석할 수 있을 것이고, 그 등록일을 기준으로 다자녀 양육자에 해당하는지 여부를 판단하는 것이 타당해 보이므로 등록일 현재 다자녀 양육자에 해당하는 청구인에 대해서 감면하는 것이 타당함(조심 2018지0036, 2018.3.6.).
- 출산 및 양육 지원을 위한 감면을 규정하고 있는 지방세특례제한법 제22조의 2 제1항 및 제2항에서 취득세 등 지방세의 감면 요건으로 '등록'을 규정하고 있으므로, 감면 요건의 충족시점인 '등록일'을 기준으로 최소납부세제의 적용여부를 결정하는 것이 타당함 (지방세특례제도과-5074, 2018.12.28.).

쟁점 050 다자녀 양육용 자동차, 1년 동안은 취득세 추징에 주의하자!

> **지방세특례제한법 제22조의 2【출산 및 양육 지원을 위한 감면】제3항**
>
> ③ 제1항 및 제2항에 따라 취득세를 감면받은 자가 자동차 등록일부터 1년 이내에 사망, 혼인, 해외이민, 운전면허 취소, 그 밖에 이와 유사한 사유 없이 해당 자동차의 소유권을 이전하는 경우에는 감면된 취득세를 추징한다. 다만, 제1항 본문에 따라 취득세를 감면받은 다자녀 양육자가 해당 자동차의 소유권을 해당 다자녀 양육자의 배우자에게 이전하는 경우에는 감면된 취득세를 추징하지 아니한다.

장애인 차량과 마찬가지로 다자녀 양육용 자동차로 취득세를 감면받은 경우에는 1년 동안 취득세 추징에 주의해야 한다. 지방세특례제한법 제22조의 2 제3항에 따라 자동차 등록일부터 1년 이내에 사망, 혼인, 해외이민, 운전면허취소, 그 밖에 이와 유사한 사유없이 소유권을 이전하는 경우 감면된 취득세가 추징된다.

(1) 단독명의에서 배우자와의 공동명의로 바꾸면 추징될까?

우선 배우자 간 이전에 따른 취득세 추징 문제를 살펴보자. 현재 지방세특례제한법 제22조의 2 제3항 단서에서 배우자 간 이전은 추징 대상에서 제외하고 있다. 이 조문은 2016년 말에 신설된 것으로 배우자 간 지분 이전에 따른 추징 논란을 해소하기 위한 차원이다.

2016년 이전에는 다자녀 양육용 자동차 취득일부터 1년 이내에 다자녀 양육자가 자동차의 소유권을 배우자에게 일부 이전하는 경우 감면된 취득세를 추징하는 것이 타당하다는 행정안전부의 유권해석이 있었다. 공동등록이 가능한 배우자 간의 지분이전이라고 하더라도 추징예외 규정에 해당하지 아니한 경우에는 추징 대상이라는 것이다(지방세운영과-5341, 2010.11.10.).

- 공동 등록이 가능한 배우자간의 지분이전의 경우라 하더라도 그 소유권변경 등이 자동차를 양도할 수밖에 없는 어찌할 수 없는 불가항력적인 사유로서 객관적으로 누구나 납득이 가는 사유에 해당하는 경우에 한하여 "이와 유사한 사유"에 해당된다고 사료됨(지방세운영과-5341, 2010.11.10.).

그러나 조세심판례는 배우자 간 이전에 따른 지분 이전은 추징 대상이 아니라고 판단했다. 다자녀양육자의 경우 당초부터 동일한 다자녀양육자에 해당하는 부부 공동명의로 등록하는 경우에도 취득세 감면 대상에 해당된다고 해석할 수 있으며, 당초 배우자 단독명의로 등록하였다가 부부 공동명의로 등록하였다고 하더라도 이는 당초부터 공동명의로 등록할 수 있는 자들에 해당되므로, 이에 대하여 취득세를 추징하는 것은 불합리하다는 것이다.

- 쟁점 자동차를 신규 등록한 청구인의 배우자가 유예기간(1년) 내에 지분 1%를 청구인에게 이전하였다고 하더라도, 청구인은 청구인의 배우자와 동일하게 취득세가 감면되는 다자녀 양육자에 해당되어 여전히 취득세 감면 요건 충족하고 있다 할 것이므로, 이 건 취득세 부과처분은 타당하지 아니함(조심 2012지0227, 2012.6.13.).

- 청구인의 경우 당초 배우자가 쟁점자동차에 대하여 단독으로 소유권 이전등록을 하였다가 공동으로 자녀를 부양하는 청구인과 공동명의로 등록한 것으로서, 공동명의로 등록한 이후에도 여전히 다자녀양육자가 취득한 자동차

국 민

에 대하여 지방세를 지원하는 입법취지에 부합하는 점, 위 조항 단서에서 "배우자가 감면을 받은 경우 또는 배우자 외의 자와 공동등록을 하는 경우에는 그러하지 아니하다"고 규정하고 있는 점에 비추어 볼 때에도 다자녀양육자의 경우 당초부터 동일한 다자녀양육자에 해당하는 부부 공동명의로 등록하는 경우에도 취득세 감면 대상에 해당된다고 해석할 수 있으며, 당초 배우자 단독명의로 등록하였다가 부부 공동명의로 등록하였다고 하더라도 이는 당초부터 공동명의로 등록할 수 있는 자들에 해당되므로, 이에 대하여 취득세를 추징하는 것은 불합리하다고 보이는 점, 처분청에서 제시하는 같은 법 제22조의 2 제3항은 제1항 본문에 따라 단독 또는 공동명의로 등록하였다가 자동차등록일로부터 1년 이내에 사망, 혼인 등의 사유없이 이를 다자녀양육자가 아닌 자에게 소유권 이전등록을 한 경우에 동 규정을 적용하는 것이 조문체계상으로도 보다 합리적인 해석인 점 등에 비추어 처분청이 쟁점자동차에 대하여 다자녀양육자인 부부 중 1명 명의로 등록하였다가 부부공동명의로 등록하였다고 하여 이를 취득세 추징 대상으로 보아 부과한 이 건 처분은 잘못이 있다고 판단됨(조심 2016지0594, 2016.8.24.).

행정안전부 유권해석과 조세심판례가 상이함에 따라 발생하는 지방세 감면 운영 상의 혼란을 최소화하기 위해 2016년 말 배우자 간에 이전하는 경우에는 추징하지 않도록 지방세특례제한법이 개정되었다.

(2) 잦은 고장으로 1년 이내에 자동차를 매각하면 추징될까?

자동차 등록일부터 1년 이내에 사망, 혼인, 해외이민, 운전면허 취소, 그 밖에 이와 유사한 사유 없이 소유권을 이전하는 경우 감면된 취득세가 추징된다. 그 밖에 이와 유사한 사유에 해당되는지 여부는 지금까지 조세심판원에서 결정한 사례로 확인이 가능하다. 다자녀 양육용으로 취득세 감면을 받은 자동차를 등록일부터 1년 이내에 부득이하게 매각해야 하는 경우에는 관련 사례를 꼼꼼히 살펴볼 필요가 있다.

부득이한 사유에 해당하지 않음(추징 ○)

- 잦은 고장으로 자동차를 매각하는 경우
- 거주 중인 임대아파트의 갱신을 위해 자동차 소유권을 일부 이전한 경우
- 보험회사에 의해 제3자에게 매각된 경우
- 취득 당시 확인하지 못한 성능 하자로 매매상사로 다시 반환하는 경우
- 과세관청으로부터 추징된다는 안내를 받지 못한 경우

조세심판례는 다자녀 양육용 자동차로 등록한 후 취득세를 면제받고, 운행을 하던 중 잔고장이 계속 발생하여 더 이상 운행을 할 수 없어 매각한 경우라도 자동차를 전체적으로 수리한 후 매각하여 안전문제가 이미 해결되었고, 감면신청서에 다자녀 양육용 자동차에 대한 취득세 추징 사유가 상세하게 기재되어 있는 경우에는 등록일부터 1년 이내에 매각할 수밖에 없는 부득이한 사유가 아니라고 보았다.

차량의 잦은 고장으로 인한 매각은 자동차를 매각할 수밖에 없는 부득이한 사유에 해당하지 아니함(조심 2018지1079, 2018.9.28.).

다자녀의 양육자가 양육을 목적으로 자동차를 취득하여 취득세를 감면받은 후 유예기간 내에 거주 중인 임대아파트에 대한 재계약을 하려 하였으나, 자산가액 조회결과 자산가액 기준이 몇 십만 원 초과하여 갱신자격이 상실된다는 안내를 받고 부득이하게 자동차 지분의 일부를 이전한 경우라도 조세심판례는 해당 사유가 등록일부터 1년 이내에 사망·혼인·해외이민·운전면허 취소, 그 밖의 이와 유사한 부득이한 사유에 해당되지 않는다고 보았다.

다자녀 양육을 목적으로 자동차를 취득하여 취득세 등을 감면받은 후 거주중인 임대아파트의 계약 갱신을 위하여 자동차 소유권의 일부이전은 「지방세특례제한법」 제22조의 2 제3항에 따른 부득이한 사유로 볼 수 없다고 보아 청구인에게 이 건 취득세 등을 부과·고지한 처분은 잘못이 없음(조심 2017지0486, 2017.7.5.).

자동차 사고로 인해 차량가액보다 수리비가 더 많이 나오자 보험 전손처리를 하여 보험회사 측에서 해당 차량을 폐차했다고 생각했으나 제3자에게 매각된 경우라도 '자기차량손해 전손보상에 따른 안내' 문서에서 자동차 사고 후 소유자의 자발적 선택에 의하여 매각된 것으로 볼 수 있는 경우에는 조세심판례에서 부득이한 사유에 해당되지 않는다고 보았다.

보험회사에서 청구인에게 발송한 문서 등에서 이 건 자동차가 제3자에게 매각된 사실이 기재되어 있었던 점 등에 비추어 이 건 자동차는 부득이하게 폐차되었다고 볼 수 없고 청구인의 의사에 따라 매각되었다고 보이므로 이 건 취득세 등을 추징한 처분은 잘못이 없음(조심 2016지0467, 2016.9.1.).

매매상사로부터 무사고차량으로 알고 구입하였으나, 자동차 성능 검사 결과 사고차량으로 확인되어 2일 만에 이를 반납한 경우 부득이한 사유에 해당할까? 조세심판례는 자동차를 취득한 후 취득 당시 확인하지 못한 성능 하자를 원인으로 중고자동차 매매회사인 매매상사에게 이를 반환하였다 하더라도 이러한 근본적인 책임은 중고자동차를 구입할 당시 성능하자를 확인하지 못한 소유자에게 있다고 보는 것이 타당하므로 해당 사유는 부득이한 사유에 해당되지 않는다고 보았다.

「지방세특례제한법」 제22조의 2 제3항에서 규정하고 있는 부득이한 사유는 일신상의 이유로 자동차를 소유하는 것이 불가능한 경우만을 의미한다고 할 것인 바, 이 건 자동차를 취득할 당시 확인하지 못한 성능하자를 원인으로 당초 이 건 차량을 판매한 매매상사에게 이 건 자동차를 반환하였다 하더라도 이러한 성능 하자는 소유권을 이전할 수밖에 없는 부득이한 사유로 보기 어려우므로 처분청에서 부득이한 사유 없이 이 건 자동차에 대한 소유권을 이전한 것으로 보아 기 감면한 취득세 등을 추징한 처분은 잘못이 없음(조심 2016지0565, 2016.8.18.).

자동차를 등록하면서 등록일부터 1년 이내에 자동차를 매각할 경우에 면제받은 취득세가 추징된다는 규정에 대하여 과세관청이 감면 대상자에게 사전에 안내 및 통보하지 아니하였다는 사유는 부득이한 사유에 해당될까? 조세심판례는 법령은 공포함으로써 효력이 발생하고 모든 국민에게 이를 알린 것으로 갈음하는 것이므로 자동차를 등록일부터 1년 이내에 타인에게 매매 또는 이전등록하면 면제받은 취득세가 추징된다는 안내를 못하였다는 이유만으로 부득이한 사유에 해당된다고 볼 수 없다고 하였다.

자동차 등록일부터 1년 이내에 매각하면 기 감면한 취득세 등이 추징된다는 것에 대하여 처분청으로부터 안내받지 못하였다는 사유는 매각에 따른 부득이한 사유로 볼 수 없음(조심 2013지0141, 2013.3.20.).

국민

Ⅱ 장애인에 대한 감면

✔ 감면 요건

대상자	① 장애인복지법에 따른 장애인으로서 장애의 정도가 심한 장애인 ※ 장애인복지법 개정(2019.7.1.시행)으로 장애인등급제(1~6등급)는 폐지, 장애정도(1~3등급 ⇒ 중증, 4~6등급 ⇒ 경증)에 따라 구분 ② 장애인과 세대를 함께하는 것이 세대별 주민등록표 등으로 확인되는 공동등록명의자(배우자, 직계혈족, 형제자매, 직계혈족의 배우자, 배우자의 직계혈족·형제자매)
대상물건	① 보철용·생업활동용으로 사용하기 위하여 취득하는 자동차로서 먼저 감면을 신청하는 1대 ② 취득세 또는 자동차세를 면제받은 차량을 말소등록하거나 이전등록(공동등록명의자가 아닌 자에게 이전)하고 다시 취득하는 차량 ※ 신차 등록일부터 60일 이내에 종전 차량을 말소·이전하는 경우 포함 [감면 대상 자동차의 범위] 1. 승용자동차 ① 배기량 2천시시 이하 ② 승차 정원 7명이상 10인 이하(구조변경 전 승차정원 기준) ③ 2006년 1월 1일부터 화물자동차에서 승용자동차로 변경되는 차량 2. 승차정원 15명 이하인 승합자동차 3. 최대적재량 1톤 이하인 화물자동차 4. 배기량 250시시 이하인 이륜자동차
감면율	취득세 및 자동차세 100% ※ 최소납부세제 적용 배제
감면시한	2021.12.31.

✔ 추징 요건

추 징	자동차 등록일부터 1년 이내에 사망, 혼인, 해외이민, 운전면허취소, 그 밖에 이와 유사한 부득이한 사유없이 소유권을 이전하거나 세대를 분가하는 경우 면제된 취득세 추징
추징제외	① 장애인과 공동 등록할 수 있는 사람의 소유권을 장애인이 이전받은 경우 ② 장애인과 공동 등록할 수 있는 사람이 그 장애인으로부터 소유권의 일부를 이전받은 경우 ③ 공동 등록할 수 있는 사람 간에 등록전환하는 경우

✔ 관련 법령

지특법 §17 ①~③, 지특령 §8

✔ 개정 연혁

개정일	개정 전	개정 후	개정이유 / 적용요령
지특법 §17 2018.12.24. 제16041호	대체규정 체계 상이 (장애인) 법 및 시행령 규정	법 및 시행령상 대체 취득 규정 체계 정비 조항 별로 각각 시행령에 위임 규정하여 통일성 있는 법 체계 마련	해당 규정을 명확히 규정한 사항이므로 종전과 동일하게 적용
지특령 §8 2018.12.24. 제29438호	(대체취득 감면 요건) ① 취득일부터 1년 경과 후 ② 종전 자동차를 말소 또는 이전등록하고 신규 자동차를 다시 취득할 것(신차 취득 후 60일 이내에 종전 자동차를 말소 또는 이전하는 경우도 포함) ③ 종전 자동차를 공동명의자 외의 자에 이전 할 것(국가유공자 및 장애인만 해당) ※ 해당 규정은 '16년 말 개정되었으나 장애인 및 국가유공자의 경우 시행시기를 2년간 유예함에 따라 2019.1.1. 부터 시행됨)	(대체취득 감면 요건 명확화) ① 삭 제 ② 종전 자동차를 말소 또는 이전등록하고 신규 자동차를 다시 취득할 것(신차 취득 후 60일 이내에 종전 자동차를 말소 또는 이전하는 경우도 포함) ③ 종전 자동차를 공동명의자 외의 자에 이전할 것(국가유공자 및 장애인만 해당)	이 영 시행('19.1.1.) 후 대체취득하는 경우 및 종전에 감면받은 자동차를 말소 또는 이전등록 하는 경우부터 적용
지특령 §8 2020.1.15. 제30355호	(면제 대상 공동명의자) 세대별 주민등록표에 의하여 장애인등과 세대를 함께하는 것이 확인되는 배우자 등 〈추 가〉 〈신 설〉	(면제 대상 공동명의자 확대) 〈좌 동〉 배우자의 직계혈족·형제자매 영주자격을 가진 등록 외국인의 경우 등록외국인기록표 등으로 세대별 주민등록표 및 가족관계등록부를 갈음	현대사회의 다양한 가족 형태를 반영하여, 장애인과 공동명의로 등록하는 배우자 가족을 면제 대상에 추가 면제요건 판단시 외국인 등록제도 일부를 도입 이 영 시행(공포일) 이후 납세의무가 성립하는 경우부터 적용

국 민

쟁점 051 종전에 감면받은 차량이 있으면 추가로 감면은 못 받을까?

지방세특례제한법 제17조 【장애인용 자동차에 대한 감면】 제1항 및 제2항

① 대통령령으로 정하는 장애인(제29조 제4항에 따른 국가유공자등은 제외하며, 이하 이 조에서 "장애인"이라 한다)이 보철용·생업활동용으로 사용하기 위하여 취득하는 다음 각 호의 어느 하나에 해당하는 자동차로서 취득세 또는 「지방세법」 제125조 제1항에 따른 자동차세(이하 "자동차세"라 한다) 중 어느 하나의 세목(稅目)에 대하여 먼저 감면을 신청하는 1대에 대해서는 취득세 및 자동차세를 각각 2021년 12월 31일까지 면제한다.

1. 다음 각 목의 어느 하나에 해당하는 승용자동차
   가. 배기량 2천시시 이하인 승용자동차
   나. 승차 정원 7명 이상 10명 이하인 대통령령으로 정하는 승용자동차. 이 경우 장애인의 이동편의를 위하여 「자동차관리법」에 따라 구조를 변경한 승용자동차의 승차 정원은 구조변경 전의 승차 정원을 기준으로 한다.
   다. 「자동차관리법」에 따라 자동차의 구분기준이 화물자동차에서 2006년 1월 1일부터 승용자동차에 해당하게 되는 자동차(2005년 12월 31일 이전부터 승용자동차로 분류되어 온 것은 제외한다)
2. 승차 정원 15명 이하인 승합자동차
3. 최대적재량 1톤 이하인 화물자동차
4. 배기량 250시시 이하인 이륜자동차

② 장애인이 대통령령으로 정하는 바에 따라 대체취득을 하는 경우 해당 자동차에 대해서는 제1항의 방법에 따라 취득세와 자동차세를 면제한다

지방세특례제한법시행령 제8조 【장애인의 범위】 제5항

⑤ 법 제17조 제2항에 따른 대체취득을 하는 경우는 법 제17조에 따라 취득세 또는 자동차세를 면제받은 자동차를 말소등록하거나 이전등록(장애인과 공동명의로 등록한 자가 아닌 자에게 이전등록하는 경우를 말한다. 이하 이 항에서 같다)하고 다른 자동차를 다시 취득하는 경우(취득하여 등록한 날부터 60일 이내에 취득세 또는 자동차세를 면제받은 종전 자동차를 말소등록하거나 이전등록하는 경우를 포함한다)로 한다.

지방세특례제한법 제17조에 따른 감면 대상은 장애인이 보철용·생업활동용으로 사용하기 위하여 취득하는 자동차로서 먼저 감면을 신청하는 1대이다. 장애인 자동차 감면을 받고 있는 경우에는 새로 구입하는 자동차에 대해서는 추가 감면받을 수 없다는 뜻이다.

대법원에서도 아래와 같이 감면받은 차량을 소유하고 있는 상태에서 새로운 자동차를 감면하는 것은 기존 입법취지에 반하는 결과를 초래한다고 판결하고 있다.

☑ 만약 종전에 감면받은 차량을 보유한 상태에서 새로 취득하는 자동차에 대한 취득세를 감면할 수 있다면, 장애인에게 동시에 취득세 및 자동차세 감면 대상 자동차를 2대 허용하는 셈이 될 뿐만 아니라 매년 1대씩 취득세 없이 자동차를 취득할 수 있다는 결과가 초래되어, 이는 감면 자동차를 1대로 한정하고 있는 지방세특례제한법 제17조 제1항, 법 시행령 제8조 제2항에 반하는 부당한 결과가 됨(대법원 2015두40682, 2015.7.10.).

한편, 2015년까지는 "최초로 감면을 신청하는 1대"로 규정하고 있었으나 최초로 감면을 취득한 차량 이후에 취득하는 어떤 자동차도 감면 대상이 아니라고 해석될 여지가 있어 2016년에 "먼저 감면을 신청하는 1대"로 개정된 바 있다.

(1) 사실상 소멸·멸실된 기존 감면차량을 말소등록없이 신차 취득 : 감면 제외

장애인이 당초 소유하고 있던 자동차에 대하여 사실상 소멸·멸실된 것으로 인정받은 사실이 있으나, 그 자동차에 대하여 말소등록을 하지 않은 상태에서 새로운 자동차를 취득한 경우 감면 대상에 해당하는지 살펴보자.

지방세특례제한법시행령 제8조 제5항에서는 취득세와 자동차세를 면제받은 자동차가 일정 사유에 해당하면 장부 상 등록여부에도 불구하고 자동차를 소유하지 않은 것으로 보고 있다. 그중에는 천재지변·화재·교통사고 등으로 소멸·멸실 또는 파손되어 해당 자동차를 회수할 수 없거나 사용할 수 없는 것으로 시장·군수·구청장이 인정하는 자동차가 포함된다.

문제는 장애인이 당초 소유하고 있던 자동차가 천재지변·화재·교통사고 등의 사유가 아니라 그 외의 개인적인 사정으로 사실상 소멸·멸실된 것으로 인정받았다는 사실이다.

천재지변 화재 교통사고 등의 사유로 사실상 멸실된 것으로 시장군수구청장이 인정한 경우라면 장부 상 등록 여부와 무관하게 자동차를 소유한 것으로 보지 않겠으나, 그외 다른 사정으로 소멸 멸실된 것으로 인정 받은 경우라면 자동차를 말소등록하는 경우여야만 추가로 취득하는 자동차를 감면받을 수 있게 되는 것이다.

장애인이 당초 소유하고 있던 자동차에 대하여 사실상 소멸·멸실된 것으로 인정을 받은 사실이 있으나, 그 자동차에 대하여 말소등록을 하지 않은 상태에서 새로이 자동차를 취득한 경우, 새로이 취득한 자동차는 같은 법 시행령 제8조 제3항에서 정한 대체 취득하는 자동차에 해당되지 아니하고, 기존 감면받은 자동차가 같은 법 시행령 제8조 제4항 각 호에 열거된 자동차에 해당하지 않는 경우라면, 새로이 취득한 자동차는 지방세특례제한법 제17조 제1항의 "최초로 감면을 신청하는 1대"에 해당하지 않으므로 자동차세 감면 대상이 아닌 것으로 판단됨(지방세특례제도과-1498, 2015.6.8.).

(2) 공동등록명의자에게 종전 감면차량을 이전하고 다시 기존 공동등록명의자와 공동명의로 신차 취득 : 감면 대상(2019년 이후 감면 제외)

장애인은 배우자, 직계혈족(직계존속, 직계비속) 형제자매, 직계혈족의 배우자, 배우자의 직계혈족·형제자매 등 세대를 함께하는 것이 세대별 주민등록표 등으로 확인되는 공동 등록명의자와 함께 공동명의로 차량을 등록할 수 있다. 이 경우에도 지방세특례제한법시행령 제8조 제3항에 따라 취득세와 자동차세가 감면된다.

문제는 종전에 감면받은 차량의 소유지분을 공동 등록명의자에게 이전하고 다시 기존 공동 등록명의자와 공동 명의로 새로이 자동차를 취득하는 경우이다. 공동 등록명의자가 소유한 차량을 종전에 감면받은 차량으로 볼 수 있는지가 쟁점이다.

국 민

기존 유권해석에 따르면 장애인이 종전 감면 차량의 소유지분 전체를 공동 등록명의자에게 이전하고 새로이 자동차를 취득하여 공동 등록명의자와 공동 명의로 취득하면 공동 등록명의자가 종전에 감면받은 차량을 소유하고 있음에도 장애인은 종전 감면 차량을 소유하고 있지 않으므로 장애인이 기존 공동 등록명의자와 공동 명의로 새로이 자동차를 취득한다고 하더라도 감면 대상에 해당된다고 보았다.

장애인이 세대원과 공동명의로 자동차를 취득 및 등록하고 그 등록일부터 1년 이상 보철용·생업활동용으로 사용한 후, 해당 차량에 대한 장애인 소유지분을 공동명의자에게 이전한 경우에는 자동차 등록일부터 1년 이상 보철용·생업활동용으로 사용하였으므로 그 자동차에 대한 취득세는 추징 대상에 해당되지 않고, 자동차세는 과세 대상으로 전환되는 것으로 보아야 하고, 당초 차량에 대한 장애인의 소유지분을 공동 명의자에게 이전하고 장애인이 감면 자동차를 보유하지 않은 상태에서 새로운 자동차를 취득하여 장애인 명의 또는 세대원 및 기존 공동 명의자와 공동 명의로 등록하고 해당 자동차에 대하여 감면신청을 하는 경우에는'장애인이 최초로 감면을 신청하는 1대'로 보아 새로 취득하는 자동차의 취득세를 감면하는 것이 타당함(지방세특례제도과-2573, 2015.9.23.).

한편, 2019년부터는 법 개정으로 장애인이 해당 지분을 공동등록명의자가 아닌 자에게 이전해야만 대체취득 감면이 가능하도록 변경되었다. 따라서 2019년 이후에 장애인이 종전 감면 차량의 소유지분 전체를 공동등록명의자에게 이전하고 새로이 자동차를 취득하여 공동등록명의자와 공동명의로 취득하면 감면 대상에 해당하지 않는다고 할 것이다.

위의 사례를 추징 분야까지 확장시켜 보면, 장애인이 공동 등록명의자에게 지분을 이전하는 시기와 지분 그리고 감면 시점에 따라 종전 차량에 대한 추징여부와 신규 취득차량의 감면 여부가 달라질 수 있다.

| 장애인과 공동동록명의자 간 지분이전에 따른 감면 여부 |

장애인 → 공동등록명의자	2018년 이전		2019년 이후	
	종전차량 추징여부	신규차량 감면여부	종전차량 추징여부	신규차량 감면여부
① 1년 이내 일부 이전	추징×	감면×	추징×	감면×
② 1년 이내 전부 이전	추징○	감면○	추징○	감면×
③ 1년 초과 일부 이전	추징×	감면×	추징×	감면×
④ 1년 초과 전부 이전	추징×	감면○	추징×	감면×

① (1년 이내 일부 이전) 장애인용 차량을 공동 등록한 후 1년 이내에 그 소유권을 공동 등록명의자에게 지분 일부를 이전하는 경우 종전 차량에 대해서는 추징을 예외로 하는 규정(지특법 §17 ② 단서)이 있어 추징할 수 없고 신규 차량을 기존 공동 등록명의자와 공동 명의로 등록하는 경우에는 장애인이 종전 감면 차량의 지분을 소유하고 있으므로 신규 차량은 감면 대상에 해당하지 않는다.

② (1년 이내 전부 이전) 2018년까지는 장애인용 차량을 공동 등록한 후 1년 이내에 그 소유권을 공동 등록명의자에게 지분 전체를 이전하는 경우 종전 차량에 대해서는 추징(지특법 §17 ②)을 해야 하고 신규 차량을 기존 공동 등록명의자와 공동 명의로 등록하는 경우에는 신규 차량은 감면 대상에 해당하였다. 이는 장애인을 기준으로 장애인 명의로 등록된 차량이 1대인 경우에는 감면을 인정하므로 장애인이 공동명의자에게 자신의 지분을 전부 이전하게 되면 장애인은 차량을 소유하지 않는 상태가 되므로 신규로 차량을 취득하여 등록하는 경우에 다시 감면을 적용할 수 있기 때문이였다. 그러나 2019년부터는 장애인이 공동명의자에게 차량 지분 전체를 이전하고 다시 장애인 및 기존 공동명의자가 공동명의로 차량을 취득하게 되는 경우에는 종전에 취득하여 감면받은 차량이 아직도 공동명의자 명의로 남아 있는 상태이므로 추가로 취득하는 차량에 대해서는 감면을 배제하고 있다.

③ (1년 초과 일부 이전) 장애인용 차량을 공동 등록한 후 1년이 초과한 시점에 그 소유권을 공동 등록명의자에게 지분 일부를 이전하는 경우 종전 차량에 대해서는 추징을 예외로 하는 규정(지특법 §17 ② 단서)이 있어 추징할 수 없고 신규 차량을 기존 공동 등록명의자와 공동 명의로 등록하는 경우에는 장애인이 종전 감면 차량의 지분을 소유하고 있으므로 신규 차량은 감면 대상에 해당하지 않는다.

④ (1년 초과 전부 이전) 장애인용 차량을 공동 등록한 후 1년이 초과한 시점에 그 소유권을 공동 등록명의자에게 지분 전체를 이전하는 경우 종전 차량에 대해서는 추징할 수 없고 신규 차량을 기존 공동 등록명의자와 공동 명의로 등록하는 경우에는 신규차량은 감면 대상에 해당하나, 2019년부터는 2번과 동일한 사유로 감면을 배제하고 있다.

(3) 공동등록명의자와 사실상 함께 거주, 주민등록표상 세대분리 : 감면 제외

장애인이 자동차를 공동명의로 취득할 당시에는 세대별 주민등록표 상 함께 등재되어 있다가 나중에 개인사정으로 세대분리를 하였고 실제로 공동 등록명의자가 장애인과 함께 거주하고 있었다고 하더라도 자동차세는 면제되지 않는다.

판례는 장애인 감면이 장애인에 대한 특혜규정에 해당하므로 그 적용 범위를 엄격하게 해석해야 한다는 취지로 법에서 규정하고 있는 대로 공동 등록명의자가 세대별 주민등록표 상 장애인과 함께 등재되어야만 자동차세 면제 대상이 된다고 판단했다.

지방세특례제한법시행령 제8조 제2항에는 주민등록법에 따른 세대별 주민등록표에 의하여 그 장애인과 세대를 함께 하는 것이 확인되는 배우자·직계존속·직계비속·형제자매 또는 직계비속의 배우자가 그 장애인과 공동명의로 등록하는 경우 자동차 취득세 등을 면제하여 주도록 규정되어 있다. 이는 장애인에 대한 복지라는 정책적 차원에서 일반인과 달리 세제 혜택을 주기 위한 특혜규정에 해당하므로 그 적용범위를 엄격하게 해석하여야 할 것인데, 위 규정에 따르면 장애인의 직계 존·비속이 장애인 본인과 공동명의로 자동차를 등록한 경우에는 장애인 본인과 세대별 주민등록표상 함께 등재되어 있어야만 자동차세를 면제해 주도록 정하고 있으므로, 이와 달리 변동사유를 불문하고 세대별 주민등록표상에 장애인 본인과 함께 등재되어 있지 아니한 경우에는 자동차세 등의 감면 요건에 해당하지 않음(대법원 2015두60839, 2016.3.24.).

국 민

(4) 공동등록차량의 감면 요건 판단 기산일은? 취득일 vs 등록일

장애인과 자동차를 공동 명의로 등록하는 공동 등록명의자는 세대별 주민등록표 상 함께 등재되어 있어야 한다. 그런데 자동차 취득일에는 장애인과 공동 등록명의자가 동일 세대가 아니었으나 자동차 등록일에는 동일 세대를 구성하고 있는 경우 취득세와 자동차세 면제 여부는 어떻게 될까?

지방세특례제한법 제17조 및 같은 법 시행령 제8조 제2항에는 감면 요건은 규정하고 있지만 그 감면 기산일에 대해서는 별도로 규정하고 있지 않다. 다만, 추징 요건에 보면 장애인과 공동으로 등록한 사람이 자동차 등록일부터 1년 이내에 세대분리를 하는 경우 면제된 취득세를 추징한다고 규정하고 있다.

행정안전부 유권해석은 이를 근거로 감면 요건을 판단하는 기산일도 취득일이 아닌 등록일로 보는 것이 타당하다고 판단하고 있다.

장애인과 공동 명의자가 자동차 취득 당시에는 개별 세대로 있다가 자동차 등록일에 세대별 주민등록표에 함께하고 있는 경우, 세대별 주민등록표에 의하여 그 장애인과 세대를 함께 하는 것이 확인된 경우라면 그 감면의 기산일은 자동차 취득일이 아니라 자동차등록일로부터 보는 것이 타당함(지방세특례제도과-46, 2018.1.8.).

쟁점 052 장애인용 자동차, 1년 동안은 취득세 추징에 주의하자!

> **지방세특례제한법 제17조【장애인용 자동차에 대한 감면】제3항**
>
> ③ 제1항 및 제2항을 적용할 때 장애인 또는 장애인과 공동으로 등록한 사람이 자동차 등록일부터 1년 이내에 사망, 혼인, 해외이민, 운전면허취소, 그 밖에 이와 유사한 부득이한 사유 없이 소유권을 이전하거나 세대를 분가하는 경우에는 면제된 취득세를 추징한다. 다만, 장애인과 공동 등록할 수 있는 사람의 소유권을 장애인이 이전받은 경우, 장애인과 공동 등록할 수 있는 사람이 그 장애인으로부터 소유권의 일부를 이전받은 경우 또는 공동 등록할 수 있는 사람 간에 등록 전환하는 경우는 제외한다.

장애인과 공동등록명의자가 공동명의로 등록한 경우에는 1년 동안 취득세 추징에 주의해야한다. 지방세특례제한법 제17조 제3항에 따라 자동차 등록일부터 1년 이내에 사망, 혼인, 해외이민, 운전면허취소, 그 밖에 이와 유사한 부득이한 사유 없이 소유권을 이전하거나 세대를 분가하는 경우 면제된 취득세가 추징된다.

대법원 판례는 "부득이한 사유"에 대해 위 규정에서 예시한 사망, 혼인, 해외이민, 운전면허 취소의 사유에서 볼 수 있듯이 국내에서 더 이상 운전을 못할 사유이거나 동거가족이 불가피하게 변경하는 사유만을 의미한다고 판단하고 있다(대법원 2007두3299, 2007.4.26.).

부득이 차량 취득일로 1년 이내 소유권 이전을 해야하거나 장애인과 세대분리를 해야 하는 경우라면 추징에서 제외되는 부득이한 사유에 해당하는지 여부를 아래 사례를 통해 우선 확인할 필요가 있다.

(1) 소유권을 이전한 경우 부득이한 사유 해당 여부

부득이한 사유에 해당(추징 제외)	부득이한 사유에 해당하지 않음(추징 대상)
• 장애등급 재진단 결과 등급 외 판정을 받아 차량 소유권 이전 시 • 차량 침수로 인한 전손으로 보험처리하고 차량 소유권 이전 시 • 차량 엔진결함으로 차량판매회사가 제조상의 결함을 인정하고 환불조건으로 다시 회수해 간 경우 • 병세의 악화로 운행능력을 상실함에 따라 제3자에게 매각한 경우	• 건강 상의 사유로 일을 할 수 없어 차량을 매각한 경우 • 차량 엔진결함을 이유로 소유권을 이전한 경우 • 채무변제를 위해 부득이 차량을 매각한 경우

감면받은 차량을 자동차 등록일부터 1년 이내 소유권 이전 시 부득이한 사유에 해당하여 추징되지 않은 사례는 아래와 같다.

청구인은 장애등급 조정을 위한 재진단에서 등급 외 판정을 받게 됨에 따라 더 이상 쟁점자동차를 운행할 수 없게 되어 불가피하게 쟁점자동차를 등록일부터 1년 이내에 소유권을 이전하였으므로 부득이한 사유가 있다고 보는 것이 타당함(조심 2015지0829, 2015.8.19.).

국 민

- 쟁점자동차가 침수로 인한 전손으로 보험처리하고 자동차를 매각한 경우 자동차의 중대한 결함이나 하자로 인하여 운행이 불가능한 물적 장애에 해당하므로 이러한 사유는 유예기간(1년) 내에 매각할 수밖에 없는 부득이한 사유에 해당한다 할 것임(조심2012지0695, 2012.12.28.).
- 장애인이 자동차를 취득하여 취득세 등의 면제를 받은 후 당해 자동차의 차량고장(엔진결함)이 수차례 발생함으로써 자동차판매회사에서 제조상의 결함을 인정하고 구입 당시 구입가를 환불하는 조건으로 자동차를 회수하는 경우, 자동차를 더 이상 운행할 수 없는 상황에서 양도할 수밖에 없는 부득이한 사유에 해당된다고 사료됨(지방세정팀-327, 2008.4.3.).
- 장애인이 본인 명의로 자동차를 취득하여 보철용 또는 생업활동용으로 사용하던 중 병세의 악화로 인해 운행능력을 상실함에 따라 제3자에게 매각한 경우라면 이는 부득이한 사유에 해당된다고 봄이 타당함(지방세정팀-711, 2007.3.20.).

감면받은 차량을 자동차등록일부터 1년 이내 소유권 이전 시 부득이한 사유에 해당하지 않아 추징되는 사례는 아래와 같다.

- 건강상의 사유로 일을 할 수 없어 차량을 판매한 것이지 차량을 되팔아 이득을 취하고자 한 의도는 없다고 주장하나, 등록일부터 1년 이내에 소유권을 이전한 사실이 확인되고, 청구인에게 사망, 혼인, 해외이민 등과 같이 국내에서 더 이상 운전을 못할 사유이거나 동거가족이 불가피하게 변경되는 사유가 있었다고 보기 어려운 점 등에 비추어 청구인이 쟁점자동차의 등록일부터 1년 이내에 부득이한 사유 없이 소유권을 이전한 것으로 보아 이 건 취득세 등을 추징한 처분은 잘못이 없다고 판단됨(조심 2018지2248, 2019.5.8.).
- 청구인은 이 사건 자동차의 엔진결함으로 소유권을 이전한 것으로 주장하나 이러한 사유만으로는 이 사건 자동차의 소유권을 이전한 부득이한 사유가 있다고 보기 어렵고, 감면받은 취득세 추징 시 당해 자동차를 소유한 기간에 대하여 취득세를 감면하는 규정이 없고 취득세의 경우 분납하는 제도가 달리 마련되어 있지 아니한 바 이에 대한 청구주장을 받아들일 수 없음(조심 2017지0706, 2017.8.23.).
- 금융기관에서 대출받아 장애인용 자동차를 구입하여 지방세특례제한법 제17조 제1항의 장애인용 자동차에 대한 취득세 감면 규정에 의해 면제받은 후 대출금을 변제하지 못해 자동차 등록일부터 1년 이내에 당해 자동차가 압류, 매각된 경우라도 지방세특례제한법 제17조 제2항에 규정된 '부득이한 사유'에 해당하지 않으므로 과세청이 기 감면된 취득세를 추징한 것은 타당함(조심 2014지1448, 2015.4.29.).

(2) 세대를 분가한 경우 부득이한 사유 해당 여부

부득이한 사유에 해당(추징 제외)	부득이한 사유에 해당하지 않음(추징 대상)
• 종전 주소에서는 이동식 리프트의 재임차가 불가능하여 해당 장비를 임차할 목적으로 세대를 분가한 경우 • 새로운 임대차계약 후 임차인보호를 위한 확정일자를 받기 위해 세대를 분가한 경우 • 장애인이 특수학교 진학(의무교육 이행)을 위해 세대를 분가한 경우	• 장애인보호시설의 관리자가 장애인의 의사와 관계없이 일방적으로 세대를 분가한 경우 • 주민자치센터 직원의 안내와 착오로 공동등록명의자와 세대를 분가한 경우 • 기초수급자생계비를 지원받기 위한 목적으로 세대를 분가한 경우 • 병원 치료를 목적으로 세대를 분가한 경우

부득이한 사유에 해당(추징 제외)	부득이한 사유에 해당하지 않음(추징 대상)
• 결혼으로 인한 임대주택의 확정일자 부여 목적으로 세대를 분가한 경우 • 협의이혼으로 세대를 분가한 경우 • 파킨스병으로 투병 중인 장애인과 함께 생활하고 있고 종전 주소지의 출입문과 연접한 곳으로 세대를 분가한 경우	• 임차보증금에 대한 대항력을 갖추기 위해 세대를 분가한 경우 • 월동 준비 및 65세 이상 노인에게 지급하는 목욕권 등을 수령한 목적으로 세대를 분가한 경우 • 장애인인 딸의 언어치료를 위해 일시적으로 세대를 분가한 경우 • 전세자금 대출을 위해 세대를 분가한 경우 • 출국의 목적으로 세대를 분가한 경우

자동차 등록일부터 1년 이내 장애인과 공동으로 등록한 사람이 세대를 분가하는 경우 부득이한 사유에 해당하여 추징되지 않은 사례는 아래와 같다.

- 청구인은 하지기능 지체 1급 장애인으로서 이동 장비인 이동식 리프트를 필요로 하고, 종전 주소지 인근의 임대기관으로부터는 재임차가 불가능하여 해당 장비를 임차할 목적으로 주소지를 이전한 것이므로, 이러한 사정은 지방세특례제한법 제17조 제2항의 "사망, 혼인, 해외이민, 운전면허취소, 그 밖에 이와 유사한 부득이한 사유"로 인한 세대분가에 해당된다고 봄이 타당함(조심2015지1022, 2016.5.9.).
- 청구인들이 이 건 자동차 등록일부터 1년 이내에 세대 분가한 사실은 확인되나, 그 세대분가 사유가 새로운 임대차계약 후 임차인 보호를 위한 확정일자를 받기 위한 것인 점 등에 비추어 청구인들의 일시적인 세대분가는 부득이한 사유에 해당된다고 보는 것이 타당함(조심2015지1235, 2016.1.28.).
- 장애인에 대한 의무교육의 이행을 위하여 불가피하게 세대를 분가하였다가 합가를 한 이건은 지방세특례제한법 제17조 제2항의 "사망, 혼인, 해외이민, 운전면허취소, 그 밖에 이와 유사한 부득이한 사유"가 있다고 보는 것이 타당하다고 판단됨(지방세정팀-327, 2008.4.3.).
- 청구인은 장애인과 이 건 자동차를 공동으로 등록한 후, 결혼으로 인한 임대주택의 확정일자 부여 등을 위해 세대를 분가한 것은 세대분가의 "부득이한 사유"에 해당함(조심2011지0843, 2012.5.18.).
- 지방세특례제한법 상 협의이혼으로 인한 세대분가를 사망, 혼인 등과 같은 세대분가의 부득이한 사유로 열거하고 있지는 아니하지만, 협의이혼으로 인한 세대분가는 "혼인" 등과 같이 세대 분가의 부득이한 사유로 폭 넓게 인정하는 것이 타당함(조심 2012지0187, 2012.5.7.).
- 제1주소지와 제2주소지는 출입문을 나란히 하여 연접하고 있고, 청구인이 제2주소지에서 파킨스병으로 투병 중인 청구인의 어머니와 함께 생활하며 청구인의 어머니를 부양하고 있는 사실이 제출된 자료에 의하여 확인되는 이상 청구인의 이러한 사정을 세대분리의 부득이한 사유로 보아 취득세 등을 감면하는 것이 타당하다 할 것임(조심 2012지0181, 2012.6.5.).

자동차 등록일부터 1년 이내 장애인과 공동으로 등록한 사람이 세대를 분가하는 경우 부득이한 사유에 해당하지 않아 추징되는 사례는 아래와 같다.

- 청구인이 쟁점자동차 등록일로부터 1년 이내에 공동명의인과 세대 분가한 사실이 세대별 주민등록표상에 나타나고 공동명의자가 입소한 장애인보호시설의 관리자가 청구인의 의사와 관계없이 일방적으로 세대분리를 하였다 하더라도 이를 부득이한 사유로 보기 어려우므로 처분청이 이 건 경정청구를 거부한 처분은 달리 잘못이 없다고 판단됨(조심 2017지0437, 2017.10.17.).

- 청구인이 주민자치센터 직원의 안내와 착오로 공동등록자와 세대를 분가하였다고 하더라도 부득이한 사유가 있다고 하기는 어렵고 공동등록자와 합가하여 거주하였다 하더라도 달리 볼 것은 아닌 점 등에 비추어 청구인이 장애인용 자동차의 등록일로부터 1년 이내에 부득이한 사유 없이 세대를 분가한 것으로 보아 처분청이 이 건 과세처분을 한 것은 달리 잘못이 없다 할 것임(조심 2017지0875, 2017.10.17.).
- 청구인과 그의 모친이 세대분리한 것은 기초수급자생계비를 지원받기 위한 것으로만 보일 뿐 지방세특례제한법 제17조 제2항에서 정하고 있는 부득이한 사유로 보기는 어려우므로 청구주장을 받아들이기 어렵다고 판단됨(조심 2017지0353, 2017.6.1.).
- 청구인의 배우자가 세대를 분가한 이유는 치료를 위한 것으로서 부득이한 사유에 해당한다고 보기 어려우므로 처분청에서 이 건 취득세 등을 부과한 처분은 잘못이 없다고 판단됨 (조심 2017지0286, 2017.4.18.).
- 청구인은 쟁점주소지 주택에 대한 임차보증금에 대한 대항력을 갖추기 위하여 부득이 세대분가를 하였다고 주장하지만, 이러한 사유는 지방세특례제한법에서 규정하고 있는 세대분리의 부득이한 사유(사망·혼인·해외이민·운전면허취소 등)로는 볼 수 없으므로 처분청의 이 건 취득세 등의 부과처분은 적법함(조심 2011지0140, 2012.4.17.).
- 월동준비 및 65세 이상 노인에게 지급하는 목욕권 등을 수령하기 위한 목적으로 거동이 불편한 거주지를 이전함으로써 세대분가를 한 것은 청구인들 스스로 판단하여 결정한 주관적인 사정일 뿐 부득이한 사유에 해당한다고 볼 수 없으므로 취득세 등의 부과처분은 적법함(조심 2010지0872, 2010.12.30.).
- 장애인과 공동 명의로 등록한 자동차에 대하여 취득세 등을 면제받고 유예기간(1년) 이내에 딸의 언어치료를 위해 일시적으로 세대 분가를 한 경우 부득이한 사유에 해당되지 않으므로 기 면제된 취득세 등을 추징한 처분은 정당함(조심 2010지0300, 2010.11.9.).
- 장애인과 공동 명의로 자동차등록을 한 자가 전세자금 대출을 위하여 세대를 분가하였고, 세대분리 시 감면세액(취득·등록세)을 추징 당한다는 사실을 알지 못하였다는 사정은 "부득이한 사유"에 해당하지 않음(조심 2009지10660, 2010.11.4.).
- 출국의 목적으로 세대 분가한 것은 부득이한 사유에 해당하지 아니하므로 부득이한 사유 없이 3년 이내에 세대를 분가함에 따라 취득세 등을 추징한 처분은 적법함(조심 2010지0107, 2010.3.19.).

자동차 관련 지방세 감면 현황(2019년 말 기준)

✔ 종류

- (자동차) 크기, 연료, 이용자, 취득 목적 등에 따라 폭 넓게 감면 중
- (여객운송) 버스(노선버스, 천연가스버스, 2층버스 등), 택시(일반·개인)

✔ 감면 현황

구 분				감면 내용
자동차	경형자동차			취득세 100% 면제(50만 원 한도)(~'21년)
자동차	하이브리드카			취득세 연도별 한도 내 공제 ('19년) 140만 원→('20년) 90만 원→('21년) 50만 원
자동차	전기차			취득세 140만 원 내 공제(~'21년)
자동차	연료전지차(수소차)			취득세 140만 원 내 공제(~'21년)
자동차	장애인·국가유공자용 자동차			취득세, 자동차세 100% 면제(~'21년) ※ 최소납부세제 배제
자동차	다자녀 가구 자동차			취득세 140만 원 내 공제(~'21년)
자동차	비영업용 다인승 자동차 (전방 조종 자동차)			자동차세 소형 일반버스 세율 적용(~'21년)
자동차	매매용 및 수출용 중고자동차			취득세 100% 면제(~'21년) ※ 최소납부세제 적용('17년부터)
자동차	교환자동차			종전 자동차 가액 한도 내 취득세 면제
자동차	노후경유자동차			폐차 후 신차 구매 시 취득세 50% 감면('17.1~6월)
자동차	전기자동차 등 대여사업 중소기업			전기자동차 50% 이상 보유 시 개인지방소득세 30% 감면
여객운송	버 스	일반버스	경유버스	취득세 50% 감면(~'21년)
여객운송	버 스	일반버스	전기버스	취득세 50% 감면(~'21년)
여객운송	버 스	일반버스	2층버스	취득세 50% 감면(~'21년)
여객운송	버 스	천연가스버스, 전기·수소버스('20년~)		취득세 100% 면제(~'21년) ※ 최소납부세제 적용('19년부터)
여객운송	택 시			취득세 50% 감면(~'21년)

Ⅲ 교환자동차에 대한 감면

✔ 감면 요건

대상자	자동차를 교환받는 자
대상물건	제작 결함으로 자동차를 반납하고 교환받는 자동차
감면율	취득세 면제 (교환으로 취득하는 자동차 등의 가액이 종전의 자동차 등의 가액을 초과하는 경우에 그 초과분에 대해서는 취득세를 부과)
감면시한	없음(무기한)

✔ 추징 요건

사용개시	없음

✔ 관련 법령

지특법 §66

✔ 개정 연혁

개정일	개정 전	개정 후	개정이유 / 적용요령
지특법 §66 ① 2017.12.26. 제15295호	교환대상 자동차 심의 – 소비자분쟁해결기준	교환대상 자동차 심의 – 소비자분쟁해결기준 – 자동차 안전·하자 심의위원회	심의 기준 추가

쟁점 053 제작결함으로 7인승 승용 반납, 5인승 승용 재구입 시 취득세 감면은?

지방세특례제한법 제66조【교환자동차 등에 대한 감면】제1항 및 제2항

① 자동차(기계장비를 포함한다. 이하 이 항에서 "자동차등"이라 한다)의 제작 결함으로 인하여 「소비자기본법」에 따른 소비자분쟁해결기준 또는 「자동차관리법」에 따른 자동차안전·하자심의위원회의 중재에 따라 반납한 자동차 등과 같은 종류의 자동차 등(자동차의 경우에는 「자동차관리법」 제3조에 따른 같은 종류의 자동차를 말한다)으로 교환받는 자동차 등에 대해서는 취득세를 면제한다. 다만, 교환으로 취득하는 자동차 등의 가액이 종전의 자동차 등의 가액을 초과하는 경우에 그 초과분에 대해서는 취득세를 부과한다.

② 「자동차관리법」 제13조 제7항 또는 「건설기계관리법」 제6조 제1항 제7호에 따라 말소된 자동차 또는 건설기계를 다시 등록하기 위한 등록면허세는 면제한다.

소비자에게 귀책사유가 없고 자동차 제작사측에서 제작 시 결함이 있어 종전에 취득한 차량을 반납하고 새로운 차량을 다시 교환하여 취득하는 경우 새로 취득하게 되는 차량에 대한 취득세를 감면해 주는 제도이다. 이는 납세자에게 귀책사유가 없음에도 취득세를 이중부담하게 되는 문제를 해소하기 위한 취지이다.

제작 결함이 있는지 여부는 자동차 안전·하자 심의위원회의 중재에 따라 결정되게 되는데, 2017.12.26. 지방세특례제한법 개정으로 소비자분쟁해결기준에 따라 제작 결함이 있는지 여부도 심의할 수 있도록 하였다. 납세자가 하자가 있는 차량임을 입증할 수 있는 창구가 좀 더 넓어진 것이다.

제작 결함 등 차량에 하자가 있다고 인정되어 새로 교환받는 자동차는 종전 자동차와 동일한 종류로 교환받는 자동차를 말한다. 동일한 종류의 자동차란 소비자기본법시행령 별표 1의 1호 라목의 일반적 소비자분쟁해결기준에 따르면 교환은 "같은 종류의 물품 등으로 하되, 같은 종류의 물품 등으로 교환하는 것이 불가능한 경우에는 같은 종류의 유사물품 등으로 교환한다."라고 하고 있고, 자동차관리법 제3조에서 자동차의 종류를 승용자동차, 승합자동차, 화물자동차, 특수자동차, 이륜자동차로 구분하고 있어, 교환하는 자동차의 범위는 원칙적으로 교환 이전의 자동차와 동일한 차종을 의미하나 동일한 차종은 아니라도 같은 종류의 승용자동차, 승합자동차 간 등의 범위 내에서 유사한 차종까지를 포함한다고 볼 수 있겠다.

(1) 제작 결합으로 7인승 승용 반납, 5인승 승용 재구입

제작 결함으로 인하여 7인승 승용자동차를 반납하고 5인승 승용자동차로 교환받는 경우에는 동일 차종인 승용차로 교환받은 것에는 해당하므로 감면 대상 범위에 해당된다고 보고 있다.

다만, 제작 결함으로 반납한 자동차와 동일한 승용자동차를 교환 받았으나 해당 차량이 다른 제작사의 승용차인 경우는 취득세 감면 대상이 아니라고 보고 있다.

국 민

- 7인승 승용차의 제작결함으로 인하여 5인승 승용차로 교환받은 경우에는 동일 차종인 승용차에 해당하나 7인승 승용차의 제작결함으로 이를 반납하고 다른 제작사로부터 다른 승용차를 구입하는 경우에는 해당하지 아니함(지방세정팀-3507, 2005.10.31.).
- 지방세특례제한법 제66조에 의하여 취득세를 면제받을 수 있는 교환자동차는 제작 결함으로 인하여 소비자기본법에 의한 소비자분쟁해결기준에 따라 자동차를 반납하고 금전환불이 아닌 같은 종류로 교환하여 취득하는 자동차를 의미한다 할 것인 바, 청구인이 종전 자동차를 제조사에 반납하여 금전 환불을 받은 후, 다른 제조사로부터 취득한 쟁점자동차는 취득세 면제 대상인 교환자동차에 해당한다고 보기 어려움(조심 2016지0601, 2016.8.18.).

또한 금전으로 환불받는 것이 아니어야 하고, 반납한 자동차와 동일한 자동차로 교환받아 취득하는 경우만 감면 대상에 해당된다. 즉 금전으로 환불 받아 다른 제조사의 차량을 재 취득한 경우는 동일한 차종으로 취득하였다고 해도 취득세 감면 대상에도 해당되지 않는다고 해석하고 있다.

- 자동차의 제작 결함으로 인하여 금전을 환불 받은 후, 타 제조사의 자동차를 취득헌 경우 교환에 의한 감면 대상 자동차에 해당하지 아니함(조심 2009지0769, 2010.3.19.).
- 지특법 운영 예규 66-1 【교환받는 자동차】

  교환받는 자동차의 범위에 자동차회사로부터 금전으로 환급받아 취득하는 자동차는 포함되지 아니한다.

Chapter 03

영농활동 지원

I 자경농민 농지에 대한 감면

✔ 감면 요건

대상자	① 2년 이상 자경농민 : 농업을 주업으로 하는 사람으로서 2년 이상 영농에 종사, 농지 취득일 현재 아래의 세 가지 요건을 충족 i) (기간) 소유 또는 임차하여 2년 이상 계속 경작 ii) (주소) 농지의 소재지인 시·군·구 또는 잇닿아 있는 시·군·구 또는 농지로부터 20km 이내 거주 iii) (소득) 종합소득금액 3천7백만 원 이하 → 본인 또는 배우자 중 1명 이상이 3개 요건을 모두 갖추는 사람 ② 후계농업경영인 : 농어업경영체 육성 및 지원에 관한 법률 제10조에 따른 절차를 거쳐 선정 – 지특법 상 자경농민은 ①과 ②를 합한 개념임		
대상물건	• 자경농민이 직접 경작하기 위해 취득하는 농지(논, 밭, 과수원, 목장용지), 농지를 조성하기 위하여 취득하는 임야 i) (농지 위치) 소재지가 도시지역 외의 지역일 것 ii) (주소지) 취득자가 농지 소재 시·군·구 또는 잇닿아 있는 시·군·구 또는 농지로부터 20km 이내 거주 iii) (면적) 종전 농지 및 임야와 신규 농지 및 임야 합산 면적이 일정기준 이내(초과부분 경감 제외) → 3개 요건 모두 충족 필요		
감면율	취득세 50%	감면시한	2020.12.31.

✔ 추징 요건

사용개시	2년이 경과할 때까지 농지를 직접 경작하지 아니하거나 농지조성을 시작하지 않는 경우
최소사용	농지를 직접 경작한 기간이 2년 미만인 상태에서 매각·증여, 다른 용도 사용

✔ 관련 법령

지특법 §6 ①, 지특령 §3 ①·②

국 민

쟁점 054 농지원부만 발급받으면 영농종사로 인정받을 수 있을까?

지방세특례제한법 제6조 【자경농민의 농지 등에 대한 감면】 제1항

① 대통령령으로 정하는 바에 따라 농업을 주업으로 하는 사람으로서 2년 이상 영농에 종사한 사람 또는 「농어업경영체 육성 및 지원에 관한 법률」 제10조에 따른 후계농업경영인(이하 이 조에서 "자경농민"이라 한다)이(이하 생략)

지방세특례제한법시행령 제3조 【자경농민 및 직접 경작농지의 기준 등】 제1항

① 법 제6조 제1항 각 호 외의 부분 본문에서 "대통령령으로 정하는 바에 따라 농업을 주업으로 하는 사람으로서 2년 이상 영농에 종사한 사람"이란 본인 또는 배우자[「주민등록법」 제7조에 따른 세대별 주민등록표(이하 "세대별 주민등록표"라한다)에 함께 기재되어 있는 경우로 한정한다. 이하 이 조에서 같다] 중 1명 이상이 취득일 현재 다음 각 호의 요건을 모두 갖추고 있는 사람을 말한다.

1. 농지(「지방세법 시행령」 제21조에 따른 농지를 말한다. 이하 같다)를 소유하거나 임차하여 경작하는 방법으로 직접 2년 이상 계속하여 농업에 종사할 것
2. 제1호에 따른 농지의 소재지인 특별자치시·특별자치도·시·군·구(자치구를 말한다. 이하 "시·군·구"라 한다) 또는 그와 잇닿아 있는 시·군·구에 거주하거나 해당 농지의 소재지로부터 20킬로미터 이내의 지역에 거주할 것
3. 직전 연도 농업 외의 종합소득금액(「소득세법」 제4조 제1항 제1호에 따른 종합소득에서 농업, 임업에서 발생하는 소득, 「소득세법」 제45조 제2항 각 호의 어느 하나에 해당하는 사업에서 발생하는 부동산임대소득 또는 같은 법 시행령 제9조에 따른 농가부업소득을 제외한 금액을 말한다)이 「농업소득의 보전에 관한 법률」 제6조 제3항 제1호 및 같은 법 시행령 제6조 제1항 본문에 따른 금액 미만일 것

저자팁

자경농민 감면 신청 시 필요서류

- 토지이용계획확인원 / 농지원부 / 농지자격증명 / 농업경영체등록확인서 또는 농업에 종사한 증빙서류 / 소득금액증명원 / 주민등록등본
- 별도의 감면신청서(지방세특례제한법 시행규칙 [별지 제1호의2서식])

자경농민 농지 감면을 적용받을 수 있는 주체는 자경농민이어야 하는데 자경농민은 지방세특례제한법 제6조 제1항과 같은 법 시행령 제3조 제1항의 요건을 충족하는 사람과 후계농업경영인이다. 지방세특례제한법에서는 자경농민의 판단을 다소 엄격하게 규정하고 있어 자경농민이 갖추어야 하는 영농종사의 개념 및 기간, 대상 농지의 성격과 자경농민의 주소지, 소득 등의 요건과 관련하여 여러 쟁점이 발생한다. 특히 영농종사의 기간과 실질적 종사의 판단과 관련한 사례가 가장 빈번하다.

(1) 2년의 기간은 통산한 기간이 아니라 취득 시점을 기준으로 2년 이상 계속 종사해 왔어야 함을 의미

우선 2년의 기간을 어떻게 산정할 것인가가 중요한데 지방세특례제한법시행령 제3조 제1호에서 명확히 밝히고 있는 바와 같이 직접 '계속'하여 영농에 종사한 기간이 2년 이상이어야 한다.

농지를 취득하는 취득일을 기준으로 2년 이상 계속하여 영농에 종사해 왔어야 하므로 비록 통산하여 3년 이상 농사를 지은 적이 있는 자라 하더라도 취득일 기준시점으로부터 역산하여 2년째 되는 날부터 현재까지 계속하여 농사를 지은 사실이 있어야 한다.

해당 조항은 2014년에 개정되어 2015년부터 적용 중이다. 해당 조항의 개정 전에는 취득일 현재 직접 2년 이상 농업에 종사할 것만을 요건으로 하여 농업에 종사한 기간이 통산하여 2년이면 감면이 가능했지만, 시행령 개정과 함께 '계속'의 요건이 추가되었다. 그 이유는 자경농민에 대한 감면특례가 종전에 농사를 지어오던 농민들에게 우량농지 취득에 수반되는 거래비용을 낮춰줌으로써 영농기반을 확대하고 농가소득 창출을 안정적으로 지원하기 위한 취지인 만큼 이에 좀 더 충실히 부합하는 방향으로 세정을 운영하기 위함이다.

이 경우 영농에 종사한 통산 기간이 3년이지만 취득일 기준으로 몇 달을 영농에 종사하지 않았다고 감면을 받지 못해 억울함을 호소하는 사례가 있을 수 있겠다. 하지만 이러한 케이스는 후계농업경영인 육성사업에 지원하여 후계농업경영인으로 선정되는 것이 바람직해 보인다. 후계농업경영인으로 선정되면 2년간 영농종사 요건 자체를 충족할 필요가 없기 때문이다.

(2) 실제 영농 종사 여부는 객관적 증빙 자료를 종합해서 판단

취득일로부터 산정한 2년 이상의 기간 동안 실제로 영농에 종사함을 구체적으로 어떻게 판단할까? 우선 후술할 농지의 소재지 요건과 주소지 요건, 소득 요건을 갖추었더라도 실제로 2년 이상의 자경요건을 갖추었다는 것에 대해서는 특례를 적용받고자 하는 본인이 입증하여야 한다. 지방세특례제한법과 같은 법 시행령에서는 소유하거나 임차하는 방법으로 직접 2년 이상 농업에 종사할 것을 규정하고 있지만 영농에 종사하였음을 어떻게 입증해야 하는지에 대해서는 명문의 규정이 없다.

실제 운영에 있어서는 농지원부, 농업경영체등록확인서, 농지취득자격증명 등의 형식적인 서류에 의해서만 판단하지 않고 영농종사를 객관적으로 입증할 수 있는 경우로 엄격히 판단하고 있다. 이는 실제로 농지를 농업경영에 이용할 의사나 능력이 없음에도 불구하고 부동산 투기목적으로 허위사실을 기재하여 관련 서류를 발급받는 등 농지 취득을 악용할 개연성을 막기 위함이다.

취득세 등의 감면 대상이 되는 "자경농민"이란 농지원부의 발급여부와는 상관없이 2년 이상 영농에 종사하였음이 농업소득, 농지 소유실태, 수매실적 등 관련 증빙자료에 의하여 입증되는 경우라면 이에 해당된다고 할 것임(지방세운영과-155, 2009.1.13.).

유권해석 및 조세심판례를 추려보면 실제 농사를 지으면서 발생한 농업소득의 유무, 농산물의 수매실적 및 출하내역, 농자재의 구매처, 농기계 소유현황, 농업소득보전직접지불금의 수령 여부, 농지사업이력서 등을 종합적으로 판단하고 있다.

국민

(3) 주소지는 주민등록법에 따라 자경농민이 신고한 주소이면서 실제로도 거주하고 있는 장소를 의미

2년 이상 영농에 종사해 왔던 자나 후계농업경영인 모두 새로이 취득하려는 농지는 도시지역 외의 지역에 소재해야 한다. 이러한 도시지역 외의 지역에 소재하고 있는 농지와 자경농민의 주소지는 실제 통작이 가능한 거리에 있어야 한다. 현행 조문은 자경농민의 주소지가 농지소재지가 있는 시·군·구에 있거나 이와 연접한 시·군·구, 또는 소재지로부터 20km 이내에 있다면 실제 통작이 가능한 경우로 입법적 판단을 하고 있다. 여기서 말하는 주소지는 주민등록법에 따라 자경농민이 신고한 주소이면서 실제로도 거주하고 있는 장소이어야 한다(조심 2008지0877, 2009.7.30.).

사실 통상 농지가 많이 분포하고 있는 기초지방자치단체의 경우 관할 구역 자체가 20Km가 넘는 경우가 많이 있고, 연접한 시·군·구까지 포함한다면 농지 소재지와 자경농민의 주소지가 수십 킬로미터가 넘는 경우가 있을 수 있는데 현행 규정상 연접하기만 하면 주소지가 농지에서 수십 킬로미터 떨어져 있어도 감면 요건이 충족된다는 것이 타당한 것인지 의문이 있다.

또 시·군·구내에 주소지가 없거나 연접하지 않는 경우에는 농지와 주소지의 거리를 20km로 제한하고 있는데 교통수단이 발달한 현 시점에서도 합리성을 갖추고 있는 규정인지는 의문의 여지가 있다. 한편 판례에서는 20km로 제한하는 현행 규정이 거주이전의 자유에는 위배되지 않는 것으로 판시한 바 있지만, 시대 변화를 반영한 적정 통작 거리에 대해서는 향후 입법 정책적으로 추가 검토가 필요할 것으로 보인다.

☑ 지방세특례법 제6조 제1항 교통수단 발전으로 20㎞ 밖에 거주하더라도 자경이 충분히 가능함에도 물리적인 거리의 개념만으로 파악하여 이를 벗어난 거리에 거주하고 있다고 하여 취득세 감면을 배제하는 것이 거주이전 자유 등에 위배되지 않아 감면을 배제하는 것이 적법함(대법원 2013두22840, 2014.2.14.).

이러한 관점들을 염두하고 자경농민 요건을 판단한 실례를 살펴보자.

① 부부 중 1명이 자경농민요건을 충족한 경우 배우자가 소득 기준을 초과하더라도 감면 대상

부부 중 2년 이상 영농 종사 요건을 구성하는 세 가지 세부 조건(기간, 주소, 소득)을 충족한 경우라면 배우자의 소득이 감면기준(3천 7백만 원)을 초과한다고 하더라도 배우자가 취득하는 농지는 감면 대상에 해당한다.

☑ 본인 또는 배우자 중 1명 이상이 취득일 현재 2년 이상 계속해서 영농에 종사하고 있다는 사실이 객관적으로 입증되는 경우라면 부부 중 1명이 농업 외의 종합소득금액이 농업소득의보전에관한법률 제6조 제3항 제1호 및 같은 법 시행령 제6조 제1항 본문에 따른 금액을 초과한 경우에 해당된다 하더라도 감면 대상에서 제외되는 것으로 보기는 어렵다 할 것임(지방세특례제도과-1686, 2017.6.26.).

② 주소지가 기존 자경 농지의 소재지 내에 있어야 가능

2년 이상 자경농민으로 인정받는 주소 요건은 당연히 새로 취득하는 농지가 아니라 기존 농지를 기준으로 판단한다. 종전 자경을 해오던 주소지가 기존 농지의 소재지나 인접 시·군·구 또는 농지로부터 20Km 이내에 있어야 한다.

만일 시·도를 달리하여 주소를 이전하였다 하더라도 농지 취득일 현재 자경한다고 볼 수 있는 통작 가능한 거리에 주소지를 두고 농지를 취득한 경우라면 주소지 요건이 충족되기 때문에 자경농민으로 보는 것이 타당하다(지방세특례제도과-2915, 2016.10.10.).

③ 형식적인 서류 외에 영농에 종사했음을 객관적으로 입증할 수 없는 경우는 모두 불인정

농업경영체등록확인서나 농지원부 외에 입증자료가 없는 경우, 농업 관련 소득을 증빙하지 못하거나 농업 외 다른 사업을 통해 소득이 발생했음이 입증된 경우, 타인에게 대리경작하도록 한 경우, 농산물 출하내역, 농기계 소유현황 등을 제출하지 못하고 부정한 방법으로 농지취득증명원을 발급받은 경우 등은 모두 불인정된 사례이다.

- 청구인이 농자재를 구입하는 등 농업에 종사한 사실이 있다 하더라도 이는 영농에 종사한다고 볼 수 없으며, 경정청구 시는 물론 심사청구 시에도 배우자의 소득 관련 증빙을 제출하지 않아 자경농민 감면 요건에 해당되는지를 판단할 수 없음(심사 2016-688, 2017.12.14.).

- 청구인이 제출한 농업경영체증명서나 농지원부만으로는 취득일 현재 2년 이상 농업에 종사하였다고 보기 어려우므로 처분청이 청구인의 경정청구를 거부한 처분은 잘못이 없다고 판단됨(조심 2017지0202, 2017.7.13.).

- 청구인과 그 배우자가 농지를 직접 경작하였다고 볼만한 자료가 확인되지 아니하고, 제조업 및 음식점업으로 각각 사업자등록을 하고 관련 소득금액이 있었던 사실이 확인되는 점 등에 비추어 청구인이 생섬토지를 취득할 당시 2년 이상 영농에 직접 종사한 사람으로 보기는 어려우므로 이 건 경정청구를 거부한 처분은 잘못이 없다고 판단됨(조심 2017지0288, 2017.5.10.).

- 청구인의 농지원부에 따르면 주소지는 ○○○이며 농지소재지는 같은 시 ○○○4,007㎡ 및 ○○○3,865.2㎡이고 최초작성일사는 2007.2.16.이며, ○○○2015.2.25. 발행한 농업경영체 등록확인서를 보면 청구인을 경영주로 하고 쟁점토지를 농지소재지로 하여 자경으로 벼를 재배하는 것으로 기재되어 있으며 최초등록일자가 2012.5.14.이라 자경농민에 해당하는 것으로 보이고 처분청도 이를 인정하고 있으나, 처분청이 제시한 쌀직불보조금 지급 관리대장(2012년도~2014년도)에 따르면 쟁점토지에 대해서 ○○○2012년도에 ○○○2013년도에 ○○○2014년도에 ○○○지급받은 것으로 기재되어 있고, 처분청이 제출한 쟁점토지에 대한 농지사업이력서를 보면 2012년부터 2014년까지 ○○○경작한 것으로 나타나는 점 등에 비추어 청구인은 2012.7.14. 쟁점토지를 상속으로 취득한 날부터 2년이 경과할 때까지 직접 경작하지 아니하고 ○○○이 대리경작한 것으로 확인되는 이상 처분청이 이 건 경정청구를 거부한 처분은 달리 잘못이 없다고 판단됨(조심 2016지0321, 2017.3.2.).

- 청구인의 경우 ○○ 범죄사실 통보자료 등에서 청구인은 지방공무원으로 근무하면서 이 건 토지를 비롯하여 여러 필지의 농지를 취득하였지만 이를 직접 경작하였다고 보기는 어렵고, 청구인의 동거가족 중에는 농업에 종사하는 사람은 없다고 진술하고 있고, 청구인은 수 필지 농지를 소유하고 있으면서도 농산물 출하내역, 농기계 소유현황 등 토지를 직접 경작하였다고 볼 만한 객관적인 자료를 제출하지 못하고 있고, 이 건 토지를 비롯한 여러 필지의 농지를 취득하여 실제로 농업경영에 이용할 의사나 능력이 없음에도 부동산 투기목적으로 농업을 경영할 것처럼 허위사실을 기재하여 거짓 또는 부정한 방법으로 농지취득자격증명을 발급받아 농지를 취득한 점이 인정된다고 하고 있는 이상, 청구인은 이 건 토지 취득 당시 위 지방세법령에서 정하고 있는 자경농민에 해당한다고 할 수도 없을 뿐만 아니라 자신의 노동력을 투입하여 직접 경작할 목적으로 이 건 토지를 취득하였다고 보기도 어렵다 할 것으로 처분청이 이 건 취득세 등을 청구인에게 부과 고지한 것은 잘못이 없는 것으로 판단됨(조심 2009지0107, 2010.4.13.).

쟁점 055 공부상 지목이 전(田)이지만 축사용으로 쓰는 토지도 감면 대상인가?

지방세특례제한법 제6조 【자경농민의 농지 등에 대한 감면】 제1항

① (생략) 대통령령으로 정하는 기준에 따라 직접 경작할 목적으로 취득하는 농지(논, 밭, 과수원 및 목장용지를 말한다. 이하 이 절에서 같다) 및 관계 법령에 따라 농지를 조성하기 위하여 취득하는 임야에 대해서는 (이하 생략)

지방세특례제한법시행령 제3조 【자경농민 및 직접 경작농지의 기준 등】 제2항

② 법 제6조 제1항 각 호 외의 부분 본문에서 "대통령령으로 정하는 기준"이란 다음 각 호의 요건을 모두 갖춘 경우를 말한다.

1. 농지 및 임야의 소재지가 「국토의 계획 및 이용에 관한 법률」에 따른 도시지역(개발제한구역과 녹지지역은 제외한다. 이하 이 항 및 제3항에서 "도시지역"이라 한다) 외의 지역일 것
2. 농지 및 임야를 취득하는 사람의 주소지가 농지 및 임야의 소재지인 시·군·구 또는 그 지역과 잇닿아 있는 시·군·구 지역이거나 농지 및 임야의 소재지로부터 20킬로미터 이내의 지역일 것
3. 본인 또는 배우자가 소유하고 있는 농지 및 임야(도시지역 안의 농지 및 임야를 포함한다)와 본인 또는 배우자가 새로 취득하는 농지 및 임야를 모두 합한 면적이 논, 밭, 과수원은 3만제곱미터(「농지법」에 따라 지정된 농업진흥지역 안의 논, 밭, 과수원은 20만제곱미터로 한다), 목장용지는 25만제곱미터, 임야는 30만제곱미터 이내일 것. 이 경우 초과부분이 있을 때에는 그 초과부분만을 경감대상에서 제외한다.

지방세특례제한법 제6조 제1항 본문에서 밝히고 있는 바와 같이 자경농민이 취득하는 감면 대상인 농지에는 논, 밭, 과수원, 목장용지가 포함되며 지금 당장은 임야상태라 하더라도 향후 농지로 조성하기 위해 취득하는 임야도 감면 대상이 된다. 여기서 말하는 농지는 어떤 농지인가? 공부상 농지이기만 하면 되는 것인지 아니면 실제 농지로 활용되기만 하면 되는 것인지, 아니면 공부상으로도 농지이어야 하고, 실제 농지로도 활용되고 있는 토지에 한해 감면 대상이 되는 것인지 논란이 있다.

논란이 발생하는 원인은 법률에서는 농지를 취득하는 경우로만 명시를 해두고, 자경농민의 요건을 규정한 같은 법 시행령 제3조 제1항 제1호에서 자경농민의 2년 이상 영농종사의 요건이 되는 농지의 범위를 지방세법시행령 제21조를 인용하기 때문이다. 지방세법시행령에서는 농지를 아래와 같이 정의하고 있다. 형식적으로 공부상 지목이 농지여야 하고, 실질에 있어서도 농지로 사용되고 있어야 농지로 볼 수 있다.

자경농민 요건으로서의 농지(지특령 §3 ① 1호에서 지령 §21 인용)

1. 취득 당시 공부상 지목이 논, 밭 또는 과수원인 토지로서 실제 농작물의 경작이나 다년생식물의 재배지로 이용되는 토지. 경영에 직접 필요한 농막(農幕)·두엄간·양수장·못·늪·농도(農道)·수로 등이 차지하는 토지 부분을 포함한다.
2. 취득 당시 공부상 지목이 논, 밭, 과수원 또는 목장용지인 토지로서 실제 축산용으로 사용되는 축사와

그 부대시설로 사용되는 토지, 초지 및 사료밭

※ 2013년 1월 1일 이전(지령 §21 2호) : 취득 당시 공부상 지목이 목장용지인 토지로서 실제 축산용으로 사용되는 축사와 그 부대시설로 사용되는 토지, 초지 및 사료밭

이러한 입법구조를 취하고 있기 때문에 그동안의 유권해석과 조세심판례 등을 분석해 보면 법률상 감면 대상인 농지의 범위를 지방세법시행령에 따른 농지의 개념에 착안하여 해석해 왔음을 알 수 있는데 이를 케이스별로 살펴보면 다음과 같다.

(1) 공부상 지목이 논, 밭, 과수원이고 실제 영농에 활용 : 감면 대상

취득세 감면 여부는 취득 시점을 기준으로 판단해야 하므로 자경농민요건을 충족하는 자가 농지를 취득하는 시점에 해당 토지가 토지대장과 같은 공부상 지목에 논, 밭, 과수원, 목장용지로 명시되어 있고 실제로도 농작물을 경작하거나 축산용으로 활용하는 등 해당 용도로 활용되고 있다면 감면 대상이 되는 농지가 해석상 명확하다.

(2) 공부상 지목이 논, 밭, 과수원이 아닌 경우 : 실제 용도 불문, 감면 제외

비록 지목이 논, 밭, 과수원은 아니나 실제 영농에 사용 중임이 명백한 토지를 취득하고 향후 영농에 종사할 계획이 있다면 감면 대상이 될 여지가 있을까? 이는 법령의 문리적 해석으로 보건, 그간 해석 사례를 보건 감면 대상이 되지 않음이 명확하다.

10년간 벼농사를 경작해 왔던 토지라도 공부상 지목이 하천부지라면 감면 대상인 농지에 해당된다고 할 수 없고(지방세운영과-438, 2008.6.17.), 공부상 지목이 임야인 경우도 실제 농사를 짓고 있어도 감면 대상이 농지에 해당되지 않는다(지방세특례제도과-769, 2015.3.19.). 다만, 임야인 경우는 산지전용허가 등을 거쳐 향후 농지로 지목을 변경하는 경우는 농지 조성을 위해 취득하는 임야로서 감면 대상이 된다고 할 것이다.

감면 대상이 되는 "농지"의 범위는 공부 상 지목이 전·답·과수원 및 목장용지로 되어 있는 농지로서 자경농민이 취득하여 직접 경작하는 농지에 한한다 할 것으로, 10년 전부터 계속하여 벼농사를 경작하고 있는 사실상 답일지라도 공부상 지목이 하천부지라면, 비록 농지법의 규정에 의한 농지에 포함된다 하더라도 지방세법 상 취득세와 등록세의 감면 대상이 되는 "농지"에 해당되지 아니함(지방세운영과-438, 2008.6.17.).

(3) 공부상 지목이 농지이지만 일시·계절적인 휴경지 : 감면 대상

논, 밭, 과수원 등이 취득 당시 실제 농작물의 경작에 이용되고 있어야 하지만 품종의 계절적 특성, 기후 환경의 영향 등을 받을 수밖에 없는 농업 경영의 여건을 고려할 때 취득 당시에 실제 농업에 활용되지 않을 수 있다. 이 경우 일시적으로 또는 계절적으로 농업에 활용되고 있지 않은 토지 취득에 대한 감면 여부가 문제될 수 있는데 위치·형상 등을 고려할 때 언제든지 경작 가능한 상태라면 경작 중이 아니라도 감면 대상이 되고(지방세운영과-1754, 2010.4.28.), 재

국 민

산세가 분리과세되고 토지의 전경을 고려할 때 일시적·계절적인 휴경지로 판단되는 경우 감면 대상이 될 수 있다(조심 2010지0294, 2010.12.21.).

- 일시·계절적인 휴경지를 사실상 농지로 볼 수 있는지 여부와 관련하여 지방세법 상 사실상 지목의 결정은 그 토지의 장기적인 주된 사용목적과 그에 적합한 위치·형상 등을 객관적으로 평가하여야 할 것이지, 그 일시적인 사용관계에 구애받을 것은 아니라 할 것이므로(대판1985누234, 1985.9.10. 참조), 그 토지의 위치·형상 등이 언제든지 경작가능한 상태의 일시적·계절적 휴경지 상태라고 한다면 비록 취득(등기) 당시 경작 중인 농지가 아니라고 하더라도 사실상 농지에 해당된다고 사료되므로, 지방세법 제261조에 의한 자경농민이 공부상 지목이 농지(전·답·과수원 및 목장용지)이고 사실상 현황이 일시·계절적인 휴경지를 직접 경작할 목적으로 취득하는 경우라면 취득·등록세 50% 감면 대상임(지방세운영과-1754, 2010.4.28.).

- 실제 영농으로 사용하는 농지로 과세대장에 농지로 등재하여 재산세를 분리과세하였고, 토지 전경 사진에도 일시적·계절적 휴경지로 보여 지는 점에서 농지로 판단되므로, 청구인이 농업을 주업으로 하는 자 및 직접 경작농지의 기준 등의 다른 감면 요건을 충족하고 있어 토지의 취득에 따른 취득세 등은 자경농민의 농지에 대한 감면에 해당되는 것임(조심 2010지0294, 2010.12.21.).

(4) 공부상 지목이 농지인데 농지로 안 쓰고 있는 토지 : 감면 대상?

자경농민 자격 요건에서 규정하고 있는 농지는 지방세법시행령 제21조를 인용하고 있는데 법률에서 감면 대상으로 정하고 있는 농지(논, 밭, 과수원, 목장용지)를 지방세법시행령 제21조의 농지와 동일한 농지라고 본다면 당연한 귀결로서 토지 취득 당시 공부상 지목이 농지라 하더라도 일시적·계절적 휴경지가 아니면 감면 대상이 될 수 없다고 할 것이다. 예컨대 토지를 취득할 당시에 공부상으로 지목이 '답'인 경우지만 대부분의 토지가 사실상 도로로 사용되고 있다면 감면 대상이 될 수 없고, 나아가 지방자치단체가 납세자의 신청에 따라 사실상 현황을 파악하지 못하고 착오로 감면해 주었다 하더라도 추후 감면해 준 세액을 추징하는 처분도 정당하다(조심 2010지0561, 2010.12.24.).

- 지방세법시행령 제77조 및 제89조에서 취득세와 등록세 부과 대상으로서 "농지"라 함은 그 실제 현황이 농작물 경작에 이용되는 토지라 할 것이며 지방세법 제261조 제1항에서 규정한 자경농민에 대한 감면 대상으로서 "농지"도 이와 같다고 할 것으로 이 건 토지의 경우 청구인이 취득하기 전부터 현재까지 대부분이 사실상 도로로 사용되고 있음을 볼 때 청구인이 이 건 토지를 취득할 당시 자경농민의 농지 취득에 따른 취득세 등의 감면 대상에 해당되지 아니함에도 청구인은 이 건 토지의 공부상 지목이 답이라는 사실만으로 처분청에 취득세 등의 감면을 신청하였고 처분청은 이 건 토지의 사실상 현황을 잘못 판단하여 취득세 등을 감면한 것으로, 취득세와 등록세는 납세의무자가 스스로 조세채무의 성립요건의 충족을 조사·확인하고 자신의 책임 하에 과세표준액과 이에 대하여 관계법령의 규정에 의한 세율을 적용하여 산출한 세액을 신고 납부하여야 하는 이른바 신고납부방식에 의한 조세이므로, 처분청 담당공무원이 취득세 등의 감면 대상이 아님에도 착오로 이를 감면한 세액이 기재된 납부서를 청구인에게 교부하였다 하더라도 추후 이를 취소하고 다시 과세하는 것으로 그 잘못된 처분을 바로 잡았다고 할 것임(조심 2010지0561, 2010.12.24.).

그런데 2015년도 조세심판례(2015지0654, 2016.7.11.)는 그간의 유권해석이나 심판례와 상이하게 공부상 농지인 경우 취득 당시 농지로 사용되고 있지 않더라도 취득세 감면이 가능하다고 보았다.

청구인이 자경농민인 것에 대해서는 청구인과 처분청 사이에 다툼이 없는 점, 지방세특례제한법 제6조 제1항에서 취득세 등의 감면 대상이 되는 농지는 논, 밭, 과수원 및 목장용지를 말하는 것으로 규정하고 있을 뿐 취득 당시 사실상 농지로 사용하여야 한다는 감면 요건 규정이 없고, 위 규정에서 농지를 조성하기 위하여 취득하는 임야에 대하여도 취득세 등의 감면 대상으로 규정하고 있으므로 자경농민이 직접 경작할 목적으로 공부상 농지이나 취득 당시에는 농지로 사용되지 아니한 토지를 취득하는 경우에도 취득세 등의 감면 대상에 해당하나, 2년 이내에 직접 경작하지 아니하는 경우 등에는 기 감면한 취득세 등을 추징할 수 있다고 보는 것이 자경농민이 직접 경작할 목적으로 농지를 취득하였음에도 취득세 등의 감면에서 배제되는 모순을 방지할 수 있고, 위의 규정 및 감면 취지 등에 부합한다고 보이는 점, 자경농민이 직접 경작할 목적으로 취득 당시 공부상 지목이 농지이나 사실상 농지가 아닌 토지를 취득하는 경우에도 취득세 등의 감면 대상으로 판단하더라도 자경농민이 농지를 취득일부터 2년 이내에 직접 경작하지 아니하는 경우 등에는 기 감면한 취득세 등을 추징할 수 있어 위의 규정 및 감면 목적에 반하여 취득세 등이 일실될 여지는 없다고 보이는 점, 지방세법시행령 제21조의 농지의 범위 규정은 농지의 취득세율 적용대상 및 자경농민에 해당하는지 여부 등을 판단하는 경우에 적용되는 농지의 범위에 대한 규정이고, 자경농민이 취득하는 농지로서 취득세 등의 감면 대상이 되는 농지의 범위에 대한 규정이 아닌 점 등에 비추어 쟁점토지는 자경농민인 청구인이 직접 경작할 목적으로 취득하는 농지로서 취득세 등의 감면 대상으로 보이므로 처분청이 청구인의 경정청구를 거부한 처분은 잘못이 있다고 판단됨(조심 2015지0654, 2016.7.11.).

해당 사례에서 감면 대상이 된다고 판단한 논거는 다음 세 가지로 추려진다.

논거 1. 지방세특례제한법에서 감면 대상이 되는 농지는 논, 밭, 과수원 및 목장용지만 규정하고 있으며 취득 당시 사실상 농지로 사용해야 한다는 요건이 없고, 농지를 조성하기 위해 취득하는 임야에 대해서도 감면 대상으로 규정하고 있다.

논거 2. 취득 당시 농지로 사용하지 않아도 2년 이내 직접 경작하지 아니한 경우 감면된 세액을 추징할 수 있으므로 입법취지에 부합된다.

논거 3. 지방세법시행령 제21조의 농지의 범위 규정은 농지의 취득세율 적용에 관한 사항이고 자경농민의 취득세 감면 대상이 되는 농지의 범위 규정은 아니다.

그런데 아래와 같은 이유로 이러한 판단에는 다소의 무리가 있는 것으로 보인다.

• 논거 1의 문제점

지방세특례제한법 제6조 제1항은 구 지방세법(2011년 분법되기 이전의 법) 제261조 제1항과 입법 취지와 규정된 내용이 동일하며 그간 해당 조문을 달리 해석할만한 특별한 사정변경이 있다고 보기는 어렵다. 2010년 조세심판례에서 보듯이 법률에서 논, 밭, 과수원 및 목장용지만 규정하고 있고 사실상 농지로 사용해야 한다는 규정이 없더라도 실제 현황이 농작물 경작에 이용되는 토지라야 감면 대상이 된다고 이미 밝힌 바 있다. 한편, 농지를 조성하기 위해서 취득하는 임야가 감면 대상이 되기 때문에 직접 경작할 목적으로 취득하지만 실제 농지가 아닌

국 민

토지도 감면 대상이 되는 것처럼 기술하고 있는데 이러한 해석은 무리가 있다. 오히려 임야와 달리 농지인 경우는 향후 농지로 조성하기 위하여 취득하는 농지가 감면 대상이 된다고 명시하고 있지 않기 때문에 조성행위를 명시적으로 언급해 둔 임야의 경우와는 달리 봐야 할 것이다.

지방세법시행령 제77조 및 제89조에서 취득세와 등록세 부과 대상으로서 "농지"라 함은 그 실제 현황이 농작물 경작에 이용되는 토지라 할 것이며 지방세법 제261조 제1항에서 규정한 자경농민에 대한 감면 대상으로서 "농지"도 이와 같음(조심 2010지0561, 2010.12.24.).

• 논거 2의 문제점

2년 이내에 직접 경작하지 아니한 경우 추징이 가능하다는 조문은 공부상으로도 사실상으로도 농지인 토지를 취득하고도 영농 활동을 하지 않는 경우 감면받은 세액을 추징한다는 것일 뿐 동 조항을 이유로 애초에 사실상 농지가 아닌 토지 취득도 감면 대상으로 볼 수 있다고 해석하는 것은 다소 무리한 확장해석으로 보인다.

• 논거 3의 문제점

앞서 언급한 것처럼 이미 조세심판례(조심 2010지0561, 2010.12.24.)에서 지방세법시행령 제21조의 농지의 범위 규정과 지방세특례제한법 제6조 제1항의 농지의 범위 규정을 달리 보지 않았다.

이와 관련하여 농지법, 지방세법, 지방세특례제한법에서 정의하고 있는 농지의 범위에 대해서 잠깐 살펴볼 필요가 있다. 농지법 상 농지는 공부상 지목을 불문하고 사실상 농지로 활용되는 토지를 농지로 보지만, 지방세법 상 취득세가 저율과세되는 농지는 공부 상 지목에 더하여 실제 농지로 활용되어야 한다. 지방세특례제한법에서는 지방세법 상 농지를 차용하는 구조이기 때문에 입법취지상 감면 대상이 되는 농지가 같다고 봄이 바람직하다. 따라서 농지법 상 농지의 개념이 가장 광범위하고, 지방세법 상 농지의 개념은 공부상 지목과 실제의 일치를 요구하기 때문에 가장 협소하고, 지방세특례제한법 상 농지는 지방세법 상 농지와 동일하다고 해석될 수 있다.

그런데, 조세심판례(2015지0654, 2016.7.11.)에 따라 지방세특례제한법 상의 감면 대상인 농지는 이제 애매한 영역에 놓이게 되었다. 즉 공부 상 농지이고 향후 직접 경작에 활용될 목적이기만 하면 감면 대상이 된다는 말이기 때문에 사실상 현행 조문인 '직접 경작할 목적으로 취득하는 농지'가 아니라 '직접 경작할 목적으로 취득하는 토지로서 공부상 지목이 농지'로 사실상 운영하게 되는 결과가 된다.

| 농지법, 지방세법, 지방세특례제한법 상 농지의 개념 및 특징 |

근거법률	개 념	규정 목적 및 특징
농지법 §2 1호	가. 전·답, 과수원, 그 밖에 법적 지목(地目)을 불문하고 실제로 농작물 경작지 또는 다년생식물 재배지로 이용되는 토지. 다만, 「초지법」에 따라 조성된 초지 등 대통령령으로 정하는 토지는 제외한다. 나. 가목의 토지의 개량시설과 가목의 토지에 설치하는 농축산물 생산시설로서 대통령령으로 정하는 시설의 부지	농지의 효율적 활용 및 농업의 육성 공부상 지목 불문, 실제 이용 현황에 기초하여 파악
지령 §21	1. 취득 당시 공부상 지목이 논, 밭 또는 과수원인 토지로서 실제 농작물의 경작이나 다년생식물의 재배지로 이용되는 토지. 농지 경영에 직접 필요한 농막(農幕)·두엄간·양수장·못·늪·농도(農道)·수로 등이 차지하는 토지 부분을 포함한다. 2. 취득 당시 공부상 지목이 논, 밭, 과수원 또는 목장용지인 토지로서 실제 축산용으로 사용되는 축사와 그 부대시설로 사용되는 토지, 초지 및 사료밭	취득세율 적용(저율과세) 공부상 지목 + 실제 활용
지특법 §6 ①	논, 밭, 과수원 및 목장용지	지특령 §3 ① 자경농민 요건에서 농지의 범위에 지방세법시행령 제21조 인용

따라서, 이러한 조세심판례에도 불구하고, 당초 입법 취지와 조세 법률의 엄격한 해석 원칙에 따를 때 해당 조세심판례를 근거로 한 지나친 확대해석은 경계해야 할 것이다. 공부 상 지목이 농지인 경우에는 위치나 형상 등을 고려하여 사회 통념적 기준으로 봤을 때 당장은 농지가 아니더라도 합리적 관점에서 경작 가능성이 충분하고, 농지로 전환될 수 있는 토지에 한해 감면이 된다고 봄이 바람직하다.

(5) 축사는 공부 상 지목이 목장용지인 경우뿐 아니라 논, 밭, 과수원이어도 감면 가능

2013년 이전 해석 사례를 보면 공부상 지목이 목장용지가 아니라 전(田)인 경우는 실제로는 축사용으로 사용되는 축사의 부속토지라 하더라도 감면 대상이 되지 않는다고 보았다(지방세운영과-1791, 2010.4.29.). 하지만 2013년 조문 개정에 따라 공부상 지목이 전(田)으로 기재되어 있다고 할지라도 축사용 토지라면 현행 규정 해석상은 감면 대상이 된다고 할 것이다.

축산용으로 사용되는 토지는 해당 지목이 목장용지가 아니고 논, 밭, 과수원이라고 하더라도 실제 축사와 그 부대시설로 사용이 된다면 감면 대상이 된다는 것이다. 2013년에 개정 조문이 시행되면서 적용 범위가 넓어졌는데 하나의 지목의 필지를 두고 농업과 축산업을 함께하는 일부 영농의 현실을 배려한 측면이 있는 것으로 보이나, 공적 장부와 실제 운영의 괴리를 법령에서 사실상 인정하게 되는 결과를 초래한다는 측면에서 엄밀히 따진다면 다소 불합리한 측면이 있는 것으로 보인다.

공부상 지목이 전인 토지를 목장용지로 볼 수 있는지 여부와 관련하여 농지법 등에서 가축을 사육하는 축사 등의 부속토지에 대하여 목장용지로 본다고 규정하고 있더라도 농지(목장용지)의 지방세 감면 대상을 규정하고 있는 지방세법에서 목장용지를 등기 당시 공부 상 지목이 목장용지이고, 실제 축산용으로 사용되는 축사와 그 부대시설로 사용되는 토지, 초지 및 사료밭이라고 규정하고 있으므로 해당 축사 부속토지의 공부상 지목이 목장용지이고, 실제 축사용으로 사용되는 축사의 부속토지가 아니라면 취득·등록세 감면 대상 목장용지로 볼 수 없음(지방세운영과-1791, 2010.4.29.).

참고

축사와 축산용 토지에 대한 지방세 세제혜택

- **축사** : 취득세 50% 감면(2020.12.31.까지, 지특법 §6 ②)
- **축산용 토지**
  - 취득세 50% 감면(2020.12.31.까지, 지특법 §6 ①)
  - 저율 분리과세(과세표준의 0.07%)(지법 §111 ①)

저자팁

자경농민의 농업용 시설에 대한 취득세 감면(50%) 적용기준 변경

• 취득세 감면 대상 농업용 시설(지특법 §6 ②)

1. 양잠(養蠶) 또는 버섯재배용 건축물, 고정식 온실
2. 축사, 축산폐수 및 분뇨 처리시설
3. 창고[저온창고, 상온창고 및 농기계보관용 창고] 및 농산물 선별처리시설

• 감면 적용기준

(2018년까지) 별도 기준 없음

(2019.1.1.부터) 감면기준 신설·적용

i) 도시지역외의 농업용 시설일 것

ii) 신규취득 농업용 시설 소재지 또는 20km 이내 거주

※ 고정식 온실, 축사, 축산폐수 및 분뇨 처리시설은 소재지 제한을 두지 않는데 고정식 온실은 정보통신기술발달에 따른 원격제어가 가능한 스마트팜 보급·확산을 지원하는 취지에서 제외하였고, 축사, 축산폐수 및 분뇨 처리시설 등은 악취 등에 따른 지역민원으로 인해 입지 선정에 현실적 어려움이 있음을 반영하여 제외함

쟁점 056 병원생활로 농사를 못 지으면 감면받은 세금은 추징?

> **지방세특례제한법 제6조 【자경농민의 농지 등에 대한 감면】 제1항**
>
> ① (생략) 다만, 다음 각 호의 어느 하나에 해당하는 경우 그 해당 부분에 대해서는 경감된 취득세를 추징한다.
>
> 1. 정당한 사유 없이 그 취득일부터 2년이 경과할 때까지 자경농민으로서 농지를 직접 경작하지 아니하거나 농지조성을 시작하지 아니하는 경우
> 2. 해당 농지를 직접 경작한 기간이 2년 미만인 상태에서 매각·증여하거나 다른 용도로 사용하는 경우

자경농민이 농지를 취득할 때 적법하게 취득세를 감면받았더라도 나중에 법률에서 정하고 있는 의무 사항을 위반하게 되면 이미 받았던 감면액을 추징당하게 된다. 지방세특례제한법은 취득세 감면 추징과 관련해서 일정 기간 내에 해당 용도로 사용을 시작해야 한다는 조건과 그렇게 사용을 시작한 후 반드시 일정 기간을 사용해야 한다는 조건을 두고 있다.

자경농민 감면에 있어서는 ① 정당한 사유 없이 그 취득일로부터 2년이 경과할 때까지 자경농민으로서 농지를 직접 경작하지 아니하거나 농지조성을 시작하지 아니하는 경우, ② 해당 농지를 직접 경작한 기간이 2년 미만인 상태에서 매각·증여하거나 다른 용도로 사용하는 경우 경감된 취득세를 추징 한다(지특법 §6 ① 1·2호).

여기서 주로 문제되는 것은 불확정 개념인 '정당한 사유'이다. 정당한 사유가 있다면 납세자를 추징으로부터 자유로울 수 있도록 배려하기 위해 들어간 표현이지만, 실제 세정 운영에 있어 무엇이 정당한 사유인지 판단하기는 쉽지 않은 실정이다.

정당한 사유는 법령에 의한 금지·제한 등 외부적인 사유는 물론 경작을 위한 정상적인 노력을 다하였음에도 시간적인 여유가 없어 유예기간을 넘긴 내부적인 사유도 포함하고, 정당사유의 유무를 판단함에 있어서는 취득세 등 경감의 입법취지를 충분히 고려하면서 경작에 사용할 수 없는 법령·사실상의 장애사유 및 장애정도, 당해 취득자가 농지를 경작에 사용하기 위한 진지한 노력을 다하였는지의 여부, 행정관청의 귀책사유가 가미되었는지 여부 등을 아울러 참작하여 구체적인 사안에 따라 개별적으로 판단하여야 할 것임(조심 2009지0505, 2009.12.7.).

참고로 해당 조문은 2017.1.1.부터 개정 시행되어 온 것으로서 2017년 이전까지는 지방세특례제한법 제6조 제1항 제2호의 경우에도 '정당한 사유 없이'라는 표현이 있었기 때문에 매각·증여 등 다른 용도 사용과 관련한 과거 해석사례나 조세심판례 등을 구체적 사례에 접목함에 있어 유념할 필요가 있겠다.

(1) 정당한 사유로 인정되어 추징이 배제된 사례 : 질병으로 입원하여 농사를 못 지은 경우

직접 경작은 감면받은 자경농민이 직접 농사를 지을 것을 요구하지만 농지 취득 후 병원에 입원하는 등 불가피하게 제3자에게 경작을 맡긴 경우는 정당한 사유에 해당된다. 다만, 이러한 경우는 단순 질병이 아니라 장기간에 걸쳐 농사에 필요한 노동력을 제공하지 못할 정도의 질환이 있는 경우로 봄이 바람직하다. 이의 입증은 병원 내원 기록, 의사의 진단서, 입·퇴원 사실확인서 등 구체적으로 증빙되는 자료에 근거해야 할 것이다.

✅ 2007년 1월 경 쟁점농지를 취득하여 직접 농사를 짓던 중 2007년 11월 경부터 심장병 등으로 인하여 병원생활을 하게 되면서 부득이하게 농사를 지을 수 없게 되어, 2008년도에는 제3자에게 일시적으로 쟁점농지의 경작을 위임하였고, 2009년 3월부터 청구인의 동생에게 맡기게 된 바, 쟁점농지를 취득한 후 2년 내에 직접 경작하지 못한 정당한 사유에 해당하므로 이 건 부과처분은 취소되어야 함(조심 2010지0461, 2011.5.18.).

(2) 정당한 사유로 인정될 수 없어 감면분이 추징된 경우

① 이혼에 따른 재산 분할을 원인으로 한 소유권 이전

지방세특례제한법 제6조 제1항 제1호에 따른 유예기간 내에 이혼에 따른 재산분할로 소유권이 배우자에 이전되는 경우 제2호에 따른 매각·증여 등 다른 용도로 사용한 것으로 보아 경감한 취득세를 추징할 수 있을까? 2012년 조세심판례는 이혼에 따른 재산분할을 매각·증여 등 다른 용도로 사용하는 경우에 해당하지 않는 정당한 사유가 있는 경우로 보았다. 그러나 2017년부터 시행 중인 지방세특례제한법은 같은 조 같은 항 제2호의 '정당한 사유'가 삭제되어 있으므로 경감된 세액을 추징하지 않을 이유가 없다.

✅ 자경농민에 대한 취득세 등을 감면받은 후 이혼에 따른 재산분할을 원인으로 배우자에게 소유권이 이전되었다고 하더라도 유예기간 내 이혼에 따른 재산분할을 원인으로 배우자에게 소유권을 이전하는 경우는 매각이나 증여와는 그 성질상 다른 측면이 있고, 혼인 중에 부부의 공동의 노력으로 취득한 재산에 대하여 이를 배분하는 과정으로 볼 수 있으므로 농지의 취득자가 2년 이상 직접 경작하지 아니한 정당한 사유에 해당한다고 할 것임(조심 2012지0338, 2012.6.2.).

② 단체회장인 개인명의 농지를 단체명의의 농지로 변경

2017년 이전 '정당한 사유'가 명시되었던 지방세특례제한법 제6조 제1항 제2호의 적용과 관련하여 조세심판원은 불가항력적인 외부 사정이 아닌 단체의 내부 사정에 기인한 경우 정당한 사유로 인정되기 어렵다고 보았다. '정당한 사유'가 삭제된 현재의 조문을 기준으로 한다면 해당 케이스는 당연히 추징 대상이 되고, 불가항력적인 외부적인 사정이 있었다 하더라도 2년 이내에 제3자에게 소유권을 이전했다는 사실만으로 추징 대상이 된다.

✅ 청구인이 이 건 부동산 취득일부터 2년 이내에 단체 명의로 소유권 이전 등기한 사유가 행정관청의 사용금지, 제한 등 외부적인 사유로 인한 불가항력적인 사항에 해당한다 할 수 없고, 단체 명의로 이 건 부동산을 취득하지 못하여 단체의 회장인 청구인 개인 명의로 취득하였다고 하더라도 이는 내부적인 사정에 기인한 것으로서 정당한 사유에 해당되는 것으로 보기 어렵다 할 것이므로 처분청에서 이 건 취득세 등을 부과 고지한 것은 적법한 것으로 판단됨(조심 2009지1077, 2010.3.3.).

③ 사해행위취소청구권 보전을 위한 가처분 등기

가처분등기의 본질은 매매, 증여 등을 비롯한 처분행위를 금지하는 것으로서 소유자가 사용, 수익하는 것까지 배제하는 것은 아니므로 비록 사해행위취소소송에 수반한 가처분등기가 되어 있는 농지라 할지라도 취득세 감면을 받았다면 유예기간 내에 경작을 시작해야 한다.

청구인은 쟁점토지에 사해행위취소청구권 보전을 위한 가처분 등기를 하여 축사의 멸실이 원천적으로 불가능하였으므로 쟁점 토지를 유예기간 내에 경작하지 못한 "정당한 사유"가 있다고 주장하나, 당해 가처분 등기는 지상의 건물과는 직접적인 관련이 없고, 쟁점토지의 매매, 증여, 전세권, 저당권, 임차권의 설정, 기타 일체의 처분행위를 금지하는 것이며, 쟁점토지의 소유권을 가진 청구인이 이를 사용·수익하는 행위까지 금지하는 것은 아니라 할 것이어서 청구인이 쟁점 토지를 직접 경작하지 못한 "정당한 사유"가 있는 것으로 보기는 어려우므로 처분청이 청구인에게 취득세 등을 부과 고지한 처분은 적법하다 판단됨(조심 2009지0505, 2009.12.7.).

④ **토지수용 고시 이후 취득한 농지가 수용되는 경우**

자경농민이 농지를 취득할 당시에 향후 해당 농지가 수용될 것임을 알지 못했다고 하더라도 해당 농지 취득 전 이미 행정관청에서 토지수용이 예정된 하천정비공사 실시계획을 고시한 경우로서 이에 따라 토지가 수용된 경우라면 정당한 사유 없이 2년 이내에 매각·증여 등 다른 용도로 사용한 경우에 해당한다. 다만, 해당 사례 역시 2017년부터 시행 중인 지방세특례제한법에 따르면 동조항 제2호의 '정당한 사유'가 삭제되어 있으므로 비록 농지 취득 후 사업이 고시되고 수용되었다 하더라도 추징을 피할 수 없게 되었다.

청구인은 이 건 토지를 취득할 당시에 매도자가 이 건 토지의 일부가 수용될 것이라는 사실을 말하지 아니하여 그 사실을 알지 못하였고, 이 건 쟁점토지를 125,672,634원(전체 토지가격을 안분)에 매수하였으나, ㅇㅇㅇ가 수용한 이 건 쟁점토지의 대금으로 45,594,650원을 공탁한 점으로 등으로 미루어 보면 이 건 토지를 취득하기 전에 이 건 쟁점토지가 수용될 것이라는 사실을 몰랐으므로 이러한 사정은 2년 이상 경작하지 못한 정당한 사유에 해당한다고 주장하나, 청구인은 이 건 토지를 이 건 쟁점토지가 수용될 것이라는 고시가 있은 후에 매입하였고, 청구인이 매입한 이 건 토지 전체가 수용 또는 매각한 것이 아니라 그 일부인 이 건 쟁점토지를 매각 또는 수용으로 경작에 사용하지 못한 사유는 청구인의 과실 없이 부득이 사용할 수 없게 된 객관적인 사유가 있는 경우로 보기 어렵다 할 것임(조심2009지0094, 2009.8.18.).

이러한 사례 외에도 유예기간(2년) 내 제3자에게 임대하고 제3자가 쌀소득등보전직접지불금을 수령한 경우(지방세운영과–1953, 2013.8.20.), 경작개시 이후 휴경기에 농지를 복토화하여 주차장으로 사용한 경우(조심 2017지0450, 2017.7.18.), 농지 취득 이후 2년 이내에 영농조합법인에 현물출자(매각)한 경우(조심 20110419, 2011.12.8.) 등이 모두 경감받은 취득세의 사후 추징 사유가 된다.

국 민

Ⅱ 농업법인에 대한 감면

✔ 감면 요건

대상자	농어업경영체육성및지원에관한법률 제16조에 따른 영농조합법인과 제19조에 따른 농업회사법인
대상물건 및 감면율	① 영농에 사용하기 위하여 법인설립등기일부터 2년 이내에 취득하는 부동산 : 취득세 75% • 농지·임야·농업동시설물 한정, 도시지역 배제 • 농업경영체등록 법인에 한정 • 기존법인은 종전과 같이 100% 감면 인정 • 청년농업법인 : 4년간 ② 영농·유통·가공에 직접 사용하는 부동산 • 취득하는 경우 : 취득세 50% • 과세기준일(6월 1일) 현재 직접 사용 : 재산세 50% ③ 법인설립등기 : 등록면허세 100%
감면시한	① 2020.12.31. ②·③ : 2020.12.31.

✔ 추징 요건

사용개시	정당한 사유 없이 그 취득일부터 1년이 경과할 때까지 해당 용도로 직접 사용하지 아니하는 경우
최소사용	• 해당 용도로 직접 사용한 기간이 3년 미만인 상태에서 매각·증여하거나 다른 용도로 사용하는 경우 • 해당 용도로 직접 사용한 기간이 5년 미만인 상태에서 농어업경영체육성및지원에관한법률 제20조의 3에 따라 해산명령을 받은 경우

✔ 관련 법령

지특법 §11

✔ 개정 연혁

<table>
<tr><th>개정일</th><th>개정 전</th><th>개정 후</th><th>개정이유 / 적용요령</th></tr>
<tr><td rowspan="4">지특법
§11
2020.1.15.
제16865호

지특령
§5의 2
2020.1.15.
제30355호</td><td>• 감면율
100%
• 감면 대상자
농업법인</td><td>• 감면율 축소
75%
• 감면 대상자 축소
농업법인 자격요건 신설
– 농업법인 중 농업경영체 등록 법인에 한정</td><td>감면 악용 방지를 위해 일정 기준을 충족하는 농업법인에 대해서 지원</td></tr>
<tr><td>• 부동산 취득 기한
설립일로부터 2년 이내</td><td>• 청년농업법인의 부동산 취득 기한 확대
일반법인은 2년, 청년농업법인은 설립일로부터 4년 이내</td><td>청년층의 영농 장려를 위해 청년농업법인 배려</td></tr>
<tr><td>• 부동산 취득 기한
설립일로부터 2년 이내</td><td>– 법인 설립 당시 대표자가 34세 이하, 법인세법시행령 제43조 제7항에 따른 지배주주인 경우
※ 창업중소기업 감면(지특법 §58의 3)의 청년창업법인의 기준 준용</td><td>청년층의 영농 장려를 위해 청년농업법인 배려</td></tr>
<tr><td>• 간면 대상
– 부동산
– 소재지 제한 없음</td><td>• 김면 내상
– 농지, 농지조성용 임야, 농업용 시설
※ 자경농민(지특법 §6) 감면 대상 기순과 동일
– 도시지역 외의 지역</td><td>감면 대상 범위 구체화</td></tr>
</table>

국 민

쟁점 057 영농조합법인이 약초체험관으로 사용 중인 부동산도 감면 대상?

지방세특례제한법 제11조【농업법인에 대한 감면】제1항 및 제2항

① 다음 각 호의 어느 하나에 해당하는 농업법인 중 경영상황을 고려하여 대통령령으로 정하는 법인(이하 이 조에서 "농업법인"이라 한다)이 대통령령으로 정하는 기준에 따라 영농에 사용하기 위하여 법인설립등기일부터 2년 이내(대통령령으로 정하는 청년농업법인의 경우에는 4년 이내)에 취득하는 농지, 관계 법령에 따라 농지를 조성하기 위하여 취득하는 임야 및 제6조 제2항 각 호의 어느 하나에 해당하는 시설에 대해서는 취득세의 100분의 75를 2020년 12월 31일까지 경감한다.

1. 「농어업경영체 육성 및 지원에 관한 법률」 제16조에 따른 영농조합법인
2. 「농어업경영체 육성 및 지원에 관한 법률」 제19조에 따른 농업회사법인

② 농업법인이 영농·유통·가공에 직접 사용하기 위하여 취득하는 부동산에 대해서는 취득세의 100분의 50을, 과세기준일 현재 해당 용도에 직접 사용하는 부동산에 대해서는 재산세의 100분의 50을 각각 2020년 12월 31일까지 경감한다.

농업법인에 대한 감면은 농업법인의 창업을 촉진하여 협력적·기업적 농업경영의 활성화를 통한 농업생산성을 향상시키고, 신규 설립하는 농업법인의 세제부담을 경감하여 농업법인을 통한 농촌인력의 부족현상을 보완하고 규모화된 농업경영으로 농업인의 소득증대를 추구함이 목적이다.

이러한 목적을 반영한 지방세특례제한법 제11조는 농업법인 감면의 수혜 대상으로 농업법인으로서 농어업경영체육성및지원에관한법률(이하 농어업경영체법)에 근거한 영농조합법인과 농업회사법인 두 가지의 형태를 규정하고 있다.

두 형태의 법인은 아래 표에서 보는 바와 같이 설립 주체, 비농업인의 참여 여부, 농지 소유 등에 있어 기본적인 차이가 있다.

영농조합법인	농업회사법인
농어업경영체법 제16조에 근거	농어업경영체법 제19조에 근거
농업인 또는 생산자단체가 5인 이상을 조합원으로 두어 설립	농업인 또는 생산자단체가 설립
비농업인은 의결권 없는 준조합원으로 참여 가능	비농업인의 출자지분이 총출자액의 90%를 초과 불가
농지 소유 가능	농지 소유 가능하나 업무집행권을 가진 자의 1/3 이상이 농업인일 것

농업법인이 취득세를 75% 감면받는 설립등기일로부터 2년 이내에 취득하는 부동산의 경우는 '영농'을 목적으로 해야 하며 50%를 감면받는 부동산은 기간 제한 없이 '영농·유통·가공'을 목적으로 해야 한다.

농업법인 감면 요건 중 가장 빈번한 쟁점은 이러한 영농·유통·가공의 의미를 어디까지 인정할 수 있느냐 하는 것이다. 실제 사실관계가 법률에서 정의하고 있는 각각의 개념에 얼마나 부합하느냐 하는 것인데 명확한 판단을 위해서는 개념의 명확한 분석이 우선이다.

현재 지방세특례제한법을 비롯한 지방세관계법에서 영농을 뚜렷하게 정의하고 있지 않다. 이 경우 관계법 상 정의를 들여다봐야 하는데 현행법 상 농업·농촌및식품산업 기본법(이하 농업식품기본법)에 농업의 범위를 구체적으로 제시하고 있다. 즉 영농은 동 법에서 정한 아래 표의 어느 하나의 업종을 영위해야 하는 것으로 이해할 수 있겠다.

농업의 정의(농업식품기본법 §3 1호, 시행령 §2)

농작물 재배업	식량작물 재배업, 채소작물 재배업, 과실작물 재배업, 화훼작물 재배업, 특용작물 재배업, 약용작물 재배업, 버섯 재배업, 양잠업 및 종자·묘목 재배업(임업용 종자·묘목 재배업은 제외한다)
축산업	동물(수생동물은 제외)의 사육업·증식업·부화업 및 종축업(種畜業)
임 업	육림업(자연휴양림·자연수목원의 조성·관리·운영업을 포함), 임산물 생산·채취업 및 임업용 종자·묘목 재배업

유통에 관한 개념 정의는 유통산업발전법에 따른 유통산업의 정의(법 §2 1호)에서 착안할 수 있다. 동 법 상 유통산업의 정의와 지방세특례제한법의 입법취지를 종합하면 농업법인 감면 요건이 되는 유통이란 '농산물의 도매·소매 및 이를 경영하기 위한 보관·배송·포장'으로 정의할 수 있다.

> **유통산업발전법 제2조 【정의】 제1호**
>
> 1. "유통산업"이란 농산물·임산물·축산물·수산물(가공물 및 조리물을 포함한다) 및 공산품의 도매·소매 및 이를 경영하기 위한 보관·배송·포장과 이와 관련된 정보·용역의 제공 등을 목적으로 하는 산업을 말한다.

가공에 대해서는 관련 법률상 명확한 정의가 없다. 따라서 사전적 정의로서 '타인의 재료에 공작을 가하여 새로운 물건을 제작하는 것' 정도로 이해하면 되겠다.

(1) 영농·유통·가공으로 볼 수 있는 경우

① 나무식재 후 체계적 관리가 되지 않고 있는 임야

비록 체계적인 관리가 이루어지지 않고 있더라도 나무식재, 관리자재 구입, 임야관리원 고용 등 임업에 직접 사용하고 있다면 감면세액을 추징할 수 없다(지방세운영과-555, 2010.2.5.).

② 농산물 집하, 선별, 포장하여 농산물경매센터로 출하하는 목적으로 쓰는 건축물

영농은 아니므로 100% 감면 적용대상은 아니다. 농산물 유통에 해당하여 50% 감면 대상이 된다.

국 민

③ 재산세 분리과세 기준을 벗어나는 목장용지

지방세특례제한법 상 취득세 감면 대상이 되는 토지는 영농 목적이 입증되면 족하다. 재산세 분리과세 기준을 넘는 범위의 토지라 할지라도 목장으로 사용되는 현황이 명확히 입증된다면 감면 대상이 된다.

재산세 분리과세대상 목장용지 기준에 관한 규정이 영농조합법인이 직접 영농목적으로 취득한 목장용지의 범위를 정함에 있어서까지 적용된다고 보는 것은 조세법규를 합리적 이유 없이 확장 또는 유추해석하는 것에 해당하여 허용될 수 없다 할 것이므로, 처분청이 청구법인에게 한 부과처분은 잘못이 있다 할 것임(조심 2010지0807, 2011.3.29.).

(2) 영농·유통·가공으로 볼 수 없는 경우

① 영농조합법인이 농지를 취득하여 농지전용허가를 득한 후 양어장으로 사용하는 경우

농업 중 축산업의 범위에 수생동물은 제외된다. 따라서 농업법인이 당초 농지를 취득 후 양어장으로 변경하여 운영하는 경우는 영농 목적으로 사용하는 것으로 볼 수 없다.

저자팁

어업법인의 양어장 운영에 대한 감면

어업법인이 양어장을 운영하기 위하여 취득하는 부동산은 지방세특례제한법 제12조【어업법인에 대한 감면】에 따른 취득세 감면이 적용될 수 있다.

② 약초체험관으로 사용되는 부동산

관광객들에게 약초찜질방, 숙박시설 등의 용도로 이용료를 받고 운영 중인 약초체험관으로 사용되는 부동산은 영농·유통·가공에 직접 사용한다고 보기 어렵다(지방세운영과-2010.3.11.).

③ 도계장업(닭을 도살, 처리하는 시설) 부동산

도계장업은 농업의 범위에 해당하지 않고, 한국표준산업분류에서도 제조업으로 분류되어 있어 영농에 직접 사용하는 것으로 볼 수 없다(조심 2011지0176, 2011.10.13.).

④ 자기 소비를 위한 농업 활동

농업법인에 대한 지방세 감면 지원 취지는 농업의 규모화를 통한 기업적 영농을 활성화하기 위함이다. 따라서 농지 취득 후 농지의 수확물을 전적으로 자기가 소비하는 경우는 감면 대상이 된다고 보기는 어렵다 하겠다.

(3) 용도가 혼재된 경우

① 영농조합법인이 법인 설립 후 2년 내에 삼베 수가공을 위한 공동작업장, 농수산물판매장, 민박시설, 어린이 놀이시설을 취득한 경우

공동작업장, 농수산물판매장, 민박시설, 어린이 놀이시설 모두 영농에는 해당되지 않으므로 농업법인 설립 후 2년 이내 영농 목적에 한해 적용되는 100%(2020년부터는 75%)감면은 불가능하다. 다만, 공동작업장과 농수산물판매장은 가공·유통에 해당하여 취득세 50% 감면이 적용되고 민박시설, 어린이 놀이시설은 감면 적용이 불가하다(지방세운영과-1937, 2008.12.24.).

② 임야 중 일부 면적에만 표고버섯을 재배

임야 중 일부 면적에 대해서만 표고버섯을 재배하고 잔여 토지는 영농에 직접 사용하고 있지 않다면 버섯이 재배되는 일부 면적에 한해 감면을 적용해야 한다(조심 2013지0157, 2013.5.9.).

③ 영농 목적으로 취득한 농지를 유통이나 가공 목적으로 쓰고 있는 경우

영농 목적으로 당초 취득한 농지 취득세를 100% 감면(2020년부터는 75%) 받았지만, 나중에 영농이 아닌 유통, 가공 목적으로 해당 농지를 쓰고 있다는 사실이 지자체 세무조사를 통해 밝혀졌다면 이미 감면받은 세액은 어떻게 처리될까?

이 경우 감면받은 농업법인은 지방세법 제20조에 따라 추징 대상이 된 날로부터 60일 이내에 본래 납부해야 할 세액을 신고하고 납부하여야 한다. 아울러 이와 동시에 유통·가공 목적의 감면을 신청하면 결국 50% 감면은 적용받게 된다. 다만 추징되는 50% 부분에 대해서는 가산세와 이자상당가산액이 부과될 수 있다.

저자팁

농업법인 감면 신청 시 필요서류

농지원부, 농업경영체등록확인서, 주주명부, 정관

쟁점 058 농업법인이 감면받고 일반회사로 전환하면 추징?

지방세특례제한법 제11조【농업법인에 대한 감면】제1항 및 제3항

① 다음 각 호의 어느 하나에 해당하는 농업법인 중 경영상황을 고려하여 대통령령으로 정하는 법인(이하 이 조에서 "농업법인"이라 한다)이 대통령령으로 정하는 기준에 따라 영농에 사용하기 위하여 법인설립등기일부터 2년 이내(대통령령으로 정하는 청년농업법인의 경우에는 4년 이내)에 취득하는 농지, 관계 법령에 따라 농지를 조성하기 위하여 취득하는 임야 및 제6조 제2항 각 호의 어느 하나에 해당하는 시설에 대해서는 취득세의 100분의 75를 2020년 12월 31일까지 경감한다.

1. 「농어업경영체 육성 및 지원에 관한 법률」 제16조에 따른 영농조합법인
2. 「농어업경영체 육성 및 지원에 관한 법률」 제19조에 따른 농업회사법인

③ 제1항 및 제2항에 대한 감면을 적용할 때 다음 각 호의 어느 하나에 해당하는 경우 그 해당 부분에 대해서는 감면된 취득세를 추징한다.

1. 정당한 사유 없이 그 취득일부터 1년이 경과할 때까지 해당 용도로 직접 사용하지 아니하는 경우
2. 해당 용도로 직접 사용한 기간이 3년 미만인 상태에서 매각·증여하거나 다른 용도로 사용하는 경우
3. 해당 용도로 직접 사용한 기간이 5년 미만인 상태에서 「농어업경영체 육성 및 지원에 관한 법률」 제20조의 3에 따라 해산명령을 받은 경우

농업법인 감면이 대상이 되는 농업법인 자체가 쟁점이 되는 경우는 주로 감면을 받은 당시에는 감면 요건에 부합한 농업법인이었지만 그 후 해당 법인이 관계법에서 정한 요건을 결여하게 되는 경우 이미 받은 감면액을 추징해야 할 것인가에 관한 사항이다. 달리 말하면 현재의 추징 규정 중 부동산을 영농으로 직접 사용하는 주체를 반드시 감면 신청 당시의 '농업법인'으로 한정하여 해석해야 하는지의 문제라 할 수 있다.

(1) 감면받은 후 영농조합법인의 조합원 수가 변경되어 설립요건 결여 : 추징 제외

감면 신청 당시에는 농어업경영체법에서 정한 영농조합법인의 요건을 갖추어 취득세 감면을 받았지만, 나중에 법인의 사정으로 일부 요건을 못 갖추는 경우이다. 예컨대 감면 신청 당시에는 5인 이상의 조합원을 둔 영농조합법인이었지만, 감면받은 후에 3인으로 조합원이 줄어들면 더 이상 영농조합법인이 아니며 일반회사법인이 된다.

이런 경우 해당 법인이 추징 유예기간 중에 있더라도 취득한 농지를 실제 영농에 계속 사용 중이라면 이미 감면받은 감면액을 추징하기는 어렵다. 그 이유는 현행법 상 추징 사유로 당초 설립요건의 미충족을 별도로 규정하고 있지 않기 때문이다(지방세특례제도과-1497, 2017.11.2.). 이와 관련 조세심판례에서도 같은 입장을 확인할 수 있다.

농어업경영체법 제19조는 농업회사법인 설립에 대한 사항을 규정하고 있어서 해당 규정에 따라 적법하게 설립된 농업회사법인은 이 건 감면 규정에서 정한 인적감면 요건을 충족한다 할 것임. 설령 적법하게 설립된 농업회사법인이 그 후에 일부 요건을 충족하지 못하게 되었다 하더라도 그 설립을 무효로 돌릴 수는 없고, 관련 법령에서 이를 설립의 취소사유로 규정하고 있지도 않아서 요건을 충족하지 못한 시점에 그 설립이 당연 취소되었다고 볼 수도 없음. 따라서

이 건 감면 규정에서 정한 농어업경영체법 제19조에 따른 농업회사법인이란 해당 법률에 따라 설립된 것이면 충분하지 농업회사법인의 요건을 계속해서 충족해야 한다는 의미까지 담고 있다고 보기는 어려움(조심 2018지0959, 2018.11.16.).

참고로 농업법인의 추징에 관한 개별 규정은 지방세특례제한법이 개정되면서 신설(2014.12.31.)되었다. 신설 이전의 해석 사례를 보면 농업회사법인이 감면받은 후 일반회사법인 형태로 변경되었다면 비록 영농 목적으로 부동산을 사용하고 있더라도 추징 대상이라고 보았다(지방세운영과-1483, 201.4.12.). 개별 감면 조문에 추징 요건이 명확히 규정되면서 해석이 달라진 케이스라 하겠다.

(2) 주식회사를 농업회사법인으로 변경등기 후 농지 취득 : 감면 대상

설립 당시에는 주식회사 법인이었더라도 감면을 취득세 납세의무가 성립하는 농지 취득 시점 이전에 농어업경영체법에서 정한 농업회사법인으로 변경되었고, 영농·유통·가공에 직접 사용하기 위하여 취득하는 부동산은 취득세 감면 대상에 해당한다(지방세특례제도과-3530, 2015.12.24.).

참고

■ 농업법인 관련 제도

- **근거법령** : 농어업경영체 육성 및 지원에 관한 법률
  - 영농조합법인(제16조)은 민법 상 조합에 관한 규정 준용
  - 농업회사법인(제19조)은 상법 상 회사에 관한 규정을 준용하며 주식회사, 유한회사, 유한책임회사, 합자회사, 합명회사 형태로 설립 가능
    - ※ 농어업경영체법 개정(2018.12.24.)으로 유한책임회사 형태 회사설립 가능(2019.6.25. 시행)
- **설립 주체** : 농업인(또는 농업생산자단체)을 주축으로 설립 가능
  - (설립) 영농조합법인은 농업인 5인 이상, 농업회사법인은 상법 상 발기인 규정
  - (비농업인 출자) 영농조합법인은 의결권이 없는 준조합원의 자격으로 비농업인 출자가 가능하며 농업회사법인은 총출자액의 9/10 한도까지 출자가능
    - ※ 단, 총출자액이 80억 원 초과 시 총출자액에서 8억 원을 제외한 금액까지 출자 가능
  - (의결권) 영농조합법인은 1인 1표, 농업회사법인은 1좌 1표로 결정
- **사업 범위**

영농조합법인의 사업범위	농업회사법인의 사업범위
• 농어업경영체육성법 §16 – 농업경영, 농산물의 출하·유통·가공·수출, 농어촌 관광 휴양사업 • 농어업경영체육성법시행령 §11 – 농업의 경영 및 그 부대사업 – 농업과 관련된 공동이용시설의 설치·운영 – 농산물의 공동 출하·유통·가공 및 수출 – 농작업의 대행 – 농어촌 관광휴양사업 – 그 밖에 영농조합법인의 목적을 달성하기 위하여 정관에서 정하는 사업	• 농어업경영체육성법 §19 – 농업경영, 농산물의 유통·가공·판매, 농작업 대행, 농어촌 관광 휴양사업 **농업회사법인의 부대사업 범위** • 농어업경영체육성법시행령 §19 – 영농에 필요한 자재의 생산 및 공급사업 – 영농에 필요한 종자생산 및 종균배양사업 – 농산물의 구매 및 비축사업 – 농업기계나 그 밖의 장비의 임대·수리 및 보관사업 – 소규모 관개시설의 수탁 및 관리사업

- **농지소유** : 영농조합법인과 농업회사법인 모두 농지소유 가능
  - 단, 농업회사법인은 업무집행권을 가진 자 중 1/3 이상이 농업인인 경우

국 민

■ 영농조합법인과 농업회사법인의 비교

구 분	영농조합법인	농업회사법인(주식, 유한, 합자, 합명)
근 거	• 농어업경영체 육성 및 지원에 관한 법률 제16조	• 농어업경영체 육성 및 지원에 관한 법률 제19조
설립 주체	• 농업인 또는 생산자단체가 농업인 (농업생산자단체) 5인 이상을 조합원으로 설립 ※ 결원 시, 1년이 내에 충원 (미충원 시 해산 사유)	• 농업인 또는 생산자단체가 설립
비농업인 참여	• 비농업인은 의결권 없는 준조합원으로 참여가능	• 비농업인의 출자지분이 총출자액의 100분의 90을 초과할 수 없음 ※ 다만, 총 출자액이 80억 원을 초과하는 경우 총출자액에서 8억 원을 제외한 금액 한도
사 업	• 농업의 경영 및 부대사업 • 농업관련 공동이용 시설의 설치 및 운영 • 농산물의 공동출하·가공 및 수출 • 농작업의 대행 • 농어촌관광휴양사업 • 그 밖의 영농조합법인의 목적달성을 위하여 정관으로 정하는 사업 ※ 농어업경영체육성법 §16, 같은 법 시행령 §11	• 농업경영, 농산물의 유통·가공·판매 농작업 대행, 농어촌관광휴양사업 • 영농에 필요한 자재의 생산·공급, 종자생산 및 종균배양 사업 • 농산물의 구매·비축사업 • 농기계 기타장비의 임대·수리·보관 • 소규모관개시설의 수탁·관리 ※ 농어업경영체육성법 §19, 같은 법 시행령 §19
농지 소유	• 소유 가능	• 소유 가능(단, 업무집행권을 가진 자의 1/3 이상이 농업인일 것) ※ 농지법 §2 3호
운영 현황	• 운영법인 수 : 12,768개 • 법인 당 평균 매출(판매)액 : 895백만 원 • 매출액 10억 이상 법인 수 : 1,881개 • 법인당 평균 출자액 : 219백만 원 ※ 출처 : 2016년 기준 농업법인조사 보고서 (2018.1월)	• 운영법인 수 : 6,645개 • 법인 당 평균 매출(판매)액 : 2,414백만 원 • 매출액 10억 이상 법인 수 : 2,152개 • 법인 당 평균 출자액 : 399백만 원 ※ 출처 : 2016년 기준 농업법인조사 보고서 (2018.1월)

■ 농업경영체 등록 제도 현황

• 정의

– 농업인 등이 농업정책의 원활한 집행을 위해 농업경영 관련 정보를 등록하는 제도

• 목적

– 농업경영체의 개별 정보를 통합·관리함으로써 정책자금의 중복·부당 지급을 최소화하여 정책사업과 재정 집행의 효율성 제고

• 법적 근거

–「농어업경영체 육성 및 지원에 관한 법률」 제4조 및 제5조

• 등록대상

– **(대상 농업인)** ① 1,000㎡ 이상의 농지를 경영하거나 경작, ② 농업경영을 통한 농산물의 연간 판매액이 120만 원 이상인 사람, ③ 1년 중 90일 이상 농업에 종사

※ 법인은 영농조합법인, 농업회사법인만 등록 가능

– **(대상 농지)** 실제 농업에 이용되는 농지법 상 농지는 등록 가능

– **(대상 품목)** 원칙적으로 전체 농산물, 축산물. 단, 가축에 해당하지 않는 동물, 일부 가공품 등은 제한

• 농업경영정보 등록 및 변경 방법

– 신청서를 작성하여 국립농산물품질관리원, 농지 소재지 관할 읍·면·동에 제출

▎농어업경영체 등록 현황(2018년 기준) ▎

경영체수	법인형태	
	영농조합법인	농업회사법인
11,600	6,546	5,054

■ 농업경영체 등록 신청서 서식

■ 농어업경영체 육성 및 지원에 관한 법률 시행규칙[별지 제2호서식] <개정 2017. 3. 22.>

농업경영체 [ ] 등록 [ ] 변경등록 신청서 (농업법인용)

※ 제7쪽 및 제8쪽의 작성방법을 읽고 작성하시기 바라며, [ ]에는 해당되는 곳에 √표를 합니다. (10쪽 중 제1쪽)

접수번호	접수일		처리기간	농업경영체 등록 및 변경등록 신청 (다만, 직접지불금·보조금 신청을 수반하는 경우에는 90일로 한다) 30일
농업경영체 등록번호	배부기관	직접지불금·보조금 신청	[ ]쌀직불금 [ ]발고정직불금 [ ]논이모작보조금(밭농업보조금) [ ]조건불리보조금 [ ]신청 없음	

1. 일반현황

형태	[ ]영농조합법인 농업회사법인([ ]합명 [ ]합자 [ ]주식 [ ]유한)			
① 법인현황	법인명	법인등록번호	사업자등록번호	
	설립연도	전화번호	팩스	전자우편
	법인 소재지	본점	(마을명 :)	
		분점	(마을명 :)	
			(마을명 :)	
	주요 사업 [ ]생산 [ ]가공 [ ]유통 [ ]수출 [ ]농업서비스 [ ]관광·휴양 [ ]기타 [ ]마을법인			
② 대표자	성명	국적	국내	주민등록번호
			국외	외국인등록번호
	전화번호	휴대전화번호	전자우편	
	주소			

③ 구성원	성명	주민등록번호(외국인등록번호)	직책	농업인 여부	증빙서류	④ 출자규모	구 분	출자자 수(명)	출자액(만원)
							농업인		
							비농업인		
							계		

※ 영농조합법인 : 대표자 포함 농업인 5인 이상, 농업회사법인 : 등기이사 및 농업인 출자자

⑤ 상봉근로자 수	내국인 명	외국인 명

297㎜×210㎜[백상지(80g/㎡) 또는 중질지(80g/㎡)]

(10쪽 중 세2쪽)

2. 농지 및 농작물재배 / 직불금·보조금 신청 ※ ⑦은 쌀직불금·발고정직불금(농업소득직접지불금), 논이모작보조금(발농업보조금), 조건불리보조금 신청이 있는 경우에 작성하며, 이 경우 ⑥-1 지목란을 함께 작성하여야 합니다.

대표자명(생년월일) : ( ) (서명 또는 인) 농업경영체 등록번호 : 연락처 :

법인명 : 법인주소지(마을명) : ( )

보조금 등 수령계좌 : (은행) (계좌번호)

⑥ 농지일반					⑥-3 농지면적(㎡)				⑥-4 시설 현황		⑥-5 품목별 재배 면적			⑦ 직불금·보조금 신청					필지삭제 사유	
번호	농지소재지	⑥-1 지목 공부	⑥-1 지목 실제	⑥-2 경영형태	공부 (A)	실제 경작 면적 (B)	미이용 휴경 (C)	미이용 폐경 (D)	시설 종류	시설 면적	재배 품목	재배면적 노지 (㎡)	재배면적 시설 (㎡)	⑦-1 신청 사업명	⑦-2 재배 품목	⑦-3 신청 면적 (㎡)	⑦-4 농지 이용현황 (○,×) <기준년도> 쌀: '98~'00 밭: '12~'14 조건: '03~'05	진흥 지역 여부 (○,×)	-매매 -임대 -임차종료 -폐경 -기타( )	농지 소유자
				[ ] 자경 [ ] 공유 [ ] 임차 (. . . ~ . . .)										[ ] 쌀 [ ] 발고정 [ ] 조건불리 [ ] 논이모작						
														[ ] 쌀 [ ] 발고정 [ ] 조건불리 [ ] 논이모작						
														[ ] 쌀 [ ] 발고정 [ ] 조건불리 [ ] 논이모작						
														[ ] 쌀 [ ] 발고정 [ ] 조건불리 [ ] 논이모작						

※ ⑥-4 시설종류(번호기입) : ① 온실(유리) ② 온실(경질판) ③ 온실(비닐) ④ 육묘장(유리) ⑤ 육묘장(경질판) ⑥ 육묘장(비닐) ⑦ 재배사

※ **⑦번 직불금·보조금의 지급·신청**은 쌀직불금·발고정직불금(농업소득직접지불금), 논이모작보조금(발농업보조금), 조건불리보조금을 신청하는 경우에 한하여 작성하며, 근거 법령(「농산물의 생산자를 위한 직접지불제도 시행규정」 및 「농업소득의 보전에 관한 법률」)에 따른 첨부서류를 함께 제출합니다(첨부서류는 제9쪽 및 제10쪽 참조).

※ 거짓이나 부정한 방법으로 보조금 등을 받거나 지급요건을 이행하지 않은 경우 「농업소득의 보전에 관한 법률」 제14조, 「농산물의 생산자를 위한 직접지불제도 시행규정」 제33조 또는 제40조의10에 따라 보조금 등을 지급하지 않으며, 이미 받은 경우 보조금 등을 환수하거나 향후 사업 대상에서 제외될 수 있습니다.

※ ⑦-2 쌀직불금은 (벼/벼이외/휴경), 발고정직불금은 (재배면적/휴경), 조건불리보조금은 (논/밭/과수원/초지), 논이모작보조금은 (실제 재배품목명)로 적습니다.

■ **농업법인 및 조합원에 대한 국세 지원 현황**

구 분	세제지원 내용
법인세	① **식량작물재배업소득** : 전액면제
	② **식량작물재배업소득 외의 작물재배업소득** : 감면 – 영농조합법인 : 조합원 당 수입금액 6억 이하의 소득분 – 농업회사법인 : 연간 수입금액 50억 이하의 소득분
	③ **작물재배업 외의 대통령령으로 정한 소득** : 감면 – 영농조합법인 : 출자 조합원 당 1,200만 원까지 소득공제 ※ 농어업경영체법시행령 제11조 제1항에 따른 사업소득 – 농업회사법인 : 최초 소득발생연도와 그 다음 4년간 50% ※ 축산업, 임업, 농어업경영체법시행령 제19조 제1항의 부대사업에서 발생한 소득, 농산물 유통·가공·판매 및 농작업대행에서 발생한 소득
감면시한 : 2021.12.31. **근거조문** : 조특법 §66·68, 영 §63~65	
부가가치세	① 농업경영 및 농작업 대행용역에 대한 부가가치세 면제
	② 농업용 기자재에 대한 부가가치세 영세율 적용
	③ 농업용 기자재에 대한 부가가치세 환급
	④ 농업용 석유류에 대한 부가가치세 감면
감면시한 : 2021.12.31. **근거조문** : 조특법 §105·§106	
양도소득세 (조합원)	① 대통령령으로 정하는 농업인이 법인에 농지, 초지 출자 시 양도소득세 면제 ② 대통령령으로 정하는 농업인이 농작물재배업, 축산업 및 임업에 직접 사용되는 부동산 현물출자 시 이월과세 적용
감면시한 : 2021.12.31. **근거조문** : 조특법 §66·§68	
배당소득세 (조합원)	① **식량작물재배업에서 발생한 배당소득** : 전액 소득세 면제
	② **식량작물재배업 외의 작물재배업, 작물재배업 외에서 발생한 배당소득** : 감면 – 영농조합법인 : 조합원 당 연간 1,200만 원에 대해서는 면제, 초과하는 금액은 5% 저율분리과세(종합소득세 비합산) – 농업회사법인 : 종합소득에 합산하지 않고 분리과세
감면시한 : 2021.12.31. **근거조문** : 조특법 §66·§68	

Ⅲ 농업협동조합 등에 대한 감면

✔ 감면 요건

대상자	(중앙회) 농업 / 수산업협동조합중앙회, 산림조합중앙회 (조합) 농업협동조합법, 수산업협동조합법, 산림조합법에 따라 설립된 조합과 엽연초생산협동조합
대상물건	(중앙회) 구매·판매 사업 등에 직접 사용 부동산 (유통자회사에 농수산물 유통시설로 사용하게 하는 부동산 포함) 1. 구매·판매·보관·가공·무역 사업용 토지와 건축물 2. 생산 및 검사 사업용 토지와 건축물 3. 농어민 교육시설용 토지와 건축물 (조합) 고유업무에 직접 사용하기 위하여 취득하는 부동산 (임대용 부동산은 제외되며 중앙회는 적용되지 않음)
감면율	(중앙회) 취득세 25%, 재산세 25% (조합) 취득세, 재산세 면제(최소납부세제 적용)
감면시한	2020.12.31.

✔ 추징 요건(취득세 일반 추징 적용)

사용개시	정당한 사유 없이 그 취득일부터 1년이 경과할 때까지 해당 용도로 직접 사용하지 아니하는 경우
최소사용	해당 용도로 직접 사용한 기간이 2년 미만인 상태에서 매각·증여하거나 다른 용도로 사용하는 경우

✔ 관련 법령

지특법 §14 ①·③·⑤, §178

국 민

쟁점 059 지역 농협이 운영하는 주유소는 감면 대상?

제14조 【농업협동조합 등의 농어업 관련 사업 등에 대한 감면】 제3항 및 제5항

③ 「농업협동조합법」에 따라 설립된 조합(조합공동사업법인을 포함한다), 「수산업협동조합법」에 따라 설립된 조합(어촌계 및 조합공동사업법인을 포함한다), 「산림조합법」에 따라 설립된 산림조합(산림계 및 조합공동사업법인을 포함한다) 및 엽연초생산협동조합이 고유업무에 직접 사용하기 위하여 취득하는 부동산(임대용 부동산은 제외한다. 이하 이 항에서 같다)에 대해서는 취득세를, 과세기준일 현재 고유업무에 직접 사용하는 부동산에 대해서는 재산세를 각각 2020년 12월 31일까지 면제한다.

⑤ 제3항 및 제4항에서 정하는 각 조합들의 중앙회에 대해서는 해당 감면 규정을 적용하지 아니한다.

지역 농협협동조합의 감면 적용과 관련해서는 당해 조합이 취득하는 부동산이 과연 고유 업무에 직접 사용하기 위한 목적으로 볼 수 있는지에 관해 많은 쟁점이 발생하고 있다. 고유 업무가 법률상 규정되어 있지만 적용에 있어서는 다소 모호한 점이 있기 때문이다.

지방세특례제한법에서는 고유 업무에 대하여 제2조 제1항 제1호의 정의 조항에서 구체적으로 언급하고 있다. 이에 따르면 고유 업무는 ① 법령에서 개별적으로 규정한 업무와 ② 법인등기부에 목적사업으로 정하여진 업무를 말한다.

우선 법령에서 개별적으로 규정한 업무를 보자. 지역의 농업협동조합은 농업협동조합법에 설치 근거가 있으므로 관련이 있는 개별 조문을 분석해 봐야 한다. 같은 법 제5조(최대봉사의 원칙), 제13조(목적), 제57조(사업), 제57조의 2(농산물 판매활성화), 제58조(비조합원의 사업 이용)가 그것이다.

❙ 농업협동조합의 고유업무 판단 관련 조항(농업협동조합법) ❙

조 문	내 용
제5조 (최대봉사의 원칙)	• 사업 수행 시 조합원이나 회원을 위하여 최대한 봉사 • 일부 조합원이나 일부 회원의 이익에 편중되는 업무 수행 금지 • 설립취지에 반하여 영리나 투기를 목적으로 하는 업무 수행 금지
제13조 (목적)	• 조합원의 농업생산성을 높이고 조합원이 생산한 농산물의 판로 확대 및 유통 원활화를 도모 • 조합원이 필요로 하는 기술, 자금 및 정보 등을 제공하여 조합원의 경제적·사회적·문화적 지위 향상을 증대
제57조 (사업)	• 목적을 위해 다음 사업의 전부 또는 일부를 수행 ① 교육·지원 사업, ② 경제 사업, ③ 신용 사업 ④ 복지 후생 사업 등(표 참고)
제57조의 2 (농산물 판매활성화)	• 조합원이 생산한 농산물의 효율적인 판매 ① 다른 조합, 중앙회, 농협경제지주회사 및 그 자회사와의 공동사업 ② 농산물의 계약재배 및 판매 등에 관한 규정의 제정 및 개정 ③ 그 밖에 거래처 확보 등 농산물의 판매활성화 사업에 필요한 사항

조 문	내 용
제58조 (비조합원의 사업 이용)	• 지역농협은 조합원이 이용하는 데에 지장이 없는 범위에서 조합원이 아닌 자에게 그 사업을 이용하게 할 수 있음 • 일부 사업에 대해서는 정관으로 정하는 바에 따라 비조합원의 이용을 제한할 수 있음

해당 조항들을 종합해 보면 농업협동조합의 고유 업무 판단과 관련해서 핵심적인 적용 기준을 추려 보면 아래와 같다.

1. 농업협동조합법 제57조와 제57조의 2에 열거된 사업에 해당되어야 한다.
2. 해당 사업이 다수 조합원의 이익 증진을 위한 사업이어야 한다.
3. 비조합원이 이용하더라도 조합원 이용에 장애가 없어야 한다.
4. 해당 사업이 조합 설립 취지에 반하는 영리나 투기 목적 사업이 아니어야 한다.

농업협동조합법이 금지하는 '영리 또는 투기 목적의 업무'라 함은 조합 자체의 이윤 획득 또는 잉여금 배당 목적의 업무를 말하는 것으로서 이는 구성원인 조합원을 대상으로 하여 조합이 영리 목적으로 사업을 하는 것과 조합원과 관계없는 사업을 경영하여 조합 자체의 영리를 도모하는 것을 금지하는 취지라고 해석함(대법원 92누10630, 1993.5.14.).

여기에 더하여 각 개별 조합별로 법인등기부등본에 기재된 목적 사업이 감면 대상이 된다. 다만 법인등기부등본 상 목적 사업이라 할지라도 상기 1~4의 취지를 벗어나지 않는 사업이어야 할 것이다.

그간의 각종 해석 사례를 살펴보면 고유 업무 판단에서는 상기의 기준에 착안하여 실제 해당 사업에 있어 전체 이용자 대비 조합원 비율, 해당 지역 인구수 대비 조합원의 수, 불특정 다수가 자유로이 이용할 수 있는 일반 시설과의 차이 유무, 매장의 위치, 이용 현황, 사업운영의 필요성 등을 종합적으로 고려하여 사안별로 개별적·구체적으로 판단하고 있음을 알 수 있다.

국 민

농업협동조합법 제57조에 따른 사업의 세부 내용

1. 교육·지원 사업

- 조합원이 생산한 농산물의 공동출하와 판매를 위한 교육·지원
- 농업 생산의 증진과 경영능력의 향상을 위한 상담 및 교육훈련
- 농업 및 농촌생활 관련 정보의 수집 및 제공
- 주거 및 생활환경 개선과 문화 향상을 위한 교육·지원
- 도시와의 교류 촉진을 위한 사업
- 신품종의 개발, 보급 및 농업기술의 확산을 위한 시범포(示範圃), 육묘장(育苗場), 연구소의 운영
- 농촌 및 농업인의 정보화 지원
- 귀농인·귀촌인의 농업경영 및 농촌생활 정착을 위한 교육·지원
- 그 밖에 사업 수행과 관련한 교육 및 홍보

2. 경제사업

- 조합원이 생산하는 농산물의 제조·가공·판매·수출 등의 사업

- 조합원이 생산한 농산물의 유통 조절 및 비축사업
- 조합원의 사업과 생활에 필요한 물자의 구입·제조·가공·공급 등의 사업
- 조합원의 사업이나 생활에 필요한 공동이용시설의 운영 및 기자재의 임대사업
- 조합원의 노동력이나 농촌의 부존자원(賦存資源)을 활용한 가공사업·관광사업 등 농외소득(農外所得) 증대사업
- 농지의 매매·임대차·교환의 중개
- 위탁영농사업
- 농업 노동력의 알선 및 제공
- 농촌형 주택 보급 등 농촌주택사업
- 보관사업
- 조합원과 출자법인의 경제사업의 조성, 지원 및 지도

3. 신용사업

- 조합원의 예금과 적금의 수입(受入)
- 조합원에게 필요한 자금의 대출
- 내국환
- 어음할인
- 국가·공공단체 및 금융기관의 업무 대리
- 조합원을 위한 유가증권·귀금속·중요물품의 보관 등 보호예수(保護預受) 업무
- 공과금, 관리비 등의 수납 및 지급대행
- 수입인지, 복권, 상품권의 판매대행

4. 복지후생사업

- 복지시설의 설치 및 관리
- 장제(葬祭)사업
- 의료지원사업

5. 다른 경제단체·사회단체 및 문화단체와의 교류·협력

6. 국가, 공공단체, 중앙회, 농협경제지주회사 및 그 자회사, 제161조의 11에 따른 농협은행(이하 "농협은행"이라 한다) 또는 다른 조합이 위탁하는 사업

7. 다른 법령에서 지역농협의 사업으로 규정하는 사업

8. 위 1~8의 사업과 관련한 부대사업

9. 그 밖에 설립 목적의 달성에 필요한 사업으로서 농림축산식품부장관의 승인을 받은 사업

※ 밑줄은 쟁점이 주로 발생하는 사업

(1) 고유업무로 볼 수 있는 경우 : 감면 대상

① 산간 농촌의 읍면지역에 위치한 다수 조합원이 이용하는 주유소

조세심판례(조심 2017지0980, 2018.1.30.)에서 고유목적 사업인 조합원의 사업과 생활에 필요한 물자의 구입·제조·가공·공급 등의 사업에 해당된다고 밝힌 바 있다. 그 이유로 면세유 매출량의 높은 비중을 차지하는 점, 인근 주유소의 부존재, 이윤의 미발생, 조합원의 이용실적이 상당히 많은 점 등을 고려하였다.

쟁점주유소는 산간 농촌형 읍면지역에 위치한 것으로 농기계 면세유류 등의 배달서비스를 제공하고 있고 총 매출량 중 면세유 매출량이 차지하는 비중이 50% 정도에 달하는 점, 청구법인이 소재한 경상남도 합천군 용주면, 대병면 일대에서 쟁점주유소를 제외하면 읍내까지 자동차로 20분 이상 가지 않는 한 휘발유를 판매하는 주유소가 없고 주민의 80% 가량이 고령 또는 농업인이라 동 주유소의 설치 및 운영의 필요성이 큰 점, 청구법인의 재무제표상 쟁점주유소는 2014년 ○○○백만 원의 이익이 발생하였다가 2015년 ○○○백만 원 및 2015년 ○○○백만 원의 손실이 나는 등 이윤이 발생하지 아니하고 있는 점, 조합원의 쟁점주유소 이용실적이 65%(2016년)~96%(2012, 2013년)에 달하는 점 등에 비추어 청구법인의 쟁점주유소 운영은 농업협동조합법 및 정관이 정한 목적사업인 '조합원의 사업과 생활에 필요한 물자의 구입·제조·가공·공급 등의 사업'에 포함된다(조심 2017지0980, 2018.1.30.).

② 다른 조합으로부터 양곡을 수매하여 불특정다수에게 양곡을 판매하는 양곡판매장

이 경우 농업협동조합법 제57조의 2【농산물 판매활성화】에서 규정하고 있는 조합원이 생산한 농산물의 효율적인 판매를 위한 다른 조합과의 공동사업으로 볼 수 있으며 감면 대상이 된다.

지역농협이 다른 조합으로부터 양곡 전량을 수매하여 직접 소비자에게 이를 판매하고, 조합원·비조합원 구분 없이 불특정다수인에게 양곡을 판매하고 있다고 하여 양곡판매장의 부속토지인 쟁점토지를 고유업무에 직접 사용하지 아니한 것으로 보아 처분청이 이 사건 취득세 등을 부과 처분한 것은 잘못이 있다 할 것임(심사 2006-380, 2006.8.28.).

③ 지역농협이 노래 교실로 사용하는 건축물

다수 조합원을 위한 노래 교실 용도로 사용이 되고 있다면 농업협동조합법 제57조에서 정한 문화 향상을 위한 교육·지원 사업에 해당하여 감면 대상이 될 수 있다.

국 민

④ 조합원에게 저렴한 사용료를 받는 장례식장

조합이 운영하는 장례식장을 일반인들이 자유롭게 이용이 가능하다고 하더라도 조합원의 이용률이 높고, 민간 장례식장보다 저렴한 요금을 받고 있는 장례식장이라면 조합의 복지후생사업의 하나인 장제사업에 직접 사용되는 것으로 판단할 수 있다(심사 2007-363, 2007.6.25.).

⑤ 고유업무에 사용 중이지만 무허가 건축물인 경우

비록 건축법 등 관계법령상 허가를 득하지 아니하였더라도 해당 건축물이 재산세 과세 기준일(매년 6월 1일) 현재 조합원이 생산한 농산물의 판매사업이라는 고유목적 사업에 쓰이고 있다면 감면 대상이 될 수 있다. 건축물에 대한 감면 요건으로서 건축물의 적법성은 규정하고 있지 않기 때문이다. 이는 적법한 건축물이 아니더라도 재산세 부과 대상이 되는 이치와 다르지 않다.

농업협동조합법에 의하여 설립된 조합에 대한 재산세 면제 요건으로 과세기준일 현재 고유업무에 직접 사용하는 부동산을 한정하고 있고, 건축과정의 위법여부에 대하여 별도로 규정하고 있지는 아니하므로, 과세기준일 현재 당해 건축물이 조합원이 생산한 농산물의 판매사업에 제공되는 부동산으로써 농협의 고유목적사업에 사용하는 것이 확인된 이상 감면 요건을 충족했다고 볼 수 있으며, 무허가 건물이라는 이유로 감면 요건에 대한 법규의 해석을 달리 적용할 여지는 없으므로 재산세 감면 대상임(지방세운영과-5638, 2010.11.30.).

(2) 고유업무로 볼 수 없는 경우 : 감면 제외

① 불특정 다수가 이용하는 지역 농협의 공산품 매장

지역 농협의 공산품 매장이 감면 대상에 해당하기 위해서는 농업협동조합법 제57조 경제사업 중 조합원의 사업과 생활에 필요한 물자의 구입·제조·가공·공급 등의 사업에 해당하여야 한다. 그간의 해석사례를 보면 매장이 위치한 지역의 인구수에 비해 조합원의 수가 매우 적고, 일반 판매 행위와 차이점이 없으며, 조합원이 주로 이용한다는 객관적인 근거가 없다면 감면 대상으로 보기 어렵다.

- 쟁점 지역 농협이 소재한 면지역의 경우 인구수가 18,384명에 이르지만 조합원수는 1,067명에 불과하고, 지역농협의 연간 매출규모는 95억 원에 달하고 있는 등, 영업 형태에서 일반 사업자의 판매행위와 큰 차이가 없으며, 불특정 다수인이 구분 없이 이용이 가능하고, 일반인에 비해 조합원이 주로 사용하고 있다는 객관적 근거 제시도 없는 상황이라면, 농협의 목적사업인 '조합원의 사업과 생활에 필요한 물자의 구입·제조·가공·공급 등의 사업'으로 보기 어려우므로 당해 지역 농협은 감면 대상이 아니라 사료 판단됨(지방세특례제도과-1255, 2016.6.8.).
- 농협의 공산품 매장의 경우 도시지역의 주거 밀집 지역에 위치해 있고, ㅇㅇ시 전역의 고객을 대상으로 영업이 이루어지며, 당해농협 조합원은 8,500명, ㅇㅇ시 인구는 42만명, A동 인구 4.2만명, B동 인구 4.8만명에 이르는 점, 매출액(09년 기준)이 각각 707억, 49억 원에 달하고 일반 사업자의 판매(영업)행위와 큰 차이가 없는 등의 사정이 있고, 일반인에 비해 조합원이 주로 사용하고 있다는 객관적 근거 제시도 없는 상황에서 농협의 목적사업인 "조합원의 사업과 생활에 필요한 물자의 구입·제조·가공·공급 등의 사업"에 해당된다고 보기 어려우므로 감면 대상아님(지방세운영과-2976, 2010.7.12.).

② 비조합원이 생산한 농축산물의 판매사업에 사용하는 건축물

농업협동조합법 제57조 조합이 수행할 수 있는 경제사업으로서는 조합원이 생산하는 농산물의 제조·가공·판매·수출 등의 사업과 조합원이 생산한 농산물의 유통 조절 및 비축사업을 명시하고 있다. 따라서 비조합원이 생산한 농축산물의 판매사업용 건축물은 감면 대상이 되지 않는다.

③ 불특정 다수가 자유롭게 이용하는 생필품매장과 주유소

조합원과 비조합원을 불문하고 자유롭게 이용하면서 판매가격 등에서도 특별한 점이 없는 생필품매장과 주유소는 조합원의 사업과 생활에 필요한 물자의 구입·제조·가공·공급 등의 사업에 해당되지 않고 조합 자체의 영리를 목적으로 하는 시설에 해당되어 감면이 적용되지 않는다.

- 쟁점생필품매장과 주유소는 그 이용에 있어서 조합원과 비조합원 간에 아무런 차별이 없이 자유롭게 이용할 수 있는 시설에 해당되고, 조합원과 비조합원 간에 그 판매가격에 있어서도 특별한 차이가 없으며, 청구법인이 조합원을 위하여 쟁점생필품매장과 주유소를 운영하여야 할 특별한 필요성이 있었다는 사정이 확인되지 아니하는 점에서 쟁점생필품매장과 주유소는 조합원을 위한 시설이라기보다는 조합 자체의 영리를 목적으로 하는 시설에 해당된다고 봄이 타당함(조심 2013지0162, 2014.8.21.).

④ 불특정 다수를 상대로 영업하는 한우음식점

식탁 및 의자, 객실 등 접객시설을 갖추고 한우와 주류 등을 일반인에게 제한 없이 판매하는 음식점은 법인등기부등본에서 목적사업으로 규정한 '조합원이 생산하는 물자의 운반, 보관, 처리, 가공, 검사 등 판매사업'에 해당한다고 보기 어렵다(심사 2007-362, 2007.6.25.).

쟁점 060 1년 내 농산물판매장을 착공하지 못하면 무조건 추징?

> **지방세특례제한법 제178조【감면된 취득세의 추징】제1항**
>
> ① 부동산에 대한 감면을 적용할 때 이 법에서 특별히 규정한 경우를 제외하고는 다음 각 호의 어느 하나에 해당하는 경우 그 해당 부분에 대해서는 감면된 취득세를 추징한다.
>
> 1. 정당한 사유 없이 그 취득일부터 1년이 경과할 때까지 해당 용도로 직접 사용하지 아니하는 경우
> 2. 해당 용도로 직접 사용한 기간이 2년 미만인 상태에서 매각·증여하거나 다른 용도로 사용하는 경우

농업협동조합이 고유목적사업으로 감면을 받은 후 '사용개시' 조건과 '최소사용' 조건을 충족하지 못하면 이미 감면받은 세금을 추징 당하게 된다. 특히 사용개시 조건과 관련해 쟁점이 흔히 발생한다. 지방세특례제한법 제178조 제1항 제1호는 사용개시 관련 추징 조건으로 정당한 사유 없이 취득일로부터 1년이 경과할 때까지 해당 용도로 직접 사용하지 아니하는 경우로 규정하고 있는데 정당한 사유라는 불확정 개념을 포함하고 있기 때문이다.

대법원 판례와 각종 해석 사례에서 제시한 정당한 사유를 판단하는 기준을 정리해 보면 크게 외부적 요인과 내부적 요인으로 구분해 볼 수 있겠다.

▎정당한 사유의 판단 기준▕

외부적 요인	내부적 요인
• 법령에 의한 금지·제한 유무 • 사실상의 장애사유·정도 • 행정관청의 귀책 유무	• 외부적 요인의 예측가능성 • 직접 사용을 위한 진지한 노력의 이행 여부 • 준비기간의 장단(長短)

실제 사례 적용에 있어서는 이러한 요인들 중 어느 하나만을 고려하는 것이 아니라 개별 사안에 따라 제반 사항에 대한 종합적인 고려가 필요하다.

☑ '정당한 사유'라 함은 법령에 의한 금지·제한 등 그 법인이 마음대로 할 수 없는 외부적인 사유는 물론, 고유 업무에 사용하기 위한 정상적인 노력을 다하였음에도 시간적인 여유가 없어 유예기간을 넘긴 내부적인 사유도 포함하고, 정당사유의 유무를 판단함에 있어서는 당해 사업에 대한 취득세 등을 감면하는 입법취지를 충분히 고려하면서 그 목적사업에 걸리는 준비 기간의 장단, 목적사업에 사용할 수 없는 법령 상·사실 상의 장애사유 및 장애정도, 당해 법인이 토지를 직접 사용하기 위한 진지한 노력을 다하였는지의 여부, 행정관청의 귀책사유가 가미되었는지 여부 등을 아울러 참작하여 구체적인 사안에 따라 개별적으로 판단하여야 할 것임(대법원 2001두229, 2002.9.4.).

지방세특례제한법 제178조 제1항 제2호의 추징 요건은 비교적 명확하다. 직접 사용한 기간이 2년 미만인 상태에서 매각·증여하거나 다른 용도로 사용하는 것인데 다른 용도 사용과 관련해서는 앞서 쟁점에서 서술한 고유 업무의 범위를 벗어나는지의 여부를 기준으로 판단하면 되겠다.

(1) 정당한 사유로 인정되어 추징되지 않은 경우

ㅇㅇ중앙회가 구매·판매 사업에 직접 사용하기 위한 물류센터 조성용 토지를 취득하여 감면받은 사례와 관련하여 행정관청과 업무협의절차 이행에 따른 기간 소요, 보상업무를 위탁받은 행정관청의 토지 수용재결에 이르기까지 장기간 소요된 점 등 외부 요인을 고려하고, 해당 법인이 행정절차가 마무리된 직후 부지조성공사에 착공하는 등 진지한 노력을 다한 점 등을 종합 고려하여 추징이 제외되는 정당한 사유에 해당하는 것으로 보았다.

처분청은 청구법인의 쟁점사업 건립부지 매입요청 등에 대하여 두 차례(2011.4.6., 2011.11.15.)에 걸친 사전회신, 투자양해각서 체결(2012.2.8.), 보상업무의 위수탁계약 체결(2012.9.13.) 및 손실보상 대책 세부추진계획을 청구법인에게 통보(2012.9.26.)하는 등 쟁점사업에 편입되는 토지 등의 취득 및 손실보상업무 등을 청구법인으로부터 위탁받아 수행하였음에도 쟁점사업 건립부지에 대한 토지의 최종 수용재결은 보상업무의 위수탁계약 체결(2012.9.13.)부터 4년여의 기간이 경과한 2016.8.19.에 이르러서야 완료한 사실이 확인되는 점, 청구법인은 쟁점사업에 편입되는 토지의 최종 취득일(2016.8.19.)부터 1년 이내인 2016.10.24. 쟁점사업의 부지조성공사계약을 체결하여 해당 용도로 직접 사용하기 위한 건축 공사에 착공한 사실이 확인되는 점 등에 비추어 청구법인이 유예기간 내에 건축공사에 착공하지 못하였다 하더라도 쟁점토지를 취득하기 위한 과정과 이를 취득하여 해당 용도에 직접 사용하기 위한 진지한 노력을 다한 사실이 인정된다 할 것이고, 쟁점 토지를 취득(2013.8.13.~2014.2.10.)하여 1년 내에 구매·판매 사업 등에 직접 사용하지 못한 사유는 청구법인이 아닌 처분청에 그 귀책이 있어 보이므로 처분청이 기 감면한 취득세 등을 추징한 처분은 잘못이 있다고 판단됨(조심 2017지0092, 2017.7.25.).

(2) 정당한 사유로 볼 수 없어 추징된 경우

① 건축허가 신청을 지연하여 착공이 늦어진 로컬푸드직매장

건축허가 신청의 지연 외에 특별한 외부적 사정이 없고, 건축물 착공과 관련된 도로연결 등의 사유는 해당 법인이 미리 예상할 수 있는 사안이므로 정당한 사유로 보기는 어렵다.

청구법인이 2016.6.9. 이 건 토지를 취득한 후 1년 내에 고유 업무에 직접 사용하기 위하여 조기에 건축허가를 신청하여야 함에도 9개월이 경과한 2017.3.23. 로컬푸드직매장의 건축허가를 신청하였는바, 건축허가를 신청하는데 청구법인의 로컬푸드직매장 점포 설치에 따른 ㅇㅇㅇ승인 등을 위한 내부적인 사업추진 등의 장애 사유 외에 외부적인 장애 사유가 달리 없었고, 그 내부적인 장애 사유는 이 건 토지의 취득 전에 충분히 예상할 수 있었던 것으로 볼 수 있으며, 유예기간인 1년이 경과한 2017.7.4. 건축허가를 받아 2017.9.12. 착공신고가 되었고, 처분청이 2017.9.21. 현지출장한 시점에도 착공 등 건축공사가 이루어지지 않았던 것으로 나타나며, 건축허가를 받은 후 발생한 도로연결 허가 등의 사유는 이 건 토지의 취득 전부터 예상할 수 있었던 것으로 볼 수 있는 점 등에 비추어 청구법인이 이 건 토지를 취득한 후 1년 이내에 고유 업무에 직접 사용하지 아니한 정당한 사유가 있는 것으로 보기는 어렵다 할 것임(조심 2018지0723, 2018.6.29.).

② 용도지역 변경이 없으면 건축물을 신축할 수 없는 경우

용도지역을 변경하기 이전에는 쟁점토지 상에 유통업무시설을 신축할 수 없다는 사정은 청구법인이 토지를 취득하기 이전부터 미리 예측이 가능한 것이므로 유예기간 내 고유업무에 직접 사용하지 못한 정당한 사유로 인정하기는 어렵다(조심 2012지0314, 2012.11.14.).

(3) 자회사에 감면받은 토지를 현물출자하는 경우는 추징

농협조합이 취득세를 감면받은 후 최소 2년 이상은 고유목적 사업으로 사용해야 하는데 자회사인 농업회사법인에 해당 토지를 현물출자한 경우는 사업주체가 사실 상 법인격을 달리하는 자회사로 변환된 점, 현물출자는 매각과 본질이 다르지 않다는 점에서 이미 감면받은 취득세는 추징 대상이 된다. 조세심판원 결정례(조심 2012지0265, 2012.8.30.)와 대법원 판례(대법원 2014.8.20. 선고, 2014두6616 판결) 모두 같은 입장이다.

- 농업협동조합이 취득한 토지를 2년 이상 고유업무에 직접 사용하지 아니하고 자회사에 현물출자한 경우 기 감면한 취득세 등을 추징한 처분에 대하여 청구법인이 쟁점토지를 취득한 후 2년 이상 고유업무에 직접 사용하지 아니하고 이를 자회사인 농업회사법인에 현물출자(매각)한 사실이 확인되고 있는 반면, 유예기간 내에 현물출자한데 대한 정당한 사유를 인정할 만한 증빙이 달리 확인되지 아니하므로 기 감면한 취득세 등을 추징한 처분은 적법함(조심 2012지0265, 2012.8.30.).
- 농협이 국책사업의 일환으로 취득한 토지를 취득 후 목적사업에 직접 사용하려고 하였으나 고정투자 한도가 초과되어, 자회사를 설립한 후 당해 토지를 자회사에 현물출자하여 목적사업을 영위하도록 한 경우에는 법인격을 달리하는 자회사에게 현물출자한 경우로서 직접 사용한 것으로 볼 수 없고 추징을 배제할 정당한 사유가 있다고 보기도 어려움(대법원 2014두6616, 2014.8.20.)

국 민

세무·회계 지식서비스 분야의 선두주자 조세통람
국내 재경실무분야를 선도하는 No1. Knowledge Provider

Part 04

지역 인프라

본 PART에서는 지역 주민들의 주거 환경 개선과 삶의 질 향상에 기여하는 지방세 감면을 지역 인프라라는 이름을 붙여서 다루기로 한다. 지역 인프라에 관련한 감면은 크게 네 가지 차원에서 분류하여 접근이 가능하다.

우선 지역 주민의 주거환경을 개선하는 대규모 사업에 대한 감면이다.

Chapter 01에서 지역개발사업 지원이라는 제목으로 다룬다. 지역개발사업에 수반되는 토지수용에 따른 대체취득 감면, 주택재개발사업 과정에서 발생하는 감면 이슈, 택지개발용 토지에 대한 감면 등이 포함된다.

지역 공동체를 유지하고 주민의 기본적인 생활의 기반이 되는 교육·의료·복지에 대한 감면은 Chapter 02에서 기술한다. 어린이집과 유치원, 학교에 대한 감면과 의료기관, 사회복지시설 및 사회복지법인에 대한 감면이 포함되는데 의료기관에 대한 감면의 경우 2019년부터 2021년까지 감면비율이 단계적으로 조정되는 부분이 있기 때문에 좀 더 세밀히 살펴볼 필요가 있다. 사회복지시설과 사회복지법인도 2020년부터 감면 대상이 구체화되고, 감면율이 다소 조정되는 부분이 있다는 점에 유념해야 한다.

Chapter 03에서는 교통에 관한 사항으로서 국제선박과 항공운송사업에 대한 감면을 중점적으로 다룬다. 특히 항공운송사업의 경우 2019년부터 대형항공사(Full Sevice Carrier)와 저가항공사(Low Cost Carrier)의 감면율이 달라졌고 항공기 리스형태의 사업방식이 새롭게 등장하고 있어 이에 대한 감면 적용에 유의해야겠다.

끝으로 Chapter 04에서는 종교, 문화, 예술 등 국민의 정신적 욕구를 충족시키고 삶의 질을 높여주기 위해 해당 목적으로 직접 사용되는 부동산의 감면과 관련한 쟁점에 대해서 서술한다.

Chapter 01

지역개발사업 지원

I 주택재개발 등에 대한 감면

✔ 감면 요건

대상사업	① 「도시개발법」에 따른 도시개발사업, ② 「도시 및 주거환경정비법」에 따른 재개발사업 ③ 「도시 및 주거환경정비법」에 따른 주거환경개선사업
대 상 자	• 각 사업의 사업시행자 • 재개발사업 정비구역지정 고시일 현재 부동산의 소유자(조합원) • 분양받을 권리를 승계한 재개발사업구역 내 승계조합원

대상 물건 및 감면 내용 대상자

① 도시개발사업

대상자	근거	감면 대상 물건	감면 내용
시행자	§74 ③	시행자가 취득하는 체비지·보류지	취득세 75% 감면
원조합원[1]	§74 ① 1호	환지계획·토지상환채권에 따라 취득한 토지	(과표공제) 청산금에 대해 취득세 과세
승계조합원[2]	§74 ① 2호	환지계획·토지상환채권에 따라 취득한 토지	(과표공제) 종전부동산가액 초과액에 대해 취득세 과세

1) 사업시행인가 이전 부동산 소유자
2) 사업시행인가(소득세법에 따라 기재부장관이 정한 지정지역 즉 투기지역 등은 정비구역지정)이후 환지이전에 부동산을 승계취득한자

② 재개발사업(= 舊주택재개발 + 舊도시환경정비사업)

대상자	근거	감면 대상 물건	감면 내용
시행자	§74 ⑤ 1호	재개발사업 대지조성용 취득 부동산	취득세 50% 감면
	§74 ⑤ 2호	관리처분계획에 따라 취득하는 주택	취득세 50% 감면
원조합원[1]	§74 ① 1호	관리처분계획에 따라 취득한 토지·건축물	(과표공제) 청산금에 대해 취득세 과세
승계조합원[2]	§74 ① 2호	관리처분계획에 따라 취득한 토지·건축물	(과표공제) 종전부동산가액 초과액에 대해 취득세 과세

지 역

대상 물건 및 감면 내용 대상자

대상자	근거	감면 대상 물건	감면 내용
원조합원[3]	§74 ⑤ 3호	시행자로부터 취득하는 주택(1가구 1주택 또는 일시적2주택 요건 필요)	(세액감면) • 60㎡ 이하(취득세 75%) • 60~85㎡(취득세 50%)

3) 재개발사업의 정비구역지정 고시일 현재 부동산 소유자(원조합원 중 일부)

③ 주거환경개선사업

대상자	근거	감면 대상 물건	감면 내용
시행자	§74 ④ 1호	사업의 대지조성을 위해 취득하는 주택	취득세 75%
시행자	§74 ④ 2호	체비지, 보류지	취득세 75% ('20년부터 신설)
원조합원	§74 ④ 3호	• 스스로 개량하여 취득하는 • 시행자로부터 취득하는 전용면적 85㎡ 이하 주택	취득세 면제 (최소납부세제 '19~)

감면율	취득세 100% 면제~50% 경감 또는 과표공제
감면시한	2022.12.31.

✔ 추징 요건

사용개시	② 재개발사업, ③ 주거환경개선사업의 경우 취득일부터 5년 이내에 별장·고급주택·고급오락장 등(지방세법 제13조 제5항)에 해당되거나 법령을 위반하여 건축한 경우 ② 재개발사업의 원조합원이 시행자로부터 취득하는 주택(세액감면)의 경우는 3년 이내에 감면요건(1가구 1주택 또는 일시적 2주택)을 충족하지 못하는 경우
최소사용	–

✔ 관련 법령

지특법 §74, 지특령 §35

✔ 개정 연혁

개정일	개정 전	개정 후	개정이유 / 적용요령
지특법 §74 ① 2020.1.15. 제16865호	• (제1항 본문) • 도시개발사업 및 재개발사업시행자 – 체비지와 보류지 (취득세 면제)	• (제3항) • 도시개발사업시행자 – 체비지와 보류지 (취득세 75% 감면)	• 제3항으로 이동 • 재개발사업시행자 감면 종료 • 도시개발사업 감면 축소 (면제 → 75%)

개정일	개정 전	개정 후	개정이유 / 적용요령
지특법 §74 ① 2020.1.15. 제16865호			(적용례) 법 시행 이후 실시계획인가 (도시개발법) 또는 사업시행 계획인가(도정법)를 받는 사업부터 적용
	• (제3항 3, 5호) • 주거환경개선사업 시행자 감면 – (신설)	• (제4항 1, 2, 3호) • 주거환경개선사업 시행자 감면 – 체비지와 보류지 (취득세 75% 감면)	• 항 이관 • 시행자 체비지 및 보류지 감면 신설
	• (제3항 1, 2, 4호) • 舊 재개발사업 – (시행자) 대지조성을 위해 취득하는 부동산 (취득세 75%) – (시행자) 관리처분 계획 따라 취득하는 주택(취득세 75%) – (조합원) 85㎡ 이하 주택(취득세 면제) ※ 최소납부적용('19~)	• (제5항 1, 2, 3호) • 재개발사업 – (시행자) 대지조성을 위해 취득하는 부동산 (취득세 50%) – (시행자) 관리처분 계획 따라 취득하는 주택(취득세 50%) – (조합원) 면적 차등, 1가구 1주택 요건 신설 (60㎡↓) 취득세 75% (60~85㎡) 취득세 50%	• 항 이관 • 외형상 구분이 어려운 舊도시환경정비사업 감면 범위로 포함 및 감면율 축소 ※ (재개발사업 = 舊주택재개발 + 舊도시환경정비사업) • 추징 규정 신설 (5년 이내 중과세 대상, 위반건축물이 되는 경우 등)

지 역

쟁점 061 임대아파트도 재개발사업시행자의 체비지일까?

지방세특례제한법 제74조【도시개발사업에 대한 감면】제1항 본문, 제3항 제2호(요약)

① 「도시 및 주거환경정비법」에 따른 재개발사업의 사업시행자가 취득하는 체비지 또는 보류지에 대해서는 취득세를 2019년 12월 31일까지 면제

③ 재개발사업(같은 법 제2조 제2호 나목 중 정비기반시설이 열악하고 노후·불량건축물이 밀집한 지역에서 주거환경개선을 하는 경우로 한정한다. 이하 이 항에서 같다.)의 시행에 따라 취득하는 제1호부터 제3호까지의 부동산에 대해서는 취득세의 100분의 75를 2019년 12월 31일까지 경감

2. 재개발사업의 시행자가 관리처분계획에 따라 취득하는 주택

※ 상기 규정은 2020.1.15. 법률 개정 전 사항임.

재개발사업시행자의 체비지 감면에 대해 알아보기 이전에 우선 감면 대상이 되는 재개발사업 내용에 대해 알아둘 필요가 있다. 지방세특례제한법 제74조에서 규정하고 있는 취득세 감면 대상 사업의 용어와 감면 범위는 매우 유사하여 혼돈이 있기 쉬우며, 개정연혁이 복잡하여 법률 개정에 따른 감면 대상 범위, 대상 주체 및 감면율의 변화에 대해 정확히 인지해 둘 필요가 있다.

(1) 지방세가 감면되는 개발사업의 범위

현행 재개발사업은 2017.2.8. 도시 및 주거환경정비법이 개정(2018.2.9. 시행)되면서 정립된 개념으로 개정 이전에는 舊주택재개발사업과 舊도시환경정비사업으로 나뉘어 있었다. 따라서 해당 법률이 개정될 당시 지방세특례제한법에서도 재개발사업이 아닌 舊주택재개발사업 및 舊도시환경정비사업으로 구분하여 감면을 규정하고 있었다.

※ 지방세특례제한법(법률 제14567호, 2017. 2. 8. 타법 개정되기 이전의 것)

지특법		감면 대상 사업	감면 물건	감면 내용
제74조 제1항 (시행자)		도시개발사업(도시개발법)	체비지·보류지	취득세 면제 (2019.12.31.까지)
		주택재개발사업(도정법)		
		도시환경정비사업(도정법)		
제74조 제3항 (시행자)	1호	주택재개발사업(도정법)	대지 조성을 위하여 취득하는 부동산	취득세 75% 감면 (2019.12.31.까지)
	2호	주택재개발사업(도정법)	사업의 관리처분계획에 따라 취득하는 주택	취득세 75% 감면 (2019.12.31.까지)

지방세특례제한법 제74조 제1항에서는 주택재개발사업과 도시환경정비사업 모두에 대해 감면을 규정하고 있었으므로, 2017.2.8. 도시 및 주거환경정비법이 개정(2018.2.9.시행)되고, 주택재개발사업과 도시환경정비사업이 재개발사업으로 통합되었어도 지방세특례제한법 상 감면 대상 사업의 범위는 달라지지 않았다.

반면, 지방세특례제한법 제74조 제3항의 경우는 종전에 도시 및 주거환경정비법에 따른 사업 중 주택재개발사업만을 감면 대상으로 규정하고 있었고, 도시환경정비사업은 감면 대상에 포함되어 있지 않았다. 따라서 도시 및 주거환경정비법이 개정되고 지방세특례제한법 제74조 제3항의 감면 대상 사업인 '주택재개발사업' 용어가 타법 개정을 통해 '재개발사업'으로 개정되면서 종전에 감면 대상 범위에 포함되어 있지 않았던 도시환경정비사업도 마치 지방세 감면 범위에 포함되는 것처럼 해석되는 문제가 발생하였다.

※ 2018.2.9. 도시 및 주거환경정비법 개정에 따른 지방세 감면 범위의 변화

지특법		감면 대상 사업의 범위	
		2018.2.9. 도정법 시행 전	2018.2.9. 도정법 시행 후
제74조 제1항 (시행자)		도시개발사업(도시개발법)	도시개발사업(도시개발법)
		舊주택재개발사업(도정법)	재개발사업(도정법) (舊주택재개발사업+舊도시환경정비사업)
		舊도시환경정비사업(도정법)	
제74조 제3항 (시행자)	1호	舊주택재개발사업(도정법)	재개발사업(도정법) (舊주택재개발사업+舊도시환경정비사업)
	2호	舊주택재개발사업(도정법)	재개발사업(도정법) (舊주택재개발사업+舊도시환경정비사업)

따라서 문제 발생 초기에는 유권해석을 통해 지방세특례제한법 제74조 제3항에서 규정하고 있는 지방세 감면 대상인 '재개발사업'의 의미는 도시환경정비사업이 포함되지 않는 것으로 운영되어 왔다.

이후 2018년 말 지방세특례제한법 제74조 제3항 개정을 통해 이러한 사항은 명확해지게 되었는데, 해당 규정의 '재개발사업' 용어 뒤에 괄호 내용을 추가함으로써 지방세 감면 대상인 '재개발사업'은 도시 및 주거환경정비법이 개정되기 이전의 舊주택재개발사업에 한정되는 것임을 명시하였다.

※ 2018년 말 지방세특례제한법 제74조 제3항 개정 '재개발사업' 정의 개정

2018.12.24. 지특법 개정 전	2018.12.24. 지특법 개정 후
제74조(도시개발사업 등에 대한 감면) ③ 「도시 및 주거환경정비법」에 따른 재개발사업과 주거환경개선사업의 시행에 따라 취득하는 제1호부터 제3호까지의 부동산에 대해서는 취득세의 100분의 75를 2019년 12월 31일까지 경감하고, 제4호 및 제5호의 부동산에 대해서는 취득세를 2018년 12월 31일까지 면제한다(단서생략).	제74조(도시개발사업 등에 대한 감면) ③ 「도시 및 주거환경정비법」에 따른 재개발사업(같은 법 제2조 제2호 나목 중 정비기반시설이 열악하고 노후·불량건축물이 밀집한 지역에서 주거환경개선을 하는 경우로 한정한다. 이하 이 항에서 같다)과 주거환경개선사업(같은 법 제2조 제2호 가목 중 도시저소득 주민이 집단거주하는 지역으로서 정비기반시설이 극히 열악하고 노후·불량건축물이 과도하게 밀집한 지역의 주거환경을 개선하는 경우로 한정한다. 이하 이 항에서 같다)의 시행에 따라 취득하는 제1호부터 제3호까지의 부동산에 대해서는 취득세의 100분의 75를 2019년 12월 31일까지 경감하고, 제4호 및 제5호의 부동산에 대해서는 취득세를 2019년 12월 31일까지 면제한다(단서생략).

지 역

그러나 위 개정 사항을 보면 알 수 있듯이 개정된 괄호의 규정은 그 내용이 매우 모호하고, 추상적이어서 해당 규정의 기준에 따라 감면 대상인 舊주택재개발사업만을 구별해 내는 것은 쉽지 않아 보이며, 실제 과세기관에서도 법률을 적용하는 데 있어서 어려움이 있었을 것으로 예상된다.

2020.1.15. 지방세특례제한법 제74조 제5항 개정 내용을 보면 이와 같은 문제를 해결하기 위해 다시 괄호 규정을 삭제하여 감면 대상사업의 범위를 '재개발사업'으로만 규정한 것을 알 수 있다. 이로 인해 지방세 감면 대상 사업의 범위도 舊주택재개발사업 외에 舊도시환경정비사업까지 확대되게 되었다.

※ 2020.1.15. 지방세특례제한법 제74조 제3항 개정 '재개발사업' 정의 개정

2020.1.15. 지특법 개정 전	2020.1.15. 지특법 개정 후
제74조(도시개발사업 등에 대한 감면) ③ 「도시 및 주거환경정비법」에 따른 재개발사업(같은 법 제2조 제2호 나목 중 정비기반시설이 열악하고 노후·불량건축물이 밀집한 지역에서 주거환경개선을 하는 경우로 한정한다. 이하 이 항에서 같다)과 주거환경개선사업(같은 법 제2조 제2호 가목 중 도시저소득 주민이 집단거주하는 지역으로서 정비기반시설이 극히 열악하고 노후·불량건축물이 과도하게 밀집한 지역의 주거환경을 개선하는 경우로 한정한다. 이하 이 항에서 같다)의 시행에 따라 취득하는 제1호부터 제3호까지의 부동산에 대해서는 취득세의 100분의 75를 2019년 12월 31일까지 경감하고, 제4호 및 제5호의 부동산에 대해서는 취득세를 2019년 12월 31일까지 면제한다(단서생략).	제74조(도시개발사업 등에 대한 감면) ⑤ 재개발사업의 시행에 따라 취득하는 부동산에 대해서는 다음 각 호의 구분에 따라 취득세를 2022년 12월 31일까지 경감한다(단서생략).

대신 지방세특례제한법 제74조 제1항에서 규정하고 있었던 '재개발사업'의 시행자가 취득하는 체비지 또는 보류지에 대한 취득세 면제 규정은 삭제되고, '도시개발사업'의 시행으로 취득하는 체비지 또는 보류지에 대한 감면 규정만 같은 조 제3항으로 이관되었으며 감면율만 일부 축소된 상태에서 기한은 3년 연장되었다.

그 외에도 지방세특례제한법 제74조 제3항에서는 감면 대상 사업인 재개발사업 및 주거환경개선사업이 모두 하나의 조항에 규정하고 있고, 감면 대상자도 사업별로 시행자와 조합원으로 나누어 규정하고 있어, 조문이 복잡하고 혼란스러운 면이 있었는데, 금번 개정 시 사업별로 항을 신설하여 규정함으로써 이러한 문제가 개선된 것으로 보인다.

개정 법률의 부칙에서는 적용례(부칙 제5조)를 둠으로써 법 시행 이후 도시 및 주거환경정비법에 따른 사업시행계획 인가를 받는 사업부터 적용하도록 하였고, 감면 또는 추징에 대한 경과조치(부칙 제17조)를 두어, 도시 및 주거환경정비법 제2조 제2호 나목에 따른 재개발사업 중 정비기반시설이 열악하고 노후·불량건축물이 밀집한 지역에서 주거환경을 개선하기 위한 사업(舊 주택재개발법)으로서 이 법 시행 전에 도시 및 주거환경정비법에 따른 사업시행계획 인가를 받은 사업

의 시행에 따라 이 법 시행 이후 취득하는 부동산에 대한 취득세 감면 및 추징에 대해서는 종전의 제74조 제3항에 따르도록 하였다.

(2) 재개발사업시행자가 취득하는 체비지에 임대아파트 포함 여부

> **지방세특례제한법 제74조【도시개발사업에 대한 감면】제1항 본문**
>
> ①「도시 및 주거환경정비법」에 따른 재개발사업의 사업시행자가 취득하는 체비지 또는 보류지에 대해서는 취득세를 2019년 12월 31일까지 면제
>
> ※ 상기 규정은 2020.1.15. 법률 개정 전 사항임.

재개발사업의 시행자가 취득하는 체비지에 대한 취득세 감면 규정은 앞선 언급한 바와 같이 감면이 종료되었다. 다만, 부칙에 따라, 이 법 시행 전에 도시 및 주거환경정비법에 따른 사업시행계획 인가를 받은 사업의 시행으로 이 법 시행 이후 취득하는 부동산에 대해서는 여전히 종전의 제74조 제3항에 따른 감면을 적용할 수 있으므로 임대아파트와 체비지에 대한 쟁점에 대해 살펴보기로 한다.

도시 및 주거환경정비법에 따른 재개발사업은 관리처분계획에 따라 건축물을 건설하여 공급하는 방법 또는 환지로 공급하는 방법으로 가능하다. 또한 재개발사업시행자가 취득하는 부동산에 대한 지방세 감면은 지방세특례제한법 제74조 제1항과 제3항에서 나누어 규정하고 있다. '제1항'은 구 지방세법(§109 ③)의 비과세 규정을 지방세특례제한법으로 이관한 것으로 재개발사업시행자가 취득하는 체비지 등에 대해 취득세를 면제하고, '제3항'은 자치단체 조례로서 규정하던 것을 법으로 이관하여 신설된 것으로 '제3항 중 제2호'는 시행자가 관리처분계획에 따라 취득하는 부동산에 대해 취득세를 75% 경감하도록 규정하고 있다.

2016년까지는 두 규정의 감면율이 동일하였으나 2016년 말 일몰도래 시 관리처분계획에 따라 취득하는 부동산에 대한 감면율이 현행수준으로 축소됨에 따라, 종전에 '제3항'의 감면 대상이였던 '관리처분계획에 따라 취득하는 임대주택'이 '제1항'의 감면 대상인 체비지에 해당되는지에 대한 쟁점이 대두되었다.

▌재개발 사업시행자 취득하는 부동산에 대한 감면(2019년 말 기준)▐

근거 규정	지특법 §74 ① 본문	지특법 §74 ③ 2호
감면 대상	체비지, 보류지	관리처분계획에 따라 취득하는 부동산
감면율 (개정경과)	(~2019년) 취득세 100% 면제	(~2015년) 취득세 100% 면제 (2016년) 최소납부세제 적용(85% 감면) (2017년~2019년) 취득세 75% 감면

※ 2018년 말 개정(20.1.1.시행)으로 재개발 사업 체비지·보류지에 대한 감면(지특법 §74 ① 본문)은 삭제되었고, 관리처분계획에 따른 감면(지특법 §74 ③ 2호)은 범위가 부동산에서 주택으로 축소되었음.

① **임대아파트 : 체비지 감면 적용 제외**

재개발사업을 시행하기 위해서는 도시및주거환경정비법에 따라 의무적으로 임대주택을 건설하여야 하고, 시행자가 요청하는 경우 국토교통부장관, 시도지사 및 시장·군수·구청장 등은 임대주택을 인수해야 한다.

'체비지'는 일반인에게 분양하여 사업비에 충당하려는 목적으로 시행자가 취득하는 부동산으로, 환지계획이나 관리처분계획 당시에 미리 체비지로 정해진 부동산으로 한정해서 보아야 한다는 것이 종전의 입장이다. 이에 대해 재개발 사업시행자가 관리처분계획에 따라 임대주택을 취득하여 조합원에게 귀속시키지 않고 국가 등에 매각하여 사업 비용에 충당하였다면 체비지로 볼 수도 있다는 입장이 있다.

최근 구 주택재개발 사업시행자가 국가에 매각한 임대주택을 지방세특례제한법 제74조 제1항에 따른 면제 대상인 체비지로 볼 수 있는지와 관련하여, 행정소송 결과가 대립되고 있다. 1심의 경우는 관련 법에서 임대주택 건설을 의무화하고 있고, 지방세 감면은 주택재개발사업을 세제적으로 지원하려는 취지이므로 임대주택도 체비지에 포함되어야 한다는 것이다. 2심은 종전의 대법원 판례 등과 같이 환지계획이나 관리처분계획에서 체비지로 지정되어야 하는데 임대주택 처분에 대해 관리처분계획에서 체비지와 달리 지정하고 있어서 체비지로 볼 수 없다고 보고 있다.

▌체비지 해당 유무▐

체비지 해당	체비지 미해당
서울행정법원 2018.10. 선고	서울고등법원 2019.9. 선고
• 재개발사업을 위해 임대주택 건설은 필수이며, 지방세 감면은 재개발사업을 세제적으로 뒷받침하려는 취지임 • 법령과 조례에 따라 임대주택의 건설을 계획하고 관리처분계획에 그에 대하여 정한 후 임대주택을 건설하였다는 점 • 지방세특례제한법 제74조 제1항이 관리처분계획에 '체비지'라고 명시한 경우에 한하여 취득세 면제 대상이라 정하고 있지 않음 → 관리처분계획 상 임대주택도 취득세가 면제되는 체비지에 해당된다고 예측 가능	• 입법자가 지방세특례제한법 제74조 제1항과 제3항으로 구분하여 감면을 규정한 것은 – 체비지 외에 시행자가 취득하는 부동산이있는 경우에도 취득세를 지원하려는 취지 • 체비지 또는 보류지는 환지계획이나 관리처분계획에서 미리 정해지는 것인데 – 관리처분계획에서 체비지와 임대주택 처분을 각각 달리 규정하고 있으므로 임대주택과 체비지를 동일한 것으로 볼 수 없음 → 관리처분계획에서 미리 체비지로 정한 경우만 취득세 면제 대상인 체비지에 해당

② **관리처분계획인가 당시 체비지로 지정된 경우에 감면 대상**

재개발사업을 규정하고 있는 도시및주거환경정비법(§79)에서는 '일반인에게 분양하는 대지 또는 건축물을 도시개발법에 따른 체비지로 본다'고 규정하고 있고 도시개발법(§34)에서는 '경비충당을 위해 환지로 정하지 않고 보류지 중 일부를 체비지로 정할 수 있다'고 규정하고 있다. 따라서 체비지는 '경비에 충당하기 위해 일반인에게 분양하는 부동산'으로 보아야 한다.

그 외 체비지는 선행되어야 하는 전제 조건이 있다. 즉 사업시행자는 분양신청을 받은 후 잔여분을 보류지로 정하거나 토지소유자외의 자에게 분양할 수 있으므로(도정법 §79), 체비지는 조합원에게 분양신청을 받은 잔여분 중에서 사업시행자가 지정한 것이어야 하고, 당초부터 경비 충당이 목적임이 명시되어 있어야 한다.

재개발사업시행자가 건설한 임대주택은 사업계획 당시부터 임대목적으로 건설이 의무화된 것으로 '잔여분 중 일반인에게 분양'하는 부동산이라고 보기는 어렵다. 또한 임대주택 매각은 조합이 원하는 경우 선택적으로 할 수 있으므로 처음부터 분양을 통해 사업비에 충당할 목적임이 명확하지 않다. 이런 이유에서 지방세 지원도 사업시행자에 대해 체비지·보류지에 대한 감면 규정을 두고 있으면서도 별도의 관리처분계획에 따라 취득하는 부동산에 대한 감면을 두고 있는 것으로 보인다.

그간 판례는 '체비지 또는 보류지는 도시 및 주거환경정비법 제48조에 따라 관리처분계획인가를 받을 당시 보류지로 지정하여 인가를 받은 부동산으로 한정해야 한다'는 입장이고, 조세심판례의 경우도 '관리처분계획 당시에 임대주택으로만 지정되어 있을 뿐 체비지 또는 보류지로 지정되어 있지 않으므로 임대주택은 체비지로 볼 수 없다'는 입장이다.

- 취득세가 비과세되는 체비지 등은 사업시행자가 미리 환지계획이나 관리처분계획에서 체비지 등으로 정하여 환지처분의 공고나 분양처분의 고시가 있은 후에 취득하는 것만을 의미함(대법원 2007두3275, 2009.6.23.).
- 쟁점아파트는 임대용으로 지정되어 있을 뿐 체비지 또는 보류지로 지정되어 있는 않은 점, 청구법인은 쟁점아파트를 일괄로 매각하였으므로 쟁점아파트는 '일반에게 분양하는 대지 또는 건축물'인 체비지로 보기 어려움(조심 2018지0708, 2018.6.29.; 조심 2017지0993, 2018.4.16.).

저자팁

2020년 시행 지특법 제74조 개정 현황

<table>
<tr><th colspan="2">조문</th><th>사업명</th><th>대상자</th><th>감면 대상 물건</th><th>감면 내용</th><th>20년 개정 사항</th></tr>
<tr><td rowspan="3">74조
1항</td><td>본문</td><td>도시개발
재개발[1)]</td><td>시행자</td><td>• 체비지, 보류지</td><td>취득세 면제</td><td>• 도시개발은 제3항으로 이관
• 재개발은 감면 종료</td></tr>
<tr><td>1호</td><td rowspan="2">도시개발
재개발</td><td>원조합원</td><td rowspan="2">• 환지계획 및 토지상환 채권에 따라 취득하는 토지
• 관리처분계획에 따라 취득하는 토지 및 건축물</td><td>청산금에 대해 취득세 과세</td><td></td></tr>
<tr><td>2호</td><td>승계조합원[2)]</td><td>종전부동산가액 초과액에 대해 취득세 과세</td><td></td></tr>
<tr><td>74조
3항</td><td>본문</td><td>도시개발</td><td>시행자</td><td>• 체비지, 보류지</td><td>취득세 75%</td><td>(종전) 1항 본문</td></tr>
</table>

조문		사업명	대상자	감면 대상 물건	감면 내용	20년 개정 사항
74조 4항 신설	1호	주거환경 개선	시행자	• 사업의 대지조성을 위해 취득하는 주택	취득세 75%	(종전) 3항 3호
	2호		시행자	• 체비지, 보류지	취득세 75%	신설
	3호		원조합원	• 스스로 개량하여 취득한 주택 • 시행자로부터 취득하는 전용면적 85㎡ 이하 주택	취득세 면제 (최소납부세제 '19~)	(종전) 3항 5호
74조 5항 신설	1호	재개발 (舊주택 재개발 → 재개발)	시행자	• 재개발사업 대지 조성을 위해 취득하는 부동산	취득세 50%	(종전) 3항 1호 감면율 축소 (75% → 50%)
	2호		시행자	• 관리처분계획에 따라 취득하는 주택	취득세 50%	(종전) 3항 2호 감면율 축소 (75% → 50%)
	3호		조합원[3]	• 시행자로 부터 취득하는 주택(청산금 포함) ※ 1가구 1주택·일시적 2주택	60㎡ 이하 주택 (취득세 75%) 60~85㎡ 이하 주택(취득세 50%)	(종전) 3항 4호 취득세 감면율 (100%→ 50~75%)

1) 재개발사업 = 舊 주택재개발사업 + 舊 도시환경정비사업
※ 2018.2.7 도시 및 주거환경정비법 개정으로 두 사업을 재개발사업으로 통합

2) 승계조합원은 사업시행인가(소득세법에 따라 기재부장관이 정한 지정지역 즉 투기지역 등은 정비구역지정) 이후 환지 이전에 부동산을 승계취득한 자

3) 舊 주택재개발사업의 정비구역지정 고시일 현재 부동산 소유자

쟁점 062 분양하지 않고 일괄 매각한 부동산도 체비지 감면 가능?

> **지방세특례제한법 제74조【도시개발사업에 대한 감면】제1항 본문, 제3항 제2호**(요약)
>
> ①「도시 및 주거환경정비법」에 따른 재개발사업의 사업시행자가 취득하는 체비지 또는 보류지에 대해서는 취득세를 2019년 12월 31일까지 면제
>
> ③ 재개발사업(괄호생략)의 시행에 따라 취득하는 제1호부터 제3호까지의 부동산에 대해서는 취득세의 100분의 75를 2019년 12월 31일까지 경감
>
> 2. 재개발사업의 시행자가 관리처분계획에 따라 취득하는 주택
>
> ※ 상기 규정은 2020.1.15. 법률 개정 전 사항임.

도시개발법 제34조에서는 경비충당을 위해 일부를 환지로 정하지 않고 보류지로 정할 수 있고 보류지 중 일부를 체비지로 정하여 경비에 충당할 수 있다고 규정하고 있다. 따라서 체비지는 경비에 충당하기 위한 토지임을 알 수 있다.

도시및주거환경정비법 제87조에서는 '토지등소유자에게 분양하는 대지 또는 건축물은 도시개발법 제40조에 따른 환지'로 보도록 규정하고 있으며, 아울러 '도시및주거환경정비법 상의 보류지와 일반인에게 분양하는 대지 또는 건축물은 도시개발법 34조에 따른 보류지 및 체비지로 본다'고 규정하고 있다.

이를 종합하여 보면, 체비지는 조합에게 귀속되지 않고 일반인에게 분양하는 대지 또는 건축물로서 경비에 충당하기 위한 부동산임을 알 수 있다. 그러나 이러한 체비지를 매각하여 경비에 충당하는 과정에서 일반인에게 분양하지 않고 특정 투자회사 또는 지방공사, LH 등에게 일괄 매각하는 경우 해당 부동산을 체비지로 볼 수 있을지에 대한 쟁점이 있다.

즉 일괄매각은 분양하는 것이 아니므로 결론적으로 체비지라고 볼 수 없다고 보는 시각이 있는 것이다.

'분양'의 정의에 대해 지방세특례제한법에서는 별도로 규정하고 있지 않다. 다만, 건축물분양에관한법률 제2조 제2호에서는 '분양'이란 건축물 분양사업자가 건축하는 건축물의 전부 또는 일부를 2인 이상에게 판매하는 것이라고 규정하고 있어서 '일괄매각'과 '분양'은 다른 것으로 규정하고 있다.

체비지와 직접적으로 관련된 판례는 아니지만 일괄매각과 분양에 대한 입장은 판례도 관련법률과 동일하다. 즉 구 지방세특례제한법 제33조 제1항의 '주택건설사업자가 공동주택을 분양할 목적으로 건축하는 공동주택'에 대한 감면과 관련된 사건에서, 판례는 '주택건설사업자가 처음부터 LH공사에게 일괄매각하기로 약정한 후 전용면적 60㎡ 이하인 5세대 이상의 공동주택을 건축하여 LH공사에게 일괄매각한 경우는 분양할 목적으로 건축하는 공동주택으로 볼 수 없다고 하였다.

지역

지방세특례제한법에서는 분양의 개념에 관하여 용어의 정의나 포섭의 구체적인 범위가 명확히 규정되어 있지 않으나 건축물분양에관한법률 제2조 제2호에서는 '분양'이란 건축물 분양사업자가 건축하는 건축물의 전부 또는 일부를 2인 이상에게 판매하는 것을 말한다고 규정하고 있다. 따라서 건축물의 전부를 1인에게 판매하는 것은 건축물분양에관한 법률 제2조 제2호에 따른 '분양'의 범위에 포함되지 않으므로 일괄매각은 분양이라고 보기 어렵다(대법원 2016두46212, 2016.11.10.).

위 판례의 경우는 구 지방세특례제한법 제33조 제1항의 건축주에 대한 감면 사례로서 해당 감면 규정은 주택 보급의 확대를 지원하기 위한 것으로, 주택건설업자가 국민주택규모의 주택을 신축하여 일반인에게 분양할 것 자체를 지방세 지원의 목적으로 하고 있다. 즉 주택을 신축하여 1인에게 일괄 매각하는 것은 당초 감면의 취지와 부합하지 않는 측면이 있는 것이다. 판례도 이러한 입장을 고려한 것으로 이해된다.

그러나 체비지에 대한 감면 규정의 경우는 과거 판례에서도 보듯이 환지 또는 관리처분계획 당시부터 체비지로 지정되어 있었는지가 중요한 쟁점이 된다. 또한 해당 감면 규정은 재개발사업을 시행하는 시행자를 지원함으로써 재개발사업의 수행을 원활하게 하려는 목적이지, 체비지에 대한 취득세 감면을 통해 주택보급을 지원하려는 취지가 강하다고 보기는 어렵다.

구 지방세특례제한법 제33조 제1항의 경우는 감면 요건으로 '주택건설사업자가 공동주택을 분양할 목적으로 건축하는 공동주택일 것'을 지방세특례제한법 자체에서 요건으로 규정하고 있어서 '분양' 자체가 감면을 위한 하나의 기준이 되고 있으나, 지방세특례제한법 제74조 제1항 체비지에 대한 감면 규정은 재개발 사업시행자를 지원하는 것을 목적으로 하고, 도시및주거환경정비법에 따른 재개발사업의 사업시행자가 취득하는 체비지이면 감면 대상에 해당되는 것으로 규정하고 있다. 따라서, 두 감면 규정에서 감면 요건으로서의 '분양'의 의미는 같다고 하기는 어려워 보인다.

그러므로, 건축물분양에관한법률에서의 '분양'에 관한 용어의 정의 또는 위 판례에 근거하여 '일괄매각'한 경우만으로 체비지에 해당하지 않는다고 보는 것은 무리가 있어 보이고, 지방세특례제한법 제74조 제1항의 감면 취지, 사업 시행 과정에서 경비충당을 목적으로 체비지로 적합하게 지정되었는지 여부, 관련 법에서 규정하는 체비지 정의 등을 함께 고려하여 판단할 필요가 있어 보인다.

쟁점 063 최소납부세제는 조합원 분양가 전체 또는 청산금만 적용?

지방세특례제한법 제74조 【도시개발사업에 대한 감면】 제1항 제1호, 제3항 제4호(요약)

① 부동산의 소유자가 취득하는 토지 및 건축물에 대해서는 취득세를 2019년 12월 31일까지 면제한다. 다만, 다음 각 호에 해당하는 부동산에 대해서는 취득세를 부과

1. 청산금을 부담하는 경우에는 그 청산금에 상당하는 부동산

③ 제4호의 부동산에 대해서는 취득세를 2019년 12월 31일까지 면제

4. 전용면적 85제곱미터 이하의 주택(청산금에 상당하는 부동산을 포함)

※ 상기 규정은 2020.1.15. 법률 개정 전 사항임.

지방세특례제한법에 따라 취득세 또는 재산세가 면제되는 경우, 그 면제액이 취득세는 200만 원, 재산세는 50만 원을 초과하는 경우에는 개별 면제 규정에도 불구하고 면제액의 15%를 다시 과세하는 최소납부세제가 운영되고 있다. 재개발사업 정비구역지정고시일 이전부터 거주한 조합원은 85㎡ 이하 주택을 분양받는 경우 취득세를 면제받을 수 있는데(지특법 §74 ③ 4호), 이 경우 2019년부터 최소납부세제가 적용된다.

최소납부세제 적용하기 위해서는 취득세 면제액을 먼저 산정하여야 하는데 해당 조항에서는 청산금에 상당하는 부동산을 포함하여 취득세를 면제하도록 규정하고 있으므로 취득세 면제액은 청산금을 포함한 전체 분양가에 대해 과세된 취득세액으로 볼 수 있다.

지 역

그러나 해당 면제규정(지특법 §74 ③ 4호)이 없다고 해도 조합원은 전체 분양가를 기준으로 취득세를 납부하지 않는다. 같은 조 제1항 제1호에서 조합원이 사업시행 완료 후 신규아파트를 분양받기 위해 추가로 부담하는 청산금에 대해서만 취득세를 과세하도록 하고 있기 때문이다. 따라서 실제로 지방세특례제한법 제74조 제3항 제4호에 따라 조합원이 면제받는 취득세는 청산금에 상당하는 부동산에 대한 취득세이고 따라서 그 면제액만을 기준으로 최소납부세제를 적용해야 한다고 볼 수도 있다.

구분		
갑설	종전 건물 권리가액	청산금부분 취득세(면세액x15% 과세)
을설	신축 주택 분양가 전체 취득세(면제액X15% 과세)	

지방세특례제한법 제74조 제1항은 재개발사업구역 내에서 사업시행인가(부동산 가격 급등지역은 정비구역지정일) 전부터 거주한 부동산의 소유자(조합원)에 대한 취득세 과세표준 공제 규정으로 조합원의 종전 부동산 가액에 상당하는 취득세를 비과세(2010년 지방세특례제한법 분법 이전에는 지방세법에서 비과세로 규정)하기 위함이다. 또한 제3항은 조합원 중 일부 지원 필요성이 있는 대상에 대한 정책적인 지원 규정으로 취득세를 면제하는 사항이다.

따라서 '제1항'에 따라 조합원이 납부할 취득세 과세표준(청산금)가 결정되고 나면, '제3항' 요건에

해당하는 경우 취득세를 추가적으로 면제하는 것으로 보아야 한다. 실질적으로 취득세 면제는 청산금에 상당하는 부동산에 대해서만 적용되므로 따라서 청산금분 취득세 면제액에 대해 최소납부세제를 적용해야 할 것으로 보인다.

✓ 관리처분계획 미수립 시에도 과세표준공제(청산금 과세) 적용

재개발 사업시행자 이외의 토지 등의 소유자가 없어서 별도로 관리처분계획을 수립하지 않고 사업시행 완료 및 신축 건축물을 취득한 경우, 형식적으로는 체비지 및 청산금이 존재하지 않는데 지방세특례제한법 제74조 제1항 체비지에 대한 감면 또는 과세표준 공제(청산금 상당 과세)를 적용할 수 있는지에 대한 쟁점이다.

판례는 관리처분계획이 수립된 바 없으므로 부동산의 소유자가 '관리처분계획'에 의하여 취득하는 부동산에 대해 취득세를 면제하는 규정의 문언에 그대로 부합하지 않는다. 그러나 이러한 1인의 부동산의 소유자를 굳이 다른 부동산의 소유자와 달리 취급할 이유는 없다(대법원 2010두1828, 2012.5.10.).

지방세특례제한법 제74조 제1항 제1호의 입법 취지는 청산금 부분이 종전 부동산의 가액보다 증가된 재산의 취득이라는 점을 포착하여 취득세를 과세하려는 데 있고, 사업경비를 부담하여 종전 부동산의 가액보다 증가된 재산을 취득하는 경우 종전 부동산의 소유자가 사업시행자에게 부담하는 청산금은 사업경비의 성격으로도 볼 수 있다. 따라서 관리처분계획 미수립으로 관리처분계획에 따른 청산금을 부담한 경우는 아니라도 별도로 관리처분계획에 지정된 체비지가 없다면, 사업시행자가 부담한 사업경비는 부동산등 소유자의 청산금으로 볼 수 있고 지방세특례제한법 제74조 제1항 제1호의 과세표준공제를 적용할 수 있을 것으로 보인다(대법원 2014두38262, 2014.10.15.).

쟁점 064 재개발사업구역 내 승계조합원은 취득세 이중과세?

> **지방세특례제한법 제74조 【도시개발사업 등에 대한 감면】 제1항 제2호**(요약)
>
> ① 부동산의 소유자가 관리처분계획에 의하여 취득하는 토지 및 건축물에 대해서는 취득세를 면제한다. 다만, 다음 각 호에 해당하는 부동산에 대해서는 취득세를 부과한다.
>
> 2. 취득부동산의 가액 합계액이 종전의 부동산 가액 합계액을 초과하는 경우에는 그 초과액에 상당하는 부동산(사업시행인가 이후 환지 이전에 부동산을 승계취득한 자로 한정)

사업시행인가 이후(부동산 가격 급등지역은 정비구역 지정일)부터 환지 이전 사이에 조합원으로부터 부동산을 승계취득한 자는 승계조합원으로 종전의 부동산 가액을 초과하는 경우에는 그 초과액 상당 부동산에 대해 취득세를 과세한다.

▌조합원 지위 취득시기별 지방세 감면 현황 : '19년 말 기준▐

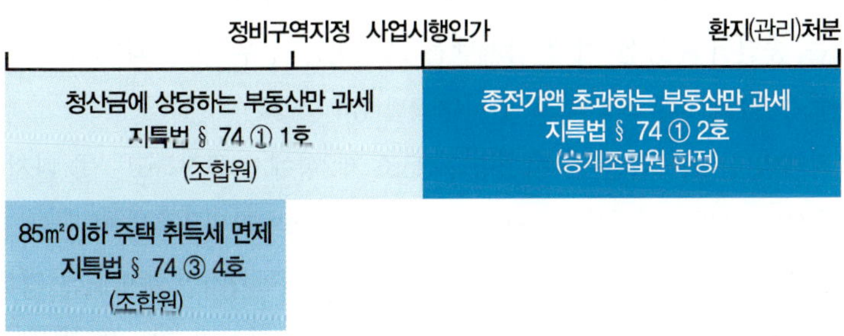

지방세특례제한법 제74조 제1항 제2호는 사업시행인가 이후 환지 이전에 부동산을 승계취득한 자(승계조합원)에 대해 취득세 과세표준을 공제하는 규정이다. 해당 규정은 2000.12.29. 지방세법 개정에 따라 신설된 것으로, 조합원이 청산금을 부담하는 경우에는 그 청산금에 상당하는 부동산에 대해서만 취득세를 납부하는 것과 같이 승계조합원도 환지처분 이후에 취득하는 부동산 가액이 환지 이전에 소유하고 있던 부동산가액을 초과하는 경우에는 그 초과액에 상당하는 부동산에 대해서만 취득세를 납부하도록 하기 위한 것이다.

해당 규정 신설 전에는 승계조합원이 조합원으로부터 토지를 취득하고 분양받을 권리를 승계하였다가 사업완료 이후 신축 주택을 분양받게 되는데, 토지 취득 시점과 사업완료 이후 신축 주택(토지+건물)을 취득한 각각의 경우에 모두 취득세를 납부하도록 함에 따라 이중과세에 대한 문제가 제기되었다. 즉 재개발사업의 조합원에 대해서는 종전의 부동산 가액에 해당하는 취득세를 비과세하면서도, 사업시행인가 이후 조합원 자격을 승계 취득한 자에 대해서는 비과세 근거가 없어 승계조합원은 조합원 자격 승계 시에 일부 세액을 납부하였음에도 사업완료 후 관리처분계획에 따라 취득하는 주택 전체에 대해서도 취득세 등을 전액 납부하도록 하였던 것이다.

승계조합원이 조합원 승계 시 종전 토지에 대하여 취득세를 납부하였다 하더라도 이는 종전 토지를 취득한데 따른 취득세를 납부한 것에 불과하므로 사업시행완료 후 신규주택 전체에 대해 취득세를 납부해야 함(대법원 95누5172, 1995.8.25.).

이러한 이유로 사업시행인가 이후 조합원 자격을 승계 취득한 승계조합원에 대해서도 초과액 상당 부동산에 대해서만 취득세를 과세하도록 지방세법이 개정된 것이다(2000.12.29. §109 ③ 2호 신설). 따라서 이후부터는 승계조합원의 경우도 사업시행인가 전부터 부동산 등을 소유한 조합원과 같이 종전 부동산 가액에 대한 취득세를 공제받을 수 있게 되었다.

다만, 정비구역지정 이전부터 재개발 사업구역 내 부동산 등을 소유한 조합원은 사업시행 완료 후 취득하는 주택이 전용면적 85㎡ 이하인 경우에는 청산금을 포함한 취득세를 면제받을 수 있어서 승계조합원에 비해 추가적으로 지원받고 있다.

(1) 조합원 지위승계를 위해 지급한 프리미엄, 초과액 산정 시 공제

재개발 사업구역 내에서 사업시행인가 이후 환지 이전에 조합원으로부터 부동산을 승계취득하는 자에게는 종전의 부동산 가액 합계액을 초과하는 경우 그 초과액에 상당하는 부동산에 대해서만 취득세를 과세하도록 하고 있다(지특법 §74 ① 2호).

이러한 초과액의 산정은 같은 법 시행령 제35조 제2항에서 규정하고, '① 환지계획 등에 따른 취득하는 부동산의 과세표준'에서 '② 환지 이전의 부동산의 과세표준을 뺀 금액'(①-②)으로 하는데, ①의 경우 지방세법 제10조 제5항에 따른 사실상의 취득가격이 증명되는 경우에는 사실상의 취득가격으로 하고, ②의 경우는 부동산을 승계취득 할 당시의 취득세 과세표준으로 한다.

초과액	=	① 환지계획(관리처분계획) 등에 따라 취득하는 부동산 과세표준	−	② 환지이전 부동산의 과세표준
		(사실상 취득가격)		(승계취득 당시 취득세 과세표준)

유권해석에서 분양권 프리미엄은 2015년부터 취득세 과세 대상임을 명확히 하고 있다. 따라서 승계취득 당시 취득세 과세표준에는 프리미엄이(P)이 포함되어 있는 바, 프리미엄을 신규 아파트의 '① 사실상 취득가격'과 '② 승계취득 당시 취득세 과세표준'에 모두 가산하여 공제를 할지, 아니면 '② 승계취득 당시 취득세 과세표준'에만 프리미엄을 포함하여 공제할지에 대한 쟁점인 발생한다.

▌재개발 승계조합원 취득세 과세를 위한 초과액 산정 방식 대립 의견▐

갑 설	초과액 = (신축아파트 분양가액 + P) − (종전 주택 권리가액 + P)
을 설	초과액 = (신축아파트 분양가액) − (종전 주택 권리가액 + P)

① 승계취득 당시 취득세 과세표준에만 프리미엄을 포함하여 공제

> 초과액 = (신축아파트 분양가액) − (종전 주택 권리가액 + P)

2010년 유권해석에서 재개발아파트 조합원 지위승계 시 승계조합원의 취득세 등 과세표준은 프리미엄이 있는 경우 종전 토지가액(권리가격)에 추가 지불액(프리미엄)을 합한 실제 거래가격으로 신고하고 검증받은 금액이므로 초과액 산정은 법인장부에 의하여 입증되는 가액에서 종전 토지가액(검증받은 가액)을 공제한 금액으로 한다고 하였다.

① 승계조합원이 조합원 승계 시 종전토지에 대하여 취득세를 납부하였다 하더라도 조합원 지위승계 시 승계조합원의 취득세 등 과세표준은 프리미엄이 있는 경우 종전 토지가액(권리가격)에 추가지불액(프리미엄)을 합한 실제거래가격으로 신고하고 검증받은 금액이며, 실제거래가격이 권리가격 이하로 하락하여 마이너스 프리미엄이 형성된 경우에는 취득가격을 검증받기 위하여 권리가격으로 신고하고 검증받은 금액을 취득세 등 과세표준으로 보아야 함. ② 재개발 승계조합원이 환지계획 등에 의하여 취득한 부동산가액의 합계액은 사업시행자인 재개발조합(법인)으로부터 환지처분에 의하여 취득하는 가액이 법인장부에 의하여 사실상의 취득가액이 입증된다면 지방세법 제109조 제3항 제2호에 따른 환지계획에 의한 승계조합원 취득 부동산의 초과액 산정은 법인장부에 의하여 입증되는 가액에서 종전 토지가액(검증받은 가액)을 공제한 금액으로 하는 것이 타당함(지방세운영과-1880, 2010.5.6.).

② 승계취득 당시 취득세 과세표준과 신규 주택의 사실상 취득가격에 프리미엄을 각각 포함하여 공제

> 초과액 = (신축아파트 분양가액 + P) − (종전 주택 권리가액 + P)

초과액을 산출하여 취득세를 과세하도록 하는 규정의 입법 취지는 앞서 승계조합원에 대한 이중과세를 제거하기 위한 것이라는 점은 설명한 바와 같다. 즉 조합원이 종전의 부동산 가액을 제외한 청산금에 상당하는 부동산에 대해서만 취득세를 납부하는 것과 같이 승계조합원에게도 형평을 맞추어 초과액에 대해서만 과세하려는 취지로 보인다.

조합원에 대해 종전의 구 도시재개발법에 따른 개개발사업(현재는 도정법에 따른 재개발사업)구역 내 부동산 등 소유자가 건축시설을 분양 받는 경우 취득세를 비과세하는 이유는 그 취득의 성질이 법적으로 종전의 대지 또는 건축시설에 대한 권리변환으로 종전의 권리와 동일성이 있는 것으로 취득된다는 점에 있음(대법원 95누5172, 1995.8.25.).

해당 규정은 2000.12.29. 신설된 것으로 신설 당시에도 종전의 부동산 가액을 초과하는 부동산 가액에 대해서만 취득세를 과세하려는 취지가 드러나 있다. 또한 2003.12.30. 개정 시점에는 부동산 실거래 검증이나 분양권프리미엄에 대한 과세가 확립되기 전이었으므로 위와 같은 입법취지를 달성하는 데 있어 분양권 프리미엄을 어떤 방식으로 포함하고 공제할지가 전혀 문제되지 않았다.

2000.12.29. 신설	2003.12.30. 개정
제79조의 3【수용시의 초과액 산정기준】 ③ 법 제109조 제3항 제2호의 규정에 의한 초과액은 환지계획 등에 의한 취득부동산의 과세표준액에서 환지 이전의 부동산의 과세표준액을 공제한 금액으로 한다.	제79조의 3【수용시의 초과액 산정기준】 ③ 법 제109조 제3항 제2호의 규정에 의한 초과액은 환지계획 등에 의한 취득부동산의 과세표준액(사실상 취득가액이 입증되는 경우에는 사실상 취득가액을 말한다)에서 환지 이전의 부동산의 과세표준액(승계취득할 당시의 취득세 과세표준액을 말한다)을 공제한 금액으로 한다.

최근에는 분양권프리미엄 가액이 높아지면서 갑설과 같이 '② 승계취득 당시 취득세 과세표준'에만 프리미엄을 포함하고, '① 사실상 취득가격'에는 프리미엄을 포함하지 않은 채, '① 사실상 취득가격'에서 '② 승계취득 당시 취득세 과세표준' 을 공제하여 초과액을 산출하는 경우 취득세를 과세해야 하는 초과액이 마이너스가 생길 수도 있으며, 프리미엄이 존재하지 않아 종전의 부동산 권리가액만이 공제되는 조합원과 형평성이 저해되는 결과가 발생한다.

또한 최종 취득자는 거래 상대방인 분양회사 소유의 부동산을 취득하기 위해 제3자인 분양권 매도자에게 프리미엄을 지급하는 것이므로, 분양권 프리미엄은 최종 신규아파트를 취득하기 위해 제3자에게 지급한 비용으로 볼 수 있어 취득세 과세표준(사실상 취득가격)에 포함될 수 있는 것이다.

따라서 취득세 과세대상인 종전의 부동산 가액을 초과하는 초과액을 산정할 때 '① 사실상 취득가격'과 '② 승계취득 당시 취득세 과세표준' 모두에 프리미엄을 각각 가산한 후 '① 사실상 취득가격'에서 '② 승계취득할 당시의 취득세 과세표준'을 공제하는 것이 합리적일 것이다.

저자팁

프리미엄에 대한 취득세 과세

종전에는 취득세 과세표준에 포함하지 않는 경우가 혼재되었으나 2015년부터 법령해석(2015.11.9)을 통해 분양권 프리미엄은 취득세 과세표준에 포함하도록 명확히 함

승계취득 당시 취득세 과세 = (토지 승계취득가액(종전 토지가액) + P) × 4%

※ 마이너스 프리미엄에 대해서는 취득세 과세표준에서 공제하는 법적 근거(지령 §18 ④)를 신설하여 2016년부터 적용 중

(2) 부동산을 신탁받은 신탁회사도 부동산 승계취득자에 해당

부동산신탁사가 최초 사업시행자와 신탁계약을 체결하여 도시 및 주거환경정비법에 따른 부동산소유자가 되고, 재개발 사업시행으로 신축 건축물을 취득하게 되는 경우 부동산신탁사에 대해 지방세특례제한법 제74조 감면을 적용할 수 있을지 문제이다.

부동산 신탁사를 토지의 승계취득자가 아니라 단순한 수탁자로만 보면 해당 신탁사는 재개발 사업구역 내의 부동산 소유자에 해당하지 않으므로 지방세특례제한법 제74조 제2항 제2호의 규정에 따른 취득세 감면을 적용할 수가 없다.

따라서 이런 부동산 신탁사를 지방세특례제한법 제74조 제1항 제2호의 규정에서 사업시행인가 이후 환지 이전에 토지를 취득한 승계취득한 자로 보는 것이 타당해 보인다(조심 2014지0550, 2015.2.12.).

지 역

쟁점 065 재개발조합원에 대한 취득세 과세 방식

> **지방세특례제한법 제74조 【도시개발사업 등에 대한 감면】 제1항**
>
> ① 「도시개발법」 제2조 제1항 제2호에 따른 도시개발사업(이하 이 조에서 "도시개발사업"이라 한다)과 「도시 및 주거환경정비법」 제2조 제2호 나목에 따른 재개발사업(이하 이 조에서 "재개발사업"이라 한다)의 시행으로 해당 사업의 대상이 되는 부동산의 소유자(상속인을 포함한다. 이하 이 조에서 같다)가 환지계획 및 토지상환채권에 따라 취득하는 토지, 관리처분계획에 따라 취득하는 토지 및 건축물(이하 이 항에서 "환지계획 등에 따른 취득부동산"이라 한다)에 대해서는 취득세를 2022년 12월 31일까지 면제한다. 다만, 다음 각 호에 해당하는 부동산에 대해서는 취득세를 부과한다.
>
> 1. 환지계획 등에 따른 취득부동산의 가액 합계액이 종전의 부동산 가액의 합계액을 초과하여 「도시 및 주거환경정비법」 등 관계 법령에 따라 청산금을 부담하는 경우에는 그 청산금에 상당하는 부동산
> 2. 환지계획 등에 따른 취득부동산의 가액 합계액이 종전의 부동산 가액 합계액을 초과하는 경우에는 그 초과액에 상당하는 부동산. 이 경우 사업시행인가(승계취득일 현재 취득부동산 소재지가 「소득세법」 제104조의 2 제1항에 따른 지정지역으로 지정된 경우에는 도시개발구역 지정 또는 정비구역 지정) 이후 환지 이전에 부동산을 승계취득한 자로 한정한다.

재개발 사업의 시행으로 공동주택이 준공된 이후 최종적으로 조합원의 토지 지분이 증가하는 경우가 발생할 수 있다. 통상적으로는 조합원이 종전에 소유하던 부동산을 사업시행을 위해 일부 분양분으로 흡수되어 종전보다 토지 지분이 축소되게 된다.

또한 종전에 토지를 소유하지 않고 건축물만 보유하고 있었던 조합원이나, 당초 작은 규모의 대지권 지분을 보유하고 있어서 준공 및 이전고시 절차 이후 토지 지분이 증가하게 되는 경우가 있을 수 있다.

지방세특례제한법 제74조 제1항에서는 재개발사업구역 내 부동산등을 소유한 조합원에 대해서는 청산금 또는 종전 부동산의 권리가액 초과액 상당 부동산에 대해 취득세를 과세하도록 하고 있다. 이처럼 조합원이 최종적으로 신규 주택을 취득하게 되는 시점에 토지 소유지분 증가에 대한 과세를 위해서는 과세표준 및 세율을 어떻게 산정할지를 결정해야 한다.

재건축의 경우 준공된 건축물에 대해서는 시공회사의 장부로 입증되는 공사원가를 조합원들이 분담하여 취득세를 납부하고 있으며 이 경우 원시취득 세율(2.8%)을 적용하고 있다. 또한 토지에 대해서는 조합원의 토지 소유 지분이 증가된 면적만큼 개별공시지가를 적용하여 산출한 시가표준액과 증가된 토지의 분양가액 중 높은 것을 과세표준으로 하고 일반 세율을 적용하여 취득세를 부담하게 된다.

(1) 재개발 승계 조합원 취득세 과세

도시및주거환경정비법에 따른 주택재개발 사업구역 내에서 토지와 건물을 소유한 당초 조합원으로부터 조합원 지위를 승계 취득하는 경우에는 조합원 지위 승계시점과 건축물이 준공되는 시점에 각각 취득세를 납부하게 된다.

조합원 지위 승계 시점에는 부동산을 승계취득하는 것이므로(건축물이 멸실되고 토지만 남아있는 상태에서 취득하는 경우는 토지를 취득), 조합원 지위 승계 시점에는 표준 취득세율 4%를 적용하여 과세한다.

조합원 지위가 변경되는 경우 취득세 과세표준은 조합원분 공동주택 공급계약서 등을 통해 확인되는 가액을 기준으로 지방세특례제한법에 따라 산출되는 금액으로 보아야 할 것이고, 만일 조합원 지위 승계 시 프리미엄을 지급하였다면, 프리미엄 금액을 취득세 과세표준액에 포함하여 과세하도록 하고 있다.

최종적으로 재개발 주택이 준공되는 시점에는 조합원이 취득하는 건축물에 대해 원시취득세율 2.8%를 적용하여 추가로 과세하게 된다.

당초 조합원으로부터 조합원 지위를 승계받은 경우 취득세 과세표준을 살펴보면, 주택조합이 토지대금을 완납하여 토지를 취득하였다면, 「지방세법」 제7조 제8항에 따라 조합원에게 귀속되는 토지는 조합원이 취득한 것이고, 추후 조합원의 지위를 승계받은 자는 당초 조합원으로부터 그 토지지분을 승계취득한 것으로 보아야 하는 점(행자부 세정-710, 2005), 「지방세기본법」 및 「국세기본법」에 따라 주택조합은 '법인으로 보는 법인격 없는 단체'에 해당하는 점(대법원 2006다43712, 2006.10.13.), 조합원 지위가 변경되는 경우 조합원용 공동주택 공급계약서 등을 기준으로 거래가 이루어지고 변경사실을 조합에 알려야 하는 점, 지위 승계에 따른 토지지분의 가액은 공동주택 공급계약서 등을 통해 확인되는 금액을 기준으로 하는 점 등을 고려할 때, 취득세 과세표준인 토지대금은 조합원분 공동주택 공급계약서 등을 통해 확인되는 대지가액으로 보아야 할 것임(지방세운영과-642, 2019.3.14.)

(2) 건축물만 소유한 조합원 지위 승계(지위승계 당시 건축물 멸실)

종전에 토지 없이 건축물만 소유하고 있던 조합원의 지위를 승계 받으면서 승계당시에 건축물이 멸실되어 승계되는 부동산(토지 또는 건축물)이 존재하지 않는 경우이다.

조합원 지위 승계 당시에는 취득세 과세 대상인 부동산이 전혀 존재하지 않고, 조합원 지위 승계는 향후 신규 주택을 분양받을 수 있는 권리에 해당되므로 조합원 지위 승계시점에는 취득세를 과세하지 않는다. 이 경우 프리미엄을 지급하였다면 해당 프리미엄은 건축물 준공당시에 취득세를 과세할 때 반영된다.

건물에 대한 권리가액을 지급하고 조합원 지위를 승계하였으나 「도시 및 주거환경정비법」(이하 '도시정비법'이라 함) 제49조에 따라 관리처분계획 인가를 받고, 공사 착공으로 인하여 건축물이 멸실된 이후에 취득한 경우에는 「지방세법」 제7조 제1항에 따른 취득세 과세 대상인 부동산이 존재하지 않으며, 조합원 지위를 승계 받은 것은 재개발 구역 내에서 종전의 부동산 등을 소유함으로써 향후 신규 주택을 분양받을 수 있는 권리를 취득한 것으로 보아야

지 역

할 것임. 따라서 「지방세법」에서는 재개발사업에 관한 입주권을 과세 대상으로 규정하고 있지 않으므로, 입주권만을 취득한 조합원 지위승계 시점에는 취득세를 과세할 수 없을 것으로 보이고, 향후 「지방세법 시행령」 제20조에 따라 도시정비법 제83조에 따른 정비사업의 준공일 또는 사실상 사용일 중 빠른 날을 기준으로 하여 취득세를 과세하여야 함(지방세운영과-2203, 2019.7.22.).

건축물이 준공되는 시점에는 해당 조합원은 토지와 주택을 동시에 취득하게 되는데, 재개발사업 준공일 또는 사실상 사용일 중 빠른 날을 기준으로 하여 취득세를 과세한다. 토지의 경우는 재개발사업이 완료되고 해당 건축물이 준공되는 경우 토지를 소유하지 않은 조합원은 다른 조합원으로부터 토지를 승계취득하는 것에 해당하므로 토지 증가분에 대해서는 지방세법 제11조 제1항 제7호 나목에 따른 세율(1천분의 40)을 적용하여 과세하도록 하고 있으며, 건축물의 경우는 매수자가 조합원으로서의 지위를 갖게 된 이후 해당 건축물이 준공되므로 조합원은 해당 건축물의 원시취득자로서 재개발사업에 대한 총공사비 중 조합원 지분에 해당하는 가액을 과세표준으로 하여 지방세법 제11조 제1항 제3호에 따른 세율(1천분의 28)을 적용하여 과세하는 것이 타당할 것이다.

재개발사업이 완료되고 해당 건축물이 준공되는 경우 토지를 소유하지 않은 조합원이 다른 조합원으로부터 토지를 승계취득하는 것에 해당하므로 토지 증가분에 대해서는 「지방세법」 제11조 제1항 제7호 나목에 따른 세율을(1천분의 40)을 적용하여 과세하여야 하고, 건축물의 경우는 매수자가 조합원으로서의 지위를 갖게 된 이후 해당 건축물이 준공되므로 조합원은 해당 건축물의 원시취득자로서 재개발사업에 대한 총공사비 중 조합원 지분에 해당하는 가액을 과세표준으로 하여 「지방세법」 제11조 제1항 제3호에 따른 세율(1천분의 28)을 적용하여 과세하는 것이 타당할 것임. 또한 조합원 지위 승계 시 지급한 프리미엄은 재개발 사업 완료에 따라 신규 건축물과 토지를 취득하기 위해 지급한 비용으로서, 취득세 과세표준에는 부동산을 취득하기 위한 일체의 직·간접비용을 포함하도록 규정(지방세법 제10조 제1항 제5항, 같은 법 시행령 제18조 제1항)하고 있으므로 프리미엄은 토지 및 건축물의 취득세 과세표준에 추가하여야 할 것 으로 보임(지방세운영과-3536, 2015.11.9. 참고). 아울러 프리미엄은 단독으로 과세대상이 되는 것이 아니라, 토지 또는 건축물 등의 취득세 과세대상 목적물에 포함되어 과세되는 것이므로 과세대상 목적물에 따라 프리미엄에 대한 취득세 세율이 적용되어야 할 것으로 보이며, 질의의 경우와 같이 준공시점에 토지 및 건축물에 대한 취득세를 과세하게 되는 경우에는 토지 및 건축물에 대한 적용 세율이 각각 다르므로, 토지 및 건축물의 취득세 과세표준에 따라 프리미엄을 안분하여 각각의 과세표준에 포함하여야 할 것임(지방세운영과-2203, 2019.7.22.).

(3) 준공 이후 이전고시 이전 조합원 지위 승계

만일 이미 준공인가가 되어 원시취득이 완료된 주택재개발아파트를 원조합원으로부터 승계한 경우는 토지 지분 승계가 아닌 주택 및 그 부속토지를 취득한 것(지방세운영과-345, 2013.4.18.)이므로 주택 세율을 적용하는 것이 타당하다. 이러한 내용은 2018년 지방세법시행령 개정에 따라 법령으로 명확화되었다.

저자팁

❶ 재개발사업 지방세 감면 현황

지방세특례제한법 제74조 제1항의 ⅰ) 체비지·보류지 ⅱ) 조합원 및 승계조합원에 대한 과세표준 공제는 구 주택재개발사업과 구도 시환경정비사업이 통합된 재개발사업을 감면 대상으로 한다. 반면, 제3항의 ⅰ) 시행자가 대지조성을 위해 취득하는 부동산 ⅱ) 시행자가 관리처분계획에 따라 취득하는 부동산 ⅲ) 조합원이 취득하는 85㎡ 이하 주택에 대한 감면은 도시 및 주거환경정비법이 개정되기 이전의 구주 택재개발사업을 감면 대상으로 하고 있으며(지방세특례제도과-2884, 2018.8.22.), 이를 명확히 하기 위해 2018년 말 해당 조항이 개정되기도 하였다.

❙ 재개발사업에 대한 지방세 지원 현황 : 2019년 말 기준 ❙

대상자	사업구분	감면 대상 물건	감면율	지특법
시행자	재개발	체비지·보류지	취득세 100%	§74 ①
	구 주택재개발	시행자가 대지 조성을 위한 취득 부동산	취득세 75%	§74 ③ 1호
	구 주택재개발	관리처분계획에 따라 취득하는 부동산	취득세 75%	§74 ③ 2호
조합원	재개발	청산금 상당 부동산 취득세 과세	과세표준 공제	§74 ① 1호
	구 주택재개발	85㎡ 이하 주택은 청산금 포함 면제	취득세 100%	§74 ③ 4호
승계조합원	재개발	종전부동산의 초과액 상당 취득세 과세	과세표준 공제	§74 ① 2호

❷ 도시및주거환경정비법 개정 : 주택재개발사업 용어 개정

현행 지방세특례제한법 제74조에서 지원 대상으로 규정한 개발사업은 2017.2.8. 도시및주거환경정비법이 개정(2018.2.9.시행)됨에 따라 구 주택재개발사업과 구 도시환경정비사업이 통합된 개념이다.

❙ 도시환경정비법 상 감면 대상 정비사업 ❙

개정 전	개정(2018.2.9. 시행) 후
주택 재개발사업	재개발사업
도시환경정비사업	
주거환경개선사업	주거환경개선사업
주거환경관리사업	

❸ 도시개발 및 주택재개발 관련 용어

① 주요 용어

1) **(환지방식)** 사업시행자가 토지를 매입하지 않고 종전 토지의 위치, 이용 상황 등을 고려하여 사업 시행 후 새로 조성된 대지에 기존의 권리 이전

> **(수용방식)** 사업시행자가 사업지구 내 토지를 전부 취득하여 사업 시행
> **(혼용방식)** 환지방식과 수용방식을 함께 사용

2) **(관리처분계획)** 사업시행자가 종전 토지·건축물의 소유권을 사업 이후 새로 조성된 토지·건축물에 관한 권리로 변환·배분하기 위해 세우는 계획

※ 분양계획, 분양대상자, 종전 토지·건축물 가격, 정비사업비 추계액 등 포함

3) **(토지상환채권)** 사업 시행 이후 조성된 토지나 건축물로 토지의 매수대금을 갚도록 하는 채권으로서, 토지 소유자가 원하는 경우 사업시행자가 발행

지 역

4) **(보류지·체비지)** 사업시행자가 사업비용 충당 등을 위해 환지계획 수립 시 환지로 정하지 않고 보류해 놓은 토지

※ 주로 분양 아파트·상가 등 수익 목적으로 처분하며, 일부 토지는 주차장 등 주민 공동시설용으로 사용

② 기타 개발사업

1) **택지개발사업**(「택지개발촉진법」) → 신도시사업

- 도시지역의 주택난을 해소하고자 일단(一團)의 토지를 활용하여 대규모 주택건설 택지를 공급하는 사업

2) **도시재생사업**(「도시재생 활성화 및 지원에 관한 특별법」)

- 도시 활력제고를 위해 도시재생활성화계획에 따라 시행하는 사업으로 도시개발사업, 정비사업, 재정비촉진사업, 산업단지개발사업 등 포괄

3) **재정비촉진사업**(「도시재정비 촉진을 위한 특별법」) → 뉴타운

- 낙후된 도시지역의 주거환경 개선, 기반시설 확충을 위한 사업으로 도시개발사업, 정비사업, 전통시장 정비사업 등 포괄

❹ 도시개발 및 정비사업 개요

구 분	도시개발사업(「도시개발법」)	정비사업(「도시 및 주거환경정비법」)		
		주거환경개선사업	재개발사업	재건축사업
개 념	• 도시개발구역에서 주거·상업·산업·정보통신 등 기능이 있는 <u>단지 또는 시가지 조성</u>	• <u>주거환경 개선</u> – (지역) <u>도시저소득</u> 주민 집단 거주 – (기반시설) **극히 열악** – (노후·불량건축물) **과도하게 밀집**	• <u>주거환경 개선 및 상업·공업지역 도시환경 개선</u> – (기반시설) **열악** – (노후·불량건축물) 밀집	• 주거환경 개선 – (기반시설) 양호 – (노후·불량건축물) 밀집
사 례	 → 서울 ㅇㅇ 도시개발사업	 → 인천 ㅇㅇ동 ㅇㅇㅇㅇ마을	 → 서울 ㅇㅇ동 재개발사업	 → 서울 ㅇㅇㅇ 재건축사업
사업 시행자	• 국가·지자체, 공공기관, 조합(토지소유자), 민간, 조합·민간 공동	• 시장·군수, 공공기관, 공공·민간 공동	• 조합(토지소유자), 조합·공공(민간) 공동	• 조합, 조합·공공(민간) 공동
사업 방식	• 환지, 수용, 혼용	• 소유자 직접 개량, 수용, 환지, 관리처분	• 관리처분, 환지	• 관리처분
감면대상 / 부동산소유자	• 환지계획, 토지상환채권에 따라 취득하는 토지 취 종전 토지가액 과표공제	• 직접 개량하여 취득하는 주택 • 시행자로부터 취득하는 85㎡ 이하 주택 취 100%	• 환지계획에 따라 취득하는 토지 및 관리처분 계획에 따라 취득하는 토지·건축물 취 종전 부동산가액 과표공제 • 시행자로부터 취득하는 주택 + <u>1가구 1주택</u>	• 감면 없음

구 분		도시개발사업(「도시개발법」)	정비사업(「도시 및 주거환경정비법」)		
			주거환경개선사업	재개발사업	재건축사업
감면대상	부동산소유자			– 60㎡ 이하 [취] 75% – 60–85㎡ 이하 [취] 50%	
	사업시행자	• 보류지·체비지 →[취] 75%	• 사업 대지조성을 위해 취득하는 주택 [취] 75%	• 사업 대지조성을 위해 취득하는 부동산 및 관리처분계획으로 취득하는 주택 (체비지 성격) [취] 50%	• 감면 없음

지 역

Ⅱ 시장정비사업에 대한 감면

✔ 감면 요건

대상자	① 승인된 시장정비구역에서 시장정비사업을 추진하려는 자 ② 시장정비사업시행자로부터 주상복합 및 대규모 점포 등을 최초로 취득하는자 - 기존 전통시장에서 3년 전부터 계속하여 입점한 상인 - 사업시행인가일 현재 전통시장 부동산 소유자
대상물건	① 시장정비사업시행자가 해당 사업에 사용하기 위해 취득하는 부동산 ② 시장정비사업시행자로부터 임접상인 또는 부동산소유자가 최초로 취득하는 부동산(주택은 제외, 도매, 소매 등 용도 포함)
감면율	취득세 면제 재산세의 납세의무가 최초로 성립하는 날부터 5년간 50%
감면시한	2021.12.31.까지

✔ 취득세 일반 추징 규정 적용

–	–

✔ 관련 법령

지특법 §78 ①, 지특령 §38

쟁점 066 시장정비사업시행자 승인 전 취득한 토지는 감면 대상?

> **지방세특례제한법 제83조【시장정비사업에 대한 감면】제1항**
>
> ①「전통시장 및 상점가 육성을 위한 특별법」제37조에 따라 승인된 시장정비구역에서 시장정비사업을 추진하려는 자(이하 이 조에서 "시장정비사업시행자"라 한다)가 해당 사업에 직접 사용하기 위하여 취득하는 부동산에 대해서는 취득세를 2021년 12월 31일까지 면제하고, 그 부동산에 대한 재산세의 납세의무가 최초로 성립하는 날부터 5년간 재산세의 100분의 50을 경감한다. 다만, 토지분 재산세에 대한 감면은 건축공사 착공일부터 적용한다.

지방세특례제한법 제83조 제1항에서 전통시장법 제37조에 따라 승인된 시장정비구역에서 시장정비사업을 추진하려는 자가 해당 사업에 직접 사용하기 위하여 취득하는 부동산에 대하여는 취득세를 면제하고 있다.

이는 전통시장및상점가육성을위한특별법 제37조에 따라 승인된 시장정비구역에서 시장정비사업을 추진하려는 자가 해당 사업에 직접 사용하기 위하여 취득하는 부동산에 대한 지방세 감면으로 시장정비사업의 원활한 추진 도모하기 위하여 지방세 감면을 규정하고 있는 것이다.

(1) 사업시행자 승인 전 취득한 토지 감면 여부 : 감면 대상

시장정비사업 사업시행자로 승인받기 전 시장정비사업 지정구역 내 토지를 공매 낙찰받은 자가 그 토지를 시장정비사업에 직접 사용할 예정인 경우 시장정비사업을 추진하려는 자'로 보아 취득세가 감면되는지 여부에 대한 쟁점이다.

지방세특례제한법 제83조 제1항에서 감면 대상에 대하여 행정관청의 인가·승인 등을 득하는 법률요건을 규정하지 않고, 시장정비사업을 추진하려는 자라고 규정하고 있으므로 별도 시장사업정비 구역 내의 부동산 취득 시까지 사업승인을 받아 시장정비사업시행자(이하 "사업시행자"라 한다)의 지위를 받지 못하였다고 하더라도 토지 등 취득으로 사업시행자 승인의 주요 요건을 갖추는 경우라면 시장정비사업을 추진하려는 자로 볼 수 있다는 것이 유권해석 및 조세심판원 결정례의 입장이다.

- 취득세가 감면되는 시장정비사업을 추진하고자 하는 자라 함은 조합 또는 토지 등의 소유자의 과반수의 동의를 얻어 소정의 요건을 갖춘 자를 말하고, 청구법인은 조합의 조합원 총회에서 참여조합원의 만장일치로 조합의 공동시행자로 지정된 사실과, 청구법인이 공동시행자의 지위에서 제2부동산을 취득한 사실이 확인되는 이상 제2부동산은 시장정비사업을 추진하고자 하는 자가 해당 사업에 직접 사용하기 위하여 취득하는 부동산에 해당한다 할 것임(조심 2011지0553, 2012.7.26.).

- 사업시행자 승인에 대한 구청장 등에게 추천을 신청하려는 자는 시장정비구역 토지면적의 5분의 3 이상에 해당하는 토지의 소유자의 동의 및 토지 등 소유자 총수의 5분의 3 이상의 동의를 받는다면 사업시행자 승인을 위해 구청장 등이 시장 등에게 추천 할 수 있다고 규정하고 있으므로 단독으로 시장정비사업을 추진하려는 자가 시장정비구역 토지면적의 5분의 3이상을 취득하는 경우라면 사업시행자 승인의 주요 요건을 충족한 것임. 따라서, 납세

지 역

자가 토지 등을 취득 할 당시 취득한 토지 등이 시장정비구역으로 지정 중이고, 해당 토지 등을 취득함에 따라 해당 시장정비구역 토지의 5분의 3 이상을 단독으로 소유하게 되며, 시장정비사업에 직접 사용 할 계획이라면 시장정비사업을 추진하려는 자로 보아 취득세 감면 대상이라고 보임(지방세특례제도과-555, 2019.9.10.).

이러한 시장정비사업 사업시행을 위한 부동산에 대해서는 재산세의 납세의무가 최초로 성립하는 날부터 5년간 재산세의 100분의 50을 경감한다. 다만, 토지분 재산세에 대한 감면의 경우는 건축공사 착공일부터 기산하여 5년간 감면하도록 하고 있다. 여기서 '건축공사 착공'이라고 함은 단순히 건축물 착공신고를 한 것만으로는 부족하고 구체적으로 공사에 착공한 것으로 볼 수 있을 만한 건축행위가 이루어진 시점을 의미하는 것으로 보아야 한다.

구세감면조례에서 시장정비사업 시행용 토지에 대하여는 건축공사 착공 후 당해 납세의무가 최초로 성립하는 날부터 5년간 재산세의 100분의 50을 경감한다고 규정하고 있는 바, 여기에서 '건축공사 착공 후'라고 함은 단순히 건축물 착공신고를 한 것만으로는 부족하고 구체적으로 공사에 착공한 것으로 볼 수 있을 만한 건축행위가 이루어진 시점을 의미하는 것으로 보아야 함(대법원 2010두23446, 2011.3.24.).

(2) 시장 입점 상인이 최초로 취득하는 부동산에 대한 감면 기준

지방세특례제한법 제83조【시장정비사업에 대한 감면】제2항

② 제1항에 따른 시장정비구역에서 대통령령으로 정하는 자가 시장정비사업시행자로부터 시장정비사업 시행에 따른 부동산을 최초로 취득하는 경우 해당 부동산(주택은 제외한다)에 대해서는 취득세를 2021년 12월 31일까지 면제하고, 시장정비사업 시행으로 인하여 취득하는 건축물에 대해서는 재산세의 납세의무가 최초로 성립하는 날부터 5년간 재산세의 100분의 50을 경감한다.

지방세특례제한법시행령 제41조【입점한 상인 등 감면 대상자】

법 제83조 제2항에서 "대통령령으로 정하는 자"란 시장정비사업 시행인가일 현재 기존의 전통시장(「전통시장 및 상점가 육성을 위한 특별법」 제2조 제1호에 따른 전통시장을 말한다. 이하 이 조에서 같다)에서 3년 전부터 계속하여 입점한 상인 또는 시장정비사업 시행인가일 현재 전통시장에서 부동산을 소유한 자를 말한다.

시장정비사업시행자로부터 입점상인이 최초로 취득하는 부동산(주거용 제외)에 대해서는 취득세 및 재산세를 감면하고 있는데, 이는 전통시장 건물 노후화에 따른 붕괴위험을 방지하고, 경쟁력이 저하된 전통시장을 활성화하기 위한 목적이다.

지방세특례제한법 제83조 제3항의 시장정비사업에 대한 감면 규정에서는 감면 대상 범위를 특정하고 있지 않고, 시장정비사업 시행 이전의 기존 전통시장에서 3년 전부터 계속하여 입점한 상인 또는 시장정비사업 시행인가일 현재 전통시장에서 부동산을 소유한 자로만 규정하고 있다.

따라서 감면 대상 범위를 어떻게 선정해야 할지에 대해 쟁점이 발생한다. 이들에 대한 감면기준을 부동산 소유기준으로 판단할지 또는 시장 내에서 점포를 실제로 운영했는지로 판단할지에 대한 쟁점이 발생한다. 이런 경우에는 세법에서 해당 규정을 정한 입법취지를 충분히 고려하여 결정하는 것이 바람직하다.

유권해석은 폭넓게 감면 범위를 인정하고 있다. 즉 전통시장이란 일정 구역 안의 다수의 점포에서 도매업자·소매업자 또는 용역업자가 상시 또는 정기적으로 모여 상품을 매매하거나 용역을 제공하는 장소인 "등록시장"과 "인정시장"으로 "상업기반시설이 오래되고 낡아 개수·보수 또는 정비가 필요하거나 유통기능이 취약하여 경영 개선 및 상거래의 현대화 촉진이 필요한 장소"이며, 시장을 구성하는 매장은 상품의 판매와 이를 지원하는 용역의 제공에 직접 사용되는 모든 장소를 의미하고, 시장정비사업이란 시장정비사업시행자가 시장의 현대화를 촉진하기 위하여 상업기반시설 및 정비기반시설을 정비하고, 대규모점포가 포함된 건축물을 건설하기 위하여 시장을 정비하는 모든 행위를 의미하는 것으로, 정비대상은 도매업·소매업 및 용역업을 영위하는 점포와 상업시설, 편의시설을 포함한 상업기반시설 등이 해당된다 할 것으로 시장정비구역에서 대통령령이 정하는 자가 취득하는 주거용 부동산을 제외한 도·소매업은 물론 용역업이라도 시장 내의 점포에서 영업을 위한 부동산은 감면 대상에 해당하는 것으로 보고 있다.

① 부동산 소유자 이외의 명의(가족 또는 임차인)로 시장업종을 영위하던 자가 취득하는 부동산 : 감면

기존 전통시장에 3년 전부터 계속하여 입점한 상인이 시행자로부터 최초로 취득하는 부동산(주택제외)은 감면 대상이다.

- 시장정비대상은 도매업·소매업 및 용역업을 영위하는 점포와 상업시설, 편의시설을 포함한 상업기반시설 등이 해당되므로 시장정비구역에서 대통령령이 정하는 자가 취득하는 주거용 부동산을 제외한 도·소매업은 물론 용역업이라도 시장 내의 점포에서 영업을 위한 부동산은 감면 대상에 해당함(지방세운영과-1227, 2011.3.17.).

② 부동산 소유자로서 시장업종 이외의(치과병원, 세탁소, 은행 등)에 종사하던 상인이 취득하는 부동산 : 감면

- 시장정비사업 시행인가일 현재 전통시장에서 부동산을 소유한 자인 경우 감면 대상에 해당됨(지방세운영과-1227, 2011.3.17.).

③ 기존시장에 입점한 법인의 대표이사가 취득하는 부동산 : 감면 제외

- 사업자등록증에 의하여 시장정비사업시행인가일 현재 기존 시장에서 3년 전부터 계속하여 입점한 상인에는 해당되지 아니한 사실을 알 수 있으며 대표이사라 할지라도 개인인 청구인과 법인인 주식회사는 별도의 독립된 권리주체에 해당하므로 취득세 등의 감면 요건을 충족하지 못함(조심 2010지0187, 2010.9.13.).

지역

Chapter 02

교육·의료·복지 확충

I 어린이집 및 유치원에 대한 감면

✔ 감면 요건

대상자	어린이집 및 유치원을 설치·운영하기 위하여 부동산을 취득하는 자
대상물건	〈취득세〉 어린이집 및 유치원을 설치·운영하기 위하여 취득하는 부동산 〈재산세〉 ① 과세기준일 현재 유치원 등에 직접 사용하는 부동산 ② 부동산 소유자와의 관계를 고려하여 정한 부동산 • 소유자가 사용자의 배우자 또는 직계혈족으로서 운영에 직접 종사 • 사용자가 그 배우자 또는 직계혈족과 공동으로 소유 • 소유자가 종교단체이면서 사용자가 종교단체의 대표자이거나 종교법인 [어린이집 및 유치원의 종류 및 현황] 1. 어린이집(영유아보육법 §10) ① 국공립어린이집 : 국가나 지방자치단체가 설치·운영하는 어린이집 ② 사회복지법인어린이집 : 사회복지법인이 설치·운영하는 어린이집 ③ 법인·단체 등 어린이집 : 각종 법인이나 단체 등이 설치·운영하는 어린이집 ④ 직장어린이집 : 사업주가 사업장의 근로자를 위하여 설치·운영하는 어린이집 ⑤ 가정어린이집 : 개인이 가정이나 그에 준하는 곳에 설치·운영하는 어린이집 ⑥ 부모협동어린이집 : 보호자들이 조합을 결성하여 설치·운영하는 어린이집 ⑦ 민간어린이집 : ①~⑥에 해당하지 아니하는 어린이집 2. 유치원(영유아보육법 제7조) ① 국립유치원 : 국가가 설립·경영하는 유치원 ② 공립유치원 : 지방자치단체가 설립·경영하는 유치원 ③ 사립유치원 : 법인 또는 사인(私人)이 설립·경영하는 유치원
감면율	취득세 및 재산세 100% ※ 최소납부세제 적용(2015년~)
감면시한	2021.12.31.

✔ 추징 요건

추 징 **(취득세)**	① 정당한 사유 없이 그 취득일부터 1년이 경과할 때까지 해당 용도로 직접 사용하지 아니하는 경우 ② 해당 용도로 직접 사용한 기간이 2년 미만인 상태에서 매각·증여하거나 다른 용도로 사용하는 경우

✔ 감면 요건

지특법 §19·§178(추징), 지특령 §8의 3

✔ 개정 연혁

개정일	개정 전	개정 후	개정이유 / 적용요령
지특법 §19 2014.12.31. 제12955호	취득세, 재산세, 주민세, 지역자원시설세 100%	취득세, 재산세 100%	목적세인 지역자원시설세와 주민부담 원칙이 적용되는 주민세는 감면 세목에서 제외
지특령 §8의 3 2017.12.29. 제28525호	〈신 설〉	「영유아보육법」에 따라 사업주 공동 또는 위탁운영하는 직장어린이집의 부동산이 감면 대상에 포함되도록 근거 신설	「영유아보육법」상 직장어린이집의 경우 사업주 공동 설치·운영 또는, 지역의 어린이집에 위탁운영을 할 수 있도록 규정 이 영 시행일('18.1.1.) 이후 납세의무가 성립하는 분부터 적용

지 역

쟁점 067 어린이집 및 유치원으로 직접 사용하지 않으면 감면이 안 될까?

> **지방세특례제한법 제19조【어린이집 및 유치원에 대한 감면】**
>
> ① 「영유아보육법」에 따른 어린이집 및 「유아교육법」에 따른 유치원(이하 이 조에서 "유치원 등"이라 한다)을 설치·운영하기 위하여 취득하는 부동산에 대해서는 취득세를 2021년 12월 31일까지 면제한다.
>
> ② 다음 각 호의 부동산에 대해서는 재산세(「지방세법」 제112조에 따른 부과액을 포함한다)를 2021년 12월 31일까지 면제한다.
>
> 1. 해당 부동산 소유자가 과세기준일 현재 유치원등에 직접 사용하는 부동산
> 2. 과세기준일 현재 유치원등에 사용하는 부동산으로서 해당 부동산 소유자와 사용자의 관계 등을 고려하여 대통령령으로 정하는 부동산

지방세특례제한법 제19조는 어린이집 및 유치원에 대한 세제지원을 통해 취업한 부모, 맞벌이 부부 등 보호자의 양육 부담을 경감하기 위한 것으로 어린이집 및 유치원을 설치·운영하기 위해 취득하는 부동산을 감면한다고 규정하고 있고, 같은 법 제178조에서는 취득일부터 1년이 경과할 때까지 해당 용도로 직접 사용하지 아니하거나 직접 사용한 기간이 2년 미만인 상태에서 매각·증여하거나 다른 용도로 사용하는 경우에는 감면된 취득세를 추징한다고 규정하고 있다.

'해당 용도로 직접 사용' 한다는 의미는 부동산을 취득한 소유자가 그 부동산을 어린이집 또는 유치원의 설치·운영의 용도로 사용하는 것을 의미한다. 즉 어린이집 및 유치원 부동산 소유자와 해당 시설의 설치·운영자가 동일한 경우에 감면이 된다는 뜻이다.

따라서 취득일부터 1년이 경과할 때까지 부동산을 취득한 소유자가 어린이집 또는 유치원의 설치·운영자와 동일하지 않거나 직접 사용한 기간이 2년 미만인 상태에서 매각·증여하거나 소유자와 설치·운영자가 동일하지 않은 경우에는 감면된 취득세가 추징된다고 할 것이다.

(1) 직접 사용 2년 미만인 상태에서 어린이집 대표자를 변경한 경우 : 추징 대상

신축 건물을 신축하여 어린이집을 운영하기 위하여 취득세 감면을 받은 후 어린이집으로 운영하다가 취득일부터 2년이 되기 전에 배우자에게 해당 건물을 임대하고 어린이집의 대표자를 배우자 명의로 변경한 경우 감면받은 취득세는 추징 대상이 된다.

신축건물만을 임대하였을 뿐 토지를 임대하지는 않았으므로 토지는 계속하여 직접 사용된 것이어서 취득세 추징 사유에 해당하지 않는다는 의견이 있으나, 판례는 신축건물 및 토지를 어린이집의 설치·운영의 용도로 사용하기 시작한 때부터 2년이 되기 전에 신축건물 및 토지를 배우자에게 임대하였으므로 자신이 설치·운영하는 어린이집의 용도가 아닌 다른 용도로 사용한 것이고, 이것은 지방세특례제한법 제178조 제2호의 취득세 추징 사유에 해당한다고 보았다.

영유아보육법에 따른 영유아 어린이집을 설치·운영하기 위하여 취득하여 그 취득세가 면제된 부동산의 경우에 있어서 취득세 추징 사유에 관한 규정인 지방세특례제한법 제178조 제2호의 '해당 용도로 직접 사용'이란 그 부동산을 취득한 소유자가 그 부동산을 영유아어린이집의 설치·운영의 용도로 사용하는 것을 의미한다고 봄이 타당하다. 원고가 2014.4.23. 이 사건 신축건물을 신축하여 그 무렵부터 이 사건 신축건물 및 토지에서 이 사건 어린이집을 운영하다가, 2016.2.1. 김○철에게 이 사건 신축건물을 임대차기간 2016.2.15.부터 2020.2.15.까지로 정하여 임대하고, 2016.2.26. 이 사건 어린이집의 대표자를 원고에서 김○철로 변경하였으므로, 원고는 2014.4.23.경 이 사건 신축건물 및 토지를 이 사건 어린이집의 설치·운영의 용도로 사용하기 시작한 때부터 2년이 되기 전인 2016.2.26. 이후로는 이 사건 신축건물 및 토지를 자신이 설치·운영하는 어린이집의 용도가 아닌 다른 용도로 사용한 것이고, 이는 지방세특례제한법 제178조 제2호의 취득세 추징 사유에 해당함(대법원 2019두34968, 2019.5.30.).

(2) 어린이집 소유자가 대표자가 아닌 원장으로 운영 중인 경우 : 추징 제외

영유아보육시설 감면에서 가장 쟁점이 되는 부분 중의 하나가 해당 용도로 직접 사용했는지 여부다. '직접 사용'은 지방세특례제한법 제2조 제8호에 정의되어 있다. 부동산 등의 소유자가 해당 부동산 등을 사업 또는 업무의 목적이나 용도에 맞게 사용하는 것이다. 앞에서 살펴본 것처럼 부동산을 취득한 소유자가 그 부동산을 어린이집 또는 유치원의 설치·운영의 용도로 사용하는 것을 의미한다. 결국 영유아보육시설 부동산 소유자와 설치·운영자가 동일해야 한다는 뜻이다.

그러나 영유아보육시설 실립인기증에 보면 설치자인 대표자와 운영자인 원장이 서로 다른 경우가 있다. 2018년 전국 보육실태조사 결과에 따르면 어린이집 인가상의 대표자가 원장과 동일한 비율은 74.9%이다. 약 25% 정도의 어린이집은 대표자와 원장이 다르다는 얘기다. 과연 이런 경우에는 영유아보육시실 김면은 이떻게 저용될까? 소유자와 설치자 그리고 운영자가 모두 같아야 감면이 가능한지 아니면 소유자와 설치자가 같거나 소유자와 운영자가 같아야 감면이 가능한지 살펴보자.

현행 영유아보육법에서는 어린이집 설치·운영자 관련 사항이 모호하게 규정되어 있다. 어린이집 설치자인 대표자와 법률에 근거하여 운영관리를 담당하는 원장이 불일치한 경우에 대해 별도로 규정하고 있지 않다. 그러다 보니 어린이집의 대표자와 원장이 불일치할 경우 해당 법령상의 법적 지위와 권한, 책임 등을 적용할 때 혼란이 야기되는 상황이 발생한다.

지방세특례제한법에서는 영유아보육법과 동일하게 설치·운영자로만 규정하고 있고, 별도의 규정이 없으므로 실제 현실을 고려하여 합리적으로 판단할 필요가 있다. 이와 관련하여 조세심판례에서는 소유자와 설치자가 같거나 소유자와 운영자가 같은 경우 감면 대상이라고 판단하고 있다.

민간 어린이집 인가 시 부동산 소유자와 대표자가 동일해야 하나 부부는 경제공동체로서 부동산 소유자와 대표자가 다른 경우에도 인가증을 교부하고 있는 점 등에 비추어 청구인은 원장으로서 어린이집을 운영하고 있으므로 쟁점부동산을 해당 용도로 직접 사용한 것으로 보는 것이 타당하다 하겠음(조심 2018지0291, 2018.4.17.).

지방세특례제한법 제94조에서 규정하고 있는 "직접 사용"이라 함은 부동산의 취득자가 영유아보육시설의 운영자로서 취득한 부동산을 그 시설로 직접 사용하는 경우만을 의미한다 할 것이므로 청구인이 이 건 어린이집 인가증상에서 대표자 또는 원장으로 되어 있지 아니한 경우에는 청구인이 이 건 부동산을 어린이집에 직접 사용하였다고 보기 어려움(조심 2016지0127, 2016.11.18.).

영유아보육시설을 설치·운영하기 위하여 취득한 부동산을 해당 용도로 직접 사용한다고 함은 부동산의 취득자가 영유아보육시설의 운영자로서 취득한 당해 부동산을 영유아보육시설에 직접 사용하는 경우만을 의미하는 것이지 당해 부동산의 소유자와 영유아보육시설의 운영자가 다른 경우까지를 포함하는 것은 아니라 어린이집의 대표자가 일치하지 않고 있음이 어린이집 인가증에서 확인되는 이상 취득세를 추징한 처분은 타당하고 부과처분에 관한 고지서를 수취한 사실도 확인되므로 처분이 무효라는 주장을 받아들일 수 없음(조심 2014지1462, 2015.4.16.).

(3) 가정어린이집을 국공립어린이집으로 전환하는 경우 : 추징 제외

국공립어린이집이란 국가나 지방자치단체가 설치·운영하는 어린이집이다. 국공립어린이집은 시간 연장 보육을 포함한 취약보육을 우선적으로 실시할 의무가 있고 만 3~5세반 부모의 부담 보육료가 없으며, 보육교사의 처우 수준이 높아 질 높은 서비스를 제공하고 있어 부모들의 선호도가 매우 높은 편이다. 그러나 전체 어린이집 40,238개소(2017년 기준) 중 국공립어린이집은 3,157개소에 불과한 상황이다.

국공립어린이집 확충을 위해 정부와 자치단체는 민간·가정어린이집을 국공립어린이집으로 전환하는 사업을 추진하고 있다. 민간·가정어린이집과 부동산 시설물 무상임대 계약(최초 운영권 5년 보장)을 맺고 리모델링 비용 등을 지원한다. 즉 부동산 소유권은 기존 민간·가정어린이집 소유자에게 있고 인가증상 대표자는 국가나 자치단체로 변경된다. 민간·가정어린이집 소유자가 원장으로서 어린이집을 운영한다.

만약 민간·가정어린이집이 어린이집을 설치·운영하기 위하여 부동산을 취득하여 취득세 감면을 받았고 어린이집으로 직접 사용한 때부터 2년이 지나지 않아 국공립어린이집으로 전환했다면 기존에 감면받은 취득세는 어떻게 될까?

유권해석은 국공립어린이집으로 전환하여 운영되고 있다 하더라도 영유아보육법 제13조 및 제24조에서 규정한 '어린이집의 설치·운영기준'에 부합하고, 소유자의 지위에서 그 어린이집을 연속되게 운영하는 경우 추징 요건에 해당된다고 볼 수 없다고 판단했다.

가정 어린이집을 운영하던 자가 유예기간 이내에 인가 권한이 있는 관할관청과 '어린이집 운영사무 위탁'약정을 맺어 일부비용을 보조받으면서 '국공립어린이집'으로 전환하여 운영되고 있다 하더라도 영유아보육법 제13조 및 제24조에서 규정한 '어린이집의 설치·운영기준'에 부합하고, 소유자의 지위에서 그 어린이집을 연속되게 운영하는 경우 추징 요건에 해당된다고 볼 수 없음(지방세특례제도-274, 2017.8.18.).

쟁점 068 어린이집 및 유치원으로 직접 사용하지 못한 정당한 사유란?

지방세특례제한법 제178조【감면된 취득세의 추징】제1항

① 부동산에 대한 감면을 적용할 때 이 법에서 특별히 규정한 경우를 제외하고는 다음 각 호의 어느 하나에 해당하는 경우 그 해당 부분에 대해서는 감면된 취득세를 추징한다.

1. 정당한 사유 없이 그 취득일부터 1년이 경과할 때까지 해당 용도로 직접 사용하지 아니하는 경우
2. 해당 용도로 직접 사용한 기간이 2년 미만인 상태에서 매각·증여하거나 다른 용도로 사용하는 경우

지방세특례제한법 제178조에서는 정당한 사유 없이 취득일부터 1년이 경과할 때까지 해당 용도로 직접 사용하지 아니하는 경우에는 감면된 취득세를 추징한다고 규정하고 있다. 여기에서 정당한 사유는 법에 별도로 규정되어 있지 않고 대법원 판례 등을 통해 개별 사건별로 정립되어 왔다.

판례는 '정당한 사유'에 법령에 의한 금지 제한 등 그 법인 등이 마음대로 할 수 없는 외부적인 사유는 물론 고유 업무에 사용하기 위한 정상적인 노력을 다하였음에도 시간적인 여유가 없어 유예기간을 넘긴 내부적인 사유도 포함된다고 하였고, 정당한 사유의 유무를 판단함에 있어서는 부동산의 취득 목적에 비추어 고유목적에 사용하는 데 걸리는 준비기간의 장단, 고유 목적에 사용할 수 없는 법령 상 사실상의 장애사유 및 장애 정도, 당해 취득자가 부동산을 고유 업무에 사용하기 위한 진지한 노력을 다하였는지 여부, 행정관청의 귀책사유가 가미되었는지 여부 등을 고려하여 판단해야 한다고 하였다(대법원 2006두14926, 2009.1.15.).

지역

정당한 사유에 해당(추징 제외)	정당한 사유에 해당하지 않음(추징 대상)
• 종전 건축물을 철거한 후 어린이집의 신축 공사를 착공하여 건축공사를 진행한 경우 • 부동산 취득 후 4개월이 경과된 시점에서 건축물을 착공 후 준공, 어린이집 인가에 이르기까지 정상적인 노력을 기울인 경우 • 임차인이 있는 부동산을 취득하여 계약기간이 종료되기 전에 명도받아 착공한 경우 • 부부공동명의로 부동산을 취득하여 공동대표로 설치인가 신청을 하려고 했음에도 잘못된 행정안내로 인해 못한 경우	• 토지를 취득할 당시 1년 이내 착공하기 어려운 장애사유를 이미 알고 있었던 경우 • 토지 취득 당시 불법산지훼손에 따른 원상복구공사가 필요하다는 사실을 인지하고 있었던 경우 • 벌금형을 선고받음으로써 어린이집을 직접 사용할 수 없게 된 경우 • 주민들의 반대로 취득일부터 1년 이내에 영유아어린이집을 매각한 경우 • 유예기간을 불과 8일 남기고 건축허가를 신청하여 유예기간이 경과한 뒤 건축허가를 받은 경우

개별 사건별로 어린이집 및 유치원으로 부동산 취득일부터 1년 이내에 직접 사용하지 못한 것이 정당한 사유인지 살펴보도록 하자.

(1) 정당한 사유에 해당하는 사례

부동산 취득일부터 1년이 경과할 때까지 해당 용도로 직접 사용하지 아니하였으나 정당한 사유에 해당하여 추징되지 않은 사례는 아래와 같다.

- 청구인이 이 건 부동산을 유예기간 내에 영유아어린이집의 용도에 직접 사용하지 아니하였다고 하더라도 청구인이 유예기간 내에 종전 건축물을 철거한 후 이 건 어린이집의 신축 공사를 착공하여 건축공사가 진행되고 있었으므로 여기에는 영유아어린이집으로 직접 사용하지 못한 정당한 사유가 있다고 보는 것이 타당하다고 할 것이고, 따라서 처분청이 청구인에게 이 건 취득세 등을 부과한 처분은 잘못이 있다고 판단됨(조심 2015지1092, 2015.11.12.).
- 부동산을 취득하고 4개월이 경과된 2012.7.3. 부동산에 어린이집용 건축물 신축공사를 착공하였고, 건축물을 신축한 후 부동산을 어린이집 용도로 직접 사용한 2013.12.10.까지 어린이집 용도로 직접 사용하기 위한 진지한 노력을 다한 것으로 보이므로, 부동산의 취득일부터 1년이 경과할 때까지 어린이집 용도로 직접 사용하지 못한 정당한 사유가 있다고 보아 취득세 등을 부과한 처분은 잘못이 있음(조심 2013지1018, 2014.5.27.).
- 임차인이 있는 부동산을 취득한 후 명도 받기 위하여 지속적으로 노력한 결과, 임대차 계약기간이 종료되기 전에 이를 명도 받았고, 명도 받은 후에는 건축공사에 착공하여 유치원으로 사용하고 있는 사실이 확인된 이상 이는 유예기간(1년) 내 고유 업무에 직접 사용하지 못한 정당한 사유가 인정됨(조심 2012지0519, 2012.12.12.).
- 부동산의 공동취득자인 부부가 어린이집을 공동으로 운영하기 위하여 공동대표로 설치인가 신청을 하고자 했음에도 잘못된 행정안내로 인해 못한 바, 이를 부동산을 1년 이내에 영유아보육시설 용도에 직접 사용하지 못한 정당한 사유로 볼 수 있어 취득일부터 1년 이내에 어린이집의 대표로 등재되어 있지 않았다하여 부동산에 대한 취득세 등의 과세면제를 배제한 처분은 부당함(조심 2010지0889, 2011.8.19.).

(2) 정당한 사유에 해당하지 않는 사례

부동산 취득일부터 1년이 경과할 때까지 해당 용도로 직접 사용하지 아니하였고 정당한 사유에도 해당하지 않아 추징된 사례는 아래와 같다.

- 청구인들은 이 건 토지를 취득할 당시 해당 토지가 문화공원 내 용지로서 공원이 조성된 이후에 착공이 가능하므로 유예기간 내에 착공하기 어려운 장애사유를 이미 알고 있었던 점 등에 비추어 유예기간 내에 직접 사용하지 못한 데에 정당한 사유가 있다고 보기 어려우므로 처분청에서 이 건 취득세 등을 부과한 처분은 잘못이 없다고 판단됨(조심 2016지1279, 2017.3.15.).
- 쟁점토지를 취득할 당시에 불법 산지 훼손에 따른 원상복구공사가 필요하다는 사실을 인지하고 있었음이 매매계약서 상의 특약사항으로 나타나는 점, 쟁점토지의 전 소유자가 불법 산지 훼손한 것을 청구인이 원상복구하는 과정에서 유예기간이 경과한 것을 정당한 사유로 보기는 어려운 점, 청구인이 어린이집 건축공사를 하기 위하여 진지한 노력을 다하였다고 볼 만한 사정이 나타나지 아니한 점 등에 비추어 처분청이 기 감면한 취득세 등을 추징한 처분은 달리 잘못이 없다고 판단됨(조심 2016지1178, 2017.3.7.).
- 구 영유아보육법 제16조 제8호에서 벌금형을 선고받은 경우에는 어린이집을 운영할 수 없도록 규정하고 있는 바, 법령이 시행된 이후에 벌금형을 선고받음으로써 어린이집을 직접 사용할 수 없게 된 것이므로 귀책사유가 청구인에게 있어 정당한 사유가 있는 경우로 볼 수는 없으므로 취득세 등을 부과한 처분은 정당함(조심 2014지0496, 2014.7.18.).

- 영유아어린이집을 설치·운영하기 위하여 쟁점아파트를 취득하여 1년 이내에 매각하였고, 쟁점아파트를 매각하게 된 사유가 주민들의 반대 때문인 것으로 나타나며, 위 사유는 취득 당시부터 알 수 있었던 사유이므로 정당한 사유가 있다고 보기 어려움(조심 2014지0515, 2014.6.30.).
- 유치원용 토지를 취득한 이후 유예기간을 불과 8일 남기고 건축허가를 신청하여 유예기간이 경과한 뒤 허가를 받은 경우로서, 허가에 소요된 한달여 동안 보완요구가 반복된 것을 유예기간 내 직접 사용하지 못한 사유로 주장하는 것은 타당하지 않은 바, 감면된 취득세 등을 추징한 처분은 잘못이 없음(조심 2012지0561, 2012.11.28.).

Ⅱ 학교에 대한 감면

✔ 감면 요건

대상자	① 「초·중등교육법」 및 「고등교육법」에 따른 학교 ② 「경제자유구역 및 제주국제자유도시의 외국교육기관 설립·운영에 관한 특별법」 또는 「기업도시개발 특별법」에 따른 외국교육기관을 경영하는 자 ③ 국가가 국립대학법인으로 설립하는 국립학교
대상물건	① 해당 사업에 직접 사용하기 위하여 취득하는 부동산 ※ 민간투자사업 방식으로 설립·운영되는 면제 대상 기숙사는 제외 ② 과세기준일 현재 해당 사업에 직접 사용하는 부동산 ※ 해당 사업에 직접 사용할 건축물을 건축 중인 경우 등 포함 ③ 그 사업에 직접 사용하기 위한 면허 등 ④ 생산된 전력 등을 무료로 제공하는 경우 그 부분 ⑤ 설립등기 및 합병등기, 변경등기, 해당 학교
감면율	① 취득세 면제 ② 재산세(도시지역분 포함) 및 지역자원시설세 면제 ③ 등록면허세 면제, 주민세 재산분 및 종업원분 면제 ④ 지역자원시설세 면제 ⑤ 등록면허세 면제, 학교에 대한 주민세 균등분 면제 ※ 최소납부세제 적용 배제
감면시한	2021.12.31.

✔ 추징 요건

추 징	① 취득세 추징 i) 해당 부동산을 취득한 날부터 5년 이내에 수익사업에 사용하는 경우 ii) 정당한 사유없이 그 취득일부터 3년이 경과할 때까지 해당 용도로 직접 사용하지 아니하는 경우 iii) 해당 용도로 직접 사용한 기간이 2년 미만인 상태에서 매각·증여하거나 다른 용도로 사용하는 경우 ② 재산세 추징 : 수익사업에 사용하는 경우와 해당 재산이 유료로 사용되는 경우의 그 재산 및 해당 재산의 일부가 그 목적에 직접 사용되지 아니하는 경우의 그 일부 재산 ③ 주민세 재산분 및 종업원분 : 수익사업에 제공되고 있는 사업소와 종업원

✔ 관련 법령

지특법 §41, 지특령 §18

✔ 개정 연혁

개정일	개정 전	개정 후	개정이유 / 적용요령
지특법 §41 ① 2017.12.26. 제16041호	학교가 취득하는 부동산에서 제42조에 따른 기숙사 제외	학교가 취득하는 부동산에서 대통령령 으로 정하는 기숙사 제외	학교 등이 취득하는 부동산'에 대한 감면(법 §41) 범위에서 민자형기숙사 전체(영 §18의 2)를 제외하는 것으로 명확히 규정
지특령 §18 ① 2017.12.29. 제28525호	〈신 설〉	법 제41조 제1항 각 호 외의 부분 본문에서 "대통령령으로 정하는 기숙사"란 제18조의 2에 따른 기숙사를 말한다. ※ 제18조의 2는 민자형 기숙사 규정	입법 취지를 명확히 하기 위한 것으로 기존과 동일하게 운영

지 역

쟁점 069 교육부의 폐쇄명령을 받은 학교는 지방세 감면이 가능할까?

> **지방세특례제한법 제41조【학교 및 외국교육기관에 대한 면제】**
>
> ①「초·중등교육법」및「고등교육법」에 따른 학교,「경제자유구역 및 제주국제자유도시의 외국교육기관 설립·운영에 관한 특별법」또는「기업도시개발 특별법」에 따른 외국교육기관을 경영하는 자(이하 이 조에서 "학교 등"이라 한다)가 해당 사업에 직접 사용하기 위하여 취득하는 부동산(대통령령으로 정하는 기숙사는 제외한다)에 대해서는 취득세를 2021년 12월 31일까지 면제한다.
>
> ② 학교 등이 과세기준일 현재 해당 사업에 직접 사용하는 부동산(대통령령으로 정하는 건축물의 부속토지를 포함한다)에 대해서는 재산세(「지방세법」제112조에 따른 부과액을 포함한다) 및「지방세법」제146조 제3항에 따른 지역자원시설세를 각각 2021년 12월 31일까지 면제한다.
>
> ③ 학교 등이 그 사업에 직접 사용하기 위한 면허에 대한 등록면허세와 학교 등에 대한 주민세 재산분 및 종업원분을 각각 2021년 12월 31일까지 면제한다.
>
> ④ 학교 등에 생산된 전력 등을 무료로 제공하는 경우 그 부분에 대해서는「지방세법」제146조 제1항 및 제2항에 따른 지역자원시설세를 2021년 12월 31일까지 면제한다.
>
> ⑤「사립학교법」에 따른 학교법인과 국가가 국립대학법인으로 설립하는 국립학교의 설립등기, 합병등기 및 국립대학법인에 대한 국유재산이나 공유재산의 양도에 따른 변경등기에 대해서는 등록면허세를, 그 학교에 대해서는 주민세 균등분을 각각 2021년 12월 31일까지 면제한다.

학교와 외국교육기관(이하 학교 등)은 취득세와 재산세는 물론 지역자원시설세, 등록면허세, 주민세까지 면제 혜택을 받는다. 그 만큼 교육은 헌법 상의 권리이자 사회 발전에 중요한 요소이기 때문이다.

학교 등에 대한 지방세 면제를 받기 위해서는 두 가지 요건이 필요하다. ① 관련 법령에 따라 학교 등을 설립하고 경영하는 주체가 될 것, ② 교육 사업에 직접 사용할 것, 이 두 가지를 모두 충족하지 않으면 지방세 면제를 받지 못한다.

우선 관련 법령에 따라 학교 등을 설립하고 경영하는 주체가 되려면 어떻게 해야 할까? 외국교육기관은 학교와 거의 유사하게 관리되고 있으므로 학교에 대해서만 살펴보기로 하자. 학교의 종류와 설립요건은 초·중등교육법 및 고등교육법에서 규정하고 있다. 초·중등교육을 위한 학교에는 초등학교·공민학교, 중학교·고등공민학교, 고등학교·고등기술학교, 특수학교, 각종학교가 있고 고등교육을 위한 학교에는 대학, 산업대학, 교육대학, 전문대학, 방송대학·통신대학·방송통신대학 및 사이버대학, 기술대학, 각종학교가 있다.

학교를 설립하기 위해서는 관련 법령에 따른 시설·설비 등 학교의 설립 기준을 갖추어야 하고 초중등교육을 위한 학교는 해당 시·도의 교육감의 인가를, 고등교육을 위한 학교는 교육부장관의 인가를 받아야 한다. 고등학교 이하의 학교는 고등학교 이하 각급 학교 설립·운영 규정에, 대학은 대학설립·운영 규정 등에서 설립기준과 필요한 시설·교원 및 수익용 기본 재산 등에 관한 필요한 사항을 규정하고 있다. 한편, 공립학교나 사립학교의 설립자 또는 경영자가 학교를 폐지하거나 중요

사항을 변경하려는 경우에도 시·도 교육감이나 교육부장관의 인가를 받아야 한다.

학교 설립을 인가하는 시·도 교육감이나 교육부장관은 학교가 다음 세 가지에 해당하여 정상적인 학사운영이 불가능한 경우 학교 폐쇄를 명할 수 있다. ① 학교의 장 또는 설립자·경영자가 고의 또는 중과실로 관련 법령 또는 관련 법령에 따른 명령을 위반한 경우, ② 학교의 장 또는 설립자·경영자가 관련 법령 또는 그 밖의 교육 관계 법령에 따른 관할청이나 교육부장관의 명령을 여러 번 위반한 경우, ③ 휴업 및 휴교 기간을 제외하고 계속하여 3개월 이상 수업을 하지 아니한 경우이다.

따라서 학교 및 외국교육기관을 설립하고 경영하는 주체가 되려면 관련 법령에 따른 설립기준을 갖추고 시·도 교육감이나 교육부장관의 설립인가를 받아 정상적으로 운영하여야 한다.

다음으로, 교육 사업에 직접 사용한다는 의미는 무엇일까? 관련 판례를 분석해 보면 학교가 직접 해당 교육 사업에 해당 부동산을 계속적·반복적으로 사용하는 것을 의미한다. 학교가 직접 사용하지 않거나 직접 사용하더라도 일시적으로 사용하는 경우에는 교육 사업에 직접 사용한다고 볼 수 없다고 하겠다.

(1) 감면 대상이 되는 학교 해당 여부 판단

① 학교 폐쇄명령을 받더라도 정상적인 학사운영 중이면 취득세 감면 가능

시·도 교육감이나 교육부장관은 일정 요건에 해당하면 정상적인 학사운영이 불가능한 경우 학교 폐쇄를 명할 수 있다. 그렇다면 학교 폐쇄명령을 받은 학교는 지방세 감면 대상에서 제외되는 것일까? 꼭 그렇지 않다. 유권해석은 학교가 교육부로부터 학교 폐쇄명령 처분 및 학교법인 해산 명령의 행정처분을 받은 이후에도 해당 학교의 학사가 정상적으로 운영되고, 행정처분이 소송결과에 따라 행정처분이 달라질 수 있는 상태에서 부동산을 취득했다면 감면 대상에 해당된다고 판단했다.

지방세법령의 각 규정 및 관련 법리에 비추어 보면, 학교가 교육부로부터 학교 폐쇄명령 처분 및 학교법인 해산 명령의 행정처분을 받은 이후에도 당해 학교가 학사가 정상적으로 운영되고, 당해 행정처분이 소송결과에 따라 행정처분이 달라질 수 있는 상태에서 부동산을 취득하여 감면받고 현실적으로 당해 부동산의 사용용도가 학교사업 자체에 직접 사용하는 부동산에 해당되는 경우라면, 그 부동산은 학교가 해당 사업에 사용하기 위하여 취득하는 부동산으로 보는 것이 타당하다 할 것이나, 이에 해당하는지 여부는 과세관청에서 사실관계 등을 확인하여 판단할 사안임(지방세특례제도과-3395, 2016.11.14.).

② 설립인가를 받아 학교를 경영할 예정자는 취득세 감면 대상이 아님

초·중등학교 설립인가 절차를 진행 중에 건물을 취득하고 그 이후에 설립인가를 받은 경우 지방세 감면 대상자일까? 판례는 설립인가를 받아 학교를 경영할 예정자는 학교를 경영하는 자가 아니라고 판단했다(대법원 2017두42378, 2017.7.27.).

이 판결에서 주요한 쟁점은 초·중등학교를 경영하는 자의 범위이다. 판례는 부동산 취득 당시 초·중등교육법이 정하는 바에 따라 적법한 설립인가를 받은 자를 의미할 뿐 향후 초·중등교육법에 따라 설립인가를 받아 학교를 경영할 예정인 자는 포함되지 않는다고 해석했다.

초·중등교육법에 의하면, 학교를 설립·경영하기 위해서는 법령에 정한 설립기준을 갖추어 관할 교육감의 인가를 받아야 하고(§4 ①·②), 학교의 설립인가(또는 변경인가)를 받지 아니하고 학교를 운영하거나 거짓 또는 그 밖의 부정한 방법으로 설립인가(변경인가)를 받은 경우에는 형사처벌을 받게 되며, 시설 폐쇄명령까지 받도록 정하여져 있는 점(§63 ①·§65 ①·§67 ②) 등에 비추어 보면, 취득세 면제 대상자 중 하나인 '초·중등교육법에 의한 학교를 경영하는 자'라 함은 초·중등교육법이 정하는 일정한 요건과 절차에 따라 학교 설립인가를 받은 자만을 의미한다고 해석하는 것이 규정의 문언이나 취지에 부합하다는 것이다.

판례는 학교의 설립인가를 받지 아니한 채 학교의 설립인가를 받을 예정인 상태에서 사실상 학교를 경영하는 자도 '초·중등교육법에 의한 학교를 경영하는 자'로 인정하여 취득세를 면제하는 경우에는 초·중등교육법을 위반하여 형사처벌과 폐쇄명령을 받게 될 처지에 있는 자에게 취득세 면제의 혜택을 주는 결과가 되는데, 이는 초·중등교육법의 입법취지나 국민의 교육을 받을 권리의 실현을 위하여 학교 경영자에게 취득세 면제 혜택을 주는 지방세특례제한법의 규정 취지에도 반한다고 판단했다.

이 판결에서 한 가지 주목할 점은 1심 판결이다. 1심에서는 부동산 취득 당시 이미 초·중등교육법 등에 따라 설립인가를 받은 학교를 경영하고 있는 자뿐만 아니라, 향후 초·중등교육법 등에 따라 설립인가를 받아 학교를 운영할 예정인 자로서 당해 교육사업에 직접 사용하기 위하여 부동산을 취득한 이후 실제 초·중등교육법에 따라 적법한 설립인가를 받은 자도 포함된다고 해석함이 타당하다고 하였다.

그 이유는 기존에 보유하던 부동산이 아닌 새로이 취득할 부동산을 교사나 교지로 사용하여 학교를 설립하고자 하는 경우에는 부동산의 취득을 완료하여야만 학교의 설립인가를 위한 시설기준을 충족하게 되기 때문에 해당 부동산의 취득이 완료되지 않은 이상 학교의 설립인가를 받을 수 없으므로, 교사나 교지로 사용할 부동산 취득 시에 이미 해당 부동산이 사용될 학교에 대해 설립인가를 받아 두는 것은 법적으로 불가능하다는 것이다.

이는 입법취지에 대한 문제로서 현재 지방세 감면은 학교 및 외국교육기관을 설립하기 위해 취득하는 부동산을 감면해 주겠다는 취지가 아니라 학교 및 외국교육기관이 학교를 설립하여 운영하는 중인 경우 추가적으로 취득하는 부동산을 감면하겠다는 취지라고 볼 수 있다. 자경농민 감면도 동일한 취지로서 자경농민이 된 이후 취득하는 농지가 감면 대상이 된다.

지방세특례제한법 제41조 제1항에 정한 '초·중등교육법에 따른 학교를 경영하는 자'는 부동산 취득 당시 초·중등교육법이 정하는 바에 따라 적법한 설립인가를 받은 자를 의미할 뿐 향후 초·중등교육법에 따라 설립인가를 받아 학교를 경영할 예정인 자는 포함되지 않는다고 해석되므로 원고의 이 사건 건물의 취득은 지방세특례제한법 제41조에 따라 그 취득세가 면제된다고 할 수 없음(대법원 2017두42378, 2017.7.27.).

③ **학교설립인가를 받지 못한 경우 취득세 감면 대상이 아님**

학교설립계획서 및 법인설립허가신청서를 관할 교육청에 제출한 후 폐교를 취득하였다가 학교설립계획서가 학교운영에 필요한 재정적 기반 미흡, 기타 보완요구사항 미이행의 사유로 반려됨에 따라 폐교를 교육용도로 사용할 수 없게 되어 매매계약 해제를 통해 합의해제를 원인으로 소유권 이전 등기를 말소한 경우 폐교 취득에 따른 취득세는 감면 대상이 될까?

우선 합의에 의한 계약 해제 시 취득세 부과여부를 알아보자. 합의해제는 매도자와 매수자 상호 간에 합의에 의해 계약을 해제하는 것을 의미한다. 부동산에 문제가 있어 합의해제를 할 수도 있고, 계약서 상의 문제로 합의해제를 할 수도 있다.

취득세 부과여부는 소유권 이전등기를 하지 않은 경우와 소유권 이전등기를 한 경우로 구분할 수 있다. 소유권 이전등기를 하지 않은 경우에는 상속, 유증의 경우 상속, 유증 개시일부터 60일 이내, 유상승계의 경우 잔금지급일부터 60일 이내에 다음의 서류 중 하나를 첨부하여 제출하면 취득세를 부과하지 않는다. 법원판결에 의한 화해조사 또는 인낙조서, 취득일부터 60일 이내 작성된 공증증서 그리고 취득일부터 60일 이내 제출된 계약해제 신고서가 여기에 해당한다. 소유권 이전등기를 한 경우에는 아무리 60일 이내에 합의해제를 하여도 취득세는 환급되거나 취소되지 않는다.

따라서 위의 사례에서 매매계약 해제를 통해 합의해제를 원인으로 소유권 이전등기를 말소했다고 하더라도 취득세는 부과가 된다. 그렇다면 취득세는 감면받을 수 있을까? 부동산 취득 당시 학교 설립인가를 받지 못했기 때문에 취득세 감면 대상이 될 수 없다. 왜냐하면 지방세특례제한법 제41조 제1항에서 초·중등교육법 및 고등교육법에 따른 학교를 경영하는 자가 해당 사업에 사용하기 위하여 취득하는 부동산에 대해서는 취득세를 면제한다고 규정하고 있고, 여기에서 초·중등교육법에 의한 학교를 경영하는 자라 함은 초·중등교육법이 정하는 바에 따라 적법한 설립인가(또는 변경인가)를 받은 자를 의미하기 때문이다.

합의해제가 후발적 경정청구의 대상에 해당한다 하더라도 그 청구를 받아들일지 여부는 별도로 심리하여야 할 것인 바, 취득세 납세의무가 성립한 후에 이루어진 매매계약의 합의해제는 이미 성립한 조세채권의 행사에 영향을 줄 수 없다 할 것이므로 합의해제를 이유로 이 건 취득세를 취소할 수 없고, 청구인이 이 건 부동산을 취득하면서 초·중등교육법이 정하는 바에 따른 학교설립인가를 받지 못한 이상, 취득세 감면 대상으로 보기도 어려우므로 이 건 경정청구를 거부한 처분은 잘못이 없음(조심 2016지0538, 2016.9.28.).

④ **학교법인이 아닌 이사장 명의로 부동산 등기를 한 경우 등록면허세 감면 대상이 아님**

현행법 상 학교 중 법인이 아닌 개인이 설립할 수 있는 것은 사립유치원이 유일하다. 학교는 법인이 설립하여 운영하여야 한다. 학교법인의 이사장은 학교법인을 대표하고 법과 정관에 규정된 직무를 행하며 기타 학교법인 내부의 사무를 통할한다. 만약 학교법인이 아닌 이사장 개인 명의로 교육사업을 위해 부동산 등기를 한 경우 등록면허세 감면 대상에 해당할까?

조세심판례에서는 지방세특례제한법 제41조 제1항에서 '초·중등교육법에 의한 학교를 경영

지 역

하는 자'라 함은 초·중등교육법이 정하는 바에 따라 적법한 설립 인가(또는 변경인가)를 받은 자를 의미하는 것으로 학교법인이 아닌 이사장 개인 명의로 부동산 등기를 한 경우 등록면허세 감면 대상이 아니라고 판단하였다.

초·중등교육법 및 고등교육법에 따른 학교를 경영하는 비영리사업자라 함은 초·중등교육법이 정하는 바에 따라 적법한 설립인가(또는 변경인가)를 받은 자를 의미하는 것인 바(대법원 2006.1.26. 선고, 2005두2070 판결), 학교법인이 아닌 이사장 개인명의로 소유권 이전등기를 경료한 경우 등록세 등 납세의무 있음(조심 2011지0399, 2011.12.6.).

(2) 교육사업에 직접 사용하는 경우란 어느 범위까지 해당할까?

① 산학협력단이 창업보육센터용으로 사용하는 경우 취득세 면제 대상이 아님

학교법인이 취득한 부동산을 학교법인 산하의 산학협력단이 사용하는 경우에는 학교가 해당 사업에 직접 사용하는 것이 아니므로 취득세 면제 대상에 해당하지 않는다. 다만, 이 경우에는 지방세특례제한법 제60조 제3항 제1호의 2에 따라 산학협력단이 사용하는 창업보육센터에 대해 취득세 75%, 재산세 100%를 감면받을 수 있다.

학교법인이 취득한 부동산을 학교법인 산하의 산학협력단이 사용하는 경우, 청구법인 산하의 산학협력단은 그 설립취지나 목적 등이 다른 별도의 법인에 해당하므로 산학협력단이 쟁점부동산을 창업보육센터용으로 직접 사용한다 하더라도 취득세 비과세 대상으로 보기는 어려움(조심 2012지0122, 2012.12.13.).

② 간헐적으로 사용하는 구내의 자연상태 임야는 재산세 면제 대상이 아님

교육 사업에 직접 사용한다는 의미는 학교가 직접 해당 교육 사업에 해당 부동산을 계속적·반복적으로 사용하는 것을 의미한다. 조세심판례는 학교의 교육용 기본재산으로 등재되어 있고 일반인의 출입이 제한되어 있지 않은 자연상태의 임야이면서 간헐적으로 학생들의 야외측량 수업공간으로 제공되고 학생들이 산책로로 이용하고 있다고 하더라도 이것은 교육 사업에 직접 사용한다고 보기 어렵다고 판단했다.

이 건 토지가 교육용 기본재산으로 등재되어 있다 하더라도 ㅇㅇ대학교 구내토지와 철조망으로 경계가 구획되어 있고 전체적인 현황이 일반인의 출입이 제한되지 아니한 자연상태의 임야이므로 그중 일부에 실습장 표시 및 측량기구 등을 설치하여 간헐적으로 토목학과 학생들의 야외측량 수업공간으로 제공되고 학생들이 산책로로 이용된다는 사정만으로는 학교 등의 사업에 직접 사용하는 부동산으로 인정하기는 곤란하므로 청구주장을 받아들이기는 어렵다고 판단됨(조심 2017지1038, 2018.1.30.).

판례도 이와 유사한 사례에서 조세심판례와 동일하게 간헐적으로 수업에 사용하는 것은 수업 장소로 이용된 면적, 그 횟수 및 수강인원 등을 고려하면 그것은 일시적이거나 부수적으로 수업 장소로 활용한 것에 불과할 뿐 이를 계속적·반복적으로 학교교육을 위해 사용하였다고 보기는 어렵다고 하였다.

- 학교가 부동산을 그 사업에 직접 사용한다고 함은 현실적으로 해당 부동산을 학교의 교육사업 자체에 사용하는 것을 뜻하는데, 원고가 운영하는 단과대학 및 대학원에서 개설한 일부 교과목에서 학기 중에 간헐적으로 쟁점토지를 방문하여 실습하는 일정이 있다고 하더라도, 쟁점 토지의 전체 면적, 수업장소로 이용된 면적, 그 횟수 및 수강인원 등을 고려하면, 그와 같은 사용은 쟁점토지를 일시적이거나 부수적으로 수업장소로 활용한 것에 불과할 뿐 이를 계속적·반복적으로 학교교육을 위해 사용하였다고 보기는 어려움(대법원 2018두37519, 2018.6.15.).

③ 초빙교수 사택으로 사용하는 경우 교육사업에 직접 사용하는 것이 아님

학교가 소유하고 있는 부동산을 초빙교수 사택으로 사용하였다면 이것을 교육사업에 직접 사용하는 것으로 볼 수 있을까? 판례는 "해당사업에 직접 사용하는 부동산"이란 당해 부동산의 용도가 당해 목적사업 자체에 직접 사용하는 것을 뜻하는 것으로 당해 학교법인의 사업 목적과 취득 목적을 고려하여 그 실제 사용관계를 기준으로 객관적으로 판단하여야 한다고 하였다(대법원 2005.12.23. 선고, 2004다58901 판결). 그렇다면 초빙교수가 학교 목적사업과 어떤 관계에 있는지가 중요하다. 유권해석, 조세심판례 그리고 판례는 동일하게 초빙교수는 학교운영에 필요불가결한 중추적인 지위에 있다고 보기 어렵다고 판단했다. 결국 초빙교수를 위한 주거용 사택은 지방세 감면 대상에 해당하지 않는다고 하겠다.

- 비과세 대상인 "해당사업에 직접 사용하는 부동산"이란 당해 부동산의 용도가 당해 목적사업 자체에 직접 사용하는 것을 뜻하는 것으로 당해 학교법인의 사업목적과 취득목적을 고려하여 그 실제 사용관계를 기준으로 객관적으로 판단하여야 할 것인 바(대법원 2005.12.23. 선고, 2004다58901 판결), 귀문과 같이 초빙교수는 당해 학교 운영에 필요불가결한 중추적인 지위에 있다 볼 수 없고 해당 부동산이 초빙교수의 주거를 위한 사택으로 사용되고 있다면 학교의 고유목적사업에 직접 사용하는 부동산으로 보기는 어렵다고 할 것임(지방세운영과-4397, 2011.9.16.).
- 학교법인이 대학 구외에 소재한 이 건 부동산을 초빙전임교원인 외국인 교환교수들을 위한 기숙사로 제공한다 하더라도 외국인 교수들은 당해 학교 목적사업을 수행하기 위한 중추적인 역할을 하는 자로 보기는 어렵다 할 것이므로 이 건 부동산을 교육용에 직접 사용하는 부동산으로 보기 어려움(조심 2012지0536, 2012.11.7.)
- 비영리사업자가 구성원에게 사택이나 숙소를 제공한 경우 그 구성원이 비영리사업자의 사업 활동에 필요불가결한 중추적인 지위에 있어 사택이나 체류하는 것이 직무 수행의 성격도 겸비한다면 당해 사택이나 숙소는 목적사업에 직접 사용되는 것으로 볼 수 있지만, 사택이나 숙소의 제공이 단지 구성원에 대한 편의를 도모하기 위한 것이거나 그곳에 체류하는 것이 직무 수행과 크게 관련되지 않는다면 그 사택이나 숙소는 비영리사업자의 목적사업에 직접 사용되는 것으로 볼 수 없으며 ㅇㅇ대학교에 근무하는 외국인 교원의 지위와 근무현황, 그리고 이 사건 각 오피스텔의 위치와 취득 목적 등에 비추어 보면, ㅇㅇ대학교에 근무하는 외국인 교원들이 원고의 목적사업인 대학교육에 필요불가결한 중추적인 지위에 있다거나 그들이 이 사건 각 오피스텔에 체류하는 것이 직무 수행의 성격을 겸비하는 것으로는 볼 수 없으므로 이 사건 각 오피스텔은 원고의 목적사업에 직접 사용되는 것으로 보기 어려움(대법원 2013두21953, 2014.3.13.).

④ 교외의 대학교 후생복지시설은 학교 용도로 직접 사용하는 것임

학교 밖에 위치한 교육연수시설로서 학생 등이 학과 워크숍 및 동아리 연수 세미나 등 현장학습장소로 사용하고 있으나 부동산의 이용자 중 90% 이상이 외부들이 일시적으로 사용한 경우 해당 시설은 학교가 교육사업 용도로 직접 사용하고 있다고 볼 수 있을까?

지 역

조세심판례는 사실관계를 기초로 학교 구성원이 아닌 일반인들이 이 부동산을 사용하고 있다고 하더라도 그 횟수가 전체 사용 횟수의 약 4% 정도에 불과하고 해당 부동산의 사용료는 그 사용자가 조합원 여부에 따라 달리 책정되어 있고 사용료가 해당 부동산을 유지 관리하는 데 필요한 실비 수준으로서 수익을 얻고자 해당 시설을 운영하는 것을 아니라고 판단했다. 또한 대학교 소비자생활조합이 학생 등을 위하여 운영하는 후생복지시설은 학교법인이 학교용도에 직접 사용하는 것으로 볼 수 있다는 유권해석도 해당 결론의 근거로 고려되었다(지방세분석과-2207, 209.6.8.).

- 청구법인은 쟁점부동산을 학생 등의 연수시설 등으로 사용하고자 취득하였고 학생들을 위한 후생복리시설의 경우 반드시 학교 내에 있는 것만을 의미하는 것은 아니며 이 건 조합과 같은 대학교 소비자생활조합이 학생 등을 위하여 운영하는 후생복지시설은 학교법인이 학교용도에 직접 사용하는 것으로 볼 수 있는 점 등에 비추어 청구법인이 쟁점부동산을 학교 용도에 직접 사용하고 있는 것으로 보는 것이 타당함(조심 2015지0584, 2015.7.13.).
- 구내식당을 비롯한 매점과 자판기의 이용고객은 학생들과 교직원으로 가격이 시중 보다 저렴하게 공급되고 있으며 결손금 발생시 소비조합 정관에 의거 이익준비금에서 보전하는 등 설치장소, 대상고객, 이용요금 및 그 운영실태 등 제반사정을 고려할 때 소비자생활조합은 대학 재학생 및 교직원들의 후생복지를 위한 시설로 교육 사업에 사용되는 것으로서 지방세법 제245조의 2 동법 시행령 제207조의 규정에 의거 비과세대상으로 판단됨(지방세분석과-2207, 209.6.8.).

쟁점 070 학교 용도의 부동산을 수익사업에 사용하면 무조건 추징?

지방세특례제한법 제41조【학교 및 외국교육기관에 대한 면제】제1항

① 「초·중등교육법」 및 「고등교육법」에 따른 학교, 「경제자유구역 및 제주국제자유도시의 외국교육기관 설립·운영에 관한 특별법」 또는 「기업도시개발 특별법」에 따른 외국교육기관을 경영하는 자(이하 이 조에서 "학교 등"이라 한다)가 해당 사업에 직접 사용하기 위하여 취득하는 부동산(대통령령으로 정하는 기숙사는 제외한다)에 대해서는 취득세를 2021년 12월 31일까지 면제한다. 다만, 다음 각 호의 어느 하나에 해당하는 경우 그 해당 부분에 대해서는 면제된 취득세를 추징한다.

1. 해당 부동산을 취득한 날부터 5년 이내에 수익사업에 사용하는 경우
2. 정당한 사유 없이 그 취득일부터 3년이 경과할 때까지 해당 용도로 직접 사용하지 아니하는 경우
3. 해당 용도로 직접 사용한 기간이 2년 미만인 상태에서 매각·증여하거나 다른 용도로 사용하는 경우

학교 및 외국교육기관도 앞에서 살펴 본 사회복지법인 등과 같이 취득세 감면을 받은 경우 세 가지 사유에 해당되면 감면받은 취득세가 추징된다. ① 해당 부동산을 취득한 날부터 5년 이내에 수익사업에 사용하는 경우, ② 정당한 사유 없이 그 취득일부터 3년이 경과할 때까지 해당 용도로 직접 사용하지 아니하는 경우, ③ 해당 용도로 직접 사용한 기간이 2년 미만인 상태에서 매각·증여하거나 다른 용도로 사용하는 경우이다.

(1) 학교의 스포츠센터는 수익사업에 사용하는 부동산으로 감면 대상 아님

사회복지법인 등에 대한 감면에서 수익사업의 범위와 취득일부터 5년 이내로 한정하여 추징하는 이유를 설명하였다. 학교와 관련한 구체적인 사례들을 살펴보면서 교육사업에 직접 사용하는 경우와 수익사업에 사용하는 경우를 판단하는 근거의 기준에 대해서 알아보자.

판례에 따르면 교육사업에 직접 사용하는 것인지 아니면 수익사업에 사용하는 것인지의 여부는 당해 학교의 사업목적과 취득목적을 고려하여 그 실제의 사용관계를 기준으로 객관적으로 판단하여야 한다(대법원 2002.4.26. 선고 2000두3238 판결; 2006.1.13. 선고 2004두9265 판결; 2006.12.7. 선고 2005두10255 판결 등 참조).

즉, 구체적으로 해당 부동산의 실제 사용관계(이용주체, 이용현황 등) 및 일반인의 접근 가능성 여부, 해당 부동산의 운영과 학교법인의 교육사업과의 연관성, 시설 운영으로 인한 수익의 귀속 주체 및 그 규모 등의 제반사정을 종합적으로 고찰해야 한다는 것이다. 결국 수익사업에 사용하는 부동산 해당 여부는 각각의 사례마다 구체적인 사실관계를 따져봐야 판단할 수 있다.

유권해석은 학교에서 건립한 스포츠센터가 일부의 시설은 강의실, 교수 연구실 등 교육시설로 이용되고, 그 나머지 시설 수영장, 스쿼시장, 헬스장 등은 교육시설로 이용되는 것 외에 학생·교직원·지역주민 등 외부이용자로부터 월 단위로 수강료·이용료를 징수하면서 회원제로 운영되고 있다면 수익사업에 사용하는 부동산이라고 판단했다(지방세특례제도과-523, 2015.3.2.).

스포츠센터가 한국표준산업분류에서 체력단련시설 운영업, 수영장 운영업 또는 그외 기타 운동시설 운영업으로 분류되므로 법인세법 제4조 제3항에서 규정한 수익사업의 범위에 포함되고 회원제로 운영하면서 회원들로부터 매월 수강료 또는 이용료를 받고 있기 때문에 수익사업에 사용하는 부동산이라고 본 것이다.

스포츠센터를 건립하여 일부의 시설은 강의실, 교수 연구실 등 교육시설로 이용하고, 그 나머지 시설 수영장, 스쿼시장, 헬스장 등은 교육시설로 이용하는 것 외에 학생·교직원·지역주민 등 외부이용자로 부터 월 단위로 수강료·이용료를 징수하면서 회원제로 운영하고 있는 바, 위와 같은 활동은 한국표준산업분류에서 체력단련시설 운영업, 수영장 운영업 또는 그외 기타 운동시설 운영업으로 분류되고, 회원제로 운영하면서 회원들로부터 매월 수강료 또는 이용료를 받고 있으므로 수익이 발생되는 사업이라 할 것이고, 지방세특례제한법 제2조 제2호 단서 및 법인세법시행령 제3조 제3항 단서에서 규정한 수익사업에서 제외되는 사업에도 해당되지 않는 것으로 보이나, 이에 해당하는지 여부는 과세권자가 실제 사용관계(이용주체, 이용현황 등) 및 일반인의 접근 가능성 여부, 쟁점부분의 운영과 학교법인의 교육사업과의 연관성, 시설 운영으로 인한 수익의 귀속 주체 및 그 규모 등의 제반사정을 종합적으로 고려하여 판단하여야 할 것임(대법원 95누13104; 2004두9265; 2005두10590; 2005두10255; 대구고법 2009.10.9. 2009누172 판결 참조)(지방세특례제도과-523, 2015.3.2.).

(2) 학교 등에 대한 감면 추징시 정당한 사유 해당 여부

학교 등에 대한 감면 추징 시 정당한 사유에 해당하는지 여부는 판례를 통해 판단 기준과 사례가 정립되어 왔다. 판례는 '정당한 사유'에 법령에 의한 금지 제한 등 그 법인 등이 마음대로 할 수 없는 외부적인 사유는 물론 고유 업무에 사용하기 위한 정상적인 노력을 다하였음에도 시간적인 여유가 없어 유예기간을 넘긴 내부적인 사유도 포함된다고 하였고, 정당한 사유의 유무를 판단함에 있어서는 부동산의 취득목적에 비추어 고유목적에 사용하는 데 걸리는 준비기간의 장단, 고유목적에 사용할 수 없는 법령상 사실상의 장애사유 및 장애정도, 당해 취득자가 부동산을 고유업무에 사용하기 위한 진지한 노력을 다하였는지 여부, 행정관청의 귀책사유가 가미되었는지 여부 등을 고려하여 판단해야 한다고 하였다(대법원 2009.1.15. 선고, 2006두14926 판결 참조).

① 자금사정 등으로 건축공사가 중단된 경우 정당한 사유에 해당하지 않음

학교법인이 학교 건축물을 건축하던 중 시공사인 건설회사의 불법파행으로 인해 제기된 소송으로 인하여 공사가 장기간 중단된 상태에 있는 경우 교육사업에 직접 사용하지 못한 정당한 사유가 있다고 볼 수 있을까?

재산세 감면을 적용할 때 지방세특례제한법시행령 제123조에 따라 건축물을 건축 중인 경우에는 감면 대상 업무에 직접 사용하는 것으로 간주하지만 공사가 중단되어 그 목적에 직접 사용되지 않는 경우에는 면제 대상으로 보지 않는다. 정당한 사유에 해당되지 않으면 재산세는 감면될 수 없는데 조세심판례는 시공사와의 소송으로 공사가 중단된 것은 외부적인 사유가 아닌 학교법인과 시공사 간의 공사시기 및 자금사정 등의 내부사정에 의한 것이기 때문에 정당한 사유에 해당하지 않는다고 판단했다.

이 건 토지는 이 건 재산세 과세기준일 현재 동 토지상의 건축공사가 중단되어 그 목적에 직접 사용되지 아니하는 경우에 해당하여 재산세 등의 면제 대상에 해당하지 아니하고 건축공사가 중단된 사유가 청구법인과 시공사간의 공사시기 및 자금문제 등의 내부사정에 의한 것으로 나타나므로 이를 같은 법 시행령 제103조 제1항 제3호에서 규정하고 있는 정당한 사유로 인정하기 어려움(조심 2017지1083, 2017.12.28.).

② 처분청의 대체진입로 확보 요구 등에 따른 공사 지연은 정당한 사유에 해당함

학교법인이 토지를 취득하기 이전부터 처분청과 업무협약을 체결하여 토지 상에 학교용 건축물을 신축하기 위한 준비를 하였고, 해당 토지가 포함된 지역이 도시계획시설(학교)로 결정되고 지형도면이 고시된 다음날 학교용 건축물을 건축하기 위하여 해당 토지를 취득하였으나 처분청이 대체진입로 확보를 요구함에 따라 결과적으로 해당 토지상에 학교용 건축물을 신축하는 일정이 늦어진 경우 정당한 사유에 해당될까?

조세심판례는 학교법인이 해당 토지를 3년 이내에 학교용으로 직접 사용하지 못한 데는 학교법인의 귀책사유라고 보기는 어려운 진입도로 변경 문제가 주요한 원인인 것으로 보여지므로 학교법인이 해당 토지를 취득하여 3년 이내에 학교용으로 직접 사용하지 못한 정당한 사유가 있는 것으로 보는 것이 타당하다고 보았다.

학교법인이 이 건 토지를 유예기간 내에 고유 업무에 직접 사용하지 못한 데에는 처분청의 대체진입로 확보 요구 및 그에 따른 행정절차 지연 등에 직접적인 원인이 있어 보이므로 학교법인이 이 건 토지를 유예기간 내에 학교용으로 직접 사용하기 위하여 정상적이고 진지한 노력을 다하였음에도 시간적인 여유가 없어 유예기간을 넘긴 것으로 학교용으로 직접 사용하지 못한 정당한 사유가 있는 것이 타당함(조심 2013지0510, 2013.10.22.).

Ⅲ 의료기관에 대한 감면

✔ 감면 요건

<table>
<tr><th>대상자</th><td><u>공공보건의료기관 여부와 지자체 출자·출연 여부에 따라 3개 유형 구분</u>
(제1유형 : 공공보건의료기관 ○, 지자체출자·출연 ○) 지방의료원
(제2유형 : 공공보건의료기관 ○, 지자체출자·출연 ×) 근로·보훈복지병원, 국립중앙의료원, 국립암센터, 국립대병원·치과병원, 서울대병원·치과병원, 원자력의학원, 대한적십자사, 적십자병원, 국민건강증진사업자
(제3유형 : 공공보건의료기관 ×, 지자체출자·출연 ×) 사립대 부속병원, 사회복지법인 병원, 종교재단법인 병원, 의료법 상 의료법인</td></tr>
<tr><th>대상물건</th><td>① 대상자가 <u>고유 업무에 직접 사용하기 위하여 취득하는 부동산</u>
② 대상자가 과세기준일 현재 그 고유 업무에 직접 사용하는 부동산</td></tr>
<tr><th>감면율</th><td>
<table>
<tr><th colspan="2">구 분</th><th>제1유형</th><th>제2유형</th><th>제3유형</th></tr>
<tr><td colspan="2">병 원</td><td>지방의료원
※ 자치단체출자·출연</td><td>근로·보훈복지 병원
국립중앙의료원·암센터
국립대병원·치과병원
서울대병원·치과병원
원자력의학원</td><td>사립대 부속병원
사회복지법인 병원
종교재단법인 병원
의료법 상 의료법인</td></tr>
<tr><td colspan="2">기 타</td><td></td><td>대한적십자사 적십자병원 등
국민건강증진사업자*</td><td></td></tr>
<tr><td colspan="2">현 행</td><td>취득세·재산세·
재산세 도시지역분(75%)</td><td>취득세(75%), 재산세·
재산세 도시지역분(50~75%)</td><td>취득세(20~50%),
재산세·재산세 도시지역분(50%)</td></tr>
<tr><td rowspan="2">개 정</td><td>2019~
2020년</td><td>현행 유지</td><td>현행 유지</td><td>현행 유지</td></tr>
<tr><td>2021년</td><td>취득세(75%),
재산세(75%, 5년간)</td><td>취득세(50%),
재산세(50%, 5년간)</td><td>취득세(30%),
재산세(50%, 5년간)</td></tr>
</table>
* (인구보건복지협회) 산모·영유아 대상 보건의료서비스, 정보제공, 임신·출산·양육 지원
(한국건강관리협회) 감염병 예방·관리법에 따라 제5군 감염병 예방사업 지원
(대한결핵협회) 결핵 조사연구, 예방 및 퇴치사업 수행
</td></tr>
<tr><th>감면시한</th><td>2021.12.31.</td></tr>
</table>

✔ 추징 요건

추 징 (취득세)	① 정당한 사유 없이 그 취득일부터 1년이 경과할 때까지 해당 용도로 직접 사용하지 아니하는 경우 ② 해당 용도로 직접 사용한 기간이 2년 미만인 상태에서 매각·증여하거나 다른 용도로 사용하는 경우

✔ 관련 법령

지특법 §22 ⑥·§27 ②·§30 ② 2호·§37·§38·§40·§40의 3·§41 ⑦

✔ 개정 연혁

개정일	개정 전	개정 후	개정이유 / 적용요령
지특법 §22 ⑥·§27 ②·§30 ② 2호·§37·§38·§40·§40의 3·§41 ⑦ 2017.12.26. 제16041호	(사립대학 부속병원, 사회복지법인 병원) 취·재·등·지자·주 100% (공공의료기관, 지방의료원) 취·재·주 100% (의료법인) 취·재 100% (종교단체 병원) 취·25~50%, 재 100% (보훈병원) 재·주 100% 2014.12.31.까지	(사립대학 부속병원, 사회복지법인 병원) 취·재 75%(~'16), 50%(~'18) (공공의료기관, 지방의료원) 취·재 100%(~'16), 75%(~'18) (의료법인) 취·재 75%(~'16), 50%(~'18) (종교단체 병원) 취 20~40% 재 75%(~'16), 50%(~'18) (보훈병원) 재 100%(~'16), 75%(~'18) 2018.12.31.까지	장기간(20~38년) 감면, 수익사업적 성격, 담세력 대비 과다 감면, 의료 기관 간 조세 형평 등을 고려 정비 주민세는 주민부담 원칙에 따라 감면 세목에서 제외
지특법 §22 ⑥·§27 ②·§30 ② 2호·§37·§38·§40·§40의 3·§41 ⑦ 2018.12.24. 제15295호	(사립대학 부속병원, 사회복지법인 병원) 취·재 75%(~'16), 50%(~'18) (공공의료기관, 지방의료원) 취·재 100%(~'16), 75%(~'18) (의료법인) 취·재 75%(~'16), 50%(~'18) (종교단체 병원) 취 20~40% 재 75%(~'16), 50%(~'18) (보훈병원) 재 100%(~'16), 75%(~'18) 2018.12.31.까지	(1유형) 지방의료원 (~'20) 현행유지, (~'21) 취 75%, 재 75%(5년) (2유형) 국립대병원, 근로·보훈복지 병원 등 (~'20) 현행유지, (~'21) 취 50%, 재 50%(5년) (3유형) 사립대 부속병원, 의료법인등 (~'20) 현행유지, (~'21) 취 30%, 재 50%(5년) 2021.12.31.까지	공공보건의료법에 따른 공공보건의료체계에 따라 감면 차등·재설계 재산세의 경감 기간은 2021년 1월 1일을 기준으로 해당 부동산에 대한 재산세 납세 의무가 최초로 성립한 날부터 5년이 지나지 아니한 잔여기간으로 함

지역

쟁점 071 의료법인의 장례식장은 의료사업에 직접 사용하는 부동산일까?

> **지방세특례제한법 제38조【의료법인 등에 대한 과세 특례】제1항**
>
> ①「의료법」제48조에 따라 설립된 의료법인이 의료업에 직접 사용하기 위하여 취득하는 부동산에 대해서는 취득세를, 과세기준일 현재 의료업에 직접 사용하는 부동산에 대해서는 재산세를 다음 각 호에서 정하는 바에 따라 각각 경감한다.
>
> 1. 2020년 12월 31일까지는 취득세의 100분의 50을(특별시·광역시 및 도청소재지인 시 지역에서 취득하는 부동산에 대해서는「지방세법」제11조 제1항의 세율에서 1천분의 10을 경감하는 것을 말한다), 재산세(「지방세법」제112조에 따른 부과액을 포함한다)의 100분의 50을 각각 경감한다.
> 2. 2021년 1월 1일부터 2021년 12월 31일까지 취득하는 부동산에 대해서는 다음 각 목의 구분에 따라 취득세 및 재산세를 각각 경감한다.
>   가. 해당 부동산에 대해서는 취득세의 100분의 30을 경감한다.
>   나. 해당 부동산 취득일 이후 재산세 납세의무가 최초로 성립한 날부터 5년간 재산세의 100분의 50을 경감한다.

의료기관에 대한 감면은 2018년 말 지방세특례제한법 개정으로 체계적으로 재설계되었다. 행정안전부는 한국지방세연구원에 의료법인, 공공의료기관 및 대학병원에 대한 지방세 감면 관련 사후 심층평가 결과를 의뢰하였고 그 결과를 2018년 지방세특례제한법 개정안에 반영하였다. 기존에는 의료기관별 취득세 및 재산세, 재산세 도시지역분의 감면율이 명확한 기준 없이 서로 상이하였으나, 개정안에서는 공공보건의료기관 여부와 지방자치단체 출자·출연 여부에 따라 차등적으로 재설계되었다. 감면 대상 세목 중 취득세와 재산세는 기존과 같이 감면되나, 재산세 도시지역분은 특정 목적의 지출로서 감면 대상 세목에서 제외되었다.

2019년부터는 의료기관 감면이 3개의 유형으로 구분되어 감면을 적용받는다. 제1유형에는 공공보건의료기관이면서 지방자치단체 출자·출연기관인 지방의료원이 해당된다. 기존에는 취득세·재산세·재산세 도시지역분 75%를 각각 감면받았으나 2019년부터 2020년까지는 기존과 같이, 2020년부터 2021년까지는 취득세 75%, 재산세 5년간 75%를 감면받는다. 재산세는 최초 납세의무 성립일부터 5년간만 감면을 받을 수 있고, 아직 5년이 지나지 않은 부동산은 남은 기간 동안 재산세 감면을 받을 수 있다.

제2유형에는 공공보건의료기관에는 해당되나 지방자치단체 출자·출연기관은 아닌 의료기관인 근로·보훈복지 병원, 국립중앙의료원·암센터, 국립대병원·치과병원, 서울대병원·치과병원 등 병원과 대한적십자사, 적십자병원, 국민건강증진사업자가 해당된다. 기존에는 취득세·재산세 75%, 재산세 도시지역분 50~75%를 감면받았으나 2019년부터 2020년까지는 기존과 같이, 2020년부터 2021년까지는 취득세 50%, 재산세 5년간 50%를 감면받는다.

마지막으로 제3유형에는 공공보건의료기관도 아니고 지방자치단체 출자·출연기관도 아닌 의료기관으로 사립대 부속병원, 사회복지법인 병원, 종교재단법인 병원, 의료법 상 의료법인이 해당된다. 기존에는 취득세 20~50%, 재산세·재산세 도시지역분 50%를 감면받았으나 2019년부터 2020년까지는 기존과 같이, 2020년부터 2021년까지는 취득세 30%, 재산세 5년간 50%를 감면받는다.

의료법인에 대한 감면에서는 의료법인의 장례식장, 부대시설, 임상시험 시설 등이 의료업에 직접 사용하는 부동산에 해당하는지가 주요 쟁점이다.

① 의료법인의 장례식장은 의료사업에 직접 사용하는 부동산이 아님

의료법인이 운영하는 장례식장은 의료사업에 직접 사용하는 부동산에 해당할까? 이와 관련된 쟁점으로 의료법인이 조세심판원에 심판청구를 제기한 사건이 있다.

의료법인은 환자와 가족들의 경제적 어려움과 절차적 번거로움을 해소하기 위하여 수익과 무관하게 영안실을 운영하고 있고, 이와 같이 의료기관이 운영하는 부속기관인 영안실은 의료기관의 고유목적사업에 수반되는 것이므로 취득세 감면이 타당하다고 주장했다.

반면, 과세관청은 의료법 제48조의 규정에 의하여 설립된 의료법인이 의료업에 직접 사용하기 위하여 취득하는 부동산은 취득세 등을 면제하고 그 대상은 의료업에 직접 사용하는 부동산에 한정하고 있고, 의료법 제49조 제1항 제4호에서 의료법인은 의료업무 외에 장사등에관한법률 제25조 제1항에 따른 장례식장의 설치·운영을 부대사업으로 할 수 있다고 규정하고 있음에 비추어 장례식장 설치·운영 사업은 의료법인의 부대사업일 뿐이므로 장례식장으로 이용되고 있는 쟁점시설은 의료법 제49조에서 의료법인이 영위할 수 있는 의료업 이외의 부대시설로서 감면 대상이 아니라고 맞섰다.

조세심판례는 지방세특례제한법 제38조 제1항에서 의료법 제48조에 따라 설립된 의료법인이 의료업에 직접 사용하기 위하여 취득하는 부동산에 대하여는 취득세 등을 면제하도록 규정하고 있으나, 장사등에관한법률에 따른 장례식장을 설치·운영하는 것은 의료업의 부대사업에 불과하여 의료업을 영위하는 것은 아니라 할 것인 점, 의료법인은 2017.1.7. 장례식장을 취득하고 즉시 임차인에게 장례식장으로 사용하도록 임대하여 임차인이 계속하여 사용하고 있는 것으로 나타나는 점을 고려하여 의료법인이 정당한 사유 없이 취득일부터 1년이 경과할 때까지 장례식장을 의료업으로 직접 사용하지 아니한 것으로 보았다.

만약 이 사건에서 의료법인이 임대를 주지 않고 직접 장례식장을 운영했다면 결과가 달라졌을까? 직접 장례식장을 운영했다고 하더라도 장례식장 자체가 의료업의 부대사업에 불과하기 때문에 결과는 달라지지 않았을 것이다. 한편, 판례도 2009년 판례에서 장례식장에 해당하는 부분의 토지는 감면 대상에서 배제된다고 판단한 바 있다.

장례식장을 설치·운영하는 것은 부대사업에 불과하여 의료업을 영위하는 것은 아니라 할 것인 점, 청구법인의 대표자가 2003.6.17. 기존의 의료시설(장례식장 포함)을 취득하고 납부한 취득세 등은 쟁점시설과는 별개의 것인 점 등에 비추어 청구법인이 정당한 사유 없이 취득일부터 1년이 경과할 때까지 쟁점시설을 의료업으로 직접 사용하지 아니한 것으로 보아 처분청이 이 건 취득세 등을 부과한 처분은 달리 잘못이 없다고 판단됨(조심 2017지0721, 2017.9.20.).

지역

- 의료법인이 의료업에 직접 사용하기 위하여 취득하는 부동산은 취득세 등을 면제하지만, 장례식장을 설치·운영하는 것은 부대사업에 불과하고, 의료업을 영위하는 것이 아니므로, 장례식장을 운영하고 있음에도 취득세를 과소신고하여 처분청이 기납부세액 차감 후 추징한 것은 잘못이 없음(조심 2011지0108, 2012.2.2.).
- 대학병원이 토지를 취득하여 병원과 일부 장례식장 건물을 신축 취득한 경우, 장례식장에 해당하는 부분의 토지는 감면 대상에서 배제되어 추징 대상이라고 할 것인데, 추징일부터 부과제척기간(5년)이 경과된 경우에는 추징이 불가함(대법원 2006두11781, 2009.3.12.).

② 정신병원을 운영하는 의료법인의 운동시설 및 산책로는 면제 대상이 아님

정신병원을 운영하는 의료법인이 정신질환자를 위한 운동시설(배드민턴, 족구장) 및 산책로 조성을 위해 취득하는 토지를 의료업에 직접 사용하기 위하여 취득하는 부동산으로 볼 수 있을까?

정신병원을 운영하는 데 있어 해당 시설 등이 운영상 필수불가결한 요소인지가 쟁점이다. 관련 법령을 살펴보면, 의료법 제3조 제1항에서는 '의료업'을 의료인이 공중 또는 특정 다수인을 위하여 의료, 조산의 업을 하는 것으로 규정하고 있으며, 구 정신보건법 제3조에서 '정신병원'을 의료법에 의한 의료기관 중 주로 정신질환자의 진료를 행할 목적으로 제12조 제1항의 시설기준 등에 적합하게 설치된 병원으로 정의하고 있고, 같은 법 제12조 제1항 및 같은 법 시행규칙 제7조 제1항에서의 시설기준을 입원실, 응급실 또는 야간진료실, 진료실, 뇌파검사 및 심전도실, 재활훈련실, 전문요원상담실, 그 밖의 사항으로 임상검사실, 방사선실, 조제실, 소독시설, 급식시설 및 세탁처리시설의 시설규격 등을 명시하고 있으며, 환자들의 생활에 불편이 없도록 식당, 휴게실, 욕실, 화장실 등의 편의시설을 갖추도록 규정하고 있다.

결국, 의료법, 정신보건법 등 관련법령에서는 운동시설(배드민턴, 족구장) 및 산책로를 정신병원의 시설기준 등으로 정하고 있지 아니하므로 그 토지는 의료법인이 의료업에 직접 사용하기 위하여 취득하는 부동산으로서 취득세 등의 경감 대상에 해당하지 않는다고 보는 것이 타당하다고 하겠다.

- 의료법인이 정신질환자를 위한 운동시설(배드민턴, 족구장) 및 산책로를 조성하기 위하여 토지를 취득하고자 하는바, 의료법, 정신보건법 등 관련 법령에서는 운동시설(배드민턴, 족구장) 및 산책로를 정신병원의 시설기준 등으로 정하고 있지 아니하므로, 그 토지는 의료법인이 의료업에 직접 사용하기 위하여 취득하는 부동산으로서 취득세 등의 경감 대상에 해당하지 아니함(지방세특례제도과-159, 2014.1.).

정신의료기관의 시설·장비기준(제7조 제1항 관련)

1. 시설기준

구 분	정신병원	병원급 이상의 의료기관에 설치된 정신과	정신과의원
가. 입원실	환자 50인 이상이 입원할 수 있는 병실		입원실을 두는 경우 환자 49인 이하가 입원할 수 있는 병실
나. 응급실 또는 야간진료실	1	1	
다. 진료실	1	1	1
라. 뇌파검사 및 심전도실	1	1	
마. 전문요원 상담실	1	1 (환자 50명 이상이 입원할 수 있는 병실을 가진 경우만 해당한다)	
바. 재활훈련실	1	1 (환자 50명 이상이 입원할 수 있는 병실을 가진 경우만 해당한다)	
사. 임상검사실	1	1	
아. 방사선실	1	1	
자. 조제실	1	1	
차. 소독시설	1	1	
카. 급식시설	1	1	
타. 세탁물처리시설	1	1	
파. 구급차	1	1	
하. 기 타	1) 환자들의 생활에 불편이 없도록 식당, 휴게실, 욕실, 화장실 등의 편의시설을 갖추어야 한다. 다만, 입원실을 두지 아니하는 경우에는 그러하지 아니하다. 2) 급식 또는 세탁물처리는 의료기관이 함께 하거나 외부용역에 의하여 처리할 수 있다. 3) 환자 49명 이하가 입원할 수 있는 병실을 가진 병원급 이상의 의료기관에 설치된 정신과의 경우에는 나목, 라목 또는 사목부터 파목까지의 시설이나 구급차는 다른 과와 함께 사용할 수 있다.		

지 역

2. 정신의료기관의 시설규격 및 장비

가. 입원실

(1) 환자 1인용 입원실의 바닥면적은 6.3제곱미터 이상이어야 하고, 환자 2인 이상용 입원실의 바닥면적은 환자 1인당 4.3제곱미터 이상이어야 한다. 다만, 연면적의 합계중 입원실을 제외한 부분의 면적이 입원실의 면적의 2배 이상인 정신의료기관의 환자 2인 이상용 입원실의 바닥면적은 환자 1인당 3.3제곱미터 이상으로 한다.

(2) 소아용 입원실의 바닥면적은 위 (1)의 입원실의 바닥면적의 3분의 2이상으로 한다. 다만, 환자 1인용 입원실의 바닥면적은 6.3제곱미터 이상이어야 한다.

(3) 입원환자(연평균 1일 입원환자를 말한다. 이하 같다) 50명당 보호실 1개를 설치하되, 그 단수에는 보호실 1개를 추가하고, 입원환자를 보호실에 둘 때에는 1명만 입실시켜야 하며, 보호실에는 자해 등을 예방할 수 있는 안전장치를 갖추어야 한다. 다만, 정신의료기관이 개방병동만으로 이루어진 경우에는 보호실을 두지 아니할 수 있다.

(4) 입원실의 시설 및 비품은 자신 또는 타인을 해할 위험이 예방될 수 있도록 설치하여야 한다.

(5) 병동안에는 외부와 신속하게 연락을 취할 수 있는 경보연락장치를 하여야하고, 환자가 자유롭게 사용할 수 있는 전화를 설치하여야 한다.

(6) 입원환자 50인 이상인 정신의료기관은 입원실의 100분의 10 이상을 개방병동으로 운영하여야 한다.

(7) 1실의 정원은 입원환자 10인 이하로 한다.

나. 응급실 또는 야간진료실

외부로부터 교통이 편리한 곳에 위치하고 구급용시설·응급처치장비·의약품 및 신체보호에 사용되는 장비와 병상을 갖추어야 한다.

다. 진료실

정신의료기관에는 정신과 전문진료실을 두어야 하며, 입원환자 100인 이상인 정신병원 또는 병원급이상의 의료기관에 설치된 정신과에는 개인면담실 및 집단치료실을 설치하여야 한다.

라. 뇌파검사 및 심전도실

뇌파검사 및 심전도검사에 필요한 시설·장비를 갖추어야 한다.

마. 재활훈련실

생활훈련 또는 작업훈련에 필요한 도구·장비 및 안전장치를 갖추어야 한다.

바. 삭제 〈2009.3.20.〉

사. 전문요원상담실

환자상담에 적합한 시설을 갖추어야 한다.

아. 그 밖의 사항

임상검사실, 방사선실, 조제실, 소독시설, 급식시설 및 세탁물처리시설의 시설규격은 「의료법 시행규칙」 별표 3의 해당 시설규격(방사선실은 방사선장치를 말한다)에 관한 규정을 준용하고, 구급차의 시설규격은 「응급의료에 관한 법률 시행규칙」 별표 16의 일반구급차의 장비기준을 준용한다.

③ 의료법인의 첨단임상시험센터는 의료업에 직접 사용되는 부동산이 아님

지방세특례제한법 제38조 제1항에서 의료법 제48조에 따라 설립된 의료법인이 의료업에 직접 사용하기 위하여 취득하는 부동산에 대하여는 취득세를 면제한다고 규정하고 있는데 의료법인(종합병원)이 첨단임상시험센터를 설립하고자 오송생명과학단지 내에 부동산을 취득할 경우 위 규정 취득세 감면 대상 의료업에 직접 사용하는 부동산에 해당한다고 할 수 있을까?

앞의 사례와 같이 이번 사례에서도 임상시험이 의료 업무에 필수불가결한 요소인지가 쟁점이다. 관련 법령을 살펴보면, 의료법 제3조 제1항에서는 '의료업'을 의료인이 공중 또는 특정 다수인을 위하여 의료, 조산의 업을 하는 것으로 규정하고 있고, 약사법 제2조 제15호에서 "임상시험"이란 의약품 등의 안전성과 유효성을 증명하기 위하여 사람을 대상으로 해당 약물의 약동(藥動)·약력(藥力)·약리·임상적 효과를 확인하고 이상반응을 조사하는 시험으로 규정하고 있으며, 의료법 제49조 제1항 제2호에서 '의료나 의학에 관한 조사 연구'의 경우 의료기관의 의료업무 외의 '부대사업'으로 규정하고 있다.

약사법 제2조 제15호에 따른 "임상시험"의 경우 의료법 제49조 제1항 제2호에서 규정한 '의료나 의학에 관한 조사 연구'에 포함되어 의료기관의 의료업무 외의 '부대사업'의 하나에 해당된다고 할 것으로, 첨단임상시험센터용 부동산은 취득세 면제 대상 의료법인이 의료업에 직접 사용하기 위한 부동산으로 볼 수 없다고 하겠다.

다만, 부대사업이라도 의료업무의 연장선상에서 수행되며 의료행위와 밀접한 연관을 가진 연구 활동들은 부대사업에 해당되지 않는다 할 것(보건복지부 의료자원과-4263, 2010.8.2. 참조)으로 사실관계에 따라 감면여부가 달라질 수 있을 것이다.

"임상시험"의 경우 의료법 별표 3 제1항 제2호에서 규정한 '의료나 의학에 관한 조사 연구' 에 포함된다고 할 것이므로 의료기관의 의료업무 외의 '부대사업'의 하나에 해당되므로, 첨단임상시험센터용 부동산은 취득세 면제 대상인 의료법인이 의료업에 직접 사용하기 위한 부동산에 해당되지 않음. 다만, 부대사업이라도 의료업무의 연장선상에서 수행되며 의료행위와 밀접한 연관을 가진 연구 활동 등은 직접 사용에 해당 될 수 있음(지방세운영과-1455, 2012.5.10.).

지 역

쟁점 072 의과대학 부속병원을 총괄 관리·운영하는 의료원은 면제 대상?

지방세특례제한법 제41조【학교 및 외국교육기관에 대한 면제】제7항

⑦ 제1항부터 제6항까지의 규정에도 불구하고 「고등교육법」 제4조에 따라 설립된 의과대학(한의과대학, 치과대학 및 수의과대학을 포함한다)의 부속병원이 의료업에 직접 사용하기 위하여 취득하는 부동산에 대해서는 취득세를, 과세기준일 현재 의료업에 직접 사용하는 부동산에 대해서는 재산세를 다음 각 호에서 정하는 바에 따라 각각 경감한다.

1. 2020년 12월 31일까지는 취득세의 100분의 50을, 재산세(「지방세법」 제112조에 따른 부과액을 포함한다)의 100분의 50을 각각 경감한다.
2. 2021년 1월 1일부터 2021년 12월 31일까지 취득하는 부동산에 대해서는 다음 각 목의 구분에 따라 취득세 및 재산세를 각각 경감한다.
   가. 해당 부동산에 대해서는 취득세의 100분의 30을 경감한다.
   나. 해당 부동산 취득일 이후 해당 부동산에 대한 재산세 납세의무가 최초로 성립한 날부터 5년간 재산세의 100분의 50을 경감한다.

사립대학 의과대학의 부속병원은 고등교육법 제4조 및 대학설립·운영 규정 제4조 제2항에 따라 의학계열(의학·한의학 및 치의학)이 있는 대학이 학생 교육을 위해 갖추어야 하는 교육시설에 해당한다. 주요 기능은 지역 환자 진료에 있어 중추적인 역할과 함께 의대 학생 및 전문의 양성 교육 기능 수행한다. 2018년 말 기준 전국 36개 학교법인에서 89개의 부속병원을 운영 중이고, 의과대학병원이 57개, 한의대 부속병원이 24개, 치대 부속병원이 8개가 있다.

사립대학 의과대학의 부속병원에 대한 지방세 감면은 2012년 이후 지속적으로 조정되어 왔다. 정부는 부속병원에 장기간 충분히 지원되었고, 담세력이 충분하며, 당초 정책 목표인 의료서비스 공급 확대 및 사각지대 해소목표를 상당부분 달성했다는 입장이다. 그러나 사립대학 부속병원 등 이해관계자들은 사립대학 부속병원에 대한 지방세 감면 혜택 축소로 중추적으로 수행해 온 의료서비스 제공 기관 및 의대학생과 전문의 양성 교육기관으로서의 역할과 기능 약화를 우려한다. 또한, 부속병원 의료시설은 의대생 교육·실습·연구에 직접 사용되는 시설로서 정부의 주요 의료정책인 선택 진료비 폐지, 의료 인력 확충 등에 동참하는 등 국민 건강권 향상을 위해 기여하고 있다는 것을 강조하고 있다. 2018년 말 지방세특례제한법 개정은 이러한 양쪽의 입장과 공공의료체계 및 의료기관 전체의 형평성을 고려하여 합리적으로 재설계되었다고 볼 수 있다.

사립대학 의과대학 부속병원 지역별 분포 현황(2018년 말 기준)

(단위: 개)

시도별	사립대학 의과대학 부속병원				권역외상센터
	의 학	한의학	치의학	소 계	
서 울	17	2	3	22	–
부 산	4	1	–	5	–
대 구	3	1	–	4	–
대 전	3	2	1	6	1
인 천	4	1	–	5	1
광 주	1	2	1	4	–
울 산	1	1	–	2	1
경 기	11	2	1	14	1
세 종	–	–	–	0	–
충 북	1	3	–	4	–
충 남	2	1	1	4	1
강 원	2	1	–	3	1
전 북	1	3	1	5	–
전 남	–	2	–	2	–
경 북	6	2	–	8	–
경 남	1	–	–	1	–
제 주	–	–	–	0	–
계	57	24	8	89	6

사립대학의 의료원은 의과대학과 부속병원을 종합하여 효율적으로 관리하기 위한 별도의 조직이다. 조직도 상으로도 사립대학 의과대학과 부속병원은 학교법인이 설립한 의료원의 하부조직으로 운영된다.

의료원과 관련하여 2019년에 흥미로운 대법원 판례가 나왔다. 기존에 사립대학의 부속병원 건물에서 업무를 수행하던 의료원의 각 부서(관리팀, 재무팀, 의료정보팀 등)가 신축한 부속병원 건물로 이전하는 경우 해당 부동산을 의료업에 직접 사용하가 위한 부동산으로 보아 감면할 수 있는지가 쟁점이었는데 흥미로운 점은 의료원이 신축한 부속병원 건물로 이전하기 전에 기존 부속병원 건물 내에서 업무를 수행할 때는 재산세를 감면받아 왔다는 점이다.

사립대학 측은 이를 문제 삼아 기존에 재산세를 감면받아 왔는데 그대로 이전하기 위하여 취득한 부동산을 다르게 보는 것은 서로 모순되고 신뢰보호의 원칙에도 반한다고 주장한다. 반면, 과세관청은 지방세특례제한법에서 조세감면 대상의 요건으로 '의과대학 부속병원'일 것을 요구하고 있는데 의료원은 의과대학 부속병원에 해당한다고 보기 어렵기 때문에 취득하는 부동산은 의료업에 직접

지 역

사용하기 위하여 취득하는 부동산을 볼 수 없다는 입장이다.

판례는 위 사건을 세 가지 측면으로 나누어 살펴보았다.

① 의과대학 부속병원의 범위이다. 판례는 조세감면의 엄격해석 원칙을 제시하면서 지방세특례제한법 제41조 제7항의 입법취지가 수익사업인 의료업을 영위하더라도 대학의 교육과정 상 부속병원이 필요한 점을 고려하여 의과대학의 부속병원에 대해서 의료업에 직접 사용하기 위하여 취득하는 부동산에 대해서는 고등교육법에 따른 학교의 사업에 사용하기 위하여 취득하는 부동산에 준하여 경감하도록 하는 것이라고 보았다. 따라서, 지방세특례제한법 제41조 제7항에서 규정하고 있는 '의과대학의 부속병원'인지 여부는 그 실제의 사용관계, 즉 의과대학의 교육과정상 소속 학생들에 대한 교육 및 실습 등에 필요하고 실제로 그와 같은 역할을 수행하는지 여부를 기준으로 판단하여야 하는데 해당 부속병원이 취득한 부동산을 학생들의 기본 실습장인 학교 부속병원의 용도로 사용하고 있으므로 '의과대학의 부속병원'에 해당된다고 판단했다.

② 의료업에 직접 사용하기 위하여 취득하는 부동산인지 여부다. 판례는 의료법 상 의료업은 의료인이 공중 또는 특정 다수인을 위하여 하는 의료·조산의 업이라고 정의하고 있고, 지방세특례제한법 제2조 제8호에서 '직접 사용'이란 "부동산·차량·건설기계·선박·항공기 등의 소유자가 해당 부동산·차량·건설기계·선박·항공기 등을 사업 또는 업무의 목적이나 용도에 맞게 사용하는 것을 말한다"고 규정하고 있으므로 의료업에 직접 사용한다고 함은 당해 부동산을 인간의 질병의 예방, 치료 등 의료법에 의한 의료인의 진료행위와 직·간접적으로 관련이 있는 용도로만 사용하는 것을 뜻하고, 이러한 용도로 사용하는 것인지는 그 실제의 사용관계를 기준으로 객관적으로 판단하여야 한다고 하였다.

   따라서, 의료원은 부속병원들의 총괄적인 기획과 행정을 담당하면서, 주로 병원들의 수익사업체로서의 속성을 지원하는 기능을 수행하기 때문에 의료원이 주된 사무실로 이용하는 경우까지 부속병원이 의료업에 직접 사용하는 것으로 보기 어렵다고 판단했다.

③ 신뢰보호원칙 위배 여부이다. 판례는 과세처분이 신의성실의 원칙 또는 금반언의 원칙에 반한다고 하기 위해서는 4가지 요건을 갖춰야 한다고 하였다(대법원 97누553, 1997.7.11.).

   i) 과세관청이 납세자에게 신뢰의 대상이 되는 공적인 견해를 표명할 것
   ii) 납세자가 과세관청의 견해표명이 정당하다고 신뢰하는 데 대하여 납세자에게 귀책사유가 없을 것
   iii) 납세자가 그 견해표명을 신뢰하고 이에 따라 무엇인가 행위를 할 것
   iv) 과세관청이 그 견해표명에 반하는 처분을 함으로써 납세자의 이익이 침해되는 결과가 초래될 것

기존에 의료원이 사용하던 건물에 대해 재산세를 감면한 것은 의료업에 직접 사용되는 부동산과 같은 용도로 사용되는 건물로 취급하여 온 것이고 그 당시 사실관계가 파악되지 않은 상태에서 이루어진 것이어서 이러한 사정만으로 해당 처분이 신뢰보호의 원칙에 반한다고 보기 어렵다고 판시했다.

종합적으로 살펴 볼 때, 기존에 사립대학의 부속병원 건물에서 업무를 수행하면서 재산세 감면을 받아 온 의료원의 각 부서(관리팀, 재무팀, 의료정보팀 등)가 신축한 부속병원 건물로 이전하는 경우에는 해당 부동산을 의료업에 직접 사용하가 위한 부동산으로 보기 어려워 취득세 감면 대상이 아니라고 할 것이다.

- 조세공평의 원칙에 따라 조세 감면 요건 규정 가운데 명백히 특혜규정이라고 볼 수 있는 것은 엄격하게 해석할 것인 바(대법원 2009.8.20. 선고 2008두11372 판결 참고), 여기서 의료업에 직접 사용하는지 여부도 그 사용 주체가 '의관대학 부속병원'인 점에 비추어 의과대학의 교육 및 실습이 행하여지는 공간으로 사용될 수 있는 지를 고려하면서, 이와 밀접한 관련이 있는 진료 행위와의 관련성을 중심으로 엄격하게 판단하여야 하는 바, 의료원이 원고 산하 병원들의 총괄적인 기획과 행정을 담당하면서, 주로 위 병원들의 수익사업체로서의 속성을 지원하는 기능을 한다고 봄이 타당하므로, 이 사건 부동산이 의료원이 주된 사무실로 이용되는 경우까지 '의료업에 직접 사용 된다'고 보아 취득세를 경감하는 것은 감면 규정의 입법취지에 부합하지 아니함(대법원 2018두62775, 2019.2.28.).

Ⅰ 의료기관에 대한 지방세 감면율 현황 Ⅰ

<table>
<tr><th>구 분</th><th colspan="2">설립 주체</th><th>2012년 말</th><th>2014년 말</th><th>2016년 말</th><th>2018년 말</th><th>2019년 말부터</th></tr>
<tr><td>제1유형</td><td colspan="2">지방의료원</td><td>취·등·재·재도(100%)</td><td>취·재·재도·주재·주종(100%)</td><td>취·재·재도(100%)</td><td>취·재·재도(75%)</td><td>(~'20년) 현행유지
('21년) 취(75%)·재(75%, 취득일로부터 5년간)</td></tr>
<tr><td rowspan="5">제2유형</td><td rowspan="3">공공의료기관</td><td>서울대병원, 서울대 치과병원</td><td rowspan="3">취·재·재도·주재·주종·지자(100%)</td><td rowspan="3">취·재·재도·주재·주종(100%)</td><td rowspan="3">취·재·재도(1005)</td><td rowspan="3">취·재·재도(75%)</td><td rowspan="5">(~'20년) 현행유지
('21년) 취(50%)·재(50%, 취득일로부터 5년간)</td></tr>
<tr><td>국립대병원, 국립대 치과병원</td></tr>
<tr><td>중앙의료원, 암센터</td></tr>
<tr><td colspan="2">보훈병원</td><td>취·재·재도·주재·주종·지자(100%)</td><td>취·재·재도·주재·주종(100%)</td><td>취·재·재도(100%)</td><td>취·재·재도(75%)</td></tr>
<tr><td colspan="2">대한적십자사</td><td>취·재·재도(100%)</td><td>취·재·재도(100%)</td><td>취·재·재도(100%)</td><td>취·재·재도(75%)</td></tr>
</table>

<table>
<tr><th>구 분</th><th colspan="2">설립 주체</th><th>2012년 말</th><th>2014년 말</th><th>2016년 말</th><th>2018년 말</th><th>2019년 말부터</th></tr>
<tr><td>제2유형</td><td colspan="2">국민건강증진 사업자</td><td>취·재·재도 (100%)</td><td>취·재·재도 (100%)</td><td>취·재·재도 (100%)</td><td>취·재·재도 (75%)</td><td>(~'20년) 현행유지 ('21년) 취(50%)·재(50%, 취득일로부터 5년간)</td></tr>
<tr><td rowspan="4">제3유형</td><td rowspan="2">의료 법인 등</td><td>의료 법인</td><td>취·재·재도·지자 (100%)</td><td>취·재·재도·지자(100%)
※ 특별시 등 취 △2%p</td><td>취·재·재도(75%)</td><td>취·재·재도 (50%)
※ 특별시 등 취 △1%p</td><td rowspan="4">(~'20년) 현행유지 ('21년) 취(30%)·재(50%, 취득일로부터 5년간)</td></tr>
<tr><td>종교 단체</td><td>취(25~50%) 재·재도 (100%)</td><td>취(25~50%) 재·재도 (100%)</td><td>취(40%)
※ 특별시 등 취 20%
재·재도(75%)</td><td>취(40%) 재·재도(50%)
※ 특별시 등 취 20%</td></tr>
<tr><td colspan="2">사립대학 부속병원</td><td>취·등·재·재도·주재·주종 (100%)</td><td>취·등·재·재도(100%)</td><td>취·재·재도 (75%)</td><td>취·재·재도 (50%)</td></tr>
<tr><td colspan="2">사회복지법인</td><td>취·등·재·재도·주·주재·주종·지자(100%)</td><td>취·등·재·재도·주·주재·주종·지자(100%)</td><td>취·재·재도 (75%)</td><td>취·재·재도 (50%)</td></tr>
</table>

※ **(범례) 취** : 취득세, **등** : 등록면허세, **재** : 재산세, **재도** : 재산세 도시지역분, **지자** : 지역자원시설세, **주종** : 주민세 종업원분, **주재** : 주민세 재산세

Ⅳ 노인복지시설에 대한 감면

✔ 감면 요건

대상자	노인복지시설을 설치·운영하기 위하여 부동산을 취득하는 자
대상물건	노인복지시설을 설치·운영하기 위하여 취득하는 부동산 [노인복지시설의 종류] 1. 노인주거복지시설 : 양로원, 노인공동생활가정, 노인복지주택 2. 노인의료복지시설 : 노인요양시설, 노인요양공동생활가정 3. 노인여가복지시설 : 노인복지관, 경로당, 노인교실 4. 재가노인복지시설 : 방문요양, 주·야간보호, 단기보호, 방문목욕 5. 노인보호전문기관 6. 노인일자리지원기관 7. 학대피해노인 전용쉼터
감면율	(무료노인복지시설) 취득세 100%, 재산세 50% – 입소자의 입소비용을 국가 또는 자치단체가 전액 부담하는 시설 – 노인복지시설 이용자 중 「노인장기요양보험법」에 따른 재가급여 또는 시설급여를 지급받는 사람과 「국민기초생활 보장법」에 따른 급여를 지급받는 사람이 연평균 입소 인원의 100분의 80 이상인 시설 ※ (경로당) 재산세(도시지역분 포함) 100%, 지역자원시설세 100% (유노인복지시설) 취득세 25%, 재산세 25%
감면시한	2020.12.31.

✔ 추징 요건

추 징 (취득세)	① 정당한 사유 없이 그 취득일부터 1년이 경과할 때까지 해당 용도로 직접 사용하지 아니하는 경우 ② 해당 용도로 직접 사용한 기간이 2년 미만인 상태에서 매각·증여하거나 다른 용도로 사용하는 경우

✔ 관련 법령

지특법 §20, 지특령 §8의 4

지 역

✔ 개정 연혁

개정일	개정 전	개정 후	개정이유 / 적용요령
지특법 §20 2014.12.31. 제12955호	〈신 설〉	무료 노인복지시설에 대한 세부 기준 근거 신설	대통령령에 위임 근거 마련 ※ 대통령령은 '16년에 개정, '15년에는 종전 사례에 따라 운영
지특령 §8의 4 2015.12.31. 제26837호	〈신 설〉	무료노인복지시설의 범위 명확화 ① 입소비용 국가 또는 지자체가 전액 부담하는 시설 ② 재가급여 또는 시설급여 지급자가 연평균 입소 인원의 100분의 80 이상인 시설	이 영 시행 이후('16.1.1.) 취득하는 분부터 적용

쟁점 073 의료법인이 운영하는 요양병원은 의료기관일까, 복지시설일까?

지방세특례제한법 제20조【노인복지시설에 대한 감면】

「노인복지법」 제31조에 따른 노인복지시설을 설치·운영하기 위하여 취득하는 부동산에 대해서는 다음 각 호에서 정하는 바에 따라 지방세를 2020년 12월 31일까지 감면한다.

1. 대통령령으로 정하는 무료 노인복지시설에 사용하기 위하여 취득하는 부동산에 대해서는 취득세를 면제하고, 과세기준일 현재 노인복지시설에 직접 사용(종교단체의 경우 해당 부동산의 소유자가 아닌 그 대표자 또는 종교법인이 해당 부동산을 노인복지시설로 사용하는 경우를 포함한다. 이하 이 조에서 같다)하는 부동산에 대해서는 재산세의 100분의 50을 경감한다. 다만, 노인의 여가선용을 위하여 과세기준일 현재 경로당으로 사용하는 부동산(부대시설을 포함한다)에 대해서는 재산세(「지방세법」 제112조에 따른 부과액을 포함한다) 및 같은 법 제146조 제2항에 따른 지역자원시설세를 각각 면제한다.
2. 제1호 외의 노인복지시설에 사용하기 위하여 취득하는 부동산에 대해서는 취득세의 100분의 25를 경감하고, 과세기준일 현재 제1호 외의 노인복지시설에 직접 사용하는 부동산에 대해서는 재산세의 100분의 25를 경감한다.

우리나라는 급속한 고령화로 인하여 2018년 기준 65세 이상 고령자는 전체 인구의 14.3%를 차지하고 있다. 2060년에는 41.0%가 될 것으로 예상되면서 이에 따른 노인복지정책이 다양하게 요구되고 있다.

노인복지시설 감면은 고령화시대 대비 등을 위해 민간기관 등이 노인을 부양하기 위해 설치·운영하는 노인복지시설에 대한 지원으로 2010년까지 자치단체 감면조례로 있었고 현재는 지방세특례제한법 제20조로 이관되었다.

지역

노인복지시설이란 일상적인 생활을 영위하는 데 문제가 있거나 문제의 위험이 있는 노인에게 생활, 통원, 기타의 방법으로 일정한 범위의 노인복지서비스를 제공하는 물리적·기능적인 모든 자원의 총체를 의미한다. 노인복지시설은 생활(입소)시설과 이용시설로 나뉘는데 노인주거복지시설과 노인의료복지시설은 생활(입소)시설에 해당하고, 노인여가복지시설, 재가노인복지시설, 노인보호전문기관 등은 이용시설에 해당한다.

【노인복지시설 유형(노인복지법 §31)】

시설분류	시 설	운영방식	이용형태
노인주거복지시설	양로시설	생활(입소)시설	무료, 실비, 유료
	노인공동생활가정	〃	〃
	노인복지주택	〃	분양 또는 임대
노인의료복지시설	노인요양시설	〃	장기요양수급자, 65세 이상 입소
	노인요양공동생활가정	〃	

시설분류	시 설	운영방식	이용형태
노인여가복지시설	노인복지관	이용시설	
	경로당	〃	
	노인교실	〃	
재가노인복지시설	방문요양서비스	〃	
	주야간보호서비스	〃	
	단기보호서비스	〃	
	방문목욕서비스	〃	
	재가노인지원서비스	〃	
노인보호전문기관	중앙 및 지역기관	〃	
노인일자리지원기관	시니어클럽	〃	

(1) 요양병원은 노인복지시설 감면 대상에 해당할까? : 감면 제외

고령화 추세와 더불어 요양병원과 요양시설이 급속하게 증가하고 있다. 요양병원은 매년 증가하여 2017년 기준 1,500개를 돌파했고 요양시설도 3,270개로 증가했다. 요양병원과 요양시설은 차이가 명칭만 다를 뿐 큰 차이가 없다고 생각하는 사람들이 많지만 이 두 기관은 엄연한 차이가 있다.

요양병원은 의료기관 즉 병원이다. 1994년 의료법에 요양병원이 명시되면서 약 25년의 역사를 가지고 있고 재원은 국민들이 내는 건강보험으로 충당하고 있다. 요양병원 입원대상은 '노인성질환이나 만성질환 및 외과적 수술 후 회복이 필요한 자로 의학적 치료 및 요양을 필요로 하는 자'라고 명시, 만성기 및 급성기 의료 처치가 필요한 경우에 입원할 수 있다. 이전에는 노인전문병원이란 말을 사용하였는데 현재는 요양병원으로 명칭이 통일됐다. 요양병원은 병원으로서 의사가 상주하고 간호사 및 전문 인력이 상주하며 의료법이 규정한 시설·장비를 갖춰야 한다.

반면, 요양시설은 의료시설이 아닌 생활시설이다. 노인복지법에 따라 설치·운영되고 있다. 재원은 건강보험이 아닌 노인장기요양보험에서 담당하고 있다. 대개 입소대상자는 6개월 이상 혼자서 일상생활을 수행하기 어렵다고 인정되는 자로 신체, 가사활동의 지원 또는 간병 등의 서비스를 필요로 하는 자로 입소 시 장기요양등급판정을 받아 1~3등급만이 입소할 수 있다. 의료인은 상주하지 않고 2주에 한번 촉탁의제도가 있어 방문을 하고 있고, 요양보호사가 입소자 2.5명당 1명으로 되어 있다. 의료가 필요한 경우는 대개 병원으로 보내어 진료를 하게 한다.

그렇다면 요양병원은 요양시설과 같이 노인복지시설 감면을 받을 수 있을까? 2011년까지는 감면 대상이었지만 2012년부터는 감면 대상이 아니다. 2011년 노인복지법이 개정되면서 민간 복지서비스 전달체계의 효율화를 위한 기능조정의 일환으로 노인전문병원이 의료법 상의 요양병원으로 일원화되었다. 지방세 감면 대상은 노인복지법 제31조에 따른 노인복지시설이다. 요양병원은 노인복지시설에서 2012년부터 제외되었기 때문에 현재는 지방세 감면 대상이 아니라고 할 것이다.

(2) 재가장기요양기관은 노인복지시설 감면 대상에 해당할까?

재가장기요양기관이란 장기요양기관으로서 방문요양, 방문목욕 등 재가급여서비스를 제공하는 시설을 말한다. 재가장기요양기관은 두 가지 방법으로 지정된다. 노인복지법 상 '재가노인복지시설'이 노인장기요양보험법 상 노인장기요양기관의 시설·인력기준을 갖추어 시·군·구청장의 지정을 받는 경우가 있고, 노인장기요양보험법 상 재가장기요양기관은 시·군·구청장에 설치·신고를 하면 장기요양기관으로 지정 의제된다.

문제는 현행 노인복지시설에 대한 감면은 노인복지법 상 노인복시설만 감면 대상이 된다는 것이다. 따라서 재가장기요양기관 중에서 재가노인복지시설로서 재가장기요양기관으로 지정된 기관만 감면 대상이 되고 노인장기요양보험법 상 재가장기요양기관은 감면 대상이 아니다. 조세심판례도 이러한 이유로 노인장기요양보험법 상의 재가장기요양기관은 감면 대상이 아니라고 판단한 바 있다(조심 2016지0960, 2017.3.2.).

청구인들이 설치한 "사랑의 요양원 주야간보호센터"를 설치하였으나 이는 노인복지법 제31조에 따라 설치된 시설이 아니라 노인장기요양보험법 제33조에 따라 설치된 시설인 점 등에 비추어 처분청이 기 면제한 취득세 등을 추징한 것은 잘못이 없다고 판단됨(조심 2016지0960, 2017.3.2.).

(3) 유료노인복지시설과 무료노인복지시설의 구분은?

2015년까지는 무료노인복지시설에 대해 별도의 규정이 없었으나 2016년에 80% 이상 무료노인복지시설로 사용하는 경우로 무료노인복지시설의 범위를 명확히 하였다. 이에 따라 개인의 자기 부담이 높은 시설인 고급 양로시설과 실버타운은 무료노인복지시설에서 제외되었다.

2015년 이전에는 구 노인복지법 제32조를 참고하여 소요되는 운영 경비 일체를 입소자가 부담하는 경우에는 유료노인복지시설로, 그 소요경비 중 일부인 실비만을 입소자가 부담하는 경우에는 무료노인복지시설로 보았다.

노인복지시설 이용자 중 1명이 입소 후 장기요양등급 판정을 받았는 바, 무료 노인복지시설에 해당하는지 여부는 전체적인 이용실태를 고려하여 판단하여야 할 것이므로 쟁점부동산은 지방세특례제한법 제20조 제1호에 따른 무료 노인복지시설에 해당하는 것으로 보는 것이 타당함(조심 2014지0953, 2015.5.19.).

- 부동산에 설치된 노인복지시설은 대부분의 입소자가 장기요양급여등급을 받아 쟁점노인요양시설 이용료의 일부만을 부담하는 장기요양급여 수급대상자이므로 쟁점노인요양시설은 무료 노인복지시설로 보는 것이 타당함(조심2014지1434, 2015.4.15.).

- 구 노인복지법 제34조는 노인의료복지시설의 명칭에서 유료의 경우 "입소시켜 급식·요양 등 편의 제공에 따른 소요비용 일체를 입소자로부터 수납하여 운영하는 시설"로 유료와 무료를 명확하게 구분하였으나, 2007.8.3. 법률 제8608호로 노인복지법이 개정(2008.4.4. 시행)되면서 시설 명칭 상으로는 노인의료복지시설이 노인요양시설과 노인요양공동생활가정으로 구분될 뿐 유·무료의 명칭 구분이 없어졌으나, 그 시행규칙 제18조 제1항 및 제19조의2에서 "입소자로부터 입소비용의 전부를 수납하여 운영하는 노인요양시설 또는 노인요양공동생활가정의 경우로서 60세 이상의 자의 경우 입소자 본인이 전액 부담한다"라고 유료의 개념을 규정하고 있는 바, 귀문과 같이 노인장기요양보험법에 따라 입소자가 장기요양급여수급자로 구성되어서 장기요양급여를 수령(당해 장기요양급여비용의 20%만 본인이 부담)하여 운영하는 시설인 경우라면 무료 노인복지시설이라고 봄이 타당함(지방세운영과-4133, 2010.9.7.).

V 사회복지법인 등에 대한 감면

✔ 감면 요건

대상자	① 사회복지법에 따라 설립된 사회복지법인 ② 양로원, 보육원, 모자원, 한센병자 치료보호시설 등 사회복지 사업을 목적으로 하는 단체 ③ 한국한센복지협회
대상물건	① 해당 사회복지사업에 직접 사용하기 위하여 취득하는 부동산 ② 과세기준일 현재 해당 사회복지사업에 직접 사용하는 부동산 ③ 그 사회복지사업에 직접 사용하기 위한 면허 등 ④ 생산된 전력 등을 무료로 제공하는 경우 그 부분 ⑤ 설립등기 및 합병등기, 해당 사회복지시설 사업장
감면율	① 취득세 면제 ② 재산세(도시지역분 포함) 및 지역자원시설세 면제 ③ 등록면허세 면제, 주민세 재산분 및 종업원분 면제 ④ 지역자원시설세 면제 ⑤ 등록면허세 면제, 사업장에 대한 주민세 균등분 면제 ※ 최소납부세제 적용 배제
감면시한	2022.12.31. ※ 최소납부세제 적용 배제

✔ 추징 요건

추 징	① 취득세 추징 i) 해당 부동산을 취득한 날부터 5년 이내에 수익사업에 사용하는 경우 ii) 정당한 사유 없이 그 취득일부터 3년이 경과할 때까지 해당 용도로 직접 사용하지 아니하는 경우 iii) 해당 용도로 직접 사용한 기간이 2년 미만인 상태에서 매각·증여하거나 다른 용도로 사용하는 경우 ② **재산세 추징** : 수익사업에 사용하는 경우와 해당 재산이 유료로 사용되는 경우의 그 재산 및 해당 재산의 일부가 그 목적에 직접 사용되지 아니하는 경우의 그 일부 재산 ③ **주민세 재산분 및 종업원분** : 수익사업에 제공되고 있는 사업소와 종업원

✔ 관련 법령

지특법 §22 ①~⑤, 지특령 §10

✔ 개정 연혁

개정일	개정 전	개정 후	개정이유 / 적용요령
지특법 §22 2020.1.15. 제16865호	사회복지법인 등 감면 대상을 법에 규정	사회복지법인 등 감면 대상을 대통령령으로 위임	대통령령으로 위임하여 감면 대상 단체 등 명확화
지특령 §10 2020.1.15. 제30355호	〈신 설〉	사회복지사업 목적 법인 또는 단체 열거 ① 사회복지사업법 제2조 제3호에 따른 사회복지법인 ② 노인복지법 제32조 제1항 제1호에 따른 양로시설(무료 또는 국가 등이 비용을 전액부담한 시설로 한정) ③ 아동복지법 제52조 제1항 제1호에 따른 아동양육시설 ④ 한부모가족지원법 제19조 제1항 제1호부터 제3호에 따른 모자가족·부자가족·미혼모가족복지시설 ⑤ 국민기초생활 보장법 제32조 제10호에 따른 한센병요양시설 ⑥ 사단법인 한국한센복지협회	관련 법령 등을 구체적으로 명시함으로써 감면 대상 명확화 ※ 기존에는 대법원 판례에 따라 양로원·보육원·모자원·한센치료시설에 한정 감면(대법원 2012두24276, 2013.2.14.)

쟁점 074 사회복지사업을 하는 모든 법인과 단체가 감면 대상일까?

지방세특례제한법 제22조【사회복지법인 등에 대한 감면】제1항

① 「사회복지사업법」 제2조 제1호에 따른 사회복지사업(이하 이 조에서 "사회복지사업"이라 한다)을 목적으로 하는 법인 또는 단체로서 지원대상 및 공익성 등을 고려하여 대통령령으로 정하는 법인 또는 단체(이하 이 조에서 "사회복지법인등"이라 한다)가 해당 사회복지사업에 직접 사용하기 위하여 취득하는 부동산에 대해서는 취득세를 2022년 12월 31일까지 면제한다.

지방세특례제한법시행령 제10조【사회복지법인등의 면제 대상 사업의 범위 등】제1항

① 법 제22조 제1항 각 호 외의 부분 본문에서 "대통령령으로 정하는 법인 또는 단체"란 다음 각 호의 어느 하나에 해당하는 법인 또는 단체를 말한다.

1. 「사회복지사업법」 제2조 제3호에 따른 사회복지법인
2. 「사회복지사업법」 제2조 제4호에 따른 사회복지시설로서 「노인복지법」 제32조 제1항 제1호에 따른 양로시설(입소자의 입소 및 이용에 대한 비용이 없거나 입소 및 이용에 대한 비용을 국가 또는 지방자치단체가 전액 부담하는 시설로 한정한다), 「아동복지법」 제52조 제1항 제1호에 따른 아동양육시설, 「한부모가족지원법」 제19조 제1항 제1호부터 제3호까지의 규정에 따른 모자가족복지시설·부자가족복지시설·미혼모자가족복지시설 또는 한센병요양시설을 직접 설치·운영하는 법인 또는 단체. 이 경우 법인은 「민법」 제32조에 따라 설립된 비영리법인으로 한정하고, 단체는 법인이 아닌 사단, 재단, 그 밖의 단체로서 다음 각 목의 요건을 모두 갖춘 단체로 한정한다.
   가. 단체의 조직과 운영에 관한 규정(規程)을 가지고 대표자나 관리인을 선임하고 있을 것
   나. 단체 자신의 계산과 명의로 수익과 재산을 독립적으로 소유·관리할 것
   다. 단체의 수익을 구성원에게 분배하지 않을 것
3. 사단법인 한국한센복지협회

우리나라 헌법 전문과 제10조, 제34조의 규정에 따르면 모든 국민은 인간다운 생활을 할 권리와 생존권을 가진다. 국가는 사회보장·사회복지의 증진에 노력할 의무를 진다. 이러한 헌법 정신에 기초하여 사회복지법인 등에 대한 지방세 감면은 1977년에 신설되었다. 2010년까지는 구 지방세법 제107조, 제127조, 제163조, 제186조, 제255조 등에 각각 규정되어 있다가 2010년에 현재와 같이 지방세특례제한법 제22조로 통합되었다. 기존에는 무기한 감면이었으나 2015년부터는 사회복지법인 등에 대한 감면 효과성 등을 주기적으로 검토하기 위하여 3년의 일몰기한을 설정하였다.

(1) 사회복지사업법에 따라 설립되지 않은 법인은 감면을 못 받는다

지방세특례제한법 제22조(사회복지법인 등에 대한 감면)의 감면 대상자 중 하나는 사회복지사업법에 따라 설립된 사회복지법인이다. 다른 법률에 근거하여 설립된 비영리법인이 사회복지사업을 수행한다고 하더라도 감면에 해당하지 않는다.

지역

비영리법인은 설립 근거법에 따라 민법법인, 공익법인, 특수법인으로 분류된다. 민법법인은 민법 제32조의 규정에 의거 영리가 아닌 사업을 목적으로 설립되는 사단법인 및 재단법인을 말하고 그중 사회일반의 이익에 공여하기 위하여 학자금·장학금 또는 연구비의 보조나 지급, 학술·자선에 관한 사업을 목적으로 공익법인의설립·운영에관한법률에 의하여 설립된 법인을 공익법인이라고 한다. 사회복지법인처럼 사회복지사업법 등 개별법에 의해 설립된 법인은 특수법인에 해당한다.

이처럼 감면 대상을 수많은 비영리법인 중 사회복지사업법에 따라 설립된 사회복지법인으로 한정한 이유는 사회복지사업에 공익성과 공공성이 강한 사회복지사업의 건실한 수행을 위해 법인의 설립·변경·소멸 및 지도·감독 등에 관한 사항을 구체적으로 규정해 놓았기 때문으로 이해된다. 사회복지사업법에 따라 설립된 사회복지법인이라고 하더라도 목적사업에 따라 관련 법률의 적용도 받게 된다. 예컨대 아동복지사업을 하는 사회복지법인의 경우 사회복지사업법, 아동복지법, 기초생활보장법 등이 적용된다. 또한 사회복지법인에 관하여 법률에서 정하고 있지 아니한 사항에 대해서는 민법의 법인에 관한 규정인 제31조 내지 제97조와 공익법인의설립·운영에관한법률을 준용한다.

【비영리법인의 분류(설립근거법 기준)】

- **민법법인** : 민법 제32조에 따라 허가를 받아 설립한 법인(사단법인, 재단법인)
- **공익법인** : 공익법인의설립및운영에관한법률에 의해 설립된 법인
- **특수법인** : 사립학교법, 사회복지사업법, 의료법 등 개별법에 의해 설립된 법인

조세심판례에서도 민법이나 의료법에 따라 설립된 법인은 지방세특례제한법 제22조 제1항에서 규정한 사회복지법인에 해당하지 않는다고 판단하였다.

- 청구법인이 신고납부한 주민세와 관련하여 처분청에서 별도의 처분을 한 사실이 없으므로 이에 대한 심판청구는 처분이 존재하지 아니한 상태에서 제기된 부적법한 청구로 판단되고, 나머지 청구의 경우, 청구법인은 사회복지법인에 준하는 단체로 보이나 사회복지사업법이 아닌 민법에 따라 설립되었다는 점 등에 비추어 청구법인은 지방세특례제한법 제22조 제1항에서 규정한 사회복지법인 등에 해당한다고 보기 어려우므로 청구주장을 받아들일 수 없다고 판단됨(조심 2016지1297, 2017.3.2.).

- 청구법인이 사회복지사업을 목적으로 하는 단체에 해당되기 위해서는 당해 단체의 주된 목적사업이 사회복지사업을 목적으로 하여야 할 것이나, 청구법인의 경우 의료법에 의하여 설립된 의료재단이고, 법인등기부상 의료기관의 설치·운영 등이 목적사업으로 등재되어 있으며, 설사 청구법인의 정관에 노인전문요양시설 등 설치 및 운영 등이 목적사업으로 등재되어 있다고 할지라도, 청구법인은 사회복지사업을 주된 형태로 운영하는 것이 아니라 다른 목적사업을 수행함에 있어서 부수적인 형태로 이를 운영하고 있는 것으로 보여지므로, 처분청에서 청구법인을 사회복지사업을 주된 목적으로 하는 단체에 해당하지 아니하는 것으로 보아 주민세(재산분)를 부과한 처분은 잘못이 없는 것으로 판단됨(조심 2014지0582, 2014.12.31.).

(2) '양로원·보육원·모자원·한센병자 치료보호시설 등' 예시 vs 열거?

사회복지사업법에 따라 설립된 사회복지법인 외에도 양로원, 보육원, 모자원, 한센병자 치료보호시설 등 사회복지사업을 목적으로 하는 단체가 지방세특례제한법 제22조의 감면 대상자이다. 여기에서 '양로원, 보육원, 모자원, 한센병자 치료보호시설 등'이라는 표현은 두 가지로 해석될 수 있다. 하나는 양로원, 보육원, 모자원, 한센병자 치료보호시설이 예시 규정으로 여기에 열거되지 않은 사회복지시설도 감면 대상에 해당된다는 것이고 다른 하나는 양로원, 보육원, 모자원, 한센병자 치료보호시설은 열거 규정으로 여기에 열거된 사회복지시설만 감면 대상에 해당된다는 것이다.

판례는 '양로원, 보육원, 모자원, 한센병자 치료보호시설 등'이라는 표현을 열거 규정으로 해석했다. 만약 열거 규정이 아닌 예시 규정으로 판단하게 되면 감면 대상이 되는 부동산의 범위가 애매해져 지나치게 감면 대상이 확대될 위험이 있다고 하면서 구체적 대상을 명확히 하여 무분별한 면세 혜택에 따른 세원 감축을 방지하고 일반 납세자와의 조세공평 또한 유지하려는 데에 그 입법목적이 있다고 판단했다(대법원 2012두24276, 2013.2.14.).

- 사회복지시설을 직접 운영하는 단체가 그 사업에 사용하기 위하여 취득한 부동산에 한하여 취득세 등을 면제하는 것으로 해석하지 아니하는 경우 취득세 등 비과세 대상이 되는 부동산의 범위가 애매해져 지나치게 확대될 위험이 있을 뿐만 아니라, 구 지방세법 제107조 제1호 등에서 비영리사업자가 공익사업에 사용하기 위해 부동산을 취득하는 경우 취득세를 면제하도록 하면서도 이에 해당하는 비영리사업자의 종류를 대통령령으로 정하도록 규정한 것은 조세감면의 특혜를 주어 공익사업을 장려하면서도 그 구체적 대상을 명확히 하여 무분별한 면세 혜택에 따른 세원 감축을 방지하고 일반 납세자와의 조세공평 또한 유지하려는 데에 그 입법목적이 있다고 할 것인데, 취득 이후 그 부동산의 이용 상태가 변질되더라도 이를 쉽게 밝혀낼 수가 없게 되어 위와 같은 입법목적에도 반하게 되기 때문에 구 지방세법시행령 제79조 제1항 제4호 등에서 말하는 '양로원·보육원·모자원·한센병자 치료보호시설 등 사회복지사업을 목적으로 하는 단체'는 위에서 열거된 사회복지시설을 직접 운영하는 단체로 한정된다고 해석함이 상당하고, 원고가 위에서 열거된 사회복지시설을 직접 운영하는 단체가 아닌 이상 지방세 비과세요건 중 위 주체에 관한 요건을 충족하였다고 보기 어려움(대법원 2012두24276, 2013.2.14.).

대법원 판결 이후 유권해석과 조세심판례도 판례에 따라 '양로원, 보육원, 모자원, 한센병자 치료보호시설 등 사회복사업을 목적하는 단체'는 열거된 사회복지시설을 직접 운영하는 단체로 한정된다고 판단했다.

- 지방세특례제한법 제22조 제3항에 따라 지방소득세가 감면되는 사회복지법인은 양로원·보육원·모자원·한센병자 치료보호시설 등을 직접 운영하는 단체로 한정되는 바, 다문화가족의 안정적 정착 등을 목적으로 설립된 청구법인은 여기에 해당되지 아니한다 할 것이므로 처분청에서 이 건 주민세 등을 부과한 처분은 잘못이 없다고 판단됨(조심 2017지0321, 2017.5.10.).
- 청구법인은 사회복지사업법에 따라 설립된 사회복지법인이 아닌 점, 감면 대상은 열거된 양로원, 보육원 등의 사회복지시설을 직접 운영하는 단체로 한정하여 해석하여야 하는 점, 단체가 아니라 재단법인의 명의로 수익과 재산을 소유·관리하고 있으므로 지방세특례제한법시행령 제10조 제1항 제2호를 충족하지 못하는 등에 비추어 노인복지센터가 주민세(종업원분)의 면제 대상이 아니라고 보아 처분청이 이 건 주민세(종업원분)를 부과·고지한 처분은 달리 잘못이 없음(조심 2017지0221, 2017.4.18.).

지방세특례제한법 제22조 제1항은 "사회복지사업법에 따라 설립된 사회복지법인과 양로원, 보육원, 모자원, 한센병자 치료보호시설 등 사회복지사업을 목적으로 하는 단체 및 한국한센복지협회(이하 이 조에서 "사회복지법인 등"이라 한다)가 해당 사업에 사용하기 위하여 취득하는 부동산에 대하여는 취득세를 면제한다."라고 같은 조 제3항은 "사회복지법인 등이 그 사업에 직접 사용하기 위한 면허에 대한 등록면허세와 사회복지법인 등에 대한 주민세 재산분 및 종업원분을 각각 면제한다. 다만, 수익사업에 관계되는 대통령령으로 정하는 주민세 재산분 및 종업원분은 면제하지 아니한다"라고 규정하고 있으므로 '사회복지사업을 목적으로 하는 단체'인지의 여부는 그 단체가 수행하는 업무의 성격, 설립목적, 감면규정의 취지 등을 종합적으로 판단하여야 할 것인 바, 건강가정지원센터와 아이돌봄서비스 제공기관이 설사 사회복지적 성격을 갖는다고 해도 위에서 열거한 사회복지시설을 직접 운영하기 위하여 설립된 단체가 아닌 이상 지방세 경감대상으로 볼 수 없음(지방세특례제도과-708, 2014.6.20.).

행정안전부는 2020.1.15. 지방세특례제한법 개정을 통해 사회복지법인 등에 대한 감면을 현행 수준으로 일몰기한을 3년 연장하면서 위와 같은 혼란을 해소하기 위해 사회복지사업을 목적으로 하는 단체의 범위를 시행령에 명시적으로 규정했다.

쟁점 075 사회복지법인 등이 직접 사용하지 않으면 감면이 안 될까?

> **지방세특례제한법 제22조【사회복지법인 등에 대한 감면】제1항**
>
> ①「사회복지사업법」 제2조 제1호에 따른 사회복지사업(이하 이 조에서 "사회복지사업"이라 한다)을 목적으로 하는 법인 또는 단체로서 지원대상 및 공익성 등을 고려하여 대통령령으로 정하는 법인 또는 단체(이하 이 조에서 "사회복지법인등"이라 한다)가 해당 사회복지사업에 직접 사용하기 위하여 취득하는 부동산에 대해서는 취득세를 2022년 12월 31일까지 면제한다. 다만, 다음 각 호의 어느 하나에 해당하는 경우 그 해당 부분에 대해서는 면제된 취득세를 추징한다.
>
> 1. 해당 부동산을 취득한 날부터 5년 이내에 수익사업에 사용하는 경우
> 2. 정당한 사유 없이 그 취득일부터 3년이 경과할 때까지 해당 용도로 직접 사용하지 아니하는 경우
> 3. 해당 용도로 직접 사용한 기간이 2년 미만인 상태에서 매각·증여하거나 다른 용도로 사용하는 경우

사회복지법인 등이 취득세 감면을 받은 경우 세 가지 사유에 해당되면 감면받은 취득세가 추징된다. ① 해당 부동산을 취득한 날부터 5년 이내에 수익사업에 사용하는 경우, ② 정당한 사유 없이 그 취득일부터 3년이 경과할 때까지 해당 용도로 직접 사용하지 아니하는 경우, ③ 해당 용도로 직접 사용한 기간이 2년 미만인 상태에서 매각·증여하거나 다른 용도로 사용하는 경우에 추징된다.

(1) 사회복지법인 등에 대한 감면 추징 시 수익사업 사용 여부

첫 번째 추징 사유인 부동산 취득일부터 5년 이내에 수익사업에 사용하는 경우에서 수익사업이란 지방세특례제한법 제2조 제1항 제2호에 따라 법인세법 제4조 제3항에 따른 수익사업을 의미한다. 법인세법 제4조 제3항에서 규정하고 있는 수익사업에 해당되는 경우에 추징이 가능하다는 뜻이다. 법인세법 제4조 제3항은 수익사업에 해당하는 사업을 열거하면서 수익사업의 범위에서 제외되는 사업은 시행령에 규정하였다. 수익사업 해당 여부를 확인하기 위해서는 해당 사업이 수익사업의 범위에서 제외되는 사업인지 시행령 규정을 살펴보아야 한다.

한편, 수익사업은 부동산 취득일부터 5년 이내에만 추징 사유가 된다. 부동산 취득일부터 5년이 지나면 수익사업을 하더라도 추징할 수 없다는 의미다. 2016년 이전에는 기간 제한 없이 수익사업으로 사용하면 추징 대상이 되었으나 2016년 말 지방세특례제한법이 개정되면서 5년 제한을 두었다. 이는 판례에서 추징 요건의 의무사용기간 동안 직접 사용한 후 수익사업을 하는 경우에는 감면된 세액을 추징할 수 없다고 판단했기 때문이다(대법원 2012두26678, 2013.3.28.).

판례는 '수익사업에 사용하는 경우'가 독립된 부과사유로 규정한 것처럼 보일지라도 개정 경위와 부과사유 상호 간의 관계에 아울러 비과세된 부동산을 그 사용일부터 의무 사용기간 이상 공익사업의 용도에 직접 사용한 다음 매각하는 경우와의 과세형평, 부동산의 보유기간 동안 매년 부과되는 재산세와 달리 취득세·등록세는 그 부동산을 일정 기간 동안 공익사업의 용도에 사용하면 비과세의 목적을 달성할 수 있다고 보는 것이 합리적이라고 판단했다.

'수익사업에 사용하는 경우'를 독립된 부과사유로 규정한 것처럼 보일지라도, 감면된 부동산을 그 사용일부터 2년 이상 해당사업의 용도에 직접 사용한 다음 매각·증여하는 경우와의 과세형평, 부동산의 보유기간 동안 매년 부과되는 재산세와 달리 취득세는 그 부동산을 일정 기간 동안 당해 사업의 용도에 사용하면 감면의 목적을 달성할 수 있다고 보는 것이 합리적이라 할 것이며, 학교 등이 감면된 부동산을 당해 사업 용도로 직접 사용하기 시작할 유예기간을 부여하되 유예기간 동안에 수익사업에 사용하는 경우와 그 유예기간 이후에도 정당한 사유 없이 당해 사업에 사용을 시작하지 않는 경우 또는 그 사용일부터 일정한 기간 동안 당해 사업에 사용하지 않은 경우 등에는 취득세를 추징하고, 일정한 기간 동안 당해 사업의 용도로 사용하면 그 후부터는 취득세를 부과하지 않겠다는 내용을 규정한 것으로 보는 것이 입법취지나 목적에 부합하는 해석이라고 할 것임(대법원 2012두26678, 2013.3.18.).

이 판례에 따라 의무사용기간 동안 직접 사용 후 수익사업에 사용하는 경우는 추징 대상에서 제외하였고 2016년 말 지방세특례제한법 개정을 통해 부동산 취득일부터 5년 이내에 수익사업으로 사용하는 경우에만 추징하는 것으로 명확히 규정하였다.

그럼에도 불구하고 의무사용기간 이전에 수익사업을 하는 경우에는 추징 대상에 해당한다. 조세심판례는 사회복지법인이 해당 사업에 사용하기 위하여 취득한 부동산에 대해 취득세 등을 면제받은 후 해당 부동산을 제3자에게 임대한 경우 취득세 추징 대상이라고 판단했다.

(구)지방세특례제한법 제22조 제1항은 취득일부터 3년 이내에 정당한 사유 없이 그 용도에 직접 사용하지 아니한 경우뿐만 아니라, 취득한 부동산을 수익사업에 사용하는 경우에도 그 해당 부분에 대하여 면제된 취득세를 추징한다고 규정하고 있고, 이 사건 심리자료에 의하면, 청구인은 취득 당시 홍ㅇㅇㅇ 등에게 임대되어 있던 쟁점부동산에 대하여 취득 이후 임대차계약기간이 만료되자 계약기간을 연장하여 기존의 임차인과 다시 임대차계약을 체결하였으므로, 이는 쟁점부동산을 수익사업에 사용한 것으로서 (구)지방세특례제한법 제22조 제1항 단서의 추징 사유에 해당되므로 청구인의 주장대로 쟁점부동산 취득일부터 아직 3년이 경과하지 아니하여 유예기간 미경과에 따른 추징 사유는 발생하지 아니하였다고 하더라도, 쟁점부동산을 임대한 것은 수익사업에 사용한 것으로서 이는 별도의 추징 사유에 해당된다고 할 것이므로, 처분청이 이 건 취득세 등을 부과 고지한 처분은 달리 잘못이 없는 것으로 판단됨(조심 2013지0071, 2013.5.27.).

위 사례와는 정반대로 사회복지법인이 영위한 휴게음식점 사업을 수익사업이 아니라고 본 사례가 있다. 조세심판례는 장애인 관련 사회복지법인이 운영한 휴게음식점은 수익사업이 아니라 시각장애인을 위한 일자리 창출과 직업재활서비스 등을 위한 사회복지사업을 수행하는 근로사업장으로 이용하고 있다고 보는 것이 합리적이라고 판단했다(조심 2009지1022, 2010.4.6.).

비영리사업자가 부동산을 그 공익사업에 직접 사용한 것인지 아니면 수익사업에 사용한 것인지는 당해 비영리사업자의 사업목적과 취득목적을 고려하여 그 실제의 사용관계를 기준으로 객관적으로 판단하여야 하며, 그 사업이 수익성을 가진 것이거나 수익을 목적으로 하면서 그 규모, 횟수, 태양 등에 비추어 사업 활동으로 볼 수 있는 정도의 계속성과 반복성이 있는지의 여부 등을 고려하여 사회통념에 따라 합리적으로 판단하여야 하면서, 휴게음식점이 취업이 어려운 시각장애인을 고용하여 근로의 기회를 제공했고, 커피 및 음료가 저렴하게 실비수준으로 판매되었으며, 판매 수익금이 매출에 비해 크지 않다는 사실을 고려하여 해당 사업은 수익사업이 아닌 사회복지사업을 수행하는 근로사업장으로 보는 것이 타당하다고 결론지었다.

따라서 사회복지법인 등의 수익사업 영위 여부를 판단할 때는 사회복지법인 등이 영위하는 사업이 수익사업에 해당하는지만 볼 것이 아니라 그 사업의 목적과 부동산 취득목적과의 관계, 수익성 여부 등을 종합적으로 고려하여 판단하는 것이 타당하다고 하겠다.

비영리사업자가 부동산을 그 공익사업에 직접 사용한 것인지 아니면 수익사업에 사용한 것인지는 당해 비영리사업자의 사업목적과 취득목적을 고려하여 그 실제의 사용관계를 기준으로 객관적으로 판단하여야 하며, 그 사업이 수익성을 가진 것이거나 수익을 목적으로 하면서 그 규모, 횟수, 태양 등에 비추어 사업 활동으로 볼 수 있는 정도의 계속성과 반복성이 있는지의 여부 등을 고려하여 사회통념에 따라 합리적으로 판단하여야 할 것인 바, 청구법인의 경우, 쟁점 휴게음식점 ㅇㅇㅇ의 설치·운영이 청구법인의 목적사업인 장애인복지시설 설치운영과 사회적 기업(ㅇㅇㅇ) 설치운영에 따라 ㅇㅇㅇ과의 "시각장애인 카페 및 문화예술단 일자리 창출사업"의 사회적일자리 창출사업 지원약정에 따라 설치한 점, 쟁점 휴게음식점에 근무하는 종사자 8명 중 1급 내지 3급 시각장애인 5명, 사회복지사 1명 등으로서 취업이 어려운 시각장애인을 고용하여 근로의 기회를 제공하고 있는 점, 쟁점 휴게음식점에서 판매하는 커피 및 음료의 판매가격이 2,000원 내지 3,000원으로서 인근의 4,000원 내지 5,500원에 비하여 저렴하여 실비수준으로 판매하여 운영하고 있는 점, 쟁점 휴게음식점 "ㅇㅇㅇ의 2009년도 총 수입금액이 102,292,100원, 총 지출금액이 98,190,093원으로서 판매 이익금이 4,102,007원인 점 등을 고려할 때, 청구법인이 쟁점 휴게음식점을 수익사업에 사용하였다기보다는 이를 시각장애인을 위한 일자리창출과 직업재활서비스 등을 위한 사회복지사업을 수행하는 근로사업장으로 이용하고 있다고 보는 것이 합리적이라 할 것이므로 쟁점 휴게음식점을 사회복지사업법의 규정에 의하여 설립된 사회복지법인이 사업에 직접 사용하는 부동산으로 보아 재산세 등을 비과세하여야 함(조심 2009지1022, 2010.4.6.).

참고 **【수익사업의 범위(지특법 §2)】**

법인세법 제4조 【과세소득의 범위】 제3항

③ 제1항 제1호를 적용할 때 비영리내국법인의 각 사업연도의 소득은 다음 각 호의 사업 또는 수입(이하 "수익사업"이라 한다)에서 생기는 소득으로 한정한다.

1. 제조업, 건설업, 도매 및 소매업 등 「통계법」 제22조에 따라 통계청장이 작성·고시하는 한국표준산업분류에 따른 사업으로서 대통령령으로 정하는 것
2. 「소득세법」 제16조 제1항에 따른 이자소득
3. 「소득세법」 제17조 제1항에 따른 배당소득
4. 주식·신주인수권 또는 출자지분의 양도로 인한 수입
5. 유형자산 및 무형자산의 처분으로 인한 수입. 다만, 고유목적사업에 직접 사용하는 자산의 처분으로 인한 대통령령으로 정하는 수입은 제외한다.
6. 「소득세법」 제94조 제1항 제2호 및 제4호에 따른 자산의 양도로 인한 수입
7. 그 밖에 대가(對價)를 얻는 계속적 행위로 인한 수입으로서 대통령령으로 정하는 것

법인세법시행령 제3조 【수익사업의 범위】

① 법 제4조 제3항 제1호에서 "대통령령으로 정하는 것"이란 다음 각 호의 어느 하나에 해당하는 사업을 제외한 각 사업 중 수입이 발생하는 것을 말한다.

1. 축산업(축산관련서비스업을 포함한다)·조경관리 및 유지 서비스업 외의 농업
2. 연구개발업(계약 등에 의하여 그 대가를 받고 연구 및 개발용역을 제공하는 사업을 제외한다)

2의 2. 비영리내국법인이 외국에서 영위하는 선급검사용역에 대하여 당해 외국이 법인세를 부과하지 아니하는 경우로서 당해 외국에 본점 또는 주사무소가 있는 비영리외국법인(국내에 사업의 실질적 관리장소가 소재하지 아니하는 경우에 한한다)이 국내에서 영위하는 선급검사용역

3. 다음 각 목의 어느 하나에 해당하는 교육시설에서 해당 법률에 따른 교육과정에 따라 제공하는 교육서비스업

가. 「유아교육법」에 따른 유치원

나. 「초·중등교육법」 및 「고등교육법」에 따른 학교

다. 「경제자유구역 및 제주국제자유도시의 외국교육기관 설립·운영에 관한 특별법」에 따라 설립된 외국교육기관(정관 등에 따라 잉여금을 국외 본교로 송금할 수 있거나 실제로 송금하는 경우는 제외한다)

라. 「제주특별자치도 설치 및 국제자유도시 조성을 위한 특별법」에 따라 설립된 비영리법인이 운영하는 국제학교

마. 「평생교육법」 제31조 제4항에 따른 전공대학 형태의 평생교육시설 및 같은 법 제33조 제3항에 따른 원격대학 형태의 평생교육시설

4. 보건업 및 사회복지 서비스업 중 다음 각 목의 어느 하나에 해당하는 사회복지시설에서 제공하는 사회복지사업

가. 「사회복지사업법」 제34조에 따른 사회복지시설 중 사회복지관, 부랑인·노숙인 시설 및 결핵·한센인 시설

나. 「국민기초생활보장법」 제15조의 2 제1항 및 제16조 제1항에 따른 중앙자활센터 및 지역자활센터

다. 「아동복지법」 제52조 제1항에 따른 아동복지시설

라. 「노인복지법」 제31조에 따른 노인복지시설(노인전문병원은 제외한다)

마. 「노인장기요양보험법」 제2조 제4호에 따른 장기요양기관

바. 「장애인복지법」 제58조 제1항에 따른 장애인복지시설 및 같은 법 제63조 제1항에 따른 장애인복지단체가 운영하는 「중증장애인생산품 우선구매 특별법」 제2조 제2항에 따른 중증장애인생산품 생산시설

사. 「한부모가족지원법」 제19조 제1항에 따른 한부모가족복지시설

아. 「영유아보육법」 제10조에 따른 어린이집

자. 「성매매방지 및 피해자보호 등에 관한 법률」 제9조 제1항 및 제17조 제1항에 따른 지원시설 및 성매매피해상담소

차. 「정신건강증진 및 정신질환자 복지서비스 지원에 관한 법률」 제3조 제6호 및 제7호에 따른 정신요양시설 및 정신재활시설

카. 「성폭력방지 및 피해자보호 등에 관한 법률」 제10조 제2항 및 제12조 제2항에 따른 성폭력피해상담소 및 성폭력피해자보호시설

타. 「입양특례법」 제20조 제1항에 따른 입양기관

파. 「가정폭력방지 및 피해자보호 등에 관한 법률」 제5조 제2항 및 제7조 제2항에 따른 가정폭력 관련 상담소 및 보호시설

하. 「다문화가족지원법」 제12조 제1항에 따른 다문화가족지원센터

5. 연금 및 공제업 중 다음 각 목의 어느 하나에 해당하는 사업

가. 「국민연금법」에 의한 국민연금사업

나. 특별법에 의하거나 정부로부터 인가 또는 허가를 받아 설립된 단체가 영위하는 사업(기금조성 및 급여사업에 한한다)

6. 사회보장보험업 중 「국민건강보험법」에 의한 의료보험사업과 「산업재해보상보험법」에 의한 산업재해보상보험사업

7. 주무관청에 등록된 종교단체(그 소속단체를 포함한다)가 공급하는 용역 중 「부가가치세법」 제26조 제1항 제18호에 따라 부가가치세가 면제되는 용역을 공급하는 사업

8. 금융 및 보험 관련서비스업중 다음 각 목의 어느 하나에 해당하는 사업

가. 「예금자보호법」에 의한 예금보험기금 및 예금보험기금채권상환기금을 통한 예금보험 및 이와 관련된 자금지원·채무정리 등 예금보험제도를 운영하는 사업

나. 「농업협동조합의 구조개선에 관한 법률」 및 「수산업협동조합법」에 의한 상호금융예금자보호기금을 통한 예금보험 및 자금지원 등 예금보험제도를 운영하는 사업

다. 「새마을금고법」에 의한 예금자보호준비금을 통한 예금보험 및 자금지원 등 예금보험제도를 운영하는 사업

라. 「금융회사부실자산 등의 효율적 처리 및 한국자산관리공사의 설립에 관한 법률」에 따른 구조조정기금을 통한 부실자산 등의 인수 및 정리와 관련한 사업

마. 「신용협동조합법」에 의한 신용협동조합예금자보호기금을 통한 예금보험 및 자금지원 등 예금보험제도를 운영하는 사업

바. 「산림조합법」에 의한 상호금융예금자보호기금을 통한 예금보험 및 자금지원 등 예금보험제도를 운영하는 사업

9. 「대한적십자사 조직법」에 의한 대한적십자사가 행하는 혈액사업

10. 「한국주택금융공사법」에 따른 주택담보노후연금보증계정을 통하여 주택담보노후연금보증제도를 운영하는 사업(보증사업과 주택담보노후연금을 지급하는 사업에 한한다)

11. 「국민기초생활 보장법」 제2조에 따른 수급권자·차상위계층 등 기획재정부령으로 정하는 자에게 창업비 등의 용도로 대출하는 사업으로서 기획재정부령으로 정하는 요건을 갖춘 사업

12. 비영리법인(사립학교의 신축·증축, 시설확충, 그 밖에 교육환경 개선을 목적으로 설립된 법인에 한한다)이 외국인학교의 운영자에게 학교시설을 제공하는 사업

13. 「국민체육진흥법」 제33조에 따른 대한체육회에 가맹한 경기단체 및 「태권도 진흥 및 태권도공원조성에 관한 법률」에 따른 국기원의 승단·승급·승품 심사사업

14. 「수도권매립지관리공사의 설립 및 운영 등에 관한 법률」에 따른 수도권매립지관리공사가 행하는 폐기물처리와 관련한 사업

15. 제1호, 제2호, 제2호의 2, 제3호부터 제14호까지의 규정과 비슷한 사업으로서 기획재정부령으로 정하는 사업

(2) 사회복지법인 등에 대한 감면 추징 시 정당한 사유 해당 여부

두 번째 추징 사유인 정당한 사유없이 그 취득일부터 3년이 경과할 때까지 해당 용도로 직접 사용하지 아니하는 경우에 대해서 살펴보자. 여기에서 정당한 사유는 법에 별도로 규정되어 있지 않고 대법원 판례 등을 통해 개별 사건별로 정립되어 왔다.

판례는 '정당한 사유'에 법령에 의한 금지 제한 등 그 법인 등이 마음대로 할 수 없는 외부적인 사유는 물론 고유 업무에 사용하기 위한 정상적인 노력을 다하였음에도 시간적인 여유가 없어 유예기간을 넘긴 내부적인 사유도 포함된다고 하였고, 정당한 사유의 유무를 판단함에 있어서는 부동산의 취득목적에 비추어 고유목적에 사용하는 데 걸리는 준비기간의 장단, 고유목적에 사용할 수 없는 법령 상 사실상의 장애사유 및 장애정도, 당해 취득자가 부동산을 고유 업무에 사용하기 위한 진지한 노력을 다하였는지 여부, 행정관청의 귀책사유가 가미되었는지 여부 등을 고려하여 판단해야 한다고 하였다(대법원 2006두14926, 2009.1.15.).

① 감면 목적사업에 사용할 수 없다는 사실을 알 수 있었다면 정당한 사유가 아님

사회복지법인이 토지를 취득한 후 해당 토지가 택지개발지구로 지정되어 있어 직접 사용하지 않고 매각하였다고 하더라도 취득 당시에 해당 토지가 택지개발지구로 지정되어 있었다면 이것은 사전에 그 사실을 확인하지 못한 사회복지법인에게 귀책사유가 있어 정당한 사유에 해당하지 않는다고 하겠다.

사회복지법인이 토지를 취득한 후 당해 용도에 직접 사용하지 아니하고 매각한 데 대한 정당한 사유가 있는지 여부에 대하여 청구인이 이 건 토지를 취득할 당시에는 그 일대가 이미 택지개발지구로 지정되어 있어 청구인이 조금만 주의를 기울였더라면 목적사업에 사용할 수 없는 사실을 알 수 있었다 할 것이므로, 청구인이 이 건 토지를 취득하여 당해 사업에 직접 사용하지 못하고 매각한 데 대한 정당한 사유가 있다고 볼 수는 없음(조심 2011지0618, 2010.10.25.).

② 단순한 경기침체 및 사업추진비 부족은 정당한 사유가 아님

사회복지법인이 노인공동생활가정의 설립·운영을 위해 부동산을 취득하면서 감면을 받았으나 주변상가 건물주들의 1회적인 항의와 단순한 경기침체 및 사업추진비의 부족을 이유로 부동산을 매각한 것은 정당한 사유에 해당하지 않는다고 할 것이다.

청구법인은 이 건 부동산을 취득하고 유예기간 내 고유목적사업에 사용하지 못한 정당한 사유가 있다고 주장하나, 청구법인이 제출한 자료 등에 의하면 청구법인이 이 사건 부동산을 유예기간 내 목적사업에 사용하지 못한 법령상의 금지·제한이 있었다고 보기 어렵고, 주변상가 건물주들의 1회적인 항의가 사업추진에 적극적인 방해가 될 수 없는 점과 이 사건 부동산 취득이후 개보수 작업을 위하여 지붕만 헐은 사실 등을 볼 때, 청구법인이 고유목적사업에 사용하기 위하여 진지한 노력을 다한 흔적을 찾아보기 어려우며, 단순한 경기침체 및 사업추진비의 부족을 이유로 처분청에 노인공동생활가정의 설립·운영을 포기하고, 이 사건 부동산을 매각한 사실은 청구법인의 내부적인 사정에 불과할 뿐 정당한 사유가 있다고 보기 어렵다고 판단되고, 더욱이 청구법인이 이 사건 부동산을 목적사업에 사용하였다 하더라도 그 사용일부터 2년 이상 그 용도에 직접 사용하였어야 하나, 청구법인은 취득일(2007.10.10.)부터 2년 이내에 이 사건 부동산을 매각(2009.8.7.)하였으므로 이 사건 부동산의 매각은 기 비과세된 취득세 등의 추징 요건에 해당되는 것이므로 처분청이 이 사건 부동산에 대하여 취득세 등을 부과한 처분은 적법하다고 판단됨(조심 2010지0027, 2010.11.19.).

③ **처분청의 도시계획사업 절차에 따라 불가피하게 건축이 지연된 것은 정당한 사유에 해당**

사회복지법인이 노인복지시설에 직접 사용하기 위하여 토지를 취득하여 건축물 설계계약을 하고 완성된 설계도면까지 수령하는 등 해당 목적사업에 사용하기 위해 지속적인 노력을 다하였으나, 조성사업 부지 전체에 대해 도시계획사업시설 인가를 받지 않는 한 해당 토지에 대한 노인복지시설 건축허가가 불가능한 상황이었고 처분청이 뒤늦게 전체 면적에 대한 실시계획인가를 한 사례이다. 조세심판례는 해당 토지를 목적사업에 사용하지 못한 귀책사유가 사회복지법인이 아닌 처분청에 있어 목적사업에 사용하지 못한 데에 정당한 사유가 있다고 판단했다.

청구법인이 취득한 이 건 토지는 "ㅇㅇㅇ 제1지구 시가지조성사업 토지이용계획도"상 사회복지시설 이외의 용도로는 사용이 불가능한 토지로 정하여져 있고, 청구법인이 취득 후 곧바로 노인복지시설의 건축물설계계약을 하여 완성된 설계도면을 수령하는 등 노인복지시설에 직접 사용하기 위하여 지속적인 노력을 하였으나, ㅇㅇㅇ 제1지구 시가지 조성사업 부지의 총면적 804,800㎡ 전체에 대하여 도시계획사업실시인가를 받지 않는 한 이 건 토지에 대하여만 노인복지시설 건축허가를 받기는 불가능하였고, 처분청이 2008.5.29.에서야 (주)ㅇㅇㅇ을 도시계획사업 시행자로 지정하고 ㅇㅇㅇ 제1지구 시가지 조성사업 부지의 총면적 804,800㎡ 전체에 대하여 실시계획인가를 한 점 등에 비추어 볼 때, 청구법인이 이 건 토지를 취득한 후 유예기간 이내에 직접 사용하지 못한 귀책사유가 청구법인에게 있다기보다는 처분청의 도시계획사업 절차에 따라 불가피하게 건축이 지연될 수밖에 없었다는데 기인한 것으로 인정됨(조심 2009지0928, 2010.7.6.).

지 역

Chapter 03

종교·문화·예술 지원

I 종교단체 또는 향교에 대한 면제

✔ 감면 요건

대상자	종교단체 또는 향교
대상물건	① 종교행위 또는 제사를 목적으로 하는 사업에 직접 사용하기 위하여 취득하는 부동산 ② 종교단체 또는 향교가 과세기준일 현재 해당 사업에 직접 사용하는 부동산 ※ 제3자의 부동산을 무상으로 해당 사업에 사용하는 경우 포함 ③ 그 사업에 직접 사용하기 위한 면허 등 ④ 생산된 전력 등을 무료로 제공하는 경우 그 부분 ⑤ 사찰림 및 전통사찰보존지 ⑥ 법인의 사업장 중 종교의식을 행하는 교회·성당·사찰·불당·향교 등
감면율	① 취득세 면제 ② 재산세(도시지역분 포함) 및 지역자원시설세 면제 ③ 등록면허세 면제, 주민세 재산분 및 종업원분 면제 ④ 지역자원시설세 면제 ⑤ 재산세(도시지역분 포함) 면제 ⑥ 주민세 균등분 면제 ※ 최소납부세제 적용 배제
감면시한	없음(무기한 감면)

✔ 추징 요건

추 징	① 취득세 추징 i) 해당 부동산을 취득한 날부터 5년 이내에 수익사업에 사용하는 경우 ii) 정당한 사유 없이 그 취득일부터 3년이 경과할 때까지 해당 용도로 직접 사용하지 아니하는 경우 iii) 해당 용도로 직접 사용한 기간이 2년 미만인 상태에서 매각·증여하거나 다른 용도로 사용하는 경우 ② 재산세 추징 : 수익사업에 사용하는 경우와 해당 재산이 유료로 사용되는 경우의 그 재산 및 해당 재산의 일부가 그 목적에 직접 사용되지 아니하는 경우의 그 일부 재산 ③ 주민세 재산분 및 종업원분 추징 : 수익사업에 제공되고 있는 사업소와 종업원 ④ 사찰림 및 전통사찰보존지 재산세 추징 : 수익사업에 사용하는 경우와 해당 재산이 유료로 사용되는 경우의 그 재산 및 해당 재산의 일부가 그 목적에 직접 사용되지 아니하는 경우

✔ 관련 법령

지특법 §50, 지특령 §25

✔ 개정 연혁

개정일	개정 전	개정 후	개정이유 / 적용요령
지특법 §50 ① 2015.12.29. 제13637호	(감면 대상) 종교 및 제사를 목적으로 하는 단체가 해당 사업에 사용	(감면 대상) 종교단체 또는 향교가 종교행위 또는 제사를 목적으로 하는 사업에 직접 사용	취득세 등이 면제되는 종교 및 제사를 목적으로 하는 단체에 향교가 명시되어 있지 않아 운영상 논란이 발생 현행 운영실태에 부합되도록 개정한 것이므로 변경사항 없음
지특법 §50 ⑥ 2017.12.26. 제16041호	경내지	전통사찰보존지	'12년 「전통사찰법」 개정으로 경내지 용어가 전통사찰 보존지로 변경되었으나, 지특법 상에는 경내지로 존속, 납세자 혼란 우려

쟁점 076 종교단체로 주무관청에 등록만 되면 지방세 면제 대상?

> **지방세특례제한법 제50조 【종교단체 또는 향교에 대한 면제】**
>
> ① 종교단체 또는 향교가 종교행위 또는 제사를 목적으로 하는 사업에 직접 사용하기 위하여 취득하는 부동산에 대해서는 취득세를 면제한다.
>
> ② 제1항의 종교단체 또는 향교가 과세기준일 현재 해당 사업에 직접 사용(종교단체 또는 향교가 제3자의 부동산을 무상으로 해당 사업에 사용하는 경우를 포함한다)하는 부동산(대통령령으로 정하는 건축물의 부속토지를 포함한다)에 대해서는 재산세(「지방세법」 제112조에 따른 부과액을 포함한다) 및 「지방세법」 제146조 제3항에 따른 지역자원시설세를 각각 면제한다.
>
> ③ 제1항의 종교단체 또는 향교가 그 사업에 직접 사용하기 위한 면허에 대해서는 등록면허세를 면제하고, 해당 단체에 대해서는 주민세 재산분 및 종업원분을 각각 면제한다.
>
> ④ 종교단체 또는 향교에 생산된 전력 등을 무료로 제공하는 경우 그 부분에 대해서는 「지방세법」 제146조 제1항 및 제2항에 따른 지역자원시설세를 면제한다.

종교단체 또는 향교가 종교행위 또는 제사를 목적으로 하는 사업에 직접 사용하기 위하여 취득·보유하는 부동산에 대해 취득세, 재산세, 지역자원시설세, 등록면허세, 주민세 재산분 및 주민세 종업원분을 각각 면제한다. 여기에서 종교단체란 오랜 역사 속에서 생성·진화해온 인간의 다양한 정신적·문화적 유산으로 지방세특례제한법에서는 감면 대상 종교단체가 특별히 규정되어 있지는 않다.

다만, 감면 대상 종교단체는 세법 상의 조세원칙 등을 고려하여 인적요건과 물적요건을 동시에 충족하는 단체를 의미한다고 볼 수 있다. 물적요건은 관련 법령에 따라 행정관청에 단체 신고·등록이 되어 있는 것이고 인적요건은 일정한 공동체를 형성한 가운데 기도·수양 등 구체적인 종교활동을 하는 단체에 해당해야 한다는 것이다. 이 두 가지 요건을 모두 충족하지 않는 경우 면제 대상에 해당하지 않는다고 하겠다.

종교단체에 대한 지방세 비과세는 지방세법이 제정된 1949년에 신설되었다가 2011년부터 지방세특례제한법이 제정되면서 비과세에서 감면으로 전환되어 현재까지 이르고 있다. 2016년부터는 감면대상이 당초 종교 및 제사를 목적으로 하는 단체에서 종교단체 또는 향교로 개정되었다.

종교단체는 민법에 기반을 둔 비영리 재단법인 또는 사단법인의 형태로 설립할 수 있다. 주무관청은 단체의 주사무소 소재지 관할의 특별시·광역시, 도청이며 대체로 문화진흥관련 부서에서 담당하고 있다. 다만, 할동 범위가 3개 이상의 특별시, 광역시, 도에 걸치는 단체의 경우에는 문화체육관광부에 허가신청을 하여야한다.

종교단체 설립 시 주무관청은 명칭, 설립목적과 주된 활동사업 등이 종교단체의 범위와 소관에 해당하는 지의 여부를 우선적으로 확인하며, 단체의 독자성, 전문성, 사업수행가능성, 비영리성 또는 공익성, 합법성과 과거 활동실적 등을 종합적으로 고려하여 단체 설립의 필요성과 타당성 여부를 검토한다.

문화체육관광부에서 발간한 2018년 한국의 종교 현황을 보면, 우리나라 종교단체는 총 1,181개로 불교 353개(재단 110, 사단 437), 개신교 633개(재단 196, 사단 437), 천주교 118개(재단 95, 사단 23), 유교 38개(재단 17, 사단 21), 기타 종교 39개(재단 25, 사단 14) 등이 있다.

(1) 마음수련활동은 종교단체의 종교행위로서 지방세 면제 대상

종교단체로 설립허가를 받은 마음수련활동 단체가 마음수련활동을 위하여 부동산을 취득하는 경우 종교단체에 대한 취득세 면제를 받을 수 있을까? 앞에서 살펴본 것과 같이 종교단체는 물적요건과 인적요건을 모두 충족해야 한다. 마음수련활동 단체는 물적요건은 충족되었으나 인적요건이 충족되는 지가 쟁점이다. 과연 마음수련활동을 종교행위로 볼 수 있을까?

조세심판례는 종교단체로 법인설립허가를 받았으나 주된 활동이 일반인을 대상으로 명상프로그램을 통하여 수련활동을 하고 있을 뿐 이러한 명상프로그램이 어떤 종교행위를 표상하는 것인지 명백하지 아니하고, 부동산이 주로 강의장, 수련장, 숙소 등과 그 부대시설로서 일반적으로 종교단체가 아닌 교육기관이 운영하는 시설과 별다른 차이가 없으며, 부동산에 대한 과세관청의 현지조사 당시 부동산을 종교용으로 사용하고 있다는 사실을 알 수 있는 아무런 표상이 없고, 특정한 종교의 지지자들이 아닌 일반인을 상대로 수련활동을 진행하면서 그 이용기간 등에 따라 고정적인 금액을 수수료로 징수하고 있으므로 해당 부동산은 종교용에 직접 사용되는 부동산이라기보다는 수익사업에 사용되는 부동산에 해당된다고 판단했다(조심 2014지2036, 2015.9.23.).

판례는 이와 다르게 보았다. 마음수련활동 단체가 설립된 이래 해당 부동산에서 지속적으로 수행하여 온 마음수련활동은 종교단체의 본질적인 목적 및 사업분야에 해당하고, 이는 단체 설립 허가 신청 당시부터 예정되어 있던 활동이며, 나아가 마음수련활동의 구체적인 내용과 지향점, 수련방법과 목적, 관련 종교 문헌, 다른 기성 종교의 마음수련에 대한 종교적 평가, 단체의 설립 취지와 목적 등을 종합적으로 고려하여 보면, 해당 부동산에서 수행되었던 일련의 마음수련활동은 본질상 마음수련활동 단체 기본적으로 추구하는 종교활동으로 보아야 한다고 판단했다.

마음수련활동 단체가 일반인들을 대상으로 마음수련활동의 낮은 단계 과정이 종교와는 무관하다면서 이를 명상 프로그램으로 홍보하기도 하였으나 종교활동은 기본적으로 광범위하고 자유로운 형태의 선교 및 포교활동을 수반하고 있으며, 일응의 신흥 종교로 볼 수 있는 '마음수련'을 일반 대중에게 널리 전파하는 과정에서 일부 오해의 여지가 있는 표현이 사용되었다고 하더라도 그에 대한 본질적인 의미는 마음수련활동 단체가 추구하는 종교의 본질 및 활동 범위에서 제한적으로 평가함이 상당하므로 마음수련활동 단체가 마음수련활동을 일반인들에게 전파하고 이를 알리는 과정에서 일부 오해의 여지가 있는 표현이 사용되었다는 점 등은 종교활동의 본질을 부정하는 요소로 삼기 어렵다고 보았다.

마음수련활동 참가자들로부터 참가비를 지급받았으나, 마음수련활동 참가기간, 참가자들에게 기본적으로 숙식이 제공되고, 사업계획서 중 사업수지예산서에 참가비 및 수익사업을 통한 재원 등을 단체의 수입으로 충당한다는 내용이 포함되어 있으므로 해당 참가비가 실비 수준을 부당하게 초과한다거나 수익 내지 영리활동으로 평가하기는 어렵다고 하였다.

따라서, 종교단체로 설립허가를 받은 마음수련활동 단체가 마음수련활동을 위하여 부동산을 취득하는 경우 종교단체에 대한 취득세 면제 대상이라고 하겠다.

- 쟁점부동산이 주로 강의장, 수련장, 숙소 등과 그 부대시설로서 일반적으로 종교단체가 아닌 교육기관이 운영하는 시설과 별다른 차이가 없는 점, 청구법인이 일반인을 상대로 수련활동을 진행하면서 그 이용기간 등에 따라 이용료를 징수한 점 등에 비추어 처분청이 쟁점부동산을 수익사업에 사용되는 부동산으로 보아 취득세 등을 부과한 처분은 잘못이 없다고 판단됨(조심 2014지2036, 2015.9.23.).

- ㅇㅇㅇㅇ수련회 유지재단이 일반인들을 대상으로 마음수련활동이 종교와 직접 관련이 없음을 홍보하고 마음수련활동 참가자들로부터 참가비를 지급받았다고 하더라도 홍보과정의 오해 표현을 종교활동 본질의 부정요소로 보기 어렵고, 실비수준 참가비를 영리활동으로 보기 어려워 종교단체로 봄이 타당함(대법원 2017두31101, 2017.4.28.).

(2) 종중은 제사를 목적으로 하는 단체에 해당하지 않음

2015년 말 지방세특례제한법 개정에 따라 감면 대상이 당초 종교 및 제사를 목적으로 하는 단체에서 종교단체 또는 향교로 조정되었다. 결과만 놓고 보면 제사를 목적으로 하는 단체를 향교로 변경하여 감면 대상을 명확한 것이나, 개정된 배경에는 종중이 제사를 목적으로 하는 단체에 해당하는 지에 대한 쟁점이 있었다.

2011년 유권해석(지방세운영과-2606, 2011.6.6.)에서는 종중이 제사를 목적으로 하는 단체에 해당하지 않는다고 판단했다. 이후 이와 관련하여 행정소송이 개시되었고 1심과 달리 2심에서는 종중이 제사를 목적으로 하는 단체에 해당한다고 판시했다. 이에 따라 행정안전부는 유권해석의 취지에 맞게 지방세특례제한법 제50조의 감면 대상자를 종교단체 또는 향교로 개정하게 된다. 그런데, 3심인 대법원에서는 유권해석과 같이 종중이 제사를 목적으로 하는 단체에 해당하지 않는다고 최종 판단했다. 결국 그 당시 지방세특례제한법 개정을 하지 않았어도 운영 상 큰 문제는 없었겠지만, 운영 상의 쟁점을 신속히 입법화함으로써 원활한 지방세 감면 운영을 도모한 데에 그 의의가 있다고 하겠다.

그렇다면 행정소송에서 종중이 제사를 목적으로 하는 단체에 해당하거나 해당하지 않는다고 판단한 법리는 무엇일까?

2심인 고등법원은 종중이 제사를 목적으로 하는 단체에 해당한다고 판단하면서 해당 규정의 입법 연혁에 무게를 두었다. 해당 규정은 2010년까지 지방세법에서 비과세 조항에 있다가 2011년에 지방세특례제한법이 제정되면서 감면 조항으로 이관되었다. 구 지방세법에서는 '제사·종교·자선·학술·기예 그 밖의 공익사업을 목적으로 하는 대통령령이 정하는 비영리사업자가 그 사업에 직접 사용하는 부동산'을 비과세 대상으로 규정하였고, 구 지방세특례제한법 제50조 제2항은 '종교 및 제사를 목적으로 하는 단체가 해당 사업에 직접 사용하는 부동산'을 재산세 감면 대상으로 규정하였다.

고등법원은 이렇게 개정한 것이 '단일법 체계였던 구 지방세법을 분야별로 전문화·체계화하기 위하여 과세 면제 및 경감에 관한 규정, 각 세목별로 감면적 성격이 강한 비과세 규정 및 지방자치단체의 감면에 관한 조례 중에서 전국 공통으로 적용되는 감면사항을 일괄 규정함으로써 지방세 감면을 체계적으로 관리하여 공평과세를 실현하려는 것'으로 이해되므로, 구 지방세특례제한법 제50조 제2항이 재산세 면세의 범위를 확대하기 위해 공익사업성에 관한 요건을 의도적으로 뺀 것은 아니라고 보았다.

그러나 조세법률주의 원칙에서 파생되는 엄격해석의 원칙상, 조세법규의 해석은 과세요건이거나 비과세요건 또는 조세 감면 요건을 막론하고 특별한 사정이 없는 한 법문대로 해석하여야 하므로 비과세 조항과 달리 감면 조항에서 '제사를 목적으로 하는 단체가 해당 사업에 직접 사용하는 부동산'이라고 규정하고 있을 뿐, 그 단체가 공익사업을 목적으로 하는 단체이어야 한다는 내용이 전혀 없음에도 불구하고 '공익사업성'을 재산세 면제를 위해 반드시 필요한 요건으로 추가하는 것은 원칙적으로 허용되지 않는다고 하였다.

실무상 종교단체의 경우에도 '공익사업성' 여부와 상관없이 종교용으로 직접 사용하는 부동산인지 여부만 가려 재산세 등을 면제시켜 주고 있는 점을 고려할 때 종중이 '공익사업성'의 여부와 관계없이 선조의 제사 등을 목적으로 하는 단체라면 '제사를 목적으로 하는 단체'로 보아야 한다고 판단했다.

지 역

그러나, 대법원은 쟁점 조항인 지방세특례제한법 제50조가 특정인이나 특정집단이 아닌 불특정 다수인의 이익을 위하여 다중의 보편적 문화를 지원하는 차원에서 지방세 감면 혜택을 부여하는 데에 그 취지가 있고, 해당 규정의 제사는 불특정 다수인에게 개방된 종교와 유사한 사회적 기능과 역할을 수행하고 그 단체는 그러한 성격의 제사를 주된 목적으로 할 것을 전제한다고 보았다.

종중이 봉행하는 공동선조의 제사는 조상숭배의 사상에 바탕을 둔 우리의 특수한 관습으로서 보존가치가 있는 전통문화이기는 하지만 주된 기능과 역할이 특정한 범위의 후손들을 위한 것에 그치고, 종중은 공동선조의 제사뿐만 아니라 공동선조의 분묘수호와 종중 재산의 보존·관리, 종원 상호 간의 친목 등 다양한 목적을 위하여 구성되는 자연발생적인 종족집단이므로 제사만을 목적으로 한다고 보기 어렵기 때문에 종중은 '제사를 목적으로 하는 단체'가 아니라는 것이다. 요약하면, 종중은 특정인이나 특정집단에 한정되고 종중의 제사도 특정한 범위의 후손들을 위한 것이기 때문에 해당 조항의 입법취지에 맞지 않다는 의미다.

"종중"이라 함은 선조분묘에 대한 관장, 친목과 상부상조, 종중후생 및 장학사업 등을 목적으로 하는 단체이므로 종중소유의 제실 등이 제사목적에 일부 사용된다 하더라도 특정인 또는 특정 집단의 이익만을 위한 종중명의의 제실 및 그 부속토지는 취득세 감면 대상에 해당하지 않음(지방세운영과-2606, 2011.6.6.).

종중은 공동선조의 제사뿐만 아니라 공동선조의 분묘수호와 종중 재산의 보존·관리, 종원 상호 간의 친목 등 다양한 목적을 위하여 구성되는 자연발생적인 종족집단이므로 제사만을 목적으로 한다고 보기도 어려운 점 등을 종합하여 보면, 종중은 그 목적과 본질에 비추어 볼 때 일부 제사 시설을 보유하고 선조의 제사를 봉행하더라도 '제사를 목적으로 하는 단체'에 포함되지 아니함(대법원 2014두40958, 2016.2.18.).

① 종중은 공동선조의 분묘수호와 봉제사 및 종원 상호 간의 친목을 목적으로 형성되는 종족단체로 소유한 제실 등이 제사 목적에 일부 사용된다 하더라도 재산세 감면 대상인 종교 및 제사를 목적으로 하는 단체로 보기 어려움.

② 과세대상 누락, 위법 또는 착오 등으로 인하여 이미 부과한 세액을 변경하거나 수시 부과하여야 할 사유가 발생하면 수시로 부과·징수할 수 있도록 규정하고 있으므로 부과제척기간 내의 이 건 재산세를 부과한 처분은 달리 잘못이 없음(조심 2016지0125, 2016.11.8.).

(3) 담임목사 명의로 건물을 취득하면 종교단체의 부속토지도 감면 대상이 아님

교회가 토지를 취득한 후 건축물을 담임목사 명의로 신축 취득하여 소유권 보존 등기를 한 경우, 취득한 토지가 종교용에 직접 사용하는 부동산에 해당될까? 교회는 토지는 교회명의로 되어 있고, 신축 건축물 중 1층 카페부분을 제외한 2~4층을 실질적으로 교회 예배당으로 사용하고 있으면, 비록 건물을 담임목사 개인 명의로 취득하였다 하더라도 등기명의인과 상관없이 실질적으로 교회당으로 사용하면 취득세 등을 감면하는 것이 실질과세원칙에 부합되는 것이므로, 건축물에 대한 명의가 교회로 되어 있지 않다고 하여 그 부속토지까지 감면 대상에서 제외하는 것이 부당하다고 주장한다. 즉, 토지와 건축물의 소유자 명의는 다르지만 해당 건축물을 종교행위에 사용하고 있으므로 교회가 소유한 토지까지 종교 목적으로 사용하고 있지 않다고 하는 것은 실질과세원칙에 어긋난다는 주장이다.

일반적으로 토지와 건축물을 동일한 주체가 취득하기 때문에 토지와 건축물을 감면받은 경우 토지 위에 건축물을 신축하여 감면 목적대로 사용하게 되면 토지가 추징 대상이 되는 경우는 극히 드물다. 토지의 직접 사용 여부는 건축물을 신축하여 감면 목적대로 사용하는지 여부에 달려 있기 때문이다. 그러나 위의 사례와 같이 토지의 소유자와 건축물의 소유자가 다른 경우 취득 당시 감면받은 토지도 추후 건축물의 소유자가 감면 대상에 해당하지 않게 되면 추징 대상이 될 수 있다.

조세심판례는 실질과세규정은 새로운 효력을 창설하는 기능을 하는 것이 아니라, 세법운영상의 원론적 의미를 선언적으로 규정한 일반규정이므로, 지방세법령 각 조항에서 규정하는 세목별 과세 객체의 개념과 납세의무자의 범위 규정이 "실질과세" 여부의 판단기준이 되어야한다고 하면서, 취득세의 경우 그 과세 객체를 "과세대상 물건의 취득행위"라 하고 그 취득행위 자체에 담세력을 인정하여 과세하는 조세이므로 취득세에서 실질이란 취득행위 자체를 의미하는 것이며, 직접 사용이란 부동산 소유자가 그 부동산의 사용권을 행사하는 것으로서 직접 사용의 주체는 소유권자가 되고 그 객체는 부동산이 되며 사용용도는 그 해당사업이 되므로, 신축 건축물을 교회가 아닌 담임목사 명의로 소유권 보존등기를 한 사실이 입증되는 이상, 건축물의 취득자 및 소유자는 취득세 등의 면제 대상인 단체가 아니라 개인 소유의 건축물이기 때문에 해당 토지와 건축물은 종교단체가 그 해당 용도에 직접 사용하는 것으로 볼 수 없다고 판단했다.

종교단체가 토지를 취득한 후 건축물을 담임목사 명의로 신축 취득하여 소유권보존등기를 한 경우, 종교단체가 취득한 토지는 종교단체가 종교용으로 직접 사용할 목적으로 취득한 것으로 보기는 어렵다 할 것임(조심 2013지0414, 2013.6.19.).

지 역

쟁점 077 종교단체의 구성원이 사용하는 부동산은 모두 지방세 면제 대상?

지방세특례제한법 제50조 【종교단체 또는 향교에 대한 면제】

① 종교단체 또는 향교가 종교행위 또는 제사를 목적으로 하는 사업에 직접 사용하기 위하여 취득하는 부동산에 대해서는 취득세를 면제한다.

② 제1항의 종교단체 또는 향교가 과세기준일 현재 해당 사업에 직접 사용(종교단체 또는 향교가 제3자의 부동산을 무상으로 해당 사업에 사용하는 경우를 포함한다)하는 부동산(대통령령으로 정하는 건축물의 부속토지를 포함한다)에 대해서는 재산세(「지방세법」 제112조에 따른 부과액을 포함한다) 및 「지방세법」 제146조 제3항에 따른 지역자원시설세를 각각 면제한다.

③ 제1항의 종교단체 또는 향교가 그 사업에 직접 사용하기 위한 면허에 대해서는 등록면허세를 면제하고, 해당 단체에 대해서는 주민세 재산분 및 종업원분을 각각 면제한다.

④ 종교단체 또는 향교에 생산된 전력 등을 무료로 제공하는 경우 그 부분에 대해서는 「지방세법」 제146조 제1항에 및 제2항 따른 지역자원시설세를 면제한다.

⑤ 사찰림(寺刹林)과 「전통사찰의 보존 및 지원에 관한 법률」 제2조 제1호에 따른 전통사찰이 소유하고 있는 경우로서 같은 조 제3호에 따른 전통사찰보존지에 대해서는 재산세(「지방세법」 제112조에 따른 부과액을 포함한다)를 면제한다.

⑥ 법인의 사업장 중 종교의식을 행하는 교회·성당·사찰·불당·향교 등에 대해서는 주민세 균등분을 면제한다.

종교단체가 종교행위에 직접 사용하는 부동산의 범위는 지방세특례제한법에 구체적으로 명시되어 있지 않아 행정안전부나 과세관청에서도 이를 명확하게 판단해 주기 어렵다. 결국 종교단체가 취득하는 부동산이 종교행위에 직접 사용하는 것인지 여부는 지금까지 나온 유권해석, 조세심판례, 감사원 결정례, 판례 등을 통해 사례별로 확인하는 방법 밖에 없다.

면제 대상 숙소 또는 사택에 해당	면제 대상 숙소 또는 사택에 해당하지 않음
• 담임목사 사택 • 개척교회 담임전도사 사택 • 선교단체 대표자 사택 • 성당의 본당사목 사제 및 특수사목 사제의 숙소 • 수녀들의 성당 구외 숙소 • 성당에 파견된 수녀들의 숙소	• 담임목사를 보좌하는 부목사, 강도사, 전도사 사택 • 원로목사 사택 • 은퇴한 신부의 사택 • 임직원 및 선교사용 숙소 • 교회 선교사 훈련원 구외 숙소

(1) 종교활동에 중추적 역할을 수행하는 구성원의 숙소 또는 사택만 면제 대상임

종교단체의 구성원이 사용하는 숙소나 사택은 해당 구성원이 해당 종교단체의 종교활동에 필요불가결한 중추적인 역할을 수행하는 지 여부에 따라 지방세 면제 대상 여부가 결정된다. 구체적인 사례를 통해 하나씩 살펴보자.

교회의 담임목사는 교회의 활동에 필요불가결한 중추적인 역할을 수행하므로 담임목사의 사택은 지방세 면제 대상이 된다. 그런데 담임목사가 없는 교회의 담임전도사의 사택은 어떻게 봐야할까? 교회입장에서는 교단의 교리에 목사 외에 전도사도 교회담임을 하도록 규정하고 있고 담임목사가 없는 사정으로 인해 영적 지도자이자 행정책임자인 담임전도사를 정점으로 종교의식과 활동이 이루어지고 있었다면 담임전도사가 종교 목적 사업 수행을 위한 필수불가결한 중추적 존재로 보아야 한다고 주장한다.

반면, 과세관청에서는 해당 교단의 교리에서 목사로 안수받지 못한 교역자는 세례식과 성찬식을 집례할 수 없다고 규정하고 있고, 일정한 신학교육을 받고 나서 전도사 단계를 밟은 후 목사안수를 받은 목사와 교회에서 목사 안수를 받기 이전의 전도사는 교역자 지위에서 차이가 있으므로 담임전도사는 필수불가결한 중추적 지위에 있는 자가 아니라고 주장한다.

조세심판례는 담임전도사가 최초 설립시부터 개척한 교회에서 종교 활동에 필수적·중추적 역할을 수행하고 있는 것을 보이는 점, 담임전도사가 사업자등록상 교회의 대표자이며, 교회소식지도 담임전도사 명의로 발간하고 있는 정황을 보아 담임전도사가 교회의 대표자 역할을 한 것으로 보이는 점, 성찬식과 세례식은 종교적으로 중요하나, 이를 수행할 자격이 없다고 하여 담임전도사의 그 외 모든 종교활동을 의미가 없는 것으로 보기 어려운 점 등을 고려하여 담임전도사의 사택은 종교 목적으로 직접 사용하는 부동산에 해당된다고 보았다.

- 최초 설립시부터 담임전도사가 개척한 교회로서 담임전도사는 심리일 현재 교회의 담임목사로 취임하는 등 종교활동에 필수적·중추적 역할을 수행하는 것으로 보이는 점 등에 비추어 이 건 담임전도사가 사택으로 사용한 쟁점부동산은 종교목적으로 직접 사용하였다고 보는 것이 타당함(조심 2015지0891, 2015.12.3.).
- 종교단체가 해당 사업에 '직접 사용'한다는 의미는 해당 종교단체의 실제의 사용관계를 기준으로 객관적으로 판단하여야 할 것인 바, 종교단체가 해당 부동산을 종교의식, 종교교육, 선교활동 등에 사용하는 경우가 아니거나 종교활동을 위해 반드시 있어야만 하는 필요불가결한 중추적인 지위에 있는 사람이 주거용으로 사용하는 경우가 아니라면 감면 대상에서 제외된다고 판단됨(지방세특례제도과-2066, 2019.5.28.).

선교단체 대표이사의 사택의 경우, 2012년 판례에서는 선교단체 대표자는 이사회 결의로 이사 중에서 선출되어 이사회의 지휘를 받아 선교회 본부의 업무를 관장하고 집행하는 기관에 불과하고, 사택 취득 당시 대표자가 교회의 위임목사로 재직하고 있었으며, 선교단체 설립목적이 불어권 지역에 대한 선교활동에 관한 것으로 이사회 지휘를 받아 본부의 업무를 관장한다는 대표에 대한 사택 제공이 선교단체의 종교사업에 반드시 필요하다고 보지 않는다는 이유로 선교단체 대표자의 사택이 지방세 면제 대상이 아니라고 하였다.

지역

반면, 2016년 판례에서는 선교단체 대표이사는 선교단체를 대표하는 지위에 있는 이사로서 이사회 회의를 주재하고, 선교단체의 업무를 통괄하는 업무를 수행하였으므로, 선교단체의 목적사업(전도, 선교, 교육, 자선, 의료 및 기타 사회복리를 위한 사업에 필요한 재산 관리 등)을 수행함에 있어서 필요불가결한 인적요소라고 할 것이므로 선교단체 대표이사의 숙소도 종교단체가 직접 사용하는 부동산에 해당한다고 판시했다.

구체적인 사실관계에 따라 결론이 달라질 수 있는 있겠지만 현재 시점에서 선교단체 대표이사의 사택은 지방세 면제 대상에 해당한다고 할 것이다.

- 선교단체 대표자가 사택으로 사용한 경우 선교단체 대표자는 종교사업을 수행함에 있어 필요불가결한 중추적 지위에 있다고 보이지 않으므로 선교단체 대표자의 사택은 그 사업에 직접 사용되는 것이라고 할 수 없음(대법원 2011두15183, 2012.05.24.).
- 선교단체 대표이사는 선교단체를 대표하는 지위에 있는 이사로서 이사회 회의를 주재하고, 선교단체의 업무를 통괄하는 업무를 수행하였으므로, 선교단체의 목적사업(전도, 선교, 교육, 자선, 의료 및 기타 사회복리를 위한 사업에 필요한 재산 관리 등)을 수행함에 있어서 필요불가결한 인적요소라고 할 것이므로 선교단체 대표이사의 숙소도 종교단체가 직접 사용하는 부동산에 해당됨(대법원 2016두48249, 2016.11.24.).

성당의 본당사목 사제나 특수사목 사제의 경우, 판례는 모두 성당의 종교활동을 위해 반드시 있어야만 하는 필요불가결한 중추적인 지위에 있는 사람으로 판단했다. 사제는 교구의 사목을 책임지는 주교 아래 구체적인 사목을 담당하는 신부를 말하는데, 본당에서 포교활동 등을 하는 본당사목 사제와 본당의 범위를 벗어나 청소년, 학생, 노동자, 공무원, 교정시설, 이주노동자, 병원, 교포, 시장, 해양 등 특정대상이나 분야를 정해 포교활동 등을 하는 특수사목 사제로 구분되고, 사제는 교구장 주교의 임명에 따라 본당사목을 담당할 수도 있고, 특수사목을 담당할 수도 있으며, 정기인사 발령에 따라 본당과 특수사목을 순환하며 근무하기 때문에 본당사목 사제와 특수사목 사제의 선교활동의 대상이나 방식에 있어 다소 차이는 있지만 천주교의 가르침이나 교리를 전파하기 위한 활동이라는 점에서는 본질적인 차이가 없다고 보았다. 따라서 본당사목 사제의 사택뿐만 아니라, 특수사목 사제의 사택 역시 종교단체가 그 사업에 사용하는 부동산에 해당된다고 하겠다.

- 본당사목 사제의 사택뿐만 아니라, 특수사목 사제의 사택 역시 종교단체의 중추적인 지위자에 해당하므로 종교단체가 그 사업에 사용하는 부동산으로 취득세, 등록세, 재산세의 비과세 대상이 타당함(대법원 2015두48495, 2015.11.26.).

성당에 소속된 수녀의 경우, 조세심판례에서는 수녀를 종교단체의 목적사업을 수행하기 위한 중추적인 역할을 하는 자로 보기 어렵다고 판단했으나, 판례에서는 성당에 파견되어 종교활동을 직접 담당하는 수녀들은 원활한 사업수행에 있어 필요불가결한 존재라고 보았다. 따라서 성당에 소속된 수녀들의 숙소는 성당 구외에 있더라도 지방세 면제 대상에 해당된다고 하겠다.

- 청구법인이 성당 구외에 소재한 주택을 수녀들의 숙소로 제공한다 하더라도 수녀를 당해 종교단체의 목적사업을 수행하기 위한 중추적인 역할을 하는 자로 보기는 어렵고, 수녀들의 구외 숙소로 사용하면서 일시적으로 종교용도로 사용하였다 하더라도 종교용에 상시적으로 사용되는 종교시설에 해당한다고 보기는 어려움(조심 2012지0805, 2012.12.26.).
- 성당에 파견되어 종교활동을 직접 담당하는 수녀들은 원활한 사업수행에 있어서 필요불가결한 존재라 할 것인 점, 수녀원을 설치할 장소가 없어 부득이 성당 밖에 수녀들의 공동 수도생활 공간을 마련하는 경우를 달리 취급하여야 할 별다른 이유가 없는 점 등에 비추어 보면, 아파트는 지방세특례제한법 제50조 제1항 본문 소정의 비과세 재산에 해당한다고 할 것임(대법원 2014두557, 2015.9.15.).

한편, 교회에서 담임목사를 보좌하는 부목사, 강도사, 전도사 사택은 부목사, 강도사, 전도사가 종교단체 사업에 필요불가결한 중추적인 지위에 있지 않다는 이유로 행정안전부 유권해석, 조세심판원 결정례, 감사원 심사례, 대법원 판례에서 모두 종교단체 사업에 직접 사용되는 부동산에 해당하지 않는다고 판단하고 있다.

- 종교단체 부목사들의 사택인 부목사관은 부목사가 종교단체의 종교활동을 위해 반드시 있어야만 하는 필요불가결한 중추적인 지위에 있지 않으므로 종교사업을 목적으로 직접 사용하기 위한 것으로 볼 수 없어 취득세 등의 과세처분은 정당함(대법원 2006두2930, 2006.4.27.).
- 부목사나 전도사는 종교활동에 필수불가결한 중추적인 지위에 있는 자로 볼 수 없으므로 그들이 주거용으로 사용하는 부분은 종교용에 직접 사용된다고 볼 수 없고, 종교단체의 산하 단체에서 복지시설로 사용하는 부분도 종교의식 등에 사용된다고 보기 어려우므로 처분청에서 쟁점 부동산에 대해 재산세 및 취득세 등을 부과한 처분은 잘못이 없음(조심 2017지0052, 2017.5.10.).
- 부목사는 교회의 필요에 따라 당회장인 위임목사를 보좌하기 위하여 수시로 노회의 승낙을 받아 임명되어 임의로 시무하는 목사라는 점에서 종교활동에 필수불가결한 중추적인 지위에 있다고 할 수 없으므로 부목사가 사용하는 주택을 종교사업에 직접 사용하는 것으로 볼 수 없음(조심 2013지0688, 2014.1.6.).
- 부목사 등 부교역자들이 청구인의 목적사업인 종교사업에 참여하고 있다 하더라도 이 사건 부동산 중 이들이 사택으로 사용하는 부분은 종교의식, 종교교육, 선교활동 등의 종교사업에 직접적으로 사용된 것이 아닐 뿐더러 이들 부교역자가 청구인의 조직과 사업에서 필요불가결한 중추적 지위에 있는 사람이라고 보기도 어려움(감심 2015-160, 2015.5.28.).

원로목사의 사택, 은퇴한 신부의 사택, 교회 임직원 및 선교사용 숙소 그리고 교회 선교사 훈련원 구외 숙소도 해당 구성원들이 종교활동에 중추적인 역할을 수행하는 자가 아니여서 지방세 면제 대상이 아니라고 보았다.

- 취득한 주택은 유예기간(3년) 이내에 종교용으로 직접 사용하지 않고 종교 활동에 중추적 역할을 한다고 볼 수 없는 원로목사들의 사택으로 사용되고 있는 것으로 나타나므로 취득세 등의 추징은 타당하며 또한 처분청 직원의 잘못된 안내에 따라 가산세를 부과하게 되더라도 이는 가산세를 면제할 정당한 사유에 해당하지 않음(조심 2014지1368, 2014.12.17.).
- 종교법인의 정규 직무에서 은퇴한 신부의 사택용으로 사용되는 아파트는 종교사업에 직접 사용되는 부동산으로 볼 수 없음(대법원 2007두20027, 2009.6.11.).

지 역

종교단체가 주택을 취득하여 교회임직원 및 선교사들의 숙소로 제공하고 있는 경우 종교단체로서의 본질적 활동인 선교활동, 선교사 양성을 위한 교육 등에 이 건 주택 등이 직접 또는 일상적으로 사용되었다고 보기보다는 국내에 일시 체류하는 동안에 휴식을 취하는 쉼터 등의 부수적인 정도에 그쳤다고 봄이 상당함(조심 2008지0930, 2009.9.15.).

이 건 부동산에서 해외 선교사 훈련원들에 대한 종교활동이 일부 이루어진다 하더라도 처분청 담당공무원의 현지조사에서 청구인의 본 교회 구외에 소재하고 있는 동 부동산의 주된 사용용도가 주거용 부동산으로 확인되었고, 청구인이 종교단체의 목적사업을 수행함에 있어 선교사 훈련생들을 중추적 지위에 있는 존재가 아니므로 청구주장을 받아들이기는 어렵다고 판단됨(조심 2017지1176, 2018.1.10.).

(2) 종교단체가 운영하는 카페는 원칙적으로 지방세 면제 대상이 아님

최근 들어 교회 내 카페가 점점 늘어나는 추세다. 거리에 커피 전문점이 늘어나는 추세에 맞춰 교회도 지역주민에게 필요를 채워주고 동시에 선교에 활용하려는 목적에서 웬만한 교회는 없는 곳이 없을 정도로 교회 내 카페가 늘어나고 있다. 커피 값은 주변보다 저렴하고 주변의 어려운 사람들에게 일자리를 제공할 뿐 아니라, 수익금으로 불우이웃을 돕거나 학생들에게 장학금을 제공하며 해외 선교에도 사용한다. 그러한 공익적 목적 때문인지 교회는 카페가 종교 사업에 해당한다거나 설령 카페가 수익사업이라고 하더라도 카페 면적을 카페의 음료 제조 공간에 한정하여 보는 경향이 있다. 교회와 과세관청 사이에 카페 과세 여부로 다툼이 자주 발생하는 이유이기도 하다. 이와 관련된 한 가지 사례를 보자.

과세관청이 교회 내 카페 면적을 과다하게 산정한 것이 적정한지에 대한 조세심판례(조심 2017지0938, 2017.11.15.)가 있다. 교회는 카페를 운영하기 위해 사업자등록증 및 영업신고를 하였고 신청 당시 사업장 면적은 9.5㎡이었음에도 과세관청이 교인들의 만남의 장소로 활용하고 있는 테이블 면적을 포함하여 사업장 면적을 37.05㎡로 하여 취득세와 재산세를 부과하였다고 주장한다.

과세관청에서는 현장방문 결과 쟁점카페에서 불특정 다수인에게 신용카드 결제 후 음료수를 판매하였고 일반적인 카페와 마찬가지로 자유롭게 앉아서 음료수를 마실 수 있는 공간이 마련되어 있었으므로 이러한 영업은 음료제조공간만 있고 좌석이 마련되어 있지 않아 음료 구입 후 현장을 떠나는 테이크아웃 카페와 달리 취급하여야 하므로 커피 및 음료수를 제조하는 공간과 좌석이 마련되어 있는 공간을 합하여 수익사업용 면적으로 산정하는 것이 타당하다고 주장한다.

조세심판례는 과세관청의 주장과 같이 쟁점카페가 종교의식 및 예배 등의 종교목적이 아니라 유료로 커피 등을 판매하는 용도로 사용하는 매장이라는 점과 과세관청 공무원의 조사에 따라 카페에서 불특정다수인에게 음료수를 판매하고 일반 카페와 마찬가지로 자유롭게 앉아서 마실 수 있는 공간이 마련되어 있는 점, 그리고 제조공간만 있고 좌석이 마련되어 있어 음료의 구입 후 바로 떠나야 하는 테이크아웃 카페와 달리 보아야 하는 점 등을 이유로 커피 등을 제조하는 공간과 좌석이 마련되어 있는 공간을 사업장 면적으로 하여 취득세와 재산세를 부과한 처분이 적법하다고 보았다.

쟁점카페는 종교의식 및 예배 등 종교목적이 아니라 유료로 커피 등을 판매하는 용도로 사용하는 매장인 점 등에 비추어 처분청이 쟁점카페에 대하여 기 면제한 취득세 등을 추징한 처분은 잘못이 없다고 판단됨(조심 2017지0938, 2017.11.15.).

여기에서 한 가지 유의할 사항은 종교단체 내 모든 카페가 과세대상은 아니라는 점이다. 실무상 원칙적으로 종교단체 내 카페는 모두 과세대상이지만, 종교단체 카페마다 규모가 다르고, 운영 형식이 다르기 때문에 과세관청 담당자들이 직접 현장에 나가 사실관계를 확인한 후 과세여부를 결정하게 된다. 이때 과세여부를 판단하는 기준은 대체적으로 ① 메뉴판과 가격이 적시돼 있을 경우 ② 출입구가 개방돼 외부인 출입이 가능한 경우 ③ 20석 이상의 좌석이 마련된 경우 등이다. 이는 실무상 기준이기 때문에 과세관청마다 조금씩 다를 수 있으므로 이로 인한 쟁점이 생긴 경우에는 감면 대상 부동산 소재지 과세관청과 상의하는 것이 필요하다고 하겠다.

(3) 종교단체가 운영하는 학사관은 지방세 면제 대상이 아님

2015년 서울특별시 일부 자치구가 교회 학사관에 대해 재산세를 추징하면서 언론보도(값싼 숙식비·신앙지도로 대학생들 선호 교회 학사관 '세금폭탄' 신음, 국민일보, 2015.1.22.)에 이어 한국교회언론회에서 공식 논평(교회 학사관에 세금 폭탄 – 템플스테이엔 혈세 지원, 새로운 종교편향·탄압 아닌가?, 2015.1.30.)까지 나오며 교회 학사관 과세 문제가 사회적 논란이 되었다.

교회언론회는 논평에서 "교회 학사관이 대부분 종교시설 안에 있고 입주학생에게 예배와 성경공부를 의무화하기 때문에 선교목적으로 운영될 뿐, 영리를 위한 것이 아니기 때문에 과세를 하는 것은 법 해석 이전에 사회공익적인 측면에서 볼 때 모순"이라고 주장했다. 또한, "국가와 사회를 위해 상당한 교회 시설과 고급 인적자원을 노인학교, 어린이집, 유치원, 방과 후 교실, 문화교실 등으로 운영하고 싶어도 지자체의 세금폭탄 공세가 교회의 사회적 순기능과 공익적 기여를 못하도록 봉쇄하고 있다"고 비판했다.

한편, 과세관청은 종교단체가 그 사업에 직접 사용하는 주거용 부동산은 해당 종교단체의 종교활동을 위해 반드시 있어야만 하는 필요불가결한 중추적인 지위에 있는 사람이 주거하는 부동산에 한정하는 것인데, 학사관에 거주하는 사람들이 교회의 필요불가결한 중추적 지위에 있는 사람이라고 할 수 없고, 과세 물건의 주 용도가 기숙사임은 그 내부구조나 이용현황으로 볼 때 명백하기 때문에 학사관을 종교사업에 직접 사용하지 아니한 것으로 보아 재산세 등을 부과 고지한 처분은 정당하다고 주장했다.

교회 학사관에 대한 과세 적정 여부 판단은 조세심판원에 맡겨졌다. 2014년 5월에 나온 조세심판례는 과세관청의 손을 들어주었다. 과세 물건 내에 기숙하는 학생들은 종교단체의 종교활동에 있어서 반드시 있어야만 하는 필요불가결한 중추적인 지위에 있지 아니하고 학생들이 교단소속 교인들의 자녀라도 하더라도 숙식을 주 목적으로 하는 학사관이 종교목적에 직접 사용되는 것이 아니라고 보았다.

과세 물건 내에 기숙하는 학생들은 종교단체인 청구법인의 종교활동에 있어서 반드시 있어야만 하는 필요불가결한 중추적인 지위에 있는 자가 아니고, 학생들이 비록 청구법인과 같은 교단 소속 교인들의 자녀라 하더라도 숙식을 주목적으로 하는 학사관을 종교목적에 직접 사용되는 것으로 보기는 어려운 점 등으로 청구주장을 받아들이기는 어려움(조심 2014지0516, 2014.5.8.).

이번 사례 이전에도 판례는 대학생들이 그들의 주된 일과이자 본분인 학교에서의 수업 및 공부를 마치고 돌아와 휴식을 취하는 쉼터이자 기와침식(起臥寢食)을 위한 주거공간은 입주한 대학생들이 종교단체의 종교활동을 위해 반드시 있어야만 하는 필요불가결한 중추적 지위에 있는 사람이 아니므로 종교 사업에 직접 사용되는 것이 아니라고 보았고, 사택이나 숙소의 제공이 단지 구성원에 대한 편의를 도모하기 위한 것이거나 그곳에 체류를 하는 것이 직무 수행과 크게 관련되지 않는다면 그 사택이나 숙소는 비영리사업자의 목적사업에 직접 사용되는 것으로 볼 수 없다고 판시했다.

원고의 목적사업에 대학생들을 위한 학생센터 설립 및 운영지원사업이 포함되어 있고 원고가 이 사건 각 부동산에 기독교 대학생들을 입주시켜 엄격한 종교적 규율 아래 아침, 저녁으로 기도회, 성경공부, 모임, 연장자인 신도들을 통한 신앙지도 및 상담 등의 활동을 한다고 하더라도, 이 사건 각 부동산은 원고의 종교단체로서의 본질적 활동인 종교의식, 종교교육, 선교활동 등에 직접적으로 또는 일상적으로 사용하기 위한 교육훈련장소라기보다는 입주해 있는 대학생들이 그들의 주된 일과이자 본분인 학교에서의 수업 및 공부를 마치고 돌아와 휴식을 취하는 쉼터이자 기와침식(起臥寢食)을 위한 주거로서 주로 사용되고 다만 부수적으로 종교적 활동을 위한 공간으로 사용되고 있다고 봄이 상당하고, 또 그곳에 입주한 대학생들이 원고의 종교활동을 위해 반드시 있어야만 하는 필요불가결한 중추적인 지위에 있는 사람이라고 보여지지 않음(대법원 2008두693, 2008.4.24.).

비영리사업자가 구성원에게 사택이나 숙소를 제공한 경우 그 구성원이 비영리사업자의 사업 활동에 필요불가결한 중추적인 지위에 있어 사택이나 숙소에 체류하는 것이 직무 수행의 성격도 겸비한다면 당해 사택이나 숙소는 목적사업에 직접 사용되는 것으로 볼 수 있지만, 사택이나 숙소의 제공이 단지 구성원에 대한 편의를 도모하기 위한 것이거나 그곳에 체류하는 것이 직무 수행과 크게 관련되지 않는다면 그 사택이나 숙소는 비영리사업자의 목적사업에 직접 사용되는 것으로 볼 수 없음(대법원 2013두21953, 2014.3.13.).

2013년 기독교윤리실천운동(기윤실)에서 작성한 수도권 학사관 정보

교회이름	담임목사	인원(남/여)	위 치	모집시기	입관조건
서울영동교회	정현구	9/7	강남구 논현2동	1월 중 (결원발생 시 예비등록)	농어촌 미자립 교역자 자녀
창조교회	전상엽	18/18	강동구 마천1동	1월 중	시방출신, 목사님 추천서, 신앙고백서 등 서류준비가능 한 기독교인(고등학교~직장인까지)
아름다운교회 요셉장학관	김종포	0/9	강동구 명일동	학기초 (1월/7월)	농어촌 목회자 및 선교자 자녀

교회이름	담임목사	인원(남/여)	위 치	모집시기	입관조건
작은목자들 교회	박영돈	6/4	관악구 신림동	12~1월	지방출신 서울소재 대학 재학생, 농어촌교회 목회자 및 선교자 자녀 우대
서울시민교회	권오헌	15/13	광진구 능동	2월 중 (결원발생 시 예비등록)	지방출신 대학 재학생, 선교사 및 목회자 자녀 우대, 가정형편 따른 기준
경성교회	박종걸	3/0	노원구 상계동	결원 시 충원	지방출신 서울소재 대학 재학생, 지방교회 목회자 자녀 우대
목민학사	박영신	8/8	도봉구 창동	1월 중	농어촌지방 목회자 자녀
동산교회	김용원	0/4	동작구 사당1동	결원 시 충원	지방출신 대학(원)생 중 목회자(선교사)자녀, 총신대 우선 선발
서현교회	김경원	53	마포구 서교동	1월/7월 중순	농어촌교회 교역자 및 선교사 자녀
인우학사(남)	김선도	153/0	서대문구 북아현3동	1~2월/ 7~8월	지방 출신 서울소재 대학(원) 재학생
대현교회	최영태	20	서대문구 창천동	학기 초 (1월)	지방 출신 서울소재 대학 재학생
아현성결교회	조원근	44/44	서대문구 충정로3가	학기 초 (1월/7월)	지방 출신 서울소재 대학(원) 재학생
서대문교회	장봉생	0/10	종로구 송월동	학기 초 (1월/7월)	지방출신 서울소재 대학 재학생, 목회자 및 선교자 자녀 우대
금호교회	이화영	3/0	성동구 금호3동	결원 시 충원	서울소재 대학 입학예정자 및 재학생, 수도권 이외 지역의 교인
개동교회	윤종관	문의	성북구 정릉4동	학기 초 (1월/7월)	농어촌 및 도시 미자립교회 목회자 자녀 대학생(성결교단, 교인 자녀 및 목회자 자녀 우대)
마천동교회	설봉식	40/40	송파구 마천동	결원 시 충원	기독교인 대학(원)생
등촌교회	문재섭	14/18	양천구 목3동	1월 중	지방 출신 및 해외거주 대학(원) 재학생

교회이름	담임목사	인원(남/여)	위 치	모집시기	입관조건
남서울교회	최성은	16	영등포구 신길동	12~1월	대전이남 출신 서울소재 대학 재학생, 개인신앙과 가정형편에 따른 기준
행복을 전하는 교회	박준태	6/0	은평구 응암동	결원 시 충원	지방출신 서울소재 대학 재학생 중 목회자 자녀(교단 무관)
서울중앙교회	김진영	7/11	종로구 인의동	학기 초 (1월/7월)	서울 지역 대학 재학생(신입생 우선 선발), 자기 비전 및 가정환경 고려 선발
드림의교회	이상화	7/7	중구 주자동(남) 용산구 갈월동(여)	2월/8월	신앙이 있고 훈련받으려는 의지가 있는 지방출신 서울소재 대학 재학생
광명광천교회	신동섭	6/5	경기도 광명시	12~1월	지방출신 서울소재 대학 재학생, 세례교인
창대한교회	김석을	문의	경기도 군포시	6개월	세례교인, 미자립교회 목회자 자녀 우대

이와 유사하면서도 결과가 다른 사례로서 방과 후 교실을 운영한 교회 교육관 건물에 대한 면제 대상 여부를 다툰 판례가 있다. 1심인 행정법원(2015구합53183, 2015.7.17.)은 감면 규정의 취지 및 특혜규정에 대한 엄격해석의 원칙에 비추어 볼 때 종교 목적에 간접적으로 사용되는 재산까지 전부 면제 대상으로 볼 수는 없고 종교목적에 필수불가결한 재산만인 그 대상이 된다고 보았고, 교회의 목적사업에 사회교회 및 봉사에 관한 사업, 복지사업 등이 규정되어 있다고 하더라도 면세대상이 되는 부동산은 예배와 포교 등 종교목적에 필수불가결한 재산에 한정되는 것이 타당하며, 종교단체가 종교시설 내에서 개별 교회의 여건에 따라 지역주민을 위한 모임, 운동, 복지, 쉼터 등을 제공하더라도 이는 유·무료를 떠나 별도의 사회복지단체가 수행하여야 할 사회복지사업을 종교단체가 종교시설을 취득한 목적에 맞지 않게 타용도로 사용하는 것이라고 하였다. 방과 후 교실을 운영한 교회 교육관에 대한 과세 처분이 타당하다고 결론을 내렸다.

☑ 방과 후 교실을 운영한 교회 교육관 건물은 교회의 종교사업 자체에 직접 사용되지 않는다고 보아 용도구분에 의한 비과세대상에서 제외한 과세관청의 처분은 적법함(서울행정법원 2015구합53183, 2015.7.17.).

그러나, 2심인 고등법원(2015누51585, 2015.12.8.)은 종교단체가 공익법인의 하나로 인정되고, 종교용도의 범위를 정할 때 종교단체의 사회적 기능을 고려해야 한다고 하였다. 종교단체가 공익법인의 하나로 인정되는 이유는 영리 아닌 사업을 목적으로 할 뿐만 아니라 종교가 원초적으로 개인의 안락과 행복과 밀접한 관련이 있으므로, 종교를 목적으로 하는 결사의 자유를 보장하고 이를 건전하게 발전시키는 것이 공익에 부합한다는 것이다. 역사적으로 우리나라에서 종교단체가 다수의 사학과 의료기관 등을 세워 국민교육 및 사회복지에 힘썼고, 그 밖에 빈민구제, 사회계몽활동을 활발하게 전개하였으며, 3·1운동 당시 독립선언문에 서명한 33인 전원이 종교인(천도교 15명, 개신교 16명, 불교 2명)이었을 정도로 민족적·사회적 과제 앞에 적극적으로 공익을 대변한 점도 종교단체가 공익법인의 하나로 쉽게 받아들여진 이유라고 설명했다.

그런 점에서 종교단체가 종교목적의 재산을 취득할 경우에는 그 목적 안에는 종교의식·예배·축전·종교교육·선교 등의 활동이 포함되고, 종교의 특성에 따라 그 신앙의 구체적 실현방식, 종교교육 및 선교 등의 활동이 다양하게 전개될 수 있는가 하면, 그 활동 가운데는 지역주민에 대한 섬김과 봉사가 당연히 포함될 수 있고, 이를 위해 지역 주민을 위한 복지시설 및 휴식공간을 제공하거나 교육 강좌 등을 개설함으로써 사회복지에 기여할 수도 있다고 하였다.

결론적으로, 고등법원은 해당 부동산이 일요일에는 청소년 예배를 비롯한 학생 소그룹 모임, 찬양연습 및 악기 연습 등 음악교실, 교인들의 소그룹 성경공부 모임의 용도로 사용되었고 이러한 사용은 종교의식, 예배, 축전, 종교교육 또는 이를 위한 필수적인 준비행위로서 그 자체로 종교 목적 사용에 해당된다고 보았다. 쟁점이 되는 방과 후 수업이나 탁구교실 등은 종교 목적과 관련이 없어 보이나 일요일이 아닌 평일에 이루어져 교회의 예배활동에 별다른 지장을 주지 않았을 것으로 보이므로 평일에 일부 다른 목적으로 사용되었다는 이유로 종교목적에 직접 사용된 것이 아니라고 볼 수 없다고 하였다. 즉, 방과 후 교실을 교회 교육관에서 평일에 운영했다고 하더라도 일요일에는 해당 교육관을 종교 목적으로 사용한 것이므로 지방세 면제 대상에 해당된다는 것이다.

교회의 교육관 건물 일부를 주중에 인근 주민들에게 방과 후 수업 및 탁구장 등으로 인근 주민들에게 무료로 사용하게 한 경우, 그 부분도 종교단체의 사업 목적에 직접 사용하였다고 볼 수 있음(서울고등법원 2015누51585, 2015.12.8.).

위의 판례에서는 종교단체의 종교 목적의 범위를 기존보다 넓게 인정해주고 있으나 대법원 판례가 아니라는 점과 종교 목적으로 사용되는 교육관에서 이루어진 점을 고려하면 이를 근거로 종교단체가 사회봉사나 사회복지사업으로 사용하는 부동산까지 확대하여 지방세 면제 대상으로 보기는 어렵다고 하겠다.

쟁점 078 전통사찰에서 1.9㎞ 정도 떨어진 경작지는 지방세 면제 대상?

> **지방세특례제한법 제50조【종교단체 또는 향교에 대한 면제】제5항**
>
> ⑤ 사찰림(寺刹林)과 「전통사찰의 보존 및 지원에 관한 법률」 제2조 제1호에 따른 전통사찰이 소유하고 있는 경우로서 같은 조 제3호에 따른 전통사찰보존지에 대해서는 재산세(「지방세법」 제112조에 따른 부과액을 포함한다)를 면제한다. 다만, 수익사업에 사용하는 경우와 해당 재산이 유료로 사용되는 경우의 그 재산 및 해당 재산의 일부가 그 목적에 직접 사용되지 아니하는 경우의 그 일부 재산에 대해서는 면제하지 아니한다.

전통사찰은 민족문화유산으로 보존가치가 있는 사찰로서 2018년 말 기준으로 전국에 967개가 존재한다. 전통사찰과 전통사찰에 속하는 문화유산을 보전·지원하기 위해 제정된 전통사찰보존법에 따라 일정 기준을 충족하는 경우 전통사찰로 등록된다. 선정기준은 역사적으로 볼 때 시대적 특색을 뚜렷하게 지니고 있다고 인정되는 사찰, 한국 고유의 불교·문화·예술 및 건축사(建築史)의 흐름을 이해하는 데에 특히 필요하다고 인정되는 사찰, 한국 문화의 생성과 변화를 고찰할 때 전형적인 모형이 되는 사찰, 그 밖에 문화적 가치로 보아 전통사찰로 등록하는 것이 타당하다고 인정되는 사찰 등이다. 여기에 해당되는 경우 사찰의 주지는 문화체육관광부장관에게 전통사찰의 지정을 신청할 수 있다.

지방세특례제한법 제50조 제5항에서 감면 대상은 사찰림과 전통사찰보존지이다. 전통사찰보존지(전통사찰보존법 제2조 정의)는 "불교의 의식, 승려의 수행 및 생활과 신도의 교화를 위하여 사찰에 속하는 토지로서 각 목의 토지"를 의미한다. 구체적으로 보면, 사찰 소유의 건조물이 정착되어 있는 토지와 이와 연결된 그 부속토지, 참배로로 사용되는 토지, 불교의식 행사를 위하여 사용되는 토지, 사찰 소유의 정원·산림·경작지 및 초지, 사찰의 존엄 또는 풍치의 보존을 위하여 사용되는 사찰 소유의 토지, 역사나 기록 등에 의하여 해당 사찰과 밀접한 연고가 있다고 인정되는 토지로서 그 사찰의 관리에 속하는 토지, 사찰 소유의 건조물과 토지의 재해방지를 위하여 사용되는 토지가 이에 속한다. 즉, 전통사찰이 소유하고 있는 토지는 모두 전통사찰보존지라고 할 수 있다.

2017년까지 지방세특례제한법 감면 대상은 '경내지'였다. 2017년 말 지방세특례제한법 개정에 따라 '경내지'라는 용어가 '전통사찰보존지'로 변경되었다. 개정 이유는 감면 근거 법령인 전통사찰보존법에서 이미 2012년에 '경내지'라는 용어가 '전통사찰보존지'로 변경되었으나 지방세특례제한법에서만 '경내지'로 존속되어 감면범위에 따른 논란이 발생해 왔기 때문이다.

그러면 본론으로 들어가기 전에 지방세특례제한법에서 '전통사찰보존지'로 개정되기 전 '경내지'의 감면범위는 어디까지였고, 전통사찰보존법 상 '경내지'라는 용어가 '전통사찰보존지'로 개정되었음에도 지방세특례제한법에서 개정사항을 반영하지 않은 경우 전통사찰보존법 개정 전·후 동일하게 보아야 하는지 살펴보자.

(1) '전통사찰보존지'로 개정되기 전 '경내지'의 범위는?

'경내지'의 범위에 대한 2003년 대법원 판례가 있다. 전통사찰의 주지가 소속 종단이 결의나 승인 등 내부절차를 거치지 않고 전통사찰이 소유하고 있는 경작지를 처분한 사건이 발단이 되었다. 해당 사건의 소유권 이전등기를 유효한 것으로 볼 수 인지가 쟁점이었다. 전통사찰보존법에 따르면 경내지는 문화체육관광부장관의 허가를 받아야 대여·양도 또는 담보로 제공할 수 있다. 소유권 이전등기 효력이 발생하려면 사찰의 주지 행위가 효력이 있어야하고, 해당 토지가 경내지에 해당하지 않아야 했다.

판례는 첫 번째 요건에서 사찰 재산의 관리처분권은 그 사찰을 대표하는 주지에게 일임되어 있는 것이므로 사찰의 주지가 소속 종단의 결의나 승인 등 내부절차를 거치지 않았다고 하더라도 그 처분 행위는 유효하다고 판단했고, 두 번째 요건에서 전통사찰보존법 제2조 제3호 소정의 경내지가 되기 위해서는 그 토지가 당해 전통사찰과 지리적·공간적으로 밀접한 관련성을 갖고 있어야 할 것이므로, '경내지'의 하나로 규정된 경작지는 전통사찰의 경계 안의 토지 또는 그 주변의 토지로서 당해 전통사찰의 불교의식, 승려의 수행 및 생활과 신도의 교화를 위하여 필요한 경작지만을 의미한다고 하였다. 결국 해당 토지는 전통사찰이 속한 시도가 아닌 다른 시도에 속해 있어서 '경내지'로 볼 수 없기 때문에 문화체육관광부장관의 허가가 없이 양도가 가능하다고 보았다.

> 전통사찰보존법 제2조 제3호 소정의 경내지가 되기 위해서는 그 토지가 당해 전통사찰과 지리적·공간적으로 밀접한 관련성을 갖고 있어야 할 것이고, 따라서 전통사찰보존법시행령 제3조 제1항 제4호에서 경내지의 하나로 규정하고 있는 경작지는 전통사찰의 경계 안의 토지 또는 그 주변의 토지로서 당해 사찰의 불교의식, 승려의 수행 및 생활과 신도의 교화를 위하여 필요한 경작지만을 의미함(대법원 2003다22028, 2003.9.26.).

이 판례를 기점으로 지방세특례제한법 제50조 제5항의 '경내지'의 범위도 전통사찰과 지리적·공간적으로 밀접한 관련성을 갖고 있는 경우로 한정하여 해석하게 되었다.

(2) 전통사찰보존법 개정 전·후 지방세특례제한법 상 '경내지'의 범위는?

앞에서도 언급했듯이 2012년에 전통사찰보존법 상 '경내지'라는 용어는 '전통사찰보존지'로 개정되었다. 위에서 살펴 본 대법원 판례로 인해 '경내지'에 대한 감면 범위로 과세관청과 다툼이 많아지자 문화체육관광부는 불교계의 요청에 따라 '경내지'를 전통사찰보존지로 개정한 것이다. 전통사찰보존지로 개정하면 전통사찰이 소유하는 모든 토지가 지리적·공간적 밀접성과 상관없이 전통사찰보존지로 해석될 수 있기 때문이다. 그런데 지방세특례제한법 상에는 종전과 같이 '경내지'로 되어 있었기 때문에 지방세 감면을 적용할 때 '경내지' 범위를 어디까지 인정해야하는지에 대한 쟁점이 발생했다.

경기도 오산시에서 이러한 쟁점 해소를 위해 법제처에 법령해석을 의뢰하게 된다. 법제처는

지 역

우선 법령해석에서 전통사찰보존법의 개정 취지에 주목했다. 전통사찰보존법 제·개정이유서에서 '경내지'를 '전통사찰보존지'로 명칭을 개정한 것은 그 범위를 법률에 직접 규정하려는 것이라고 밝히고 있어 '전통사찰보존지'로의 개정으로 인하여 실질적인 범위가 변경된 것은 아니라고 보았다.

'경내지'라는 용어가 '전통사찰보존지'로 명칭 변경되었으므로 그 용어의 사전적 의미를 고려하여 전통사찰보존법 제2조 제3호에서 규정하는 대상의 범위가 경내·외를 불문하는 것으로 변경된 것으로 볼 수 있다는 의견이 있을 수 있으나, 구 전통사찰보존법(2012.2.17. 법률 제11317호로 개정되어 2012.8.18. 시행되기 전의 것) 제2조 제3호 및 같은 법 시행령 제2조 제1항 제4호에서 경내지의 하나로 규정하고 있는 '경작지'를 '전통사찰의 경계 안의 토지 또는 그 주변의 토지로서 당해 사찰의 불교의식, 승려의 수행 및 생활과 신도의 교화를 위하여 필요한 경작지'로 해석(대법원 2003.9.26. 선고 2003나22028 판결례)해온 바, 종전에도 전통사찰 경계 안뿐만 아니라 그 주변의 토지까지 '경내지'의 범위에 포함하여 온 점을 고려할 때, '경내지'에서 '전통사찰보존지'로의 명칭변경은 이러한 종전 '경내지'의 범위를 그 실질에 맞게 더욱 적합한 용어로 대체한 것으로 보았다.

마지막으로, 용어의 정의규정은 해당 법령에서 쓰고 있는 용어 중 개념상 중요한 용어이거나 일반적으로 쓰는 용어의 의미와 다른 의미로 사용되는 용어에 대하여 법령 자체에서 그 의미를 명확하게 할 목적으로 두는 것으로서, 정의규정을 두는 취지가 법령에서 어떤 의미로 해당 용어를 사용하는가를 명확하게 해 둠으로써 법령의 해석과 적용상의 혼란을 막으려는 것이라는 점을 고려할 때, 용어의 명칭만 변경되었을 뿐 이를 정의하는 부분이 개정 전·후에 동일하다면 그 구체적인 범위가 변경된 것으로 볼 수 없다고 판단했다.

법제처 법령해석은 전통사찰보존법 상 "경내지"라는 용어가 "전통사찰보존지"로 변경되었음에도 불구하고 재산세 면제 대상으로 이를 인용하고 있는 지방세특례제한법에 개정사항을 반영하지 않은 경우 재산세 면제 대상을 판단함에 있어 전통사찰 소유의 경작지는 전통사찰보존법 개정 전·후에 동일하게 보아야 한다고 결론지었다.

전통사찰의보존및지원에관한법률 상 "경내지"라는 용어가 "전통사찰보존지"로 개정되었음에도 불구하고 재산세 면제 대상으로 이를 인용하고 있는 지방세특례제한법에 개정사항을 반영하지 않은 경우, 재산세 면제 대상을 판단함에 있어 전통사찰보존지의 하나인 경작지는 전통사찰의보존및지원에관한법률 개정 전·후에 동일하게 보아야 할 것임(법제처 14-0145, 2014.408.).

(3) 전통사찰에서 1.9㎞ 정도 떨어진 경작지는 지방세 면제 대상일까?

지방세특례제한법 제50조 제5항에서 전통사찰보존지는 재산세를 면제한다고 하면서 단서에서는 수익사업에 사용하는 경우와 해당 재산이 유료로 사용되는 경우의 그 재산 및 해당 재산의 일부가 그 목적에 직접 사용되지 아니하는 경우의 그 일부 재산에 대해서는 면제하지 아니한다고 규정하고 있다.

전통사찰이 소유하고 있는 경작지가 전통사찰로부터 직선거리 269m 내지 1.9km 정도 떨어져 있는데, 전통사찰의 승려가 직접 경작하지 않고 신도들에게 경작을 위임한 후 경작료 및 대지료에 대한 대가를 현금 및 현물인 쌀로 수납한 경우 재산세 면제가 가능할까? 우선 해당 사례의 경작지가 재산세 면제를 받으려면 감면 대상인 '경내지' 또는 '전통사찰보존지'에 해당하여야하고, 다음으로 수익사업이나 유료로 사용하는 경우에 해당하지 않으면서 해당 목적에 직접 사용되어야 한다.

판례는 위에 살펴 본 법제처 법령해석과는 달리 지방세특례제한법 제50조 제5항은 전통사찰보존법이 2012.2.17. 법률 제11317호로 개정된 이후에도 계속하여 '경내지(境內地)'라고 규정하고 있으나, 전통사찰보존법이 개정된 이후에는 '전통사찰보존법 제2조 제3호에 따른 전통사찰보존지'에 대한 면제규정으로 해석함이 타당하다고 언급하면서, 전통사찰이 소유하고 있는 경작지가 '경내지'도 아니고 '전통사찰보존지'에도 해당하지 않는다고 보았다.

'경내지'가 되기 위해서는 그 토지가 당해 전통사찰과 지리적·공간적으로 밀접한 관련성을 갖고 있어야 할 것이고, 구체적으로는 전통사찰의 경계 안의 토지 또는 그 주변의 토지로서 당해 사찰의 불교의식, 승려의 수행 및 생활과 신도의 교화를 위하여 필요한 토지만이 경내지라고 할 것(대법원 2003.9.26. 선고 2003다22028 판결; 2004.12.10. 선고 2004다53166 판결 참조)인데, 해당 토지는 사찰로부터 269m 내지 1.9km 정도 떨어져 있고, 그 사이에 아파트 단지 등 주거지, 도로 내지 산림 등이 위치하여 전통사찰과 해당 토지를 가로막고 있어 지리적·공간적으로 밀접한 관련성이 없다고 보아 '경내지'가 아니라고 판단했다.

지 역

또한, '전통사찰보존지'는 전통사찰의 경계 안의 토지 또는 그 주변의 토지에 해당할 것을 요한다고 해석하기 어렵고, 전통사찰보존법의 개정취지가 '경내지'가 위와 같이 좁게 해석되는 것을 방지하기 위한 데에 있으므로, '전통사찰보존지'에 해당하기 위하여는 당해 전통사찰과 지리적·공간적으로 밀접한 관련성을 가질 필요는 없다고 할 것인데, 해당 토지는 사찰 소속의 승려들이 경작한 바가 없고, 신도들이 경작하였다고 하여 그것을 '신도의 교화'를 위한 것이라고 보기도 어려우며, 전통사찰보존법은 민족문화의 유산으로서 역사적 의의를 가진 전통사찰과 전통사찰에 속하는 문화유산을 보존·지원함으로써 전통문화의 계승 및 민족문화 향상에 이바지하기 위한 것인 바, 사찰이 경작자들로 하여금 이 사건 각 토지를 경작하도록 하고 경작물을 수취한 것은 전통사찰보존법의 목적과도 무관하다고 보이고, 토지를 이용하여 일단 경제적 이익을 취득한 이후에 이를 종교적 목적으로 사용하였다 하여 토지 자체를 불교의 의식, 승려의 수행 및 생활과 신도의 교화를 위하여 직접 사용하였다고 볼 수는 없으며, 달리 위 목적으로 해당 토지를 사용하였다고 볼만한 증거가 없기 때문에 '전통사찰보존지'에도 해당하지 않는다고 보았다.

다음으로 지방세특례제한법 제50조 제5항 단서에 해당하는지 여부에 대해서는 형식적으로는 경작자들과 사이에 고용계약을 체결하였으나 실질적으로는 경작자들에게 이 해당 토지를 임대하여 '토지 사용에 대한 대가'로서 쌀 내지 현금을 받고 있어 토지는 "유료로" 사용되고 있고, "불교의 의식, 승려의 수행 및 생활과 신도의 교화의 목적에 직접 사용"되지 아니하고 있다고 보이며, 또한 이와 같은 사용은 수익성이 있고 그 규모, 횟수, 태양 등에 비추어 사업활동으로 볼 수 있는 정도의 계속성과 반복성이 있다고 할 것이므로 수익사업에 해당한다고 보았다.

따라서, 전통사찰로부터 직선거리 269m 내지 1.9km 정도 떨어져 있는 전통사찰의 경작지를 전통사찰의 승려가 직접 경작하지 않고 신도들에게 경작을 위임한 후 경작료 및 대지료에 대한 대가를 현금 및 현물인 쌀로 수납한 경우에는 해당 경작지는 경내지나 전통사찰보존지에 해당한다고 볼 수 없고 이와 같은 사용은 유료로 사용하는 경우, 수익사업에 사용하는 경우, 그리고 직접 사용이 아닌 경우에 모두 해당되어 지방세특례제한법 제50조 제5항에 따른 재산세 면제 대상이 아니라고 하겠다.

비록 형식적으로 경작자들과 사이에 경작자들과 사이에 고용계약을 체결하였으나 실질적으로는 경작자들에게 이 사건 각 토지를 임대하여 토지 사용에 대한 대가로서 쌀 내지 현금을 받고 있는 바, 이 사건 각 토지는 유료로 사용되고 있고, 불교의 의식, 승려의 수행 및 생활과 신도의 교화의 목적에 직접 사용되지 아니하고 있다고 보이며, 이와 같은 사용은 수익성이 있고 그 규모, 횟수, 태양 등에 비추어 사업활동으로 볼 수 있는 정도의 계속성과 반복성이 있다고 할 것이므로 수익사업에 해당한다고 하겠으므로 이 사건 토지는 지방세특례제한법 제50조 제5항 단서에 의하여 재산세 면제 대상에 해당하지 아니한다고 할 것임(대법원 2017두42286, 2017.8.24.).

전통사찰 현황(2018.12월 말 기준)

✔ 시도별 전통사찰 현황

(단위 : 개수)

시도별	사찰수	시도별	사찰수	시도별	사찰수
서 울	60	울 산	11	전 북	118
부 산	34	세 종	8	전 남	96
대 구	18	경 기	104	경 북	178
인 천	8	강 원	48	경 남	103
광 주	6	충 북	84	제 주	12
대 전	5	충 남	74	합 계	967

✔ 종단별 전통사찰 현황

(단위 : 개수)

종단구분	사찰수
조계종	782
태고종	96
천태종	1
법화종	17
기 타	71
합 계	967

지 역

Ⅱ 문화·예술 지원을 위한 과세 특례

✔ 감면 요건

<table>
<tr><td>대상자</td><td>「문화예술진흥법」 제2조 제1항 제1호에 따른 문화예술의 창작·진흥활동 등을 주된 목적으로 하는 단체

[문화예술단체 범위]
(1) 「공익법인의 설립·운영에 관한 법률」 제4조에 따라 설립된 법인
(2) 「민법」 제32조 또는 개별 법률에 따라 설립된 법인
(3) 「비영리민간단체 지원법」 제4조에 따라 등록된 단체
(4) 「문화예술진흥법」 제7조에 따라 지정된 전문예술법인·단체
※ 「공공기관의 운영에 관한 법률」 제4조에 따른 공공기관의 배제</td></tr>
<tr><td>대상물건</td><td>① 문화예술사업에 직접 사용하기 위하여 취득하는 부동산
② 과세기준일 현재 문화예술사업에 직접 사용하는 부동산</td></tr>
<tr><td>감면율</td><td>① 취득세 100%
② 재산세 100%(2020년부터 재산세 도시지역분과 지역자원시설세 제외)
※ 최소납부세제 적용(2016년)</td></tr>
<tr><td>감면시한</td><td>2021.12.31.</td></tr>
</table>

✔ 추징 요건

<table>
<tr><td>취득세 추징</td><td>(1) 정당한 사유 없이 그 취득일부터 1년이 경과할 때까지 해당 용도로 직접 사용하지 아니하는 경우
(2) 해당 용도로 직접 사용한 기간이 2년 미만인 상태에서 매각·증여하거나 다른 용도로 사용하는 경우
(3) 취득일부터 3년 이내에 관계 법령에 따라 설립허가가 취소되는 등 대통령령으로 정하는 사유에 해당하는 경우
•「공익법인의 설립운영에 관한 법률」 제16조에 따라 공익법인의 설립허가가 취소된 경우
•「민법」 제38조에 따라 비영리법인의 설립허가가 취소된 경우
•「비영리민간단체 지원법」 제4조의 2에 따라 비영리민간단체의 등록이 말소된 경우
•「문화예술진흥법」 제7조 제4항에 따라 전문예술법인·단체의 지정이 취소된 경우</td></tr>
</table>

✔ 관련 법령

지특법 §52 ①, 지특령 §26 ③

✔ 개정 연혁

개정일	개정 전	개정 후	개정이유 / 적용요령
지특령 §26 2016.12.30. 제27711호	〈신 설〉	공공기관은 감면 대상에서 제외	「공공기관의 운영에 관한 법률」 제4조에 따른 공공기관을 제외하도록 개정 시행시기 1년 유예하여, 시행일('18.1.1.) 이후 납세의무가 성립 하는 분부터 적용
지특법 §52 ① 2020.1.15. 제16865호	문화예술단체 등 감면 대상을 법에 규정	문화예술단체 등 감면 대상을 대통령령으로 위임	대통령령으로 위임하여 감면 대상 단체 등 명확화
지특령 §26 2020.1.15. 제30355호	〈신 설〉	문화예술단체 열거 ① 「공익법인의 설립·운영에 관한 법률」 제4조에 따라 설립된 법인 ② 「민법」 제32조 또는 개별 법률에 따라 설립된 법인 ③ 「비영리민간단체 지원법」 제4조에 따라 등록된 단체 ④ 「문화예술진흥법」 제7조에 따라 지정된 전문예술법인·단체	관련 법령 등을 구체적으로 명시함으로써 감면 대상 명확화

쟁점 079 문화예술단체가 임대용으로 사용하는 부동산은 면제 대상일까?

지방세특례제한법 제52조【문화·예술 지원을 위한 과세 특례】제1항 및 제3항

① 대통령령으로 정하는 문화예술단체가 문화예술사업에 직접 사용하기 위하여 취득하는 부동산에 대해서는 취득세를, 과세기준일 현재 문화예술사업에 직접 사용하는 부동산에 대해서는 재산세를 각각 2021년 12월 31일까지 면제한다.

③ 제1항 및 제2항에 따라 취득세를 면제받은 후 다음 각 호의 어느 하나에 해당하는 경우 그 해당 부분에 대해서는 면제된 취득세를 추징한다.

1. 정당한 사유 없이 그 취득일부터 1년이 경과할 때까지 해당 용도로 직접 사용하지 아니하는 경우
2. 해당 용도로 직접 사용한 기간이 2년 미만인 상태에서 매각·증여하거나 다른 용도로 사용하는 경우
3. 취득일부터 3년 이내에 관계 법령에 따라 설립허가가 취소되는 등 대통령령으로 정하는 사유에 해당하는 경우

지방세특례제한법시행령 제26조【문화예술단체 및 체육단체의 정의 등】제1항 및 제3항

① 법 제52조 제1항에서 "대통령령으로 정하는 문화예술단체"란 「문화예술진흥법」 제2조 제1항 제1호에 따른 문화예술의 창작·진흥활동 등을 목적으로 하는 법인 또는 단체로서 다음 각 호의 어느 하나에 해당하는 법인 또는 단체를 말한다. 다만, 해당 법인 또는 단체가 「공공기관의 운영에 관한 법률」 제4조에 따른 공공기관인 경우에는 행정안전부장관이 정하여 고시하는 법인 또는 단체로 한정한다.

1. 「공익법인의 설립·운영에 관한 법률」 제4조에 따라 설립된 공익법인
2. 「민법」 제32조에 따라 설립된 법인
3. 「민법」 및 「상법」 외의 법령에 따라 설립된 법인
4. 「비영리민간단체 지원법」 제4조에 따라 등록된 비영리 민간단체

③ 법 제52조 제3항 제3호에서 "관계 법령에 따라 설립허가가 취소되는 등 대통령령으로 정하는 추징 사유"란 다음 각 호의 어느 하나에 해당하는 경우를 말한다.

1. 「공익법인의 설립·운영에 관한 법률」 제16조에 따라 공익법인의 설립허가가 취소된 경우
2. 「민법」 제38조에 따라 비영리법인의 설립허가가 취소된 경우
3. 「비영리민간단체 지원법」 제4조의 2에 따라 비영리민간단체의 등록이 말소된 경우

문화예술단체에 대한 감면은 2010년까지는 구 지방세법 제288조 및 감면조례에서 규정해오다 2011년부터 현재의 지방세특례제한법 제52조로 이관되었으며, 2020.1.15. 지방세특례제한법 개정에서 문화예술단체의 감면 대상 단체를 기존보다 명확화하였고, 소방안전 사무 등 특정 지출 목적으로 과세되는 재산세 도시지역분, 지역자원시설세는 감면 세목에서 제외하였다.

(1) 문화예술단체가 임대용으로 사용하는 부동산은 면제 대상일까?

구 지방세법 제288조에서는 문화예술단체가 취득·보유하는 임대용부동산은 감면 대상에서 배제되었으나, 2011년부터 지방세특례제한법 제52조로 이관되면서 임대용부동산은 제외한다는 규정이 삭제되었고 이로 인해 임대용부동산의 감면 여부가 논란이 되었다. 그러나 2014년부터는 지방세특례제한법 제2조에 '직접 사용'의 정의 규정이 신설되었기 때문에 부동산 등의 소유자가 감면 목적에 맞게 해당 부동산 등을 직접 사용해야 하므로 임대용부동산은 감면 대상이 아니라고 할 것이다.

2020년부터는 문화예술단체가 관련 법령이나 법인등기부에 목적 사업으로 부동산 임대업을 추가하더라도 감면을 받을 수 없도록 감면 대상 사업의 범위를 고유 업무에서 문화예술사업으로 명확하게 개정하였다.

❙ 문화예술단체에 대한 감면 신구조문 대비표 ❙

종 전(2010년 이전)	종 전(2011년~2019년)	현 행(2020년부터)
제288조 【사회단체 등에 대한 감면】 ① 다음 각 호의 법인이 그 고유업무에 직접 사용하기 위하여 취득하는 부동산(임대용 부동산을 제외한다. 이하 이 조 제1항 내지 제4항에서 같다)에 대하여는 취득세와 등록세를 면제하고, 과세기준일 현재 그 고유업무에 직접 사용하는 부동산에 대하여는 재산세·도시계획세 및 공동시설세를 면제(제1호 및 제3호의 경우에는 공동시설세를 과세한다)한다.(생략) ② 정부로부터 허가 또는 인가를 받거나 「민법」 외의 법률에 의하여 설립 또는 그 적용을 받는 학술연구단체·장학단체·기술진흥단체·문화예술단체·체육진흥단체·청소년단체가 그 고유업무에 직접 사용하기 위하여 취득하는 부동산에 대하여는 취득세와 등록세를 면제하고, 과세기준일 현재 그	제52조 【문화·예술 지원을 위한 과세 특례】 ① 대통령령으로 정하는 문화예술단체(이하 이 항에서 "문화예술단체"라 한다) 또는 대통령령으로 정하는 체육진흥단체가 그 고유업무에 직접 사용하기 위하여 취득하는 부동산에 대해서는 취득세를, 과세기준일 현재 그 고유업무에 직접 사용하는 부동산에 대해서는 재산세(「지방세법」 제112조에 따른 부과액을 포함한다) 및 「지방세법」 제146조 제2항에 따른 지역자원시설세(문화예술단체의 경우만 해당한다)를 각각 2019년 12월 31일까지 면제한다.	제52조 【문화·예술 지원을 위한 과세 특례】 ① 대통령령으로 정하는 문화예술단체가 문화예술사업에 직접 사용하기 위하여 취득하는 부동산에 대해서는 취득세를, 과세기준일 현재 문화예술사업에 직접 사용하는 부동산에 대해서는 재산세를 각각 2021년 12월 31일까지 면제한다.

지 역

종 전(2010년 이전)	종 전(2011년~2019년)	현 행(2020년부터)
고유업무에 직접 사용하는 부동산에 대하여는 재산세·도시계획세 및 공동시설세를 면제(기술진흥단체와 체육진흥단체가 사용하는 부동산에 대하여는 공동시설세를 과세한다)한다.(생략)		

문화예술단체가 고유업무에 직접 사용하기 위하여 취득한 부동산을 임대용으로 사용하고 있는 경우 감면 대상에 해당할까? 2010년까지는 문화예술단체가 취득하는 임대용부동산은 감면 대상에 해당하지 않으므로 아래 사례는 감면 대상에 해당하지 않는다고 하겠다.

대도시 내 설립한 법인이 문화예술사업용에 해당하는 부동산을 취득한 뒤 기존의 임대차 계약이 종료되었으나 새로운 임대차계약을 체결한 사실이 확인되는 바, 이는 유예기간 내 직접 사용하지 않은 부동산에 해당하여 감면되 취득세 등을 추징하면서 등록세를 중과한 처분은 타당함(조심 2009지1117, 2010.7.6.).

2011년부터 2013년까지는 문화예술단체가 취득한 부동산을 임대용으로 사용하는 경우에는 어떻게 될까? 2010년 지방세법 분법 당시 기본원칙은 특별히 정책적 목적에 따라 감면을 축소 조정하는 경우가 아니면 종전의 감면 대상, 감면 범위, 감면율 등에 대해 동일하게 지방세특례제한법으로 이관하는 것이므로 특별한 사정이 없는 이상 감면의 범위가 동일하다고 해석하는 것이 바람직해 보인다. 그러나 아래 사례처럼 행정소송에서는 다른 결과가 나올 수 있다는 점을 감안할 필요가 있다.

문화예술단체가 극장들을 위탁하여 운영한 경우 고유 업무에 직접 사용한 것으로 보아 지방세 면제 대상이라고 할 수 있을까? 당사자인 문화예술단체는 정부 방침에 따라 극장들을 한국공연예술센터에 위탁하였고, 한국공연예술센터는 무상으로 극장들을 관리하면서 '문화예술 창작, 매개, 향수와 관련된 사업이나 활동'등을 위한 용도로 계속 사용하였다고 주장한다.

이에 대해 과세관청은 2014.1.1. 법률 제12175호로 개정된 지방세특례제한법 제2조 제1항 제8호가 '직접 사용'에 대해 부동산의 소유자가 해당 부동산을 사업 또는 업무의 목적이나 용도에 맞게 사용하는 것을 말한다고 규정하고 있는 점을 비추어 볼 때, 구 지방세법 제288조 제2항에서 규정된 '직접 사용'은 취득자가 스스로 그 고유 업무에 사용하는 것만을 의미할 뿐 제3자에게 임대 또는 위탁하여 사용하도록 하는 것까지 포함하는 것으로 볼 수 없다고 맞섰다.

서울행정법원은 대법원 판례(대법원 1984.7.24. 선고, 84누297 판결)를 인용하여 '고유 업무에 직접 사용'이라 함은 당해 재산의 사용 용도가 직접 그 고유의 업무에 사용하는 것이면 충분하고, 그 사용의 방법이 스스로 그와 같은 용도에 제공하거나 혹은 제3자에게 임대 또는 위탁하여 그와 같은 용도에 제공하는지 여부는 가리지 않는다고 봄이 타당하다고 전제하면서, 2014년부터 적용되는 '직접 사용'에 대한 지방세특례제한법 개정사항은 2014.1.1. 이후부터 적용되므로 2010년부터 2012년 재산세 등 납세의무에는 적용되지 않을 뿐만 아니라, 위 신설 조항의 의미가 '제3자에게 임대 또는 위탁하여 고유의 목적이나 용도에 맞게 사용하는 것을 배제하는 것'으로 단정할 수 없다고 하였다. 따라서 문화예술단체가 극장들을 위탁하여 운영하였다고 하더라도 고유 업무에 직접 사용한 것으로 보아 지방세 면제 대상이라고 하겠다.

'직접 사용'에 관하여 '부동산의 소유자가 해당 부동산을 사업 또는 업무의 목적이나 용도에 맞게 사용하는 것을 말한다'고 규정하고 있으나, 위 개정된 지방세특례제한법은 2014.1.1.이후 최초로 과세기간이 시작되어 납세의무가 성립하는 분부터 적용되므로, 2010년 내지 2012년 재산세 등 납세의무가 문제되는 이 사건에 적용되지 않으므로, 한국공연예술센터가 극장들을 위탁하여 운영하더라도 고유업무에 직접 사용한 것으로 볼 것임(서울행정법원 2014구합56833, 2014.11.25.).

(2) 지방세특례제한법 상 면제 대상이 되는 문화예술단체 판단기준은?

지방세특례제한법에 문화예술단체의 범위가 규정되어 있기는 하지만 포괄적으로 규정되어 있기 때문에 문화예술단체에 해당되는지 여부는 개별적으로 그 법인이나 단체의 정관, 목적사업, 예산 및 사업실적 등을 고려하여 판단할 수밖에 없다.

또한, 문화예술사업을 영위하더라도 그 업무가 부수적인 업무이거나 지원업무인 경우에는 문화예술단체에 해당한다고 볼 수 없고 주된 사업이어야 할 것이다. 주된 사업의 판단은 사실 판단이나 일선에서 적용할 때는 주로 당해 법인이나 단체의 정관과 관련하여 사업실적, 예산의 사용 용도 등을 확인하여 그 비율이 많은 사업을 주된 사업으로 판단하면 된다. 덧붙여 문화예술단체의 범위를 판단할 때는 명칭 여부를 불문하고 판단할 필요가 있다.

문화예술단체 등을 판단함에 있어 법인의 정관상 목적사업, 예산 및 사업실적 등을 고려하여 개별적으로 판단하여야 할 것이고, 문화예술사업이 당해 법인의 사업 중 부수 또는 지원업무가 아닌 주된 사업이어야 하는 것이므로 귀 세중문화재단이 우리의 민속 문화를 발굴, 수집, 전시하고 열악한 환경 속에서 활동하고 있는 작가들을 지원하여 민속예술을 발현, 승화시키는 것을 주된 사업으로 운영하는 법인이라면 문화예술단체의 요건을 갖추었다고 볼 수 있음(지방세정팀-5831, 2006.11.23.).

문화예술단체 등을 판단함에 있어 법인의 정관상 목적사업·예산 및 사업실적 등을 고려하여 개별적으로 판단하여야 할 것이고, 문화예술사업이 부수 또는 지원업무가 아닌 주된 사업이어야 하며, 주된 사업의 판단은 당해 법인의 정관상 목적사업과 관련하여 사업실적 및 예산의 사용용도 등에 있어 그 비율이 높은 사업을 주된 사업으로 판단하는 것인 바, 한국조각문화의 진흥, 발전에 기여할 목적으로 문화관광부장관의 허가를 받아 설립된 ○○○ 기념사업회가 법인의 정관상 목적사업인 조각상의 제정 및 시상, 조각전문지 출간, 조각작품의 국제교류지원 및 전용전시장의 설치 및 운영을 주된 사업으로 운영하는 경우라면 이는 문화예술단체에 해당된다고 할 수 있음(지방세정팀-4647, 2006.9.26.).

지 역

Part

05

공공 사업

Chapter 01 공공기관에 대한 감면

본 PART에서는 공공기관 감면에 대한 개요와 주요 공공기관의 감면에 대한 쟁점을 살펴본다. 공공기관에 대한 개요에서는 공공기관 감면 심사 절차와 유의점, 공공기관 감면 심사 기준, 향후 감면 정책방향 등을 소개한다. 주요 공공기관의 감면에 대한 쟁점에서는 한국농어촌공사와 한국토지주택공사 그리고 공공기관 지방이전에 대한 감면 쟁점을 자세히 소개한다.

공공기관에서 대한 개요는 지방세 감면 심사 절차를 세세하게 설명하면서 저자들이 실제 감면 심사과정에서 경험한 내용을 바탕으로 공공기관에서 유의해야 할 사항을 다루고 있어 공공기관 지방세 감면 담당자들에게 매우 유익한 내용이 될 것이라 생각한다. 특히, 감면 심사 기준과 향후 정책방향은 앞으로 감면 심사를 받게 될 공공기관은 물론 감면을 새롭게 신설하려고 하는 공공기관에게도 친절한 길라잡이 역할을 할 것이다. 한편, 한국농어촌공사와 한국토지주택공사 그리고 공공기관 지방이전에 대한 쟁점들은 이미 실무 현장에서 발생한 사안들을 정리한 것이지만, 아직 쟁점내용을 몰라 감면 혜택을 적용받지 못한 공공기관 임직원들에게는 유익한 정보가 될 것이라고 생각한다.

Chapter 01

공공기관에 대한 감면

I 공공기관 감면

조 문	공사·공단	감면 대상	감면율
지특법 §13	한국농어촌공사	농업관련사업 부동산 등	취득세·재산세 25~100%
지특법 §15	지방농수산물공사	고유업무 부동산	취득세·재산세 100% ※ 지자체 투자비율 限
지특법 §15	한국농수산식품유통공사	고유업무 부동산	취득세·재산세 50%
지특법 §18	한국장애인고용공단	고유업무 부동산	취득세·재산세 25%
지특법 §23	대한법률구조공단 등	고유업무 부동산	취득세·재산세 25% ('20년 취득세·재산세 100%, '21년 취득세·재산세 50%)
지특법 §23	한국소비자원	고유업무 부동산	취득세·재산세 25% ('20년 취득세·재산세 100%, '21년 취득세·재산세 50%)
지특법 §27	근로복지공단	고유업무 부동산	취득세 25% ('20년 재산세 25%, '21년 재산세 종료)
		의료사업 및 재활사업	취득세 75%, 재산세 50% ('21년 취득세 50%, 재산세 5년간 50%)
지특법 §28	한국산업안전보건공단 한국산업인력공단	고유업무 부동산	(안전) 취득세·재산세 25% (인력) 취득세 25%
지특법 §30	한국보훈복지의료공단	고유업무 부동산	취득세·재산세 25%
지특법 §40의 3	대한적십자사	고유업무(의료사업 외) 부동산	취득세·재산세 25%
지특법 §47	한국환경공단	고유업무 부동산	취득세·재산세 25%
지특법 §48	국립공원관리공단	고유업무 부동산	취득세·재산세 25%

조 문	공사·공단	감면 대상	감면율
지특법 §49	해양환경공단	고유업무 부동산	취득세·재산세 25%
지특법 §57의 3	한국자산관리공사	중소기업 자산매입 후 임대용 부동산	취득세 50%, 재산세 5년간 50%
지특법 §59	중소벤처기업진흥공단	교육시설용 부동산	취득세 25%
		중소기업자 분양·임대용 부동산	취득세·재산세 50%
지특법 §62	한국광물자원공사	고유업무 부동산	재산세 25%('19년 일몰)
지특법 §63	한국철도시설공단	철도시설용 부동산	취득세 25%
		철도차량	취득세 100%
		국가귀속 부동산	취득세·재산세·재산세 도시지역분 100%
지특법 §63	한국철도공사	철도운송사업용 부동산 등	취득세 25%, 재산세·재산세 도시지역분 50%
		철도차량	취득세 50%(고속 취득세 25%)
지특법 §63	도시철도공사	고유업무 부동산, 철도차량 등	취득세·재산세 100% ※ 지자체 투자비율 限
지특법 §69	한국교통안전공단	고유업무 부동산	취득세 25%
지특법 §76	한국토지주택공사	택지개발용 토지	취득세 20%(2019년 일몰)
		국가귀속 부동산	재산세 100%
지특법 §77	한국수자원공사	단지조성용 토지	취득세 30%(2019년 일몰)
		국가귀속 부동산	재산세 100%
지특법 §78의 2	한국산업단지공단	산단 관련사업 부동산 등	취득세 35%·재산세 50%
지특법 §85	한국법무보호복지공단	고유업무 부동산	취득세·재산세 25% ('20년 취득세·재산세 100%, '21년 취득세·재산세 50%)
지특법 §85의 2	지방공사	고유업무 부동산	취득세·재산세 50% ※ 지자체 투자비율 限
지특법 §85의 2	지방공단	고유업무 부동산	취득세·재산세 100%
지특법 §85의 2	지방출자·출연기관	고유업무 부동산	취득세·재산세 50% ※ 지자체 투자비율 限

쟁점 080 공공기관 감면 심사 절차와 유의점은?

일반적으로 공공기관은 공익을 제고하기 위하여 국가 또는 지방자치단체가 위임한 권한과 책임 하에서 사업을 수행하는 기관이다. 공공기관은 설립 주체에 따라 국가가 설립한 국가 공공기관과 지방자치단체가 설립한 지방 공공기관으로 나뉠 수 있다. 한국철도공사, 한국농어촌공사, 한국토지주택공사 등이 대표적인 국가 공공기관에 해당하고, 농수산물공사, 도시철도공사 등이 지방 공공기관에 해당한다.

과세원칙 상 국가나 지방자치단체가 직접 수행하는 사업은 국세와 지방세 등 모든 조세를 비과세한다. 국가와 지방자치단체는 과세권자인 과세주체에 해당하여 자기 자신이 소유한 재산에 대해 조세를 부과하는 것이 무의미하기 때문이다.

그러나, 국가와 지방자치단체가 설립한 공공기관이 수행하는 사업은 국가나 지방자치단체가 수행하는 사업과 유사하더라도 원칙적으로 모두 과세대상에 해당한다. 그 이유는 공공기관 또한 국가나 지방자치단체의 공공재 편익을 수혜받는 기관으로서 국민개세주의 및 조세응익원칙에 따라 납세의무가 발생하기 때문이다. 또한 공공기관은 국가나 지방자치단체가 아니며, 조직·인사·재정 운영상의 독립성이 유지되고, 설립 목적과 성격에 따라 다양한 형태의 수익사업도 병행 가능하기 때문이다. 그런데, 공공기관은 속성상 공익성을 갖고 있기 때문에 공공기관의 정책 목적에 따라 조세특례를 적용받을 수 있다. 현재도 약 20개의 국가 공공기관과 모든 지방 공공기관이 지방세 감면을 적용받고 있다.

공공기관은 해마다 감면 대상 기관과 감면율이 지속적으로 정비되어왔다. 장기간 감면을 받아 당초 감면 목적을 달성했거나 조세부담능력이 충분하다고 판단되는 경우 개별적인 감면 심사를 통해 감면이 종료 또는 축소되었다. 이는 대체로 정부의 지방세 감면 정책 방향에 따라 불가피하게 정비되는 것이지만 일부의 경우에는 공공기관 대관업무 담당자들이 적절하게 대응하지 못한 측면도 있다.

2019년 지방세특례제한법 개정 업무를 담당하면서 공공기관 담당자들이 관계 부처와의 소통이 부족하고 지방세 감면 심사의 기준과 절차에 대한 이해가 부족하다는 사실을 알게 되었다. 공공기관 담당자들과 상담하다 보면 감면 신설을 위한 예비타당성조사 대상 선정기간이 끝난 후에 감면 신설을 문의하거나 예비 감면심사 결과를 관계 부처에 통보하였지만 그 결과를 전달받지 못했다고 얘기하는 경우가 있었다.

공공기관 내 지방세 감면업무 담당자는 기본적으로 지방세 감면심사 기준과 절차를 숙지하고, 관계 부처를 통한 감면 동향을 수시로 파악해야 한다. 그런 의미에서 2019년을 예로 들어 공공기관 감면 심사기준과 절차를 살펴보기로 하자.

❙ 2019년 지방세 감면 심사 일정 ❙

추진내용	주 체	시 기
• 감면건의서(신설·확대) 및 기존 감면평가서(100억 원 이상 일몰도래 감면) 제출	관계 부처	2.20.限
• 2019년 지방세 지출 기본계획 관계부처 통보	행안부	2.28.限
• 예비타당성조사 및 심층평가 대상 선정 ※ 선정회의 시 각 부처 참석·설명	행안부, 관계 부처	3.10.限
• 기존 감면평가서 제출(100억 원 이하 일몰도래 감면) 및 전체 일몰도래 감면에 대한 부처 우선순위표 제출	부처	3.31.限
• 감면액·파급효과가 큰 감면 중심 월별 중점심사 ※ 중점심사 시 부처 참석·설명(중점심사 대상 및 일정 별도 통보)	행안부, 관계 부처	3~5월
• 감면건의서 및 평가서 제출사항에 대한 부처입장 설명회	행안부, 관계 부처	4월
• 예비타당성조사 및 심층평가 실시 ※ 평가 관계부처의 의견제출기회 제공 • 행안부 – 자치단체 – 연구기관 참여 지방세 감면 통합심사	행안부, 자치단체, 관계 부처	4~6월
• 2019년 지방세특례제한법 개정안 입법예고	행안부	8월
• 2019년 지방세특례제한법 개정안 국회제출	행안부	9월
• 지방세특례제한법 개정안 시행	행안부	2020.1.1.

우선 행정안전부는 매년 1월에서 2월 사이 100억 원 이상(일반적으로 3년간)의 감면 신설 및 감면 연장 여부을 검토하기 위한 예비타당성조사와 심층평가 대상을 선정한다. 전 중앙부처에 공문을 발송하여 감면건의서와 감면평가서를 제출받는다. 공공기관에서 감면액이 100억 원 이상인 지방세 감면을 신설하고자 한다면 관계 부처를 통해 감면건의서를 제출기간 내에 행정안전부에 제출하여야 한다. 제출된 감면건의서와 평가서는 3월경에 열리는 지방세 특례 운영 자문위원회의 선정회의를 거쳐 예비타당성조사와 심층평가 대상 여부가 결정된다. 감면건의서를 제출한 공공기관은 이 선정회의에 관계 부처와 참석하여 제출한 감면건의서의 내용을 자문위원회 위원들에게 상세히 설명하는 것이 중요하다.

그 다음으로 행정안전부는 지방세 지출 기본계획을 수립하여 지방재정부담심의위원회와 국무회의를 거쳐 중앙부처와 지방자치단체에 2월 말에 통보한다. 기본계획에는 해당 연도의 지방세 지출 현황, 작년 지방세 지출 운영 성과, 해당 연도 지방세 지출 여건 및 운영방향, 지방세 지출 기본원칙 및 분야별 운영방향, 일몰도래 감면 대상, 감면 심사 일정 등이 상세하게 담겨있다. 그중에서도 해당 연도의 지방세 지출 기본원칙은 그해의 감면심사 기준이 되므로 꼼꼼하게 살펴보아야 한다.

100억 원 미만의 감면 신설을 원하거나 일몰기한이 도래한 감면을 연장하려는 중앙부처나 공공기관은 3월 말까지 감면건의서와 감면평가서를 제출해야 한다. 감면평가서가 제출되지 않은 경우에는 감면 연장 필요성이 없는 것으로 보아 우선적으로 감면 정비 대상으로 간주될 수 있으므로 감면평가서를 반드시 기한 내에 제출하는 것이 좋다. 감면건의서와 감면평가서 작성 지침은 기본계획과 별도로 공문을 통해 통보된다. 본 책자의 PART 07에 보면 감면건의서와 감면평가서 서식이 수록되어 있다. 감면건의서와 감면평가서 서식은 매년 수정될 수 있기 때문에 기존 서식이 아닌 해당 연도에 통보된 서식을 사용할 필요가 있다.

감면건의서와 감면평가서 서식은 ① 감면개요, ② 예상 감면액 추정 및 재원확보방안, ③ 감면건의와 관련된 각 부처의 제도 설명, ④ 재정지원 등 관련 지원 현황, ⑤ 연구 사례, ⑥ 이해관계 집단 현황, ⑦ 기관 소개, ⑧ 최근 5년간 경영수지 현황으로 구성되어 있다. 이 중에서 가장 중요한 부분은 ① 감면개요 중 지방세 감면 필요성 및 기대효과 부분이다. 세부 항목으로 지방사무 관련성, 지역경제적 측면, 지역일자리 창출 측면, 지역 사회적 가치증가 측면이 있는데 공공기관에 대한 감면심사에시 매우 중요한 요소로 작용한다. 여기에서 지방사무는 지방자치법 제9조에 나오는 지방자치단체의 사무범위를 말한다. 지방세 지출은 우선적으로 지방사무를 지원하기 위해 활용되어야 하기 때문에 감면심사 시 지방사무와의 관련성을 꼼꼼히 살펴 본다. 국가사무라고 하더라도 지방사무와의 관련성이 높고, 지역경제에 미치는 효과가 크다면 지방세 세제지원 필요성을 인정받을 수 있다. 한국철도공사가 그 좋은 예이다.

한국철도공사는 국가사무를 수행하는 국가공사에 해당하지만 수도권 광역전철와 KTX 운행 및 철도역사 관리를 함으로써 지역민의 교통 편의 증진은 물론 철도 역사 내 유휴공간 등 유무형 자산을 활용한 지역 특산품 판로 및 공간 지원 등 지역경제 활성화에도 크게 기여를 하고 있다. 한국철도공사는 이러한 점을 감면평가서에 상세하게 기술함으로써 2019년 감면심사 때 큰 폭의 감면 정비 없이 철도차량과 철도운송사업용 부동산에 대한 감면을 3년간 연장 받았다.

다음 일정은 3월부터 5월 사이에 있는 월별 중점심사이다. 제출받은 감면건의서와 감면평가서를 기초로 감면심사 대상을 정리하고 감면액과 파급효과가 큰 감면을 중심으로 세 파트로 구분하여 한 파트에 1개월씩 총 3개월 동안 예비심사를 진행한다.

한편, 3월에 예비타당성조사와 심층평가 대상으로 선정된 과제는 조세 전문기관에 의해 예비타당성조사와 심층평가가 이루어진다. 2019년에는 한국지방세연구원이 조세 전문기관으로 선정되어 2개의 예비타당성조사와 8개의 심층평가를 수행했다. 예비타당성조사와 심층평가에 따라 감면 신설 및 연장 여부가 결정되므로 전문기관의 자료 제출 요청에는 적극적으로 응하고 필요 시 대면이나 유선을 통해 직접 설명하는 게 좋다.

지방세 감면 심사의 마지막 과정은 지방세 감면 통합심사이다. 행정안전부, 지자체, 한국지방세연구원, 관계 기관 등이 한 자리에 모여 행정안전부 예비 심사 결과에 대한 개정안 반영 여부를 최종 논의한다. 예비 심사 결과에서 감면 신설 보류나 감면 종료 또는 축소 의견을 통보받은 공공기관은 관계 부처와 함께 통합심사에 참여하여 감면 타당성과 필요성을 적극적으로 설명할 필요가 있다.

감면 통합심사를 통해 개정안이 마련되면 행정안전부는 8월 초에 지방세특례제한법 개정안을 입법예고한다. 약 20일에서 40일 동안 입법예고를 통해 관계부처와 지자체 그리고 이해관계자들의 의견을 수렴하여 반영한다. 입법예고 이후에는 법제처 심사와 차관·국무회의를 거쳐 9월 말경에 지특법 개정안을 국회에 제출한다.

쟁점 081 공공기관 감면 심사 기준은?

지방세 감면 심사는 2019년 지방세 지출 기본계획에 제시된 지방세 지출 기본원칙인 지출목적의 타당성 분석, 지출성격과 세목의 연계성 평가, 지출규모의 적정화, 지출방식의 최적화 등 4대 원칙을 중심으로 진행된다. 공공기관에 대한 감면도 동일한 심사 기준이 적용되므로 지방세 감면 심사 기준인 4대 원칙을 상세하게 살펴볼 필요가 있다.

첫째, 지출목적의 타당성 분석이다. 앞에서도 설명했듯이 지출 목적이 국가사무보다는 지방사무와의 관련되어야 한다는 것이다. 즉, 순수 국가사무는 국세 감면을 통해 지원하는 것이 바람직하다는 뜻이다. 그러나, 국가사무라도 국가와 지방 간 협업을 통해 지역 발전 효과가 있다면 감면 타당성이 있는 것으로 판단할 수 있도록 했다. 또한 이 원칙은 공사·공단 감면에서 사용되는 '고유업무'라는 포괄적 표현은 최대한 배제하고, 법령상 감면 목적을 구체적으로 열거하는 방향으로 감면을 재설계하겠다는 것이다.

둘째, 지출성격과 세목의 연계성 평가이다. 이 원칙은 확산·촉진 정책과 보호·지원 정책의 구분을 통해 적정 세목을 선택하여 지원하겠다는 것이다. 즉, 확산·촉진이 필요한 정책은 취득세를 중심으로 지원하고 보호·지원이 필요한 정책은 취득세와 재산세를 병행하겠다는 뜻이다. 다만, 확산·촉진 정책이라고 하더라도 지원대상의 담세력이 부족하여 초기세부담 완화가 필요한 경우에는 제한적으로 재산세를 감면할 수 있도록 했다. 예를 들어, 신혼부부 생애최초 구입 주택에 대한 지방세 감면은 신혼부부의 생애최초 주택 구입을 촉진하여 신혼부부의 수거안정을 도모하려는 것이므로 확산·촉진 정책에 해당되고 주택을 구입하는 신혼부부의 담세력은 충분하다고 볼 수 있어 취득세와 재산세 감면을 병행하지 않고 취득세만 감면 세목으로 삼고 있다.

또한, 이 원칙은 특정지출을 목적으로 과세되는 목적세적 성격 세목은 감면을 종료하고 신설을 배제하겠다는 것으로 지역자원시설세는 소방안전사무 재원 마련 목적으로 과세되고 있고, 구 도시계획세인 재산세 도시지역분은 도시계획사업 비용 마련 목적으로 과세가 되어 왔고, 등록면허세는 행정서비스에 대한 수수료적 성격이라고 할 수 있어 지방세 감면 세목으로 활용하는 것이 적절하지 않다는 것이다. 공공기관에서는 지방세 감면 신설 건의 시 해당 세목은 감면 세목에서 제외하고 지방세 감면을 건의할 필요가 있다.

셋째, 지출규모의 적정화이다. 지방세 지출 지원 시 국가 또는 지방에서 예산지원을 받거나 국세 지출 지원이 있는 경우에는 중복적으로 지원하지 않겠다는 것이고 국민개세주의, 공평과세 원칙에 부합하도록 최소납부세제를 운영하겠다는 원칙이다. 최소납부세제는 취득세액이 200만 원, 재산세액이 50만 원 초과 시 면제세액의 15%를 부담하게 하는 제도로 담세력이 낮은 장애인, 국가유공자 등 취약계층에 대해서만 예외적으로 배제하고 있다.

넷째, 지출방식의 최적화이다. 조세 역진성 해소를 위해 감면율 방식 외에 세액공제 방식을 적극 활용하고 지역 특성 반영이 필요한 지출은 조례로 감면하겠다는 것이다. 또한 지방세 지출에 대한

공공

주기적 평가 및 재설계를 위해 3년 일몰기한을 원칙으로 운영하고 일몰없이 운영되어 온 감면에 대해서는 원칙적으로 일몰기한 설정하겠다는 원칙이다.

2019년 공공기관에 대한 지방세 지출 심사에서는 4대 원칙과 더불어 공공기관에 대한 심사 기준을 별도로 마련했다. 공공기관의 설립주체와 공사·공단의 차이 등을 고려하여 기본 감면율을 설정했다. 설립주체에 따라 국가공공기관의 기본 감면율은 25%, 지방공사 및 출자·출연기관은 50%, 지방공단은 100%를 적용했다. 국가공공기관보다 지방공공기관에 더 높은 감면율을 적용한 것은 지방사무를 수행하는 지방공공기관이 국가사무를 수행하는 국가공공기관보다 지방세 지출 목적에 더 부합하기 때문이고 지방공사보다 지방공단이 감면율이 높은 것은 지방공사가 수익성과 전문성 차원에서 독립적인 법인 형태로 운영되는 반면, 지방공단은 지자체 고유업무를 위탁받아 수행하는 공공업무 대행기관이기 때문이다.

최종 감면율은 기본 감면율에 개별 공공기관의 특성을 감안하여 결정된다. 예를 들어, 한국농어촌공사는 국가공사이나 농업은 보호·지원이 필요한 분야이므로 기본 감면율 25%에 추가로 25% 더해 감면율 50%를 적용하였다. 다만, 수익사업과 관련이 있는 농업생산기반시설용 토지 및 시설물과 농어촌 생활환경정비사업은 기본 감면율인 25%를 적용하였다. 도시철도공사는 지방공사로 기본 감면율인 50% 적용대상이나 낮은 운임으로 대중교통 인프라를 제공하고 있고 서민 복지 지원을 재정 적자가 지속되고 있는 것을 감안하여 감면율 100%를 적용하였다.

쟁점 082 공공기관 감면에 대한 향후 감면 정책 방향은?

2019년 공공기관에 대한 지방세 감면정책은 그 전과 비교하여 패러다임의 전환이라고 일컬어질 정도로 큰 틀에서 변화되었다. 그 전에는 공공기관이 장기간 지방세 감면을 받아 왔거나 공공기관의 조세부담능력이 충분하다고 판단되는 경우 또는 수익사업을 비중이 높은 경우 기존 감면을 축소하는 방향으로 감면을 정비해왔다. 2019년부터는 지방세 감면의 경제·사회 정책 지원 기능이 대폭 강화되었다. 미·중 무역갈등과 일본 수출규제로 제조업 등 국내 기업의 피해가 우려되어 중소벤처기업진흥공단 등 기업 지원 관련 공공기관에 대한 지방세 감면은 현행 수준으로 일몰기한을 3년 연장하였고, 감면 축소에 따라 서민경제로 부담이 전가될 수 있는 지방농수산물공사와 한국철도시설공단, 한국철도공사에 대한 감면 또한 일몰기한을 3년 연장하였다. 특히, 2019년에는 설립주체, 공공성 등을 고려하여 차등적으로 기본 감면율을 설정하되 개별 공공기관의 특성을 반영하여 조정함으로써 공공기관 간 형평성과 통일성이 크게 높아졌다.

그렇다면 2020년 이후의 공공기관 감면 정책은 어떻게 추진될까? 우선 2019년 공공기관 감면 기조는 유지될 것으로 보인다. 지방세 비과세·감면율(2018년 13.9%)이 법정감면율(2018년 14.8%) 이내에 있고 지방소비세 증가로 비과세·감면율이 더 낮아질 가능성이 높으므로 감면 정비보다는 경제·사회 정책 지원을 위해 감면 재설계 방향으로 추진될 것으로 예상된다. 다만, 현재는 지방세 감면 통계에 집계되지 않고 있는 지방소득세 감면이 2020년 이후 비과세·감면율에 반영된다면 감면 재설계 폭이 좁아질 수 있는 여지는 있다.

공공기관 감면 정책은 향후 두 가지 방향으로 추진될 것으로 전망된다. 첫째, 국가공공기관에 대한 감면율 차등화 방향이다. 현재 국가공공기관의 기본 감면율은 25%로 설정하여 심사를 하고 있으나, 공공기관운영법에서 시장성과 공공성을 고려하여 분류하고 있는 공공기관 분류체계를 도입하여 보다 세부적으로 기본 감면율을 차등하는 것이다. 공공기관운영법에 따르면 공기업은 시장형과 준시장형으로 나뉘고, 준정부기관은 기금관리형과 위탁집행형으로 나뉜다. 나머지 기관은 기타 공공기관으로 분류된다. 시장성이 높은 기관은 기본 감면율을 낮추고 공공성이 높은 기관은 기본 감면율을 일부 상향할 필요가 있을 것이다.

둘째, 공공기관 전체가 아닌 공공기관의 세부 업무에 따른 감면 차등화이다. 현재는 공공기관 전체에 동일한 감면율을 적용하고 있으나, 향후에는 공공기관이 수행하는 업무의 성격에 따라 감면율을 차등하는 방향이다. 현재도 한국농어촌공사는 세부 업무별로 감면율이 차등되어 있다. 한국농어촌공사가 기본적으로 수행하는 업무는 기본 감면율 25%에 농업 분야의 특성을 감안하여 25%를 추가한 50%를 적용하고 농업인에게 직접 지원하는 감면은 100%를 적용하고 있다. 다만, 수익사업에 해당하는 농어촌 생활환경정비사업 부동산은 기본 감면율에 해당하는 25%를 적용한다. 이처럼 공공기관이 수행하는 업무를 세분화하여 감면할 경우 공공기관이 수행하는 국정과제 또는 지자제 공동 사업을 이전보다 탄력적으로 추진할 수 있는 환경이 만들어 질 것이다. 향후 감면을 신설하고자

하는 공공기관은 현재 수행하고 있는 업무를 보다 세밀하게 분석하고 연구하여 업무 성격에 맞게 감면 신설을 건의할 필요가 있겠다.

❙ 농어촌공사 감면 현황(2020년 기준) ❙

조 문	감면 대상	감면 내용
지특법 §13 ② 1호	농지매매사업·농지재개발 등을 위한 취득 부동산	취득세 50%·재산세 50%
지특법 §13 ② 1의 2호	농업생산기반시설용 토지 및 시설물	(~'21년) 취득세 50%·재산세 100% (~'22년) 취득세·재산세 50%
지특법 §13 ② 2호	농업인 경영회생 지원용 농지	취득세 50%(환매 100%)· 재산세 50%
지특법 §13 ② 3호	농·어업 경영규모 확대 목적 취득 농지	취득세 50%
지특법 §13 ② 4호	농어촌 생활환경정비사업 부동산	취득세 25%
지특법 §13 ② 5호	농지시장 안정을 위해 매입하는 농지 등	취득세 50%

❙ 국가공공기관 및 지방공공기관 설립·운영 제도 비교 ❙

구 분	국가공공기관	지방공공기관
근거 법령	• 설립 : 개별 법률 • 운영 : 공공기관의 운영에 관한 법률 ※ 舊 정부투자관리기본법과 정부산하관리기본법을 통합(2007.4)하고, 공공기관 범위를 확대	• 설립 : 지방공기업법, 지방출자출연법, 개별 조례 • 운영 : 지방공기업법, 지방출자출연법
유 형	• 공기업 : 자체수입 > 총수입 1/2 – 시장형(자산 2조 이상 등), 준시장형 • 준정부기관 : 자체수입 < 총수입 1/2 – 기금관리형, 위탁집행형 • 기타공공기관 – 공기업과 준정부기관을 제외한 나머지 법인	• 지방직영기업 : 특별회계로 설치 • 지방공사 : 자치단체 50% 이상 출자 • 지방공단 : 자치단체 전액 출자
적용 대상	• 개별 법률에 따라 설립 • 정부지원액이 총수입액의 1/2 이상 초과 • 50% 이상 지분 보유, 또는 30% 이상 지분 보유하면서 사실상 지배	• 지방자치단체가 지방공기업법에서 정한 사업을 직접 경영하거나 별도의 법인으로 설립하고자 하는 경우 (의무적용) 상수도 등 8개사업 (임의적용) 경상수지 5할 이상, 주민복지증진, 민간영역 제외 등

구 분	국가공공기관	지방공공기관
설립 및 지정	• 기관 신설시 사전 협의 – 신설심사 요청(주무기관) → 타당성 심의(공운위) → 심사결과 통보(기재부장관) → 법률 제정 • 공공기관 지정 또는 변경 – 주무기관장과 협의 → 공공기관위 심의·의결 → 지정 또는 변경	• 기관 신설시 사전 협의 – 타당성 조사·주민공청회 → 설립 심의위 심의 → 행안부 협의 → 조례 제정 ※ 시·군·구는 시·도 협의

공공

Ⅱ 한국농어촌공사 감면

✔ 감면 요건

대상자	한국농어촌공사
대상물건	① 농지매매사업·농지재개발 등을 위한 취득 부동산 ② 농업생산기반시설용 토지 및 시설물 ③ 농업인 경영회생 지원용 농지 ④ 농·어업 경영규모 확대 목적 취득 농지 ⑤ 농어촌 생활환경정비사업 부동산 ⑥ 농지시장 안정을 위해 매입하는 농지 등 ⑦ 국가 등 무상귀속 부동산
감면율	① 취득세 및 재산세 50% ② (2021) 취득세 50%, 재산세 100% (2022) 취득세 및 재산세 50% ③ 취득세 50%(환매 시 100%), 재산세 50% ④ 취득세 50% ⑤ 취득세 25% ⑥ 취득세 50% ⑦ 재산세 100%
감면시한	①~⑥ 2022.12.31./ ⑦ 2021.12.31.

✔ 추징 요건

추 징	①~④, ⑥, ⑦ 추징 규정 없음 ⑤ 제178조 일반적 추징 규정 적용 i) 정당한 사유 없이 그 취득일부터 1년이 경과할 때까지 해당 용도로 직접 사용하지 아니하는 경우 ii) 해당 용도로 직접 사용한 기간이 2년 미만인 상태에서 매각·증여하거나 다른 용도로 사용하는 경우

✔ 관련 법령

지특법 §13 ②

✔ 개정 연혁

개정일	개정 전	개정 후	개정이유 / 적용요령
지특법 §13 ①·② 2014.12.31. 제12955호	농어촌공사 융자담보물 등기 등록 면허세 100% 2014.12.31.까지 농어촌 생활환경정비사업 취득세 75% 2014.12.31.까지	일몰 종료 취득세 30% 2016.12.31.까지	대출 표준약관 개정으로 관련 제세비용 대출자에게 전가 금지 등 고려 농어촌공사의 제3자 공급용 부동산은 수익사업 성격 고려 감면 축소
지특법 §13 ② 2016.12.27. 제14477호	농업생산기반시설용 토지 및 시설물 취득세·재산세 100% 농어업규모화, 농지시장안정사업 취득세 100% 2016.12.31.까지	 취득세·재산세 50% 취득세 50% 2019.12.31.까지	공공기관 간 형평성 고려 감면율 정비
지특법 §13 ② 2017.12.26. 제16041호	농업생산기반시설용 토지 및 시설물 재산세 50%	 재산세 100% ※ 최소납부세제 적용('18년부터)	농업기반시설 관리비 부담 완화
지특법 §13 ② 2020.1.15. 제16865호	농업생산기반시설용 토지 및 시설물 취득세 50%, 재산세 100% 농어촌 생활환경정비사업 취득세 30% 2019.12.31.까지	 ('21년) 취득세 50%, 재산세 100% ('22년) 취득세·재산세 50% 취득세 25% 2022.12.31.까지	공공기관 감면 원칙 적용, 농업분야 감면 고려 기본 감면율 25%에 25% 추가 감면(단, 일부 수익사업은 기본 감면율 적용)

쟁점 083 한국농어촌공사가 학교에 매각할 목적으로 취득한 농지도 감면?

> **지방세특례제한법 제13조【한국농어촌공사의 농업 관련 사업에 대한 감면】제2항 제5호**
>
> ② 한국농어촌공사가 취득하는 부동산에 대해서는 다음 각 호에서 정하는 바에 따라 2022년 12월 31일까지 지방세를 감면한다.
>
> 5. 한국농어촌공사가 「한국농어촌공사 및 농지관리기금법」 제24조의 2제 2항에 따라 취득하는 농지에 대하여는 취득세의 100분의 50을 경감한다.

한국농어촌공사의 전신은 농지개량조합, 농지개량조합연합회, 농어촌진흥공사가 통합하여 만들어진 농업기반공사이다. 2005년 12월 농업기반공사는 한국농촌공사로 변경되었고 2008년에는 현재의 농어촌공사가 되었다. 한국농어촌공사는 농어촌정비사업과 농지은행사업을 시행하고 농업기반시설을 종합관리하며 농업인의 영농규모적정화를 촉진함으로써 농업생산성의 증대 및 농·어촌의 경제·사회적 발전에 이바지할 목적으로 설립되었다. 정부를 대행하여 한국농어촌공사 및 농지관리기금법에 따른 사업을 수행하고 있다.

한국농어촌공사에 대한 지방세 감면은 세부 업무에 따라 차등적으로 적용되고 있는데 쟁점이 된 부분은 지방세특례법 제13조 제2항 제5호로서 한국농어촌공사 및 농지관리기금법 제24조의 2제 2항에 따라 취득하는 농지에 관한 사항이다. 한국농어촌공사가 해당 조항에 따라 취득한 농지를 학교에 매각할 경우 면제받은 취득세 등을 추징할 수 있는지 여부다.

한국농어촌공사 및 농지관리기금법 제24조의 2 제 2항에서 공사에서 농지를 매입하여 소유하거나, 해당 농지를 매도 또는 임대할 수 있는 경우에 대해 규정하고 있으며 "공사는 농지시장 안정과 농업구조 개선을 위하여 농지를 매입하여 소유하거나 농지 활용을 위하여 공공기관 지방이전에 따른 혁신도시 건설 및 지원에 관한 특별법 제2조 제2호에 따른 이전공공기관이 소유하고 있는 농지를 이전공공기관으로부터 매입하여 소유할 수 있으며, 소유하고 있는 농지를 매도 또는 임대할 수 있다."고 규정하고 있다.

또한, 한국농어촌공사 및 농지관리기금법 제24조의 2 제3항 및 같은 법 시행령 제19조의 3 제1항에서는, "공사는 법 제24조의 2 제2항에 따라 소유하고 있는 농지를 전업농업인, 농업법인, 그 밖에 농림축산식품부령으로 정하는 자에게 매도하거나 임대할 수 있다."고 규정하고, 같은 법 시행규칙 제19조의 3에서는 "그 밖에 농림축산식품부령으로 정하는 자"로서, 전업농 육성대상자, 농업인 또는 새로 농업경영을 시작하려는 자, 농지를 이용하려는 법인(임대 대상자만 해당)으로 규정하고 있다.

정리하자면 지방세특례법 제13조 제2항 제5호에 따라 감면 대상이 되는 토지는 한국농어촌공사가 한국농어촌공사 및 농지관리기금법 제24조의 2 제 2항에 따라 취득하는 농지로서, 그 토지는 한국농어촌공사가 농지시장 안정과 농업구조 개선을 위하여 농지를 매입하여 소유하거나, 농지 활용을 위하여 농지를 매입하여 소유하거나, 소유하고 있는 농지를 전업농업인, 농업법인, 그 밖에 농림축산식품부령으로 정하는 자에게 매도 또는 임대하는 경우에 해당하여야 하고, 이 경우에만 지방세특례제한법 상 감면 요건을 모두 갖춘 것으로 볼 수 있다.

따라서, 한국농어촌공사가 해당 토지를 전업농업인 등에게 매도하지 않고 학교에 매도한 경우는 지방세 감면 요건인 한국농어촌공사 및 농지관리기금법 제24조의 2 제2항에서 규정한 요건을 벗어난 것이 되므로 감면 대상이 아니라고 할 것이다(지방세특례제도과-1963, 2015.7.24.).

한국농어촌공사가 「한국농어촌공사 및 농지관리기금법」 제24조의 2 제2항에서 규정한 바와 같이 농지를 매입·매도 또는 임대하지 않고, 해당 농지를 전업농업인 등이 아닌 자에게 매각하는 경우에는 농지 활용을 위하여 매입하여 소유하는 농지에 해당하는 것으로 보기 어렵다 할 것이므로 감면된 취득세는 추징 대상인 것으로 판단됨(지방세특례제도과-1963, 2015.7.24.).

쟁점 084 한국농어촌공사의 농지 매입을 국가의 매입으로 볼 수 있는지?

지방세법 제9조 【비과세 등】 제1항

① 국가, 지방자치단체, 지방자치단체조합, 외국정부 및 주한국제기구의 취득에 대하여는 취득세를 부과하지 아니한다. 다만, 대한민국 정부기관의 취득에 대하여 과세하는 외국정부의 취득에 대하여는 취득세를 부과한다.

〈2011.3.29. 법률 제10469호로 개정된 것〉

지방세법 제9조 제1항에서 국가, 지방자치단체, 지방자치단체조합, 외국정부 및 주한국제기구의 취득에 대하여는 취득세를 부과하지 아니하되, 대한민국 정부기관의 취득에 대하여 과세하는 외국정부의 취득에 대하여는 취득세를 부과한다고 규정하고 있다. 국가를 대행하여 업무를 수행하는 한국농어촌공사의 토지 취득을 국가의 취득으로 보아 취득세를 비과세할 수 있을까?

참고

사실관계

- 1991. 8.13 : 새만금지구 종합개발사업 시행계획 확정
- 1991.10.17 : 농림수산부 공유수면 매립면허 취득(공유수면매립법 §4)
- 1991.11.13 : 새만금지구 종합개발사업 시행인가(구 농촌근대화촉진법 §96)
- 1991.11.28 : 새만금 방조제 사업 착공
- 2006. 4.21 : 새만금 방조제 최종 물막이공사 완료
- 2007. 4. 3 : 새만금 내부토지개발기본 구상 발표
  ※ 토지개발 기본원칙 마련(농업용지 72%, 비농업용지 28%)
- 2007.12.27 : 「새만금사업 촉진을 위한 특별법」 제정
- 2008.10.21 : 새만금 내부토지개발기본 변경(안) 확정
  ※ 농업용지 30%로 축소, 비농업용지 70%로 확대
- 2008.10. : 새만금방조제 명소화 기본계획 수립
  ※ 새만금방조제 축조시 발생한 다기능부지(429ha)를 활용하여 국제적 관광명소로 개발, 개발이익금을 새만금 유지관리 재원에 활용하기 위한 계획, 농림수산식품부장관이 시행함을 원칙으로 하고 있음
- 2009. 7.23 : 새만금 내부개발 기본구상 및 종합실천계획(안) 발표
- 2010. 1.28 : 새만금 내부개발 기본구상 및 종합실천계획 확정
- 2010. 4.27 : 새만금 방조제 준공
- 2011. 3.16 : 새만금종합개발계획(MP) 확정
  – 방조제명소화 사업용 부지를 농업용지에서 관광·레저용지로 전환
- 2011. 5. 6 : 새만금간척종합개발사업 공유수면매립공사 3·4호방조제 구간 분할준공 인가 [「공유수면매립법」(법률제5911호) 제25조 및 제38조 제3항에 따라 농림수산식품부장관의 조건부 인가]

| 준공인가 조건 |

1. 준공인가 토지면적은 4,491,642.8㎡이며, 다음과 같이 소유권 등기를 함
   가. 농업기반시설(제방·도로)부지와 바닷가(빈지)에 대해서는 농림수산식품부로 첨기등기하여 국유화
   나. 매각·임대·일시사용 및 직접 사용할 토지(잡종지·대지·주차장 등)는 농지관리기금수탁관리자인 한국농어촌공사사장 명의로 등기하되, 사용 및 처분시에는 농림수산식품부장관의 승인을 받아야 하며, 사용·처분으로 발생한 수익금은 농지관리기금에 납입하여 새만금방조제 등 시설물 유지관리에 사용
   다. 선착장(신시)과 해경초소(신시·가력 시설부지는 각각 군산시장과 해양경찰청 명의로 등기)
2. 준공된 방조제, 배수갑문, 도로, 주차장, 휴게시설(화장실 포함) 및 준공조형물 등 부대시설의 관리는 위탁사업시행자인 한국농어촌공사가 관리
3. 공사준공된 선착장(신시) 및 해경초소(신시·가력) 등 시설물은 다음과 같이 해당 기관에 이관함
   가. 선착장 및 동 부대시설은 군산시장
   나. 해경초소는 해양경찰청장
4. 준공인가 토지(시설물 포함)의 신규지적등록 및 소유권보존등기는 위탁사업시행자인 한국농어촌공사가 하여야 함
5. 당해 공유수면매립공사와 관련하여 공유수면매립면허·실시계획인가시 등에 부여한 조건 중 준공인가 후에도 계속 준수하여야 할 조건들은 계속 유효하며, 위탁사업시행자인 한국농어촌공사는 반드시 이행하여야 함
6. 「공유수면매립법(구법 1990.8.1. 법률 제4252호)」, 「농어촌정비법(시행령·시행규칙 포함)」 등 관계법령에 따른 면허나 처분의 조건을 위반한 때에는 면허관청은 해당 매립사업의 준공인가 후에라도 위탁사업시행자인 한국농어촌공사에 대하여 필요한 처분이나 명령을 할 수 있음

한국농어촌공사의 새만금간척사업은 농림축산식품부장관이 운영·관리하는 농지기금으로 조성되었고, 비록 한국농어촌공사 명의로 등기하였더라도 향후 사용·처분할 경우 농림축산식품부장관의 승인을 받아야 하며, 그 사용·처분으로 발생한 수익금은 농지관리기금에 납입하여 새만금방조제 등 시설물 유지관리에 사용하도록 준공인가조건에 명시되어 있다. 이러한 사실을 이유로 토지의 관리처분 권한은 실질적 소유자인 농림축산식품부장관에게 있다고 주장한다. 즉 국가가 실질적인 소유권을 취득하였다고 보는 것이 타당하므로 한국농어촌공사의 취득을 국가의 취득으로 보아 취득세를 비과세해야 한다는 것이다.

여기에서 쟁점은 한국농어촌공사를 국가로 볼 수 있는지 여부이다. 이와 관련 조세심판례에서 국가의 취득이란 국가가 취득의 주체가 되어 취득세 과세대상 물건을 취득하는 경우만으로 한정적으로 해석하여야 할 것으로, 국가의 재원으로 국가 외의 자가 취득세 과세대상 물건을 취득하는 경우까지 확장하여 적용할 수는 없다고 하였다.

또한, 유권해석에서도 공사는 한국농어촌공사 및 농지관리기금법에 따라 설립된 정부 출자법인으

로서 국가(대한민국 정부기관)에 해당되지 아니하므로 농지관리기금을 재원으로 취득하여 농림축산식품부장관의 승인 하에 관리처분 될 수 있다고 하더라도 국가의 취득으로 볼 수 없다고 보고 있다.

- 건축물의 취득 주체가 국가가 아닌 청구법인이므로 취득세 비과세 대상으로 보기 어렵고, 향후 농림축산식품부장관의 승인하에 관리처분될 건축물을 국가 등에 기부채납을 조건으로 취득한 부동산으로 보기 어려움(조심 2013지0512, 2013.10.17.).

- 지방세법 제9조 제1항에서 국가의 취득이란 국가가 취득의 주체가 되어 취득세 과세대상 물건을 취득하는 경우만을 의미한 것으로 공사는 한국농어촌공사 및 농지관리기금법에 따라 설립된 정부 출자법인으로 농지관리기금으로 토지를 취득해 농림축산식품부장관의 승인 하에 관리처분된다 해도 국가의 취득에 해당하지 않음(지방세운영과-41, 2014.1.6.).

Ⅲ 한국토지주택공사 감면

✔ 감면 요건

대상자	한국토지주택공사
대상물건	① 국가 또는 지자체의 계획에 따라 제3자에게 공급할 목적으로 일시 취득하는 부동산 ② 국가 또는 지자체의 계획에 따라 제3자에게 공급할 목적으로 취득하는 부동산 중 국가 또는 지자체에 무상으로 귀속될 공공시설물 및 그 부속토지와 공공시설용지
감면율	① 취득세 20% ② 재산세(도시지역분 포함) 100%
감면시한	① 2019.12.31. / ② 2022.12.31.

✔ 추징 요건

추 징	① 정당한 사유없이 그 취득일부터 1년이 경과할 때까지 해당 용도로 직접 사용하지 아니하는 경우 ② 해당 용도로 직접 사용한 기간이 2년 미만인 상태에서 매각·증여 하거나 다른 용도로 사용하는 경우

✔ 관련 법령

지특법 §76, 지특령 §36

✔ 개정 연혁

개정일	개정 전	개정 후	개정이유 / 적용요령
지특법 §76 ① 2016.12.27. 제14477호	제3자 공급용 토지 취득세 30% 2016.12.31.까지	취득세 20% 2019.12.31.까지	택지 및 부동산개발 등에 활용되는 영리성 높은 사업 고려
	무상귀속용 토지 재산세 100%(도시지역분 포함) 2016.12.31.까지	재산세 100%(도시지역분 포함) 201912.31.까지	공공성 고려 현행 수준 감면 연장
지특법 §76 ① 2020.1.15. 제16865호	제3자 공급용 토지 취득세 20% 2019.12.31.까지	감면 종료	택지 분양을 통한 수익사업 활용 고려
	무상귀속용 토지 재산세 100%(도시지역분 포함) 2019.12.31.까지	재산세 100%(도시지역분 포함) 2022.12.31.까지	공공성 고려 현행 수준 감면 연장

공 공

쟁점 085 LH공사 취득 아파트, 10년간 임대 후 분양 전환해도 감면 대상?

> **지방세특례법 제76조【택지개발용 토지 등에 대한 감면】제1항**
>
> ① 한국토지주택공사가 국가 또는 지방자치단체의 계획에 따라 제3자에게 공급할 목적으로 대통령령으로 정하는 사업에 사용하기 위하여 일시 취득하는 부동산에 대해서는 취득세의 100분의 20을 2019년 12월 31일까지 경감한다.

한국토지주택공사(LH)는 2009년에 대한주택공사와 한국토지공사가 통합하여 출범된 국가공사이다. 한국토지주택공사법에 따라 설립되었으며, 설립목적은 토지의 취득·개발·비축·공급, 도시의 개발·정비, 주택의 건설·공급·관리 업무를 수행함으로써 국민주거생활의 향상과 국토의 효율적인 이용을 도모하여 국민경제의 발전에 이바지하는 것이다. 한국토지주택공사는 부동산 개발·공급·관리 업무 등을 포괄적으로 수행하고 있기 때문에 부동산을 과세대상으로 하는 지방세와 밀접한 관련이 있다. 현재 한국토지주택공사는 약 12개 사업분야에서 지방세 감면을 받고 있다.

❙ 한국토지주택공사 감면 현황(2020.1.1. 기준) ❙

감면 대상	조 문	세 목	감면율	규 모
(LH)택지개발용 토지 등 감면	지특법 §76 ① 지특법 §76 ②	취득세 재산세	20% (2019년 일몰) 100%	–
산업단지 등 감면	지특법 §78 ①·②·③	취득세 재산세	35% 35%(首)	–
도시개발사업 등 체비지	지특법 §74 ①	취득세	100%	–
재개발, 주거환경개선사업 부동산	지특법 §74 ③	취득세	75%	–
물류단지 등 부동산	지특법 §71 ①	취득세 재산세	35% 35%	–
임대주택 등 감면	지특법 §31 ①	취득세	면제 50%	60㎡↓ 60~85㎡↓
	지특법 §31 ③	재산세	면제 50% 25%	40㎡↓ 60㎡↓ 85㎡↓

감면 대상	조 문	세 목	감면율	규 모
(LH)소규모 공동주택 감면	지특법 §32 ①	취득세	50%	60㎡↓
		재산세	50%	60㎡↓
(LH)기존주택 매입임대 감면	지특법 §31 ⑤	취득세	50%	–
		재산세	50%	–
부동산투자회사 감면	지특법 §31의4 ① ② ②	취득세 재산세 재산세	30% 50% 25%	– 60㎡↓ 85㎡↓
(LH)방치건축물 사업재개 감면	지특법 §32의 2	취득세 재산세	35% 25%	– –
기부채납용 부동산 감면	지특법 §73의 2	취득세	면제	–
사권 제한토지 등 감면	지특법 §84 ①·②	재산세	50%	–

지방세특례제한법 제76조 제1항에 따라 한국토지주택공사는 국가 또는 지방자치단체의 계획에 따라 제3자에게 공급할 목적으로 일시 취득하는 부동산에 대해서는 취득세의 20%를 2019년까지 감면받는다. 그런데 한국토지주택공사가 10년간 임대하고 분양 전환할 목적으로 취득하는 부동산에 대해서도 이 규정을 적용할 수 있을까? 물론 10년 후에는 분양 전환을 통해 세입자가 취득하기 때문에 제3자에게 공급할 목적에는 부합한다고 하지만 과연 10년이라는 기간을 일시라고 할 수 있을까?

한국토지주택공사는 지방건설경기를 활성화하고 매입주택을 임대로 활용하여 서민주거안정을 도모하고자 마련한 국토교통부의 '지방 미분양 아파트 활용방안'에 따라 아파트를 매입하는 것이므로, 이는 미분양 주택을 일시 비축하였다가 국가 계획에 따라 정책적으로 결정된 임대기간(10년) 동안 임대한 후 무주택 서민에게 분양 전환하기 위해 잠정적으로 매입하여 제3자 공급 목적으로 취득한 것이고, 아파트의 취득에 대한 '일시성'에 대한 판단은 기간의 장단이 아니라 공공사업의 목적과 특성을 감안하여 판단해야 한다고 주장한다.

우선 지방세특례제한법 제76조 제1항에 따라 감면을 받으려면 두 가지 요건이 충족되어야 한다. 첫째, 국가 또는 지자체의 계획에 따라 취득해야 하고, 둘째, 제3자에게 공급할 목적으로 일시 취득해야 한다. 첫째 요건은 한국토지주택공사가 국토교통부 장관이 승인한 미분양주택 매입계획에 따라 해당 아파트를 취득하였기 때문에 충족되었다고 볼 수 있다. 문제는 두 번째 요건이다. 부동산 취득 목적이 '제3자에게의 공급'으로 한정하고 있으므로 제3자에게로의 소유권이전이 주된 취득 목적이어야 하고, 임대는 소유권 이전을 위한 경과적·잠정적 활용에 불과해야하는데 조세심판례에서는 미분양 주택을 매입한 후 10년간 임대하는 것은 그 목적 자체가 거래 관행상 임대에 있다고 보는 것이 상당하다고 보았고, 10년이란 긴 기간 동안 보유하면서 임대하는 것은 다른 임대사업자와 마찬가지로 임대수익을 얻는 임대사업을 영위하는 것으로 보아야 하므로 일시 취득에 해당된다고 해석되지 않는다고 하였다.

따라서, 한국토지주택공사가 10년간 임대하고 분양 전환할 목적으로 취득하는 부동산은 감면 대상에 해당하지 않는다고 할 것이다.

미분양주택을 10년 동안 보유하며 임대하였다면 이미 소유권이전을 잠정적인 활용으로 보기 어려우며, 그 목적 자체가 임대에 있다고 보는 것이 상당함(조심 2010지0801, 2011.10.11.).

Ⅳ 공공기관 지방이전 감면

✔ 감면 요건

대상자	이전공공기관 임직원, 이전중앙행정기관 등 공무원, 행정중심복합도시건설청 소속 공무원(2019년 이전 소속에 한정) ※ 취득하기 위한 계약을 체결하였으나 취득 시 인사발령으로 감면 대상 외의 기관에서 근무하는 경우 3년 이내 복귀 시 감면 적용
대상물건	① 전용면적 85제곱미터이하의 주택 ② 전용면적 85제곱미터 초과 102제곱미터 이하의 주택 ③ 전용면적 102제곱미터 초과 135제곱미터 이하의 주택 ※ 이전공공기관 소재지 시도 내에서 1가구 1주택인 경우
감면율	① 취득세 면제(최소납부세제 적용) ② 취득세 75% ③ 취득세 62.5%
감면시한	2022.12.31.

✔ 추징 요건

추징	① 이전공공기관 또는 중앙행정기관등의 이전일 전에 주택을 매각·증여한 경우 ② 다음 어느 하나에 해당하는 날부터 2년 이내에 주택을 매각·증여한 경우 가. 해당 기관의 이전일(이전공공기관 또는 중앙행정기관등에 소속된 임직원 또는 공무원의 경우만 해당) 나. 주택의 취득일

✔ 관련 법령

지특법 §81 ③, 지특령 §40

✔ 개정 연혁

개정일	개정 전	개정 후	개정이유 / 적용요령
지특법 §81 ③ 2015.12.29. 제13637호	지방이전 공공기관 직원 주택 취득세 62.5~100% 2015.12.31.까지	지방이전 공공기관 직원 주택 취득세 62.5~100% 2016.12.31.까지	현행수준 감면 연장
지특법 §81 ①·③ 2016.12.27. 제14477호	지방이전 공공기관 이전목적 부동산 취득세 100%, 재산세 5년간 100%,	지방이전 공공기관 이전목적 부동산 취득세 50%, 재산세 5년간 50%,	부칙에 따라 2017년 말까지 종전 감면율 적용 (재산세의 경우, 2018년부터는 잔여기간에 대한 재산세 50% 적용)
지특법 §81 ①·③ 2016.12.27. 제14477호	3년간 50% 등 100% 2016.12.31.까지 지방이전 공공기관 직원 주택 취득세 62.5~100% 2016.12.31.까지	등 종료 2017.12.31.까지 감면 3년 연장 2019.12.31.까지	부칙에 따라 2017년 말까지 종전 감면율 적용 (재산세의 경우, 2018년부터는 잔여기간에 대한 재산세 50% 적용)
지특법 §81 ① 2017.12.26. 제16041호	지방이전 공공기관 이전목적 부동산 취득세·재산세 50% 2017.12.31.까지	감면 종료 2017.12.31.까지	감면 목적 달성으로 감면 종료
지특법 §81 ③ 2020.1.15. 제16865호	지방이전 공공기관 직원 주택 취득세 62.5~100% 2019.12.31.까지	지방이전 공공기관 직원 주택 취득세 62.5~100% ※ 행정중심복합도시 건설청 소속공무원 (2019.12.31. 이전에 소속된 경우로 한정) 2022.12.31.까지	다른 이전공공 기관과의 형평성 고려

쟁점 086 소속기관에 근무하다 이전공공기관 본부로 인사발령되면 감면 대상?

> **지방세특례제한법 제81조【이전공공기관 등 지방이전에 대한 감면】제3항**
>
> ③ 제1호 각 목의 자가 해당 지역에 거주할 목적으로 주택을 취득함으로써 대통령령으로 정하는 1가구 1주택이 되는 경우에는 제2호 각 목에서 정하는 바에 따라 취득세를 2022년 12월 31일까지 감면한다.
>
> 1. 감면 대상자
>
> 가. 이전공공기관을 따라 이주하는 소속 임직원
>
> 나.「신행정수도 후속대책을 위한 연기·공주지역 행정중심복합도시 건설을 위한 특별법」제16조에 따른 이전계획에 따라 행정중심복합도시로 이전하는 중앙행정기관 및 그 소속기관(이전계획에 포함되어 있지 않은 중앙행정기관의 소속기관으로서 행정중심복합도시로 이전하는 소속기관을 포함하며, 이하 이 조에서 "중앙행정기관등"이라 한다)을 따라 이주하는 공무원(1년 이상 근무한 기간제근로자로서 해당 소속기관이 이전하는 날까지 계약이 유지되는 종사자 및「국가공무원법」제26조의 4에 따라 수습으로 근무하는 자를 포함한다. 이하 이 조에서 같다)
>
> 다. 행정중심복합도시건설청(2019년 12월 31일 이전에 소속된 경우로 한정한다)

이전공공기관에 대한 감면은 국토의 균형발전을 위해 수도권에서 지방으로 이전하는 공공기관과 그 소속기관 임직원에 대한 지원이다. 2007년 지방세법에 감면이 신설되었다가 2011년 지특법으로 이관되었다. 이전공공기관에 대한 감면은 2016년에 일부 축소되었다가 2017년 말에 감면이 종료되었고, 이전공공기관 임직원에 대한 감면은 지금까지 감면이 연장되어 왔다.

이전공공기관은 2017년 1월 기준으로 총 194개 기관이고, 이전 인원은 62,769명에 달한다. 세종시로는 중앙행정기관과 소속기관 20개, 공공기관 20개가 이전했고, 부산, 대구, 울산 등 10개 혁신도시에는 소속기관 32개, 공공기관 83개가 이전했다. 오송, 아산, 경주 등에 개별적으로 이전한 기관들도 있다.

이전공공기관의 임직원에 대한 감면은 여러 지자체에서 감면이 되다 보니 지자체 간 운영이 상이한 부분이 많았다. 공공기관 및 중앙행정기관(이하 '이전 기관')이 지방으로 이전한 후에 소속기관 직원이 '이전 기관'으로 인사발령이 난 경우 해당 직원의 감면여부가 그 대표적인 사례다.

유권해석은, 2017년 1월에 감면 대상 외의 기관에서 근무하다 이전공공기관 이전 후에 발령받은 임직원과 이전 후에 신규로 임용된 임직원까지 포함해야 하는지 여부에 대해 공공기관의 이전 당시에 당해 이전 공공기관에 소속되어 있는 재직자가 감면 대상이며, 신규로 임용된 임직원은 감면 대상에 포함되지 않는다는 입장이다. 법문에 "이전공공기관을 따라 이주하는 소속 임직원"으로 되어 있기 때문에 문언적으로 해석하면 공공기관의 이전 당시에 당해 이전 공공기관에 소속되어 있는 재직자로 해석하는 것이 상당하다는 이유에서다.

공공

조세 감면 요건 규정 가운데 명백히 특혜규정이라고 볼 수 있는 것은 엄격하게 해석하는 것이 조세공평의 원칙에 부합하는 점(대법원 2008두11372 판결, '09. 8. 20.선고) 등에 비추어 보면, 「지방세특례제한법」 제81조가 최초로 시행(2011.1.1.)되기 이전 규정인 구 「지방세법」 제274조의 2는 입법취지가 국토의 균형발전을 위하여 본점 또는 주사무소를 수도권에서 지방으로 이전하는 공공기관이 본점용부동산 등을 취득하는 경우 감면혜택을 부여하고자 제정되었고, 현행 감면규정의 제목에서도 '이전공공기관 등 지방이전에 대한 감면'이라고 규정하여 그 감면 대상의 범위가 '지방이전'과 관련한 감면임을 충분히 추정할 수 있음. 또한, 동법 동조 제3항 제1호에서 규정하는 "이전공공기관을 따라 이주하는 소속 임직원"을 문언적으로 해석하면 공공기관의 이전 당시에 당해 이전 공공기관에 소속되어 있는 재직자로 해석하는 것이 상당하다 할 것임. 따라서 위 조항의 문언과 규정 취지 등을 종합적으로 고려할 때, 이전공공기관 재직자가 감면 대상기관 외의 기관에서 근무하다 3년 이내에 감면 대상 기관으로 복귀하는 임직원에 대해서는 「공공기관 지방이전에 따른 혁신도시 건설 및 지원에 관한 특별법」 제4조에서 규정한 지방이전계획의 승인받은 자로 보아 감면 대상이라 할 것이지만, 공공기관 이전 후에 신규로 임용된 임직원의 경우에는 이에 해당한다고 볼 수 없어 감면 대상 범위에는 포함되지 않는다고 보임(지방세특례제도과-177, 2017.1.18).

그런데, 이와 관련하여 재직자의 범위에 소속기관 공무원도 포함되는지 여부가 계속 논란이 되었다. 중앙행정기관의 경우 승진이나 전입, 신규임용시 중앙행정기관에서 소속기관으로 인사발령되는 것이 일반적인 인사 규정이기 때문이다. 즉, 공공기관이 이전하는 시점에 중앙행정기관(본부)이 아닌 소속기관에서 근무하다가 순환보직에 따라 본부로 전입한 경우 이 공무원은 감면 대상에 해당하는지가 쟁점이 되었다.

| 이전 기관 현황(2017.1.1. 기준) |

- (이전 기관) 총 194개 기관(62,769명)
  - (세종시) 중앙행정기관 20개, 소속기관 20개, 공공기관 20개(15,761명)
  - (혁신도시) 소속기관 32개, 공공기관 83개(41,548명)
    ※ (10개 혁신도시) 부산, 대구, 광주·전남, 울산, 강원, 충북, 전북, 경북, 경남, 제주
  - (개별이전) 소속기관 12개, 공공기관 7개(5,460명) ※ 오송, 아산, 경주 등

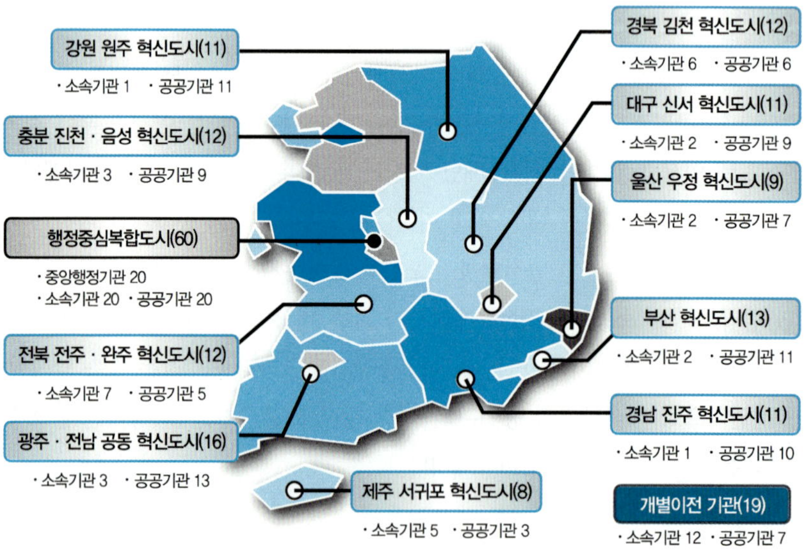

이에 대해 2018.12월 유권해석에서는 소속기관에서 근무하는 공무원도 감면 대상에 해당된다고 하였다. 중앙행정기관은 행정기관의 조직과 정원에 관한 통칙 제2조 제1호에서 국가의 행정사무를 담당하기 위하여 설치된 행정기관으로서 그 관할권의 범위가 전국에 미치는 행정기관으로 규정하고 있고, 같은 조 제5호에서 소속기관은 중앙행정기관에 소속된 기관으로서, 특별지방행정기관과 부속기관을 말한다고 규정하고 있어 소속기관이 중앙행정기관에 포함된다고 보았다. 또한, 공무원이 소속기관에 근무하다 본부로 배치되는 인사발령은 조직에 필요한 인원을 확보하여 적절한 자리에 배치하는 행정적인 업무로서 당사자가 자발적인 의사에 의해 선택할 수 없다는 점을 고려한 것으로 보인다.

중앙행정기관 및 그 소속기관을 따라 이주하는 공무원의 범위는 중앙행정기관 이전 당시에 소속기관에 근무하였다 하더라도 소속기관은 중앙행정기관에 소속되어 있는 재직자에 해당되고, 순환보직 등 인사운영 방침에 따라 소속기관에서 중앙행정기관에 인사발령을 받아 근무하면서 해당 지역에 거주할 목적으로 1가구 1주택을 취득하는 경우라면 감면 대상을 보는 것이 타당함(지방세특례제도과-2267, 2017.12.18.).

한편, 공무원이 아닌 이전공공기관 임직원들도 공공기관이 이전하는 당시에 이전하는 본사가 아닌 지사에 근무 중이었다가 이전 이후 본사로 다시 인사발령이 나는 경우 감면 대상에 해당될까? 행정안전부 유권해석은 공무원과 마찬가지로 순환보직 등으로 인한 인사발령은 임직원이 이전공공기관의 공고일이나 이전일 당시 그 대상기관에 소속되어 있지 않더라도 이후 언제든지 그 대상기관에 소속되어 근무하게 되어 당사자가 자발적인 의사에 의해 선택할 수 없다는 점과 지방세특례제한법 제81조 제3항 제1호 가목에서 감면 대상자인 '이전공공기관을 따라 이주하는 소속 임직원'에 해당되는 시점에 대한 규정이 별도로 마련되어 있지 않은 점 등을 고려하여 이전공공기관 이전일 당시에는 지사에서 근무하고 있었으나 이후 이전공공기관에 순환보직 등으로 인한 인사발령으로 거주지를 옮기게 되는 직원에 대해서도 취득세 감면의 혜택을 부여하는 것이 타당하다고 보았다.

이전공공기관 이전일 당시에는 지사에서 근무하고 있었으나 이후 이전공공기관에 순환보직 등으로 인한 인사발령으로 거주지를 옮기게 되는 직원에 대해서는 취득세 감면의 혜택을 부여하는 것이 타당함(지방세특례제도과-1856, 2019.5.14.).

세무·회계 지식서비스 분야의 선두주자 조세통람
국내 재경실무분야를 선도하는 No1. Knowledge Provider

Part 06

비과세

Chapter 01 국가, 지자체 등의 취득 또는 사용 관련 비과세

Chapter 02 형식적 소유권 변동에 따른 비과세

Chapter 03 대상 물건의 성격과 용도를 고려한 비과세

지방세법 상 규정된 지방세 비과세는 8개 세목(취득세, 등록면허세, 담배소비세, 주민세, 지방소득세, 재산세, 자동차세, 지역자원시설세)이며 지방세법 내에서 각 세목을 다루는 개별 장별로 세부 내용을 담고 있다. 이해를 돕기 위해 현재 지방세가 비과세되고 있는 분야를 성격별로 크게 네 가지로 유형화해 볼 수 있다.

첫째, 납세의무자에게 납세 의무를 부과하는 것이 적절치 않은 경우이다. 이 유형은 납세의무자의 유형에 따라 다시 두 가지 유형으로 구분될 수 있다. 우선 과세 물건의 취득이나 보유, 사용 주체가 국가나 지방자치단체이거나 지방자치단체조합 등인 경우로서 고도의 공공성과 공익성을 갖는 분야에 대한 비과세이다. 이는 비과세 비중 중 가장 많은 부분을 차지한다. 국가나 지방자치단체, 지방자치단체조합 등이 취득하거나 보유하고 있는 재산에 대한 취득세 및 재산세 비과세, 이들이 자기를 위하여 등기하는 데에 따른 등록면허세 비과세, 국가나 지방자치단체 등이 국방, 경호, 청소 등을 위해 사용하는 차량에 대한 비과세, 직접 개발하는 특정자원에 대한 비과세, 국가 등에 귀속 또는 기부채납을 조건으로 취득하는 부동산에 대한 비과세, 국가나 지방자치단체가 공용·공공용으로 사용하고 있는 재산에 대한 비과세 등이 포함된다. 다음으로 세목의 성격상 납세의무자에게 납세 의무를 지우는 것이 불합리한 경우이다. 국민기초생활보장법에 따른 수급자, 외국인등록일로부터 과세기준일 현재 1년이 경과하지 않은 외국인, 미성년자 등에 대한 주민세 비과세가 이에 해당한다.

둘째, 거래행위의 성격에 비추어 과세하기에 적절하지 않은 유형이다. 주로 형식적 취득에 해당하는 경우인데 신탁으로 인한 신탁재산 취득 비과세, 환매권의 행사나 합병에 따른 취득 등이 대표적이다.

셋째, 과세대상 자체의 용도와 특성을 고려할 때 과세하기에 부적합한 유형이다. 존치기간이 1년 미만인 임시건축물에 대한 취득세 및 재산세 비과세, 행정구역의 변경, 주민등록번호의 변경 등 단순한 표시변경에 대한 등록면허세 비과세, 도로·하천·제방 등에 대한 재산세 비과세, 철거명령을 받은 건축물에 대한 재산세 비과세, 9억 원 이하 주택의 시설물 개수에 대한 취득세 비과세 등이 이에 해당한다.

넷째, 조세의 원칙상 비과세가 불가피한 유형이다. 소비과세는 소비지원칙에 따라 국내 소비에 대해 과세하므로 담배소비세 경우 수출용 담배나 주한외국군의 군인에게 판매하는 담배, 보세구역에서 판매하는 담배, 외항선 또는 원양어선 선원에게 판매하는 담배에 대해서는 과세하지 않는다. 또한 지방소득세의 경우 소득세법, 법인세법 및 조세특례제한법에 따라 소득세 또는 법인세가 비과세되는 소득에 대해서 과세하지 않는 것도 이러한 유형에 포함된다.

본 PART에서는 이러한 네 가지 유형의 지방세 비과세를 모두 다루기보다는 법령의 해석과 운영상 주로 쟁점이 발생하는 분야에 초점을 맞추고 있다. 편의상 비과세 주요 분야를 3개의 Chapter로 구분하여 서술한다.

우선 Chapter 01에서는 상기한 유형 중 첫 번째에 해당하는 경우로서 국가나 지방자치단체가 직접 취득하거나 사용하는 경우를 분석한다.

Chapter 02에서는 상기 유형 중 두 번째에 해당하는 경우로서 신탁, 환매, 이혼 등에 따른 형식적 소유권 변동에 따른 비과세를 논의한다.

Chapter 03은 상기 유형 중 세 번째에 해당하는 경우로서 상속, 임시건축물 등 과세 대상 물건의 성격과 용도와 관련된 비과세에 관한 내용을 기술한다.

지방세 비과세 제도 현황(지방세법)

세 목	조	항	내 용
취득세	9	1	• 국가·지자체·지자체조합·외국정부 및 주한국제기구의 취득
		2	• 국가·지자체·지자체조합에 귀속 또는 기부채납용 부동산 취득 (2016.1.1. 이후 반대급부 조건으로 기부채납하는 경우 제외)
	9	3	• 신탁으로 인한 신탁재산 취득
		4	• 「징발재산정리에 관한 특별조치법」에 따른 동원지역 내 토지의 수용·사용에 관한 환매권의 행사로 매수
	9	5	• 존치기간 1년 미만 임시흥행장, 공사현장사무소 등 임시건축물 취득
		6	• 9억 원 이하 주택의 시설물 개수(설치·수선)에 의한 취득
	15	1	• 환매등기 병행 취득, 상속 취득, 합병 등으로 인한 취득
등록 면허세	26	1	• 국가·지자체·지자체조합 등의 자기를 위한 등록
	26	2	• 회사의 정리 또는 특별청산에 관한 법원의 촉탁 • 행정구역의 변경, 주민등록번호의 변경 등 단순한 표시변경 • 1월 1일 현재 폐업(휴업)신고한 법인 등
담배소비세	54	1	• 수출, 주한외국군의 군인, 보세구역 판매, 원양어선 선원 판매 등
주민세	77	1	• 국가·지자체·지자체조합 • 주한외국정부기관·주한국제기구·외국민간원조단체 등
	77	2	• 국민기초생활수급자 • 외국인등록일부터 과세기준일 현재 1년 미경과 외국인 • 미성년자(미성년자가 아닌 자와 세대 구성 시 제외)
지방소득세	90		• 「소득세법」, 「법인세법」 및 「조세특례제한법」에 따라 소득세 또는 법인세가 비과세되는 소득
재산세	109	1	• 국가·지자체·지자체조합·외국정부 및 주한국제기구의 소유재산
		2	• 국가·지자체·지자체조합이 1년 이상 무상으로 공용 또는 공공용으로 사용하는 재산
	109	3	• 도로·하천·제방·구거·유지 및 묘지 • 「산림보호법」에 따른 산림보호구역 등 공익에 공여된 재산 • 1년 미만의 임시 건축물 • 비상재해구조용, 무료도선용, 선교구성용 및 본선에 속하는 전마용 등으로 사용하는 선박 • 철거명령을 받았거나 철거보상이 체결된 건축물 또는 주택
자동차세	126		• 국가 또는 지자체의 국방·경호·경비·교통순찰 또는 소방용 자동차 • 국가 또는 지자체의 환자수송·청소·오물 제거 또는 도로공사용 자동차 • 주한외교기관, 국제연합기구 및 주한외국원조기관 사용 자동차 • 공매 등 강제집행절차가 진행 중인 자동차 등
지역 자원시설세	145	1	• 국가·지자체·지자체조합이 직접 개발하는 특정자원 • 국가·지자체·지자체조합에 무료로 제공하는 특정자원
		2	• 재산세가 비과세 되는 특정부동산
	–	–	• 시설(저유장, 주유소 등, 건축물의 일부로 설치된 시설은 제외) • 철거명령을 받았거나 보상철거계약이 체결된 부동산

Chapter 01 국가, 지자체 등의 취득 또는 사용 관련 비과세

I 국가, 지자체 등에 대한 지방세 비과세

✔ 비과세 요건

구분	항목	내용
취득세	대상자	국가 또는 지방자치단체(다른 법률에서 국가나 지방자치단체로 의제되는 법인은 제외), 지방자치단체조합(이하 '국가, 지자체 등'이라 함), 외국정부 및 주한국제기구
	대상물건	상기 대상자가 취득하는 취득세 과세 대상 물건
	비과세 제외	대한민국 정부기관 취득에 대해 과세하는 외국정부의 취득
등록면허세	대상자	국가, 지자체 등과 외국정부 및 주한국제기구
	대상물건	상기 대상자가 자기를 위하여 받는 등록 또는 면허
	비과세 제외	대한민국 정부기관 등록 또는 면허에 대해 과세하는 외국정부의 등록 또는 면허
주민세	대상자	국가, 지자체 등과 주한외국정부기관, 주한국제기구, 주한외국원조단체
	비과세 제외	대한민국의 정부기관·국제기구에 주민세와 동일한 성격의 조세를 부과하는 국가
재산세	대상자	국가, 지자체 등과 외국정부 및 주한국제기구
	대상물건	상기 대상자의 소유에 속하는 재산
	비과세 제외	① 대한민국 정부기관 취득에 대해 과세하는 외국정부의 재산 ② 국가등과 연부로 매매계약을 체결하고 그 재산의 사용권을 무상으로 받는 경우 매수계약자의 당해 재산
자동차세	대상자	국가, 지자체 등
	대상물건	① 국방·경호·경비·교통순찰·소방용 자동차 ② 환자수송·청소·오물제거·도로공사용 자동차 ③ 주한외교기관이 사용하는 자동차
	비과세 제외	대한민국 정부기관 등록 또는 면허에 대해 과세하는 외국정부의 등록 또는 면허
지역자원시설세	대상자	국가, 지자체 등
	대상물건	① 국가, 지자체 등이 직접 개발하여 이용하는 특정자원 ② 국가, 지자체 등이 무료로 제공하는 특정자원 ③ 재산세가 비과세되는 특정부동산

✔ 관련 법령

지법 §9 ①·§26·§77 ①·§109 ①·§126·§145

쟁점 087 국립대학법인이 비과세 대상이 될 수 있을까?

지방세법 제9조 【비과세】 제1항

① 국가 또는 지방자치단체(다른 법률에서 국가 또는 지방자치단체로 의제되는 법인은 제외한다. 이하 같다), 「지방자치법」 제159조 제1항에 따른 지방자치단체조합(이하 "지방자치단체조합"이라 한다), 외국정부 및 주한국제기구의 취득에 대해서는 취득세를 부과하지 아니한다. 다만, 대한민국 정부기관의 취득에 대하여 과세하는 외국정부의 취득에 대해서는 취득세를 부과한다.

지방세법 제26조 【비과세】 제1항

① 국가, 지방자치단체, 지방자치단체조합, 외국정부 및 주한국제기구가 자기를 위하여 받는 등록 또는 면허에 대하여는 등록면허세를 부과하지 아니한다. 다만, 대한민국 정부기관의 등록 또는 면허에 대하여 과세하는 외국정부의 등록 또는 면허의 경우에는 등록면허세를 부과한다.

지방세법 제109조 【비과세】 제1항

① 국가, 지방자치단체, 지방자치단체조합, 외국정부 및 주한국제기구의 소유에 속하는 재산에 대하여는 재산세를 부과하지 아니한다. 다만, 다음 각 호의 어느 하나에 해당하는 재산에 대하여는 재산세를 부과한다.

1. 대한민국 정부기관의 재산에 대하여 과세하는 외국정부의 재산
2. 제107조 제2항 제4호에 따라 매수계약자에게 납세의무가 있는 재산

국가, 지자체 등은 국가 또는 지역 단위의 공공재 공급에 필요한 재원을 조세의 형태로 조달한다. 국가나 지자체가 공공재의 생산에 직접적으로 필요한 과세 물건을 취득·보유하고자 하는 경우 이에 대해 취득세, 재산세 등의 조세를 부과하게 되면 결국 국가나 지자체가 국민이나 주민의 세금으로 이를 납부해야 하고 납부한 세금이 다시 재정으로 투입되는 불합리가 발생한다.

지방세법에서는 국가, 지자체 등의 기능에 내재하는 고도의 공공성과 공익성과 세부담 귀속의 합리화를 위해 국가, 지자체 등이 취득·보유·사용하는 재산 등에 대해 다양한 세목에 걸쳐 지방세 비과세 조항을 마련하고 있다.

또한, 국가 간 조세부과의 상호주의 원칙을 존중하여 당해 국가에서 우리나라의 재산에 대하여 지방세를 부과하지 아니하는 외국정부 및 주한국제기구의 소유에 속하는 재산에 대하여서도 비과세로 규정하고 있다.

- 국제기구는 국제연합 및 그 산하기구·전문기구나 정부간(비정부간) 국제기구로 보아야 할 것으로 국내에 등록된 외국 민간단체인 경우에는 국제기구로 볼 수 없으므로 차량 취득에 따른 취득세를 비과세 할 수 없음(지방세정팀-4363, 2007.10.23.).
- 지방세법 제106조 제1항의 규정 등에 의하여 외국정부에 대하여는 취득세·등록세·재산세·종합토지세·도시계획세·공동시설세·사업소세를 비과세하나, 대한민국정부기관의 재산에 대하여 부과하는 외국정부의 재산에 대하여는 비과세하지 아니하는 것이므로, 주한ㅇㅇ대사관이 직원주거용으로 부동산을 취득하는 경우 ㅇㅇㅇ이 주ㅇㅇ대한민국대사관의 직원 주택구입시 취득세, 계약세, 교역수속비를 면제해 주고 등기비와 인지대만 부과한 사실을 볼 때 우리의 경우도 지방세법 상의 상호주의에 의거 등록세와 인지세만 부과함이 마땅함(지방세정팀-218, 2002.3.7.).

국가, 지자체 등에 대한 비과세 이슈는 앞서의 개요에서 정리한 여러 가지 지방세목 중 특히 취득세와 등록면허세, 재산세에 대한 비과세 적용과 관련하여 많이 발생한다. 비과세 지위와 관련해서는 지방자치단체조합이나 주한외국정부 등과 관련한 쟁점보다는 대부분 국가나 지자체에 관한 쟁점이 많으므로 이를 중심으로 살펴볼 필요가 있다.

(1) 비과세 대상인 국가, 지자체 등에 대한 판단

국가는 시원적인 행정주체로서 조세 관계 법령은 물론 모든 현행법 체계에서 일반적으로 국가라는 용어 그 자체로 사용되고 있으며, 지방자치단체는 국가의 영토 일부를 구역으로 하여 해당 구역 내의 모든 주민에 대하여 국법이 인정하는 한도에서 지배권을 행사하는 법인으로서 지방자치법에 따라 제2조 제1항에서는 특별시, 광역시, 특별자치시, 도, 특별자치도 및 시, 군, 구를 지방자치단체의 종류로 열거하고 있다.

개념적으로 명확해 보이지만, 개별 사례에서는 실질적인 납세의무가 국가나 지자체에 귀속되는지의 여부, 개별 법령 등에서 정하고 있는 기관의 지위, 운영형태 등을 고려하여 비과세 적용을 받는 국가나 지자체에 해당되는지 여부를 규명해야 한다.

① 국립대학에서 법인으로 전환한 국립대학법인 : 2019년까지는 비과세 제외, 2020년부터는 비과세 대상

국가가 직접 설립한 국립대학은 국가기관으로서의 지위를 가지므로 취득세, 재산세 등의 비과세 지위를 인정받는다. 따라서 대학이 취득·보유하고 있는 부동산은 국유재산으로 관리되므로 용도를 불문하고 과세에서 제외된다.

그런데 국립대학이 법인으로 전환되는 경우라면 비록 개별 근거법에서 과거 국립대학으로서의 권리와 의무를 포괄적으로 승계한다고 규정하고, 고등교육법 상 국립학교로 규정하여 국립대학과 동등한 지위로 인정하고 있다고 하더라도 더이상 세법 상 국가로서의 비과세 지위는 유지되지 않는다. 따라서 그동안 취득세, 재산세 등의 비과세 적용은 받을 수 없었다.

참고

국립대학법인 서울대학교의 관계법 상 지위

국립대학법인 서울대학교 설립·운영에 관한 법률 제3조【법인격 등】

① 국립대학법인 서울대학교는 법인으로 한다.

부칙 제8조【국가의 권리·의무의 승계에 관한 경과조치】

① 국립대학법인 서울대학교는 종전의 서울대학교 학교 경영과 관련하여 발생한 국가의 권리·의무를 포괄 승계한다. 다만, 권리·의무의 성격상 국립대학법인 서울대학교가 포괄 승계하는 것이 적절하지 아니한 경우에는 그러하지 아니하다.

고등교육법 제3조【국립·공립·사립 학교의 구분】

제2조 각 호의 학교(이하 "학교"라 한다)는 국가가 설립·경영하거나 국가가 국립대학 법인으로 설립하는 국립학교, 지방자치단체가 설립·경영하는 공립학교(설립주체에 따라 시립학교·도립학교로 구분할 수 있다), 학교법인이 설립·경영하는 사립학교로 구분한다.

원고가 국가로부터 권리·의무를 포괄적으로 승계하였다고 하더라도 서울대법에 의하여 설립된 법인으로서 국가에 해당하지 아니하므로 원고는 취득세 등 지방세법 상 비과세주체에 해당하지 아니하며, 지방세 감면 등 특례 적용 요건인 '해당 사업에 사용' 여부는 관련 근거 조문인 구 지방세특례제한법 제41조 제1항 또는 제2항의 규정 및 위 법리에 따라 현실적으로 당해 부동산이 학교의 연구·교육사업 자체에 직접 사용되는지를 기준으로 판단하여야 하고, 서울대법을 근거로 하여 판단할 수는 없음. 원고는 서울대법 제정시 '국립대학법인 서울대학교는 종전의 서울대학교 학교 경영과 관련하여 발생한 국가의 권리·의무를 포괄 승계한다'는 부칙 규정(제8조 제1항)이 포함되어 있었고, 이 사건 무상양여계약은 2012.1. 무렵 체결되었으므로 원고로서는 위 부칙 규정에 따라서 무상 양여받는 부동산에 대하여 별도의 세금을 납부하지 아니하여도 될 것이라는 기대를 갖고 있었으므로 신뢰보호의 원칙에 위배된다고 주장하고 있으나, 원고의 주장이나 제출한 증거만으로는 서울대법 부칙 제8조 제1항의 규정만으로 취득세 등 지방세 부과처분을 하지 아니할 것이라는 피고의 공적인 견해표명이 있었다거나 원고가 이에 대하여 보호가치 있는 신뢰를 형성하였다고 보기 어려우므로 이 사건 처분이 신뢰보호의 원칙을 위반한 것이라고 볼 수 없음(대법 2018두57803, 2019.1.17.).

다만, 국립대학법인으로 전환된 학교의 경우 학교 목적으로 취득하는 부동산에 대해서는 지방세특례제한법에서 정하고 있는 감면은 적용받을 수 있을 뿐이었다.

저자팁

학교 목적 부동산에 대한 감면

지방세특례제한법 제41조(학교 및 외국교육기관에 대한 면제)에서 학교 목적 사용 부동산에 대한 취득세, 재산세, 주민세, 등록면허세 등의 면제 규정을 두고 있다(2021.1.31. 일몰 도래). 최소납부세제도 적용되지 않아 학교 목적으로 사용되는 부동산이라면 사실상 비과세 지위와 동일하지만 학교 목적을 벗어난 부동산은 면제 대상이 아니라는 점에서 차이가 있다. 한편, 같은 법 제6조에서는 국립대학법인 전환 이전에 기부채납받은 부동산으로서 국립대학법인 전환 이전에 체결한 계약에 따라 기부자에게 무상사용을 허가한 부동산에 대해서는 그 무상사용기간 동안 재산세 및 지역자원시설세를 각각 2021년 12월 31일까지 면제하도록 하여 국립대학의 법인 전환에 따른 추가 특례를 인정하고 있다.

그런데 2020년부터 시행되는 지방세기본법에 따르면 법인으로 전환된 국립대학과 공립대학에 대한 납세의무를 적용할 때 전환된 법인을 별도 법인으로 보지 않고 법인으로 전환되기 전의 국립학교 또는 공립학교로 보도록 하는 특례가 신설되었다. 즉 법인화되었음에도 불구하고 종전과 같이 국가나 지방자치단체에 준하는 비과세 지위가 새롭게 부여된 것이다. 국세기본법도 유사한 내용이 포함되어 개정됨에 따라 법인으로 전환된 국립대학과 공립대학은 지방세와 국세 모두 납세 의무가 사라지게 되었다.

다만 교육·연구 활동에 지장이 없는 범위 외의 수익사업에 사용된 과세대상에 대한 납세의무에 대해서는 과세할 수 있도록 단서 규정을 두고 있는데 단순 수익사업이 아니라 '교육·연구 활동에 지장이 없는 범위 외의' 수익사업으로 다소 불확정적인 조건을 부여함으로써 실제 수익사업으로 과세되는 사례는 제한적일 수밖에 없을 것으로 보인다.

지방세기본법 제154조【전환 국립대학법인의 납세의무에 대한 특례】

지방세관계법에서 규정하는 납세의무에도 불구하고 종전에 국립대학 또는 공립대학이었다가 전환된 국립대학법인에 대한 지방세의 납세의무를 적용할 때에는 전환 국립대학법인을 별도의 법인으로 보지 아니하고 국립대학법인으로 전환되기 전의 국립학교 또는 공립학교로 본다. 다만, 전환국립대학법인이 해당 법인의 설립 근거가 되는 법률에 따른 교육·연구 활동에 지장이 없는 범위 외의 수익사업에 사용된 과세대상에 대한 납세의무에 대해서는 그러하지 아니하다.

국세기본법 제13조【법인으로 보는 단체 등】제8항

⑧ 세법에서 규정하는 납세의무에도 불구하고 전환 국립대학 법인(「고등교육법」 제3조에 따른 국립대학 법인 중 같은 법 제3조, 제18조 및 제19조에 따른 국립학교 또는 공립학교로 운영되다가 법인별 설립근거가 되는 법률에 따라 국립대학 법인으로 전환된 법인을 말한다. 이하 이 항에서 같다)에 대한 국세의 납세의무(국세를 징수하여 납부할 의무는 제외한다. 이하 이 항에서 같다)를 적용할 때에는 전환 국립대학 법인을 별도의 법인으로 보지 아니하고 국립대학 법인으로 전환되기 전의 국립학교 또는 공립학교로 본다. 다만, 전환 국립대학 법인이 해당 법인의 설립근거가 되는 법률에 따른 교육·연구 활동에 지장이 없는 범위 외의 수익사업을 하는 경우의 납세의무에 대해서는 그러하지 아니하다.

국세기본법 부칙(법률 제16841호, 2019.12.31.)

제3조(국립대학 법인의 납세의무에 대한 적용례) ① 제13조 제8항의 개정규정은 이 법 시행 전에 전환된 국립대학 법인에 대해서도 적용한다.

② 제13조 제8항의 개정규정은 이 법 시행 이후 성립하는 납세의무부터 적용한다.

조문을 살펴보면 지방세기본법은 별도 부칙을 두지 않았지만, 국세기본법은 부칙으로 적용례를 두고 있다. 하지만 실제 적용에 있어서는 지방세 분야도 입법취지상 국세기본법 부칙과 같이 법 시행 전에 전환된 국립대학 법인에 적용되고, 이 법 시행 이후 성립하는 납세의무부터 적용됨이 타당하다.

참고로 법인으로 전환된 국립대학법인과 공립대학법인에 비과세 지위를 부여하는 것이 타당한지에 대해서는 국회 차원에서도 많은 논의가 있었는데 국회 기획재정위원회 검토보고서(김정우 의원 대표발의, 2019.9.20. 제안)에 포함된 핵심적인 찬반 논리는 아래와 같다.

| 국립대학법인, 공립대학법인 비과세에 대한 찬반 |

비과세 부적절	비과세 적절
• 국립대학법인은 국가와 독립적으로 재산 및 회계를 운영 • 국립대학법인의 재산은 국유재산법에 따라 관리되는 국유재산과 상이	• 법인으로 전환되었지만 고등교육법에 따른 국립학교라는 점에서 이전과 동일한 지위 • 국립대학법인도 국고출연금을 지원받고 있으므로 재정순환이라는 측면에서 종전 국립대학과 차

비과세 부적절	비과세 적절
• 국립대학법인에 비과세 지위를 부여할 경우 다른 법인형태의 대학과 불형평 발생 • 종전 국립대학의 권리·의무를 포괄적으로 승계하더라도 세법 상 비과세 지위가 당연히 승계되지 않음	이가 없음 • 사회적 책무 측면에서 국립대학과 유사 • 다른 정부출연기관, 특수법인은 근거법률, 설립 목적, 관할 부처 등에서 차이 • 국립대학 법인 전환 시 입법 상의 미비 보완 • 일본은 국립대학법인 전환 시 세법을 개정하여 국립대학법인을 비과세 대상으로 분류

결국 국회 논의를 통해 입법정책적으로 비과세 지위를 부여하는 것으로 정리되었는데 향후 다른 법인 형태의 학교나 연구기관으로부터 형평성을 이유로 세제지원 요구가 있을 수도 있는 점을 감안하여 법안 통과에 따른 부대의견으로서 국립학교 또는 공립학교로 운영되다가 국립대학 법인으로 전환한 경우에 한하는 세제지원임을 명확히 하고, 유사 법인에 대해 동 사례를 근거로 세제지원을 하지 않도록 유의해야 한다는 권고가 적시되었다.

저자팁

국세기본법(대안) 통과에 따른 국회 기획재정위원회의 부대의견

국회는 제13조 제8항 신설이 국립학교 또는 공립학교로 운영되다가 국립대학 법인으로 전환한 경우에 한정하는 세제지원임을 명확히 확인하고, 정부는 공익복석 수행, 정부 예산지원을 받는 다른 유사한 법인에 대해 동 사례를 근거로 앞으로 이와 유사한 세제지원을 하는 일이 없도록 각별히 유의할 것

이번에 개정된 지방세기본법에 따라 대학교에 대한 지방세 혜택은 아래와 같이 세 가지 유형으로 정리된다. 유형 Ⅰ은 국가와 지방자치단체와 동일한 지위를 갖는 국립대학에 대한 감면으로 지방세법 상 개별 세목에 규정된 바에 따라 인정된다. 유형 Ⅱ는 법인으로 전환된 국립대학법인과 공립대학법인으로서 지방세기본법에 따라 비과세 지위가 부여된다. 그런데 경우에 따라 일부 수익사업에 대해서 과세될 수 있다는 점에서는 완전한 형태의 비과세는 아니라 할 것이다. 유형 Ⅲ은 애초부터 개별법에 따라 특수법인으로 설립된 대학이나 사립대학으로서 지방세특례제한법 상 학교 목적 부동산에 대해서만 한정하여 감면 혜택이 부여된다.

대학 형태에 따른 특례의 유형

유 형	근 거	구 분	특례대상	목적 외 사용 부동산	특례내용	일몰 기한
Ⅰ	지방세법	국립대학 (경북대, 전남대, 경찰대, 국방대 등)	취득·보유 부동산	포함	비과세	없음

비과세

유 형	근 거	구 분		특례대상	목적 외 사용 부동산	특례내용	일몰 기한
Ⅱ	지방세 기본법	전환된 국립 대학법인, 공립대학법인	서울대, 인천대	취득·보유 부동산	포함 (일부 수익사업 제외)	비과세	없음
Ⅲ	지방세 특례 제한법	특수법인	KAIST 등*	학교 목적 부동산	제외	100%	있음
		사립학교		학교 목적 부동산	제외	100%	

* 한국과학기술원(KAIST), 울산과학기술원(UNIST), 대구경북과학기술원(DGIST), 광주과학기술원(GIST), 국립암센터 국제암대학원대학교, 한국학중앙연구원 한국학대학원 등

② **개별법에서 국가로 의제하고 있는 법인이라도 세법 상의 국가는 아님**

2014.1.1. 법률 제11487호로 지방세법 제9조 제1항을 개정하면서 취득세가 비과세되는 국가 등에 지방세법을 제외한 다른 법률에서 국가 등으로 의제된 법인은 제외하는 것으로 바뀌었다. 조세관계법이 아닌 개별 법률에 근거한 정책 목적에 따라 국가로 의제한 조항으로 인해 세법 상에서도 국가 지위를 그대로 인정하게 되면 세법 상 예외적으로 비과세 특례를 규정한 조문이 사실상 무력화되는 결과를 초래하기 때문이다.

ㅇㅇㅇ에서 청구법인은 주택법 등에서 정하는 바에 따라 ㅇㅇㅇ을 위하여 주택 건설 및 택지를 취득할 수 있으며 이 경우 청구법인은 국가 등으로 본다고 규정하고 있으나, 조세법규는 특별한 사정이 없는 한 엄격하게 해석하여야 하므로 ㅇㅇㅇ 후단의 국가나 지방자치단체로 본다는 규정은 주택법 등을 적용하는 경우에만 국가 등으로 의제하는 것으로 보는 것이 타당한 점, 청구법인이 국가를 대신하여 ㅇㅇㅇ 건설사업 등을 하는 경우 국가 등으로 의제할 수 있다고 할 것이나 청구법인의 경우 이 건 토지를 취득만 하였을 뿐 이 건 토지에서 ㅇㅇㅇ 건설을 위한 건축물의 착공 등은 하지 않은 점, 나아가 우리 원 선 결정(조심 2011지745, 2012.3.30.)은 청구법인이 국가를 대신하여 ㅇㅇㅇ에게 주택을 임대하는 경우 청구법인을 국가 등으로 보아 당해 임대주택에 대한 재산세를 비과세하여야 한다는 취지로 이 건과 같이 ㅇㅇㅇ주택 건설용 토지를 보유하고 있는 경우까지 청구법인을 국가 등으로 보아 취득세를 비과세하는 것은 확대 해석이라고 보이는 점 등에 비추어 처분청이 청구법인의 경정청구를 거부한 처분은 달리 잘못이 없다고 판단됨(조심 2014지0952, 2014.11.26.).

③ **실제 권리의 설정, 납세의무의 귀속 주체가 국가 등이어야 비과세**

비과세 적용 대상이 되는 국가를 판단하기 위해서는 실질적인 권리가 국가 등에 귀속되는 것이어야 하고 이에 따라 국가에 납세의무가 발생하여야 한다. 철도무선국 신고필증의 명의가 국가가 아닌 경우 등록면허세 비과세 대상이 될 수 없고, 국가가 상속인 앞으로 소유권 이전등기를 대위 신청하는 경우도 국가가 아닌 상속인에게 납세의무가 귀속되는 것이므로 비과세가 인정되지 않는 것이다.

① 청구법인은 철도무선국 등이 준공과 동시에 국가에 귀속되는 것이므로 등록면허세 비과세대상이라고 주장하나, 철도시설이 완공된 후에도 철도무선국 등의 허가 신고필증 상의 명의는 청구법인으로 되어 있어 그 허가는

국가가 자기를 위하여 받는 면허에도 해당하지 아니하므로 등록면허세 비과세대상이 아닌 것으로 판단됨.

② 청구법인은 해상·항공 교통관제 무선국 허가는 등록면허세를 비과세하면서 청구법인에게 등록면허세를 부과하는 것은 부당하다고 주장하나, 해상·항공 무선국 허가는 이를 받은 자가 국가이기 때문에 비과세되는 것이므로 청구주장을 받아들이기 어렵다고 판단됨(조심 2017지0355, 2017.5.17.).

- 지방세법 제126조 제1항의 규정에 의하여 국가가 자기를 위하여 하는 등기에 대하여는 등록세를 비과세하나, 국가가 등기권리자인 상속인 앞으로 상속으로 인한 소유권 이전등기를 대위 신청하는 경우에는 등기권리자인 상속인이 등록세의 납세의무자가 되는 것이므로 비과세되지 아니함(지방세정팀-380, 2001.9.28.).

④ 사업의 공익성이나 구성원을 불문, 국가와 별개의 법인격인 경우 불인정

국가와는 별개의 법인격을 갖는 법인이 사업의 주체가 되어 운영되고 있는 조직이라면 비록 국가가 위탁한 사업 또는 공공의 이익을 위한 비영리사업 등을 영위하고 있거나, 구성원 일부가 공무원이라고 하여도 비과세 지위를 갖는 국가로 보기는 어렵다. 이는 국가가 설치한 정부투자기관이라 할지라도 마찬가지이다.

- 지방세법 제109조 제1항에서는 국가, 지방자치단체, 지방자치단체조합, 외국정부 및 주한국제기구의 소유에 속하는 재산을 비과세대상으로 규정하고 있으나, 청구법인은 인사, 조직 및 재정 등의 측면에서 국가로부터 독립된 별도의 법인에 해당한다 할 것이므로 재산세 비과세 규정을 적용받을 수 없음(조심 2016지0660 2016.11.20.).
- 국회사무처의 위원회 설치 및 운영에 관한 내규에 의하여 설치·운영되고 있는 국회후생복지위원회는 국회공무원 후생 및 후생시설의 운영에 관한 사항을 심의하기 위하여 국회공무원 중 일부를 구성원으로 하는 국회사무처의 자체위원회이기는 하나, ㅇㅇㅇ세무서로부터 국회와는 별도의 고유번호증(116-83-00083)을 받는 등 별개의 실체이므로 그 설치목적, 법령근거, 운영형태 등을 종합적으로 고려했을 때 지방세법 제162조의 규정에 의한 국가로 볼 수 없다고 판단됨(지방세정팀-1621, 2005.7.12.).
- 국가·지자체 등이 위탁한 사업을 진행하고, 업무성격이 비영리 공익사업에 해당된다고 하더라도, 지방세법 제77조에 따른 비과세 대상으로 열거되지 않는 한 과세가 타당하므로, 법인균등분 주민세 납세의무가 있음(지방세운영과-291, 2018.2.7.).
- 국가가 설치한 정부투자기관으로서 그 사업비용 전액을 국고로부터 지원받아 시행하였고 그 매립지를 국가의 감독 하에 관리·처분하여야 하는 지위에 있었다고 할지라도, 당해 매립지를 원고가 보유하는 동안 이를 지역 농민들로 하여금 일시 경작케 하고 경작료를 징수하였던 이상, 그 소유권은 법률상으로 뿐만 아니라 사실상으로도 국가와 별도로 법인격을 가진 공법인인 원고에게 귀속된다고 할 것이므로 국가의 소유에 속하는 토지라고 할 수 없어 비과세 대상이 아님(대법원 98두17623, 1999.2.23.).
- 사립학교가 헌법 제31조에 따른 교육을 받을 권리 보장을 위하여 국·공립학교와 마찬가지의 기능을 한다는 점은 부인할 수 없음(대법원 2007.5.17. 선고, 06다19054 판결). 그러나 국가나 지방자치단체가 취득한 재산은 교육용에 쓰이는지 여부를 불문하고 국유재산 또는 공유재산으로서 공공성을 전제로 관계 법령에 따라 엄격하게 관리되는 반면, 사립학교가 취득한 재산은 그 처분과 관련하여 사립학교법 제28조에 따라 관할청의 허가 또는 신고를 필요로 하는 등 일정한 수준의 공법적 제한이 가해지기는 하지만 그 재산은 어디까지나 해당 학교법인 등의 사유재산이라 할 것임. 위와 같은 사립학교의 공적 기능과 그 취득 재산의 법적 성격에 따라 지방세특례제한법 제41조 제1항에서는 사립학교가 취득한 "교육용" 재산에 대하여 국가나 지방자치단체가 취득한 재산에 준하여 지방세를 감면받을 수 있도록 하되, 사립학교가 취득한 "교육용" 재산은 지방세 감면 대상이 되지 않는 다른 용도로 전환될 수 있다는 점을 고려하여 그러한 경우에는 감면된 지방세를 추징하도록 하는 보완적

비과세

장치를 두고 있는 것임. 즉, 국가나 지방자치단체와 마찬가지로 사립학교가 취득한 재산도 비과세 대상으로 하게 되면, 사립학교가 "교육용" 재산을 다른 용도로 전환하여 사용하거나 처분한 경우에도 지방세를 추징할 수 없는 불합리한 결과를 초래하게 될 것임. 이상과 같은 점을 종합해 볼 때, 초·중등교육법 제3조 등에 따라 설립된 사립학교는 지방세법 제9조 제1항에 규정된 국가 또는 지방자치단체에 해당하지 않으므로, 지방세기본법 제53조의 2 제1항에 따른 무신고가산세 부과대상에서 제외할 수 없음(법제처 유권해석 14-871, 2015.2.6.).

(2) 국가, 지자체 등이 소유하는 재산의 판단

국가, 지자체 등이 소유하는 재산에 대한 재산세 비과세 적용과 관련해서 과세기준일 현재(매년 6월 1일) 해당 재산의 소유권이 누구에게 있는지 판단하는 것이 중요하다. 실질적 소유권 귀속이 국가, 지자체 등에 해당한다면 비과세가 적용되지만 그렇지 않은 경우는 과세된다.

① 국유재산을 신탁하는 경우 수탁자는 재산세 비과세 적용 불가

재산에 대한 신탁이 이루어지면 대내외적으로 소유권이 위탁자로부터 수탁자로 완전히 이전이 되고 신탁재산에 대한 재산세 납세의무도 수탁자가 지게 된다. 따라서 국유재산이라 할지라도 수탁자에게 신탁된 재산인 경우는 더 이상 국가의 소유권이 인정되지 않으므로 비과세 대상이 될 수 없다.

지방세법 제107조 제1항 제3호는 신탁법에 따라 수탁자 명의로 등기·등록된 신탁재산의 경우에는 재산세 납세의무자가 수탁자임을 규정하고 있고 같은 법 제109조 제1항에서는 재산세 비과세 대상으로 국가의 '소유' 재산으로 한정하고 있는 바, 부동산의 신탁에 있어 수탁자 앞으로 소유권 이전등기를 마치면 대내외적으로 소유권이 수탁자에게 완전히 이전되고 위탁자와의 내부관계에서 소유권이 위탁자에게 유보되는 것이 아니라 할 것이므로(대법원 2011.2.10. 선고, 2010다84246 판결), 국유 재산을 부동산 신탁을 통해 수탁자 명의로 등기한 경우라면 해당 재산은 지방세법 제109조 제1항에서 말하는 국가의 소유에 속하는 재산으로 볼 수 없으므로 재산세의 비과세 대상에 해당하지 않음(지방세운영과-521, 2016.2.26.).

② 준공과 동시에 국가로 귀속되는 사회기반시설은 준공일을 기준으로 국가 귀속으로 보아 재산세 비과세

국가나 지방자치단체와 사전 협약에 따른 민간투자사업을 시행함에 있어 사회기반시설의 준공과 동시에 당해시설의 소유권이 국가에 귀속하게 되는 경우 당해 사회기반시설은 준공과 동시에 사실상 국가에 원시적으로 귀속되는 것으로 보는 것이 합리적인 점(대법원 1984.8.21. 선고, 84누188 판결) 등을 종합적으로 고려할 때, 쟁점 부동산은 준공일로부터 사실상 국가가 소유한 것으로 보아 재산세 비과세가 타당함(지방세운영과-626, 2011.2.10.).

저자팁

국가귀속 사회기반시설에 대한 취득세 비과세

사회기반시설의 준공과 동시에 소유권이 국가에 귀속되는 경우로 사업자가 국가에 귀속될 것을 전제로 기부채납 조건을 약정한 후 해당 사업을 위한 부동산을 취득하게 되면 지방세법 제9조 제2항에 따른 기부채납 조건의 취득세 비과세가 적용될 수 있다.

③ **재산세 부과기준일에 국가 등의 소유인 경우에 한해 재산세 비과세 적용**

재산세는 재산세 부과일(6.1.)을 기준으로 소유자에게 부과된다. 따라서 해당 과세기준일에 국가 소유가 명확한 경우에 한해 재산세 비과세가 적용된다. 국가로 귀속이 예정인 경우라도 6월 1일 기준으로 소유권이 아직 국가로 이전되지 않은 경우는 전 소유자가 납세의무자가 된다. 즉 과세기준일 현재 국유재산이나 공유재산인 경우만 비과세가 된다는 것이다.

다만, 지방세법 제109조 제2항에서 규정하고 있는 것과 같이 국가, 지자체 등이 소유하지는 않았으나 타인 소유의 부동산을 국가, 지자체 등이 1년 이상 공용 또는 공공용으로 사용하는 경우에도 재산세를 비과세 하고 있는데, 다음에서 자세히 서술하기로 한다.

- 재산세는 부동산을 보유하는 동안 매년 독립적으로 납세의무가 발생하고, 과세기준일 현재 재산의 사실상 소유자는 재산세 납세의무가 있는 바, 당해 재산은 이ㅇㅇ가 선대로부터 상속으로 취득하여 등기부상 소유자로 기재되어 있어, 과세권자는 이ㅇㅇ을 사실상 소유자로 보아 재산세를 과세하였으며, 이는 국가가 친일반민족행위자 재산의 국가귀속에 관한 특별법에 따라 당해 재산을 국가에 귀속시켰다 하더라도 국가는 소유권 이전등기를 통해 취득의 시기가 도래한 그때부터 사실상 소유자가 된 것이고, 따라서 국가에 소유권이 이전되기 이전까지 이ㅇㅇ을 사실상 소유자로 보아 기 과세된 재산세 부과처분에는 영향이 없다고 판단됨(지방세운영과-4665, 2009.11.2.).
- 쟁점토지는 1981.5.4. 하천구역으로 고시되어 그 당시 시행중인 하천법에 따라 사실상 국유재산이 되었다고 보는 것이 타당하므로 2013년도 재산세 과세기준일 현재 쟁점토지의 재산세 납세의무자가 청구법인인 것으로 보아 이 건 재산세 등을 부과한 처분은 잘못임(조심 2014지0589, 2014.9.4.).
- 국가소유인 공유수면의 점·사용허가를 받아 매립을 하여 구축물을 축조한 경우로서 매년 점용료를 지급하고 있으며, 사용 종료 시 원상회복 조건으로 구축물을 설치한 때 그 공유수면 매립지는 국가소유이므로 공유수면의 점·사용하가를 받은 청구인에게 재산세를 부과한 것은 잘못임(심사 2006-203, 2006.5.29.).

비과세

Ⅱ 국가 등에 귀속 또는 기부채납 조건 취득세 비과세

✔ 비과세 요건

대상자	토지와 건축물(사회기반시설 포함)을 취득하는 자
대상물건	① 국가, 지방자치단체, 지방자치단체조합에 귀속 또는 기부채납을 조건으로 취득하는 부동산 – 사회기반시설에 대한 민간투자법 제4조 제3호*에 따른 방식으로 귀속되는 경우 포함 * 사회기반시설의 준공 후 일정 기간 동안 사업시행자에게 해당 시설의 소유권이 인정되며 그 기간이 만료되면 시설소유권이 국가 또는 지방자치단체에 귀속되는 방식 ② 위의 조건(귀속 또는 기부채납)으로 취득하는 사회기반시설로서 민간투자법 제2조 제1호* 각 목에 해당하는 시설 * 각종 생산활동의 기반이 되는 시설, 해당 시설의 효용을 증진시키거나 이용자의 편의를 도모하는 시설 및 국민생활의 편익을 증진시키는 시설로서 개별 법률에 근거한 따른 53개 시설을 각 목(가~쿠)에 열거 – 도로법 제2조 제1호 및 제2호에 따른 도로 및 도로의 부속물, 철도사업법 제2조 제1호에 따른 철도, 도시철도법 제2조 제2호에 따른 도시철도, 항만법 제2조 제5호에 따른 항만시설 등
과세 또는 추징되는 경우	① 국가 등에 귀속 등의 조건을 이행하지 아니하고 타인에게 매각·증여하는 경우 ② 귀속 등을 이행하지 아니하는 것으로 조건이 변경된 경우 ③ 국가 등에 귀속등의 반대급부로 국가등이 소유하고 있는 부동산 및 사회기반시설을 무상으로 양여받는 경우 ④ 기부채납 대상물의 무상사용권을 제공받는 경우

✔ 관련 법령

지법 §9 ②·§178

쟁점 088 기부채납하기로 한 사업을 승계하기로 한 경우도 비과세?

지방세법 제9조【비과세】제2항

② 국가, 지방자치단체 또는 지방자치단체조합(이하 이 항에서 "국가 등"이라 한다)에 귀속 또는 기부채납(「사회기반시설에 대한 민간투자법」 제4조 제3호에 따른 방식으로 귀속되는 경우를 포함한다. 이하 이 항에서 "귀속 등"이라 한다)을 조건으로 취득하는 부동산 및 「사회기반시설에 대한 민간투자법」 제2조 제1호 각 목에 해당하는 사회기반시설에 대해서는 취득세를 부과하지 아니한다. 다만, 다음 각 호의 어느 하나에 해당하는 경우 그 해당 부분에 대해서는 취득세를 부과한다.

1. 국가 등에 귀속 등의 조건을 이행하지 아니하고 타인에게 매각·증여하거나 귀속 등을 이행하지 아니하는 것으로 조건이 변경된 경우
2. 국가 등에 귀속 등의 반대급부로 국가등이 소유하고 있는 부동산 및 사회기반시설을 무상으로 양여받거나 기부채납 대상물의 무상사용권을 제공받는 경우

국가 등에 귀속 또는 기부채납을 조건으로 취득하는 부동산에 대한 취득세 비과세와 관련해서는 주로 '기부채납을 조건으로 취득'한다는 개념을 어떻게 파악할 것인지가 많은 쟁점이 된다. 그간의 유권해석과 조세심판례 등을 종합하면 핵심적인 판단 준거는 다음과 같다.

✔ 위치와 면적이 특정되고 기부채납에 관한 의사의 합치(의사표시와 승낙)기 있은 후 부동산을 취득해야 함

우선 기부채납의 정의를 살펴보면, 기부채납은 기부자가 그의 소유재산을 국가나 지자체의 공유재산으로 증여하는 의사표시를 하고, 국가나 지자체가 이를 승낙하는 표시를 함으로써 성립하는 증여계약(대법원 2006.1.26. 선고, 2005두14998 판결)이다.

그리고 '귀속 또는 기부채납을 조건으로 취득하는 부동산'이란 귀속 또는 기부채납의 시기, 용도 등을 충족했는지와 상관없이 국가 등에 귀속에 대한 의사표시를 하고 국가 등이 이에 대하여 승낙의 의사표시가 있는 이후에 취득하는 부동산을 의미(대법원 2005.5.12.선고, 2003다43346 판결)한다. 즉 기부채납 비과세가 성립하기 위해서는 기부채납에 관한 의사의 합치가 전제된 후 부동산을 취득해야 한다.

부동산을 취득할 당시에 기부채납의 대상이 되는 부동산의 위치와 면적을 어느 정도 특정하여 국가에 구체적으로 공공시설용지로 편입될 토지에 관하여 기부채납을 하도록 의사의 합치가 있은 이후에 취득하는 토지만이 기부채납을 조건으로 취득하는 부동산으로서 비과세 대상이 된다. 즉 부동산을 취득하고 그에 관한 등기를 할 당시에 그 취득자가 당해 부동산을 국가 등에 귀속시키는 것이 사실상 확정되어 있어야 한다. 부동산 취득 후 기부채납의 승낙을 얻는 경우라면 비과세 요건을 충족하지 못한다(조심 2011지0311, 2012.6.8.).

비과세

✔ 의사의 합치는 확정적인 계약 등의 형태가 원칙

기부채납에 관한 의사의 합치는 해당 부동산이나 시설물에 대한 소유권 귀속에 관한 사항을 담고 있는 확정적인 계약 등의 형태로 이루어져야 한다. 즉 기부채납자의 의사표시가 명확히 나타나 있는 사업계획서 등을 제출하고 국가나 지자체로부터 그 승인을 받을 때 적법·유효한 의사표시가 된다. 이러한 확정적인 계약 등이 부동산 취득의 조건이 되며 실제로 부동산을 기부채납하는 행위가 있어야 적법한 비과세 대상이 될 수 있다. 비록 기부채납을 조건으로 취득하였다 하더라도 기부채납을 이행하기 이전에 당해 부동산을 처분하여 국가나 지방자치단체에 직접 기부하지 아니한 경우에는 비과세 요건을 구비하였다고 볼 수 없기 때문에 취득세가 과세된다.

다만, 최근 판례 및 조세심판례 등에서는 구체적 사안에 따라 사업 승인을 받기 전이라도 기부채납 대상이 되는 부동산이 특정되고 기부채납을 위한 협의가 구체적으로 진행된 객관적인 사정이 있는 경우는 비과세를 허용하는 등 탄력적으로 해석하고 있는 추세이다.

(1) 비과세 대상이 되는 부동산의 판단

① 사회기반시설이 아닌 일반음식점을 기부채납 조건으로 취득해도 비과세

귀속 또는 기부채납 부동산이 반드시 사회기반시설일 필요는 없다. 사회기반시설이 아닌 음식점이라도 부동산이면 족하고, 부동산을 국가 등에 공여함에 있어 경제적 이익을 취득할 목적이 있었다고 하더라도 부동산이 귀속 또는 기부채납의 형식으로 되어 있고, 국가 등이 이를 승낙하는 채납의 의사표시를 한 이후에 취득하는 경우에는 비과세 대상에 해당한다고 보는 것이 유권해석의 입장이다.

'기부채납을 조건으로 취득하는 부동산' 이란 귀속 또는 기부채납의 시기, 용도 등을 충족했는지 여부와는 상관없이 국가 등에 귀속에 대한 의사표시를 하고 국가 등이 이에 대하여 승낙의 의사표시가 있는 이후에 취득하는 부동산을 의미한다(대법원 2003다43346판결, 2005.5.12.선고)고 할 것이고 귀속 또는 기부채납에 '사회기반시설에 대한 민간투자법 제4조 제3호에 따른 방식으로 귀속되는 경우를 포함한다'고 함은 준공후 바로 국가에 소유권이 귀속되는 형식의 같은조 제1호 제2호에 따른 추진방식 뿐만 아니라, 준공 후 일정 기간 사업시행자에게 시설의 소유권이 인정되고, 기간 만료시 소유권이 국가 등에 귀속되는 형식인 제3호의 추진방식 까지 포함한다는 의미의 사업시행 추진 방식에 관한 내용이라고 할 것이므로, 같은 조 제3호의 방식으로 국가 등에 귀속되더라도 당해 부동산이 반드시 사회기반시설이어야 하는 것은 아니므로, 귀문과 같이 사회기반시설이 아닌 음식점이라 하더라도 부동산이면 족하고 부동산을 국가 등에 공여함에 있어 경제적 이익을 취득할 목적이 있었다고 하더라도 부동산이 귀속 또는 기부채납의 형식으로 되어 있고, 국가등이 이를 승낙하는 채납의 의사표시를 한 이후에 취득한 경우에는 위 규정 취득세 비과세 대상에 해당된다(대법원 2005두14998 판결, 2006.1.26. 선고)고 할 것임(지방세운영과-3254, 2011.7.8).

② 용도 폐지되는 사회기반시설을 사업자에게 무상귀속하는 경우는 반대급부가 있는 경우에 해당하여 비과세 요건에 해당되지 않음

구 도시및주거환경정비법 제65조 제2항에서는 정비사업의 시행으로 인하여 용도가 폐지되는 정비기반시설은 도시환경정비사업시행자가 새로이 설치한 정비기반시설의 설치비용에 상당하는 범위 안에서 사업시행자에게 무상으로 양도된다고 규정하고 있었는데 이는 사업자의 재산상 손실에 대한 반대급부가 있는 경우에 해당하여 비과세 대상으로 보지 않는다.

사업시행자인 청구법인이 신규기반시설을 관리청에게 무상으로 귀속시킴에 따른 재산상의 손실을 보전하는 취지에서 종전기반시설(이 건 토지)을 무상으로 양도받는 것으로 보이는 만큼 동 무상양도는 사업시행자의 손실이 보전되는 범위 안에서 유상성이 있다 할 것이므로 청구법인이 이 건 토지를 취득한 것은 무상승계취득이 아니라 유상승계취득에 해당한다 할 것임(조심2017지0814, 2017.12.21.).

③ 기부채납을 이행하기 이전에 부동산을 처분한 경우는 과세 대상이 됨

기부채납 조건으로 부동산을 취득하였더라도 실제로 당해 부동산을 국가나 지자체 등에 기부하지 않고 매각 등을 통해 처분한 경우는 비과세 대상이 될 수 없다. 이 경우 지방세법 제20조에 따라 처분을 한 날로부터 60일 이내에 취득세를 신고·납부하여야 한다.

지방세법에서 기부채납용 부동산의 취득에 대하여 취득·등록세를 비과세하는 취지는, 국가나 자치단체에서 취득하여야 할 부동산을 대신 취득하여 당해 부동산을 국가 등에 직접 기부하는 자에게 조세지원을 하고자 하는 것이므로, 비록 기부채납을 조건으로 취득하였다고 하더라도 기부채납을 이행하기 이전에 당해 부동산을 처분하여 국가나 자치단체에 직접 기부하지 아니한 경우에는 비과세 요건을 구비하였다고 볼 수 없어 취득·등록세 과세대상임(지방세운영과-5340, 2009.12.17.).

지방세법 제20조 【신고 및 납부】 제3항

③ 이 법 또는 다른 법령에 따라 취득세를 비과세, 과세면제 또는 경감받은 후에 해당 과세 물건이 취득세 부과대상 또는 추징 대상이 되었을 때에는 제1항에도 불구하고 그 사유 발생일부터 60일 이내에 해당 과세표준에 제11조부터 제15조까지의 세율을 적용하여 산출한 세액[경감받은 경우에는 이미 납부한 세액(가산세는 제외한다)을 공제한 세액을 말한다]을 대통령령으로 정하는 바에 따라 신고하고 납부하여야 한다.

비과세

④ 귀속 조건과 달리 부동산의 일부만 국가에 귀속될 경우 국가에 편입되는 면적에 한해서 비과세 적용

국가 등에 귀속될 것으로 조건으로 취득하는 부동산이라도 추후 일부만 국가에 귀속된 경우 실제 귀속된 부분의 면적에 한하여 비과세가 적용된다. 따라서 당초 국가나 지방자치단체에서 승인한 조건과 달리 일부만 귀속되는 경우 귀속되지 않은 부동산에 대해서는 사유 발생일로부터 60일 이내에 정상 산출된 세금을 신고하고 납부해야 한다.

청구법인이 제출한 신설공공시설용 토지 및 쟁점토지의 위치도 등에 의하면 쟁점토지의 일부는 청구법인이 취득하기 이전에 국가 등에 귀속될 신설공공시설용 토지에 포함된 부분도 있는 것으로 보이나 청구법인이 이 면적에 대한 구체적인 증빙을 제출하지 아니한 점 등에 비추어, 이 건 취득세 등의 과세처분은 청구법인이 취득한 쟁점토지 중 신설공공시설용 토지로 편입된 부분의 면적을 재조사하여 해당 면적은 국가 등에 귀속될 것을 조건으로 취득하는 것이라 취득세 등의 비과세대상인 것으로 하여 그 과세표준 및 세액을 경정하는 것이 타당하다고 판단됨(조심 2017지0269, 2018.2.14.).

(2) 의사표시와 승낙(의사의 합치)의 확정성과 취득 시점

① 부동산 취득 시점에서 국가로의 소유권 귀속 여부가 불확정적인 경우는 비과세 대상 아님

국가의 귀속을 조건으로 취득하는 부동산으로서 비과세 대상에 해당하기 위해서는 해당 부동산을 취득하기 전 국가 등으로의 귀속이 약정 등에 의해 확정되어야 한다. 만약 해당 약정이 국가로 당연히 귀속된다는 강행 규정의 형태가 아니라 국가로 귀속될 수 있다는 임의규정의 형태라면 귀속이 확정된 부동산이 아니어서 비과세 요건을 충족할 수 없다. 이는 비록 해당 부동산을 국가에 귀속시키지 않고 매각하는 경우 매각 대금 전액이 국고로 귀속된다고 하여도 달리 볼 여지는 없다.

- 이 사건 재개발사업의 사업시행인가서에 따르면 정비기반시설인 도로 13,741.10㎡ 및 공원 19,614.20㎡에 대하여는 관리청에 귀속을 조건으로 설치하기로 한 것으로 확인되나 임대아파트에 대하여는 그러한 내용이 확인되지 아니하여 청구법인이 쟁점아파트를 지방자치단체에 귀속을 조건으로 취득한 것이라 보기 어렵고, 도시 및 주거환경정비법령에서는 국토교통부장관 등은 조합이 요청하는 경우 재개발사업의 시행으로 건설된 임대주택을 인수하도록 규정하고 있어 법률의 규정에 의해 당연히 임대주택의 소유권이 국토교통부장관 등에 귀속되는 것이 아니라 조합의 요청 및 인수계약의 체결에 따라 임대주택의 소유권이 국토교통부장관 등에 이전되는 것인 점 등에 비추어 쟁점아파트를 지방자치단체에 귀속을 조건으로 취득하는 부동산에 해당한다고 인정하기 어려워 보임(조심 2018지0708, 2018.6.29.).

- 이 건 건축물은 이 건 사업종료 후에는 국가에 귀속될 수도 있으나, 사업종료 후에 국가에 귀속되지 아니하고, 농어촌정비법 제14조의 규정에 따라 농림수산식품부장관의 승인 하에 관리처분 될 수도 있음을 알 수 있는 바, 이 건 건축물은 부동산을 취득하기 전에 국가에 귀속이 확정된 부동산으로 보기는 어렵다 할 것이고, 또한 이 건 건축물이 농어촌정비법 제14조의 규정에 따라 관리처분 된 후, 그 매각 대금 등이 국가에 귀속된다 하더라도 지방세법 제106조 제1항에서 규정하고 있는 국가에 귀속을 조건으로 취득하는 부동산이라 함은 당해 부동산의 소유권이 국가에 귀속될 것을 조건으로 하는 부동산으로 해석하여야 할 것으로 그 매각 대금 등이 국가에 귀속될 조건으로 취득하는 부동산까지 포함한다고 보기는 어렵다 할 것임(조심 2013지512, 2013.10.17.).

② 교통영향평가서에서 취득하는 부동산을 도로로 규정한 사실만으로 비과세 대상이 될 수 없음

기부채납의 핵심 요소는 기부채납에 대한 의사표시와 이에 대한 국가나 지방자치단체의 승낙이다. 비록 교통영향평가서에 부동산을 도로로 용도 규정하고 있더라도 교통영향평가는 부동산 소유권 문제에 대한 확정적 내용을 기재한 것이 아니므로 적법·유효한 의사표시가 있다고 볼 수 없다. 따라서 교통영향평가 내용에 기초하여 기부채납의 의사표시와 승낙이 있다고 보기는 어렵다.

- 교통영향평가는 당해 부동산을 도로로만 규정하고 있고 승인서에서도 이를 도로로 반영하여 시행하도록 조건을 부여하고 있을 뿐, 취득 이전에 당해 도로를 기부채납 신청하는 등 기부채납에 대한 의사표시가 없었던 점, 국가 등이 이를 승인하면서도 교통영향평가서에서 정한 도로로 사용 이외 기부채납을 받기로 하는 의사표현이나 기부채납을 규정한 사실이 없었던 점, 또한 교통영향평가 사항을 충족시키기 위함이라고 하더라도 교통영향평가의 목적은 "대상사업 시행으로 발생할 교통장애 등 교통상의 각종 문제점 또는 그 효과의 예측·분석 및 이에 대한 대책 강구"라고 할 것이므로 당해 사업이 시행되는 부동산의 소유권 귀속문제에 대하여 확정적 내용을 기재한 것이라거나 적법·유효한 의사표시가 있었던 것이라고 할 수 없는 점 등을 종합적으로 고려해 볼 때, 취득세 등이 비과세되는 기부채납을 조건으로 취득하는 부동산으로 보기는 어렵다고 판단함(지방세운영과-2200, 2010.5.25.).

③ **도시관리계획의 결정 및 고시만으로는 기부채납의 합의가 성립되지 않음**

도시관리계획 결정 및 고시가 있었다는 사정만으로는 기부채납의 대상이 되는 공공시설용지의 위치나 면적이 특정되고 기부채납의 합의가 있었다고 보기는 어렵다(조심 2009지0995, 2010. 10.14.).

④ **사업계획 승인을 얻기 전에 취득하는 부동산은 비과세 대상 아님**

주택건설사업의 경우 주택건설사업계획 승인신청서에 공공시설의 귀속에 관한 사항을 기재한 서류 등이 포함되고 지방자치단체의 장이 해당 사업계획을 승인하기 때문에 이러한 승인이 있는 경우 지방자치단체의 적법·유효한 의사표시가 있는 것으로 판단된다. 따라서 이러한 계획 승인 이전에 취득한 부동산은 원칙적으로 기부채납 조건으로 취득하는 부동산으로 볼 수 없어 비과세 대상이 될 수 없다.

- 기부자가 주택건설사업계획승인 전에 부동산을 취득하였다면, 그 취득이 도로개설을 조건으로 하는 건축위원회의 심의 결과 이후에 취득한 것이라고 할지라도 이는 지방자치단체의 기부채납과 관련된 적법·유효한 의사표시가 있기 전, 즉 기부채납이 성립되기 전에 취득한 부동산이라 할 것이므로, 지방세법 제106조 제2항 및 제126조 제2항의 '기부채납을 조건으로 취득하는 부동산'에 해당하지 않는다고 판단됨(지방세운영과-1976, 2009.5.15.).

⑤ **사업 승인 전이라도 기부채납 협의가 진행된 객관적 사정이 있다면 그 후 취득하는 토지는 비과세 대상**

기부채납 조건이 포함된 사업계획 승인 전에 부동산을 취득한다면 원칙적으로 기부채납을 조건으로 취득하는 비과세에 해당될 수 없다. 그렇지만, 최근 기부채납 대상이 되는 부동산이 특정되고 기부채납을 위한 협의가 구체적으로 진행된 객관적인 사정이 있고 이러한 사정에 따라 취득하는 부동산에 대해서는 비과세를 인정함으로써 다소 유연하게 조문을 해석하고 있다. 또 이 경우 협의과정에서 일부 내용 변경이 있었다 하더라도 기부채납 조건의 부동산 취득에 해당하는 것으로 판단하고 있다.

- 청구법인이 쟁점토지를 취득하게 된 일련의 과정에 비추어 청구법인은 1차 매수인의 기부채납의무를 승계하는 조건으로 쟁점부동산을 취득한 것으로 보이므로 청구법인이 별도로 기부채납약정을 하지 않았다 하더라도 당초 1차 매수인이 기부채납하기로 한 부분에 대해서는 기부채납을 조건으로 취득한 것으로 인정된다 할 것임. 다만, 쟁점토지 중 나머지는 취득 후에 기부채납할 것이 확정되었으므로 기부채납을 조건으로 취득한 부동산으로 보기는 어려움(조심 2017지0718, 2018.5.23.).

- 처분청의 2012.1.26. 공고 내용에 ○○○ 내 토지로 특정된 상태에서 구체적인 기부채납 협의가 진행되었고, 그러한 협의 과정에 따른 일부 내용 변경이 있었다 하여 기부채납의 대상이 되는 공공시설용지의 위치나 면적이 특정되지 아니한 것이라 하기 어려워 보이는 점, 청구법인이 이 건 토지가 포함된 기부채납 대상 토지를 실제 처분청에 기부채납한 점, 청구법인이 2012.1.27. '주민공람·공고와 같이 사업대상부지 중 공공시설용지 568㎡를 사용승인 전까지 기부채납할 것을 내용으로 하는 주민제안서를 승인하여 달라'는 내용으로 기부의 의사표시를 처분청에 하였고, 처분청은 2012.1.30. 청구법인의 위 제안을 승인한다고 회신하였던 바 청구법인과 처분청 간에 기부채납의 합의가 있었던 것으로 보는 것이 타당한 점 등에 비추어 이 건 토지는 지방세법 제9조 제2항의 비과세 대상인 '국가 등에 기부채납을 조건으로 취득하는 부동산'에 해당한다고 할 것임(조심 2015지1214, 2016.3.31.).

비과세

"기부채납을 조건을 취득하는 부동산"에는 사업자가 주택건설사업의 승인을 받고 그 조건에서 나타난 기부채납 등의 조건에 맞추어 취득한 토지가 이에 해당함은 당연하고, 나아가 주택건설사업계획의 승인 이전이라도 이미 기부채납의 대상이 되는 토지의 위치나 면적이 구체적으로 특정된 상태에서 행정관청과의 사이에 기부채납에 대한 협의가 진행 중인 것으로 볼 수 있는 객관적인 사정이 있는 경우에는 그 후에 취득하여 국가 등에 기부채납한 토지도 이에 해당하는 것으로서 취득세 등의 비과세 대상에 해당함(대법원 2003다43346 , 2005.5.12.).

(3) 사업의 승계 및 과점주주의 간주 취득

① 기부채납하기로 한 사업을 승계한 경우 당초 사업계획에 따라 취득한 부동산을 승계취득한 경우 비과세 대상

국가나 지방자치단체 승인받은 부동산의 기부채납을 조건으로 한 사업계획을 승계받은 사업자는 사업주체로서의 지위를 그대로 이전받게 된다. 따라서 종전 사업자가 취득한 부동산을 승계취득하고 별도로 국가 또는 지방자치단체와 기부채납약정을 하지 않더라도 해당 토지에 대한 비과세도 유지된다.

청구법인이 쟁점토지를 취득할 당시에 처분청과 청구법인 사이에 기부채납약정이 존재하지 아니하였지만, ㅇㅇㅇ은 2011.5.9. 처분청으로부터 쟁점토지에 대하여 기부채납을 조건으로 하는 주택건설사업계획승인을 받은 점, 청구법인은 2013.11.13. 이 건 토지를 취득하고, 같은 날 ㅇㅇㅇ과 관리형토지신탁계약을 체결한 후 신탁을 원인으로 하여 소유권 이전등기를 한 후, 2013.12.11. 이 건 토지에 대하여 주택건설사업계획의 사업주체를 ㅇㅇㅇ에서 ㅇㅇㅇ으로 변경신청을 하였고, 처분청은 2014.1.2. 이를 승인하였고, 변경승인 고시상에 변경된 사업주체 외 기부채납하기로 되어 있던 420㎡ 도로를 포함한 여타내용의 변경이 없었던 사실에서 청구법인이 쟁점토지의 기부채납을 조건으로 주택건설사업계획승인을 받은 ㅇㅇㅇ의 사업주체로서의 지위를 그대로 이전받았다고 볼 수 있는 점, ㅇㅇㅇ은 2016.3.25. 쟁점토지를 처분청에 증여(기부채납)하는 계약을 체결한 후, 2016.3.28. 쟁점토지를 처분청에 기부채납한 점 등에 비추어 쟁점토지는 지방세법 제9조 제2항에 따른 취득세 비과세 대상에 해당함에도 경정청구를 거부한 처분은 잘못이 있다고 판단됨(조심 2017지0436, 2017.9.14.).

ㅇㅇㅇ등 사이에 2008년 3월 체결된 ㅇㅇㅇ도시계획시설(도로, 학교, 공원) 개설 협약서 등에 의하면 ㅇㅇㅇ등이 쟁점토지 등에 도로, 공원 등을 조성하여 처분청에 기부채납하기로 한 사실이 확인되는 점, 처분청과 사업시행자인 ㅇㅇㅇ주식회사 등 사이에 2008.5.30. 체결된 ㅇㅇㅇ도시계획시설(도로, 학교, 공원) 개설에 따른 협약서에 의하면 ㅇㅇㅇ주식회사 등은 쟁점토지 등에 도로 및 공원을 조성하여 처분청에 기부채납하여야 하고, 본 협약서 체결 후의 사정(사업권 양도, 매각, 기타 여하한 사유 포함)으로 업체가 변경될 시에는 그 변경 업체가 본 협약서의 내용을 전면 승계하는 것으로 하며, 위와 같은 승계 조건이 포함되어 있지 않은 업체의 명의변경은 허가하지 아니하도록 되어 있었던 사실이 나타나는바, 청구법인은 2014.11.17. ㅇㅇㅇ주식회사로부터 이 건 토지를 취득한 주식회사 ㅇㅇㅇ로부터 이 건 토지를 취득하면서 위의 협약 내용을 전면 승계한 것으로 보이므로 처분청과 기부채납 협약이 이루어진 상태에서 쟁점토지를 취득한 것으로 보이는 점, 처분청이 2014.12.1. 청구법인에게 보낸 주택건설사업계획 변경승인 통지 문서(주택과-43679)에 의하면 당초의 승인 조건 및 변경된 승인 조건을 반드시 준수하여야 하도록 되어 있는 점 등에 비추어, 청구법인은 도로·공원 등을 조성하여 처분청에 기부채납할 것을 조건으로 쟁점토지를 취득한 것으로 보이므로 처분청이 쟁점토지가 취득세 등의 비과세대상이 아닌 것으로 보아 이 건 거부처분을 한 것은 잘못이 있다고 판단됨(조심 2017지0715, 2017.9.13.).

청구인이 2009.4.16. 이 사건 토지를 취득할 당시 처분청이 청구 외 주식회사 △△△△△△에게 이 사건 도시환경정비사업 시행인가(2007.12.20.)를 하면서 이 사건 정비기반시설 부지를 처분청에 무상귀속시키는 조건을 부여하고 이를 대외적으로 고시함으로써 무상귀속 대상 토지로 확정되어 있었을 뿐만 아니라 처분청을 가등기권자로 무상양여에 의한 소유권 이전 청구권 가등기를 설정한 상태에 있었던 점, 청구인이 이 사건 도시환경정비 사업을 시행하기 위해서는 이 사건 정비기반시설 부지를 처분청에 무상귀속시켜야 한다는 사실을 인지하고 있었고 이를 수인한 상태에서 이 사건 도시환경정비 사업을 시행할 목적으로 이 사건 토지를 취득한 점, 청구인이 이 사건 토지를 취득하기 전에 이미 무상귀속되는 정비기반시설부지의 지번·면적이 관보에 고시되어 구체적으로 확정되어 있었고 사업시행변경인가 시 그 지번·면적에 변동이 없었던 점, 도시및주거환경정비법 제10조에 따르면 종전 사업시행자의 권리·의무는 새로운 사업시행자가 이를 승계한다고 되어 있고 청구인이 종전 사업시행자에 대한 이 사건 정비기반시설부지의 무상귀속에 관한 조건을 포함한 모든 인가사항을 그대로 승계하는 내용으로 사업시행변경인가를 받은 점을 종합해 보면 비록 청구인이 이 사건 토지를 취득하기 전이나 취득할 당시에 청구인과 처분청 사이에 이 사건 정비기반시설부지의 무상귀속 또는 기부채납에 관한 신청과 승인이 별도로 없었다 하더라도 지방세법 제106조 제2항 및 제126조 제2항 소정의 비과세 대상인 '국가 등에 귀속을 조건으로 취득하는 부동산'에 해당한다고 보아야 할 것임(심사 2011-188, 2011.11.10.).

원고가 이 사건 각 토지에 관한 소유권 이전등기를 마칠 당시에는 원고에 대한 사업계획승인이나 원고와 피고 사이의 기부채납약정이 존재하지 아니하였지만, ① 원고는 토지기부채납을 조건으로 피고로부터 주택건설사업계획승인을 받은 ㅇㅇ건설의 계약상 지위를 그대로 이전받은 점, ② 이 사건 각 토지는 피고가 1999.11.9. ㅇㅇ건설 및 ㅇㅇ개발과 체결한 기부채납 약정상 기부채납 대상 토지에 모두 포함되어 있는 점, ③ 원고가 이 사건 각 토지를 취득할 때에는 비록 기부채납에 대한 최종승인이 이루어지지는 아니하였으나 이미 기부채납 목적물이 이 사건 각 토지 등으로 충분히 특정된 상태에서 2005.11.25. 주택건설사업계획변경승인을 신청하는 등 피고와 사이에 구체적인 기부채납 협의가 진행 중이었고, 그 후 실제 피고로부터 주택건설사업계획변경승인을 받아 이 사건 각 토지를 광주시에 기부채납한 점을 종합하여 보면, 이 사건 각 토지는 법령 소정의 비과세 대상인 '국가 등에 기부채납을 조건으로 취득하는 부동산'에 해당한다고 볼 것임(대법원 2011두17363, 2011.11.1.).

② 기부채납조건의 사업에 대한 양도·양수계약을 체결한 후, 부동산 취득은 사업변경 승인 전에 제3자의 지위에서 이루어진 경우는 과세 대상

사업승계에 따른 기부채납 비과세가 인정된 앞서의 사례들은 기부채납 조건이 포함된 사업계획이 국가나 지방자치단체 등으로부터 승인되고 이에 따라 사업을 양도하기 전 종전 사업자가 부동산을 취득하였고, 이후 해당 사업에 대한 일체의 권리·의무와 부동산을 양수 사업자가 승계 취득하는 경우이다.

그런데 종전 사업자가 유효한 사업계획승인을 받고 이를 다른 사업자가 양도하기로 협약한 경우라 할지라도 종전 사업자가 사업계획승인에 따라 부동산을 취득한 바 없고, 사업을 양수받은 자가 기부채납 조건이 포함된 사업계획변경승인을 받기 전에 제3자의 지위에서 부동산을 취득하였다면 이는 비과세 대상이 되지 않는다고 본 사례가 있음을 유념할 필요가 있겠다.

기부채납을 조건으로 정한 토지를 제3자가 취득한 다음 제3자가 종전 주택건설사업시행자로부터 그 사업을 양도받고 시행자를 변경승인을 받은 경우 기부채납 조건으로 취득한 부동산으로 볼 수 없음(조심 2009지0520, 2009.10.8.).

해당 조세심판례를 살펴봐도 구체적인 사유는 언급하고 있지는 않다. 하지만, 기부채납을 조건으로 취득하는 부동산이 비과세의 핵심 요건인데 해당 부동산을 취득하는 시점에서 본다면 해당 부동산은 당초의 의사합치(사업계획승인)의 당사자인 사업주체가 아닌 제3자가 취득했기 때문에 제3자의 기부채납 의사표시와 이에 대한 행정청의 승낙이라는 의사합치가 있다고 보기는 어렵고, 제3자 지위에서 부동산을 취득하는 시점에서는 향후 사업변경승인 여부도 불명확하기 때문인 것으로 이해할 수 있겠다.

③ 기부채납 조건의 부동산을 취득한 법인의 과점주주가 되는 경우 간주취득에 따른 취득세도 비과세 적용

법인의 과점주주가 되면서 종전 기부채납 조건의 비과세 대상 부동산을 간주취득하는 경우 해당 부동산에 대해서 과점주주 간주취득세를 과세할 수 있는지가 쟁점이 되는데, 판례에서는 과점주주가 되더라도 기부채납의 효력을 부정할 수 없다는 이유로 간주취득세 과세 대상이 될 수 없다고 보고 있다.

✔ 과점주주?

주주 또는 유한책임사원 1명과 그의 특수관계인 중 대통령령으로 정하는 자로서 그들의 소유주식의 합계 또는 출자액의 합계가 해당 법인의 발행주식 총수 또는 출자총액의 100분의 50을 초과하면서 그에 관한 권리를 실질적으로 행사하는 자들을 말한다(지기법 §46 2호)

✔ 과점주주 간주취득세?

국법인의 주식 또는 지분을 취득함으로써 과점주주가 되었을 때에는 그 과점주주가 해당 법인의 부동산 등을 취득한 것으로 본다(지법 §7 ⑤)

국가·지방자치단체·지방자치단체조합(이하 '국가 등'이라 한다)에 귀속 또는 기부채납(이하 '기부채납 등'이라 한다)을 조건으로 부동산을 취득한 법인의 과점주주가 되어 그 부동산을 취득한 것으로 간주되더라도 과점주주로 된 자가 그 기부채납 등의 효력을 부인할 수 없고, 따라서 그 부동산을 여전히 최종적으로 국가 등에 귀속될 것인 점, 과점주주가 당해 법인으로부터 실제로 그 부동산을 취득하는 경우에는 종전 기부채납계약을 승계하거나 새로이 국가 등과 기부채납계약을 체결함으로써 지방세법 제106조 제2항의 적용을 받을 수 있는데, 이와 실질적으로 동일하다고 보아 과세하는 간주취득에 있어서는 기부채납 등의 효과를 그대로 받음에도 취득세가 부과된다면 형평에 반할 뿐만 아니라 지방세법 제106조의 입법취지에도 부합하지 아니하는 점 등을 고려할 때, 국가 등에 기부채납 등을 조건으로 취득하여 취득세가 비과세된 부동산을 보유한 법인의 과점주주가 됨으로써 그 부동산을 취득한 것으로 간주되는 경우에는 그 과점주주가 기부채납 등의 효력을 부인할 수 없는 이상 그 간주취득 역시 지방세법 제106조 제2항 소정의 국가 등에 기부채납 등을 조건으로 취득한 경우에 해당함(대법원 2009두20816, 2011.1.27.).

Ⅲ 공용 또는 공공용 사용재산에 대한 재산세 비과세

✔ 비과세 요건

대상자	자신의 재산을 국가, 지방자치단체 또는 지방자치단체조합에 공용 또는 공공용으로 사용하도록 하는 자
대상물건	• 사용주체 : 국가, 지방자치단체 또는 지방자치단체조합 • 사용기간 : 1년 이상 • 사용용도 ① 공용 또는 공공용으로 사용하는 재산 ② 1년 이상 공용 또는 공공용으로 사용할 것이 계약서 등에 의하여 입증되는 재산 → 재산세 과세기준일 현재(6월 1일) 공용 또는 공공용으로 사용되고 있지만 사용일이 1년이 되지 않은 재산이라도 향후 1년 이상 사용 예정임이 입증되면 비과세 대상에 포함 (2018.12.31. 신설) • 사용재산 : 재산세 과세대상이 되는 토지, 건축물, 주택, 항공기 및 선박
과세되는 경우	① 국가, 지방자치단체 또는 지방자치단체조합이 유료로 사용하는 경우 ② 국가, 지방자치단체 또는 지방자치단체조합에 소유권을 유상이전하기로 약정한 경우로서 국가, 지방자치단체 또는 지방자치단체조합이 그 재산을 취득하기 전에 미리 사용하는 경우(2018.12.31. 신설) → 소유자가 취득 전 국가 등이 무상으로 사용하도록 하고 있는 경우라 할지라도 추후 소유권의 유상이전을 통해 사실상 소유자의 수익이 보전되게 되는 점을 고려하여 비과세 배제

✔ 관련 법령

지법 §109 ②

쟁점 089 국가 교정업무를 위탁받은 민영교도소도 비과세가 될까?

> **지방세법 제109조【비과세】제2항**
>
> ② 국가, 지방자치단체 또는 지방자치단체조합이 1년 이상 공용 또는 공공용으로 사용(1년 이상 사용할 것이 계약서 등에 의하여 입증되는 경우를 포함한다)하는 재산에 대하여는 재산세를 부과하지 아니한다.(이하 생략)

국가, 지자체 등이 직접 소유권을 갖는 국유재산, 공유재산인 부동산은 취득세, 재산세 비과세를 적용받는다. 그런데 국가, 지자체 등은 직접 재산을 소유하지는 않더라도 국가나 지자체가 아닌 제3자로부터 임차계약 등의 형태를 통해서 제3자가 보유한 재산을 공적인 용도로 활용할 수 있다. 만약 계약 등의 형식을 빌려 해당 재산 사용에 따른 정당한 대가를 지급하고 있다면 그걸로 그만이다.

하지만 제3자가 무상으로 공적인 용도로 활용할 수 있도록 재산을 제공한 경우라면 일정 부분 국가 등이 해야 할 역할을 대신하는 것이므로 그에 따른 인센티브를 제공하는 것이 합당한데 지방세법 제109조 제2항에서는 그러한 경우를 상정하여 재산세를 비과세하는 혜택을 제공하는 것이다.

조문을 잘 분석해 보면 ① 국가, 지방자치단체 또는 지방자치단체조합이 사용 주체가 되어야 하고, ② 1년 이상 사용하거나 사용할 것이 입증되며, ③ 공용 또는 공공용으로 사용하는 재산일 것을 요구하고 있다.

재산이 외견상 공적인 용도로 쓰이고 있는 것처럼 보여도 그 사용 주체가 국가 등이 아니라면 비과세 대상이 아니다. 국가 등이 사용의 직접적인 사용의 주체가 되어 해당 재산을 정해진 용도에 맞게 적극적인 관리하는 재산이어야 한다.

최소 1년 이상 사용으로 규정한 취지는 재산세는 특정시점(매년 6월 1일)을 기준으로 연 단위로 부과된다는 점을 고려하여 최소 단위의 기간을 설정한 것이다. 1년 이상 사용할 것이 입증되는 경우도 포함하므로 재산세 과세기준일 현재 사용해 왔던 기간이 1년이 되지 않더라도 계약서 등을 통해 그간 사용해 왔던 기간에 앞으로 사용할 기간을 합해서 1년이 넘는다면 비과세 대상이 된다.

공용 또는 공공용 개념은 법률상 명확하게 표현되어 있지 않다. 하지만 국유재산법과 공유재산및물품관리법 상에서 정의하고 있는 공용, 공공용재산의 개념에 비추어 생각해 볼 수 있다. 해당 법률들이 규정하는 행정재산(공용, 공공용재산 포함)은 국가나 지자체가 소유권을 갖고 있는 재산을 의미한다. 하지만, 소유권이 국가나 지자체에 있든 제3자에게 있든 국가나 지자체가 공용, 공공용으로 사용하는 양태는 동일하므로 해당 법률상 개념으로 이해해도 문제가 없을 것이다.

국유재산법 제6조【국유재산의 구분과 종류】

① 국유재산은 그 용도에 따라 행정재산과 일반재산으로 구분한다.

② 행정재산의 종류는 다음 각 호와 같다.

1. 공용재산 : 국가가 직접 사무용·사업용 또는 공무원의 주거용(직무 수행을 위하여 필요한 경우로서 대통령령으로 정하는 경우로 한정한다)으로 사용하거나 대통령령으로 정하는 기한까지 사용하기로 결정한 재산
2. 공공용재산 : 국가가 직접 공공용으로 사용하거나 대통령령으로 정하는 기한까지 사용하기로 결정한 재산

공유재산 및 물품 관리법 제5조【공유재산의 구분과 종류】

① 공유재산은 그 용도에 따라 행정재산과 일반재산으로 구분한다.

② "행정재산"이란 다음 각 호의 재산을 말한다.

1. 공용재산
   지방자치단체가 직접 사무용·사업용 또는 공무원의 거주용으로 사용하거나 사용하기로 결정한 재산과 사용을 목적으로 건설 중인 재산
2. 공공용재산
   지방자치단체가 직접 공공용으로 사용하거나 사용하기로 결정한 재산과 사용을 목적으로 건설 중인 재산

법률상 개념은 거의 유사한데 '공용' 사용의 핵심 개념은 국가나 지자체가 사무용·사업용, 공무원 거주용으로 사용해야 한다는 것이다. 일례로 공공청사로 활용하는 부동산이 해당된다. '공공용'은 두 법률 모두에서 뚜렷하게 정의하고 있지 않은데 불특정다수의 일반인이 이용할 수 있도록 재산을 활용하는 것으로서 공원, 주차장, 공공체육관 등이 흔한 사례라 할 수 있다.

(1) 공용, 공공용 재산으로서 비과세가 인정되는 경우

① 협약, 계약 등을 원인으로 하여 국가 등이 직접 해당 목적에 사용

국가, 지자체 등과 해당 재산의 소유주가 기부채납 협약이나 무상사용 계약 등을 체결하고 국가, 지자체 등이 공원이나 체육시설 등의 공공용으로 직접 관리 주체가 되어 사용하고 있다면 해당 재산은 재산세 비과세 대상이 된다.

- 쟁점토지가 처분청에서 설치한 공원으로 사용되고 있고 처분청이 그 사용료 등을 지급한 사실이 없다는 데에 청구법인과 처분청 사이에 이견이 없는 점 등에 비추어 쟁점토지는 지방자치단체가 1년 이상 공공용으로 사용하는 재산에 해당한다 할 것이므로 재산세 비과세 대상임(조심 2015지1782, 2016.12.30.).

- 공유재산및물품관리법 제5조에서 공용재산이란 지방자치단체가 직접 사무용, 사업용으로 사용하는 재산을 말하며, 공공용재산이란 지방자치단체가 직접 공공용으로 사용하는 재산을 말한다고 규정하고 있는 바, 지방자치단체가 한국토지주택공사와 기부채납 협약을 원인으로 하여 해당 토지의 무상사용 및 관리권한을 가지고 있으면서 한국토지주택공사 소유 토지를 수영장(공공체육시설)의 부속토지 및 주차장으로 무상사용하고 있는 경우 토지에 대한 재산세는 비과세함이 타당함(지방세운영과-4398, 2011.9.16.).

- 건축법 상 건축물 신축시 설치하도록 강제되어 있어 소규모 공원으로 이용되는 공개 공지로서 국가·지방자치단체 및 지방자치단체조합과 1년 이상 계속하여 공용 또는 공공용으로 사용(유료로 사용 중인 경우는 제외)중인 것이 계약서 등에 입증되는 경우라면 당해 공개 공지의 경우는 재산세가 비과세 됨(지방세운영과-972, 2009.3.5.).
- 도시공원및녹지등에관한법률 제12조의 규정에 의거 도시 내 식생 등이 양호한 토지 등을 소유자와 지방자치단체 간에 5년 이상 무상사용계약을 체결하여 지방자치단체가 계약기간 동안 이를 관리하면서 일반시민들에게 휴식공간으로 제공하는 경우라면 지방세법 제185조 제2항에서 규정한 비과세 대상에 해당함(세정-1582, 2007.5.4.).

② 공용, 공공용이 명확히 입증되면 건축 중인 경우도 비과세 적용 가능

일반적으로 재산세 감면을 적용할 때 과세기준일 현재 감면 목적에 부합하는 용도로 직접 사용할 것을 요구하는데 건축물 등이 건축 중인 경우도 직접 사용에 포함하여 납세자를 배려하고 있다. 비과세에서도 동일한 법리가 적용되는데 국가 등이 1년 이상 공용, 공공용으로 사용할 것이 계약서 등으로 명확히 입증된 상황임을 전제로 건축 중인 경우도 비과세 적용이 가능하다.

- 2011년도 재산세 과세기준일 현재 이 건 토지는 청구법인의 소유이나, 지방자치단체인 ㅇㅇㅇ이 2011.2.9. 청구법인으로부터 사용승낙을 받아 학교용 건축물을 건축 중인 사실이 확인되고 있고, ㅇㅇㅇ이 이 건 토지에 대한 사용승낙을 얻어 학교 건물을 건축하면서 이 건 토지사용에 대한 대가를 지급하거나 유료사용을 조건으로 하고 있지는 않는 것으로 나타나고 있으며, ㅇㅇㅇ은 이 건 토지를 사용승낙을 받은 2011.2.9.부터 취득예정일인 2013.9.27.까지 사용할 예정임이 확인되고 있음. "1년 이상 공용 또는 공공용으로 사용하는 재산"이라 함은 재산세 과세기준일 현재 공용 또는 공공용으로 사용하는 기간이 실제로 1년 이상 되었거나, 1년 미만 사용하였다 하더라도 국가·지방자치단체 등과 1년 이상 사용하기로 한 사실이 계약서 등에 의해 입증되는 재산을 의미한다고 보는 것이 타당하고, 토지에 대한 재산세의 감면규정을 적용할 때 직접 사용의 범위에는 해당 감면 대상 업무에 사용할 건축물을 건축 중인 경우를 포함하는 것이므로 이 건 토지는 2011년도 재산세 과세기준일 현재 학교용 건축물을 건축 중이어서 공용 또는 공공용으로 사용되는 재산으로 보아 재산세를 비과세하는 것이 타당하다 할 것임(조심 2012지0214, 2012.6.13.).

과거 해석사례에서는 1년 이상 무상사용이 예정되어 있더라도 공사 중에 있는 토지는 비과세 대상에서 배제한 바 있는데, 2018.12.31. 법률 제16194호로 법률이 개정되면서 1년 이상 공용 또는 공공용으로 사용할 것이 계약서 등에 의하여 입증되는 재산까지 비과세 대상을 확대한 취지와 지방세 특례 관련 조항의 통일적 법리 적용 필요성 등을 고려할 때 건축 중인 경우도 포함함이 바람직해 보인다.

- 재산세가 비과세되기 위해서는 과세기준일 현재 국가 등이 사용 주체로써 1년 이상 공용 또는 공공용에 사용하는 재산에 한해 적용되어야 하므로, 장래에 지방자치단체가 1년 이상 무상사용이 예정되어있다 하더라도 과세기준일 현재 토지소유자(사업시행자)가 공사 중에 있는 토지라면 지방자치단체가 사용하고 있는 재산으로 볼 수 없어 재산세 비과세 대상이 아님(지방세운영과-5640, 2010.11.30.).

(2) 공용, 공공용 재산으로 인정되지 못하여 비과세가 배제되는 경우

① 사용 주체가 국가, 지자체 등이 아니면 비과세 적용 불가

외견상 공용, 공공용으로 사용되더라도 사용주체가 국가나 지자체 등이 아니라면 비과세 대상이 될 수 없다. 따라서 국가사무를 위탁받아 수행하는 공무수탁사인이 운영하는 민영교도소는 물론 국가나 지자체의 출연기관이 공용이나 공공용으로 사용하는 재산, 일반회사법인이 공원 등으로 사용하는 부동산 등은 모두 비과세가 배제된다.

- 쟁점토지는 청구법인이 건축법 제43조에 따라 조성한 공개공지로서 일반인들의 휴식을 위한 소공원 형태이고, 건물진입부와 조형물, 쉼터, 정원 등은 현황상 건물 입주자 및 고객의 휴식공간과 해당 건축물의 개방감과 안정성을 확보하고 고객을 유치하기 위한 목적으로 조성된 것으로 보여지며, 기존의 공도가 넓고 쾌적하게 조성되어 있어 일반인들이 통행할 수 있는 공적인 통행로가 없거나 부족하여 부득이 쟁점토지를 불특정 다수인들의 통행로로 제공하게 된 것으로 보기 어려운 점, 국가·지방자치단체 등이 쟁점토지를 1년 이상 공용 또는 공공용으로 사용한 사실을 입증할 수 있는 자료 등을 청구법인이 제출한 사실이 없는 점 등에 비추어 쟁점토지를 재산세 비과세 대상인 사도 또는 국가·지방자치단체가 1년 이상 공용 등으로 사용한 재산으로 보기는 어려우므로 처분청이 이 건 재산세 등을 과세한 처분은 달리 잘못이 없다고 판단됨(조심 2018지0185, 2018.6.7.).
- 비록 청구법인이 민영교도소 등의 설치·운영에 관한 법률에 따라 법무부장관과 교정업무위탁계약을 체결하여 민영교도소를 운영하는 행정주체(공무수탁사인)로서 법무부로부터 연평균 300명의 재소자를 위탁받아 이들을 ○○교도소에 수용하고 있는 교화사업을 영위함으로 인하여 공용 등에 제공되고 있다 하더라도 국가 등이 사용주체에 해당되지 않아 동 교도소는 재산세 비과세대상이 아니라 할 것임(조심 2017지0110, 2017.4.14.).
- 쟁점부동산의 사용주체인 청구법인은 국가 및 지방자치단체의 출연기관일 뿐, 국가나 지방자치단체에 해당하지 않는 이상, 지방세법 제109조 제2항 규정에 의한 재산세 비과세 요건을 충족하지 못한다 할 것임(조심 2013지0589, 2013.9.25.).
- 청구법인이 제출한 쟁점토지의 사진 및 도면 등에 의하면 쟁점토지는 청구법인의 소유의 건축물인 ○○○ 사이의 공개 공지인 것으로 확인되고 있고, 불특정 다수인이 이용할 수 있다고 보여지나, 국가나 지방자치단체가 쟁점토지를 직접적으로 공공용으로 사용하거나 관리하고 있는 사실이 확인되지 아니하고, 청구법인이 소유하고 있는 건축물의 부속토지로서의 성격도 있으므로 쟁점토지가 지방자치단체 등이 1년 이상 공용 또는 공공용으로 사용하는 재산으로 볼 수 없어 재산세 비과세대상으로 보기는 어렵다고 판단됨(조심 2013지0083, 2013.5.16.).
- 국가 등이 도시계획법의 규정에 의하여 공원으로 시설 결정하여 설치한 공원이 아니고 귀사의 사원주택 단지 내에 조성한 사설공원은 회사의 사원뿐만 아니라 일반시민들의 휴식공간으로 활용한다 하더라도 공용 또는 공공용에 사용하는 토지로 볼 수 없음(시세 22670-3677, 1990.11.1.).

② 지자체가 간접적으로 관련된 정황만으로는 비과세 적용 불가

아래 사례들은 국가나 지자체 등이 직접 사용계약 등을 통하여 해당 재산을 공용이나 공공용에 사용하지 않은 경우로 비과세로 볼 수 없는 경우이다. 사실관계를 꼼꼼히 살펴보면 모두 재산 소유자와 국가나 지자체 간 해당 재산의 사용에 대해서 별도의 계약이나 협약이 없고, 비과세 요건과는 전혀 무관하게 국가나 지자체가 간접적으로 관련된 정황만 있는 것으로 보인다.

등산로로 사용되는 소유주 토지에서 지자체가 산림가꾸기 사업을 시행한 것이나 체육시설을 설치한 것, 소유주의 토지와 인접한 토지를 국가나 지자체가 공공용 사용함에 따라 토지소유주의 사용이 제한된 경우, 건축법 상 의무 설치하도록 되어 있는 공개공지 등인데 모두 비과세 요건에 부합될 수 없다.

- 청구법인은 건축법 상 건축물 신축 시 설치하도록 강제되어 있어 일반인들이 자유롭게 이용할 수 있는 ○○○에 소재한 공개공지 1,351.5㎡가 공용 또는 공공용에 사용하는 재산으로 재산세 비과세 대상이라고 주장하나, 대형건축물의 이용과 관련 없는 일반인들이 이용할 수 있다는 사정만으로는 비과세 대상으로 인정하기는 어려움(조심 2018지0206, 2018.5.4.).

- 공개 공지는 사유지 내 공지의 일부를 공공이 효과적으로 이용할 수 있도록 개방된 공간으로서 1차적으로 도심의 고층, 대형건축물로 인하여 발생하는 이를 이용하는 다중을 위하여 보행 및 휴식공간, 경관으로서의 기능을 담당한다 할 것이므로 대형건축물의 이용과 관련 없는 일반인들이 공개공지를 이용할 수 있다는 사정만으로 지방자치단체 등이 이를 공공용으로 사용한다고 볼 수 없음(울산지방법원 2013구합1700, 2014.8.14.).

- 등산로 및 공원 등으로 이용되고 있는 토지가 지방자치단체가 공공용에 사용하는 재산에 해당하여 재산세가 비과세되는지 여부에 대하여 살펴보면 이 건 토지는 오래 전부터 ○○○ 정상을 등산하는 데 있어 자연발생적으로 형성된 등산로로서 일반인에게 관습적으로 제공되고 있고, 처분청에서 시행한 산림가꾸기사업은 토지소유주의 승낙 하에 솎아베기, 가지치기, 임내정리 등 산림자원을 보다 가치 있는 자원으로 조성하기 위해 시행된 것이며, 위험시설물정비공사의 일환으로 계곡수로 정비를 위해 석축정비를 한 것은 계곡수로가 위험하기 때문에 석벽을 쌓아 위험을 제거한 것으로서 이것만으로는 이 건 토지가 공공용 토지로 사용되었다고 볼 수 없음(조심 2011지0110, 2011.9.30.).

- 국가·지방자치단체 및 지방자치단체조합이 1년 이상 공용 또는 공공용에 사용하는 토지에 대하여는 종합토지세를 부과하지 아니한다고 규정하고 있는데, 위 규정 소정의 비과세 대상은 국가 등이 공용 또는 공공용으로 사용하는 토지만을 말한다고 할 것이고, 인접토지의 공용 또는 공공용 사용으로 인하여 당해 토지를 소유자가 사용하지 못하였다고 하여 당해 토지가 위 규정에 의한 비과세 대상이 될 수 없음(대법원 99두5511, 2009.12.12.).

- 공용 또는 공공용이란 공공단체 등 행정주체가 직접 일반 공중의 공동사용에 공용된 토지이거나 직접적으로 행정주체 자신의 사용에 제공된 토지를 말하는 바, 등산하는 데 있어 자연발생적으로 형성된 등산로로서 일반인에게 관습적으로 제공되는 토지에 일반시민이 이용할 수 있는 체육 및 편익시설 등을 설치하기 위하여 전 토지소유자의 승인을 받은 것에 미루어 그 소유자는 법적으로 허용된 범위 내에서 소유권행사를 자유롭게 할 수 있으리라는 것 등을 종합하여 보면 이 사건 토지의 형상이나 여건상 부득이 일반인에게 무상으로 제공되어야 하는 특성을 지녔고, 행정기관에서 체육 및 편의시설 등을 설치하였다 하더라도 이것만으로는 모두가 비과세되는 것이 아님(심사 2005-218, 2005.7.25.).

건축법 제43조【공개 공지 등의 확보】

① 다음 각 호의 어느 하나에 해당하는 지역의 환경을 쾌적하게 조성하기 위하여 대통령령으로 정하는 용도와 규모의 건축물은 일반이 사용할 수 있도록 대통령령으로 정하는 기준에 따라 소규모 휴식시설 등의 공개 공지(空地 : 공터) 또는 공개 공간(이하 "공개 공지 등"이라 한다)을 설치하여야 한다.

1. 일반주거지역, 준주거지역
2. 상업지역
3. 준공업지역

4. 특별자치시장·특별자치도지사 또는 시장·군수·구청장이 도시화의 가능성이 크거나 노후 산업 단지의 정비가 필요하다고 인정하여 지정·공고하는 지역

② 제1항에 따라 공개 공지 등을 설치하는 경우에는 제55조, 제56조와 제60조를 대통령령으로 정하는 바에 따라 완화하여 적용할 수 있다.

③ 시·도지사 또는 시장·군수·구청장은 관할 구역 내 공개 공지 등에 대한 점검 등 유지·관리에 관한 사항을 해당 지방자치단체의 조례로 정할 수 있다.

④ 누구든지 공개 공지 등에 물건을 쌓아놓거나 출입을 차단하는 시설을 설치하는 등 공개 공지 등의 활용을 저해하는 행위를 하여서는 아니 된다.

⑤ 제4항에 따라 제한되는 행위의 유형 또는 기준은 대통령령으로 정한다.

③ 불특정 다수를 위한 공공용으로 볼 수 없으면 비과세 적용 불가

공용에 해당하기 위해서는 국가 등이 직접 사무용 등에 활용해야 하고, 공공용에 해당하기 위해서는 불특정다수의 일반인이 해당 재산을 사용할 수 있도록 관리되어야 한다. 동주민센터가 공동텃밭을 조성한 경우나 국가가 개인 소유 토지의 오염 정화를 위해 토지를 사용하는 경우, 관리되지 않은 나대지 상태로 방치된 주차공간 등은 공공용으로 제공된다고 보기 어렵다.

- 이 건 토지의 경우 국가가 오염토양 정화명령에 따라 개인 소유 토지의 오염조사 및 정화를 위하여 일정 기간 사용하는 재산으로 국가 등 공공단체의 직접 사용에 제공된다거나 일반 공중의 공동사용에 제공된 것이 아니므로 재산세 면제 대상인 공용 또는 공공용으로 사용하는 재산으로 보기 어려움(조심 2017지0048, 2017.3.9.).

- 토지 소유자로부터 무상사용 동의를 받아 동주민센터가 공동텃밭을 조성하여, 공공근로자 등을 통해 채소를 재배하고 이를 관내 어려운 이웃들에게 제공하는 경우라도 이를 직접 불특정 다수 주민의 공동사용에 제공한 재산이거나 직접적으로 지방자치단체 자신의 사용에 제공한 재산에 해당한다고 볼 수는 없고, 또한 쟁점 토지가 빈집 정비사업을 목적으로 행정관청이 철거비용을 부담하는 조건으로 철거가 진행되었다면 토지 소유자로부터 무상사용 동의를 받았다 하더라도 이를 실질적인 무상사용으로 보기도 어려우므로(지방세운영과-576, 2012.2.21. 참조), 지방세법 제109조 제2항에서 규정하고 있는 재산세 비과세 대상에 해당된다고 볼 수 없음(지방세운영과-2389 2015.8.6.).

- 청구인이 2003년에 ○○○에게 이 건 토지의 사용승낙을 하였으나, 이 건 토지의 사진 등에 의하면 이 건 토지는 관리되지 않는 나대지 상태로서 이 건 토지에 일반인 등의 차량 등이 주차되어 있는 것으로 나타나고, ○○○ 등이 이 건 토지를 공공용 등으로 사용한 사실이 나타나지 아니하는 점 등에 비추어 2014년도 재산세 과세기준일 현재 ○○○ 등이 이 건 토지를 공용 또는 공공용으로 사용한 것으로 보기 어렵다고 판단되므로 처분청이 2014년도 재산세 과세기준일 현재 이 건 토지가 지방세법 제109조 제2항에 따른 재산세 비과세 대상에 해당되지 아니한 것으로 보아 이 건 재산세 등을 부과한 처분은 잘못이 없는 것으로 판단됨(조심 2015지0517 2015.4.30.).

쟁점 090 국가 등이 대신 납부하는 조세나 공과금이 있다면 유료 사용?

> **지방세법 제109조【비과세】제2항**
>
> ② (생략). 다만, 다음 각 호의 어느 하나에 해당하는 경우에는 재산세를 부과한다.
>
> 1. 유료로 사용하는 경우
> 2. 소유권의 유상이전을 약정한 경우로서 그 재산을 취득하기 전에 미리 사용하는 경우

공용, 공공용 재산의 비과세 적용을 위해서는 앞서 언급한 세 가지 요건 즉 ① 국가, 지방자치단체 또는 지방자치단체조합이 사용 주체가 되고, ② 1년 이상 사용하거나 사용할 것이 입증되며, ③ 실제 공용 또는 공공용으로 사용하는 재산이라는 점을 충족시킨다 할지라도 반드시 무상으로 사용되어야 한다. 법률에서는 국가 등이 유료로 사용하는 경우 재산세를 부과한다고 명시하고 있다.

그렇다면 유료로 사용한다는 개념을 어떻게 판단해야 하는가? 아래 대법원 판례에서 제시된 개념을 보면 어떤 형태이든 대가가 지급된다면 그 빈도, 다과, 방식 등 이유를 불문하고 유료로 사용한다는 것으로 읽힌다.

☑ 유료로 사용한다함은 당해 토지에 대하여 대가가 지급되는 것을 말하고, 그 사용이 대가적 의미를 갖는다면 사용기간의 장단, 대가의 지급이 1회적 또는 정기적이거나 반복적인 것인지, 대가의 다과 혹은 대가의 산출방식여하를 묻지 아니함(대법원 92누15505, 1993.9.14.).

그렇다면 판례에서 말하는 '토지에 대한 대가이며 그 사용이 대가적 의미를 갖는다'라는 것이 무엇을 의미하는가? 그간 쟁점이 되어 온 사례들을 분석해 보면 구체적 사실관계에 따라 여러 형태로 판단해 왔는데 이를 자세히 살펴볼 필요가 있다.

(1) 국가 등이 조세, 공과금을 대납한 경우 유료사용의 판단

① 유료 사용으로 볼 수 없다고 보아 비과세를 적용한 경우

국가, 지자체 등이 조세나 공과금을 부담하기로 한 것이 약정이나 계약에 따르는 경우라도 실제 토지사용에 따른 보상이거나 대가성이 입증되어야 한다. 단순히 조세 공과금의 대납만으로는 재산의 소유자가 실질적인 사용에 대한 대가로서 수익을 거둔 것으로 보기는 어렵다.

☑ 이 사건 계약 제10조에 따라 농촌진흥청이 부담하기로 한 조세 및 공과금으로 밝혀진 것은 이 사건 처분에 의하여 부과된 재산세(세목을 구별하면 지방세법 제150조 제6호에 의하여 재산세의 납세의무자에게 부과된 지방교육세가 포함되어 있다)가 유일하고, 설령 사용승낙 후 이 사건 토지에 대하여 부과된 공과금이 있다고 하더라도 그 공과금이 농촌진흥청이 이 사건 토지의 실제 사용자로서 부담해야 하는 것이 아니라 종국적으로 원고가 부담하여야 할 것을 원고가 농촌진흥청에게 토지를 사용하게 해 준 것에 대한 보상으로 농촌진흥청이 대신 납부해 주기로 한 것이라고 볼 만한 자료가 없는바, 이 사건의 경우 농촌진흥청이 이 사건 계약 제10조에서 부담하기로 한 조세 및 공과금이 이 사건 토지의 사용에 대한 대가라고 볼 수 있는 성격의 것이 아니라면 '유료로 사용하는 경우'에 해당한다고 할 수 없음(대법원 2017두59741, 2017.11.29.).

- 국가가 조세 및 공과금을 부담한다는 약정을 토지의 사용대가로 볼 수 없고, 당해 약정으로 수익을 얻었다고 볼 수 없어 유료로 보기 어려움(대법원 2017두46011, 2017.8.24.)

② 유료 사용으로 보아 비과세 대상에서 배제한 경우

국가 등과 매매계약을 체결한 상황이라면 얘기가 달라진다. 매매계약 후 대금의 납부가 완료되기 전 재산 소유자로부터 부동산의 사용승낙을 받고 국가 등이 소유자가 내야 할 조세와 공과금을 대납하기로 한 경우는 국가 등이 토지를 사용하는 데에 대한 반대급부가 되어 유료사용으로 본다.

- (매매대금을 분할 수령하는 방식으로 행정청과 토지매매계약을 체결한)청구법인에게 부과된 조세 및 공과금을 국가가 부담하게 하는 이유는 국가가 최종 할부금을 납부하기 전에 쟁점토지를 사용하기 때문인 것으로 보이므로 이는 소유권이 이전되기 전에 사용승낙을 받아 토지를 사용하는 것에 대한 반대급부적인 대가를 지급하는 것으로 보아야 하는 점 등에 비추어 처분청이 쟁점토지에 대하여 청구법인에게 이 건 재산세 등을 과세한 처분은 잘못이 없다고 판단됨(조심 2017지0006, 2017.4.4.).
- ㅇㅇ시와 한국토지주택공사가 작성한 매매계약서 상 ㅇㅇ시가 매매대금완납 전에 한국토지주택공사로부터 토지사용승낙을 받은 때에는 사용승낙일 이후 한국토지주택공사에 부과되는 조세 및 공과금을 ㅇㅇ시가 부담하기로 한 바, ㅇㅇ시가 부담하는 조세 및 공과금은 토지사용승낙을 받았기 때문에 ㅇㅇ시가 부담하는 것이므로 통상적인 거래와 관련된 매매대금으로 보기 어렵고, 해당 토지의 소유권이 이전되기 전 토지 사용승낙에 따라 토지를 사용하는데 대한 반대급부적인 성격의 대가를 지급하는 것으로 볼 수 있을 것임. 따라서, 대상 토지는 유료로 사용하는 경우에 해당된다고 보아야 할 것이므로 비과세 대상에 해당되지 않는다고 판단됨(지방세운영과-1058, 2013.6.14.).

이와 관련하여 지방세법 제109조 제2항 제2호가 2018.12.31. 법률 개정으로 신설된 점을 고려할 필요가 있다. 동 개정으로 유료로 사용하는 경우 외에 소유권의 유상이전을 약정한 경우로서 그 재산을 취득하기 전에 미리 사용하는 경우가 재산세 과세 사유로 추가된 것이다. 따라서 현행 법률 하에서는 소유권 유상이전이 약정된 경우로서 사용승낙으로 해당 재산을 미리 사용하는 경우라면 조세나 공과금의 대납을 따질 것도 없이 비과세 대상에서 제외된다.

(2) 유료로 판단하는 금전하는 유형

대가성이 인정된다면 금전의 형태는 불문한다. 주택 철거에 따라 지원한 철거비용, 임료 상당의 손해배상금 등이 사안에 따라 대가성이 인정되면 유료사용에 해당될 수 있다.

① 빈집정비사업에 따라 소유자에게 지급한 철거비용

- "유료로 사용하는 경우"라 함은 당해 재산의 사용에 대하여 대가가 지급되는 것을 말하는 바, 지자체가 도심빈집정비사업으로 빈집을 무상 철거 후 해당 토지를 1년 이상 주차장 등 공공용지로 시민에게 무상 제공하는 경우 지자체가 빈집정비사업의 형식으로 철거비용을 지급하고 해당 토지의 무상사용기간 내에 토지소유자가 지상권설정 해제 요구시 사업비(철거비용)를 회수하는 점 등으로 보아 그 실질은 빈집 철거 후 해당 토지를 공공용지로 사용할 것에 대한 사용료 성격의 금액을 지급한 것이고, 지자체의 빈집 철거 사업비 지급으로 토지소유자에게 발생한 이익은 해당 토지 사용에 대한 대가로서의 의미를 가진다고 보는 것이 타당할 것이므로 재산세 비과세대상에 해당하지 않음(지방세운영과-576, 2012.2.21.).

② 토지 무단점용에 따른 손해배상금

☑ 국방부가 임료상당의 손해배상금 지급 형태로 금전을 지급하였다고 하더라도 그 실질은 해당 토지에 대한 무단점용·사용에 대한 사용료 상당의 금액을 지급한 것이고, 손해배상금 지급으로 토지소유자에게 발생한 이익은 해당 토지 사용에 대한 대가로서의 의미를 가진다고 보는 것이 타당할 것이므로 재산세 비과세 대상에 해당하지 않음(지방세운영과-505, 2012.2.16.).

③ 사용에 따른 수수료 수입이 종국적으로 재산 소유자에게 귀속되는 경우

재산을 사용하는 명의자인 국가나 지자체 등이 무상으로 사용하는 경우라도 실질적인 재산의 사용주체가 재산 소유자에게 일정한 금전적 수입을 제공한 경우라면 재산 사용에 대한 대가성이 인정될 수 있다.

☑ 서울특별시장이 시장의 시설을 실제 무상으로 사용한다 하더라도 실질적으로 사용하고 있는 수협노량진수산이 위탁수수료 및 도매시장수수료를 징수하는 등 수산물 출하자로부터 상당한 수수료를 지급받고 있으며 그중 대부분이 모기업인 청구법인에게 귀속되는 시설물 사용료 대가인 것으로 나타나는 점 등에 비추어 서울특별시장이 쟁점부동산을 무상으로 공공용으로 사용한다고 보기에는 무리가 있다 할 것이므로 처분청이 재산세 비과세를 배제하고 부과한 이 건 처분은 달리 잘못이 없다고 판단됨(조심 2017지0301, 2017.12.4.).

(3) 일부의 수익금만 받거나 일부 시설이 유료인 경우

국가 등이 소유자의 토지를 공공용시설로 사용하면서 발생하는 수입의 일부를 재산의 소유자에게 지급하고 있다면 해당 토지는 유료로 사용되는 경우로서 과세 대상이 되며 수익 지급 비율에 따라 안분하여 비과세할 수는 없다.

한편 국가나 지자체가 공공용으로 사용 중인 부동산 중 일부에 유료시설이 포함되어 있다고 하여도 해당 부동산은 공공용으로 사용되는 재산으로 비과세 대상이 된다. 다만, 유료로 사용되는 부분에 한해서는 재산세를 과세함이 타당하다.

① 일부의 수익금만 받더라도 유료 사용에 해당되며 수익 비율에 따른 비과세 적용은 불가

☑ 청구법인은 순수익금의 60%만 지급받고 있으므로 40%에 상당하는 토지부분에 대하여는 재산세를 비과세하여야 한다고 주장하나, 청구법인은 쟁점토지를 취득한 후 처분청과 협약을 체결하여 2015년 3월에는 무상으로 종전과 같이 거주자우선주차장으로 사용하도록 하다가, 그 이후에는 순수익금의 60%를 지급받는 조건으로 주차장으로 사용하도록 하였으며, 처분청이 이러한 협약에 따라 청구법인에게 쟁점토지를 주차장 운영과 관련된 수입의 60%를 지급하고 있고, 청구법인이 쟁점토지를 제공하고 처분청이 이를 주차장으로 운영하면서 발생한 수익금의 60%만 청구법인에게 지급하기로 계약한 것은 당사자의 자율에 의한 계약으로 순수익금의 60%만을 지급받기로 수익배분약정을 한 것이므로, 수익금의 60%만 지급받기로 하였다 하여 나머지 40%의 수익금에 상당하는 토지부분을 안분하여 무료로 사용하는 토지에 해당된다고 볼 수는 없다 하겠음(조심 2016지0404, 2016.8.24.).

② 일부 유료시설이 포함되어 있어도 비과세 적용이 가능

지상부분은 서울시에 공원용지로 제공하고 지하부분에 유료주차장 및 수익사업용 수영장을 시설한 경우 토지의 지상전체가 공원으로 사용됨으로써 소정의 공공용으로 사용되고 있는 이상 위 토지의 지하 부분을 수익사업에 사용한다고 하더라도 위 토지의 공원으로서의 사용이 유료로 사용되는 경우나 수익사업에 사용되는 경우라고 할 수 없고, 위 토지의 지하 일부가 다른 목적으로 중첩적으로 사용되는 것일 뿐이므로 비과세 대상에 해당함(대법원 97누1563, 1998.12.22.).

비과세

Chapter 02

형식적 소유권 변동에 따른 비과세

I 신탁으로 인한 신탁재산 취득세 비과세

✔ 비과세 요건

대상자	신탁계약에 따른 신탁재산 이전으로 신탁재산을 취득하는 자
대상물건	신탁으로 인한 신탁재산의 취득으로 아래 어느 하나에 해당 (신탁법에 따른 신탁으로서 신탁등기가 병행되는 재산만 해당) ① 위탁자로부터 수탁자에게 신탁재산을 이전하는 경우 : 수탁자 취득세 비과세 ② 신탁의 종료로 인하여 수탁자로부터 위탁자에게 신탁재산을 이전하는 경우 : 위탁자 취득세 비과세 ③ 수탁자가 변경되어 신수탁자에게 신탁재산을 이전하는 경우 : 신수탁자 취득세 비과세
비과세에서 제외되는 경우	신탁재산의 취득 중 다음의 경우는 제외(소유권의 원상회복이 아니라 새로운 소유권자의 탄생을 의미하기 때문에 비과세 대상에서 제외) • 주택조합 등과 조합원간의 부동산취득 • 주택조합 등의 비조합원용 부동산 취득 ※ **주택조합 등** : 주택법 제11조에 따른 주택조합, 도시및주거환경정비법 제35조 제3항 및 빈집및소규모주택정비에관한특례법 제23조에 따른 재건축조합 및 소규모재건축조합 → 다만, 주택조합 등이 해당 조합원용으로 취득하는 조합주택용 부동산(공동주택과 부대시설·복리시설 및 그 부속토지)은 그 조합원이 취득한 것으로 봐서(지법 §7 ⑧) 조합이 소유권 이전등기를 완료하더라도 별도로 취득으로 보지 않음

✔ 관련 법령

지법 §9 ③·⑧

쟁점 091 체비지 대장도 신탁재산 비과세가 되는 등기?

> **지방세법 제9조 【비과세】 제3항**
>
> ③ 신탁(「신탁법」에 따른 신탁으로서 신탁등기가 병행되는 것만 해당한다)으로 인한 신탁재산의 취득으로서 다음 각 호의 어느 하나에 해당하는 경우에는 취득세를 부과하지 아니한다. 다만, 신탁재산의 취득 중 주택조합등과 조합원 간의 부동산 취득 및 주택조합등의 비조합원용 부동산 취득은 제외한다.
>
> 1. 위탁자로부터 수탁자에게 신탁재산을 이전하는 경우
> 2. 신탁의 종료로 인하여 수탁자로부터 위탁자에게 신탁재산을 이전하는 경우
> 3. 수탁자가 변경되어 신수탁자에게 신탁재산을 이전하는 경우

신탁재산 비과세와 관련해서도 많은 쟁점이 발생하고 있는데 이를 이해하기 위해서는 신탁의 법리에 대한 기본적인 이해가 선행될 필요가 있다. 이를 위해서는 신탁에 대한 기본적인 사항을 규정하고 있는 신탁법, 명의신탁의 효력 등을 규정하고 있는 부동산실권리자명의등기에관한법률(이하 부동산실명법)상 개념 정도는 파악해야 한다. 또 신탁에 따른 납세의무자, 비과세, 체납 징수 등을 담고 있는 지방세 관계 법률의 조항들도 알아두면 좋겠다.

> **참고** **신탁법 상 신탁재산의 의미와 특징**
>
> 신탁법에서 정하고 있는 신탁의 정의에 따르면 신탁은 신임관계를 기초로 위탁자가 자신의 재산을 수탁자에게 이전하고, 수탁자를 위탁자가 설정한 목적을 위해서 재산을 관리하거나 처분하는 등 필요한 행위를 하는 법률관계 정도로 이해할 수 있다. 제3자 대항을 위해서 신탁재산에 대한 등기·등록을 요구하고 있는데 등기·등록할 수 없는 재산의 경우는 신탁법시행령에서 정한 각종 장부에 다른 재산과 구분하여 기재함으로써 제3자에 대항할 수 있다고 규정하고 있다.

✔ 신탁의 정의

신탁을 설정하는 자(위탁자)와 신탁을 인수하는 자(수탁자) 간의 신임관계에 기하여 위탁자가 수탁자에게 특정의 재산(영업이나 저작재산권의 일부를 포함한다)을 이전하거나 담보권의 설정 또는 그 밖의 처분을 하고 수탁자로 하여금 일정한 자(이하 "수익자"라 한다)의 이익 또는 특정의 목적을 위하여 그 재산의 관리, 처분, 운용, 개발, 그 밖에 신탁 목적의 달성을 위하여 필요한 행위를 하게 하는 법률관계(신탁법 §2)

▌신탁재산의 제3자 대항을 위한 표시▐

구 분	내 용
등기 또는 등록할 수 있는 재산(신탁법 §4)	등기 또는 등록
등기 또는 등록할 수 없는 재산 (신탁령 §2)	1. 수익증권발행신탁 따른 수익자명부 2. 「건축법」 제20조에 따른 가설건축물대장 및 같은 법 제38조에 따른 건축물대장 3. 「상법」 제352조에 따른 주주명부 및 같은 법 제352조의 2에 따른 전자주주명부 4. 「공간정보의 구축 및 관리 등에 관한 법률」 제71조 제1항에 따른 토지대장 및 임야대장

구 분	내 용
등기 또는 등록할 수 없는 재산 (신탁령 §2)	5. 「도시개발법」 제2조 제1항 제2호에 따른 도시개발사업, 「농어촌정비법」 제2조 제5호, 제10호 및 제18호에 따른 농업생산기반 정비사업, 생활환경정비사업 및 한계농지 등의 정비사업, 「도시 및 주거환경정비법」 제2조 제2호 가목 및 나목에 따른 주거환경개선사업 및 재개발사업 등 법령에 따른 환지(換地) 방식의 사업을 할 때 환지, 체비지(替費地) 및 보류지(保留地)의 관리를 위하여 작성·관리하는 장부 ※ 제2호의 건축물대장과 제4호의 토지대장 및 임야대장은 「공간정보의 구축 및 관리 등에 관한 법률」 제76조의 3에 따른 부동산종합공부로 대체 가능

신탁법에서는 신탁재산이 수탁자의 고유재산과 구분되고, 위탁자의 재산권으로부터도 독립성을 갖는다는 이유로 신탁재산에 대해서는 강제집행, 담보권 실행 등을 위한 경매, 보전처분 또는 국세 등 체납처분을 할 수 없다고 규정하고 있으며, 예외로 신탁 전의 원인으로 발생한 권리 또는 신탁사무의 처리상 발생한 권리에 기한 경우에 한하여 인정하고 있다(신탁법 §22).

신탁재산 비과세 요건은 반드시 신탁재산에 대한 등기가 병행되는 재산만 비과세가 됨을 명시하고 있다. 따라서 등록 대상 재산이나 등기나 등록이 되지 않는 재산은 비과세 대상이 된다고 보기 어렵다. 다만 체비지대장의 경우 사실상 등기부등본과 유사한 효력을 인정한 사례가 있는데 이는 후술한다.

참고

부동산실명법 상 명의신탁의 개념과 효력

부동산실명법 상 명의신탁약정은 간단히 부동산의 실권리자(명의신탁자)와 명의자(명의수탁자)를 다르게 설정하는 약정이라 할 수 있는데 같은 법 제4조에서는 명의신탁약정을 무효로 하고 있다. 이에 따른 물권변동도 무효가 되기 때문에 원칙적으로 부동산 소유권이 실권리자에게 귀속된다.

✔ 명의신탁약정의 정의

부동산에 관한 소유권이나 그 밖의 물권을 보유한 자 또는 사실상 취득하거나 취득하려고 하는 자(실권리자)가 타인과의 사이에서 대내적으로는 실권리자가 부동산에 관한 물권을 보유하거나 보유하기로 하고 그에 관한 등기(가등기를 포함)는 그 타인의 명의로 하기로 하는 약정(위임·위탁매매의 형식에 의하거나 추인에 의한 경우를 포함]한다](부동산실명법 §2 1호)

부동산실명법 제4조【명의신탁약정의 효력】

① 명의신탁약정은 무효로 한다.

② 명의신탁약정에 따른 등기로 이루어진 부동산에 관한 물권변동은 무효로 한다. 다만, 부동산에 관한 물권을 취득하기 위한 계약에서 명의수탁자가 어느 한쪽 당사자가 되고 상대방 당사자는 명의신탁약정이 있다는 사실을 알지 못한 경우에는 그러하지 아니하다.

③ 제1항 및 제2항의 무효는 제3자에게 대항하지 못한다.

지방세법에서 규정한 신탁은 신탁법에 의하여 위탁자가 수탁자에 신탁등기를 하거나 신탁해지로 수탁자가 위탁자에게 이전되거나 수탁자가 변경되는 경우를 말하며, 명의 신탁해지로 인한 취득 등은 신탁법에 따른 신탁이 아니므로 비과세 대상이 아니다.

참고

지방세관계법 상 신탁에 관한 규정

신탁재산 비과세 적용과 관련하여 신탁에 대한 지방세관계법 상 규정들도 함께 숙지할 필요가 있다. 지방세관계법에서는 신탁의 경제적 효용성과 형식적 취득의 법리에 따라 비과세를 인정하고 있다. 그러나 최근 신탁의 활용 형태가 매우 다양화됨에 따라 신탁의 구조적 허점을 활용한 조세 회피의 소지가 있을 수 있는 점을 감안하여 수탁자 재산권이 필요 이상으로 침해되지 않는 한계 내에서 제도적 보완 장치를 두고 있다.

▎지방세관계법 상 신탁재산과 관련한 특별 규정과 그 취지▎

구 분	내 용
취득세 납세의무자 (지법 §7 ⑤)	과점주주의 부동산 간주취득 시 대상 부동산 범위에 신탁법에 따라 신탁한 재산을 포함 → 간주취득 대상에서 신탁재산을 제외할 경우 과점주주 간주취득세 회피를 위해 신탁을 악용 가능
상속재산의 취득 (지법 §7 ⑦)	피상속인이 상속인에게 한 유증 및 포괄유증과 신탁재산의 상속을 포함 → 신탁재산 제외 시 상속 취득세 회피로 신탁 악용
위탁자 지위 이전 (지법 §7 ⑮)	신탁재산의 위탁자 지위의 이전이 있는 경우에는 새로운 위탁자가 해당 신탁재산을 취득한 것으로 간주 → 새로운 위탁자가 취득한 것으로 간주하지 않을 경우 신탁을 통해 취득세 회피 가능
신탁재산 비과세 (지법 §9 ③)	신탁법에 따른 신탁으로서 신탁등기가 병행되는 신탁재산의 취득 비과세 → 해당 신탁의 목적이 종료되면 해당재산이 위탁자에게 환원되는 형식적 취득 성격임을 고려
과밀억제권역 취득세 중과 (지법 §13 ①)	중과 대상 부동산에 신탁재산 중 위탁자가 신탁기간 중 또는 신탁종료 후 위탁자의 본점이나 주사무소의 사업용으로 사용하는 부동산을 포함 → 중과 회피 수단으로 신탁 악용 방지
대도시내* 법인설립 등에 따른 취득세 중과 (지방세법제13조 제1항) * 과밀억제권역에서 산업단지를 제외한 지역	신탁재산이라 하더라도 위탁자가 대도시내 법인설립, 지점 및 분사무소 설치, 대도시로의 전입 등에 따라 취득한 경우라면 취득세 중과대상에 포함 → 중과 회피 수단으로 신탁 악용 방지
신탁재산에 속하는 토지의 종합합산, 별도합산 방식 (지법 §106)	신탁재산에 속하는 토지는 수탁자의 고유재산에 속하는 토지와 서로 합산하지 아니함 위탁자별로 구분되는 신탁재산에 속하는 토지의 경우 위탁자별로 각각 합산 → 재산세 납세의무자가 수탁자이므로 수탁자 고유재산과 합산하거나 각기 다른 위탁자가 신탁한 재산을 합산하는 경우 수탁자의 과도한 재산권 침해
재산세 납세의무자 (지법 §107)	신탁법 : 위탁자별로 구분된 재산에 대해서는 그 수탁자. 이 경우 위탁자별로 구분된 재산에 대한 납세의무자는 각각 다른 납세의무자로 봄 → 신탁법에 따라 신탁재산에 대한 체납처분 집행이 불가한 점을 악용하여 위탁자가 탈세 목적으로 신탁하는 사례 방지를 위해 수탁자를 납세의무자로 지정

비과세

구 분	내 용
신탁재산 재산세 체납 (지법 §119의 2)	수탁자 명의로 등기된 신탁재산에 대한 재산세가 체납된 경우에는 재산세가 체납된 해당 재산에 대해서만 압류 → 수탁자의 고유재산 압류는 과도한 재산권 침해
부과제척기간 (지기법 §38)	법정신고기한까지 과세표준 신고서를 제출하지 아니한 경우로서 명의신탁약정으로 실권리자가 사실상 취득하는 경우 부과체적기간은 10년 → 부정행위에 대한 장기 부과제척기간 적용
납세관리인 (지기법 §139)	신탁재산의 재산세 납세의무자는 위탁자를 납세관리인으로 지정하여 신고 가능 → 납세의무자인 수탁자를 대리하여 위탁자가 납세관리 업무를 수행할 수 있도록 배려
납세증명서의 제출 및 발급(지징법 §5)	신탁법에 따른 신탁을 원인으로 부동산의 소유권을 수탁자에게 이전하기 위하여 등기관서의 장에게 등기를 신청할 때 취득세, 재산세, 지방교육세 및 지역자원시설세의 납세증명서 제출 → 체납회피 목적으로 신탁하는 행위 차단
사해행위의 취소 및 원상회복(지징법 §39)	지자체 장은 체납처분을 집행할 때 납세자가 지방세 징수를 피하기 위하여 재산권을 목적으로 한 법률행위(신탁법에 따른 사해신탁을 포함한다)를 한 경우에는 민법 제406조·제407조 및 신탁법 제8조를 준용하여 사해행위의 취소 및 원상회복을 법원에 청구 가능 → 사해신탁에 따른 지자체 조세채권 멸실 방지

(1) 비과세가 적용되는 신탁등기의 판단

신탁재산 비과세 대상을 판단에 있어 우선적으로 고려해야 하는 사항은 신탁법에 따른 신탁으로서 신탁등기가 병행되는지의 여부인데 이를 구체적으로 판단하는 몇 가지의 사례를 살펴본다.

① 체비지 신탁에 따른 체비지 대장의 명의 변경도 신탁 등기로 의제 가능

지방세법에서 신탁등기를 비과세 요건으로 명시하고 있으므로 등기되지 않은 신탁재산은 원칙적으로 비과세 적용이 불가하다. 그런데 예외적으로 체비지를 신탁하면서 신탁계약서를 첨부하여 체비지대장상 명의를 변경하는 경우는 신탁등기를 병행하는 것으로 의제한 사례가 있다. 체비지대장도 신탁법이 정한 제3자 대항을 위한 표시방법에 해당하고 사실상 등기부등본과 유사한 점을 고려한 것이다.

지방세법 제110조 제1호에서 신탁이라도 신탁법에 의한 신탁등기가 병행되는 것에 한정하여 비과세를 규정하고 있는데, 이는 실질적 소유권 취득이 아닌 명백하게 형식적인 취득의 경우에만 취득세를 비과세하겠다는 입법취지라고 할 것인 점, 도시개발사업의 시행자가 관리하는 체비지대장의 등재도 체비지에 관한 소유권 등 권리관계를 알리는 공시방법에 해당하고, 체비지대장의 등재요건을 먼저 갖춘 체비지의 양수인은 다른 양수인에게 그 권리의 취득을 대항할 수 있는 점(대법원 1995.3.10. 선고, 93다57964 판결 참조), 도시개발법 제42조에 의거 환지처분공고가 있으면 그 익일에 최종적으로 체비지를 점유하거나 체비지대장에 등재된 자가 그 소유권을 원시적으로 취득하게 되는 점(대법원 2003.11.28. 선고, 2002두6361 판결 참조)에 비추어 볼 때, 등기부 등본이 존재하지 아니한 환지처분 공고일이전에 체비지대장의 역할은 등기부등본과 유사하다고 할 것인 바, 체비지를 신탁하면서 신탁계약서 등을 첨부하여 체비지대장상의 명의를 변경하는 경우에 한정해 신탁등기를 병행하는 것으로 의제하여 취득세를 비과세함이 타당함(지방세운영과-3082, 2010.7.19.).

② 신탁등기가 아닌 신탁등록은 비과세 대상 아님

비과세 요건으로 신탁등기를 요구하고 있으므로 조세 법규의 엄격해석의 원칙상 등록은 비과세 대상이 아니다. 취득세 과세 대상은 동산과 부동산을 포함되는데 통상 자동차 등의 동산은 등록대상이고 부동산의 경우 등기 대상이라는 점을 고려하면, 지방세법 상 신탁재산에 대한 비과세는 부동산신탁으로 한정하여 비과세를 인정하려는 취지로 보인다.

신탁법 제4조에서는 '등기와 등록'을 구분하여 규정하고 있고, 지방세법 제9조 제3항에서는 신탁법에 따른 신탁으로서 신탁등기가 병행되는 것만을 취득세 비과세 대상으로 규정하고 있으므로 자동차등록원부에 신탁등록한 것은 취득세 비과세대상에 해당한다고 보기 어려움(조심 2018지0099, 2018.3.29.).

한편, 아래의 사례는 건설기계 등록원부에 신탁등록이 된다면 비과세가 가능할 것으로 해석될 여지를 남기고 있는데 설령 등록원부에 신탁등록이 되더라도 현행 법체계에서는 어렵다 하겠다.

조세법률주의 원칙상 조세법규의 해석은 특별한 사정이 없는 한 법문대로 해석할 것이고 합리적 이유 없이 확장해석하거나 유추해석하는 것은 허용되지 아니하는 바(조심 2015지1974, 2016.9.7.), 쟁점건설기계의 등록원부에 신탁등록이 되지 아니한 점, 관련 법령이 미비하여 신탁등록을 할 수 없었다 하여 달리 볼 수 없는 점 등에 비추어 청구법인의 쟁점건설기계의 취득이 지방세법 제9조 제3항의 취득세 비과세 요건을 충족한 것으로 보기 어려우므로 처분청이 이 건 취득세 등을 과세한 처분은 달리 잘못이 없다고 판단됨(조심 2018지0208, 2018.5.18.).

③ 위탁자가 등기하지 않은 재산을 수탁자가 신탁 받으며 병행등기하는 경우

현행 비과세 요건은 신탁재산이 위탁자에서 수탁자에게 이전되는 경우 신탁법에 따른 신탁등기가 병행될 것을 요구하고 있지만 반드시 위탁자가 해당 신탁재산에 선행 등기를 해야 한다는 요건은 규정하고 있지 않다. 따라서 위탁자의 선행 등기 없이 수탁자에게 바로 소유권 이전등기가 된 경우 신탁등기가 병행되고, 그 신탁원부에 위·수탁자 및 수익자의 성명, 신탁의 목적 등이 기재되어 있다면 비과세 대상이 될 수 있다.

비과세

지방세법 제110조 제1호 본문 및 가목에서 형식적 취득에 따른 취득세 비과세 여부는 신탁등기가 병행되는 신탁법에 의한 신탁으로서 위탁자로부터 수탁자에게 신탁재산을 이전하는 경우의 취득을 말한다고 규정하고 있을 뿐 위탁자가 수탁자에 앞서 소유권 이전등기를 하여야 한다는 사항은 규정하고 있지 않은 점, 이 건 승계계약에 따라 ○○○가 이 건 토지의 소유권 이전등기 관련 일체의 서류를 청구법인에게 교부하여 청구법인이 매수자의 지위에서 소유권 이전등기를 하였으므로 ○○○의 경우 이 건 토지를 취득하였다고 하더라도 사실상 소유권 이전등기를 할 수 없는 상태로 보이는 점, 설령 ○○○이 이 건 토지에 대하여 소유권 이전등기를 하지 않았다고 하더라도 이 건 토지의 등기부에 병행 기재된 신탁원부(제2013-881호)에 ○○○과 청구법인이 각각 위탁자와 수탁자로 등재되어 있고 이는 부동산등기법 제81조 제2항에 따라 등기기록의 일부에 해당하므로 신탁등기에 따른 공시효과가 있다고 볼 수 있는 점, 이 건 토지에 대한 취득세는 ○○○이 납부하고 등록세는 청구법인이 납부하여 납부세액에 있어서는 ○○○이 소유권 이전등기를 한 것과 동일하여 여기에 취득세 등의 탈루 또는 포탈이 있었다고 볼 수 없는 점 등에 비추어 청구법인과 ○○○은 신탁법에 따라 이 건 신탁계약을 체결한 후, 신탁의 목적물인 이 건 토지를 위탁자인 ○○○로부터 수탁자인 청구법인에게 이전하면서 신탁등기가 병행되었다고 보는 것이 타당하다고 할 것이므로 처분청이 이 건 토지의 소유권 이전을 지방세법 제110조 제1호의 신탁에 따른 형식적인 취득이 아니라고 보아 청구법인에게 이 건 취득세 등을 부과한 처분은 잘못이 있다고 판단됨(조심 2015지0323, 2015.7.2.).

④ 신탁등기를 하지 아니한 경우는 비과세 대상이 될 수 없음

비과세 대상은 신탁법에 따른 신탁으로 신탁등기가 병행되는 것에 한하므로 등기하지 않은 신탁재산의 신탁해지로 인한 부동산 취득은 비과세 대상이 될 수 없다.

☑ 청구인은 신탁해지로 인한 부동산 취득에 해당되므로 취득세 등의 비과세 대상에 해당된다고 주장하지만, 지방세법 제110조 제1호 및 제128조 제1호에서 신탁의 범위를 신탁법에 의한 신탁으로서 신탁등기가 병행되는 것에 한한다고 규정하고 있으므로, 청구인의 경우와 같이 신탁법에 의한 신탁등기를 하지 아니한 경우에 당해 규정을 적용하여 취득세 등의 비과세 대상으로 볼 수는 없음(조심 2008지0559, 2009.4.20.).

⑤ 신탁에 따른 소유권 이전등기는 무상으로 인한 소유권 이전등기에 해당

취득을 원인으로 하지 않는 신탁재산의 신탁인 경우 부동산의 소유권 이전등기에 관한 등록에 따른 등록면허세 납부의무가 발생하는데 이를 유상으로 볼 것이냐, 무상으로 볼 것이냐에 따라 적용세율의 차이가 있다. 유상은 부동산 가액의 2%, 무상은 1.5% (상속은 0.8%)의 세율이 적용된다. 판례에서는 신탁에 있어 수탁자가 따로 대가를 출연하지 않는다는 이유로 무상으로 인한 소유권 이전등기에 해당한다고 결론을 내린 바 있다.

지방세법 제28조【세율】제1항 제1호

① 등록면허세는 등록에 대하여 제27조의 과세표준에 다음 각 호에서 정하는 세율을 적용하여 계산한 금액을 그 세액으로 한다. 다만, 제1호부터 제5호까지 및 제5호의 2의 규정에 따라 산출한 세액이 해당 각 호의 그 밖의 등기 또는 등록 세율보다 적을 때에는 그 밖의 등기 또는 등록 세율을 적용한다

1. 부동산 등기
   가. 소유권의 보존 등기 : 부동산 가액의 1천분의 8
   나. 소유권의 이전 등기
      1) 유상으로 인한 소유권 이전 등기: 부동산 가액의 1천분의 20. 다만, 제11조 제1항 제8호에 따른 세율을 적용받는 주택의 경우에는 해당 주택의 취득세율에 100분의 50을 곱한 세율을 적용하여 산출한 금액을 그 세액으로 한다.
      2) 무상으로 인한 소유권 이전 등기: 부동산 가액의 1천분의 15. 다만, 상속으로 인한 소유권 이전 등기의 경우에는 부동산 가액의 1천분의 8로 한다.

☑ 신탁법 상의 신탁은 위탁자가 수탁자에게 특정한 재산권을 이전하거나 기타의 처분을 하여 수탁자로 하여금 신탁 목적을 위하여 그 재산권을 관리·처분하게 하는 것으로서 수탁자는 위와 같이 재산권을 이전받기 위하여 따로 대가를 출연하는 것이 아니므로, 수탁자가 신탁재산을 이전받아 그에 관한 소유권 이전등기를 마쳤다면 무상으로 인한 소유권 이전등기에 해당한다고 보아야 한다. 그리고 '무상으로 인한 소유권 이전등기'에 해당하는지 여부는 등기신청서 또는 등기부의 형식적인 기재에 불구하고 등기원인 또는 권리관계의 실질에 따라 판단하여야 함(대법원 2015두60853, 2017.6.15.).

(2) 비과세 대상이 되는 신탁재산의 범위

① 수탁자가 수탁받은 토지에 건축물을 신축하면 비과세 대상 아님

신탁재산 비과세는 신탁재산을 취득하는 당해 부동산에 한하여 적용된다. 따라서 신탁 이후 수탁자가 해당 부동산을 개발, 수익하기 위해 건축물 등을 신축하는 경우 해당 신축 부동산에 대해서는 납세 의무가 성립한다.

수탁자가 신탁재산인 토지를 위탁받아 개발을 위해 신탁토지상에 건축물을 신축하여 취득이 발생한 경우 동 건축물은 지방세법 규정상 신탁재산이라고 볼 수 없는 수탁자의 새로운 취득이므로 위탁자가 비과세대상자라 하더라도 수탁자를 기준으로 판단하여 수탁자는 취·등록세 납세의무가 있는 것임(세정과-348, 2005.1.1.).

② 토지를 신탁하고 건물을 지은 후 신탁해지하면 애초 지분만큼만 비과세, 신축한 건물은 비과세 대상이 아님

신탁재산 비과세는 당초 신탁계약에서 설정한 지분만큼 비과세된다. 신탁 후 신탁해지 시점 사이에서 새롭게 신축된 부동산이 있다면 해당 부동산은 신탁 해지로 취득하는 부동산이 아니어서 취득세가 과세된다.

재건축조합원이 특정 건설사에게 토지에 대하여 신탁등기가 병행되는 신탁을 하고 당해 건설사에서 당해 토지위에 공동주택을 신축한 후 당해 공동주택을 신탁해지를 원인으로 하여 조합원에게 이전하는 경우라면 당해 조합원은 토지의 경우 신탁의 해지로 자기 지분만큼만 취득하는 것에 한하여 취득세가 비과세되고 건물부분은 신탁의 해지로 취득하는 것이 아니므로 취득세가 비과세되지 아니함(세정과-738, 2003.8.7.).

③ 주택조합 등의 비조합원용 부동산 취득은 과세 대상

주택조합 등이 조합주택용 부동산을 취득하는 경우는 단순히 신탁에 관한 조항만 따질 게 아니라, 납세의무자 간주 규정도 함께 살펴야 한다.

주택조합 등이 주택조합용 부동산을 취득하게 되면 조합원이 취득하는 것으로 간주되므로 주택조합 등에는 취득세 납세의무가 성립하지 않는다. 그러나 주택조합 등이 조합원에게 귀속되지 않는 비조합원용 부동산을 취득하는 경우는 납세 의무가 발생한다.

지방세법 제7조【납세의무자 등】제8항

⑧「주택법」제11조에 따른 주택조합과「도시 및 주거환경정비법」제35조 제3항 및「빈집 및 소규모주택 정비에 관한 특례법」제23조에 따른 재건축조합 및 소규모재건축조합(이하 이 장에서 "주택조합 등"이라 한다)이 해당 조합원용으로 취득하는 조합주택용 부동산(공동주택과 부대시설·복리시설 및 그 부속토지를 말한다)은 그 조합원이 취득한 것으로 본다. 다만, 조합원에게 귀속되지 아니하는 부동산(이하 이 장에서 "비조합원용 부동산"이라 한다)은 제외한다.

한편 신탁재산 비과세에 있어서는 주택조합 등과 조합원 간, 주택조합과 비조합원 간 신탁재산 취득은 비과세에서 제외되고 있다.

비과세

현재 규정을 종합하면 주택조합 등이 조합원으로부터 조합원용 부동산을 취득하면 신탁 유무와 상관 없이 당연히 납세의무가 없다. 그런데 주택조합 등이 비조합원용 부동산을 취득하면 납세의무자를 조합원으로 간주하는 조항에서 배제되므로 납세의무자는 주택조합이 된다. 또한 이 경우 신탁을 경료하더라도 비과세 대상에서 제외된다.

해당 조항은 2008.12.31. 개정되면서 명확해졌는데 개정 전에는 주택조합이 조합주택용 부동산을 취득하면 조합원이 납세의무자로 간주되어 취득세 과세가 되지 않았다. 또 신탁재산 비과세 규정에 조합과 비조합원 간 취득이 제외된다는 규정이 없어 신탁재산 비과세가 적용되었다.

지방세법	2008.12.31. 개정 전	2008.12.31. 개정 후
주택조합 취득을 조합원 취득으로 간주하는 부동산	조합주택용 부동산	조합주택용 부동산에 한함, 비조합원용 부동산은 제외
신탁재산 비과세 제외	주택조합과 조합원 간 신탁재산 취득은 제외	주택조합과 조합원 간, 주택조합과 비조합원 간 신탁재산 취득은 제외

아래 조세심판례는 2008.12.31. 법률이 개정되기 전의 조문에 따라 조합원용이 아닌 부동산도 취득세 부과대상이 되지 않는다고 보고 있고, 이렇게 비과세가 확정되면 추후 조합원이 현금청산 후 탈퇴하여 비조합원용 부동산이 되어도 취득세 부과대상이 되지 않는다고 보았다.

주택조합이 조합원 소유의 토지를 조합주택용 부동산으로 신탁에 의해 취득하면서 신탁등기를 병행하는 경우, 그중 조합원용에 해당하는 부분은 구 지방세법 제105조 제10항에 의해 그 조합원이 취득하는 것으로 간주되므로 주택조합에 대하여는 취득세를 부과할 수 없는 것이고, 조합원용이 아닌 부분은 제105조 제10항이 규정하는 경우가 아니므로 같은 법 제110조 제1호의 단서에도 해당하지 않아 그 본문이 적용되는 결과 이 또한 취득세 부과대상이 되지 아니한다 할 것이며, 이와 같이 재건축조합이 조합원으로부터 경료받은 신탁재산에 관한 소유권 이전등기에 대해서는, 비록 그 신탁재산인 토지가 후에 일반분양용 집합건물의 대지권의 목적인 토지가 된다고 하더라도 취득세 부과대상이 되지 않는다 할 것(대법원 2008.2.14. 선고, 2006두18331 판결)이고, 주택조합의 토지 취득행위는 조합원의 각 토지를 주택조합 명의로 각 소유권 이전등기를 경료할 때 이루어진 것이며, 그 후에 주택조합의 조합원이 탈퇴하였다 하더라도 탈퇴한 조합원으로부터 주택조합에게 재화의 이전이 새로 일어나는 것은 아니므로 주택조합이 탈퇴한 조합원들로부터 집합건물의 대지권의 목적인 토지를 취득한 것이라고 볼 수 없음(대법원 2009.12.10. 선고, 2009두14675 판결, 같은 뜻임) 하겠는 바, 청구법인이 2008.12.31. 이전에 조합원 소유의 토지를 청구법인 명의로 신탁등기한 이 건 토지는 조합원용 및 비조합원용을 구별할 것 없이 2008.12.31. 이전에 취득세 등의 비과세대상 등인 것이 확정되었으므로, 조합원 중 분양신청을 하지 아니한 자를 대상으로 2011.2.7.~2012.5.9. 사이에 현금청산이 되었다 하여 청구법인이 다시 취득한 것으로 볼 수 없어 청구법인이 이 건 토지에 대해 다시 취득세 등을 납부할 의무가 없다고 하겠음(조심 2014지0812, 2014.11.24.).

그런데 현재 조문을 기준으로 본다면, 비록 취득 당시 조합원으로부터 조합주택용으로 취득하였더라도 조합원이 탈퇴하여 비조합원용 주택(일반분양용)이 되었다면 해당 부동산은 납세의무자가 조합원이 아닌 주택조합이 되는 부동산이어서 납세의무가 발생하게 되고, 신탁을 경료하였더라도 주택조합과 조합원의 취득은 비과세 대상에서 제외되므로 납세 의무가 발생하게 된다 할 것이다.

④ 신탁 후 위탁자 부도로 인하여 수탁자가 신탁재산을 실질적으로 취득하게 되는 경우 취득세 비과세 배제

위탁자가 부동산을 신탁 후 부도가 나는 경우 실질적인 권리를 모두 수탁자에게 이전하는 내용으로 신탁계약을 체결한 바 있고, 실제 그에 따라 소유권 이전등기 등이 완료되었다면 수탁자가 신탁재산인 부동산을 실질적으로 취득한 것이 되어 취득세 납세의무가 발생하게 된다.

청구법인은 시행사와 쟁점토지에 대한 신탁계약을 체결하고 시행사로부터 징구한 양도각서에서 시행사가 부도·파산 등의 부득이한 사유로 더 이상 사업을 계속할 수 없는 경우에는 분양계약자에 대하여 보증책임을 부담하는 조건하에 신탁토지 및 아파트 신축분양사업과 관련된 사업주체의 모든 권리를 청구법인에게 양도하도록 기재하고 있는 점, 시행사의 부도로 쟁점토지에 대한 일체의 권리가 실질적으로 청구법인의 통제하에 있어 청구법인이 사실상 취득한 것으로 보이는 점, 2010.4.9.과 2010.4.16. 양도각서를 원인으로 하여 건축중 건물에 대한 소유권 이전등기를 경료하여 법적으로도 완전하게 취득한 사실이 부동산등기부에서 입증되고 있는 점, ㈜○○○과 체결한 매매계약서에서 청구법인을 매도인으로 기재하여 쟁점부동산을 처분한 점 등을 종합적으로 고려하여 보면 청구법인은 쟁점토지에 대하여 신탁을 원인으로 청구법인 명의로 소유권 이전등기를 하여 형식적으로 취득을 하고 취득세 등을 비과세 받은 후 2008.10.31. 시행사의 부도로 쟁점부동산을 실질적으로 취득한 것으로 보아야 하므로 형식적 비과세대상에서 제외되어 취득세 납세의무가 발생한다 하겠음(조심 2013지0438, 2013.7.16.).

⑤ 수탁받은 토지의 지목변경에 따른 취득세 납세의무는 토지소유자인 수탁자에게 있음

수탁자가 신탁토지에 건축물을 준공하여 토지 지목이 변경됨에 따라 간주 취득세 납세의무가 성립된 경우 수탁자가 취득한 토지의 지목변경분에 대한 납세의무는 토지소유자인 수탁자가 지게 된다.

청구법인이 이 건 토지를 취득한 이후 동 지상에 건축물이 준공됨에 따라 토지의 지목이 사실상 임야에서 대지로 변경되어 토지가액 증가로 지목변경에 따른 취득세 납세의무가 성립되었고, 지방세법에서 신탁으로 수탁자가 취득한 토지의 지목변경분에 대한 취득세를 비과세 대상으로 규정하고 있거나, 별도로 납세의무자를 달리 규정하고 있지 아니하므로 수탁받은 토지의 지목변경에 따른 취득세 납세의무는 토지소유자인 수탁자에게 있다 할 것임(조심 2010지0944, 2011.9.1.).

⑥ 사용승인 전의 건축물을 신탁재산으로 신탁등기하는 경우 비과세?

위탁자가 신탁하는 재산을 수탁자가 취득할 때 비과세를 적용받기 위한 전제 조건은 신탁재산의 '취득'이라는 원인행위가 필요하다. 그런데 사용승인 전의 건축물은 지방세법에서 정하고 있는 취득의 개념에 해당한다고 보기 어렵다. 지방세법 제10조 제7항의 위임에 따른 지방세법시행령 제20조 제6항 본문은 건축물을 건축 또는 개수하여 취득하는 경우에는 사용승인서를 내주는 날과 사실상의 사용일 중 빠른 날을 취득일로 보도록 규정하고 있는데 사용승인서를 받을 수도 사실상 사용도 할 수 없는 건축물이라면 취득이 있었다고 보기 어려운 것이다.

사용승인서를 받을 수 없고 사실상 사용도 가능하지 않은 이 사건 부동산을 신탁하는 내용의 이 사건 신탁계약을 체결하고 청구인 명의로 소유권 이전등기를 경료한 경우라 할지라도 건축중 건물의 소유권 이전등기를 마친 것만으로 취득세 과세대상인 건축물의 취득이 있었다고 보기 어렵고 미완성 건물에서는 추가공사를 완료하여 사용승인을 받은 시점에 비로소 이를 취득하였다고 봄이 타당함(대법원 2018두33845, 2018.7.11.).

따라서 만약 미완성 건물을 경매로 취득한 후 추가공사를 하여 사용승인을 받은 경우 경매절차가 진행될 당시 건축물의 사용승인 전이어서 취득시기가 도래하지 아니한 이상 건물의 경락취득에 대하여 취득세를 부과할 수 없다. 다만 그로 인한 소유권 이전등기가 등록면허세 등의 과세대상이 된다(대법원 2018두67442, 2019.4.12.).

신탁에 있어서도 같은 법리가 적용될 수 있는데 사용승인 전의 건축물인 경우 신탁계약을 통한 소유권 이전 등기는 취득이라고 보기 어려우므로 신탁재산 비과세에 따른 취득세 비과세 대상이 될 수 없다. 이 경우 지방세법 제23조에 규정된 취득을 원인으로 이루어지는 등기를 제외한 등록에 해당하며 등록면허세 과세 대상이 된다. 현재 지방세법 상 신탁등기에 따른 별도의 등록면허세 비과세 조문을 두고 있지 않으며 신탁재산의 소유권 이전 등기는 무상으로 인한 소유권의 취득에 해당(대법원 2014두 38149, 2017.6.8.)되기 때문에 무상 소유권 이전 등기 세율을 적용받는 것이다.

저자팁

지방세법이 2010.3.31. 법률 제10221호로 전부개정되면서 신탁 관련 등록면허세에 대한 비과세 규정이 삭제되었다.

(3) 명의신탁의 효력과 취득세 납세 의무

부동산실명법에 따라 무효가 되는 명의신탁약정은 신탁법에 따른 신탁에 해당될 수 없기에 비과세는 논할 여지가 없다. 그런데 명의신탁약정은 무효임에도 불구하고, 명의신탁의 유형에 따라 해당 부동산의 소유권 귀속이 달라지게 된다. 아래 표에 명의신탁 유형별로 개념과 등기의 효력, 소유권 회복에 관한 일반적인 사항을 정리하였으니 참고하면 되겠다.

| 명의신탁의 종류 |

명의신탁의 종류	개 념	등기 효력 및 소유권 회복
단순 명의신탁 (양자간 명의신탁)	신탁자 명의의 부동산 등기를 명의신탁약정에 따라 수탁자에게 이전 등기	• 이전 등기 무효 • 신탁자는 등기말소 청구 또는 소유권 이전등기 청구로 소유권 회복 가능
중간생략등기형 명의신탁 (3자간 명의신탁)	명의신탁자가 매도인과 부동산 매수계약 체결 후 수탁자 명의로 부동산의 소유권을 이전 등기	• 이전 등기 무효 • 명의 신탁자는 매도인을 대위해 명의 수탁자에게 이전된 부동산 등기의 말소를 청구 → 매도인 앞으로 소유권 등기 → 매도인을 상대로 소유권 이전등기 청구로 소유권 확보

명의신탁의 종류		개 념	등기 효력 및 소유권 회복
계약명의 신탁 ✔ 수탁자가 매매계약 당사자로 매매계약을 체결하고 이전등기를 마친 경우로서 명의신탁자 노출이 없음	악의의 계약명의 신탁	매도인이 명의신탁약정 사실을 알고 있는 경우	• 매매계약 무효 • 매도인이 소유권 유지 • 매도인이 부동산의 등기 말소 청구 가능
	선의의 계약명의 신탁	매도인이 명의신탁약정 사실을 모르는 경우	• 등기 유효, 수탁자에게 확정적 소유권 이전 • 신탁자는 수탁자 상대로 소유권 이전 청구 불가, 수탁자에게 제공한 부동산 매수대금 상당의 부당이득 청구만 가능

그간의 유권해석과 판례에서는 명의신탁에 따른 취득세 세부담 귀속 문제는 명의신탁 유형별 실질적인 소유자가 누구인지를 밝혀내고, 지방세기본법 제17조에서 밝히고 있는 실질과세 원칙, 지방세법에서 밝히고 있는 취득의 개념, 납세의무자 등을 고려해서 판단해온 것으로 보인다.

지방세기본법 제17조 【실질과세】 제1항

① 과세의 대상이 되는 소득·수익·재산·행위 또는 거래가 서류상 귀속되는 자는 명의(名義)만 있을 뿐 사실상 귀속되는 자가 따로 있을 때에는 사실상 귀속되는 자를 납세의무자로 하여 이 법 또는 지방세관계법을 적용한다.

지방세법 제6조 【정의】 제1호

취득세에서 사용하는 용어의 뜻은 다음 각 호와 같다.

1. "취득"이란 매매, 교환, 상속, 증여, 기부, 법인에 대한 현물출자, 건축, 개수(改修), 공유수면의 매립, 간척에 의한 토지의 조성 등과 그 밖에 이와 유사한 취득으로서 원시취득, 승계취득 또는 유상·무상의 모든 취득을 말한다.

지방세법 제7조 【납세의무자 등】 제2항

② 부동산등의 취득은 「민법」, 「자동차관리법」, 「건설기계관리법」, 「항공법」, 「선박법」, 「입목에 관한 법률」, 「광업법」, 「수산업법」 또는 「양식산업발전법」 등 관계 법령에 따른 등기·등록 등을 하지 아니한 경우라도 사실상 취득하면 각각 취득한 것으로 보고 해당 취득물건의 소유자 또는 양수인을 각각 취득자로 한다. 다만, 차량, 기계장비, 항공기 및 주문을 받아 건조하는 선박은 승계취득인 경우에만 해당한다.

① 3자 간 명의신탁에 따른 등기 후 다시 본인 명의로 소유권 이전 등기한 경우 취득세 납세의무가 별도로 성립하지 않음

중간생략등기형 명의신탁(3자 간 명의신탁)은 명의신탁자가 매도인과 부동산 매수계약 체결 후 수탁자 명의로 부동산의 소유권을 이전하는 것인데, 매도인으로부터 매수계약을 체결할 때 취득

비과세

세 납세 의무가 성립한다. 이후 수탁자 명의로 등기를 하게 되는데 명의신탁약정은 무효이며 해당 이전 등기는 무효이다. 이때 신탁자가 매도인 대위 부동산 등기 말소를 청구하고 다시 매도인 상대로 소유권 이전등기 청구로 소유권을 확보할 수 있는데 이 경우 당초 매수계약 체결 시에 성립한 취득세 납세의무 외에 추후 소유권 이전등기에 따른 새로운 납세의무가 성립하지는 않는다.

매매대금을 모두 지급하여 부동산을 사실상 취득한 자가 3자간 등기명의신탁 약정에 따라 명의수탁자 명의로 소유권 이전등기를 마쳤다가 그 후 해당 부동산에 관하여 자신의 명의로 소유권 이전등기를 마친 경우라도 잔금지급일에 성립한 취득세 납세의무와 별도로 그 등기일에 새로운 취득세 납세의무가 성립하지 않음(대법원 2014두43110, 2018.3.22.).

② 악의의 계약명의신탁은 무효로 매도인이 소유권을 유지하고 수탁자가 이전등기에 따른 별도 취득세 납세의무가 성립하지 아니함

악의의 계약명의신탁은 매매계약이 무효이고 소유권 이전등기도 무효이다. 매도인이 여전히 해당 부동산을 소유하므로 수탁자가 이전등기한 부분에 대해서는 취득세 납세의무가 발생하지 않는다.

(악의의 계약명의신탁에 있어서) 부동산 실권리자명의 등기에 관한 법률 제4조 제1항, 제2항에 따라 위 분양계약에 의한 원고 명의의 소유권 이전등기가 무효여서 이 사건 부동산의 소유권이 여전히 매도인에게 남아 있다고 보아, 원고에게 취득세 납세의무가 성립하지 아니함(대법원 2014두40067, 2017.12.13.).

③ 계약명의신탁은 악의, 선의를 불문하고 명의신탁자에게 취득세 납세의무가 성립하지 아니함

계약명의신탁에 있어 악의인 경우 매도인이 소유권을 유지하게 되고, 선의인 경우 명의수탁자에게 확정적으로 소유권이 이전된다. 어느 경우든 소유권 이전등기청구가 불가능하다. 따라서 명의신탁자에게 취득세 납세의무가 성립되지 않는다.

명의신탁자가 명의수탁자와 사이에 명의신탁약정을 맺고 명의수탁자가 매매계약의 당사자가 되어 매도인과 사이에 매매계약을 체결한 후 등기를 매도인으로부터 명의수탁자 앞으로 이전하는 형식의 이른바 계약명의신탁의 경우, 매도인이 선의이냐 악의이냐에 따라 부동산의 소유자가 명의수탁자 혹은 매도인으로 달라지는 점은 있으나, 명의신탁자의 입장에서는 어느 경우에도 매도인이나 명의수탁자에게 소유권 이전등기청구를 할 수 있는 지위를 갖지 못한다는 이유로, 이 사건에서 명의신탁자인 원고가 이 사건 1번 부동산의 매수대금을 실질적으로 지급하였다고 하더라도 원고는 이 사건 1번 부동산을 사실상 취득하였다고 보기 어렵다고 보아 원고에 대하여는 취득세 납세의무가 성립할 수 없다고 판단하였다. 관련 법리와 기록에 비추어 살펴보면, 원심이 계약명의신탁의 명의신탁자인 원고는 이 사건 1번 부동산을 사실상 취득하였다고 보기 어렵다는 이유로 원고에 대해 취득세 납세의무가 성립하지 않는다고 본 결론은 옳고, 거기에 상고이유로 주장하는 바와 같이 사실상 취득행위에 관한 법리를 오해하거나 판단을 누락하는 등으로 판결에 영향을 미친 위법은 없음(대법원 2012두14804, 2012.10.25.).

④ **부당이득반환청구에 기한 부동산 반환은 새로운 취득으로 취득세 과세**

선의의 계약명의신탁에서 비록 명의신탁자가 명의수탁자의 납세 의무를 대신하여 납부해야 할 취득세를 납부하였더라도 이는 납세의무자인 명의수탁자가 납부해야 할 세금을 대신 납부한 데에 불과하고, 명의수탁자로부터 명의신탁약정 무효에 따른 부당이득반환청구권 행사를 통해 부동산을 취득하는 경우 새로운 취득으로 보며 취득세 과세 대상이 된다.

지방세법 제7조 제1항 및 제2항에서 취득세는 부동산, 차량, 기계장비, 항공기, 선박, 입목, 광업권, 어업권, 골프회원권, 승마회원권, 콘도미니엄 회원권, 종합체육시설 이용회원권 또는 요트회원권(이하 이 장에서 "부동산 등"이라 한다)을 취득한 자에게 부과하고, 부동산등의 취득은 민법 등 관계 법령에 따른 등기·등록 등을 하지 아니한 경우라도 사실상 취득하면 각각 취득한 것으로 보아 해당 취득물건의 소유자 또는 양수인을 각각 취득자로 한다고 규정하고 있으며, 지방세기본법 제70조 각 항에서 지방자치단체의 징수금은 그 납세자를 위하여 제3자가 납부할 수 있고, 제3자의 납부는 납세자의 명의로 납부하는 것으로 한정하며, 납세자를 위하여 지방자치단체의 징수금을 납부한 제3자는 지방자치단체에 대하여 그 반환을 청구할 수 없다고 규정하고 있는 바, 청구인의 경우를 보면, 청구인이 ㅇㅇㅇ이 이 건 아파트를 분양받아 취득함으로써 발생한 취득세 납세의무를 실제로는 청구인이 부담하였다 하더라도 이는 정당한 납세의무자인 ㅇㅇㅇ의 취득세 납세의무를 청구인이 부담한 것에 불과하다고 할 것이며, 청구인과 ㅇㅇㅇ을 상대로 소유권을 주장할 수는 없다 하겠으므로 명의신탁 당시 이 건 아파트에 대하여 실질적인 소유권을 취득하였다고 볼 수 없으며, 청구인이 명의수탁자인 ㅇㅇㅇ으로부터 부당이득에 대한 대물반환약정에 기하여 이 건 아파트를 취득한 것이고, 이는 당초의 명의신탁계약이 무효가 됨에 따라 발생한 부당이득반환청구권에 기하여 부당이득을 반환하는 방법으로 대물반환약정을 하여 이 건 아파트를 반환받은 것으로서, 이는 실질적인 소유권자가 나중에 법률상의 소유권을 갖춘 것에 불과한 경우와는 다르다 하겠으므로 청구인의 경우에는 대물반환약정에 따라 이 건 아파트에 대한 소유권 이전등기를 한 시점에서 새로운 취득이 이루어졌다고 보아야 할 것이기 때문에 처분청이 청구인의 경정청구를 거부한 처분은 잘못이 없다고 판단되며, 청구인이 주장하는 판례는 명의신탁단계에서 공부상 소유자인 명의수탁자와 실질적인 소유자인 명의신탁자에게 각각 취득세를 부과하고, 그 후 다시 명의신탁해지를 통하여 명의신탁자 명의로 공부상 소유권 이전등기가 이루어진 경우 새로운 취득세 납세의무가 있는지 여부에 대한 사건으로 청구인의 경우와는 사례가 다르다 할 것이므로 이 건에 이를 적용할 수 없다 하겠음(조심 2016지0172, 2016.6.30.).

비과세

Ⅱ 환매에 따른 취득세 세율 특례

✔ 비과세 요건

대상자	환매에 따른 부동산 매매의 매도자와 매수자
대상물건 및 세부요건	환매등기를 병행하는 부동산의 매매
적용특례	취득세율에서 2%(중과기준 세율) 차감 ※ 세율 적용 예시 : 토지 유상취득 : 4%-2%=2%

✔ 관련 법령

지법 §15 ① 1호

쟁점 092 환매기간이 경과한 후 등기를 해도 세율 특례 적용?

지방세법 제15조 【세율의 특례】 제1항 제1호

① 다음 각 호의 어느 하나에 해당하는 취득에 대한 취득세는 제11조 및 제12조에 따른 세율에서 중과기준세율을 뺀 세율로 산출한 금액을 그 세액으로 하되, 제11조 제1항 제8호에 따른 주택의 취득에 대한 취득세는 해당 세율에 100분의 50을 곱한 세율을 적용하여 산출한 금액을 그 세액으로 한다. 다만, 취득물건이 제13조 제2항에 해당하는 경우에는 이 항 각 호 외의 부분 본문의 계산방법으로 산출한 세율의 100분의 300을 적용한다.

1. 환매등기를 병행하는 부동산의 매매로서 환매기간 내에 매도자가 환매한 경우의 그 매도자와 매수자의 취득

환매의 사전적 정의는 일단 남에게 팔았던 물건을 도로 사들인다는 뜻이다. 부동산 환매에 대한 세율 특례의 취지는 매수자가 보유했던 부동산의 소유권이 결국 매도인에게 다시 되돌아오게 되어 사실상 소유권 변동이 없다는 점에서 이를 형식적 취득으로 보아 매도자가 당초 약정한 기간 내에 환매권을 행사한 경우 매수자의 취득에 따른 취득세와 매도자가 다시 이를 사들이는 데에 따르는 취득세 부담을 덜어주는 데에 있다.

법률상 의의와 기본적인 법리는 민법 제590조에서 제595조에서 언급하고 있다. 환매에 따른 취득세 세율 특례의 이해를 위해서는 부동산 환매에 대한 기본적인 이해가 필요하다.

부동산 환매의 개념은 매도인이 매수인과 매매계약을 체결하면서 환매할 권리를 보류하고 약정한 바에 따라 매매계약 체결 당시 매도인이 받은 대금과 매수인이 부담한 매매비용을 매수자에게 돌려주고 부동산을 다시 사들이는 것이다.

환매권은 반드시 매매등기와 함께 보류해야 하며 소유권 이전등기의 부등기로 기재되며 이로써 제3자에 대하여 효력이 발생한다. 부동산 환매 기간은 5년(동산은 3년)을 넘지 못하며 만약 당사자간 약정한 기간이 이를 넘길 때에도 이 기간으로 단축된다. 만약 환매권을 해당 기간 내에 행사하지 않는다면 등기부에서 말소되고 환매권도 상실된다.

매도자가 환매권을 행사하면 환매권 등기를 한 이후 설정된 근저당권, 전세권 등 모든 권리의 효력이 상실된다. 부동산의 소유권이 다른 사람에게 이전되어도 환매권 행사가 가능하다.

(1) 환매기간 내에 반드시 취득이 이루어져야 하나 예외도 인정

환매에 따른 취득세 특례 요건은 환매기간 내에 매도자가 환매한 경우 매도자와 매수자의 취득이라고만 규정되어 있어 환매기간 내에 등기까지 이루어져야 하는지에 대해서는 명확치 않은 측면이 있다.

법 취지에 부합하는 특례가 인정되기 위해서는 매도자의 환매권행사와 그에 따른 부동산 취득이 환매권이 보류된 등기부등본상에 명시된 기간 내에 이루어져야 할 것이다. 그러나, 매도자가 매수자

비과세

에게 기간 내에 환매권 행사를 통보하였으나 매수자가 이에 불응하여 환매대금을 공탁한 후 소유권 이전등기가 이루어졌다면 등기 시기가 환매기간을 넘긴 경우라도 특례를 인정한 사례가 있다.

- 지방세법 제110조 제2호 가목에서 환매등기를 병행하는 부동산의 매매로서 환매기간 내에 매도자가 환매한 경우의 그 매도자와 매수자의 취득에 대하여는 취득세 등을 비과세하도록 규정하고 있는 바, 귀문의 경우와 같이 환매등기가 병행된 환매권행사로 연장된 환매기간 내에 취득이 이루어졌다면 상기 규정에 의한 비과세 대상이 된다 할 것임(지방세정팀-300, 2006.1.24.).

- 일단 적법하게 매도한 부동산을 환매권의 행사로 재취득하는 경우 이를 형식적인 취득으로 보아 매도자나 매수자 모두에게 취득세를 부과하지 않는다는 규정으로, 여기에서의 환매권이란 환매요건이 구비된 때에 환매권자가 환매기간 내에 약정한 대금을 지급하고 일방적으로 매수(환매)의 의사표시를 함으로서 성립하는 것(같은 취지의 대법원 1987.4.14. 선고, 86다324 판결)인 바, 청구인의 경우 환매기간으로 약정한 계약일로부터 3년(1994.9.30.)이내인 1994.9.16. 환매권 행사를 통보하였고, ㅇㅇㅇ조합이 환매에 불응하자 1994.9.28. 환매대금을 공탁하였으며, 그 후 이를 원인으로 소유권 이전등기가 이루어 진 이상 비록 그 등기의 시기가 환매기간이 경과된 뒤라 하더라도 지방세법 소정의 요건을 일탈한 것으로 볼 수 없음에도 이건 취득세 등을 부과고지한 처분청의 행위에는 환매권과 변제공탁의 법리를 오해한 잘못이 있음(심사 1998-548, 1998.1.1.).

(2) 매매 완료 후 환매권 말소하면 취득세 과세 대상

부동산 매매계약을 체결 후 등기부에 기재된 환매권을 말소한 경우는 당연히 취득세 과세 대상이 된다.

- 환매등기를 병행하는 부동산의 매매로서 환매기간 내에 매도자가 환매한 경우의 그 매도자와의 취득에 대하여는 지방세법 제110조 제1항 제7호의 규정에 의하여 취득세가 비과세 되는 것이나, 매매완료 후 환매권을 말소한 경우는 취득세 과세대상이 되는 것임(도세22670-78, 1990.1.10.).

(3) 매도자가 환매하지 않으면 매수자가 취득세를 신고납부해야 함

환매등기와 환매권 행사 과정 취득세는 두 번 발생한다. 처음 매수자가 매도자로부터 부동산을 취득할 때 매수자에게 납세 의무가 발생하며, 나중에 매도자가 환매권을 행사하면 매도자에게 취득세 납세 의무가 성립한다. 양자 모두 취득세 세율 특례를 적용받는데 만약 매도자가 환매권을 행사하지 않는다면 매수자는 환매권 행사 기간이 종료되는 날(사유발생일)로부터 60일 이내에 당초 부동산 취득에 따른 세율을 신고·납부하여야 한다.

지방세법 제20조 【신고 및 납부】 제2항

② 취득세 과세 물건을 취득한 후에 그 과세 물건이 제13조 제1항부터 제7항까지의 세율의 적용대상이 되었을 때에는 대통령령으로 정하는 날부터 60일 이내에 제13조 제1항부터 제7항까지의 세율을 적용하여 산출한 세액에서 이미 납부한 세액(가산세는 제외한다)을 공제한 금액을 세액으로 하여 대통령령으로 정하는 바에 따라 신고하고 납부하여야 한다.

지방세법 제15조 제1항 제1호는 2010.3.31. 전면개정 당시 종전의 구 지방세법 상 '취득세 비과세, 등록세 과세'인 과세대상에 대하여 취득세로 통합한 후에도 종전과 같이 과세되는 부분은 과세하고, 비과세되는 부분은 비과세하도록 하기 위해 개정된 것으로서, 종전의 구 지방세법 을 살펴보면, 구 지방세법 제110조 제2호 가목에서 환매등기를 병행하는 부동산의 매매로서 환매기간 내에 매도자가 환매한 경우의 그 매도자와 매수자의 취득에 대하여는 취득세를 비과세한다고 규정하면서, 같은 법 제120조 제3항에서 이 법 또는 다른 법령에 의하여 취득세를 비과세·과세면제 또는 경감받은 후에 당해 과세 물건이 취득세 부과대상 또는 추징 대상이 된 때에는 그 사유발생일부터 30일 이내에 당해 과세표준액에 제112조의 규정에 의한 세율(2%)을 적용하여 산출한 세액을 신고·납부하도록 규정하고 있고, 환매조건부 매매에 대한 비과세 취지가 형식적인 소유권의 이전에 대해서는 취득세를 부과하지 않는다는 것이며, 또한, 취득세의 납세의무는 그 취득시기에 성립되는 것인 바, 매수자가 환매조건부 매매로 해당 부동산을 취득하였을 때에 비과세를 적용하였다가, 이후 매도자가 환매기간 내에 환매를 하지 않았다면 매수자가 그 사유발생일부터 30일 이내에 취득세를 신고·납부하면 되는 것으로 해석하는 것이 타당한 점, 2010.3.31. 지방세법의 전면개정 이전에는 경정청구(2011.1.1. 시행) 제도가 도입되지 않았기 때문에 매수자가 환매조건부로 해당 부동산을 취득할 당시 취득세를 신고·납부한다면 이후 매도자가 해당 부동산을 환매기간 내에 환매하였을 때에 매수자가 기 납부한 취득세를 환급받을 법적 절차가 없었던 점 등에 비추어 지방세법 제15조 제1항 제1호의 규정을 입법취지 및 개정연혁 등을 고려하여 합목적적으로 해석해 보면 매수자가 환매조건부로 부동산을 취득한 때에 그 부동산에 대하여 특례세율을 적용하도록 하고, 다만, 매도자가 해당 부동산을 환매기간 내에 환매하지 않는 등 추징사유가 발생하였을 때에 매수자가 지방세법 제20조 제3항의 규정에 따라 그 사유발생일부터 30일 이내에 해당 과세표준에 표준세율을 적용하여 산출한 세액을 신고·납부하면 되는 것으로 해석하는 것이 타당함(조심 2016지0144, 2016.4.21.).

비과세

Ⅲ 이혼으로 인한 재산분할에 대한 취득세 세율 특례

✔ 비과세 요건

대상자	이혼에 따라 취득세 과세대상인 재산을 취득하는 자
대상물건	다음 중 어느 하나에 해당하는 재산분할 시 해당 재산 1. 민법 제834조에 따른 협의이혼에 따른 재산분할 ※ 제834조(협의상 이혼) 부부는 협의에 의하여 이혼할 수 있다. 2. 민법 제839조의 2에 따라 협의 이혼한 자의 일방이 다른 일방에 대해 재산분할청구권을 행사하는 경우 – 재산분할에 관하여 협의가 되지 않거나 협의할 수 없으면 가정법원이 당사자의 청구에 의해 당사자 쌍방의 협력으로 이룩한 재산의 액수 기타 사정을 참작 하여 분할의 액수와 방법을 결정 – 재산분할청구권은 이혼한 날로부터 2년 경과하면 소멸 3. 민법 제840조에 따라 재판상 이혼 ※ **재판상 이혼의 사유** : ① 배우자의 부정한 행위 ② 배우자가 악의로 다른 일방을 유기, ③ 배우자 또는 그 직계존속으로부터의 심히 부당한 대우 ④ 자기의 직계존속이 배우자로부터의 심히 부당한 대우 ⑤ 배우자의 생사가 3년 이상 불분명 ⑥ 기타 혼인을 계속하기 어려운 중대한 사유
적용특례	취득세율에서 2%(중과기준 세율) 차감 → 적용례 : 토지 재산분할 3.5%−2%=1.5%, 유상거래 주택의 경우는 취득세 세율의 1/2 적용 → 적용례 : 1~3%×50%=0.5~1.5%

✔ 관련 법령

지법 §15 ① 6호

쟁점 093 사실혼 부부가 재산을 분할하는 경우도 취득세 세율 특례가 적용될까?

지방세법 제15조 【세율의 특례】 제1항 제6호

① 다음 각 호의 어느 하나에 해당하는 취득에 대한 취득세는 제11조 및 제12조에 따른 세율에서 중과기준세율을 뺀 세율로 산출한 금액을 그 세액으로 하되, 제11조 제1항 제8호에 따른 주택의 취득에 대한 취득세는 해당 세율에 100분의 50을 곱한 세율을 적용하여 산출한 금액을 그 세액으로 한다. 다만, 취득물건이 제13조 제2항에 해당하는 경우에는 이 항 각 호 외의 부분 본문의 계산방법으로 산출한 세율의 100분의 300을 적용한다.

6. 「민법」 제834조, 제839조의 2 및 제840조에 따른 재산분할로 인한 취득

이혼에 따른 재산분할은 부부가 혼인 중에 쌍방의 협력으로 이룩한 실질상의 공동재산을 청산, 분배함과 동시에 이혼 후의 생활을 유지하는 데 그 목적이 있다(대법원 2000다58804판결, 2001.5.8.선고). 따라서 이에 따른 취득을 지방세법에서는 형식적인 취득으로 보아 세율의 특례를 적용한다.

(1) 사실혼 해소 시에도 재산분할에 따른 취득세 특례 적용 가능

지방세법 해당 조문은 협의 이혼과 재판상 이혼에 따른 특례를 규정하고 있는데 사실혼 관계인 당사자가 사실혼을 해소하는 경우는 뚜렷하게 밝히고 있지 않다. 그런데 판례에서 혼인신고의 유무와 상관없이 재산분할에 관해서는 단일의 법리가 적용되는 것으로 보아 취득세 특례가 적용된다고 판시하였다. 하지만 이 경우 반드시 사실혼 관계임을 입증할 수 있는 객관적인 증빙이 뒷받침되어야 할 것이다.

민법 제834조 및 제839조의 2는 협의상 이혼 시 재산분할에 관한 규정이지만, 민법 제839조의 2는 민법 제843조에 따라 재판상 이혼 시 준용되고 있고, 혼인 취소는 물론 사실혼 해소의 경우에도 해석상 준용되거나 유추 적용되며, 위 각 법률조항의 내용 및 체계, 입법 취지, 사실혼 해소의 경우에도 민법 상 재산분할에 관한 규정이 준용되는 점, 법률혼과 사실혼이 혼재된 경우 재산분할은 특별한 사정이 없는 한 전체 기간 중에 쌍방의 협력에 의하여 이룩한 재산을 모두 청산 대상으로 하는 점(대법원 2000.8.18. 선고 99므1855 판결 등 참조), 실질적으로 부부의 생활공동체로 인정되는 경우에는 혼인신고의 유무와 상관없이 재산분할에 관하여 단일한 법리가 적용됨에도 불구하고 세법을 적용함에 있어서는 혼인신고의 유무에 따라 다르게 과세하는 것은 합리적이라고 보기 어려운 점, 사실혼 여부에 관하여 과세관청으로서는 이를 쉽게 파악하기 어렵다 하더라도 객관적 자료에 의해 이를 증명한 사람에 대해서는 그에 따른 법률효과를 부여함이 상당한 점 등을 더하여 보면, 이 사건 법률조항은 사실혼 해소 시 재산분할로 인한 취득에 대해서도 적용된다고 보는 것이 옳음(대법원 2016두36864, 2016.8.30.).

(2) 재산분할청구권 행사기간이 경과한 후 재산 분할도 특례 적용

민법 제839조의 2 제3항은 재산분할청구권의 소멸시기를 규정하고 있는데 재산분할청구권은 이혼한 날로부터 2년이 경과하면 소멸된다. 해당 기간을 재산분할에 따른 취득세 특례 적용 시한으로 볼 수 있는지가 문제되는데 해당 기간은 협의이혼한 일방이 협의분할에 응하지 않을

비과세

때 사법 판단의 보호를 받지 못하는 제척기간이므로 2년의 기간이 경과한 시점에서도 재산 분할에 따른 취득이 이루어진다면 특례가 적용된다.

처분청은 협의이혼에 의한 재산분할 청구권은 이혼한 날부터 2년을 경과한 때에는 소멸하는 것이므로(민법 제839조의 2 제3항), 협의이혼일(2006.6.14.)부터 2년이 경과한 2010.5.7.에 한 재산분할은 취득세 비과세 요건에 부합하지 아니한다고 주장하지만, 민법 제839조의 2 제3항에 의한 2년이라는 기간은 협의이혼한 일방이 협의분할에 응하지 아니할 때 사법 판단의 보호를 받지 못하는 제척기간을 의미하는 것이지 소멸시효기간을 의미하는 것은 아니라 할 것이고(대법원 94다17536, 1994.9.9.), 재산분할은 사적자치의 원칙에 의하여 2년이 경과된 시점에서도 언제든지 가능하다 할 것인 바, 청구인이 이 건 아파트를 2년이 지난 후에 취득하였다고 하더라도 이 건 아파트가 협의이혼에 따른 재산분할로 취득한 사실이 확인되는 이상 취득세 비과세 대상에 해당한다 할 것임(조심 2010지0830, 2011.12.30.).

(3) 재산분할을 해제하고 소유권을 회복하는 경우는 비과세 대상

재산분할에 따른 취득세 특례와는 별개로 당초 이혼으로 재산분할을 하였다가 재산분할을 해제하고 소유권을 다시 회복하는 경우는 계약의 합의해제에 따른 원상회복조치이기 때문에 지방세법 제6조 제1호의 취득세 과세대상이 되는 취득으로 볼 수 없다.

> **지방세법 제6조 【정의】 제1호**
> 취득세에서 사용하는 용어의 뜻은 다음 각 호와 같다.
> 1. "취득"이란 매매, 교환, 상속, 증여, 기부, 법인에 대한 현물출자, 건축, 개수(改修), 공유수면의 매립, 간척에 의한 토지의 조성 등과 그 밖에 이와 유사한 취득으로서 원시취득(수용재결로 취득한 경우 등 과세대상이 이미 존재하는 상태에서 취득하는 경우는 제외한다), 승계취득 또는 유상·무상의 모든 취득을 말한다.

계약의 합의해제는 명시적으로 이루어진 경우뿐만 아니라 묵시적으로 이루어질 수도 있으며, 계약의 성립 후에 당사자 쌍방의 계약실현의사의 결여 또는 포기로 인하여 당사자 쌍방의 계약을 실현하지 아니할 의사가 일치되었다면 묵시적으로 합의해제 되었다고 볼 수 있으므로(대법원 1992.7.28. 1992다10197 판결 등), 합의를 통해 이혼에 따른 재산 분할을 해제하고 소유권을 회복하는 경우에도 합의해제에 해당한다고 볼 수 있는 바, 소유권 이전등기의 원인이었던 계약을 소급적으로 실효시키는 합의해제 약정에 기초하여 소유권 이전등기를 말소하는 원상회복조치의 결과로 그 소유권을 취득한 것은 지방세법 제6조 제1호의 취득세 과세대상이 되는 부동산취득에 해당하지 않으며(대법원 93누11319, 1993.9.1.; 조심2014지930, 2014.10.6. 등), 합의해제가 계약의 소급적 소멸을 목적으로 했다면 그 합의해제로 인하여 매수인 앞으로 이전되었던 부동산의 소유권이 당연히 매도인에게 복귀되는 것이므로 매도인이 원상회복의 방법으로 소유권 이전등기를 했다고 하더라도 부동산 취득에 해당하지 않는다(대법원 85누1008, 1986.3.25.) 는 등의 판시내용을 감안할 때, 이혼에 따른 재산분할을 합의해제하고 분할한 재산의 소유권을 원상회복하는 것은, 취득세 과세대상 부동산을 취득한 것으로 볼 수 없다고 할 것임(지방세운영과-3120, 2015.10.5.).

Chapter 03

대상 물건의 성격과 용도를 고려한 비과세

I 상속에 따른 취득세 세율 특례

✔ 비과세 요건

대상자	상속으로 주택이나 농지를 취득하는 자
대상물건 및 세부요건	• 상속에 따른 1가구 1주택의 취득 ① 1가구 : 상속인(재외국민은 제외)과 세대별 주민등록표에 함께 기재된 가족으로 구성(동거인은 제외) ※ 세대가 분리되어 있어도 같은 가구에 속한 것으로 보는 경우 : ⅰ) 상속인의 배우자 ⅱ) 상속인의 미혼인 30세 미만의 직계비속 ⅲ) 상속인이 미혼이고 30세 미만인 경우 그 부모 ② 1주택 : 주택으로 사용하는 건축물과 그 부속토지 – 1주택을 여러 사람이 공동으로 소유하는 경우도 공동소유자 각각 1주택을 소유하는 것으로 간주 – 주택 부속토지만 소유하는 경우도 주택 소유로 간주 – 1주택을 공동으로 상속받는 경우는 지분이 가장 큰 상속인을 그 주택의 소유자로 봄 – 지분이 가장 큰 상속인이 2명 이상일 경우 ⅰ) 그 주택에 거주하는 사람, ⅱ) 나이가 가장 많은 사람 순서로 소유자를 판정 ※ 중과세 대상이 되는 고급주택은 제외 • 자경농민 농지 감면 대상이 되는 농지의 취득
적용특례	• 상속 주택은 유상거래주택 세율(1~3%) 기준으로 세율 50% 경감 → 적용례 : 1~3%×50%=0.5~1.5% • 상속 농지 : 취득세율에서 2%(중과기준 세율) 차감 → 농지상속 : 2.3%−2%=0.3%

✔ 관련 법령

지법 §15 ① 2호, 지령 §29

비과세

쟁점 094 무주택자가 오피스텔을 상속받아도 특례 적용?

지방세법시행령 제29조【1가구 1주택의 범위】

① 법 제15조 제1항 제2호 가목에서 "대통령령으로 정하는 1가구 1주택"이란 (중략) 국내에 1개의 주택[주택(법 제11조 제1항 제8호에 따른 주택을 말한다)으로 사용하는 건축물과 그 부속토지를 말하되, 제28조 제4항에 따른 고급주택은 제외한다)]을 소유하는 경우를 말한다.

② 제1항을 적용할 때 1주택을 여러 사람이 공동으로 소유하는 경우에도 공동소유자 각각 1주택을 소유하는 것으로 보고, 주택의 부속토지만을 소유하는 경우에도 주택을 소유하는 것으로 본다.

③ 제1항 및 제2항을 적용할 때 1주택을 여러 사람이 공동으로 상속받는 경우에는 지분이 가장 큰 상속인을 그 주택의 소유자로 본다. 이 경우 지분이 가장 큰 상속인이 두 명 이상일 때에는 지분이 가장 큰 상속인 중 다음 각 호의 순서에 따라 그 주택의 소유자를 판정한다.

1. 그 주택에 거주하는 사람
2. 나이가 가장 많은 사람

상속에 따른 비과세는 상속에 따라 국내에 1개 주택을 보유하게 되는 경우에 적용되는데 1개의 주택은 지방세법 제1항 제8호에 따른 주택을 인용하고 있다. 해당 조문은 주택의 유상거래에 따른 취득세율과 유상거래의 대상이 되는 주택의 개념을 정해 놓고 있다.

상속 비과세 대상이 되는 주택의 개념(지법 §11 ① 8호 참조)

- 주택법 제2조 제1호에 따른 주택으로서 건축법에 따른 건축물대장·사용승인서·임시사용승인서 또는 부동산등기법에 따른 등기부에 주택으로 기재된 주거용 건축물과 그 부속토지(지령 §28 ④에 규정된 고급주택은 제외)
- 예외적으로 일부 주택은 건축물대장에 주택으로 기재되어 있지 아니하여도 건축물대장에 기재된 것으로 간주
  - 대상 주택 : 건축법(법률 제7696호로 개정되기 전)에 따라 건축허가 또는 건축신고 없이 건축이 가능하였던 주택(법률 제7696호 건축법 일부개정법률 부칙 제3조에 따라 건축허가를 받거나 건축신고가 있는 것으로 보는 경우를 포함)

중요한 요소는 주택법 제2조 제1호 따른 주택에 해당하여야 한다는 것과 건축물 대장 등 법률에서 열거한 공부상에 반드시 주택으로 기재되어 있어야 한다는 점, 그리고 건축물과 부속토지를 포함한다는 것이다. 주택법 제2조 제1호와 동법 시행령에서 주택의 개념을 아래 보는 바와 같이 세부적으로 규정하고 있다.

상속 비과세 대상이 되는 주택의 개념(주택법 §2, 주택법시행령 §2·§3 참조)

- **주택** : 세대의 구성원이 장기간 독립된 주거생활을 할 수 있는 구조로 된 건축물의 전부 또는 일부 및 그 부속토지, 단독주택과 공동주택으로 구분
- **단독주택** : 1세대가 하나의 건축물 안에서 독립된 주거생활을 할 수 있는 구조로 된 주택 → 단독주택, 다중주택, 다가구주택
- **공동주택** : 건축물의 벽·복도·계단이나 그 밖의 설비 등의 전부 또는 일부를 공동으로 사용하는 각 세대가 하나의 건축물 안에서 각각 독립된 주거생활을 할 수 있는 구조로 된 주택 → 아파트, 연립주택, 다세대주택

상속 취득세 세율 특례 대상이 되는 주택은 주택법 상 주택을 인용하고 주택법에는 준주택을 주택과 구분하여 별도로 규정하고 있으므로 준주택이 비과세 대상이 되지 않음은 분명하다.

준주택의 개념(주택법 §2, 주택법시행령 §4 참조)

- **준주택** : 주택 외의 건축물과 그 부속토지로서 주거시설로 이용가능한 시설 등
  → 기숙사, 다중생활시설, 노인복지주택, 오피스텔

저자팁

지방세 감면 적용과 관련하여 주택이 아닌 순수택을 어떻게 봐야 할 것인지 문제되는 사례가 많다. 개별 규정에서 주택에 대한 취득세나 재산세 감면을 규정하고 있는 경우인데 특히 오피스텔의 경우 문제가 된다. 오피스텔은 취득 당시 취득세 감면 적용에 있어서는 향후 용도가 업무용으로 사용될지 주택으로 사용될지 알 수 없으므로 주택 감면을 적용하지 않는다. 하지만 재산세의 경우 과세기준일(6.1.) 현재 주택으로 사용됨이 명확하다면 재산세 감면을 적용한다.

비과세

(1) 준주택인 오피스텔을 상속받는 경우 특례 대상에서 제외

앞서 언급한 바와 같이 준주택이 상속 취득세 비과세 대상인 주택에 해당되지 않음은 현행법 문언 해석상 명확하다. 또한 해당 세율 특례가 상속인의 주거안정을 도모하기 위한 취지라는 입법 취지를 고려할 때도 취득 당시 향후 업무용으로 쓰일지 주거용으로 쓰일지 불분명한 오피스텔에 대한 비과세 적용은 바람직하지 않다.

주택법 제2조 제1호·제1의 2호 및 같은 법 시행령 제2조의 2에서 주택과 준주택을 구분하여 '주택'은 세대의 구성원이 장기간 독립된 주거생활을 할 수 있는 구조로 된 건축물의 전부 또는 일부 및 그 부속토지로, '준주택'은 주택 외의 건축물과 그 부속토지로서 주거시설로 이용가능한 시설 등으로 정의하고 있으며 준주택의 범위에 일반업무시설인 오피스텔을 포함하고 있는 바, 주택법에서 주택과 준주택을 구분하여 주거시설로 이용가능한 오피스텔이라 하더라도 주택이 아니라 준주택으로 정의하고 있는 점, 상속으로 인한 1가구 1주택에 대한 특례세율 규정은 상속인의 주거안정을 도모하기 위한 것으로서 언제든지 일반업무시설로 사용하는 것이 가능한 오피스텔의 일부에 주거기능이 있다 하여 주택으로 보기는 어려운 점, 더욱이 2015.7.24. 개정된 지방세법시행령 제29조

제1항에서 상속으로 인한 1가구 1주택에 대한 세율의 특례가 적용되는 주택을 주택법 제2조 제1호에 따른 주택으로서 건축물대장에 주택으로 기재되고, 그 용도가 주거용으로 사용하는 건축물과 부속토지를 말한다'고 명확히 규정한 점 등에 비추어 이 건 오피스텔이 주거시설로 이용가능하다 하더라도 이를 주택으로 보기는 어렵다 할 것임(조심 2017지6046, 2017.9.27.).

(2) 부속토지만 소유하고 있는 경우도 주택으로 간주

현행 법문상 주택의 범위에 주택으로 사용하는 건축물과 그 부속토지를 포함한다고 규정하고 있는데, 부속토지만을 소유하고 있는 경우도 주택을 소유한 것으로 보고 있다.

상속인이 상속으로 주택 취득 시 1가구 1주택 취득세 비과세 대상을 판단함에 있어 상속받은 주택 외 다른 주거용 건축물의 부속토지만을 소유하고 있는 경우에도 주택을 소유한 것으로 봄(지방세운영과-1569, 2010.4.16.).

부속토지만을 소유한 경우도 주택으로 간주하지만, 만약 당해 부속토지를 공동으로 소유하고 있는 상황이고, 상속자가 해당 물건의 소수지분만 보유하고 있다면 이는 주택으로 볼 수 없게 되며 세율 특례 적용 대상이 될 수 있다. 지방세법 제29조 제3항에서 공동 상속의 경우 지분이 가장 큰 상속인을 주택의 소유자로 간주하기 때문이다.

지방세법시행령이 2015.7.24. 개정되면서 제29조 제3항에서 제1항뿐만 아니라 제2항을 적용할 때에도 공동으로 상속받는 경우 지분이 가장 큰 상속인만을 주택의 소유자로 보도록 하였는바, 청구인은 이 건 주택의 상속취득일 현재 동 주택과 주택으로 보지 않는 '상속을 원인으로 취득한 기존부속토지의 소수지분 소유자'에 해당되어 1가구 1주택의 특례세율 적용대상자라 할 것이므로 처분청이 청구인의 경정청구를 거부한 처분은 잘못이 있다고 판단됨(조심 2017지0564, 2018.5.15.).

(3) 철거 예정인 주택은 주택으로 보지 않음

소유권 이전등기가 되지 않아 형식상 1주택을 보유하고 있는 경우라도 주택 소유자가 보상금까지 수령하고 당해 주택이 개발사업에 따라 철거가 예정이라면 상속인이 소유한 주택으로 보지 않는다.

법 취지가 상속에 따른 세율 특례를 통해 상속인의 안정적인 주거환경을 지원하기 위한 것이므로 철거가 확정되어 생활터전을 상실하게 되는 경우는 보호함이 바람직하다 할 것이다.

또한, 재산세 비과세와 법리 조화적 측면에서도 이유를 찾을 수 있다. 재산세의 경우 과세기준일(6.1) 현재 행정기관으로부터 철거명령을 받거나 철거보상계약이 체계된 건축물이나 주택의 경우는 재산세를 부과하는 것이 적절하지 않다고 보아 재산세를 비과세(지법 §109 ③)하는데 이는 철거가 전제된 주택은 사실상 주거 공간으로서의 기능을 상실하게 된다는 입법적 판단을 내린 것이기 때문이다.

택지개발지구 수용으로 철거 예정인 주택에 대하여 지장물 보상금을 수령하고 주거용 주택으로 사용 중 상속으로 별개의 1주택을 상속받아 취득하였다면 수용된 주택은 소유권 이전등기 여부와 관계없이 상속인이 소유한 주택이라 할 수 없으므로 1가구 1주택 감면 대상에 해당된다 할 것임(지방세운영과-1537, 2011.4.2.).

(4) 주택 판단은 공부를 기초로 하되 실제 사용 현황을 참작하여 판단

세율 특례 적용 대상 주택은 건축물대장·사용승인서·임시사용승인서 또는 부동산등기법에 따른 등기부에 주택으로 기재되어 있어야 하는데 건축물대장에는 업무시설로 등재되어 있고, 등기부에는 주택으로 기재되어 있는 경우는 어떻게 판단해야 할까? 조세심판원 결정례(조심 2009지0686, 2010.3.9.)에서는 비록 건축물대장에 업무시설로 되어 있더라도 등기부에 주택으로 기재되어 있고 실제 주택으로 사용 중이라면 특례 적용이 가능한 것으로 보았다.

건축물등기부상 공동주택으로 등재되어 있는 부동산을 상속받아 1가구 1주택이 되었음에도 건축물관리대장에 업무시설로 등재되어 있다는 이유로 취득세를 과세 할 수 있는지 여부에 대하여는 건축물 등기부등본 상 업무용과 주거용아파트 구분없이 모두 공동주택으로 등재되어 있고, 2009.1.19. 이 건 부동산의 분양회사의 대표이사 ㅇㅇㅇ, 이 건 부동산이 소재하고 있는 아파트 102동 회장, 총무, 기타 거주주민 등 13명이 이 건 부동산은 취득 당시부터 주택으로 사용하고 있다는 사실확인서를 제출하고 있는 점 등에 비추어 볼 때, 이 건 부동산의 건축물관리대장 상 용도가 업무시설로 되어 있다 하더라도 피상속인이 취득한 후 청구인이 상속으로 취득할 때까지 내부구조의 변화 없이 청구인의 가족 전체가 주민등록을 이전하여 주택으로 사용하고 있는 것으로 미루어 보면, 청구인은 1가구 1주택을 상속받은 것으로 판단됨(조심 2009지0686, 2010.3.9.).

한편, 실제 등기부에 주택으로 기재되어 있는 경우라도 사실상 주거 목적으로 사용하지 않고 다른 목적으로 사용하고 있는 경우에는 1주택 요건에 해당한다고 보기는 어렵다.

상속주택 취득 당시 세대주와 그 가족이 단독, 공유 또는 지분 등 소유형태에 관계없이 이미 다른 주택을 소유하고 있다면 1가구 2주택에 해당한다고 볼 수 있다 하겠는 바ㅇㅇㅇ, 청구인은 쟁점주택을 상속으로 취득할 당시 이미 쟁점아파트를 지분으로 소유하고 있었으므로, 쟁점아파트가 판매 목적의 사업용 주택에 해당되는지 여부에 관계없이 1가구 1주택에 해당되지 아니한다고 할 것임(조심 2012지0168, 2012.3.27.).

(5) 주택의 소유 여부는 상속개시 시점을 기준으로 판단

비과세

상속 시점을 기준으로 피상속인이 적법하게 소유권을 지니고 있는 주택이라면 비록 재판 등 외부 사정에 따라 소유권 이전등기가 예정되어 있는 주택이라 할지라도 상속 취득세 세율 특례 적용과 관련한 주택 수 판단에 있어 1개 주택으로 포함된다.

매매계약에 따른 소유권 이전등기가 경료 되었다가 매매계약이 해제됨으로써 실질적으로는 매수인의 소유권이 소급하여 상실되었다고 하더라도 상속개시일 현재까지 그 등기가 말소되지 아니하고 계속 유지되고 있다면 기존의 매매계약에 따른 취득행위에는 아무런 영향을 줄 수 없는 점, 계약해제에 따른 소유권 이전등기의 말소등기절차를 이행하라는 확정판결이 있었다고 하여 달리 볼 수 없는 점, ㅇㅇㅇ이 피상속인과의 매매계약을 해제한 다음 피상속인을 상대로 피상속인 명의로 경료된 소유권 이전등기 말소등기절차를 이행하라는 소송을 제기하여 원고승소판결이 선고·확정되었다고 하더라도, 쟁점외 주택에 관하여 2005.10.19. 매매계약을 원인으로 하여 피상속인 명의로 적법하게 소유권 이전등기가 경료되었고, 쟁점외 주택에 관한 피상속인 명의의 등기가 상속개시일 현재까지 계속 유지되고 있었던 이상 피상속인은 사망 직전까지 쟁점외 주택을 소유하고 있었던 것으로 보아야 함. 따라서 청구인들은 피상속인이 사망함에 따라 쟁점주택뿐만 아니라 쟁점외 주택도 함께 상속으로 취득한 것으로 판단됨(조심 2011지0246, 2012.2.29.).

쟁점 095 유주택자와 생계를 함께해도 세대를 분리한 경우면 비과세?

지방세법시행령 제29조 【1가구 1주택의 범위】 제1항

① 법 제15조 제1항 제2호 가목에서 "대통령령으로 정하는 1가구 1주택"이란 상속인(「주민등록법」 제6조 제1항 제3호에 따른 재외국민은 제외한다. 이하 이 조에서 같다)과 같은 법에 따른 세대별 주민등록표(이하 이 조에서 "세대별 주민등록표"라 한다)에 함께 기재되어 있는 가족(동거인은 제외한다)으로 구성된 1가구(상속인의 배우자, 상속인의 미혼인 30세 미만의 직계비속 또는 상속인이 미혼이고 30세 미만인 경우 그 부모는 각각 상속인과 같은 세대별 주민등록표에 기재되어 있지 아니하더라도 같은 가구에 속한 것으로 본다)(이하 생략)

(1) 재외국민은 세율 특례 대상에서 제외

상속 취득세 세율 특례에서 1가구의 판단은 세대별 주민등록표를 기준으로 한다. 종전에는 재외국민과 관련한 규정이 없었으나, 지방세법시행령이 개정(2018.12.31.)되면서 재외국민은 상속인에서 제외됨이 명문화되었다.

여기서 재외국민의 개념은 주민등록법 제6조 제1항 제3호에서 규정하고 있는 개념을 따르는데 해당 법령의 세부 내용은 아래에서 보는 바와 같다.

❙ 재외국민의 개념 관련 참고 법령 ❙

주민등록법 제6조 【대상자】 제1항 3호

① 시장·군수 또는 구청장은 30일 이상 거주할 목적으로 그 관할 구역에 주소나 거소(이하 "거주지"라 한다)를 가진 다음 각 호의 사람(이하 "주민"이라 한다)을 이 법의 규정에 따라 등록하여야 한다. 다만, 외국인은 예외로 한다.

3. 재외국민 : 재외동포의 출입국과 법적 지위에 관한 법률 제2조 제1호에 따른 국민으로서 해외이주법 제12조에 따른 영주귀국의 신고를 하지 아니한 사람
   가. 주민등록이 말소되었던 사람이 귀국 후 재등록 신고를 하는 경우
   나. 주민등록이 없었던 사람이 귀국 후 최초로 주민등록 신고를 하는 경우

재외동포의출입국과법적지위에관한법률(이하 재외동포법) 제2조 【정의】 제1호

이 법에서 "재외동포"란 다음 각 호의 어느 하나에 해당하는 자를 말한다.

1. 대한민국의 국민으로서 외국의 영주권(永住權)을 취득한 자 또는 영주할 목적으로 외국에 거주하고 있는 자(이하 "재외국민"이라 한다)

해외이주법 제12조 【영주귀국의 신고】

해외에 이주하여 영주권 또는 이에 준하는 장기체류 자격을 취득한 사람이 국내에서 생업에 종사할 목적 등으로 영주귀국(永住歸國)하려면 외교부령으로 정하는 영주귀국을 증명할 수 있는 서류를 갖추어 외교부장관에게 신고하여야 한다.

과거 외국의 영주권을 취득하거나 영주목적으로 외국에 거주하는 재외국민에 대해서는 주민등록을 말소하고, 재외국민이 국내에 재입국하는 경우 국내거소신고를 통하여 주민의 지위와 체류자격을 인정받았지만, 재외국민의 국내 거주 시 불편을 해소하고 국민으로서의 자긍심 함양 등의 목적으로 재외국민도 주민등록이 가능하도록 주민등록 관계 법령이 개정되었다. 2016년 7월 1일 기준으로 국내거소신고증의 효력은 상실하고 재외국민은 '재외국민으로 표기된 주민등록증'을 사용하게 된 것이다.

과거 사례에서 재외국민이 비록 국내에 거소신고를 하고 거소신고확인증을 발급받은 재외국민이라도 세대별 주민등록표에 기재되어 있지 않으므로 1가구에 해당하지 않는 것으로 보았으며(조심 2011지0889, 2012.3.30.), 판례에서도 국내거소신고사실증명을 주민등록법에 따른 세대별 주민등록표로 볼 수도 없다고 판시한 바 있다(대법원 2014.4.24. 선고, 2013두27128 판결). 또 상속인이 해외영주권을 취득하여 주민등록이 말소된 경우된 경우도 상속 비과세 세율 특례 적용에서 배제하였다(조심 2011지0591 2011.10.11.).

현재 국내거소신고제도 자체가 폐지되었고 지방세법시행령에서 재외국민인 경우는 비과세 대상자인 상속인의 개념 자체에서 제외하도록 규정되어 있으므로 재외국민은 주민등록 발급과 무관하게 특례 적용을 받을 수 없음이 명확해졌다.

(2) 1가구의 판단은 실제 생계를 함께 하는지의 여부는 불문, 세대분리 여부가 중요

상속인이 무주택자이고 피상속인이 하나의 주택을 상속하는 경우로서 실제 주택의 상속이 상속인의 주거 안정을 지원하기 위한 취지라 할지라도 지방세법에서 정한 1가구 요건을 충족하지 못한다면 세율 특례 대상이 되지 않는다.

지방세법시행령에서는 단순히 가족이라는 점만으로는 불충분하고 반드시 상속인과 같이 세대별 주민등록표에 함께 기재된 경우를 1가구로 본다. 다만, 별도로 의무적인 거주기간 요건은 두고 있지 않기 때문에 주택을 상속받는 시점에 주민등록표상 세대를 같이 하면 된다.

지방세법에서는 선량한 납세자를 전제하고 있기 때문에 가족이 주민등록법 상 세대별 주민등록표에 함께 기재되어 있다면 세대원 모두가 주민등록표에 기재된 주소지에서 실제 거주를 하고 있는 것으로 추정한다고 볼 수 있다. 주민등록법 상에서는 거주지를 이동하는 경우 신고의무를 규정하고 있고 이를 위반할 경우 과태료에 처하도록 되어 있기 때문에 원칙상 주민등록지와 실제 거주지는 일치하여야 한다. 또 현행 법률상 주민등록표에 함께 기재되어야 한다는 요건 외에 별도로 생계를 반드시 같이 해야 한다는 요건 따위는 별도로 두고 있지 않으므로 실제 거주 여부를 따질 실익도 없다.

| 주민등록법 상 거주지 이전 신고의무 |

제10조 【신고사항】

① 주민(재외국민은 제외한다)은 다음 각 호의 사항을 해당 거주지를 관할하는 시장·군수 또는 구청장에게 신고하여야 한다.

10. 거주지를 이동하는 경우에는 전입 전의 주소 또는 전입지와 해당 연월일

제11조 【신고의무자】

① 제10조에 따른 신고는 세대주가 신고사유가 발생한 날부터 14일 이내에 하여야 한다.

제40조 【과태료】

④ 정당한 사유 없이 제11조부터 제13조까지, 제16조 제1항 또는 제24조 제4항 전단에 따른 신고 또는 신청을 기간 내에 하지 아니한 자에게는 5만 원 이하의 과태료를 부과한다.

상속 취득세 세율 특례 적용 사례를 보면 1가구의 형식적 요건인 세대별 주민등록표에 세대원으로 기재되었는지의 여부에 따라 충실히 판단해 왔음을 알 수 있다. 주민등록표에 함께 기재되어 있기만 하면 실제 생계를 같이 하는지의 여부와 상관없이 특례 적용을 판단하기 때문에 납세자 입장에서는 세제 혜택을 수월하게 받는 경우도 있을 수 있고, 억울한 경우도 충분히 생길 수 있다. 하지만 실제 거주지와 주민등록상 거주지를 일치시키지 아니하여 조세감면 등을 불리하게 적용받게 되는 책임은 거주지를 일치시키지 아니하고 허위신고를 한 사람에게 있는 것이다.

- 며느리와 시부(媤父)가 주민등록표상 동일한 세대원이면서 각각의 소유주택에서 독립된 생활을 하던 중, 시부(媤父) 사망에 따라 시모(媤母)가 주택을 상속받은 경우 1가구 1주택에 해당되는지 여부를 보면, 대표청구인의 막내며느리와 같이 비록, 사실상 생계를 달리하고 있음에도 형식상 주민등록을 함께하고 있어 비과세요건을 불리하게 적용받는다 하더라도 이는 주민등록표와 자신의 실제 주거지를 일치시키지 않고 허위신고를 한데서 기인한 것이라고 보아야 할 것임(조심 2012지0352, 2012.11.29.).

- 청구인의 자녀인 ○○○이 실제로 쟁점아파트에서 거주하지 아니한다 하더라도 실제 거주지와 주민등록상 거주지를 일치시키지 아니하여 그로 인한 조세감면 등을 불리하게 적용받게 되는 책임은 거주지를 일치시키지 아니한 사람에게 있다고 봄이 타당한 것으로 판단됨(대법원 2007두3299, 2007.4.26.).

① 유주택자와 분리세대라면 생계를 같이해도 세율 특례 적용

무주택자인 상속인이 같은 아파트에서 따로 주택을 보유하고 있는 가족과 실제 생계를 같이해 온 경우라도 주택을 보유한 가족과 주민등록표상의 세대를 분리하여 별도의 세대를 구성하고 있다면 무주택자인 상속인과 주택을 보유하고 있는 가족을 묶어서 1가구로 판단할 수 없기 때문에 상속개시일 기준으로 무주택자인 상속인이 상속 받는 1주택에 대해서 현행법 상 상속 취득세 세율 특례 적용을 배제할 수 없다.

- 결혼한 아들(주택 1채 보유)과 어머니(무주택자)가 같은 주소지(아파트 같은 호수)에서 함께 실거주하고 있으나, 세대별 주민등록표는 분리하여 별도로 세대를 구성하고 있는 상태에서 무주택자인 어머니가 그 주소지의 주택을 상속받은 경우 취득세 비과세 여부와 관련, 세대별 주민등록표상에 기재되어 있는 세대주와 그 가족으로 구성된 1가구가 국내에 1개의 주택을 소유할 것을 요건으로 하고 있어 형식상으로 세대별 주민등록표를 분리하여 별도로 세대를 구성하고 있다면, 사실상 함께 거주하고 있다고 하더라도 이를 세대별 주민등록표상에 기재된 1가구로 보기는 어렵다고 할 것인 바, 귀문의 경우 상속 주택 취득세 비과세 대상에 해당된다고 할 것임(지방세운영과-67, 2011.1.6.).

② 유주택자와 동일 세대라면 생계를 같이하지 않아도 특례 미적용

아래의 사례들은 상속기준일 현재 생계를 같이하는지의 여부를 불문하고, 주민등록표상 세대원으로 기재되어 있는 사람이 주택을 보유하고 있는 경우는 특례 요건에 해당하는 1가구 1주택에 해당하지 않는다고 보았다.

- 조세 법규는 특별한 사정이 없는 한 문구 그대로 해석하여야 하고 명백히 특혜규정이라고 볼 수 있는 것은 더욱 엄격하게 해석하는 것이 조세공평의 원칙에 부합하는 점, 사정이 이와 같다면 지방세법시행령 제29조 제1항의 '1가구'는 동일 세대에서 생계를 같이하는 경우로 한정하여 축소 해석할 수는 없고, 법 문언대로 '세대별 주민등록표에 기재되어 있는 세대주와 그 가족'으로 엄격하게 해석하여야 하는 점(대법원 2015.1.15. 선고 2014두42377 판결, 같은 뜻임), 이 건 상속개시일 현재 세대별 주민등록표에 청구인과 함께 기재되어 있는 ㅇㅇㅇ이 쟁점아파트를 소유하고 있어서 이를 주택의 수에 포함하면 1가구 2주택이 되는 점, 청구인과 ㅇㅇㅇ이 사실상 다른 곳에 거주하면서 생계를 달리하고 있다는 사실만으로 이 건 상속개시일 현재 청구인과 ㅇㅇㅇ이 1가구에 해당되지 않는다고 단언할 수 없는 점 등에 비추어 처분청이 이 건 취득세 등의 경정청구를 거부한 처분은 달리 잘못이 없다고 판단됨(조심 2017지0311, 2017.5.18.).
- 상속으로 인한 취득 중 취득세가 비과세되는 1가구 1주택에 관하여 규정하고 있는 지방세법시행령 제79조의5 제1항에서 세대별 주민등록표에 함께 등재되어 있는 세대주와 그 가족을 1가구로 규정하고 있으므로 상속개시일 현재 청구인의 부(父) ㅇㅇㅇ가 청구인과 생계를 같이 하는지 여부와 관계없이 세대별 주민등록표상 동일 세대원으로 등재되어 있는 이상, 청구인의 부(父) ㅇㅇㅇ가 ㅇㅇㅇ 주택을 보유한 상태에서 청구인이 이 건 부동산을 상속받은 것은 1가구 2주택에 해당된다 할 것임(조심 2012지0139, 2012.4.3., 조심 2011지0404, 2011.12.14.).
- 청구인의 경우 2005.8.22. ㅇㅇㅇ(청구인의 조모)의 주소지로 전입함으로써 ㅇㅇㅇ의 세대별 주민등록표상 세대원으로 등재되어 있었으며, ㅇㅇㅇ은 2009.9.30. ㅇㅇㅇ를 ㅇㅇㅇ로부터 분양취득하여 소유하고 있는 상태에서 청구인은 2010. 10.18. ㅇㅇㅇ(청구인의 자매)의 사망으로 ㅇㅇㅇ이 소유하는 ㅇㅇㅇ 주택을 상속 취득한 이상, 청구인과 동일한 세대별 주민등록표에 기재되어 있는 세대주와 그 가족이 2주택을 소유하는 것이므로 취득세 비과세 대상인 1가구 1주택의 요건을 충족하지 못함(조심 2011지0903, 2012.2.29.).
- 청구인이 이 건 주택을 상속으로 취득할 당시 청구인과 청구인의 사위ㅇㅇㅇ은 주민등록법에 의한 동일한 세대별 주민등록표에 기재되어 있으므로 동일한 1가구에 속하는 것으로 보아야 하는 점, 청구인과 동일한 가구원인 ㅇㅇㅇ이 ㅇㅇㅇ를 소유하고 있는 상태에서 청구인이 이 건 공동주택을 상속받아 취득하였음이 확인되는 점 등을 종합하여 볼 때 청구인은 이 건 주택을 상속받아 취득하여 1가구 1주택이 되는 경우로 볼 수 없음(조심 2011지0814, 2012.2.20.).

③ 세대가 분리되어도 같은 가구원으로 의제되는 경우를 유의

상속 취득세 세율 특례 요건 중 1가구 판단과 관련하여 상속인과 주민등록표상 세대를 분리하고 있더라도 같은 가구원으로 보는 경우가 있다. ① 상속인의 배우자, ② 상속인의 미혼인 30세 미만의 직계비속 ③ 상속인이 미혼이고 30세 미만인 경우 그 부모 등 세 가지이다. 여기서는 편의상 이를 '의제가구원'이라고 칭하고자 한다.

의제가구원과 세대를 분리한 무주택자가 1주택을 상속받는 경우 이들 의제가구원 중 누군가가 1주택이라도 보유하고 있다면 취득세 세율 특례 적용을 못 받게 된다. 세율 특례의 취지가 상속인의 주거 안정을 담보하는 데 있기 때문에 상속인과 함께 생활이 가능한 긴밀한 관계에 있는 가족을 의제가구원으로 보아 이들이 주택을 소유하고 있다면 특례에서 배제하는 것이다.

조세법률주의 원칙상 과세요건이나 비과세요건 또는 조세 감면 요건을 막론하고 조세법규의 해석은 특별한 사정이 없는 한 법문대로 해석할 것이고 합리적 이유 없이 확장해석하거나 유추해석하는 것은 허용되지 아니하며, 특히 감면 요건 규정 가운데에 명백히 특혜규정이라고 볼 수 있는 것은 엄격하게 해석하는 것이 조세공평의 원칙에도 부합한다고 하겠고, 지방세법시행령 제29조 제1항에서 미혼인 30세 미만의 직계비속은 같은 세대별 주민등록표에 기재되어 있지 아니하더라도 같은 가구에 속한 것으로 보도록 규정하고 있는 바, 청구인의 자(子) ○○○이 해외에 유학 중이라 하더라도 만 30세 미만인 상태에서 국내에 1주택을 소유하고 있는 이상, 이 건 주택이 1가구 1주택에 해당하는 것으로 보기는 어렵다 하겠고○○○, ○○○이 만 30세에서 약 1.5개월 모자란다고 하더라도 이를 달리 보기도 어렵다 하겠다. 따라서, 이 건 주택의 취득은 상속으로 인한 1가구 1주택의 취득에 해당되지 아니한다고 보아야 할 것임(조심 2012지0592, 2012.10.15.).

의제가구원의 혼인의 기준은 사실혼도 포함이 된다. 따라서 사실혼 관계가 명확히 입증되는 경우라면 혼인한 것으로 보아 의제가구원에서 제외하여야 한다.

청구인의 아들 ○○○가 2008.7.22.부터 본인 소유의 빌라에 거주하여 청구인과 별도의 세대를 구성하고 있었고, 청구인이 2010.3.24. 피상속인 ○○○로부터 이 건 단독주택을 취득하기 이전인 2009.11.1. ○○○가 사실상 결혼한 것이 청첩장 및 성혼선언문 사본 등을 통하여 입증되며, 가족관계의 등록 등에 관한 법률에 의하여 2010.12.20. ○○○와 그의 배우자 ○○○과의 혼인신고가 되었고, 지방세법시행령 제79조의 5 제1항에 '미혼'의 범위에 '사실혼을 포함한다'라는 명문규정이 없는데도, 처분청이 청구인의 이 건 단독주택에 대한 상속개시일에 혼인신고가 되지 않았다는 이유로 청구인에게 취득세 등을 부과처분한 것은 수긍하기 어려운 부분이 있음(조심 2011지0463, 2011.11.11.).

한편, 의제가구원의 연령과 혼인 여부 등 비과세 요건은 비과세 신청 시 납세자가 이를 명확히 입증해야 하며 이를 소홀히 한 경우 당초 납부해야 할 취득세는 물론 가산세까지 부과될 수 있으므로 유의해야 한다.

청구인은 1가구1주택에 해당하지 아니함이 명백함에도 처분청 세무담당공무원에게 청구인의 자의 혼인 여부 및 나이 등 비과세 요건에 대한 구체적인 사실관계를 설명하지 아니하고 취득세의 비과세 신청을 한 잘못은 청구인에게 있으므로 가산세를 포함하여 취득세를 부과고지한 처분은 정당함(조심 2008지0550, 2009.1.21.).

참고

상속 관련 취득세 납세의무자

상속에 따른 취득세 세율 특례에 해당하지 않으면 취득세 납세의무가 발생하는데 근저당권자가 대위등기한 상속부동산의 경우 그 납세의무자는 근저당권자가 아니라 상속인이 된다는 사례이다.

부동산취득세는 재화의 이전이라는 사실 자체를 포착하여 거기에 담세력을 인정하고 부과하는 유통세의 일종으로서 부동산의 취득자가 그 부동산을 사용·수익·처분함으로써 얻어질 이익을 포착하여 부과하는 것이 아니므로, 지방세법 제105조 제1항의 "부동산 취득"이란 취득자가 실질적으로 완전한 내용의 소유권을 취득하는지 여부와 관계없이 소유권 이전의 형식에 의한 부동산 취득의 모든 경우를 포함하는 것으로 해석되며(대법원 1984.11.27. 선고, 84누52 판결; 대법원 2002.6.28. 선고, 2000두7896 판결 등 참조), 한편 상속인이 한정승인을 한 경우에도 책임이 제한된 상태로 피상속인의 재산에 관한 권리·의무를 포괄적으로 승계하는 것이므로, 상속에 의하여 취득한 부동산이 취득세 비과세 대상을 한정적으로 규정한 지방세법 제110조 제3호 소정의 "1가구 1주택" 또는 "자경농지"에 해당하지 않는 한 상속인에게 그 부동산에 관한 취득세 납부의무가 있다고 할 것이다(대법원 2007.4.12. 선고 2005두9491 판결 참조). 나아가 이러한 법리는 상속 부동산에 대한 근저당권자가 임의경매 개시결정을 받은 후 상속인을 대위하여 상속인들 명의로 상속등기를 마친 경우에도 마찬가지라고 할 것이며, 이와 같은 경우 취득세 납부의무가 상속채무에 속한다거나 상속인이 아닌 근저당권자에게 그 납부의무가 귀속된다고 할 수는 없음(대법원 2006두1982, 2007.5.10.).

비과세

Ⅱ 용도에 따른 재산세 비과세

✔ 비과세 요건

<table>
<tr><td>대상자</td><td>해당 용도에 공여하고 있는 재산의 소유자</td></tr>
<tr><td>대상물건</td><td>중과대상 재산(별장, 골프장, 고급주택, 고급오락장, 고급선박)을 제외한 아래의 재산
• 도로·하천·제방·구거·유지·묘지
① 도로 : 도로법에 따른 도로와 그 밖에 일반인의 자유로운 통행을 위하여 제공할 목적으로 개설한 사설 도로(건축법시행령 제802조의 2에 따른 대지안의 공지는 제외)
② 하천 : 하천법에 따른 하천과 소하천정비법에 따른 소하천
③ 제방 : 공간정보의 구축 및 관리 등에 관한 법률에 따른 제방(특정인이 전용하는 제방은 제외)
④ 구거(溝渠): 농업용 구거와 자연유수의 배수처리에 제공하는 구거
⑤ 유지(溜池): 농업용 및 발전용에 제공하는 댐·저수지·소류지와 자연적으로 형성된 호수·늪
⑥ 묘지: 무덤과 이에 접속된 부속시설물의 부지로 사용되는 토지로서 지적공부상 지목이 묘지인 토지
• 공익상 재산세를 부과하지 아니할 타당한 이유가 있는 토지
① 군사기지및군사시설보호법에 따른 군사기지 및 군사시설 보호구역 중 통제보호구역에 있는 토지(전·답·과수원 및 대지는 제외)
② 산림보호법에 따라 지정된 산림보호구역 및 산림자원의 조성 및 관리에 관한 법률에 따라 지정된 채종림·시험림
③ 자연공원법에 따른 공원자연보존지구의 임야
④ 백두대간보호에관한법률 제6조에 따라 지정된 백두대간보호지역의 임야
• 임시사용 건축물
임시로 사용하기 위하여 건축된 건축물로서 재산세 과세기준일 현재 1년 미만의 것
• 특별한 용도의 선박
비상재해구조용, 무료도선용, 선교(船橋) 구성용 및 본선에 속하는 전마용(傳馬用) 등으로 사용하는 선박
• 재산세를 부과하는 것이 적절하지 아니한 건축물 또는 주택
재산세를 부과하는 해당 연도에 철거하기로 계획이 확정되어 재산세 과세기준일 현재 행정관청으로부터 철거명령을 받았거나 철거보상계약이 체결된 건축물 또는 주택(일부분을 철거하는 때에는 그 철거하는 부분 한정)
※ 건축물 또는 주택(건축법 제2조 제1항 제2호에 따른 건축물 부분에 한정)
2. 건축물이란 토지에 정착(定着)하는 공작물 중 지붕과 기둥 또는 벽이 있는 것과 이에 딸린 시설물, 지하나 고가(高架)의 공작물에 설치하는 사무소·공연장·점포·차고·창고</td></tr>
<tr><td>과세되는 경우</td><td>① 수익사업에 사용되는 경우 그 재산
② 유료로 사용되는 경우 그 재산
③ 해당 재산의 일부가 그 목적에 직접 사용되지 아니하는 경우의 그 일부 재산</td></tr>
</table>

✔ 관련 법령

지법 §109 ③, 지령 §108 ①·②·③

쟁점 096 건설 중인 휴게소 부지도 도로법 상의 도로로 비과세?

지방세법 제109조 【비과세】 제3항 제1호

③ 다음 각 호에 따른 재산(제13조 제5항에 따른 과세대상은 제외한다)에 대하여는 재산세를 부과하지 아니한다. 다만, 대통령령으로 정하는 수익사업에 사용하는 경우와 해당 재산이 유료로 사용되는 경우의 그 재산(제3호 및 제5호의 재산은 제외한다) 및 해당 재산의 일부가 그 목적에 직접 사용되지 아니하는 경우의 그 일부 재산에 대하여는 재산세를 부과한다.

1. 대통령령으로 정하는 도로·하천·제방·구거·유지 및 묘지

지방세법시행령 제108조 【비과세】 제1호

1. 도로 : 「도로법」에 따른 도로(같은 법 제2조 제2호에 따른 도로의 부속물 중 도로관리시설, 휴게시설, 주유소, 충전소, 교통·관광안내소 및 도로에 연접하여 설치한 연구시설은 제외한다)와 그밖에 일반인의 자유로운 통행을 위하여 제공할 목적으로 개설한 사설 도로. 다만, 「건축법 시행령」 제80조의 2에 따른 대지 안의 공지는 제외한다.

용도에 따른 재산세 비과세 조항의 특징은 국가나 지자체 등이 설치·운영하는 재산을 상정한 것이 아니라는 점이다. 나열된 여러 형태의 재산이 만약 국가나 지자체가 소유하여 운영한다면 이는 국가나 지자체 등에 대한 비과세 적용을 받기 때문에 당연히 과세되지 아니한다.

해당 조문의 취지는 국가나 지자체가 아닌 제3자가 보유하지만 그 쓰임새가 공익적 성격이 있거나 대상 물건의 성격을 비롯한 여러 이유로 과세하기 적정하지 않다고 판단하기 때문에 과세에서 제외하는 것이다. 용도에 따른 재산세 비과세 중 가장 많은 쟁점이 발생하고 있는 분야가 도로의 반난에 관한 것이므로 상세히 살펴볼 필요가 있다.

재산세 비과세가 적용되는 도로법에 따른 도로는 도로법과 같은 법 시행령에 개념과 종류, 형태가 구체적으로 정의되어 있다. 도로법에 따른 도로의 건설, 관리 주체는 도로관리청이 된다. 도로관리청은 국토교통부장관, 특별시장·광역시장·특별자치시장·도지사·특별자치도지사·시장·군수 또는 자치구의 구청장 중 어느 하나의 기관이 된다(도로법 §2 5호).

도로법에 따른 도로의 소유권이 국가나 지자체에 있어 국유재산이나 공유재산이 되는 경우는 해당 조항이 아닌 지방세법 제109조 제1항에 따른 비과세 적용을 받게 된다. 따라서 해당 조항의 취지는 소유권이 국가나 지자체에 없는 도로법 상의 도로에 해당할 때 해당 조항에 따라 비과세 적용을 받을 수 있도록 하는 데에 있다고 할 것이다.

도로법 제2조【정의】

1. "도로"란 차도, 보도(步道), 자전거도로, 측도(側道), 터널, 교량, 육교 등 대통령령으로 정하는 시설로 구성된 것으로서 제10조에 열거된 것을 말하며, 도로의 부속물을 포함한다.
2. "도로의 부속물"이란 도로관리청이 도로의 편리한 이용과 안전 및 원활한 도로교통의 확보, 그 밖에 도로의 관리를 위하여 설치하는 다음 각 목의 어느 하나에 해당하는 시설 또는 공작물을 말한다.
   가. 주차장, 버스정류시설, 휴게시설 등 도로이용 지원시설
   나. 시선유도표지, 중앙분리대, 과속방지시설 등 도로안전시설
   다. 통행료 징수시설, 도로관제시설, 도로관리사업소 등 도로관리시설
   라. 도로표지 및 교통량 측정시설 등 교통관리시설
   마. 낙석방지시설, 제설시설, 식수대 등 도로에서의 재해 예방 및 구조 활동, 도로환경의 개선·유지 등을 위한 도로부대시설
   바. 그 밖에 도로의 기능 유지 등을 위한 시설로서 대통령령으로 정하는 시설

도로법 제10조【도로의 종류와 등급】

도로의 종류는 다음 각 호와 같고, 그 등급은 다음 각 호에 열거한 순서와 같다.

1. 고속국도(고속국도의 지선 포함)
2. 일반국도(일반국도의 지선 포함)
3. 특별시도(特別市道)·광역시도(廣域市道)
4. 지방도
5. 시도
6. 군도
7. 구도

도로법시행령 제2조【도로】

도로법(이하 "법"이라 한다) 제2조 제1호에서 "차도, 보도(步道), 자전거도로, 측도(側道), 터널, 교량, 육교 등 대통령령으로 정하는 시설"이란 다음 각 호의 시설이나 공작물을 말한다.

1. 차도·보도·자전거도로 및 측도
2. 터널·교량·지하도 및 육교(해당 시설에 설치된 엘리베이터를 포함한다)
3. 궤도
4. 옹벽·배수로·길도랑·지하통로 및 무넘기시설
5. 도선장 및 도선의 교통을 위하여 수면에 설치하는 시설

도로법시행령 제3조【도로의 부속물】

법 제2조 제2호 바목에서 "대통령령으로 정하는 시설"이란 법 제23조에 따른 도로관리청(이하 "도로관리청"이라 한다)이 설치한 다음 각 호의 시설을 말한다.

1. 주유소, 충전소, 교통·관광안내소, 졸음쉼터 및 대기소

2. 환승시설 및 환승센터
3. 장애물 표적표지, 시선유도봉 등 운전자의 시선을 유도하기 위한 시설
4. 방호울타리, 충격흡수시설, 가로등, 교통섬, 도로반사경, 미끄럼방지시설, 긴급제동시설 및 도로의 유지·관리용 재료적치장
5. 화물 적재량 측정을 위한 과적차량 검문소 등의 차량단속시설
6. 도로에 관한 정보 수집 및 제공 장치, 기상 관측 장치, 긴급 연락 및 도로의 유지·관리를 위한 통신시설
7. 도로 상의 방파시설(防波施設), 방설시설(防雪施設), 방풍시설(防風施設) 또는 방음시설(방음림을 포함한다)
8. 도로에의 토사유출을 방지하기 위한 시설 및 비점오염저감시설(「물환경보전법」 제2조 제13호에 따른 비점오염저감시설을 말한다)
9. 도로원표(道路元標), 수선 담당 구역표 및 도로경계표
10. 공동구
11. 도로 관련 기술개발 및 품질 향상을 위하여 도로에 연접(連接)하여 설치한 연구시설

① 도로의 부속물도 도로에 해당

도로법에서는 도로의 부속물까지 도로에 포함한다고 규정하고 있고 도로의 부속물에는 주차장, 휴게시설, 주유소 등을 망라한 광범위한 시설을 열거하고 있는데 지방세법에서는 도로법에 따른 도로를 비과세하므로 도로법에서 도로의 부속물을 도로로 보고 있다면 당연히 도로뿐만 아니라 도로의 부속물까지 비과세 내상이 된다.

- 도로에 인접한 한국00공사의 지역지사사무실 부지는 '도로 구조의 보전과 안전하고 원활한 도로교통의 확보, 그 밖에 도로의 관리에 필요한 시설 및 공작물'로서 '도로의 부속물'에 해당하므로 재산세 비과세대상 '도로'임이 타당함(대법원 2015두49658, 2016.4.28.)
- 지방세법 제109조 제3항 및 같은 법 시행령 제108조 제1항 제1호에서 도로법에 따른 도로에 대하여는 재산세를 부과하지 아니한다고 규정하고 있고, 도로법 제2조 제1항 제1호·제4호 다목에서 도로에 연접하는 자동차 주차장 및 도로 수선용 재료 적치장과 이들 시설을 종합적으로 관리하는 도로관리사업소로서 도로관리청이 설치한 것은 '도로의 부속물'로서 도로에 포함한다고 규정하고 있으며, 국토해양부에서는 도로법 제2조 제1항 제1호·제4호 다목에 대하여 고속국도의 관리 및 유지를 목적으로 필요한 도로관리를 위한 시설로서 도로관리청이 설치한 사무소가 도로법 제24조에 따른 도로구역으로 결정된 도로구역 내에 설치된 경우 '도로의 부속물'에 해당된다고 해석(도로정책과-5742, 2012.12.21.)하고 있음. 따라서 위 부지가 도로법 제24조에 따른 도로구역으로 결정된 도로구역 내의 토지일 경우 도로법 제2조 제1항 제4호 다목에 따른 '도로의 부속물'에 해당하게 되는 것임(지방세운영과-4159 2012.12.28.).

② 수익사업에 사용되는 휴게시설 등은 비과세 배제

도로법에 따라 도로로 간주되는 도로의 부속물의 경우도 비과세되지만, 유료로 사용되거나 수익사업에 사용되거나 해당 목적에 직접 사용하지 않는 재산에 대해서는 과세된다. 휴게소, 주유소 등은 도로의 부속물로 보지만 수익사업용으로 사용되는 재산이므로 재산세가 과세된다.

수익해당하는지 여부는 그 사업이 수익성을 가지거나 수익을 목적으로 하면서 그 규모, 횟수, 태양 등에 비추어 사업활동으로 볼 수 있는 정도의 계속성과 반복성이 있는지 등을 고려하여 사회통념에 따라 합리적으로 판단하여야 한다. 한편 '도로법에 의한 도로'에는 일반인의 교통을 위하여 제공되는 협의의 도로 외에 '도로의 부속물'도 포함되고, 도로의 부속물에는 '도로의 이용증진을 위하여 설치한 휴게시설'이 포함되므로, 고속국도에 설치된 휴게시설의 부지 및 그 이용에 제공된 토지는 위 '도로법에 의한 도로'에 해당한다 할 것임. 원고(한국도로공사)가 고속국도의 관리자로서 휴게시설을 설치·관리할 의무를 부담하고 있고, 휴게시설에서의 재화나 용역의 공급은 그러한 의무의 이행과정에서 수반되는 것이며, 휴게시설과 그 부속토지에서 발생한 임대료 수익의 대부분이 원고의 설립목적에 부합하는 공익적 용도에 사용되었다고 하더라도, 이 사건 휴게시설의 임대행위는 객관적으로 보아 그 자체로 수익성을 가지거나 수익을 목적으로 하는 것으로 봄이 상당하고, 또 그 규모와 횟수 등에 비추어 사업활동으로 볼 수 있는 정도의 계속성과 반복성도 있다 할 것이다. 따라서 이 사건 휴게시설의 임대사업은 수익사업에 해당한다 할 것이고 그 휴게시설에 부속된 이 사건 토지 역시 수익사업에 사용되고 있다고 보아야 함(대법원 2011두6394, 2013.4.26.).

고속도로 휴게소 및 주유소는 고속도로의 부속시설물로서 수익사업(주유소운영업, 도·소매업)에 사용되고 있으므로 종합토지세 과세대상에 해당되며, 과세방법은 휴게소 총면적을 과세대상으로 하고 여기에 용도지역별 적용배율을 곱하여 산정된 면적으로 과세함(세정13430-970, 2000.8.3.).

③ 휴게시설 부지를 건설 중인 경우도 비과세 배제

휴게시설 부지를 건설 중인 경우는 건축물을 건축 중인 경우가 아니므로 지방세특례제한법상 재산세 감면 특례의 건축 중을 포함하는 법리를 적용할 수 여지가 없다. 또한 휴게시설을 건설 중인 토지는 아직 휴게시설이 없는 상태이기 때문에 휴게시설의 부속토지로서 도로의 부속물이 될 수 없어 비과세 대상이 되지 않는다. 한편 판례에서는 휴게소 부지 자체도 수익사업용으로 보아 재산세 비과세가 될 수 없다고 보았다.

지방세특례제한법시행령(2013.4.22. 대통령령 제24502호로 개정된 것) 제45조는 법 또는 다른 법령에서의 토지에 대한 재산세의 감면규정을 적용할 때 직접 사용의 범위에는 해당 감면 대상 업무에 사용할 건축물을 건축 중인 경우를 포함한다고 규정하고 있으나, 쟁점토지는 2013년도 재산세 과세기준일 현재 고속도로 휴게시설 건설부지를 조성하고 있는 상태로 쟁점토지상에 건축물을 신축 중인 것이 아니므로 쟁점토지를 위 규정에 의한 비과세대상으로 보기 어렵고, 재산세 과세기준일 현재 고속도로 휴게시설의 부속토지로 사용 중인 토지는 도로의 부속물로서 도로로 보는 것이 타당하나, 쟁점토지는 2013년도 재산세 과세기준일 현재 고속도로 휴게소의 부속토지로 사용되는 것이 아니라 고속도로 휴게시설을 건설 중인 토지이므로, 2013년도 재산세 과세기준일 현재 아직 고속도로 휴게시설의 부속토지로 제공되는 토지에 해당하지 아니하여 재산세 비과세 대상인 도로로 보기는 어렵다고 판단됨 (조심 2013지1008, 2014.8.21.).

휴게시설이 미설치된 이상 도로의 부속물로 보기 어렵고, 휴게소의 부지에는 도로노선의 지정·고시와 도로구역의 결정고시가 마쳐졌다 하더라도 수익사업용으로 보아야 될 것으로 재산세 면제는 불가함(대법원 2015두59167, 2016.3.24.).

쟁점 097 대지 안의 공지(空地)는 비과세되는 사도(私道)가 될 수 없나?

지방세법시행령 제108조 【비과세】 제1항 제1호

1. 도로 : 「도로법」에 따른 도로(같은 법 제2조 제2호에 따른 도로의 부속물 중 도로관리시설, 휴게시설, 주유소, 충전소, 교통·관광안내소 및 도로에 연접하여 설치한 연구시설은 제외한다)와 그밖에 일반인의 자유로운 통행을 위하여 제공할 목적으로 개설한 사설 도로. 다만, 「건축법 시행령」 제80조의 2에 따른 대지 안의 공지는 제외한다.

도로법에서 정한 도로 외에 일반인의 자유로운 통행을 위해 개설한 사설 도로(이하 '사도')도 재산세 비과세가 적용된다. 비과세 대상이 되는 사도는 사도법에 따라 지방자치단체의 장에게 허가를 받은 사도와 허가를 받지 않았더라도 사실상 일반인의 자유로운 통행에 이용되는 토지도 해당된다.

"일반인의 자유로운 통행에 공할 목적으로 개설한 사도"는 처음부터 사도법 제4조에 의한 허가를 받아 개설된 사도에 한정되는 것은 아니고, 처음부터 일반인의 자유스러운 통행에 공할 목적으로 개설한 사도는 물론, 사도의 소유자가 당초 특정한 용도에 제공할 목적으로 설치한 사도라고 하더라도 당해 사도의 이용실태, 사도가 공도에 연결된 상황, 주변 토지의 상황 등 여러 상황에 비추어 사도의 소유자가 일반인의 통행에 아무런 제약을 가하지 않고 있고, 실제로도 널리 불특정 다수인의 통행에 이용되고 있다면 그러한 사도는 모두 이에 포함(조심 2013지0083, 2013.5.16.).

사도법에 따른 사도는 개념적으로 명확하지는 않지만 허가를 요건으로 하므로 허가를 받은 사도에 해당한다면 비과세 적용에 다툼의 여지가 없다.

사도법 제2조 【정의】

이 법에서 "사도"란 다음 각 호의 도로가 아닌 것으로서 그 도로에 연결되는 길을 말한다. 다만, 제3호 및 제4호의 도로는 「도로법」 제50조에 따라 시도(市道) 또는 군도(郡道) 이상에 적용되는 도로 구조를 갖춘 도로에 한정한다.

1. 「도로법」 제2조 제1호에 따른 도로
2. 「도로법」의 준용을 받는 도로
3. 「농어촌도로 정비법」 제2조 제1항에 따른 농어촌도로
4. 「농어촌정비법」에 따라 설치된 도로

사도법 제3조 【적용 제외】

이 법은 다음 각 호의 도로에는 적용하지 아니한다.

1. 다른 법률에 따라 설치하는 도로
2. 공원, 광구(鑛區), 공장, 주택단지, 그 밖에 동일한 시설 안에 설치하는 도로

사도법 제4조 【개설허가 등】 제1항

① 사도를 개설·개축(改築)·증축(增築) 또는 변경하려는 자는 특별자치시장, 특별자치도지사 또는 시장·군수·구청장(구청장은 자치구의 구청장을 말하며, 이하 "시장·군수·구청장"이라 한다)의 허가를 받아야 한다.

문제는 사도법에 따른 사도가 아니라 일반인의 자유로운 통행을 위하여 제공할 목적으로 사실상 도로로 이용되는 경우를 어떻게 판단하느냐이다.

비과세

(1) 사도로 보아 비과세를 적용한 경우

그간 사례들을 분석해 보면 토지의 이용실태와 주변상황 등을 포함한 구체적 사실관계가 다음의 요건에 모두 부합하는 경우 재산세 비과세 대상이 되는 사설 도로로 판단하고 있다.

① 일반인 통행에 아무런 제약이 없어야 하며 실제 통행에 이용되어야 한다.

② 공도가 부족하여 사설 도로 통행이 부득이해야 한다.

③ 재산 소유자가 해당 토지를 독점적·배타적으로 사용·수익할 수 없다.

- 쟁점②·③토지는 보행자가 통행할 수 있는 유일한 통행로로, 일반 보행자들이 아무런 제약 없이 위 토지를 이용하여 통행하고 있고, 위 토지와 연접한 공도가 없어 공도만을 이용하여 통행하기에 충분하지 아니한 점 등에 비추어 재산세 비과세대상에 해당되는 것으로 판단됨(조심 2018지0451, 2018.5.29.).

- ① 청구법인 소유의 건축물과 도로 사이에 위치하여 인도로 사용되고 있는 사실이 확인되는 점, ② 청구법인은 일반인들이 쟁점토지에 자유롭게 통행하는 것에 아무런 제약을 가하지 않고 있는 점, ③ 쟁점토지는 실제로도 널리 불특정 다수인의 통행에 이용되고 있다고 보여지는 점, ④ 쟁점토지가 일반인들의 자유로운 통행에 제공된 결과 청구법인이 쟁점토지를 더 이상 독점적·배타적으로 사용·수익할 가능성이 없어 보이는 점 등을 종합하여 볼 때 쟁점토지는 불특정 다수인의 자유로운 통행에 제공되는 사도로서 재산세 비과세대상에 해당되는 것으로 보는 것이 타당한 것으로 판단됨(조심 2013지0083, 2013.5.16.).

- 쟁점토지 중 일부가 이 건 건물의 진출입로 역할을 함께 하고 있다 하더라도 전체적으로는 일반 불특정 다수인이 자유롭게 통행에 이용하고 있다고 볼 수 있으므로 쟁점토지는 '사도'에 해당한다고 보는 것이 타당하다 할 것임(조심 2011지0029, 2012.3.7.).

- 쟁점토지 중 일부분은 완화차선이 설치됨에 따라 일반인들이 통행할 수 있는 공적인 통행로(인도)가 부족하게 되어 부득이하게 그 소유 토지를 불특정 다수인의 통행로로 제공하게 된 것으로 보이는 점, 일부분은 도로의 인도(공도)와 연접하여 일단의 보행자 도로로 이용되고 있는 점, ○○○ 화단과 공도인 인도 사이 부분 등으로 청구법인의 다른 대지와 명확히 구분되고 있는 점, 일반 불특정 다수인의 자유로운 통행에 이용되고 있는 것으로 확인되는 점, 청구법인이 이를 배타적, 독점적으로 사용하기는 어렵다고 보이는 점 등을 종합하여 볼 때, "사도"에 해당하는 것으로 보는 것이 타당함(조심 2011지0056, 2012.3.7.).

- 보행하기 위한 유일한 통행로로서 일반 보행자들이 아무런 제약없이 이 사건 보도를 따라 통행하고 있는 점, 이 사건 보도위에 대지경계를 표시하는 선이나 시설물은 없고 오히려 기존 인도와 이 사건 쟁점부분이 동일한 포장재로 포장되어 있어 보행자들은 이 사건 쟁점부지가 도로부지가 아님을 인식하기 어려울 것인 점, 이 사건 보도의 북쪽 끝과 남쪽 끝 지점에 차량진입 방지용 기둥이 세워져 있어 기존 인도뿐 아니라 이 사건 쟁점 부지 부분에도 차량이 진입할 수 없는 점, 만약 원고가 이 사건 쟁점부지중 완화차도가 설치되어 있지 않은 구간의 부지를 주차공간 등으로 활용하게 되면 보행자들의 안전에 위험요소가 되거나 보행에 지장을 줄 수 있는 점 등에 비추어 보면, 이 사건 쟁점부지중 완화차도가 설치되어 있지 않은 구간과 접한 부분도 불특정 다수의 통행인이 아무런 제약없이 통행로로 이용하고 있다 할 것이므로 위 부지부분 역시 비과세 대상인 사도임(대법원 2009두8984, 2009.9.10.).

- 재산세 과세기준일 현재 당해 사도의 이용실태, 사도의 공도에 연결 상황, 주위 택지 상황 등 제반 사정에 비추어 사도의 소유자가 일반인의 통행에 아무런 제약을 가하지 않고 있고, 실제로도 널리 불특정 다수인의 통행에 이용되고 있다면 비과세 대상인 사도로 볼 수 있을 것임(지방세운영과-938, 2007.10.9.).

- 사도에 대한 재산세 비과세 여부는 처음부터 일반인의 자유로운 통행에 공할 목적으로 개설한 사도는 물론 사도의 소유자가 당초 특정한 용도에 제공할 목적으로 설치한 사도라고 하더라도 재산세 과세기준일 현재 당해 사도의 이용실태, 사도의 공도에 연결 상황, 주위 택지 상황 등 제반 사정에 비추어 사도의 소유자가 일반인의 통행에 아무런 제약을 가하지 않고 있고, 실제로도 널리 불특정 다수인의 통행에 이용되고 있다면 그러한 사도도 비과세대상에 포함됨(대법원 2002두2871, 2005.1.28.).

(2) 사도로 볼 수 없어 비과세 대상에서 제외되는 경우

그간 사도로 보지 않은 사례들을 분석해 보면 토지 이용 실태나 사실관계가 다음의 어느 하나에 해당하는 경우는 비과세를 적용하기 어렵다고 판단된다.

- 일반인의 자유로운 통행이 보장되지 않는다.
- 기존의 공도가 충분히 갖추어져 있어 공도만으로 통행에 불편이 없다.
- 소유자가 독점적·배타적인 사용·수익권을 행사할 수 있다.

① 일반인이 통행 가능한 공도가 이미 충분히 갖추어진 경우

- 쟁점토지의 남쪽 끝부분에는 ㅇㅇ시 ㅇㅇㅇ 건축물이 위치하고 있고, 북쪽 끝부분에는 ㅇㅇ시 ㅇㅇㅇ 주차장과 ㅇㅇ시 ㅇㅇㅇ 건축물이 위치하고 있는 것으로 나타나는 바, 이로 인하여 보행자가 "차로㉠"을 거치지 아니하고는 쟁점토지로 진입하는 것이 원활하지 아니한 것으로 보여지는 점, "차로㉠"의 오른쪽(쟁점토지의 맞은편)에는 너비 2m의 보행자도로가 별도로 설치되어 있으므로 일반인들이 통행할 수 있는 공적인 통행로가 없거나 부족하여 부득이하게 쟁점토지만를 보행로로 이용하여야 한다고 보기는 어려운 점, 쟁점토지와 연결되는 보행자도로가 없는 상황에서 쟁점토지의 맞은편에 별도로 설치되어 있는 너비 2m의 보행자도로를 두고 굳이 쟁점토지로 진입하려는 보행자들은 대부분 쟁점토지의 소유자인 청구법인의 고객들일 것으로 판단되는 점 등을 종합하여 볼 때, 재산세 비과세 대상으로 규정한 일반인의 자유로운 통행을 위하여 제공할 목적으로 개설한 사설 도로에 해당되지 아니함(조심 2012지0406, 2013.2.20.).

② 일반인의 통행이 제한되거나 소유주의 배타적 관리권이 인정

- 쟁점토지상의 이동화장실 등의 시설물은 국가 등 공공기관이 아닌 마을회 성격의 실미유원지번영회에 제공하는 토지이므로 재산세 비과세 대상 토지로 보기는 어려움. 쟁점토지상의 도로는 일반인의 자유로운 통행이 아닌 실미자연유원지의 유료주차장 진입로 등으로 이용되고 있으므로 재산세 비과세 대상인 사도로 보기도 어려움(조심 2013지0014, 2013.4.9.).
- 쟁점토지 인근에는 3면에 왕복 2차선 도로가 개설되어 있어 기존의 공도가 부족한 상태에 있다고 볼 수는 없고, 쟁점토지는 이 건 토지상 건축물의 주차장진입도에 불과하고 청구법인이 독립적·배타적으로 관리하고 있는 것으로 보이므로 사도에 해당하지 아니함(조심 2012지0031, 2012.3.7.).
- 아파트단지 내의 공지(현황 : 도로)가 해당 아파트 단지 내에 위치하여 단지주민들의 이동을 위하여 설치되었고, 단지 주민외의 불특정 다수인이 출입을 제한하기 위하여 차단기 등이 설치되어 관리사무소의 승인을 받아야 하며, 단지 밖에 별도의 통행 도로가 설치되어 있는 경우라면 일반인의 자유로운 통행에 공여할 목적으로 개설한 사도에 해당되지 않을 것으로 사료됨(지방세운영과-1533, 2009.4.17.).

이 건 쟁점 토지는 일부 불특정 다수인이 자유롭게 통행에 이용하고 있다고 볼 수 있다 하더라도 이 건 건축물의 진출입로로 이용되고 있는 점, 그 외 이 건 쟁점토지에 일반 보행자들의 통행을 제한하는 것으로 볼 수 있는 사각 기둥이 설치되어 있고, 일반 보행자들이 이건 쟁점 토지가 없는 경우에도 처분청이 개설한 보행자도로를 이용하면 통행이 가능한 점, 이 건 쟁점 토지는 이건 건축물 건축할 당시부터 부속토지의 일부였던 점 등 전체적으로 이 건 쟁점 토지는 이 건 건축물의 진출입로 또는 방문하는 고객들의 통행로로서의 역할을 하고 있어 청구인이 계속하여 독점적이고 배타적인 지배권을 행사 할 가능성이 없는 것으로 보기 어려운 경우로 재산세 비과세 대상에 해당하지 아니함(조심 2009지0019, 2009.3.10.).

토지의 양측에는 당해 건축물의 지하주차장으로 통하는 진·출입로가 있어 일반인이 불가피하게 횡단보도를 이용하여 이동하고 있는 점과 보행자 중 상당수가 당해 건축물을 이용하는 호텔의 고객이라는 점을 고려해 볼 때 이 사건 토지는 일반인의 자유로운 통행에 공여된다기보다는 당해 건축물의 효용가치를 증진시키는 역할을 한다고 판단되므로 이 사건 토지는 일반인의 자유로운 통행에 공여할 목적으로 개설한 사도라고는 볼 수 없으므로 처분청에서 이 사건 토지를 대지안의 공지로 보아 재산세를 부과 고지한 것은 적법함(심사 2007-116, 2007.2.26.).

(3) 대지 안 공지와 공개 공지의 문제

① 대지 안 공지도 사실관계에 비추어 요건을 갖춘 경우 사도로 인정 가능

대지 안의 공지는 건축물을 건축할 때 건축선 및 인접 대지경계선으로부터 6미터 이내의 범위에서 거리를 띄워서 생기는 공간이다. 대지 안의 공지 조성은 대피상의 안전이라는 목적을 달성하기 위한 것이다. 대지 안의 공지는 지방세법시행령 제108조 제1항 제1호의 단서 규정에 따르면 비과세 대상에서 제외된다.

건축법 제58조【대지 안의 공지】

건축물을 건축하는 경우에는 「국토의 계획 및 이용에 관한 법률」에 따른 용도지역·용도지구, 건축물의 용도 및 규모 등에 따라 건축선 및 인접 대지경계선으로부터 6미터 이내의 범위에서 대통령령으로 정하는 바에 따라 해당 지방자치단체의 조례로 정하는 거리 이상을 띄워야 한다.

건축법시행령 제80조의 2【대지 안의 공지】

법 제58조에 따라 건축선(법 제46조 제1항에 따른 건축선을 말한다. 이하 같다) 및 인접 대지경계선(대지와 대지 사이에 공원, 철도, 하천, 광장, 공공공지, 녹지, 그 밖에 건축이 허용되지 아니하는 공지가 있는 경우에는 그 반대편의 경계선을 말한다)으로부터 건축물의 각 부분까지 띄어야 하는 거리의 기준은 별표 2와 같다.

저자팁

건축선 및 인접 대지경계선으로부터 띄어야 하는 거리

〈대지의 공지 기준(건축법시행령 제80조의 2 관련)〉

1. 건축선으로부터 건축물까지 띄어야 하는 거리

대상 건축물	건축조례에서 정하는 건축기준
가. 해당 용도로 쓰는 바닥면적의 합계가 500제곱미터 이상인 공장(전용공업지역, 일반공업지역 또는 「산업입지 및 개발에 관한 법률」에 따른 산업단지에 건축하는 공장은 제외한다)으로서 건축조례로 정하는 건축물	• 준공업지역 : 1.5미터 이상 6미터 이하 • 준공업지역 외의 지역 : 3미터 이상 6미터 이하

대상 건축물	건축조례에서 정하는 건축기준
나. 해당 용도로 쓰는 바닥면적의 합계가 500제곱미터 이상인 창고(전용공업지역, 일반공업지역 또는 「산업입지 및 개발에 관한 법률」에 따른 산업단지에 건축하는 창고는 제외한다)로서 건축조례로 정하는 건축물	• **준공업지역** : 1.5미터 이상 6미터 이하 • **준공업지역 외의 지역** : 3미터 이상 6미터 이하
다. 해당 용도로 쓰는 바닥면적의 합계가 1,000제곱미터 이상인 판매시설, 숙박시설(일반숙박시설은 제외한다), 문화 및 집회시설(전시장 및 동·식물원은 제외한다) 및 종교시설	• 3미터 이상 6미터 이하
라. 다중이 이용하는 건축물로서 건축조례로 정하는 건축물	• 3미터 이상 6미터 이하
마. 공동주택	• **아파트** : 2미터 이상 6미터 이하 • **연립주택** : 2미터 이상 5미터 이하 • **다세대주택** : 1미터 이상 4미터 이하
바. 그 밖에 건축조례로 정하는 건축물	• 1미터 이상 6미터 이하(한옥의 경우에는 처마선 2미터 이하, 외벽선 1미터 이상 2미터 이하)

2. 인접 대지경계선으로부터 건축물까지 띄어야 하는 거리

대상 건축물	건축조례에서 정하는 건축기준
가. 전용주거지역에 건축하는 건축물(공동주택은 제외한다)	• 1미터 이상 6미터 이하(한옥의 경우에는 처마선 2미터 이하, 외벽선 1미터 이상 2미터 이하)
나. 해당 용도로 쓰는 바닥면적의 합계가 500제곱미터 이상인 공장(전용공업지역, 일반공업지역 또는 「산업입지 및 개발에 관한 법률」에 따른 산업단지에 건축하는 공장은 제외한다)으로서 건축조례로 정하는 건축물	• **준공업지역** : 1미터 이상 6미터 이하 • **준공업지역 외의 지역** : 1.5미터 이상 6미터 이하
다. 상업지역이 아닌 지역에 건축하는 건축물로서 해당 용도로 쓰는 바닥면적의 합계가 1,000제곱미터 이상인 판매시설, 숙박시설(일반숙박시설은 제외한다), 문화 및 집회시설(전시장 및 동·식물원은 제외한다) 및 종교시설	• 1.5미터 이상 6미터 이하
라. 다중이 이용하는 건축물(상업지역에 건축하는 건축물로서 스프링클러나 그 밖에 이와 비슷한 자동식 소화설비를 설치한 건축물은 제외한다)로서 건축조례로 정하는 건축물	• 1.5미터 이상 6미터 이하
마. 공동주택(상업지역에 건축하는 공동주택으로서 스프링클러나 그 밖에 이와 비슷한 자동식 소화설비를 설치한 공동주택은 제외한다)	• **아파트** : 2미터 이상 6미터 이하 • **연립주택** : 1.5미터 이상 5미터 이하 • **다세대주택** : 0.5미터 이상 4미터 이하
바. 그 밖에 건축조례로 정하는 건축물	• 0.5미터 이상 6미터 이하(한옥의 경우에는 처마선 2미터 이하, 외벽선 1미터 이상 2미터 이하)

그런데 법문상의 내용만으로 보면 비과세 대상에서 제외됨이 바람직함에도 불구하고 판례에서는 사실상 앞서 제시한 사도로 볼 수 있는 요건에 부합된다면 이는 대지 안의 공지라 할 수 없고 사도에 해당할 수 있다고 판시한 바 있다(대법원 2005.1.28. 선고 2002두2871 판결). 이에 따라 현재 많은 사례에서 대지안의 공지라 할지라도 일반인의 통행 상 제약이 없고 종전의 공도가 부족하며 독점적·배타적 사용이 어렵다면 비과세 대상인 사도로 판단하고 있다.

비과세

- "대지 안의 공지"를 비과세대상에서 제외하는 것으로 규정한 취지는 건축법 등 관계 규정에 의하여 건축선이나 인접대지경계선으로부터 띄어야 할 거리를 둠으로 인하여 생긴 공지에 대하여 당해 대지소유자가 그 소유건물의 개방감과 안정성을 확보하고 고객을 유치하기 위한 목적 등으로 그 사용·수익 방법의 하나로 임의로 일반 공중의 통행로로 제공하는 경우 등과 같이 계속하여 독점적이고 배타적인 지배권(사용수익권)을 행사할 가능성이 있는 것을 전제로 한 것이라고 봄이 상당하므로, 그 공지의 이용현황, 사도의 조성경위, 대지소유자의 배타적인 사용가능성 등을 객관적·종합적으로 살펴보아, 대지소유자가 그 소유 대지 주위에 일반인들이 통행할 수 있는 공적인 통행로가 없거나 부족하여 부득이하게 그 소유 공지를 불특정 다수인의 통행로로 제공하게 된 결과 더 이상 당해 공지를 독점적·배타적으로 사용·수익할 가능성 없는 경우에는 구 지방세법시행령 제137조 제1항 제1호 단서에서 정한 "대지 안의 공지"에 해당하지 않는 것으로 보아야 할 것임(대법원 2002두2871, 2005.1.28.).

그러나 대지안의 공지를 이용현황을 고려하여 사도로 볼 수 있다면 굳이 단서 규정을 남겨둘 실익이 없으므로 향후 조문 정비가 필요해 보인다.

- 쟁점토지는 전체적으로 일반인들이 아무런 제한없이 자유롭게 통행에 이용하고 있는 사도에 해당된다고 볼 수 있는 바, 비록 쟁점토지가 건축선으로부터 일정거리를 띄어 건축물을 신축함에 따라 발생한 공지에 해당된다고 하더라도 그러한 사실만으로 쟁점토지를 지방세법시행령 제108조 제1항 제1호에서 재산세 비과세 대상으로 규정한 도로에 해당되지 않는다고 보기는 어렵다고 판단됨(조심 2012지0038, 2012.6.14.).
- 현실적으로 청구법인이 쟁점 토지에서 일반인의 통행을 제한하고 독점적·배타적 사용·수익 권한을 행사하기 위하여 쟁점토지의 경계를 새로이 설치할 가능성이 없다고 보이는 점, 대지안의 공지라 하더라도 실질적으로 사도와 같이 일반인들의 자유로운 통행에 제공된 결과 더 이상 독점적·배타적 사용·수익할 가능성이 없는 경우에는 일반 사도와 같이 재산세를 비과세하여 지원하는 데 취지가 있는 점 등을 종합적으로 고려하여 볼 때 쟁점토지는 건축법시행령의 규정에 따라 설치된 대지안의 공지라 하더라도 일반인의 자유로운 통행에 제공되고 있고 더 이상 독점적·배타적으로 사용·수익할 가능성이 없다고 할 것이므로 사도에 해당됨(조심 2011지0044, 2012.3.7.).
- 도로법에 의한 도로 그 밖에 일반인의 자유로운 통행에 공여할 목적으로 개설한 사도에 대하여는 재산세를 비과세하지만, 건축법에 따라 건축선 또는 인접대지경계선으로부터 일정거리를 띄어 건축함으로써 생긴 대지안의 공지는 비과세 대상에서 제외하는 것인 바, 쟁점토지상에는 청구법인 소유의 지장물(맨홀, 소화전 등)이 시설되어 있을 뿐만 아니라, 쟁점토지 인근에는 폭 5m의 공도(도로)가 개설되어 있어 공적인 통행로가 부족하여 부득이하게 쟁점토지를 도로로 제공하는 것으로도 보기는 어렵다 할 것이므로 비과세대상이 아님(조심 2011지0774, 2012.1.2.).
- 건축법 제136조 제1항의 규정에 의한 "대지안의 공지"라 하더라도, "건축선으로부터 띄어야 할 거리를 둠으로 인하여 생긴 그 공지의 이용현황, 사도의 조성경위, 대지소유자의 배타적인 사용가능성 등을 객관적·종합적으로 살펴보아, 대지소유자가 그 소유대지 주위에 일반인들이 통행할 수 있는 공적인 통행로가 없거나 부족하여 부득이하게 그 소유 공지를 불특정 다수인의 통행로로 제공하게 된 결과 더 이상 당해공지를 독점적·배타적으로 사용·수익할 가능성이 없는 경우"에는 "대지 안의 공지"에 해당하지 않고 재산세 비과세 대상인 "일반인의 자유로운 통행에 공여할 목적으로 개설한 사도"에 해당함(지방세정팀-1558, 2005.4.13.).

② 건축법 상 공개공지는 비과세 인정 여지가 있음

> **건축법 제43조 【공개 공지 등의 확보】**
>
> ① 다음 각 호의 어느 하나에 해당하는 지역의 환경을 쾌적하게 조성하기 위하여 대통령령으로 정하는 용도와 규모의 건축물은 일반이 사용할 수 있도록 대통령령으로 정하는 기준에 따라 소규모 휴식시

설 등의 공개 공지(空地 : 공터) 또는 공개 공간(이하 "공개 공지 등"이라 한다)을 설치하여야 한다.

1. 일반주거지역, 준주거지역
2. 상업지역
3. 준공업지역
4. 특별자치시장·특별자치도지사 또는 시장·군수·구청장이 도시화의 가능성이 크거나 노후 산업단지의 정비가 필요하다고 인정하여 지정·공고하는 지역

② 제1항에 따라 공개 공지 등을 설치하는 경우에는 제55조, 제56조와 제60조를 대통령령으로 정하는 바에 따라 완화하여 적용할 수 있다.

③ 시·도지사 또는 시장·군수·구청장은 관할 구역 내 공개 공지 등에 대한 점검 등 유지·관리에 관한 사항을 해당 지방자치단체의 조례로 정할 수 있다.

④ 누구든지 공개 공지 등에 물건을 쌓아놓거나 출입을 차단하는 시설을 설치하는 등 공개 공지 등의 활용을 저해하는 행위를 하여서는 아니 된다.

⑤ 제4항에 따라 제한되는 행위의 유형 또는 기준은 대통령령으로 정한다.

공개 공지의 경우 대지안의 공지와 달리 쾌적한 지역 환경 조성을 위해 건축법 상 일정 규모의 건축물이 반드시 설치해야 하는 공간이다. 대지안 공지와 목적은 달리하지만 건축법 상 반드시 설치해야 하고, 일부 공간이 공지로 발생한다는 점에서는 유사하다.

아직 그동안의 사례에서 공개 공지를 비과세 대상으로 인정한 예는 찾기 어렵지만 조성 목적을 제외하고 사실 상 대지안 공지와 실질에 있어서 차이점은 없으므로 앞서 언급한 사도의 요건을 충족한다면 공개 공지라 할지라도 비과세 대상에서 배제하기는 어려울 것으로 보인다.

- 쟁점토지는 청구법인이 건축법 제43조에 따라 조성한 공개공지로서 일반인들의 휴식을 위한 소공원 형태이고, 건물진입부와 조형물, 쉼터, 정원 등은 현황 상 건물 입주자 및 고객의 휴식공간과 해당 건축물의 개방감과 안정성을 확보하고 고객을 유치하기 위한 목적으로 조성된 것으로 보여지며, 기존의 공도가 넓고 쾌적하게 조성되어 있어 일반인들이 통행할 수 있는 공적인 통행로가 없거나 부족하여 부득이 쟁점토지를 불특정 다수인들의 통행로로 제공하게 된 것으로 보기 어려운 점, 국가·지방자치단체 등이 쟁점토지를 1년 이상 공용 또는 공공용으로 사용한 사실을 입증할 수 있는 자료 등을 청구법인이 제출한 사실이 없는 점 등에 비추어 쟁점토지를 재산세 비과세 대상인 사도 또는 국가·지방자치단체가 1년 이상 공용 등으로 사용한 재산으로 보기는 어려우므로 처분청이 이 건 재산세 등을 과세한 처분은 달리 잘못이 없다고 판단됨(조심 2018지0185, 2018.6.7.).
- 청구법인은 쟁점토지가 공용 또는 공공용에 사용하는 재산으로 재산세 비과세 대상이라고 주장하나, 대형건축물의 이용과 관련 없는 일반인들이 이용할 수 있다는 사정만으로는 비과세 대상으로 인정하기는 어려우며, 청구법인은 쟁점토지를 사도 등으로 보아 재산세를 비과세해야 한다고 주장하나, 청구법인은 건축법 제43조에 따라 쟁점토지를 공개공지로 조성한 점, 쟁점토지 주변에 공적인 통행로가 없거나 부족해서 쟁점토지가 불특정 다수인들의 통행로로 제공된다고 보기 어려운 점 등에 비추어 청구주장을 받아들이기 어려움(조심 2018지0206, 2018.5.4.).

비과세

쟁점 098 행정청으로 의제된 국가공사의 철거명령이 있다면 비과세?

지방세법 제109조【비과세】제3항 제5호

5. 행정기관으로부터 철거명령을 받은 건축물 등 재산세를 부과하는 것이 적절하지 아니한 건축물 또는 주택(「건축법」 제2조 제1항 제2호에 따른 건축물 부분으로 한정한다)으로서 대통령령으로 정하는 것

지방세법시행령 제108조【비과세】제3항

③ 법 제109조 제3항 제5호에서 "대통령령으로 정하는 것"이란 재산세를 부과하는 해당 연도에 철거하기로 계획이 확정되어 재산세 과세기준일 현재 행정관청으로부터 철거명령을 받았거나 철거보상계약이 체결된 건축물 또는 주택(「건축법」 제2조 제1항 제2호에 따른 건축물 부분으로 한정한다. 이하 이 항에서 같다)을 말한다. 이 경우 건축물 또는 주택의 일부분을 철거하는 때에는 그 철거하는 부분으로 한정한다.

통상 각종 개발사업 사업시행의 주체를 국가, 지자체, 국가나 지자체가 출자 출연한 공공기관 등으로 규정하고 있다. 예컨대 택지개발촉진법 상 택지개발사업의 시행자는 국가, 지자체, 한국토지주택공사, 지방공사 등이다.

비과세 대상이 되는 건축물이나 주택은 법률에서는 행정청, 시행령에서는 행정관청이라고 규정하고 있는데 이에 대한 명시적인 개념은 행정절차법에서 찾아볼 수 있다. 동 조항에서 정의한 바와 같이 행정청의 개념은 꼭 국가나 지방자치단체에 한정하지 않고 법령 등에 따라 행정권한이 부여되어 있거나 그 권한을 위임 또는 위탁받은 공공단체와 기관, 사인이 포함된다.

행정절차법 제2조【정의】

1. "행정청"이란 다음 각 목의 자를 말한다.
   가. 행정에 관한 의사를 결정하여 표시하는 국가 또는 지방자치단체의 기관
   나. 그 밖에 법령 또는 자치법규(이하 "법령등"이라 한다)에 따라 행정권한을 가지고 있거나 위임 또는 위탁받은 공공단체 또는 그 기관이나 사인(私人)

행정청의 세법 상 개념과 범위를 보다 명확히 하기 위해서는 취득세 비과세 대상이 되는 국가나 지방자치단체의 개념과 비교해 볼 필요가 있는데, 지방세법 제109조 제3항에서 비과세 대상이 되는 건축물이나 주택에 대한 철거명령을 내리는 행정청의 개념은 지방세법 제9조에 따른 취득세 비과세 대상인 국가, 지자체의 범위보다 넓은 개념이다. 지방세법 제9조 제1항에서는 다른 법률에서 국가나 지방자치단체로 의제되는 법인을 배제하고 있지만 지방세법 제109조 제3항의 행정관청의 개념은 따로 제한을 두지 않고 있어서 개별법에서 행정관청으로 의제되는 법인까지 포함될 수 있고, 행정절차법 상 행정청의 개념이 권한을 위임·위탁받은 단체, 기관, 공무수탁사인까지 포함한다.

지방세법 제109조 제3항 행정관청 : 행정절차법 상 행정청 개념에 따라 판단	지방세법 제9조 제1항 : 국가, 지자체
국가나 지방자치단체의 기관(다른 법률에서 국가나 지방자치단체로 의제하는 법인을 배제하지 않음) 권한을 위임위탁받은 단체, 기관, 사인	국가, 지방자치단체(다른 법률에서 국가, 지방자치단체로 의제되는 법인 제외)

(1) 행정청 의제의 범위

개별법에서 각종 개발사업의 시행주체나 개발사업 일련의 과정에서의 행위의 주체를 행정청으로 의제하는 조문을 두고 있는 경우 철거명령을 내리거나 철거보상계약을 체결하는 주체로서의 행정청의 개념에 합당한지를 어떻게 판단할까?

아래의 두 사례에 비추어 살펴보면 개별법에서 명확히 개발사업의 주체를 국가공사나 지방공사로 의제한 규정을 두고 있다면 비과세 요건이 되는 철거명령이나 철거보상계약의 주체로 인정될 수 있다. 그러한 규정이 없다면 비과세 요건에 부합하는 행정청이 될 수 없으며 비록 측량조사나 등기촉탁 등 일부 권한을 수행하는 과정에서 국가나 지자체로 간주하는 조항이 있더라도 이를 철거명령의 주체가 되는 행정청의 개념에 포함하기는 어렵다는 것이다.

① 철거보상계약을 체결한 공사를 행정청으로 인정하지 않은 경우

종전 대한주택공사법(2007.4.27. 법률 제8408호로 개정되기 이전의 것을 말함) 제9조 제1항에서는 공사가 공익사업을위한토지등의취득및보상에관한법률에 따라 국가나 지방자치단체 등이 임대나 양도의 목적으로 시행하는 주택의 건설 또는 택지의 조성에 관한 사업에 해당하는 택지개발촉진법에 따른 택지개발사업을 하는 경우 "공사"를 "국가 또는 지방자치단체"로, "공사 사장"을 "관계 중앙행정기관의 장"으로 본다고 규정하여 공사를 행정관청으로 의제하고 있으나, 그 이후 개정된 대한주택공사법(2007.4.27. 법률 제8408호로 개정된 것) 제9조 제1항에서는 국가나 지방자치단체 등이 임대나 양도의 목적으로 시행하는 주택의 건설 또는 택지의 조성에 관한 사업 관련 조항이 삭제되어 공사가 시행하는 주택건설 또는 택지조성의 경우에는 공사를 행정관청으로 의제할 수 있는 법률 근거가 없어졌음. 또한, 현행 한국토지주택공사법 제19조 제1항에서는 공사가 택지개발촉진법에 따라 국가나 지방자치단체 등이 임대나 양도의 목적으로 시행하는 주택 건설 또는 택지 조성에 관한 사업을 하는 경우 타인이 점유하는 토지에 출입하여 측량 및 조사하거나, 등기의무자의 승낙을 받아 등기소에 등기 촉탁 등을 수행하는 경우에 대해서는 "국가 또는 지방자치단체"를 "공사"로, "관계 중앙행정기관의 장"을 "공사 사장"으로 본다고 규정하여, 공사 또는 공사 사장이 국가 또는 지방자치단체와 동등한 지위를 가지고 타인 토지의 출입 및 측량·조사 등을 할 수 있는 권한을 부여한 것일 뿐, 공사를 행정관청으로 의제하고 있다고 보기는 어려우며, 설령 행정관청으로 의제한다고 보더라도 철거보상계약을 체결한 경우까지 행정관청으로 본다고 하기는 어렵다 할 것임. 따라서, 과세기준일 현재 한국토지주택공사가 건물 소유자와 체결한 철거보상계약은 행정관청과 체결된 계약으로 볼 수 없으므로 유보금의 유무 또는 철거 여부 등에 관계없이 지방세법 제109조 제3항 및 같은 법 시행령 제108조 제3항에서 규정하는 비과세 대상이 아니라고 판단됨(지방세운영과-2220, 2013.9.6.).

비과세

② 철거보상계약을 체결한 공사를 행정청으로 본 경우

당해 사업시행자(LH)는 국토부 장관으로부터 당해지역에 대한 택지개발 사업에 대한 실시계획을 승인받았으며, 한국토지주택공사법 제19조 제1항 제3호에서 택지개발촉진법에 따른 택지개발사업은 국가 또는 지방자치단체를 공사로 관계 중앙행정기관의 장을 사장으로 의제하고 있고, 같은 법 제19조 제3항 제8호 및 같은 법 제41조 제1항 제3호에서 공익사업을위한토지등의취득및보상에관한법률 상 대집행에 따른 그 권한을 공사에 위탁하고 있는 점을 감안할 때 당해 택지개발사업 시행의 주체를 국가로 의제할 수 있으며, 토지수용 등 사업추진을 위한 일련의 철거보상계약·철거명령은 국가로부터 위탁받아 추진하는 것으로 볼 수 있으므로 LH를 행정관청으로 볼 수 있다고 판단됨. 따라서 LH와 철거 보상계약을 맺은 쟁점 부동산의 경우 행정관청으로부터 철거보상 계약이 체결된 건축물로 보는 것이 타당함(지방세운영과-3725, 2010.8.19.).

(2) 철거 예정 건축물에 대한 비과세 혜택의 주체

법문 상 비과세 요건으로서 행정청으로부터 철거명령을 받았거나 철거보상계약이 체결된 주택이나 건축물이라고만 규정하고 있고 해당 주택이나 건축물의 소유권이 누구에게 있는 경우라는 점은 명확히 밝히고 있지 않다. 하지만 해당 조항의 취지는 철거의 대상이 된 주택이나 건축물의 소유주를 배려하는 것이기 때문에 행정청으로 의제된 법인이 소유권을 갖고 있는 경우는 비과세에서 배제된다. 아래 조세심판원 결정례에서는 이를 명확히 밝히고 있다.

처분청은 단수여부를 기준으로 주택과 건축물로 구분하여 재산세를 부과하였는 바, 설령, 청구법인의 주장과 같이 이 건 건축물이 주택으로서의 기능을 상실하였다 하더라도 건축물로 존치하는 이상 재산세 납세의무는 성립한다 할 것이고, 또한, 청구법인은 행정기관이라고 볼 수 있는 청구법인과 철거보상계약이 체결된 이 건 건축물의 경우는 재산세 비과세 대상에 해당한다고 주장하지만, 지방세법 제186조 제8호 및 같은 법 시행령 제137조 제3항은 당해 연도 재산세 과세기준일 현재 행정관청으로부터 철거명령을 받았거나 철거보상계약이 체결된 건축물 소유자에 대한 재산세를 비과세하기 위한 조항으로, 당해 건축물의 소유권이 소유자로부터 행정관청으로 이전된 건축물에 대한 재산세를 비과세하기 위한 규정은 아닌 것으로 판단되는 바, 청구법인의 경우, 청구법인을 관련 법규상 국가의 위임을 받은 행정관청으로 보아 청구법인과 철거보상계약이 체결된 이 건 건축물을 행정관청과 철거보상계약이 체결된 건축물로 본다고 하더라도, 이미 이 건 건축물은 2009년도 및 2010년도 재산세 과세기준일 현재 당초 부동산 소유자로부터 행정관청으로 간주된 청구법인에게로 소유권이 이전된 이상, 청구법인과 이 건 건축물의 종전 소유자가 철거보상계약을 체결하였음을 이유로 이 건 건축물이 위 조항에 의한 재산세 비과세 적용대상에 해당한다고 볼 수는 없다 할 것임(조심 2011지0604 ,2012.10.24.).

참고로 위 사례에서는 주택의 기능을 상실한 건축물일지라도 재산세 과세 대상이 된다고 보았지만, 철거 등의 사유로 훼손, 멸실 또는 붕괴되어 재산적 가치를 전부 상실한 재산은 재산세 과세 대상이 되지 않는다는 점을 참고하기 바란다.

당해 재산이 훼손되거나 일부 멸실 혹은 붕괴됨으로 인하여 재산적 가치를 전부 상실하게 된 때에는 재산세 과세대상이 되지 아니한다고 하여야 하므로 일부 건물에 대한 철거대집행 결과 나머지 부분의 복구가 사회통념상 거의 불가능하게 된 정도에 이르게 된 경우, 건물의 요건을 형식적으로 충족한다 하더라도 재산세 과세대상으로 볼 수 없음(대법원 74누9757, 1995.4.11.).

쟁점 099 공부상 지목과 다르게 묘지, 구거 등으로 사용되어도 비과세?

> **지방세법시행령 제108조【비과세】제1항 제4호, 제5호 및 제6호**
> 4. 구거(溝渠) : 농업용 구거와 자연유수의 배수처리에 제공하는 구거
> 5. 유지(溜池) : 농업용 및 발전용에 제공하는 댐·저수지·소류지와 자연적으로 형성된 호수·늪
> 6. 묘지 : 무덤과 이에 접속된 부속시설물의 부지로 사용되는 토지로서 지적공부상 지목이 묘지인 토지

지방세법 제109조 제3항과 같은 법 시행령 제1항에 따라 구거, 유지, 묘지 등의 용도로 사용되는 경우도 비과세 대상이다. 특이한 사항은 다른 물건과 달리 묘지의 경우에만 지적공부 상 지목이 묘지인 토지에 한해 비과세 대상으로 한정하고 있다는 것이다. 실제 묘지 용도로 사용되고 있는 것에 더하여 지적공부 상 지목도 반드시 묘지를 요구하고 있는 것이다.

해당 시행령에 대하여 대법원은 현황이 묘지임을 전제로 지적공부 상 지목도 묘지인 토지를 재산세 비과세 대상으로 하고 있으므로 실질과세의 원칙에 반한다고 할 수 없는 점, 장사등에관한법률은 국가와 지방자치단체에 묘지 증가에 따른 국토 훼손을 방지할 책무를 두고 있고, 위법하게 설치된 묘지에 대해서까지 비과세혜택이 부여되는 것을 방지할 수 있는 점 등을 이유로 조세평등주의에 반하거나 모법의 위임범위를 벗어난 무효의 규정이라고 할 수 없고, 실질과세 원칙에 위배된다고 볼 수도 없다고 판단하였다(대법원 2010.11.25. 선고, 2009두14613 판결).

① 실제 묘지로 사용되고 있어도 지목이 묘지가 아니라면 비과세 배제

조세법령의 엄격한 해석 원칙에 따라 장기간 묘지로 사용된 경우라도 반드시 지적공부상 지목이 묘지이어야 비과세 대상인 묘지가 된다는 것이 일관된 판단이다. 묘지에 사용되어도 지목이 임야라면 비과세 대상이 되지 않는다. 한편, 지목이 묘지이고 실제 묘지에 사용되더라도 묘지 사용에 따른 사용료를 징수하는 경우는 유료로 사용하는 경우에 해당하므로 비과세 대상이 되지 않는다.

- 지방세법 제109조 제3항 제1호 및 같은 법 시행령 제108조 제1항 제6조에서 재산세 비과세 대상인 묘지를 무덤과 이에 접속된 부속시설물의 부지로 사용되는 토지로서 지적공부상 지목이 묘지인 토지로 한정하여 규정하고 있는 바, 이 건 토지는 그 현황이 묘지에 해당한다 하더라도 지목이 임야이므로 재산세 비과세 대상인 묘지로 보기 어려움(조심 2016지1045, 2016.10.28.).
- 분묘와 이에 접속된 부속시설물의 부지로 사용되는 토지로서 지목이 묘지인 토지에 대하여 재산세를 비과세하나, 수익사업에 사용하는 경우와 유료로 사용하는 경우에는 재산세를 과세하는 것으로 규정하고 있으므로, 청구외 ㅇㅇ과 체결한 묘지사용계약서에 묘지 사용기간 동안의 관리비를 징수한 사실이 있어 유료로 사용하는 것으로 보아 비과세대상이 아님(조심 2008지0152, 2008.7.9.).
- 당해 토지를 20년 이상 묘지로 사용하고 있다고 하더라도 당해 토지가 분묘와 이에 접속된 부속시설물의 부지로 사용되는 토지로서 지적공부상 지목이 묘지인 토지인 경우에 대해서만 토지분 재산세가 비과세 대상이 됨(지방세정팀-4308, 2007.10.19.).

② 구거, 유지 등의 판단은 공부상 지목이 아닌 실질에 비추어 판단

묘지 외의 구거, 유지 등의 비과세 대상 물건은 공부상 지목이 아닌 실제 활용 현황에 비추어 비과세 여부를 판단한다. 지목이 잡종지인 경우라도 실제 구거로 활용된 경우나 지목이 유원지인 경우라도 자연적으로 형성된 호수나 늪으로 볼 수 있는 경우 등은 비과세 대상으로 본다.

- 등기부등본 및 토지대장을 보면, 청구인은 보유토지를 1978.2.17. 매매를 등기원인으로 하여 1978.3.10. 소유권 이전등기를 하였고, 지목은 '잡종지'로 기재되어 있으며, 토지대장상 지목은 '임야(05)'로 기재되어 있지만, ○○○ 공사가 2015.10.7. 작성한 '토지조서'에는 지목이 임야인 보유토지 중 986㎡(쟁점토지)에 대하여는 현실적인 이용 상황이 "하천"으로, 나머지 197㎡에 대하여는 "임야"로 각 기재되어 있는 점, 2017.1.7. 중앙토지수용위원회에서가 쟁점토지를 '구거'로 평가한 것으로 나타나는 점 등에 비추어 쟁점토지는 사실상 자연유수의 배수처리에 제공하는 '구거'로 보임(조심2017지0002, 2017.3.29.).

- 당초 유원지 개발을 위하여 매립되어 공부상 지목은 유원지에 해당되지만 개발사업자의 문제 등으로 인하여 쟁점토지가 방치되어졌고, 방치된 상태에서 어떠한 인공적인 힘이 가지 않았음에도 시간이 흐름에 따라 매립된 토지의 특성으로 인해 물이 차오르게 되어 약 20여년이 지난 현 시점에 현황사진에서 보는 바와 같이 저수지 또는 늪의 상태가 된 것으로 보이는 점, 청구인이 경락으로 쟁점토지 취득 이전부터 2014년도 재산세 과세기준일 현재까지 물이 고여 있고 배수가 되지 않는다는 사실에 처분청과 청구인간에 다툼이 없는 점 등에 비추어 쟁점토지는 자연적으로 형성된 호수 또는 늪으로서 재산세 비과세 대상인 유지(溜池)로 보는 것이 타당하다 할 것이므로 처분청이 쟁점토지를 잡종지로 보아 종합합산과세대상으로 구분하여 재산세 등을 과세한 처분은 잘못이 있다고 판단됨(조심 2015지0461 2016.1.29.).

- 유지란 "농업용 및 발전용에 공하는 댐 저수지 소류지와 자연적으로 형성된 호수"를 말하므로 토지의 전체 면적 중 일부가 만조 시 일시적으로 침수되는 때가 있으나 그 침수를 방지하기 위한 아무런 노력도 하지 않은 이상 이건 토지는 비과세대상인 유지로 볼 수 없음(구 내무부 내심 91-100, 1991.3.6.).

Ⅲ 임시건축물에 대한 취득·재산세 비과세

✔ 비과세 요건

대상자	임시건축물을 취득, 보유하여 사용하는 자
대상물건	존속기간이 1년 미만인 임시건축물(임시흥행장, 공사현장사무소 등) – 지방세법 제13조 제5항에 따른 중과적용대상(별장, 골프장, 고급주택, 고급오락장, 고급선박)은 제외
적용특례	• 취득에 대해 취득세 비과세 • 재산세 비과세
과세되는 경우	• 존속기간이 1년을 초과하는 경우 취득세 부과(적용세율 : 2%) • 과세기준일 현재 1년 이상 사용 중인 경우 재산세 부과

✔ 관련 법령

지법 §9 ⑤·§109 ③

쟁점 100 존치기간이 1년을 초과한 임시건축물은 무조건 과세되나?

지방세법 제9조【비과세】제5항

⑤ 임시흥행장, 공사현장사무소 등(제13조 제5항에 따른 과세대상은 제외한다) 임시건축물의 취득에 대하여는 취득세를 부과하지 아니한다. 다만, 존속기간이 1년을 초과하는 경우에는 취득세를 부과한다.

지방세법 제109조【비과세】제3항 제3호

③ 다음 각 호에 따른 재산(제13조 제5항에 따른 과세대상은 제외한다)에 대하여는 재산세를 부과하지 아니한다. 다만, 대통령령으로 정하는 수익사업에 사용하는 경우와 해당 재산이 유료로 사용되는 경우의 그 재산(제3호 및 제5호의 재산은 제외한다) 및 해당 재산의 일부가 그 목적에 직접 사용되지 아니하는 경우의 그 일부 재산에 대하여는 재산세를 부과한다.

3. 임시로 사용하기 위하여 건축된 건축물로서 재산세 과세기준일 현재 1년 미만의 것

우리가 주변에서 흔히 접하는 아파트 분양 모델하우스, 공사현장 부근의 사무소 등은 영구적인 건축물이기보다 특정 기간 임시로 건설 운영되는 경우로서 임시건축물인 경우가 많은데 지방세법에서 이러한 건축물에 대해서는 성격상 과세하지 않는 것이 타당하다고 보아 취득세와 재산세를 비과세하고 있다. 임시건축물을 판단하는 기준을 1년으로 두고 있는데 취득세는 존속기한이 1년을 초과하는 경우 과세하고 재산세는 과세기준일 현재 사용일이 1년 미만이 경우 비과세한다. 즉 취득세는 '존속기한', 재산세는 '사용기간'을 기준으로 판단한다.

관계 법령인 건축법 상에는 가설건축물을 축조하려는 자는 가설건축물 축조신고서를 작성하여 지방자치단체의 장에게 신고하여야 한다.

건축법 제20조【가설건축물】

① 도시·군계획시설 및 도시·군계획시설 예정지에서 가설건축물을 건축하려는 자는 특별자치시장·특별자치도지사 또는 시장·군수·구청장의 허가를 받아야 한다.

② 특별자치시장·특별자치도지사 또는 시장·군수·구청장은 해당 가설건축물의 건축이 다음 각 호의 어느 하나에 해당하는 경우가 아니면 제1항에 따른 허가를 하여야 한다.

1. 「국토의 계획 및 이용에 관한 법률」 제64조에 위배되는 경우
2. 4층 이상인 경우
3. 구조, 존치기간, 설치목적 및 다른 시설 설치 필요성 등에 관하여 대통령령으로 정하는 기준의 범위에서 조례로 정하는 바에 따르지 아니한 경우
4. 그 밖에 이 법 또는 다른 법령에 따른 제한규정을 위반하는 경우

③ 제1항에도 불구하고 재해복구, 흥행, 전람회, 공사용 가설건축물 등 대통령령으로 정하는 용도의 가설건축물을 축조하려는 자는 대통령령으로 정하는 존치 기간, 설치 기준 및 절차에 따라 특별자치시장·특별자치도지사 또는 시장·군수·구청장에게 신고한 후 착공하여야 한다.

건축법시행령 제13조【가설건축물】제1항

① 법 제20조 제3항에 따라 신고하여야 하는 가설건축물을 축조하려는 자는 영 제15조 제8항에 따라 별지 제8호서식의 가설건축물 축조신고서(전자문서로 된 신고서를 포함한다)에 배치도·평면도 및 대지사용승낙서(다른 사람이 소유한 대지인 경우만 해당한다)를 첨부하여 특별자치시장·특별자치도지사 또는 시장·군수·구청장에게 제출하여야 한다.

가설건축물의 존속기간 및 사용기간의 판단은 동 신고서에 기재된 일자를 기초로 하되 사실상 건축물이 존속한 기간을 따져서 판단해야 한다. 가설건축물 축조신고서 상 기재된 존치기간의 시작일이 존속 및 사용기간을 판단하는 시기가 된다. 만일 그 이전부터 사실상 사용을 한 것이 입증되다면 그 사실상 사용일이 시기가 되고, 신고가 없었던 경우라면 사실상 사용일을 시기로 봐야 할 것이다. 종기는 축조신고서상 기재된 종기가 아니라 건축물이 철거되는 등의 사유로 사실상 사용이 불가한 날이 된다.

지방세법 운영 예규 9-1【임시용 건축물】

임시용 건축물에 대한 "존속기간 1년 초과" 판단의 기산점은 「건축법」 제20조 규정에 의하여 시장·군수에게 신고한 가설건축물 축조신고서상 존치기간의 시기(그 이전에 사실상 사용한 경우에는 그 사실상 사용일)가 되고, 신고가 없는 경우에는 사실상사용일이 된다.

☑ 지방세법 제9조 제5항에 따르면, "임시흥행장, 공사현장사무소 등(제13조 제5항에 따른 과세대상은 제외한다) 임시건축물의 취득에 대하여는 취득세를 부과하지 아니한다. 다만, 존속기간이 1년을 초과하는 경우에는 취득세를 부과한다"고 규정하고 있음. 여기서 '존속기간'이란 건축법 상 가설건축물을 축조하려는 자가 가설건축물 축조신고서에 기재해 둔 가설건축물의 존치기간을 의미하는 것이 아니라, '해당 임시건축물이 사실상 존속하는 기간'을 의미하는 것으로서, 그 시기는 사실상 사용이 가능한 날이고, 그 종기는 해당 임시건축물이 철거되는 등으로 사실상 사용이 불가능하게 된 날을 의미한다고 봄이 타당(대법원 2016두34875, 2016.6.9.).

비과세

대개의 사례에서 축조신고서 상 기재된 존치기간과 실제 존속기간이 차이가 발생하는 경우가 일반적인데 이러한 경우는 구체적 사실관계에 따라 실질적인 사용일과 사용이 불가한 날을 따져볼 수밖에 없다.

① 신고서상 존치기간이 1년 이내이고 실제 1년 미만 사용한 경우 비과세

이 경우 당연히 임시건축물 신축에 따른 취득세와 재산세가 모두 비과세된다.

② 신고서상 존치기간이 1년으로 기재되어 있으나 실제 1년을 초과하여 사용한 경우 : 취득세 과세, 재산세는 경우에 따라 비과세 가능

임시건축물이 축조신고서 상 존치기간이 1년 이내일 것으로 기재되는 경우라면 1년이 되는 시점이 아니라 축조신고 당시에 비과세를 적용한다.

☑ 가설건축물에 대한 취득세 과세여부 판단은 취득시점부터 1년이 되는 시점에서 과세여부를 판단하는 것이 아니라, 존치기간을 1년을 초과하여 사용할 것을 전제로 축조신고를 하는지의 여부에 따라 판단함이 타당하다 할 것임(지방세정팀-5525, 2007.12.21.).

그런데 해당 건축물이 1년 이내의 기간에서 존속할 것으로 보아 취득세 비과세 대상이 되었으나 실제 1년을 초과하여 존치한 경우는 취득세 과세 대상으로 전환된다. 이 경우 지방세법 제20조에 따라 그 사유 발생일로부터 60일 이내에 취득세를 신고하고 납부하여야 한다.

> **지방세법 제20조【신고 및 납부】제3항**
>
> ③ 이 법 또는 다른 법령에 따라 취득세를 비과세, 과세면제 또는 경감받은 후에 해당 과세 물건이 취득세 부과대상 또는 추징 대상이 되었을 때에는 제1항에도 불구하고 그 사유 발생일부터 60일 이내에 해당 과세표준에 제11조부터 제15조까지의 세율을 적용하여 산출한 세액[경감받은 경우에는 이미 납부한 세액(가산세는 제외한다)을 공제한 세액을 말한다]을 대통령령으로 정하는 바에 따라 신고하고 납부하여야 한다.

그런데 재산세의 경우는 경우에 따라 판단이 달라질 수 있다. 과세기준일(매년 6월 1일) 기준으로 사용현황에 따라 과세, 비과세 여부를 판단하는 재산세의 법리적 특성 때문인데 존치기간이 1년을 초과하더라도 재산세는 비과세될 수 있다.

극단적인 예로 2019년 6월 2일에 취득한 임시건축물을 2021년 5월 31일까지 사용하였다면 실 사용기간은 만 2년을 채우지는 않았지만 1년을 훨씬 넘는다. 그런데 이러한 사례에서 2019년, 2021년 재산세는 과세기준일에 존재하지 않는 건축물이기 때문에 애초에 과세가 성립하지 않고, 2020년 6월 1일 기준으로 재산세 납부 의무가 1회 성립한다. 그렇지만 2020년 재산세는 과세기준일로부터 1년 미만 사용한 건축물이 되기 때문에 비과세되는 것이다.

③ 신고서상 존치기간이 1년을 초과하지만 실제 1년 내에서 사용하면 비과세

임시건축물 축조신고서의 존치기간은 비과세 여부를 판단하는 데 있어 참작해야 하지만 실제 존속기간과 다를 가능성이 크다. 따라서 비록 신고서상 1년을 초과하여 존속기간을 기재한 경우라도 실제 건축물 축조를 완료하고 사실상 사용한 시점이 존재하다면 이를 기준으로 존속기간을 판단해야 한다. 실제 신고서상 기간과 달리 존속기간이 1년이 넘지 않는다면 취득세, 재산세 비과세 대상이 될 수 있다. 만약 납세자가 2년을 초과할 것으로 예상하여 기납부한 취득세가 있다면 지방세기본법 제50조에 따른 경정청구를 통하여 환급받을 수 있겠다.

- 건축법 상 가설건축물 축조신고서에 기재된 존치기간은 해당 가설건축물을 축조하려는 자가 착공 전에 그 존치기간을 예상하여 기재해 둔 것에 불과하여 해당 가설건축물의 축조 후 철거시까지 사실상 존속기간과 다를 가능성이 얼마든지 있으므로, 위 가설건축물 축조신고서에 기재된 존치기간을 기준으로 해당 건축물이 위와 같은 특성을 갖는지 여부를 판단할 수는 없음(대법원 2016두34875, 2016.6.9.).

- 건축법 등 관계규정에 따라 가설건축물(견본주택) 축조신고를 하면서 그 존치기간을 2년(2008.9.~2010.9.)으로 정하여 신고한 후, 동 가설건축물 축조를 완료(2008.12.)한 시점에 당해 건축물을 사실상 사용하기 시작한 경우라면 건축허가를 받지 아니하고 건축하는 건축물로서 그 사실상 존속기간(1년 초과여부)의 기산일로 하여 취득세 과세대상 및 취득의 시기를 판단하는 것이 타당하다고 판단됨(지방세운영과-157, 2009.1.13.).

다만 실제 사용일의 입증은 엄격히 이루어져야 한다. 축조 신고서에 기재된 기간이 1년을 초과하고 해당 기간 내에 당해 건축물을 사용하지 않았다는 사실이 입증되지 않는다면 과세 대상이 된다.

- 청구법인은 2014.11.18. 쟁점가설건축물에 대한 존치기간을 2014.11.18.부터 2016.1.1.까지로 처분청에 축조신고를 하였고 존치기간 내에 쟁점가설건축물을 사용하지 아니한 사실이 나타나지 아니하므로 쟁점가설건축물은 취득세 과세대상인 점, 청구법인이 쟁점가설건축물을 전 소유자로부터 무상으로 사용하는 임대차계약을 체결하고 사용하고 있다 하더라도 쟁점건축물에 대한 취득세 납세의무자는 이를 설치하고 사용하고 있는 청구법인에게 있는 점, 청구법인은 쟁점가설건축물을 무상으로 취득하여 법인장부에 따라 취득가격이 증명되는 경우가 아닌 신고가액이 없는 경우에 해당하여 시가표준액을 적용하는 것이 타당한 점 등에 비추어 처분청이 청구법인을 쟁점가설건축물의 취득세 납세의무자로 보아 시가표준액을 적용하여 이 건 취득세 등을 부과한 처분은 달리 잘못이 없다고 판단됨(조심2017지3034, 2017.10.17.).

④ **임시건축물을 승계취득하면 종전건축물 사용기간까지 합산하여 판단**

존속기간이 1년이 넘는 임시건축물을 승계 취득한다면 잔금 지급일이 취득일이 되고 종전건축물 사용기간에 승계 취득 후 철거 시까지 사용한 기간을 합산하여 1년을 초과하다면 승계취득일을 기순으로 하여 취득세 신고납부가 필요하다.

- 존속기간이 1년을 초과하는 가설 건축물을 승계 취득하였다면 그 사실상 잔금 지급일이 취득일(행자부 세정-1314, 2004.5.27.)이 된다고 할 것임. 따라서, 해당 가설건축물을 승계취득하여 철거없이 사용한 경우에 있어, 종전 건축주의 취득시(축조신고서상 존치기간의 시기(始期)와 사실상 사용일 중 빠른 날)부터 철거 등으로 사실상 사용이 불가능하게 되는 날까지의 기간이 1년을 초과하는 경우라면, 승계취득일을 취득일로 보아 취득세를 신고납부하여야 할 것임(지방세운영과-3159, 2016.12.19.).
- 존속기간이 1년을 초과하는 가설건축물을 승계 취득하는 경우, 지방세법 제107조의 규정에 따라 취득세 과세대상에 해당하므로 처분청이 쟁점가설건축물을 취득한 청구인에게 취득세 등을 부과한 처분은 달리 잘못이 없는 것으로 판단됨(조심 2010지0796, 2011.7.19.).
- 대법원 판례에 의하면(대법원 1988.4.25. 선고, 88누919 판결 참조) 취득이라 함은 부동산의 취득자가 실질적으로 완전한 내용의 소유권을 획득하였는가의 여부에는 관계없이 소유권 이전의 형식에 의한 부동산 취득의 모든 경우를 포함한다고 하고 있으므로, 시행사가 취득한 임시용 건축물(모델하우스)을 신탁자인 시공사로 명의변경하는 경우라면 신탁법에 의한 신탁등기가 병행되지 않는 경우에는 형식적인 소유권의 취득에 대한 비과세에 해당되지 아니하며, 존속기간이 1년을 초과하는 임시용 건축물은 유·무상을 불문하고 그 승계취득 시점에서 취득세의 납세의무가 성립된다 할 것임(지방세운영과-366, 2008.7.24.).

세무·회계 지식서비스 분야의 선두주자 조세통람
국내 재경실무분야를 선도하는 No1. Knowledge Provider

Part 07

지방세 특례 운용 및 적용기준 등

Chapter 01

연도별 일몰도래 감면 개정 현황

I 〈'18년 시행〉 2017년 지방세특례제한법 상 일몰도래 감면 개정 현황

1 농·어업 분야

현 행	개 정
① 농업법인(설립후 2년내) 감면, §11 ① • (감면율) 취득세 100% • (일몰기한) 2017.12.31.	✔ 현행 2년 연장 • (감면율) 취득세 100% • (일몰기한) 2019.12.31.
② 농업법인 영농·유통·가공 부동산, §11 ② • (감면율) 취득세·재산세 50% • (일몰기한) 2017.12.31.	✔ 현행 3년 연장 • (감면율) 취득세·재산세 50% • (일몰기한) 2020.12.31.
③ 농업법인 설립등기, §11 ④ • (감면율) 등록면허세 100% • (일몰기한) 2017.12.31.	✔ 현행 3년 연장 • (감면율) 등록면허세 100% • (일몰기한) 2020.12.31.
④ 어업법인 영어·유통·가공 부동산, §12 ① • (감면율) 취득세·재산세 50% • (일몰기한) 2017.12.31.	✔ 현행 3년 연장 • (감면율) 취득세·재산세 50% • (일몰기한) 2020.12.31.
⑤ 어업법인 설립등기, §12 ② • (감면율) 등록면허세 100% • (일몰기한) 2017.12.31.	✔ 현행 3년 연장 • (감면율) 등록면허세 100% • (일몰기한) 2020.12.31.
⑥ 한국농수산식품유통공사 및 유통자회사, 농수산물 유통시설 등 §15 ① • (감면율) 취득세·재산세 50% • (일몰기한) 2017.12.31.	✔ 현행 3년 연장 • (감면율) 취득세·재산세 50% • (일몰기한) 2020.12.31.

현 행	개 정
⑦ 조합법인등에 대한 과세 특례 §167 • (감면율) 법인세액의 10% 납부 • (일몰기한) 2017.12.31.	✔ 현행 3년 연장 • (감면율) 법인세액의 10% 납부 • (일몰기한) 2020.12.31.
⑧ 한국농어촌공사 농업기반시설용 토지 및 시설물 §13 ② 1의 2호 • (감면율) 취득세·재산세 50% • (일몰기한) 2019.12.31.	✔ 감면확대, 최소납부세제 적용 • (감면율) 취득세 50%·재산세 100% • (일몰기한) 2019.12.31.

개정내용

■ (연장) 농·어업에 대한 직접적 지원 분야의 경우 세제지원 연장

• (농·어업법인) 영농·영어·유통·가공용 부동산 감면(취·재 50%) 및 설립등기에 대한 등록면허세 면제는 현행대로 3년간 연장

– 다만, 농업법인 설립등기 후 2년내 영농(유통·가공·사용 목적 제외)용으로 취득하는 부동산에 대한 취득세 면제 규정은 2년간 연장 후 재검토

• (한국농수산식품유통공사·유통자회사) 화훼업계 경영난 등 농수산물 유통시설에 대한 지원 필요성을 고려 현행대로 3년간 연장

• (조합법인 과세 특례) 농업협동조합, 수산업협동조합, 산림조합, 연엽초생산협동조합, 신용협동조합, 새마을금고, 중소기업협동조합, 소비자생활협동조합 등은 농어민 또는 서민 등 취약계층을 지원하기 위한 목적으로 설립되었다는 점을 고려

– 조합법인에 대해 「지방세법」상 법인지방소득세 세율규정에도 불구하고 「조세특례제한법」 제72조에 따른 법인세 세율의 10%를 납부하도록 '20년까지 연장

■ (확대) 농업기반시설 관리비 부담 완화를 통한 농업인에 대한 서비스 확대를 위해 농업기반시설용 토지와 그 시설에 대한 감면 확대

– (취득세 현행유지) 감면율 50%(일몰 '19년)

– (재산세 확대) 감면율 50%(일몰 '19년) → 100%(일몰 '19년), 최소납부 적용

※ 한국농어촌공사의 담세력 및 장기간('82년 도입) 세제 지원을 고려 '16년 감면 축소(취득세·재산세 100% → 50%)한 사항

운 용

2 창업지원 분야

현 행	개 정
① 창업중소기업(창업벤처중소기업) 취득 부동산 §58의 3 ①·②·③ • (감면율) 취득세 75%(창업후 4년내 취득) 재산세 50%(5년간) 등록면허세 100%(설립·증자 포함) • (일몰기한) 2017.12.31.	✔ 감면확대 및 3년 연장, 최소납부세제 적용 • (감면율) 취득세 75%(창업후 4년내 취득) 재산세 3년간 100%, 2년간 50% 등록면허세 100%(설립·증자 포함) • (일몰기한) 2020.12.31.
② 창업보육센터사업자 지정을 받은 자가 취득하는 부동산 §60 ③ 1호 • (감면율) 취득세 75%, 재산세 50% • (일몰기한) 2017.12.31.	✔ 3년 연장 • (감면율) 취득세 75%, 재산세 50% • (일몰기한) 2020.12.31.
③ 학교에서 취득하는 창업보육센터 부동산, (산학협력단 운영 포함) §60 ③ 1의 2호 • (감면율) 취득세 75%, 재산세(도시지역분 포함) 100% • (일몰기한) 2017.12.31.	✔ 3년 연장 • (감면율) 취득세 75%, 재산세(도시지역분 포함) 100% • (일몰기한) 2020.12.31.
④ 산학협력단 직접 사용 고유업무 부동산 §42 ③ • (감면율) 취득세·재산세 75% • (일몰기한) 2017.12.31.	✔ 3년 연장 • (감면율) 취득세·재산세 75% • (일몰기한) 2020.12.31.

개정내용

- (확대) '일자리 100일 계획('17.6월)'에 따라 고용창출 효과가 높은 창업중소기업에 대한 감면 확대, 단 재산세 면제 시 최소납부세제 적용
  - 취득세 현행 연장, 재산세 5년간 50% → 최초 3년간 100%, 2년간 50%
- (연장) 일자리 창출을 지원하기 위하여 창업보육센터, 산학협력단 등 창업지원 분야 관련 사항은 현행대로 감면 연장

3 중소기업 분야

현 행	개 정
① 중소기업진흥공단 전문기술인력 양성을 위한 교육시설용 부동산 §59 ① • (감면율) 취득세 25% • (일몰기한) 2017.12.31.	✔ 3년 연장 • (감면율) 취득세 25% • (일몰기한) 2020.12.31.
② 협동화실천계획 승인 받은 자가(과밀억제권역은 산업단지 내 승인) 취득하는 공장용 부동산 §59 ③ • (감면율) 취득세 75%, 재산세 50%(3년간) • (일몰기한) 2017.12.31.	✔ 취득세 축소 후 3년 연장 • (감면율) 취득세 50%, 재산세 50%(3년간) • (일몰기한) 2020.12.31.
③ 중소기업협동조합 생산·가공·판매 등을 위한 공동시설용 부동산 §60 ① • (감면율) 취득세 50% • (일몰기한) 2017.12.31.	✔ 3년 연장 • (감면율) 취득세 50% • (일몰기한) 2020.12.31.
④ 전통시장상인 협동조합이 생산·가공·판매 등을 위해 취득하는 공동시설용 부동산 §60 ① 단서 • (감면율) 취득세 75% • (일몰기한) 2017.12.31.	✔ 3년 연장 • (감면율) 취득세 75% • (일몰기한) 2020.12.31.
⑤ 벤처기업집적시설 또는 신기술창업집적지역을 개발·조성하여 분양·임대 §58 ① • (감면율) 취득세 50%, 재산세 50% • (일몰기한) 2017.12.31.	✔ 3년 연장 • (감면율) 취득세 50%, 재산세 50% • (일몰기한) 2020.12.31.
⑥ 신기술창업집적지역 입주기업 §58 ③ • (감면율) 취득세 50%, 재산세 50%(3년간) • (일몰기한) 2017.12.31.	✔ 3년 연장 • (감면율) 취득세 50%, 재산세 50%(3년간) • (일몰기한) 2020.12.31.

개정내용

- (연장) 일자리 창출과 취약계층 지원을 위하여 중소기업·전통시장상인 협동조합 및 벤처기업·신기술창업집적지역에 대한 감면 연장
- (축소) 협동화실천계획 승인 받은 자가 취득하는 공장용부동산에 대해 유사제도간 형평을 위하여 감면율 일부 축소(취득세 75% → 50%)

4 금융기관

현 행	개 정
① 농·수·산림조합중앙회 구매·판매용 부동산 §14 ① • (감면율) 취득세·재산세 25% • (일몰기한) 2017.12.31.	✔ 3년 연장 • (감면율) 취득·재산세 25% • (일몰기한) 2020.12.31.
② 농협경제지주·자회사 구매·판매 부동산 §14의 2 • (감면율) 취득세·재산세 25%	✔ 종료
③ 농협중앙회 사업구조개편 법인설립·자본증자 등기 §57의 2 ⑥ 1·2호 • (감면율) 등록면허세 100%	✔ 종료
④ 농협경제지주회사가 중앙회로 부터 이관 받은 재산 §57의 2 ⑥ 3호 • (감면율) 취득세 100%	✔ 종료
⑤ 농·수협 등의 영농자금 융자 등기, §10 ① • (감면율) 등록면허세 75% • (일몰기한) 2017.12.31.	✔ 감면 축소 후 3년 연장 • (감면율) 등록면허세 50% • (일몰기한) 2020.12.31.
⑥ 단위농협·수협·산림·엽연초생산조합의 고유업무용 부동산, §14 ③ • (감면율) 취득세·재산세 100% • (일몰기한) 2017.12.31.	✔ 3년 연장, 최소납부세제 적용 • (감면율) 취득세·재산세 100% • (일몰기한) 2020.12.31.
⑦ 새마을금고·신협중앙회 §87 ① 3호·② 3호 • (감면율) 취득세·재산세 25% • (일몰기한) 2017.12.31.	✔ 종료
⑧ 단위새마을금고·신협조합 §87 ① 1·2호, ② 1·2호 • (감면율) 취득세·재산세 100% • (일몰기한) 2017.12.31.	✔ 3년 연장, 최소납부세제 적용 • (감면율) 취득세·재산세 100% • (일몰기한) 2020.12.31.

개정내용

■ (종료) 농협경제지주회사 및 새마을·신협중앙회 등 감면 종료

• (신협·새마을금고중앙회) 당기순이익·법인세 납부 실적 등의 **담세력**, 및 **형평성**('16년 농협중앙회 등 교육용 부동산 감면 종료)을 고려 **감면 종료**

※ **신협** : '15년 자산 23조 원, 당기순이익 2,778억 원, 법인세 420억 원
새마을금고 : '15년 자산 51조 원, 당기순이익 3,116억 원, 법인세 1,173억 원

• (농협경제지주회사) 사업구조개편 완료에 따른 해당 **감면목적 달성**, 담세력 인정 등을 고려 **감면 종료**('14년 50% → 25%)

– 농협경제지주회사가 **중앙회로 부터 이관받은 재산** 및 사업구조개편에 따른 **법인설립·자본증자 등기**

– 농협경제지주회사 및 자회사의 **구매·판매 부동산**

※ ('15.12.31.까지) 판매·유통사업 이관, ('17.12.31.까지) 식품·종묘·축산 등 사업 이관

■ (축소) 영농자금융자에 따른 등기, 단위농·수협 고유업무용 부동산 등

• (영농자금 융자 시 담보물 등기) 농·어민에게 저당권 설정비용을 전가하는 관행에 따라, 농·어민 지원을 위해 도입되었으나

– '11년 판결*로 농어민에게 전가하는 관행이 근절됨에 따라 해당 **금융기관에 대한 감면을 단계적 축소**(등록면허세 75% → 50%)

* 대출거래 시 등록면허세를 은행이 부담하도록 대출거래 표준약관을 시행(공정위)
→ 전국은행연합회에서 표준약관에 대해 소송제기하였으나 패소('11.4.6. 대법원)

• (단위농협·수협, 새마을금고·신협조합 등) 조합원이 농어민 등으로 구성되고, 복지사업 수행 등을 고려 감면율 일부 축소

– 취득세 재산세 100% 면제, 다만 최소납부세제 적용

■ (연장) 농·수·산림조합중앙회의 구매·판매용 부동산은 농·어민 편의지원을 위해 현행 연장

5 사회복지·청소년 분야

현 행	개 정
① 무료노인복지시설용 부동산, §20 • (감면율) 취득세·재산세 100%, 다만, 경로당은 지역자원·재산세도시지역분 100%(추가) • (일몰기한) 2017.12.31.	✔ 3년 연장 • (감면율) 취득세·재산세 100%, 경로당은 지역자원·재산세도시지역분 100%(추가) • (일몰기한) 2020.12.31.
② 유료노인복지시설용 부동산, §20 • (감면율) 취득·재산세 25% • (일몰기한) 2017.12.31.	✔ 3년 연장 • (감면율) 취득·재산세 25% • (일몰기한) 2020.12.31.
③ 청소년단체(스카우트주관단체, 한국청소년연맹, 한국해양소년단연맹 등) 감면, §21 ① • (감면율) 취득세·재산세(도시지역분 포함) 100% • (일몰기한) 2017.12.31.	✔ 축소후 연장 • (감면율) 취득세 75%, 재산세 100% • (일몰기한) 2020.12.31.
④ 비영리법인 청소년수련시설 §21 ② • (감면율) 취득세 100%, 재산세 50% • (일몰기한) 2017.12.31.	✔ 3년 연장 • (감면율) 취득세 100%, 재산세 50% • (일몰기한) 2020.12.31.
⑤ 국가유공자 등 대부금 취득 부동산 §29 ① • (감면율) 취득세 100% • (일몰기한) 2017.12.31.	✔ 3년 연장 • (감면율) 취득세 100% • (일몰기한) 2020.12.31.
⑥ 국가유공자 단체 등이 고유업무 직접 사용 부동산 및 면허 §29 ② • (감면율) 취득세·재산세(도시지역분)·등록면허세·지역자원시설세·주민세(재산·종업원) 100% • (일몰기한) 2017.12.31.	✔ 3년 연장 • (감면율) 취득세·재산세(도시지역)·등록면허세·지역자원시설세·주민세(재산·종업원) 100% • (일몰기한) 2020.12.31.
⑦ 국가유공자 등 자활용사촌내 부동산 §29 ③ • (감면율) 취득세·재산세(도시지역분)·지역자원시설세 100% • (일몰기한) 2017.12.31.	✔ 3년 연장 • (감면율) 취득세·재산세(도시지역분)·지역자원시설세 100% • (일몰기한) 2020.12.31.

개정내용

- (연장) 노인복지시설, 국가유공자 관련 감면은 노인복지 확대 및 유공자 예우를 위한 세제지원 지속 필요, 현행대로 감면 연장
  - 비영리단체에서 운영하는 청소년수련시설은 신체단련, 건강한 청소년 여가생활 지원을 위해 현행대로 감면 연장
- (축소) 청소년단체에 대한 지원은 청소년에 대한 간접적 지원으로 전액 면제는 과다한 측면
  - 취득세 감면일부 축소 및 재산세 도시지역분 감면은 종료

운용

6 환경분야

현 행	개 정
① 에너지절약형 친환경주택 §47의 2 ③ • (감면율) 취득세 5~15% • (일몰기한) 2017.12.31.	✔ 축소후 3년 연장 • (감면율) 취득세 10% • (일몰기한) 2020.12.31.
② 녹색건축인증 건축물 감면 §47의 2 ① • (감면율) 취득세 5~15%, 재산세 3~15% • (일몰기한) 2018.12.31.	✔ 축소 후 2년 연장, 단 시행시기 1년유예('18년까지 종전 규정 적용) • (감면율) 취득세·재산세 3~10% • (일몰기한) 2020.12.31.
③ 신설 §47의 2 ②	✔ 제로에너지인증 건축물 • (감면율) 1~5등급 취득세 15% • (일몰기한) 2020.12.31.

(② 현행)

구 분	녹색건축 인증 최우수	녹색건축 인증 우수	그 외
에너지효율 1등급 이상	취15% · 재15%	취10% · 재10%	재 3%
2등급	취10%·재10%	취5%·재3%	–
그 외	재 3%	–	–

(② 개정)

구 분	녹색건축 인증 최우수	녹색건축 인증 우수	그 외
에너지효율 1등급 이상	취·재 10%	취 5%· 재 7%	–
2등급	취·재 7%	취·재 3%	–
그 외	–	–	–

개정내용

■ (축소) '17년 일몰도래한 에너지절약형 친환경주택 감면 축소 및 제로에너지건축물 신설에 따라 녹색건축인증 건축물 감면 축소

– 녹색건축인증 건축물 감면(§47의 2 ①)은 '18년 일몰종료 예정이므로, 개정 내용에 대한 시행시기는 '19.1.1.부터 적용

① (에너지절약형 친환경주택) 제로에너지건축물 감면 신설에 따른 녹색건축물 감면 정비 기조 (에너지효율등급 2등급이상 → 1등급이상)

– 에너지절약형 친환경주택 의무설계기준 강화 추세를 고려 감면 축소

※ 에너지절감 의무설계기준 : ('09) 15% → ('15) 40% → ('17) 60% → ('25) 100%

▎친환경주택 관련 감면율 조정안▕

에너지사용·이산화탄소 배출절감율	현 행	개 정
45% 이상	취득세 5%	종료
50% 이상	취득세 10%	종료
55% 이상	취득세 15%	취득세 10%

② (녹색건축인증 건축물) 제로에너지건축물 감면 신설에 따라 지방재정 부담을 고려 '페이고 원칙'에 의거 감면 축소하되

- '18년 일몰종료 예정이므로, 시행시기는 1년 유예(부칙 제1조)

■ (신설) 미세먼지 대책 마련을 위하여 선제적으로 에너지 절감 및 신재생에너지 사용 건축물 촉진 필요성 확대

- 에너지성능이 강화된 제로에너지인증 건축물에 대한 감면 신설
- 제로에너지인증 건축물(1~5등급) 취득 시 취득세 15% 경감

▌제로에너지 건축물 ▌

- 사용에너지와 자체생산에너지의 합이 0이 되는 건물(Net Zero), 현재 기술수준과·경제성 등을 고려 에너지소비를 최소화(90%감축)하는 건축물
- 건축물 에너지효율 등급 1^{++} 이상인 건축물을 대상으로, 건축물 에너지소비량 중 '신재생에너지 에너지자립률'을 기준으로 5개 등급으로 평가(녹색건축센터 인증)
- 시범사업(11개) KCC 서초사옥, 진천군 제로에너지 시범단지, 공항고등학교 등

7 이전 공공기관 등

현 행	개 정
① 노후경유차 교체 §66의 2 • (감면율) 취득세 50%(100만 원 한도) • (일몰기한) 2017.6.30.	✔ 종료
② 지방이전 공공기관 이전목적 부동산 §81 ① • (감면율) 취득·재산세 50% • (일몰기한) 2017.12.31.	✔ 종료
※ 2016년 개정사항 • (감면율) 취득·등록면허세 100%, 재산세 5년간 100%, 3년간 50%	✔ 감면축소 후 1년 연장 단, '17.12.31.까지 개정사항 1년유예(종전규정 적용) • (감면율) 취득·재산세 50% • (일몰기한) 2017.12.31.
③ 평창동계올림픽 선수촌 §54 ⑥ 1호 • (감면율) 취득세 100%	✔ 종료

개정내용

■ (종료) 평창올림픽선수촌('17년 준공), 지방이전 공공기관 이전목적 취득 부동산 등은 감면목적 달성에 따라 감면 종료

- 노후경유차 교체에 대한 감면은 국세 감면 종료 및 감면 도입취지(한시적 운영)를 고려 감면 종료

8 무기한 감면 검토(일몰부여 등)

<table>
<tr><th>현 행</th><th>개 정</th></tr>
<tr><td>① 자경농민 농지·임야 취득, §6 ①
• (감면율) 취득세 50%
• (일몰기한) –</td><td>✔ 일몰기한 부여
• (감면율) 취득세 50%
• (일몰기한) 2020.12.31.</td></tr>
<tr><td>② 자경농민 축사·농기계창고 등, §6 ②
• (감면율) 취득세 50%
• (일몰기한) –</td><td>✔ 일몰기한 부여
• (감면율) 취득세 50%
• (일몰기한) 2020.12.31.</td></tr>
<tr><td>③ 자경농민 경작목적으로 받는 도로·하천·공유수면 점용 면허 §6 ③
• (감면율) 등록면허세 100%
• (일몰기한) –</td><td>✔ 일몰기한 부여
• (감면율) 등록면허세 100%
• (일몰기한) 2018.12.31.</td></tr>
<tr><td>④ 임업용 보전산지 취득, §8 ③
• (감면율) 취득세 50%
• (일몰기한) –</td><td>✔ 일몰기한 부여
• (감면율) 취득세 50%
• (일몰기한) 2020.12.31.</td></tr>
<tr><td>⑤ 공유수면 매립·간척으로 취득하는 농지, §8 ④
• (감면율) 취득·재산세 50%
• (일몰기한) –</td><td>✔ 일몰기한 부여
• (감면율) 취득·재산세 50%
• (일몰기한) 2018.12.31.</td></tr>
<tr><td>⑥ 자영어민 취득 어업권, 어선 §9 ①
• (감면율) 취득세 50%
• (일몰기한) –</td><td>✔ 일몰기한 부여
• (감면율) 취득세 50%
• (일몰기한) 2020.12.31.</td></tr>
<tr><td>⑦ 천재지변 등 대체취득 §92
• (감면율) 취득·등록면허·자동차세 100%
• (일몰기한) –</td><td>✔ 현행</td></tr>
<tr><td>⑧ 자동이체납부 등 세액공제 §92의 2
• (공제액) 법정 범위내에서 조례로 정함
<table>
<tr><th colspan="2">고지서 1장당 공제 가능 범위</th></tr>
<tr><td>자동계좌이체</td><td>150원~500원</td></tr>
<tr><td>전자송달+자동계좌이체</td><td>300원~1000원</td></tr>
</table>
• (일몰기한) –</td><td>✔ 신용카드 자동이체 및 전자송달 시 공제 추가
• (공제액) 법정 범위내에서 조례로 정함
<table>
<tr><th colspan="2">고지서 1장당 공제 가능 범위</th></tr>
<tr><td>자동이체</td><td>150원~500원</td></tr>
<tr><td>전자송달</td><td>150원~500원</td></tr>
<tr><td>전자송달+자동이체</td><td>300원~1000원</td></tr>
</table>
※ 자동이체 : 신용카드 자동이체 or 계좌 자동이체
• (일몰기한) –</td></tr>
</table>

개정내용

- 그간 무기한으로 운영되어온 감면에 대해 **일몰기한을 부여**하고
  - 향후 일몰기한 도래 시 **감면통합심사**, 조세전문기관에 의한 사후 **심층평가** 등을 **통해** 감면 정비 방향 등을 **재검토**하기 위함
    - 자경농민, 임업후계자가 취득하는 농지 및 임야, 자경농민 축사·창고 및 자영어민이 취득하는 어업권 등은 **'20년으로 일몰 설정**
    - 경작목적의 도로점용 면허, 공유수면 매립·간척으로 취득하는 농지 관련은 재검토 필요성*을 고려 **'18년까지 단기간 일몰 설정**

    * 감면실적 미미, 수수료적 성격
- **(현행유지)** 천재지변 등에 따른 대체취득의 경우는 재해 손실보상 차원에서 **현행대로 무기한 감면으로 유지**
- **(확대)** 지방세 부과 시(수시분 제외) 전자송달 및 자동계좌이체방식에 의한 납부를 신청하는 경우 고지서 1장당 세액을 공제하는 것과 관련
  - **신용카드 자동이체** 시에도 공제되도록 **공제 대상을 확대**

운용

9 2017년 감면 신설 현황('18년 시행)

현 행	개 정	조문(일몰기한)
① 제로에너지인증 건축물	• (목적) 에너지 절감율이 높고 신재생에너지 사용으로 친환경적인 건축물에 대한 선제적 세제 지원 ※ '녹색건축인증 건축물'의 에너지효율등급 기준보다 상위인 '제로에너지 건축물' 인증제 본격 시행('17.1월) • (대상) 제로에너지인증 건축물 1~5등급 • (감면 내용) 취득세 15%	§47의 2 ② (2020.12.31.)
② 육상양식용 부동산 감면	• (목적) 육상양식어업을 위한 부동산 취득 시 감면제공으로 어업인 지원 및 조세형평성 확보 ※ 자경농민 농지 취득 시 취득세 50% 감면 • (대상) 육상양식어업에 사용하기 위하여 취득하는 지목이 양어장인 토지 및 수조 • (내용) 취득세 50%	§9의 ① (2020.12.31.)
③ 지역아동센터	• (목적) 대다수 지역아동센터의 재정여건 불안정, 지역아동센터 이용 아동 수 증가로 세제 지원 필요 • (대상) 「아동복지법」상 지역아동센터용 부동산 • (내용) 취득세·재산세(도시지역분 포함) 100%, 최소납부세제 적용	§19의 2 (2020.12.31.)
④ 자산관리공사의 위기중소기업 지원 관련 감면	• (목적) 한국자산관리공사에서 운영중인 위기중소기업 경영정상화 프로그램을 지원 • (대상) 자산관리공사가 임대조건부로 중소기업 자산을 취득 후, 해당 중소기업 임대 중인 경우 • (내용) 재산세 50%(5년간) ※ 취득세는 제57조의 3 제3항에 따라 감면(50%) 가능	§57의 3 ④ (2020.12.31.)
⑤ 기초과학연구원, 과학기술분야 정부출연기관	• (목적) 기초과학연구 및 일자리 창출 지원 • (대상) 「국제과학비즈니스벨트 조성 및 지원에 관한 특별법」에 따른 기초과학연구원, 「과학기술분야 정부출연연구기관 등의 설립·운영 및 육성에 관한 법률」에 따른 연구기관 • (내용) 취득세·재산세 100%(도시지역분 포함), 최소납부세제 적용	§45의 2 (2020.12.31.)

Ⅱ 〈'19년 시행〉 2018년 지방세특례제한법 상 일몰도래 감면 개정 현황

1 농·어업 분야

현 행	개 정
① 농업·임업·어업·연안여객용 면세유, 조특법 §106의 2 ①·② • (감면율) 자동차세 100% • (일몰기한) 2018.12.31.	✔ 현행 3년 연장 • (감면율) 자동차세 100% • (일몰기한) 2021.12.31.
② 농어촌공사의 국가 등 무상귀속 공공 시설·토지, §13 ③ • (감면율) 재산세(도시지역분) 100% ※ 최소납부 적용 제외 • (일몰기한) 2018.12.31.	✔ 현행 3년 연장 • (감면율) 재산세(도시지역분) 100% ※ 최소납부 적용 제외 • (일몰기한) 2021.12.31.
③ 귀농인 취득 농지 및 임야, §6 ④ • (감면율) 취득세 50% • (일몰기한) 2018.12.31.	✔ 현행 3년 연장 • (감면율) 취득세 50% • (일몰기한) 2021.12.31.
④ 공유수면 매립·간척 농지, §8 ④ • (감면율) 취득세율 2.8% 중 △2.0%p • (일몰기한) 2018.12.31.	✔ 현행 3년 연장 • (감면율) 취득세율 △2.0%p • (일몰기한) 2021.12.31.
⑤ 농·어업인 영농·영림·양식 사업소 §10 ② • (감면율) 주민세(재산·종업원) 100% • (일몰기한) 2018.12.31.	✔ 현행 3년 연장 • (감면율) 주민세(재산·종업원) 100% • (일몰기한) 2021.12.31.
⑥ 농촌주택개량사업 주택 §16 • (감면율) 취득세·재산세 100% ※ 최소납부 적용 제외 • (일몰기한) 2017.12.31.	✔ 감면 세목축소, 일몰 3년 연장 등 • (감면율) 취득세 100%, 건축물 한정, 감면 한도(280만 원) 신설 ※ 최소납부 적용 제외 • (일몰기한) 2021.12.31.
⑦ 자경농민 도로·하천 등 점용면허 §6 ③ • (감면율) 등록면허세 100% • (일몰기한) 2018.12.31.	✔ 현행 3년 연장 • (감면율) 등록면허세 100% • (일몰기한) 2021.12.31.

운 용

개정내용

■ (연장) 농어촌 활성화, 농어민 부담 경감 등을 위한 세제지원 연장

- (면세유) 농어업인 및 도서벽지 주민 이용 대중교통에 대한 지원 필요성, 국세와의 형평 등을 감안하여 현행 감면 연장
- (농어촌공사 무상귀속예정 토지 등) 농어촌 환경 정비사업 지원 필요성 및 국가 등에 무상귀속되는 점 등을 고려 현행 연장
- (귀농인 취득 농지·임야) 농촌 활성화를 위한 귀농 촉진을 위해 자경농민(취득세 50%) 수준의 지원 필요, 현행 감면 연장
- (공유수면 매립·간척) 신규 사업 확장 가능성은 없으나 새만금지구 등 준공 예정인 旣진행 중 사업*의 안정적 수행 등을 위해 현행 감면 연장

  * 5개지구(영산강Ⅲ-1, 영산강Ⅲ-2, 화옹, 시화, 새만금) 총 30,048ha 조성 추진 중

- (농어업인 사업소) 넓은 시설면적을 필요로 하는 농업 특성 및 일자리 창출 기여 등을 고려하여 현행 수준으로 감면 연장

  ※ 사업소 연면적 1㎡당 250원, 오염물질배출사업소는 2배 중과(단, 연면적 330㎡ 이하 면세점 설정)

- (자경농민 하천 등 점용면허) 감면혜택이 자경농민에게 직접적으로 귀속되므로 농어민 지원 필요성을 고려 현행감면 연장

■ (축소) 조세 형평을 위한 합리적 재설계 및 감면 목적 달성을 위해 사후관리 규정 등 보완

- (농촌주택개량사업) 농어촌 주거환경 개선 필요성 고려 감면 기한은 연장, 단, 고가주택일수록 감면혜택이 커지는 문제 완화를 위한 감면 한도 설정, 개량비용 지원 취지와 거리가 있는 재산세 감면 종료, 토지분 감면 배제 등 제도 보완 병행

❙ 농어촌주택개량 감면 개정 현황 ❙

	개정 전	개정 후
감면 내용	취득세 100% 재산세 100% (최소납부 적용 배제)	취득세 100% – (최소납부 적용 배제)
감면 한도	–	(신설) 취득세 감면 한도액 설정 : 280만 원 • 취득세 280만 원 이하 : 전액면제 • 취득세 280만 원 초과 : 280만 원 공제(초과액 납부)
감면 대상	전용면적 100㎡ 이하 주택 (부속토지는 바닥 면적의 7배)	연면적 150㎡ 이하의 주거전용 건축물(부속토지 제외)

	개정 전	개정 후
추징 규정	일반적 추징 규정 적용 (§178)	(신설) 상시거주하지 않는 경우 등 추징 • 정당한 사유 없이 그 취득일부터 3개월이 지날 때까지 해당 주택에 상시 거주를 시작하지 아니한 경우 • 해당 주택 상시거주를 시작한 날부터 2년이 되기 전에 상시 거주하지 아니하게 된 경우 • 해당 주택 상시 거주한 기간이 2년 미만인 상태에서 해당 주택을 매각·증여하거나 다른 용도(임대 포함)로 사용하는 경우 ※ "상시거주"란? : 농어촌주택개량 대상자 본인이 「주민등록법」에 따른 전입신고를 하고 계속하여 거주하는 것

– (적용요령)

① (이 법 시행 전의 사업계획에 따라 주택개량대상자로 선정된 사람이 이 법 시행 이후 주택 취득한 경우) 주택에 대한 취득세 감면 기준은 개정 규정 또는 종전 규정에 따른 면적기준 중 유리한 규정 적용

② (송전에 취득세가 감면된 주택에 대한 재산세 감면) 이 법 시행 당시 그 주택 취득 후 재산세 납세의무가 최초로 성립하는 날부터 5년이 지나지 아니한 주택에 대해서는 종전의 규정에 따라 재산세 감면

운용

2 취약계층 분야

현 행	개 정
① 장애인 차량, §17 ① • (감면율) 취득세 100%, 자동차세 100% • (일몰기한) 2018.12.31. ※ 최소납부 적용 제외	✔ 현행 3년 연장 • (감면율) 취득세 100%, 자동차세 100% • (일몰기한) 2021.12.31. ※ 최소납부 적용 제외
② 국가유공자 차량, §29 ④ • (감면율) 취득세 100%, 자동차세 100% • (일몰기한) 2018.12.31. ※ 최소납부 적용 제외	✔ 현행 3년 연장 • (감면율) 취득세 100%, 자동차세 100% • (일몰기한) 2021.12.31. ※ 최소납부 적용 제외
③ 한센인 정착농원, §17의 2 • (감면율) 취득세 100%, 재산세(도시지역분 포함) 100%, 지역자원시설세 100% • (일몰기한) 2018.12.31. ※ 최소납부 적용 제외	✔ 현행 3년 연장 • (감면율) 취득세 100%, 재산세(도시지역분 포함) 100% 지역자원시설세 100% • (일몰기한) 2021.12.31. ※ 최소납부 적용 제외
④ 사회적 기업, §22의 4 • (감면율) 취득세 50%, 등록면허세 50%, 재산세 25% • (일몰기한) 2018.12.31.	✔ 현행 3년 연장 • (감면율) 취득세 50%, 등록면허세 50%, 재산세 25% • (일몰기한) 2021.12.31.
⑤ 노동조합 고유업무용 부동산, §26 • (감면율) 취득세·재산세 100% • (일몰기한) 2018.12.31. ※ 최소납부 적용	✔ 현행 3년 연장 • (감면율) 취득세·재산세 100% • (일몰기한) 2021.12.31. ※ 최소납부 적용
⑥ 독립기념관, §30 ③ • (감면율) 취득세·재산세(도시지역분 포함)·주민세 재산분 100% • (일몰기한) 2018.12.31. ※ 최소납부 적용 제외	✔ 현행 3년 연장 • (감면율) 취득세·재산세(도시지역분 포함)·주민세 재산분 100% • (일몰기한) 2021.12.31. ※ 최소납부 적용 제외

개정내용

■ (연장) 취약계층 지원 필요성, 사회적 가치 구현 등 감안 감면 연장

3 보육 분야

현 행	개 정
① 유치원·어린이집 설치·운영 부동산 §19 • (감면율) 취득세 100%, 재산세(도시지역분) 100% • (일몰기한) 2018.12.31. ※ 최소납부 적용	✔ 현행 3년 연장 • (감면율) 취득세 100%, 재산세(도시지역분) 100% • (일몰기한) 2021.12.31. ※ 최소납부 적용
② 다자녀 양육자 취득 차량 §22의 2 • (감면율) 취득세 100% • (일몰기한) 2018.12.31.	✔ 현행 3년 연장, 최소납부세제 적용 • (감면율) 취득세 100% • (일몰기한) 2021.12.31. ※ 최소납부 적용

개정내용

■ (연장) 유치원, 어린이집 및 다자녀 양육자에 대한 감면 연장

- (유치원·어린이집) 저출산 대응 지원 및 영유아 보육인프라 확충 등을 위한 세제지원 필요성이 인정되므로, 현행 감면 연장
- (다자녀 양육자 차량) 이동 및 생업활동 지원 목적 차량에 대한 지원으로, 다자녀 양육가정 부담 경감 효과가 기대되어 현행 감면 연장

  - 다만, 2019년부터 최소납부세제(지특법 §177의 2) 적용

  ※ 최소납부세제 : 자동차 '취득일'과 '등록일'이 다른 경우, '자동차 등록일' 기준으로 적용 여부 결정(지방세특례제도과 –5074, 2018.12.28. 참고)

운 용

4 의료 분야

현 행	개 정
① 지방의료원 §38 ③ • (감면율) 취득세 75%, 재산세(도시지역분) 75% • (일몰기한) 2018.12.31.	✔ 현행 2년 연장 후 일부 축소(§38의 2) • (감면율) – (19~20년) 현행 감면율 – (21년) 취득세 75%, 재산세 75%(5년간) • (일몰기한) 2021.12.31.
② 근로복지공단 의료·재활사업 §27 ② • (감면율) 취득세 75%, 재산세(도시지역분) 50% • (일몰기한) 2018.12.31.	✔ 현행 2년 연장 후 일부 축소 • (감면율) – (19~20년) 현행 감면율 – (21년) 취득세 50%, 재산세 50%(5년간) • (일몰기한) 2021.12.31.
③ 보훈복지의료공단 의료산업 §30 ② 2호 • (감면율) 취득세 75%, 재산세(도시지역분) 75% • (일몰기한) 2018.12.31.	✔ 현행 2년 연장 후 일부 축소 • (감면율) – (19~20년) 현행 감면율 – (21년) 취득세 50%, 재산세 50%(5년간) • (일몰기한) 2021.12.31.
④ 국립암센터, 국립중앙의료원, 국립대병원·치과병원, 서울대병원·치과병원 §37 • (감면율) 취득세 75%, 재산세(도시지역분) 75% • (일몰기한) 2018.12.31.	✔ 현행 2년 연장 후 일부 축소 • (감면율) – (19~20년) 현행 감면율 – (21년) 취득세 50%, 재산세 50%(5년간) • (일몰기한) 2021.12.31.
⑤ 건강증진사업자 §40 • (감면율) 취득세 75%, 재산세(도시지역분) 75% • (일몰기한) 2018.12.31.	✔ 현행 2년 연장 후 일부 축소 • (감면율) – (19~20년) 현행 감면율 – (21년) 취득세 50%, 재산세 50%(5년간) • (일몰기한) 2021.12.31.
⑥ 대한적십자사 의료사업 §40의 3 • (감면율) 취득세 75%, 재산세(도시지역분) 75% • (일몰기한) 2018.12.31.	✔ 현행 2년 연장 후 일부 축소 • (감면율) – (19~20년) 현행 감면율 – (21년) 취득세 50%, 재산세 50%(5년간) • (일몰기한) 2021.12.31.
⑦ 사회복지법인 의료기관 §22 ⑥ • (감면율) 취득세·재산세 50% • (일몰기한) 2018.12.31.	✔ 현행 2년 연장 후 일부 축소 • (감면율) – (19~20년) 현행 감면율 – (21년) 취득세 30%, 재산세 50%(5년간) • (일몰기한) 2021.12.31.

현 행	개 정
⑧ 의료법인 의료기관 §38 ① • (감면율) – (특·광역·도청소재지인 시) 취득세 △1%p, 재산세(도시지역분) 50% – (그 외) 취득세·재산세(도시지역분) 50% • (일몰기한) 2018.12.31.	✔ 현행 2년 연장 후 일부 축소 • (감면율) – (19~20년) 현행 감면율 – (21년) 취득세 30%, 재산세 50%(5년간) • (일몰기한) 2021.12.31.
⑨ 종교재단법인 의료업 §38 ④ • (감면율) – (특·광역·도청소재지인 시) 취득세 20%, 재산세(도시지역분) 50%(그 외) 취득세 40%, 재산세(도시지역분) 50% • (일몰기한) 2018.12.31.	✔ 현행 2년 연장 후 일부 축소 • (감면율) – (19~20년) 현행 감면율 – (21년) 취득세 30%, 재산세 50%(5년간) • (일몰기한) 2021.12.31.
⑩ 사립대학교 부속병원 §41 ⑦ • (감면율) 취득세 50%, 재산세(도시지역분) 50% • (일몰기한) 2018.12.31.	✔ 현행 2년 연장 후 일부 축소 • (감면율) (19~20년) 현행 감면율 – (21년) 취득세 30%, 재산세 50%(5년간) • (일몰기한) 2021.12.31.

개정내용

■ (2년간 현행 연장 후 일부 축소) 지자체 출자·출연여부, 「공공보건의료법」에 따른 공공보건의료기관 여부 등에 따라 차등·재설계

– 단계적 재설계를 위해 2년간 현행 감면을 연장 일부 축소

– 3년차 부터 유형 구분에 따라 감면율 조정, 재산세 감면 기한(5년간) 설정 및 도시지역분재산세 감면 종료

❙ 의료기관 유형별 감면율 현황 ❙

구 분	제1유형	제2유형	제3유형
병 원	지방의료원 ※ 자치단체 출자·출연	근로·보훈복지 병원 국립중앙의료원·암센터 국립대병원·치과병원 서울대병원·치과병원	사립대 부속병원 사회복지법인 병원 종교재단법인 병원 의료법 상 의료법인
기 타		대한적십자사 적십자병원 등 국민건강증진사업자*	

운 용

<table>
<tr><th colspan="2">구 분</th><th>제1유형</th><th>제2유형</th><th>제3유형</th></tr>
<tr><td colspan="2">현 행</td><td>취·재·재도(75)</td><td>취(75), 재·재도(50~75)</td><td>취(20~50), 재·재도(50)</td></tr>
<tr><td rowspan="2">개 정</td><td>'19~'20년</td><td>현행 유지</td><td>현행 유지</td><td>현행 유지</td></tr>
<tr><td>'21년</td><td>취(75), 재(75, 5년간)</td><td>취(50), 재(50, 5년간)</td><td>취(30), 재(50, 5년간)</td></tr>
</table>

* (인구보건복지협회) 산모·영유아 대상 보건의료서비스, 정보제공, 임신·출산·양육 지원
(한국건강관리협회) 감염병 예방·관리법에 따라 제5군 감염병 예방사업 지원
(대한결핵협회) 결핵 조사연구, 예방 및 퇴치사업 수행

– (적용요령) 2021년부터 적용되는 개정 규정(제22조 제6항 제3호 나목, 제27조 제2항 제2호 나목, 제30조 제2항 제2호 나목, 제37조 제2항 제2호, 제38조 제1항 제2호 나목, 같은 조 제4항 제2호 나목, 제38조의 2 제2호 나목, 제40조 제2항 제2호, 제40조의 3 제2호 나목 및 제41조 제7항 제2호 나목)은 2020.12.31.까지 취득한 부동산으로서 2021.1.1. 당시 그 부동산에 대한 재산세 납세의무가 최초로 성립한 날부터 5년이 지나지 아니한 경우에도 각각 적용한다.

이 경우 재산세의 경감 기간은 2021.1.1.을 기준으로 해당 부동산에 대한 재산세 납세의무가 최초로 성립한 날부터 5년이 지나지 아니한 잔여기간으로 한다(부칙 제5조).

5 임대주택 분야

현 행	개 정
① 임대주택 40㎡ 이하, §31 ①·③ • (감면율) 취득세·지역자원시설세 100%, 재산세(도시지역분 포함) 50% ※ 공공(30년 이상)은 재산세(도시지역분 포함) 100% ※ 최소납부세제 적용 • (일몰기한) 2018.12.31.	✔ 일몰 3년 연장, 목적세 감면 종료 • (감면율) 취득세 100%, 재산세(도시지역분 포함) 50% ※ 공공(30년 이상)은 재산세(도시지역분 포함) 100% ※ 최소납부세제 적용 • (일몰기한) 2021.12.31.
② 임대주택 60㎡ 이하, §31 ①·③ • (감면율) 취득세·지역자원시설세 100%, 재산세(도시지역분 포함) 50% ※ 최소납부세제 적용 • (일몰기한) 2018.12.31.	✔ 일몰 3년 연장, 목적세 감면 종료 • (감면율) 취득세 100%, 재산세(도시지역분 포함) 50% ※ 최소납부세제 적용 • (일몰기한) 2021.12.31.
③ 임대주택 85㎡ 이하, §31 ①·③ • (감면율) 재산세 25% • (일몰기한) 2018.12.31.	✔ 현행 3년 연장 • (감면율) 재산세 25% • (일몰기한) 2021.12.31.
④ 장기임대주택 40㎡ 이하, §31·§31의 3 • (감면율) 취득세·지역자원시설세 100%, 재산세(도시지역분 포함) 100% ※ 최소납부세제 적용 • (일몰기한) 2018.12.31.	✔ 일몰 3년 연장, 목적세 감면 종료 • (감면율) 취득세 100%, 재산세(도시지역분 포함) 100% ※ 최소납부세제 적용 • (일몰기한) 2021.12.31.
⑤ 장기임대주택 60㎡ 이하, §31·§31의 3 • (감면율) 취득세·지역자원시설세 100%, 재산세(도시지역분 포함) 75% ※ 최소납부세제 적용 • (일몰기한) 2018.12.31.	✔ 일몰 3년 연장, 목적세 감면 종료 • (감면율) 취득세 100%, 재산세(도시지역분 포함) 75% ※ 최소납부세제 적용 • (일몰기한) 2021.12.31.
⑥ 장기임대주택 85㎡ 이하, §31·§31의 3 • (감면율) 재산세 50% ※ 8년 장기 20호 이상 취득세 50% • (일몰기한) 2018.12.31.	✔ 현행 3년 연장 • (감면율) 재산세 50% ※ 8년 장기 20호 이상 취득세 50% • (일몰기한) 2021.12.31.
⑦ LH공사 매입 공공임대(다중·다가구), §31 ④ • (감 면 LH율) 취득세·재산세 50% • (일몰기한) 2018.12.31.	✔ 현행 3년 연장 • (감면율) 취득세·재산세 50% • (일몰기한) 2021.12.31.
⑧ LH공사 소규모 공동주택 §32 ① • (감면율) 취득세·재산세 50% • (일몰기한) 2018.12.31.	✔ 현행 3년 연장 • (감면율) 취득세·재산세 50% • (일몰기한) 2021.12.31.

운 용

현 행	개 정
⑨ 공공임대리츠 60㎡ 이하 §31의 4 ①·② 1호 • (감면율) 취득세 30%, 지역자원시설세 100% 재산세(도시지역분 포함) 50% • (일몰기한) 2018.12.31.	✔ 3년 연장, 10%p 축소, 목적세 감면 종료 • (감면율) 취득세 20%, 재산세(도시지역분 포함) 40% • (일몰기한) 2021.12.31.
⑩ 공공임대리츠 85㎡ 이하 §31의 4 ①·② 2호 • (감면율) 취득세 30%, 재산세 25% • (일몰기한) 2018.12.31.	✔ 3년 연장, 10%p 축소, 목적세 감면 종료 • (감면율) 취득세 20%, 재산세 15% • (일몰기한) 2021.12.31.

개정내용

■ (확대) 장기 임대주택 유도 위해 **감면 대상 연장. 단, 목적세는 종료**

• **(장기일반민간임대)** 8년 이상 장기임대 주택의 취득세 감면수준 연장

■ (연장) 서민 주거안정을 위한 임대주택 공급을 적극지원하기 위해 임대주택 분야 지방세 감면 **일괄 연장. 단, 목적세는 종료**

• **(공공 임대주택)** 입주자격(소득분위 1~6분위) 및 임차기간(최대 50년) 등 고려, 공공성이 높은 공공임대주택 감면 연장

• **(단기일반민간임대)** 민간임대주택의 등록 활성화를 위해 감면 연장

• **(공공지원민간임대)** 민간임대주택 공급 지원을 위해 감면 연장

• **(LH 매입·임대 다가구·다중주택)** 도심 내 최저소득 계층*의 주거안정을 위해 기존주택 매입·보수 후 시세의 30%로 공급 취지 고려, 감면 연장

* 기초생활수급자, 한부모가족, 장애인, 저소득미혼모, 북한이탈주민 등

• **(LH 소규모 임대주택)** 청년·신혼부부 등 주거 취약계층을 주요 대상으로 건설·매입 공급 60㎡ 이하 주택*인 점 등 고려, 감면 연장

* 국민임대주택(60㎡ 이하), 행복주택(45㎡ 이하), 50년 공공임대(60㎡ 이하) 등

■ (축소) 감면 목적 달성 및 담세력 등을 감안하여 감면율 축소

• **(부동산투자회사)** 공공임대리츠 활성화 목적 달성*, 부동산투자회사의 수익추구성 및 높은 담세력, '14년 감면 종료된 타 리츠·펀드·PFV와의 형평성 등 고려, **감면율(△10%p) 축소. 목적세는 종료**

* 공공임대리츠 : ('14년) 3개, 자산규모 2.1조 원 → ('17년) 70개, 자산규모 16조 원

6 연금주택 등

현 행	개 정
① 주택담보 노후연금가입 주택 §35 ② • (감면율) 재산세 25% • (일몰기한) 2018.12.31.	✔ 현행 3년 연장 • (감면율) 재산세 25% ※ 1가구 1주택자 한정 • (일몰기한) 2021.12.31.
② 민간금융기관 역모기지 가입 주택 §35 ③ • (감면율) 재산세 25% • (일몰기한) 2018.12.31.	✔ 현행 3년 연장 • (감면율) 재산세 25% ※ 1가구 1주택자 한정 • (일몰기한) 2021.12.31.
③ 농지연금 대상 담보 농지 §35의 2 • (감면율) 재산세 100% • (일몰기한) 2018.12.31.	✔ 현행 3년 연장 • (감면율) 재산세 100% • (일몰기한) 2021.12.31.
④ 한국해비타트 무주택자 분양 주택 §36 • (감면율) 취득세·재산세(도시지역분 포함) 100% • (일몰기한) 2018.12.31.	✔ 현행 3년 연장 • (감면율) 취득세·재산세(도시지역분 포함) 100% • (일몰기한) 2021.12.31.
⑤ LH공사 방치건축물 §32의 2 • (감면율) 취득세 35%, 재산세 25% • (일몰기한) 2018.12.31.	✔ 현행 3년 연장 • (감면율) 취득세 35%, 재산세 25% • (일몰기한) 2021.12.31.
⑥ 서민주택 §33 ② • (감면율) 취득세 100% • (일몰기한) 2018.12.31.	✔ 현행 3년 연장 • (감면율) 취득세 100% • (일몰기한) 2021.12.31.

개정내용

■ (연장) 취약계층, 고령자 등 주거안정 및 안정적 소득 확보 지원 필요성을 감안하여 일몰 연장

- (주택연금) 서민 및 노인생활 안정을 위한 세제지원 지속 필요성이 인정되므로 현행 수준 감면 연장
  - 다만, 감면 대상을 1가구 1주택자로 한정
- (농지연금) 농업인의 노후생활안정 지원을 위해 감면 필요성이 인정되므로 현행 수준 감면 연장

  ※ (감면 대상) 한국농어촌공사에 담보로 제공하는 공시가격 6억 원 이하 농지
  (신청자격) 65세 이상 농민으로 영농경력 5년 이상, 소유농지면적 3만㎡ 이하

- (사랑의 집짓기운동) 무주택 저소득층에게 지속적으로 주택을 공급*함으로써 서민 주거안정 및 지역사회 기여 고려 감면 연장

  * 주택 건축 실적('17년 기준) : 국내 1,008세대 건축

- (LH 방치건축물 취득) 도시건축물 안전 확보, 도시미관 개선 필요성 및 사업 도입 초기인 점 등을 고려, 감면 연장
- (서민주택) 주로 서민들이 이용하는 1억 원 미만 전용 면적 40㎡ 이하 주택인 점을 고려, 감면 연장

7 교육·문화 분야

현 행	개 정
① 학교 학생실험·실습용 차량 등 §42 ② • (감면율) 취득세, 재산세 100% • (일몰기한) 2018.12.31.	✔ 현행 3년 연장, 최소납부세제 적용 • (감면율) 취득세, 재산세 100% ※ 최소납부세제 적용 • (일몰기한) 2021.12.31.
② 민간투자사업 학교기숙사 부동산 §42 ① • (감면율) 취득세·재산세(도시지역분)·주민세 재산분·지역자원시설세 100% ※ 최소납부세제 적용 • (일몰기한) 2018.12.31.	✔ 일몰 3년 연장 및 축소(목적세 종료) • (감면율) 취득세·재산세·주민세 재산분 100% ※ 최소납부세제 적용 • (일몰기한) 2021.12.31.
③ 평생교육단체 평생교육시설 §43 • (감면율) 취득세·재산세(도시지역분)·주민세(재산·종업)·지역자원시설세 100% • (일몰기한) 2018.12.31.	✔ 현행 1년 연장 후 단계적 축소(감면율 축소 및 목적세 종료) • (감면율) – (19년) 현행 연장 – (20~21년) 취득세 50%, 재산세 50%(5년간) • (일몰기한) 2021.12.31.
④ 평생교육단체 §44 • (감면율) 취득세·재산세(도시지역분)·지역자원시설세 100% • (일몰기한) 2018.12.31.	✔ 현행 1년 연장 후 단계적 축소(감면율 축소 및 목적세 종료) • (감면율) – (19년) 현행 연장 – (20~21년) 취득세 50%, 재산세 50%(5년간) • (일몰기한) 2021.12.31.
⑤ 박물관, 미술관, 과학관 §44의 2 • (감면율) 취득세·재산세(도시지역분)·지역자원시설세 100% ※ 최소납부세제 적용 • (일몰기한) 2018.12.31.	✔ 일몰 3년 연장 및 목적세 종료 • (감면율) 취득세·재산세(도시지역분) 100% ※ 최소납부세제 적용 • (일몰기한) 2021.12.31.

개정내용

■ **(연장)** 학교 목적사업 관련성이 인정되는 경우 감면 연장

- **(학생 실험·실습용 차량 등)** 학생실험·실습을 위해 취득하는 차량, 항공기 등에 대한 감면은 학교 목적사업이므로 현행 감면 연장
  - 다만, 2019년부터 최소납부세제(지특법 §177의 2) 적용

■ **(축소)** 소방안전사무 재원 마련 목적 지역자원시설세, 도로 개설·유지, 공원 등 도시계획사업 비용 마련 목적 재산세 도시지역분 감면 종료 등

- **(민간투자사업 학교기숙사)** 학생 주거비 경감을 위해 감면 기한은 연장하되, 재산세 도시지역분·지역자원시설세 감면은 종료
- **(평생교육단체 및 평생교육시설)** 평생교육 증진 필요성 고려 감면 연장하되, 시설 확산 등을 감안하여 과도한 감면은 단계적 축소 등
  - (~'19년까지) 현행 감면 수준으로 1년간 연장
  - ('20년~'21년) 취득세·재산세 감면율 축소(100% → 50%), 재산세 감면 기한(5년간) 실정 및 재산세 도시지역분·지역자원시설세 감면 종료
- **(박물관·미술관·도서관·과학관)** 지역 주민에 대한 문화 향유 기회 제공 필요성 등을 고려 감면 연장하되, 지역자원시설세 감면 종료

운 용

8 기업구조조정 분야(단위조합 및 금융기관)

현 행	개 정
① 농협·수협·산림·신협조합, 새마을금고간 합병 §57의 2 ② • (감면율) 취득세 100%, 등록면허세 75% ※ 최소납부세제 배제 • (일몰기한) 2018.12.31.	✔ 일몰기한 3년 연장 및 축소 등 • (감면율) 취득세 100%, 등록면허세 50% – 법인세법 상 적격합병 요건 부여 ※ 최소납부세제 적용('21년부터) • (일몰기한) 2021.12.31.
② 금융기관간 합병 §57의 2 ② • (감면율) 취득세 100%, 등록면허세 75% ※ 최소납부세제 배제 • (일몰기한) 2018.12.31.	✔ 일몰기한 3년 연장, 축소(§57의 2 ⑩) • (감면율) 취득세 50%, 등록면허세 50% – 법인세법 상 적격합병 요건 부여 • (일몰기한) 2021.12.31.
③ 행안부·산업부 고시업종간 합병 등 §57의 2 ② • (감면율) 취득세 100%, 등록면허세 75% ※ 최소납부세제 배제 • (일몰기한) 2018.12.31.	✔ 감면 종료
④ 부실 농협·수협조합 재산 양수 등 §57의 3 ① • (감면율) 취득세 100% ※ 최소납부세제 배제 • (일몰기한) 2018.12.31.	✔ 현행 3년 연장, 최소납부세제 적용 • (감면율) 취득세 100% ※ 최소납부세제 '19년 • (일몰기한) 2021.12.31.

개정내용

■ (연장) 부실 농협·수협조합 및 부실금융기관 등의 구조개선 사항

• (부실조합·금융기관으로 부터 재산 양수) 적기시정조치*, 계약이전결정** 등을 통한 부실기관 구조개선 지원 필요성 인정

– 또한 '19년부터 최소납부세제 적용 예정인 점 고려 현행 연장

* 금융기관의 대해 금융당국이 단계적으로 시정조치를 시행해 나가는 제도
(경영개선 권고 → 경영개선 요구 → 경영개선 명령)

** 사업이용 거래에 관련된 계약을 선택적으로 이전 결정–자산, 부채계약관계만 이전
(합병, 자체 경영정상화 불가시 예금자보호 등의 안정성 유지를 위한 긴급조치)

■ (축소) 농협·수협조합 및 금융기관 등의 합병으로 양수하는 재산 및 합병 후 3년 내에 등기하는 재산에 대한 감면

• (농협·수협·산림·신협조합, 새마을금고간 합병) 부실 발생 시 적기시정조치에 따라 부실조합으로 부터 양수받는 재산에 대해 별도로 지원 중*인 점, '01년 도입 후 장기간(17년간) 혜택 지속에도 감면과 합병실적 간 상관성이 부족한 점 등 고려 감면 일부 축소

* 양수한 재산에 대한 취득세 100% 면제, 최소납부 배제(지특법 §57의 3 ①)

- 현행 취득세 감면(100%)은 연장하되, 2021년부터는 최소납부세제 적용하도록 함
- 등록면허세는 행정수요에 따른 수수료적 성격의 조세인 점 고려 감면 축소(75% → 50%)
- 법인간 합병과의 형평성 및 공익성 확보를 위해 감면 요건으로 법인세법 상의 적격합병 요건* 을 갖추도록 제도 보완

  * 사업·주주 지분 유지(80% 이상), 근로자 고용승계(80% 이상) 등

• **(금융기관간 합병)** 부실금융기관으로 부터 양수받는 재산에 대해 별도로 지원중이고, 수익사업인 점 등을 고려 감면 축소

- 취득세(100% → 50%) 및 등록면허세(75%→50%) 감면 축소

■ **(종료)** 행안부 및 산업부 장관이 협의하여 고시한 업종간 합병에 대한 감면 종료

운용

9 기업구조조정 분야(법인)

현 행	개 정
① 법인간 적격합병 §57의 2 ① • (감면율) 취득세 100% ※ 최소납부세제 적용 • (일몰기한) 2018.12.31.	✔ 일몰 3년 연장, 감면축소 등 • (감면율) 취득세 50%(사업용 재산) – 중소기업 및 기술혁신형법인간 합병 60% • (일몰기한) 2021.12.31.
② 법인간 적격분할 §57의 2 ③ 2호 • (감면율) 취득세 100% ※ 최소납부세제 적용 • (일몰기한) 2018.12.31.	✔ 일몰 3년 연장, 감면축소 • (감면율) 취득세 75% • (일몰기한) 2021.12.31.
③ 법인간 적격현물출자 §57의 2 ③ 3호 • (감면율) 취득세 100% ※ 최소납부세제 적용 • (일몰기한) 2018.12.31.	✔ 일몰 3년 연장, 감면축소 등 • (감면율) 취득세 75%, – 사업용 재산으로 감면 대상 한정 • (일몰기한) 2021.12.31.
④ 법인간 자산교환 §57의 2 ③ 4호 • (감면율) 취득세 100% ※ 최소납부세제 적용 • (일몰기한) 2018.12.31.	✔ 일몰 3년 연장, 감면축소 등 • (감면율) 취득세 75%, – 사업용 재산으로 감면 대상 한정 • (일몰기한) 2021.12.31.
⑤ 법인간 자산의 포괄적양도 §57의 2 ③ 6호 • (감면율) 취득세 100% ※ 최소납부세제 적용 • (일몰기한) 2018.12.31.	✔ 감면 종료

개정내용

■ (축소) 취득세 100% 면제 등 국세 대비 과도하게 지원되는 점을 감안, 효율적 구조조정을 저해하지 않는 범위 내에서 합리적 과세 필요

• (법인 적격합병) 「지방세법」에 따른 세율 특례(△2%)가 적용되므로, 법인 적격분할 등 타 구조개선에 대한 감면과의 형평을 고려 취득세 감면율을 100%→50%로 축소

– 다만, 중소기업법인간 또는 기술혁신형사업법인 간의 합병에 대해서는 감면율을 10%p 우대하여 적용

– 감면 대상을 사업용 재산을 한정하도록 개선

• (법인간 적격분할·적격현물출자·자산교환) 효율적 구조조정 촉진 등 세제 지원 필요성은 인정되나, 국세 대비 과다지원 등을 감안 감면율 축소(100% → 75%)

– 법인간 적격현물출자·자산교환의 경우 감면 대상을 사업용 재산으로 한정하도록 개선

■ (종료) 법인간 자산의 포괄적양도의 경우 감면실적 미미 등 실효성이 낮고, 국세와의 형평성 고려 감면 종료

10 기업구조조정 분야(개인 등)

현 행	개 정
① 개인의 법인전환 §57의 2 ④ • (감면율) 취득세 100% • (일몰기한) 2018.12.31.	✔ 일몰 3년 연장, 감면축소 등 • (감면율) 취득세 75% • (일몰기한) 2021.12.31.
② 중소기업 간 통합 §57의 2 ③ 5호 • (감면율) 취득세 100% • (일몰기한) 2018.12.31.	✔ 일몰 3년 연장, 감면축소 • (감면율) 취득세 75%, • (일몰기한) 2021.12.31.
③ 국유재산 현물출자 §57의 2 ③ 1호 • (감면율) 취득세 100% ※ 최소납부세제 적용 • (일몰기한) 2018.12.31.	✔ 일몰 3년 연장, 단계적 축소 • (감면율) 취득세 75%('19년) → 50%('20년) → 25%('21년) • (일몰기한) 2021.12.31.
④ 공공기관의 상법 상 회사로의 조직변경 §57의 2 ③ 7호 • (감면율) 취득세 100% • (일몰기한) 2018.12.31.	✔ 현행 3년 연장, 최소납부세제 적용 • (감면율) 취득세 100% • (일몰기한) 2021.12.31. ※ 최소납부세제 '19년 적용
⑤ 과점주주 간주취득세 §57의 2 ⑤ • (감면율) 취득세 100% • (일몰기한) 2018.12.31.	✔ 현행 3년 연장, 최소납부세제 적용 • (감면율) 취득세 100% • (일몰기한) 2021.12.31. ※ 최소납부세제 '19년 적용
⑥ 사업재편승인기업 합병 §57의 2 ⑧ • (감면율) 등록면허세 50% • (일몰기한) 2018.12.31.	✔ 현행 3년 연장 • (감면율) 등록면허세 50% • (일몰기한) 2021.12.31.
⑦ 한국자산관리공사의 이전공공기관 자산 관리처분 대행 등 §57의 3 ② • (감면율) 취득세 100% • (일몰기한) 2018.12.31. ※ 최소납부세제 적용	✔ 현행 3년 연장 • (감면율) 취득세 100% • (일몰기한) 2021.12.31. ※ 최소납부세제 적용

운 용

개정내용

■ (연장) 부실금융기관 구조개선 지원 관련, 시행시기 단기인 경우 등은 현행 연장

• (공공기관의 상법 상 회사로의 조직변경) 단순한 조직변경 사항이므로 감면 연장 하되, '19년부터 최소납부세제 적용

• (과점주주 간주취득세) 부실금융기관 구조개선 지원, 감면 시행시기 간주취득세인 점을 고려 현행 연장, '19년부터 최소납부세제 적용

• (한국자산관리공사) 국가정책에 따른 공공기관 이전 시 매각되지 않은 공공기관의 종전 부동산 처분을 위탁받아 관리하는 등 업무의 공공성 인정, 최소납부세 적용 중인 점 등을 고려 현행 연장

■ (축소) 취득세 전액 면제 등 국세 대비 과도하게 지원되는 점을 감안, 효율적 구조조정을 저해하지 않는 범위 내에서 합리적 과세

• (법인전환·중소기업 간 통합) 개인이 부동산 등을 현물 출자하거나 사업양수도를 통해 법인으로 전환하는 경우 또는 중소기업 간 통합 등의 경우 법인(통합법인)에 대해 취득세를 면제하는 사항으로

– 기업투명성 제고 등을 위한 법인전환 지원 필요성은 인정되나 국세(양도소득세)는 과세이연만 허용하는 데 비해 과도하게 지원되는 점 등을 감안하여 감면 일부 축소(100% → 75%)

• (국유재산 현물출자) '66년부터(52년간) 장기간 지속되어 재설계 필요

– 국유재산을 현물출자 받는 공공기관이 감면 대상에 해당되므로 타 공공기관·지방공기업 등과의 형평성을 고려 감면 축소하되

– 정부출자 기업의 공익적 기능을 고려 단계적으로 축소(취득세 감면율 '19년 75% → '20년 50% → '21년 25%)

11 환경·안전·신문·통신 분야

현 행	개 정
① 녹색건축인증 건축물, §47의 2 ①·⑤ • (감면율) 재산세 3~10% • (일몰기한) 2018.12.31.	✔ 감면 종료
② 내진성능확보 건축물(신축), §47의 4 • (감면율) 취득세 50%, 재산세 5년간 50% • (일몰기한) 2018.12.31.	✔ 현행 3년 연장 • (감면율) 취득세 50%, 재산세 5년간 50% • (일몰기한) 2021.12.31.
③ 내진성능확보 건축물(대수선), §47의 4 • (감면율) 취득세 100%, 재산세 5년간 100% • (일몰기한) 2018.12.31. ※ 최소납부세제 적용	✔ 현행 3년 연장 • (감면율) 취득세 100%, 재산세 5년간 100% • (일몰기한) 2021.12.31. ※ 최소납부세제 적용
④ 신문 뉴스 통신사업자, §51 • (감면율) 주민세 재산분·종업원분 50% • (일몰기한) 2018.12.31.	✔ 현행 3년 연장 • (감면율) 주민세 재산분·종업원분 50% • (일몰기한) 2021.12.31.
⑤ 국민신탁법인 고유업무 부동산, §53 • (감면율) 취득세·재산세(도시지역분 포함)·지역자원시설세 100% • (일몰기한) 2018.12.31.	✔ 현행 3년 연장, 최소납부세제 적용 • (감면율) 취득세·재산세(도시지역분 포함)·지역자원시설세 100% • (일몰기한) 2021.12.31. ※ 최소납부세제 '19년 적용

개정내용

■ (연장) 감면목적 달성을 위한 추가지원 필요성을 감안하여 연장

- (내진성능 건축물) 한반도 지진발생 빈도 증가 추이, 내진설계 인센티브 제공 필요성 등을 고려할 때 감면 지속 필요
- (신문·통신사업자) 신문의 공익적 기능, 일자리 창출 지원 필요성(주민세 종업원분), 신문사업의 어려운 상황*을 감안하여 현행(주재·주종 50%) 연장
- (국민신탁법인) 문화유산 기증, 기부, 회비로 운영하면서 문화유산·환경자산을 대신 보전·관리* 하는 공익적 역할을 수행하므로 감면 연장

* '14년 7억 원, '15년 6.65억 원, '16년 6.39억 원, '17년 7.27억 원, '18년 8.75억 원

■ (종료) 당초 감면목적, 유사 감면과의 형평성 등을 감안하여 종료

- (녹색건축인증 건축물) 녹색건축인증 취득에 따른 건축비용* 증가분을 지원하기 위한 감면목적, 재산세 감면이 없는 제로에너지건축물 감면 등 유사 감면과의 형평성 고려 재산세 감면 종료
  - 단, 취득세 감면(3~10%)은 '20년 일몰 도래 시 검토

* 녹색건축인증 건축물 건축시 공사비의 10~17% 추가 비용 발생(한국건설기술원)

운 용

12 수송·교통 분야

현 행	개 정
① 국제선박, §64 ① • (감면율) 취득세 △2%p, 재산세 50%, 지역자원시설세 100% • (일몰기한) 2018.12.31.	✔ 3년 연장, 목적세 감면 종료 • (감면율) 취득세 △2%p, 재산세 50% • (일몰기한) 2021.12.31.
② 연안항로취항·외국항로취항용 선박, §64 ② • (감면율) 취득세 △1%p, 재산세 50% • (일몰기한) 2018.12.31.	✔ 3년 연장, 외국항로 취항용 선박에 대한 재산세 감면 5년간 한정 • (감면율) 취득세 △1%p, 재산세* 50% * 외국항로 취항용 선박은 5년간 한정 • (일몰기한) 2021.12.31.
③ 항공운송사업, §65 • (감면율) 취득세 △1.2%p, 재산세 50% • (일몰기한) 2018.12.31.	✔ 3년 연장, 재산세 감면 기한(5년간) 설정 • (감면율) 취득세 △1.2%p, 재산세 5년간 50% ※ 자산총액 5조 원이상 재산세 감면 배제 • (일몰기한) 2021.12.31.
④ 하이브리드차, §66 ③ • (감면율) 취득세 100% ※ 140만 원 한도 • (일몰기한) 2018.12.31.	✔ 3년 연장, 단계적 감면 한도 축소 • (감면율) 취득세 100% ※ 140만 원('19) → 90만 원('20) → 40만 원('21) • (일몰기한) 2021.12.31.
⑤ 경형자동차(승용), §67 ① • (감면율) 취득세 100% ※ 최소납부세제 적용 • (일몰기한) 2018.12.31.	✔ 3년 연장, 감면 한도 설정 • (감면율) 취득세 100%* 50만 원 한도 * 최소납부세제 적용배제 • (일몰기한) 2021.12.31.
⑥ 경형자동차(승합·화물), §67 ② • (감면율) 취득세 100% ※ 최소납부세제 적용 • (일몰기한) 2018.12.31.	✔ 현행 3년 연장 • (감면율) 취득세 100% ※ 최소납부세제 적용 • (일몰기한) 2021.12.31.
⑦ 전방조종자동차, §67 ③ • (감면율) 자동차세 65,000원 • (일몰기한) 2018.12.31.	✔ 현행 3년 연장 • (감면율) 자동차세 65,000원 • (일몰기한) 2021.12.31.
⑧ 매매용 중고자동차 등, §68 ① • (감면율) 취득세·자동차세 100% ※ 최소납부세제 적용 • (일몰기한) 2018.12.31.	✔ 현행 3년 연장 • (감면율) 취득세·자동차세 100% ※ 최소납부세제 적용 • (일몰기한) 2021.12.31.

현 행	개 정
⑨ 대외 무역용 중고 선박·기계장비·항공기, §68 ③ • (감면율) 취득세 △2%p • (일몰기한) 2018.12.31.	✔ 3년 연장 • (감면율) 취득세 △2%p • (일몰기한) 2021.12.31.
⑩ 대외 무역용 중고자동차, §68 ③ • (감면율) 취득세 100% ※ 최소납부세제 적용 • (일몰기한) 2018.12.31.	✔ 3년 연장 • (감면율) 취득세 100% ※ 최소납부세제 적용 • (일몰기한) 2021.12.31.
⑪ 버스·택시 등 운송사업자, §70 ① • (감면율) 취득세 50% • (일몰기한) 2018.12.31.	✔ 3년 연장 • (감면율) 취득세 50% • (일몰기한) 2021.12.31.
⑫ 운송사업용 천연가스 버스, §70 ③ • (감면율) 취득세 100% • (일몰기한) 2018.12.31.	✔ 2년 연장 후 축소, 최소납부세제 적용 • (감면율) 취득세 100%('19~'20), 취득세 75%('21) ※ 최소납부세제 '19년 적용 • (일몰기한) 2021.12.31.

개정내용

■ (연장) 서민지원, 공공성 등을 고려 현행 유지

- (경형자동차–승합·화물) 영세자영업 및 서민 생계와 밀접, 감면 연장
- (버스·택시) 대중교통수단 등 공공성 고려, 감면 연장
- (중고차·기계) 중고차(기계)를 주로 구매하는 서민 경제적 부담 고려, 연장
- (연안항로 취항 화물운송용 선박) 연안항로의 공공성 등 고려, 감면 연장

■ (축소) 당초 감면 목적 달성한 경우 및 장기·관행화된 감면은 축소, 목적세는 여타 감면과의 형평성, 응능성의 원칙 등 고려하여 종료

- (국제선박) 현행 감면율 수준은 유지하되, 목적세는 감면 종료
- (외국항로 취항용 선박) 현행 취득·재산세 감면율 수준은 유지하되, 장기·관행화된 재산세는 감면기간 한정·축소(재 50%→5년간 50%)
- (항공기) 장기간(32년) 지원, 국제경쟁력 달성 등 감면목적 달성 종료가 원칙이나,
  - 향후 경쟁력 약화가 우려되는 저비용항공사(LCC)에 대한 세제지원 필요. 다만, 재산세는 감면기간 한정·축소(재 50%→5년간 50%)
  - 자산규모가 일정금액 이상(시행령 : 5조 원)인 경우는 재산세 감면 배제

• (하이브리드) 하이브리드 차량 보급 활성화('08년 0.1% → '17년 5.5%로 55배 증가)로 당초 감면목적 달성

– 국가 구입보조금 재정지원 축소('19년 종료) 및 전기·수소차 보급 확대 등 국가정책방향 등 고려 시 연장하되, 단계적 축소*

* 140만 원(1년, 현행 유지) → 90만 원(1년) → 40만 원(1년)

• (경형자동차 – 승용) 중형차 대비 경차 가격 지속 상승*, 세컨드카 비중(60%) 증가하는 점 등 감안 시 고가 경차에 대해 취득세 전액 면제는 과다하므로 취득세 공제 한도 설정(50만 원)**

* 10년간 모닝 144%↑ vs 아반떼·소나타 118%↑ / 벤츠 스마트포투 3,200만 원

** 경차 평균 가격(산업부 제출) 1,230만 원 기준 취득세 49.2만 원 감안

• (운송사업용 천연가스) 전기·수소버스 등 친환경 미래형 자동차 보급 확대 등 고려 운송사업용 천연가스 2년 현행 연장 후 축소(75%)

– 다만, '19년부터 '20년까지는 최소납부세제 적용

13 국토·지역개발 분야

현 행	개 정
① 반대급부 기부채납 부동산, §73의 2 • (감면율) 취득세 100% • (일몰기한) 2018.12.31.	✔ 2년 연장 후 축소, 최소납부세제 적용 • (감면율) 취득세 100%('19~'20), 취득세 50%('21) ※ 최소납부세제 '19년 적용 • (일몰기한) 2021.12.31.
② 주택재개발사업 취득 주택, §74 ③ 4호 • (감면율) 취득세 100% • (일몰기한) 2018.12.31.	✔ 3년 연장 • (감면율) 취득세 100% • (일몰기한) 2021.12.31.
③ 주거환경개선사업 취득 주택, §74 ③ 5호 • (감면율) 취득세 100% • (일몰기한) 2018.12.31.	✔ 3년 연장 • (감면율) 취득세 100% • (일몰기한) 2021.12.31.
④ 지방이전 법인·공장, §79, §80 • (감면율) 취득세·등록면허세 50%, 재산세 5년간 100%, 3년간 50% • (일몰기한) 2018.12.31.	✔ 3년 연장 • (감면율) 취득세·등록면허세 50%, 재산세 5년간 100%, 3년간 50% • (일몰기한) 2021.12.31.
⑤ 개발제한구역 내 주택개량, §82 • (감면율) 재산세 5년간 100% • (일몰기한) 2018.12.31.	✔ 3년 연장 • (감면율) 재산세 5년간 100% • (일몰기한) 2021.12.31.
⑥ 시장정비사업, §83 • (감면율) 취득세 100%, 재산세 5년간 50% • (일몰기한) 2018.12.31.	✔ 3년 연장 • (감면율) 취득세 100%, 재산세 5년간 50% • (일몰기한) 2021.12.31.
⑦ 사권제한토지(도시계획시설), §84 ① • (감면율) 재산세(도시지역분 포함) 50% • (일몰기한) 2018.12.31.	✔ 3년 연장 • (감면율) 재산세(도시지역분 포함) 50% • (일몰기한) 2021.12.31.
⑧ 사권제한토지(공공시설용, 철도안전법), §84 ②·③ • (감면율) 재산세 50% • (일몰기한) 2018.12.31.	✔ 3년 연장 • (감면율) 재산세 50% • (일몰기한) 2021.12.31.
⑨ 벤처기업집적시설 등, §58 ② • (감면율) 취득세·등록면허세(중과배제) • (일몰기한) 2018.12.31.	✔ 3년 연장 • (감면율) 취득세·등록면허세(중과배제) • (일몰기한) 2020.12.31.
⑨ 벤처기업집적시설 등, §58 ② • (감면율) 취득세·등록면허세(중과배제) • (일몰기한) 2018.12.31.	✔ 3년 연장 • (감면율) 취득세·등록면허세(중과배제) • (일몰기한) 2020.12.31.

현 행	개 정
⑨ 벤처기업집적시설 등, §58 ② • (감면율) 취득세·등록면허세(중과배제) • (일몰기한) 2018.12.31.	✔ 3년 연장 • (감면율) 취득세·등록면허세(중과배제) • (일몰기한) 2020.12.31.
⑩ 창업보육센터, §60 ③ • (감면율) 취득세·등록면허세(중과배제) • (일몰기한) 2018.12.31.	✔ 3년 연장 • (감면율) 취득세·등록면허세(중과배제) • (일몰기한) 2020.12.31.
⑪ 부동산투자회사 등, §180의 2 • (감면율) 취득세·등록면허세(중과배제) • (일몰기한) 2018.12.31.	✔ 3년 연장 • (감면율) 취득세·등록면허세(중과배제) • (일몰기한) 2021.12.31.

개정내용

■ (연장) 서민주거 안정 지원, 지역경제 활성화 및 지방 고용창출, 부동산 시장 안정 등을 위한 감면은 현행 수준유지

- (주택재개발사업·주거환경개선사업) 도심 내 노후 불량주택 정비를 통한 서민주거 안정 지원이라는 사업취지 감안 감면 연장
- (지방이전 법인·공장) 충분한 감면 혜택을 받았으나, 지역경제 활성화, 지방의 고용창출 고려 감면 연장
- (시장정비사업) 건물의 노후화, 붕괴위험 등으로 경쟁력이 저하된 전통시장을 활성화하기 세제지원으로 지역경제 활성화 고려 감면 연장
- (개발제한구역 내 주택개량) 20년 이상의 노후주택을 대상으로 한 서민주거 안정 지원 사업취지 감안 감면 연장
- (사권제한토지) 장기간 미집행에 따른 보상차원으로 지속 지원 필요
- (부동산투자회사) 부동산 자산운영시장 및 국내 부동산 시장에 대한 파급효과 고려, 현행수준 연장 후 추후 심층평가를 통해 감면 재설계

  ※ (리츠) '04년 10개 리츠, 1.4조 원 → '17년 191개 리츠, 31.8조 원(22배 증가)
  ※ (부동산펀드) '04년 25개, 8천6천억 원 → '17년 1,175개, 64.7조 원(75배 증가)

- (벤처기업집적시설·창업보육센터 등) '14년 일몰 도래 시 감면율을 축소*하여 세부담이 증가한 점 등 고려, 중과세 배제는 연장

  * 벤처기업집적시설 등 : 취100·재50 → 취·재50, 창업보육센터 : 취100·재50 → 취75·재50

■ (축소) 민간투자사업 활성화 감안 현행 유지 후 축소

- (기부채납 부동산) 반대급부 있는 기부채납용 부동산의 경우, 기부채납 물건에 대한 장기간

(20~30년) 사용·수익 등 수익사업 영위, 국세 감면 지속 축소*, 지방재정 부담 증가** 등 고려 2년 현행 연장 후 감면 축소

* 민간투자사업 투융자집합기구 배당소득 분리과세 종료('12.12.31.), 7년 이상 사회기반시설채권 이자소득 14% 분리과세 종료('14.12.31.) 등

** **기부채납 부동산 감면액** : ('16년) 146억 원 → ('17년) 310억 원(1.9배 증가)

※ 부칙 제11조에 따라 이 법 시행('19.1.1.) 전 실시계획의 인가 등을 받은 경우 종전의 규정에 따라 취득세 면제

지방세특례제한법 부칙

제11조(기부채납용 부동산 등에 대한 취득세 경감에 관한 경과조치)
이 법 시행 전 무상으로 양여받거나 기부채납 대상물의 무상사용권을 제공받는 것을 조건으로 「국토의 계획 및 이용에 관한 법률」 제56조에 따른 개발행위허가, 같은 법 제88조에 따른 실시계획의 인가 또는 「사회기반시설에 대한 민간투자법」 제15조에 따른 실시계획의 승인을 받은 경우로서 이 법 시행 이후 해당 부동산 또는 사회기반시설을 취득하는 경우의 취득세의 감면은 제73조의 2 제1항의 개정규정에도 불구하고 종전의 규정에 따라 취득세를 면제한다.(법률 제16041호, 2018.12.24.)

운용

14 무기한 감면 검토(일몰부여 등)

현 행	개 정
① 학교, §41 • (감면율) 취득세·재산세(도시지역분)·지역자원·등록면허세·주민세 100% • (일몰기한) –	✔ 일몰기한 부여 • (감면율)취득세·재산세(도시지역분)·지역자원·등록면허세·주민세 100% • (일몰기한) 2021.12.31.
② 농업용 농업기계 §7 ① • (감면율) 취득세 100% • (일몰기한) –	✔ 일몰기한 부여 • (감면율) 취득세 100% • (일몰기한) 2020.12.31.
③ 농업용수 공급을 위한 관정시설, §7 ② • (감면율) 취득세·재산세 100% • (일몰기한) –	✔ 일몰기한 부여 • (감면율) 취득세·재산세 100% • (일몰기한) 2020.12.31.
④ 광업권, §62 ① • (감면율) 등록면허세 100% • (일몰기한) –	✔ 일몰기한 부여 • (감면율) 등록면허세 100% • (일몰기한) 2021.12.31.
⑤ 출원광업권 및 광산용지상임목, §62 ② • (감면율) 취득세 100% • (일몰기한) –	✔ 일몰기한 부여 • (감면율) 취득세 100% • (일몰기한) 2021.12.31.
⑥ 문화재, §55 ② • (감면율) 재산세 50~100% • (일몰기한) –	✔ 현행유지 • (감면율) 재산세 50~100% • (일몰기한) –
⑦ 사적지, §55 ① • (감면율) 재산세 100% • (일몰기한) –	✔ 현행유지 • (감면율) 재산세 100% • (일몰기한) –

개정내용

■ (일몰부여) 그간 무기한으로 운영되어온 감면에 대해 일몰기한을 부여하고, 향후 일몰기한 도래 시 감면통합심사, 조세전문기관에 의한 사후 심층평가 등을 통해 감면 재설계 방향 등을 재검토

■ (현행유지) 정책환경 변화, 감면 효과성 등에 대한 재검토 필요성이 상대적으로 적고, 공공성에 따른 지원 필요성이 큰 문화재, 사적지에 대한 감면은 현행대로 유지(무기한 감면)

15 2018년 감면 신설·확대 현황(19년 시행)

구 분	주요 내용	조 문(일몰기한)
① 8년 장기 임대 다가구주택 감면 신설	• 8년 이상 임대시 서민 거주 다가구주택에 대해 재산세 감면(100%) ※ 모든 가구당 40㎡ 이하(건축물대장상 기재 필요) ※ 최소납부세제 적용	§31의 3 (2021.12.31.)
② 신혼부부 생애최초 주택 구입시 취득세 감면 신설	• 부부합산소득 맞벌이 7천만 원, 외벌이 5천만 원 이하 무주택 신혼부부가 생애 최초로 취득하는 주택*에 대해 취득세 50% 감면(1년간 한시 적용) * 취득가액 3억 원(수도권 4억 원)이하, 전용면적 60㎡ 이하 주택	§36의 2 (2019.12.31.)
③ 청년창업 중소·벤처기업 감면 요건 확대	• 청년이 창업하는 중소·벤처기업의 경우에 한하여 창업 후 감면 가능한 기간 연장(현행 4년→개정 5년) ※ 청년 연령기준 : (현행) 15~29세 이하→(개정) 15~34세 이하	§58의 3 (2020.12.31.)
④ 고용 및 산업위기지역 내 중소기업 감면 신설	• 고용위기지역, 고용재난지역, 산업위기대응특별지역 내 기존 중소기업 중 사업전환기업에 대해 취득·재산세(5년간) 50% 감면	§75의 3 (2021.12.31.)
⑤ 주한미군기지 한국인근로자 주택 취득세 감면 신설	• 주한미군기지 이전으로 이주하는 한국인근로자가 취득하는 평택시 내 1가구 1주택에 대한 취득세 감면* * (감면율) 85㎡ 이하 100%, 85㎡~102㎡ 75%, 102㎡ 이상 62.5% (기간)'19~'21년 ※ 최소납부세제 적용('19)	§81의 2 (2021.12.31.)

운 용

Ⅲ 〈'20년 시행〉 2019년 지방세특례제한법 상 일몰도래 감면 개정 현황

이 법 시행 이후 납세의무가 성립하는 경우부터 적용하되, 개정 법률 부칙 제2조(2020.1.15. 제16865호)에 따라 2020.1.1.부터 소급 적용

✔ 2020.1.1. 이후부터 이 법 시행 전에 일반 과세한 세액은 감액 또는 환급 조치

1 지역경제 활성화 및 지역개발 지원

현 행	개 정
① 관광단지개발 사업시행자 취득 부동산, §54 ① • (감면율) 취득세 25%(조례 +25%) • (일몰기한) 2019.12.31.	✔ 현행 3년 연장 • (감면율) 취득세 25%(조례 +25%) • (일몰기한) 2022.12.31.
② 지식산업센터용 분양·임대 부동산(사업시행자), §58의 2 ① • (감면율) 취득세 35%, 재산세 37.5% • (일몰기한) 2019.12.31.	✔ 현행 3년 연장 • (감면율) 취득세 35%, 재산세 37.5% • (일몰기한) 2022.12.31.
③ 지식산업센터용 분양·임대 부동산(입주기업, 중소기업 한정), §58의 2 ② • (감면율) 취득세 50%, 재산세 37.5% • (일몰기한) 2019.12.31.	✔ 현행 3년 연장 • (감면율) 취득세 50%, 재산세 37.5% • (일몰기한) 2022.12.31.
④ 물류단지개발사업용 부동산(시행자), §71 ① • (감면율) 취득세·재산세 35% • (일몰기한) 2019.12.31.	✔ 현행 3년 연장 • (감면율) 취득세·재산세 35% • (일몰기한) 2022.12.31.
⑤ 물류단지 내 물류사업용 부동산(물류업자), §71 ② • (감면율) 취득세 50%, 재산세(5년) 35% • (일몰기한) 2019.12.31.	✔ 감면 대상 일부 축소, 일몰 3년 연장 • (감면율) 취득세 50%, 재산세(5년) 35% ※ 대규모 점포 제외 • (일몰기한) 2022.12.31.
⑥ 복합물류터미널사업시행자가 공사계획 시행을 위해 취득하는 부동산, §71 ③ • (감면율) 취득세·재산세 25% • (일몰기한) 2019.12.31.	✔ 현행 3년 연장 • (감면율) 취득세·재산세 25% • (일몰기한) 2022.12.31.
⑦ 산업단지·산업기술단지(시행자 단지 조성용), §78 ① • (감면율) 취득세 35%, 재산세 35%(수도권), 60%(비수도권) • (일몰기한) 2019.12.31.	✔ 현행 3년 연장 • (감면율) 취득세 35%, 재산세 35%(수도권), 60%(비수도권) • (일몰기한) 2022.12.31.

현 행	개 정
⑧ 산업단지·산업기술단지(시행자 분양·임대용 산업용 건축물), §78 ② 1호 • (감면율) 취득세 35%, 재산세(5년) 35%(수도권), 60%(비수도권) • (일몰기한) 2019.12.31.	✔ 현행 3년 연장 • (감면율) 취득세 35%, 재산세(5년) 35%(수도권), 60%(비수도권) • (일몰기한) 2022.12.31.
⑨ 산업단지·산업기술단지(시행자 조성공사 끝난 토지 분양 전 보유 단계), §78 ② 2호 • (감면율) 취득세 35%, 재산세(5년) 35%(수도권), 60%(비수도권) • (일몰기한) 2019.12.31.	✔ 현행 3년 연장 • (감면율) 취득세 35%, 재산세(5년) 35%(수도권), 60%(비수도권) • (일몰기한) 2022.12.31.
⑩ 산업단지·산업기술단지(시행자 직접 사용 목적 산업용 건축물), §78 ③ 1호 • (감면율) 취득세 35%, 재산세(5년) 35%(수도권), 60%(비수도권) • (일몰기한) 2019.12.31.	✔ 현행 3년 연장 • (감면율) 취득세 35%, 재산세(5년) 35%(수도권), 60%(비수도권) • (일몰기한) 2022.12.31.
⑪ 산업단지·산업기술단지(시행자 직접 사용 목적 토지), §78 ③ 2호 • (감면율) 취득세 35%, 재산세(5년) 35%(수도권), 60%(비수도권) • (일몰기한) 2019.12.31.	✔ 현행 3년 연장 • (감면율) 취득세 35%, 재산세(5년) 35%(수도권), 60%(비수도권) • (일몰기한) 2022.12.31.
⑫ 산업단지·산업기술단지(입주기업 직접 사용·임대용(중소기업) 산업용 건축물 신축·증축), §78 ④ • (감면율) 취득세 50%(조례 +25%), 재산세(5년) 35%(수도권), 75%(비수도권) • (일몰기한) 2019.12.31.	✔ 현행 3년 연장 • (감면율) 취득세 50%(조례+25%), 재산세(5년) 35%(수도권), 75%(비수도권) ※ 증축 토지 제외 • (일몰기한) 2022.12.31.
⑬ 산업단지·산업기술단지(입주기업 직접 사용 목적 산업용 건축물 대수선), §78 ④ • (감면율) 취득세 25%(조례+15%) • (일몰기한) 2019.12.31.	✔ 현행 3년 연장 • (감면율) 취득세 25%(조례+15%), ※ 토지 제외 • (일몰기한) 2022.12.31.
⑭ 한국산업단지공단 특정사업목적 부동산, §78 ⑥ • (감면율) 취득세 35%, 재산세 35%(수도권), 75%(비수도권) • (일몰기한) 2019.12.31.	✔ 감면율 조정, 일몰 3년 연장 등 • (감면율) 취득세 35%, 재산세 50% • (일몰기한) 2022.12.31.
⑮ 기업도시개발구역 내 취득 부동산(입주기업 창업 및 사업장 신설), §75의 2 ① 1호 • (감면율) 취득세·재산세 50%(조례) ※ 100억 원↑ 투자시 • (일몰기한) 2019.12.31.	✔ 감면 요건 완화, 일몰 3년 연장 • (감면율) 취득세·재산세 50%(조례) ※ 5~20억 원↑ 투자시 & 10~30명↑ 고용시 • (일몰기한) 2022.12.31.

운 용

현 행	개 정
⑯ 기업도시개발구역 내 취득 부동산(사업시행자 사업용), §75의 2 ① 2호 • (감면율) 취득세·재산세 50%(조례) ※ 1,000억 원↑ 투자시 • (일몰기한) 2019.12.31.	✔ 감면 요건 완화, 일몰 3년 연장 • (감면율) 취득세·재산세 50%(조례) ※ 500억 원↑ 투자시 • (일몰기한) 2022.12.31.
⑰ 지역개발사업구역 내 취득 부동산(입주기업 창업 및 사업장 신설), §75의 2 ① 1호 • (감면율) 취득세·재산세 50%(조례) ※ 100억 원↑ 투자시 • (일몰기한) 2019.12.31.	✔ 감면 요건 완화, 일몰 3년 연장 • (감면율) 취득세·재산세 50%(조례) ※ 5~20억 원↑ 투자시 & 10~30명↑ 고용시 • (일몰기한) 2022.12.31.
⑱ 지역개발사업구역 내 취득 부동산(사업시행자 사업용), §75의 2 ① 2호 • (감면율) 취득세·재산세 50%(조례) ※ 1,000억 원↑ 투자시 • (일몰기한) 2019.12.31.	✔ 감면 요건 완화, 일몰 3년 연장 • (감면율) 취득세·재산세 50%(조례) ※ 500억 원↑ 투자시 • (일몰기한) 2022.12.31.
⑲ 지역신용보증재단 신용보증업무 부동산, §56 ③ • (감면율) 취득세·재산세 50% • (일몰기한) 2019.12.31.	✔ 현행 3년 연장 • (감면율) 취득세·재산세 50% • (일몰기한) 2022.12.31.
⑳ 벤처기업 고유업무 부동산(벤처기업육성촉진지구내), §58 ④ • (감면율) 취득세·재산세 37.5% • (일몰기한) 2019.12.31.	✔ 현행 3년 연장 • (감면율) 취득세·재산세 37.5% • (일몰기한) 2022.12.31.
㉑ 중소벤처기업진흥공단이 중소기업자에게 분양 또는 임대할 목적으로 취득하는 부동산, §59 ② • (감면율) 취득세·재산세 50% • (일몰기한) 2019.12.31.	✔ 현행 3년 연장 • (감면율) 취득세·재산세 50% • (일몰기한) 2022.12.31.
㉒ 중소기업중앙회 회원용 신축 건축물, §60 ② • (감면율) 취득세 △0.8%p • (일몰기한) 2019.12.31.	✔ 현행 3년 연장 • (감면율) 취득세 △0.8%p • (일몰기한) 2022.12.31.
㉓ 지방중소기업 종합지원센터 고유업무 부동산, §60 ④ • (감면율) 취득세·재산세 50% • (일몰기한) 2019.12.31.	✔ 현행 3년 연장 • (감면율) 취득세·재산세 50% • (일몰기한) 2022.12.31.
㉔ 농업법인(영농조합법인·농업회사법인) 설립 후 2년 내 취득하는 부동산, §11 ① • (감면율) 취득세 100% ※ 최소납부 적용 제외 • (일몰기한) 2019.12.31.	✔ 감면율 축소, 일몰 1년 연장 등 • (감면율) 취득세 75% ※ **청년** : 4년간, 도시지역 배제/ 농지·임야·시설물 限 ※ 농업경영체 등록 법인 限/ 기존 법인 100% 감면 인정 • (일몰기한) 2020.12.31.

현 행	개 정
㉕ 도시개발 및 재개발사업의 환지계획 등에 따라 취득하는 부동산(사업시행전 부동산소유자, §74 ① 1·2호) • (감면율) 과표공제 • (일몰기한) 2019.12.31.	✔ 현행 3년 연장 • (감면율) 과표공제 • (일몰기한) 2022.12.31.
㉖ 도시개발사업, 재개발사업에 따른 체비지 또는 보류지(사업시행자), §74 ① 본문 • (감면율) 취득세 100% • (일몰기한) 2019.12.31.	✔ 감면율 축소, 일몰 3년 연장, 항 이관(§74 ③) • (감면율) 취득세 75%(도시개발사업 한정) • (일몰기한) 2022.12.31.
㉗ 재개발사업에 따라 취득하는 부동산(사업시행자 대지조성용), §74 ③ 1호 • (감면율) 취득세 75% • (일몰기한) 2019.12.31.	✔ 감면율 축소, 일몰 3년 연장, 항 이관(§74 ⑤ 1호) • (감면율) 취득세 50% • (일몰기한) 2022.12.31.
㉘ 재개발사업에 따라 취득하는 부동산(사업시행자 관리처분계획에 따른 취득), §74 ③ 2호 • (감면율) 취득세 75% • (일몰기한) 2019.12.31.	✔ 감면율 축소, 일몰 3년 연장, 항 이관(§74 ⑤ 2호) • (감면율) 취득세 50% • (일몰기한) 2022.12.31.
㉙ 재개발사업에 따라 취득하는 부동산(정비구역지정고시일 현재 부동산 소유자), §74 ③ 4호 • (감면율) 취득세 100% • (일몰기한) 2019.12.31.	✔ 감면율 축소, 일몰 3년 연장, 항 이관(§74 ⑤ 3호) 등 • (감면율) (~85㎡) 취득세 50%, (~60㎡) 취득세 75% ※ 1가구 1주택, 일시적 2주택 요건 신설 • (일몰기한) 2022.12.31.
㉚ 주거환경개선사업에 따라 취득하는 부동산(사업시행자 사업용), §74 ③ 3호 • (감면율) 취득세 75% • (일몰기한) 2019.12.31.	✔ 현행 3년 연장, 항 이관(§74 ④ 1호) • (감면율) 취득세 75% • (일몰기한) 2022.12.31.
〈신 설〉	✔ 주거환경개선사업에 시행자 체비지 및 보류지(사업시행자 사업용), §74 ④ 2호 • (감 면 율) 취득세 75% • (일몰기한) 2022.12.31
㉛ 주거환경개선사업에 따라 취득하는 부동산(정비구역지정고시일 현재 부동산 소유자), §74 ③ 5호 • (감면율) 취득세 100% • (일몰기한) 2019.12.31.	✔ 현행 3년 연장, 항 이관(§74 ④ 3호) • (감면율) 취득세 100% • (일몰기한) 2022.12.31.

운 용

개정내용

- (①~⑭) 日 수출규제, 美·中 무역분쟁 등 불확실한 경영여건 고려, 제조업, 물류 등 기업 관련 지원은 현행* 감면율 연장

  ※ 산업단지, 지식산업센터 등 집적시설 14건

  * 산업단지 증축·대수선 시 부속토지 제외 등 제도개선은 추진

- (⑮~⑱) 기업도시개발구역 및 지역개발사업구역 감면 투자규모 기준 완화 및 고용인원 기준 신설을 통해 입주촉진 및 고용창출 효과 강화

  ※ 기업도시개발구역, 지역개발사업구역 등 지역특구사업 4건

- (⑲~㉔) **소상공인·중소기업**을 지원하는 지역신용보증재단 및 중소벤처기업진흥공단 등에 대한 취득·재산세 감면 연장

  – **농업법인**은 감면율을 **창업 중소기업 수준**(75%)에 맞춰 연장(1년)하고, 청년법인은 감면기간을 확대하되, **투기 악용 방지**를 위해 요건은 강화

    ※ 지역신용보증재단 등 소상공인·중소기업 관련 6건

- (㉕~㉛) 주체별·사업별 담세력 및 수익성을 고려하여 도시개발·재개발·주거환경개선사업에 대한 감면 연장 및 재설계

  ※ 도시개발, 재개발, 주거환경개선사업 등 도시개발 관련 7건

❙ 재설계 방향 ❙

• 사업별 수익성 및 공공성을 반영, 사업별로 감면 차등(주거환경개선사업 현행유지) • 시행중*인 사업에 대해서는 종전 감면율을 적용하여 납세자 혼란 최소화 * 사업시행인가일이 '19.12.31. 이전인 사업

2 사회적 취약계층, 저출산 등 복지 지원

현 행	개 정
① 사회복지법인등 고유업무 부동산(의료 外), §22 • (감면율) 취득세·재산세(도시지역분 포함)·지역자원시설세(특정부동산분, 특정자원분)·등록면허세·주민세(종업원분, 재산분, 균등분) 100% ※ 최소납부 '20년 적용 • (일몰기한) 2019.12.31.	✔ 감면세목 축소, 일몰 3년 연장 • (감면율) 취득세·재산세(도시지역분 포함)·지역자원시설세(특정자원분)·등록면허세·주민세(종업원분, 재산분, 균등분) 100% ※ 최소납부 '20년 적용 • (일몰기한) 2022.12.31.
② 장학단체 고유업무 부동산, §45 ① • (감면율) 취득세·재산세(도시지역분 포함)·지역자원시설세 100% • (일몰기한) 2019.12.31.	✔ 감면세목(목적세) 축소, 일몰 2년 연장 • (감면율) 취득세·재산세 100% • (일몰기한) 2021.12.31.
③ 장학법인(공익법인) 임대용 부동산, §45 ② • (감면율) 취득세·재산세(도시지역분 포함)·지역자원시설세 80% • (일몰기한) 2019.12.31.	✔ 감면세목(목적세) 축소, 일몰 2년 연장 • (감면율) 취득세·재산세 80% • (일몰기한) 2021.12.31.
④ 신혼부부 생애최초 취득 주택, §36의 2 • (감면율) 취득세 50% • (일몰기한) 2019.12.31.	✔ 현행 1년 연장 • (감면율) 취득세 50% • (일몰기한) 2020.12.31.
⑤ 한국원자력의학원, §37 ① 〈신 설〉	✔ 감면 신설, 일몰 2년 • (감면율) (~'20) 취·재·도 75 (~'21) 취·재(5년) 50 • (일몰기한) 2021.12.31.

개정내용

- (①~③) 사회적 취약계층을 지원하는 **보육원 등 사회복지법인 및 장학재단** 관련 부동산 취득·재산세 감면 연장
  ※ 사회복지법인, 장학단체 등 사회복지 관련 3건
- (④) **신혼부부 생애최초 주택** 취득세 감면(50%) 연장(1년)
  ※ (소득) 맞벌이 7천만 원, 외벌이 5천만 원↓ (주택) 3억 원(首 4억 원)↓, (전용면적) 60㎡↓
- (⑤) 방사능 재난 등 지역의 응급의료 대응 지원을 위해 **한국원자력의학원**의 부동산에 대한 취득·재산세 감면 신설(2년)
  ※ (감면율) '20년 취·재·도 75%, '21년 취·재(5년) 50%

운 용

3 친환경·신선장 기술 지원

현 행	개 정
① 연안항로 화물운송용 선박(천연가스), §64 ③ • (감면율) 취득세 △2%p • (일몰기한) 2019.12.31.	✔ 현행 2년 연장 • (감면율) 취득세 △2%p • (일몰기한) 2021.12.31.
② 전기·수소자동차, §66 ④ 2호 • (감면율) 취득세 100%(140만 원) • (일몰기한) 2019.12.31.	✔ 현행 2년 연장 • (감면율) 취득세 100%(140만 원) • (일몰기한) 2021.12.31.
③ 전기·수소버스, §70 ④ • (감면율) 취득세 50% ※ 운송사업용(연료 관계X) • (일몰기한) 2019.12.31.	✔ 감면 확대, 일몰 2년 연장 • (감면율) 취득세 100% ※ 최소납부 적용 • (일몰기한) 2021.12.31.
④ 기업부설연구소용 부동산(중견기업), §40 ① • (감면율) 취득세·재산세 35% • (일몰기한) 2019.12.31.	✔ 감면확대, 일몰 3년 연장 • (감면율) 취득세·재산세 35% ※ 신성장동력·원천기술 분야 10%p 추가 • (일몰기한) 2022.12.31.
⑤ 기업부설연구소용 부동산(대기업), §40 ② • (감면율) 취득세·재산세 35% ※ 과밀억제권역 감면 제외 • (일몰기한) 2019.12.31.	✔ 감면확대, 일몰 3년 연장 • (감면율) 취득세·재산세 35% ※ 과밀억제권역 감면 제외 ※ 신성장동력·원천기술 분야 10%p 추가 • (일몰기한) 2022.12.31.
⑥ 기업부설연구소용 부동산(중소기업), §40 ③ • (감면율) 취득세 60%, 재산세 50% • (일몰기한) 2019.12.31.	✔ 감면확대, 일몰 3년 연장 • (감면율) 취득세 60%, 재산세 50% ※ 신성장동력·원천기술 분야 10%p 추가 • (일몰기한) 2022.12.31.

개정내용

- (①~③) 전기·수소, 천연가스 등 **친환경 에너지**를 이용하는 수송 및 교통수단에 대해 취득세 감면 신설 및 연장

  ※ 전기·수소 자동차 등 친환경 교통수단 3건

- (④~⑥) 기술 경쟁력 강화 및 국산화 지원을 위해 **신성장동력·원천기술 분야** 기업부설연구소용 부동산 취득·재산세 감면* 확대

  * **감면율** : (대·중견) 취·재 35%, (중소) 취 60% 재 50% + 신성장 분야 시 각 10%p

4 복지, 교통, 농어업 등 공공행정 지원

■ 국가공공기관

현 행	개 정
① 농어촌공사가 농지매매사업·농지 재개발에 따라 취득하는 부동산 등, §13 ② 1호 • (감면율) 취득세·재산세 50% • (일몰기한) 2019.12.31.	✔ 현행 3년 연장 • (감면율) 취득세·재산세 50% • (일몰기한) 2022.12.31.
② 농어촌공사가 농업생산기반 정비계획에 따라취득하는 농업기반시설용토지 등, §13 ② 1의 2호 • (감면율) 취득세 50%, 재산세 100% ※ 최소납부 적용 • (일몰기한) 2019.12.31.	✔ 감면율 축소, 일몰 3년 연장 등 • (감면율) 취득세·재산세 50% ※ 2년간 현행 유지 후 재산세 감면율 축소 • (일몰기한) 2022.12.31.
③ 농어촌공사가 농업인 경영회생 지원을 위해 취득하는 농지, §13 ② 2호 • (감면율) 취득세 50%(환매 100%), 재산세 50% ※ 최소납부 적용 • (일몰기한) 2019.12.31.	✔ 현행 3년 연장 • (감면율) 취득세 50%(환매 100%), 재산세 50% ※ 최소납부 적용 • (일몰기한) 2022.12.31.
④ 농어촌공사의 FTA 피해농어업인 경영규모 확대 지원 목적 취득 농지, §13 ② 3호 • (감면율) 취득세 50% • (일몰기한) 2019.12.31.	✔ 현행 3년 연장 • (감면율) 취득세 50% • (일몰기한) 2022.12.31.
⑤ 농어촌공사의 제3자 공급목적 농어촌 생활환경정비사업용 일시취득 부동산, §13 ② 4호 • (감면율) 취득세 30% • (일몰기한) 2019.12.31.	✔ 감면율 축소, 일몰 3년 연장 • (감면율) 취득세 25% • (일몰기한) 2022.12.31.
⑥ 농어촌공사의 농지시장 안정용 매입 농지 등, §13 ② 5호 • (감면율) 취득세 50% • (일몰기한) 2019.12.31.	✔ 현행 3년 연장 • (감면율) 취득세 50% • (일몰기한) 2022.12.31.
⑦ 한국장애인고용공단 고유업무 부동산, §18 • (감면율) 취득세·재산세 25% • (일몰기한) 2019.12.31.	✔ 현행 3년 연장 • (감면율) 취득세·재산세 25% • (일몰기한) 2022.12.31.
⑧ 법률구조법인 고유업무 부동산, §23 ① • (감면율) 취득세·재산세(도시지역분 포함) 100% ※ 최소납부 적용 • (일몰기한) 2019.12.31.	✔ 감면율 단계적 축소, 일몰 3년 연장 • (감면율) 취득세·재산세 25%('20년 현행유지, '21년 취득세·재산세 50%) • (일몰기한) 2022.12.31.

운 용

현 행	개 정
⑩ 한국소비자원 고유업무 부동산 §23 ② • (감면율) 취득세·재산세(도시지역분 포함) 100% ※ 최소납부 적용 • (일몰기한) 2019.12.31.	✔ 감면율 단계적 축소, 일몰 3년 연장 • (감면율) 취득세·재산세 25% ('20년 현행유지, '21년 취득세·재산세 50%) • (일몰기한) 2022.12.31.
⑪ 근로복지공단 고유업무 부동산, §27 ① • (감면율) 취득세·재산세 25% • (일몰기한) 2019.12.31.	✔ 감면세목 종료, 일몰 3년 연장 • (감면율) 취득세 25%('20년 재산세 25%, '21년 재산세 종료) • (일몰기한) 2022.12.31.
⑫ 한국산업안전보건공단, 한국산업인력공단고유업무 부동산, §28 ② • (감면율) 취득세·재산세 25% • (일몰기한) 2019.12.31.	✔ 감면세목 종료, 일몰 3년 연장 • (감면율) (안전) 취득세·재산세 25%, (인력) 취득세 25% • (일몰기한) 2022.12.31.
⑬ 한국보훈복지의료공단 고유업무 부동산, §30 ① • (감면율) 취득세·재산세 25% • (일몰기한) 2019.12.31.	✔ 현행 3년 연장 • (감면율) 취득세·재산세 25% • (일몰기한) 2022.12.31.
⑭ 주택금융공사 주택연금보증 주택 담보등기, §35 ① • (감면율) 등록면허세 75% • (일몰기한) 2019.12.31.	✔ 감면 한도 설정, 일몰 2년 연장 등 • (감면율) (5억 원,1주택자) 등록면허세 75%, (그외) 300만 원 공제 • (일몰기한) 2021.12.31.
⑮ 대한적십자사 고유업무(의료외사업) 부동산, §40의 3 • (감면율) 취득세·재산세 25% • (일몰기한) 2019.12.31.	✔ 현행 3년 연장 • (감면율) 취득세·재산세 25% • (일몰기한) 2022.12.31.
⑯ 한국환경공단(환경복합시설 및 폐기물 처리시설 등), §47.1호 • (감면율) 취득세·재산세 25% • (일몰기한) 2019.12.31.	✔ 현행 3년 연장 • (감면율) 취득세·재산세 25% • (일몰기한) 2022.12.31.
⑰ 한국환경공단(재활용시설, 환경영향평가, 석면안전관리), §47.2호 • (감면율) 취득세·재산세 25% • (일몰기한) 2019.12.31.	✔ 현행 3년 연장 • (감면율) 취득세·재산세 25% • (일몰기한) 2022.12.31.
⑱ 국립공원공단 공원관리사업 부동산, §48 • (감면율) 취득세·재산세 25% • (일몰기한) 2019.12.31.	✔ 현행 3년 연장 • (감면율) 취득세·재산세 25% • (일몰기한) 2022.12.31.
⑲ 해양환경관리공단 고유업무 부동산, 해양오염방제용·해양환경관리용 선박, §49 • (감면율) 취득세·재산세 25% • (일몰기한) 2019.12.31.	✔ 현행 3년 연장 • (감면율) 취득세·재산세 25% • (일몰기한) 2022.12.31.

현 행	개 정
⑳ 한국광물자원공사 석재기능공 훈련시설, 광산근로자 위탁교육시설용 건축물등, §62 ③ • (감면율) 재산세 25% • (일몰기한) 2019.12.31.	✔ 감면 종료
㉑ 한국철도시설공단 (철도시설용 부동산), §63 ① • (감면율) 취득세·재산세(도시지역분 포함) 25% • (일몰기한) 2019.12.31.	✔ 감면세목 축소, 일몰 3년 연장 • (감면율) 취득세 25% • (일몰기한) 2022.12.31.
㉒ 한국철도시설공단 (철도차량), §63 ② 1호 • (감면율) 취득세 100% • (일몰기한) 2019.12.31.	✔ 현행 3년 연장 • (감면율) 취득세 100% • (일몰기한) 2022.12.31.
㉓ 한국철도시설공단 (국가귀속 부동산), §63 ② 2호 • (감면율) 취득세·재산세(도시지역분 포함) 100% • (일몰기한) 2019.12.31.	✔ 현행 3년 연장 • (감면율) 취득세·재산세(도시지역분 포함) 100% • (일몰기한) 2022.12.31.
㉔ 한국철도공사 (철도역사 개발사업용 부동산), §63 ③ • (감면율) 취득세·재산세(도시지역분 포함) 50% • (일몰기한) 2019.12.31.	✔ 감면율 축소, 일몰 3년 연장 • (감면율) 취득세 25%, 재산세(도시지역분 포함) 50% • (일몰기한) 2022.12.31.
㉕ 한국철도공사 (철도차량), §63 ③ • (감면율) 취득세 50% • (일몰기한) 2019.12.31.	✔ 감면율 일부 축소, 일몰 3년 연장 • (감면율) 취득세 50%(고속철도 취득세 25%) • (일몰기한) 2022.12.31.
㉖ 교통안전공단 부동산, §69 • (감면율) 취득세 25% • (일몰기한) 2019.12.31.	✔ 현행 3년 연장 • (감면율) 취득세 25% • (일몰기한) 2022.12.31.
㉗ 한국토지주택공사 3자 공급 목적 일시 취득 부동산 (택지개발용), §76 ① • (감면율) 취득세 20% • (일몰기한) 2019.12.31.	✔ 감면 종료
㉘ 한국토지주택공사 택지개발용 제3자 공급 목적일시 취득 부동산(국가등 무상귀속 공공시설물·부속토지·공공시설용지 등), §75의 2 2호 • (감면율) 재산세 100% • (일몰기한) 2019.12.31.	✔ 현행 3년 연장 • (감면율) 재산세 100% • (일몰기한) 2022.12.31.
㉙ 한국수자원공사가 분양 목적으로 취득하는 단지조성용 토지, §77 ① • (감면율) 취득세 30% • (일몰기한) 2019.12.31.	✔ 감면 종료

운 용

현 행	개 정
㉚ 한국수자원공사가 분양 목적으로 취득하는 부동산(국가 등 무상귀속 예정 공공시설물 등), §77 ② • (감면율) 재산세 100% • (일몰기한) 2019.12.31.	✔ 현행 3년 연장 • (감면율) 재산세 100% • (일몰기한) 2022.12.31.
㉛ 한국법무보호복지공단, 갱생보호사업 허가받은비영리법인의 직접 사용 부동산, §85 ① • (감면율) 취득세·재산세(도시지역분 포함) 100% • (일몰기한) 2019.12.31.	✔ 감면율 단계적 축소, 일몰 3년 연장 • (감면율) 취득세·재산세 25% ('20년 현행유지, '21년 취득세·재산세 50%) • (일몰기한) 2022.12.31.

■ 지방공공기관

현 행	개 정
① 지방농수산물공사 고유업무 부동산, §15 ② 1호 • (감면율) 취득세·재산세(도시지역분 포함) 100% (×지자체 지분율) ※ 최소납부 '20년 적용 • (일몰기한) 2019.12.31.	✔ 최소납부세제 적용 유예, 현행 3년 연장 • (감면율) 취득세·재산세(도시지역분 포함) 100% (×지자체 지분율) ※ 최소납부 '22년 적용 • (일몰기한) 2022.12.31.
② 지방농수산물공사 법인등기, §15 ② 2호 • (감면율) 등록면허세 100%(×지자체 지분율) • (일몰기한) 2019.12.31.	✔ 현행 3년 연장 • (감면율) 등록면허세 100%(×지자체 지분율) • (일몰기한) 2022.12.31.
③ 도시철도공사 고유업무 부동산, §63 ⑤ • (감면율) (부동산) 취득세·재산세(도시지역분 포함) 100% (철도차량) 취득세 100% (법인등기) 등록면허세 100% ※ 최소납부 '20년 적용 • (일몰기한) 2019.12.31.	✔ 최소납부세제 적용 유예, 현행 3년 연장 • (감면율) (부동산) 취득세·재산세(도시지역분 포함) 100% (철도차량) 취득세 100% (법인등기) 등록면허세 100% ※ 최소납부 '22년 적용 • (일몰기한) 2022.12.31.
④ 지방공사 고유업무 부동산(농수산물공사, 도시철도공사 제외), §85의 2 ① 1·2·3호 • (감면율) 취득세·재산세(도시지역분 포함)·등록면허세 50%(×지자체 지분율) • (일몰기한) 2019.12.31.	✔ 감면세목 축소, 일몰 3년 연장 • (감면율) 취득세·재산세 50%(×지자체 지분율) • (일몰기한) 2022.12.31.
⑤ 지방공기업 주택사업, 토지개발사업용 부동산(무상귀속 예정), §85의 2 ① 4호 • (감면율) 재산세(도시지역분 포함) 100% • (일몰기한) 2019.12.31.	✔ 감면세목(목적세) 축소, 일몰 3년 연장 • (감면율) 재산세100% • (일몰기한) 2022.12.31.

현 행	개 정
⑥ 지방공단 고유업무 부동산, §85의 2 ②호 • (감면율) 취득세 · 재산세(도시지역분 포함) · 등록면허세 100%(조례) ※ 최소납부 '20년 적용 • (일몰기한) 2019.12.31.	✔ 감면세목(목적세) 축소, 일몰 3년 연장 • (감면율) 취득세 · 재산세 100%(조례) ※ 최소납부 '20년 적용 • (일몰기한) 2022.12.31.
⑦ 자치단체 출자 출연 주식회사 고유업무 부동산, §85의 2 ③ • (감면율) 취득세 · 재산세(도시지역분 포함) · 등록면허세 50%(×지자체 지분율) • (일몰기한) 2019.12.31.	✔ 감면세목(목적세) 축소, 일몰 3년 연장 • (감면율) 취득세 · 재산세 50%(×지자체 지분율) • (일몰기한) 2022.12.31.

개정내용

■ 수행 사무의 공공성 · 공익성을 고려하여 **공공기관**의 고유업무용 부동산에 대한 취득 · 재산세 감면을 연장

❙ 재설계 방향 ❙

- 설립 주체에 따라 지방공공기관의 감면율을 국가공공기관 보다 높게 설정
- 지방공공기관 중 공단은 지자체 사무 대행기관이므로, 감면율을 높게 설정
- 농 · 수산물, 대중교통 등 취약분야*는 감면율을 높게 설정

  * 수익성이 있는 사업의 경우는 타 공사 · 공단과의 형평성을 감안하여 설정

운 용

5 농업, 학술·문화·체육단체, 마을회 등 기타

현 행	개 정
① 농업생산기반 개량사업 취득농지, 농지확대개발사업 취득 개간농지, §8 ① • (감면율) 취득세 100% ※ 최소납부 적용 제외 • (일몰기한) 2019.12.31.	✔ 현행 3년 연장 • (감면율) 취득세 100% ※ 최소납부 적용 제외 • (일몰기한) 2022.12.31.
② 교환·분할·합병하는 농지, 농업진흥지역 내 교환·분할·합병 농지, §8 ② • (감면율) 취득세 100% ※ 최소납부 적용 제외 • (일몰기한) 2019.12.31.	✔ 현행 3년 연장 • (감면율) 취득세 100% ※ 최소납부 적용 제외 • (일몰기한) 2022.12.31.
③ 학술연구단체 고유업무 부동산, §45 ① • (감면율) 취득세·재산세(도시지역분 포함)·지역자원시설세 100% • (일몰기한) 2019.12.31.	✔ 감면세목(목적세) 축소, 일몰 2년 연장 • (감면율) 취득세·재산세 100% • (일몰기한) 2021.12.31.
④ 과학기술단체 고유업무 부동산, §45 ① • (감면율) 취득세·재산세(도시지역분 포함)·지역자원시설세 100% • (일몰기한) 2019.12.31.	✔ 감면 종료 • 다만, 학술단체로 분류되는 기관은 학술단체 감면 적용
⑤ 문화예술단체 고유업무 부동산, §45 ① • (감면율) 취득세·재산세(도시지역분 포함)·지역자원시설세 100% • (일몰기한) 2019.12.31.	✔ 감면세목(목적세) 축소, 일몰 2년 연장 • (감면율) 취득세·재산세 100% • (일몰기한) 2021.12.31.
⑥ 체육진흥단체 고유업무 부동산, §45 ① • (감면율) 취득세·재산세(도시지역분 포함)·지역자원시설세 100% • (일몰기한) 2019.12.31.	✔ 감면세목(목적세) 축소, 일몰 2년 연장 • (감면율) 취득세·재산세 100% • (일몰기한) 2021.12.31.
⑦ 도서관법에 따라 설립된 도서관, §52 ② • (감면율) 취득세△2%p, 등록면허세 100% • (일몰기한) 2019.12.31.	✔ 감면 종료 (다른 조문에서 감면 가능)
⑧ 2012여수세계박람회재단 고유업무 부동산, §54 ⑤ 1호 • (감면율) 취득세·재산세 100%(조례) • (일몰기한) 2019.12.31.	✔ 감면 종료(조례 이관)
⑨ 해양박람회특구 내 창업 또는 사업장 신설기업 고유업무 부동산 등, §54 ⑤ 1·2호 • (감면율) 취득세·재산세 50%(조례) • (일몰기한) 2019.12.31.	✔ 감면 종료(조례 이관)

현 행	개 정
⑩ 별정우체국, §72 • (감면율) 취득세·재산세(도시지역분 포함)·지역자원시설세·주민세(종업원분, 재산분) 100% ※ 최소납부 '20년 적용 • (일몰기한) 2019.12.31.	✔ 감면세목(목적세) 축소, 일몰 3년 연장 • (감면율) 취득세·재산세(도시지역분 포함)·주민세(종업원분, 재산분) 100% ※ 최소납부 '20년 적용 • (일몰기한) 2022.12.31.
⑪ 이전공공기관 임직원 취득 주택 등, §81 ③ • (감면율) 취득세 62.5~100% • (일몰기한) 2019.12.31.	✔ 현행 3년 연장 • (감면율) 취득세 62.5~100% ※ 행정중심복합도시건설청 소속 공무원은 '19.12.31. 이전 소속만 가능 • (일몰기한) 2022.12.31.
⑫ 새마을운동조직 고유업무 부동산, §88 ① • (감면율) 취득세·재산세(도시지역분 포함)·100% ※ 최소납부 '20년 적용 • (일몰기한) 2019.12.31.	✔ 감면세목(목적세) 축소, 일몰 3년 연장 • (감면율) 취득세·재산세 100% ※ 최소납부 '20년 적용 • (일몰기한) 2022.12.31.
⑬ 정당 고유업무 부동산, §89 ①~③ • (감면율) 취득세·재산세(도시지역분 포함)·지역자원시설세(특정부동산분, 특정자원분)·등록면허세·주민세(종업원분, 재산분) 100% ※ 최소납부 '20년 적용 • (일몰기한) 2019.12.31.	✔ 감면세목(목적세) 축소, 일몰 3년 연장 • (감면율) 취득세·재산세(도시지역분 포함)·지역자원시설세(특정자원분)·등록면허세·주민세(종업원분, 재산분) 100% ※ 최소납부 '20년 적용 • (일몰기한) 2022.12.31.
⑭ 마을회, §90 ①·② • (감면율) 취득세·재산세(도시지역분 포함)·지역자원시설세(특정부동산분, 특정자원분)·주민세(종업원분, 재산분) 100% ※ 최소납부 '20년 적용 • (일몰기한) 2019.12.31.	✔ 현행 3년 연장 • (감면율) 취득세·재산세(도시지역분 포함)·지역자원시설세(특정부동산분, 특정자원분)·주민세(종업원분, 재산분) 100% ※ 최소납부 '20년 적용 • (일몰기한) 2022.12.31.

6 무기한 감면 검토(일몰부여 등)

현 행	개 정
① 20톤 미만 소형어선산, §9 ② • (감면율) 취득세·재산세·지역자원시설세 100% • (일몰기한) –	✔ 일몰기한 부여 • (감면율) 취득세·재산세·지역자원시설세 100% • (일몰기한) 2022.12.31.
② 자영어민 어업권 면허 §9 ③ • (감면율) 취득세·등록면허세 100% • (일몰기한) –	✔ 일몰기한 부여 • (감면율) 취득세·등록면허세 100% • (일몰기한) 2022.12.31.
③ 외교관 자녀 기숙사용 부동산 §91 • (감면율) 취득세△2%p, 등록면허세 100% • (일몰기한) –	✔ 일몰기한 부여 • (감면율) 취득세△2%p, 등록면허세 100% • (일몰기한) 2022.12.31.

Chapter 02 지방세 특례 예비타당성평가 및 심층평가 운용기준

I 지방세 특례 예비타당성평가 운용기준

행정안전부 훈령 제79호(2019.04.11.)

지방세특례 예비타당성조사 운용기준

제1장 총칙

제1조【목적】 이 운용기준은 「지방세특례제한법」 제181조 제7항과 같은 법 시행령 제124조 제5항에 따라 실시하는 지방세특례 예비타당성조사의 대상 선정·조사수행기관·조사방법 및 절차 등에 관한 세부사항을 규정함을 목적으로 한다.

제2조【정의】 이 기준에서 사용하는 용어의 뜻은 다음과 같다.

1. "지방세특례 예비타당성조사(이하 "예비타당성조사"라 한다)"란 「지방세특례제한법」 제181조 제7항 및 같은 법 시행령 제124조 제3항에 따라 신규로 도입하려는 지방세특례를 대상으로 그 필요성, 경제적 및 사회적 기대효과, 지역경제 및 지방세수 영향, 조세의 형평성, 정책수단의 적절성, 예상되는 문제점 등을 평가하기 위하여 행정안전부장관 주관으로 실시하는 사전적인 타당성 검증·평가를 말한다.
2. "지방세 특례"란 세율의 경감, 세액감면, 세액공제, 과세표준 공제(중과세 배제, 재산세 과세대상 구분전환을 포함한다) 등 「지방세특례제한법」으로 규정되는 과세특례를 말한다.
3. "지방세특례금액"이란 특정 지방세특례의 시행으로 인해 제도 시행기간 동안에 발생할 것으로 예상되는 지방세수입의 감소액 총액을 말한다.

제3조【예비타당성조사 계획의 수립】 ① 행정안전부장관은 예비타당성조사의 목적, 추진방향, 추진일정 등에 관한 계획을 「지방세특례제한법」 제181조 제1항에 따른 「지방세 특례 및 그 제한에 관한 기본계획」에 반영하여야 하며, 이를 관계 행정기관의 장 등에게 통보한다.

② 행정안전부장관은 예비타당성조사 추진계획의 수립을 위한 관련 자료의 수집·분석, 조사 추진방향

운용

등에 관하여 필요한 경우 전문기관 등에 조사·연구 등을 의뢰하거나, 전문가의 의견을 들을 수 있다.

제4조【자료 수집 및 제출 요구】 ① 행정안전부장관은 「지방세특례제한법」 제181조 제9항에 따라 관계 행정기관의 장 등에 대하여 자료의 제출 등을 요구할 수 있다.

② 제1항에 따라 자료 등의 제출을 요청받은 관계 행정기관의 장 등은 제출기한이 따로 명시되지 아니한 경우에는 그 요청을 받은 날부터 10일 이내에 자료 등을 제출하여야 한다. 다만, 그 기간 내에 자료 등을 제출하기 어려운 경우에는 행정안전부장관과 협의하여 그 기간을 연장할 수 있다.

③ 제2항에도 불구하고 관계 행정기관의 장은 해당 자료가 보관·관리되지 아니하거나 생산할 수 없는 것인 경우에는 제1항에 따른 요청을 받은 날부터 10일 이내에 그 사유와 향후 자료 관리계획을 행정안전부장관에게 제출하여야 한다.

제2장 예비타당성조사 대상

제5조【예비타당성조사 대상】 ① 예비타당성조사는 다음 각 호의 어느 하나에 해당하는 지방세특례를 대상으로 실시한다.

1. 행정안전부장관이 지방세특례 신설을 위하여 타당성 평가가 필요하다고 인정하는 경우로서 해당 특례안의 감면기간 동안 발생할 것으로 예상되는 지방세 감면 추계액이 100억 원 이상인 것
2. 기존 지방세특례의 내용을 변경하는 경우에는 기존 지방세특례 금액에 해당 특례안의 감면기간 동안 추가되는 예상 감면액이 100억 원 이상인 경우

② 제1항 제2호에 따른 "기존 지방세특례의 내용을 변경하는 경우"란 특례세율을 변경하거나 적용대상을 추가하는 경우 등을 말하며, 기존 지방세특례의 적용기한을 단순히 연장하는 경우는 제외한다.

제6조【조사대상의 단위】 ① 예비타당성조사 대상 판정은 「지방세특례제한법」의 조문을 기준으로 한다. 다만, 기존 조문에 항이나 호 등을 신설 또는 변경하는 경우에는 그 신설·변경되는 내용을 예비타당성조사 대상으로 한다.

② 예비타당성조사를 신청한 지방세특례 중에서 상호연계성이 높고 도입 목적이 유사한 제도들은 일괄하여 예비타당성조사를 실시할 수 있다.

제7조【지방세특례금액의 계산】 ① 지방세특례금액은 예비타당성조사를 신청하는 관계 행정기관의 장 등이 제시하는 금액을 기준으로 한다. 단 행정안전부장관은 제시된 지방세특례금액에 대한 검증과정을 통해 관계 행정기관에 그 금액에 대한 재평가를 요구할 수 있다. 최초 제시된 금액과 재평가된 금액이 상이한 경우 재평가된 금액을 지방세특례금액으로 한다.

② 행정안전부장관과 협의하는 과정에서 관계 행정기관의 장 등이 최초 제시한 지방세특례금액이 변경된 경우에는 그 변경사유를 지방세특례금액 산정시에 반영한다.

제8조 【조사제외 대상】 다음 각 호의 어느 하나에 해당하는 지방세특례는 제16조의 예비타당성조사 제외 승인절차에 따라 예비타당성조사 대상에서 제외한다.

1. 경제성장률·고용률 등 주요 경제지표에 있어 국가경제 또는 지역경제에 위기로 인정되는 상황이 발생하는 경우
2. 천재지변·국가적 재난사태 등 심각한 자연적·사회적 현안이 발생하는 경우
3. 국가 간 협약·조약에 따라 추진하는 사항이나 국제대회나 국가행사 등 국가적 사업의 추진을 위해 한시적 지방세지원이 요구되는 경우

제3장 예비타당성조사 대상선정 및 절차

제9조 【조사대상의 선정】 ① 행정안전부장관은 각 관계 행정기관의 장 등의 요구에 따라 또는 직권으로 예비타당성조사 대상을 선정할 수 있다.

② 행정안전부장관은 「지방재정법」 제28조의 2 제1항에 따른 지방세감면율의 제한과 「지방세특례제한법」 제181조 제1항에 따른 「지방세특례 및 그 제한에 관한 기본계획」 수립 등을 위하여 필요하다고 인정하는 경우에는 해당 관계 행정기관의 장 등의 요구가 없더라도 예비타당성조사를 실시할 수 있다.

③ 삭제

제10조 【예비타당성조사의 요구】 ① 각 관계 행정기관의 장 등은 예비타당성조사 대상에 해당하는 지방세특례를 지방세특례제한법 개정안에 반영하고자 하는 경우에는 「지방세 특례 및 그 제한에 관한 기본계획」에서 정하는 기간 내에 행정안전부장관에게 예비타당성조사를 요구하여야 한다. 다만, 신규 지방세특례의 도입이 시급하고 불가피한 사유가 있는 경우에는 그 사유를 소명하여 예비타당성조사를 요구할 수 있다.

② 각 관계 행정기관의 장 등이 제1항에 따라 예비타당성조사를 요구하고자 하는 경우에는 제12조에 따른 예비타당성조사 요구서를 작성하여 제출하여야 한다.

③ 각 관계 행정기관의 장 등은 「지방세 특례 및 그 제한에 관한 기본계획」의 지방세 지출 기본원칙에 부합하지 않는 지방세특례에 대해서는 제1항에 따른 예비타당성조사를 요구할 수 없다.

제11조 【우선순위의 제출 및 도입 계획의 구체성 확보】 ① 각 관계 행정기관의 장 등이 둘 이상의 지방세특례에 대한 예비타당성조사를 요구하는 경우에는 국가 및 부처의 정책방향, 지방세지원 필요성, 정책 효과성 등을 고려하여 지방세특례 간 우선순위를 결정하고 이를 예비타당성조사 요구서에 반영하여야 한다.

② 각 관계 행정기관의 장 등은 예비타당성조사 요구에 앞서 사전 연구용역 등을 통하여 예비타당성조사 요구서에 포함되는 제12조 각 호의 사항 등을 구체화할 수 있다. 이 경우 행정안전부장관은 제14조 제1항에 따라 조사 대상을 선정할 때 사전연구용역 등을 거친 지방세특례를 우선적으로 고려할 수 있다.

운용

제12조【예비타당성조사 요구서】 ① 별지 제1호서식 예비타당성조사 요구서에는 다음 각 호의 사항이 포함되어야 한다.

1. 지방세특례 필요성 및 도입 계획(안)
2. 예상 지방세특례금액 및 재원확보방안
3. 특례건의 관련 부처 제도 개요
4. 재정지원 등 관련 지원 현황
5. 관련 연구 및 사례
6. 그 밖에 행정안전부장관이 정하는 사항
7. 삭제

② 제1항 제1호의 지방세특례 필요성 및 도입 계획에는 제도의 도입목적, 지방사무 및 지역경제 관련성, 지방세 지원 방법 등이 포함되어야 한다.

③ 제1항 제6호의 행정안전부장관이 정하는 사항에는 정책대상자에 대한 현황, 관련 분야의 사전 용역 또는 기존 연구, 외국의 유사 사례 등을 포함할 수 있다.

제13조【예비타당성조사의 재요구】 ① 각 관계 행정기관의 장은 예비타당성조사가 이미 실시된 지방세특례에 대해서는 다음 각 호의 어느 하나에 해당하는 경우를 제외하고는 재조사를 요구할 수 없다.

1. 이미 수행된 예비타당성조사 결과를 변경할 수 있을 정도로 해당 지방세특례와 관련된 경제·사회적 여건이 변동된 경우
2. 기존 예비타당성조사 결과의 반영 등을 통해 관련 지방세특례를 전면적으로 재설계한 경우

② 제1항 제2호에 따라 지방세특례를 전면적으로 재설계한 경우에는 단순한 특례세율의 변경이나 특례제도의 경미한 보완 등은 제외한다.

제14조【조사대상 선정기준】 행정안전부장관은 다음 각 호의 사항을 종합적으로 고려하여 조사대상을 선정한다.

1. 지방사무 또는 지역발전계획 관련성
2. 지역경제 활성화 효과 및 지방재정 영향
3. 재정지출 사업 및 기존 조세지원과의 차별성
4. 도입목적, 시급성, 지원대상 및 운용방안 적합성

제15조【조사대상 선정절차】 ① 행정안전부장관은 관계 행정기관의 장의 예비타당성조사 요구내용을 제14조에 따른 조사대상 선정기준에 따라 검토한 후 제17조에 따른 지방세특례 평가 자문위원회에 심의를 거쳐 조사 대상을 선정한다.

② 행정안전부장관이 제1항에 따라 조사 대상을 선정한 경우에는 그 선정결과를 즉시 관계 행정기관의 장 등에게 통보한다.

제16조【예비타당성조사의 제외 승인절차】 ① 각 관계 행정기관의 장 등이 제8조에 따라 예비타당성조사의 조사제외 대상으로 승인받고자 하는 경우에는 제10조에 따른 예비타당성조사 요구절차에 따라 별지 제2호서식을 작성하여 행정안전부장관에게 예비타당성조사 제외를 요구하여야 한다.

② 행정안전부장관은 제1항에 따른 예비타당성조사 조사제외 요구가 제8조의 조사제외 요건에 해당하는지 여부를 검토한 후 제17조에 따른 지방세특례 평가 자문위원회의 심의를 거쳐 예비타당성조사 제외에 대한 승인 여부를 결정한다.

제17조【지방세특례 평가 자문위원회】 ① 행정안전부장관은 예비타당성조사 제도의 운용과 관련된 사항을 자문하고 중요사항을 심의하기 위해 지방세특례 평가 자문위원회(이하 '자문위원회')를 설치·운영한다.

② 제1항에 따른 자문위원회는 행정안전부 및 지방자치단체 공무원과 학계 및 연구기관(정부출연연구기관 및 지방자치단체 출연 연구원에 한한다) 종사 전문가 7명 내외로 구성하며 위원장은 행정안전부 지방세제정책관으로 한다.

③ 자문위원회는 다음 각 호의 사항에 대한 자문과 심의를 담당한다.

1. 지방세특례 예비타당성조사 대상 및 조사제외 대상의 선정 및 운영에 관한 사항
2. 지방세특례 심층평가 대상의 선정 및 운영에 관한 사항
3. 예비타당성조사 및 심층평가 제도의 운영과 개선을 위해 자문위원회 위원장이 필요하다고 인정하여 부의한 사항

④ 자문위원회는 위원장의 요청에 따라 수시로 개최한다. 단, 긴급을 요하거나 대면회의 개최가 어려운 경우에는 서면 자문과 심의가 가능하다.

제18조【예비타당성조사 중 제도의 변경 및 철회】 ① 예비타당성조사 대상으로 선정된 지방세특례의 주요 내용을 변경(당초 제도도입 목적과 취지를 벗어나지 않는 범위 내로 한정한다)할 필요가 있는 경우 각 관계 행정기관의 장은 예비타당성조사 조사대상으로 선정된 시점에서 1개월 이내에 행정안전부장관에게 제도도입 계획의 변경을 요청하여야 한다.

② 제1항에 따른 제도도입 계획의 변경을 요청받은 행정안전부장관은 당초 제도도입 목적과의 부합 여부, 변경 계획의 실현가능성, 제17조에 의한 자문위원회의 자문의견 등을 종합적으로 고려하여 제도도입 계획의 변경 여부를 결정한다.

③ 예비타당성조사 수행 과정에서 다음 각 호의 어느 하나에 해당하는 경우에는 행정안전부장관은 직권으로 또는 각 관계 행정기관의 장 등의 요청에 의하여 조사를 철회할 수 있다.

1. 예비타당성조사 수행과정에서 관계 행정기관의 업무협조가 미흡하거나 조사에 필요한 자료를 확보할 수 없는 등 조사 수행이 불가능한 경우
2. 예비타당성조사 수행 중 국회에서 입법되어 관련 제도가 도입 또는 변경된 경우
3. 예비타당성조사 수행 중 제8조에 따른 조사제외 사유가 발생한 경우

제4장 예비타당성조사 수행체계

제19조【예비타당성조사 수행기관】 ① 행정안전부장관은 다음 각 호의 어느 하나에 해당하는 조세 관련 전문기관 중에서 예비타당성조사 수행기관(이하 "조사 수행기관"이라 한다)을 선정할 수 있다.

1. 「지방세기본법」 제151조에 따른 지방세연구원
2. 「민법」 외의 다른 법률에 따라 설립된 조세 관련 기관이나 법인
3. 「민법」에 따라 설립된 조세 관련 학회 등 법인
4. 조세 관련 교육과정이 개설된 「고등교육법」 제2조에 따른 학교
5. 조세에 관한 사무에 근무한 경력이 15년 이상인 사람이 2명 이상 속해 있는 법인 또는 단체
6. 그 밖에 행정안전부장관이 정하여 고시하는 기관이나 법인 또는 단체

② 조사 수행기관의 선정에 대하여는 이 운용기준에서 정한 것을 제외하고는 「국가를 당사자로 하는 계약에 관한 법률」의 규정을 준용하며, 선정된 조사 수행기관은 예비타당성조사의 개별 수행과제를 관리하고 총괄하는 업무를 수행한다.

③ 조사 수행기관은 개별 조사사업을 효율적으로 관리하기 위하여 지방세특례의 특성에 맞춰 과제관리자(PM : Project Manager)를 선정하여야 한다. 과제관리자는 국세 및 지방세, 재정평가사업, 제24조의 경제성 분석 등 관련분야에 연구 경력이 있는 전문가로 구성되어야 하며, 조사 수행기관은 과제관리자의 선정을 위해 행정안전부장관과 사전 협의하여야 한다.

④ 조사 수행기관은 조사의 전문성 및 객관성, 개별 수행과제 간의 일관성, 전체 과제의 효율적 운영을 위해 개별 조사사업 연구진으로 구성된 별도의 예비타당성조사 전문가위원회(이하 "전문가위원회"라 한다)를 구성할 수 있다.

⑤ 조사 수행기관은 최종보고서를 제출한 날부터 5년간 예비타당성조사를 위해 수집한 자료를 보관하고, 행정안전부장관의 요청이 있을 경우 이를 제출하여야 한다.

⑥ 조사결과 등 예비타당성조사의 내용을 별도의 연구에 사용 또는 발표하거나, 평가를 위해 수집한 자료를 다른 연구를 위해 활용하고자 할 경우에는 사전에 행정안전부장관의 동의를 구하여야 한다. 다만, 예비타당성조사 결과를 단순 인용하는 경우는 제외한다.

제20조【예비타당성조사 연구진의 선정】 ① 예비타당성조사는 조사 수행기관의 책임하에 조사 수행기관의 내부 연구진이 직접 조사를 수행하는 것을 원칙으로 한다. 다만, 조사 수행기관이 수행과제의 효율적인 관리를 위하여 외부 전문가를 연구진으로 구성할 필요가 있다고 판단하는 경우에는 행정안전부장관과 협의하여 정하는 비율 이내의 외부 전문가를 연구진으로 선정할 수 있다.

② 조사 수행기관은 제1항에 따른 연구진의 구성에 있어 행정안전부장관과의 협의를 거쳐야 하며, 협의시에는 연구자의 전공·해당분야 연구실적·유사 연구 수행경험 등을 고려하여야 한다.

제21조【예비타당성조사 수행기간】 ① 예비타당성조사 수행기간은 조사 대상의 성격, 자료 확보의 용이성 등을 고려하여 행정안전부장관과 조사수행기관이 협의하여 정한다.

② 제18조에 따라 제도도입 계획이 변경되는 등 불가피한 사유가 발생하여 예정된 기간 내에 조사 완료가 어렵다고 판단되는 경우 조사 수행기관의 장은 수행기간의 연장을 행정안전부장관에게 요청할 수 있다.

제5장 예비타당성조사 분석방법

제22조【예비타당성조사 분석내용】 조사 수행기관은 다음 각 호에서 정하는 분석을 각각 수행하고, 제28조에 따라 종합평가를 실시하여 그 평가 결과를 제시하여야 한다.

1. 정책성 분석 : 지방세특례 도입의 필요성·적시성·공익성, 지방자치단체 정책수단으로서의 적절성 등 분석
2. 경제성 분석 : 지방세특례와 관련된 정책이 제시하는 사업목표의 달성에 따른 국민 복리후생 영향, 지방세특례의 도입이 사업목표 달성에 미치는 효과성 및 고용에 미치는 영향 등을 종합하여 분석
3. 형평성 분석 : 취약계층에 미치는 복리후생 효과, 개인이나 기업별 납세능력에 대한 고려, 조세의 수직적 및 수평적 형평성에의 부합 여부, 세수감소에 따른 지역별 재정자립도에의 영향 등을 분석

제23조【정책성 분석】 ① 정책성 분석은 해당 지방세특례와 관련된 정책의 필요성과 적시성, 지방자치단체 사무 관련성 및 지역적 정책수단으로서의 적합성, 「지방세 특례 및 그 제한에 관한 기본계획」과의 일관성, 사업목표의 명확성과 성과지표의 구체성, 제도별 특수성 평가 등을 정량적 또는 정성적으로 분석한다.

② 제1항에서 성과지표는 정책의 도입을 통해 달성하고자 하는 사업목표를 정량화한 수치를 의미한다.

③ 정책성 분석의 수행과정에서 공익적 가치 등에 대한 고려가 필요하거나 그 가치에 기여하는 바가 큰 제도에 대해서는 제1항에 따른 특수성 평가 항목에 구체적으로 반영하여야 한다.

④ 제3항에 따른 공익적 가치 등이라 함은 교육, 사회복지, 의료, 예술 및 문화 등 공익적 재화 및 용역을 제공하는 비영리단체 등의 활동에 의해 산출되는 사회적 효용 및 가치를 말한다.

제24조【경제성 분석】 ① 경제성 분석은 해당 지방세특례에 따른 국민경제 및 지역경제 효과와 지원 적합성 등을 비용-편익 분석(Cost-Benefit Analysis, B/C 분석)을 통해 제시한다. 단, 비용-편익 분석이 적합하지 않다고 판단되는 지방세특례에 대해서는 해당 지방세특례 시행에 따른 경제·사회적 파급효과 등을 추정한 비용-효과 분석(Cost-Effectiveness Analysis, E/C 분석)을 수행하고 그 결과를 제시한다.

② 제1항의 비용 - 편익 및 비용 - 효과 분석에서 편익이나 효과는 지방세특례 지원에 따른 행태 변화를 반영하여 추정한다. 비용은 지방세특례금액 및 기타 예상되는 경비를 합산하여 산정한다.

제25조【형평성 분석】 ① 형평성 분석은 납세능력에 따른 복리후생 효과의 차이, 기업규모별 지방세 지원의 형평성, 지역 균형 발전 및 지방재정에 대한 고려, 조세의 수직적 및 수평적 형평성에의 부합 여부 등을 정량적 또는 정성적으로 분석한다. 지방재정에 대한 영향은 지방세특례 도입에 따른 지방자치단체별 지방세수의 감소분을 의미한다.

② 현재 운영되고 있는 지방세특례에서 유사대상에 대한 규정이 있는 경우 해당 지방세특례에 따른 지원대상 및 지원내용을 고려한 제도적 형평성을 분석한다.

제26조【종합평가】 ① 지방세특례의 타당성에 대한 종합평가는 평가항목별 분석결과를 토대로 계층화 분석법(AHP : Analytic Hierarchy Process)을 활용하여 계량화된 수치로 도출한다.

② 제1항에 따른 AHP를 수행하는 경우에 각 평가항목별 가중치는 특별한 사유가 없는 한 다음 가중치 범위 내에서 적용한다.

정책성	경제성	형평성
20~40%	25~50%	20~40%

③ 제2항의 경제성 분석항목에 대한 가중치 평가에 있어서는 비용 – 편익 분석이나 비용 – 효과 분석에서 사용되는 가정이나 전제조건의 수용성 및 현실적합성, 지방세특례 도입과 관련된 정책이나 제도에서 경제적 효과의 중요성 등이 고려되어야 한다.

④ 제6조 제2항에 따라 유사 지방세특례에 대해 일괄하여 예비타당성조사를 수행하고 지방세특례의 타당성에 대한 종합평가를 실시하는 경우에는 제1항에 따른 계층화 분석법(AHP) 또는 그 밖에 지방세특례들의 연계추진에 따른 시너지효과 등을 고려한 별도의 적절한 방법으로 개별 지방세특례의 타당성 여부를 판단하여야 한다.

제6장 예비타당성조사 결과의 활용 등

제27조【예비타당성조사 결과의 제출 및 공개】 조사 수행기관이 예비타당성조사를 완료한 때에는 최종보고서를 행정안전부장관에게 제출하고, 그 결과를 해당 조사 수행기관의 홈페이지 등에 공개할 수 있다.

제28조【재검토기한】 행정안전부장관은 「훈령·예규 등의 발령 및 관리에 관한 규정」에 따라 이 기준에 대하여 2018년 1월 1일 기준으로 매3년이 되는 시점(매 3년째의 12월 31일까지를 말한다)마다 그 타당성을 검토하여 개선 등의 조치를 하여야 한다.

부 칙

제1조【시행일】 이 기준은 발령한 날부터 시행한다.

제2조【일반적 적용례】 이 기준은 이 기준 시행일 이후 시행하는 예비타당성조사부터 적용한다.

행정안전부 훈령 제80호(2019.4.11.)

지방세특례 심층평가 운용기준

제1장 총칙

제1조【목적】 이 운용기준은 「지방세특례제한법」 제181조 제6항과 같은 법 시행령 제124조 제5항에 따라 실시하는 지방세특례 심층평가의 대상 선정·평가수행기관·평가방법 및 절차 등에 관한 세부 사항을 규정함을 목적으로 한다.

제2조【정의】 이 기준에서 사용하는 용어의 뜻은 다음과 같다.

1. "지방세특례 심층평가(이하 "심층평가"라 한다)"란 「지방세특례제한법」 제181조 제6항 및 같은 법 시행령 제124조 제2항에 따라 해당 연도에 적용기한이 종료되는 지방세특례 중 직전 3년간 연평균 지방세 감면액이 100억 원 이상인 지방세특례 등에 대하여 지방세특례의 운용성과를 점검하고 그 결과를 향후 지방세특례 운용에 반영하기 위하여 행정안전부장관이 실시하는 사후적인 평가를 말한다.
2. "지방세특례"란 세율의 경감, 세액감면, 세액공제, 과세표준 공제(중과세 배제, 재산세 과세대상 구분전환을 포함한다) 등 과세특례를 말한다.
3. "지방세특례금액"이란 특정 지방세특례의 시행으로 인해 연간 발생하였거나 발생할 것으로 예상되는 지방세수입의 감소액을 말한다.

제3조【심층평가계획의 수립】 ① 행정안전부장관은 심층평가의 목적, 추진방향, 추진일정 등에 관한 계획을 「지방세특례제한법」 제181조 제1항에 따른 「지방세특례 및 그 제한에 관한 기본계획」에 반영하여야 하며, 이를 관계 행정기관의 장 등에게 통보한다.

② 행정안전부장관은 심층평가 추진계획의 수립을 위한 관련 자료의 수집·분석, 평가 추진방향 등에 관하여 필요한 경우 전문기관 등에 조사·연구 등을 위탁하거나, 전문가의 의견을 들을 수 있다.

제4조【자료 수집 및 제출 요구】 ① 행정안전부장관은 「지방세특례제한법」 제181조 제9항에 따라 관계 행정기관의 장 등에게 제12조에 따른 감면평가서를 포함한 자료의 제출 등을 요구할 수 있다.

② 제1항에 따라 자료 등의 제출을 요청받은 관계 행정기관의 장 등은 제출기한이 따로 명시되지 아니한 경우에는 그 요청을 받은 날부터 10일 이내에 자료 등을 제출하여야 한다. 다만, 그 기간 내에 자료 등을 제출하기 어려운 경우에는 행정안전부장관과 협의하여 그 기간을 연장할 수 있다.

③ 제2항에도 불구하고 관계 행정기관의 장은 해당 자료가 보관·관리되지 아니하거나 생산할 수 없는 것인 경우에는 그 사유와 향후 자료 관리계획을 행정안전부장관에게 제출하여야 한다.

제2장 심층평가 대상

제5조 【심층평가 대상】 행정안전부장관은 해당 연도에 적용기한이 종료되는 사항으로서 다음 각 호의 어느 하나에 해당하는 지방세특례에 대해서 예산범위 내에서 심층평가를 실시할 수 있다.

1. 해당 지방세 특례의 적용기한이 종료되는 날이 속하는 해의 직전 3년간(지방세 특례가 신설된 지 3년이 지나지 않은 경우에는 그 기간) 연평균 지방세 감면액이 100억 원 이상인 특례
2. 둘 이상의 감면 조문을 분야별로 일괄하여 평가할 필요가 있는 특례
3. 지방세 감면액이 지속적으로 증가할 것으로 예상되어 객관적인 검증을 통해 지방세 지출의 효율화가 필요한 특례
4. 「지방세특례제한법」 제181조 제3항에 따른 지방세특례에 대한 의견서의 확인·점검 결과 심층평가가 필요하다고 판단되는 특례
5. 지속적인 지방세특례 시행에도 불구하고 객관적인 성과평가가 미흡했다고 판단되는 특례
6. 그 밖에 지방세특례제도의 효과적 운영을 위하여 행정안전부장관이 심층적인 분석·평가가 필요하다고 인정하는 특례

제6조 【평가대상의 단위】 ① 심층평가는 「지방세특례제한법」 및 「조세특례제한법」(이하 '관련 세법'이라 한다) 상의 조 또는 항 및 호를 대상으로 한다.

② 심층평가는 평가의 목적과 대상에 따라 개별지방세특례 심층평가와 지방세특례군 심층평가로 구분한다.

1. 개별지방세특례 심층평가 : 원칙적으로 관련 세법의 개별 조 또는 항 및 호를 대상으로 효과성·타당성 등에 대한 성과평가를 실시하고, 효과적인 지방세특례 운용 방안을 도출하기 위한 평가
2. 지방세특례군 심층평가 : 지방세특례의 소관부처, 관련 세법 등의 규정을 불문하고 정책 목적 등 성격이 유사한 다수의 지방세특례들을 하나의 군(群)으로 묶어 지방세특례군의 효과성, 타당성 등에 대한 성과평가를 실시하고, 유사·중복 제도의 통폐합 등 종합적인 개선방안을 도출하기 위한 평가

제7조 【지방세특례금액의 계산】 연간 지방세특례금액은 「지방세특례제한법」 제5조에 따른 지방세 지출보고서 상의 금액을 기준으로 계산한다. 이 경우 구체적인 계산방법은 다음 각 호와 같다.

1. 지방세 지출 보고서는 전국 지방자치단체가 지방의회에 제출하는 지방세 지출 보고서 상의 금액 합계를 기준으로 한다.
2. 자료 집계의 시차 등으로 제도시행기간 동안 지방세특례금액을 산정할 수 없을 경우에는 이용 가능한 자료를 활용한 추정치를 사용하여 계산한다.
3. 지방세특례의 지원 대상, 지원방식 등 내용의 일부가 변경된 경우에는 현재 적용되고 있는 방식에 따라 산정된 연간 지방세특례금액을 기준으로 한다.

제3장 심층평가 대상선정 및 절차

제8조【평가대상의 선정시기】 심층평가 대상은 매년 2월에서 3월 사이에 선정한다. 다만, 평가 필요성, 예산 사정 등을 고려하여 추가로 선정할 수 있다.

제9조【평가대상 선정기준】 ① 행정안전부장관은 다음 각 호의 사항을 종합적으로 고려하여 심층평가 대상을 선정한다.

1. 정책적 기준 : 국가 및 지방자치단체 정책과의 적합성, 주민의 관심도, 지방재정에 미치는 영향 등 평가의 실익이 있는지 여부
2. 기술적 기준 : 평가대상 관련 자료의 확보 가능성, 타 지방세특례 간 비교가능성, 평가 소요기간 등 평가수행의 용이성

② 행정안전부장관은 제1항 제1호에 따른 정책적 기준을 충족하나 관련 자료가 축적되지 않는 등 제1항 제2호의 기술적 기준이 충족되지 않아 해당연도에 평가를 실시함이 부적절하다고 판단되는 경우 향후 일정 기간이 경과한 후 심층평가 실시를 사전에 예고하고 관계 행정기관의 장 등에게 관련 자료를 축적하도록 요구할 수 있다.

제10조【평가대상 선정절차】 행정안전부장관은 제5조에 따른 평가대상의 심층평가 필요성 등을 제9조의 평가대상 선정기준에 따라 검토하여 심층평가의 우선순위를 결정하고 제11조에 따른 지방세특례 평가 자문위원회의 심의를 거쳐 평가 대상을 선정한다.

제11조【지방세특례 평가 자문위원회】「지방세특례 예비타당성조사 운용기준」 제17조를 준용한다.

제12조【감변평가서 자료 제출】 ① 행정안전부장관은 심층평가 대상 관계부처의 장에 다음 각 호의 사항이 포함된 별지 제1호 서식 감면평가(의견)서를 제출하게 할 수 있다.

1. 평가대상 지방세특례의 개요
2. 특례 연장 시 감면 예상액 및 재원확보 방안
3. 지방세특례 관련 부처 제도 개요
4. 재정지원 등 관련 지원 현황
5. 관련 연구 및 사례
6. 그 밖에 행정안전부장관이 정하는 사항

② 제1항 제1호의 평가대상 지방세특례의 개요에는 제도의 도입목적, 지방사무 및 지역경제 관련성, 지방세 지원 방법 등이 포함되어야 한다.

③ 제1항 제6호의 행정안전부장관이 정하는 사항에는 정책대상자에 대한 현황, 관련 분야의 사전용역 또는 기존 연구, 외국의 유사 사례 등을 포함할 수 있다.

운용

제4장 심층평가

제13조【심층평가 수행기관】 심층평가 수행기관은 「지방세특례 예비타당성조사 운용기준」 제19조를 준용한다.

제14조【심층평가 연구진의 선정】 ① 심층평가 연구진의 선정은 「지방세특례 예비타당성조사 운용기준」 제20조를 준용한다.

② 심층평가 연구진은 심층평가 수행 과정에서 자료 유출 금지 등 연구진이 준수하여야 할 사항을 규정한 「지방세특례 및 그 제한에 관한 기본계획」상의 준수서약서를 제출하고 해당 준수서약서에 따라 평가를 수행하여야 한다.

제15조【심층평가 수행기간】 「지방세특례 예비타당성조사 운용기준」 제21조를 준용한다.

제5장 심층평가 분석방법

제16조【심층평가 분석내용】 ① 평가 수행기관은 다음 각 호에서 정하는 분석을 각각 수행하고 제20조에 따라 종합평가하여 평가 결과를 제시하여야 한다.

1. 타당성 분석 : 정책 목적·대상·수단의 적절성, 제도 간 형평성 및 유사제도와의 중복여부 등에 대한 분석
2. 효과성 분석 : 목표 달성도, 경제적 효과, 지방재정에 미치는 영향 등에 대한 분석
3. 제도개선방안 분석 : 지방세특례의 운영상 문제점 및 그 개선방안에 대한 분석

② 특정 정책목적 달성을 위해 정책수단의 적정성 검토가 필요한 경우 재정지출과 지방세특례 간 효과성 비교 등 재정지출도 분석대상에 포함할 수 있다.

제17조【타당성 분석】 ① 타당성 분석은 해당 지방세특례에 대한 지방자치단체 역할의 적절성, 수행방법의 적절성 등을 정량적 또는 정성적으로 분석한다.

② 제1항에 따른 지방자치단체 역할의 적절성은 지방사무와의 관련성 및 지방자치단체 개입의 근거와 타당성 등을 포함한다.

③ 제1항에 따른 수행방법의 적절성은 해당 지방세특례제도 대상 설정, 감면 방법, 형평성(제도간, 지방세특례 대상간) 및 유사제도와의 중복여부 등에 관한 타당성을 포함한다.

제18조【효과성 분석】 ① 효과성 분석은 해당 지방세특례의 성격과 세목 간의 연계성 및 해당 지방세특례의 운용으로 인해 나타난 경제적 변화를 정량적 또는 정성적으로 분석한다.

② 제1항에 따른 경제적 변화는 해당 지방세특례 도입 이후 생산, 투자, 고용, 소득 등의 관련 경제적 파급효과, 지역경제 고용유발 그리고 재정에 미는 영향 등을 포함한다.

③ 제2항에 따른 재정에 미치는 영향은 해당 지방세특례 도입 이후 지방세수입의 감소액과 지방재정영향평가 결과 등을 포함한다.

제19조 【제도개선방안 분석】 제도개선방안 분석은 제17조와 제18조의 분석결과를 바탕으로 해당 지방세특례의 문제점과 개선방안을 분석한다.

제20조 【종합평가】 평가 수행기관은 제17조부터 제19조까지의 평가 항목별 분석결과를 토대로 하여 지방세특례의 일몰연장 또는 폐지 여부, 제도개선 방안 등에 대한 종합적인 평가의견을 제시하여야 한다.

제21조 【정책제언】 평가 수행기관은 제20조에 따른 종합평가 이외에 필요한 경우 다음 각 호의 사항을 포함한 향후 지방세특례 성과제고에 필요한 정책제언을 함께 제시할 수 있다.

1. 지방세특례 또는 지방세특례군의 목적 달성을 위한 지원 대상 및 지원 수준의 조정과 그에 따른 효과
2. 기타 제도개선 방안 등

제6장 심층평가 결과의 활용 등

제22조 【심층평가 결과의 제출 및 공개】 평가 수행기관이 심층평가를 완료한 때에는 최종보고서를 행정안전부장관에게 제출하고 그 결과를 해당 평가 수행기관의 홈페이지 등에 공개한다. 다만, 심층평가 결과가 공개될 경우 지방세특례 업무의 공정한 수행이나 정책 의사결정 과정 등에 현저한 지장을 초래할 수 있다고 판단되는 경우 행정안전부장관의 요청에 따라 그 결과를 공개하지 아니할 수 있다.

제23조 【재검토기한】 행정안전부장관은 「훈령·예규 등의 발령 및 관리에 관한 규정」에 따라 이 기준에 대하여 2018년 1월 1일 기준으로 매3년이 되는 시점(매 3년째의 12월 31일까지를 말한다)마다 그 타당성을 검토하여 개선 등의 조치를 하여야 한다.

운용

부 칙

제1조 【시행일】 이 기준은 발령한 날부터 시행한다.

제2조 【일반적 적용례】 이 기준은 이 기준 시행일 이후 시행하는 심층평가부터 적용한다.

Ⅲ 2019년 지방세 감면건의서 및 감면평가서 작성 지침

■ 작성근거

- 지방세특례제한법 제181조【지방세 특례의 사전·사후 관리】제2항 및 제3항

> ② 중앙행정기관의 장은 그 소관 사무로서 지방세를 감면하려는 경우에는 감면이 필요한 사유, 세목 및 세율, 감면기간, 지방세 수입 증감 추계, 관련 사업계획서, 예산서 및 사업 수지 분석서 및 조세부담능력 등을 적은 지방세 감면건의서(이하 이 조에서 "지방세감면건의서"라 한다)를 매년 3월 31일(제7항에 해당하는 경우에는 2월 20일)까지 행정안전부장관에게 제출하여야 한다.
>
> ③ 대통령령으로 정하는 지방세 특례 사항에 대하여 중앙행정기관의 장은 지방세 감면으로 인한 효과 분석 및 지방세 감면제도의 존치 여부 등에 대한 의견서(이하 이 조에서 "지방세감면평가서"라 한다)를 매년 3월 31일(제6항 후단에 해당하는 경우에는 2월 20일)까지 행정안전부장관에게 제출하여야 한다.

■ 작성대상 ※ 기 제출사항 제외('붙임' 참조)

- (감면건의서) 신규로 지방세 감면이 필요한 사항, '19년 말 일몰도래 감면 이외의 기존 감면 중 감면 대상·감면율 등을 확대하는 사항

  ※ 100억 원 이상 감면 신설·확대는 예비타당성조사 대상으로 2.20까지 기 제출 완

- (감면평가서) '19년 말 일몰이 도래하는 감면 연장 등에 관한 사항, 무기한 감면 중 제출대상 감면

  ※ 100억 원 이상 일몰도래 감면은 심층평가 대상으로 2.20까지 기 제출 완

- (우선순위표) 기존·신규 감면에 대한 부처 내 우선순위 기재

  ※ 기존 감면 의견과 신규 감면 건의를 각각 별도 양식 사용

서식 1 감면건의서(신설·확대)

01 우선 순위표

* 부처별로 취합하여 작성

1. 총괄

기관명 : ○ ○ ○

(단위 : 억 원)

신규 지방세특례*	분 야	예상 감면액	운영기간	예상 감면액					신규 도입 유형
				시행 1년	시행 2년	시행 3년	…	연평균	
① ○○○									신설
② ○○○									
③ ○○○									
합 계									

운 용

2. 신·구조문 대비표

현 행	개정안
• 신설인 경우, 〈신 설〉로 작성 • 기존 제도 변경·확대하는 경우, 현행 조문을 기재	• 지방세감면 도입에 따른 개정안을 작성

02 감면 건의서

1. 지방세 특례명 : ○○○ * 각 항목들을 구체적으로 충분히 기술하고, 필요시 별도 참고자료를 첨부

① 감면 개요

<table>
<tr><th colspan="9">신설 건의 지방세 감면 기본 정보</th></tr>
<tr><td colspan="2">유 형</td><td colspan="7">□ 일몰도래 □ 무기한 □ 신설 □ 확대</td></tr>
<tr><td colspan="2" rowspan="2">주관부처</td><td colspan="2">기관명 :</td><td rowspan="2">담당자
정보</td><td colspan="2">성명 :</td><td colspan="2">연락처 :</td></tr>
<tr><td colspan="2">과</td><td colspan="4">E-MAIL :</td></tr>
<tr><td colspan="2" rowspan="2">유관기관</td><td colspan="2">기관명 :</td><td rowspan="2">담당자
정보</td><td colspan="2">성명 :</td><td colspan="2">연락처 :</td></tr>
<tr><td colspan="2">과</td><td colspan="4">E-MAIL :</td></tr>
<tr><td colspan="2">분야·주요내용</td><td colspan="7">• 분야 : 예 농어업, 사회복지, 교육 및 과학기술, 문화 및 관광, 기업구조 및 재무조정, 수송 및 교통, 국토 및 지역개발, 공공행정 등
• 주요내용 : 현행 감면 제도 설명</td></tr>
<tr><td colspan="2" rowspan="2">감면액
(단위 : 억 원)
※ 확대건의인 경우만 기존감면액 작성</td><td>'15년</td><td>'16년</td><td>'17년</td><td>'18년
(예상)</td><td>총액</td><td rowspan="2">운영기간</td><td rowspan="2">○○년~○○년</td></tr>
<tr><td></td><td></td><td></td><td></td><td></td></tr>
<tr><td colspan="2" rowspan="2">신규감면액
(단위 : 억 원)
※ 증가되는 금액을 포함하여 기재</td><td>시행
1년</td><td>시행
2년</td><td>시행
3년</td><td>-</td><td>총액</td><td rowspan="2">운영기간</td><td rowspan="2">○○년~○○년
(일몰기한명시 '영구' 불가)</td></tr>
<tr><td></td><td></td><td></td><td></td><td></td></tr>
<tr><td colspan="2">도입목적(요약)</td><td colspan="7"></td></tr>
<tr><td>지방세
감면
필요성
및
기대
효과</td><td>지방
사무
관련성</td><td colspan="7">• (관련지역)

• (지방사무 관련)
※ 지방자치법 제9조의 사무중 관련사무 구체적 기재</td></tr>
</table>

<table>
<tr><td rowspan="3">지방세 감면 필요성 및 기대 효과</td><td>지역 경제적 측면</td><td>※ B/C분석(또는 E/C분석), 목표한 형태변화 또는 수준(고용, 투자, 소비 등의 증가) 등을 계량화 하여 기대효과를 기재
– 출산율 제고, 인구유입 증가 등 효과
– 개인(또는 가계)의 행위유발을 통해 , 지역소비 진작 등 효과를 구체적으로 계량화 하여 작성
– 제도 시행으로 납세자별 소득 및 자산규모, 매출액 등에 미치는 영향 등을 계량화 하여 기재</td></tr>
<tr><td>지역 일자리 창출 측면</td><td>• (효과)
※ 제도도입에 따른 고용유발효과를 최대한 계량적으로 기재
– 기업 투자·고용·창업 증대 및 GRDP에 미치는 효과 등을 최대한 계량화 하여 기재
– 기업규모 (대·중견·중소기업)별로 차별화되어 발생하는 효과 등
• (산출근거) 산출근거 반드시 제시 필요</td></tr>
<tr><td>지역 사회적 가치 증가 측면</td><td>※ 사회적 기대효과를 구체적으로 기술
– 지역 간 불균형 심화방지 및 지역간 형평성 제고에 미치는 효과
– 재난 안전 등 기타 사회적 가치 증대 효과 등 계량화</td></tr>
<tr><td rowspan="7">건의 내용</td><td>감면 세목</td><td>지방세 중 감면이 필요한 세목 및 <u>선정사유 기재</u></td></tr>
<tr><td>감면 방식</td><td>※ 세율경감, 세액감면, 세액공제, 과세표준 공제 / <u>선정사유 기재</u>
(중과세 배제, 재산세 과세대상 구분전환 등) 등</td></tr>
<tr><td>감면율</td><td>※ 세목, 세목별 적용 감면율 각각 구분 기재 및 <u>선정사유 기재</u></td></tr>
<tr><td>감면 기간</td><td>※ 감면 필요 기간 기재 및 <u>사유 기재</u></td></tr>
<tr><td>감면 대상</td><td>※ 감면을 받는 대상 집단 및 개인 등 기재 및 <u>선정사유 기재</u></td></tr>
<tr><td>감면 요건</td><td>※ 감면 적용할 수 있는 요건을 기재 및 <u>선정사유 기재</u>
(예 장애등급 1~3급 장애인이 보철용 자동차를 취득하는 경우)</td></tr>
<tr><td>추징 요건</td><td>※ 감면한 지방세를 추징할수 있는 요건을 제시 및 <u>사유 기재</u>
(예 1년 이내 해당 목적에 미사용, 2년내 매각·증여 등)</td></tr>
</table>

② 예상 감면액 추정 및 재원확보방안

<table>
<tr>
<td rowspan="2">①
지방세
감면
예상
감면액
추정</td>
<td>예상
금액</td>
<td>• 예 〈연간 지방세 특례 추정금액〉
(단위 : 억 원)
<table>
<tr><th></th><th>'20</th><th>'21</th><th>'22</th><th>총액</th></tr>
<tr><td>예상 수혜자</td><td></td><td></td><td></td><td></td></tr>
<tr><td>취득가액</td><td></td><td></td><td></td><td></td></tr>
<tr><td>과세표준</td><td></td><td></td><td></td><td></td></tr>
<tr><td>산출세액</td><td></td><td></td><td></td><td></td></tr>
<tr><td>지방세 특례
예상 감면액</td><td></td><td></td><td></td><td></td></tr>
</table>
</td>
</tr>
<tr>
<td>산출
근거</td>
<td>– 감면 예상액에 대한 산출근거 및 산출과정(주요 전제 등)을 제시하고,
– 지방세 특례 예상금액을 연도별 액수와 평균치로 설명</td>
</tr>
<tr>
<td colspan="2">②
재원확보방안</td>
<td>• 기존 감면제도 축소 또는 재정보전 방안
– 산출근거 및 산출과정 등을 제시
예 지특법 제○○조 감면율 50% → 25%
〈연간 재원확보방안〉 (단위 : 억 원)
<table>
<tr><th></th><th>'20</th><th>'21</th><th>'22</th><th>총액</th></tr>
<tr><td>예상 수혜자</td><td></td><td></td><td></td><td></td></tr>
<tr><td>기존 지방세 특례
축소에 따른
재정확충 금액
(감면율 50%→25%)</td><td>700</td><td></td><td></td><td></td></tr>
<tr><td>예상 지방세특례금액
(감면율 %)</td><td>400</td><td></td><td></td><td></td></tr>
<tr><td>세수효과</td><td>+300</td><td></td><td></td><td></td></tr>
</table>
</td>
</tr>
</table>

운 용

③ 감면건의와 관련된 각 부처의 제도 설명 * 부처에서 운영 중인 관련 제도에 대해 작성

<table>
<tr><td rowspan="6">①
제도
개요</td><td>명 칭</td><td></td></tr>
<tr><td>근거
법령</td><td>※ 근거법, 조문, 내용 기재</td></tr>
<tr><td>목 적</td><td></td></tr>
<tr><td>내 용</td><td></td></tr>
<tr><td>대 상</td><td>• 이해관계자 및 협회 등 단체</td></tr>
<tr><td>통 계</td><td>• 이해관계집단 개수 등 통계 : <u>과거 5년치로 작성(14년~18년까지)</u>
– (대 상) 정책 대상에 포함되는 법인, 개인, 집단 등
– (최근 5년간 통계현황)
– (지역별 분포) 시도별 현황
– (기타) 각 통계에 대한 비중 등 정책 대상 현황과 관련된 그 외 통계</td></tr>
<tr><td rowspan="2">②
연 혁</td><td>도 입</td><td>• 부처의 제도 도입년도
• 도입취지</td></tr>
<tr><td>추진
경과</td><td>• 부처의 제도 변경 경과</td></tr>
<tr><td colspan="2">③
목 표</td><td>• (목표) 세제지원을 통해 해결하고자 하는 상황과의 인과관계가 분명하게 드러나도록 <u>계량지표로 설정할 것</u>
특별한 노력없이 달성가능한 수준 이하인 경우, 명확하고 합리적 근거가 없는 경우에는 평가대상에서 제외
• (산출근거)</td></tr>
<tr><td colspan="2">④
국가정책</td><td>• (범 부처 국가 대책 관련) <u>세부자료 별첨 첨부</u>
– (대책명 / 발표일자)
– (정책세부내용)
– (목표)</td></tr>
<tr><td colspan="2">⑤
유사 관련제도</td><td></td></tr>
</table>

④ 재정지원 등 관련 지원 현황

* 제도 목적·대상자가 유사한 정책으로 지방세 특례 제도간 보완효과 등을 검토하기 위한 것으로 현재 운영 중 또는 도입 예정인 재정·조세(국세·지방세)·금융·행정 등 지원사항을 기재 필요시 서식 변경 가능

<table>
<tr><td rowspan="2">국세 지원</td><td>지원 목적</td><td>•</td></tr>
<tr><td>지원 현황</td><td><table>
<tr><th rowspan="2">지원명</th><th rowspan="2">도 입</th><th rowspan="2">지원내용</th><th colspan="5">지원규모 및 현황(단위 : 억 원)</th></tr>
<tr><th>'14</th><th>'15</th><th>'16</th><th>'17</th><th>'18</th></tr>
<tr><td></td><td>연도</td><td></td><td></td><td></td><td></td><td></td><td></td></tr>
<tr><td></td><td></td><td></td><td></td><td></td><td></td><td></td><td></td></tr>
</table></td></tr>
<tr><td rowspan="2">지방세 지원</td><td>지원 목적</td><td>•</td></tr>
<tr><td>지원 현황</td><td><table>
<tr><th rowspan="2">지원명</th><th rowspan="2">도 입</th><th rowspan="2">지원내용</th><th colspan="5">지원규모 및 현황(단위 : 억 원)</th></tr>
<tr><th>'14</th><th>'15</th><th>'16</th><th>'17</th><th>'18</th></tr>
<tr><td></td><td>연도</td><td></td><td></td><td></td><td></td><td></td><td></td></tr>
<tr><td></td><td></td><td></td><td></td><td></td><td></td><td></td><td></td></tr>
</table></td></tr>
<tr><td rowspan="2">재정 지원</td><td>지원 목적</td><td>•</td></tr>
<tr><td>지원 현황</td><td><table>
<tr><th rowspan="2">지원명</th><th rowspan="2">도 입</th><th rowspan="2">지원내용</th><th colspan="5">지원규모 및 현황(단위 : 억 원)</th></tr>
<tr><th>'14</th><th>'15</th><th>'16</th><th>'17</th><th>'18</th></tr>
<tr><td></td><td>연도</td><td></td><td></td><td></td><td></td><td></td><td></td></tr>
<tr><td></td><td></td><td></td><td></td><td></td><td></td><td></td><td></td></tr>
</table></td></tr>
<tr><td rowspan="2">금융 지원</td><td>지원 목적</td><td>•</td></tr>
<tr><td>지원 현황</td><td><table>
<tr><th rowspan="2">지원명</th><th rowspan="2">도 입</th><th rowspan="2">지원내용</th><th colspan="5">지원규모 및 현황(단위 : 억 원)</th></tr>
<tr><th>'14</th><th>'15</th><th>'16</th><th>'17</th><th>'18</th></tr>
<tr><td></td><td>연도</td><td></td><td></td><td></td><td></td><td></td><td></td></tr>
<tr><td></td><td></td><td></td><td></td><td></td><td></td><td></td><td></td></tr>
</table></td></tr>
<tr><td rowspan="2">규제 완화 등 기타 지원</td><td>지원 목적</td><td>•</td></tr>
<tr><td>지원 현황</td><td>•</td></tr>
</table>

운 용

⑤ 연구 사례 * 관련 제도에 관한 연구 제시, 지방세 감면 외 해당 제도관련 연구 포함

<table>
<tr><td colspan="2">①
사전
용역
또는 관련
기존 연구</td><td>• 사전용역(관련용역)
– 조사기관 :
– 조사기간 :
– 용역결과 : 경제성 분석(B/C분석 또는 E/C 분석), 기타 분석결과 등
※ 지방세 특례 예비타당성조사를 수행한 경우도 포함
※ 사전용역 수행자료가 있는 경우, 요약본 별도 첨부 필요</td></tr>
<tr><td rowspan="6">②
외국
사례</td><td>미 국</td><td></td></tr>
<tr><td>일 본</td><td></td></tr>
<tr><td>독 일</td><td></td></tr>
<tr><td>프랑스</td><td></td></tr>
<tr><td>영 국</td><td></td></tr>
<tr><td>기 타</td><td></td></tr>
</table>

⑥ 이해관계 집단 현황 : 협회, 소관 산하기관, 관계부처 등 기재

<table>
<tr><td>①
협 회
(예시)</td><td>• (협회명)
• (설립 및 근거)
• (조직 및 인력현황)
• (사업내용)
• (갯수) 회원수, 지소갯수 등 통계
– 개수의 소재지 현황 및 지역별 분포 :

• (기타 세부정보) 개인에 대한 소득 및 자산 분포, 법인의 매출·자산·자본 규모, 지역별 분포 등 정책대상자 현황을 보여주는 구체적인 정보 정책대상자의 특성을 파악할 수 있는 상세자료 첨부</td></tr>
<tr><td>②
관계
산하기관
(예시)</td><td>• (기관명)
• (설립 및 근거)
• (조직 및 인력현황)
• (사업내용)

• (갯수) 회원수, 지소갯수 등 통계
– 개수의 소재지 현황 및 지역별 분포 :

• (세부정보)</td></tr>
</table>

⑦ **기관 소개 :** 기관소개(설립목적, 주요기관 · 단체현황, 인력규모 등)

- (설립목적)
- (설립근거)
- (주요업무)
- (연혁)
- (조직)

  조직도 첨부
- (정원)
- (감면액)

(단위 : 백만 원, %)

구 분 \ 연 도	2015		2016		2017	
	금 액	**비 율**	**금 액**	**비 율**	**금 액**	**비 율**
취득세						
재산세						
…						

- (재원)

(단위 : 백만 원, %)

구 분 \ 연 도	2015		2016		2017	
	금 액	**비 율**	**금 액**	**비 율**	**금 액**	**비 율**
자 체						
보조금						
기 타						

자체수입 외 국가·자치단체 보조금, 운영비 지원 등 포함

- (국세지원 현황)

  법인세 특례, 세액공제 등

⑧ 최근 5년간 경영수지 현황(재무제표)

(단위 : 억 원)

구 분		'14년	'15년	'16년	'17년	'18년
재무상태표	자 산					
	부 채					
	자 본					
손익계산서 (K-IFRS)	매 출					
	매출원가					
	영업이익					
	당기순이익					

⑨ 최근 5년간 당기순이익 배당 현황

(단위 : 억 원)

구 분			'14년	'15년	'16년	'17년	'18년
당기순이익							
배당현황	정 부	부처명					
	○○은행(예 한국산업은행)						
	○○은행(예 한국수출입은행)						
	배당합계 (배당성향)						

⑩ 예산 및 결산 현황('18년도)

(단위 : 억 원)

구 분		예산계획	결산실적	차 이
재무상태표	자 산			
	부 채			
	자 본			
손익계산서	매출액			
	매출원가			
	매출총이익			
	영업이익			
	당기순이익			

서식 2 감면평가서

01 우선 순위표

* 부처별로 취합하여 작성

1. 총괄

기관명 : ○ ○ ○

(단위 : 억 원)

신규 지방세특례*	분 야	예상 감면액	운영기간	예상 감면액					신규 도입 유형
				시행 1년	시행 2년	시행 3년	…	연평균	
① ○○○									신설
② ○○○									
③ ○○○									
합 계									

운 용

2. 신·구조문 대비표

현 행	개정안
	• 지방세감면 도입에 따른 개정안을 작성

02 감면 평가서

1. 지방세 특례명 : ○○○ * 각 항목들을 구체적으로 충분히 기술하고, 필요시 별도 참고자료를 첨부

① 감면 개요

<table>
<tr><td colspan="9">일몰도래 지방세 감면 기본 정보</td></tr>
<tr><td>유 형</td><td colspan="8">□ 일몰도래 □ 무기한 □ 신설 □ 확대</td></tr>
<tr><td rowspan="2">주관부처</td><td colspan="3">기관명 :</td><td rowspan="2">담당자 정보</td><td colspan="2">성명 :</td><td colspan="2">연락처 :</td></tr>
<tr><td colspan="3">과</td><td colspan="4">E-MAIL :</td></tr>
<tr><td rowspan="2">유관기관</td><td colspan="3">기관명 :</td><td rowspan="2">담당자 정보</td><td colspan="2">성명 :</td><td colspan="2">연락처 :</td></tr>
<tr><td colspan="3">과</td><td colspan="4">E-MAIL :</td></tr>
<tr><td>분야·주요내용</td><td colspan="8">• 분야 : 예 농어업, 사회복지, 교육 및 과학기술, 문화 및 관광, 기업구조 및 재무조정, 수송 및 교통, 국토 및 지역개발, 공공행정 등
• 주요내용 :</td></tr>
<tr><td rowspan="2">감면액
(단위 : 억 원)</td><td>'14년</td><td>'15년</td><td>'16년</td><td>'17년</td><td>'18년</td><td>총액</td><td rowspan="2">운영기간</td><td rowspan="2">○○년~○○년</td></tr>
<tr><td></td><td></td><td></td><td></td><td></td><td></td></tr>
<tr><td rowspan="2">향후예상감면액
(단위 : 억 원)</td><td>시행 1년</td><td>시행 2년</td><td>시행 3년</td><td colspan="2">-</td><td>총액</td><td rowspan="2">운영기간</td><td rowspan="2">○○년~○○년
(일몰기한명시 '영구' 불가)</td></tr>
<tr><td></td><td></td><td></td><td colspan="2"></td><td></td></tr>
<tr><td>도입목적</td><td colspan="8"></td></tr>
<tr><td>감면제도 연혁</td><td colspan="8">지특법 상 도입 시부터 및 감면 제도가 변화된 연혁을 연도별로 구분 기재</td></tr>
</table>

<table>
<tr><td rowspan="5">지방세 감면 필요성</td><td>지방 사무 관련성</td><td>• (관련지역)

• (지방사무 관련)
※ 지방자치법 제9조의 사무중 관련사무 구체적 기재</td></tr>
<tr><td>지역 경제적 측면</td><td>※ B/C분석(또는 E/C분석), 목표한 형태변화 또는 수준(고용, 투자, 소비 등의 증가) 등을 계량화 하여 기대효과를 기재
- 출산율 제고, 인구유입 증가 등 효과
- 개인(또는 가계)의 행위유발을 통해 , 지역소비 진작 등 효과를 구체적으로 계량화 하여 작성
- 제도 시행으로 납세자별 소득 및 자산규모, 매출액 등에 미치는 영향 등을 계량화 하여 기재</td></tr>
<tr><td>지역 일자리 창출 측면</td><td>• (효과)
※ 제도도입에 따른 고용유발효과를 최대한 계량적으로 기재
- 기업 투자·고용·창업 증대 및 GRDP에 미치는 효과 등을 최대한 계량화 하여 기재
- 기업규모(대·중견·중소기업)별로 차별화되어 발생하는 효과 등

• (산출근거) 산출근거 반드시 제시 필요</td></tr>
<tr><td>지역 사회적 가치 증가 측면</td><td>※ 사회적 기대효과를 구체적으로 기술
- 지역 간 불균형 심화방지 및 지역간 형평성 제고에 미치는 효과
- 재난 안전 등 기타 사회적 가치 증대 효과 등 계량화</td></tr>
<tr style="display:none"><td></td><td></td></tr>
<tr><td rowspan="7">감면 내용</td><td>감면 세목</td><td>지방세 중 감면이 필요한 세목 및 선정사유 기재</td></tr>
<tr><td>감면 방식</td><td>※ 세율경감, 세액감면, 세액공제, 과세표준 공제 / 선정사유 기재
(중과세 배제, 재산세 과세대상 구분전환 등) 등</td></tr>
<tr><td>감면율</td><td>※ 세목, 세목별 적용 감면율 각각 구분 기재 및 선정사유 기재</td></tr>
<tr><td>감면 기간</td><td>※ 감면 필요 기간 기재 및 사유 기재</td></tr>
<tr><td>감면 대상</td><td>※ 감면을 받는 대상 집단 및 개인 등 기재 및 선정사유 기재</td></tr>
<tr><td>감면 요건</td><td>※ 감면 적용할 수 있는 요건을 기재 및 선정사유 기재
(예 장애등급 1~3급 장애인이 보철용 자동차를 취득하는 경우)</td></tr>
<tr><td>추징 요건</td><td>※ 감면한 지방세를 추징할수 있는 요건을 제시 및 사유 기재
(예 1년 이내 해당 목적에 미사용, 2년내 매각·증여 등)</td></tr>
</table>

② 감면 연장 시 감면 예상액 및 재원확보 방안

<table>
<tr><td rowspan="2">①
지방세
감면
예상
감면액
추정</td><td>예상
금액</td><td>

예 〈연장요청 기간이 3년인 경우 연간 지방세 특례 추정금액〉

(단위 : 억 원)

<table>
<tr><th></th><th>'20</th><th>'21</th><th>'22</th><th>총액</th></tr>
<tr><td>예상 수혜자</td><td></td><td></td><td></td><td></td></tr>
<tr><td>취득가액</td><td></td><td></td><td></td><td></td></tr>
<tr><td>과세표준</td><td></td><td></td><td></td><td></td></tr>
<tr><td>산출세액</td><td></td><td></td><td></td><td></td></tr>
<tr><td>지방세 특례
예상 감면액</td><td></td><td></td><td></td><td></td></tr>
</table>

</td></tr>
<tr><td>산출
근거</td><td>- 감면 예상액에 대한 산출근거 및 산출과정(주요 전제 등)을 제시하고,
- 지방세 특례 예상금액을 연도별 액수와 평균치로 설명</td></tr>
<tr><td colspan="2">②
재원확보방안</td><td>

• 기존 감면제도 축소 또는 재정보전 방안
 - 산출근거 및 산출과정 등을 제시
〈연장요청 기간이 3년인 경우 연간 지방세 특례 추정금액〉

예 지특법 제ㅇㅇ조 감면율 50% → 25%

〈연간 재원확보방안〉 (단위 : 억 원)

<table>
<tr><th></th><th>'20</th><th>'21</th><th>'22</th><th>총액</th></tr>
<tr><td>예상 수혜자</td><td></td><td></td><td></td><td></td></tr>
<tr><td>기존 지방세 특례
축소에 따른
재정확충 금액
(감면율 50%→25%)</td><td>700</td><td></td><td></td><td></td></tr>
<tr><td>예상 지방세특례금액
(감면율 %)</td><td>400</td><td></td><td></td><td></td></tr>
<tr><td>세수효과</td><td>+ 300</td><td></td><td></td><td></td></tr>
</table>

</td></tr>
</table>

③ 감면건의와 관련된 각 부처의 제도 설명 * 부처에서 운영 중인 관련 제도에 대해 작성

<table>
<tr><td rowspan="7">①
제도
개요</td><td>명 칭</td><td></td></tr>
<tr><td>근거
법령</td><td>※ 근거법, 조문, 내용 기재</td></tr>
<tr><td>목 적</td><td></td></tr>
<tr><td>내 용</td><td></td></tr>
<tr><td>대 상</td><td>• 이해관계자 및 협회 등 단체</td></tr>
<tr><td>통 계</td><td>• 이해관계집단 개수 등 통계 : <u>과거 5년치로 작성(14년~18년까지)</u>
– (대 상) 정책 대상에 포함되는 법인, 개인, 집단 등
– (최근 5년간 통계현황)
– (지역별 분포) 시도별 현황
– (기타) 각 통계에 대한 비중 등 정책 대상 현황과 관련된 그 외 통계</td></tr>
<tr><td>도 입</td><td>• 부처의 제도 도입년도

• 도입취지</td></tr>
<tr><td rowspan="1">②
연 혁</td><td>추진
경과</td><td>• 부처의 제도 변경 경과</td></tr>
<tr><td colspan="2">③
목 표</td><td>• (목표) 세제지원을 통해 해결하고자 하는 상황과의 인과관계가 분명하게 드러나도록 <u>계량지표로 설정할 것</u>
특별한 노력없이 달성가능한 수준 이하인 경우, 명확하고 합리적 근거가 없는 경우에는 평가대상에서 제외
• (산출근거)</td></tr>
<tr><td colspan="2">④
국가정책</td><td>• (범 부처 국가 대책 관련) <u>세부자료 별첨첨부</u>
– (대책명 / 발표일자)
– (정책세부내용)
– (목표)</td></tr>
<tr><td colspan="2">⑤
유사 관련제도</td><td></td></tr>
</table>

④ 재정지원 등 관련 지원 현황

* 제도 목적·대상자가 유사한 정책으로 지방세 특례 제도간 보완효과 등을 검토하기 위한 것으로 현재 운영 중 또는 도입 예정인 재정·조세(국세·지방세)·금융·행정 등 지원사항을 기재 필요시 서식 변경 가능

<table>
<tr><td rowspan="2">국세
지원</td><td>지원
목적</td><td>•</td></tr>
<tr><td>지원
현황</td><td>
<table>
<tr><td rowspan="2">지원명</td><td rowspan="2">도 입</td><td rowspan="2">지원내용</td><td colspan="5">지원규모 및 현황(단위 : 억 원)</td></tr>
<tr><td>'14</td><td>'15</td><td>'16</td><td>'17</td><td>'18</td></tr>
<tr><td></td><td>연도</td><td></td><td></td><td></td><td></td><td></td><td></td></tr>
<tr><td></td><td></td><td></td><td></td><td></td><td></td><td></td><td></td></tr>
</table>
</td></tr>
<tr><td rowspan="2">지방세
지원</td><td>지원
목적</td><td>•</td></tr>
<tr><td>지원
현황</td><td>
<table>
<tr><td rowspan="2">지원명</td><td rowspan="2">도 입</td><td rowspan="2">지원내용</td><td colspan="5">지원규모 및 현황(단위 : 억 원)</td></tr>
<tr><td>'14</td><td>'15</td><td>'16</td><td>'17</td><td>'18</td></tr>
<tr><td></td><td>연도</td><td></td><td></td><td></td><td></td><td></td><td></td></tr>
<tr><td></td><td></td><td></td><td></td><td></td><td></td><td></td><td></td></tr>
</table>
</td></tr>
<tr><td rowspan="2">재정
지원</td><td>지원
목적</td><td>•</td></tr>
<tr><td>지원
현황</td><td>
<table>
<tr><td rowspan="2">지원명</td><td rowspan="2">도 입</td><td rowspan="2">지원내용</td><td colspan="5">지원규모 및 현황(단위 : 억 원)</td></tr>
<tr><td>'14</td><td>'15</td><td>'16</td><td>'17</td><td>'18</td></tr>
<tr><td></td><td>연도</td><td></td><td></td><td></td><td></td><td></td><td></td></tr>
<tr><td></td><td></td><td></td><td></td><td></td><td></td><td></td><td></td></tr>
</table>
</td></tr>
<tr><td rowspan="2">금융
지원</td><td>지원
목적</td><td>•</td></tr>
<tr><td>지원
현황</td><td>
<table>
<tr><td rowspan="2">지원명</td><td rowspan="2">도 입</td><td rowspan="2">지원내용</td><td colspan="5">지원규모 및 현황(단위 : 억 원)</td></tr>
<tr><td>'14</td><td>'15</td><td>'16</td><td>'17</td><td>'18</td></tr>
<tr><td></td><td>연도</td><td></td><td></td><td></td><td></td><td></td><td></td></tr>
<tr><td></td><td></td><td></td><td></td><td></td><td></td><td></td><td></td></tr>
</table>
</td></tr>
<tr><td rowspan="2">규제
완화
등
기타 지원</td><td>지원
목적</td><td>•</td></tr>
<tr><td>지원
현황</td><td>•</td></tr>
</table>

운 용

⑤ 연구 사례 * 관련 제도에 관한 연구 제시, 지방세 감면 외 해당 제도관련 연구 포함

<table>
<tr><td colspan="2">①
사전 용역
또는 관련
기존 연구</td><td>• 사전용역(관련용역)
– 조사기관 :
– 조사기간 :
– 용역결과 : 경제성 분석(B/C분석 또는 E/C 분석), 기타 분석결과 등
※ 지방세 특례 예비타당성조사를 수행한 경우도 포함
※ 사전용역 수행자료가 있는 경우, 요약본 별도 첨부 필요</td></tr>
<tr><td rowspan="6">②
외국
사례</td><td>미 국</td><td></td></tr>
<tr><td>일 본</td><td></td></tr>
<tr><td>독 일</td><td></td></tr>
<tr><td>프랑스</td><td></td></tr>
<tr><td>영 국</td><td></td></tr>
<tr><td>기 타</td><td></td></tr>
</table>

⑥ 이해관계 집단 현황 : 협회, 소관 산하기관, 관계부처 등 기재

<table>
<tr><td>①
협 회
(예시)</td><td>• (협회명)
• (설립 및 근거)
• (조직 및 인력현황)
• (사업내용)
• (갯수) 회원수, 지소갯수 등 통계
– 개수의 소재지 현황 및 지역별 분포 :

• (기타 세부정보) 개인에 대한 소득 및 자산 분포, 법인의 매출·자산·자본 규모, 지역별 분포 등 정책대상자 현황을 보여주는 구체적인 정보 정책대상자의 특성을 파악할 수 있는 상세자료 첨부</td></tr>
<tr><td>②
관계
산하기관
(예시)</td><td>• (기관명)
• (설립 및 근거)
• (조직 및 인력현황)
• (사업내용)

• (갯수) 회원수, 지소갯수 등 통계
– 개수의 소재지 현황 및 지역별 분포 :

• (세부정보)</td></tr>
</table>

⑦ **기관 소개 :** 기관소개(설립목적, 주요기관·단체현황, 인력규모 등)

- (설립목적)
- (설립근거)
- (주요업무)
- (연혁)
- (조직)

  조직도 첨부

- (정원)
- (감면액)

(단위 : 백만 원, %)

구 분 \ 연 도	2015		2016		2017	
	금 액	비 율	금 액	비 율	금 액	비 율
취득세						
재산세						
…						

- (재원)

(단위 : 백만 원, %)

구 분 \ 연 도	2015		2016		2017	
	금 액	비 율	금 액	비 율	금 액	비 율
출연, 출자						
보조금						
자체수입						
∫						
기타						

- (국세지원 현황)

  법인세 특례, 세액공제 등

운 용

⑧ 최근 5년간 경영수지 현황(재무제표)

(단위 : 억 원)

<table>
<tr><th colspan="2">구 분</th><th>'14년</th><th>'15년</th><th>'16년</th><th>'17년</th><th>'18년</th></tr>
<tr><td rowspan="3">재무상태표</td><td>자 산</td><td></td><td></td><td></td><td></td><td></td></tr>
<tr><td>부 채</td><td></td><td></td><td></td><td></td><td></td></tr>
<tr><td>자 본</td><td></td><td></td><td></td><td></td><td></td></tr>
<tr><td rowspan="4">손익계산서
(K-IFRS)</td><td>매 출</td><td></td><td></td><td></td><td></td><td></td></tr>
<tr><td>매출원가</td><td></td><td></td><td></td><td></td><td></td></tr>
<tr><td>영업이익</td><td></td><td></td><td></td><td></td><td></td></tr>
<tr><td>당기순이익</td><td></td><td></td><td></td><td></td><td></td></tr>
</table>

⑨ 최근 5년간 당기순이익 배당 현황

(단위 : 억 원)

<table>
<tr><th colspan="3">구 분</th><th>'14년</th><th>'15년</th><th>'16년</th><th>'17년</th><th>'18년</th></tr>
<tr><td colspan="3">당기순이익</td><td></td><td></td><td></td><td></td><td></td></tr>
<tr><td rowspan="5">배당현황</td><td rowspan="2">정 부</td><td>부처명</td><td></td><td></td><td></td><td></td><td></td></tr>
<tr><td></td><td></td><td></td><td></td><td></td><td></td></tr>
<tr><td colspan="2">○○은행(예 한국산업은행)</td><td></td><td></td><td></td><td></td><td></td></tr>
<tr><td colspan="2">○○은행(예 한국수출입은행)</td><td></td><td></td><td></td><td></td><td></td></tr>
<tr><td colspan="2">배당합계
(배당성향)</td><td></td><td></td><td></td><td></td><td></td></tr>
</table>

⑩ 예산 및 결산 현황('18년도)

(단위 : 억 원)

<table>
<tr><th colspan="2">구 분</th><th>예산계획</th><th>결산실적</th><th>차 이</th></tr>
<tr><td rowspan="3">재무상태표</td><td>자 산</td><td></td><td></td><td></td></tr>
<tr><td>부 채</td><td></td><td></td><td></td></tr>
<tr><td>자 본</td><td></td><td></td><td></td></tr>
<tr><td rowspan="5">손익계산서</td><td>매출액</td><td></td><td></td><td></td></tr>
<tr><td>매출원가</td><td></td><td></td><td></td></tr>
<tr><td>매출총이익</td><td></td><td></td><td></td></tr>
<tr><td>영업이익</td><td></td><td></td><td></td></tr>
<tr><td>당기순이익</td><td></td><td></td><td></td></tr>
</table>

붙임 2 지방세특례제한법 관련근거

제181조 【지방세 특례의 사전·사후 관리】

① 행정안전부장관은 매년 2월 말일까지 지방세 특례 및 그 제한에 관한 기본계획을 수립하여 「지방재정법」 제27조의 2에 따른 지방재정부담심의위원회 및 국무회의의 심의를 거쳐 중앙행정기관의 장에게 통보하여야 한다.

② 중앙행정기관의 장은 그 소관 사무로서 지방세를 감면하려는 경우에는 감면이 필요한 사유, 세목 및 세율, 감면기간, 지방세 수입 증감 추계, 관련 사업계획서, 예산서 및 사업 수지 분석서, 감면액을 보충하기 위한 기존 지방세 감면에 대한 축소 또는 폐지방안 및 조세부담능력 등을 적은 지방세 감면건의서(이하 이 조에서 "지방세감면건의서"라 한다)를 매년 3월 31일(제7항에 해당하는 경우에는 2월 20일)까지 행정안전부장관에게 제출하여야 한다.

③ 대통령령으로 정하는 지방세 특례 사항에 대하여 중앙행정기관의 장은 지방세 감면으로 인한 효과 분석 및 지방세 감면제도의 존치 여부 등에 대한 의견서(이하 이 조에서 "지방세감면평가서"라 한다)를 매년 3월 31일(제6항 후단에 해당하는 경우에는 2월 20일)까지 행정안전부장관에게 제출하여야 한다.

⑤ 행정안전부장관은 제2항 및 제3항에 따라 제출받은 지방세감면건의서 및 지방세감면평가서에 대하여 각 지방자치단체의 의견을 들어야 한다.

⑥ 행정안전부장관은 주요 지방세 특례에 대한 평가를 실시할 수 있다. 이 경우 해당 연도에 적용기한이 종료되는 사항으로서 대통령령으로 정하는 지방세 특례에 대해서는 예산의 범위 내에서 조세 관련 전문기관에 의뢰하여 목표달성도, 경제적 효과, 지방재정에 미치는 영향 등에 대하여 평가할 수 있다.

⑦ 행정안전부장관은 예상 감면액이 대통령령으로 정하는 일정금액 이상인 지방세 특례를 신규로 도입하려는 경우에는 대통령령으로 정하는 조세 관련 전문기관에 의뢰하여 지방세 특례의 필요성 및 적시성, 기대효과, 지방재정에 미치는 영향 및 예상되는 문제점에 대한 타당성 평가를 실시하여야 한다.

⑨ 행정안전부장관은 지방세감면평가서 및 제6항과 제7항에 따른 평가와 관련하여 필요하다고 인정할 때에는 관계 행정기관의 장 등에게 의견 또는 자료의 제출을 요구할 수 있다. 이 경우 관계 행정기관의 장 등은 특별한 사유가 있는 경우를 제외하고는 이에 따라야 한다.

Chapter 03

최소납부세제 적용기준 등

I 지특법 제94조 일반적 추징 규정의 적용범위 조정

(1) 분법시 추징 규정 신설 내용 및 취지

• 2011.1.1. 분법시 지특법 상에 일반적 추징 규정(제94조)* 신설

– (내용) 부동산에 대한 감면을 적용할 때, 이 법에서 특별히 규정한 경우를 제외하고는 일반적인 추징 규정 적용

* 제94조(감면된 취득세의 추징) 부동산에 대한 감면을 적용할 때 이 법에서 특별히 규정한 경우를 제외하고는 다음 각 호의 어느 하나에 해당하는 경우 그 해당 부분에 대해서는 감면된 취득세를 추징한다.

1. 정당한 사유 없이 그 취득일부터 1년이 경과할 때까지 해당 용도로 직접 사용하지 아니하는 경우
2. 해당 용도로 직접 사용한 기간이 2년 미만인 상태에서 매각·증여하거나 다른 용도로 사용하는 경우

– (취지) 현행 감면세액 추징이 조문마다 달리 규정되어 있어 취득세 추징의 일반화를 위해 별도의 추징조문 마련

※ 적용여부 검토대상(부동산중 취득세 감면 대상) : 총 147개 조문
- 적용 해당(81) : 직접 사용 있음 63개, 직접 사용 없음 18개
- 적용 제외(66) : 개별 추징 있음 48개, 사후관리 불필요 18개

(2) 적용범위 관련 우리부 운영지침 내용

• 2011.2.8. 신설 추징 규정의 운영지침(지방세운영과-559) 통보

– 감면조문에 개별 추징 규정이 없더라도 '직접 사용'이 규정되어 있으면 신설된 추징 규정(제94조)을 적용하되,

– 감면조문에 '직접 사용'이 없는 경우 신설된 추징 규정 적용 제외

구 분	개별 추징 규정 있음	개별 추징 규정 없음
"직접 사용" 있음	개별 추징 규정에 따름	제94조 적용대상
"직접 사용" 없음	개별 추징 규정에 따름	제94조 적용대상 제외

(3) 지침내용의 문제점 및 지침내용 조정

• (문제점) 운영지침에서 적용범위를 '직접 사용'의 규정이 있는 경우로 한정함으로써 입법취지에 반해 적용대상 누락 발생

① 종전의 개별 추징 규정을 삭제한 경우 : 15개 조문

– 현행 일반적 추징 규정인 제94조가 적용되도록 종전에 규정되있던 개별 추징 규정을 삭제하였으나, '직접 사용'이란 규정이 없어 종전지침에 의할 경우 추징곤란

② 취득목적, 사용용도가 있어 사후관리가 필요한 경우 : 3개 조문

– 종전 규정에서 개별 추징 규정은 없었으나, 현행 조문상에는 취득목적이나 사용용도가 특정되어 있어 동 목적이나 용도에 사용치 않을 경우 추징이 필요함에도 '직접 사용' 규정이 없어 종전지침 적용에 혼란 초래

• (변경내용) 2011.1.1. 분법시 신설된 일반적 추징 규정(제94조) 적용대상을 입법취지에 부합되게 합리적으로 조정

– (당초) '직접 사용'이 있는 경우로 한정

– (변경) '직접 사용'이 없더라도 종전에 '개별 추징 규정'이 있었던 조문과 '사후관리'가 필요한 조문은 일반적 추징 규정(제94조) 적용대상으로 시심 조정(18개 조문 추가)

참고 1 일반적 추징 규정(제94조) 추가 적용 검토

Part 02 기 업 → Chapter 01 창업과 투자 지원 → 쟁점 012 참조

운 용

참고 2 당초 운영지침(2011.2.8. 지방세운영과-559) 내용

지방세특례제한법 상 추징 규정이 별도로 규정된 조항을 제외하고는 보칙 제94조의 규정이 감면규정에 대한 모든 추징 요건을 대신 하는지 여부

(1) 관련규정

▌지방세특례제한법 제3장 보칙 ▌

> **제94조 【감면된 세액의 추징 등】**
> 부동산에 대한 감면을 적용할 때 이 법에서 특별히 규정한 경우를 제외하고는 취득일부터 1년 이내에 정당한 사유 없이 해당 용도로 직접 사용하지 아니한 경우 또는 그 사용일로부터 2년 이상 해당 용도로 직접 사용하지 아니하고 매각하거나 다른 용도로 사용하는 경우에 해당 부분에 대하여 감면된 취득세를 추징한다.

(2) 쟁점사항

- 구 지방세법에서는 감면규정에 개별적으로 추징 요건이 단서조항으로 명시되어 있었으나, 분법되면서 지방세특례제한법에서는 개별적으로 감면규정에 특별히 규정한 경우를 제외하고는 제94조를 준용하여 추징토록 규정하고 있음.

  (예시) 구 지방세법에 추징 규정이 없던 한국농어촌공사 등이 취득하는 부동산에 대하여 제94조 규정을 적용하여 추징 규정이 신설된 것으로 해석하는 것이 타당한지 여부

(3) 검토의견 및 결과

> 〈지방세특례제한법 제94조 적용대상〉
> (적용순서) ① 개별법 추징 규정 → ② 제94조 적용(단서조항이 없는 경우)
> (적용세목) 취득세 한정(그 외 세목은 개별규정에 따름)
> (적용요건) 부동산 + 직접 사용

- 지방세특례제한법 제94조에서 규정한 추징 요건에 해당하는 감면 대상은 "부동산에 대한 감면"과 감면 대상 물건을 "직접 사용"토록 규정한 조항만 한정적으로 해당된다 할 것임.

(4) 적용례

- 지방세특례제한법 제94조 적용대상

구 분	개별 추징 규정이 있는 경우	개별 추징 규정이 없는 경우
"직접 사용" 규정이 있음	개별 추징 규정에 따름	제94조 적용대상
"직접 사용" 규정이 없음	개별 추징 규정에 따름	제94조 적용대상 제외

• 지방세특례제한법 상 개별조항으로 추징 요건을 단서로 규정

→ 단서조항의 추징 규정 적용

– 제6조 자경농민의 농지에 대한 감면

– 제22조 사회복지법인 등에 대한 면제

• 지방세특례제한법 상 부동산 이외의 감면규정(단서조항 없음)

→ 제94조 적용대상 아님(추징 규정 없음)

– 제10조 농어업인 등에 대한 융자관련 감면 등

– 제22조의 3 휴면예금관리재단에 대한 감면

• 지방세특례제한법 상 부동산 취득과 관련된 규정에 해당하나, 직접 사용에 관한 규정이 없는 감면 (단서조항 없음)

→ 제94조 적용대상 아님(추징 규정 없음)

– 제13조 제2항 한국농어촌공사의 농업 관련 사업에 대한 감면

– 제44조 평생교육시설 등에 대한 감면 등

• 지방세특례제한법 상 부동산 취득 및 직접 사용이 규정된 감면

→ 제94조 적용대상

– 제11조 제2항 농업법인에 대한 감면

– 제37조 공공의료기관에 대한 감면

운 용

Ⅱ 재산세 최소납부세액 적용기준 및 운용요령

(1) 주요내용

• 2015년부터 최소납부세액 과세대상에 포함되는 청소년시설, 영유아 어린이집 및 유치원에 대한 재산세 세액계산

(2) 관련규정

• (지특법 §177의 2) 재산세가 면제되는 경우, 전액면제 규정에도 불구하고 100분의 85에 해당하는 감면율을 적용

– 재산세 산출세액이 50만 원 초과하는 경우에 한하며, 면제세액의 85%를 감면 적용하고 15%는 부과(최소납부세액)

(3) 적용기준

과세대상(건축물·토지·주택)별* 산출세액이 50만 원 초과시 각각 적용

* (건축물·주택) 1구별 세액산출 → 감면조문별 적용
(토지) 과세대상구분별(종합, 별도, 분리) 구분 세액산출 → 감면조문별 적용

✔ 예시

(1) 단독소유한 경우

① (건축물·주택) 1구별 면제세액이 50만 원 초과시 면제세액의 15% 부과

> 甲이 건축물A, 건축물B(면제 대상)를 보유한 경우
> → 건축물A의 산출세액이 400,000원, 건축물B의 산출세액이 600,000원인 경우

• 산출세액 : 건축물A = 400,000원(← 최소납부 여부와 무관)
건축물B(면제 대상) = 600,000원(← 50만 원 초과, 최소납부대상)

• 납부세액 : 건축물A(400,000원) + {건축물B(600,000원) × 15%} = 490,000원

② (토지) 대상 토지 면제세액*이 50만 원 초과시 면제세액의 15% 부과

* 재산세 면제세액 계산은 과세대상구분(종합, 별도, 분리)별 합산하여 누진세율을 적용한 세액

> 甲이 별도합산 대상 토지A와 토지B(면제 대상)를 모두 보유한 경우 ※ 산출세액은 별도합산 누진세율 적용
> → 토지A의 산출과표가 3억 원, 토지B(면제 대상)의 산출과표가 2억 원인 경우

• 산출세액 : 당초과표 = 3억 원+2억 원=5억 원
당초세액 = 400,000원+(5억 원−2억 원)×0.3%* = 1,300,000원

* 재산세 세율(지법 §111 ① 1호 나목)

토지B(면제 대상)의 안분(2억 원÷5억 원 = 40%)세액은
= 1,300,000원×40% = 520,000원(← 50만 원 초과, 최소납부대상)

• 납부세액 : 적용과표 = 3억 원+(2억 원×15%) = 3억3천만 원
적용세액 = 400,000원+(3억3천만 원−2억 원)×0.3% = 790,000원

(2) 공동소유자이며 모두 면제 대상자인 경우

① (건축물·주택) 해당 부동산의 면제세액이 50만 원을 초과하는 경우 보유지분에 따라 안분한 개인별 면제세액의 15% 부과

甲과 乙이 건축물A(면제 대상)를 50% 지분씩 공동보유한 경우
→ 건축물A의 산출세액이 600,000원인 경우

• 산출세액 : 건축물A(면제 대상) : 600,000원(← 50만 원 초과, 최소납부대상)
• 납부세액 : (甲·乙 각각) {건축물A(600,000원)×50%}×15% = 45,000원

② (토지) 해당 부동산의 면제세액*이 50만 원을 초과하는 경우 면제 세액의 15% 부과

* 재산세 면제세액 계산은 과세대상구분(종합, 별도, 분리)별 합산하여 누진세율을 적용한 세액

甲과 乙이 별도합산 대상 토지A를 지분 50%로 보유한 경우
※ 甲은 별도합산 대상 토지B를 추가보유(별도합산 누진세율 적용)
→ 토지A의 산출과표가 4억 원, 토지B의 산출과표가 3억 원인 경우

• 산출세액(甲) : 당초과표 = (4억 원×50%)+3억 원 = 5억 원
당초세액 = 400,000원+(5억 원−2억 원)×0.3% = 1,300,000원
* 재산세 세율(지법 §111 ① 1호 나목)
토지A(면제 대상)의 안분(2억 원 ÷ 5억 원 = 40%)세액은 = 1,300,000원×40%
= 520,000원(← 50만 원초과, 최소납부대상)
• 납부세액(甲) : 적용과표 = (4억 원×50%)×15%+3억 원 = 3억3천만 원
적용세액 = 400,000원+(3억3천만 원−2억 원)×0.3% = 790,000원
• 산출세액(乙) : 당초과표 = 4억 원×50% = 2억 원
당초세액 = 2억 원×0.2% = 400,000원
토지A의 안분(2억 원÷2억 원=100%)세액이 400,000원(← 50만 원이하)
• 납부세액(乙) : 적용과표 = (4억 원×50%)* 0% = 0원
적용세액 = 0원

운 용

(3) 공동소유자이며 일부만 면제 대상자인 경우

① (건축물·주택) 해당 부동산의 면제세액 중 면제 대상자 지분에 따라 안분한 세액이 50만 원 초과시 해당 면제세액의 15% 부과

> 면제 대상자 甲과 일반대상자 乙이 건축물A(일부면제 대상)를 지분 50%씩 함께 보유한 경우
> → 건축물의 산출세액이 1,500,000원인 경우

- 산출세액(甲) : 건축물A(면제 대상) : 1,500,000원×50% = 750,000원(← 50만 원 초과, 최소납부대상)
- 납부세액(甲) : 750,000원×15% = 112,500원
- 산출세액(乙) : 건축물A = 1,500,000원×50% = 750,000원(← 일반과세)
- 납부세액(乙) : 750,000원

② (토지) 해당 부동산의 면제세액*이 50만 원을 초과하는 경우 면제 세액에 15% 부과

* 재산세 면제세액 계산은 과세대상구분(종합, 별도, 분리)별 합산하여 누진세율을 적용한 세액

> 면제 대상자 甲과 일반대상자 乙이 별도합산 대상 토지A를 지분 50%를 보유한 경우
> * 甲은 별도합산 대상 토지B를 추가보유(산출세액은 별도합산 누진세율 적용)
> → 토지A의 산출과표가 4억 원, 토지B의 산출과표가 3억 원인 경우

- 산출세액(甲) : 당초과표 = (4억 원×50%)+3억 원 = 5억 원
  당초세액 = 400,000원+(5억 원−2억 원)×0.3%* = 1,300,000원
  * 재산세 세율(지법 §111 ① 1호 나목)
  토지A(면제 대상)의 안분(2억 원 ÷ 5억 원 = 40%)세액은 = 1,300,000원×40%
  = 520,000원(← 50만 원 초과, 최소납부대상)
- 납부세액(甲) : 적용과표 = (4억 원 × 50%)×15%+3억 원 = 3억3천만 원
  적용세액 = 400,000원+(3억3천만 원−2억 원)×0.3% = 790,000원
- 산출세액(乙) : 당초과표 = 4억 원×50% = 2억 원
  당초세액 = 2억 원×0.2% = 400,000원
- 납부세액(乙) : 적용과표 = 4억 원×50% = 2억 원
  적용세액 = 2억 원×0.2% = 400,000원

Ⅲ 신혼부부 생애최초 주택 취득세 감면 관련 적용지침

(1) 감면 요건 및 감면신청 절차 등

1 신혼부부 생애최초 주택취득에 따른 취득세 감면 요건은?

• 아래의 요건을 모두 충족한 경우 취득세 감면 대상에 해당

① (신혼부부) 혼인*한 날부터 5년 이내인 사람과 주택취득일부터 3개월 이내에 혼인할 예정인 사람

* 혼인신고일을 기준으로 확인하고 재혼도 포함

② (소득기준) 부부합산소득(근로소득, 사업소득 등 종합소득) 기준 맞벌이가구* 7,000만 원 이하, 홑벌이가구 5,000만 원 이하

* (맞벌이가구) 본인과 배우자 각각의 소득금액이 모두 300만 원 이상인 경우

③ (주택기준) 주택* 가격기준과 면적기준을 모두 충족 필요

– (가격기준) 취득가액 기준 수도권 4억 원 이하, 비수도권 3억 원 이하

– (면직기준) 전용면적 60㎡ 이하

* 아파트, 연립, 다세대, 단독주택, 다가구주택 등

④ (생애최초 기준) 본인과 배우자 모두 주택을 소유한 사실이 없을 것

다만, 아래의 경우에는 주택을 소유한 사실이 없는 것으로 간주

– (상속주택) 상속으로 취득한 주택의 공유지분을 처분한 경우

– (도시지역 외) 도시지역 외의 지역 등에 소재한 주택* 소유자가 소재지역에 거주하다 타 지역으로 이주한 경우(해당 주택을 처분하였거나 감면 대상 주택 취득일부터 3개월 내로 처분한 경우로 한정)

* 20년 이상 경과된 주택, 85㎡ 이하인 단독주택, 상속주택

– (20㎡ 이하) 전용면적 20㎡ 이하 주택을 소유하고 있거나 처분한 경우. 다만, 둘 이상을 소유한 경우는 제외

– (100만 원 이하) 시가표준액이 100만 원 이하인 주택 소유하고 있거나 처분한 경우

운용

2 감면신청 절차는?

• 신혼부부 생애최초 주택 취득자의 감면신청은 일반적 감면신청 절차에 따라 처리

– 감면신청(취득일부터 60일) → 감면 대상 확인 → 감면 적용

3 감면신청에 따른 처리기간은?

• 다른 자치단체의 주택소유 및 주택가격 확인에 시간이 소요되는 점 등의 기간을 고려

– 감면운영기준(행안부 고시 보칙)으로 생초감면신청서를 별도로 마련하여 감면처리기간을 5일간 연장(5일 → 10일)

* 통합지방세정보시스템을 통해 1차 확인 → 필요시 주택 소재 자치단체에 2차 확인

4 감면신청서에 첨부하는 관계 증명서류는?

• 무주택 신혼부부임을 확인하는 주민등록등(초)본, 혼인관계증명서 등

• 소득금액을 확인하는 소득금액증명원, 사실증명원 등

• 매매계약서 등 주택 소유사실을 확인할 수 있는 관계 증명서류

※ 감면신청자가 행정정보이용에 사전동의하는 경우, 「전자정부법」 제36조 제1항에 따른 행정정보의 공동이용 전산망을 통한 확인으로 갈음할 수 있음

– 행정정보 공동이용이 가능한 민원서류 현황은 감면운영 기준(행안부 고시) 참고4 서식 내용 참조

(2) 신혼부부의 범위 등

1 감면 대상 신혼부부의 범위는?

• 혼인한 날*부터 5년 이내인 사람과 주택 취득일부터 3개월 이내에 혼인할 예정인 사람임(재혼 포함)

* 「가족관계의 등록 등에 관한 법률」에 따른 혼인신고일 기준

2 주택 취득일부터 3개월 이내 혼인 예정자에 대한 확인 방법은?

• 예식장 계약서 사본, 결혼 청첩장 등을 통해 주택 취득일부터 3개월 이내에 혼인이 예정되어 있는 지 확인

– 혼인 예정자에게 주택 취득일부터 3개월 내에 혼인신고 후 혼인관계증명서 추가 제출토록 안내

※ 주택 취득일부터 3개월 이내에 혼인하지 아니한 경우 지방세특례제한법 제36조의 2 제2항에 따라 감면된 취득세가 추징됨

3 배우자의 범위에 내국인과 혼인한 외국인 배우자도 포함되는지?

• 외국인 배우자도 배우자의 범위에 포함되므로 감면 요건 충족시 감면 대상으로 처리

※ 주민등록법령 개정('18.3.20. 시행)으로 외국인배우자도 주민등록표 등본에 세대원으로 표기됨

(3) 소득금액 등 판단기준

1 소득금액을 확인하는 소득발생 귀속연도는?

• 소득금액을 확인하는 소득발생 기간의 귀속연도는 주택 취득일이 속하는 연도의 직전년도 소득으로 함

– 다만, 소득세법 제70조에 따른 '종합소득과세표준확정신고'의 소득금액이 아직 확정되지 않아 직전년도 소득금액을 확인할 수 없는 경우에는 전전년도 소득금액으로 함

2 맞벌이 가구와 홑벌이 가구 구분 기준은?

• 맞벌이가구는 본인과 배우자 각각의 소득금액이 모두 300만 원 이상인 경우에 해당

– 맞벌이가구에 해당하지 않는 경우 홑벌이가구로 간주

3 귀속연도분 소득금액을 확인하는 방법은?

• 귀속연도분 소득금액 확인은 감면신청인이 제출하는 소득금액증명원으로 확인하되, 근로소득만 있는 경우는 감면신청인이 제출하는 근로소득원천징수영수증으로 확인할 수 있음

4 실직·폐업 등으로 취득일 당해 연도에 소득이 없는 경우?

• 소득 여부는 당해 연도 소득 유무와 관계없이 소득발생 귀속 연도의 구분에 따라 세무서가 발행하는 소득금액증명원 등으로 판단함

• 따라서, 주택 취득 당시 폐업·실직 등으로 당해 연도 소득이 없다고 하더라도 직전 연도분이나 전전년도분 소득금액증명원 등 발급이 가능한 경우는 소득이 없다고 할 수 없음

5 내국인이 외국에서 발생한 소득이 있는 경우?

- 내국인이 외국에서 발생한 소득을 관할 세무서장에게 신고한 경우
  - 외국에서 발생한 소득금액이 귀속 연도분 소득금액증명원 등으로 확인되는 경우 이를 소득금액으로 봄

6 내국인의 외국인 배우자가 국내 소득이 있는 경우?

- 내국인과 혼인한 외국인 배우자가 국내에서 소득이 발생된 경우
  - 국내 소득금액이 귀속 연도분 소득금액증명원 또는 근로소득원천징수영수증으로 확인되는 경우 이를 소득금액으로 봄

(4) 생애최초 취득 확인 주체, 방법 등

1 생애최초 취득 여부 확인 방법은?

- 통합지방세정보시스템에서 제공하는 주택 관련 지방세 자료를 통하여 생애최초 취득 여부를 확인함

2 생애최초 취득 확인대상 범위는?

- 신혼부부(본인 및 배우자)를 대상으로 확인
  - 다만, 혼인 예정인 사람은 취득자 본인과 배우자가 될 사람을 대상으로 확인

3 타지역에 주택을 소유한 것으로 확인되나, 납세자는 주택소유사실을 부인하는 경우 등의 확인절차는?

- (감면주체 자치단체장) 주택을 소유한 것으로 확인되는 소재지 자치단체장에게 주택의 소유사실, 주택가격 확인을 요청

• (주택 소재지 자치단체장) 주택을 소유한 것으로 확인되는 소재지 자치단체장은 주택 소유사실, 주택가격 확인을 요청한 자치단체장에게 지체없이 통보

4 무주택으로 보는 시가표준액 100만 원 이하란?

• 주택 취득일 현재 소유하고 있는 주택으로서
  – 지방세법 제4조 제2항 및 같은 법 시행령 제4조 제1항 제1호에 따라 산출한 주거용 건축물의 가액이 100만 원 이하인 주택

5 처분한 종전주택 시가표준액 100만 원 이하의 산정기준일은?

• 주택을 소유한 사실이 없는 것으로 보는 제1항 제4호의 처분한 종전주택 시가표준액 100만 원 이하의 산정기준일을 감면 대상 주택 취득일 현재로 규정
  – 따라서, 종전에 처분한 주택이라도 감면 대상 주택 취득일 현재 소유하고 있는 것으로 간주하여 주거용 건축물의 시가표준액이 100만 원 이하에 해당되어야 함

6 처분에 멸실이 포함되는지?

• '처분'에는 매각, 증여 등으로 소유권을 이전한 경우로서 수용 등에 따른 협의매수 또는 수용된 경우 뿐만 아니라
  – 주거용 건축물이 철거되어 '멸실'된 경우도 포함됨(舊 행정안전부 지방세운영과-1043호, 2011. 3.8. 참조)

7 상속 공유지분의 처분기한이 있는지?

• 주택을 소유한 사실이 없는 것으로 보는 상속 공유지분을 처분한 경우의 처분기한에 대하여는 별도로 규정되어 있지 아니함

• 따라서, 감면신청하는 주택 취득일 이전에 상속 공유지분을 처분하였다면 처분요건을 충족함

8 공부상으로 존재하나 사실상 멸실된 주택의 적용은?

• 공부상으로 존재하나 사실상 멸실된 주택도 일반 주택과 동일하게 생애최초 주택 취득 여부 판단

– 도시지역 외 면 지역 소재 주택, 20㎡ 이하 주택, 시가표준액이 100만 원 이하인 주택 등 주택을 소유한 사실이 없는 것으로 보는 주택에 해당하는 경우에만 주택 소유 사실이 없는 것으로 처리

(5) 감면 대상 주택의 범위

1 취득세 감면 대상 주택의 범위는?

• 취득세 감면 대상 주택은 주택법에 따른 주택*으로서 단독주택 및 아파트, 다세대, 연립 등 공동주택임

– 주거용 오피스텔이라고 하더라도 건축법 상 업무시설용에 해당되므로 취득세 감면 대상 주택으로 볼 수 없음

* 지방세법 제104조 제3호에서 주택을 주택법 제2조 제1호에 의한 단독주택과 공동주택(아파트, 연립, 다세대 등)으로 정의함

2 취득가액 수도권 4억 원, 비수도권 3억 원 이하란?

• 취득세의 과세표준은 취득 당시의 가액이며, 주택 취득자가 신고한 취득가액이 수도권 4억 원, 비수도권 3억 원 이하로 입증되는 경우*로 한정함

* 사실상 취득가액이 입증되는 거래형태(지방세법 제10조)

① 국가, 지방자치단체 또는 지방자치단체조합으로부터의 취득

② 판결문·법인장부로 취득가격이 증명되는 취득

③ 공매방법에 의한 취득

④ 부동산 거래신고 등에 관한 법률에 따라 검증이 이루어진 취득

• 다만, 신고가액이 검증시에 부적격, 보류 등으로 판정되는 경우는 시가표준액으로 판단함

3 공동명의, 즉 지분으로 주택을 "취득"할 경우?

• 공동명의, 즉 지분으로 주택을 "취득"하는 경우라도 그 취득하는 지분이 생애최초 주택으로 확인되는 경우 그 해당지분에 대하여 감면 적용

– 다만, 해당 지분이 아닌 해당 주택이 가격기준과 면적기준을 모두 충족하는 경우에만 감면 대상에 해당됨

4 본인 명의 주택의 부속토지 등을 취득한 경우?

• 본인 명의 주거용 건축물의 부속토지가 가족 이외 타인 명의로 되어 있는 경우로서 당해 부속토지를 취득하여 1주택이 되는 경우

– 또는 소유한 지분 이외 타인 명의의 나머지 지분을 추가로 취득하여 1주택이 되는 경우는 감면 대상에 해당됨

5 1주택을 신혼부부가 공유로 취득하는 경우?

• 공유지분으로 취득하더라도 본인 및 배우자로 구성된 신혼부부가 생애최초로 1주택을 취득하는 경우라면 감면 대상에 해당됨

운용

6 수도권의 경우 4억 원 초과주택의 4억 원 이하 금액만큼 감면 가능 여부?

• 감면 대상이 되는 주택은 취득가액이 4억 원 이하인 경우에 한하는 '대물감면'이므로 그 주택의 가액이 4억 원 이하인 주택이어야 함

– 따라서 취득하는 주택가액이 4억 원을 초과하는 경우는 그 주택을 감면 대상에서 배제함

7 수도권의 경우, 4억 원 초과주택을 4억 원 이하 지분만큼 취득 시 감면 가능 여부?

- 감면 대상이 되는 주택은 취득가액이 4억 원 이하인 경우에 한하는 '대물감면'이므로 지분과는 무관하게 그 주택의 가액이 4억 원 이하인 주택이어야 함
  - 따라서, 취득하는 주택가액이 4억 원을 초과하는 경우는 그 지분가액과는 무관하게 그 주택을 감면 대상에서 배제함

    예 8억 원의 주택을 생초 감면 대상들이 공동지분으로 각각 4억 원에 매수한 경우라도 당해 주택가액이 4억 원을 초과하므로 각각 감면 대상에서 제외

8 주택분양권(조합원 및 일반)을 주택으로 볼 수 있는지?

- 주택이 완공되지 아니한 조합원분양권은 향후 주택에 입주할 수 있는 권리에 불과하므로 이를 주택으로 보지 않음

9 다가구주택을 다주택 소유로 볼 수 있는지?

- 유상 거래되는 다가구주택은 건축법 상 단독주택에 해당되기 때문에 1세대별로 독립하여 지분등기 하지 아니한 경우, 1채의 단독주택으로 보아 감면혜택 부여
  - 현행 지방세법 상 단독주택인 다가구주택일지라도 1세대별로 독립되어 구분 사용할 있도록 구획되어 생활·거래되는 경우 공동주택(다세대, 연립, 아파트)으로 보는 규정*이 있으나, 이는 다가구주택을 고급주택에서 배제하기 위한 취지임

    * 지방세법 제13조 제5항 제3호 및 같은법 시행령 제28조 제4항 제4호
      - 고급주택 : 1구의 연면적이 245㎡ 초과하는 공동주택(여러가구가 한 건물에 거주할 있도록 건축된 다가구용 주택을 포함하되, 이 경우 한 가구가 독립하여 거주할 수 있도록 구획된 부분을 각각 1구의 건축물로 본다)

10 무허가주택을 소유했거나 소유하고 있는 경우 주택을 소유한 것으로 볼 수 있는지?

- 무허가주택은 지방세법 상 주택 유상거래 세율 적용을 배제하고 있고 상속으로 취득한 1가구 1주택에서도 제외되고 있으므로,
  - 무허가주택을 소유했거나 소유하고 있는 경우라도 주택을 소유한 것으로 보지 않음

(6) 거래유형 및 취득시기

1 상속, 증여로 받은 주택의 적용 여부?

• 생애최초 감면 대상의 거래유형은 유상거래(부담부증여는 제외)로 한정함
  – 따라서 상속·증여 등 무상취득하거나, 신축 등 원시취득은 감면 대상에 해당되지 않음

2 감면이 적용되는 주택의 취득시기는?

• 시행일('19.1.1.)부터 '19.12.31.까지 생애최초로 취득하는 주택
  – 주택의 취득시기는 잔금지급일 또는 등기일 중 빠른 날을 적용
    ※ 사용승인 전 선납할인으로 분양받은 경우 취득시기는 사용승인일 또는 임시사용승인일을 적용

3 '19년까지 취득하고 '20년도에 등기하는 경우?

• '19년까지 취득을 완료하면 '20년에 등기하는 경우라도 취득일 기준으로 감면혜택 적용

• 반면, 계약을 완료하였더라도 '19.12.31.까지 잔금지급 또는 등기가 이루어지지 않은 경우 감면 대상에서 배제됨

4 연부로 취득할 경우 감면 적용 방법은?

• 연부란 매매계약서상 연부계약형식을 갖추고 일시에 완납할 수 없는 대금을 2년 이상에 걸쳐 일정액씩 분할하여 지급하는 것으로 연부금 납부일이 취득일임(지령 §20 ⑤)
  ※ 연부 취득 판단 : 취득세 과세대상 물건이 존재하면서 매매대금 최종지급일까지 2년 이상(지방세운영과-3433, '10.8.9.)
  – 따라서 감면 시행기간('19.1.1~'19.12.31.) 중에 납부한 연부금 부분에 대하여만 감면 적용

5 선납할인 분양받은 경우 취득세 과세표준은?

• 법인과의 유상거래시 취득세 과세표준은 법인의 장부가액으로 규정하고 있으므로(지법 §10 ⑤)
  – 법인의 장부상(원장·보조장·출납전표·결산서 등)에서 선납할인 받은 금액이 확인되는 경우에는 그 할인받은 취득금액을 취득세 과세표준으로 함

운용

(7) 추징 요건 등

1 신혼부부 생애최초 주택취득에 따른 취득세 추징 요건은?

• 아래의 요건 중 어느 하나에 해당하는 경우 취득세 추징

① 3개월 이내에 혼인하지 아니한 경우

② 주택 취득일부터 3개월 이내에 1가구 1주택이 되지 아니한 경우

③ 정당한 사유 없이 취득일부터 3년 이내에 경감받은 주택을 매각·증여하거나 다른 용도(임대 포함)로 사용하는 경우

2 추징 요건 중 1가구 1주택의 범위는?

• 주택 취득일부터 3개월 이내에 1가구 1주택이 되지 아니한 경우 경감받은 취득세를 추징함

• 1가구 1주택의 범위는 아래 기준으로 판단

– (1가구) 세대별 주민등록표에 기재되어 있는 가족(동거인 제외)

※ 취득자의 배우자, 취득자의 미혼인 30세 미만의 직계비속은 같은 가구에 속한 것으로 간주

– (1주택) 국내에서 소유하고 있는 1개의 주택

※ 주택 부속토지만을 소유하고 있는 경우에도 주택을 소유한 것으로 간주

3 재혼 예정인 본인 또는 배우자의 미혼인 30세 미만의 직계비속이 1주택을 소유하고 있는 경우 감면여부는?

• 취득 시점에는 재혼 예정인 신혼부부도 감면 대상에 해당하므로 감면 요건을 충족시 감면으로 처리하되,

• 주택 취득일부터 3개월 이내에 1가구 1주택이 되지 아니한 경우 감면받은 취득세를 추징한다고 규정하고 있으므로

– 미혼인 30세 미만의 직계비속이 3개월 이내에 주택을 처분하지 않는 경우에는 추징된다는 사실을 사전에 반드시 안내

4 신혼부부 생애최초 주택 취득으로 1가구 1주택이 된 신혼부부가 취득일부터 3개월 이내에 부모와의 세대합가로 1가구 2주택이 된 경우 취득세 추징 대상인 지 여부?

- 주택 취득일부터 3개월 이내에 1가구 1주택이 되지 아니한 경우 감면받은 취득세를 추징한다는 규정은
  - 감면 대상 주택 취득 당시 1가구 1주택이 아닌 신혼부부 또는 혼인 예정자가 3개월 이내에 1가구 1주택이 되지 않는 경우 감면받은 취득세를 추징하려는 취지임
- 따라서, 감면 대상 주택 취득으로 1가구 1주택이 된 신혼부부는 해당 추징 규정을 적용하지 않음

5 혼인 예정자가 취득일부터 3개월 이내에 1가구 1주택이 된 이후 취득일부터 3개월이 지나 다시 부모와 세대를 합가하여 1가구 2주택이 된 경우 취득세 추징 대상인 지 여부?

- 주택 취득일부터 3개월 이내에 1가구 1주택이 되지 아니한 경우 감면받은 취득세를 추징한다는 규정하고 있으므로,
  - 3개월이 지나서 다시 1가구 2주택이 된다고 하더라도 감면받은 취득세를 추징하지 아니함

운용

(8) 기타

1 도시지역이 아닌 지역 또는 면의 행정구역이란?

- 도시지역이란 감면 대상 주택 취득일 현재 국토의 계획 및 이용에 관한 법률 제6조에 따른 도시지역을 말하므로,
  - 이외 지역과 면의 행정구역(「수도권정비법」 제2조 제1호에 따른 수도권을 제외한다)에 있는 도시지역을 포함한 지역임
- 따라서 감면주택 취득일 현재 도시지역이 아닌 지역 또는 면의 행정구역에 건축되어 있는 20년 이상 단독주택 등은 소유한 사실이 없는 것임

2 주택소재지역에서 거주하다가 다른 지역으로 이주하는 경우 주택소재지역 범위는?

- 도시지역이 아닌 지역 또는 면의 행정구역에서 20년 이상 단독주택 등(이하 '종전주택'이라 함)을 소유한 자가 그 주택소재지역에 거주하다가 다른 지역으로 이주한 경우로서,
  - 그 해당 주택소재지역을 특별시·광역시·특별자치시·특별자치도 및 시·군으로 규정하고 있음(법 §36의 2 ① 2호).
- 그러므로 '주택소재지역'이란 특별시·광역시·특별자치시·특별자치도 및 시·군으로 보아야 할 것임
  - 따라서 주택소재지역의 범위에서 거주하다가 이외의 지역으로 이주하면 요건을 충족하였다고 할 것임
- 결과적으로 종전주택에서 거주한 사실이 있으면 요건을 충족한 것으로 판단

행정안전부 고시 제2018-91호(2018.12.31.)

신혼부부 생애최초 주택 취득세 등 감면 운영기준

2018년 12월 31일
행정안전부장관

제1장 총칙

제1조【목적】 이 고시는 「지방세특례제한법」 제36조의 2에 따라 생애최초로 주택을 취득하는 신혼부부의 소득 및 주택 소유사실 여부 등을 확인하는 세부 운영기준을 정함을 목적으로 한다.

제2조【용어의 정의】 이 고시에서 사용하는 용어의 정의는 다음과 같다.

1. "신혼부부"란 다음 각 목의 어느 하나에 해당하는 경우를 말한다.
   가. 혼인한 날(「가족관계의 등록 등에 관한 법률」에 따른 혼인신고일을 기준으로 한다)부터 5년 이내인 사람을 말한다.
   나. 주택 취득일부터 3개월 이내에 혼인할 예정인 사람을 말한다.
2. "소득금액증명원"이란 「국세청민원사무처리규정」 별지 제15호·제16호 서식에 따라 세무서장이 발급하는 서류를 말한다.
3. "사실증명"이란 「국세청민원사무처리규정」 별지 제18호 서식에 따라 세무서장이 발급하는 서류를 말한다.
4. "근로소득 원천징수영수증"이란 근로소득을 지급하는 원천징수의무자가 「소득세법시행규칙」 별지 제24호 서식에 따라 근로자에게 발급하는 서류를 말한다.
5. "통합지방세정보시스템"이란 「지방세기본법」 제135조에 따른 지방세정보통신망의 운영을 통해 감면신청인의 주택소유 사실 확인 등의 필요한 정보를 제공하기 위한 정보시스템을 말한다.

제2장 소득의 범위

제3조【소득의 범위】 ① 「지방세특례제한법」 제36조의 2 제3항에서 말하는 "급여·상여 등 일체의 소득"이란 「소득세법」 제4조 제1항에 따른 종합소득으로서 이자소득, 배당소득, 사업소득, 근로소득, 연금소득, 기타소득을 말한다.

② 제1항에 따른 소득에 대한 소득금액은 다음 각 호의 기준에 따른 종합소득 금액을 말한다.

1. 근로소득 : 「소득세법」 제24조에 따른 총 수입금액으로 급여, 상여금, 수당 등 일체의 소득을 합산한 총 급여금액. 다만,「소득세법」 제12조에 따른 비과세 소득금액이 있는 경우 이를 차감한다.
2. 사업소득 : 「소득세법」 제24조에 따라 사업에서 얻은 총 수입금액. 다만, 「소득세법」 제27조 등에 따른 필요 경비금액에 대해서는 이를 차감한다.

3. 근로소득 및 사업소득 금액이 각각 있는 경우에는 이를 합산한 금액
4. 근로소득 또는 사업소득에 따른 소득금액이 있는 사람이 별도로 이자소득, 배당소득, 연금소득 또는 기타소득이 있는 경우에는 이를 합산한 금액
5. 근로소득 또는 사업소득은 없으나 별도로 이자소득, 배당소득, 연금소득 또는 기타소득이 있는 경우에는 이를 합산한 금액

제4조【소득발생 기간의 귀속연도】 제3조 제1항에 따른 소득을 확인하는 소득발생 기간의 귀속연도는 주택 취득일이 속하는 연도의 직전 연도 소득으로 한다. 다만, 「소득세법」 제70조에 따른 '종합소득과세표준확정신고'의 소득금액이 아직 확정되지 않아 직전 연도 소득을 확인할 수 없는 경우에는 전전년도 소득으로 한다.

제5조【소득금액의 확인】 ① 제3조 제2항 및 제4조에 따른 귀속연도분 소득금액을 확인하는 방법은 감면신청인이 제출하는 소득금액증명원(근로소득원천징수영수증을 포함한다)을 통해 부부합산 소득금액이 맞벌이 7천만 원(홑벌이 5천만 원) 이하 인지의 여부를 확인한다. 이 경우 감면신청인이 지방자치단체의 장에게 제출하는 소득금액증명원은 다음 각 호의 구분에 따른다.

1. 〈참고1〉 서식 구분란의 "근로소득자용"으로 발급된 경우 또는 근로소득원천징수영수증을 제출한 경우
   - 감면신청인이 근로소득만 있다고 제출한 경우로 본다.
2. 〈참고1〉 서식 구분란의 "종합소득세 신고자용"으로 발급된 경우
   - 감면신청인이 사업소득(사업소득 이외 종합소득이 있는 경우를 포함한다)만 있거나 근로소득 이외 종합소득이 있다고 제출한 경우로 본다.
3. 〈참고1〉 서식 구분란의 "연말정산한 사업소득자용"으로 발급된 경우
   - 감면신청인이 정해진 월급이 아닌 실적에 따라 급여·수당 등을 받는 보험설계사 등의 사업소득만 있다고 제출한 경우로 본다.

② 신혼부부의 합산소득은 감면신청인과 그 배우자(「지방세특례제한법」 제36조의 2 제1항 제1호에 따른 배우자로 예정인 자를 포함한다. 이하 같다)가 각각 제출하는 서류로 확인되는 금액을 합산하여 계산한다.

제6조【소득금액을 확인할 수 없는 경우】 제5조에 따라 귀속연도의 소득금액을 소득금액증명원으로 확인할 수 없는 경우에는 종합소득(근로소득·사업소득 및 기타소득)을 신고한 사실 또는 소득금액이 없음을 사실증명으로써 확인한다.

제7조【소득금액의 사후확인】 제5조 및 제6조에 따라 감면신청인이 제출하는 소득금액 사항에 대해 지방자치단체의 장은 이후에 관계기관의 장이 제공하는 소득 관련 자료와 사실여부 등을 사후에 확인한다.

제3장 주택 소유사실 등 확인

제8조【감면신청인에 대한 주택 소유사실 여부 확인】 ① 지방자치단체의 장은 감면신청인으로부터 별지 제1호 서식에 따른 감면신청을 받아 주택 소유사실 여부를 확인해야 한다. 이 경우 감면신청서의 각종 기재사항 날인 여부와 감면의무사항 위반 시 추징 등 유의사항을 사전에 안내하여야 한다.

② 제1항에 따라 확인하는 경우 감면신청인과 배우자 모두에 대하여 주택소유 사실 여부를 확인하여야 하며, 통합지방세정보시스템에 조회하여 확인하여야 한다.

제9조【주택 소유사실 예외사항 확인】 감면신청인(그 배우자를 포함한다. 이하 이 장에서 같다)이 주택 취득일 이전(以前)에 주택을 소유한 사실이 확인되는 경우에는 「지방세특례제한법」 제36조의2 제1항 제1호 후단에 따른 주택을 소유한 사실이 없는 경우에 해당되는 지의 여부를 별표 1에 따라 확인하여야 한다.

제10조【주택 소유 여부 등 사실관계 요청·통보】 ① 제8조에 따른 조회 결과 감면신청인이 주택 소유사실이 확인된 경우 지방자치단체의 장은 사실 여부를 확인할 필요가 있다고 판단되면 해당 주택 소재지의 지방자치단체의 장에게 그 확인을 요청할 수 있다.

② 제1항에 따른 요청이 있는 경우 그 해당 지방자치단체의 장은 지체 없이 그 사실을 확인하고 아래의 〈표〉에 따라 서면으로 그 확인 결과를 통보하여야 한다.

〈표〉 사실확인 통보서식

• 행정안전부 고시 제10조 규정에 따라 주택 소유사실 여부 등을 확인하고 그 결과를 아래와 같이 통보합니다.

〈주택 소유사실 등 사실확인 통보서〉

성명	주민등록번호	주택 물건지	사실 확인내용 (취득일, 취득원인, 사용승인일, 주택 소유사실, 시가표준액, 주택취득가격 등)	비고

제4장 통합지방세정보시스템 등의 운용

제11조【통합지방세정보시스템의 설치·운용】 주택분 취득세, 재산세 및 구 종합토지세 납부이력 등 자료축적을 통해 주택 소유 여부를 확인하기 위한 통합지방세정보시스템 운용 전담 조직을 행정안전부에 설치하고 주택 소유사실 확인에 관한 전산조회 검색 서비스를 지방자치단체의 장에게 제공한다.

운 용

제12조 【통합지방세정보시스템의 활용 범위】 제11조에 따른 통합지방정보시스템에서 제공하는 자료는 지방세 부과·징수 등의 목적으로는 활용할 수 없다. 다만, 지방세 관계법령이 규정하는 다음 각 호의 어느 하나에 해당하는 사항에 대해서는 통합지방세정보시스템을 활용할 수 있다.

1. 「지방세특례제한법」 제33조 제2항(서민주택 지원을 위한 감면), 제35조(주택담보노후연금보증 대상 주택에 대한 감면), 제36조의 2(생애최초 주택 구입 신혼부부 취득세 감면), 제81조(이전공공기관 등 지방이전에 대한 감면) 및 제81조의 2(주한미군 한국인 근로자 평택 이주에 대한 감면) 규정에 따른 감면신청인 및 그 세대원의 주택소유 사실 여부 확인에 관한 사항
2. 「지방세법」 제15조 제1항 제2호에 따른 상속으로 인한 주택 취득자의 1가구 1주택 소유 여부 확인에 관한 사항

제13조 【과세자료의 제출방법】 지방자치단체의 장은 다음 각 호의 구분에 따라 통합지방세정보시스템으로 과세자료를 전송하여야 한다.

1. 자료전송 범위 : 주택분 재산세, 취득세 및 구 종합토지세 과세자료
2. 자료전송 주기
   가. 취득세 : 지방자치단체의 장이 보유하고 있는 종전의 거래자료는 일괄하여 한번만 전송한다. 다만, 이후의 거래 변동분 자료는 매일 전송한다.
   나. 재산세 : 지방자치단체의 장이 보유하는 종전의 과세자료(구 종합토지세 과세자료를 포함한다)는 일괄하여 한번만 전송한다. 다만, 이후 신규분 자료는 매년 10월 말일(말일이 업무일이 아닌 경우에는 직전 업무일)까지 전송한다.
3. 자료전송 절차 : 지방자치단체의 장이 운영하는 지방세정보시스템에서 통합지방세정보시스템으로 해당 과세자료를 온라인으로 전송한다. 이 경우 지방자치단체의 장이 과세자료 제공에 동의한 것으로 간주한다.

제14조 【통합지방세정보시스템 운영기관 등의 책무】 ① 행정안전부, 지방자치단체 소속공무원은 신혼부부 생애최초 주택소유 사실 확인 업무 등을 수행하기 위해 구축된 과세자료에 대하여 업무 이외의 용도로 타인에게 제공 또는 누설하거나 목적 외의 용도로 사용하여서는 아니 되며, 이 경우 「지방세기본법」 (제132조 및) 제133조에 따른다.

② 지방자치단체의 장은 소속 공무원이 제1항에 따라 신혼부부 생애최초 주택소유 사실 확인을 위한 용도 등으로만 사용하는지에 대한 여부를 주기적으로 확인하여야 한다.

제5장 보칙

제15조【감면신청서 처리기한】 별지 제1호서식에 따라 감면신청인으로부터 감면신청서를 받은 지방자치단체의 장은 감면신청인의 주택 소유사실 여부 등에 일정 시일이 소요되는 점을 고려하여 감면처리 기한을 10일 이내로 한다.

제16조【행정정보의 공동이용 확인】 별지 제1호서식에 따라 감면신청인이 제출하는 관계 증명서류 중 주민등록 등·초본은 감면신청인이 지방자치단체의 장으로 하여금 발급에 사전 동의하는 경우에는 「전자정부법」 제36조 제1항에 따른 행정정보의 공동이용 전산망을 통한 확인으로 갈음할 수 있다.

제17조【재검토기한】 행정안전부장관은 「훈령·예규 등의 발령 및 관리에 관한 규정」에 따라 이 고시에 대하여 2019년 1월 1일 기준으로 매 3년이 되는 시점(매 3년째의 12월 31일까지를 말한다)까지 그 타당성을 검토하여 개선 등의 조치를 하여야 한다.

부 칙

제1조【시행일】 이 고시는 발령한 날부터 시행한다.

제2조【소득금액 확인 귀속연도 적용례】 제4조의 규정은 2019년 1월 1일부터 6월 30일까지 주택을 취득한 자에 대해서는 직전 연도 또는 전전년도 중에 감면신청자에게 유리한 귀속연도를 선택하여 적용한다.

운용

[별표 1] 주택 소유사실 예외사항에 대한 세부 확인방법

<table>
<tr><th colspan="2">규 정
(영§17의 2 ①)</th><th>주택을 소유하는 것으로 보지 않는 경우</th><th>주요 확인사항
(통합지방세정보시스템을 통한 확인)</th></tr>
<tr><td colspan="2">제1호</td><td>상속으로 주택의 공유지분을 소유(주택 부속토지의 공유지분만을 소유하는 경우를 포함한다)하여 그 지분을 처분한 경우</td><td>통합지방세정보시스템상 취득신고 자료로 상속여부 확인</td></tr>
<tr><td rowspan="4">2호</td><td>본 문</td><td>국토계획법 제6조에 따른 도시지역 외의 지역 또는 면의 행정구역(수도권은 제외한다)에 건축되어 있는 주택을 소유한 자가 그 소재 지역에서 타지역으로 이주한 경우(그 주택을 처분했거나 감면신청 주택 취득일부터 3개월 이내에 그 주택을 처분한 경우로 한정)</td><td>도시·군관리계획 용도지역 등의 정보와 대사 후 해당 도시지역 외의 지역 또는 면의 행정구역에 건축된 주택인지 확인
※ 해당 주택소재지역 거주 여부는 주민등록등본 또는 주민등록초본으로 확인</td></tr>
<tr><td>가</td><td>사용승인 후 20년 이상이 경과된 단독주택</td><td>통합지방세정보시스템상 과세 물건 자료 등으로 확인
※ 준공연도 정보가 없는 경우 대법원 등기부등본 열람 시스템으로 개별확인</td></tr>
<tr><td>나</td><td>85제곱미터 이하인 단독주택</td><td>통합지방세정보시스템상 면적으로 확인
※ 면적 정보가 없는 경우 대법원 등기부등본 열람 시스템으로 개별확인</td></tr>
<tr><td>다</td><td>상속으로 인하여 취득한 주택
(상속등기 전이라도 상속개시로 인해 사실상 상속인 경우를 포함한다)</td><td>통합지방세정보시스템상 취득원인 코드로 상속여부 확인</td></tr>
<tr><td colspan="2">제3호</td><td>전용면적 20제곱미터 이하의 주택을 소유하고 있거나 처분한 경우(둘 이상 소유한 경우는 제외)</td><td>통합지방세정보시스템상 면적으로 확인
※ 단, 전용면적 정보 누락시 대법원 등기부등본 열람 시스템으로 확인</td></tr>
<tr><td colspan="2">제4호</td><td>취득일 현재 산출한 시가표준액이 100만 원 이하의 주거용 건축물을 소유하고 있거나 처분한 경우</td><td>감면신청 주택 취득일 현재 통합지방세정보시스템상 산출과표로 확인
※ 단, 산출과표 정보가 없을 경우 해당 자치단체에서 시가표준액을 계산하여 확인</td></tr>
</table>

■ 신혼부부 생애최초 주택 취득세 감면 운영기준
[별지 제1호서식]

(앞 쪽)

신혼부부 생애최초 주택 취득자 감면 신청서

<table>
<tr><td>접수번호</td><td colspan="2">접수일</td><td>처리기간　10일</td></tr>
<tr><td rowspan="3">신청인</td><td colspan="2">성명</td><td>주민등록번호</td></tr>
<tr><td colspan="3">주소</td></tr>
<tr><td colspan="2">전자우편주소</td><td>전화번호(휴대전화번호)</td></tr>
<tr><td rowspan="2">감면 대상</td><td colspan="2">종류 (아파트□ 연립□ 다세대□ 단독주택 □)</td><td>주택가격(거래가격)</td></tr>
<tr><td colspan="3">소재지</td></tr>
<tr><td rowspan="3">감면세액</td><td>감면세목</td><td>과세연도</td><td>기분</td></tr>
<tr><td>과세표준액</td><td colspan="2">감면구분</td></tr>
<tr><td>당초 결정세액</td><td colspan="2">감면받으려는 세액</td></tr>
<tr><td>감면 신청 사유
(지방세특례제한법 제36조의 2)</td><td colspan="3">(뒷면 참조)</td></tr>
<tr><td>관계 증명 서류</td><td colspan="3">1 신혼부부 및 혼인예정자임을 확인하는 서류
주민등록등본 □ 주민등록초본 □ 혼인관계증명서 □ 가족관계증명서 □ 기타 확인서류 ( )
※ 신혼부부(혼인 5년 이내, 3개월 내 혼인 예정자) 여부 등을 확인해야 하므로 혼인관계증명서 서류는 반드시 제출하셔야 합니다. 다만, 혼인 예정자는 예식장 계약서 사본 또는 결혼 청첩장 등을 감면 신청시 우선 제출하여야 하며 주택 취득일부터 3개월 내에 혼인신고를 한 후 혼인관계증명서를 추가로 제출하셔야 합니다.
※ 주민등록등본(초본)의 경우 해당 지방자치단체의 장으로 하여금 「전자정부법」 제36조 제1항에 따른 행정정보의 공동이용 전산망을 통한 확인·발급에 동의하는 경우에는 제출하실 필요가 없습니다. 이와 관련 동의함 □ 동의하지 않음 □
2 무주택 신혼부부가 생애최초로 주택을 취득하는지의 여부를 확인하는 서류
※ 본 확인서류는 감면신청인이 직접 제출하실 필요는 없습니다. 다만, 생애최초 주택 취득임을 확인하기 위해서는 행정안전부장관 고시(2018-00호) 제0조에 따른 주택소유 여부 확인을 위해 과세자료 정보제공 및 관련 전산조회 사실에 대한 사전 동의가 반드시 필요합니다. 이에 대해 개인정보보호법 제24조에 의한 개인정보(주민등록번호) 수집·이용에 동의함 □ 동의하지 않음 □
☞ 신청인이 동의를 거부할 권리가 있으나, 동의 거부시 이전의 주택보유 사실여부 확인불가로 「지방세특례제한법」 제36조의 2 제1항에 따른 생애최초 주택 취득에 대한 감면 요건을 준수하지 못한 것으로 보아 감면적용이 제외되는 불이익이 있음
3 소득금액을 확인하는 서류
① 세무서장이 확인발급하는 서류 : 소득금액증명원 □ 사실증명원(기타) □ 근로소득원천징수영수증 □
② 기타 확인서류 ( )
※ 직전년도 종합소득(근로·사업·퇴직·연금·기타소득)이 있는 신혼부부가 소득금액증명원상 근로소득자용으로 발급을 받거나 근로소득원천징수영수증만을 제출한 경우 등, 신청인이 제출한 서류의 소득이외 종합소득이 있어 그 소득금액이 부부합산 7천만 원(홑벌이 5천만 원)이 초과된 사실이 사후에 확인되는 경우에는 추징 대상에 해당될 수 있습니다.
※ 신청인의 소득정보(종합소득금액)를 보유하고 있는 관련기관(국세청)에 소득금액 확인과 사후관리를 위해 개인정보법 제24조에 의한 개인정보(주민등록번호)수집·이용에 동의함 □ 동의하지 않음 □
☞ 신청인이 위의 사항에 동의하지 않는 경우에는 사후관리를 위한 실제 소득여부 확인불가로 「지방세특례제한법」 제36조의 2 제1항에 따른 감면 요건을 준수하지 않는 것으로 보아 감면적용이 제외되는 불이익이 있음</td></tr>
</table>

「지방세특례제한법」 제36조의 2에 따라 위와 같이 지방세 감면을 신청하며, 신청인은 본 신청서의 유의사항 등을 충분히 검토하였고 향후에 신청인이 기재한 사항과 사실이 다를 경우에는 「지방세기본법」 제53조 등의 규정에 따라 가산세를 포함하여 추징 대상에 해당될 수 있음을 사전에 인지하였음을 확인합니다.

※ 감면신청인이 지방자치단체의 장에게 제출하는 본 감면신청서는 「지방세특례제한법」 제183조 제2항에 따라 감면 의무사항을 위반하는 경우 감면받은 세액이 추징될 수 있다는 내용을 서면통지한 것으로 갈음합니다.

년　　월　　일

신청인　　　　(서명 또는 인)

시장·군수·구청장　귀하

첨부서류	감면받을 사유를 증명하는 서류	수수료 없음

210㎜×297㎜[백상지(80g/㎡) 또는 중질지(80g/㎡)]

운용

신혼부부 생애최초 주택 취득자 감면 신청서

(뒤 쪽)

감면 신청 사유 (지방세특례제한법 제36조의 2)

※ 아래의 사항을 확인 후 해당란을 기재하십시요

1 신혼부부 소득요건 및 생애최초 주택소유 사실 여부를 확인하기 위한 기재사항입니다.

※ 이하에서 배우자는 취득일 3개월 이내에 혼인 예정인 자를 포함합니다.

○ 신청인(배우자 포함)은 감면신청 주택 취득일 현재까지 주택을 보유한 사실이 없으며, 부부합산 소득이 7천만 원(홑벌이 5천만 원) 이하임을 확인합니다. **(예 □ 아니오 □)**

감면 요건[1]: 기혼 □ 혼인예정 □ / 맞벌이 □ 홑벌이 □

관 계	성 명	주민등록번호[2]	소득금액(원)[3]	주택소유 사실 여부
본 인				
배우자				
세대원(세대분리된 경우 포함)[4]				

1) 신청인이 기혼 또는 혼인 예정, 맞벌이 또는 홑벌이 인지 여부를 기재 합니다.

* 본인과 배우자 각각의 소득금액이 모두 300만 원 이상인 경우 맞벌이가구에 해당, 이 외에는 홑벌이 간주

2) 신청인이 외국인(주민등록표 등본에 세대원으로 표기되는 내국인의 외국인 배우자는 제외) 또는 재외국민(영주권자, 시민권자)인 자는 주민등록표상 세대원에서 제외되므로 감면 대상자가 아닙니다.

3) 소득금액란은 감면신청인과 그 배우자만 기재하며, 귀속연도의 소득금액증명원 상 금액 또는 근로소득원천 징수영수증 상 금액을 기재합니다.

- 소득금액 귀속연도는 주택취득일 연도의 직전 연도 소득금액이 원칙이며, 소득세법에 따른 종합소득이 확정되지 않아 직전 연도 소득을 확인할 수 없는 경우에만 예외적으로 전전년도 소득을 기재합니다.

4) 감면신청인 또는 배우자가 미혼인 30세 미만의 직계비속이 있는 경우에만 기재하며 이 경우 주택소유 사실 여부에는 감면신청 주택 취득일 현재 주택소유 여부만 기재합니다.

- 미혼인 30세 미만의 직계비속이 1주택 이상을 소유하고 있는 경우에는 감면신청 주택 취득일부터 3개월 이내에 해당 주택을 모두 처분해야 감면받은 취득세가 추징되지 않습니다.

2 주택소유 사실 예외사항을 확인하기 위한 기재 사항입니다

① 상속으로 주택의 공유지분(주택 부속토지의 공유지분만 소유하는 경우 포함)을 소유하여 그 지분을 처분하여야 합니다. 이와 관련 그 주택을 **처분하였음 □ 처분하지 않았음 □ 해당사항 없음 □**

② 감면신청 주택 취득일 현재 도시지역 외의 지역 및 면소재지 지역(수도권은 제외한다)에서 거주하다가 다른 지역으로 이주한 경우에는 그 종전 주택*을 처분하여야 합니다. 이와 관련 그 주택을 **처분하였음 □ 처분하지 않았음 □ 해당사항 없음 □**

- 다만, 주택취득일 현재까지도 그 주택을 처분*하지 않았다면 3개월 이내에 처분을 해야 합니다.
  * 사용승인 후 20년 이상이 경과된주택, 85㎡ 이하 단독주택, 상속으로 취득한 주택

③ 감면신청 주택 취득일 현재 전용면적 20㎡ 이하 주택을 1호를 소유하고 있거나 처분하여야 합니다. 이와 관련 그 주택을 **□ 2호 이상 소유하고 있음 □ 1호만 소유하고 있음 □ 처분하였음 □ 해당사항 없음**

④ 낡은 주택이라도 감면신청 주택 취득일 현재 건물분 시가표준액이 100만 원 초과인 경우에는 주택으로 간주합니다.

3 신청인께서 알아두셔야 할 유의사항 안내입니다.

○ 신청인이 작성·기재한 감면신청서는 「지방세기본법」 제78조의 규정에 따라 진실한 것으로 추정합니다.

○ 다만, 향후에 신청인이 작성·기재한 사항이 사실과 다르거나 사후관리를 통해 감면 요건을 준수하지 않은 사항이 확인되는 경우에는 「지방세기본법」 제53조 내지 제55조 규정에 따라 감면받은 세액 이외에도 가산세(10~40%)가 추가되어 추징 대상에 해당될 수 있음을 유의하여 주시기 바랍니다.

> ※ **신혼부부 생애최초 주택 취득세 추징 요건** (「지방세특례제한법」 제36조의 2 제2항)
> ① 혼인할 예정인 신혼부부가 주택 취득일부터 3개월 이내에 혼인하지 아니한 경우
> ② 주택을 취득한 날부터 3개월 이내에 대통령령으로 정하는 1가구 1주택이 되지 아니한 경우
> ③ 정당한 사유없이 취득일부터 3년 이내에 경감받은 주택을 매각증여하거나 다른 용도(임대를 포함한다)로 사용하는 경우

○ 또한, 위에서 열거한 사례 이외에도 무주택자 및 소득요건 등에 대한 **다양한 개별적 사례**가 발생할 수 있으므로 감면 대상 해당 여부를 반드시 확인하시어 나중에 추징 등 불이익이 발생되지 않도록 유의하시기 바랍니다.

210㎜×297㎜[백상지(80g/㎡) 또는 중질지(80g/㎡)]

참고 1 소득금액증명서상에서 인정되는 소득금액(음영부분)

【국세청민원사무처리규정 제15호 서식】

<table>
<tr><td>발 급 번 호</td><td rowspan="2" colspan="2">소 득 금 액 증 명
□ 종합소득세 신고자용
□ 연말정산한 사업소득자용
□ 근로소득자용
□ 연말정산한 연금소득자용</td><td>처 리 기 간</td></tr>
<tr><td></td><td>즉 시</td></tr>
<tr><td>주 소</td><td colspan="3"></td></tr>
<tr><td>성 명</td><td></td><td>주 민 등 록 번 호</td><td></td></tr>
<tr><td colspan="4">(단위 : 원)</td></tr>
<tr><td>소 득 구 분</td><td>원 천 징 수 의 무 자</td><td rowspan="3">소 득 금 액
(과세대상급여액)</td><td rowspan="3">총 결 정 세 액</td></tr>
<tr><td rowspan="2">귀 속 연 도</td><td>법 인 명 (상 호)</td></tr>
<tr><td>사 업 자 등 록 번 호</td></tr>
<tr><td></td><td></td><td rowspan="2"></td><td rowspan="2"></td></tr>
<tr><td></td><td></td></tr>
<tr><td></td><td></td><td rowspan="2"></td><td rowspan="2"></td></tr>
<tr><td></td><td></td></tr>
<tr><td></td><td></td><td rowspan="2"></td><td rowspan="2"></td></tr>
<tr><td></td><td></td></tr>
<tr><td colspan="4">(납세자가 신청한 증명 귀속연도 : . ~ .)

위와 같이 증명합니다.

※ 위 내용은 발급일 현재 상황으로서 추후 변경될 수 있습니다.

년 월 일

세 무 서 장 (인)</td></tr>
</table>

<table>
<tr><td>접수번호</td><td></td><td rowspan="4">○ 소득금액내용
– 종합소득세 신고자 : 종합소득금액(결정소득금액)
※ 이월결손금을 공제하지 않은 금액임
– 연말정산 근로소득자 : 과세대상급여액
– 연말정산 사업소득자 : 당해연도 소득금액(사업소득금액)
– 일용근로소득자 : 원천징수의무자가 소득세법 제164조의 규정에 의하여 제출한 일용근로소득지급명세서의 총지급액(과세소득)
– 연말정산 연금소득자 : 당해연도 소득금액(연금소득금액)</td></tr>
<tr><td>담당부서</td><td></td></tr>
<tr><td>담 당 자</td><td></td></tr>
<tr><td>연 락 처</td><td></td></tr>
</table>

참고 2 사실증명서상 소득이 없음을 확인하는 사항(음영부분)

【국세청민원사무처리규정 제18호 서식】

<table>
<tr><td>발 급 번 호</td><td rowspan="2" colspan="3">사 실 증 명</td><td>처 리 기 간</td></tr>
<tr><td></td><td>즉 시</td></tr>
<tr><td rowspan="6">납
세
자</td><td>①주 소 또 는 거 소
(법인은 본점소재지)</td><td colspan="3"></td></tr>
<tr><td>②사 업 장 소 재 지</td><td colspan="3"></td></tr>
<tr><td>③상 호(법 인 명)</td><td colspan="3"></td></tr>
<tr><td>④사업자등록번호</td><td></td><td>⑤전 화 번 호</td><td></td></tr>
<tr><td>⑥성 명(대 표 자)</td><td></td><td>⑦주민(법인) 등록번호</td><td></td></tr>
<tr><td>⑧사 용 목 적</td><td></td><td>⑨수 량</td><td></td></tr>
<tr><td colspan="2">주민등록번호 공개여부</td><td colspan="3">□ 공 개 □ 일부공개</td></tr>
<tr><td colspan="2">주 소 공개여부</td><td colspan="3">□ 공 개 □ 비 공 개</td></tr>
</table>

위 납세자의 위임을 받아 대리인이 신청 및 수령하는 경우에는 아래 사항을 기재하여 주시기 바랍니다.

대리인 인적사항	성 명	주민등록번호	전화번호	납세자와의 관계

증명 받고자 하는 내용	

위의 내용이 사실과 같음을 증명하여 주시기 바랍니다.

년 월 일

신청인(본인) (서명 또는 인)

대리인 (서명 또는 인)

세 무 서 장 귀 하

※ 대리인이 신청할 경우 민원서류 위임장 [국세청민원사무처리규정 제1호 서식]을 작성하여 제출하여야 합니다.

※ 개인정보보호법 제24조에 의한 수집·이용 동의 [신청인(본인)]

○ 수집·이용목적(증명발급, 사후관리 등) ○ 보유·이용기간(5년)
○ 수집대상 고유식별정보 [주민등록번호, 외국인등록번호, 여권번호)

☞ 상기내용에 대해 동의함 □, 동의하지 않음 □

○ 동의를 거부할 권리가 있으며, 동의 거부에 따라 불이익(증명발급 불가)이 있을 수 있음

위와 같이 증명합니다.

※ 위 내용은 발급일 현재 상황으로서 추후 변경될 수 있습니다.

접수번호	
담당부서	
담 당 자	
연 락 처	

년 월 일

세 무 서 장 (인)

참고 3 근로소득 원천징수영수증상에서 소득이 인정되는 금액(음영부분)

■ 소득세법 시행규칙 [별지 제24호서식(1)] 〈개정 2019. 12. 31.〉 (8쪽 중 제1쪽)

관리번호	

[ ]근로소득 원천징수영수증
[ ]근로소득 지 급 명 세 서
([ ]소득자 보관용 [ ]발행자 보관용 [ ]발행자 보고용)

거주구분		거주자1/비거주자2	
거주지국		거주지국코드	
내·외국인		내국인1 /외국인9	
외국인단일세율적용		여 1 / 부 2	
외국법인소속 파견근로자 여부		여 1 / 부 2	
국적		국적코드	
세대주 여부		세대주1, 세대원2	
연말정산 구분		계속근로1, 중도퇴사2	

징 수 의무자	① 법인명(상 호)		② 대 표 자(성 명)	
	③ 사업자등록번호		④ 주 민 등 록 번 호	
	③-1 사업자단위과세자 여부	여1 / 부2	③-2 종사업장 일련번호	
	⑤ 소 재 지(주소)			
소득자	⑥ 성 명		⑦ 주 민 등 록 번 호(외국인등록번호)	
	⑧ 주 소			

	구 분	주(현)	종(전)	종(전)	⑯-1 납세조합	합 계
I 근무처별 소득명세	⑨ 근 무 처 명					
	⑩ 사업자등록번호					
	⑪ 근무기간	~	~	~	~	~
	⑫ 감면기간	~	~	~	~	~
	⑬ 급 여					
	⑭ 상 여					
	⑮ 인 정 상 여					
	⑮-1 주식매수선택권 행사이익					
	⑮-2 우리사주조합인출금					
	⑮-3 임원 퇴직소득금액 한도초과액					
	⑮-4 직무발명보상금					
	⑯ 계					

	구 분	코드	주(현)	종(전)	종(전)	⑯-1 납세조합	합 계
II 비과세 및 감면 소득 명세	⑱ 국외근로	MOX					
	⑱-1 야간근로수당	OOX					
	⑱-2 출산·보육수당	QOX					
	⑱-4 연구보조비	HOX					
	~						
	⑱-32						
	⑲ 수련보조수당	Y22					
	⑳ 비과세소득 계						
	⑳-1 감면소득 계						

	구 분			⑱ 소 득 세	⑲ 지방소득세	⑳ 농어촌특별세
III 세액명세	⑫ 결 정 세 액					
	기납부 세 액	⑬ 종(전)근무지 (결정세액란의 세액을 적습니다)	사업자 등록 번호			
		⑭ 주(현)근무지				
	⑮ 납부특례세액					
	⑯ 차 감 징 수 세 액(⑫-⑬-⑭-⑮)					

위의 원천징수액(근로소득)을 정히 영수(지급)합니다.

년 월 일

징수(보고)의무자 (서명 또는 인)

세 무 서 장 귀하

210㎜×297㎜[백상지 80g/㎡(재활용품)]

운 용

자경농민 및 자영어민 확인을 위하여 제출하는 서류

2018년 1 월 2 일
행정안전부장관

제1조【목적】 이 고시는 「지방세특례제한법」 제6조 및 제9조, 같은 법 시행령 제3조 및 제5조, 같은 법 시행규칙 제2조의 2 제3항 및 제6항의 규정에 따라 자경농민이 농지 및 임야 등을 취득하는 경우와 자영어민이 양어장 토지 및 건축물(수조)을 취득하는 경우 제출서류에 관한 사항을 규정함을 목적으로 한다.

제2조【정의】 이 고시에서 사용하는 용어의 정의는 다음과 같다.

1. "자경농민"이란 취득일 현재 「지방세특례제한법」 제6조 제1항의 자경농민을 말한다.
2. "자영어민"이란 취득일 현재 「지방세특례제한법」 제9조 제1항에 따른 어업을 주업으로 하는 사람 중 대통령령으로 정하는 사람 또는 「농어업경영체 육성 및 지원에 관한 법률」 제10조에 따른 후계어업경영인을 말한다.
3. "2년 이상 영농에 종사한 사람"이란 취득일을 기준으로 2년 전부터 계속하여 영농 에 종사한 사람을 말한다.
4. "본인"이란 「지방세특례제한법」 제6조 제1항에 따른 농지 및 임야를 취득하여 감면을 받으려는 사람을 말한다.
5. "소득금액증명" 이란 「국세청민원사무처리규정(국세청 훈령 제2079호, 2014.12. 23.)」 제15호 서식에 따라 세무서장이 발급하는 서류를 말한다.
6. "근로소득 원천징수영수증" 이란 근로소득을 지급하는 원천징수의무자가 「소득세법」 제143조 및 같은 법 시행규칙 별지 제24호 서식에 따라 근로자에게 발급하는 서류를 말한다.
7. "사실증명"이란 「국세청민원사무처리규정(국세청 훈령 제2079호, 2014.12.23.)」 제18호 서식에 따라 세무서장이 발급하는 서류를 말한다.
8. "농업경영체등록확인서"란 「농어업경영체 육성 및 지원에 관한 법률」 제4조 및 같은 법 시행규칙 제3조 및 제4조에 따라 농업경영 정보가 등록된 서류를 말한다.
9. "어업경영체등록확인서"란 「농어업경영체 육성 및 지원에 관한 법률」 제4조 및 같은 법 시행규칙 제3조의 2 및 제4조의 2에 따라 어업경영 정보가 등록된 서류를 말한다.

제3조 【종합소득금액의 확인을 위해 제출하는 서류】 ① 감면신청인이 제출하는 〈별지1〉 소득금액증명 및 〈별지2〉 서류의 근로소득원천징수영수증을 지방자치단체의 장에게 제출하는 경우 그 소득금액을 확인하는 증명하는 방법은 다음 각 호와 같다.

1. 〈별지1〉에 따른 소득금액증명
   가. 서식 구분란의 "근로소득자용"으로 발급된 경우 : 감면신청인이 근로소득만 있다고 제출한 경우로 본다.
   나. 서식 구분란의 "종합소득세 신고자용"으로 발급된 경우 : 감면신청인이 사업소득(사업소득 이외 종합소득이 있는 경우를 포함한다)만 있거나 근로소득 이외 종합소득이 있다고 제출한 경우로 본다.
   다. 서식 구분란의 "연말정산한 사업소득자용"으로 발급된 경우 : 감면신청인이 정해진 월급이 아닌 실적에 따라 급여·수당 등을 받는 보험설계사 등의 사업소득만 있다고 제출한 경우로 본다.
2. 〈별지2〉에 따른 근로소득 원천징수영수증
   감면신청인이 근로소득만이 있다고 제출한 경우로 본다.

② 제4조에 따른 귀속년도의 소득금액을 소득금액증명으로 확인할 수 없는 경우에는 종합소득(근로소득·사업소득 및 기타소득)을 신고한 사실 또는 소득금액이 없음을 세무관서장이 증명하는 〈별지3〉 서류에 따른 사실증명으로 확인한다.

제4조 【감면신청인이 제출하는 서류의 확인】 ① 지방자치단체의 장은 「지방세특례제한법 시행규칙」 제2조의 2 제3항 및 제5항에 따라 감면신청인으로부터 감면신청서와 증빙서류(별지 1·2·3·4·5호)를 제출받는 경우에는 다음 각 호의 구분에 따라 감면신청을 하였는지를 확인하여야 한다.

1. 본인이 제2조 제1호에 따른 자경농민에 해당하는 경우 : 농지 취득자 본인의 종합소득 금액을 확인하는 서류를 제출하였는지의 여부
2. 본인이 제2조 제1호에 따른 자경농민에 해당되지 않는 경우 : 농지 취득자 본인의 배우자가 종합소득 금액을 확인하는 서류를 제출하였는지의 여부
3. 취득자가 제2조 제2호에 따른 자영어민에 해당하는 경우 : 취득자의 종합소득 금액을 확인하는 서류를 제출하였는지의 여부
4. 취득자가 제2조 제2호에 따른 자영어민에 해당되지 않는 경우 : 취득자의 배우자가 종합소득 금액을 확인하는 서류를 제출하였는지의 여부

② 제1항에 따른 감면신청인이 종합소득금액을 제출하는 경우 제2조 제3호에 따른 2년 이상 영농에 종사한 사람에 해당되는지의 여부를 별도로 확인한다.

③ 감면신청인이 후계농업경영인 및 후계어업경영인인 경우에는 별도로 종합소득 금액을 확인하는 서류를 제출 대상에서 제외한다.

제5조【소득금액의 사후 확인】 감면신청인이 제출하는 소득금액 사항에 대해 지방자치단체의 장은 이후에 관계기관의 장이 제공하는 소득 관련 자료와 사실여부 등을 사후에 확인한다.

제6조【영농 및 영어 종사여부 확인 서류】 감면신청인이 2년 이상 영농에 종사하였는 지의 여부를 확인하기 위해 제출하는 서류는 〈별지4〉에 따른 농업경영체등록확인서로 하고, 직접 어업에 종사하거나 어업을 전업으로 하는 지의 여부를 확인하기 위해 제출하는 서류는 〈별지5〉에 따른 어업경영체등록확인서로 한다. 다만, 농업경영체등록확인서가 없는 경우에는 농지원부, 농산물 거래내역, 농약 및 퇴비 거래내역 등의 입증서류를 제출받아 확인하고 어업경영체등록확인서가 없는 경우에는 어선원부, 수산물 거래내역, 양어사료 거래내역 등의 입증서류를 제출받아 확인한다.

제7조(재검토기한) 이 고시에 대하여 2018년 1월 1일 기준으로 매 3년이 되는 시점(매 3년째의 12월 31일까지를 말한다)까지 그 타당성을 검토하여 개선 등의 조치를 한다.

부 칙 〈제2017-27호, 2018.1.2.〉

제1조【시행일】 이 고시는 2018년 1월 1일부터 시행한다.

참고 / 농업경영체 등록 확인서

농업경영체 등록(변경등록) 확인서

1. 등록번호:	
2. 경영주 성명: (법인명 및 대표자)	변경 이력
3. 경영주 외 농업인:	
4. 주소:	

5. 농지 및 농작물 생산

농지 번호	농지 소재지	지목		경영형태			농지면적(㎡)	
		공부	실제	자경	공유	임차	공부상	실제 관리
	〈변경 이력〉							

농지 번호	품목별 재배면적							미이용	
	재배 품목 (예정품목 포함)	노지	시설					휴경	폐경
			유리온실	경질판온실	자동화비닐온실	일반 비닐온실	육묘장		
	〈변경 이력〉								

6. 가축 사육시설 및 사육규모

시설현황					사육정보		
가축 사육시설 소재지	시설 면적(㎡)		자영·임차	용도	축종	사육 마릿수	전년도 출하량
	공부	실제					

7. 직불금 및 정부보조, 인증현황

연도	직불금(수급, 신청)								친환경 등 인증					정부보조·융자금				
	농지 번호	쌀 고정	쌀 변동	밭	조건 불리	경관 보전	친환경	경영 이양	인증 종류	인증 품목	인증 면적	생산량	출하량	정책 사업명	면적	총 사업비	보조금	융자금

8. 농업경영 관련 교육 이수 / 후계농업경영인 선정

성명	교육 이수 정보			후계농업경영인 선정 정보		
	교육기관	교육과정명	교육기간	종류	품목	선정 연도

9. 농업용 면세유류 배정량

성명	유종별 배정량(ℓ)							
	계	휘발유	경유	등유	윤활유	중유	가스	부생연료유1호

위 경영체는 「농어업경영체 육성 및 지원에 관한 법률」 제4조 및 같은 법 시행규칙 제3조·제4조에 따라 농업경영정보가 등록(변경등록)되었음을 확인합니다.

년 월 일

국립농산물품질관리원장 직인

※ 등록·변경등록된 정보는 등록 기관을 방문하거나 전화(○○○○-○○○○) 또는 인터넷 홈페이지(www.○○○.○○.○○)를 통해 확인이 가능합니다.

■ 문의처 : ☎ ○○○)○○○○-○○○○

운 용

저자 약력

서정훈

영국 요크대 대학원 행정학과 졸업(MP2014)
경북대 행정학과 졸업(2002)
(현) 행정안전부 지방세특례제도과장(2018~)
행정안전부 지방세입정보과장(2016~17)
행정자치부 지방세정책과(2011~12)
행정자치부 지방세운영과(2009)
행정고시 45회(2001)

서명자

(현) 서울시립대 세무전문대학원(세무학 박사 과정)
서울시립대 세무전문대학원(세무학 석사)
강원대학교 공법학과 졸업
(현) 행정안전부 부동산세제과(취득세)
행정안전부 지방세특례제도과(감면 제도·운영)
안전행정부 지방세분석과(과세자료)

서원주

연세대학교 경영학과 졸업
(현) 행정안전부 지방세특례제도과(감면 제도)
행정자치부 지방세운영과(과표 운영)
행정자치부 지방세입정보과(과세자료)
안전행정부 지방세분석과(과세자료)

행안부 3서

지방세 비과세·감면 100선

저　　자	서정훈·서명자·서원주 공저
발 행 인	서동혁
편 집 인	김주원
편집·교정	정우식
편집디자인	라미경, 이수빈, 신혜연
발 행 처	㈜조세통람
펴 낸 날	2020년 1월 20일 초판 발행

저자와의 협의하에 인지생략

주　　소	서울특별시 중구 동호로 14길 5-6(신당동)
등　　록	1976. 11. 5. 제9-81호
전　　화	대　　표 02) 2231-7027　Fax 02) 2234-1754
	출판사업부 02) 2231-7141　Fax 02) 2231-7994
구 입 문 의	02) 2231-7027~9
I S B N	979-11-6064-153-0 13320
정　　가	70,000원

(주)조세통람은 좋은 책을 만들기 위해 독자 여러분의 의견을 기다립니다.
E·mail(josetop@inaus.co.kr)과 홈페이지(www.taxnet.co.kr)의 고객지원센터 "고객의 소리" 코너